कबीर ग्रंथावली

(सटीक)

कबीर ग्रंथावली

(सटीक)

संपादक
रामकिशोर शर्मा
हिन्दी विभाग, इलाहाबाद विश्वविद्यालय
इलाहाबाद

लोकभारती प्रकाशन

लोकभारती प्रकाशन
पहली मंजिल, दरबारी बिल्डिंग, महात्मा गांधी मार्ग
प्रयागराज-211 001

वेबसाइट : www.lokbhartiprakashan.com
ईमेल : info@lokbhartiprakashan.com

शाखाएँ : 1-बी, नेताजी सुभाष मार्ग, दरियागंज
नई दिल्ली-110 002
अशोक राजपथ, साइंस कॉलेज के सामने
पटना-800 006
1, अनमोल सोराबजी सन्तुक लेन, धोबी तलाव,
मरीन लाइंस, मुम्बई-400 002

पहला संस्करण : 2001
तेरहवाँ संस्करण : 2026

मूल्य : ₹1895

बी.के. ऑफसेट
नवीन शाहदरा, दिल्ली-110 032
द्वारा मुद्रित

KABIR GRANTHAVALI
by Dr. Ramkishore Sharma

ISBN : 978-81-8031-000-3

हिन्दी की समूची काव्य-यात्रा
के प्रखर साक्षी
प्राचीन एवं अधुनातन साहित्य के
प्रतिमानों के सर्जक
आदरणीय नामवर सिंह को
समर्पित

प्राक्कथन

जो व्यक्ति काल के विरुद्ध खड़ा होता है उसे चतुर्दिक से आघात सहने पड़ते हैं, सम्पूर्ण अस्तित्व को मिटा देने वाले आघातों से जब वह अक्षत शेष रह जाता है तो जनमानस इस अनुमान से उसकी ओर दौड़ पड़ता है कि उसमें कुछ असाधारण अवश्य है। उसके विषय में तरह-तरह की किम्वदन्ती बनने लगती हैं। निरन्तर वह असाधारण होता जाता है, यहाँ तक कि उसे ईश्वरीय अवतार भी मान लिया जाता है। कबीर कुछ इसी तरह के व्यक्ति हैं, जो गौतम बुद्ध, महावीर आदि की तरह राजघराने की शक्ति सम्पन्नता तथा वैभव की पृष्ठभूमि नहीं रखते थे, एक नितान्त उपेक्षित तिरस्कृत परिवार की पृष्ठभूमि से उठकर धार्मिक व्यवस्था, सामाजिक व्यवस्था के विरुद्ध अपनी जान को जोखिम में डालकर खड़े हो गए। उन्होंने जो कुछ किया ईश्वर के आदेश से ही किया। उनकी साधना, आत्मा, परमात्मा एवं जीवन की विविध अनुभूतियाँ कवित्वमय वाणी में जब उद्घोषित होने लगीं तो उनके सम्पर्क में रहने वाले संतों, श्रद्धालु शिष्यों तथा जनता ने उन्हें उपयोगी समझकर अपने मस्तिष्क में अंकित कर लिया, कुछ ने उन्हें आगे पीछे लिपि बद्ध भी किया। जैसे पहाड़ी घाटी में तेज आवाज से चिल्लाने पर कुछ देर तक वाणी की प्रतिध्वनि गूँजती रहती है उसी तरह महान् रचनाकार की वाणी जनता के हृदय-गुहा में ध्वनित, प्रतिध्वनित होती है, यह सिलसिला शताब्दियों तक चलता रहता है। बड़ा रचनाकार सिर्फ रचता नहीं बल्कि रचनात्मक क्षमता को उत्तेजित भी करता है। उसके पाठक और श्रोता उसकी रचना में अपनी रचना को भी मिलाने का प्रयत्न करते हैं या बड़े रचनाकार को प्रमाण (आप्त) मानकर अपनी रचना को उसके नाम की मुहर से प्रचारित, प्रसारित करने का दुस्साहस भी करते हैं।

जैसे बुद्ध ने अपने शिष्यों से कहा था कि अपनी-अपनी वाणी में धर्म का प्रचार करो वैसा आदेश कबीर ने भले ही न दिया हो किन्तु उनकी भाषा-नीति कुछ वैसा ही संकेत देती है, अपनी बात को प्रस्तुत करते समय देश, काल एवं पात्र का अवश्य ध्यान रखो कबीर की वाणी को उनके अनुयायियों तथा श्रद्धालुओं ने अपनी-अपनी भाषा में प्रचलित किया, फलस्वरूप कबीर की वाणी का मूल पाठ निर्धारित करना अत्यन्त कठिन हो गया।

हिन्दी साहित्य की बिखरी हुई सामग्री की खोज के आरंभिक चरण में अन्वेषकों के मन में अधिकाधिक सामग्री पा लेने की लालसा थी। शुरू में कबीर से सम्बन्धित प्रभूत सामग्री उपलब्ध हुई। प्रामाणिक, अप्रामाणिक पाठों पर आधारित अनेक बीजक, पदावलियाँ तथा

ग्रंथावलियाँ प्रकाशित हुईं।

दूसरे चरण में कबीर वाणी का वैज्ञानिक पाठ निर्धारित करने का कार्यक्रम शुरू हुआ। विद्वानों ने वैज्ञानिकता के नाम पर बड़ी निर्ममता से काट-छाँट शुरू की। डॉ० पारसनाथ तिवारी जिनका पाठ सबसे अधिक प्रामाणिक माना जाता है, उन्होंने कबीर ग्रंथावली का आकार काफी छोटा कर दिया। इसमें मात्र 200 पद, 42 रमैनी तथा 747 साखियाँ स्वीकृत हैं। मुझे श्याम सुन्दर दास की ग्रंथावली कतिपय कारणों से अधिक प्रामाणिक लगती है, हिन्दी जगत में उसकी स्वीकृत भी अपेक्षाकृत अधिक है। वैज्ञानिक पाठ निर्धारण में सबसे अधिक उपेक्षा लोक मानस में प्रतिष्ठित कबीर के पाठों की हुई है। लोक में कबीर की जो वाणी मौखिक परम्परा से चली आ रही है उसको शत-प्रतिशत शुद्ध तो नहीं माना जा सकता किन्तु उसकी मूल चेतना में कबीर की चेतना मौजूद है उसे अस्वीकार नहीं किया जा सकता है। डॉ० माता प्रसाद गुप्त, श्यामसुन्दर दास, डॉ० राम कुमार वर्मा, डॉ० पारसनाथ तिवारी, जयदेव सिंह, डॉ० शुकदेव सिंह आदि अनेक विद्वानों द्वारा संपादित कबीर के पाठ को हिन्दी के विद्वान तथा प्रबुद्ध पाठक प्रामाणिक मानकर स्वीकार करते हैं। हजारी प्रसाद द्विवेदी ने कबीर के परिशिष्ट में जो कबीर वाणी को संकलित किया है उसमें लोक परम्परा भी अनुस्यूत है। मैंने 'कबीर ग्रंथावली' का संपादन उपर्युक्त ग्रंथों के आधार पर किया है। इसमें इस बात पर विशेष ध्यान रहा कि कोई भी परम्परा पूरी तरह उपेक्षित न रहे।

कबीर के पाठ-निर्धारण के साथ ही अर्थ निर्धारण की समस्या कम जटिल नहीं है। विद्वानों ने उनकी वाणी को अपने तरीके से खींचा ताना है। उनकी व्याख्या में कबीर कम और व्याख्याकार अधिक उजागर हुआ है। मैंने कबीर की वाणी को कबीर की सहज चेतना के अनुकूल ग्रहण करने की चेष्टा की है। उनमें निहित अर्थ को उदघाटित करने का मेरा विनम्र प्रयास कितना सफल हुआ है, इसका निर्णय सुधी पाठक तथा विद्वान ही कर सकते हैं।

15-8-2001

रामकिशोर शर्मा
हिन्दी विभाग
इलाहाबाद विश्वविद्यालय, इलाहाबाद

विषय-सूची

कबीर ग्रंथावली

१. कबीर का जीवन-वृत्त

कबीर का जीवन-वृत्त अनेक दैवी कल्पनाओं, संभावनाओं एवम् लोक गल्पों पर आधारित है। जिन सूत्रों से कबीर के जीवन-वृत्त को गढ़ा गया है, वे अविश्वसनीय अधिक, विश्वसनीय कम हैं। जब कोई अतिशय प्रतिभाशाली अलौकिक व्यक्तित्व अवतरित होता है तो कार्य-कारण की सामान्य श्रृंखला टूटती-बिखरती नजर आती है। सामान्य मनुष्य को उस व्यक्ति के विषय में बहुत कुछ नये तरीके से सोचने-समझने के लिए विवश होना पड़ता है, यही विवशता तरह-तरह के अनुमानों एवम् अटकलों को जन्म देती है। वास्तविकता को आवृत्त करके अनुमान एवम् अटकलें ही प्रमुख प्रमाण बन जाती हैं। कबीरदास के जन्म-स्थान, माता-पिता, परिवार, जाति, संप्रदाय आदि के विषय में परस्पर विरोधी निष्कर्ष उपर्युक्त कारणों से ही निकाले गये। कुछ मान्यताएँ जो शताब्दियों के प्रचलन के कारण रूढ़ होकर सत्य प्रतीत होने लगती हैं। सामान्य जन आस्था उन्हें स्वीकार कर लेती है। विद्वत् समाज भी किसी पुष्ट एवम् विश्वसनीय विकल्प के अभाव में लोक आस्था से ही जुड़ जाता है। बीच-बीच में ऐसे भी स्वर उभरते हैं जो बड़ी बेरहमी से उस आस्था पर प्रहार करते हैं। भले ही वह आस्था टूटे या न टूटे, लेकिन प्रहार करने वाला अपनी कोशिश तक हर्षित अवश्य होता है।

कबीर के विषय में अपना मत प्रस्तुत करने वाले न तो गतानुगतकों की कमी है और न क्रांतिकारियों की। ऐसी परिस्थिति में यदि हम यही कहें कि 'कबीर जैसा है तैसा रहै, तू बानी के गुन गाय'–यह पंक्ति कबीर की उसी उक्ति की नकल पर रची गयी है, जिसमें कबीर ने कहा है कि 'हरि जैसा तैसा रहै, तू हरषि-हरषि गुन गाय।' कबीर का जन्म स्थान का श्रेय चाहे जिस गाँव, नगर, प्रदेश, देश को दिया जाय, उनकी जाति-पाँति का चाहे जो निर्धारण किया जाय लेकिन कबीर की सृजनशीलता के विविध पक्षों का जो रूप एवम् जो महत्व हमारे सामने है उसको न तो न्यून किया जा सकता है, और न ही उसे नकारा जा सकता है। जो साधक जीवन-पर्यन्त जाति-पाँति, देश-काल की सीमाओं के विरुद्ध संघर्षरत रहा है, उसकी उन्हीं सीमाओं की तलाश, अपने आप में कितनी सार्थक होगी। फिर भी एक महान रचनाकार के जीवन-सूत्रों और उसके सृजनात्मक परिवेश के अन्वेषण को नितान्त महत्वहीन भी नहीं कहा जा सकता।

कबीरदास के जन्म और उद्‌बोधन दोनों प्रसंगों से रामानन्द का नाम जुड़ा हुआ है। इसे संयोग या दुर्योग ही कहा जायेगा कि रामानन्द जन्म से ब्राह्मण होते हुए भी दक्षिण भारत से उमड़ने वाले भक्ति आन्दोलन के हिन्दी-प्रदेश में प्रथम ग्राहक थे जिसमें शूद्रों एवम् स्त्रियों के मुक्त होने का उपाय निहित था, जिन्हें तथाकथित ब्राह्मणों ने (जैसा कि सभी का आरोप है) वेद मार्ग से वंचित कर रखा था। रामानन्द के जिन बारह शिष्यों का उल्लेख भक्तमाल में मिलता है, उनमें अनेक जाति-धर्म के लोग थे, ऐसी स्थिति में रामानन्द का शिष्य बनने के लिए कबीर को विशेष युक्ति का सहारा लेना पड़ा हो, यह विश्वसनीय नहीं लगता। कबीर ने यद्यपि एक जगह कहा है–'काशी में हम प्रकट भये हैं रामानन्द चेताए' लेकिन इस उक्ति

को विद्वान् को आलोचकों ने प्रामाणिक नहीं माना है कि कबीर के गुरु रामानन्द थे।

कबीर के जन्म के सम्बन्ध में ऐसी लोक मान्यता है कि कबीर का जन्म रामानन्द के आशीर्वाद से एक विधवा ब्राह्मणी के गर्भ से हुआ था, किन्तु उक्त ब्राह्मणी ने लोक-लज्जा वश काशी के पास लहरतारा नामक स्थान पर नवजात शिशु को फेंक दिया और संयोगवश उसी मार्ग से अली या नीरू-नीमा नाम के जुलाहे गुजर रहे थे कि नवजात शिशु पर दृष्टि पड़ गयी और उसे घर ले आये, उसका पालन-पोषण किया और शिशु का नाम कबीर रखा। असाधारण परिस्थितियों में जन्मे कबीर के जन्म के विषय में जो लोक कथा प्रचलित है वह कबीर का संबंध किसी न किसी रूप में ब्राह्मण-वंश से जोड़ती है। आशीर्वाद की बात तो बहुत वैज्ञानिक नहीं प्रतीत होती किन्तु विधवा ब्राह्मणी के रूप-सौन्दर्य पर कोई महात्मा रीझ गया होगा और उसी के दैहिक संपर्क के फलस्वरूप बालक का जन्म हुआ होगा। यह महात्मा रामानंद से कोई भिन्न व्यक्ति रहा होगा। रामानन्द के आशीर्वाद की बात बाद में कल्पित कर ली गई।

कबीर ने अपने माता-पिता के नाम का उल्लेख नहीं किया है, किन्तु ऐसा माना जाता है कि कबीर के पिता एक बड़े गोसाईं थे–'पिता हमारो बड़ गोसाईं। तिसु पिता पहिहुं किंउ करि जाई'। लेकिन उक्त पद का अर्थ है कि मेरा पिता सबसे बड़ा स्वामी (बड़ा गोसाईं) अर्थात् जगत्पिता है। ऐसे पिता के नजदीक मैं कैसे जाने की हिम्मत कर सकता हूँ। स्पष्ट है कि उक्त बात कबीर ने अपने निर्गुण ब्रह्म के लिए ही कहा है। अतः कबीर के पिता गोसाईं नहीं हो सकते। 'रामानंद दिग्विजय' ग्रंथ में लिखा है कि कोई आकाशगामी देवता अपनी प्रियतमा की पीड़ा से व्यथित था। उसका वीर्य स्खलन काशी के लहरतारा तालाब के एक कमल के पत्ते पर हुआ जिससे एक बालक हो गया। एक अन्य विचार के अनुसार कबीर के वास्तविक पिता का नाम स्वामी अष्टानन्द था, जिन्होंने कबीर की ज्योति का दर्शन सर्वप्रथम किया था और इन्होंने इसकी सूचना रामानन्द को दी थी परन्तु हिन्दू प्रथाओं के भय से कबीर की माता को उन्होंने पत्नी रूप में स्वीकार नहीं किया।

नाभादास ने अपने भक्तमाल में दो छप्पयों में कबीर के विषय में कुछ सूचनाएँ दी हैं। प्रथम छप्पय में कबीरदास की वाणी की प्रमुख विशेषताओं पर प्रकाश डाला गया है। जैसे उनके द्वारा स्थापित भक्ति की विशिष्टता, योग, यज्ञ, व्रत और दान की तुच्छता। हिन्दू और तुर्क दोनों के प्रमाण हेतु रमैनी, सबदी और साखी की रचना, वर्णाश्रम धर्म की उपेक्षा आदि। साथ ही रामानन्द के शिष्यों में कबीर की भी परिगणना की गई है। दूसरे छप्पय की पंक्तियाँ इस प्रकार हैं–

श्री रामानन्द रघुनाथ ज्यों दुतिय सेतु जगतरन कियो।।
अनन्तानन्द कबीर सुखा सुरसुरा पद्मावति नरहरि।
पीपा वामानन्द रैदास धना सेन सुरसरि की धरहरि।।
औरो शिष्य प्रशिष्य एकते एक उजागर।
विश्व मंगल आधार सर्वानन्द दशधा के आगर।।
बहुत काल बपु धारि कै प्रनत जनत को पार दियौ।
श्री रामानन्द रघुनाथ ज्यों दुतिय सेतु जगतरन कियौ।

(भक्त माल छप्पय ३१, पृ. २८८)

पूर्वोक्त बाह्य साक्ष्यों को यदि प्रामाणिक न माना जाय तो भी इतना तो निश्चित रूप से कहा जा सकता है कि कबीरदास रामानन्द के ब्राह्मण धर्म के नहीं बल्कि उनके द्वारा प्रवर्तित भक्ति-साधना के सशक्त उत्तराधिकारी थे। कहा जाता है कि–'भक्ति द्राविड़ी ऊपजी लाये रामानन्द, प्रकट किया कबीर ने सप्तद्वीप नवखंड।' रामानन्द और कबीर का यही सामीप्य अनेक किंवदंतियों का स्रोत है। निष्कर्ष रूप में कबीर रामानन्द से तीन अर्थ में जुड़ते हैं प्रथम जन्म के सम्बन्ध में, द्वितीय गुरु के रूप में और तृतीय भक्ति के उत्तराधिकारी के रूप में। इनमें तृतीय सम्बन्ध ही निर्विवाद रूप से मान्य हो सकता है शेष संदिग्ध हैं।

इन कथाओं से इतना स्पष्ट है कि कबीर को जन्म लेते ही उन्हीं बुराइयों के खिलाफ लड़ने के लिए छोड़ दिया गया जिन बुराइयों के परिणामस्वरूप कबीर ने देह धारण की।

कबीरदास के जन्म स्थान के विषय में भी मतभेद है। कबीर के जन्म-स्थान से जुड़ने वाले चार गाँव या नगर हैं–मगहर, बेलहरा, मिथिला और काशी। 'गुरु ग्रंथ साहिब' में एक पंक्ति है–

'पहिले दरसनु मगहर पाइओ पुनि कासी बसे आई।' इससे स्पष्ट है कि कबीर ने पहले पहल मगहर में संसार या ईश्वर का दर्शन किया, बाद में काशी में बस गए। डॉ० बड़थ्वाल इसी आधार पर कबीर का जन्म मगहर मानते हैं। मगहर प्रधानतया जुलाहों की बस्ती है (हिन्दी काव्य में निर्गुण सम्प्रदाय, पृ० ५)। मगहर के प्रति कबीर का विशेष अनुराग भी इस तथ्य को प्रमाणित करता है। डॉ० रामकुमार वर्मा का विचार है कि 'मृत्यु के समय उनका मगहर लौट जाना, मनुष्य की उस स्वाभाविक प्रेरणा का प्रतीक हो सकता है, जिससे वह अपनी जन्म-भूमि या उसके समीप ही आकर मरना चाहता है। अतः मेरे दृष्टिकोण से कबीर का मगहर में जन्म मानना अधिक युक्ति संगत है। (संत कबीर, पृ० ७६) डॉ० चन्द्रबली पांडेय बनारस डिस्ट्रिक्ट गजेटियर के आधार पर कबीर का जन्म आजमगढ़ जनपदान्तर्गत बेलहरा नामक गाँव को मानते हैं। यह बेलहर पोखर जनता द्वारा लहरतारा नाम से प्रचलित किया गया।

सुभद्र झा ने कबीर का जन्म मिथिला माना है। उनकी मान्यता दूरारूढ़ कल्पना पर आधारित है। कबीर का जन्म काशी में हुआ था इस पक्ष में निम्नलिखित पंक्तियां उद्धृत की जाती हैं– तू ब्राह्मन मैं कासी का जोलहा, चीन्हि न मोर गियाना।' (कबीर ग्रंथावली-पारसनाथ तिवारी, पृ० १०६) अनंतदास ने कबीर परचयी में कबीर को काशी का जुलाहा कहा है। जनश्रुति के अनुसार कबीर काशी के लहरतारा नामक तालाब के किनारे पाए गए थे। काशी के साथ कबीर का गहरा लगाव था। 'आदि ग्रंथ साहब' में लिखित अधोलिखित पद के आधार पर यही सिद्ध होता है–

ज्यों जल छाँड़ि बाहर भयो मीना।
पूरब जन्म है तप का हीना।।
अब कुहराम कवन मति मोरी।
तजिले बनारस मति भई थोरी।
बहुत बरस तप कीया कासी।
मरनु भया मगहर की वासी।।
कासी मगहर सम विचारी।
ओछी भगति कैसे उतरसि पारी।।

कहु गुरु गजि सिव सम्भु को जानै।
मुआ कबीर रमता श्री रामै।।

गुरु की महिमा का विविध रूपों में गान करने वाले कबीर के गुरु का भी निश्चित रूप से पता नहीं है। वह कौन-सा महात्मा था जिसके समक्ष अक्खड़ मिजाज का यह सन्त श्रद्धावनत हुआ। भक्ति-भाव के अग्रदूत रामानन्द को परम्परया इस गौरव से विभूषित किया जाता है। भक्ति के क्षेत्र में जाँति-पाँति के कठोर बन्धन की शिथिलता तथा जातीय समानता को उद्घोषित करने वाले रामानन्द, कबीर जैसे शिष्य को क्या सहज रूप से स्वीकार कर सके थे? कबीर को, जो जाति का जुलाहा और धार्मिक सम्प्रदाय की दृष्टि से मुसलमान था और जो अपनी इन सीमाओं को लाँघ कर हिन्दू गुरु की शरण में आना चाहता था, रामानन्द की दीक्षा मिल सकती थी? भारतीय समाज में यह पहली समस्या नहीं थी। एकलव्य के सामने भी इसी तरह की कठिनाई उत्पन्न हुई थी। कबीर की समस्या और भी गम्भीर थी क्योंकि धनुर्विद्या की अपेक्षा ब्रह्मविद्या अधिक पवित्र एवं गोपनीय है। कबीर अजीब द्वन्द्वात्मक स्थिति में थे। बिना गुरु के लोग उनकी बातों को सुनने के लिए तैयार ही नहीं थे और कोई महात्मा उनको शिष्य बनाने को तैयार नहीं था। रामानन्द से भी समाज और धर्म की मर्यादा तोड़ी नहीं जा सकी। कबीर ने बड़ी चतुराई से उपाय ढूँढ़ निकाला। रामानन्द नित्य पंचगंगा घाट पर ब्राह्म मुहूर्त्त में ही स्नान करने जाते थे। घाट की सीढ़ियों पर कबीर पहले से ही जाकर लेट गये। स्नान करके लौटते हुए रामानन्द जी का पाँव अँधेरे में कबीर के ऊपर पड़ गया और उनके मुँह से 'राम-राम' निकल पड़ा। कबीर ने इसी को गुरुमंत्र मान कर अपने को रामानन्द का शिष्य समझ लिया। रामानन्द और कबीर के इस रिश्ते का प्रमाण मात्र लोक प्रसिद्धि है। इसके सम्बन्ध में कोई ऐतिहासिक प्रबल प्रमाण नहीं मिलता। कुछ विद्वानों के अनुसार 'मीर तकी' नामक एक पीर कबीर के गुरु थे। कबीर ने झूँसीवासी मीर तकी से सत्संगति भले ही की हो किन्तु उन्हें गुरु रूप नहीं माना। कुछ मुसलमान कबीर पंथियों का विचार है कि सूफी फकीर शेख तकी कबीर के गुरु थे। कबीर ने शेख के प्रति जो सम्बोधन किया है उसमें वह आदर भाव नहीं है जो गुरु के प्रति अपेक्षित होता है। इस मत को प्रस्तुत करने का आधार कबीर की अधोलिखित पंक्तियाँ हैं जिन्हें कुछ विद्वान् असंदिग्ध रूप से प्रामाणिक भी नहीं मानते–

मानिकपुरहि कबीर बसेरी, मदहति सुनि शेख तकि केरी।
ऊजी सुनी जौनपुर थाना, झूँसी सुनि पीरन के नामा।।

कबीर का यह दोहा यदि प्रामाणिक है तो रामानन्द ही उनके गुरु ठहरते हैं–

सद्गुरु के परताप ते, मिटि गयो सब दुख दंद।
कह कबीर दुविधा मिटी, गुरु मिलिया रामानन्द।।

कबीर की आयु ७० वर्ष से लेकर १२० वर्ष तक मानी जाती है। कबीर की मृत्यु-तिथि को प्रकट करने वाले अधोलिखित दोहे प्रसिद्ध हैं–

संवत पन्द्रह सौ पछत्तरा, किया मगहर को गवन।
माघ सुदी एकादशी रल्यो पवन में पवन।।
पन्द्रह सौ औ पाँच में, मगहर कीन्हों गौन।
अगहन सुदी एकादशी, मिल्यौ पौन में पौन।।

सिकन्दर लोदी की समकालीनता, गुरुनानक से कबीर की मुलाकात, कबीर के प्रधान उत्तराधिकारी धर्मदास के द्वारा किये गये वाणी संग्रह आदि तथ्यों से जुड़ी हुई तिथियों के आलोक में श्यामसुन्दर दास ने कबीर की मृत्यु तिथि को संवत् १५७५ को संगत तिथि के रूप में निर्धारित किया है।

कबीर ने अपने इस लम्बे जीवनकाल में बहुत कुछ देखा, बहुत कुछ जाना, बहुत कुछ सुना और बहुत कुछ गुना। जाँचते-परखते, ग्रहण करते और छोड़ते उनका सम्पूर्ण जीवन व्यतीत हुआ। एक ही तत्त्व उनके पास ऐसा था जिसको वे जीवन पर्यन्त अपने हृदय में सम्हाले रहे वह तत्त्व था राम। कहा जाता है कि कबीर ने विवाह भी किया था किन्तु जब विचार किया तो उसे छोड़ दिया। कुछ विद्वानों का दावा है कि कबीर की दो पत्नियाँ थीं–लोई और रामजनिया या धनिया। जिन छन्दों के आधार पर इन स्त्रियों की बात कही जाती है उनका सामान्य अर्थ से अलग आध्यात्मिक अर्थ भी है। ऐसी परिस्थिति में निश्चित ढंग से कुछ भी नहीं कहा जा सकता। नारी की बराबर निन्दा करने वाले कबीर ने दो-दो विवाह किया होगा, कुछ असंभव सा दीखता है। आँखिन की देखी में विश्वास जमाने वाला संत कबीर एक विवाह के अनुभव से गुजरकर पारिवारिक समस्याओं से परिचित हुआ होगा। जिस तरह पत्नियों के विषय में विद्वानों ने दूर की कौडी खोज ली है उसी तरह पुत्र कमाल और पुत्री कमाली के विषय में कुछ ब्यौरे इकट्ठे कर लिये हैं।

कबीर का जीवन भिक्षा-वृत्ति पर निर्भर नहीं था। वयन कर्म द्वारा उन्होंने अपनी जीविका चलाने का प्रयत्न किया। इतना अवश्य है कि बीच-बीच में राम की भक्ति में लीन हो जाने के कारण तनना-बुनना अवरुद्ध हो जाता था। कबीर की इस मस्ती से उनकी माँ बहुत दुखी रहती थीं–

मुसि मुसि रोवै कबीर की माई।
ये बारिक कैसे जीवहिं रघुराई।।

कबीर अपनी भक्ति-भावना में 'ज्ञान' की महिमा को प्रतिपादित तो करते हैं किन्तु उनका यह ज्ञान पुस्तकीय ज्ञान से अलग अनुभूतिजन्य ज्ञान है। वस्तुतः वे प्रेम और भक्ति रहित ज्ञान के विरोधी थे। प्रारम्भ में शास्त्रीय ज्ञान की महत्ता उन्हें भी मान्य थी लेकिन बाद में उनका ध्यान भक्ति-योग की ओर गया–

मैं जाण्यूँ पढ़िबौ भलौ, पढ़िबा थैं भलौं जोग।
राम नाम सूं प्रीति कर, भल भल नीदौं लोग।।

अन्त में तो वे सलाह देते हैं–

कबीर पढ़िबो दूर करि, पुस्तक देइ बहाइ।
बाँवन अषिर सोधि करि, ररै ममै चितलाइ।।

कबीर की ये उक्तियाँ भक्ति साधना के संदर्भ में शास्त्रीय ज्ञान की सीमाओं की ओर संकेत करती हैं। इनका सीधा-सादा तात्पर्य यह नहीं है कि कबीर अनपढ और अशिक्षित थे। कबीर का सम्बन्ध जिस वेद-विरोधी वर्ग से माना जाता है उसमें शास्त्र न तो सर्वसुलभ माना जाता था और न सभी जातियों को वेद-अध्ययन की सुविधा थी। कबीर ने वेदों को स्वयं नहीं पढ़ा था इसीलिए वे अनपढ़ थे। वे पुराण की कहानियाँ सुनाकर जीविका का साधन नहीं जुटाते थे, उन्हें ऐसा करने की छूट भी नहीं थी। अहंकार उत्पन्न करने वाले पुस्तकीय ज्ञान से

वे कोसों दूर रहना चाहते थे। किसी वर्ग विशेष के लिए सुरक्षित ज्ञान उन्हें अभीष्ट नहीं था। काशी के दिग्गज पंडितों को उन्होंने खूब ध्यान से सुना था, साधु-सन्तों से विचार-विमर्श करके ज्ञान के मर्म को समझा था। सम्पूर्ण ज्ञान को मथकर उन्होंने 'राम' नाम को निकाला था। कबीर सरहपा की उसी इच्छा को या उसी चुनौती को सार्थक बनाते हैं जिसमें उन्होंने कहा था–

अक्खर वाड़ा सअल जगु, नाहिं णिरक्खर कोइ।
ताव से अक्खर घोलिअइ, जाव णिरक्खर होइ।।

कबीर इसी तरह के 'निरक्षर' थे। इनके मूलभाव को न समझने वाले आलोचकों ने बड़े ही सहज ढंग से कुप्रचार कर दिया कि कबीर 'अनपढ़' थे। कबीर ने ज्ञान के गहन विस्तार में से एक सूत्र निकाल लिया था वह सूत्र था 'राम'। इसी के आधार पर सम्पूर्ण भारतीय सांस्कृतिक अवधारणा का साक्षात्कार किया जा सकता था। इस सूत्र की व्याप्ति को भलीभाँति समझने वाला व्यक्ति कबीर की निगाह में 'पंडित' था। कबीर इसी अर्थ में पंडित थे जिसको हम सरहपा की सन्धा भाषा में निरक्षर पंडित कह सकते हैं। कबीर स्वयं कहते हैं–

पोथी पढ़ि पढ़ि जुग मुवा, पंडित भया न कोइ।
एकै आंषिर पीव का, पढ़ै सु पंडित होइ।।

इस नये ढंग के पंडित की मुठभेड़ प्रायः काशी के पंडितों से हुआ करती थी। वह उन्हें ऐसे ज्ञान से परिचित कराना चाहता था जो शुद्ध हृदय से उद्भूत था और जिसमें वेद का लोकपक्ष अधिक मुखर था। कबीर पंडितों को अपने ज्ञान को बूझने और 'चीन्हने' के लिए आमंत्रित करते रहे। वर्णाश्रम पर आधारित समाज और भेद-भाव पर आधारित ज्ञान उनके लिए चुनौती था। कबीर अनेक चुनौतियों का सामना करते हुए सहज-संवेद्य ज्ञान की उस पराकाष्ठा पर पहुँच गये जहाँ वे स्वयं ज्ञानियों और पंडितों के लिए चुनौती बन गये।

२. कबीर साहित्य की प्रामाणिकता

मध्यकालीन धर्म साधना और काव्य साधना के क्षेत्र में अत्यन्त तेजस्वी एवं प्रतिभावान कबीरदास अपने व्यक्तित्व एवं कृतित्व के सन्दर्भ में अनेक प्रकार की आशंकाओं, सन्देहों तथा विवादों के घेरे में रहे हैं। कबीर के जन्म, जाति, सम्प्रदाय, वैचारिक प्रभाव, महाप्रस्थान की तिथि तथा स्थान, काव्य भाषा आदि अनेक पक्ष हैं जिन पर अन्तिम रूप से कोई भी निर्भ्रान्त निष्कर्ष नहीं निकाला जा सकता है। 'हरि अनन्त हरि कथा अनन्ता' की तरह कबीर से सम्बन्धित अनेक कथाएँ हैं जो उनके अनेक रूपों को सामने लाती हैं। प्रस्तुत लेख में अन्य विवादों को छोड़कर केवल कबीर के उपलब्ध साहित्य की प्रामाणिकता पर ही विचार करने का प्रयत्न किया जा रहा है। कबीरपंथी लोगों का विश्वास है कि सद्गुरु की वाणी अनन्त है। चूँकि कबीरदास ने मसि कागद छुआ नहीं था, इसलिए इतना निश्चित है कि कबीर की वाणी को उनके शिष्यों ने अंकित किया और उसके प्रस्तुतीकरण में अपनी क्षेत्रीय भाषा के प्रभावों से अछूते नहीं रहे। कबीर के साथ लोक समाज का ऐसा गहरा लगाव हुआ कि वे भी अपनी रचनात्मक प्रतिभा की व्यावहारिक परिणति कबीर के नाम की छाप देकर ही करते रहे। कबीरपंथी रचनाकारों ने इस कार्य में विशेष योगदान किया है। उन्होंने अपने पंथ की मान्यताओं को पुष्ट करने के लिए कबीर के नाम पर अनेक रचनाओं को प्रस्तुत करके कबीर वाणी की प्रामाणिकता को सन्दिग्ध बना दिया। पंथ के अनेक ग्रन्थों में सम्प्रदाय, वेष, छापा,

तिलक आदि का महत्त्व वर्णित है। कबीर जिनके विरुद्ध जीवन पर्यन्त संघर्षरत रहे उन्हीं के समर्थन में वे फिर कहने लगे होंगे ऐसा मानना असंगत ही है। कबीर के समय में ही उनकी वाणी के भेद बनने लगे थे। महाराजा विश्वनाथ सिंहजू ने उल्लेख किया है कि भागूदास बीजक चुराकर भाग गया था–

भागूदास की खबरि जनाई। लें चरणामृत साधु पियाई।
कोऊ आप कह वह कालिंजर गयऊ। बीजक ग्रंथ चोराइ ले गयऊ।।

श्रुत परम्परा से गृहीत पाठ में रूपान्तरण होना स्वाभाविक है। जो रचनाकार निरक्षर है उसका हस्तलेख संभव ही नहीं है। कबीर साहित्य की प्रामाणिकता की जाँच इसलिए एक कठिन समस्या है।

डॉ० पारसनाथ तिवारी ने अत्यन्त श्रम तथा मनोयोग से कबीर वाणी के वास्तविक पाठ को खोजने तथा सम्पादित करने का प्रयास किया है। उन्होंने अनेक हस्तलिखित तथा मुद्रित प्रतियों का अवलोकन तथा अध्ययन किया। उन्हें जो हस्तलिखित प्रतियाँ मिलीं उनका सम्बन्ध मुख्यतः दादू पंथ तथा निरंजनी पंथ से है। दादू पंथी प्रतियाँ मुख्यतः पंचवाणी के रूप में हैं, जिनमें दादू, कबीर, नामदेव, रैदास तथा हरदास की वाणियों को संकलित किया गया है। राजस्थान में पंचवाणी प्रतियों का प्राचुर्य है। इनका संकलन काल प्रायः संवत् १७६८ से संवत् १८५३ के बीच का है। इस वर्ग की प्रतियों में ज्यादातर कबीर की ८१० साखियाँ ३८४ से ४०१ पद, ७ या ८ रमैनियाँ मिलती हैं। निरंजनी पोथियों में १३७७ साखियों, १३ रमैनियों ७ रेख्ता तथा ६६२ पदों के उल्लेख प्राप्त हैं। जयपुर में मोती डूँगरी महल के नीचे एक कबीर मंदिर है। वहाँ कबीर पंथी साधु भगौतीदास का लिखा हुआ एक ग्रंथ उपलब्ध है जिसमें साखियों की संख्या २८८८ है जिन्हें १०८ अंगों में विभाजित किया गया है। इसी के साथ ज्ञान सागर, विवेक सागर, रतनजोग, षटशास्त्र कौ मत, कबीर स्वरोदय, ज्ञान तिलक, जन्मपत्रिका की रमैनी, ग्रंथ कुरम्भावली, कबीर हनुमान गोष्ठी, कबीर गोरखगोष्ठी, कबीर जोगाजीत, गुरगीता, रेखाग्रंथ, हंस मुक्तावली, आत्मबोध अछरोटी ग्रंथ, सार बत्तीसी आदि कुल २६ रचनाओं को सम्मिलित किया गया है। इन्हें परवर्ती सन्तों द्वारा अपनी रचनाओं को कबीर के नाम पर प्रचलित करने के उपक्रम का प्रतिफल माना जा सकता है। नागरी प्रचारिणी सभा की खोज रिपोर्ट में कबीर के नाम से १४० ग्रन्थों की सूचना मिलती है। इनमें अनेक परवर्ती सन्तों की रचनाओं को कबीर रचित समझ लिया गया है। कुछ नामों की भिन्न-भिन्न तरीके से पुनरावृत्ति है। जैसे कबीर सरोदय, ज्ञान सरोदय, तत्त्व सरोदय वास्तव में एक ही ग्रंथ के विभिन्न नाम हैं। इसी प्रकार चौंतीसा और ज्ञान चौंतीसा में कोई अन्तर नहीं है। (ग्रंथों की सूची–द्रष्टव्य-कबीर ग्रंथावली–डॉ० पारसनाथ तिवारी, पृ० २३-२५)

'गुरुग्रंथ साहब' सिक्खों का धर्मग्रंथ है। यह सम्पूर्ण संत साहित्य का एक विशाल संग्रह ग्रंथ है। इसका संकलन सिक्खों के पाँचवें गुरु अर्जुन देव ने कराया था। संवत् १६६१ विक्रम का यह संकलन आगे उसी रूप में प्रकाशित हुआ। इसमें २३१ प्रामाणिक सलोक (पद) हैं। ग्रंथ साहब में कबीर वाणी के अनेक छन्दों में आवश्यकता से अधिक पुनरावृत्तियाँ हैं जिससे जाहिर है कि इसके संकलन में अनेक आदर्शों तथा स्त्रोतों का आश्रय लिया गया है। उदाहरण के लिए गउड़ी १० का पाठ तथा भैरउ १६ का पाठ तुलनीय है–

१. **जो जन परमिति परमनु जाना। बातन ही बैकुंठ समाना।।**
ना जाना बैकुंठ कहाँ ही। जानु-जानु सभि कहहि तहाँही।।

२. सभु कोई चलन कहत है ऊहाँ। ना जानउ बैकुंठ है कहाँ।।
आप आप का मरमु न जाना। बातन ही बैकुंठ बखाना।।

कबीर की वाणियों में 'बीजक' का मुद्रण सबसे पहले हुआ, इसका कारण है कि कबीर पंथी 'बीजक' को सर्वाधिक प्रामाणिक तथा आदरणीय ग्रंथ मानते हैं। रीवा नरेश श्री विश्वनाथ सिंह की टीका के साथ 'बीजक' १८७२ ई० से पहले मुद्रित हुआ था। पादरी प्रेमचन्द, पूर्णदास, पादरी अहमदशाह, महर्षि शिवव्रत लाल, विचारदास, साधु लखन दास, हनुमान दास, भगवान साहब, गोस्वामी साहब, महाराज राघवदास, हंसदास आदि अनेक विद्वानों तथा संतों ने 'बीजक' का मूलपाठ टीका सहित सम्पादित करके प्रकाशित कराया है। अहमदशाह ने 'बीजक ऑफ कबीर' का अंग्रेजी अनुवाद किया है। हनुमान दास ने संस्कृत में बीजक की व्याख्या प्रस्तुत की है। इसका प्रकाशन फतुहा पटना से हुआ है। कबीर की सम्पूर्ण ग्रंथावली का संपादन श्यामसुन्दर दास ने किया है। इसका प्रकाशन १९२८ ई० में नागरी प्रचारिणी सभा से हुआ। कबीर रचनावली का संपादन अयोध्यासिंह उपाध्याय ने किया है। इनके अलावा पदों तथा साखियों के अलग-अलग संकलन प्रकाशित हैं। ज्यादातर संकलन कबीर पंथ से जुड़े संतों ने ही किया है। 'आचार्य क्षितिमोहन सेन' ने 'कबीर' शीर्षक से चार भागों में कबीर की रचनाओं का संपादन किया है। डॉ० पारसनाथ तिवारी ने सैकड़ों ग्रंथों की छानबीन करके कई ग्रंथों को कबीर कृत न होने का प्रमाण प्रस्तुत किया है। तिवारी जी ने दादू पंथी शाखा की पाँच प्रतियों, निरंजनी शाखा की एक प्रति, गुरु ग्रंथ साहब, दो बीजकों (भगताही शाखा के मानसर गद्दी वाला बीजक एवं बीजक फतुहा) दो शब्दावलियों, तीन साखी ग्रन्थों, एक सर्वंगी एक गुणगजनामा तथा आचार्य सेन की रचनाओं की तुलना करके कबीर ग्रंथावली का मूल पाठ निर्धारित करने का प्रयत्न किया है। निरंजनी दोनों शाखाओं से सम्बन्धित प्रतियों पर राजस्थानी भाषा का व्यापक प्रभाव है। इनकी निरन्तर प्रतिलिपियाँ होती रहीं और भाषा का रूपान्तरण होता रहा। साखियों पर राजस्थानी का प्रभाव अपेक्षाकृत अधिक है। पदों (सबद) तथा रमैनियों पर यह प्रभाव कम है। डॉ० पारसनाथ तिवारी ने इस भेद का कोई कारण निर्दिष्ट नहीं किया। वास्तव में साखियों में जो छन्द अपनाया गया है वह अपभ्रंश का दूहा छन्द है। अपभ्रंश भाषा का केन्द्र राजस्थान, गुजरात तथा सिन्ध रहा है। अपभ्रंश का प्रचार-प्रसार लगभग सम्पूर्ण हिन्दी प्रदेश में हुआ। उत्तरवर्त्ती अपभ्रंश (जिसे अवहट्ठ कहा गया है) में पूर्वी क्षेत्र के कवियों ने रचनाएँ की हैं। सरहपा और कण्हपा के दोहा कोश की भाषा अवहट्ठ है। यह भाषा राजस्थान से आभीरों के साथ पूर्वी भारत में काव्य भाषा के रूप में पहुँची थी। विद्यापति ने भी अपनी दो रचनाओं 'कीर्तिलता' और 'कीर्तिपताका' में इसी भाषा को माध्यम बनाया था। सरहपा से लेकर विद्यापति तक भाषा के दोहरे रूपों का प्रयोग परिलक्षित होता है। इन कवियों ने गीतों की रचना पूर्वी भाषा में किया है और दोहों तथा प्रबंध काव्यों की रचनाएँ परम्परित काव्यभाषा अवहट्ठ में की हैं। कबीर का भाषिक आदर्श इसी परम्परा के अनुरूप है। इसलिए उनकी भाषा में राजस्थानी तत्त्वों की उपलब्धता आश्चर्यजनक नहीं है।

कबीर ने विभिन्न प्रान्तों के सन्तों की सत्संगति की थी मात्र इसीलिए उन्होंने पंचमेल खिचड़ी या सधुक्कड़ी भाषा का प्रयोग नहीं किया। ज्यादातर हिन्दी के आलोचक कबीर के विषय में अनर्गल निर्णय ही देते रहे हैं। कबीर जिस हिन्दी को काव्यभाषा के रूप में प्रतिष्ठित कर रहे थे वह सही अर्थ में सम्पूर्ण हिन्दी प्रदेश का प्रतिनिधित्व कर रही थी। वे जानबूझकर

ऐसी भाषा का निर्माण कर रहे थे जिसका स्वरूप यथासम्भव अखिल भारतीय हो, जैसा कि बहुत बाद में हमने हिन्दी को राजभाषा का संवैधानिक अधिकार देते हुए अपेक्षा की है, हिन्दी का विकास भारतीय भाषाओं के सहयोग से हो ताकि वह सम्पूर्ण भारतीय जनमानस की अभिव्यक्ति का माध्यम बन सके। कबीर ने बड़ी चतुराई से एक दोहा कहा है–

बोली हमरी पूरबी, ताहि न चीन्हें कोइ।
हमरी बोली सो लखै, जो पूरब का होइ।।

कबीर के कहने का तात्पर्य है कि मेरी बोली यद्यपि पूरब की है किन्तु मेरी काव्यभाषा में कोई आसानी से उसे नहीं परख पाता है। उसमें पूर्वीपन इतना कम है कि कोई यह नहीं कह सकता है कि किसी पूरबिया ने इसकी रचना की है। मेरे पूरब के साथी ही जानते हैं कि मेरी बोली पूरबी है क्योंकि मैं उनसे उसी में बातचीत करता हूँ। कबीर ने अपनी साधना के विषय में जैसे गर्वोक्ति की है उसी तरह अपनी अर्जित भाषा के सन्दर्भ में भी। कबीर में निश्चित रूप से विलक्षण प्रतिभा थी। उनका भाषा पर जबर्दस्त अधिकार था। उन्होंने अपने कई पदों में फारसीनिष्ठ शब्दावली का प्रयोग किया है–

पीराँ मुरीदाँ काजियाँ, मुलाँ अरु दरबेस।
कहां थे तुम्ह किनि कीये, अकलि है सबनेस।।
कुरानाँ कतेबाँ अस पढ़ि-पढ़ि फिकरि या नहीं जाई।
टुकदम करारी जे करै, हाजिराँ सुर खुदाई।।

कबीर ने भाषा-प्रयोग के समय देश काल तथा पात्र का ध्यान रखा है। मौलवियों, मुल्लाओं तथा मुस्लिम श्रोताओं से उन्होंने फारसीनिष्ठ भाषा में, राजस्थानी तथा पंजाबी क्षेत्र के श्रोताओं से राजस्थानी, पंजाबी मिश्रित भाषा में, ब्रज तथा खड़ीबोली क्षेत्र के लोगों से ब्रजी तथा खड़ीबोली में, पूर्वी लोगों से पूर्वी भाषा में संवाद स्थापित किया। कम से कम उनके भाषा प्रयोग में इस तरह का लचीलापन अवश्य था इसलिए अलग-अलग क्षेत्रों में उनकी वाणी क्षेत्रीय भाषा से प्रभावित हुई। इस तथ्य को भी स्वीकार करने में कोई कठिनाई नहीं है कि उसकी वाणी मौखिक ढंग से एक स्थान से दूसरे स्थान पर पहुँचती रही है। इसलिए उसमें रूपान्तरण हो जाना मुश्किल नहीं है। यदि कोई एक पद भिन्न-भिन्न क्षेत्रों में किंचित पाठ भेद के साथ उपलब्ध है तो कोई कठिनाई नहीं होती। कठिनाई वहाँ उत्पन्न होती है जहाँ बिल्कुल विपरीत भाव वाले पद मिल जाते हैं।

फारसी लिपि के कारण भी अनेक पाठ विकृतियाँ हुई हैं। कहीं-कहीं नागरी लिपि जनित विकृतियाँ भी हैं। विकृत पाठों के साम्य के आधार पर विभिन्न प्रतियों का वर्गीकरण किया गया है। जिन प्रतियों में विकृति के आधार पर साम्य स्थापित किया गया है मात्र उन्हीं में मिलने वाले पाठों को प्रामाणिक नहीं माना गया है। जिन समुच्चयों में परस्पर साम्य नहीं है यदि उन सभी में कोई पाठ है तो वह प्रामाणिक है। डॉ० पारसनाथ तिवारी ने समस्त प्रकाशित अप्रकाशित प्रतियों की पाठ वैज्ञानिक जाँच-पड़ताल करके २०० पदों, ४२ रमैनियों तथा ७४४ साखियों को प्रामाणिक मानकर 'कबीर ग्रंथावली' का सम्पादन किया है। श्यामसुन्दर दास द्वारा सम्पादित नागरी प्रचारिणी सभा से प्रकाशित 'कबीर ग्रंथावली' में संकलित पदों की तुलना में इनमें पदों की संख्या लगभग आधी है। तिवारी जी के २०० पदों में करीब ७० पद ऐसे हैं जो सभा की ग्रंथावली में नहीं आये हैं। डॉ० तिवारी के शोध निर्देशक डॉ० माताप्रसाद गुप्त ने तिवारी जी को अपने संकलन पर पुनर्विचार के लिए सलाह

दी है। 'यह अवश्य अपेक्षित होगा कि डॉ० तिवारी इन समुच्चयों की संकीर्णता पर पुनर्विचार करें, जिनकी संकीर्णता पर हमने ऊपर विचार किया है। यदि वे मेरे ऊपर निकाले हुए परिणामों से सहमत हों तो अपनी 'कबीर ग्रंथावली' के आगे के संस्करणों में उन छन्दों, साखियों, पदों को भी संपादित कर सम्मिलित कर लें जो उनके स्वीकृत समुच्चयों की भाँति उपर्युक्त समुच्चयों में भी पाये जाते हैं।' (कबीर ग्रंथावली-संपा०–डॉ० माताप्रसाद गुप्त, पृ० २६)

डॉ० माताप्रसाद गुप्त ने दादू पंथी परम्परा की उस प्रति को आधार बनाकर अपनी ग्रंथावली का सम्पादन किया है जो सं० १७६२ की बनवारी दास की परम्परा से सम्बन्धित है। डॉ० गुप्त ने कुल ३८४ पदों, एक पदी, सतपदी, बड़ी अष्टपदी दुपद, लहुड़ी अष्टपदी, बारहपदी, चौपदी, आदि शीर्षकों में कुल ४३ रमैनियों को सम्मिलित किया है। साखी के अन्तर्गत ८१० साखियों को प्रामाणिक माना गया है। गुप्त जी ने कई साखियों में आरम्भ में कबीर का नाम जोड़ दिया है इससे छन्द की मात्रा बढ़ गयी है। इसके विपरीत दास, तिवारी, आदि की ग्रंथावलियों में 'कबीर' नाम हर साखी में नहीं जुड़ा है। जैसे–

कबीर सतगुर सवां न को सगा, सोधी सईं न दाति।
हरि जी सवां न को हितू, हरिजन सईं न जाति।।

(गुप्त का पाठ)

सतगुर सवां न को (इ) सगा, सोधी सईं न दाति।
हरि जी सवां न को (इ) हितू, हरिजन सई न जाति।।

(तिवारी का पाठ)

सतगुर सवां न को सगा, सोधी सईं न दाति।
हरि जी सवां न को हितू, हरिजन सईं न जाति।।

(दास)

'दोहा' छन्द में १३-११, १३-११, मात्राएँ होती हैं। कबीर का नाम आरम्भ में जोड़ देने से चार मात्राएँ बढ़ जाती हैं। इससे सिद्ध होता है कि गुप्त जी ने जिस मूल प्रति से अपना पाठ सुनिश्चित किया है वह त्रुटिपूर्ण है। डॉ० तिवारी ने 'ण' के स्थान पर 'न' ड के स्थान पर 'र' को प्राथमिकता दी है। यदि कबीर की आधारभूत काव्य भाषा खडीबोली मानी जाय तो उसमें ण, ड/ड़ की प्रचुरता असंभव नहीं है किन्तु यदि कबीर की निजी मातृभाषा को ध्यान में रखा जाय तो पूर्वी बोलियों की प्रवृत्ति के अनुसार 'न' और 'र' की प्रधानता उचित ही है। कतिपय विद्वान यह मानते हैं कि कबीर की आधारभूत काव्य भाषा खड़ीबोली और ब्रजभाषा है। इसमें राजस्थानी तथा पंजाबी का भी प्रभाव है और कहीं फारसी का भी मेल-जोल है। पश्चिम की ही भाषा हिन्दी प्रदेश में काव्यभाषा के रूप में स्वीकृत होती रही है इसलिए कबीर ने भी अपनी वाणी की रचना उसी भाषा में की है। खड़ीबोली में भूत कृदन्त 'या' होता है 'आ' नहीं, जैसे-मिल्या और मिला। मिल्या क्रिया खडीबोली की व्याकरणिक वैशिष्ट्य के समरूप है। श्यामसुन्दर दास तथा माताप्रसाद गुप्त दोनों ग्रंथावलियों में भूतकृदन्त 'या' ही स्वीकृत है, जैसे–पासां पकड्या, बरस्या बादल, तेल घट्या आदि।

पदों की संख्या के अलावा उनके स्वीकृत पाठों में भी भेद दृष्टिगत होता है। 'दुलहनी गावहु मंगलचार' वाले पद में मुख्य पाठ भेद भविष्य कालिक क्रियाओं का है, जैसे–करिहौं

(तिवारी) करिहुँ (गुप्त) करिहूँ (दास)। इस तरह के अनेक छोटे-मोटे पाठ भेद अन्यत्र भी दृष्टिगत होते हैं। जैसे–

बहुत दिनन मैं प्रीतम आए। (तिवारी)
बहुत दिनन थैं मैं प्रीतम पाए। (गुप्त)

ऐसी साखियाँ तथा पद (सबद) जिनमें कुछ शब्दों या कुछ पंक्तियों में ही पाठभेद है उनको लेकर उतनी बड़ी समस्या नहीं खड़ी होती है जितनी उन पदों को लेकर है जो कबीर के नाम पर प्रचलित हैं, जनमानस में जिनके प्रति पूर्ण आस्था भी है। यही नहीं हजारी प्रसाद द्विवेदी जैसे कबीर के मूर्धन्य आलोचक जिन अनेक पदों के माध्यम से कबीर के विषय में अपनी कुछ सम्मतियाँ निश्चित करते हैं उनका समावेश श्यामसुन्दर दास, माताप्रसाद गुप्त एवं पारसनाथ तिवारी द्वारा अलग-अलग संपादित ग्रंथावलियों में नहीं है। प्रस्तुत पद इसी तरह का उदाहरण है–

झीनी-झीनी बीनी चदरिया।
काहे कै ताना काहे कै भरनी, कौन तार से बीनी चदरिया।
इंगला, पिंगला ताना भरनी, सुषमन तार से बीनी चदरिया।।
आठ कँवल दल चरखा डोलै, पाँच तत्व गुन तीनी चदरिया।
साईं को सियत मास दस लागें, ठोक ठोक के बीनी चदरिया।।
सो चादर सुर नर मुनि ओढ़िन, ओढ़ि के मैली कीनी चदरिया।
दास कबीर जतन से ओढ़िन, ज्यों के त्यों धर दीनी चदरिया।।

हजारीप्रसाद द्विवेदी की सम्मति है कि बीजक कबीर दास के मतों का पुराना और प्रामाणिक संग्रह है, इसमें सन्देह नहीं...... पर स्वयं बीजक ही इस बात का प्रमाण है कि साखियों को सबसे अधिक प्रामाणिक समझना चाहिए, क्योंकि स्वयं बीजक ने ही रमैनियों की प्रामाणिकता के लिए साखियों का हवाला दिया है। साखियों की भाँति बीजक के शब्द भी प्रामाणिक हैं। (कबीर, पृ० ३२-३३)। 'गुरु ग्रंथ साहब' के कबीर सम्बन्धी पदों की प्रामाणिकता के प्रति प्रायः सभी विद्वान् आश्वस्त दिखाई देते हैं। श्यामसुंदर दास ने 'कबीर ग्रंथावली' के परिशिष्ट में गुरुग्रंथ साहब के पाठ को प्रकाशित किया है। अयोध्या सिंह उपाध्याय हरिऔध द्वारा सम्पादित 'कबीर रचनावली' तथा वेलवेडियर प्रेस द्वारा प्रकाशित शब्दावली (दूसरा संस्करण) भी महत्वपूर्ण संपादन हैं। पं० हजारीप्रसाद द्विवेदी ने इनका उपयोग अपने ग्रंथ 'कबीर' में किया है। कबीर के विषय में विचार करते समय इनमें संग्रहीत पदों को भी निःसंकोच ग्रहण करना चाहिए।

कबीर की वाणी का बहुत सा हिस्सा लोक में समाविष्ट है। मौखिक परम्परा में उनका मूलरूप भाषिक स्तर पर ही नहीं बल्कि भावात्मक एवं वैचारिक स्तर पर भी पर्याप्त परिवर्तित हो गया है। कबीर के विचारों के समानुकूल मौखिक परम्परा में सुरक्षित रचनाओं को भी महत्त्व मिलना चाहिए। कबीरदास ऐसे विलक्षण सन्त हैं जिनकी उलटवासियों में अर्थ की अनेक सम्भावनाएँ निहित हो गयी हैं। एक विचार को काटने वाले दूसरे विचार वाले पद भी सहजता से उपलब्ध हो जाते हैं। कबीर में विचारों, प्रभावों, भाषा एवं शैलियों की इतनी व्यापकता है कि उनके विषय में सुनिश्चित मत बनाना सरल नहीं है। इसलिए कबीर के नाम पर मनोवांछित रचने और लिखने की संभावना का मार्ग सदैव प्रशस्त रहा। अपने विशेष स्वार्थ के पोषक महात्माओं ने गंभीर विचारों को उड़ाकर नए निजी विचारों को लाकर कबीर

की वाणी को विवादास्पद बनाकर भारतीय मनीषा के प्रति घोर अपराध किया है। कबीर साहित्य और कबीर पंथी साहित्य में स्पष्ट भेद बनता गया है। इसके प्रति भी सतर्कता अपेक्षित है। कुछ वर्षों पूर्व जयदेव सिंह तथा डॉ० वासुदेव सिंह ने भी कबीर वाणी का संपादन किया है लेकिन इन सबके बावजूद भी कबीर वाणी के प्रामाणिक पाठ के निर्धारण की आवश्यकता बनी है।

३. कबीर का युग और युगबोध

कबीर का जीवनकाल राजनीतिक दृष्टि से लोदियों का शासन-काल है। इस काल की राजनीतिक और सामाजिक परिस्थितियाँ कतिपय दृष्टियों से भारतीय इतिहास में महत्त्वपूर्ण हैं। मध्ययुग के पूर्वार्द्ध में मुसलमानों तथा हिन्दुओं का पारस्परिक संघर्ष काफी तीव्र था। तेरहवीं शताब्दी के आरम्भ में महमूद गजनवी और मुहम्मद गोरी ने राजपूत राजाओं पर निर्णायक विजयें प्राप्त कर ली थीं। तुर्कों के शक्तिशाली आक्रमण के परिणामस्वरूप भारत में मुस्लिम राज्य की स्थापना हो गई थी। कुतुबुद्दीन ऐबक, इल्तुतमिश, गयासुद्दीन बलवन आदि के पश्चात् दिल्ली के राजसिंहासन पर खिलजीवंश आरूढ़ हुआ। दिल्ली सल्तनत का युग (१२०६ ई० से लेकर १५२६ ई०) बाबर के हाथ लोदी वंश के पराजय तक चलता रहा। डॉ० ईश्वरीप्रसाद का मत है कि 'भारत में मुहम्मद (गोरी) ने जिस मुसलमान शक्ति की स्थापना की थी वह समय के साथ बढ़ती गयी और अल्पविस्तार के साथ स्थापित किया गया दिल्ली राज्य धीरे-धीरे बढ़ते हुए पूर्व के विशालतम साम्राज्यों में गिना जाने लगा। इस्लाम की गौरव वृद्धि के लिये यह कोई छोटी सेवा न थी।' इतिहास देखने से ज्ञात होता है कि शासनसत्ता हथियाने के लिए मुसलमानों में भी परस्पर लगातार युद्ध चलते रहे।

राजनीतिक लड़ाई हिन्दू-मुसलमान की लड़ाई नहीं थी बल्कि राजा और राजा की लड़ाई थी, चाहे वह हिन्दू हो या मुसलमान।

पूर्व मध्यकालीन भारतीय इतिहास में १४५१ में दिल्ली सल्तनत पर लोदी वंश का उदय हुआ। लोदीवंश की शासनसत्ता की शुरुआत बहलोल लोदी (१४५१-१४८९) के राज्यारोहण से होती है। बहलोल को जौनपुर के शर्कियों के साथ थोड़े-थोड़े अन्तराल के साथ ३४ वर्षों तक युद्ध करना पड़ा। बहलोल में जाति-पाँति और साम्प्रदायिक पक्षपात नहीं था। इसीलिए उसे कई हिन्दू राजपूतों से सहयोग प्राप्त था। बहलोल की मृत्यु के बाद उसका पुत्र सिकन्दर लोदी गद्दी पर आसीन हुआ। यह आधा हिन्दू आधा मुसलमान था, क्योंकि इसकी माँ सुनारिन थी। शायद इसीलिये इसमें अपेक्षाकृत अधिक कट्टरता थी। इसकी शासन-व्यवस्था उत्कृष्ट थी। इसके राज्यकाल में गरीबों तथा उत्पीड़ित व्यक्तियों की फरियाद सुनने की विशेष व्यवस्था थी। इसके अनेक गुणों तथा राजनीतिक सुव्यवस्था को ध्वस्त करने वाला एक ही अवगुण पर्याप्त था, वह था धार्मिक असहिष्णुता। उसने अपने विजय अभियानों में हिन्दुओं के मन्दिरों और धार्मिक स्थानों को नष्ट करके अपनी घोर धर्मान्धता का परिचय दिया। उसने हिन्दुओं पर यमुना के पवित्र घाटों पर नहाने का प्रतिबन्ध लगा दिया। जो हिन्दू 'इस्लाम' स्वीकार कर लेता था उसे तो छोड़ देता, नहीं तो हत्या का आदेश देने से नहीं चूकता था। तारीख-ए-दाऊदी में उल्लेख है कि 'वह इस्लाम का इतना बड़ा पक्षपाती था कि उसने काफिरों के समस्त मन्दिरों को नष्ट करवा दिया था और उनका नामोनिशान भी नहीं रहने दिया....। मथुरा में जहाँ हिन्दुओं के मन्दिर थे वहाँ उसने कारवाँ सराय तथा मदरसों के निर्माण का आदेश दिया। हिन्दुओं के पूजा के पत्थर (मूर्तियाँ) कसाइयों को दे दिए गए, ताकि

वे उससे मांस तौला करें। मथुरा में हिन्दुओं के लिए दाढ़ी तथा सिर मुड़वाने एवं नदी में स्नान करने पर प्रतिबन्ध था। बोदन नामक ब्राह्मण को उसने मात्र इस दोष के लिए मृत्युदण्ड दे दिया कि उसने कहा था कि इस्लाम एक सच्चा धर्म है किन्तु हिन्दू धर्म भी उससे कम सच्चा नहीं है। इतना कट्टर सिकन्दर व्यक्तिगत रूप से धर्मानुकूल आचरण में चूक कर देता था। वह दाढ़ी मुड़ाता था, संगीत का प्रेमी था। रोजा तथा नमाज में किंचित अनियमित था। उसकी इस धर्मान्ध नीति से हिन्दू प्रजा में असन्तोष फैल रहा था। सिकन्दर लोदी के बाद इब्राहीम लोदी दिल्ली के सिंहासन पर तथा जलाल जौनपुर के सिंहासन पर आरूढ़ हुआ। राज्य का यह विभाजन इब्राहीम को स्वीकार न था। उसने जलाल की हत्या करवा दी और उसे अपने एकाधिकार के मार्ग से हटा दिया। लोदी ने राणा साँगा से भी मुकाबला किया था किन्तु उसे सफलता नहीं मिल पाई। भारी संख्या में मुस्लिम सेना राजपूतों द्वारा काट डाली गई। अमीरों के साथ इब्राहीम के व्यवहार अच्छे नहीं थे। हुसैन फर्मूली राणा साँगा के पक्ष में चला गया था। इसलिये उसका वध करवा दिया गया। इसके अनेक अमीरों ने विद्रोह कर दिया। दौलत खाँ लोदी ने काबुल के शासक बाबर को पत्र लिखकर इब्राहीम का अन्त करने के लिए आमंत्रित किया और बहलोल के पुत्र आलम खाँ को अलाउद्दीन के नाम से सुल्तान घोषित कर दिया। बाबर तो पहले से ही धनधान्यपूर्ण भारत पर आँख लगाये बैठा था। उसने इस आमंत्रण का स्वागत किया। अन्ततः निर्णायक युद्ध पानीपत में २१ अप्रैल, १५२६ ई० को हुआ। इसके बाद मुगल शासन सत्ता स्थापित हुई।

इस काल में सुल्तान में सर्वोच्च कार्यपालक, सर्वोच्च सेनाध्यक्ष, सर्वोच्च विधि निर्माता और सर्वोच्च न्यायाधिकारी की शक्ति निहित थी। वह राज्य की सम्पूर्ण प्रजा का ही शासक नहीं था बल्कि मुस्लिम वर्ग का धार्मिक नेता भी था। शासक का प्रधान कर्त्तव्य था इस्लामी राज्य के आदर्शों का अनुपालन करना, और समस्त गैर मुस्लिम जनता को मुसलमान बनाना। इन पर मुल्लाओं और मौलवियों का भी गहरा प्रभाव था। वे धार्मिक पक्षपात की नीति को ही इस्लामी हुकूमत की मूल-भूत आवश्यकता मानते थे। इन राजाओं पर उलमा का न्यूनाधिक प्रभाव हरदम रहा।

लोदी काल में जागीरदारी प्रथा शुरू हो गयी थी। इस काल में जागीरदारों को केवल शाही खिदमत की ही पूर्ति नहीं करनी पड़ती थी बल्कि उन्हें बादशाह की सेनाओं में प्रेषित करने के लिए अपने खर्चे से फौज भी रखनी पड़ती थी। इब्राहीम लोदी के समय में लगातार फसल अच्छी होने के कारण मन्दी आ गयी थी। सोना-चाँदी जैसी बहुमूल्य धातुओं की कमी हो गई थी। इसके बावजूद मध्यकालीन सुल्तानों तथा बादशाहों का जीवन अत्यधिक शान-शौकत का था। शासक वर्ग खान-पान को स्तरीय रखने की कोशिश करते थे। हिन्दुओं की अपेक्षा मुसलमान अधिक मांसाहारी थे। मद्यपान का भी काफी प्रचलन था। अमीर घरानों में दावतों में खुलकर शराब पी जाती थी। युद्ध में विजय प्राप्त करने पर शराब पीने का सामूहिक कार्यक्रम आयोजित होता था।

मनोरंजन के साधनों में जीव-हत्या (शिकार) का भी बड़ा महत्त्व था। मछली पकड़ना, नौकाविहार, पशुदौड़ भी मनोरंजन के साधन थे। घर के अन्दर चौपड़, शतरंज खेले जाते थे। समाज में तीन वर्ग बन गये थे–शासक वर्ग, मध्य वर्ग तथा निम्न वर्ग। शासक वर्ग में राजा और अमीर आते थे और मध्यवर्ग में व्यापारी वर्ग। निम्न वर्ग में मुख्यतया कारीगर, दुकानदार, छोटे व्यापारी, किसान और मजदूर की गणना की जाती है। पैलसर्ट ने इस वर्ग की

स्थिति के विषय में लिखा है 'उनके मकान मिट्टी के बने हुए छप्पर की छतों के हैं। कुछ मिट्टी के घड़ों, पकाने के बर्तनों और दो चारपाइयों के अतिरिक्त उनके घरों में साज-सज्जा की सामग्री या तो बहुत कम है या बिल्कुल नहीं है। उनके बिछौने बहुत कम हैं केवल एक या दो, संभवतः दो चादरें हैं जिनमें से एक बिछाने और दूसरा ओढ़ने के काम आता है। ग्रीष्म ऋतु के लिए ये काफी हैं–किन्तु कड़ाके के जाड़ों की रातें वस्तुतः दयनीय होती हैं।' अमीर और सामन्त लोग इन गरीबों से बेगार भी लेते थे। इन्हें जीविका अर्जित करने के लिए कड़ी मेहनत करनी पड़ती थी। इन लोगों का खान-पान अति साधारण था। सत्तू तथा खिचड़ी खाने का आम रिवाज था।

भारत में जाति-व्यवस्था अत्यन्त प्राचीनकाल से चली आ रही है, किन्तु मध्यकाल में इस व्यवस्था में अनेक विकृतियाँ पैदा हो गयीं। चार वर्गों के अन्तर्गत कई जातियाँ और उपजातियाँ पैदा हो गयीं। मुसलमानों में भी जातीय भेदभाव की स्थितियाँ स्पष्ट हैं। शिया, सुन्नी का भेद तो था ही, विजेता मुसलमानों तथा धर्मान्तरित मुसलमानों में भी पारस्परिक भेद-भाव था। डॉ० आशीर्वादी लाल का कथन है–'हमारे देश के इतिहास में किसी भी युग में मानव जीवन का इतना नृशंसतापूर्ण नाश नहीं किया गया जितना तुर्क अफगान शासन के इन ढाई सौ वर्षों में।' शूद्रों की दयनीय स्थिति का लाभ मुसलमानों को मिला। कुछ डर से, कुछ लोभ से बहुत से शूद्र मुसलमान हो गये। हिन्दुओं में पेशे के अनुसार जातियों का निर्माण हो गया था। ब्राह्मणों का समाज में सम्मान पूर्ण स्थान था, किन्तु उनका परम्परागत गौरव क्षीण हो रहा था। वे पूजा-पाठ के साथ आर्थिक विकास की ओर भी ध्यान देने लगे थे। ब्राह्मणों की तरह क्षत्रियों को भी उच्च स्थान प्राप्त था। इनका मुख्य कार्य था युद्ध करना। इनमें भी अनेक उपजातियाँ बन गयी थीं। राजवंशीय क्षत्रिय अधिक सम्मानित थे। पूर्व मध्यकालीन समाज में 'कायस्थ' नाम की नई जाति विकसित हुई। जो व्यक्ति लिपिक के पद पर कार्य करते थे उन्हें 'कायस्थ' कहा जाता था। वैश्य मुख्य रूप से वाणिज्य और व्यवसाय में संलग्न थे, ये कृषि तथा उद्योग-धन्धों में भी रुचि रखते थे। समाज में निम्नतम स्थान था शूद्रों का। इनमें एक वर्ग ऐसा था जिसे छूना भी पाप था, ये जातियाँ प्रायः नगर तथा गाँव के बाहर रहती थीं।

मध्यकाल में आदमी की खरीद फरोख्त का भी धन्धा था। धनवान लोग असंख्य दास दासियाँ खरीद और रख सकते थे। इन्हें पशुओं की तरह खरीदा और बेचा जाता था। मालिक की सेवा तथा मनोरंजन इनका मुख्य कार्य था। कुछ दासों ने अपनी योग्यता और प्रतिभा से उच्च स्थान भी प्राप्त कर लिया था।

मध्यकाल में स्त्रियों की स्थिति धीरे-धीरे गिरती जा रही थी। उनमें पर्दा प्रथा का प्रचलन हो गया था। ये मुख्यतः मनुष्य के लिए उपभोग की वस्तु हो गयी थीं। सती-प्रथा जोरों पर थी। उसे पति की मृत्यु के पश्चात् उसके साथ चिता में जलकर शरीर त्याग करना पड़ता था। राजपूत नारियों में जौहर की प्रथा चल गयी थी।

कबीर के समय सिद्धों और नाथों की साधना तो चल ही रही थी सूफियों का भी भारत में प्रवेश हो गया था। सूफी मत की उदारता ने लोगों को इस्लाम की अपेक्षा अधिक आकर्षित किया। रामानुजाचार्य, निम्बार्काचार्य, बल्लभाचार्य, मध्वाचार्य, आदि दार्शनिकों ने अपने विचारों से भक्ति के विकास के लिए मार्ग प्रशस्त कर दिया था। भक्ति-आन्दोलन के अग्रदूत रामानन्द की समानता की उद्घोषणा से दलितों में जागरण की लहर पैदा हो गयी थी। भक्ति-

आन्दोलन के आरंभिक काल में सामान्य भारतीय जनता का झुकाव धर्म के आडम्बरों की ओर अधिक था।

अत्यन्त संक्षेप में कबीर के समय की राजनीतिक, सामाजिक और धार्मिक परिस्थितियों का अवलोकन करने के बाद उनसे जुड़ी हुई समस्याएँ स्वतः उभर कर सामने आ जाती हैं। तत्कालीन राजनीति से कबीर अप्रत्यक्ष रूप से ही प्रभावित होते हैं। तत्कालीन सामाजिक जीवन पर भी राजनीतिक उथल-पुथल का अप्रत्यक्ष रूप से ही प्रभाव पड़ रहा था। राजा को ईश्वर का पर्याय मानने वाली जनता के सामने अब ऐसे राजागण आ गये थे जो उनके ईश्वर के लिए घातक थे और उनकी युग-युग से प्रतिबद्ध आस्थाओं के भी प्रभंजक थे। राजा की शासन-व्यवस्था तथा कर-व्यवस्था से सामान्य जनों का भौतिक जीवन थोड़ा-बहुत बेहतर हो सकता था। कुछ सुल्तानों ने जनहित का यथासंभव प्रयत्न भी किया, किन्तु भाग्यवादी एवं धर्मप्रवण भारतीयों पर उसका असर लगभग नगण्य रहा। धार्मिक कट्टरता एवं बर्बरता से हुए भयानक घाव को लोक कल्याण का हल्का मलहम भर नहीं पाता था। गद्दी हथियाने के लिए होने वाले युद्धों के कारण धन-जन की काफी हानि होती थी। राजनीतिक और धार्मिक दोनों क्षेत्रों में हिंसा का दौर चल रहा था। इसीलिए कुछ धर्मों के द्वारा प्रचारित अहिंसा का आदर्श सामाजिक धरातल पर एक मूल्य के रूप में प्रतिष्ठित हो रहा था। कबीर हर प्रकार की हिंसा का विरोध करते हैं विशेषतया धर्म और स्वाद से सम्बन्धित हिंसा का। स्वाद के वशीभूत होकर मनुष्य प्रबल अत्याचार करता है और निर्दोष का खून करके ईश्वर के समक्ष न्याय की याचना करता है–

जोरी कियां जुलम है, माँगै न्याव खुदाइ।
खालिक दरि खूनी खड़ा, मार मुहे सुहिं खाइ।।

ब्राह्मणों द्वारा किये जाने वाले बलि-कर्म की ओर संकेत करते हुए कबीर कहते हैं–

जीव बधत अरु धर्म कहत हौ, अधरम कहाँ है भाई।
आपन तौ मुनिजन ह्वै बैठे, कासनि कहौं कसाई।।

कबीर की वाणी में तत्कालीन मानवीय संवेदना बड़ी व्यापकता और समग्रता से ध्वनित है। उनका संकल्प राजा-महाराजाओं की लड़ाइयों का ब्यौरा तथा उनके मिथ्या गुणवाद को प्रस्तुत करना नहीं है, किन्तु किसी भी सशक्त इतिहासकार से भी अधिक वे अपने समसामयिक सांस्कृतिक जीवन को अभिव्यंजित करते हैं। वे एक जागरूक रचनाकार की तरह अपने सम्पूर्ण अनुभवों को अपनी रचना में पुनर्सृजित करते हैं। उनके रूपकों और उपमानों में मध्ययुग साकार हो जाता है। मध्यकाल में दुर्ग का बड़ा महत्त्व था। राजा इसी में रहता था लेकिन सशक्त फौजों के द्वारा घिर जाने पर रखवाले भाग जाते थे और स्वामी पकड़ लिया जाता था। महल में रानियाँ अपने स्वामी के लिए रोने लगती थीं–

छूंटी फोज आनि गढ़ घेर्‌यौ, उड़ि गयौ गूड़र छांडि तनी।
पकर्‌यो हंस जम ले चाल्यौ, मन्दिर रोवै नारि घनी।।

मध्यकालीन राजतन्त्र में विविध अंगों, उपांगों की परिकल्पना करके ईश्वर के दरबार के चित्रण में कबीर तत्कालीन राजसी जीवन को ही प्रतिबिम्बित करते हैं। मंत्री, सेनापति, पैगम्बर, शेख, खवास तथा सेवक इसके अभिन्न अंग हैं। सामान्य व्यक्ति की पहुँच राज-दरबार तक बहुत कम हो पाती है–

तहाँ मुझ गरीब की, को गुदरावै।
मजलसि दूरि, महल को पावै।।
सतरि सहस सलार हैं जाकै, आसी लाख पैगंबर ताकै।।
सेख जु कहिए सहस अठ्यासी, छपन कोड़ि खेलिबे खासी।
कोड़ि तेतीसूँ अरु खिलखानां, चौरासी लख फिरैं दिवानां।

तत्कालीन समाज के विविध वर्गों के रहन-सहन, महत्त्व तथा खान-पान का भी संकेत कबीर साहित्य में मिलता है। कबीर के समय में तीन वर्ग थे पहला धनी-सम्पन्न वर्ग, दूसरा मध्यमवर्ग और तीसरा निम्नवर्ग। मीर, मलिक और छत्रपति राजा प्रभुता सम्पन्न वर्ग था। इनकी शक्ति की कबीर इन पंक्तियों में व्यंजना करते हैं–

तंत न जानू मंत न जानूं, जानूं सुन्दर काया।
मीर मलिक छत्रपति राजा, ते भी खाये माया।।

ते भी कहकर कबीर अपनी सामर्थ्य को उद्‌घाटित करते हैं। यही वह वर्ग है जिसके पास पाट-पटंबर और निवार की सेज है। निम्नवर्ग के पास सिर्फ जीर्ण-शीर्ण गूदरी तथा पुआल की सेज है। समाज की अजीब व्यवस्था है। कुचरित्र व्यक्ति जीवन में आनन्द मना रहे हैं। वे जो सदा दुआएँ करते हैं पर छुरी बजाते रहते हैं। भगवान् में आस्था रखने वाले दरिद्र और भिखारी हैं।

कबीर अपने युग की आर्थिक व्यवस्था के एक महत्त्वपूर्ण तथ्य का निरूपण करते हैं। साधारण व्यापारी वर्ग व्यापार के लिए धनिकों से ऋण लेता था। ऋण से सम्बन्धित शर्तों की बराबर लिखा-पढ़ी होती थी। सवाई अर्थात् ब्याज की दर २५ प्रतिशत रखी जाती थी। इसमें कोई एक व्यक्ति जमानतदार भी होता था ऋणदाता 'बोहरा' जाति से सम्बद्ध होते थे या उन्हें बोहरा कहा जाता था। ऋण का भुगतान न कर पाने पर कैद की सजा हो जाती थी। इस व्यवस्था को व्यक्त करने वाला कबीर का पद है–

मन रे कागद कीन पराया।
कहा भयौ व्यौपार तुम्हारै, कलतर बढ़ै सवाया।
बड़ै बोहरै सांटा दीन्हों कलतर काढ़्यौ खोटैं।।

X X X

पूँजी वितड़ि बदि लै दैहै, तब कहै कौन कै छूटै।
गुरुदेव ग्यांनीं भयौ लगनिया, सुमिरन दीन्हौं हीरा।।

कबीर ने गरीब किसानों की दुर्दशा को बहुत समीप से देखा था, उनकी आर्थिक स्थिति इतनी खराब थी कि वे निर्धारित कर जमा करने में असमर्थ थे। लगान वसूलने वाले कर्मचारियों का व्यवहार उनके प्रति बहुत कटु था। गाँव का ठाकुर खेत की माप सही नहीं कराता था। खेत का माप करने वाले कायस्थ भी ठाकुर के अनुकूल ही गलत-सही माप कर देते थे। बलाधिकृत, दीवान आदि के विरुद्ध मुँह खोलने की किसी में हिम्मत नहीं थी। छोटे-छोटे किसान इनके अत्याचार के भय से घर छोड़कर भाग जाते थे। गाँव के महतो को पकड़ कर धर्मराज (धर्माधिकारी) के पास प्रस्तुत किया जाता था। कबीर ने एक रूपक में अपने युग की दीन-दशा का कितना संवेदनात्मक चित्र अंकित किया है–

अब न बसूं इहिं गाइं गुसाईं।
तेरे नेवगी खरे सयाने हो राम।।
नगर एक तहाँ जीवधर महता, बसै जु पंच किसानां।
नैनौं नकटू श्रवनूं, रसनूं यंद्री कह्या न मानै हो राम।।
गांई कुठाकुर खेत कुनेपै, काइथ खरच न पारै।
जोरि जेवरी खेत पसारै, सब मिलि मोकौं मारे हो राम।।
खोटो महतौ बिकट बलाही, सिरकस दम का पारै।
बुरौ दिवांन दादि नहिं लागै, इक बांधै इक मारै, हो राम।।
ध्रमराइ जब लेखा मांग्या, बाकी निकसी भारी।
पांच किसानां भाजि गये हैं, जीवधर बाध्यौ पारी हो राम।।

किसान खेतों की सिंचाई मुख्यतया कुएँ से करते थे। उनका परिश्रम अन्त तक फलीभूत हो सके इसके लिए खेती की रखवाली भी आवश्यक होती थी। खेत में विझुका लगा दिया जाता था जिनसे जानवर भयभीत हो जाते थे। अधोलिखित पद में इसी व्यवस्था का रूपक बनाया गया है–

जतन बिन मृगनि खेत उजारे।
टारे टरत नहीं निस बासुरि, बिडरत नहीं बिडारे।।

निम्न वर्ग के आवास, घरेलू स्थिति, पात्र आदि के मार्मिक चित्र कई पदों में अंकित मिलते हैं। उनके घर की दीवारें कच्ची होती थीं। उन पर छप्पर की छत होती थी। घर के अन्दर मिट्टी के पात्र होते थे। आँधी-तूफान का सामना करने में ये असमर्थ थे। दुर्दिन में गरीबों को भीग-भीग कर समय गुजारना पड़ता था। कबीर द्वारा प्रयुक्त लौकिक बिम्बों में उपर्युक्त तथ्यों का विस्तृत परिचय मिलता है–

संतो भाई आई ग्यांन की आँधी रे।
भ्रम की टाटी सबै उडांणी, माया रहै न बाँधी रे।।
दुचिते की दोइ थुनीं गिरांनी, मोह बलींडा टूटा।
त्रिस्नां छांनि परी धर ऊपरि, कुबुधि का भांडा फूटा।।

इसी तरह का एक दूसरा रूपक है–

इब न रहूँ माटी के घर मैं,

x x x

छिनहर घर अरु झिरहर टाटी, घन गरजत कंपै मेरी छाती।

इस तरह की अर्थव्यवस्था में भी चोरों का भय व्याप्त था–

जागि रे जीव जागि रे।

चोरन कौ डर बहुत कहत है, उठि उठि पहरै लागि रे।।

इसके विपरीत उच्च वर्ग के लोग थे जिनमें राजा भी एक था। उसके पास राजपाट, सिंहासन, आसन के साथ बहुत सी सुन्दरियाँ रमण के लिए थीं। चंदन, कपूर आदि सुवासित पदार्थ उनके सौंदर्य प्रसाधन थे–

राजपाट स्यंघासण आसण, बहु सुंदरि रमणां।
चंदन चीर कपूर विराजत, अंति तऊ मरणां।।

कबीर ने जुलाहा, रंगरेज, किसान, लुहार, सुनार, कलाल आदि के व्यवसायों का भी चित्रण किया है। कबीर साहित्य के अध्ययन से पता लगता है कि उस समय धातु-शोधन तथा शराब बनाना भी प्रमुख व्यवसाय थे। गरीबी से अधिक अपमान जनक होती है सामाजिक उपेक्षा। जाति-पाँति के आधार पर विभाजित समाज में उच्चवर्ग और निम्नवर्ग के बीच पारस्परिक सम्बन्धों में कटुता और तिक्तता बहुत अधिक बढ़ गयी थी। वर्ण-व्यवस्था की विकृतियाँ नितान्त अमानवीय अवस्था में पहुँच चुकी थीं। हिन्दू बनाम मुसलमान, उच्चवर्ण बनाम निम्नवर्ण आदि के पारस्परिक संघर्षों में मानवता कराह रही थी। कबीर का संवेदनशील मन इस क्रूर स्थिति से अत्यधिक बेचैन था। उन्होंने धर्म, सम्प्रदाय और जातियों में विभाजित मानवता को समन्वित करने का यत्न किया। वे जीवन पर्यन्त अपने युग की इस जटिलतम समस्या से लोहा लेते रहे। उन्होंने ऐसे-ऐसे तर्कों से जाति-पाँति की दीवारों पर धक्का मारा कि उनकी वाणी से धर्म तथा राजनीति के ठेकेदार बेचैन हो उठे। कबीर का यह पद द्रष्टव्य है–

जौ पैं करता बरण बिचारै।
तौ जनमत तीनि डांडी किन सारै।।

x x x

नहिं कोउ ऊंचा नहिं कोउ नींचा, जाका प्यंड ताही का सींचा।
जे तूं बाभन बभनी जाया, तो आन बाट ह्वै काहे न आया।।
जे तूं तुरक तुरकनीं जाया, तौ भीतरि खतनीं क्यूँ न कराया।
कहै कबीर मधिम नहिं कोई, सो मधिम जा मुखि राम न होई।।

परमतत्त्व भगवान ने एक ज्योति पैदा की है इसमें कौन उत्तम और कौन अधम है–

१. **अल्ला एकै नूर उपनाया, ताकी कैसी निन्दा।**
ता नूर थैं सब जग कीया, कौन भला कौन मन्दा।।

२. **एक बूँद एकै मल-मूतर, एक चांम एक गूदा।**
एक ज्योति थैं सब उतपनां कौन बाम्हंन कौन सूदा।।

स्वामी और दास प्रथा का ही प्रभाव था कि मध्यकालीन भक्तों ने भगवान् को अपना स्वामी तथा अपने को उनका क्रीतदास निरूपित किया। कबीर ने एक स्थल पर कहा है कि मेरा मूल्य कौड़ी भर भी नहीं था किन्तु ईश्वर की कृपा से मैं लाखों के मूल्य का हो गया हूँ।

कबीर के साहित्य में तत्कालीन लोक-रुचि, लोक-संस्कार तथा खान-पान सम्बन्धी पर्याप्त सूचनाएँ मिलती हैं। कबीर ने ऐसे अनेक रीति-रिवाजों का चित्रण किया है जो पिछले कई सौ वर्षों से आज तक प्रचलित हैं। विवाह सम्बन्धी रूपकों में हिन्दू-विवाह की पद्धति तथा कन्या की विदाई का दृश्य साकार हो उठता है–

दुलहनीं गावहु मंगलचार।
हम घरि आये हो राजा रांम भरतार।।
तन रति करि मैं, मन रति करिहूँ, पंचतत बराती।

x x x

सरीर सरोवर बेदी करिहूँ, ब्रह्मा बेद उचार।
रामदेव संग भाँवरि लेहूँ, धनि-धनि भाग हमार।।

गरीब जनता को हलवा-पूड़ी तो जल्दी नसीब नहीं हो पाता था। वे भगवान वा देवी-देवता की मनौती के बहाने हलवा, पूड़ी, लुचिया आदि भोज्य पदार्थों की व्यवस्था करते थे। इतिहासकारों ने उस समय के मुख्य खाना (भोजन) में खिचड़ी का उल्लेख किया है, कबीर ने भी इस तथ्य की ओर संकेत किया है–

कबीर खूब खांड है खीचड़ी, मांहि पडैं टुक लूंण।
हेड़ा रोटी खाइ करि, गला कटावै कौंण।।

कबीर ने आसव (शराब) की निर्माण-पद्धति तथा उसके पान का बहुत अधिक रूपकात्मक प्रयोग किया, इससे यही सिद्ध होता है कि कबीर के समय में आसव पान की विशेष रुचि थी। कबीर ने 'रामरस' की उत्कृष्टता का अंकन करके, प्रकारान्तर से लोगों को उससे विरत होने की सलाह दी है। जनसाधारण में विशेषकर उच्चवर्गीय समाज में कामिनी और कंचन का मोह अधिक था। इतिहासकारों ने कबीर के समय में मुद्रा के प्रसार की कमी का उल्लेख किया है। कबीर की वाणी से यह संकेत मिलता है कि जिनके पास धन था वे संचय को अधिक महत्त्व देते थे। धन-संग्रह की वृत्ति का ही परिणाम था कि मुद्रा-प्रसार बहुत शिथिल हो गया था। समाज में भुखमरी भी व्याप्त थी। भूख से मुक्ति दिलाने की कोई कारगर व्यवस्था न थी। लोगों को भगवान का ही भरोसा रह गया था–

कबीर भूखा भूखा क्या करै, कहा सुनावै लोग।
भाँडा घड़ि जिनि मुख दिया, सोई पूरण जोग।।

कबीर ने अपने युग में प्रचलित वाद्यों जैसे मादल, रबाब, ढोल, दमामा, दुड़बड़ी, शहनाई, भेरी आदि का उल्लेख किया है। एक रूपक में लोकनृत्य का चित्र पूर्णतया साकार हो उठता है–

ताथैं मोहि नाचिबौ न आवै,
मेरौ मन मंदला न बजावै।

x x x

काम चोलनां भया पुराना, मोपै होइ न आनां।

कबीर के साहित्य में सती और सूर को विशेष सम्मान के साथ ग्रहण किया गया है। युद्ध की अधिकता के कारण बहुत सी स्त्रियाँ प्रचलित प्रथा के अनुसार सती हो जाती थीं। इस क्रूर प्रथा के पीछे यह दृढ़ आस्था थी कि पति-पत्नी का सम्बन्ध शाश्वत होता है। इसीलिए पति की मृत्यु हो जाने पर पत्नी को उसका साथ निभाने के लिए सती हो जाना चाहिए। कबीर को नारी का यह साहसपूर्ण बलिदान बहुत गहराई से प्रभावित किया था। मध्यकालीन जीवनदृष्टि के परिप्रेक्ष्य में कबीर इस प्रथा की बुराई की ओर संकेत तो नहीं कर सके, किन्तु उसे उन्होंने अपनी भक्ति का आदर्श अवश्य मान लिया। फारसी कहानियों में जहाँ कुछ गिने-चुने उत्सर्ग के प्रमाण मिलते हैं वहीं हिन्दू घरों में हर विधवा नारी अपने महान् त्याग का परिचय देती थी। मानवीय करुणा की भावना से सम्पृक्त कबीर में मानवीय गौरव के प्रति भी निष्ठा थी। इसीलिए वे उस नारी को त्याग के लिए ललकारते हैं जो हाथ में सिंधोरा लेकर चिता पर चढ़ने के लिए अग्रसर होती है। प्रत्यावर्तन की स्थिति में उसे जो घोर

अपमान और सामाजिक यातना सहनी पड़ेगी वह मृत्यु से भी अधिक दर्दनाक होगी। शायद इसीलिए प्रत्यावर्तन की बात उनके दिमाग में आती ही नहीं है–

कबीर अब तौ ऐसी ह्वै पड़ी, मन का रुचित कीन्ह,
मरनै कहा डराइये, हाथि स्यंधौरा लीन्ह।

कबीर उन सूरों की भी प्रशंसा करते हैं जो स्वामी के हित के लिए अपने प्राणों की बलि दे देते हैं। उस समय राष्ट्रहित और स्वामी का हित अभिन्न था। युद्ध में नवयुवकों को आकर्षित करने के लिए स्वामी और सेवक के सम्बन्धों को बढ़ा-चढ़ाकर उद्‌घाटित करना उस युग का एक अकाट्य यथार्थ था–

कबीर सूरा तब ही परषिये, लड़ै धणीं के हेत।
पुरजा पुरजा ह्वै पड़ै, तऊ न छाडैं खेत।।
कबीर अब तौ झूझ्यां ही बणै, मुड़ि चाल्यां घर दूरि।
सिर साहिब कूं सौंपिये, सोच न कीजै सूर।।

कबीर साहित्य में तत्युगीन धार्मिक आस्थाओं का भी प्रतिबिम्बन हुआ है। नाथों और सिद्धों की साधना पद्धति में धर्म का जो रूप अवशिष्ट था उसमें चामत्कारिकता की प्रधानता थी। कबीर जहाँ भी अवधूत या योगी को सम्बोधित करते हैं उन्हीं की शैली में प्रतीकात्मक भाषा का इस्तेमाल करते हैं। कबीर को स्वयं को स्थापित करने के लिए नाथ-योगियों को परास्त करना आवश्यक था। संभवतः इसीलिए उन्होंने उसकी यौगिक क्रियाओं को भक्ति मार्ग में समाविष्ट कर दिया। धर्म में आडम्बर की प्रमुखता हो जाने के कारण उसका मूल तत्त्व लोगों की दृष्टि से ओझल हो गया था। परम्परागत पौराणिक धर्म पंडितों और पुरोहितों के व्यवसाय का साधन बनता जा रहा था। इस्लाम में भी इतनी कट्टरता थी कि वह अमानवीयता की सीमाओं को छूने लगी थी। धर्म के आवेश में काजियों, मुल्लाओं और मौलवियों की सलाह से धर्म-प्रसार के नाम पर बड़े-बड़े नरसंहार हो रहे थे। कबीर जो बार-बार हिंसा के विरोध में ऊँचे स्वर में चीखते हैं वह अकारण नहीं है, और उसे जैन और बौद्ध धर्म के अहिंसावाद का प्रभाव मात्र नहीं माना जा सकता है। शाक्तों की कटु निन्दा के पीछे भी समदर्शी कबीर की हिंसा विरोधी भावना ही मुखरित है। हिन्दुओं (पौराणिक धर्म का आचरण करने वाले) और मुसलमानों की अलग-अलग साधनाएँ तो प्रचलित थीं ही, योगी, यती, तपस्वी, संन्यासी, मौनी, जटाधर अनेक तरह के साधक अपना-अपना मठ और देवालय बनाकर धर्म-साधना में तल्लीन थे। विभिन्न आडम्बरों और अहंकार में विलीन सात्त्विक धर्म को पुनः स्थापित करने की चेष्टा में एक ओर उभर रहा था वैष्णव धर्म और दूसरी ओर इस्लामी कट्टरता से विरत प्रेम और सौहार्द की पवित्र भावना लेकर उठ रहा था सूफी धर्म। कबीर ने सभी धर्मों के आन्तरिक मर्म को समझकर एक सार्वभौमिक सहज धर्म की खोज का बीड़ा उठाया था। कबीर की ही साधना तथा चुनौती के परिणामस्वरूप भक्ति के क्षेत्र में तुलसी और राजनीति में अकबर जैसे व्यक्तियों का जन्म हुआ।

कबीर साहित्य में उपलब्ध राजनीतिक, सामाजिक तथा धार्मिक संदर्भों से यही निष्कर्ष निकलता है कि एक सशक्त रचनाकार के रूप में कबीर ने अपने युग के यथार्थ को अच्छी तरह से पहचाना था। उन्होंने ऐतिहासिक तथ्य को अपनी रचना का सत्य बनाकर प्रस्तुत किया। इसीलिए युगसत्य भावसत्य बनकर अत्यधिक संवेद्य हो उठा है। विरक्त सन्त होते हुए भी वे साधारण जनों के दुख-दर्द के सहभोक्ता थे, राजनीति से कोसों दूर रहकर भी

राजनीतिक षड्यंत्र की यातना से व्यथित थे। अपनी जन-आस्था के कारण कबीर अपने युग को किसी राज्याधीन इतिहासकार की अपेक्षा अधिक ईमानदारी से तथा प्रामाणिक ढंग से समझ सके और प्रस्तुत कर सके।

४. कबीर : अर्जित परम्परा

समकालीनता तथा परम्परा पूर्णतया एक दूसरे से विच्छिन्न नहीं किये जा सकते हैं। इसलिए अपने समकालीन यथार्थ की सम्यक् पहचान रखने वाला रचनाकार अपनी पूर्व परम्पराओं को एकदम से नकार कर नहीं चलता, बल्कि उन्हें समकालीन समस्याओं के परिप्रेक्ष में नया अर्थ देता है। इस तरह वह परम्परा को समकालीनता का अभिन्न एवं अनिवार्य अंग बना देता है। नवीनीकरण की इस प्रक्रिया में वह उन तमाम परम्पराओं को जो गलित रूढ़ियाँ बनकर मानव-प्रगति में अवरोधक बन जाती हैं उन्हें ध्वस्त भी करता है। यह कार्य तभी उचित ढंग से सम्पन्न हो पाता है जब उसमें परम्परा के प्रति निरर्थक मोह नहीं होता। कबीर निश्चित रूप से ऐसे ही सर्जक हैं जो परम्परा को तोड़ते ही नहीं बल्कि अपनी समकालीनता से उसे नये अर्थ में जोड़ते भी हैं।

अब यह देखना है कि कबीर के साहित्य में परम्परा का कौन-सा रूप प्रतिष्ठित होता है और कौन-सा रूप बहिष्कृत। प्रतिष्ठित होने वाली परम्परा को कबीर कैसे अर्जित करते हैं। कबीर का मूल संकल्प था मानवता को हर प्रकार के बन्धनों से मुक्त करके अखंड आनन्द की प्राप्ति कराना। वे इस उद्देश्य की पूर्ति के लिए वैयक्तिक साधना के स्तर पर प्रयत्न करते हैं और उस प्रयत्न में भी लोगों को सम्मिलित होने के लिए आमंत्रित करते हैं। वे अपनी साधना में सम्पूर्ण मानव समुदाय को सहयोगी बनाना चाहते हैं, किन्तु कबीर के समय तक लोग अपने को पहले हिन्दू, मुसलमान, ब्राह्मण, क्षत्रिय, वैश्य, शूद्र, वैष्णव, शाक्त, शैव, बौद्ध, जैन समझते थे बाद में कुछ और। इसलिए वे कबीर के साथी कैसे बन सकते थे। उनमें अपना घर अर्थात् सम्प्रदाय, जाति आदि का घेरा तोड़ने की हिम्मत हो तब न। कबीर के समक्ष भी कठोर चुनौती थी उन्हें ऐसी साधना-भूमि पर लाने की, जहाँ खंडित परम्परा नहीं, अखंडित, पूर्ण भारतीय परम्परा की सम्बद्धता हो और जिसमें अविरोधी तत्त्वों का संगठन हो, जहाँ भारतीय चिन्तन की लघुतम धाराओं को जोड़कर महाधारा का प्रवाह हो। नवागत विदेशी धर्म इस्लाम के अनुयायियों को भी इसी व्यापक मानव धर्म से जोड़ने की इच्छा थी कबीर की। इस इच्छा की पूर्ति कठिन अवश्य थी क्योंकि शासक के धर्म की ओर जो भय या प्रलोभन से धर्मान्तरण का प्रवाह था उसे उल्टी दिशा में मोड़ना साधारण काम नहीं था। यदि उनके मुड़ने की कोई स्थिति निर्मित भी होती तो चिन्तन की किस परम्परा से—उनको जोड़ा जाता। क्या उन्हें ब्राह्मण धर्म में स्थान मिल सकता था, क्या उन्हें बौद्ध या जैन या कोई अन्य धर्मावलम्बी बनाया जा सकता था। किसी एक धर्म से जुड़ने से तो समस्या का समाधान न होता। पहले तो हिन्दू धर्म को ही एक भारतीय धर्म के रूप में प्रतिपादित करने की आवश्यकता थी जिससे एक संगठित शक्ति का निर्माण हो सके और भारतीय अस्मिता की रक्षा की जा सके।

इस विमर्श से यही निष्कर्ष निकलता है कि कबीर अपने से पूर्व की परम्पराओं को जोड़कर एक अखंडित परम्परा का निर्माण करना चाहते थे। वही उनके युग की प्रबल माँग भी थी। धर्म और चिन्तन के अलग-अलग सम्प्रदायों, सैद्धान्तिक और व्यावहारिक तत्त्वों से

अवगत होना, नीच जाति से सम्बद्ध अनपढ़ कबीर के लिए कितना मुश्किल का कार्य था। वेद, उपनिषद्, योग, शास्त्र आदि का अध्ययन क्या कबीर के वश का था। कबीर ने अपनी महान् प्रतिभा और उत्कट जिज्ञासा के बल पर साधुओं-संन्यासियों, चिन्तकों, विचारकों और योगियों के समीप बैठकर विस्तृत ज्ञान को सुनकर प्राप्त कर लिया, उन्होंने श्रुत ज्ञान को अपने अनुभव तथा चिन्तन से परिपक्व किया और अपने विवेक की कसौटी पर कसकर उसके खरेपन की परख की। इस तरह श्रुत ज्ञान अनुभूत ज्ञान में परिणत होता गया। ज्ञान का आभिजात्य स्वरूप लोकभाव में रूपांतरित होकर कबीर के पास पहुँचता है। इसीलिए उसमें वितण्डा न होकर सहजता है। कुल मिलाकर यों कह सकते हैं कि कबीर का शास्त्रीय परम्पराबोध एक जागरूक जिज्ञासु-जन का सहज बोध है। साधारण-जन तक पहुँचने वाली परम्परा और कबीर द्वारा प्राप्त की गयी परम्परा में बहुत बड़ा अन्तर है। साधारण-जन को परम्परा का ज्ञान अपने जाति या आवास इकाई के सीमित दायरे में होता है। उसकी सीमित सामाजिक सम्बद्धता भी उसे संकुचित कर देती है। इसके विपरीत कबीर ने भारत के अधिकांश भागों का भ्रमण करके, तरह-तरह के सन्तों, महात्माओं और ज्ञानियों का संसर्ग करके इस व्यापक परम्परा का साक्षात्कार किया था। उसमें लोक की सीमितता नहीं है।

भारतीय चिन्तन धारा में वेदों और उपनिषदों का गहरा प्रभाव रहा है। नास्तिक कहे जाने वाले दार्शनिक भी इसके प्रभाव से अछूते नहीं रहे। इसीलिए इस तरह की उक्तियाँ प्रचलित हुई हैं–

वेदाद्धर्मो हि निर्वभौ।
वेदो हि अखिलोधर्ममूलम्।।

विद्वानों ने कबीर को वेद-विरोधी धारा का कवि माना है। कबीर का यह कथन उनके मत का सबल प्रत्युत्तर है–

'वेद कतेव कहहु मत झूठा, झूठा जो न विचारे।'

कबीर का विरोध वेद के उस रूप से था जो पुरोहितों द्वारा जटिल कर्मकांड का पर्याय बन गया था। उपनिषदों में भी कर्मकांड के विरोध का स्वर प्रस्फुटित होने लगा था, चिन्तन में ज्ञान की विशेष महत्ता स्वीकृत हो रही थी। मध्यकालीन धर्म साधना के अधिनायक कबीर चिन्तन की इस प्रकृष्ट परम्परा से मुख मोड़कर नहीं चल सकते थे। उनकी ज्ञानाश्रयी साधना, आत्मा और परमात्मा के अभेदत्व की मान्यता, उपनिषदों की ही देन है। कबीर द्वारा परिकल्पित ब्रह्म भी मूलतः उपनिषदों का ही ब्रह्म है। माण्डूक्योपनिषद् में कहा गया है–

अजमनिद्रमस्वप्नमनामकमरूपकम्।
सकृद्विभातं सर्वज्ञं नोपचारः कथंचन।।३६
सर्वाभिलापविगतः सर्वचिन्ता समुत्थितः।
सुप्रशान्तः सुकृज्ज्योतिः समाधिरचलीऽभयः।।३७

(अद्वैत प्रकरण)

वह ब्रह्म जन्म रहित (अज्ञान रूप), निद्रा रहित, स्वप्न शून्य, नामरूप से रहित, नित्य प्रकाश स्वरूप और सर्वज्ञ है, उसमें किसी प्रकार का कर्त्तव्य नहीं है। वह सब प्रकार से वाग्व्यापार से रहित, सब प्रकार के चिन्तन से ऊपर, अत्यन्त शान्त, नित्य प्रकाश, समाधिस्वरूप, अचल और निर्भय है। ईश्वर की सच्ची अनुभूति के लिए चित्त की एकाग्रता

और मन का निग्रह आवश्यक है। जिस समय चित्त सुषुप्ति में लीन न हो और फिर विक्षिप्त भी न हो तथा निश्चल और विषयाभास से रहित हो जाय, उस समय वह ब्रह्म ही हो जाता है–

यदा न लीयते चित्तं न च विक्षिप्यते पुनः।
अनिङ्गनमनाभासं निष्पन्नं ब्रह्म तत्तदा।।३।४६

जिस समय अनादि माया से सोया हुआ जीव जागता है (अर्थात् तत्त्व ज्ञान लाभ करता है) उसी समय से उसे अज, अनिद्र, और स्वप्न-रहित अद्वैत आत्म-तत्त्व का बोध होता है। यह द्वैत तो मायामात्र है, परमार्थतः तो अद्वैत ही है–

प्रपंचो यदि विधते निवर्तते न संशयः।
मायामात्रमिदं द्वैतमद्वैतं परमार्थतः।।

माण्डूक्य (आगम प्रकरण)–१७

कबीर ने नचिकेता की तरह धन से विरोध किया। कठोपनिषद् में नचिकेता अपनी प्रबल ब्रह्म जिज्ञासा के कारण कहता है 'न वित्तेन तर्पणीयो मनुष्यः'। उपनिषदों में ओंकार की महिमा का विस्तृत वर्णन है। कबीर भी इसी ओंकार को आदि मूल कहते हैं। वह बह्म रस रूप भी है। 'स एवं रसानांरसतमः परमः पराध्यो‍ऽष्टमो यदुङ्गीथः।' भक्त कबीर के लिए यह रसरूप ब्रह्म अधिक आकर्षक था। इसीलिए वे राम-नाम से ही छके रहते थे। आत्मा, परमात्मा के भेदक तत्त्व माया का उन्होंने अनेक रूपों में वर्णन किया है।

श्रुतियों में पुनर्जन्म के सिद्धान्त की पूर्ण प्रतिष्ठा है। कठोपनिषद् में कहा गया है 'मृत्यु के बाद जीव अपने कर्म और ज्ञान के अनुसार शरीर धारण करने के लिए किसी योनि को प्राप्त होते हैं और कितने ही स्थावर मात्र को प्राप्त होते हैं।' कबीर लिखते हैं–

'धावति जोनि जनम भ्रमि थाक्यो अब दुख करि हम थाक्यो।'

भारत में वैष्णव धर्म की परम्परा अत्यन्त प्राचीन है। इस धर्म में विष्णु मूल उपास्य देव के रूप में मान्य हैं। विष्णु का वर्णन ऋग्वेद से ही मिलने लगता है किन्तु ऋग्वेद में विष्णु सामान्य देवता के रूप में ही मान्य हैं। धीरे-धीरे विष्णु के गुणों में विस्तार होता गया और लोक में उनकी प्रतिष्ठा बढ़ती गयी। कालान्तर में मध्यकालीन आचार्यों द्वारा इस धर्म को दार्शनिक श्रेष्ठता प्राप्त हो गयी। इतनी लम्बी परम्परा से इस धर्म से सम्बद्ध विपुल साहित्य का सृजन हुआ। गीता, भागवत, नारद भक्ति सूत्र, विष्णु पुराण आदि इसके प्रमुख ग्रंथ हैं। इस धर्म की प्रमुख विशेषताएँ इस प्रकार हैं–

(१) विष्णु तथा उनके पर्याय का आराध्य के रूप में स्वीकृति।

(२) सगुण और निर्गुण दोनों रूपों की मान्यता।

(३) भक्ति।

(४) माया और वर्णव्यवस्था का विरोध।

(५) गुरु का महत्त्व।

यदि कबीर के काव्य पर दृष्टिपात किया जाय तो उपर्युक्त विशेषताएँ आसानी से प्रत्यक्ष हो जायेंगी। कबीर ने विष्णु के एक प्रमुख अवतार 'राम' का सबसे अधिक प्रयोग किया है। यद्यपि वे 'राम' के निर्गुण विशुद्ध ब्रह्म रूप को ही विशेष महत्त्व देते हैं। गोकुल, बिठुला, कर्त्तार, खुदा, हरि, शून्य, निरंजन सभी राम के पर्याय हैं और राम रसरूप, अव्यक्त, अकल, अजन्मा, अविनाशी तथा शाश्वत ब्रह्म हैं। इसमें अवतार की सीमाएँ नहीं

हैं तथा किसी सम्प्रदाय विशेष का इस पर आधिपत्य भी नहीं है। कबीर बहुत सजग रहते हुए भी सगुण मान्यता से अपने को बचा नहीं सके। उन्होंने 'खंभा ते प्रकट्यो गिलारि' जैसी उक्तियों में अवतार को अंकित कर दिया।

कबीर में वैष्णवों जैसा प्रेम, अनुराग और प्रियतम के प्रति तड़प है अतः वे श्रेष्ठ भक्त हैं। उन्होंने वर्ण-व्यवस्था का डटकर विरोध किया तथा गुरु की महत्ता को प्रतिपादित किया। वैष्णव भक्तों की तरह उनमें सत्य, विनय तथा शुद्धाचरण के प्रति विशेष आग्रह है। अहिंसा और प्रपत्ति में उनकी गहरी निष्ठा है।

कबीर पर बौद्ध धर्म की भी छाया दिखाई देती है। बौद्ध धर्म में चार आर्य सत्य माने गये हैं–दुख, समुदय, निरोध, निरोध मार्ग। कबीर सारे संसार को अपनी-अपनी आग में जलता हुआ देखते हैं। वे दुख के कारणों की खोज में बराबर बेचैन रहते हैं जिसे बौद्ध धर्म में समुदय कहा गया है। कामना, तृष्णा, मोह, ईर्ष्या, द्वेष तथा द्वैतभाव ही कबीर की दृष्टि से दुख के कारण हैं। इसीलिए तो डाल-डाल पर संसारी जीव और पात-पात पर दुख है। दुख के कारण से बचना निरोध है तथा साधनों और प्रयासों की पद्धति मार्ग है। कबीर संन्यास तथा वैराग्य की अपेक्षा ईश्वर भक्ति को श्रेष्ठतर मार्ग मानते हैं। कबीर बौद्धों के क्षणिकवाद तथा शून्यवाद को भी अपने ढंग से अंकित करते हैं। उनकी यह उक्ति 'क्या माँगौ कुछ थिर न रहाई' में क्षणिकवाद की छाया देखी जा सकती है। महायान में शून्य को परमात्मा या समष्टि चेतन का पर्याय माना गया है। कबीर कहते हैं–

सुन्नहि सुन्न मिला समदर्शी पवन रूप होई जावहिंगे।

उपनिषदों की तरह बौद्धों ने भी परम तत्त्व को वचन के द्वारा अकथनीय कहा है। कबीर कहते हैं–

भारी कहौं त बहु डरौं, हलका कहूँ तो झूठ।
मैं का जाणूँ राम कूँ, नैनां कबहूँ न दीठ।।

बौद्ध आत्मा और परमात्मा से सम्बन्धित प्रश्नों में मध्यम मार्ग का अनुसरण करते हैं। कबीर ने 'मधि कौ अंग' की रचना इसी मध्यम मार्ग के अनुसरण पर की है किन्तु कबीर ने इसे एकदम मौलिक ढंग से प्रतिपादित किया है। मध्यम मार्ग की पद्धति पर कबीर ने कहा है–

जहाँ बोल तहँ आखर आवा, तहँ अबोल जहँ मन न रहावा।
बोल अबोल मध्य है सोई, जो है सो कछु लखै न कोई।।

कबीर की दृष्टि में मध्य वही है जहाँ दो छोर एक दूसरे से मिलते हैं। सारतत्त्व को ग्रहण करने वाले कबीर के गले के भीतर बौद्धों का अनीश्वरवाद और अनात्मवाद नहीं उतर सका। कबीर की मूल चिन्ता थी जहाँ कुछ नहीं दीखता है वहाँ भी कुछ पहचान लिया जाय।

सिद्ध और नाथ सम्प्रदाय का वर्चस्व कबीर के समय तक बना हुआ था। सहज धर्म की प्रतिष्ठा का जो प्रयत्न सिद्धों द्वारा शुरू किया गया उसे तीव्र गति से अग्रसर करने का कार्य कबीर के हाथों से सम्पन्न हुआ। सिद्धों ने आत्मा पर परमात्मा के स्थान पर चित्त शब्द का प्रयोग अधिक किया और उसकी आन्तरिक स्थिति एवं बाह्य व्याप्ति की एकरूपता को निर्दिष्ट किया। कबीर भी परमतत्त्व की व्याप्ति घट के भीतर और बाहर मानते हैं। कबीर ने 'शून्य' तत्त्व को सीधे बौद्धों से ग्रहण न करके सिद्धों के माध्यम से ग्रहण किया। सिद्ध लोग 'तथता' को ही शून्य कहने लगे थे। यह तथता शून्य तत्त्व रूप में धर्म और पुद्गल के नैरात्म रूप में विद्यमान थी और इसी को परमार्थ कहते थे। आत्मा को परमात्मा में विलीन करने के लिए

या आत्मा को ही परमात्मा के रूप में पहचानने के लिए बाह्य क्रिया-विधानों को बहिष्कृत करके मध्यकालीन सिद्धों, नाथों तथा संतों ने जो कायसाधना चलाई वह योग-परम्परा से अधिक प्रभावित है। कबीर के काव्य में ऐसे सैकड़ों पारिभाषिक शब्द मिलते हैं जिनके अभिप्राय को समझने के लिए, भारतीय दर्शन और योग की परम्परा का अनुशीलन अनिवार्यतः करना पड़ेगा। कुंडलिनी शक्ति, इड़ा-पिंगला, शून्य, गुफा, त्रिकुटी, सुरति, निरति, अजपा जाप, उन्मनी, अनहदनाद, सहज समाधि, प्रणव, ओंकार, आदि शब्द इसी तरह के हैं। अनेक साधना-पद्धतियों का समन्वय हो जाने के कारण मध्यकालीन धार्मिक साधना के प्रवाह को किसी एक उत्स से नहीं जोड़ा जा सकता। कबीर ने इसी सम्मिलित और समग्र परम्परा को बड़े यत्न से अर्जित किया था। अत्यन्त स्वाभिमानी होते हुए भी उन्हें सद्गुरु की प्रबल आवश्यकता इसीलिए महसूस हुई थी। किसी साधारण साधक के बूते की बात नहीं थी कि इतनी विराट परम्परा से कबीर को जोड़ सकता। कबीर ने योग और 'दर्शन' को भक्ति से सन्नद्ध किया।

कबीर ने सूफियों के समान प्रेम विरह तथा प्रेम के मार्ग में बलिदान की महत्ता को प्रतिपादित किया। प्रेम और नाम स्मरण विट्ठल सम्प्रदाय में भी प्रचलित थे। रागानुगा भक्ति भी भारतीय परम्परा में प्रचलित थी। कबीर लिखते हैं–

राम रसायन प्रेम रस, पीवत अधिक रसाल।
कबीर पीवण दुर्लभ है, माँगे सीस कलाल।।

निष्कर्ष रूप में कहा जा सकता है कि कबीर ने चिन्तन तथा साधना की विस्तृत परम्परा को आत्मसात् करके उन पर अपनी मौलिकता की छाप लगाकर ग्रहण किया। उन्होंने अखंडित भारतीयता के प्रत्यय को नवागंतुकों अर्थात् मुसलमानों के समक्ष रखा, और जातियों एवं सम्प्रदायों में बँटे हुए हिन्दुओं को सही अर्थों में विराट से जुड़ने की सलाह दी। पुरातन कबीर के पास आकर नवीन बन जाता है, गूढ़-दर्शन लोक-अनुभव का रूप धारण कर लेता है। यदि कबीर को मध्यकालीन जागरण का अग्रदूत कहा जाय तो अत्युक्ति नहीं होगी।

५. कबीर के दार्शनिक विचार

कबीर के दार्शनिक मंतव्य का विश्लेषण करने से पूर्व यह जान लेना आवश्यक है कि कबीर मूलतः दार्शनिक नहीं थे बल्कि एक भक्त थे। एक भक्त का दर्शन किसी सम्प्रदाय या किसी विशिष्ट मतवाद का सूचक नहीं बन पाता। उसकी दृष्टि उदार होती है इसीलिए कई तरह के विचारों की झलक उसकी चिन्तन प्रणाली में प्राप्त हो जाती है। उसके ज्ञान का अवसान चूँकि भाव में होता है इसलिए भी वह तर्क-वितर्क की दृढ़ शृंखला से बँध नहीं पाता। कई बार परस्पर विरोधी बातों का भी उसके विचारों में सन्निवेश हो जाता है। कबीर ऐसे ही भक्त साधक हैं जो सम्पूर्ण भारतीय चिन्तन परम्परा के विरोधों के बीच के समतामूलक तत्त्वों को निकाल कर व्यापक धर्म की प्रतिष्ठा का संकल्प लेकर चल रहे थे। अतः उनके दार्शनिक विचारों का निर्णय किसी आग्रह के आधार पर संभव नहीं हो पाता। आलोचकों के विशेष आग्रह का ही परिणाम है कि कबीर के विषय में परस्पर विपरीत निष्कर्ष निकाले गये। अकबर कालीन इतिहासकार मोहसिन मानी ने कबीर को मुबाहिद (एकेश्वरवादी) कहा है। श्यामसुन्दर दास कबीर को ब्रह्मवादी या अद्वैतवादी मानते हैं।

पं० हजारी प्रसाद द्विवेदी ने त्रिगुणातीत, द्वैताद्वैत विलक्षण, भावाभाव विनिर्मुक्त, अलख, अगोचर, अगम्य, प्रेमपारावर भगवान् निर्गुण राम का साधक माना है। परशुराम चतुर्वेदी, का विचार है कि कबीर के मत में जो तत्त्व प्रकाशित हुआ है वह उनके स्वाधीन चिंतन का परिणाम है। कबीर का विचार परम्परा का परिणाम है या स्वाधीन चिंतन का फल। इस विवाद में पड़े बिना यह बात कही जा सकती है कि कोई भी विचारक, दार्शनिक या साधक सन्त जो कुछ अनुभव करता है, उसकी अभिव्यक्ति उसी भाषा में करता है, जिसकी पारिभाषिक सीमा का निर्माण शताब्दियों की यात्रा के बाद हो गया होता है। इसीलिए उसे बार-बार अहसास होता है कि वह जो कुछ कह रहा है उसकी सीमाएँ भी बनती जा रही हैं। अलौकिक, अनिर्वचनीय को वचनीय बनाने की उसकी चेष्टा निष्फल हो रही है। अन्ततः वह मान बैठता है कि ईश्वर जैसा है वैसा ही है। कबीर यद्यपि भाषा की सीमाओं को बराबर खंडित करने की चेष्टा करते हैं फिर भी जीवन के विविध धरातलों, स्तरों तथा व्यक्तिगत साधना के विभिन्न सोपानों के कारण उनमें अनेक विचारों का समावेश मिल ही जाता है। कबीर की दार्शनिक मान्यताओं को अधोलिखित शीर्षकों में परखा जा सकता है।

ब्रह्म विचार

कबीर का ब्रह्म विचार ब्रह्म सम्बन्धी भारतीय चिन्तन की एक विकसित कड़ी है। इसे कबीर के परम्पराबोध और युगबोध का सम्मिलित फल भी कह सकते हैं। विद्वानों ने कबीर के ब्रह्म का स्वरूप-निर्धारण वेदों और उपनिषदों की ब्रह्म सम्बन्धी अवधारणा से लेकर सिद्धों-नाथों, सूफियों आदि अनेक मतों में मान्य ब्रह्म के स्वरूप की छान-बीन करने के पश्चात् की है। कबीर के ब्रह्म की समता, ब्रह्म की विविध परिकल्पनाओं तथा अवधारणाओं में स्थापित तो की गयी है किन्तु उसकी सीमा वही है, ऐसा कहना उचित नहीं लगता। कबीर का ब्रह्म न तो हिन्दुओं का राजा राम है और न मुसलमानों का खुदा, यह योगियों का गोरख भी नहीं है। इसी तथ्य को गोविन्द त्रिगुणायत इन शब्दों में व्यक्त करते हैं 'कबीर का ब्रह्मनिरूपण वैदिक ब्रह्मनिरूपण के ढंग पर होने पर भी अनेक धर्मों की ब्रह्म-भावनाओं से प्रभावित है वहीं उन्होंने द्वैताद्वैत विलक्षणवाद के ढंग पर भी ब्रह्म का वर्णन किया है। उनके ब्रह्म-निरूपण पर बौद्धों, सिद्धों और योगियों के शून्यवाद की धूमिल छाया देखी जा सकती है।.... इस्लामिक एकेश्वरवाद की भी हल्की झलक कहीं-कहीं पर मिल जाती है। सूफियों के नूरवाद, इश्कवाद आदि का पर्याप्त प्रभाव दिखाई पड़ता है।

कबीर परमतत्त्व को निर्गुण राम कहते हैं। इस परम की गति अलक्षित तथा अज्ञेय है। इसका मर्म वेद, स्मृतियाँ, पुराण तथा व्याकरण में प्रकट नहीं हो पाता–

निरगुण राम, निरगुण राम, जपहु रे भाई। अविगति की गति लखी न जाई।।
चारि वेद जाके सुमृत पुराना, नौ व्याकरणां मरम न जाना।

वह जन्म-मृत्यु से परे चिरंतन है–

अविनासी उपजै नहि विनसै,
संत सुजन कहै ताको।

जब हवा, पानी, धरती, आकाश, पिण्ड, प्राणी, विद्या, वाद, गुरु-शिष्य कुछ भी नहीं थे यहाँ तक कि सृष्टि भी नहीं थी, उस समय भी गम्य और अगम्य पंथ से अलग एक अविगत तत्त्व था। उसका कोई नाम-गाँव तो है नहीं, वह गुण-विहीन है, उसका नाम भी क्या रखा

जाय। उसका आदि अन्त तथा मध्य भी नहीं है। वह अपरंपार ब्रह्म न उपजता है और न विनशता है। कोई युक्ति नहीं है जिसके द्वारा उसे कथित किया जाय–

आदि अन्त ताहि नहीं मधै, कथ्यौ न जाई आहि अकथे।
अपरम्पार उपजै नहिं विनसै, जुगति न जानिये कथिये कैसे।।

उस ईश्वर का न कोई रूप है, न कोई वेश है, न वह बालक है, न युवा, न वृद्ध। उसका हल्कापन और भारीपन भी नहीं तौला जा सकता। वह भूख-प्यास, धूप-छाँह, सुख-दुःख सभी विरोधाभासों तथा अहसासों से परे है।

कबीर नेति-नेति की औपनिषदिक शैली के द्वारा अपने ब्रह्म के स्वरूप का स्पष्टीकरण करना चाहते हैं। लेकिन भक्त कबीर के लिए 'ब्रह्म' निरूपण की यह निषेधात्मक शैली पर्याप्त नहीं सिद्ध हो पाती है। सैद्धान्तिक रूप से अपने ब्रह्म-ज्ञान को औपनिषदिक ज्ञान के उच्चतम स्तर के समान निरूपित करके क्या कबीरदास ब्रह्मवेत्ता दार्शनिकों की तरह अपने को सन्तुष्ट कर सकते थे। इन प्रश्नों का उत्तर कबीर साहित्य के अन्तर्गत खोजना पड़ेगा। कबीर मायाग्रस्त मानव मात्र में ज्ञान की ज्योति जागृत करके उन्हें ब्रह्मानुभूति का आसव या रामरस पिलाकर तृप्त करना चाहते थे। अपने इस व्यापक आध्यात्मिक उद्देश्य की सिद्धि के लिए उन्हें अव्यक्त, अगोचर, अरूप, अनाम, अजन्मा ब्रह्म को व्यक्त करना पड़ा, और जन मानस में उसके विग्रह को संरचित करना पड़ा। कबीर ने उस अनाम को राम, रहीम, कर्त्तार, खुदा, निरंजन, सुन्न, विट्ठल, आदि अनेक नामों से पुकारा है। इनमें सबसे अधिक जो नाम उन्हें आकर्षित करता है वह है राम। ये राम सगुण अवतारी दशरथ सुत राम नहीं बल्कि पुष्प की सुगन्ध से भी सूक्ष्म निर्गुण राम हैं। यह व्यक्ति-सत्य नहीं भाव-सत्य है। ऐसा भाव-सत्य जो युग-युग से भारतीय आस्था का प्रतीक बन गया था, या यों कहा जाय ओंकार का पर्याय बन गया। वह अवतार की सीमाओं से परे तो है किन्तु बिल्कुल निराकार नहीं है। इसके चरण कमल का सामीप्य कबीर जैसे भक्त को भी काम्य है। ब्रह्म की व्याप्ति सम्पूर्ण ब्रह्माण्ड में है। समदर्शी को यह हर घट में दृश्य होता है। वास्तव में कबीर के आध्यात्मिक अनुभवों की विभिन्न स्थितियाँ हैं। उनमें बचपन से ही भक्ति के संस्कार तो उत्पन्न हो गये थे किन्तु एक दम से रूपहीन, गुणहीन, निर्गुण राम की उपासना में वे तल्लीन हो गये थे ऐसा नहीं माना जा सकता। क्रमिक चिन्तन तथा साधना से वे द्वैताद्वैत विवर्जित ईश्वर की अनुभूति तक पहुँच सके थे। सांसारिक सम्बन्धों का भ्रम समझने वाले कबीर के लिये ईश्वर ही सब कुछ था। कहीं वह उनकी आत्मारूपी स्त्री का पति है, और कहीं बालक कबीर की माँ, कहीं दास कबीर का स्वामी है और कहीं वह स्वयं कबीर ही है। वह प्रकृति के त्रिगुणों से अछूता रहते हुए भी परम करुणामय तथा समस्त प्राणियों के दुख का अनुभावक है। वह अनन्त सौन्दर्यमय एवं सुगन्धित है तथा पापों का निवारक है। इसीलिए नारद-शुकादि उसके चरण पंकजों की वन्दना करते हैं–

भजि नारदादि सुकादि बंदित चरन पंकज भामिनी,
x x x
राम राजसि नैन वानी सुजान सुन्दर सुन्दरा।
बहु पाप परबत छेदना, भौ ताप दुरित निवारणा।

कबीर के राम (ब्रह्म) का सौन्दर्य अनुपम तथा विराट् है। उसके यहाँ करोड़ों सूर्य प्रकाश करते हैं, कोटि महादेव कैलाश पर निवास करते हैं, कोटि ब्रह्मा वेदोच्चारण करते हैं. कोटि

दुर्गा अंग मर्दन करती हैं, और कोटि कंदर्प उसका प्रसाधन करते हैं।

जाकै सूरज कोटि करै परकास।
कोटि महादेव गिरि कविलास।।
कोटि वेद उच्चरै। दुर्गा कोटि जाके मर्दन करै।
कंदर्प कोटि जाके लावन करै। घट-घट भीतर मनसा हरै।।

कबीर की साधना के दूसरे सोपान में ब्रह्म के गुणों का आरोपण तो है किन्तु वह अव्यक्त है, उसका आदि, अन्त और मध्य नहीं है फिर भी कबीर को उसकी 'पूर्णता' का बोध है। वह उपनिषदों के रस रूप ब्रह्म के समान है। कबीर ने अव्यक्त ब्रह्म पर कर्तृत्व शक्ति, सत्य और ज्ञान का आरोप किया है। वे उसे उन सभी रूपों में अनुभूत करते हैं जिन-जिन रूपों में उसे विविध साधना पद्धतियों में देखा गया है। इसीलिए तो कबीर का ब्रह्म सच्चे अर्थों में पूर्ण और अद्वैत है। वह द्वैताद्वैत विलक्षण ज्योति रूप, अनन्त आकाश रूप है, और नूर रूप भी है। हिन्दुओं के राम, मुसलमानों के करीम, रहीम और अल्लाह सभी के समन्वय का प्रतिरूप है सत् राम। कबीर कहते सब कुछ छोड़कर एक राम से भावना का तादात्म्य स्थापित करो। ऊपर नीचे, दशों दिशाओं में जो तत्त्व व्याप्त है वही राम है।

परमार्थ रूप में वह तत्त्व अद्वैत है। जो उसे दो समझता है वह नरक का अधिकारी होता है–

हम तौ एक एक करि जाना
दोइ कहै तिनही कौ दोजग, जिन नाहिन पहिचाना।

कबीर ने शरीर-सरोवर के भीतर भगवान को ज्योति रूप में भी देखने का प्रयास किया है–

शरीर सरोवर भीतर, आछैं कमल अनूप।
परम ज्योति पुरुषोत्तमा, जाके रेख न रूप।।

कबीर राम नाम को निरंजन मानते हैं। शब्द ब्रह्म के प्रति भी उनकी श्रद्धा है। ओंकार शब्द को ही वे अनहद नाद के रूप में श्रवण करते हैं, शब्द निरंजन भी सत् राम का ही सूचक है, कहीं-कहीं वे सहजवादियों की तरह उसे सहज भी कहते हैं–

कहि कबीर मन सरसी काजि।
सहज समानो तो भरम भाज।

कबीर ने एकाध स्थान पर सगुण और निर्गुण दोनों की मान्यता दी है–

संतो धोका काँसू कहिये।
गुण में निर्गुण, निर्गुण में गुण है बाट छाँड़ि क्या बहिए।।

पूर्व वर्णित तथ्यों के आलोक में सपाट ढंग से रूढ़ पारिभाषिक शब्दों के सहारे यह निर्णय देना असंगत है कि कबीर का ब्रह्म निर्गुण है, उसे सगुण तो कदापि नहीं कहा जा सकता क्योंकि सगुण वर्णनों में मूल व्यंजना निर्गुण की है, सही अर्थों में निर्गुण सगुण से परे की है। हजारी प्रसाद द्विवेदी ने स्पष्ट किया है–'उनका अल्लाह अलख निरंजन देव है जो सेवा से परे हैं, उनका विष्णु वह है जो संसार रूप में विस्तृत है, उनका कृष्ण वह है जिसने संसार का निर्माण किया है, उनका गोविन्द वह है जिसने ब्रह्माण्ड को धारण किया है, उनका राम वह है जो सनातन तत्त्व है' वह निर्गुण-सगुण, भाव-अभाव, द्वैत-अद्वैत सबसे विशिष्ट है 'वह किसी

भी दार्शनिक वाद के मानदण्ड से परे है, तार्किक बहस के ऊपर है, पुस्तकीय विद्या से अगम्य है, परन्तु प्रेम से प्राप्य है, अनुभूति का विषय है, सहजभाव से भावित है' वह कर्त्ता, संहारक तथा पोषक है। निर्गुण निरंजन, निराकार होते हुए भी संरक्षक, कृपालु, दुखनिवारक है। भक्त की रक्षा के लिये वह आकार भी धारण कर सकता है–

राजा अम्बरीक के कारणि चक्र सुदरसन धारै।
दास कबीर को ठाकुर ऐसो भगत की सरणि उबारै।।

उसमें ज्ञान, शक्ति, ऐश्वर्य, बल आदि गुण हैं। वह अंगों के बिना भी संपूर्ण संवेदन को ग्रहण करने में समर्थ है। कबीर कहते हैं–

पंडित होई सु पदहि बिचारै मूरिख नाहिन बूझै।
बिन हाथन पाइन बिन काननि बिन लोचन जग सूझै।।
बिन मुख खाइ चरन बिन चालै बिन जिभ्या गुण गावै।
आछे रहै ठौर नहि छाड़े दह दिसिहीं फिर आवै।।

इतना कुछ परस्पर विरोधी, और विचित्र कथनों के बावजूद कबीर का अन्तिम निष्कर्ष यही है–

हरि जैसा तैसा रहै, तू हरखि-हरखि गुन गाइ।।

भगवान जिस रूप में है उसे ठीक उसी रूप में व्यक्त करना सम्भव ही नहीं है। वास्तव में उसका अनुभव तो गूँगे के गुड़ की तरह है। वह रस रूप, शब्द रूप, अमृत रूप शरीर में तथा ब्रह्माण्ड में समान रूप से व्याप्त है।

आत्मा

कबीर ने आत्मा परमात्मा में कोई तात्विक भेद नहीं माना है। राम (परमात्मा) प्रत्येक प्राणी में उसकी आत्मा के रूप में स्थित है। आत्मा ईश्वर का अंश होने के कारण मनुष्य देवता, यती, योगी, अवधूत आदि नाम और उपाधि से परे है। इसका जीवन मरण नहीं होता है। यही आत्मा सारे ब्रह्मांड में परिव्याप्त है।। माया की दीवार होने के कारण आत्मा और परमात्मा में द्वैत प्रतीत होने लगता है। रात्रि के समय स्वप्नावस्था में शुद्ध चैतन्य पारस-आत्मा तथा जीवात्मा में भेद रहता है। जाग्रतावस्था में यह भेद मिट जाता है–

कबीर सुपिनैं रैणि के पारस जीय के छेक।
जो सोऊँ तौ दोइ जणाँ, जे जागूँ तो एक।।

यह आत्मा परमात्मा का ही अंश है। जीव कर्म-बद्ध होने के कारण सीमित हो गया है। इसे कबीर हद का जीव कहते हैं। यह अपने शुद्ध चैतन्य को भूलकर विषयोन्मुख हो गया है। इसीलिए अनन्त भेष धारण करता हुआ भ्रम में भटकता रहता है। ईश्वर का अवलंब छोड़कर जो जीव जीव का ही अवलंब खोजता है उसे न तो ईश्वर मिल पाता है और न उसकी सांसारिक ज्वाला ही बुझती है–

कबीर हद के जीवसूँ हित करि मुखाँ न बोलि।
जे लागे बेहद सूँ तित सूँ अंतरि खोलि।।
कबीर जीव विलंब्या जीव सो, अलष न लषिया जाइ।
गोव्यन्द मिले न झल बुझै, रही बुझाइ बुझाइ।।

पंचतत्त्व शरीर के नष्ट होने पर या जीवन्मृत होने पर आत्मा परमात्मा का आभासित भेद नष्ट हो जाता है। कबीर इसे घटन्याय से समझाने की कोशिश करते हैं–

जल में कुम्भ, कुम्भ में जल है बाहर भीतरि पानी।
फूटा कुम्भ जल जलहिं समाना, यह तथ कह्यो गियानी।।

कबीर ने इस द्वैताभास को भाव, योग तथा ज्ञान से दूर करने की सलाह दी है।

माया

भारतीय वाङ्मय में माया शब्द का प्रयोग काफी प्राचीन है। कालक्रमानुसार माया के अर्थ तथा उसके सम्बन्ध में विद्वानों की धारणाओं में अन्तर होता गया। श्वेताश्वतर उपनिषद में प्रकृति को माया तथा परमेश्वर को महान मायावी कहा गया है–

माया तु प्रकृतिं विद्यान्मायिनं तु महेश्वरम्।।

गीता में कहा गया है कि माया के अपहृत ज्ञान के कारण दुष्कृत तथा अधम व्यक्ति मुझे (परमात्मा को) नहीं भजता। माण्डूक्योपनिषद् में कहा गया है जिस समय अनादि माया से सोया हुआ जीव जागता है अर्थात् तत्त्व ज्ञान लाभ करता है उसी समय उसे अज, अनिद्र और स्वप्नरहित अद्वैत आत्मतत्त्व का बोध होता है। (आगम प्रकरण-१६) शंकराचार्य ने माया को भ्रमरूप माना है। उनका विचार है कि इन्द्रियों के अज्ञान से भूलकर ब्रह्म में कल्पित किये गये नाम रूप को श्रुति, स्मृति सर्वज्ञ ईश्वर की माया कहते हैं। कबीर ने 'माया को अधिकतर अविद्यारूप में ग्रहण किया है। वास्तव में किसी वस्तु पर दूसरी वस्तु का भाव आरोपित करके उसे वही समझना माया है। शंकर ने इसी प्रकार के भ्रम को 'अध्यास' कहा है। कबीर अत्यन्त सहज शैली में इसी गूढ़ तथ्य को अंकित करते हैं–

पाहण केरा पूतला, करि पूजै करतार।
इही भरोंसे जो रहे तो बूड़े कालीधार।।

पत्थर के पुतले पर करतार का आरोपण भ्रमपूर्ण अध्यास ही है। वेदान्त में माया के विषय में अनिर्वचनीयतावाद का प्रचलन है जिसमें सदसद्वाद तथा अनिर्वचनीय ख्यातिवाद दोनों मान्य हैं। कबीर भी कुछ इसी पद्धति से माया का वर्णन करते हैं–

मीठी-मीठी माया तजी नहीं जाई। अग्यानी पुरुष को भोलि भोलि खाई।।
निर्गुण सगुण नारी संसार पियारी। लखमणि त्यागी गोरख निवारी।।

कबीर के माया वर्णन पर शून्यवादियों की भी गहरी छाया है। माया सद् भी है असद् भी, उसका स्वरूप अनिर्वचनीय है–

आगणि बेलि अकासि फल, अणव्यावर का दूध।
ससा सींग की धूधहड़ी, रमै बाँझ का पूत।।

माया रूपी बेलि विचित्र गुणों से युक्त है। इसे यदि काटने की कोशिश की जाय तो यह हरी-भरी होती है तथा यदि इसे ईश्वर के भक्ति रूप जल से सींचा जाय तो कुम्हला जाती है। सांख्यों के समान कबीर की माया त्रिगुणात्मिका और प्रसवा है, सम्पूर्ण सृष्टि उसी से उत्पन्न हुई है–

रजगुण तमगुण सतुगुण कहिये यह सब तेरी माया।

उत्पन्न होने वाली और नष्ट होने वाली वस्तु भी माया है, इसी से जीवों का आवागमन होता है। यह दुखदायिनी भी है।

एक साखी में कबीर कहते हैं कि माया सत, रज, तम से उत्पन्न एक वृक्ष है। दुःख और संताप इसकी शाखाएँ हैं। इसका फल भी फीका है। शीतलता इसमें स्वप्न में भी नहीं है–

कबीर माया तरवर त्रिबिध का, साखा दुख संताप।
सीतलता सुपिनैं नहीं, फल फीका तनि ताप।।

यही नहीं संसार के सारे सम्बन्ध, मान, सम्मान और आसक्तिपूर्ण जप, तप, योग भी माया के ही रूप हैं–

माया तजूं तजी नहीं जाई।
फिरि फिरि माया मोहिं लपटाई।।

माया आदर माया मान। माया नहीं तहाँ ब्रह्म गियान।
माया रस माया कर जांन। माया कारन तजै परान।।
माया जप तप माया जोग। माया बांधे सबही लोग।।

माया का विस्तार बहुत व्यापक है। जल, थल, आकाश कुछ भी इससे अछूता नहीं है। चूँकि इसका सम्बन्ध रघुनाथ से है इसीलिए यह बड़ी शक्तिशाली है। सुप्त मानव को यह सर्पिणी बनकर डसती रहती है, मुनि, पीर, दिगम्बर, वेदपाठी ब्राह्मण, शास्त्रार्थी और शाक्त सभी माया के शिकार बन चुके हैं। कबीर माया को ठगिनी, रंगीली, मतवाली और अल्हड़ नारी के रूप में अंकित करते हैं। कबीर का अनुभव है कि संसार में बाँधने का सबसे बड़ा जाल है नारी इसीलिए उन्हें 'माया' नारी रूप में अधिक दिखाई देती है।

माया के आकर्षण में फँसकर मनुष्य भक्ति से निवृत्त हो जाता है। माया मोहनी खांड की तरह मधुर है। आत्मा-परमात्मा का जो अद्वैत स्वरूप है उसमें भेद पैदा करना भी माया का ही कार्य है, मेरा-तेरा का भाव भी माया जनित है–

मोर तोर करि खरे अपारा, मृग तृष्णा झूठी संसारा।

माया और मन का ऐसा गहरा और सघन रिश्ता है कि कई जन्मों तक वह छूटता नहीं। मन के सभी विकार माया के ही सहयोगी हैं। काम, क्रोधादि पाँच विकार माया के लड़के हैं–

एक डायन मेरे मन में बसे,
नित उठ मेरे मन को डसे,
ये डायन के लरका पाँचरे।।

जगत और सृष्टि

कबीर का जगत् और सृष्टि सम्बन्धी विचार ब्रह्म-आत्मा, माया आदि से सम्बद्ध विचारों की तरह परम्परा सापेक्ष होते हुए भी मौलिक है। उनके जगत सम्बन्धी विचार पर वेदान्त, बौद्ध, सांख्य, योग, सूफी, आदि मतों का संघात तो है किन्तु अभिव्यक्ति का ढंग कबीर का अपना है।

कबीर समस्त जगत् को ब्रह्ममय मानते हैं; हरि सकल पदार्थों में भरित-पूरित है किन्तु जगत् का बाह्य रूप असत् तथा दिखावा मात्र है। यह नानारूपात्मक जगत् जिस तरह दृष्टिगत होता है मूलतः वैसा नहीं है। इसकी मूल सत्ता अगम-अगोचर ब्रह्म में निहित है–

जो तुम देखो सो यह नाहीं, यह पद अगम अगोचर माहीं।

कबीर इसे सेमर का फूल कहते हैं जो आकर्षक तो है किन्तु अन्ततः फलहीन है। कबीर की जगत सम्बन्धी यह अवधारणा शंकर-वेदान्त के अनुकूल है जिसमें कहा गया है

'सर्वंखल्विदं ब्रह्म' (यह सब कुछ ब्रह्म ही है) किन्तु भ्रम या अविद्या के कारण जगत् का एक दूसरा ही रूप प्रतिभासित होता है जो मिथ्या है। सत्य तो केवल ब्रह्म है 'ब्रह्म सत्यंजगन्मिथ्या' यह संसार जल बिन्दु सदृश उत्पन्न होते ही नष्ट हो जाता है–

ज्यूँ जल बूँद तैसे संसारा। उपजत बिनसत लगै न बारा।।

संसार स्वप्नवत् है जो सुप्तावस्था में तो सत्य प्रतीत होता है किन्तु जाग्रतावस्था में असत्य हो जाता है। बौद्ध भी सृष्टि को स्वप्न की तरह असत्य मानते हैं।

'कबीर की रचनाओं में कहीं पर भी व्यवस्थित सृष्टि विकास-क्रम नहीं मिलता है। सृष्ट्युत्पत्ति के सम्बन्ध में उनमें केवल दो एक स्थलों पर संकेत मात्र मिलते हैं। उनकी सृष्ट्युत्पत्ति एवं विकास सम्बन्धी धारणा पूर्ण-भारतीय ही है। केवल एकाध स्थल पर ही वे सूफीमत और इस्लाम से कुछ प्रभावित मालूम पड़ते हैं। उनके सृष्टि विकास क्रम पर वेदान्त और सांख्यों का ही प्रभाव अधिक मालूम पड़ता है।' डॉ० गोविन्द त्रिगुणायत ने कबीर के सृष्टि सम्बन्धी विचारों पर भारतीय प्रभावों का जो आग्रह किया है वह प्रभाव उनकी सम्पूर्ण चिन्तन प्रणाली में ही अनुस्यूत है। कबीर उपनिषदों में वर्णित प्रणव तत्त्व को सृष्टि का मूल मानते हैं–

'ओउंकार आदि है मूला'।

सांख्य दर्शन में सत्व, रज और तम गुणों की एक प्रमुख विशेषता यह बतायी गयी है कि ये गुण अभिभावक हैं। ये एक दूसरे को अभिभूत करके अपने स्वरूप को प्रकट करते हैं। 'गुणाः गुणेषु जायन्ते तत्रैव निवसन्ति च'। गुण गुण से उत्पन्न होते हैं और उसी में निवास करते हैं। कबीर सांख्यों की इस विचारधारा को मौलिक ढंग से प्रस्तुत करते हैं–

पृथ्वी का गुण पानी सोखा, पानी तेज मिलावहिंगे।
तेज पवन मिल पवन सबद मिल, सहज समाधि लावहिंगे।।

कबीर ने जगत्-रचना के संदर्भ में उन गुणों और तत्त्वों का बार-बार उल्लेख किया है जिनका उल्लेख सांख्य-दर्शन में किया गया है। सांख्य के अनुसार समस्त संसार त्रिगुणात्मक है। संसार के सभी मनुष्य सत्व, रज और तम नामक तीन गुणों से ही उत्पन्न होते हैं। तामस अहंकार से पंच तन्मात्राओं का आविर्भाव होता है। पंच तन्मात्रायें हैं–शब्द, स्पर्श, रूप, रस और गन्ध। इन पंच तन्मात्राओं से आकाश वायु, तेज, जल, पृथ्वी आदि पंच महाभूतों की उत्पत्ति होती है। इन तत्त्वों से संघटित ब्रह्माण्ड और पिण्ड (शरीर) को कबीर नश्वर मानते हैं जबकि सांख्य इसे नश्वर नहीं मानते–

नहीं ब्रह्माण्डि पिंडि पुनि नाहीं पंच तत्त्व भी नाहीं।।

सत, रज, तम की भी अलग-अलग सत्ता उन्हें मान्य नहीं है–

जो पै बीज रूप भगवाना। तौ पंडित का कथिसि गियाना।।
नहीं तन नहीं मन नहीं अहंकार। नहीं सत रज तम तीनि प्रकार।।

शाक्त, तन्त्र और योग साधनाओं में मान्य नाद और बिन्दु की भी चर्चा कबीर में मिलती है। नाद बिन्दु की नौका के खेवनहार राम हैं। वैसे कबीर का खसम नाद-बिन्दु से परे है। इस्लाम की मान्यताओं को आत्मसात् करते हुए कबीर नूर से सृष्टि का अस्तित्व मानते हैं–

अला एकै नूर उपाया, ताकी कैसी निंदा।
वा नूर थैं सब जग कीया, कौन भला कौन मंदा।।

मोक्ष

कबीर मोक्ष के लिए मुक्ति, निर्वाण, अभयपद, परमपद, जीवन्मृत आदि शब्दों का प्रयोग करते हैं। कबीर की दृष्टि में आत्मा का पंच तत्त्वों से मुक्त होकर ब्रह्म में लीन होना या आत्मा और परमात्मा की द्वैतानुभूति का समाप्त हो जाना ही मुक्ति दशा है। उपनिषद् में बताया गया है कि आत्मा और परमात्मा में भेद दृष्टि ही बन्धन का कारण है तथा दोनों में अभेद दृष्टि मोक्ष का कारण है। श्वेताश्वतर उपनिषद में कहा गया है कि जीव अपने को सर्वनियंता परमात्मा से अलग मानकर ही इस महान चक्र में परिभ्रमण करता रहता है, परन्तु जब उसे जीव और परमात्मा के अभिन्न स्वरूप का ज्ञान हो जाता है, तब वह अमृतत्त्व को प्राप्त हो जाता है (१/१/६)। उपनिषद् में अमरत्व की दो व्याख्याएँ मिलती हैं एक तादात्म्य दूसरी सामीप्य। कबीर ने अधिकांशतः तादात्म्य मुक्ति का ही वरण किया है। उनका कहना है कि सागर के जल में घड़े का जल घड़े की उपाधि के कारण ही भिन्न है। ज्यों ही घड़े की उपाधि टूट जाती है त्यों ही जल, जल में समाकर एकाकार हो जाता है। माया की उपाधि नष्ट होने पर व्यष्टि चैतन्य रूप, प्रतिबिम्ब परमात्मारूपी बिम्ब में लीन हो जाता है। जीव के जीव में समा जाने पर सारा अज्ञान नष्ट हो जाता है। कबीर तन्मय अवस्था में विशुद्ध ज्ञान की स्थिति ही नहीं बल्कि प्रेम की स्थिति भी मानते हैं–

एक एक जिनि जाणियां, तिनहीं सच पाया।
प्रेमी प्रीति ल्यौ लीन मन, ते बहुरि न आया।।

जो 'मैं' और 'तू' को तथा अन्य सब बन्धन के मार्गों को छोड़ देता है एवं जो चार वर्णों के भेद से ऊपर उठ जाता है वह इस भवसागर में डूबता नहीं। संसार के माया-मोह और वासनाओं से असम्पृक्त रहकर जीव मुक्तावस्था को प्राप्त कर लेता है। कबीर में विदेह-मुक्ति और जीवन-मुक्ति दोनों अवस्थाओं का वर्णन मिलता है। राम की भक्ति में लीन होकर वे काय से निकाय हो जाते हैं। सांसारिक आसक्ति वाले मन के मरने से ममता मर जाती है। ब्रह्म और जीव को अलग करने वाला अहं नष्ट हो जाता है। योगी उस परमतत्त्व में विलीन हो जाता है उसकी कामवासना और आसक्ति जलकर भस्म हो जाती है–

जीवन थैं मरिबो भलौ, जौ मरि जानैं कोइ।
मरनैं पहले जे मरें, ते कलि अजरावर होइ।।

सांख्य दर्शन में आध्यात्मिक, आधिभौतिक, आधिदैविक सुखों से आत्यन्तिक निवृत्ति को ही मोक्ष माना गया है। शरीर और आत्मा के पूर्ण भेद के ज्ञान से प्रकृति और पुरुष के पार्थक्य का ज्ञान होता है। यही शुद्ध विवेक है। एक रूपक के माध्यम से कहा गया है कि जिस प्रकार नर्तकी दर्शकों को नृत्य दिखाकर उन्हें सन्तुष्ट कर अपने नृत्य कार्य से विरत हो जाती है, उसी प्रकार प्रकृति अपने भिन्न-भिन्न रूपों को पुरुष को दिखाकर विरत हो जाती है। कबीर ने लगभग इसी तरह के रूपक का प्रयोग किया है–

अब मोहिं नाचिबो न आवे।
मेरो मन मन्दरिया न बजावे।।

कबीर पर योगियों के कैवल्य का भी प्रभाव दिखाई देता है। योगसूत्र में कहा गया है कि पुरुष को भोग और अपवर्ग दोनों के कार्य से निवृत्त मन और बुद्धि का अपने कारण में लीन होना ही कैवल्य है। कार्य गुणों का कारण गुणों में लीन होने का संकेत अधोलिखित

पंक्तियों में किया गया है–

बहुरि हम काहे कूं आविहिंगे।
बिछुरे पंच तत्त्व की रचना तब हम रामहिं पावहिंगे।
पृथ्वी का गुण पाणी सोख्या पानी तेज मिलावहिंगे।
तेज पवन मिलि पवन सबद मिलि सहजि समाधि लगावहिंगे।

कबीर के मन को मन में भी मिलाने का यत्न किया है–

गोरख भरथरी गोपी चंदा, ता मन सौं मिलि करैं अनंदा।
अकल निरंजन सकल सरीरा, ता मनसौं मिलि रह्या कबीरा।।

बौद्धों के निर्वाण का भी हल्का प्रभाव कबीर की मोक्ष परिकल्पना में दिखाई देता है। कबीर ने वासना से मुक्त क्षण को महत्त्व दिया है–

मन जीते जग जीतिया ते विषया ते होय उदास।

बौद्ध ग्रंथों में निर्वाण का जो वर्णन मिलता है उसमें दुख का अभाव ही नहीं वरन् सुख का भाव भी है। सुत्तनिपात में कहा गया है कि निर्वाण सुख परमसुख की अवस्था है। इसका वर्णन शब्दों से परे है। यह मधु से भी मीठा, पर्वत से भी ऊँचा और समुद्र से भी गहरा है। कबीर ने भी मुक्ति की अवस्था को परम आनन्दमय कहा है–

अमर भए सुखसागर पावा।

निष्कर्षतः कह सकते हैं कि यद्यपि कबीर की मोक्ष सम्बन्धी अवधारणा उपनिषद्, बौद्ध दर्शन, सांख्य, योग आदि से मिलकर बनी है किन्तु उनका रूप बहुत कुछ नवीन एवं मौलिक है।

६. कबीर की भक्ति

मध्ययुग में धर्म-प्रवण सामान्य जनों को सिद्धों और नाथों के चमत्कार और विराग पूर्ण साधना से मुक्त करके जाति-पाँति, ऊँच-नीच की द्वेषपूर्ण भावना से रहित निर्गुण भक्ति की रसधारा में निमग्न करने वाले सर्वप्रथम साधक हैं कबीर। भक्ति की जिस अलौकिक धारा का प्रवाह दर्शनशास्त्रों के सिद्धान्तों और सूत्रों से उलझा हुआ था उसे लोक मानस की अगाध और निर्बाध भावधारा से जोडने का श्रेय कबीर को ही है। द्रविड़ से उपजने वाली भक्ति के संवाहक रामानन्द के प्रखर शिष्य कबीर की ही प्रतिभा का फल था कि आडम्बरों के झाड़-झंखाड़ को साफ करती हुई भक्ति धारा सप्त दीप और नव खण्ड में व्याप्त हो गयी। एक उक्ति है–

भक्ति द्राविण ऊपजी लाए रामानन्द।
परगट किया कबीर ने सप्त दीप नव खण्ड।।

लोकवादी संत कबीर भक्ति की शास्त्रीय मान्यताओं से अपरिचित नहीं थे। उन्होंने अपनी भक्ति को 'नारदी भक्ति' कहा है–

भगति नारदी मगन सरीरा, इहि विधि भव तरि कहै कबीरा।

कबीर की भक्ति पर नारदी भक्ति का स्पष्ट प्रभाव परिलक्षित होता है। नारद के अनुसार भक्ति ईश्वर के प्रति परम अनुराग की अभिव्यक्ति है–'सात्वस्मिन् परम प्रेम रूपा'। कबीर की भक्ति का भी मूलाधार यही प्रेम है। इस प्रेम का प्रारूप सार्वभौमिक है। इसमें उन

सभी प्रेम मार्गियों की भावनाओं का समावेश है जो प्रेम को ईश्वर प्राप्ति का एक मात्र साधन मानकर चलते हैं। उनमें विठ्ठल सम्प्रदाय की प्रेम भावना तो है ही सूफियों के इश्क की खुमार भी है। भक्ति रस प्रेम का भी अद्‌भुत रसायन है। कबीर का कथन है–

कबीर हरि रस पीया जाणिये, जे कबहु न जाइ खुमार।
मैमंता घूमत रहै, नाहीं तन की सार।।

इस प्रेम में महान् त्याग की भी अपेक्षा है। इस त्यागपूर्ण प्रेम के आदर्श हैं सती और शूर जिन्हें प्राणों की दाँव पर आगे ही बढ़ना होता है। आध्यात्मिक प्रेम की उपलब्धि की अवस्था में साधक की इच्छा मर जाती है। उसे काम, क्रोध व्याप्त नहीं होता। तृष्णा उसे जलाती नहीं। वह असत्य नहीं बोलता, वह समदर्शी, दुविधा से रहित होता है।

नारद भक्तिसूत्र में भक्ति को कर्म, ज्ञान और योग से श्रेष्ठ माना गया है। कबीर ने भी भक्ति की श्रेष्ठता का प्रतिपादन कई स्थानों पर किया है–

जब लग भाव भगति नहीं करिहौं,
तब लग भवसागर क्यों तरिहौं।।

साधना की किसी एक युक्ति से केवल एक ही फल मिलता है। उसमें चाहे योग को पा लिया जाय या भोग को। राम नाम का सिद्धि योग (भक्ति योग) ऐसा है जिससे दोनों का फल प्राप्त हो जाता है–

एक जुगति एकै मिलै, किंवा जोग कि भोग।
इन दुन्यूँ फल पाइये, राम नाम सिधि जोग रे।।

कबीरदास नारद भक्तिसूत्र में उल्लिखित उन विधानों का भी समर्थन करते हैं जिनसे भक्ति की उद्‌भावना और ईश्वर की प्राप्ति होती है–विषय वासनाओं का परित्याग, अखण्ड भजन, गुरु-कृपा तथा भगवत्कृपा से भक्ति सहज प्राप्य है। भक्ति के मार्ग में अखंड भाव तथा सदाचरण की विशेष महत्ता है। नारदी भक्ति में स्त्री, धन, और नास्तिकों से सावधान रहने को कहा गया है। कबीर भी कामिनी, कंचन तथा ईश्वर-विमुखों की घोर निन्दा करते हैं। नारी के विषय में उनका दृढ़ मत है–

नारि नसावै तीन सुख, जा नर पासै होय।
भगति मुकति निज ग्यान से, पैसि न सकइ कोय।।

नारदभक्तिसूत्र में भक्ति की ग्यारह आसक्तियों का उल्लेख किया गया है। कबीर की वाणी में इन्हें आसानी से निर्दिष्ट किया जा सकता है–

१. गुणमाहात्म्यासक्ति–

गोव्यंदा गुण गाइये रे।
ताथैं भाई पाईये परम निधांन।

२. रूपासक्ति–

लट छूटी खेलैं विकराल, अनत कला नटवर गोपाल।।

३. पूजासक्ति–

जेहि पूजा हरि मन भावै, सो पूजनहार न जानै।।

४. स्मरणासक्ति–

कहै कबीर जोगी अरु जंगम ए सब झूठी आसा।
गुरु प्रसादि रहो चात्रिग ज्यूँ निहचै भगति निवासा।।

५. दास्यासक्ति–

कहैं कबीर सेवौं बनवारी।

६. सख्यासक्ति–

कबीर के काव्य में सख्य भाव के पद प्रायः नहीं मिलते।

७. कान्तासक्ति–

हरि मेरा पिव, मैं राम की बहुरिया।

८. वात्सल्यासक्ति–

हरि जननी मैं बालिक तोरा,
काहे न अवगुन बकसहु मोरा।।

९. तन्मयासक्ति–

विरहिण पिय पावै नहीं, जियरा तलपै माइ।
कै विरहिण के मीच दै, कै आपा दिखलाइ।।

१०. परम विरहासक्ति–

बहुत दिनन को जोहती, बाट तुम्हारी राम।
जिव तरसै तुझ मिलन कूँ मनि नाहीं विश्राम।।

११. आत्मनिवेदनासक्ति–

माधो मैं ऐसा अपराधी। तेरी भगति हेत नहिं साधी।।

कबीर की भक्ति-भावना में इन आसक्तियों का उल्लेख देखकर यह निष्कर्ष निकालना उचित नहीं है कि कबीर ने नारद भक्ति सूत्र में निर्दिष्ट बातों का भावानुवाद किया है। भक्ति के ये शास्त्रीय तथ्य उन्हें अपने गुरुओं के उपदेश से प्राप्त हुए थे और कबीर के व्यक्तित्व के अभिन्न संस्कार बन गये थे।

कबीर की भक्ति की सबसे बड़ी विशेषता है प्रपत्ति। प्रपत्ति का अर्थ है सब कुछ छोड़कर ईश्वर के शरणागत हो जाना। वायु पुराण में प्रपत्ति के छः अंग बताये गये हैं–

आनुकूल्यस्य संकल्पः प्रातिकूल्यस्य वर्जनम्।
रक्षिष्यतीति विश्वासो गोप्तृत्वे वरणं तथा।।
आत्मनिक्षेप कार्पण्ये षड्विधा शरणागतिः।।

१. अनुकूलता का संकल्प–इसके अन्तर्गत भक्त को ईश्वर में पूर्ण आस्था रखते हुए अहं, ममत्व तथा देहाध्यास का त्याग करना होता है। कबीर की अधोलिखित उक्ति में इसी तरह का त्याग और ईश्वर के प्रति पूर्ण आस्था का स्वर प्रस्फुटित होता है–

मेरी मिटी मुक्त भया, पाया ब्रह्म विसास।
अब मेरे दूजा कोउ नहीं, एक तुम्हारी आस।।
कबीर देवल ढहि पड़्या, ईंट भई से बार।

करि चिजारा सौं प्रीतड़ी, ज्यौं ढहै न दूजी बार।।

वे बार-बार ईश्वर की शरण में जाने का संकल्प लेते हैं–

(क) जन कबीर तेरी सरन आयो राखि लेहु भगवान्।

(ख) तेरी गति तूही जाने कबीर तेरी सरना।

कबीर निरन्तर उन्हीं बातों, विचारों तथा आचरण की चर्चा करते हैं जिनसे ईश्वर के प्रति मन की उन्मुखता और भाव की दृढ़ता हो। इसीलिए वे सदाचार, विनय, अहिंसा, करुणा आदि भावों का उपदेश देते हैं।

२. **प्रतिकूलता का त्याग**–भक्ति की दृढ़ता के लिये भक्ति-विरोधी वृत्तियों तथा आचरण का परित्याग आवश्यक होता है। इसी भाव से प्रेरित होकर कबीर काम, क्रोध, लोभ को छोड़ने का आग्रह करते हैं। वे नारी को भक्ति के मार्ग में सबसे बड़ा अवरोध मानते हैं–सभी विषय वासनाओं की जड़ मन में है, यदि मन पर काबू पा लिया जाय तो विषय वासनाओं से मुक्ति आसान हो जाती है–

मैंमन्ता मन मारि दे, नान्हा करि करि पीस।
तब सुख पावै सुन्दरी, ब्रह्म झलक्कै सीस।।

असंत की संगति भक्ति को एकदम क्षीण कर देती है। कबीर कहते हैं–

असंग संगति जिन जाइ रे भुलाई।
साधु संगति मिलि हरि गुण गाई।।

रक्षा का विश्वास–कबीर को पूरा-पूरा विश्वास था कि राम उनकी रक्षा करेगा। रक्षण का अडिग विश्वास ही भक्ति को संसार की समस्त विघ्न-बाधाओं तथा घोर विपत्तियों का सामना करने की शक्ति देता है–

अब मोहिं राम भरोसो तेरा, और कौन का करौं निहोरा।

उस समर्थ का जो भी दास है उसका अनिष्ट तो हो ही नहीं सकता।

गोप्तृत्व वरण–प्रपत्ति का चौथा अंग है आराध्य के गुणों का वर्णन करना। एकान्त भाव से ईश्वर का वरण करने के लिए कबीरदास अग्रसर हैं। कबीर की उद्घोषणा है–

निरमल निरमल राम गुण गावै,
सो भगता मेरे मन भावै।

कबीर केवल राम की तू जिनि छांड़ै ओट।
घण अहरनि बिचि लोह ज्यूं घणी सहै सिर चोट।।

आत्मनिक्षेप–इसका तात्पर्य है कि अपने आप को पूर्णतया भगवान् में न्यस्त कर देना। कबीर अपने को भगवान् के प्रति पूर्णतया समर्पित करते हुए कहते हैं–

है हरिजन थै चूक परी, जे कछु आहि तुम्हारौ हरी।
मोर तोर जब लगि मैं कीन्हां, तब लगि त्रास बहुत दुख दीन्हा।।

कबीर अपने को सुहागिन नारी के रूप में कल्पित करके ईश्वर के प्रति पूर्ण समर्पण को व्यंजित करते हैं–

जो पै पतिव्रता है नारी, कैसे ही रहौ सो पियहि पियारी।
तन मन जीवन सौंपि सरीरा, ताहि सुहागिन कहै कबीरा।।

फिर कबीर का तो विश्वास है कि वे जो कुछ भी हैं, सब कुछ ईश्वर के कारण हैं–

'मेरा मुझमें कुछ नहीं, जो कुछ है सो तेरा।'

कार्पण्य–इसका तात्पर्य है परम दीन भाव। भक्त इसके अन्तर्गत भगवान् की महिमा, तथा अपनी लघिमा का वर्णन करता है। वह अपने को अपराधी, पापी, दीन-हीन तथा बेसहारा कहकर ईश्वर की कृपा के लिए गिड़गिड़ाता है–

माधौ मैं ऐसा अपराधी, तेरी भगति हेत न साधी।
कारनि कवन आइ जग जनम्याँ, जनम कवन तनु पाया।।

कबीर अपने को गुणहीन मानकर चलते हैं। संतों में जो गुण होते हैं उनसे भी वे वंचित हैं–

काम क्रोध माया मद मंछर, ईं संतनि हम मांही।
दया धरम ग्यान गुरु सेवा, ये प्रभु सुपिनै नाहीं।।
तुम्ह कृपाल दयाल दामोदर, भगत बछल भौहारी।
कहै कबीर धीर मति राखहु, सासंति करौ हमारी।।

कबीर अपने को राम का कूता, गुलाम न जाने क्या-क्या कह देते हैं। इससे अधिक दीनता का प्रदर्शन और क्या हो सकता है–

मैं गुलाम मोहि बेचि गुंसाईं।
तन मन धन मेरा रामजी की ताईं।।

कबीर ने अपनी भक्ति-साधना में ईश्वरीय कृपा को भी बड़ा महत्त्व दिया है इसीलिए प्रपत्ति को उसमें उत्कृष्ट स्थान मिला है। कबीरदास इस प्रपत्ति भाव के ग्रहण में शास्त्रीयता की सीमा को लाँघते हैं। उनमें प्रपत्ति के सभी अंगों का बहुत मिला-जुला रूप परिलक्षित होता है। इसके अलावा प्रपन्न की भक्ति को पराभक्ति का उत्कर्ष देने के लिए रामानन्द ने जो न्यास और ध्यान का विधान किया है उसे भी कबीरदास मान्यता देते हैं। न्यास का तात्पर्य है भक्ति की निष्कामता। कबीर कहते हैं–

जब लगि भक्ति सकामता, तब लगि निस्फल सेव।
कहै कबीर वै क्यूं मिलै, निहकामी निज देव।।

गुरु द्वारा निर्दिष्ट उपाय से वे ईश्वर में ध्यान केन्द्रित करते हैं–

सो ध्यान धरहु जिन बहुरि न धरना।
ऐसे मरहु कि बहुरि न मरना।।

वैष्णव भक्ति और कबीर– कबीर ने शाक्तों की कटु निंदा और वैष्णवों की भूरि-भूरि प्रशंसा की है–

वैष्णव की कूकरि भली, साकत की बुरी माइ।
ओह सुनहि हरि नाम जस, वह पाप विसाहन जाइ।।
साकत संग न कीजिए, दूरहि जाइये भाग।
वासन कारो परसिए, तउ कछु लागै दाग।।

x x x

चन्दन की चुटकी भली, न बंबूर अवराँउ।
बैश्नौं की छपरी भली, नाँ साषत का बड़ गाँउ।।
साषत बाभन जनि मिलै, बैसनो मिले चँडाल।
अंकमाल दे भेटिये, मानौ मिलै गोपाल।।

शाक्त के सामने हरि-गुण गान वैसे ही व्यर्थ है जैसे कुत्ते के सामने स्मृतियों का बखान। कबीरदास कहते हैं कि वह माता धन्य है जिसने वैष्णव पुत्र जना है–

कबीर धनि ते सुन्दरी, जिनि जना वैसनों पूत।
राम सुमिरि निरभै हुआ, सब जग गया अऊत।।

वैष्णव के प्रति इस तरह का दृष्टिकोण रखने वाले कबीर की भक्ति पर वैष्णव भक्ति का प्रभाव होना स्वाभाविक है। कबीरदास यद्यपि सगुण स्वरूप को मान्यता नहीं देते, कई स्थलों पर अवतारवाद का विरोध भी करते हैं फिर भी उन्होंने भगवान् के सभी नामों में 'राम' को विशेष रूप से अपनाया है। प्रह्लाद, ध्रुव, अम्बरीष आदि भक्तों पर सगुण रूप धारण करके कृपा करने वाले भगवान् के पौराणिक स्वरूप का भी वे जिक्र कर देते हैं। नामदेव, जयदेव का भी वे नामोल्लेख करते हैं। ईश्वर की भक्त वत्सलता के प्रति उनकी गहन निष्ठा है।

वैष्णव भक्ति में प्रपत्ति का बड़ा महत्त्व है। पीछे उल्लेख किया जा चुका है कि कबीर के काव्य में प्रपत्ति के सभी अंगों-उपांगों की विस्तृत व्यंजना मिलती है। वैष्णव भक्ति में नाम साधना की पूर्ण स्वीकृति है। तुलसीदास इसीलिए राम से राम के नाम को बड़ा मानते हैं। अपनी इस मान्यता के बाद भी वे राम के चरित गान में ही लीन रहते हैं। कबीर 'राम' के नाम को विशुद्ध भावात्मक प्रतीक बनाकर ग्रहण करते हैं जिसमें ब्रह्म के सभी नाम और रूप सिमट गये हैं। इसीलिए तो वह बड़ी हिम्मत के साथ मुसलमानों को भी कुरान कतेब छोड़कर राम के भजन के लिए आमंत्रित करते हैं–

छाँड़ि कतेब राम भजि बौरे, जुलुम करत है भारी।
कबीर पकरौ टेक राम की, तुरक रहे पचि हारी।।

वैष्णव भक्ति में प्रेम एक अनिवार्य शर्त है। रागानुगा भक्ति में तो प्रेम सर्वस्व है, वैधी भक्ति में भी प्रेम की अभिव्यक्ति दाम्पत्य, वात्सल्य और सख्य अनेक रूपों में होती है। कबीर ने प्रतीकात्मक दाम्पत्य रति की बड़ी मार्मिक अभिव्यंजना की है। प्रियतम की प्रतीक्षा करती हुई आत्मारूपी विरहिणी की तड़प कितनी हृदय विदारक है–

तलफै बिन बालम मोर जिया
दिन नहिं चैन रात नहिं निंदिया, तलफ तलफ के भोर किया।
तन मन मोर रहट अस डोले, सूत सेज पर जनम छिया।
नैन थकित भए पंथ न सूझै, सोई बेदरदी सुध न लिया।
कहत कबीर सुनौ भाई साधो, हरो पीर दुख जोर किया।

कबीर में दास्यभाव की भी गहरी अभिव्यंजना है। वह तो अपने को राम का कुत्ता तक कह देते हैं। भगवान् को कबीर माँ के रूप में भी याद करते हैं–

हरि जननी मैं बालिक तेरा, काहे न औगुण बकसहु मेरा।

वैष्णव भक्ति में नवधा प्रणाली की पूर्ण मान्यता है। कबीरदास की भक्ति में नवधा

पद्धति की छाया तो है किन्तु उसका स्वरूप भावपरक अधिक है। भाव भगति में श्रवण की कुछ विचित्र स्थिति है। ओऽम या राम का मार्मिक शब्द गुरु के मुख से निकलकर बाण की तरह भक्त के हृदय में बेध जाता है। मुख से दावाग्नि सी फूट पड़ती है, उसकी इन्द्रियों का कार्य-व्यापार ठप हो जाता है–

कबीर सतगुर साचा सूरिवां, सबद जु बाह्या एक।
लागत ही भ्वै मिलि गया, पड्या कलेजे छेक।।

हरिगुण का कीर्तन करते-करते भक्त प्रेम रस से भीगने लगता है। वह सारे वाद-विवाद से परे हटकर हर्षित होकर ईश्वर का गुणगान करता है। नाम स्मरण करते हुए लगता है कि 'सुमिरन' ही सार है बाकी सब कुछ जंजाल है। दास की यदि कोई चिन्ता होती है तो वह है हरिनाम और तरह की चिन्ताएँ तो काल-पाश हैं। रात-दिन हरि का स्मरण करते हुए कबीर को अभेद की प्रतीति होने लगती है–

कबीर मेरा मन सुमिरे राम कूं, मेरा मन रांमहि आहि।
इब मन रांमहि ह्वै रह्या, सीस नवावौं काहि।।

कबीर राम के नाम का गुण गाते हुए चरण कमलों (पाद सेवन की स्थिति) में ध्यान लगाते हैं। चरण-कमलों में उनका ऐसा लीन होता है कि और कुछ भाता ही नहीं। फिर तो धीरे-धीरे समाधि की अवस्था आ जाती है–

मन के मोहन मीठुला, यहु मन लागौ तोहि रे।
चरन कंवल तन मांनियां, और न भावै मोहि रे।।

'अर्चन' विधि भी पूर्ण अद्वैताभास के कारण पूर्ण नहीं हो पाती। पूजन सामग्री, पूज्य ब्रह्म तथा पूजने वाले में जब कोई भेद ही नहीं रहता तो 'अर्चन' कैसे सम्भव हो।

सख्य, दास्य और आत्मनिवेदन की स्थितियों में भी अभेदत्व की अनुभूति कबीर की भाव भगति को नवधा भक्ति से विशिष्ट बना देती है। वैष्णव भक्ति में दास और स्वामी दोनों का व्यक्तित्व सुरक्षित रहता है किन्तु कबीर की भाव भगति में दास और स्वामी का अलगाव अन्ततः समाप्त हो जाता है। जैसे बूँद समुद्र में समा जाती है या लवण पानी में विलीन हो जाता है उसी तरह भगवान् की खोज करने वाला स्वयं भगवान में लीन हो जाता है–

हेरत हेरत हे सखी रहा कबीर हेराय।
बूँद समानी समुंद में सो कत हेरी जाय।।

कबीर की भक्ति में ज्ञान, योग और प्रेम का समन्वय

कबीरदास निर्गुण ब्रह्म के उपासक थे। इस ब्रह्म का साक्षात्कार ज्ञान रूपी सूर्य के प्रकाश पुंज में ही संभव है। जिसके प्रति आत्मा का भाव उमड़ रहा है वह यदि आडम्बरों, मिथ्याचारों और सम्प्रदाय की दीवारों में कैद है, तो उसका प्रत्यक्षीकरण कैसे संभव है। भगवान को सीमाओं में बाँधने वाले व्यक्ति को क्या पता कि ईश्वर का सत्स्वरूप उसकी अनुभूति से परे हो गया है। कबीरदास इन सभी सीमाओं को तोड़कर ब्रह्म को अपनी अन्तरात्मा में अनुभूत करना चाहते थे। कबीर जिस युग में भक्ति साधना में प्रवृत्त हुए, उस युग में तत्त्व-चिन्तन तथा योगसाधना की सशक्त परम्परा मौजूद थी। 'शंकर ने अपने वेदान दर्शन में ब्रह्म और जीव की एकता का जो सिद्धान्त प्रतिपादित किया, उसमें भारतीय

दार्शनिकों के लिए भक्तिवाद के लिए कोई गुंजाइश नहीं थी। अतः शंकर के अद्वैतवाद के आंशिक संशोधन के लिए परवर्ती दार्शनिक रामानुज, रामानन्द, मध्वाचार्य, निम्बार्क स्वामी आदि ने बहुत ही गूढ़ चिन्तन और विवेचन के बाद विभिन्न दार्शनिक पद्धतियों और मान्यताओं की स्थापना की। सबका निष्कर्ष शंकर के ज्ञान और तर्कवादी अद्वैत को आगे बढ़ाकर भक्तिवाद के साथ संगति स्थापित करने का था। शुद्धाद्वैतवाद, विशिष्टाद्वैतवाद, द्वैताद्वैतवाद आदि नामों से विभिन्न मार्गों का अनुसरण करते हुए शंकराचार्य के परवर्ती इन चिन्तकों और साधकों ने ज्ञानवाद और भक्तिवाद की संगति बिठाने का कार्य किया।'

रामानुजाचार्य का मत है, 'भक्तिशब्दस्य प्रीतिविशेषे वर्त्तते प्रीतिश्च ज्ञान विशेष एव' भगवान् के प्रति प्रेम ज्ञान से भिन्न नहीं है। यह तो ज्ञान की पराकाष्ठा है। चित्त में विशुद्ध ज्ञान होने पर ही संसार में विकर्षण और परमात्मा के प्रति आकर्षण सम्भव होता है। रामानुज ज्ञान को ध्यान, उपासना या भक्ति ही मानते हैं। कबीर की वाणी में भी ज्ञान की स्थिति लगभग ऐसी ही है। वह भक्ति से बहुत अलग नहीं है। यह गहन आध्यात्मिक अनुभूति का पर्याय है। दार्शनिकों द्वारा मथित दार्शनिक तत्त्व-चिन्तन और खंडन-मंडन से निरूपित ज्ञान कबीर को स्वीकार नहीं है। संभवतः इस तरह का ज्ञान इनकी क्षमता तथा प्रकृति के अनुकूल नहीं था। उनका दृढ़ विश्वास था कि जप, तप, योग, वेद-पुराण-स्मृति आदि साधनों से ईश्वर की गति को जानना संभव नहीं है–

जप नाहीं तप नाहीं, जोग ध्यान नहिं पूजा।
सिव नाहीं, सकती नाहीं, देव नाहीं दूजा।।
रुग, न जुग, न स्यांम अथरवन, वेद नहीं व्याकरना।
तेरी गति तू ही जानै, कबीरा तो सरनां।।

कबीर द्वारा प्रतिपादित 'ज्ञान' पुस्तकीय ज्ञान से अलग है। इन्होंने पुस्तकीय ज्ञान का बारंबार खंडन किया है–

कबीर पढ़िबा दूर करि, पुस्तक देइ बहाइ।
बावन आषर सोधि करि, ररै ममै चित लाइ।।

कबीर सदैव सामान्य जनों के पक्षधर रहे। उनकी यह पक्षधरता उनके भक्ति सिद्धान्त में भी प्रतिफलित है। उन्हें ऐसा लगता था कि शास्त्र आदमी को जड़ बनाता है। उसमें जो सूक्ष्म विवेचन तथा विश्लेषण होता है वह साधारण जनों के लिये बोधगम्य नहीं होता। बहुत सी धार्मिक पुस्तकें कर्म-काण्डों के विवेचन तक अपने को सीमित रखती हैं। अतएव भक्ति की साधना में इनकी उपादेयता बहुत कम रह जाती है। यदि भक्ति को आवश्यकता से अधिक दार्शनिकों, तत्त्व चिन्तकों और कर्मकाण्डियों की मुखापेक्षी बना दिया जायेगा तो भक्ति की सर्वसुलभता समाप्त हो जायेगी। योग के चमत्कारों तथा आडम्बरों के पीछे भागने वाली जनता के लिये यह भी खतरा था कि वह अज्ञान को ज्ञान मानकर उसी के प्रति पूर्ण श्रद्धालु न बन बैठे। इसीलिए तो सद्गुरु का प्रबोधन आवश्यक है। जब तक गुरु के द्वारा ज्ञान का दीपक प्राप्त नहीं होगा तब तक लोक और वेद के पीछे अन्धी दौड़ समाप्त नहीं होगी। ज्ञान को प्रकाशित करने वाला गुरु भी ईश्वर की कृपा से ही मिलता है–

कबीर ग्यान प्रकास्या गुरु मिल्या, सो जिनि बीसरि जाइ।
जब गोब्यंद कृपा करी, तब गुर मिलिया आइ।।

गुरु के इस प्रबोधन से राम के भजन में भक्त निर्भीक और निःशंक भाव से प्रवृत्त होता है। सारे संसार को संशय खाये जा रहा है। गुरु के उपदेशों से विद्ध शिष्य संशयों को चुन-चुनकर खा जाता है। ज्ञान के अभाव में भी तो संसारी जीव विषय-वासनाओं में पतिंगे की तरह टूट पड़ रहा है। इस भयानक समस्या से गुरु-ज्ञान के बावजूद एकाध शिष्य ही बच पाता है। कबीर इन्हीं विरले शिष्यों में से है जिन्होंने अपने ज्ञान के बल पर अनेक आडम्बरों का खंडन किया, अनेक विरोधियों का डटकर सामना किया। कबीर के अन्तर में स्वानुभूतिजन्य ज्ञान का प्रखर आलोक एकाएक फूट पड़ता है। सद्गुरु का शब्दबाण लगते ही बेचैनी आ जाती है। अनन्त लोचन उनके मन में उन्मीलित हो जाते हैं। यही नहीं ज्ञान तूफान की तरह आता है। जिसके प्रभाव से भ्रम की टटिया उड़ जाती है, माया के बंधन शिथिल हो जाते हैं, तृष्णा समाप्त हो जाती है, ज्ञान की आँधी के बाद प्रेम की वर्षा होती है जिससे भक्त भींग जाता है। ज्ञानरूपी सूर्य के उदित होने पर सारे विश्व की प्रखर पहचान हो जाती है। ज्ञान, प्रेम और स्वानुभूति के समन्वित रूप को व्यक्त करने वाला कबीर का यह पद द्रष्टव्य है–

संतो भाई आई ग्यांन की आंधी रे।
भ्रम की टाटी सबै उड़ाणी, माया रहै न बांधी।
x x x
आंधी पीछैं जो जल बूढा, प्रेम हरी जन भीना।
कहै कबीर भान के प्रगटें, उदित भया तम षीना।।

उसमें वह अज्ञानमूलक उत्साह नहीं है, जिसमें आत्म-त्याग न होकर निरीह एवं निर्दोष को मौत के घाट उतार दिया जाय। उनकी भक्ति का अनुसरण तभी संभव है जब सद्-असद् विचार का ज्ञान हो, संसार के माया-मोह, कामिनी कंचन तथा भोग के प्रति दौड़ने वाले मन पर नियंत्रण हो, गुरु के चरणों में आस्था हो, महान् त्याग की तत्परता हो, तन-मन में पूर्ण श्रद्धा और आस्था हो, कर्म करते हुए भी फल से निर्लिप्ति हो। इसका एक मजबूत शास्त्रीय आधार भी है। आचार्य हजारी प्रसाद द्विवेदी के शब्दों में 'कबीर की भक्ति वह लता है जो योग के क्षेत्र में प्रेम का बीज पड़ने से अंकुरित हुई है और जिसका विकास स्वानुभूति का अवलम्बन पाकर हुआ है।'

भारतीय दर्शन में योग का बड़ा महत्त्व रहा है। वैदिक साहित्य से लेकर गीता तक में योग के अर्थ और अभिप्राय में विस्तार परिलक्षित होता है। इसके अर्थ विस्तार का ही परिणाम था कि आत्मा और परमात्मा से तादात्म्य स्थापित करने वाली किसी भी साधना को योग कहा जाने लगा। योग वास्तव में ऐसा विज्ञान है जिससे शारीरिक, मानसिक और आध्यात्मिक तीनों प्रकार की शक्तियों का विकास किया जा सकता है। योग की जितनी दार्शनिक या आध्यात्मिक महत्ता है उससे कम व्यावहारिक महत्ता नहीं है। स्वस्थ शरीर एवं स्वस्थ मन के बिना किसी भी तरह की साधना संभव नहीं है। इसीलिए योग के महत्त्व को प्रायः सभी साधनाओं में स्वीकृति मिली है।

कबीर के समय में सिद्धों और नाथों की साधनाओं में योग की बड़ी धूम थी। लेकिन इसका इतना चामत्कारिक एवं अतिरंजित प्रचार-प्रसार किया गया कि जनसाधारण के बीच में इसका वास्तविक एवं वैज्ञानिक स्वरूप लुप्त हो गया। योग और भक्ति को एक दूसरे का विरोधी समझने का भाव भी विकसित होने लगा था। कबीर ने बड़ी कुशलता से योग के क्षेत्र में भक्ति का बीज डाल दिया। योग से प्राप्त ज्ञान, आत्म-शक्ति तथा आत्म-ज्योति को

ईश्वरीय या परमात्म-ज्योति के रूप में निरूपित करके उसमें रसानुभूति तथा आनन्द की प्रतिष्ठा की। एक सिद्ध योगी की तरह कबीर योग की जटिल प्रक्रियाओं तथा प्रविधियों का स्वयं प्रयोग करते हैं। वे इस प्रयोग में इतने पारंगत तथा खरे हो गये हैं कि अपने समय के योगियों तथा अवधूतों को भी चुनौती दे देते हैं।

कबीर के अध्येताओं का विचार है कि कबीर ने पहले योग के जटिलतम स्वरूप को अपनाया था। 'इसी अवस्था में उन्होंने पूरक, रेचक, कुम्भक, धौति, नेति, वस्ति, वायु संचालन के सोलह आधार, कुण्डलिनी उत्थापन तथा तत्सम्बन्धी अनेकानेक चक्रों का वर्णन किया है। हठयोग के ये वर्णन इतने जटिल हैं कि रहस्यात्मक हो गये हैं। हठयोग साधना की दूसरी अवस्था में पहुँचकर कबीर कुछ अधिक स्पष्ट हो चलते हैं। साधना की तीसरी अवस्था में कबीर का दृष्टिकोण बदला हुआ प्रतीत होता है। इस अवस्था में हठयोग के जटिल स्वरूप का बहिष्कार मिलता है।' कबीर के योग सम्बन्धी विचारों का अवस्था भेद विशेष सार्थक नहीं प्रतीत होता है। पीछे उल्लेख किया जा चुका है कि कबीर एक ऐसा अद्‌भुत प्रतिभा सम्पन्न फौलादी व्यक्ति था जो किसी भी प्रकार की चुनौती के आगे झुकना नहीं जानता था। उसने अपनी प्रतिभा और साधना के बल से भारतीय दर्शन और ज्ञान के विविध पक्षों को बड़ी गहराई से सुना, गुना और समझा था। योग की जटिलतम साधना में सफलता पाकर उसने योगियों और अवधूतों को चुनौती दे दी, उनकी सन्धा भाषा के तर्ज पर उलटवाँसी में योग की बातें करके उन्हें हतप्रभ कर दिया। योग का सहज और सरल रूप उस आम जनता के हितार्थ व्यक्त है जिसका पक्ष लेकर कबीर साधना मार्ग में प्रवृत्त हुए थे। योग में प्रेम का सामंजस्य करके उन्होंने योग और भक्ति के विरोध को मिटा दिया। कबीर ने योग की संभावनाओं को समझा था। उन्होंने औपनिषदिक ज्ञान, स्वानुभूत ज्ञान, सद्‌गुरु प्रदत्त ज्ञान, योगिक ज्ञान तथा भक्तिभाव को एकमेक कर दिया। चूँकि भक्ति साधना मूलतः भावसाधना ही है जिसकी सम्पूर्ण प्रक्रिया शरीर के अन्दर ही घटित होती है, इसीलिए योगसाधना से उसका सामंजस्य बैठाना कबीर के लिए बहुत आसान हो गया। इन्द्रिय निग्रह, काम, क्रोध, लोभ, मोह आदि असद् वृत्तियों से मुक्ति पाने, सांसारिक प्रपंचों, बाह्याडम्बरों तथा प्रलोभनों से छूटने का सरल उपाय है योग। देह आत्मज्योति की पहचान कर परमज्योति से सम्मिलन में भी योगसाधना सहायता करती है। इस आत्मज्योति के आलोक में सत् स्वरूप का ज्ञान हो जाता है–

या जोगिया की जुगति जो बूझै। राम रमै ताको त्रिभुवन सूझै।
प्रगट कंथा गुपुत अधारी, तामैं मूरति जीवनि प्यारी।।
है प्रभु मेरैं खोजैं दूरि, ज्ञान गुफा में सींगी पूरी।

कबीर ने हिंडोला के रूपक में योग और प्रेम का सुन्दर सामंजस्य दिखाया है–

हिंडोलना तहँ झूलै आतम राम।
प्रेम भगति हिंडोलना सब संतन को विश्राम।।
चन्द सूर दुई खंभवा बंक नालि की डोर।
झूलै पंच पियरिया तहँ झूलै जीय मोर।।
द्वादस गम के अंतर तहँ अमृत कौं ग्रास।
जिस यहु अमृत चाखिया सो ठाकुर हम दास।।

x x x

नाद व्यंद की नाव री, राम नाम कनिहार।
कहै कबीर गुण गाइले, गुर गंमि उतरौ पार।।

कबीर कहते हैं कि झूला प्रेम-भक्ति का है। यह सब संतों का विश्राम स्थल है। इड़ा और पिंगला के दो खंभे हैं और वक्र नाड़ी की डोर लगी हुई है। प्रेम में पाँचों इन्द्रियाँ झूल रही हैं। एक स्थल पर कबीर अपने मन को सम्बोधित करके कहते हैं कि योग की युक्ति, गुरु का शब्द और हरिभक्ति के बिना बार-बार दुख ही मिलता है।

भक्ति का मूल भाव है प्रेम। ज्ञान और योग दोनों इसी ईश्वरीय प्रेम को ही पुष्ट करते हैं–कबीर हरि रस को पीकर सदैव मस्त रहते हैं। उन्हें शरीर की भी सुध-बुध नहीं रहती। जो मदमस्त अव्यक्त में लीन होता है वह कालजयी हो जाता है। वह जीवनमृत और विषयातीत होता है। इस प्रेम रस को पीने की इच्छा तो सभी करते हैं किन्तु सबको यह सुलभ नहीं हो पाता क्योंकि इसका वितरक कलाल इसके शुल्क के रूप में सिर माँगता है, जिसमें इतने बड़े उत्सर्ग का संकल्प है वही इसका अधिकारी है। कबीर ने इस भगवत् रति को कई रूपों में अभिव्यक्त किया है। दाम्पत्य प्रेम के अन्तर्गत राम को प्रियतम और आत्मा को प्रियतमा माना गया है। दोनों के संयोग और वियोग का मार्मिक चित्रण किया गया है।

संयोग–राम भर्तार बनकर कबीर के दिल के मन्दिर में आये हैं। वे सखियों को मंगलचार गाने के लिए आमंत्रित करते हैं और तन-मन से उस प्रियतम से अनुरक्त हो जाते हैं–

दुलहनी गावहु मंगलचार।
हम घरि आए हो राजा राम भरतार।।

बहुत दिनों के बाद प्रियतम के साथ मिलन सम्भव हुआ है। उनके आते ही मन्दिर का सूनापन तथा अंधकार दूर हो गया। इसके लिए आत्मारूपी प्रिया ने कोई प्रयत्न नहीं किया। सारा सौभाग्य राम की कृपा से अपने आप मिल गया। अब दोनों एक शय्या पर शयन कर रहे हैं–

बहुत दिनन थैं मैं प्रीतम पाये,
मन्दिर माहिं भया उजियारा।
ले सूती अपना पीव पियारा।।
कहै कबीर मैं कछु न कीन्हा।
सखी सोहाग राम मोहि दीन्हा।।

वियोग–असीम परमात्मा से आत्मा बहुत दिनों से बिछुड़ गयी है। उसकी स्मृति उसे निरन्तर सताया करती है। स्वतः निर्मित बन्धनों में फँसकर आत्मा अपने परम प्रियतम को भूल गयी थी। सत्गुरु ने विरह का एक ऐसा बाण मारा कि आत्मा परमात्मा से मिलने के लिए तड़प उठी। अन्य वियोगी तो समयानुसार अपने प्रिय से मिल जाते हैं किन्तु राम वियोगी रात-दिन अनन्त पीड़ा का अनुभव करता रहता है। विरहिणी प्रिय आगमन की प्रतीक्षा करती है। वह मार्ग से गुजरने वाले हर पथिक से प्रियतम का कुशल-क्षेम पूछती है। दर्शन की उत्कट लालसा में वह जैसे ही उठती है गश खाकर गिर पड़ती है, सर्प के विष की तरह विरह उसके शरीर में लहरें मारता रहता है जिसमें किसी तरह का मंत्र-तंत्र कामयाब नहीं होता। कबीर का कथन है कि राम वियोगी या तो जीता नहीं, जीता है तो पागल हो जाता है। निष्कर्ष रूप में

कहा जा सकता है कि कबीर की भक्ति में ज्ञान, योग और प्रेम का अद्‌भुत समन्वय है। तीनों एक दूसरे से इस तरह संघटित हैं कि इन्हें अलग-अलग विश्लेषित करना कठिन है।

७. कबीर की योग-साधना

कबीर की भक्ति-साधना ऐसे वातावरण में सपन्न हुई थी जिसमें योग के प्रभावों का चमत्कार सामान्य जनता को पर्याप्त आकर्षित कर रहा था। हजारी प्रसाद द्विवेदी का कथन है कि ''कबीरदास जिस वंश में उत्पन्न हुए थे उसमें योग चर्चा अत्यन्त मामूली धर्म-चर्चा के समान थी। बाहर भी योगियों का बहुत जबर्दस्त प्रभाव था। इन योगियों की अद्‌भुत क्रियाएँ साधारण जनता के लिए आश्चर्य और श्रद्धा की विषय थीं। परन्तु इन योगियों को किसी भी विषय में साधारण जनता से साम्य नहीं था। बल्कि ये लोग गर्वपूर्वक घोषणा करते फिरते थे कि वे तीन लोक से न्यारे हैं, सारी दुनिया भ्रम में उलटी बही जा रही है, सही रास्ते पर वे ही लोग हैं, जो हठयोग के सिद्धान्तों और व्यवहारों को मानते हैं।'' घर और बाहर के वातावरण से कबीर का अप्रभावित रह जाना असंभव है। जो व्यक्ति अनेक चुनौतियों से टकराने को ताल ठोंककर खड़ा है उसके लिए तो और भी असंभव है कि सामान्य जनता की उपेक्षा करके उसके आगे से कोई ज्ञान का अहं लेकर चुपचाप गुजर जाय। कबीर ऐसे ही व्यक्ति हैं जो पहेली बुझाने वाले या उलटी धारा में चलने वाले योगी को कुछ और कठिन पहेली में उलझा देते हैं। उसे यह बता देना चाहते हैं कि तुम जिस ज्ञान पर इतरा रहे हो उसे खूब गहराई से समझ-बूझकर मैंने भक्ति-योग की ओर प्रस्थान किया है। कबीर की योग-साधना में क्रमिकता का निर्देश किया गया है। डॉ० गोविन्द त्रिगुणायत कबीर को प्रयोगवादी योगी मानते हैं ''कबीर का सारा जीवन सत्य के प्रयोग में बीता था। उनके ये सत्य के प्रयोग सभी क्षेत्रों में होते रहते थे। योग क्षेत्र में उनकी विशेष अधिकता रही। ऐसा प्रतीत होता है कि वे जीवन भर विविध प्रचलित योग पद्धतियों का परीक्षण और प्रयोग ही करते रहते थे। इन प्रयोगों से उन्हें सत्य का क्रमिक अनुभव होता जाता था। इसलिए उनकी योग साधना का विकास भी क्रमिक ही हुआ था। उनके योग सम्बन्धी विचारों को स्थूल रूप से दो भागों में बाँटा जा सकता है। एक वे जो उनके योग के सच्चे स्वरूप की खोज में किये गये परीक्षणों और प्रयोगों से सम्बन्धित हैं और दूसरे वे जिनमें उनके योग के अंतिम स्वीकृत स्वरूप का वर्णन मिलता है।'' वास्तव में कबीर की योग सम्बन्धी उक्तियों में सम्बोधन परक भेद है अर्थात् जब वे योगी या अवधूत को सम्बोधित करते हैं तो सीधे ढंग से अपनी अनुभूति को योगिक अनुभूति के रूप में प्रस्तुत करते हैं। जिस तरह वे साम्प्रदायिक समन्वय के लिए प्रयत्नशील दिखाई देते हैं उसी तरह योग के विभिन्न रूपों के समन्वय के लिए भी सचेष्ट हैं। वे सभी साधनाओं से प्राप्त चरमानुभूति को भक्ति की भावानुभूति में समन्वित करके या एकान्वित करके प्रस्तुत करना चाहते हैं। उनको बार-बार ऐसा प्रतीत होता है कि परमात्मानुभूति की मानसिक दशा का निरूपण योगसाधना से प्राप्त समाधि या सहजावस्था के रूप में ही संभव है। सहजावस्था में पहुँच जाने के बाद फिर किसी तरह की साधना की आवश्यकता होती ही नहीं है। ठीक उसी तरह जैसे आत्मा और परमात्मा के अभेदत्व को पा लेने के बाद साधना की आवश्यकता नहीं रहती। चरम अनुभूति की अभिव्यक्ति करते समय कबीर सभी प्रकार की योग-साधनाओं का तिरस्कार करने लगते हैं। इससे आलोचकों ने यह अनुमान लगा लिया कि कबीर अपने पूर्व के यौगिक प्रयोगों को नकार रहे हैं। जबकि वास्तविकता यह है कि साधना की सिद्धावस्था में सारे विधि-विधान, श्वास-निरोध,

नाड़ीशोधन, मुद्रासाधना सब कुछ अनावश्यक प्रतीत होने लगते हैं। यह सब साधना की अवस्था का भेद है योग के विविध रूपों के प्रयोग, तत्पश्चात्, उनके स्वीकार या अस्वीकार का क्रमिक भेद नहीं है।

पीछे उल्लेख किया जा चुका है कि कबीर ने भारत की समृद्ध परम्परा को सयत्न अर्जित किया था। वे उन सभी मान्यताओं के प्रति आकर्षित थे जिनसे भाव साधना तथा जनकल्याण संभव था। योग की परम्परा भी इसी तरह की परम्परा थी जिसे प्रायः सभी धार्मिक सम्प्रदायों में आदर प्राप्त था। योग की व्यापक स्वीकृति के कारण इसके अर्थ और प्रयोग में भी वैविध्य आता गया। फलतः योग शब्द नाना अर्थों का वाचक हो गया। याज्ञवल्क्य के अनुसार 'संयोगो योग इत्युक्तो जीवात्मपरमात्मोरिति'–जीवात्मा और परमात्मा के संयोग का नाम योग है। इसका प्रयोग मन तथा इन्द्रिय निग्रह के लिए भी होता है। इसे समाधि का पर्याय भी माना गया है। ईश्वर की सर्वोपरि शक्ति के लिए भी इसके पर्याप्त प्रयोग मिलते हैं। गीता में कृष्ण ने कहा है–

न च मत्स्थानि भूतानि पश्य मे योगमैश्वरम्।
भूतभृन्न च भूतस्थो ममात्मा भूतभावनः।।

पतंजलि के अनुसार मानवी प्रकृति के भिन्न-भिन्न तत्त्वों के नियंत्रण द्वारा पूर्णता प्राप्ति के लिए किया गया विधिपूर्वक प्रयत्न ही योग है। उपनिषदों के अनुसार योगाभ्यास यथार्थ सत्ता के सत्य ज्ञान की चेतना पूर्ण आन्तरिक खोज है। कठोपनिषद् में योग की उच्चतम अवस्था का वर्णन करते हुए कहा गया है कि उसमें इन्द्रियों को मन तथा बुद्धि के साथ सर्वथा शान्त भाव में लाया जाता है। तैत्तिरीय तथा मैत्रायणी उपनिषदों में भी योग का प्रयोग पारिभाषिक अर्थ में है।

छान्दोग्योपनिषद् में वर्णन है कि ''तब इस प्रकार क्रमशः उपसंहृत होकर मन के अपने मूलभूत पर देवता को प्राप्त होने पर उसमें स्थिर जीव भी सुषुप्तकाल के समान अपने निमित्त (मन) का उपसंहार हो जाने के कारण उपसंहृत होता हुआ यदि सत्यानुसंधानपूर्वक उपसंहृत होता है तो सत् को ही प्राप्त हो जाता है; सोने से जगे हुए पुरुष की तरह फिर देहान्तर को प्राप्त नहीं होता।' (६:८:६)

बुद्ध ने योग का अभ्यास कठोर तपस्या तथा उच्च कोटि के चिन्तन दोनों रूपों में किया। बौद्ध मत के अनुसार श्रद्धा, शक्ति, विचार, एकाग्रता तथा बुद्धि इन पाँच गुणों की धारणा योग के लक्ष्य को प्राप्त करा देती है। बौद्धमत की योगाचार शाखा बौद्ध सिद्धान्तों को योग से मिला देती है। महाभारत में धारणा और प्राणायाम का उल्लेख मिलता है। उसमें कई स्थलों पर यह निर्देश भी है कि अनेक तपस्वियों ने चमत्कारी शक्तियों को प्राप्त करने के लिए योग-साधना का आश्रय लिया। जैन दर्शन में भी योग को स्वीकार किया गया है। पतंजलि ने अपने योग सूत्र में उस समय योग विषयक जो चिन्तन तथा विचार (अस्पष्ट तथा अनिश्चित रूप में) विद्यमान थे उन सबका निचोड़ प्रस्तुत किया है।

योग साधना में योग के आठ प्रमुख अंग माने गये हैं–

(१) यम
(२) नियम
(३) आसन

(४) प्राणायाम

(५) प्रत्याहार

(६) धारणा

(७) ध्यान

(८) समाधि

१. **यम**–ये नैतिक साधना से सम्बद्ध हैं। यम के अन्तर्गत अहिंसा, सत्य, अस्तेय, जितेन्द्रियता तथा अपरिग्रह सम्मिलित हैं। इनमें सबसे अधिक महत्त्वपूर्ण है अहिंसा। सर्वथा और सर्वदा सभी जीवों से द्रोहहीनता (द्वेषहीनता) ही अहिंसा है। इसमें क्षति पहुँचाने का अभाव ही नहीं बल्कि बैर का त्याग भी आवश्यक है। पाप से घृणा करते हुए भी पापी से भद्र व्यवहार की अपेक्षा भी इसमें निहित है। यम सार्वभौमिक धर्म है क्योंकि इसमें जाति, देश, आयु और अवस्था का भेद बाधक नहीं होता।

२. **नियम**–नियम के अन्तर्गत शुद्धि, सन्तोष तथा ईश्वर भक्ति आती है। ये ऐच्छिक होते हुए भी योगसाधना के लिए आवश्यक हैं।

यम, नियम के निरन्तर अभ्यास से वैराग्य सुलभ हो जाता है। मनुष्य हर प्रकार की इच्छाओं से रहित हो जाता है।

३. **आसन**–योग में मन का जितना महत्त्व है उतना ही शरीर का भी। ध्यान में बैठने से पूर्व साधक को एक सुविधाजनक स्थिति अर्थात् आसन में स्थित होना चाहिए। पतंजलि का कहना है कि आसन दृढ़, सुखद और सरल होना चाहिए। शरीर रूपी यन्त्र को आसनों से पूर्णता तक पहुँचाया जा सकता है जिससे थकावट, जरा और क्षय से बचा जा सकता है।

४. **प्राणायाम**–यह श्वास-प्रश्वास सम्बन्धी व्यायाम है। मन की अविक्षुब्धता या तो धार्मिक कार्यों के सम्पादन से प्राप्त होती है या तो प्राणायाम से। प्राणायाम में मन पर प्रभाव की स्थिरता आती है तथा इससे अलौकिक शक्तियों को पैदा किया जा सकता है। पतंजलि का कथन है कि आसन के होते हुए श्वास-प्रश्वास की गति को रोकना प्राणायाम कहलाता है। प्राणायाम तीन प्रकार का होता है–

(१) बाह्यवृत्ति,

(२) आभ्यन्तर वृत्ति,

(३) स्तम्भ वृत्ति।

इन्हें क्रमशः रेचक, पूरक और कुम्भक भी कहते हैं। बाह्यवृत्ति अर्थात् रेचक में श्वास को बाहर निकाल कर गति का अभाव किया जाता है। आभ्यन्तर अर्थात् पूरक में श्वास को अन्दर खींचकर गति का अभाव किया जाता है। स्तम्भ वृत्ति अर्थात् कुम्भक में दोनों का अभाव होता है। जैसे तप्त उपले पर डाला हुआ जल एक साथ सूख जाता है उसी प्रकार श्वास-प्रश्वास दोनों की एक साथ गति का अभाव होता है। एक भिन्न प्रकार के प्राणायाम का वर्णन है जिनके नाम का निर्देश तो नहीं है किन्तु विधि का उल्लेख है। बाहर और भीतर के विषयों के त्याग से यह स्वतः घटित होता है। इसका स्पष्टीकरण करते हुए कहा गया कि प्राण का बाह्य विषय नासिका द्वार के अन्त आदि तक अन्दर के विषय हृदय नाभिचक्रादि हैं। चतुर्विध प्राणायाम से ज्ञान के ऊपर जो आवरण रहता है वह नष्ट हो जाता है। इससे धारणा के लिए मन में योग्यता आ जाती है।

५. **प्रत्याहार**–इन्द्रियों का अपने विषयों को त्याग करके चित्त स्वरूप के अनुकूल होना प्रत्याहार कहलाता है। चित्त के रोकने पर इन्द्रियों का कार्य व्यापार रुक जाता है। प्रत्याहार के सिद्ध होने पर इन्द्रियाँ योगी के वशीभूत हो जाती हैं।

६. **धारणा**–नाभिचक्र, हृदयकमल, मूर्धाज्योति, नासिकाग्र, जिह्वाग्र आदि शरीर के किसी भाग में अथवा किसी बाह्य विषय में चित्त की वृत्तिमात्र का रोकना 'धारणा' कहलाती है।

७. **ध्यान**–उस देश (अंग या स्थान) विशेष जिसमें धारणा की गई है ध्येय स्वरूप आलम्बन वाले ज्ञान की एकतानता; अन्य ज्ञानों से रहित सदृश प्रवाह ध्यान है। सदृश प्रवाह का तात्पर्य है जिसकी ध्येय विषयक पहली वृत्ति हो उसी की दूसरी, तीसरी वृत्ति भी हो, ध्येय से अन्य का ज्ञान बीज में न हो।

८. **समाधि**–जब ध्यान में ध्येय मात्र भी भासित हो और चित्त या योगी का निज स्वरूप शून्य होने लगे तो समाधि की अवस्था आती है। ध्याता-ध्येय और ध्यान के भेदपूर्वक ध्यान होता है और उस भेद से रहित समाधि होती है। समाधि योगसाधना का लक्ष्य है इसीलिए योग को समाधि भी कहा गया है। यह आत्मा को काल सम्बन्धी, सोपाधिक तथा परिवर्तनशील जीवन से ऊपर उठाकर एक सरल नित्य तथा पूर्ण जीवन प्राप्त कराता है। समाधि की दो श्रेणियाँ मानी गयी हैं–संप्रज्ञात और असंप्रज्ञात। संप्रज्ञात समाधि, चित्त की वह अवस्था है जिसमें चित्त एकाग्र होकर सत्पदार्थ को प्रकाशित करता है, क्लेशों को नष्ट करता है तथा कर्मबन्धनों को ढीला करता है और मानसिक वृत्तियों के निरोध को प्रमुखता देता है। वितर्कानुगत, विचारानुगत, आनन्दानुगत, अस्मितानुगत इसके चार सूक्ष्म भेद हैं। भोजदेव ने इन्हें क्रमशः सवितर्क, सविचार, सानन्द, सास्मित कहा है। ''शब्द अर्थ की कल्पना सहित अच्छे-बुरे पर जब हम तर्क-वितर्क करते हैं, तो सवितर्क समाधि, शब्द के भेदों, परिणामों, आत्मा के सम्बन्धों तथा अन्तःकरण पर जब हम सूक्ष्म विचार करते है तो उसे सविचार समाधि कहते हैं। आनन्द सहित को सानन्द कहते हैं और अपने चिन्मात्र स्वरूप को जानना अस्मिता कहलाती है। असंप्रज्ञात समाधि ऐसी अवस्था है जिसमें कोई चित्तवृत्ति उपस्थित नहीं रहती यद्यपि पूर्व संस्कार शेष रहते हैं।

समाधि की ऐसी अवस्था जिसमें भावी जीवन के बीज मौजूद रहते हैं को सजीव समाधि कहते हैं और जिसमें इनकी उपस्थिति नहीं होती उसे निर्वीज समाधि कहते हैं। वाचस्पति के विचार से बीज कर्म का प्रसुप्त आशय है जो जन्म जीवन की अवधि तथा सुखों के नाना रूपों की बाधाओं के अनुरूप है। यह जिसका आधार है वह सजीव है और जो इस आधार से रहित है वह निर्बीज है। व्यास का कथन है कि सत्व, रज और तम चित्त के तीन पार्श्व हैं। इसका सात्विक पार्श्व प्रकाशमय है किन्तु जब यह रजस् और तमस से संयुक्त रहता है तो ऐन्द्रिय विषयों की कामना करता है। विशुद्ध तम से आच्छादित होने पर बुराई, अज्ञान और आसक्ति की ओर प्रवृत्त होता है। सात्विक अवस्था में चित्त अपने आप में व्यवस्थित हो जाता है। यद्यपि यह उच्चतम ज्ञान है जो संभव हो सकता है किन्तु इसका भी दमन करना आवश्यक है। सभी संस्कारों के दमन हो जाने के बाद ही निर्बीज समाधि प्राप्त होती है। समाधि की उन्नत अवस्था में द्रष्टा अपने स्वरूप में प्रतिष्ठित रहता है। इस अवस्था में आत्मा तथा चित्त की क्रिया के मिश्रण की सारी संभावना समाप्त हो जाती है।

योग के प्रकार

योग के अर्थ विस्तार के कारण आगे चलकर किसी भी साधना पद्धति को योग कहा जाने लगा। गीता में अट्ठारह प्रकार के योगों की चर्चा की गयी है। किन्तु योग के प्रमुख प्रकार चार माने गये हैं–

हठयोग, लययोग, मंत्रयोग, राजयोग

हठयोग–हठयोग का अभिप्राय है देह स्थित 'ह' अर्थात् ज्ञान, प्रकाश तथा शक्ति का वाचक सूर्य तथा ठ अर्थात् आनन्द, रस तथा शीतलता का वाचक चन्द्र की ऐक्य साधना। सूर्य और चन्द्र क्रमशः दक्षिण और बाम स्वर के प्रतीक हैं। इस साधना से देह के सभी दोषों तथा जड़ता से मुक्ति मिलती है। इस योग में बीस अंग माने गये हैं। आरंभिक आठ अंग वही हैं जिन्हें पातंजल योग सूत्र में निर्दिष्ट किया गया है। उनके अतिरिक्त बारह अंग इस प्रकार हैं– महामुद्रा, महाबंध, महावेध, खेचरी, जालन्धर, उड्डीयन, मूलबन्ध, नादानुसंधान, सिद्धान्त श्रवण, वज्रोली, अमरौली और सहजोली। हठयोग के पश्चात् राजयोग में प्रवेश होता है। हठयोग में कुंडलिनी शक्ति को जगाया जाता है। महाकुण्डलिनी शक्ति सम्पूर्ण सृष्टि में व्याप्त है। यही शक्ति जीव में व्यष्टि रूप से 'कुण्डलिनी' नाम से स्थित है। मूलाधार चक्र में एक त्रिकोण आकार है जिसमें कुण्डलिनी सर्प के समान साढ़े तीन वलय लपेटकर स्थित है। वह अपने मुख से पूँछ को दबाये हुए है। इसे जगत् संसृति रूपा, वाग्वेदी तथा स्वप्रकाश से प्रकाशवती माना गया है। सामान्य जीवों की कुण्डलिनी शक्ति सुषुप्तावस्था में रहती है। योगी इस कुण्डलिनी शक्ति को प्राणायाम आदि साधनों से जागृत करता है। कुण्डलिनी जागृत होकर देहस्थ छः चक्रों का बेधन करती हुई ऊर्ध्वमुखी होती है और अन्तिम चक्र या सहस्त्रार में शिव (ब्रह्म) से मिल जाती है। देहस्थ छः चक्रों की स्थिति इस प्रकार है–

१. मूलाधार चक्र–यह चक्र मेरुदंड के नीचे गुह्य स्थान और लिंग के मध्य स्थित है। इसमें चार दल हैं। इसका रंग पीला माना गया है। इसमें गणेश की आराधना का विधान है। मूलाधार चक्र पर ध्यान लगाने से योगी को दर्दुरी सिद्धि होती है अर्थात् वह मेंढक की तरह उछलने की शक्ति पा जाता है। इसकी अन्य अनेक शारीरिक और मानसिक सिद्धियाँ बताई गयी हैं। शरीर के तेज की वृद्धि तथा रोगमुक्ति तो होती ही है, कभी न सुनी गयी विद्याओं के रहस्य जान लेने की क्षमता भी प्राप्त हो जाती है। जिह्वा पर सरस्वती नर्तन करने लगती है। स्वतः मंत्र सिद्धि हो जाती है और इससे जरा और मृत्यु जैसे कष्टों का नाश हो जाता है।

२. स्वाधिष्ठान चक्र–इस चक्र की स्थिति लिंग मूल में है। यह छः दल कमल वाला है, वर्ण रक्त, देवी शाकिनी। इस चक्र पर चिन्तन करने से देवांगनाओं का प्यार मिलता है। बन्धन से मुक्ति तथा भयहीनता आती है। योगी अणिमा, लघिमा सिद्धि का स्वामी बन जाता है।

३. मणिपूरक चक्र–यह नाभि के नीचे स्थित है–दस दल कमल वाले इस चक्र का रंग सुनहला है और अधिष्ठात्री देवी लाकिनी है। इस चक्र के चिंतन से पाताल सिद्धि मिलती है और इच्छाओं की स्वाधीनता आती है तथा रोग-शोक नष्ट हो जाते हैं। छिपे हुए स्वर्ण की खोज तथा परकाया प्रवेश की शक्ति भी उसमें आ सकती है।

४. अनाहत चक्र–यह चक्र हृदय स्थल में स्थित है। यह रक्तवर्णी बारह कमल दल वाला है। काकिनी उसकी अधिष्ठात्री देवी है। इस चक्र का चिंतन करने वाला व्यक्ति अपरिमित ज्ञान प्राप्त कर लेता है। वह त्रिकालज्ञ हो जाता है तथा आकाशचरण की क्षमता पा

लेता है।

५. विशुद्ध चक्र–यह चक्र कंठ में स्थित है। देदीप्यमान स्वर्णवर्णी यह सोलह दलों वाला है। शाकिनी नाम की देवी इसकी अधिष्ठात्री मानी गयी है। इस चक्र पर चिंतन करने वाला व्यक्ति योगेश्वर हो जाता है। वह चारों वेदों के रहस्य को समझने लगता है। उनकी वृत्ति अन्तर्मुखी हो जाती है। उसे दीर्घकालीन उम्र प्राप्त होती है।

६. आज्ञा चक्र–यह त्रिकुटी में (भौंहों के मध्य) स्थित है। यह दो दलों वाला श्वेतवर्णी है। इसके दोनों ओर इड़ा और पिंगला नाड़ियाँ हैं। दोनों के बीच होने के कारण इसे वाराणसी भी कहा जाता है। यहीं विश्वनाथ का वास है। हाकिनी इसकी अधिष्ठात्री देवी मानी गयी है। यह परमतेजस्वरूप है। इसका ध्यान करने से बिना संशय के बड़ी सिद्धियाँ मिलती हैं।

ब्रह्मरंध्र–कुण्डलिनी इन्हीं षट्चक्रों का बेधन करती हुई ब्रह्मरंध्र में पहुँचती है। यहाँ सहस्त्रदल कमल है। इसके मध्य में एक चन्द्र है जिससे सदैव सुधा बरसती रहती है। यह सुधा इड़ा नाड़ी द्वारा प्रवाहित होता है जिसका शोषण मूलाधार चक्र में स्थित सूर्य कर लेता है। इसी से शरीर वृद्ध होता जाता है। योगी जब इस शोषण को रोकने में सफल हो जाता है तो इस सुधा का उपयोग जीवन संवर्द्धन के लिए करता है। इससे उसका जीवन शक्तियों से भर उठता है और तक्षक सर्प के काटने का उस पर असर नहीं होता।

शरीरस्थ नाड़ियाँ–प्राणायाम की साधना से शरीर में स्थित नाड़ियों में उत्तेजना आती है। शिव संहिता के अनुसार शरीर में कुल ३,५०,००० नाड़ियाँ हैं। इन नाड़ियों में तीन नाड़ियों का सर्वाधिक महत्त्व है–

(१) इड़ा,

(२) पिंगला,

(३) सुषुम्णा।

१. इड़ा–यह नाड़ी मेरुदंड के बांई ओर है। सुषुम्णा में लिपटती हुई यह नाक के दाहिनी ओर जाती है। इड़ा के लिए चन्द्र, ललना, गंगा आदि प्रतीकात्मक संज्ञाओं के प्रयोग भी मिलते हैं।

२. पिंगला–यह नाडी मेरुदंड के दाहिनी ओर है। यह सुषुम्णा से लिपटती हुई नाक के बाईं ओर जाती है। इसके लिए सूर्यनाडी, रसना और यमुना प्रतीकों का व्यवहार भी होता है।

३. सुषुम्णा–यह नाडी, इडा पिंगला के मध्य में है। यह नाभि प्रदेश से उत्पन्न होकर मेरुदंड से होती हुई ब्रह्मचक्र में प्रवेश करती है। कंठ के समीप यह दो भागों में विभक्त हो जाती है। एक भाग त्रिकुटी से होकर ब्रह्मरंध्र में पहुँचता है और दूसरा सिर के पीछे से होता हुआ ब्रह्मरंध्र में पहुँचता है। सुषुम्णा को अवधूती और सरस्वती भी कहा गया है। योगसाधना में सुषुम्णा सबसे अधिक महत्त्वपूर्ण नाड़ी मानी गयी है क्योंकि कुण्डलिनी का ऊर्ध्व प्रवाह इसी से होकर होता है।

लययोग–हठयोग प्रदीपिका में उल्लेख है –'लयो विषयः स्मृतिः' अर्थात् ध्येय में वासनाओं का लय। भूमध्य में शिव का स्थान है, मन को वहीं विलीन करना चाहिए। मन की लयावस्था में अनाहत का श्रवण अथवा परम ज्योति का दर्शन होता है। कबीर का शब्द सुरति योग लययोग का ही रूपान्तर है।

मन्त्रयोग–यह सरलतम योग है। इसमें परमेश्वर के वाचक 'प्रणव' का जप आवश्यक

है। योग सूत्र में कहा गया है–तस्य वाचकः प्रणवः तज्जपस्तदर्थ-भावनम्’ ओंकार का जप और ध्यान करने के योग्य प्रणव अर्थात् ईश्वर के स्वरूप का ध्यान करते हुए चित्त एकाग्रता को प्राप्त होता है।

राजयोग–तीनों योगों से विशिष्ट और उच्चतम है राजयोग। तीनों योग राजयोग की पूर्व-स्थितियाँ हैं। राजयोग को समाधि, उन्मनी, अमरत्व, अमनस्क, अद्वैतता, निरालम्ब, जीवनमुक्त अनेक रूपों में वर्णित किया गया है। राजयोग में ज्ञान और भक्ति का समन्वय किया गया है।

कबीर के साहित्य का अनुशीलन करने से एक निश्चित तथ्य यह निकलता है कि योगसाधना में उनकी गहन आस्था थी इसीलिए उन्होंने बहुत से पदों तथा साखियों में योग की प्रक्रिया तथा अनुभूति को अंकित किया है। कबीर की दृष्टि में योग की क्या महत्ता है और भक्ति-भाव की साधना में उसकी क्या भूमिका है इस पर विचार करते समय विद्वानों से एक बहुत बड़ी भूल हो गयी कि उन्होंने कबीर की भक्ति को योग से अलग करके देखा। इसीलिए उन्हें अनेक तरह के विरोधाभास दिखाई पड़े और योग के अनेक भेद-प्रभेद के अन्तर्गत कबीर की यौगिक विचारधारा को खंडित करना पड़ा। वास्तव में कबीर की भक्ति-भावना की चरम अनुभूति योग की शब्दावली में ही अभिव्यक्ति पा सकी है। नितान्त आन्तरिक भाव साधना पर बल देने वाले कबीर के समक्ष इससे अच्छा कोई दूसरा साधन था ही नहीं। योग साधना की प्रक्रिया जो आरंभिक स्थिति में नवाभ्यासी के लिए जटिल प्रतीत होती है वही सिद्धावस्था में अत्यन्त सरल तथा सहज हो जाती है। सहज हो जाने पर योगी स्वयं बहुत सी पेचीदी साधना से स्वयं मुक्त हो जाता है। उसे स्वयं प्रतीत होने लगता है कि इस अवस्था में आसन-प्राणायाम आदि व्यर्थ हैं। कबीर साधना के अनेक स्तरों से होकर गुजरते हैं। योग सम्बन्धी उनकी अवधारणा को समझने के लिए उन सभी स्तरों को मिलाकर देखना आवश्यक है। निम्न स्तर से उच्च स्तर पर पहुँचने पर साधक विशेष के लिए निम्न स्तर का महत्त्व समाप्त हो जाता है किन्तु योगसाधना में वह स्तर निरपेक्ष रूप से महत्त्वहीन नहीं होता। इसलिए यह निष्कर्ष निकालना अनुचित है कि कबीर आरंभ में हठयोग की जटिल प्रक्रिया में उलझे रहे बाद में उसको छोड़कर सहजयोग में विश्वास करने लगे।

कबीर का योग उनकी भाव-भगति का अटूट और अखंडित अंग है। इस बात को यों कहें तो अधिक समीचीन होगा कि कबीर की भक्ति-भावना का प्रसार योग के धरातल पर होता है।

योग से भक्तिभाव का जागरण तथा पोषण तो होता ही है आत्मा और परमात्मा की अद्वैत अनुभूति का चरम आनन्द भी उपलब्ध होता है। कबीर की साधना का मूलाधार है मन। मन को वशीभूत करने तथा उसे संसार से ईश्वर की ओर उन्मुख करने में योग ही सहायता करता है। जिन ॠषियों तथा तपस्वियों ने या निरा भक्तों ने मन को नहीं समझा वे अपने लक्ष्य को नहीं प्राप्त कर सके। कबीर एक पद में कहते हैं कि हे जीव उस मन की खोज करो जिसमें शरीर के छूटने पर मन समा जाता है। सनक, सनन्दन, जैदेव भक्ति करके मन को नहीं जान सके। शिव, विरंचि, नारद आदि ज्ञानी भी मन की गति नहीं समझ पाये। ध्रुव, प्रह्लाद, विभीषण तथा शेष शरीरस्थ मन को नहीं समझ पाये। सुखदेव उस परमतत्त्व रूप में कुछ-कुछ तन्मय हो सके थे। गोरखनाथ, भरथरी तथा गोपीचन्द उस मन से मिलकर आनन्द का अनुभव कर सके थे। अकल, निरंजन तथा सम्पूर्ण शरीरों में व्याप्त उस मन (परमतत्त्व) से

कबीर का तदाकार हो गया। इस पद से सिद्ध होता है कि कबीर अपने को गोरख, भरथरी तथा गोपीचन्द की परम्परा में मानते हैं। यह सर्वविदित तथ्य है कि गोरख, भरथरी तथा गोपीचन्द्र योगी थे।

कबीर का कथन है–

ता मन को खोजहु रे भाई, तन छूटे मन कहाँ समाई।
सनक सनन्दन जैदेव नामाँ, भगति करि मन उनहुं न जाना।
शिव विरन्चि नारद मुनि ग्यानी, मन की गति उनहूँ न जानी।
ध्रू प्रहिलाद विभीषन शेषा, तन भीतर मन उनहूँ न देषा।
ता मन को कोई जानै भेव, रंचक लीन भया सुखदेव।
गोरख भरथरी गोपीचन्दा, ता मन सौं मिलि करैं अनन्दा।
अकल निरन्जन सकल सरीरा, ता मन सौं मिलि रह्या कबीरा।

कबीर योग की साधनावस्था का वर्णन अधिक नहीं करते, सिद्धावस्था को ही विस्तार से अंकित करते हैं। उनके मन में ईश्वर के प्रति जब राग जगता है या राम के कमल चरणों का जब ध्यान आ जाता है तो स्वतः ही योग की सारी क्रियाएँ घटित होने लगती हैं। कुण्डलिनी जागृत हो जाती है। स्वाधिष्ठान तथा शून्य चक्र के बीच उनकी समाधि लग जाती है। वे काल के भय से मुक्त हो जाते हैं। मेरुदंड रूपी कदली के शिरोभाग में विकसित पुष्प के पास जो दस अंगुल का अवकाश है उसी अनाहत चक्र की खोज में लीन हो जाते हैं और मेरुदण्ड के पीछे सुषुम्णा के ऊपरी भाग में जो भ्रमर गुफा है उसमें से झरते हुए अमृत-रस का पान करते हैं। इड़ा, पिंगला और सुषुम्णा का ज्ञान हो जाता है। वहीं पर अनाहतनाद का श्रवण होने लगता है, और ज्ञान का प्रकाश दृष्टिगोचर होता है। विद्युत की चमक से जो वर्षा होती है उससे संत भीग जाता है। षोडश दल कमल का ध्यान करने से श्री बनवारी (कृष्ण) मिल जाते हैं। कबीर इस सहज समाधि में लीन होते हैं। कबीर का भगवान् प्रायः सभी चक्रों में अधिष्ठित रहता है। कबीर की सहज-समाधि में सविचार, सानन्द, अस्मिता, निर्बीज के लक्षण दृष्टिगत होते हैं।

कबीर का योग राम नाम का सिद्धयोग है जिससे भक्ति और मुक्ति का दोहरा फल मिलता है। इस राम नाम के सिद्धयोग को 'भक्तियोग' भी कहा जा सकता है। इस भक्तियोग की कथा बड़ी दुर्बोध है। भक्तियोग का ज्ञान गुरु की कृपा से ही संभव होता है। मन को उलटा कर उन्मन (परमतत्त्व) में मिलाने की क्षमता गुरु द्वारा प्राप्त ज्ञानाग्नि से ही आती है–

मन रे मन ही उलटि समाना
गुरु प्रसादि अकल भई तोकौं, नहीं तर था बेगाना।।

सहजयोग अर्थात् ईश्वर के प्रति मन की चरम उन्मुखता, भगवान् तथा गुरु कृपा से उत्पन्न ज्ञान से ईश्वर की पहचान हो जाने पर भी हठयोग की सम्पूर्ण सिद्धियाँ तथा अवस्थाएँ स्वतः प्राप्त हो जाती हैं। यम, नियम आदि योग की आरंभिक अवस्थाएँ राम के नाम जपने मात्र से सध जाती हैं। परम पद में अगम ध्यान की भावना होती है।

कबीरदास के भक्तियोग में किसी प्रकार के बाह्याडम्बर की आवश्यकता नहीं है। यह साधना पूर्णतया मानसिक है। इसमें मन में ही मुद्रा, मन में ही आसन, मन में जप-तप, मन

में ही खपरा, शृंगी, धारण की जाती है। कबीर के योग की अपनी मौलिक युक्ति है जिस पर वे अनेक पदों में विविध रूपकों के द्वारा प्रकाश डालते हैं–

जे नर जोग जुगति करि जानै, खोजै आपि सरीरा।
तिनकूं मुकति का संसा नाहीं, कहत जुलाह कबीरा।।

'जोग' की सही 'जुगति' है प्रेम और भक्ति के साथ योगसाधना में प्रवृत्त होना। संत और योगी में यही अन्तर भी है। संत लोग प्रेम और भक्ति के ऐसे हिंडोले पर झूलते हैं जो इड़ा और पिंगला नाम के दो खम्भों पर वक्र नाड़ी सुषुम्ना की डोरी से बँधा है, इसी झूले पर वे आनन्द से झूलते हैं। सहस्त्रार कमल से अमृत की वर्षा होती है–

हिंडोलनाँ तहाँ झूलै आतम रांम।
प्रेम भगति हिंडोलनाँ, सब संतनि कौ विश्राम।
चन्द सूर दोइ खंभवा, बंकनालि की डोरि।

x x x

अरध-उरध की गंगा जमुना मूल कंवल कौ घाट।
षट चक्र की गागरी, त्रिवेणी संगम बाट।।
नाद व्यंद की नावरी, राम नांम कनिहार।
कहै कबीर गुंण गाइले, गुर गंमि उतरौ पार।।

कबीर ने योग का निरूपण रसरूप में करके उसे रामरस से मिलाकर महारस बना दिया है। उनका कहना है कि जो राम-नाम का रस पीता है वह 'योगी' होता है 'राम-नाम' का महारस इड़ा-पिंगला की भट्ठी पर सुषुम्ना के द्वारा चुआया गया है। यह 'भक्तिरस' समाधि रस या ब्रह्मरंध्र से स्त्रवित अमृत से मिश्रित या अभिन्न है। कबीर अधोलिखित पद में रामरस (भक्तिरस) के निर्माण का विशद वर्णन करते हैं–

इला प्यंगला भाठी कीन्हीं ब्रह्म अगनि परजारी।
ससिहर सूर द्वार दस मूँदे, लागि जोग जुग तारी।।
मन मतिवाला पीवै राम, रस दूजा कछू ना सुहाई।
उलटी गंग नीर बहि आया, अमृत धार चुवाई।।
पंच जाने सो संग करि लीन्हैं, चलत खुमारी जागी।
प्रेम पियाले पीवन लागे, सोवत नागिनी जागी।।
सहज सुनि मैं जिनि रस चाख्या, सतगुरु थैं सुधि पाई।
दास कबीर इहि रस माता, कबहूँ उठकि न जाई।।

कबीर मन को उन्मन करने या जीवनमृत होने की साधना को अनेक उलटवाँसियों के द्वारा प्रस्तुत करते हैं। हठयोग में अनाहतनाद के श्रवण का विशेष महत्त्व है। कबीर अनेक रूपों में इस 'नाद' को शरीर रूपी यंत्र से जागृत करने का उपदेश देते हैं। कुछ विद्वानों ने कबीर के साहित्य में 'शब्द सुरतियोग' को हठयोग से अलग करके निर्दिष्ट किया है। वास्तव में जिस तरह नाम-रूप के भेद के बावजूद कबीर की दृष्टि में ईश्वर एक है उसी तरह योग के अनेक भेद कबीर की एक ही चरम अनुभूति को व्यक्त करने के साधन मात्र हैं। परमतत्त्व के साक्षात्कार की स्थिति में सभी यौगिक पद्धतियों का भेद मिट जाता है। 'परचा कौ अंग' में

कबीर परमब्रह्म के साक्षात्कार को कभी प्रकाश रूप, कभी सुगन्ध रूप में, कहीं शीतलता के रूप और कहीं अनाहतनाद रूप में अंकित करते हैं। आकाश में अनाहतनाद की गर्जना सुनाई पड़ रही है और अमृत रूपी वर्षा हो रही है, सुषुम्ना के शिखर पर विकसित सहस्त्रार कमल से प्रकाश निकल रहा है। उसी स्थिति में कबीर भगवान की आराधना में जुटे हैं। योग, ज्ञान और प्रेम का सम्मिश्रण ही कबीर की भक्ति का असली रूप है–

अनहद बाजै नीझर झरै, उपजै ब्रह्म गियान।
अविगति अंतर प्रगटै, लागै प्रेम धियान।

निष्कर्ष रूप में कहा जा सकता है कि कबीर का योग नाथ-सिद्धों की परम्परा को आत्मसात् करते हुए भक्तिभाव से युक्त भक्तियोग है जिसमें पद-पद पर ईश्वर की कृपा-करुणा तथा प्रेम का संसर्ग है। कबीर द्वारा निरूपित भक्तियोग बाह्याडम्बरों से रहित तथा अहम् शून्य है। यह सायास न होकर सहज है। उसके विकास की अवस्था दोहरी है। कभी वह भक्ति से शुरू होकर योग की क्रियाओं से प्राप्त सहज समाधि में समाप्त होती है और कभी योग की क्रियाओं से शुरू होकर ईश्वर के अगाध प्रेमरस में डुबो देती है।

८. कबीर का रहस्यवाद

रहस्यवाद का अर्थ है अप्रत्यक्ष, अदृश्य एवं गोपनीय तत्त्व के साक्षात्कार का भावात्मक प्रयत्न। रहस्यवादी अनुभूति और अभिव्यक्ति का स्वरूप बहुत कुछ प्रतीकात्मक होता है। देशी और विदेशी विद्वानों ने रहस्यवाद को इस तरह परिभाषित करने का प्रयत्न किया है– पंडित रामचन्द्र शुक्ल का विचार है कि 'साधना के क्षेत्र में जो अद्वैतवाद है काव्य के क्षेत्र में वही रहस्यवाद है। डॉ० रामकुमार वर्मा का कथन है कि 'रहस्यवाद आत्मा की उस अन्तर्निहित प्रवृत्ति का प्रकाश है जिसमें वह दिव्य और अलौकिक शक्ति से अपना शान्त और निश्चल सम्बन्ध जोड़ना चाहती है, यह सम्बन्ध यहाँ तक बढ़ जाता है कि दोनों में कुछ भी अन्तर नहीं रह जाता। जीवात्मा की शक्तियाँ इसी शक्ति का अनन्त तेज अन्तर्निहित हो जाता है और जीवात्मा अपने अस्तित्व को एक प्रकार से भूल-सी जाती है।' महादेवी जी कहती हैं कि 'रहस्यानुभूति में बुद्धि का अज्ञेय ही हृदय का प्रेम हो जाता है।' जयशंकर प्रसाद के अनुसार 'काव्य में आत्मा की संकल्पात्मक अनुभूति की मुख्य धारा का नाम रहस्यवाद है।'

प्रो० रानाडे के मतानुसार, 'रहस्यवाद एक मनोदशा है, जिसमें हमें ईश्वर का सीधा, अव्यहित, स्पष्ट एवं प्रत्यक्ष प्रातिभज्ञान हो जाता है।' डॉ० महेन्द्र सरकार के अनुसार 'रहस्यवाद सत्य और वास्तविकता को समझने की एक पद्धति है जिसे हम निषेधात्म रूप में अतर्क्य पद्धति कह सकते हैं।' डॉ० दासगुप्त रहस्यवाद को सभी धर्मों का मूल मानते हुए किंचित् विस्तार से अपना विचार व्यक्त करते हैं, 'रहस्यवाद का मतलब है जीवन के लक्ष्यों और समस्याओं का ऐसा आध्यात्मिक समाधान, जो कोरे तार्किक समाधान से अधिक सत्य है और आत्यन्तिक है। रहस्यवादी विकासोन्मुख जीवन का अर्थ है आध्यात्मिक मूल्यों, अनुभूतियों और आदर्शों की ओर क्रमशः बढ़ते जाना। इस प्रकार अपनी पूर्णता में रहस्यवाद बहुआयामी है और उतना ही समृद्ध और पूर्ण है जितना स्वयं मानव जीवन। प्रसिद्ध दार्शनिक बर्ट्रेण्ड रसेल ने रहस्यवाद के चार आधार निश्चित किए हैं–

१. ज्ञान की उस शाखा में विश्वास करना जो ऐन्द्रिय ज्ञान तर्क से भिन्न स्वयं संवेद्य है।

२. पाप-पुण्य दोनों का निषेध करके आत्मा और परमात्मा की एकता में विश्वास।

३. समय तथा काल की सीमा की अस्वीकृति।

४. संसार को माया, भ्रम तथा दिखावा मात्र मानना।

परशुराम चतुर्वेदी का मंतव्य है कि 'रहस्यवाद शब्द प्रायः काव्य की एक धारा विशेष को सूचित करता है। वह प्रधानता उसमें लक्षित होने वाली उस अभिव्यक्ति की ओर संकेत करता है जो विश्वात्मक सत्ता की प्रत्यक्ष, गंभीर एवं तीव्र अनुभूति के साथ संबद्ध है। मेरे विचार से रहस्यवाद की परिभाषा इस प्रकार से बन सकती है 'पिण्ड और ब्रह्माण्ड में व्याप्त परमसत्ता का भावात्मक साक्षात्कार एवं प्रतीकात्मक अभिव्यक्ति का प्रयत्न रहस्यवाद है। इस प्रयत्न में साधक को जैसे-जैसे सफलता मिलती जाती है वैसे-वैसे उसे पुस्तकीय ज्ञान, कर्मकांड तथा सांसारिक सम्बन्ध निरर्थक प्रतीत होने लगते हैं। उसके सभी तरह के द्वन्द्व मिट जाते हैं।'

उपर्युक्त सभी परिभाषाओं को देखने के बाद यही निष्कर्ष निकलता है कि कबीरदास एक उच्चकोटि के रहस्यवादी साधक हैं। वह मन को हर विधि से उस परमसत्ता के प्रति उन्मुख करना चाहते हैं, जो विश्व और घट में समानभाव से व्याप्त है। चंचल मन को एकाग्र करने तथा उसकी अधोगति को ऊर्ध्वमुखी करने में उन्हें योगसाधना से बड़ी सहायता मिलती है। इसीलिए योग की सूक्ष्म क्रिया-विधि को वे अपनी रहस्यवादी साधना में इस्तेमाल करते हैं। योगसाधना से सम्बद्ध होने के कारण आचार्य रामचन्द्र शुक्ल ने कबीर के रहस्यवाद को साधनात्मक रहस्यवाद माना है। शुक्ल जी द्वारा दिया गया यह निष्कर्ष मान्य नहीं हो सकता है, इसका कारण यह है कि कबीर चित्त वृत्ति के निरोध और प्राण साधना तक ही अपने को सीमित नहीं रखते बल्कि परमात्मा के अद्‌भुत सौन्दर्य एवं गुणों पर रीझकर उससे रागात्मक सम्बन्ध स्थापित करने की भी आकुलता दिखाते हैं। वे योग में भी भाव का समावेश करते हैं। उनका भावयोग ज्ञान और प्रेम को अन्तर्लीन किए हुए है। योग और ज्ञान की अन्तिम परिणति पूर्ण रसात्मक है। यह रस रामरस या हरिरस के रूप में अंकित है।

उसी साधक में स्वयं संवेद्य ज्ञान उद्‌भासित होता है जिसकी वृत्ति, शुद्ध, निष्कलुष एवं अज्ञान के आवरण से मुक्त होती हैं। गुरु के द्वारा प्रबोधित शिष्य में आध्यात्मिक आग जाग जाती है जिसे वह अपनी क्षमता से प्रज्वलित कर लेता है। सत्‌गुरु ने विचित्र शब्द बाण से कबीर को घायल कर दिया, उसकी चोट से उनका मर्मस्थल ऐसे विद्ध हुआ कि उन्हें गूढ़ तत्त्व सूझ गया। उन अनंत को देखने की क्षमता इन भौतिक चक्षुओं में तो नहीं, उसे देखने के लिए अनन्त (सहज संवेद्य ज्ञान दृष्टि) अपेक्षित है जिसका उन्मीलन गुरु के द्वारा ही संभव होता है। कबीर कहते हैं–

कबीर सत्‌गुर मार्‌या बाण भरि, धरि करि सूधी मूठि।
अंगि उघाड़ै लागिया, गई दवा सूं फूटि।।
कबीर गूँगा हूवा बावरा, बहरा हुआ कांनि।
पांउ थैं पुंगल भया, सतगुरि मार्‌या बाणि।।

विद्वानों ने कबीर के रहस्यवाद का विवेचन करते हुए इन स्थितियों को जागरण की स्थिति निरूपित किया है। वास्तव में कबीर के रहस्यवाद में अनुभूति की अलग-अलग स्थितियों का संकेत एक जटिल समस्या है। रहस्यानुभूति के पूर्व उनकी साधनात्मक स्थितियों का रेखांकन जितना आसान है रहस्यानुभूति की स्थिति का निर्देश उतना ही कठिन। उपर्युक्त दोहों में जागृत होने की दशा नहीं है बल्कि भौतिक धरातल से पूर्ण आध्यात्मिक धरातल पर

अध्यान्तरित होने की स्थिति है। जैसे एक विक्षिप्त व्यक्ति को विद्युत का जोरदार झटका देकर उसके मानसिक संसार को एक दूसरे संसार में परिवर्तित किया जाता है उसी तरह गुरु अपनी ज्ञान क्षमता से साधक की मानसिक स्थितियों को स्तब्ध करके उसके मानस लोक को अध्यान्तरित कर देता है। इस भौतिक लोक से भिन्न उसे अनन्त प्रकाश, अनन्त आनन्द तथा अनन्त तृप्ति का अनुभव होता है। कुमारी अंडरहिल ने जिन पाँच प्रमुख स्थितियों का उल्लेख किया है उन्हें कबीर में लक्षित किया जा सकता है। ये स्थितियाँ हैं परिवर्तन, आत्मज्ञान, उद्भासन, आत्म-समर्पण और संयोग।

परिवर्तन–यह क्रम गुरु की कृपा से संभव हुआ है। वास्तविकता तो यह है, गुरु का प्रसाद ईश्वरीय अनुग्रह का ही फल है। इसके पहले कबीर भी लोक और वेद के पीछे चले जा रहे थे। भवसागर में चलते-चलते उनकी नौका जर्जरित हो गयी थी। एकाएक एक ज्योति चमकती हुई दिख गयी और वे जर्जर बेड़े को छोड़कर अलग हट गए।

आत्मज्ञान–गुरु के प्रबोधन से कबीर के मन में ज्ञान की आँधी आ जाती है जिससे मोह, भ्रम, आदि समाप्त हो जाते हैं। उन्हें आत्म-ज्ञान हो जाता है। कबीर कहते हैं–

कबीर पूरे सौं परचा भया, सब दुख मेल्ह्या दूरि।
निर्मल कीन्हीं आतमां, ताथैं सदा हजूरि।।

उद्भासन–यह मूलतः ईश्वरीय प्रकाश का ही अनुभव है। कबीर परमब्रह्म के तेज की अति प्रखरता का अहसास करते हैं। उस तेज की तीव्रता आसानी से व्यक्त नहीं की जा सकती है। उसकी प्रामाणिकता की परख अन्तर्दृष्टि से स्वयं देखकर ही हो सकती है–

कबीर पारब्रह्म के तेज का, कैसा है उनमान।
कहिबे कौं सोभा नहीं, देख्या हीं परवान।।

उसकी ज्योति ऐसी जगह पर जगमगा रही है जहाँ इन्द्रियों की पहुँच नहीं है–

अगम अगोचर गमि नहीं, तहाँ जगमगै ज्योति।

वह तेज ऐसा लगता है मानों अनन्त सूर्यों की शृंखला उदित हो गयी है।

आत्मसमर्पण–परमात्मज्योति के साक्षात्कार के बाद साधक ईश्वर से अभिन्नता का अनुभव करता है। वह अपने को उसके प्रति पूर्णतया समर्पित कर देता है। कबीर ने ईश्वर के प्रति अपने को उस सीमा तक समर्पित किया है जहाँ राम के अलावा उनके लिए कोई कर्म, धर्म, व्यक्ति, भाव कुछ भी नहीं रह जाता। यदि दास को चिन्ता है तो हरि नाम की। राम के बिना वह जो कुछ देखता है वही उसे काल का पाश प्रतीत होता है।

कबीर ने भगवान् को सहचर बना लिया है। वह भगवान् गुणों और अवगुणों के आधार पर अपने दास को अलग नहीं करता। उससे कभी विछोह भी नहीं होता–

कबीर साथी सो कीया, जाकै सुख दुख नाही कोइ।
हिलि मिलि ह्वै करि खेलिस्यूं, कदे विछोह न होइ।।

कबीर कहते हैं कि मेरे भीतर अपना कुछ नहीं है जो कुछ है वह तेरा है, इसलिए सब कुछ तुझे समर्पित करने में मेरा अपना क्या जाता है।

संयोग–कबीर आत्मा और परमात्मा की एकता और मिलन का अनुभव कई रूपों में करते हैं। कहीं तो नमक और जल की तरह मिलकर एकमेक हो जाते हैं। कहीं बूँद की तरह समुद्र में कहीं खो जाते हैं। कहीं प्रियतमा बनकर प्रियतम के साथ एक ही सेज पर शयन करते

हैं। कहीं वे भगवान् के चरण कमलों में ही निवास करने लगते हैं। दाम्पत्य रति का एक मार्मिक दृश्य देखिये–

बहुत दिनन थैं मैं प्रियतम पाये।
भाग बड़े घर बैठे आये।।
x x x
कहै कबीर मैं कछु न कीन्हा।
सखी सुहाग राम मोहिं दीन्हां।।

विद्वानों ने रहस्यवाद के कई प्रकारों का उल्लेख किया है–

(१) दार्शनिक रहस्यवाद,
(२) प्रेममूलक रहस्यवाद,
(३) सौन्दर्यमूलक रहस्यवाद,
(४) भक्तिमूलक रहस्यवाद,
(५) प्रकृति सम्बन्धी रहस्यवाद।

कबीर के रहस्यवाद का अवलोकन करने के बाद कहा जा सकता है कि कबीर की साधना में प्रकृति सम्बन्धी रहस्यवाद को छोड़कर शेष चारों प्रकार के रहस्यवाद की स्थितियाँ स्पष्ट हैं। वे एक दार्शनिक की तरह ईश्वर के स्वरूप, उसकी व्याप्ति, आत्मा और परमात्मा के सम्बन्धों पर विचार करते हैं। इनका कहना है कि राम निरंजन है। वह अविनाशी है, उसकी उत्पत्ति और विनाश नहीं होता। वह भाव-अभाव से विहीन है–

कह्यां न उपजै उपज्यां ही जाणैं, भाव अभाव विहूना।
उदै अस्त जहाँ मति बुधि नाहीं, सहजि रांम ल्यौ लीनां।

वे पंडितों को भी इसी तरह के विचार के लिए आमंत्रित करते हैं–

सो कुछ विचारहु पंडित लोई।
जाके रूप न रेख वरण नहिं कोई।।

वे राम और आत्मा के तात्त्विक सम्बन्ध को इस प्रकार व्यक्त करते हैं–

१. **ज्यूं दरपन प्रतिव्यंब देखिए, आप दवा सूँ, सोई।**
संसौ मिट्यौ एक कौ एकै, महाप्रलै जब होई।।
२. **हंम सब माँहि सकल हम मांही।**
हम थैं और दूसरा नाहीं।।

कबीर ने एक भावुक रचनाकार की तरह परमात्मा, आत्मा, माया और जगत् के विषय में चिंतन किया है। उनके इस चिन्तन को दार्शनिक रहस्यवाद की कोटि में रखा जा सकता है। कबीर कोरे दार्शनिक नहीं हैं। वे मूलतः भक्त हैं। इसीलिए तर्कपूर्ण चिन्तन-मनन के प्रति उनकी रुझान कम ही रहती है। उनकी मान्यता है कि 'हरि जैसा तैसा रहे तू हरखि हरखि गुन गाइ' अविगत की तात्त्विक जानकारी नहीं हो पाती तो क्या हुआ। बुद्धि का साथ छोड़कर मन का साथ पकड़ना चाहिए। 'नाम' ही सभी तत्त्वों का मूल है इसलिए कबीर की सलाह है–

भगति भजन हरि नाउं है, दूजा दुक्ख अपार।
मनसा बाचा क्रमनां, कबीर सुमिरण सार।।

कबीर सारी चिन्ता को छोड़कर केवल हरिनाम की चिन्ता करते हैं। राम के बिना जो कुछ दिखाई देता है वह सब काल का पाश है। 'गोकुल नायक बीठुला' के प्रति उनका मन पूर्णतया आकर्षित है। नारद, शुक आदि के द्वारा बंदित चरण कमलों की सेवा में वे पूर्णतया समर्पित हैं। कबीर द्वारा कल्पित दाम्पत्य प्रतीक में संयोग और वियोग की सभी दशाएँ परिलक्षित होती हैं। कबीर का कहना है–

कबीर जिहि घटि प्रीति न प्रेम रस, फुनि रसनाँ नहिं राम।
ते नर आई संसार में, उपजि खये बेकाम।।

कबीर की आत्मारूपी प्रियतमा, परमात्मा रूपी प्रियतम से बहुत दिन से बिछुड़ गयी है। उस प्रियतम की याद उसे सदैव सताया करती है। प्रतीक्षा, मिलन की लाससा, व्यग्रता, खोज, संदेश प्रेषण, आदि अनेक स्थितियों का मार्मिक चित्रण 'विरह कौ अंग' में कबीर करते हैं।

ब्रह्म की अनुभूति की तरह यह विरहानुभूति भी व्यक्ति सापेक्ष है–

कबीर चोट संताणी विरह की, सब तन जरजर होइ।
मारणहरां जाणिहै कै, जिहि लागी सोइ।।

भक्ति और प्रेम के प्रसंगों में कबीर का रहस्यवाद भक्तिमूलक तथा प्रेममूलक कहा जा सकता है। कबीर यद्यपि निर्गुण राम की भक्ति करते हैं किन्तु उसके अनन्त तेज एवं अनन्त सौन्दर्य का भी अंकन करते हैं। भगवान् के रूप-सौन्दर्य का अंकन करते समय वे उसकी अलौकिकता का भी निरूपण करते हैं। कहीं वह अगम-अगोचर ज्योति सूर्य की श्रेणियों के रूप में प्रत्यक्ष होती है और कहीं मन में ही कमल की सुगंधि बनकर प्रकट हो जाती है। बिना सागर, बिना सीप और बूँद के, शून्य-शिखर पर मोती के रूप में वह ब्रह्म पैदा हो जाता है। कबीर में प्रकृति सम्बन्धी रहस्यवाद की स्थितियाँ नहीं हैं। आचार्य रामचन्द्र शुक्ल का यह कथन कुछ अंश तक सत्य है 'उनमें (कबीर) वाक्‌चातुर्य था, प्रतिभा थी, पर प्रकृति के प्रसार में भगवान की कला का दर्शन करने वाली भावुकता न थी।' वे प्रकृति में या तो नश्वरता देखते हैं या सर्वत्र एक ही लाल की लाली व्याप्त पाते हैं।

कबीर के रहस्यवाद की जो अलग-अलग कोटियाँ निर्दिष्ट की गयी हैं, वे मूलतः एक ही हैं। दर्शन, भक्ति, प्रेम, सौन्दर्य सबका सम्बन्ध ईश्वरीय तन्मयता एवं उत्कट भावना से ही है। मन को ईश्वरोन्मुख तभी किया जा सकता है जब संसार के सत्यासत्य का ज्ञान हो, आत्मा-परमात्मा के सम्बन्धों की पहचान हो। भक्तिसाधना के लिए दर्शन की कुछ मूलभूत चीजों से अवगत होना आवश्यक है। यह आवश्यकता उस स्थिति में अनिवार्य हो जाती है जब कोई साधक परम्परागत मान्यताओं से अलग हटकर उसी के बीच कोई नया रास्ता बनाना चाहता है। कबीर ने दर्शन और योग की चर्चा इसी अनिवार्यता के तहत की है। निष्कर्षतः हम कह सकते हैं कि कबीर का रहस्यवाद भक्तिमूलक रहस्यवाद ही है, दर्शन, प्रेम और सौन्दर्य-बोध उसी के अभिन्न अंग हैं।

६. कबीर के धार्मिक-विचार

कबीर का युग धार्मिक टकराहट का युग था। निःसहाय हिन्दू जितना अधिक संकुचित होता था, मुस्लिम शासक उतना अधिक उस पर दबाव डालते थे। यह एक बड़ा तथा व्यापक सांस्कृतिक संघर्ष था। स्वयं हिन्दू धर्म अनेक मतों तथा सम्प्रदायों में विभक्त होकर बहुत

अधिक कट्टर एवं विद्वेषपूर्ण हो गया था। बाह्याडम्बरों में लीन होने के कारण कोई भी अपने धर्म के गम्भीर एवं शाश्वत तत्त्वों को न तो समझता था और न उसे सम्यक् रूप से स्वीकार करता था। 'कोई वेद पाठ में लीन था तो कोई नग्न रहता था। कोई दिग्भ्रमित होकर उदास घूमता था तो कोई योग की युक्तियों से अपने शरीर को क्षीण कर रहा था। कोई दीन बनकर याचना करता था तो कोई दाता बनकर दान देता था। कोई मयूर पृच्छ धारण करके सुरापान करता था तो कोई भस्म लगाकर शरीर को काली बनाता था। कबीर ने अपने युग की धार्मिक स्थिति का बड़ा विशद वर्णन किया है। उनका कहना है कि उस समय हिन्दू और मुसलमान दोनों की एक ही गति थी। हिन्दू जप, माला, छापा, तिलक आदि बाह्य विधानों को ही सब कुछ मानकर अपने अनेक लोकों को भस्म कर रहा था–

वैंसनो भया तो क्या भया, बूझा नहीं विवेक।
छापा तिलक बनाइ केरि, दग्ध्या लोक अनेक।।

इसी प्रकार मुसलमान भी सत्य को छोड़कर पाखंड में पड़ा हुआ था–

यह सब झूठी बन्दगी, विरथा पंच निवाज।
सांचै मारै झूठि पढ़ि, काजी करै अकाज।।

धर्म के ठेकेदार पंडित, काजी, मुल्ला,योगी, तपस्वी सभी सामान्य जनता का नेतृत्व करने के बजाय अपने ही अहंकार में डूबे हुए थे–

पंडित जन माते पढ़ि पुरान, जोगी माते जोग ध्यान।
संन्यासी माते अहमेव, तपसी माते तप के भेव।

कबीरदास मुक्ति की आशा लेकर सबके पास जा चुके थे। वे जिसके पास भी गये उसे बहुतेरे फंदों से स्वयं ही बँधा हुआ देखा। सभी अपने ही साधना मार्ग को श्रेष्ठ मानते हुए प्रकारान्तर से स्वयं को ही सर्वश्रेष्ठ सिद्ध करते हैं। योगी योग-सिद्धि को श्रेष्ठ मानते हैं, मुंडित, मौनी और जटाधारी कहते हैं कि ऐसे ही मुक्ति पाई जा सकती है। कबीर ने अपने गहन अनुभव से जान लिया कि राम के बिना संसार द्वन्द्वों का कुहासा है।

देवताओं की पूजा करने वाला हिन्दू, हज करने वाला मुसलमान, जटा बाँधने वाला योगी, केदारनाथ की यात्रा करने वाला कापड़ी, धन संचित करने वाला राजा, वेदपाठी पंडित, सभी मृत्यु के गाल में समा जायेंगे, इनमें से किसी को भी मुक्ति नहीं मिल सकेगी। साधारण जनों को अंधकार के गर्त में ले जाने वाले पंडितों, पुरोहितों, काजियों, मुल्लाओं और योगियों को कड़ी फटकार देते हुए कबीर ने ईश्वर की इच्छा से यह दायित्व अपने ऊपर लिया। उनके द्वारा शोधित धर्म को जिन्होंने अहंकार के कारण अनुसरण नहीं किया, जिन्होंने अज्ञान के कारण उसके मर्म को नहीं समझा, वे भवसागर में अवश्य ही डूब जायेंगे। कबीर का इसमें क्या दोष है–

मैं मेरी करि यहु तन खायो, समझत नहीं गंवार।
भौजलि अधफर थाकि रहे हैं, बूडै बहुत अपार।
मोहि आंग्या दई दयाल दया करि, काहू कूं समझाइ।
कहै कबीर मैं कहि कहि हार्यौ, अब मोहिं दोस न लाइ।।

कबीर ने जनसाधारण को आडम्बरपूर्ण धर्म से निकाल कर सहजधर्म की ओर प्रवृत्त करने का संकल्प लिया। अपने इस संकल्प की पूर्ति के लिए उन्होंने बड़ी निर्ममता, अक्खड़ता

और दृढ़ता से सभी प्रचलित अन्ध-विश्वासों, पाखण्डों और आडम्बरों को ध्वस्त किया। सन्ध्या, तपस्या, षड्कर्म, तीर्थ-व्रत आदि धार्मिक औपचारिकताओं को खोखला सिद्ध किया। बड़े जोरदार तर्कों से अन्धविश्वासों की निरर्थकता स्पष्ट की। साम्प्रदायिक सीमाओं में बँधे हुए धर्मों को एक दूसरे से मिलने के लिए मुक्त किया और उनके परस्पर विरोधी तत्त्वों का निराकरण करके संघर्ष की संभावनाओं को नष्ट कर दिया। उनके द्वारा प्रतिपादित धर्म को सहज-धर्म, मानवधर्म, जनधर्म कोई भी संज्ञा दी जा सकती है। कबीर का यह धर्म किसी धर्म विशेष का अनुकरण न होकर अनेक धर्मों के सहज तथा शाश्वत तत्त्वों का समन्वय है। इसमें वैष्णव का प्रेमादर्श, त्याग, विनय, प्रपत्ति, सूफियों की इश्क भावना, भारतीय अद्वैत-चिन्तन और योग-चिन्तन आदि का समावेश है। यह सहजधर्म हिन्दू, मुसलमान, ब्राह्मण, शूद्र सभी को मान्य हो सकता है।

कबीर के सहज या मानव धर्म पर विचार करने के पहले यह जान लेना आवश्यक है कि धर्म क्या है और उसके मूलभूत अंग क्या हैं ? महाभारत में कहा गया है–

'धारणाद्धर्ममित्याहुः धर्मो धारयते प्रजा'

धर्म धारण से बना हुआ है। धर्म से ही सभी प्रजा बँधी होती है। निश्चित रूप से इस परिभाषा में आचरण, व्यवहार के साथ ही प्रजा के व्यक्तिगत कर्त्तव्य तथा सर्वमान्य प्रतीकात्मक आस्थाओं को सम्मिलित किया गया है। महर्षि कणाद के अनुसार धर्म लौकिक एवं पारलौकिक समृद्धि एवं शान्ति का विधान करने वाली साधना पद्धति है–

'यतोऽभ्युदय निःश्रेयस सिद्धिः सः धर्मः'

मनु कुछ निर्धारित आचरण तथा नैतिक नियमों के पालन को धर्म मानते हैं। इन सभी परिभाषाओं को यदि एक साथ समेट कर कहा जाय तो धर्म की कुछ अधिक स्पष्ट और पूर्ण परिभाषा बन सकती है। धर्म समाज से प्राप्त नैतिक नियमों, आचरणों और आस्थाओं की क्रियात्मक पद्धति है जिसमें लौकिक सुख समृद्धि के साथ ही पारलौकिक आनन्द और स्थायी दुखमुक्ति की कामना निहित रहती है। समान आस्था से जुड़े व्यक्तियों के सामाजिक सम्बन्धों को जोड़ने तथा उनके पारस्परिक व्यवहार को अनुशासित एवं मर्यादित करने में भी धर्म की महत्त्वपूर्ण भूमिका होती है। विविध देशों तथा समाजों में प्रचलित धर्म के अन्तिम उद्देश्य तथा मूलभूत तत्त्व प्रायः समान रहते हैं किन्तु उनकी आचरण पद्धति में भेद रहता है। जब दो तरह के धर्मानुयायी एक दूसरे के सम्पर्क में आते हैं तो उनमें इसी भेद के कारण संघर्ष हो जाता है। ऐसी स्थिति में धर्म के ऐसे स्वरूप की आवश्यकता होती है जिससे नवगठित समाज को एकसूत्र में बाँधा जा सके। स्वार्थी तत्त्वों के कारण एक ही धर्म में कालान्तर में बहुत सी विकृतियाँ पैदा हो जाती हैं और उनके अनुयायी अपने मूल उद्देश्य से भटक जाते हैं।

कबीर के समय में धर्म की स्थिति बिल्कुल इसी तरह की थी, नये धर्म की प्रतिष्ठा के लिए कुछ ऐसे समान तत्वों का अन्वेषण आवश्यक था जो सर्वमान्य हो सकें। हिन्दुओं और मुसलमानों में ईश्वर के विग्रह को लेकर ही बहुत बडा विरोध था। अधिकांश हिन्दू मूर्तिपूजक थे और मुसलमान मूर्तिभंजक। हिन्दुओं में अनेक देवी-देवताओं की पूजा अर्चना प्रचलित थी अतः धर्म के आधार पर वे स्वयं ही संगठित नहीं थे। विजेता मुसलमान मूर्तियों और मन्दिरों को तोड़कर अपनी विजय से झूम उठते थे। विधर्मियों की युग-युग से चली आयी हुई आस्था चकनाचूर कर वे गर्व से उन्मत्त हो जाते थे। असहाय हिन्दू यह सोचने के लिए विवश थे कि यदि भगवान् स्वयं अपनी रक्षा नहीं कर सकता तो मेरी रक्षा कैसे करेगा। कबीर ने सही वक्त

पर कोटि-कोटि जनों को निराशा के अन्धकार से उबार लिया। मुसलमानों को चेतावनी दी कि भगवान् मूर्तियों में नहीं हैं। हर आत्मा परमात्मा है। जब तक एक भी व्यक्ति इस आस्था को लेकर जीवित है तब तक भारतीय धर्म जीवित है। उन्होंने इस आस्था का प्रतीक 'राम' को चुना। यह 'राम' हिन्दू पुराणों में वर्णित राम नहीं था। वास्तव में यह नाम ओऽम, अल्लाह, रहीम, करीम, कर्त्तार, निरंजन, गोपाल, मुरारी आदि जितने ईश्वरीय नाम प्रचलित थे उन सबका वाचक था। यह नाम किसी स्थूल का बोधक न होकर सूक्ष्म परमात्मा का बोधक और मूलतः भावरूप था। कबीर ने नाम की महिमा को प्रतिपादित करके यही निर्देश देना चाहा कि व्यक्ति से भाव अधिक महत्त्वपूर्ण है। धर्म भी मूलतः शुद्ध भाव पर आधारित होना चाहिए। कबीरदास बड़ी दृढ़ता के साथ स्वीकार करते हैं –

हमारै रांम रहीम करीमां केसौं, अलह राम सति सोई।
विसमिल मेटि बिसंभर एकै, और न दूजा कोई।।

x x x

हिंदु तुरक दोऊ रह टूटी, फूटी अरु कनराई।
अरध-उरध दसौं दिस जित तित, पूरि रह्या राम राई।।

राम की व्यापकता और सभी नामों की एकता के प्रति पूर्ण विश्वास हो जाने के बाद ही कबीर हिन्दू और मुसलमान दोनों को 'राम' का भजन करने के लिए सलाह देते हैं–

कहै कबीर एक राम भजहु रे, हिन्दू तुरक न कोई।

यदि मुसलमानों को ऐसा प्रतीत हो कि कबीर द्वारा निर्धारित नाम में उनके साथ कुछ ज्यादती हो रही है तो राम के साथ अलह भी जोड़ा जा सकता है। कबीर ने स्वयं इस नाम का प्रयोग करके अपनी सम्पूर्ण भावना उसके प्रति समर्पित की है–

अलह रांम जीऊं तेरे नांई।
बंदे परि मिहर करौ मेरे सांई।।

कहीं-कहीं तो वे 'राम' के प्रति कुछ अधिक आग्रही हो गये हैं–

छाड़ि कतेव रांम कहि काजी, खून करत हौ भारी।
पकरी टेक कबीर भगति की, काजी रहे झकमारी।

साधारण सरल आदमी कबीर की बात को भले ही स्वीकार कर लेता रहा हो किन्तु काजियों, मुल्लाओं और पंडितों को यह बात बिल्कुल ही नहीं भाती थी। इसीलिए उनको सम्बोधित करते हुए कबीर कुछ अधिक खीझकर उनकी बखिया उधेड़ने में जुट जाते हैं। द्वैत का प्रचार करने वालों से बड़े विनय के साथ वे पूछते हैं–

अरे भाई दोइ कहाँ सो मोहि बतावो।
बिचि ही भरम का भेद लगावो।।

राम का नाम तीनों लोक में भरित-पूरित है उसे कहीं ढूँढ़ने की जरूरत नहीं है–

कबीर राँम नांम तिहुँ लोक में, सकल रह्या भरपूरि।
यह चतुराई जाउ जलि, खोजत डोलै दूरि।।

कबीर ने इस नाम के माध्यम से जो पारमार्थिक तथा तात्विक एकता को प्रतिपादित किया उसका सामाजिक महत्त्व भी है। इसी तर्क के आधार पर वे सामाजिक भेद-भाव को

दूर करना चाहते हैं। इस धर्म का चरम लक्ष्य है सम्पूर्ण द्वैत और सारे अलगाव को मिटाकर विश्वात्मा के साथ तदाकार हो जाना। कबीर के युग में समाज को यदि धारण करने, व्यवस्थित करने या एक सूत्र में बाँधने की क्षमता किसी धर्म में थी तो वह यही धर्म था।

इस धर्म की साधना भावमूलक है। इसमें किसी तरह से बाह्याडम्बर की जरूरत नहीं है। कबीर को इस बात का पूरा ज्ञान था कि आडम्बर धर्म को ढँककर उसे नष्ट कर देता है और कालान्तर में आडम्बर को ही धर्म मान लिया जाता है। इस समय धर्माडम्बरों में लिप्त लोगों को विलग करना एक बड़ी चुनौती है। कबीर ने इसीलिए एक तरफ भाव पर बल दिया तो दूसरी तरफ बुद्धि और विवेक पर। प्रचलित धर्मों की सीमाओं और प्रतिबद्धताओं को उन्होंने बड़ी कुशलता और तार्किकता से विश्लेषित किया। किसी भी धर्म का वरण बहुत ही सूझ-बूझ के बाद करना चाहिए। किंकर्त्तव्यविमूढ़ता की स्थिति में सत्‌गुरु की सहायता और निर्देशन अपेक्षित है। यदि गुरु और शिष्य दोनों मिलकर लालच का दाँव खेलते हैं तो वैसे ही भवसागर में डूब जाते हैं जैसे पत्थर की नौका पर सवार व्यक्ति। प्रायः सभी धर्मों में गुरु का महत्त्व मान्य था। कबीर ने गुरुओं के बीच से सत्‌गुरु का चयन करके अपने मानव-धर्म के प्रतिपादित तथा संरक्षण का दायित्व उसी पर डाल दिया। लेकिन धर्म-साधना में गुरु की एकांगी भूमिका उन्हें मान्य नहीं है। शिष्य को पूर्णरूपेण जागरूक रहना चाहिए। सत्‌गुरु बेचारा क्या कर सकता है यदि शिष्य में ही चूक है। सत्‌गुरु वही है जो अनन्त ज्योति का उद्‌घाटन करके प्रेम से आत्मा को पूर्ण कर देता है और द्वैत के बन्धनों को काटकर पूर्ण से मिला देता है। परिणामतः शिष्य के जाति-पाँति के बन्धन स्वतः टूट जाते हैं। जो सीमाओं में बाँधता है, जो भेदभाव प्रकट करता है, जो राग-द्वेष सिखाता है, वह अज्ञानी है, वह अज्ञानी कुगुरु है। कबीर प्रकारान्तर से अन्य धर्मों के गुरुओं को इसी कोटि में मानते हैं।

कबीर अपने द्वारा शोधित धर्म को लगातार सहज बनाने का यत्न करते हैं। जप, तप, संयम, तीरथ, व्रत, स्नान (पवित्र जल में) इनसे कुछ भी सिद्ध नहीं होता यदि साधक को 'भाव भगति' की युक्ति नहीं मालूम। कबीर कहते हैं–

कबीर जप तप दीसै थोथरा, तीरथ ब्रत वेसास।
सूवैं सैंवल सेबिया, यूँ चल्या निरास।।

जप, तप आदि थोथे दिखाई देते हैं। शुक जैसे सेमल की सेवा करता है और वह सेवा अंततः निष्फल हो जाती है उसके हाथ कुछ नहीं आता। उसी तरह मानव इस संसार से निराश होकर चला जाता है। माला, छापा, केश-मुंडन तथा किसी भी प्रकार का भेष व्यर्थ है। धर्म-साधना में इनसे भी कोई सहायता नहीं मिलती–

कबीर मांला पहर्‌यां कुछ नहीं, रुल्या मूवा इहि भारि।
बाहरि ढोल्या हींगलू, भीतरि भर्‌या भंगारि।।

कबीर ने धर्म के क्षेत्र में आत्मिक शुद्धता, हृदय की निष्कलुषता और आचरण की सात्विकता को अनिवार्य माना। मन को निर्विकार करने के लिए योगसाधना को भी धर्म-साधना में उचित स्थान दिया। वे योगसाधना के ऐसे स्वरूप को अपनाने की सलाह देते हैं जिसमें काया-क्लेश कम से कम हो बल्कि यों कहिए कि वह सहज योग हो। यह सहज योग भाव योग का ही पूरक है। कबीर ने अनेक स्थलों पर सहज समाधि, सहज ज्ञान तथा सहज सुख का वर्णन किया है। कबीर द्वारा निरूपित 'सहज' की पहचान इतनी सरल नहीं है जितनी कहने से प्रतीत होती है–

कबीर सहज सहज सब कोइ कहै सहज न चीन्हैं कोइ।
जिन्ह सहजै विषिया तजी, सहज कहीजै सोइ।।

कबीर हृदय की शुद्धता को धर्म-साधना के लिए आवश्यक मानते हैं–

'हरि न मिले बिन हिरदै सूध'

यदि भाव शुद्ध है तो साधक इच्छानुसार किसी भी वेश में रह सकता है। सच्चाई से चलने वाला और अन्य लोगों के प्रति शुद्ध भाव रखने वाला व्यक्ति सच्चा धार्मिक होता है–

साईं सेंती साँच चलि, औरा सूं सुध भाइ।
भावै लम्बे केस करि, भावै घुरणि मुड़ाइ।।

विधि पक्ष में नम्रता, विनय, दया, समता आदि उल्लेखनीय हैं। प्रमुख विधि-निषेधों का जिक्र अधोलिखित पद में किया गया है–

तेरा जन एकाध है कोई।
कांम क्रोध लोभ विवर्जित, हरिपद चीन्हैं सोई।।

x x x

असतुति निंद्या आंसा छांडै, तजै मांन अभिमाना।
लोहा कंचन समि करि देखै, ते मूरति भगवांनां।।

x x x

तृष्णा अरु अभिमान रहित है, कहै कबीर सो दासा।।

कबीर का अहिंसा भाव जैन धर्म से भी अधिक व्यापक है। वे पत्ते-पत्ते में जीवन देखते हैं–

भूली मालणि पाती तोड़ै, पाती पाती जीव।
जा मूरति कौं पाती तोड़ै, सो मूरति नरजीव।।

साधु संगति में इस धर्म की वृद्धि होती है और कुसंगति में नाश–

कबीर मथुरा जावै द्वारिका, भावै जाउ जगनाथ।
साध संगति हरि भगति बिन, कछु न आवै हाथ।।

कबीर आराधना के सामूहिक और वैयक्तिक दोनों रूपों को प्रतिपादित करते हैं। कीर्तन, भजन और गुणगान समूह में किए जा सकते हैं और नाम स्मरण एकान्त में वैयक्तिक स्तर पर। नाम एक तरह का सूक्ष्म और सरल मंत्र है जिसका जप बहुत ही आसान है। कबीर सामूहिक गुणगान का निर्देश करते हुए कहते हैं–

१. **असंग संगति जिनि जाइ रे भुलाइ।**
साध संगति मिलि हरि गुण गाइ।।

२. **रांम न जपहु कहा भये अंधा।**
रांम बिना जंम मेलै फंधा।।

संसार के प्रमुख धर्मों की अपनी-अपनी धार्मिक पुस्तकें भी हैं जैसे–कुरान, बाइबिल, वेदशास्त्र, पुराण, आदि। प्रत्येक धर्मानुयायी के लिए यह अनिवार्य होता है कि तत्सम्बन्धी धर्म पुस्तक का जो निर्देश है, या निर्देश की जो व्याख्या की गयी है उसका अनुपालन करे। उसके विपरीत आचरण करने पर उसे धर्म भ्रष्ट समझा जाता है। आचार के परिसीमन एवं

प्रचार में भी इन धर्म ग्रन्थों का योगदान रहता है। कबीरदास जिस धर्म के समर्थक हैं उसमें ऐसे धर्म ग्रंथ की आवश्यकता नहीं है जो धर्मानुयायी के विवेक तथा स्वानुभूति को कमजोर करता है। धर्म ग्रंथ यदि पाठक में प्रेम की भावना को जागृत करता है तो उसका अध्ययन सार्थक है अन्यथा नहीं। कबीर पंडित से कहते हैं–

बेद पुरान पढ़थ अस पांडे, खर चंदन जैसे भारा।
राम नांम तत समझत नांही, अंति पड़े मुख छारा।।

काजी को भी उसी तरह का सम्बोधन है–

काजी कौन कतेब वषांनै,
पढ़त-पढ़त केते दिन बीते, गति एकै नहि जानै।
x x x
छाड़ि कतेब रांम कहि काजी, खून करत हौ भारी।।

कबीर का इरादा धर्मग्रन्थों की निन्दा का नहीं है। वे मानते हैं कि ये ग्रंथ मानव को छोटे-छोटे फिरकों या समूहों में नहीं बाँटते। पढ़ने वालों को इसके मर्म को समझने की कोशिश करनी चाहिए। इसीलिए तो कहते हैं–

बेद कतेब कहहु मत झूठा, झूठा जो न बिचारे।

वैसे पुस्तकीय ज्ञान की अपेक्षा वे स्वानुभूतिजन्य ज्ञान को अधिक प्रामाणिक मानते हैं।

कबीर के सहज धर्म का मूल आधार है प्रेम और एकता। प्रेम का भाव इतना विशद् और व्यापक है कि प्रकृति के कण-कण में आत्माभाव दृष्टिगत होता है। इसमें शाश्वत सुख-शान्ति की परिकल्पना तो है किन्तु अन्ततः यह निष्काम है। इस धर्म का आचरण करने वाला आत्यन्तिक स्थिति में सुख-दुख, निन्दा-स्तुति, मान-अपमान, यश-अपयश, ऊँच-नीच आदि द्वन्द्वों तथा विषमताओं से अलग समरस हो जाता है। यह विषय-वासनाओं को सहज ही में छोड़कर राममय हो जाता है। हिन्दी के यशस्वी रचनाकार गजानन माधव मुक्तिबोध के शब्दों में कह सकते हैं 'कबीर (और नानक) मानव समानता के प्रचारक, शील और स्नेह के पुरस्कर्त्ता तो थे ही, उन्होंने मानव मात्र के लिए सामान्य धर्म की प्रतिष्ठा करनी चाही–वह धर्म नहीं जो किताबों और ग्रंथों में बँधा रहता है, जो रूढ़ियों और रिवाजों में फँस जाता है, जो मनुष्य मनुष्य के बीच, गर्व और दम्भ, पाखण्ड तथा द्वेष की दीवालें खडी करके मानवता को अलग-अलग टुकड़ों में काटकर तितर-बितर कर देता है। वरन् उन्होंने उस धर्म को प्रतिष्ठित किया जो मानव मात्र के अन्तःकरण में मानव गुण के रूप में विराजमान है, जो हृदय का गुण और आत्मा का स्वभाव है, जिसके द्वारा मानवता अखंड हो जाती है, जनता एक हो जाती है।'

भारतीय सामाजिक संगठन तथा धर्म एवं इस्लाम के मौलिक भेदों की चर्चा करते हुए हजारी प्रसाद द्विवेदी ने लिखा है कि 'मुसलमानी धर्म एक मजहब' है। भारतीय समाज में बिल्कुल उलटे तौर पर उसका संगठन हुआ था। भारतीय समाज जातिगत विशेषता रखकर भी व्यक्तिगत धर्म साधना का पक्षपाती था। इस्लाम जातिगत विशेष्ता को लोप करके समूह-गत धर्म साधना का प्रचारक था। एक का केन्द्र बिन्दु चारित्र्य था, दूसरे का धर्ममत। भारतीय समाज में यह स्वीकृत तथ्य था कि विश्वास चाहे जो भी हो चारित्र्य शुद्ध है तो व्यक्ति श्रेष्ठ हो जाता है।.... उसने कभी यह विश्वास ही नहीं किया था कि उसके आचार

और मत को न मानने वाली जाति का कुफ्र तोड़ना उसका परम कर्त्तव्य है.... जब नवीन धर्ममत ने सारे संसार के कुफ्र को मिटा देने की प्रतिज्ञा की और सभी पाये जाने वाले साधनों का उपयोग आरम्भ किया तो भारतवर्ष इसे ठीक-ठीक समझ ही नहीं सका। इसीलिए कुछ दिनों तक उसकी समन्वयात्मिकता बुद्धि कुंठित हो गयी। वह विक्षुब्ध सा हो उठा। परन्तु विधाता को यह कुंठा और विक्षोभ पसन्द नहीं था। समन्वय की प्रखर चेतना के साथ कबीर ने इस गतिरोध को समाप्त करने का संकल्प लिया। उन्होंने भारतीयता को नये ढंग से समझने, पहचानने और स्थापित करने का यत्न किया। व्यापक जनसमूह के समक्ष वे एक नये धर्म का प्रस्ताव लेकर आये।'

१०. कबीर की सामाजिक चेतना

कबीर को मूलतः वैयक्तिक साधना का प्रचारक माना जाता है। इसलिए उन्हें शुद्ध रूप से समाज सुधारक नहीं कहा जा सकता है। डॉ० रामचन्द्र तिवारी का विचार है कि ''वे समाज रचना के लिए किसी प्रकार के सुधारवादी आन्दोलन के पुरस्कर्त्ता न होकर मानव आत्मा की मुक्ति के लिए आध्यात्मिक संघर्ष करने वाले साधक थे।'' कबीर को अनेक रूपों में प्रतिष्ठा देने वाले आचार्य हजारी प्रसाद द्विवेदी का मत भी इसी प्रकार का है ''कबीर ने ऐसी बहुत सी बातें कहीं हैं जिनसे (अगर उपयोग किया जाय तो) समाज सुधार में सहायता मिल सकती है, पर इसलिए उनको समाज सुधारक समझना गलती है। वस्तुतः वे व्यक्तिगत साधना के प्रचारक थे। समष्टि-वृत्ति उनके चित्त का स्वाभाविक धर्म नहीं था।'' डॉ० रामकुमार वर्मा उपर्युक्त मतों से अलग अपना मत प्रस्तुत करते हैं ''जब तक समाज व्यवस्थित नहीं होता, तब तक किसी विचार या सिद्धान्त का प्रसार संभव नहीं हैं। यही कारण है कि कबीर अनुभूति सम्पन्न कवि और सन्त होते हुए भी समाज की अनिश्चित परिस्थितियों के प्रति उदासीन न रह सके और वे भक्ति आन्दोलन के प्रमुख प्रवर्त्तकों में होते हुए भी समाज सुधार में अग्रणी बने।''

आचार्य द्विवेदी ने बहुत बल देकर कहा है कि ''कबीरदास का भक्त रूप ही उनका वास्तविक रूप था। इसी केन्द्र के इर्द-गिर्द उनके अन्य रूप स्वयमेव प्रकाशित हो उठे हैं। वे कभी सुधार करने के फेर में नहीं पड़े। शायद वे अनुभव कर चुके थे कि जो स्वयं सुधरना नहीं चाहता उसे जबरदस्ती सुधारने का प्रयास व्यर्थ का प्रयास है।''

कबीर साहित्य के अध्येताओं के उपर्युक्त निष्कर्षों का मूल भाव है कि कबीर भक्त, आध्यात्मिक साधक, अनुभूति सम्पन्न कवि, पहले हैं समाज सुधारक बाद में। या यों कहें कि कबीर का मूल व्यक्तित्व भक्त का है समाज सुधार उनके लिए गौण बात है। कबीर की सामाजिक चेतना या समाज सुधारक व्यक्तित्व पर विचार करने से पूर्व यह जान लेना आवश्यक है कि क्या मध्यकालीन सामाजिक व्यवस्था से जुड़ी हुई समस्याओं को धार्मिक तथा राजनीतिक समस्या से बिल्कुल अलग करके देखा जा सकता है। एक क्षण के लिए मध्यकालीन या कबीर कालीन समाज को दर किनार करके अपने आधुनिक समाज को ही देख लिया जाय तो बात कुछ अधिक साफ ढंग से समझ में आ जायेगी। आज के समाज की अनेक समस्याओं में से सबसे बड़ी और प्रमुख समस्या है धार्मिक कट्टरपन। इसी धार्मिक कट्टरता या साम्प्रदायिकता के कारण एक आदमी दूसरे आदमी के खून का प्यासा बन जाता है। उसके कारण समाज में व्यक्तियों का सह-अस्तित्व ही खतरे में पड़ जाता है जो सामाजिक

संगठन की मूलभूत आवश्यकता है। एक व्यक्ति को दूसरे व्यक्ति के साथ कुछ मान्यताओं, परम्पराओं एवं समान उद्देश्यों की पूर्ति के लिए सहयोग करने की बात दूर रही यदि वह अगल-बगल रह भी नहीं सकता तो समाज की क्या स्थिति होगी, इसका सहज़ ही अनुमान किया जा सकता है। धर्म और समाज का सम्बन्ध बहुत गहरा है। प्रायः धर्म समाज को जोड़ता है किन्तु कभी-कभी ऐसी परिस्थिति भी आ जाती है कि धर्म समाज को तोड़ने लगता है। कबीर के समय में सामाजिक टूटन का मुख्य कारण था धर्म। राजनीतिक समस्या भी एक तरह से धार्मिक समस्या बन गयी थी। राज्य-सिंहासन पर हिन्दू आसीन हो या मुसलमान सामान्य जनता के लिए क्या फर्क पड़ता है। फर्क तो तभी पड़ता है जब शासक अपने मान्य धर्म को विकसित और प्रचारित करने में अपनी पूरी शक्ति लगाने लगता है। वह जनता के एक वर्ग को मात्र इसलिए प्रताड़ित एवं पीड़ित करता है क्योंकि उसका धर्भ शासक के धर्म से अलग है। इस तरह की धार्मिक खींच-तान तथा सुविधा-असुविधा के तनाव में समाज की मान्यताएँ भी प्रश्नों के घेरे में आ जाती हैं।

भारतीय सामाजिक व्यवस्था को धार्मिक व्यवस्था से बहुत अलग करके नहीं देखा जा सकता है। जहाँ जाति-भेद, वर्ण-भेद धार्मिक व्यवस्था का ही परिणाम है, जहाँ पति-पत्नी का सम्बन्ध आध्यात्मिक बन्धन है, जहाँ व्यक्ति, परिवार और समाज के पारस्परिक सम्बन्धों का मूलाधार धर्म है, वहाँ की सामाजिकता धार्मिकता से अलग कैसे हो सकती है। ब्राह्मण छुआ-छूत को इसलिए बढ़ावा देता है कि वह इसे अपना धर्म मानता है। यही नहीं एक बधिक जानवरों का वध इसलिए करता है कि यह उसका धर्म (ईश्वर द्वारा निर्धारित कार्य) है। शूद्रों को सभी वर्गों की सेवा इसलिए करनी चाहिए कि ईश्वर ने उसे इसी के लिए पृथ्वी पर भेजा है। जिस देश में गरीबी-अमीरी, सुख-दुख, जाति-पाँति, ऊँच-नीच सभी कुछ ईश्वर की इच्छा से निर्धारित है उस देश में यदि किसी भी तरह का सामाजिक परिवर्तन ले आना है तो उसके लिए धार्मिक परिवर्तन की दिशा में ही प्रयत्न करना होगा। आज के बौद्धिक तथा वैज्ञानिक दृष्टिकोण से उपर्युक्त बातें आधारहीन भले ही हों किन्तु मध्ययुगीन परिप्रेक्ष्य में ये शत-प्रतिशत सत्य हैं। कबीर जैसा ओजस्वी तथा विद्रोही रचनाकार जब इस तरह का भाव व्यक्त कर सकता है तो भ्रम की गुंजाइश कहाँ रह जाती है–

पूरब जनम हम बाभन होते ओंछे करम तप हीना।
रामदेव की सेवा चूका पकरि जुलाहा कीना।।

इसलिए यह कहना कि कबीर का व्यक्तित्व मुख्यतः भक्त का है समाज सुधार उनके लिए गौण है समीचीन नहीं है। कबीर जिस तरह के भक्त हैं वह स्वयं में ही एक नवीन सामाजिक पद्धति एवं मानवीय समता की स्वीकृति तथा पक्षधरता का प्रमाण है। यह भक्ति मार्ग ऐसा है जहाँ ब्राह्मण, क्षत्रिय, वैश्य, शूद्र का अलगाव नहीं है, सभी एक हैं और केवल मनुष्य हैं। यदि इनकी कोई उपाधि है, तो वह भी एक ही है वह है संत या भक्त। इस साधना में ब्राह्मणों का वर्चस्व नहीं है क्योंकि भक्तों का गुरु ब्राह्मण नहीं होता, कोई संत या भक्त ही होता है। ब्राह्मण के महत्त्व को अस्वीकार करना, सभी वर्गों के लिए एक नये आध्यात्मिक मार्ग की खोज करना, वेद, शास्त्रों में प्रतिपादित उन मान्यताओं को अस्वीकार करना, जो ब्राह्मणों के महत्त्व को स्वीकार करती हैं आदि युग-युग से निर्मित सामाजिक व्यवस्था पर गहरी चोट हैं। ''शास्त्र और सम्प्रदायों का निषेध करके कबीर केवल एक नयी भक्ति पद्धति को ही नहीं जन्म दे रहे थे बल्कि ढोल पीट-पीटकर जता रहे थे कि मुक्ति का मार्ग ब्राह्मण के

घर से होकर नहीं जाता–जैसा कि युगों-युगों से प्रचारित किया जा रहा है। ब्राह्मण, वेद तथा वेदमार्ग के महत्त्व को अस्वीकार करके कबीर ने वस्तुतः सामंती व्यवस्था के मर्म पर आघात किया था। उनके भक्त रूप को महत्त्व देना, प्रकारांतर से उनके सामाजिक विद्रोह को हाशिए में डालना है।'' चूँकि सामाजिक व्यवस्था से जुड़े हुए अनेक मुद्दों के संदर्भ में धर्म की दुहाई दी जाती थी, इसीलिए कबीर ने उनका विरोध करने के लिए धर्म की ही व्यवस्था में से तर्क ढूँढ़ने का प्रयत्न किया। जाति-पाँति, छूआ-छूत और ऊँच-नीच के भेद-भाव को समाप्त करने के लिए उन्होंने आध्यात्मिक तथा दार्शनिक मान्यताओं का आधार ग्रहण किया। भारतीय दर्शन का बहुविख्यात सिद्धान्त अद्वैतवाद तत्त्वतः ब्रह्म की सत्ता को सत्य और शेष को असत्य मानता है। कबीर ने दर्शन के इस सूत्र का सामाजिक समता के लिए उपयोग किया। जब एक ही तत्त्व सर्वत्र सब घट में व्याप्त है तो भेद-भाव कहाँ से पैदा हो जाता है–

एकहि जोत सकल घट व्यापक, दूजा तत्त न होई।
कहै कबीर सुनौ रे संतो, भटकि मरै जनि कोई।।

भले और समझदार आदमियों के लिए उन्होंने आध्यात्मिक सत्य को विवृत्त करने का प्रयास किया। लेकिन कबीर की यह बात जिन लोगों के समझ में नहीं आई उनके लिए उन्होंने भौतिक नियमों को एक वैज्ञानिक की तरह बिल्कुल अनावृत्त करके रख दिया। उनका कहना है कि यदि ब्राह्मण श्रेष्ठ है तो उसने ब्राह्मणी से उसी तरह क्यों जन्म लिया जिस तरह शूद्र या अन्य जातियाँ जन्म लेती हैं। उसे किसी पवित्र मार्ग से उत्पन्न होना चाहिए था। इसी तरह मुसलमानों को बताया कि यदि अल्लाह को मनुष्य से अलग मुसलमान की जरूरत होती तो वह स्वयं भीतर खतनी करके भेजता। ये सब मानव-निर्मित भेद-भाव हैं। इसलिए इन्हें ईश्वरीय नहीं मानना चाहिए–यदि कर्त्ता वर्ण का विचार करता है तो वह जन्म लेते ही उसे तीन दण्डों में (तीन वर्ण में) विभक्त कर देता। अतः कोई हीन नहीं, हीन वही है जो 'राम' नहीं कहता–

जो पैं करता बरन बिचारै। तौ जनमत तीनि डांडी किन सारै।।

x x x

नहीं को ऊँचा नहीं को नीचा। जाका व्यंड ताही का सींचा।।
जे तू बांभन बभनी जाया। तौ आन बाट ह्वै काहे न आया।।
जे तूं तुरक तुरकनी जाया। तौ भीतरि खतनी क्यूं न कराया।
कहै कबीर मधिम नहीं कोई। सो मधिम जा मुखि रांम न होई।।

किसी तरह का सामाजिक भेद-भाव सत्य का गोपन मात्र है। वेद, कुरान, धर्म और जगत, स्त्री-पुरुष का भेद सच नहीं है। यदि एक ही बिन्दु (तत्त्व) एक ही मल मूत्र, एक ही चर्म, और एक ही गूदा है और एक ही ज्योति से सब उत्पन्न हैं तो कौन ब्राह्मण एवं कौन शूद्र है–

ऐसा भेद विगूचनि भारी।
वेद कतेब दीन अरु दुनियां, कौन पुरिष कौन नारी।
एक बूँद एकै मल मूतर एक चांम एक गूदा।
एक ज्योति थैं सब उतपनां, नाद रू व्यंद समाना।

कबीर ने कई पदों में हिन्दू और मुसलमान के भेद को कृत्रिम और सारहीन सिद्ध किया

है। उन्होंने ललकार कर किन्तु प्यार से पूछा कि भाई दो कहाँ से आ गये। जो तुम लोग दो कहते हो, बीच में ही भ्रम का भेद लगाते हो। हे मूर्खों चेत जाओ, बोलने वाला (आत्मा) हिन्दू और तुर्क नहीं है–

कहै कबीर चेतहु रे भौंदू। बोलन हारा तुरक न हिन्दू।

कबीर ने सामाजिक विषमता पर प्रहार करने के बाद सामाजिक शोषण के अस्त्रों को कुंठित करना आवश्यक समझा। पुरोहितों, पंडितों तथा मुल्लाओं के लिए धार्मिक आधार पर समाज के शोषण का सबसे बड़ा साधन था पुस्तकीय ज्ञान और धर्म साधना के विधि-विधान। वेद, कतेब, पुराण, शास्त्र आदि का ज्ञान कुछ व्यक्तियों, या वर्गों के पास सीमित होता है। भारतीय वर्ण-व्यवस्था में ब्राह्मणों की उच्चता का एक प्रमुख मापदंड उनका वेद-शास्त्र में पारंगत होना है। परम्परया वेद-शास्त्र के अध्ययन से अधिकांश जनता संसाधनों के अभाव के कारण वंचित थी। शूद्रों तथा स्त्रियों के लिए तो वेद का अध्ययन लगभग वर्जित ही था। सामान्य रूप से अन्त्यजों तथा स्त्रियों की शिक्षा-व्यवस्था पूरे मध्यकाल में चौपट ही थी। जो ब्राह्मण पुरोहित कर्म में लगा हुआ था, वह वेद-शास्त्र का बहुत बड़ा पंडित न होते हुए भी पूजा-पाठ आदि के विधि-विधानों तथा मंत्रों का ज्ञाता तो था ही, एक शूद्र चाहकर भी धार्मिक कृत्यों को ब्राह्मणों के द्वारा करा पाने में असमर्थ रहता था। न तो वह सही ढंग से भूसुर की सेवा कर सकता था और न तो प्रभूत मात्रा में दक्षिणा आदि की व्यवस्था कर सकता था। सारे तर्कों के बावजूद शूद्रों में इस दृष्टि से हीनता भाव बना रह गया था। कबीर ने शास्त्रीय ज्ञान के महत्त्व को इसीलिए नकार दिया। पोथी पढ़ने वाला उनकी दृष्टि से पंडित नहीं था, बल्कि 'राम' का नाम प्रेम से पढ़ने वाला पंडित था।

कबीरदास बाह्याडम्बरों के पीछे भी इसीलिए हाथ धोकर पड़ गये। उन्हें छः दर्शन में छ्यानबे पाखंड दिखाई देते थे। उनके विचार से जप, तप, संयम, पूजा, अर्चा और ज्योतिष में ही जग पागल हुआ बैठा है। कागज लिख लिखकर अपने को भ्रमित किए है। जो लोग मूँड मुड़ाकर प्रसन्नता का अनुभव करते हैं या कान में मंजूषा पहन लेते हैं, शरीर में भस्म लपेट लेते हैं उनका अन्तःकरण अपहृत है। उन्हें जब यमराज रस्सी डालकर खींचेगा तब पता लगेगा। देवी-देवताओं को पकवान चढ़ाने वाले साधारण लोगों को भी कबीर ने नहीं छोड़ा। उन्होंने धर्म के नाम पर की जाने वाली हिंसा का कड़ा विरोध किया। मुसलमानों को भी पाखंडों के प्रति सावधान करते हुए कहा कि–

१. **यह सब झूठी बंदगी, बिरिथा पंच निवाज।**
साँचे मारे झूठि पढ़ि, काजी करै अकाज।।

२. **काजी मुलां भ्रमियां, चल्या दुनी के साथ।**
दिल थैं दीन बिसारिया, कदर लई जब हाथ।।

मन से अशुद्ध व्यक्ति के लिए तीर्थ के जल में स्नान से कोई लाभ नहीं होता। जल में स्नान से यदि मुक्ति मिलती तो मछलियों को भी मिल जाती क्योंकि वे तो नित्य नहाती हैं।

जल कै मंजनि जो गति होई, मीना नित ही न्हावे।
जैसा मीनां तैसा नरा, फिरि फिरि जोनी आवै।।
मन मैं मैला तीरथि न्हावे, तिनि बैकुंठ न जाना।

पंडितों द्वारा प्रचारित स्वर्ग-नरक की परिकल्पना को भी कबीर ने मिथ्या सिद्ध कर

दिया, इस तरह हम देखते हैं कि कबीर हर कोण से वर्ण-व्यवस्था की खिलाफत करते नजर आते हैं। ब्राह्मण धर्म की श्रेष्ठता किसी भी तरह से अवशिष्ट न रहे इसलिये वेद-पुराण, तीर्थ, दान, मंदिर आदि की निन्दा करते हैं। समाज में व्याप्त छुआछूत, ऊँच-नीच की घातक बुराइयों को समूल नष्ट करने का जो अदम्य साहस कबीर में परिलक्षित होता है, और वे जिस उत्साह से अपने प्राण की परवाह न करके धर्म की भित्ति पर टिकी हुई व्यवस्था के विरुद्ध आवाज उठाते हैं उनसे उन्हें दीन-दुनिया से निरपेक्ष भक्त सिद्ध नहीं किया जा सकता।

कबीर अपने समय के समाज के अन्य पक्षों को भी उजागर करते हैं। जिस तार्किक और वैज्ञानिक दृष्टि से आज हम अपने रीति-रिवाजों की सार्थकता एवं औचित्य की परख करते हैं ठीक उसी दृष्टि से कबीर ने पारिवारिक सम्बन्धों की औपचारिकताओं का भंडाफोड़ किया है। निर्धनता और दारिद्र्य में जीने वाले लोगों के लिए मृत्यु-भोज या श्राद्ध-भोज की अनिवार्यता कितनी कष्टसाध्य होती है। पुत्र का पिता के प्रति कैसा व्यवहार होना चाहिए उसके लिए भी समाज ने आदर्श निर्धारित कर रखे हैं। किन्तु व्यावहारिक धरातल पर आदर्श बराबर खंडित होते रहते हैं। जीवित पिता के प्रति पुत्र अपने व्यवहार में तब भी चूक करता था आज भी करता है किन्तु मरणोपरान्त तरह-तरह के लोकाचारों का पालन करता है। वेद और धर्म-ग्रंथ इन लोकाचारों को पूरा-पूरा समर्थन देते हैं। कबीर इस कृत्रिम और हास्यास्पद लोकाचार के विषय में कहते हैं–

जीवत पित्रहिं मारहिं डंडा। मूंवां पित्र ले घालैं गंगा।।
जीवत पित्रकूं अन न ख्वांवें। मूवा पाछैं प्यंड भरावैं।।
जीवत पित्र कूं बोलैं अपराध। मूंवा पीछें देहि सराध।।
कहै कबीर मोहि अचिरज आवै। कउआ खाइ पित्र क्यूं पावै।।

कबीर ने समाज की आर्थिक व्यवस्था, तथा सामन्ती शोषण का भी प्रकारान्तर से चित्रण किया है। कबीर का युग और युगबोध में इस तथ्य को विस्तार से वर्णित किया गया है। इसलिए उसकी पुनरावृत्ति की आवश्यकता नहीं है। धन-सम्पत्ति की दीवार एक आदमी को दूसरे आदमी से अलग कर देती है। धन से अहंकार की भी वृद्धि होती है। तरह-तरह के सामाजिक अपराध के पीछे भी धन की महत्त्वपूर्ण भूमिका रहती है। इसी तरह मध्यकाल में सुन्दरियों के पीछे भी भयानक संघर्ष होते रहते थे। सामन्तों को भोगेच्छा की तृप्ति के लिए कामिनी और कंचन दोनों की आवश्यकता होती थी। कबीर को यह रहस्य बहुत गहराई से सूझ गया था। इसीलिए वे जीवन-पर्यन्त कामिनी और कंचन की खिलाफत करते रहे। उनकी इच्छा थी कि समाज में रहने वाले लोगों में पारस्परिक ईर्ष्या, बैर का अभाव हो। परस्पर प्रेम हो। हर काम करते हुए व्यक्ति निष्काम हो। पुत्र और परिवार के सुख और समृद्धि के लिए बुरे तथा पाप कर्म न किए जाएँ क्योंकि कर्मों का जो फल होगा उसका फल कर्त्ता को ही भोगना पड़ेगा, परिवार के लोग साथ नहीं देंगे–

कुटंब कारणि पाप कमावै, तूं जाँणै घर मेरा।
ए सब मिले आप सवारथ, इहाँ नहीं को तेरा।।

बौद्ध धर्म के प्रचार-प्रसार के कारण प्राचीन आश्रम व्यवस्था विशृंखल हो गयी थी। फलतः युवावस्था में ही बहुत से लोग संन्यास ग्रहण करने लगे थे। इस तरह साधुओं, संन्यासियों की निरर्थक भीड़ बढ़ती जा रही थी, जिनकी जीविका का बोझ मेहनतकस किसानों को धर्म भीरुता के कारण झेलना पड़ता था। कबीरदास ने संगठित साधुओं की

जमात का विरोध किया और कर्महीन साधना का तिरस्कार किया। उनका विचार है कि यदि मन शुद्ध तथा निर्विकार है तो चाहे जहाँ रहकर भक्ति की जाय कोई फर्क नहीं पड़ता। यदि वैराग्य ग्रहण किया है तो विरक्ति होनी चाहिए। भिक्षा की चिन्ता में ही यदि समय बिताना है तो वैराग्य निष्फल है। यदि कोई व्यक्ति गृहस्थ रहना चाहता है तो उसे अत्यधिक उदार होना चाहिए। यदि इसमें चूक होती है तो उसका जीवन व्यर्थ हो जाता है—

कबीर बैरागी विरकत भला, ग्रिही, चित्त उदार।
दुहुं चूकाँ रीता पड़ै, ताकूँ वरन पार।।

अहंकारहीनता, करुणा, दया, प्रेम, परमार्थ, विनय आदि नैतिक मूल्यों की प्रतिष्ठा के लिए प्रयत्नशील कबीर के विचारों में एक श्रेष्ठ समाज की परिकल्पना निहित है। उन्होंने समाज में व्याप्त बुराइयों को बहुत नजदीक से देखा ही नहीं बल्कि अनुभव भी किया था। उनके सामाजिक दर्शन का मूल तत्त्व है कर्म और त्याग। अपने स्वत्व, अपने दर्शन और मान्य मूल्यों की रक्षा के लिए समाज के हर व्यक्ति को प्राणों की बाजी लगा देनी चाहिए। धर्म के क्षेत्र में पूर्ण अहिंसा के समर्थक होते हुए भी वे सती और सूरमा को आदर्श मानते हैं। अपने राष्ट्र और धर्म की रक्षा के लिए जूझने वाला वीर पुरुष तथा पति के साथ जल मरने वाली नारी में उन्हें ईश्वरीय आभा दिखाई देती है।

तत्कालीन सामाजिक संरचना युद्ध और संघर्ष के माहौल तथा धर्म प्रवण मानसिकता से कबीर की चिंतन दृष्टि प्रभावित है। इसीलिए अनेक तरह के परस्पर विरोधी कथन भी कबीर में मिल जाते हैं।

सम्पूर्ण विवेचन से यही निष्कर्ष निकलता है कि कबीर की आध्यात्मिक मुक्ति सामाजिक मुक्ति से एकदम अलग नहीं है। उनका परमात्म चिन्तन लोक चिन्तन की उपेक्षा नहीं करता। उनकी धार्मिक मान्यताएँ सामाजिक सन्दर्भों से निरपेक्ष नहीं हैं। उनके सामाजिक सुधार की मान्यताएँ आध्यात्मिक विचारों की परिधि में ही समाहित हैं। उन्होंने आध्यात्मिक साम्यता में ही सामाजिक साम्यवाद की परिकल्पना की है। भक्त होते हुए भी वे सामाजिक दायित्व का पूरा-पूरा निर्वाह करते हैं। वे ऐसे भक्त कवि हैं जिनके रचना कर्म का एक प्रमुख पक्ष है सामाजिक विषमता का उन्मूलन।

११. कबीर की नकारात्मक मुद्रा

कबीर का पूरा जीवन चुनौतियों से भरा रहा है। उन्होंने जिधर देखा उधर ही आदमी सम्प्रदायों, जातियों, आडम्बरों में जकड़ा हुआ दिखाई दिया था। मायामोह तथा भ्रम में फँसी हुई मानवता की सिसकियाँ कबीर को बेचैन करती रहीं। सारा संसार खा पीकर मोह की निशा में काल की गति से अबोध बनकर सोता है किन्तु कबीर जगते और रोते हैं। उनका रुदन मात्र वैयक्तिक वेदना का ही परिणाम नहीं है बल्कि सम्पूर्ण मानवता के पीड़ा-बोध का विगलन है। कबीर जीवन पर्यन्त धार्मिक, सामाजिक तथा वैयक्तिक बुराइयों के शिकंजों को खंडित करने में जुटे रहे। इसके लिए वे उपनिषदों की नेति-नेति की शैली को अपनाते हैं। धर्म और समाज में प्रचलित बहुत सी मान्यताओं को वे नकारते जाते हैं। उनके साहित्य का अनुशीलन करने के समय यही प्रतीत होता है कि कबीर की वाणी धारदार हथियार की तरह भ्रम के जाल को काटती जा रही है और धर्म एवं समाज की झाड़-झंखाड़ को साफ करती जा रही है। काट-छाँट करते हुए कबीर कभी-कभी ऐसी चीजों को भी काट देते हैं जिनको

भावविभोर होने पर मंडित करते हैं।

कबीर की नकारात्मक मुद्रा उनकी बौद्धिक चेतना का प्रतिफल है। कबीर ने धर्म की भूमि पर अनावश्यक रूप से उगी हुई कँटीली झाड़ियों को साफ करके उस पर नयी धार्मिकता के भव्यभवन को निर्मित करना चाहा था, जिसके नीचे हिन्दू-मुसलमान, ब्राह्मण, क्षत्रिय, वैश्य, शूद्र, शैव, वैष्णव आदि सभी आध्यात्मिक शान्ति प्राप्त कर सकें। यदि भारतीय धर्म साधना के क्षेत्र में कबीर जैसा निर्भय एवं अक्खड़ व्यक्तित्व न पैदा हुआ होता तो तुलसी जैसे समन्वयवादी लोकनायक का अस्तित्व न होता। कबीर सारे प्रहारों को अकेले झेलते गये और बड़ी निर्भीकता से ऊपर से झुलसी हुई किन्तु जड़ से हरी-भरी लोक परम्पराओं तथा धार्मिक मान्यताओं का उच्छेदन करते रहे। सबको खरी-खोटी सुनाने वाला आदमी किसका प्रिय बन सकता है, वह तो सबका दुश्मन बन जायेगा। कबीर क्या पंडितों, मुल्लाओं और काजियों के कोपभाजन नहीं हुए और मुस्लिम शासक की नाराजगी को नहीं झेले? सामान्य जनता ने तो कबीर को गाली का ही पर्याय बना दिया। जब तक हममें निष्पक्ष चिन्तन दृष्टि का विकास नहीं हुआ तब तक हम कबीर को समझ ही नहीं सके। कबीर की रचनात्मक प्रतिभा तथा उत्कृष्ट वैचारिकता पर उस समय भी प्रश्नवाचक चिह्न लगाने वाले लोग थे। कबीर जिन समस्याओं से जूझते रहे आज से करीब छह सौ वर्ष पहले टकराते रहे उनका अंकुठित संघर्ष-वेग अब भी मद्धिम नहीं हुआ है। उसकी सार्थकता कम नहीं हुई बल्कि बढ़ती गयी।

कबीर ने एक तरफ से स्थूल ईश्वर, ईश्वर की मूर्ति, अनेक देवी-देवताओं, अज्ञानी गुरुओं, मन्दिर-मस्जिद, धर्म, पूजा, पाठ, योग, व्रत, ऊँच-नीच, हिन्दू-मुसलमान के भेद, सांसारिक सम्बन्धों, कामिनी और कंचन को नकार दिया। यह सब उनके अपार साहस का ही प्रतिफल है।

कबीर ने पौराणिक ग्रंथों में वर्णित तथा अधिकांश हिन्दुओं में समर्थित अवतारवाद को नकार दिया। उन्होंने राम तथा कृष्ण दोनों अवतारों को अमान्य कर दिया। राम के विषय में उनका मत है कि वे न तो दशरथ के घर उतरे और न लंका के राजा रावण का नाश किया था। वे कृष्ण रूप में न तो देवकी की कोख से पैदा हुए और न उन्हें यशोदा ने गोद खेलाया। वे न तो ग्वालों के साथ घूमे और न गोवर्धन को उठाया। वामन होकर न तो बलि को छला और न कच्छप होकर वेदोद्धार के लिए धरती को अपने दाँतों से उठाया। वे शालिग्राम, वराह, मत्स्य, कच्छप वेषधारी विष्णु नहीं हैं। वे नरनारायण के रूप में बदरिकाश्रम में ध्यान लगाने भी नहीं बैठे और न परशुराम के रूप में उन्होंने क्षत्रियों का नाश किया, उन्होंने द्वारिका में शरीर भी नहीं छोड़ा और जगन्नाथ में पिंड भी नहीं गाड़ा। कबीरदास कहते हैं ये सब ऊपरी व्यवहार हैं। इनकी अपेक्षा उनका राम अधिक अगम, अपार होकर संसार में व्याप्त हो रहा है। उपर्युक्त विचारों को व्यक्त करने वाला कबीर का पद इस प्रकार है–

ता साहिब के लागी साथा। दुख सुख मेटि जो रह्यौ अनाथा।
ना दशरथ घरि औतरि आवा। नां लंका का राव सतावा।
देवै कुख न औतरि आवा। ना जसवै लै गोद खेलावा।
ना वो ग्वालन के संग फिरिया। गोबरधन ले ना कर धरिया।
बावन होय न बलि छलिया। धरती बेद लेन उधरिया।
गंडक सालिगराम न कोला। मच्छकच्छ होइ जलहिं न डोला।
बद्री बैठा ध्यान नहिं लावा। परसराम ह्वै खत्री न सतावा।

द्वारमती सरीर न छोड़ा। जगनाथ ले प्यंड न गाड़ा।
कहै कबीर विचार करि, ये ऊले व्यवहार।
याही थें जे अगम है, सो वरति रह्या संसार।

जिस तरह कबीर के लिए अवतार विश्वसनीय नहीं है उसी तरह बैकुंठ भी छलावा मात्र है। बैकुंठ जाने की बात तो सभी करते हैं लेकिन वह है कहाँ? इसका ज्ञान किसी को नहीं है। यदि बैकुंठ कहीं पर है तो वह साधुओं की संगति ही है। मूर्तिपूजा भी कबीर को निरर्थक लगती है। लाखों श्रद्धालु कुछ पाने की आशा से पाषाण की मूर्ति की पूजा करते हैं किन्तु यह मूर्ति जीवन भर उत्तर नहीं देती। अंधे हुए मनुष्य जीवन भर अपना महत्त्व क्षीण करते रहते हैं। इसी तरह शालिग्राम की सेवा करते हुए भ्रांति नहीं जाती। पूजने वाले को स्वप्न में भी शीतलता नहीं मिल पाती बल्कि दिन-ब-दिन त्रिताप की तेज अग्नि उन्हें जलाती है–

कबीर सेवै सालिगराम कूं, मन का भ्रांति न जाइ।
सीतलता सुपिनैं नहीं, दिन-दिन अधिकी लाइ।।

कबीरदास एक ओर गुरु को भगवान से अभिन्न मानते हैं दूसरी ओर ऐसे गुरुओं की घोर निन्दा करते हैं जो शिष्य की स्वानुभूति को तीव्र नहीं करते और जो जाति-पाँति के बन्धनों से मुक्त नहीं करते। कबीर का संकेत परम्परागत ब्राह्मण गुरुओं की ओर है जिन्हें वह भक्ति से हीन और अज्ञानी कहते हैं। जिसका गुरु दृष्टि विहीन है और चेला स्वयं जन्मांध है, उसी तरह ये दोनों नष्ट हो जाते हैं जैसे अंधे को अंधा ठेलकर कुएँ में गिरा देता है–

कबीर जाका गुर भी अंधला, चेला है जाचंध।
अंधे अंधा ठेलिया, दून्यूं कूप पड़ंत।।

धर्म साधना के क्षेत्र में कबीरदास किसी भी तरह के आडम्बर तथा बाह्याचार के चरम विरोधी थे। वे अपने मन को सम्बोधित करते हुए कहते हैं कि तूने जगत्पति राजा को नहीं भजा। त्रिगुणात्मक वेदों, पुराणों और स्मृतियों को पढ़ पढ़-कर तूने मर्म को नहीं पाया। सन्ध्या, गायत्री, षटकर्म भगवान् से दूर ले जाते हैं। वनखंड में जाकर तूने बहुत तप किया, और खोद-खोदकर बहुत कंदमूल फल खाया। ब्रह्मज्ञान और ध्यान में रहकर तूने यम के पट्टे लिखवाए। रोजा किया, नमाज गुजारी, बंग देकर लोगों को सुनाया, किन्तु हृदय में कपट होने के कारण साईं क्यों मिलने लगा–

मन रे सर्‌यो न एकौ काजा।
ताथैं भज्यौ न जगपति राजा।
वेद पुरांन सुमृत गुन पढ़ि-पढ़ि, पढ़ि-गुनि मरम न पावा।
बन खंडि जाइ बहुत तप कीन्हा, कंदमूल खनि खावा।
ब्रह्म गियांनी अधिक धियांनी, जम कै पटै लिखावा।
रोजा कीया निमाज गुजारा, बंग दे लोग सुनावा।
हिरदै कपट मिलै क्युं सांई, क्या हज काबै जावा।

आदर, मान, सम्मान, जप, तप, सभी माया के ही रूप हैं। तीर्थ-व्रत सभी धोखे हैं, जिस तरह शुक सेवंल की सेवा करते हुए अन्ततः निराश हो जाता है उसी तरह जप, तप और तीर्थों की सेवा करने वालों की दशा होती है। वास्तव में तीर्थ-व्रतादि सभी विषय की वल्लरियाँ हैं जिनसे समस्त जगत् आच्छादित है। कबीर ने तो इनका मूल ही नष्ट कर दिया है।

क्योंकि इनके हलाहल फल को खाने की उनकी इच्छा नहीं थी–

कबीर जप-तप दीसै थोथरा, तीरथ ब्रत बेसास।
सूवैं सैवल सैंविया, यूं जग चल्या निरास।
कबीर तीरथ ब्रत सब बेलड़ी, सब जग मेल्ह्या छाइ।
कबीर मूल निंकदिया, कौण हलाहल खाइ।

मथुरा, द्वारिका और काशी शरीर के अन्दर ही हैं इसलिए बाहर ईश्वर की खोज व्यर्थ है। माला, जप, मुंडन, छापा, तिलक भी व्यर्थ के आडम्बर हैं। जिस वैष्णव की कबीर भूरि-भूरि प्रशंसा करते हैं उसका भी आडम्बर उन्हें पसन्द नहीं आता–

कबीर बैश्नौ भया तो का भया, बूझ्या नहीं बमेक।
छापा तिलक बनाइ करि, दग्ध्या लोक अनेक।।

कबीर की दृष्टि में ब्राह्मण-शूद्र का भेद मानव निर्मित है। जब एक ही ज्योति से सभी उत्पन्न हैं तो कौन ब्राह्मण है और कौन शूद्र। हिन्दू और तुर्क का भेद भी निरर्थक है–

एक जोति थैं सब उतपना, कौन बाम्हन कौन सूदा।

धर्म के ठेकेदारों से कबीर ताली ठोककर भिड़ जाते हैं। उनकी महत्ता के सभी पक्षों को मिटा देने का बीडा उठाते हैं। वे वेद और कुरान को नकार देते हैं और पुस्तकीय ज्ञान की खिलाफत करते हैं। उनका विचार है कि पोथी पढ़-पढ़ कर सारा संसार मरता जा रहा है किन्तु कोई भी सही अर्थ में पंडित नहीं बन पाया है। काजी को भी किताब पढ़ते-पढ़ते कितने दिन व्यतीत हो गये किन्तु वह भी ईश्वर की गति नहीं जान सका। मुल्ला अल्लाह की पुकार करता है। उसे यह नहीं मालूम कि राम-रहीम जगत में भरित-पूरित है। अल्लाह बहरा तो है नहीं कि उसे बहुत जोर से पुकारा जाय। तुर्क के लिए मस्जिद और हिन्दू के लिए देवालय पवित्र स्थान हैं। इसमें क्रमशः अल्लाह, राम की ठकुराई है। काजी, मुल्ला, पीर, पैगम्बर और पश्चिम की नमाज मुसलमानों के धर्म के अंग हैं। हिन्दुओं में देवता, ब्राह्मण, एकादशी, गंगा-स्नान दीपार्चन और पूर्व दिशा की पवित्रता मान्य हैं। कबीर का सवाल है कि अन्य दिशाएँ, अन्य दिन तथा अन्य स्थान, क्या अल्लाह तथा राम से रहित हैं। वहाँ किसका स्वामित्व है इस सवाल का जवाब शायद दोनों में से किसी के पास नहीं है। कबीर का संदेश पंडितों और काजियों के जेहन में घुसे या नहीं। किन्तु कबीर स्वयं अपनी मान्यताओं पर आचरण करने से बिल्कुल नहीं हिचकते। वे न तो व्रत रखते हैं, न रमजान, न पूजा करते हैं और नमाज गुजारते हैं। न हज जाते हैं और न तीर्थाटन करते हैं। उनका मन एक निरंजन से लग गया है इसीलिए तो उपर्युक्त भ्रम भाग गये हैं–

राखु बरत न माह रमजांन।
तिसही सुमिरौं जो रहै निदांन।
पूजा करौं न निमांज गुजारौं।
एक निरकार हिरदै नमसकारौं।
नाँ हज जाउं न तीरथ पूजा।
एक पिछाण्याँ तौ क्या दूजा।।

योगी, यती, तपी, संन्यासी, लुंचित, मुंडित, मौनी, जटाधर सभी मृत्यु के मुख में समा जायेंगे। इनके द्वारा ग्रहीत एवं प्रवर्तित रास्ते मुक्तिदायक नहीं हैं।

कबीर आध्यात्मिक पथ पर अग्रसर होते हुए, सभी सांसारिक वैभव, धन-सम्पत्ति, कामिनी, कंचन, कुटुम्ब आदि को अस्वीकार करते जाते हैं। उन्हें संसार की नश्वरता का पूर्णरूपेण बोध हो गया था। उनका कहना था कि मिट्टी को सकेल कर इस शरीर की जो पुड़िया बँधी हुई है, यह चार दिनों का प्रेक्षण मात्र है, अंततः यह खेह में ही मिल जायेगी–

कबीर धूलि सकेलि करि, पुड़ी ज बंधी एह।
दिवस चारि क पेखणाँ, अंति खेह की खेह।।

कुटुम्ब, परिवार तथा अन्य सम्बन्धी स्वार्थ से बँधे हुए हैं। इसलिए कुल खोने से ही राम मिल पाता है और कुल की रक्षा करने से सब कुछ नष्ट हो जाता है–

कबीर कुल खोया कुल ऊबरै, कुल राख्याँ कुल जाइ।
रामनि कुल कुल भेटि लै, सब कुल रह्या समाइ।।

इन्द्रिय-स्वाद के चक्कर में भक्ति बिगड़ जाती है। नारी तो नर्क का कुंड है विरले ही उससे बच पाते हैं। नारी जिस नर के पास होती है उसके तीनों सुख (भक्तिसुख, मुक्तिसुख तथा ज्ञान सुख) नष्ट हो जाते हैं। जो कपड़ा मैल से खराब हो गया है वह रंगे जाने पर भी अच्छा नहीं होता। कबीर ने सब कुछ जान करके कनक और कामिनी दोनों को त्याग दिया–

पासि बिनंठा कपड़ा कदे, सुरंग न होइ।
कबीर त्याग्या ग्याँन करि, कनक कौंमनी दोइ।।

कबीर में त्याग की पराकाष्ठा मिलती है। कोपीन सौ ग्रंथियों की है किन्तु साधु इसकी शंका नहीं मानता, वह राम की अमल में मस्त रहता है और अपने समक्ष इंद्र को रंक गिनता है–

कबीर सत गाँठी कोपीन है, साध न मानै संक।
राम अमलि माता रहै, गिणै इंद्र को रंक।।

कबीर विरोध नहीं करते, किसी को मात्र नीचा दिखाने के लिए उसकी पोल नहीं खोलते, बल्कि जिस मार्ग को वे ठीक समझते हैं उस पर स्वयं चलकर दिखाते हैं।

१२. कबीर की कविता और दर्शन का अन्तः सम्बन्ध

कबीर ऐसे भक्त हैं जिनका कवि व्यक्तित्व अत्यन्त विवादास्पद रहा है। आलोचकों का आरोप है कि इनकी वाणी का बहुलांश दार्शनिक विचारों का पद्यात्मक रूपान्तर है। इनका व्यक्तित्व मूलतः एक दार्शनिक या धर्मोपदेशक का है। अतः इन्हें कवि नहीं कहना चाहिए। कबीर ने एक स्थल पर अपने को कवि मानने से इन्कार भी किया है–

तुम जिनि जानौ गीत है, यहु निज ब्रह्म विचार।
केवल कहि समझाइया, आतम साधन सार रे।।

लगता है कबीर, कवि को लौकिक भावों तथा सामान्य सांसारिक सम्बन्धों तथा संघर्षों को व्यक्त करने वाला प्राणी मानते हैं। उन्हें इस बात का भी पूरा-पूरा ज्ञान था कि कविता में व्यक्त सत्य कवि का कल्पित सत्य होता है, यथावत अनुभूत सत्य नहीं है। इसीलिए उसकी प्रामाणिकता तथा तथ्यात्मकता संदिग्ध होती है। इस तरह की लौकिक कविता का प्रयोजन क्षणिक मनोरंजन मात्र होता है, उससे स्थायी आनन्द की उपलब्धि संभव नहीं हो सकती। कबीर इन्हीं कारणों से अपने विचारों को गीत से ऊपर की चीज समझते हैं

और श्रोताओं तथा पाठकों को भी ऐसा ही समझने का आग्रह करते हैं।

कबीर के उक्त कथन से उनका कवि व्यक्तित्व तो विवादास्पद हो ही जाता है साथ में कुछ सवाल भी उठ खड़े होते हैं जिनके विषय में विचार करना अनिवार्य हो जाता है। पहला प्रश्न है कि ब्रह्म विचार करने वाले व्यक्ति को क्या माना जाय, बिना बहुत सोचे-समझे कह सकते हैं कि वह दार्शनिक है। कबीर के ब्रह्म विचार में एक दार्शनिक जैसी कार्य-कारण की अनिवार्य शृंखला, विशुद्ध बौद्धिक विवेचन, विश्लेषण, शुष्क तर्क-वितर्क तो है नहीं। इस बात को यों कहें तो कोई दोष नहीं है कि कबीर शंकराचार्य, रामानुजाचार्य, मध्वाचार्य या वल्लभाचार्य जैसे दार्शनिक या ब्रह्म विचारक नहीं हैं। बौद्धिक विवेचना तथा विशुद्ध ज्ञानपरकता से अलग, कबीर में जो प्रेमानुभूति या रसानुभूति है वह उन्हें विशुद्ध दार्शनिकों से अलग करती है। उनकी ब्रह्मानुभूति का प्रसार लोकानुभूति में होता है। आत्मा-परमात्मा तथा विश्व की तात्त्विक एकता में वे सामाजिक एकता तथा समता का दर्शन करते हैं। इसीलिए उनका ब्रह्म-दर्शन जीवन-दर्शन में परिणत हो जाता है। तत्त्व-दर्शन की चेष्टा में उनकी दृष्टि से जीवन और समाज ओझल नहीं होता। इसीलिए कबीर एक दार्शनिक की अपेक्षा धर्म सुधारक और समाज सुधारक की मुद्रा अधिक ग्रहण करते दिखाई देते हैं। वास्तव में भारतीय दर्शन का मुख्य प्रयोजन मोक्ष है। किन्तु इसमें यथार्थ जीवन की पूर्ण अवहेलना नहीं की गयी है। सांसारिक गृहस्थ जीवन को सुखी बनाने के लिए भी दर्शन ग्रंथों में उपाय बताये गये हैं। अतः दर्शन के क्षेत्र में पारमार्थिक मोक्ष तथा सांसारिक सुख दोनों की चिन्तना मिलती है। दर्शन की इस व्यापक परिधि में कबीर आ ही जाते हैं। अतः कबीर को इस परिधि से बाहर खींचने का यत्न करने से पूर्व, एक विचारणीय प्रश्न उठ खड़ा होता है कि क्या दर्शन और कविता में परस्पर विरोध है। इस प्रश्न का उत्तर डॉ० देवराज के अधोलिखित विचारों में आसानी से ढूँढा जा सकता है। 'दर्शन जीवन की अनगिनत संभावनाओं तथा दृष्टियों की उद्भावना करता है और जीवन और जगत् के असंख्य सम्बन्धों की ओर हमारा ध्यान आकृष्ट करता है। जीवन की आवेगात्मक सम्भावनाओं का जैसा अनुभव दर्शन में मिलता है वैसा उक्त विज्ञानों में नहीं, इस दृष्टि से देखने पर दर्शन कला के उच्चतम रूपों का समकक्ष जान पड़ता है।

बौद्धिक अन्वेषण के क्षेत्र में दर्शन का वही स्थान है जो कलाओं में कविता का। उन लोगों को जिनकी प्रकृति प्रधानतया बौद्धिक है, दर्शन से वैसे ही आनन्द मिलता है जैसे कि आवेगात्मक प्रकृति के लोगों को कविता में।' किन्तु दोनों में मुख्य अन्तर यह है कि एक की प्रक्रिया बौद्धिक है और दूसरे की आवेगात्मक। कबीर की प्रक्रिया निश्चित रूप से आवेगात्मक है। वे ईश्वर या आराध्य के साक्षात्कार में बौद्धिक व्यापार को अत्यल्प महत्त्व देते हैं। उनका ज्ञान बौद्धिक चिन्तन-मनन का परिणाम नहीं है बल्कि गहन श्रद्धा और समर्पण के फलस्वरूप गुरु द्वारा प्रदत्त ज्ञान विरह की वह ज्वाला है जो बुद्धि में नहीं हृदय में धधकती है। देवराज जी का एक दूसरा कथन है जिसमें उन्होंने यह तो नहीं कहा कि दर्शन और कविता अभिन्न हैं किन्तु दर्शन का जो लक्षण बताया है वह मुख्यतः श्रेष्ठ कविता का ही लक्षण प्रतीत होता है–''दर्शन उस आन्तरिक बेचैनी की अभिव्यक्ति है जो एक उच्चकोटि के मस्तिष्क और सशक्त कल्पना में निहित रहती है। उन आत्माओं में जो अपने को विश्व की समग्रता से सम्बन्धित करना चाहती हैं। इस प्रकार की आत्माएँ साधारण सफलताओं तथा उपलब्धियों से सन्तुष्ट नहीं होतीं। वे अपने सामने ऊँचे लक्ष्यों को रखती हैं, और यह जानने की भी कोशिश करती हैं कि उन लक्ष्यों तक किस तरह पहुँचा जा सकता है। वे दर्शन की ओर आकृष्ट

होती हैं, क्योंकि दर्शन का प्रमुख कार्य जीवन की उच्चतम संभावनाओं का निरूपण करना है, उन संभावनाओं का जिन्हें यथार्थ बनाना संभव है।'' कबीर की वाणी में भी ईश्वर के प्रति रागात्मक सम्बन्धों तथा मिलन की आन्तरिक बेचैनी की ही अभिव्यक्ति होती है। उनमें सशक्त कल्पना भी है। वे जीवन की साधारण उपलब्धियों को तिरस्कृत करके उच्चतम संभावनाओं को ग्रहण करना चाहते हैं। वे विश्वात्मा में स्वात्म को विलीन करने के लिए निरन्तर बेचैन दिखाई देते हैं। कबीर अपनी अनुभूति को व्यावहारिक धरातल पर व्यंजित करते हैं। एक श्रेष्ठ कविता में भी वैयक्तिकता का प्रसार, अनुभूति की व्यग्रता तथा सशक्त कल्पना का रूपांकन एवं उच्चतर जीवन मूल्यों की तलाश होती है। बुद्धि के केन्द्र से खींचा गया चिन्तन वृत्त हृदय के केन्द्र से खींचे गये भाववृत्त को स्पर्श ही नहीं करता बल्कि एक दूसरे में प्रविष्ट भी हो जाता है। आचार्य रामचन्द्र शुक्ल काव्य साधना की चर्चा करते हुए कहते हैं कि ''आत्मा और हृदय की इसी मुक्ति की साधना के लिए मनुष्य की वाणी जो शब्द विधान करती आयी है उसे कविता कहते हैं।'' जगत् के साथ व्यक्तिगत सुख-दुख या योग-क्षेम के आधार पर पृथक् सत्ता का अनुभव क्या मात्र हृदय के ही बंधन का कारण है या 'सम्पूर्ण आत्म' के बंधन का कारण है। जगत् के नाना कार्य-व्यापारों के साथ मनुष्य की सम्बद्धता को आत्मा तथा हृदय की सम्बद्धता के आधार पर बँटवारा बहुत समीचीन नहीं लगता। आत्मा की मुक्ति की अवस्था में हृदय बन्धनयुक्त नहीं रह सकता और हृदय की मुक्तावस्था में आत्मा बँधी नहीं रहेगी। यदि यहाँ आत्मा का अर्थ विशुद्ध आत्मा (व्यक्ति या जीवात्मा) से अलग है तो मुक्ति एवं बंधन का कोई अर्थ ही नहीं है। एक समर्थ आलोचक की परिभाषा के ऊहा-पोह में न पड़कर इतना ही कहना अपेक्षित है कि शुक्ल जी भी भावयोग को कर्मयोग तथा ज्ञानयोग के समकक्ष प्रतिष्ठित करते हैं। उन्हें भी कविता को परिभाषित करने के लिए दर्शन के इर्द-गिर्द चक्कर लगाना पड़ा है। कबीर ने सही अर्थ में शब्द की साधना की है। उनकी वाणी का एक प्रमुख भाग 'सबद' के नाम से विख्यात है। इनका भावयोग ऐसा है जिसमें ज्ञान तथा कर्म दोनों का समाहार है। बहुत से दार्शनिकों ने ज्ञान तथा प्रेम को एकान्वित करके ही देखा है। इसीलिए कबीर का भावयोग अन्य योगों के समकक्ष न होकर उनसे श्रेष्ठ है। अतः हम कह सकते हैं कि कबीर आत्मा और हृदय दोनों की मुक्ति के लिए शब्द साधना (सबद साधना) में लीन होते हैं, इसलिए वे दार्शनिक और कवि दोनों ही प्रतीत होते हैं अर्थात् उन्हें रहस्यवादी कवि कहा जा सकता है। भक्त कवि कहना भी असमीचीन नहीं होगा। वे नाना रूपात्मक जगत् में एक ही शुद्ध अनुभूति के मर्म को समझते हैं। आत्मा-परमात्मा के सम्बन्धों की परिकल्पना में श्रृंगार, वात्सल्य आदि भावों की उनमें जो मार्मिक अभिव्यक्ति मिलती है वह उनकी रसात्मक अनुभूति को ही व्यंजित करती है। कबीर की रचना का एक अच्छा-खासा अंश उपदेशात्मक तथा सामाजिक यथार्थ से जुड़ा हुआ है। यह अंश निश्चित रूप से नीरस तथा रुक्ष कहा जा सकता है। कबीर को कवि सिद्ध करने के लिए ऐसे अंशों के संदर्भ में रसवाद का पक्ष लेकर वकालत करने की जरूरत नहीं है। साहित्य और कला के बदले हुए प्रतिमानों के परिप्रेक्ष्य में कबीर यथार्थपरक रचनाओं के बल पर अपेक्षाकृत बड़े कवि सिद्ध होते हैं। आज का रचनाकार एक तरफ सामाजिक-आर्थिक दबाव से उत्पन्न व्यक्ति के तनाव, पीड़ा, बेचैनी, संत्रास, खीझ, आक्रोश को स्वर देना चाहता है तो दूसरी ओर शोषित, पीड़ित मानव का पक्षधर बनकर शोषण तंत्र तथा उस तरह की सामाजिक व्यवस्था को छिन्न-भिन्न करने के लिए कटिबद्ध है। छायावादोत्तर हिन्दी कविता में रसदशा या भावयोग की विडम्बना द्रष्टव्य है। कविता रसानुभूति के बदले सह-अनुभूति पर केन्द्रित हो गयी है। उसमें हृदय तत्त्व

की अपेक्षा बुद्धि तत्त्व प्रबल हो उठा है। आज के संदर्भ में कवि अपने जिस उत्तरदायित्व का निर्वाह भिन्न प्रकार के भाव और शिल्प के आधार पर कर रहा है उसी तरह के दायित्व का निर्वाह कबीर ने अपने युग के संदर्भ में किया है। उन्होंने परिवर्तित सांस्कृतिक परिप्रेक्ष्य में धार्मिक शोषण तथा मानवीय विषमता के विरुद्ध संघर्ष किया। उनकी वाणी में जो तीखा और तल्ख व्यंग्य है उससे भी भावोन्मेष होता है, लेकिन यह भावोन्मेष माधुर्य वर्ग का नहीं है बल्कि ओज वर्ग का है। इससे व्यवस्था के प्रति आक्रोश वितृष्णा और तिलमिलाहट होती है। बर्फ से ढके हुए पर्वत, कल-कल छल-छल करती हुई नदी का जल, प्रकृति में खिलने वाले फूलों की गंध, उनके वैरागी मन को आकर्षित नहीं कर पाती किन्तु दीन-दुखियों तथा सताये हुए लोगों की पीड़ा का आर्तनाद उन्हें अवश्य अभिभूत कर देता है। उसके अहसास से उचित अनुचित की मर्यादा तोड़कर वे विफर पड़ते हैं अपने शरीर और प्राणहानि की चिन्ता किये बिना। एक ओर कबीर भक्त के रूप में भावयोग की साधना करते हुए अगाध श्रद्धा, प्रेम, स्नेह, विनय, समर्पण, अहिंसा आदि भावों तथा आदर्शों को व्यक्त करते हैं तो दूसरी ओर जन सामान्य को धार्मिक शोषण से मुक्त करने के लिए सतत् संघर्ष करते हैं। इसीलिए वे संसार के सुख-दुख, आनन्द-क्लेश को शुद्ध स्वार्थमुक्त रूप में अनुभव करते हैं। अतः यह निर्विवाद रूप से सिद्ध होता है कबीर कवि है, मात्र कवि नहीं बल्कि भक्त कवि। भक्त होने के नाते उनमें दर्शन, ज्ञान, कर्म, धर्मोपदेश का होना स्वाभाविक है।

कबीर ने दर्शन को जनकाव्य में ढालने का अद्‌भुत प्रयास किया। भक्ति के मार्ग से गुजरते हुए उन्होंने जो कुछ अनुभव किया, उसे स्वर प्रदान किया। उन्होंने पूर्व निर्मित किसी प्रशस्त मार्ग का अनुसरण तो किया नहीं, जिस पर चलते हुए वे तन्मयभाव से लक्ष्य तक पहुँच जाते। वे मार्ग के निर्माता और अनुसरणकर्त्ता दोनों हैं। नये साधना मार्ग के निर्माण में उन्हें अनेक सामाजिक और धार्मिक अवरोधों और विरोधों का सामना करना पड़ा। इसीलिए उनमें अनुभवों का वैविध्य दिखाई देता है। यह विविधता एक साधक के आस-पास की ही विविधता है उससे बहुत दूर की नहीं। मध्यकालीन भक्तों में परम तत्त्व तथा जागतिक तत्त्वों के स्वरूप का सूक्ष्म विवेचन तथा विश्लेषण का निरपेक्ष प्रयत्न नहीं मिलता बल्कि उनमें आत्मा और परमात्मा के रागात्मक सम्बन्धों का ही अंकन विशेष रूप से हुआ है। जायसी, तुलसी तथा सूरदास चूँकि अपनी भक्ति-भावना की अभिव्यक्ति के लिए कथा का आधार ग्रहण कर लेते हैं इसलिए उन्हें अपने विचार और भाव को लोकभावना में विलीन करने का पूरा अवसर मिल जाता है। इसीलिए उनकी रचनाओं में विविध मानवीय सम्बन्धों की रागात्मक स्थितियों का उद्‌घाटन बहुत स्वाभाविक प्रतीत होता है। सन्तों ने अपनी अनुभूति को किसी पौराणिक, ऐतिहासिक या काल्पनिक पात्र में अध्यान्तरित करके प्रस्तुत नहीं किया, बल्कि सम्बन्धों को प्रतीकात्मक रूप में ही स्वीकार किया। अनुभव की विभिन्न स्थितियाँ एक-एक छन्द में लगभग पूर्णता में अभिव्यक्त हैं। इसीलिए प्रस्तुत अर्थ में अप्रस्तुत का अभिप्राय प्रच्छन्न नहीं रह पाता है। कुछ अंगों तथा पदों को छोड़कर अधिकांश में कबीर के विचार कविता के बाहर ही झलकने लगते हैं। जहाँ विशुद्ध पारिभाषिक प्रतीकों का विधान होता है वहाँ भी कबीर अपने श्रोताओं या पाठकों को एक इच्छित दिशा में चामत्कारिक ढंग से मोड़ना चाहते हैं। इस संकेत में तुरन्त ही जाहिर हो जाता है कि इसका अर्थ योग-साधना-पद्धति में निहित है। कबीर के पूरे साहित्य में एक विशिष्ट ढंग की वैचारिक गंभीरता दृष्टिगोचर होती है। इसीलिए विशुद्ध भाववादियों तथा रसवादियों को कबीर की वाणी में रुक्षता दिखाई देती है। कबीर ने दर्शन के सैद्धान्तिक पक्ष की अपेक्षा उसके व्यावहारिक पक्ष

पर अपना ध्यान अधिक केन्द्रित किया है। दर्शन की ऐसी निष्पत्तियाँ जो विशेषकर जन साधारण तक पारस्परिक संसर्ग से पहुँचती हैं। दर्शन का कुछ अंश लोक में पहुँचकर आचरण में ढलता है तथा धर्म का स्वरूप ग्रहण कर लेता है। चिन्तन के लिए सात्विक आचरण से मात्र मानसिक वातावरण की निर्मिति होती है किन्तु भाव साधना के लिए आचरण की सात्विकता अनिवार्य होती है। भारतीय अद्वैत दर्शन तथा योग दर्शन को भावसाधना से जोड़कर कबीर उन्हें लोकधर्म बनाना चाहते थे, इसीलिए वे विशुद्ध अनुभव के धरातल पर नितान्त अकेले होते हुए भी अभिव्यक्ति के धरातल पर लोकोन्मुखी हो जाते हैं। परमात्म अनुभूति को अनिर्वचनीय मानते हुए भी उसे वचनीय बनाने की कोशिश करते हैं। अपनी इस कोशिश में वे कहाँ तक सफल होते हैं यह अलग बात है, किन्तु एक रचनाकार की व्यग्रता तो उनमें है ही। अनुभूति को व्यक्त करने, सृजित करने तथा सम्प्रेष्य बनाने की यह व्यग्रता उन्हें कवि बना देती है। सम्प्रेषण की इस आन्तरिक बेचैनी के पीछे वे ईश्वरीय प्रेरणा ही मानते हैं। इसका तात्पर्य यह है कि कबीर यह महसूस करते थे कि उनके अन्दर ऐसी प्रतिभा है जो ईश्वर प्रदत्त है और जिसके द्वारा सूक्ष्म अनुभव को सृजित करके सम्प्रेषित किया जा सकता है।

दर्शन और कविता दोनों के प्रेरक तत्त्व काफी समान हैं। प्रकृति का अद्‌भुत सौन्दर्य, परिवर्तनशीलता तथा अनेक रोचक एवं उत्तेजक घटनाक्रम मनुष्य को उसके अन्दर निहित कारणों की खोज के लिए प्रेरित करते हैं। वह उस पर मुग्ध और क्षुब्ध तो होता ही है अपने बुद्धि बल से उसके कार्य-कारण की संगति भी स्थापित करता है। यही नहीं अपने स्वयं के जीवन की नश्वरता से चिन्तित होकर वह कुछ रचना चाहता है, जिससे उसका जीवन सार्थक तो हो ही, शाश्वत भी हो जाय। आज की धारणा है कि ईश्वर मनुष्य के द्वारा निर्मित है या यों कहें कि ईश्वर की अवधारणा मनुष्य के सोच का ही परिणाम है। आत्मा, परमात्मा, माया जगत् आदि मनुष्य के चिन्तन के ही नहीं, सृजनात्मक प्रतिभा के भी द्योतक हैं। नश्वरता की पीड़ा से मुक्ति और अपने स्वयं के व्यक्तित्व को प्रतिष्ठित करने का प्रयत्न हर जागरूक मनुष्य का स्वभाव है। चाहे गौतम बुद्ध, महावीर, ईसा, मुहम्मद साहब जैसे श्रेष्ठ धर्म प्रवर्तक तथा सिद्धान्त प्रतिपादक हों और चाहे कबीर, जायसी, तुलसी आदि समन्वयकारी भक्त कवि हों। मानवीय करुणा का बोध कविता तथा दर्शन दोनों को जन्म देता है। उसी से बुद्ध और गाँधी बनते हैं और उसी से वाल्मीकि, कबीर और मुक्तिबोध बनते हैं। कबीर का गान आह से ही उपजा है। यह आह धर्म और जाति-पाँति के नाम पर सताये हुए लोगों की आह है। कबीर का पीड़ाबोध अधोलिखित साखी में व्यक्त हुआ है–

सुखिया सब संसार है, खाये और सोवे।
दुखिया दास कबीर है, जागे और रोवे।।

जन-पीड़ा से व्यथित कबीर ऐसे जीवन मूल्यों की तलाश का प्रयत्न करते हैं जिनके द्वारा आदमी-आदमी को विभाजित करने वाली दीवारों को ध्वस्त किया जा सके, धर्म, जाति, सम्प्रदाय के नाम पर टुकड़े-टुकड़े हुई मानवीय शक्ति को संयोजित किया जा सके। सत्य, अहिंसा, विनय, श्रद्धा, कृतज्ञता, समर्पण, प्रेम आदि उदात्त भावों और मूल्यों की आवश्यकता प्रत्येक देश और काल के समाज को है।

कबीर की कविता में उपदेश या भावोन्मेष

काव्यशास्त्रीय घेरे को तोड़कर कबीर महत्त्वपूर्ण भावों की प्रभावशाली अभिव्यंजना में सफलता प्राप्त करते हैं। इसीलिए यह कहना भी उचित नहीं है कि कबीर की कविता उपदेश

तो देती है किन्तु भावोन्मेष नहीं लाती। उनके उपदेशात्मक छन्दों में भी सात्त्विक क्रोध का उन्मेष होता है। उनका सम्पूर्ण रचना कर्म ही भाव से उत्प्रेरित है इसीलिए उनमें भाव की अभिव्यक्ति सहज रूप से होती है। कबीर की वाणी में मुख्यतः एक ही रस है वह है रामरस। इस रस की एक बूँद सांसारिक कामनाओं तथा इच्छाओं को शान्त करके तृप्ति प्रदान करती है–

कबीर हरि रस यूँ पीया, बाकी रही न थाकि।
पाका कलस कुम्हार का, बहुरि न चढ़ई चाकि।।

इसमें लौकिक दृष्टि से मुख्यतः तीन रसों की परिपुष्टि हुई है–

(१) शृंगार (संयोग, वियोग),

(२) वात्सल्य

(३) शान्त

१. कबीर ने आत्मा को प्रियतमा तथा परमात्मा को प्रियतम माना है। प्रतीक की परिकल्पना कर लेने के बाद वे आत्मा-परमात्मा के विषय में मान्य दार्शनिक अवधारणा को विस्मृत कर देते हैं। फिर तो लौकिक स्त्री-पुरुष का प्रेम-भाव ही अपने निश्छल आवेग में व्यक्त होता है। आत्मा परमात्मा की स्वकीया नायिका है, दोनों का सम्बन्ध आध्यात्मिक विवाह के बाद सम्पन्न हुआ है। प्रेमिका के यहाँ राजा राम भर्तार बनकर आये हैं जिससे सभी इन्द्रियाँ उल्लसित होकर सौभाग्यवती स्त्री की तरह मंगलगान गा रही हैं–

दुलहिन गावहु मंगलचार।
मेरे घर आये राजा राम भर्तार।।

इस वरयात्रा में पंचतत्त्व बराती बनकर आये हैं। शरीर रूपी कुण्ड के किनारे वेदी का निर्माण हुआ है। साक्षात् ब्रह्मा वेदों का उच्चारण करने के लिए आमंत्रित है। तैंतीस कोटि देवता इस विवाह को देखने के लिए आये हैं। यौवन से मस्त प्रेमिका (आत्मा) अविनाशी पुरुष से सात भाँवर के बाद ब्याह रचाकर तन और मन दोनों से प्रेमाभिभूत है। लौकिक और अलौकिक शृंगार की समन्वित व्यंजना कितनी जटिल होती है। कबीर के काव्य-कौशल का ही प्रतिफल है जिसके सहारे वे दोहरे भाव का निर्वाह एक साथ कर लेते हैं। दुल्हा दुर्लभ का ही तद्भव है। कन्या को योग्य वर मिल जाय तो यह उसका परम सौभाग्य है। यदि घर बैठे ही योग्य पुरुष प्राप्त हो जाय तो उसके भाग्य का कहना ही क्या है। सामान्य नारी यदि रानी की तरह रनवासी हो जाय तो उसके आनन्द का ठिकाना नहीं रहेगा। इसी भाव को कबीर आत्मा-परमात्मा के संदर्भ में व्यक्त करते हैं–

बहुत दिनन थैं मैं प्रीतम पाये।
भाग बड़े घरि बैठे आये।।

आत्मा-परमात्मा की तरह ही भारतीय मान्यता के अनुसार पति-पत्नी का सम्बन्ध भी जन्म-जन्मान्तर का है। इसी मान्यता के कारण ही सती प्रथा का प्रचलन हुआ था। जब प्रियतम से मिलन बहुत दिनों के बाद होगा तो प्रियतमा का सशंकित होना स्वाभाविक है। वह हर प्रकार से प्रिय को जाने से रोकना चाहेगी। वह प्रिय के चरणों से लगकर प्रेम और प्रीति में उलझाये रखने का प्रयत्न करती है। किसी रूपक या उपमान का सहारा लिए बिना कबीर ने विशुद्ध लौकिक भाव का चित्रण करते हुए सिर्फ हरि शब्द से आध्यात्मिक भाव की व्यंजना

की है। वैसे लोक में स्वामी, हरि, प्रभु आदि पति के पर्याय बन चुके हैं। ऐसे स्थलों में साधारणीकरण निर्बाध ढंग से होता है–

अब तोहिं जाँन न देहूँ रॉम पियारे। ज्यूं भावै त्यूं होहू हमारे।।
बहुत दिनन के बिछुरै हरि पाये। भाग बड़े घरि बैठे आये।।
चरननि लागि करौं बरिआइ। प्रेम प्रीति राखौं उरझाई।।
इत मनि मन्दिर रहौ नित चोखै। कहै परहु मति धोखै।।

मिलन की लौकिकता धीरे-धीरे अलौकिक होती जाती है और अनुभूति जटिल से जटिलतम एवं गहन से गहनतम। कबीर मिलन के परमानन्द को अनेक यौगिक प्रतीकों के द्वारा व्यक्त करना चाहते हैं, जो साधारण जनों के अनुभव से परे है। किन्तु बहुत से छन्दों में वे त्याग, समर्पण एवं प्रेम की एकान्तिकता तथा अनन्यता की सार्थक तथा सुलभ व्यंजना करते हैं। एक पतिव्रता नारी के लिए उसका पति ही सर्वस्व होता है। वह उस पर एकाधिकार चाहती है साथ में अपने को पूर्णतया समर्पित करते हुए मर्यादा के अनुपालन के प्रति जागरूक भी रहती है। यदि अनेक गुणों से युक्त पति है तो पत्नी का पर पुरुष के प्रति आकर्षित होना कितना लज्जास्पद तथा हास्यास्पद है। पति के अन्दर कुछ कमियाँ या अवगुण होने पर तो पत्नी का विकर्षण हो सकता है। इसी मनोवैज्ञानिक सत्य को कबीर अधोलिखित दोहे में प्रस्तुत करते हैं–

कबीर प्रीतड़ी तौ तुझ सौं, बहु गुणियाले कन्त।
जे हँसि बोलौं और सौं, नील रंगाऊँ दन्त।।
नैनाँ अंतरि आव तूं, ज्यूं हौं नैन झपेउं।
नाँ हौं देखौं और कूँ, नाँ तुझ देखन देउँ।।

कबीर यद्यपि स्वर्ग-नरक को सैद्धान्तिक रूप से मान्यता नहीं देते हैं किन्तु लोकभाव में परमात्म भाव को व्यक्त करते समय उनकी चर्चा भी कर देते हैं। उनकी धारणा है कि त्याग एवं समर्पण, सुख के लिए नहीं किया जाता है। प्रिय का वरण करने वाली नारी यदि सुख-दुख दोनों स्थितियों में पति की सहयोगिनी बनी रहती है तभी उसका प्रेम सच्चा माना जायेगा। आत्मारूपी प्रिया का संकल्प है–

दोजग तौ हम अँगिया, यहु डर नाही मुझ।
भिस्त न मेरे चाहिए, बाझ पियारे तुझ।।

एक क्षण के लिए आत्मा-परमात्मा की बात छोड़ दी जाय और इस कथन का लौकिक और साधारण अर्थ लिया जाय तो क्या कोई बाधा पैदा होती है। एक पति-परायण नारी के मुख से यह बात सुनी जा सकती है कि हे प्रियतम, तुम्हारे साथ मैं नरक में रहना सुखद मानूँगी किन्तु तुम्हारे बिना मुझे स्वर्ग स्वीकार नहीं है। कबीर की वाणी में इस तरह के भावपरक स्थल निश्चित रूप से मार्मिक हैं। आत्मा-परमात्मा के मिलन, सम्पर्क, तल्लीनता आदि की अभिव्यक्ति अपनी चरम स्थिति में सामान्यतः दुर्बोध हो जाती है। कबीर जहाँ यौगिक प्रतीकों के माध्यम से अपनी चरम अनुभूति को व्यक्त करना चाहते हैं, वहाँ साधारणीकरण सहज संभव नहीं हो पाता। गहन अनुभव के संप्रेषण की समस्या भले ही हो किन्तु उसमें निहित भावात्मक आवेग एवं तज्जनित आनंदातिरेक की स्थिति को नकारा नहीं जा सकता है। परमात्मा के साक्षात्कार से उत्पन्न उल्लास एवं आह्लाद को संप्रेष्य बनाने की सार्थक कोशिश

द्रष्टव्य है–

मानसरोवर सुभर जल, हंसा केलि कराहिं।
मुकताहल मुकता चुगैं, इब उड़ि, अनत न जाहिं।।

मध्यकाल में ईश्वरीय आलम्बन तथा उद्दीपन के आधार पर भक्ति रस की प्रतिष्ठा की गयी। भक्ति को रस रूप में प्रतिष्ठित करने वाले मधुसूदन और रूपगोस्वामी हैं। 'हरिभक्ति रसामृतसिन्धु' में भक्तिरस के दो रूप माने गये हैं–(१) मुख्य भक्तिरस (२) गौण भक्ति रस। मुख्य भक्तिरस पाँच प्रकार के हैं–शान्त, प्रीति, प्रेय, वत्सल, मधुर तथा गौण भक्ति रस सात प्रकार के हैं–हास्य, अद्‌भुत, वीर, करुण, रौद्र, भयानक, वीभत्स।

भक्तिरस का स्थायीभाव भगवत्प्रेम है। ईश्वर या उसका कोई रूप आलम्बन है। पुराणादि का श्रवण उद्दीपन है। रोमांचादि अनुभव तथा हर्ष, दैन्य आदि संचारी भाव हैं। भानुदत्त ने भक्तिरस को अलौकिक रस माना है। भक्तिरस की अभिव्यक्ति के लिए अधिकांशतः लौकिक भावों का ही आश्रय ग्रहण किया गया है। इसमें रसानुभूति तथा आनन्दानुभूति दोनों एक साथ घटित होती हैं। रस को ब्रह्मानन्द सहोदर भी कहा गया है। इसीलिए ब्रह्म को भी रसरूप माना गया है–

'स एव रसानांरसतमः परमः पराध्योऽष्टमो यदुद्‌गीथः'

कबीर ने अपनी वाणी में मुख्यतः भगवत्प्रेम का वर्णन किया है। ईश्वर के विविध रूप आलम्बन हैं। गुरु का (ज्ञानोपदेश) 'सबद' बाण उद्दीपन है। इस सबद बाण के श्रवण के बाद केवल रोमांच नहीं होता बल्कि शरीर से दावाग्नि फूट पड़ती है। इन्द्रियों का सम्पूर्ण कार्य-व्यापार स्थगित हो जाता है। विषय-वासनाओं से मुक्त शिष्य के मन में अगाध कृतज्ञता और श्रद्धा जाग उठती है। कबीर ने कृतज्ञता और श्रद्धा भाव का जितना विशद, व्यापक और गहन चित्रण किया है उतना अन्य भक्त कवियों में दुर्लभ है। हर्ष और दैन्य का अंकन करते समय भी कबीर उनकी अतिशयता को निरूपित करके, सामान्य रूप से अनुभूत हर्ष और दैन्य से अलग भक्तिरस के अन्तर्गत, हर्ष और दैन्य की पराकाष्ठा को ही अंकित करते हैं।

आध्यात्मिक मिलन को व्यक्त करने वाले अनुभाव भी विशिष्ट होते हैं। इस प्रेम मिलन में प्रस्वेद की गन्ध नहीं है बल्कि कस्तूरी की गमक है। यह सुगन्ध वाणी को भी प्रभावित करती है–

प्यंजर (पंजरि) प्रेम प्रकासिया, अंतरि भया उजास।
मुखि कस्तूरी महमही, बाणी फूटी बास।।

हृदय में परम आह्लाद रूप कमल अथवा सहस्त्रार कमल की गन्ध से कबीर का मन लुब्ध हो गया है। कबीर इस तथ्य से अच्छी तरह से परिचित हैं कि इस चरम भाव का अनुभव सर्वसाधारण के लिए संभव नहीं है। यह भक्तिभाव भक्त में ही पूर्णरूपेण व्यक्त होता है–कमल और भ्रमर के सम्बन्ध से पाठक या श्रोता इसका अनुमान कर सकता है। जैसे एक कुमारी को रति सुख की पूर्ण अनुभूति किसी विवाहित के रतिसुख के वर्णन से नहीं हो पाती उसी तरह भक्ति रस की अनुभूति मात्र वर्णन से संभव नहीं। फिर भी उस चरम अनुभूति की संप्रेषणीयता का प्रयत्न किया जाता है। कबीर के अधोलिखित दोहे में यही संकेत है–

अंतरि कँवर प्रकासिया, ब्रह्म बास तहँ होइ।
मन भँवरा तहाँ लुबधिया, जाँणैगा जन कोइ।।

उपर्युक्त विवेचन से यह स्पष्ट होता है कि कबीर आत्मा-परमात्मा के मिलन को लौकिक शृंगार के आश्रय से व्यक्त करने का प्रयत्न करते हैं किन्तु उनका भाव उस प्रतीक में भी पूर्णतया समाहित नहीं हो पाता है। इसीलिए अन्य प्रतीकों को भी समेटना पड़ता है। अनेक प्रतीकों तथा माध्यमों के प्रयोग के बाद भी उनकी अनुभूति पूर्णतया संप्रेष्य नहीं हो पाती है। नई कविता में जिस सह-अनुभूति की बात उठाई गई है वह भक्ति रस की अनुभूति (रसानुभूति) के संदर्भ में भी लागू होती है। जब तक एक पाठक या श्रोता स्वयं साधना में प्रवृत्त नहीं होगा तब तक उसमें मात्र श्रवण से चरम अनुभूति की जागृति नहीं होगी। इसमें भी मानसिक धरातल की समरूपता की अपेक्षा है।

संयोग चित्रण (लयावस्था, सहज, समाधि, परमात्म-साक्षात्कार) की अपेक्षा कबीर का वियोग चित्रण अधिक ऋजु तथा प्रभावोत्पादक है। इसमें अधिकांशतः स्त्री-पुरुष के प्रतीकात्मक प्रेम का आद्यन्त निर्वाह मिलता है। योग की जटिल प्रक्रिया से भी विरह चित्रण को प्रायः मुक्त रखा गया है। कबीर की मान्यता है कि विरह की पीड़ा को या तो चोट करने वाला जानता है या जिसे चोट लगी है। विरह के राग के श्रोता भी दो ही होते हैं एक भगवान् दूसरा साधक। किन्तु कबीर ने विरह का ऐसा मार्मिक चित्रण किया है कि उसे तीसरा व्यक्ति अर्थात् श्रोता और पाठक भी अनुभव करता है। विरह की संवेदनीयता का आधार लौकिक है इसीलिए उसमें बोधगम्यता है।

कबीर की वियोग व्यथा का उद्रेक प्रियतम की स्मृति से होता है। वैसे तो अनन्त सुहागिनी आत्मा अपने परम प्रियतम को भूल ही गयी थी। सद्गुरु की कृपा से उसका परिचय प्रियतम से हो गया। प्रिय का परोक्ष ज्ञान होते ही प्रियतमा के मानस में विरह की आग प्रस्फुटित हो जाती है। वह सम्पूर्ण जीवन रोते हुए व्यतीत कर देती है। जब एक कुंजा पक्षी की विरह-वेदना से द्रवित होकर बादल बरसकर ताल-तलैया को भर देता है तो ईश्वर से वियुक्त भक्तजनों के विरह की पुकार का कितना व्यापक और विस्तृत प्रभाव होगा। उसके करुण क्रन्दन से राम रस की वर्षा होगी जिससे सारा संसार तृप्त हो जायेगा। कबीर ने इसी शाश्वत विरह की विविध सूक्ष्म स्थितियों का मर्मभेदी अंकन किया है। इसमें अनेक विरह दशाओं की भी अभिव्यंजना की गयी है। प्रियतम से मिलने की उत्कट अभिलाषा का ही परिणाम है कि आत्मारूपी विरहिणी रातो-दिन उसके आगमन की प्रतीक्षा करती रहती है। उसे न तो रात में सुख मिलता है और न दिन में, न धूप सुहाती है, न छाँह–

बासुरि सुख नाँ रैणि सुख, नाँ सुख सुपिनै माहिं।
कबीर बिछुट्या राम सूँ, ना सुख धूप न छाँह।।

उसे चिन्ता है तो सिर्फ हरि के नाम की–अपने प्रियतम की, संसार की कोई भी वस्तु उसे खींच नहीं पाती। वह प्रिय की स्मृति में ही खोई रहती है। उसकी हर साँस से और हर रोम से प्रिय का राग ही ध्वनित होता है–

सब रग तंत रबाब तन, विरह बजावै नित्त।
और न कोई सुणि सकै, कै साईं कै चित्त।।

वह प्रियतम के नाम का प्रलाप करती रहती है। आँखों से आँसुओं की अविरल झड़ी तथा मुँह से पिव-पिव की आवाज निरन्तर निकलती रहती है–

नैनाँ नीझर लाइया, रहट बसै निस जाम।
पपीहा ज्यूँ पिव पिव करौं, कबरू मिलहुगे राम।।

प्रलाप के कारण ही तो जीभ में छाले पड़ गये हैं। इसमें व्याधि की दशा की झलक है। कबीर ने विरह चित्रण में उन्माद तथा मरण दशा का भी संकेत किया है। पर्वत-पर्वत घूमकर प्रिय की खोज करना, रेशमी ओढ़नी को फाड़कर ध्वज बना लेना और कम्बल पहन लेना उन्माद के ही व्यंजक लक्षण हैं। राम सनेही या तो जीवित नहीं रहता और यदि जीवित रहता है तो वह पागल हो जाता है। विरह की आग से तन-मन दोनों जल गये। मृतक को पीड़ा का अहसास हो नहीं सकता। उसकी साक्षी आग ही शेष रह गयी है–

कबीर तन मन यौं जल्या, बिरह अगनि सूं लागि।
मृतक पीड़ न जाँणई, जाँणैगी यहु आगि।।

विरह की कसक, विरहिणी के विलाप, बेचैनी, जागरण, प्रतीक्षा, तड़प, दुर्बलता, संदेश प्रेषण, द्विविधा, आत्मग्लानि, ईर्ष्या, जलन आदि का मार्मिक चित्रण करके कबीर ने अपनी काव्य प्रतिभा का परिचय दिया है। विरह के चित्रण में विविध अनुभावों तथा संचारी भावों को भी समाविष्ट किया गया है। विरहिणी की आँखें प्रियतम के वियोग में रोते-रोते लाल हो गयी हैं। यह प्रेम का अनुभाव है, लोग इसे आँखों का आना समझते हैं। प्रियतम की याद में रोना भी विरहिणी को प्रिय हो गया है। क्योंकि उसका पूर्ण विश्वास है कि बिना रोए प्रिय से मिलन हो ही नहीं सकता–

बिना रोयाँ क्यूं पाइए, प्रेम पियारा मित्त।

विरहिणी की आँखों से रात-दिन आँसुओं की झड़ी लगी रहती है। ये आँसू कृत्रिम नहीं हैं बल्कि इनमें हृदय का शुद्धभाव घुलकर प्रकट हो रहा है। उसके शरीर में इस कदर बेचैनी व्याप्त है कि उसे न तो रात में सुख मिलता है और न दिन में। वह प्रियतम की प्रतीक्षा में दिन-रात दोनों बिता देती है। उसका हृदय तड़प कर रह जाता है–

कबीर देखत दिन गया, निस भी देखत जाइ।
बिरहिण पिव पावै नहीं, जियरा तलपै माइ।।

आठों पहर की जलन उससे सही नहीं जाती। उसमें इतनी दुर्बलता आ गयी है कि वह यदि प्रिय को पाने के लिए रास्ता देखने जाना चाहती है तो लड़खड़ा कर गिर पड़ती है। वह प्रियतम के पास सन्देश भेजना चाहती है। वह शरीर को जलाकर स्याही, नरकंकाल से लेखनी बनाकर, प्रिय का नाम लिखकर भेजने के लिए तत्पर है। यही नहीं वह अपने शरीर को जलाकर उसके धुएँ से प्रिय की दया की याचना के लिए, दग्धता का प्रमाण प्रेषित करने के लिए कृत संकल्प है–

यहु तन जालौं मसि करौं, ज्यूँ धूवाँ जाइ सरग्गि।
मति वै राम दया करैं, बरसि बुझावैं अग्गि।।

इस संदेश से व्यथा दूर होने वाली नहीं हैं। जब भगवान् स्वयं आकर उसे अपनायेंगे या वह हरि के पास पहुँचेगी तभी सुख मिलेगा।

कबीर के प्रेम-वर्णन पर फारसी काव्य का भी स्पष्ट प्रभाव दिखाई देता है। वे आँखों से लोही चूने, सिर कटाने आदि का भी जिक्र करते हैं। विरह के संदर्भ में वे प्रिय के मुख दर्शन के लिए, तन के दीपक में जीवात्मा की बत्ती द्वारा लोहू (खून) का तेल जलाकर प्रकाश व्यवस्था करना चाहते हैं–

इस तन का दीवा करौं, बाती मेल्हूँ जीव।
लोही सीचौं तेल ज्यूँ, कब मुख देखौं पीव।।

जिस विरह की अभिव्यक्ति के लिए दाऊद को मैना-माँजरि, कुतुबन को रूपमिनी, जायसी को नागमती और मंझन को मधुमालती की कल्पना करनी पड़ी, उसी को कबीर ने उपास्य की विरहिणी बनकर बड़े मार्मिक ढंग से व्यक्त किया।

कबीर जहाँ हरि के साथ जननी और बालक का सम्बन्ध जोड़ते हैं वहाँ वात्सल्य रस की व्यंजना होती है। बालक के कष्ट से माँ को कष्ट होता है। वह कितना भी अपराध करे किन्तु वह वात्सल्य के अतिरेक से उसे क्षमा कर ही देती है। इसी भाव को कबीर निम्न पंक्तियों में व्यक्त करते हैं–

हरि जननी मैं बालक तोरा। काहे न औगुण बकसहु मोरा।।
सुत अपराध करै दिन केते। जननी के चित रहे न तेते।।
x x x
कहै कबीर एक बुधि विचारी। बालक दुखी दुखी महतारी।।

कबीर के काव्य में परमात्मा और आत्मा को पिता-पुत्र माना गया है। परमात्मा पिता ने विषय-वासना रूपी मिठाई देकर पुत्र को अपने से अलग कर दिया है। पुत्र इसी मिठाई के स्वाद में रमकर अपने आपको ही भूल जाता है तो पिता का स्मरण उसे कैसे रहे। वास्तविकता का बोध होने पर पुत्र में पिता के वियोग की व्यथा जाग उठती है–

डारी खाँड पटकि करि, अंतरि रोस उपाइ।
रोवत रोवत मिलि गया, पिता पियारे जाइ।।

कबीर ने अपनी उलटवाँसियों में अलौकिक, अपूर्व दृश्यों का चित्रण किया है। इनमें 'अद्‌भुत' रस की व्यंजना होती है। उलटवाँसियों का विधान मुख्यतः यौगिक प्रतीकों के संदर्भ में हुआ है, कबीर को यह परम्परा सिद्धों-नाथों से मिली थी। उसे और भी अधिक विस्मयकारी बनाकर कबीर ने नाथों और पंडितों को अपने गूढ़ ज्ञान को समझने की चुनौती दी है। इस नये शास्त्र को बूझने के लिए तो उन्हें कबीर के पास जाना ही पड़ेगा। जिस बात को कबीर पहेली के रूप में ज्ञानियों के समक्ष रखना चाहते हैं उसके विषय में साधारणीकरण या सामान्य बोधपरकता का प्रश्न उठाना अनावश्यक ही है। इसे तो पंडितों के चिन्तन के लिए कबीर ने उछाल दिया है–

अगनि जु लागी नीर मैं, कन्दू जलिया झारि।
उत्तर दक्षिण के पंडिता, रहै विचारि विचारि।।
समंदर लागी आगि, नदियाँ जलि कोइला भईं।
देखि कबीरा जागि, मंछी रुषाँ चढ़ि गईं।।

पानी में या समुद्र में आग लगना, मछलियों का पेड़ पर चढ़ना प्रकृति विरुद्ध चित्र हैं। कहीं-कहीं कबीर ने पूरे के पूरे पद में उलटवाँसी का विधान कर दिया है। एक अद्‌भुत नगर का चित्रण कबीर इस प्रकार करते हैं–इस नगर में पुरुष अत्यंत चंचल हैं। नारियाँ चतुर और विलक्षण हैं। यहाँ पर बैल व्याता है और गाय बाँझ रहती हैं। तीनों संध्या में बछड़ों का दोहन होता है। इस नगर की व्यवस्था कबीर जैसे विरले भक्त योगी ही समझ सकते हैं–

कैसें नगरि करौं कुटवारी।
चंचल पुरिष विचषन नारी।।

बैल बियाई गाई भई बाँझ।
बछरा दुहै तीन्यूं साँझ।।

कबीर ने संसार की नश्वरता तथा अनित्यता का विशद वर्णन किया है। उनकी दृष्टि में संसार की सारी समृद्धि, वैभव और शारीरिक सौन्दर्य सभी निरर्थक हैं। कबीर के इन कथनों में शान्त रस की व्यंजना है। रे मानव, अपने ऊँचे-ऊँचे महलों को देखकर इन पर क्या अभिमान करता है। कल-परसों तक इन महलों को धराशायी ही होना है फिर इन पर घास उगेगी। चर्म से चिपटे हुए शरीर पर भी क्या गर्व है। यह संसार तो सेमर के फूल की तरह निष्फल है। वे अहंकारी मन को कुचल देने की सलाह देते हैं–

मैमंता मन मारि रे, नांन्हां करि करि पीसि।
तब सुख पावै सुन्दरी, ब्रह्म झलके सीसि।।

कबीर ने उपर्युक्त मुख्य भावों के अतिरिक्त श्रद्धा, विश्वास, सन्तोष, सहिष्णुता, अहिंसा, विनय, क्रोध, करुणा आदि अनेक भावों को व्यंजित किया है। अतः यह कहना कि कबीर वाणी में मात्र उपदेश है भावोन्मेष नहीं है असंगत है। उनके उपदेशात्मक कथनों में भी अधिकांशतः किसी न किसी भाव का उन्मेष होता है। उनके व्यंग्य में व्यग्रता, बेचैनी, आक्रोश, झुंझलाहट तथा तिलमिलाहट के भाव पैदा होते हैं। पं० हजारी प्रसाद द्विवेदी का निष्कर्ष है कि ''यद्यपि कबीर ने कहीं भी काव्य लिखने की प्रतिज्ञा नहीं की तथापि उनकी आध्यात्मिक रस की गगरी के छलके हुए रस से काव्य की कटोरी में भी कम रस इकट्ठा नहीं हुआ।'' द्विवेदी जी का उपर्युक्त कथन, कबीर की अटपटी बानी से कम अटपटा नहीं है। आध्यात्मिक रस तथा काव्य रस को यदि अलग-अलग माना जाय तो यही कहा जा सकता है कि काव्य की कटोरी में जो रस छलककर आया है वह गगरी से कटोरी में आने के कारण, असीमित से सीमित होने के कारण भिन्न हो गया तथा पात्र भेद से ही रस भेद पैदा हो गया। आलम्बन तथा उद्दीपन के बदलाव से लौकिक रस अलौकिक बन गया। वास्तव में रसानुभूति जनित आनन्द की कोई कोटि नहीं होती है। उसके स्थायित्व में ही भेद हो सकता है। कबीर का रामरस सामान्य काव्यरस से स्थायित्व में ही भिन्न है। आध्यात्मिक रस कबीर की कविता का मुख्य रस है। इसकी व्यंजना के लिए लौकिक उपादानों का आश्रय ग्रहण किया गया है। प्रायः उन्हीं स्थायी भावों को कबीर भी उद्‌बुद्ध करते हैं जिन्हें लौकिक कविता में किया जाता है। अध्यात्म की गगरी भी शब्दसाधना तथा भावसाधना से निष्पन्न रस से पूर्ण हुई है। उसमें का सम्पूर्ण रस काव्य रस है। कबीर की विशिष्ट शब्द साधना या भावसाधना, दूसरे शब्दों में काव्यसाधना का रस है। आचार्य विश्वनाथ की परिभाषा 'वाक्यं रसात्मकं काव्यं' के अनुसार कबीर को कवि माना जा सकता है। चूँकि उनके काव्य का रस भक्ति रस है इसलिए वे भक्त कवि हैं।

कबीर की कविता; काव्यशास्त्र की कसौटी पर– कबीर शास्त्र की चिन्ता करने वाले रचनाकार नहीं थे, इसलिए उनकी काव्यरचना को काव्यशास्त्र के प्रतिमानों पर मूल्यांकित करना उनकी भावना के विरुद्ध है। जिसमें सृजनात्मक प्रतिभा है वह शास्त्र विहित नियमों और उपनियमों के आधार पर तथा उससे पूर्णतया बँधकर रचना कर्म नहीं करता। क्रांतिकारी रचनाकार तो नियमों-उपनियमों को तोड़ने की कोशिश भी करते हैं। काव्यरचना और काव्यशास्त्र दोनों का अन्योन्याश्रित सम्बन्ध है। काव्यशास्त्र द्वारा निर्धारित प्रतिमानों से काव्यसृजन अनुशासित होता है। किन्तु काव्यसृजन जब काव्यशास्त्रीय मापदण्डों से अलग हो

जाता है तो नये मापदण्डों का निर्माण करना पड़ता है। सृजन की नवीनता शास्त्र की जड़ता को तोड़ती है। इसीलिए काव्यशास्त्रीय चिन्तन में निरन्तर बदलाव की अपेक्षा रहती है। कविता के स्वरूप और लक्ष्य के सम्बन्ध में भी देश-काल तथा व्यक्ति के अन्तर के साथ निष्कर्षों में भी अन्तर आ जाता है। फिर भी कबीर को शास्त्र की कसौटी पर कसकर देखा जाय कि उनमें कविता का कौन-सा रूप तथा प्रयोजन प्रतिफलित होता है।

आचार्य मम्मट के अनुसार काव्य की परिभाषा है 'तददोषौ शब्दार्थौ सगुणावनलंकृती पुनः क्वापि।'–दोष रहित, गुणयुक्त और कभी-कभी अलंकार से रहित शब्दार्थ काव्य है। पंडितराज जगन्नाथ का विचार है 'रमणीयार्थ प्रतिपादकः शब्दः काव्यम्।' रमणीय अर्थ का प्रतिपादन करने वाला शब्द काव्य है। आचार्य विश्वनाथ का मत है–'वाक्यं रसात्मकं काव्यं'–रसयुक्त वाक्य काव्य है।' तीनों परिभाषाओं में अलग-अलग एकांगिकता परिलक्षित होती है। यदि तीनों के भाव को मिलाकर कहा जाय तो काव्य की अपेक्षाकृत पूर्ण परिभाषा बन सकती है–'शब्द और अर्थ दोनों या किसी एक की रमणीयता से युक्त, यथासंभव दोषों से रहित, गुण सहित और अलंकृत या अनलंकृत रसात्मक वाक्य को काव्य कहते हैं।' इस परिभाषा में निहित विविध लक्षणों में से कुछ के अभाव में भी काव्य की सृष्टि संभव हो सकती है।

जिस तरह काव्य के लक्षणों के निर्धारण में भारतीय काव्यशास्त्रियों में मतैक्य नहीं है उसी तरह पाश्चात्य काव्यचिन्तकों में भी मतैक्य नहीं मिलता। कविता की अपेक्षाकृत अधिक व्यापक परिभाषा प्रस्तुत करने वाले कुछ चिन्तकों के विचार उद्धृत किये जा रहे हैं–कवि शैली का कथन है कि 'सर्वमुखी और सर्वोत्तम मनों के सर्वोत्तम और सर्वाधिक सुखपूर्ण क्षणों का लेखा कविता है।' डॉ० जॉनसन का विचार है कि 'कविता सत्य और आनन्द के अनुबन्धन की कला है जिसमें बुद्धि की सहायता (तर्क की पुष्टि) के लिए कल्पना का प्रयोग किया जाता है।'

छायावादी कवियों ने अपने काव्य की प्रतिष्ठा के लिए जिन परिभाषाओं का निर्धारण किया है वे कतिपय दृष्टियों से अधिक पूर्ण और व्यापक हैं–'काव्य आत्मा की संकल्पात्मक अनुभूति है जिसका सम्बन्ध विश्लेषण, विकल्प या विज्ञान से नहीं है। वह एक श्रेयमयी प्रेय रचनात्मक ज्ञानधारा है।'

भारतीय और पाश्चात्य काव्य-परिभाषाओं की कसौटी पर कबीर की कविता बहुत कुछ खरी उतरती है। कबीर की शब्द योजना मात्र रमणीक ही नहीं बल्कि सूक्ष्म अर्थ व्यंजकता के कारण मार्मिक एवं उत्तेजक भी है। कबीर को यदि भाषा का लोकशिल्पी कहा जाय तो अनुचित नहीं होगा। सामान्य बोलचाल की भाषा में बहुप्रयोग के कारण घिसा-पिटा शब्द जब कविता में प्रयुक्त होता है, तो उसमें काव्य-परिवेश के अनुसार नया अर्थ-चमत्कार पैदा हो जाता है। नेत्र, नाक, स्रवण के लिए नैनू, नकटू, स्रवनू आदि शब्द इसी तरह के हैं। कुछ शब्दों में थोड़े से परिवर्तन के कारण लोक की सरलता तथा सहजता का स्वाभाविक पुट आ गया है जैसे–लहुरिया, बहुरिया आदि।

कबीर अपनी अभिव्यक्ति को बोधगम्य बनाने के लिए यथास्थान अलंकारों का भी प्रयोग करते हैं। अनुप्रास, उपमा, रूपक, रूपकातिशयोक्ति, विरोधाभास आदि अलंकारों के स्वाभाविक विधान से कबीर-वाणी की शाब्दिक और आर्थिक रमणीयता संवर्धित होती है। एक ही साखी में अनुप्रास, रूपकातिशयोक्ति तथा रूपक का प्रयोग दर्शनीय है–

कबीर चित्त चमकिया, चहुँ दिसि लागी लाइ।
हरि सुमिरण हाथूँ घड़ा, बेगे लेहु बुझाइ।।

रूपकों में केवल शब्द कथन मात्र नहीं है वल्कि सारे दृश्य का चित्रात्मक प्रस्तुतीकरण है–

नैनन की करि कोठरी, पुतली पलंग बिछाय।
पलकों की चिक डारि के, पिय को लिया रिझाय।।

कबीर की रचनाओं में माधुर्य तथा प्रसाद गुणों की प्रधानता है। आत्मा-परमात्मा के मिलन तथा वियोग के प्रसंगों में 'माधुर्य' गुण का सहज सन्निवेश है। एक उदाहरण देखिये–

बहुत दिनन की जोवती, बांट तुम्हारी राम।
जिव तरसै तुझ मिलन कूँ, मनि नाहीं विश्राम।।
बिरहिन ऊठै भी पड़े, दरसन कारनि राम।
मूवाँ पीछै देहुगे, सो दरसन किहिं काम।।

कबीर की उपदेशात्मक तथा सुधारवादी उक्तियाँ प्रसादगुण युक्त हैं–

कबीर आपण राम कहि, औराँ राम कहाइ।
जिहि मुखि राम न ऊचरे, तिहि मुख फेरि कहाइ।

मम्मट की परिभाषा के अनुसार कबीर के काव्य में अलंकार तथा गुण दोनों मौजूद हैं किन्तु दोषहीनता की शर्त कबीर पूरी नहीं करते। कबीर जहाँ अपनी वाणी को जान-बूझकर अटपटी बना देते हैं वहाँ अप्रतीतत्त्व, संदिग्धत्व एवं अप्रयुक्तता के दोष आ जाते हैं। उनका यह अटपटापन उनके काव्य प्रयोजन का एक उल्लेखनीय पक्ष है। वे सामाजिक और धार्मिक ठेकेदारों को अपने ज्ञान की चुनौती देना चाहते हैं। समकालीन सिद्धों तथा योगियों को यह बता देना चाहते हैं कि योग की जटिलता और दुरूहता को जान लेने के बाद ही वे सहज मार्ग में प्रवृत्त हुए हैं। कबीर पंडितों द्वारा रचे गये शास्त्र की अवहेलना करके अपना स्वयं का शास्त्र रचना चाहते हैं। उनकी साधना पद्धति को समझने के लिए उनका शास्त्र भी समझना आवश्यक है। उनके द्वारा गृहीत प्रतीकों का तात्पर्य समझ लेने के बाद किसी तरह की दुरूहता शेष नहीं रहती। वैसे मम्मट द्वारा निर्धारित काव्य लक्षणों में अदोष की स्थिति सर्वमान्य नहीं है। काव्यशास्त्र के सिद्धान्तों के प्रति विशेष रूप से जागरूक कवियों में भी पूर्णतया दोषहीनता नहीं है। केशव और बिहारी जैसे सजग रचनाकारों में भी कतिपय काव्यदोषों का निर्देश किया जाता है। अतः इस आधार पर कबीर के कवित्व को नकारना न्यायसंगत नहीं है।

रस और भाव की दृष्टि से भी कबीर के काव्य में सम्पन्नता दिखाई देती है। भक्ति रस (श्रृंगार, वात्सल्य, शान्त) की सफल व्यंजना के साथ ही उसमें सात्विक क्रोध, विनय, त्याग, श्रद्धा, निष्ठा आदि भावों की अभिव्यक्ति हुई है। पीछे भावोन्मेष का विस्तार से विवेचन किया जा चुका है अतः यहाँ उसकी पुनरावृत्ति उचित नहीं है।

पाश्चात्य आलोचक डॉ० जान्सन तथा छायावादी महाकवि तथा काव्य चिन्तक जयशंकर प्रसाद की काव्य परिभाषाओं के आलोक में कबीर कवि ही नहीं श्रेष्ठ कवि सिद्ध होते हैं। उनकी सम्पूर्ण काव्य साधना सही अर्थ में सत्य तथा तत्त्व के अन्वेषण की कोशिश है। वे ऐसे सत्य (परम सत्य) को प्रतिष्ठित करना चाहते हैं जो परमानन्द स्वरूप है। जीवन की

नश्वरता तथा पीड़ा के बीच कबीर शाश्वत तत्त्व एवं आनन्द को पा लेने के लिए बेचैन थे। उनकी आनन्दानुभूति में ज्ञान (बुद्धि) का ही सहयोग है और उसे काव्य रूप (या कलारूप) में व्यक्त करने के लिए कल्पना के सहारे उन्होंने अनेक बिम्बों का सृजन किया है।

कबीर का काव्य आत्मा की संकल्पात्मक अनुभूति का ही परिणाम है। उसका स्तर ऐसा है कि जिसको बहुत तार्किक ढंग से कार्य-कारण के नियमों में बाँधकर देखना कठिन है। शायद इसीलिए उसमें तरह-तरह के विरोधाभास भी दिखाई देते हैं। वह मुख्यतः ब्रह्म विचार है जिसे ज्ञानधारा ही कहा जा सकता है। वह प्रेय और श्रेय दोनों है। लौकिक दृष्टि से वह प्रीतिकर तो है ही जीवन के उच्चतर एवं उदात्त मूल्यों से जोड़ने की प्रक्रिया एवं शाश्वत आत्मिक शान्ति, मुक्ति और सार्वभौमिक एकता के अहसास के कारण श्रेय भी है।

१३. कबीर की काव्यभाषा

कबीर का व्यक्तित्व जिस तरह विलक्षण है उसी तरह उनकी भाषा भी। कबीर पूरब के निवासी थे और अनपढ़ थे। इसलिए भाषा प्रयोग के संदर्भ में यह तर्क आसानी से दिया जा सकता है कि उन्होंने अपने क्षेत्र की बोली को ही अपनी काव्यभाषा का आधार बनाया है। अपनी माटी के प्रति अपनी गहरी संसक्ति रखने वाले तथा आभिजात्य के प्रति तीखी प्रतिक्रिया करने वाले कबीर लोकभाषा को ही स्वीकार करेंगे और लोकभाषा भी वही जो उनके क्षेत्र में बोली जाती रही हो, किन्तु कबीर की काव्यभाषा के मूल-आधार की खोज में ये तर्क सार्थक सिद्ध नहीं हो पाते हैं। कबीर की रचनाओं की पाठ-परंपरा के वैविध्य के कारण समस्या काफी जटिल हो जाती है। अनेक पाठ-परंपराओं के कारण कबीर की काव्यभाषा का रूप क्षेत्रीयता की सीमा से परे दृष्टिगोचर होता है। पाठ-भेद के कारण भाषा भेद का होना स्वाभाविक है।

विद्वानों ने अलग-अलग पाठों के आधार पर कबीर की भाषा के विषय में अलग-अलग निष्कर्ष निकाले हैं। रेंवरेंड अहमदशाह ने कबीर बीजक की भाषा के विषय में लिखा है 'वह बनारस, मिर्जापुर तथा गोरखपुर के आस-पास की बोली है।' विचार दास शास्त्री इसे 'ठेठ प्राचीन पूर्वी' कहते हैं। डॉ० रामकुमार वर्मा 'आदि ग्रंथ' में संग्रहीत कबीर की कृतियों को भी सम्मिलित करके निष्कर्ष देते हैं, 'कबीर के काव्य का व्याकरण पूर्वी हिन्दी का रूप लिए हुए है।' डॉ० बाबूराम सक्सेना कबीर को अवधी का प्रथम संत कवि मानते हैं। विद्वानों का एक दूसरा वर्ग है जिसने 'कबीर ग्रंथावली' की भाषा के आधार पर अपना मत सुनिश्चित किया। उनका कहना है कि कबीर की रचना में हमें मुख्यतः ब्रजभाषा मिलती है। लेकिन इसमें कोसली या पूर्वी हिन्दी का कुछ-कुछ मेल पाया जाता है।' (डॉ० सुनीति कुमार चटर्जी, भारत की भाषाएँ, पृ० ६) डॉ० उदय नारायण तिवारी ने इन विपरीत मतों के बीच तालमेल बैठाने के लिए एक नई कल्पना कर ली है। कबीर की मूल वाणी का बहुत कुछ अंश उनकी मातृभाषा बनारसी बोली में ही लिखा गया था, किन्तु उनके पदों का पछाँह की साहित्यिक भाषाओं में रूपांतर कर दिया गया।' कबीर ग्रंथावली के संपादक डॉ० श्यामसुन्दर दास जो अच्छे भाषा वैज्ञानिक भी थे का विचार काफी महत्त्व का है 'कबीर की भाषा का निर्णय करना टेढ़ी खीर है क्योंकि वह खिचडी है।... कबीर में केवल शब्द ही नहीं क्रिया पद, कारक चिह्नादि भी कई भाषाओं के मिलते हैं, क्रियापदों के रूप अधिकतर ब्रजभाषा और खड़ी बोली के हैं। कारक चिह्नों में कै, सन, सा आदि अवधी के हैं, को ब्रज का है और थैं

राजस्थानी का।' इस पंचमेल खिचड़ी का कारण यह है कि उन्होंने दूर-दूर के साधु संतों का सत्संग किया था जिससे स्वाभाविक ही उन पर भिन्न-भिन्न प्रांतों की बोलियों का प्रभाव पड़ा।' (कबीर ग्रंथावली–भूमिका, पृ० ४८) पंडित रामचन्द्र शुक्ल का अभिमत है कि 'इसकी (साखी की) भाषा सधुक्कड़ी अर्थात् राजस्थानी पंजाबी मिली खड़ी बोली है, पर रमैनी और सबद में गाने के पद हैं जिनमें काव्य की ब्रजभाषा और कहीं-कहीं पूरबी बोली का व्यवहार है। (हिन्दी साहित्य का इतिहास, पृ० ६९-७०) पं० हजारी प्रसाद द्विवेदी भी कबीर की भाषा में अनेक बोलियों का मिश्रण मानते हैं, 'संस्कृत के कूप जल को छुड़ाकर उन्होंने भाषा के 'बहते नीर' में सरस्वती को स्नान कराया। उनकी भाषा में बहुत सी बोलियों का मिश्रण है, क्योंकि भाषा उनका लक्ष्य नहीं था, और अनजान में वे भाषा की सृष्टि कर रहे थे।' (हिन्दी साहित्य की भूमिका, पृ० ६१)

इतना तो निश्चित है कि कबीर की भाषा में अनेक बोलियों तथा भाषाओं का मिश्रण है। किन्तु इस आधार पर उसे सधुक्कड़ी या खिचड़ी भाषा कहना काव्यभाषा के ऐतिहासिक विकास की वास्तविकता को नकारना है। हिन्दी प्रदेश की काव्यभाषा अत्यन्त प्राचीनकाल से ही किसी एक बोली का आधार ग्रहण करते हुए भी अनेक बोलियों के तत्त्वों को समाहित करके सामासिक स्वरूप को ग्रहण करती रही है। जनभाषा अपने साहित्यिक विस्तार में अन्य भाषा तत्त्वों को ग्रहण करके कभी-कभी अपने मूल रूप से काफी अलग-थलग हो जाती है। इसलिए उसके मूल रूप की पहचान कठिन हो जाती है।

हिन्दी प्रदेश की प्रमुख बोलियों का पारस्परिक सम्मिश्रण तो काव्यभाषा में होता ही रहा, सीमावर्ती बोलियों या भाषाओं का प्रभाव भी पड़ता रहा। कबीर भी उसी पुराने भाषिक आदर्श के अनुसार अपनी काव्यभाषा का निर्माण करते हैं। उन्होंने जिस तरह से भारतीय दर्शन, योग तथा लोक परम्पराओं को सयत्न अर्जित किया था ठीक उसी प्रकार से अपने युग की व्यापक काव्यभाषा के आदर्श को पहचाना था। हजारी प्रसाद द्विवेदी के शब्दों में वे अनजाने ही भाषा की सृष्टि कर रहे थे ऐसी बात नहीं है। वे जान-बूझकर ऐसी भाषा का निर्माण कर रहे थे जो जनसाधारण के लिए सुबोध हो तथा जिसका स्वरूप यथासंभव अखिल भारतीय हो। आज इस बात पर बराबर बल दिया जाता है कि राष्ट्रभाषा हिन्दी प्रान्तीय भाषाओं के सहयोग से अपने को समृद्ध करे, ताकि उसको अन्य भाषा-भाषी लोग अपेक्षाकृत सुविधा से सीख और समझ सकें। कबीर ने बहुत पहले हिन्दी के इसी रूप को विकसित करना चाहा था। अपने युग की सीमित सुविधाओं के सहारे अपनी क्षमता के अनुसार उन्होंने ऐसा किया भी। उन्होंने सर्वमान्य काव्यभाषा पश्चिमी भाषा (ब्रज तथा खड़ी बोली मिश्रित) को अभिव्यक्ति के लिए चुना। उसमें अपनी बोली को भी यथासंभव स्थान दिया। सदैव पश्चिम की ही भाषा काव्यभाषा बनती रही, किन्तु पूर्वी बोलियों का भी उसमें पर्याप्त योगदान होता रहा। संस्कृत, प्राकृत, अपभ्रंश तथा अवहट्ट में पूर्वी क्षेत्र के तत्कालीन बोलियों के योग को बहुत आसानी से आविष्कृत किया जा सकता है। खड़ीबोली अपनी प्रकृति में पंजाबी के बहुत से तत्वों को समेट लेती है और ब्रजभाषा अपनी सीमावर्ती राजस्थानी के तत्त्वों को समाहित करती है। इस संदर्भ में एक बात और भी उल्लेखनीय है कि कबीरदास अवहट्ट से निकलती हुई पुरानी हिन्दी को काव्यभाषा बनाते हैं। इस पुरानी हिन्दी या आरंभिक हिन्दी में एक ओर अवहट्ट की कुछ विशेषताएँ अवशिष्ट हैं तो दूसरी ओर हिन्दी बोलियों के विकसित रूप सम्मिलित हैं। चूँकि अवहट्ट भाषा का आधार पश्चिम की भाषा

है, इसलिए उसकी पूर्वी प्रदेश की यात्रा में पश्चिमी भाषा राजस्थानी, पंजाबी, आदि के कुछ भाषिक तत्त्व भी साथ लगे हुए हैं। कबीर की भाषा में पहली बार अवहट्ट से अलग हिन्दी भाषा की पूरी तरह पहचान होती है।

हिन्दी शब्द केवल अवधी या ब्रज या खड़ीबोली या भोजपुरी या मैथिली या राजस्थानी किसी एक का बोधक नहीं है, बल्कि सभी का सामूहिक नाम है। डॉ० रामस्वरूप चतुर्वेदी ठीक ही लिखते हैं 'पूरब में भोजपुरी से लेकर पश्चिम में राजस्थानी तक उनका भाषिक-संवेदनात्मक विस्तार है। यों शब्द के पूरे अर्थ में वे हिन्दी कवि हैं।'

कबीर ने बड़ी चतुराई से अपनी भाषा के विषय में एक दोहा कहा है जिसके आधार पर कबीर की भाषा के विषय में अलग-अलग निष्कर्ष निकाले गये हैं–

हमरी बोली पूरब की, हमें लखै नहिं कोय।
हमको तो सोई लखै, धुर पूरब का होय।।

इस साखी का एक दूसरा पाठ इस प्रकार है–

बोली हमरी पूरबी, ताहि न चीन्हें कोइ।
हमरी बोली सो लखै, जो पूरब का होइ।।

श्री परशुराम चतुर्वेदी ने प्रथम पाठ को उद्धृत करके पहले तो उसकी प्रामाणिकता पर सन्देह किया है फिर उसके आध्यात्मिक अर्थ का संकेत किया है। उनके अनुसार साखी का अर्थ है 'हमारा (कबीर का) कथन' मौलिक दशा से सम्बद्ध है हमें कोई समझ नहीं पाता। हमारी बातें वही समझेगा जिसे उनका अनुभव भी हो चुका हो।' डॉ० रामस्वरूप चतुर्वेदी ने अपने शोध प्रबंध में दूसरे वाले पाठ को उद्धृत करके बड़ा रोचक अर्थ निकाला जो कबीर की भाषा के सम्बन्ध में एक विचित्र स्थिति को उद्भासित करता है–'हमारी बोली पूर्वी (रंग लिए) है पर उसे कोई पहचान नहीं पाता, (क्योंकि काव्यभाषा मूलतः और स्पष्टतः ब्रजभाषा) है। हमारी अपनी बोली (के तत्त्व) वही परिलक्षित कर करता है जो पूरब का हो।' (मध्यकालीन काव्यभाषा, पृ० ७४) चतुर्वेदी जी को यदि यह कहना था कि कबीर की काव्यभाषा मूलतः ब्रजभाषा है तो वह अन्य तर्कों के आधार पर कह सकते थे, किन्तु इस साखी की खींचतान से कोई विश्वसनीय अर्थ नहीं निकलता। ब्रजभाषा जो पश्चिम की भाषा है में यदि पूर्वी रंग चढ़ाया जायेगा तो उसे क्या पश्चिम का आदमी नहीं पहचानेगा। ब्रजभाषा के समूचे भाषिक ढाँचे से परिचित आदमी तुरन्त समझ जायेगा कि कौन रूप पूरब का है और कौन पश्चिम का। मेरा अनुमान है कि कबीर की उपर्युक्त पंक्तियों का अर्थ बहुत सीधा है। कबीर कहते हैं कि 'मेरी बोली यद्यपि पूर्वी है किन्तु मैंने सर्वमान्य काव्यभाषा पश्चिमी हिन्दी में बड़ी कुशलता से रचना की है। उसमें पूर्वीपन इतना कम है कि कोई यह नहीं कह सकता कि किसी पूरबिया ने यह साखी या पद कहा है। जो पूरब के मेरे पड़ोसी हैं जिनसे बातचीत में मैं अपनी बोली का प्रयोग करता हूँ वही लोग जानते हैं कि मेरी असली बोली पूरबिया है।' मैंने पहले भी संकेत किया है कि कबीर ने व्यापक काव्यभाषा को सायास अर्जित किया था। उन्होंने अपनी प्रतिभा से उस काव्यभाषा को समृद्ध भी किया। भाषा प्रयोग का यही आदर्श भी है कि शब्दावली या व्याकरण के प्रयोग पर प्रयोगकर्त्ता की अपनी बोली का प्रभाव न पड़े। कबीर जैसे अपनी साधना के विषय में गर्वोक्ति करते हैं, उसी तरह से भाषा साधना के विषय में भी उपर्युक्त साखी को उनकी गर्वोक्ति ही समझनी चाहिए।

कबीर–ग्रंथावली का विश्लेषण करने पर कबीर की भाषा में ब्रज-खड़ी बोली तथा

अवधी के तत्त्वों का मिला-जुला रूप ही दृष्टिगत होता है। कबीर की रचनाओं में ओकारान्त या औकारान्त संज्ञा शब्द संख्या में बहुत अधिक नहीं हैं। थोड़े से शब्दों जैसे अंचंभौ, चांदिनौ, संदेसौ आदि के आधार पर इतना ही कहा जा सकता है कि कबीर की रुझान ब्रजभाषा-पुट देने में थी। संज्ञा शब्दों की रचना प्रकृति से खड़ी बोली की स्थिति भी काफी सबल दिखती है। कबीर ग्रंथावली में प्रयुक्त कुछ व्याकरणिक रूपों को प्रस्तुत किया जा रहा है–

सर्वनाम–मैं, हौं, मो, मोरै, मुझ, मोर, मोहिं, मेरा, मेरे, हम, हमहिं, हमारे

तूँ, तोर, तैरै, तेरा, तुमहिं, तोहि, तुम्ह, तुझ,

सो, सोइ, सोई, ता, उस, जिणि, जिनि,

ताहि, ते, जासू, ते, ताकौं, तिस, तसाँ, ताथैं, ताकूँ

काके, कासूँ, कौण, कौन, कवन, को, कौ, आपणै,

विशेषण–जस, तस, ज, जे,

संख्यावाचक विश्लेषण–पहलै, दूजा, तीन्यूं

स्थानवाचक (क्रिया विशेषण) अव्यय–जहाँ, तहाँ, तहिंया,

क्रिया–वर्तमान तिङ्न्तीय, तद्भव क्रिया–देखै, छांडै, करै, कहै, मरहिं, जाहीं, कथौ, डसिये, राखौं, चाखौं

वर्तमान कृदन्त–बोलत, पडंत, उबरंत

भूत कृदन्त–देख्या, पर्‌यो, आयौ, मूए, भया, कीन्हा, दीन्हा, मानियां, आये, आयौ, खोयौ

विध्यर्थ-आज्ञार्थ–पीजिए, अन्हवाइए, जोइए, लीजे, खोजि, जपहु, गाइले, पढ़ि।

संज्ञार्थक क्रिया–आवन, जाना, बोल्याँ, देबे, हंसणा।

पूर्वकालिक–चमकि, छाँड़ि।

संयुक्त क्रिया–करत हौ, कहता जात हूँ, निकसो भाजि।

परसर्ग तथा विभक्तिक अवशेष–कबीर ग्रंथावली में 'ने' परसर्ग का प्रयोग शायद ही कहीं हुआ हो।

कर्म–कौं, कूँ

करण–सौं, स्यूं, सूँ, थैं

सम्बन्ध–कौ, केरे, का, कै, के

अधिकरण–माँहै, मैं, माही, ऊपरि

विभक्तिक अवशेष–तृतीया–धोखै, संसै, परसादि

सप्तमी–घरि, हियाहिं।

इन व्याकरणिक रूपों में ब्रजभाषा की प्रधानता है। इनका अधिकांश रूप अवहट्ट में भी मिल जाता है। इसमें खड़ीबोली तथा अवधी के रूपों को मिश्रित किया गया है। कबीर के काव्य में राजस्थानी तथा पंजाबी के प्रभाव को स्पष्ट करने वाले निम्नलिखित प्रयोग देखिए–

१. **अंषड़ियाँ झाँई पड़ी, पंथ, निहारि, निहारि।**
जीभड़ियाँ छाला पड़्या राम पुकारि पुकारि।।
२. **अंषड़ियाँ प्रेम कसाइयाँ लोग जांणै दुखाड़ियाँ।**
सांई अपणै कारणैं रोइ रोइ रतड़ियाँ।।

प्रस्तुत दोहों में पंजाबी का प्रभाव है। बगाँ, रात्यूँ आदि की रचना राजस्थानी की तरह है। पड्या, देख्या आदि में भी राजस्थानी का असर है। न का ण उच्चारण पंजाबी तथा कौरवी दोनों में है। पूर्वागत काव्यभाषा अपभ्रंश-अवहट्ट में भी यही प्रवृत्ति थी। कबीर के काव्य में कुछ शब्द ऐसे भी मिलते हैं जो बंगला में अवशिष्ट हैं जैसे–आछिली (छिलो), पारै आदि।

कबीर की भाषा में फारसी के शब्दों का ही प्रयोग नहीं है बल्कि किसी-किसी पद में पूरा-पूरा फारसी का वाक्य प्रयुक्त है। मुसलमानों के संसर्ग से लगता है कि कबीर को फारसी का अच्छा ज्ञान हो गया था। वे जब मुस्लिम धर्म की बात करते हैं या मौलवियों, मुल्लाओं तथा मिज्रा को सम्बोधित करते हैं तो उनकी भाषा फारसी की ओर झुक ज़ाती है–

पीराँ मुरीदाँ काजियाँ, मुलाँ अरु दरबेस।
कहाँ थे तुम्ह किनि कीये, अकलि है सब नेस।।
कुरानां कतेबाँ अस पढ़ि पढ़ि, फिकरि या नहीं जाइ।
टुक दम करारी जे करै, हाजिराँ सुर खुदाइ।।

कबीर की भाषा के इस संक्षिप्त विश्लेषण से सिद्ध होता है कि कबीरदास काव्यभाषा का एक व्यापक स्वरूप गढ़ना चाहते थे। उन्होंने इस प्रक्रिया में परम्परागत काव्यभाषा के तत्त्वों को ग्रहण करते हुए हिन्दी की विकसित बोलियों के तत्वों को लोक के स्तर से उठाकर अपनी काव्यभाषा में उन्हें सशक्त आधार दिया। विदेशी भाषा फारसी को अपनी काव्यभाषा में स्थान देकर उन्होंने भाषा की संस्कृति में मुस्लिम आगन्तुकों को भी सम्मिलित कर दिया। कबीर की अद्‌भुत भाषा शक्ति को देखकर पंडित हजारी प्रसाद द्विवेदी ने उन्हें वाणी का 'डिक्टेटर' तक कह दिया। कबीर की भाषा के विषय में हजारी प्रसाद द्विवेदी का मत उन्हीं के शब्दों में 'भाषा पर कबीर का जबर्दस्त अधिकार था। वे वाणी के डिक्टेटर थे। जिस बात को उन्होंने जिस रूप में प्रकट करना चाहा है उसे उसी रूप में भाषा से कहलवा लिया–बन गया है तो सीधे-सीधे नहीं तो दरेरा देकर। भाषा कुछ कबीर के सामने लाचार सी नजर आती है। उसमें मानों ऐसी हिम्मत ही नहीं कि इस लापरवाह फक्कड़ की किसी फरमाइश को नाही कर सकें। और अकह कहानी को रूप देकर मनोग्राही बना देने की जैसी ताकत कबीर की भाषा में है वैसी बहुत कम लेखकों में पाई जाती है। असीम अनन्त ब्रह्मानन्द में आत्मा का साक्षीभूत होकर मिलना कुछ वाणी के अगोचर पकड़ में आ सकने वाली ही बात है पर 'बेहद्दी मैदान में रहा कबीरा' में न केवल उस गंभीर निगूढ़ तत्त्व को मूर्तिमान कर दिया गया बल्कि अपनी फक्कड़ाना प्रकृति की मुहर भी मार दी गयी है। वाणी के ऐसे बादशाह को साहित्यिक-रसिक काव्यानन्द का आस्वादन कराने वाला समझें तो उन्हें दोष नहीं दिया जा सकता। फिर व्यंग्य करने में और चुटकी लेने में भी कबीर अपना प्रतिद्वन्द्वी नहीं मानते।' (कबीर – २२१-२२) कबीर के विचार, अनुभूति और कवित्व के विविध पक्षों पर विस्तृत एवं गहन अध्ययन प्रस्तुत करने वाले पंडित हजारी प्रसाद द्विवेदी कबीर के सबसे बड़े प्रतिष्ठापक हैं। उनका आलोचना करने का अपना निराला ही तरीका है। मुझे तो लगता है कि कबीर वाणी के डिक्टेटर न होकर बहुत बड़े डिमोक्रेट हैं। उन्होंने देवभाषा संस्कृत, पूर्व प्रचलित काव्यभाषा

अवहट्ट, लोक व्यवहार तक सीमित जनभाषा को कविता के क्षेत्र में समान अधिकार दिया। संस्कृत को जनभाषा के धरातल पर उतार कर और जनभाषा की अभिव्यंजना शक्ति को जगाकर संस्कृत के समानान्तर प्रतिष्ठित करके कबीर ने भाषा के क्षेत्र में बहुत महत्त्वपूर्ण कार्य किया। कबीर भाषा की परम्परा को अपनी प्रखर प्रतिभा से अर्जित करते हैं और अपने समकालीन भाषा की जीवंतता के संयोग से उसे इस योग्य बनाते हैं कि वह तत्कालीन जनाकांक्षा को पूरी तरह से अभिव्यक्ति दे सके। उन्होंने दर्शन, योग तथा धर्म की शब्दावली को कविता की भाषा का अभिन्न एवं अपरिहार्य हिस्सा बना दिया, यही उनका सबसे बड़ा भाषिक योगदान है। माया के विषय में दार्शनिकों ने कितना अधिक ऊहापोह किया है किन्तु माया को समझ पाना कितना कठिन है। शिकारिणी का वेष धारण किये हुए बलवंती माया का परिचय अपने काव्य कौशल से कबीर कितने ऋजु ढंग से दे देते हैं। प्रस्तुत पद में माया अपनी सम्पूर्ण शक्ति-सम्पन्नता के साथ मूर्तिमान हो जाती है –

तू माया रघुनाथ की खेलण चढ़ी अहेडै ।
चतुर चिकारे (छिकारे) चुणि चुणि मारे, कोई न छोड्या नेड़ै ।।
मुनियर पीर डिगंबर मारे, जतन करता जोगी।
जंगल महि के जंगम मारे, तूँ र फिरै बलवंती।।
बेद पढंता ब्रांह्मण मार्‌या, सेवा करता स्वामी।।
अरथ करतां मिसर पछाड़यां, तूँ र फिरै मैमंती।।
साषित कै तूँ हरता करता, हरि भगतन कै चेरी।
दास कबीर रांम कै सरनै, ज्यूं लागी त्यूं तोरी।।

कबीर भाषा के क्षेत्र में भी आभिजात्य को खंडित करते हैं। डॉ० रामस्वरूप चतुर्वेदी का विचार है कि 'कबीर की भाषा में ठेठ शब्दों का प्रयोग उतना महत्त्वपूर्ण नहीं है जितना संस्कृत (और किसी सीमा तक फारसी) के तत्सम शब्दों का विकृत प्रयोग है। साकत (शाक्त) तत्त (तत्त्व) किरिम (कृमि) सुन्नि (शून्य) मिरिग (मृग) क्रिस्न (कृष्ण) सुंम्रित (स्मृति) निसप्रेही (निस्पृह) जैसे विकृत किए शब्द कबीर की शिक्षा के अभाव को उतना व्यक्त नहीं करते जितना संस्कृत भाषा के प्रति उनके विद्रोह और अवमानना के भाव को व्यक्त करते हैं। ...... संस्कृत के विरोध में जान बूझकर प्रयुक्त वह अपभ्रष्ट शैली संतों के बीच में एक सीमा तक अन्तर्प्रान्तीय स्तर पर प्रतिष्ठित देखी जा सकती है उनकी जनभाषा के रूप को अधिक खरापन और प्रामाणिकता देने के लिए। वास्तव में जब भी जनभाषा साहित्यिक स्तर पर प्रतिष्ठित होती है वह अपनी प्रकृति के अनुसार पूर्व प्रतिष्ठित संस्कृत को भी ढाल लेती है। प्राकृत अपभ्रंश में भी बहुत से संस्कृत शब्दों का प्राकृतीकरण या अपभ्रंशीकरण हुआ है। इस प्रक्रिया को संस्कृत के प्रति अवमानना के भाव की अभिव्यक्ति नहीं माना जा सकता। कबीर ने संस्कृत शब्दों के लोक उच्चारण को महत्व दिया है इसीलिए पंचम वर्णों के पूर्व उच्चरित अनुनासिकता की प्रवृत्ति को स्वीकार किया है जैसे – रांम, रहीमां, बांनी आदि। जिन तत्सम शब्दों का अविकृत उच्चारण लोक भाषा में प्रचलित रहता है उनमें कबीर ने कोई परिवर्तन नहीं किया है, जैसे – अमृत, प्रेम, माया, हरि, सती, सुत, दारा, जग आदि।

कबीर भाषा के द्वारा एक विशिष्ट वातावरण रचते हैं। यह वातावरण देश, काल एवं पात्र के अनुसार परिवर्तित होता रहता है। जब वे पूरब के किसी गाँव में गाँववासियों से बात करते हैं तो उनकी काव्यभाषा में पूर्वीपन के साथ ग्रामीण ठेठ शब्दावली का बाहुल्य रहता है।

उसके प्रतीक और रूपक ग्रामीण वातावरण के अनुकूल और सहज होते हैं जैसे –

अब न बसूं इहिं गांइ गुसाईं।
तेरे नेवगी खरे सयांने हो राम।।
नगर एक तहां जीव धरम हता, बसै जु पंचकिसानां।
नैनूं, नकटू, श्रवनूं, रसनूं, इंद्री कह्या न मानै हो राम।।

इस पद पर नेवगी (कर्मचारी) सयांने, नैनूं, नकटू आदि शब्दों के प्रयोग द्रष्टव्य हैं। इस तरह के नाम निम्न श्रेणी की जातियों में प्रचलित होते थे।

कबीर जब नाथपंथी योगियों के बीच में होते हैं तो वे योग की शब्दावली में उलटी 'बानी' में बात करते हैं। तरह-तरह की करामात दिखाने वाले योगी को कबीर की प्रतीकात्मक भाषा समझने के प्रयास में पसीना छूट जाता है। कबीर का उलटा वेद पंडितों की भी समझ से परे है। कबीर की भाषा सम्बन्धी डिक्टेटरशिप (तानाशाही) ऐसे ही स्थलों पर दृष्टिगत होती है –

है कोई जगत गुर ग्यांनी, उलटि बेद बूझै।
पांणी में अगनि जरै, अंधरै कौ सूझै।।
एकनि दादुर खाये, पंच भवंगा।
गाइ नाहर खायौ, काटि काटि अंगा।।
बकरी बिधार खायौ, हरनि खायौ चीता।
कागि लगर फाँदिया, बटेरै बाज जीता।।
मूसै मँजार खायौ, स्यालि खायौ स्वानाँ।
आदि कौ आदेस करत, कहै कबीर ग्यानाँ।।

पंडितो के ज्ञान तथा पूजा-पाठ विधि पर विचार करते समय कबीर की भाषा का रुख तत्सम की ओर जाता है–

पंडित भूले पढ़ि गुनि बेदा, आप न पावै नाना भेदा।
संध्या तरपन अर षडकरमाँ, लागि रहे इनके आसरमा।

कबीर जब मिञा को सम्बोधित करते हैं तो उनकी भाषा में फारसी शब्दों की भरमार हो जाती है। कबीर का भाषा ज्ञान निश्चित ही स्तुत्य है जिससे वे अलग-अलग भाषा-भाषी तक अपना संदेश पहुँचाने में सक्षम सिद्ध होते हैं। कबीर मिञा से कहते हैं –

अलह अवलि दीन का साहिब, जोर नहीं फुरमाया।
मुरिसद पीर तुम्हारै है को, कहो कहाँ थै आया।
रोजा करैं निवाज गुजारैं, कलमै भिसत न होई।
सतरि काबे इक दिला भीतरि, जे करि जानै कोई।।

कबीर की भाषा में व्यंग्य की शक्ति आद्यन्त उपलब्ध होती है। उसमें कहीं तिल-मिला देने वाला व्यंग्य है और कहीं गहरी सोच पैदा करने वाला व्यंग्य। कबीर कई बार श्रोताओं के सामने एक छोटा सा सवाल बड़ी विनम्रता से तथा बड़े प्यार से रख देते हैं। उनका सवाल ऐसे धर्म से जुड़ा होता है जिसमें अन्धश्रद्धा की प्रधानता होती है, और तर्क का नितान्त अभाव। जो व्यक्ति कबीर के सवाल का जवाब पा लेता है वह उनकी शरण में आ जाता है और जो

जवाब नहीं पाता वह भी शरण में आ जाता उचित जबाब पाने के लिए। जीव हत्या करने वाले काजी को वे केवल भविष्य की याद दिलाते हैं –

जोरी करि जिबहैं करै, कहते हैं ज हलाल।
जब दफतर देखैगा दई, तह ह्वैगा कौंण हवाल।।

जाति-पाँति, तीर्थ-व्रत तथा बाह्याडम्बरों का विरोध करते समय कबीर का व्यंग्य अत्यधिक कर्कश तथा तल्ख हो जाता है, जैसे –

जे तूं बांभन बभनी जाया । तौ आन बाट ह्वै काहे न आया।
जे तूं तुरुक तुरकनी जाया । तौ भीतरि खतनी क्यूं न कराया।
कहै कबीर मधिम नहीं कोई । सो मधिम जा मुखि रांम न होई।।

काव्यभाषा और प्रतीक योजना – कवि सामान्य बोलचाल की शब्दावली को अपने अनुभव से सम्पृक्त करके विशिष्ट अर्थ प्रदान करता है। डॉ० रामस्वरूप चतुर्वेदी का विचार है कि सामान्य शब्द या संदर्भ से प्रतीक की स्थिति तक का विकास काव्यभाषा के संगठन की पहली मंजिल है। इन शब्दों की वास्तविक रचनात्मक परिणति तब होती है जब ये प्रतीक भावचित्रों अथवा बिम्बों के रूप में ग्रथित होते हैं – प्रतीक के माध्यम से सामाजिक अर्थ को एक वैयक्तिक स्तर तक लाने की चेष्टा होती है, पर अनुभूति की अद्वितीयता, इन प्रतीकों के सामाजिक-वैयक्तिक रूप से पूरी व्यक्त नहीं हो पाती, क्योंकि प्रतीकों का रूप भी प्रायः रूढ़ हो जाता है।' (मध्यकालीन हिन्दी काव्यभाषा, पृ० १८-१९)। कबीर की स्थिति ऐहिक कवियों से पर्याप्त भिन्न है। कबीर की कविता की मूल संवेदना आध्यात्मिक है अर्थात् आत्मा, परमात्मा तथा जगत के पारस्परिक सम्बन्धों तथा उनके वास्तविक स्वरूप की पहचान से सम्बद्ध है। आत्मा और परमात्मा जैसी सूक्ष्मतम, अगम, अगोचर सत्ता को भाषा में निरूपित करना कितना कठिन है। कबीर इस कठिनाई का अनुभव करते हुए भी उसे मूर्त्त बनाने का प्रयत्न करते हैं। आत्मा-परमात्मा के अभेदत्व की अनुभूति को संप्रेषित करने के लिए उन्हें प्रतीकों तथा बिम्बों का विधान करना पड़ता है।

कबीर के द्वारा प्रयुक्त अधिकांश प्रतीक दर्शन और योग की परम्परा से गृहीत हैं। उनका स्वरूप बहुत कुछ पारिभाषिक है। सामान्य व्यवहार में आने वाले प्रतीकों की अपेक्षा पारिभाषिक प्रतीक अधिक जड़ होते हैं। उनमें नई अर्थवेत्ता की संभावनाएँ कम होती हैं। उन्हें जिस रूप में परिभाषित किया गया है या जिस अर्थ विशेष के लिए वे रूढ़ हो गये हैं, उनसे उन्हें भिन्न अर्थ में प्रयोग करने से अनर्थ की संभावना हो जाती है। कबीरदास अनर्थ से बचने के लिए कई यौगिक और दार्शनिक प्रतीकों को यथावत् व्यवहार में लाते हैं। इड़ा-पिंगला नाड़ियों के लिए गंगा-यमुना, इड़ा-पिंगला और सुषुम्ना के मिलन स्थल के लिए त्रिवेणी, शून्य चक्र के लिए आकाश, मन के लिए मृग, शशक, मूस, जीव के लिए पारधी, ब्रह्मनाडी के लिए बाँबी, अनाहतनाद के लिए सबद, वासना के लिए सर्पिणी आदि ऐसे सैकड़ों प्रतीक हैं जिन्हें शास्त्रीय परम्परा के माध्यम से आसानी से समझा जा सकता है। कबीरदास अपनी मौलिक प्रतिभा से अपनी रचना में उपर्युक्त प्रतीकों को इस तरह संयोजित करते हैं कि उनकी आर्थिक जड़ता भंग हो जाती है। उनके अन्दर अर्थ की नई संभावनाएँ दृष्टिगोचर होने लगती हैं। टीकाकारों को कबीर के प्रतीकों का इसलिए अलग-अलग अर्थ प्रतीत होता है। आचार्य परशुराम चतुर्वेदी कबीर की प्रतीक योजना के वैशिष्ट्य पर प्रकाश डालते हुए लिखते हैं – 'मुक्ति मार्ग के लिए उपयुक्त तथा जनसाधारण के लिए सुगम प्रतीकों की ओर उन्होंने

कदाचित् विशेष ध्यान दिया है और उनका अधिक स्वाभाविक प्रयोग भी किया है। किन्तु उन्हें भी वे कहीं-कहीं ऐसे ढंग से काम में लाये हैं जिससे अन्य कवियों के साथ तुलना करने पर हमें उनकी कुछ विलक्षणता भी दीख पड़ती है। इसका प्रमुख कारण यह हो सकता है कि कबीर साहब अपने वर्ण्य विषय को सदा ध्यान में रखना अत्यन्त आवश्यक मानते थे। किसी भी प्रतीक का प्रयोग करते समय वे कभी अपनी स्वीकृतियों को नहीं भुला पाते थे, जिन्हें उन्होंने क्रमशः अपने जीवन का अंग बना लिया था और जो इसी कारण अब तक उनकी अपनी विशेषताओं के रूप में भी प्रसिद्ध हैं।' (कबीर साहित्य की परख, पृ० १४६)

कबीर की प्रतीक योजना में भक्त और भगवान का जो अन्तर दृष्टिगोचर होता है वह अन्तर साधनात्मक स्तर पर सीमित है। अन्ततः और तत्त्वतः दोनों में कोई भेद नहीं है। कबीर परमात्मा और आत्मा के भाव सम्बन्धों को स्वामी-दास, जननी–बालक, पति-पत्नी, प्रेमी-प्रेमिका, पिता-पुत्र आदि अनेक प्रतीकों के माध्यम से समझाने का यत्न करते हैं। कबीर अपने को राम का दास कहते हैं और उसके प्रति पूर्णतया समर्पण करते हुए उसे बेचने तक का अधिकार देते हैं किन्तु कबीर को जब वह बाजार में उतारता है तो उन्हें यह प्रतीत होता है कि बेचने वाला राम है किन्तु खरीदने वाला भी राम ही है। कबीर अपने स्वामी को क्षण भर भी नहीं भूलते। वे शरीर धर्म को जलाकर उसके साथ निरन्तर अद्वैत की अनुभूति से सम्पृक्त रहते हैं –

मैं गुलाम मोहि बेचि गुसांई।
तन मन धन मेरा रांम जी कै तांई।।
आनि कबीरा हाटि उतारा । सोई गाहक सोई बेचन हारा।।

x x x

कहै कबीर मैं तन मन जार्‍या । साहिब अपनां छिन न विसार्‍या।।

इसी तरह जननी और बालक के प्रतीक में अभेदत्व की प्रतिष्ठा की गयी है –

कहै कबीर एक बुद्धि बिचारी।
बालक दुखी दुखी महतारी।।

कबीर ने राम को पति तथा आत्मा को पत्नी मानकर उनके मिलन तथा वियोग का मार्मिक चित्र अंकित किया है। मिलन और वियोग के प्रसंग में कबीर का चित्रण बिम्बात्मक अधिक है। कबीर जड़ प्रतीकों को नये भाव चित्रों से सज्जित करके नूतन आयाम देते हैं। वे प्रतीक से आगे बढ़कर बिम्ब का निर्माण करते हैं। उनकी बिम्ब रचना की प्रक्रिया अधिक संश्लिष्ट तो है ही गतिशील भी है, प्रतीक की तरह उसमें पूर्व स्वीकृत अर्थ नहीं रहता है।

काव्यभाषा और बिम्बविधान – बिम्ब आधुनिक आलोचना का शब्द है जो पाश्चात्य काव्य समीक्षा के 'इमेज' का अनुवाद है। प्राचीन काव्यों में बिम्बों का विधान तो पाया जाता है परन्तु काव्यशास्त्रीय ग्रंथों में इसे इस नाम से ग्रहण नहीं किया गया है। इसके लिए उपमा, रूपक आदि शब्द ही प्रचलित थे। मनोवैज्ञानिकों ने बिम्ब पर बड़े विस्तार से विचार किया है। थार्नडिक ने बिम्ब को वस्तुओं, गुणों और दशाओं का अनुभव माना है जो उपस्थित नहीं है।' मनुष्य के मानस में अतीत की तथा कभी-कभी अस्तित्व न रखने वाली अथवा न घटनेवाली घटनाओं की असंख्य प्रतिमाएँ रहती हैं। बिम्ब इन्हीं मानस प्रतिमाओं का पर्याय है। ये मानस प्रतिमाएँ कविता में शब्दों, अलंकारों आदि के द्वारा प्रस्तुत की जाती हैं। काव्य

बिम्ब की परिभाषा इस प्रकार दी जा सकती है – 'काव्यात्मक बिम्ब अदम्य भावना सम्पृक्त ऐसे शब्द चित्र हैं जिनमें ऐन्द्रिय ऐश्वर्य निहित है और जिनके प्रभाव स्वरूप आनन्द की उत्पत्ति होती है। कवि में बिम्ब विधान की क्षमता जितनी अधिक होती है वह उतना ही बड़ा कवि होता है।' कबीर इस दृष्टि से निश्चित ही महान् हैं, क्योंकि उनके मानस में आत्मा और परमात्मा के सम्बन्धों की अनेक प्रतिमाएँ उद्‌भूत होती हैं। दोनों के अभेदत्व तथा मिलन की अनेक आनन्दमयी स्थितियाँ प्रतिभासित हैं। वे दर्शन के क्षेत्र में प्रयुक्त दृष्टान्तों तथा प्रतीकों को कविता के वातावरण में इस तरह से रखते हैं कि उनमें अर्थाभिव्यक्ति की नयी चेतना तथा भावोन्मेष की नयी शक्ति आ जाती है। कबीर ने बिम्बों का चयन जीवन के विविध क्षेत्रों से किया है। पशु, पक्षी,वनस्पति, कृषि, सामाजिक रीति-रिवाज, संस्कार आदि के द्वारा वे बिम्ब का सृजन करते हैं। उनकी बिम्ब विधान की प्रक्रिया अधिकतर रूपक तथा उपमानों पर आधारित है। प्रस्तुत तथा अप्रस्तुत चित्रों के द्वारा भी वे भाव बिम्ब रचते हैं। सतगुरु शिष्य को बार-बार प्रबोधित करता है किन्तु वह ज्ञान को ग्रहण नहीं कर पाता। एक क्षण ऐसा आता है कि गुरु का वचन शिष्य के मानस के अंधकार को भेदकर ज्ञान को जगा देता है। कबीर गुरु के ज्ञानोपदेश की प्रक्रिया तथा शिष्य के बोध को धनुष बाण के बिम्ब से यों प्रस्तुत करते हैं–

सतगुरु लई कमाण करि, बाहण लागा तीर।
एक जु बाह्या प्रीति सूं, भीतरि रह्या सरीर।।
सतगुर मार्‌या बाण भरि, धरि करि सूधी मूठि।
अंगि उघाड़े लागिया, गई दवा सूँ फूटि।।

कबीर के द्वारा प्रस्तुत यह बिम्ब शिष्य के अन्दर ज्ञान की प्रस्फुटित ज्वाला को प्रत्यक्ष कर देता है। चाक्षुष स्थूल बिम्ब के द्वारा सूक्ष्म ज्ञान दशा का अंकन निश्चित रूप से अद्वितीय है। चौंसठ दीपक, चौदह कलाओं से युक्त चन्द्रमा, दीपक और पतंगा, जर्जर बेड़ा, मैला कपड़ा, कसौटी और कंचन आदि अनेक दृश्य बिम्बों से कबीर ने गुरु द्वारा जगाये ज्ञान के स्वरूप को समझाया है। कहीं वे मानसरोवर के किनारे हीरे का व्यापार करते हैं और कहीं सतगुरु के द्वारा बताये गये दाँव से चौपड़ खेलते हैं। कहीं प्रेम के बादलों की वर्षा से हरी-भरी वनस्पति की तरह आन्तरिक आनन्द एवं उल्लास का चित्र निर्मित करते हैं।

ईश्वर दर्शन की दुर्लभता को व्यंजित करने के लिए कबीर ऐसे मार्ग की कल्पना करते हैं जो बहुत लम्बा है। जिसके बीच में अनेक काम, क्रोध और लोभ रूपी डाकू हैं –

लंबा मारग दूरि घर, विकट पंथ बहु मार।
कहौं संतौ क्यूँ पाइये, दुरलभ हरि दीदार।।

कबीर कहीं-कहीं अनुभूति की गहनता को साकार करने के लिए दोहरे बिम्ब का निर्माण करते हैं। पीड़ा तो स्वयं में ही वेदना है लेकिन उसकी सक्रियता को व्यंजित करने के लिए कबीर उसे 'पिरावनी पीड़ा' कहते हैं। उसकी व्याप्ति पूरे शरीर में है किन्तु प्रेम से उत्पन्न पीड़ा दिल के ऊपर छा गयी है –

कबीर पीड़ पिरावनी, पंजर पीड़ न जाइ।
एक ज पीड़ परीति की, रही कलेजा छाइ।।

कबीर जीवन की नश्वरता को सिद्ध करने के लिए ऐसे अनेक दृष्टान्तों को प्रस्तुत करते हैं जिनसे जीवन और जगत् की असारता के अनेक चित्र चलचित्र की तरह आँखों के सामने

से गुजरते जाते हैं। प्रेम और अहं का द्वैत अस्मिता में एक साथ नहीं रह सकते। इस भाव को कबीर लौकिक बिम्बों से समझाते हैं –

खंभा एक गइंद दोइ, क्यूँ करि बाँधिसि बारि।
मानि करै तो पीव नहीं, पीव तौ मानि निवारि।।

पक्षियों के पुराने प्रतीकों को नये सन्दर्भ में कबीर ने नूतन अर्थ से संयुक्त किया है –

बगुली नीर बिटालिया, सायर चढ्या कलंक।
और पंखेरू पी गए, हंस न बोवै चंच।।

इस दोहे में बगुली वासना या काया का और नीर विषय रस, बिटालिया भोग का, सागर विषयानन्द का, पखेरू विषयी जीवों का तथा हंस मुक्तात्मा का प्रतीक है। विषयासक्ति की गहनता को व्यक्त करने के लिए कबीर मृत बछड़े के चर्म से निर्मित कृत्रिम बछड़े को चाटती हुई गाय का बिम्ब प्रस्तुत करते हैं –

कबीर यहु जग अन्धला, जैसी अंधी गाइ।
बच्छा था सो मरि गया, ऊभी चांम चटाइ।।

कबीर आत्मा और परमात्मा के मिलन को विवाह के बिम्ब से प्रत्यक्ष करते हैं। औरतें मंगलाचार गा रही हैं। बराती खड़े हैं। वेद का पाठ हो रहा है। हजारों देवता भाँवर का दृश्य देखने के लिए उपस्थित हैं। अविनाशी पुरुष से ब्याह करके आत्मारूपी दुलहन सुहागरात का सुख लेने के लिए उज्ज्वल प्रकाश के देहमन्दिर में प्रवेश करती है। प्रिय इस मन्दिर को छोड़कर कहीं चला न जाये इसलिए प्रियतमा उसके पैरों में पड़कर विनती करती है और तरह-तरह के उपाय से उसे प्रेम में उलझाये रखना चाहती है। कबीरदास अपने 'सबद' का आरम्भ बहुत सरल ढंग से एकदम लौकिक बिम्ब के द्वारा करते हैं और धीरे-धीरे आध्यात्मिक या साधनापरक मान्यताओं को निरूपित करने का प्रयत्न करते हैं, जैसे –

दुलहनी गावहु मंगलचार।
हम घरि आये हौ राजा रांम भरतार।।
तन रति करि मैं, मन रत करिहूँ, पंच तत बराती।
रांमदेव मोरै पाँहुनैं आये, मैं जोबन मैंमाती।।
सरीर सरोवर बेदी करिहूँ, ब्रह्म वेद उचार।
रांमदेव संग भाँवरि लेहूँ, धनि धनि भाग हमार।
सुर तैंतीसू कौतिग आये, मुनियर सहस अठ्यासी।
कहैं कबीर हम ब्याहि चले हैं पुरुष एक अविनासी।।

कबीर को उलटवाँसियों को छोड़कर शेष बिम्बों के सृजन के लिए प्रायः दूरारूढ़ कल्पना का सहारा नहीं लेना पड़ता। अपने आस-पास के अनुभवों से ही वे बिम्बों का निर्माण कर लेते हैं। नित्य परिचित बिम्बों से आध्यात्मिक भावों को प्रत्यक्ष करने का अद्‌भुत तरीका कबीर के पास है। जुलाहा कबीर अनेक बिम्बों की रचना वयन कर्म से करते हैं –

तांना लीन्हा बाँना लीन्हां, लीन्हें गोड के पऊवा।
इत उत चितवत कठवन लीन्हां, माड चलवना डऊवा हो राम।।

x x x

ताँना तनि करि बाँना बुनि करि छाक परी मोहि ध्याँना।
कहै कबीर मैं बुनि सिराँना जानत है भगवाँनाँ हो राम।।

ज्ञान के उन्मेष और भक्तिरस के आस्वादन की प्रक्रिया को सम्प्रेषित करने के लिए कबीर आँधी और छप्पर का बिम्ब प्रस्तुत करते हैं। जिस ज्ञान को एक दार्शनिक अपने कई प्रवचनों में भी जनसाधारण के लिए संप्रेष्य नहीं बना पाता उसी को कबीर लोक-बिम्बों के माध्यम से एक पद में ही संप्रेषित कर देते हैं –

संतो भाई आयी ग्याँन की आँधी रे।
भ्रम की टाटी सबै उड़ाँणी, माया रहै न बाँधी रे।।
दुचिते की दोइ थुंनी गिराँनी, मोह वलेडाँ टूटा।।
त्रिष्णाँ छाँनि परि धर ऊपरि, कुबुधि का भाँडा फूटा।।
x x x
आँधी पीछै जो जल बूठा, प्रेम हरी जन भींनाँ।
कहै कबीर भान के प्रगटें, उदित भया तम षीनाँ।।

कबीर ने इसी तरह से खेत, खलिहान,नौका, झूला, हाट आदि बिम्बों का प्रयोग किया है। 'माया' मिथ्यात्व, मोह, और भ्रम का प्रतीक है। कबीर ने ठगिनी, शिकारिणी, सर्पिणी आदि का बिम्ब प्रस्तुत करके माया की शक्ति को मूर्तिमान कर दिया है। लोकनृत्य तथा वाद्ययंत्र बिम्ब सृजन के अन्य उपादान हैं। 'अब मोहिं नाचिबो न आवे, मोर मन मंदरिया न बजावै' कबीर का प्रसिद्ध नृत्य-बिम्ब है। शरीर रूपी यंत्र को अनुपम ढंग से बजाने पर अनहदनाद निकलता है –

जंत्री तंत्र अनूपम बाजै।
ताका सबद गगन मैं गाजै।।
सुर की नालि सुरति का तूंबा, सतगुर साज बनाया।
x x x
जिभ्या तांति नासिका करहीं, माया का मैण लगाया।
गमां बतीस मोरणां पांचौं, नीका साज सजाया।।

कबीर में अनुभूति की सम्पन्नता है, कल्पना की शक्ति है और अपनी मनचाही बात को व्यक्त करने के लिए अनुभूत बिम्बों के संयोजन की कला है। उनके मन में एक ही मूलभाव है जिसे महाभाव भी कह सकते हैं। इसी महाभाव की अभिव्यक्ति के लिए वे अपने अनुभूत लौकिक बिम्बों को माध्यम बनाते हैं। जिस अनुभव को उन्होंने गूँगे का गुड़ कहा है, जिसे अनिर्वचनीय या अकथनीय समझा है, उसी अनुभव को अपनी बेजोड़ प्रतिभा और भाषा अधिकार के बल पर वे सर्वाधिक संप्रेष्य बना सके हैं। भक्ति रस के लिए उन्होंने मदिरा पान का बिम्ब अनेक स्थलों पर इस्तेमाल किया है। कबीर के पास इतने अधिक दृष्टान्त हैं, इतने अधिक प्रतीक हैं और इतने अधिक उपमान हैं कि भाषा का अर्थ व्यापार बहुत अधिक गतिशील एवं व्यापक हो जाता है। विरह की व्याकुलता को अंकित करने के लिए कबीर रहट का गत्यात्मक बिम्ब प्रस्तुत करते हैं। 'रहट' की तरह क्रमशः आँखों में अश्रु भरते और झरते रहते हैं। यह क्रिया अहर्निश चलती है –

नैनाँ नीझर लाइया, रहट बहै निस जाम।
पपीहा ज्यूँ पिव पिव करौं, कबरु मिलहुगे राम।।

आत्मा परमात्मा से अलग होकर संसार के लोभ तथा माया में पड़कर अपने जनक को भूल जाती है किन्तु जब उसे बोध होता है तो सांसारिकता को छोड़कर परमात्मा से मिलन के लिए आकुल हो जाती है। इस भाव के लिए कबीर पिता और पुत्र के बिम्ब का चयन करते हैं –

पूत पियारो पिता कौं, गौंहन लागो धाइ।
लोक मिठाई हाथि दै, आपण गयो भुलाइ।
डारी खाँड पटकि करि, अंतरि रोस उपाय।
रोवत रोवत मिलि गया, पिता पियारे जाइ।।

कबीर के बिम्ब विधान का अवलोकन करने के बाद निःसन्देह रूप से कहा जा सकता है कि कबीर में मूर्त विधायिनी क्षमता बहुत अधिक है इसीलिए वे निराकार ब्रह्म की अनुभूति को अपनी रचनाओं में साकार कर सके हैं।

१४. कबीर द्वारा प्रयुक्त काव्य रूप तथा छंद

कबीर की उपलब्ध रचनाओं में कुल चौदह प्रकार के काव्य रूपों का संधान किया गया है –

१. साखी – साखी संस्कृत साक्षी का अपभ्रंश रूपान्तर है। जिसे सिद्धों ने उएस (उपदेश) कहा है, उसे ही सन्तों ने साखी कहा है। साखियों में उनके अनुभूत सत्य की अभिव्यक्ति हुई है। परशुराम चतुर्वेदी का कथन है 'इसका अभिप्राय उस पुरुष से है जिसने किसी वस्तु अथवा घटना को अपनी आँखों से देखा हो। इस कारण 'साखी' शब्द का तात्पर्य प्रायः उस पुरुष से हुआ करता है जो उन वस्तुओं व घटनाओं के विषय में विवाद खड़ा होने पर निर्णय करते समय प्रमाण स्वरूप समझा जा सके। ... इस प्रकार 'साखी शब्द फिर प्रसंगवश महापुरुषों के लिए प्रयुक्त होते होते, पीछे उनके आप्तवचन का पर्याय बन गया होगा।' (कबीर साहित्य की परख, १६३) साखियों में प्रायः 'दोहा' छंद का प्रयोग किया गया है। दोहा के अलावा सोरठा, उपमान, मुक्तामणि, अवतार, दोहकीय और गीता छन्दों का भी प्रयोग है (कबीर-मीमांसा-रामचन्द्र तिवारी,-पृष्ठ १४८-५०) परशुराम चतुर्वेदी ने इसमें दोहा, चौपाई, श्याम, उल्लास, हरिपद, गीता, सार तथा छप्पै छन्दों का अन्वेषण किया है। 'साखी' का विभाजन 'अंगों' में किया है। साखियों के कुल तिरपन अंग हैं। अंग विभाजन में एकरूपता तथा वैज्ञानिकता का अभाव दिखाई देता है। कबीर ने 'अंग' शब्द का प्रयोग लक्षण के अर्थ में किया है। कबीर ग्रंथावली में 'अंग' शब्द विषय वस्तु का द्योतक है और साधना की यात्रा की क्रमिकता की हल्की झलक भी उसमें दिखाई देती है।

२. सबद – कबीर साहित्य में दूसरा प्रिय काव्य रूप है, पद जिसे 'सबद' कहा गया है। पदों में साखियों के भाव का विस्तार किया गया है। 'सबद' में शब्द ब्रह्म का भाव भी निहित है संभवतः इसीलिए सन्तों ने इस संज्ञा का प्रयोग किया है। कबीर के पद पूर्णतया गेय हैं। पद शैली की रचना सिद्धों द्वारा चर्यापदों के रूप में आदिकाल से ही शुरू कर दी गयी थी। सन्तों द्वारा इस परम्परा का ग्रहण वहीं से हुआ। साखियों में पदों की अपेक्षा उपदेश की वृत्ति अधिक है। स्वानुभूत भावों के सहज उद्‌गार से इन पदों का सृजन हुआ है। इसीलिए इनमें वैयक्तिक

अनुभूति की प्रधानता है। इसमें एक ही पद के अन्तर्गत कई छन्दों का समावेश कर लिया गया है जैसे दोहा, सरसी आदि। जहाँ एक ही छन्द का प्रयोग हुआ है वहाँ अधिकतर रूपमाला, तांटक, विष्णुपद में से कोई एक छन्द है। कबीर की रचनाओं के कुछ संग्रहों में पदों के साथ रागों का निर्देश भी किया गया है। इन्हें तरह-तरह से गाया जाता था।

३. रमैनी – कबीर बीजक में 'रमैनी' की व्युत्पत्ति 'रामणी' से मानी गयी है। इसका विषय 'जीवात्मा की संसरणादि क्रीड़ाओं का सविस्तार वर्णन है।' परशुराम चतुर्वेदी का कहना है कि 'रामायण' शब्द का क्रमशः रमैन बन जाना तथा उसे अल्पत्व बोध कराने के लिए 'रमैनी' रूप दिया जाना उतना अस्वाभाविक नहीं है।' रमैनी का अर्थ संसार में जीवों का रमण या वेदशास्त्र के विचारों में रमण भी अनुमानित किया गया है। इसका अर्थ यदि राम के चिन्तन मनन या राम के वृत्त में रमण करना लगाया जाय तो अधिक समीचीन है। वेदशास्त्र की बात सन्तों के संदर्भ में ग्रहणीय नहीं है। कबीर बीजक में एक पंक्ति में 'रमैनी' शब्द आया है –

अदबुद रूप जात कै बानी, उपजी प्रीति रमैनी ठानी ।

यहाँ रमैनी का प्रयोग स्तुति वर्णन या रामधुन माना जा सकता है। 'रमैनी' के कुछ ऐसे प्रयोग उपलब्ध होते हैं जिससे यह अनुमान किया गया है कि रमैनियों की रचना लोकोपचार की दृष्टि से भी की जाती थी। रमैनियों की रचना दोहा, चौपाइयों में की गयी है। इनकी शैली प्रायः वर्णनात्मक है। इनका सम्बन्ध अपभ्रंश में प्रचलित 'पद्धडियाबद्ध' कडवक परम्परा से जोड़ा गया है।

४. बावनी – बावनी की रचना देवनागरी वर्णमाला के अक्षरों के क्रम में की जाती है। कबीरदास ने स्वरों को और व्यंजनों में त्र, स को छोड़कर द्विपदियाँ रची हैं। बावनी का आरम्भ दोहे से और अंत चौपाइयों से होता है।

५. चौंतीसा – यह भी बावनी की पद्धति का काव्य रूप है। इसकी रचना स्वरों को छोड़कर की जाती है। ग्यान चौंतीसा में चौपाई छन्द का व्यवहार किया गया है किन्तु सर्वत्र उसका शुद्ध रूप उपलब्ध नहीं होता।

६. थिंती – आदि ग्रंथ में 'थिंती' नाम से एक रचना मिलती है जिसे कबीर ग्रन्थावली तथा बीजक में स्थान नहीं मिला है। 'थिंती' शब्द 'तिथि' का अपभ्रष्ट रूप है। इसमें महीने के दोनों पक्षों की तिथियों के क्रम में रचना होती है।

७. वार – इसमें सात दिनों (वारों) का क्रमशः उल्लेख करते हुए उपदेश दिया जाता है। इस काव्य रूप की केवल एक रचना उपलब्ध होती है।

८. बसन्त – कबीर ने बसन्त राग में तेरह पदों की रचना की है। अपभ्रंश के जैन कवियों ने 'फागु' शीर्षक से अनेक रचनाओं को सृजित किया है। होली, बसन्त आदि फागु के ही अन्य नाम हैं। बसन्त की मादक ऋतु में प्रचलित इस लोकगीत को कबीर ने उपदेश के लिए चुना, इसीलिए उन्होंने कुछ रचनाओं में इसका व्यवहार किया।

९. हिंडोला – यह सावन का झूला गीत है। झूला गीत के अनुकरण पर कबीर ने आध्यात्मिक या यौगिक हिंडोला की रचना की है।

१०. चाँचर – अपभ्रंश में 'चर्चरी' काव्य रूप हिन्दी में चाँचर के रूप में प्रचलित हुआ। कबीर के 'चाँचर' में छन्दगत एकरूपता नहीं मिलती। किसी में २५ पंक्तियाँ और किसी में २८ पंक्तियाँ हैं। चाँचर भी बसन्तोत्सव में गाया जाने वाला लोकगीत है जिसे

कवियों ने साहित्य में स्थान दिया।

११. कहरा – कहरवा का संक्षिप रूप माना जाता है। कुछ विद्वान 'कहरा' का सम्बन्ध 'कहर' से जोड़ते हैं जिसका अर्थ है 'संसार के जरा मरण रूप कहर (क्लेश) से बचने वाला', (कबीर के काव्यरूप – डॉ० नजीर मुहम्मद, पृ० १०३) कहरे में ३० मात्राएँ तथा १६, १४ पर यति मिलती है। इस नियम का कड़ाई से पालन नहीं किया गया है।

१२. बेलि – 'कबीर ग्रंथावली' में दो रचनाएँ बेलि शीर्षक से दी गयी हैं। एक में ३० पंक्तियाँ और दूसरी में १६। प्रत्येक पंक्ति के अन्त में 'हो रमैया हो' नाम से १० मात्राओं की टेक भी है।

१३. विरहुल – विरहुल विरह वाली या विरहिणी से निर्मित हुआ शब्द है। यह 'विरहाकुल' का भी संक्षेपण हो सकता है। कुछ विद्वानों के अनुसार विरहुली नाम का कोई साँप उतारने का मन्त्र रहा होगा। 'कबीर बीजक' में एक रचना इस काव्यरूप में निबद्ध है।

१४. विप्रमतीसी – कबीर बीजक में इस तरह की एक मात्र रचना मिलती है। इसमें चौपाइयों की तीस अर्धालियाँ हैं और अन्त में एक साखी है। इसे 'विप्रमति तीसी' का बिगड़ा रूप माना जा सकता है। इसका अर्थ है 'विप्रो की मति का विवेचन करने वाली तीस पंक्तियाँ' ('कबीर मीमांसा' रामचन्द्र तिवारी, पृ० १४६) यह वास्तव में कोई काव्यरूप नहीं है। लगता है सन्तों ने इस व्यंग्य काव्यरूप का स्वयं प्रवर्त्तन किया है।

कबीर के द्वारा प्रयुक्त काव्यरूपों को देखने से ज्ञात होता है कि उनकी दृष्टि लोकपरम्परा की ओर थी। उन्होंने आदि काल में प्रचलित काव्यरूपों की लोकोन्मुखी परम्परा को आत्मसात करके अपनी अनुभूति और विचारों को सामान्य जनों में प्रचलित गीत माध्यमों से सम्प्रेषित किया है। विभिन्न लोक-काव्यरूपों का सफल और मौलिक प्रयोग, कबीर को कवि ही नहीं, बल्कि लोक कवि सिद्ध करता है।

संगीत तत्त्व

कबीर के पदों का संग्रहकर्त्ताओं ने रागों के अनुसार वर्गीकरण प्रस्तुत किया है जिससे यह अनुमान करना असंगत नहीं है कि कबीर को संगीत-कला का न्यूनाधिक ज्ञान अवश्य था। उन्होंने अपने पदों के विषय में स्वयं 'गीत' शब्द का प्रयोग करके यह संकेत कर दिया है कि उनकी रचना मात्र गीत नहीं है, जिसे गाकर केवल मनोरंजन कर लिया जाय वरन् उसमें उनके ब्रह्म विचार के तत्त्व भी निहित हैं। कबीर ने ईश्वर के गुण-गान के लिए ऐसे पदों की रचना की जो अपनी बनावट में पूर्णतया गेय हों। कबीर ने अपने अनेक पदों में वाद्य-यंत्रों का परिचय दिया है। किंगरी, तूँबा, रबाब, वेणु, मन्दरिया (मार्दल) आदि वाद्यों का उन्होंने उल्लेख किया है। उन्होंने वाद्य यंत्रों की संरचना तथा उनके बजाने की विधि का भी कई रूपकों में निर्देश किया है।

भारतीय संगीत-शास्त्र में संगीत कला का गहरा सम्बन्ध योग-साधना के साथ जोड़ा गया है। 'संगीत शास्त्र के ग्रन्थों में बतलाया गया है कि हृदय के अनाहत चक्र में मन्द, कंठ के विशुद्ध चक्र से 'मध्यम' तथा मूर्धा के सहस्त्रार से 'तार' स्वर उत्पन्न होते हैं। इन्हीं तीनों के आधार पर तार-सप्तक अथवा सप्त स्वरों की सृष्टि होती है। इस कारण इन्हीं चक्रों की साधना पर संगीत कला की सिद्धि निर्भर है।, योग परम्परा में 'अनाहत नाद' के श्रवण का अभ्यास बाह्य रूप से संगीत के श्रवण से मेल भी खाता है। योग को अपनी भक्ति में महत्वपूर्ण स्थान

देने के कारण कबीर ने संगीत को भी मान्यता दी। कबीर अपने अनुभव को सामान्य जनों तक सम्प्रेषित करना चाहते थे। उनकी आकांक्षा थी कि उनकी अनुभव सिद्ध वाणी श्रोताओं के मन में देर तक गूँजती रहे। इसीलिए उन्होंने अपनी वाणी को संगीत की लहर में पिरो दिया। कबीर का संश्लिष्ट और गूढ़ अनुभव संगीत की स्वर लहरी में परिणत होकर सामान्य जनमानस के बोध में स्थायी रूप से गूँज उठा। फिर तो निर्गुण गीत की एक प्रबल परम्परा ही चल पड़ी।

१५. कबीर की वर्तमान प्रासंगिकता

आज का युग विज्ञान की चरम उपलब्धि का युग है। मानव बुद्धिबल से प्रकृति की शक्ति को स्वायत्त करने में सक्षम हो गया है। उसने अनेक अज्ञात तथ्यों का पता लगाकर सृष्टि में अपनी सर्वोत्कृष्टता को प्रमाणित कर दिया है। वह किसी भी शक्ति के आगे अपने को निरीह, दीन-हीन, अक्षम मानने को तैयार नहीं है। विश्व की दूरी सिमट गई है। सुख-सुविधा के अनेक साधन आविष्कृत हो चुके हैं। विश्व-मानव एक दूसरे के काफी समीप आ गया है। विज्ञान तथा औद्योगिक तकनीक के साथ ही मानव की सोच और संवेदना में भी बदलाव आता जा रहा है। यान्त्रिकता के प्रभाव से मानवीय सम्बन्धों की भावात्मकता क्षीण हो रही है। पुरानी मान्यताओं तथा मूल्यों की उपयोगिता पर प्रश्न चिह्न लग गया है, किन्तु उनके स्थान पर नयी मान्यताओं तथा मूल्यों की प्रतिष्ठा पूरी तौर से नहीं हो पा रही है। भौतिक सुख-समृद्धि की होड़ में मनुष्य-मनुष्य का दुश्मन होता जा रहा है। धर्म-कर्म के प्रति वास्तविक आस्था का अभाव तथा बुद्धि के बल पर स्वार्थी तत्त्वों द्वारा धर्म के दुरुपयोग की कोशिशें बराबर हो रही हैं। चूँकि मनुष्य अपनी नियति का नियंता स्वयं बन गया है, इसीलिए जब उसे मनोवांछित सुख-सुविधा नहीं मिल पाती तो उसके मन में कुंठा,निराशा, आदि अभावमूलक वृत्तियाँ घर कर जाती हैं। आर्थिक दबाव के कारण भी परेशानियाँ तथा अपराध बढ़े हैं।

धर्म के सम्बन्ध में भावात्मकता का संबल अब भी बना हुआ है। आठ सौ वर्षों से एक साथ रहते हुए भी हिन्दू-मुसलमान के बीच तनाव की समस्या बनी हुई है। फलतः देश के किसी न किसी भाग में साम्प्रदायिक दंगों के कारण खून-खराबा होता रहता है। मन्दिर-मस्जिद के विवाद समय-समय पर उठते रहते हैं। मन्दिर-मस्जिद विवाद के कारण कितने ही निरीह एवं निर्दोष लोगों को मौत के घाट उतार दिया जाता है। धर्म के विखंडन एवं अलगाव की प्रवृत्ति बढ़ती जा रही है। हिन्दू-मुस्लिम समस्या तो अपनी जगह है, सिख धर्म को हिन्दू धर्म से अलग मानकर नये धर्म के रूप में प्रतिष्ठित कर दिया गया है।

समाज में ऊँच-नीच की भावना अब भी बरकरार है। छुआ-छूत में कमी अवश्य आयी है किन्तु जातिवाद का शिकंजा समाज को अभी भी जकड़े हुए है। जातिवाद स्वार्थवाद से जुड़कर और भी विषाक्त तथा घातक हो गया है।

कबीर अपने जीवनकाल में जिन समस्याओं से जूझ रहे थे, वही समस्याएँ रूप बदलकर आज भी मौजूद हैं। इसीलिए कबीर साहित्य की प्रासंगिकता यथावत् बनी है। कबीर का विशुद्ध भावमूलक तथा मानव समतावादी धर्म आज भी सार्थक है। कबीर ने छः सौ वर्ष पहले जो संघर्ष छेड़ा था, यदि उसे उसी रूप में आगे बढ़ाया गया होता तो भारतीय समाज का नक्शा ही कुछ और होता। ऐसे ही निर्भीक एवं जुझारू व्यक्तित्व की आवश्यकता आधुनिक समाज को भी है। जो खुलकर सच को सच और झूठ को झूठ कह सके, जो सभी

प्रचलित धर्मों के आडम्बरपूर्ण परस्पर विरुद्ध तत्त्वों को निर्ममतापूर्वक काटकर विशुद्ध मानव हितकारी एक भारतीय धर्म की स्थापना की पहल कर सके और भारतीय धर्म, दर्शन और ज्ञान की परम्परा की अवहेलना करने वाले पाखंडियों को खरी-खोटी सुना सके। हिन्दी के यशस्वी रचनाकार मुक्तिबोध ने कबीर द्वारा प्रतिष्ठित जिस धर्म की ओर दृष्टि आकर्षित की है, उसी की सार्थकता आज के समाज में है 'कबीर (और नानक) मानव समानता के प्रचारक, शील और स्नेह के पुरस्कर्त्ता तो थे ही, उन्होंने मानवमात्र के लिए सामान्य धर्म की प्रतिष्ठा करनी चाही – वह धर्म नहीं जो किताबों और ग्रंथों में बँधा रहता है जो रूढ़ियों और रिवाजों में फँस जाता है, जो मनुष्य-मनुष्य के बीच गर्व और दम्भ, पाखंड और द्वेष की दीवालें खड़ी करके मानवता को अलग-अलग टुकड़ों में काटकर तितर-बितर कर देता है। वरन् उन्होंने उस धर्म को प्रतिष्ठित किया जो मानव मात्र के अन्तःकरण में मानव गुण के रूप में विराजमान है, जो हृदय का गुण और आत्मा का स्वभाव है, जिसके द्वारा मानवता अखंड हो जाती है, जनता एक हो जाती है।' कबीर ने मध्यकाल में कहा था –

काँकर पाथर जोरि के, मस्जिद लियो बनाय।
ता पर मुल्ला बाँग दे, बहरो हुआ खुदाय।।

आधुनिक काल में जब मनुष्य अधिक बुद्धिजीवी हुआ है, अधिक तार्किक हुआ है, तब भी वह मस्जिदों में ध्वनि विस्तारक यंत्रों (लाउडस्पीकर) के माध्यम से नमाज अदा करता है। मुहल्ले-मुहल्ले में हिन्दुओं के द्वारा अखंड रामायण का पाठ खूब चिल्ला-चिल्लाकर यंत्रवत् किया जाता है जिसमें प्रचार कीभावना अधिक भक्ति भावना कम होती है। पड़ोस में कोई बीमार है, कोई परीक्षा की तैयारी में अध्ययनरत है किन्तु किसी की परवाह किये बिना धर्म के तथाकथित श्रद्धालु गला-फाड़कर चिल्ला रहे हैं। जब मुसलमान चिल्लाते हैं तो हिन्दू क्यों न चिल्लायें। दोनों को ही समान अधिकार है। धर्म के नाम पर बड़े-बड़े जुलूस निकलते हैं,धर्म की मौज में झूमते हुए लोगों को नाक के आगे चलने से कौन रोक सकता है। चाहे जो भी अड़चन हो किन्तु उन्हें सीधे जाना है, गोली चले, लाठी चार्ज हो उनकी बला से। सौ-पचास लोग मरेंगे धर्म तो बचा रहेगा और नहीं तो उनकी नेतागीरी चमकेगी। तीर्थस्थानों में लाखों की भीड़ इकट्ठा हो जाती है। धर्म के ठेकेदार तरह-तरह का प्रलोभन देकर सामान्य जनता को ठगने का प्रयत्न करते हैं। रिश्वतखोरी, शोषण से एकत्रित पैसे को धार्मिक कार्यों में खर्च करके कुछ लोग अपने को कुकृत्य के दुष्परिणामों से मुक्त करने की चेष्टा करते हैं। इसीलिए तो कबीर ने बहुत पहले कह दिया था –

तीरथ तो सब बेलड़ी, सब जग मेल्या खाइ।
कबीर मूल निकंदिया, कौंण हलाहल खाइ।।
मन मथुरा दिल द्वारिका, काया कासी जांणि।
दसवां द्वारा देहुरा, तामैं जोति पिछांणि।।

कबीर ने कथनी-करनी के भेद को मिटाने, सच्चे मार्ग पर चलने, गुरुजनों के प्रति श्रद्धा रखने, सामान्य प्राणियों के लिए दयाभाव रखने का जो उपदेश दिया है, उसकी उपादेयता आज के संदर्भ में और अधिक बढ़ गई है। धर्म के नाम पर हिंसा का जो दौर चल रहा है उसमें कबीर की विशुद्ध अहिंसावादी दृष्टि नया आलोक बिखेरती है। धर्म के नाम पर पशुओं की हत्या करने वाले लोगों पर कबीर कितना नाराज थे, धर्म के नाम पर आदमी की हत्या करने वालों के लिए भी कबीर की वाणी में व्यंग्य की चोट कम नहीं है।

मनुष्य की अनेक कुंठाओं, निराशाओं और बेगानेपन का कारण 'अहं' है। वह अपने को ही सर्वशक्तिमान समझकर जीवन और जगत् की अनेक समस्याओं को सुलझाने के लिए प्रयत्नशील है। इसीलिए छोटी-सी-छोटी असफलता उसे निराश और व्यग्र कर देती है। कबीर ने गर्व और अहं को मनुष्य का शत्रु माना है –

कबीर कहा गरबियौ, काल गहै कर केस।
नां जांणैं कहां मारिसी, कै घर कै परदेस।।

स्वार्थ और खुदगर्जी के खिलाफ कबीर की उद्‌घोषणा है –

आप सवारथ मेदनीं, भगत सवारथ दास।
कबीरां रांम सवारथी, जिनि छांड़ी तनकी आस।।

धन संचय, माया, मोह लोभ, त्रिष्णा आदि का कबीर बराबर विरोध करते हैं। धन को लेकर कोई परलोक नहीं जाता –

कबीर सो धन संचिये, जो आगैं कूँ होई।
सीस चढ़ाये पोटली, ले जात न देख्या कोई।।

कबीर धन संग्रह के विरुद्ध हैं। वे उतना ही चाहते हैं जितना परिवार के पोषण के लिए आवश्यक हो –

साईं इतना दीजिए, जामे कुटुम समाय।
मैं भी भूखा न रहूँ, साधु न भूखा जाय।।

विरक्त सन्त होते हुए भी कबीर ने जीवन के यथार्थ को अच्छी तरह से पहचाना और मानवीय समता तथा आत्म-सम्मान को प्रतिष्ठित किया। आज की विद्रोही पीढ़ी कबीर को अपने अधिक समीप समझती है। परिणामतः कबीर की पहचान बढ़ती जा रही है किन्तु 'जब तक वर्ग, वर्ण, धर्म, सम्प्रदाय, जाति और नस्ल की दीवारों को ढहाती हुई इंसानियत और इंसानी संस्कृति की वह छवि नहीं उभरती जिसे कबीर ने देखा था और अपने युग को निर्मम होते हुए भी दिखाना चाहा था, तब तक तमाम प्रकार के झूठे दावों को मिटाता गिराता सच्ची मानवता का वह सोता अपना समूचे वेग से नहीं फूटता, जिसके लिए कबीर आजीवन फावड़ा और कुदाल लिये श्रमरत रहे, तब तक कबीर इसी प्रकार उपेक्षित रहेंगे, इसी प्रकार त्याज्य बने रहेंगे, इसी प्रकार बे-पहचान होंगे।' (भक्तिकाव्य और लोकजीवन', पृ० ४२) डॉ० शिवकुमार मिश्र के इस कथन में इतना और जोड़ना चाहूँगा कि जब तक कबीर को नहीं पहचाना जायेगा तब तक धर्म के नाम पर होने वाली हिंसा, दंगा, वैमनस्य, शत्रुता भी नहीं समाप्त होगी।

कबीर की वाणी अब भी वजनदार, धारदार और प्रासंगिक है। उनकी विद्रोही चेतना अब भी जन-साधारण में आत्म-विश्वास पैदा करने की सामर्थ्य रखती है।

साखी

१. गुरु देव कौ अंग

पूर्व परिचय – कबीर की साखियों को उनमें व्यक्त भावों के अनुसार अंगों में विभाजित किया गया है। यह कार्य पुराने संतों के द्वारा सम्पादित किया गया। इनसे साधना पद्धति की क्रमिकता का भी बोध होता है। प्रस्तुत संकलन में कुछ अंगों को एक में मिला दिया गया है।

भारतीय धर्म साधना में गुरु का महत्त्व सर्व स्वीकृत है। संत साहित्य में तो गुरु की भूमिका विशेष रूप से मान्य है। साखियों के इस प्रथम अंग में गुरु की प्राथमिकता का भाव स्वतः व्यंजित है। कबीर ने बताया है कि इस संसार में सद्गुरु के समान कोई अन्य व्यक्ति नहीं है जो भक्त का आत्मीय हो। गुरु सबसे बड़ा हित चिन्तक है। गुरु अपनी अद्भुत आध्यात्मिक शक्ति से शिष्य को मनुष्य से देवता बना देता है, इसलिए उसके प्रति गहन कृतज्ञता का भाव जागृत होना स्वाभाविक है। कबीर गुरु के प्रति बार-बार बलिहारी जाते हैं। उनके सहज कृतज्ञता बोध से गुरु के माहात्म्य से सम्बन्धित शब्द अनायास ही फूट पड़ते हैं जिन्हें वे छन्द बद्ध कर देते हैं।

सतगुर सवाँन को सगा, सोधी सईं न दाति।
हरिजी सवाँन को हितू, हरिजन सईं न जाति।।१।।

शब्दार्थ – सवाँन = समान, सोधी = शुद्धि, तत्त्व शोधक, दाति = दान, दाता, हितू = हितैषी, हरिजन = ईश्वरभक्त।

व्याख्या – प्रस्तुत दोहे में सद्गुरु तत्त्वशोधक, ईश्वर और भक्त की महिमा का प्रतिपादन किया गया है। कबीर का मंतव्य है कि सद्गुरु के समान कोई अन्य निकट सम्बन्धी नहीं है। यद्यपि संसार में बहुत से रिश्ते नाते हैं, कोई भाई है, कोई बहिन है, कोई माता है और कोई पिता, कोई पति है और कोई पत्नी। इस तरह अनन्त रिश्तों का जाल बना हुआ है। इनमें से कोई भी व्यक्ति भक्त को अज्ञान के तमस से हटाकर ज्ञान के आलोक में ले जाने की क्षमता नहीं रखता, कोई भी आत्मा और परमात्मा के अभेदत्व को प्रत्यक्ष नहीं करा सकता और कोई भी भवसागर में डूबती हुई जर्जर नौका को पार नहीं लगा सकता।

भारतीय धर्म-व्यवस्था में दान की बड़ी महिमा है। अन्न, वस्त्र, द्रव्य आदि वस्तुओं की तुलना में शुद्धता का दान श्रेष्ठ है। तत्त्वशोधक सन्त ही सबसे बड़ा दाता है जो अपने सर्वस्व को आत्म-हित तथा लोक-हित के लिए अर्पित कर देता है। समस्त प्राणि-जगत का पालक ईश्वर भक्तों का सबसे बड़ा शुभचिन्तक है। वर्णव्यवस्था में ब्राह्मण को सर्वश्रेष्ठ माना गया है। कबीर ब्राह्मण की उच्चता को नकारते हुए कहते हैं कि भगवान के भक्तों की जाति सर्वश्रेष्ठ होती है, वह परम्परागत जाति-व्यवस्था में चाहे सबसे निचली सीढ़ी में ही क्यों न हो।

स तथा ह वर्ण की आवृत्ति होने के कारण अनुप्रास अलंकार है। सम्पूर्ण छन्द में

वक्रोक्ति अलंकार माना जा सकता है। सवाँन और सईं ऐसे तद्भव शब्द हैं जो कबीर की भाषा की लोकोन्मुखता को प्रकट करते हैं।

बलिहारी गुर आपणै, द्यौं हाड़ी कै बार।
जिनि मानिष तैं देवता, करत न लागी बार।।२।।

शब्दार्थ – द्यौं हाड़ी = दिन में, बार = देर

व्याख्या – जिस गुरु ने अपनी अद्भुत आध्यात्मिक शक्ति द्वारा मुझे मनुष्य से देवता बना दिया। रूपान्तरण की इस प्रक्रिया में तनिक भी देर नहीं लगी। इस तरह के गुरु के प्रति मैं दिन में कितनी बार बलिहारी जाऊँ।

द्यौंहाड़ी शब्द दिवस + डी से निर्मित है जो विशिष्ट लोक प्रयोग है। इसका रूपान्तर दिहाड़ी है जो दैनिक का पर्याय है। तैं प्राचीन हिन्दी का करण-अपादान का परसर्ग है।

बार-बार में यमक अलंकार है।

सतगुर की महिमा अनँत, अनँत किया उपगार।
लोचन अनँत उघाड़िया, अनँत दिखावणहार।।३।।

शब्दार्थ – अनँत = असीमित, लोचन = आँख, उघाड़िया = उद्घाटित किया।

व्याख्या – ज्ञान के आलोक से सम्पन्न सद्गुरु की महिमा असीमित है। उन्होंने मेरा जो उपकार किया है वह भी असीम है। उसने मेरे अपार शक्ति सम्पन्न ज्ञान-चक्षु का उद्घाटन कर दिया जिससे मैं परम तत्त्व का साक्षात्कार कर सका। ईश्वरीय आलोक को दृश्य बनाने का श्रेय महान् गुरु को ही है।

कबीर ने तत्सम और तद्भव शब्दों के उचित विन्यास से गुरु की अपार शक्ति, उपकारी वृत्ति तथा आध्यात्मिक कर्म को व्यंजित किया है।

राम नाम कै पटतरै देबै कौं कछु नाहिं।
क्या लै गुर संतोषिए, हौंस रही मन माँहि।।४।।

शब्दार्थ – पटतरै = समान वस्तु, हौंस = प्रबल अभिलाषा, माँहि = में।

व्याख्या – गुरु ने मुझे राम नाम की अमूल्य वस्तु दी। उसके समान या उसकी तुलना की कोई भी वस्तु मेरे पास नहीं है। इसलिए मैं गुरु को (गुरु-दक्षिणा के रूप में) क्या अर्पित करूँ ? राम नाम के समरूप कोई वस्तु उपलब्ध न होने के कारण मैं गुरु को कैसे सन्तुष्ट करूँ? गुरु को सन्तुष्ट करने का हौसला (उत्कट अभिलाषा) मेरे मन में बना ही रह गया। इस कार्य को न कर पाने के कारण मन की चाह मन में ही दबी रह गयी।

संतोष संज्ञा से संतोषिए क्रिया का निर्माण किया गया है। इससे कबीर की भाषा-क्षमता का परिचय मिलता है। 'हौंस' देशी शब्द में अभिलाषा और उमंग की जैसी व्यंजना है वैसी किसी अन्य शब्द में संभव न हो पाती। सम्पूर्ण साखी में राम नाम के अनुपम माहात्म्य, गुरु की निःस्वार्थ कृपा एवं शिष्य की कृतज्ञता को अभिव्यंजित किया गया है।

सतगुरु के सदकै करूँ, दिल अपणी का साछ (साँच)।
कलयुग हम स्यूं लड़ि पड़्या मुहकम मेरा बाछ।।५।।

शब्दार्थ – सदकै = न्यौछावर, साछ-साक्षी, (साँच=सच्चा) स्यूं = से, मुहकम = दृढ़।

व्याख्या – मैं अपने सद्गुरु के प्रति अपने को न्यौछावर करता रहता हूँ। अर्थात् उनके

ज्ञान और उपदेश के प्रति आस्थावान हूँ। मेरे हृदय में किसी तरह का विकार या द्वन्द्व भी नहीं है। गुरु के प्रति पूर्ण सच्चाई के साथ समर्पित हूँ। मेरी इस दृढ़ प्रतिज्ञा या दृढ़ सम्बन्ध को देखकर कलयुग अपनी बुराइयों के साथ मुझसे युद्ध के लिए तैयार है। मुझे पूरा भरोसा है कि मैंने जिसके ज्ञान को अपना रक्षक समझा है वह कलयुग के प्रहारों से मुझे अवश्य बचायेगा।

प्रस्तुत साखी में कबीर ने सदकै, दिल, मुहकम आदि अरबी-फारसी के शब्दों का प्रयोग किया है।

सतगुर लई कमाँण करि, बाँहण लागा तीर।
एक जु बाह्या प्रीति सूँ, भीतरि रह्या सरीर।।६।।

शब्दार्थ – लई = लिया, कमाँण = धनुष, बाँहण = चलाना, बाह्या = चलाया।

व्याख्या – सद्गुरु ने धनुष हाथ में लेकर बाण चलाना शुरू कर दिया। उन्होंने एक प्रेम का बाण चलाया जो मेरे भीतर जाकर शरीर में ही अवरुद्ध हो गया।

कबीर 'रूपकातिशयोक्ति' अलंकार के माध्यम से गुरु के उपदेश-विधि और शिष्य द्वारा उसकी ग्रहण प्रक्रिया को ही नहीं बल्कि उसके मार्मिक प्रभाव को व्यंजित करने का प्रयत्न करते हैं। धनुष का तात्पर्य साखी (या वाक् यन्त्र) से है। बाण शब्द-बाण हैं। गुरु अपनी बाणी से बहुत से उपदेशों को शिष्य के कर्णपुटों तक प्रेषित करता है। शिष्य अपनी योग्यता, रुचि और क्षमता के अनुसार उनके अभिप्राय को आत्मसात् करता है। गुरु के ज्ञानोपदेश का कुछ अंश बुद्धि की गुहा में प्रवेश कर जाता है और कुछ मर्म को बेध देता है। 'प्रीति' का शब्द बाण कबीर की दृष्टि में सबसे अधिक मर्मभेदी और प्रभविष्णु होता है।

कबीर अपने शिष्यत्व की योग्यता का भी इस साखी में संकेत करते हैं। साखी की भाषा खड़ीबोली के अधिक समीप है। करि, प्रीति, भीतरि आदि शब्दों में विभक्तिकता का अवशेष द्रष्टव्य है।

सतगुर साँचा सूरिवाँ, सबद जु बाह्या एक।
लागत ही मैं[1] मिलि गया, पड्या कलेजै छेक।।७।।

पाठान्तर – तिवारी – १. भुइं

शब्दार्थ – साँचा = साच्चा, सूरिवाँ = वीर, बाह्या = मारा, मैं = अहंकार, छेक = दरार या घाव।

व्याख्या – कबीर कहते हैं कि सद्गुरु सच्चा वीर है। उसने शब्द बाण को चलाकर शिष्य को वैसे ही धराशायी कर दिया जैसे सच्चा शूर अपने बाणों से प्रतिपक्ष को घायल कर देता है। शब्द बाण लगते ही शिष्य (कबीर का) का अहं नष्ट हो गया और उसे आत्म-ज्ञान प्राप्त हो गया। यदि भुइं पाठ लिया जाय तो अर्थ होगा धराशायी हो गया। उसके हृदय में ज्ञान-विरह (प्रेम-स्वरूपज्ञान) की दरार पड़ गयी और उसमें परमात्मा में लीन होने की तड़प पैदा हो गयी।

कबीर द्वारा कल्पित इस रूपक का अर्थ कुछ विचित्र सा लगता है। अधिकांश आलोचकों को इसकी गहराई की थाह नहीं मिल पायी। वास्तव में कबीर ने इस साखी में एक तरह के मनोलोक से दूसरे तरह के मनोलोक या भावलोक के अध्यन्तरण का चित्रण किया है। जैसे एक मनोरोगी को विद्युत का झटका देकर अचेत कर दिया जाता है और फिर जब वह जागृत होता है तो उसकी मानसिक स्थिति बदली हुई होती है, ठीक उसी तरह से गुरु के उपदिष्ट

ज्ञान का इतना गहरा असर होता है कि शिष्य कुछ क्षणों के लिए अचेत हो जाता है। चेतना आने पर उसे लगता है कि अब वह एक नये मार्ग का राही बन गया है। उसके हृदय में परमात्मा से मिलन की उत्कट आकांक्षा जाग उठी है।

प्रस्तुत साखी में अनुप्रास, रूपकातिशयोक्ति अलंकारों का विधान है।

सतगुर मारया बाण भरि, धरि करि सूधी मूठि।
अंगि उघाड़ै लागिया, गई दवा सूँ फूटि।।८।।

शब्दार्थ – भरि = पूरी, धरि करि = पकड़ कर, सूधी =सीधी, उघाड़ै = नंगे, दवा = दावाग्नि।

व्याख्या – सद्गुरु ने सीधी मुट्ठी से, पकड़ कर लक्ष्य करके पूरी शक्ति से शब्द बाण का प्रहार किया। यह शब्द बाण शिष्य के नंगे बदन पर लगा फलस्वरूप उससे दावाग्नि-सी फूट पड़ी।

सीधी मुट्ठी का तात्पर्य है सहज भाव। जब गुरु उपदेश देते-देते थक जाता है और शिष्य जड़ ही बना रहता है तो वह अपनी पूरी क्षमता से ज्ञानोपदेश की ऐसी भेदक शैली का प्रयोग करता है कि शिष्य की सारी जड़ता क्षण मात्र में दूर हो जाती है। जैसे जड़ पत्थर पर बार-बार प्रहार या घर्षण से आग पैदा हो जाती है उसी तरह शब्द बाण के निरन्तर आघात से शिष्य के रज–तम गुणों से निरावृत्त शुद्ध सत्त्वरूपी शरीर से ज्ञान–विरह की दावाग्नि फूट पड़ती है जिससे विषय-वासनाएँ भस्म हो जाती हैं।

कबीर ने बाण के प्रहार के द्वारा ज्ञान की अनुभूति की बड़ी अनोखी स्थिति का निरूपण किया है। यहाँ सद्गुरु का प्रबोधन सामान्य सांसारिक अनुभव से अलग और विशिष्ट दिखाया गया है।

हँसै न बोलै उनमनी, चंचल मेल्ह्या मारि।
कहै कबीर भीतरि भिद्या, सतगुर कै हथियार।।९।।

शब्दार्थ – उनमनी = योग की एक विशिष्ट दशा, मेल्ह्या = नष्ट कर दिया, भिद्या = बेध गया।

व्याख्या – कबीरदास कहते हैं कि सद्गुरु का शब्द-बाण जब शरीर के भीतर विंध गया तब मन की चंचलता नष्ट हो गयी। वह समाधि की ऐसी अवस्था में पहुँच गया है जहाँ मन सांसारिक विषय – वासनाओं से पूर्णतया उदासीन होकर आनन्द में लीन हो जाता है। इन्द्रिय संवेदन की अग्राह्यता के कारण हँसना-बोलना भी बन्द हो गया है।

प्रस्तुत साखी में 'उनमनी', पारिभाषिक शब्द होने के कारण विशेष अर्थ गर्भित है। इस शब्द में योग, ज्ञान तथा भक्ति का विचित्र समन्वय हो गया है। नाथ सम्प्रदाय में प्रचलित 'मनोन्मनी' शब्द से इसका सम्बन्ध स्थापित किया जाता है। मनोन्मनी का अर्थ है – 'मारुते मध्ये मनः स्थैर्य प्रजायते यो मनः सुस्थरीभाव सैवावस्था मनोन्मनी'। इस अवस्था में मन की चंचलता समाप्त हो जाती है। उन्मन का अर्थ उदासीन भी होता है।

इसमें सांसारिक विषयों से उदासीनता का भाव भी निहित है।

गोरखनाथ ने एक स्थल पर उन्मन को आनन्दावस्था कहा है। कबीर का भी कहना है–

उन्मनि ध्यान घट भीतर पाया।
अवधू मेरा मन मतिवारा।

उन्मनि चढ़ा गगन रस पीवै।
त्रिभुवन भया उजियारा।

हँसना–बोलना भी लाक्षणिक अर्थ लिए हुए है। हँसना का तात्पर्य है विषय-वासनाओं को उन्मुख भाव से ग्रहण करने की प्रवृत्ति और बोलना का अर्थ है उल्लास की अभिव्यक्ति।

कबीर जहाँ योग की पारिभाषिक शब्दावली का प्रयोग करते हैं वहाँ उनकी वाणी किंचित दुर्बोध हो जाती है। चूँकि कबीर की भक्ति योग की पृष्ठभूमि पर ही विकसित होती है इसलिए वे योग-परक शब्दावली से अपने को बचा भी नहीं सकते।

गूँगा हूवा बावला, बहरा हुआ कान।
पाऊँ थैं पंगुल भया, सतगुर मार्‌या बाण।।१०।।

शब्दार्थ – बावला = पागल, पाऊँ = पैर, पंगुल = लंगड़ा।

व्याख्या – सद्‌गुरु ने ऐसा शब्द बाण मारा कि शिष्य की भाषण शक्ति खतम हो गयी, संसार से पूर्णतया उदासीन होकर वह पागल-सा हो गया, जगत् का कोलाहल और मोहक संगीत दोनों को वह नहीं सुनता।

उसे जलते हुए संसार की चीत्कार भी नहीं सुनाई देती। पैरों से वह पंगु हो गया। उसकी स्वार्थ की दौड़ समाप्त हो गयी।

साखी का तात्पर्य यह है कि 'उन्मन' हो जाने के कारण कोई भी इन्द्रिय अपना स्वाभाविक कार्य-व्यापार पूर्ववत् नहीं कर पा रही है। इसमें देहाध्यास से ऊर्ध्वगमन की भी व्यंजना है।

पीछै लागा जाइ था, लोक वेद के साथि।
आगै थैं सतगुर मिल्या, दीपक दीया हाथि।।११।।

व्याख्या – कबीर कहते हैं कि मैं बिना किसी सोच-विचार के लोक और वेद के पीछे लगा चला जा रहा था। आगे से मुझे सत्‌गुरु मिल गया। उन्होंने ज्ञान रूपी दीपक मेरे हाथ में दे दिया जिससे मेरी अन्धानुकरण की प्रवृत्ति समाप्त हो गयी।

प्रस्तुत साखी में कबीर के भक्त होने से पूर्व की स्थितियों पर प्रकाश पड़ता है। यदि वे सत्‌गुरु से भेंट होने से पूर्व लोकाचारों तथा वेद मार्ग के अनुयायी थे तो इससे सिद्ध होता है कि वे हिन्दू थे। सत्‌गुरु के ज्ञान दीपक को पा लेने के बाद कबीर ने स्वानुभूति का महत्त्व समझा। इस नये आलोक में उन्होंने लोकाचारों तथा वेद-विहित मान्यताओं का पुनर्निरीक्षण किया और अपने समाज के परिप्रेक्ष्य में जितना अपेक्षित था उतना ही स्वीकार किया शेष को नकार दिया। दीपक में रूपकातिशयोक्ति तथा दीपक-दीया में छेकानुप्रास का विधान है।

दीपक दीया तेल भरि, बाती दई अघट्ट।
पूरा किया बिसाहूँणाँ, बहुरि न आँवौं हट्ट।।१२।।

शब्दार्थ – अघट्ट = कभी न घटने वाली, बिसाहूँणाँ = खरीद, बहुरि = फिर, हट्ट = बाजार।

व्याख्या – गुरु ने ज्ञान रूपी दीपक में भक्ति (प्रेम) का तेल भर कर दिया। इसमें निदिध्यासन (ब्रह्मात्म के स्वरूप का सतत ध्यान करना) की कभी न घटने वाली वर्तिका डाल दी। इसी दीपक के आलोक में कबीर ने संसार रूपी हाट में क्रय-विक्रय किया। उन्होंने दुष्कर्मों को त्याग कर और पुण्य कर्मों के द्वारा मुक्ति का बहुमूल्य पदार्थ प्राप्त किया। यह खरीद-

फरोख्त सदा के लिए समाप्त हो गयी। अब कबीर को इस संसार में पुनः जन्म लेना नहीं पड़ेगा।

१. इसमें रूपकातिशयोक्ति और सांगरूपक का निर्वाह किया गया है।

२. पूरा किया बिसाहूँणा में ज्ञानपूर्वक भोग करके प्रारब्ध कर्म के क्षय की अभिव्यंजना है।

ग्यान प्रकास्या गुर मिल्या, सो जिनि बीसरि जाइ।
जब गोविंद कृपा करी, तब गुर मिलिया आई।।१३।।

शब्दार्थ – प्रकास्या = प्रकाशित करने वाले, बीसरि = विस्मृत।

व्याख्या – ज्ञान का प्रकाश तभी हुआ जब गुरु से भेंट हुई। इस महिमा सम्पन्न व्यक्तित्व को विस्मृत नहीं करना चाहिए। गुरु का यह मिलन गोविंद के अनुग्रह का ही परिणाम है।

कबीर गुर गरवा मिल्या, रलि गया आटैं लूँण।
जाति-पाँति कुल सब मिटैं, नाँव धरौगे कौण।।१४।।

शब्दार्थ – गरवा = गौरवशाली, रलि गया = एकाकार हो गया, लूँण = नमक।

व्याख्या – कबीरदास कहते हैं कि मुझे गौरवशाली आत्म-ज्ञान तथा तत्त्वज्ञान से गम्भीर गुरु मिल गया। उसके द्वारा प्रदत्त ज्ञान से मैं शुद्ध चैतन्य में लीन हो गया। साधक, गुरु और ईश्वर सब एकाकार हो गये जैसे आटे में नमक। मेरा यह शरीरी रूप बिलकुल नगण्य हो गया इसलिए जाति-पाँति की उपाधियाँ मिट गयीं। नाम रूप भी समाप्त हो गया। अब मेरा कौन-सा नाम रखोगे।

इसी साखी में गुरु की महिमा तथा उसके द्वारा दिये गये ज्ञान के परिणाम को व्यंजित किया गया है। इसमें प्रतिवस्तूपमा अलंकार का भी विधान है। नकार के स्थान पर णकार का प्रयोग खड़ीबोली की प्रकृति के अनुकूल है।

जाका गुर भी अंधला, चेला खरा निरंध।
अंधा-अंधा ठेलिया, दून्यूँ कूप पड़ंत।।१५।।

शब्दार्थ – अंधला = दृष्टिहीन, (ज्ञानहीन) खरा = पूर्णतया, निरंध = दृष्टिहीन, ठेलिया = ढकेलना, पड़ंत = पड़ते हैं।

व्याख्या – जिसका गुरु अंधा अर्थात् ज्ञान-हीन है। जिसकी अपनी कोई चिंतन दृष्टि नहीं है और परम्परागत मान्यताओं तथा विचारों की सार्थकता को जाँचने-परखने की क्षमता नहीं है। ऐसे गुरु का अनुयायी तो निपट दृष्टिहीन होता है। उसमें अच्छे-बुरे, हित-अहित को समझने की शक्ति नहीं होती जबकि हित-अहित की पहचान पशु-पक्षी भी कर लेते हैं। इस तरह अंधे गुरु के द्वारा ठेला जाता हुआ शिष्य आगे नहीं बढ़ पाता। वे दोनों एक-दूसरे को ठेलते हुए कुएँ में गिर जाते हैं अर्थात् अज्ञान के गर्त में गिर कर नष्ट हो जाते हैं।

कबीर ने अज्ञानी गुरु और जड़ शिष्य की परिणति को अभिव्यक्त करने के लिए एक सुन्दर बिम्ब सृजित किया है। अंधा अंधे को ठेलता हुआ जा रहा है, मार्ग की पहचान न होने के कारण दोनों कुएँ में गिर जाते हैं। यहाँ अंधा और कूप का प्रयोग लाक्षणिक है। अंधापन अज्ञान का सूचक है और कूप बहुत नीचे, या विषय वासनाओं के गर्त का प्रतीक है।

नाँ गुर मिल्या न सिष भया, लालच खेल्या डाव।
दुन्यूँ बूड़े धार मैं, चढ़ि पाथर की नाव।।१६।।

शब्दार्थ – सिष = शिष्य, डाव = दाँव, बूड़े = डूबे।

व्याख्या – कबीरदास कहते हैं कि जिसे सच्चा और ज्ञान-सम्मान गुरु नहीं मिला और जो स्वयं जिज्ञासु और समर्पित शिष्य नहीं बन पाया, उसका कल्याण कैसे हो सकता है। लोभी गुरु और लोभी शिष्य के बीच में लालच का ही दाँव चलता है। अपने-अपने भौतिक सुख-साधन की प्राप्ति की चिन्ता में वे एक-दूसरे को प्रवंचित करते रहते हैं। वे दोनों पत्थर की नौका पर सवार व्यक्तियों की तरह भवसागर में डूब जाते हैं।

कबीर का मंतव्य है कि गुरु और शिष्य दोनों में अपने-अपने ढंग की योग्यता आवश्यक है। लोभ की भावना से गुरुत्व और शिष्यत्व दोनों व्यर्थ हो जाते हैं। पाथर की नाव में दोहरी व्यंजना है, एक तो जड़ता का आश्रय ग्रहण करना और दूसरा प्रकृति के विरुद्ध व्यवहार करना। पत्थर की नाव चलाना मुहावरा भी है।

चौंसठि दीवा जोइ करि, चौदह चंदा मांहि।
तिहिं घरि किसकौ चानिणौं, जिहि घरि गोविंद नांहिं।।१७।।

शब्दार्थ – दीवा = दीपक, चंदा = चंद्रमा।

व्याख्या – किसी घर में चौंसठ दीपकों को एक साथ प्रज्वलित किया जाय और उसमें चौदह चन्द्रमा (चन्द्रमा की चौदहों कलाओं) की चाँदनी समाहित हो जाय तो भी यदि वहाँ गोविंद का प्रकाश नहीं है तो अंधेरा ही रहता है। गोविंद के बिना किसी की चाँदनी वहाँ हो ही नहीं सकती।

इस साखी में घर शरीर का प्रतीक है। चौंसठ दीपक का तात्पर्य है चौंसठि कलाएँ और चौदह चंदा का तात्पर्य है चौदह विद्याएँ। यदि किसी व्यक्ति को चौंसठ कलाओं और चौदह विद्याओं का ज्ञान है किन्तु उसमें ईश्वरीय आलोक का अभाव है तो उसका ज्ञान प्रकाशित नहीं हो सकता। वास्तव में हर तरह का प्रकाश उसी ईश्वरीय प्रकाशपुंज का अंश है।

यहाँ कबीर ने भक्ति और ज्ञान के अभिन्नत्व को प्रदर्शित किया है। इसमें विशेषोक्ति अलंकार का विधान है। दीवा, चंदा में प्रतीकात्मकता निहित है।

निस अँधियारी कारणै, चौरासी लख चन्द।
अति आतुर उदै किया, तऊ दिष्टि नहिं मंद।।१८।।

व्याख्या – रात के अंधकार को दूर करने के लिए मनुष्य ने चौरासी लाख चन्द्रों को बड़ी आतुरता से उदित किया किन्तु तब भी उसकी दृष्टि मंद ही रह गयी।

निस अँधियारी अज्ञान का प्रतीक है। जीवात्मा अज्ञान के अंधकार से आवृत्त है। इस अंधकार के निराकरण के लिए वह अनेक उपाय करता है, फलतः कर्म के बन्धन में पड़ता हुआ चौरासी लाख योनियों में भ्रमण करता है किन्तु उसका अज्ञान दूर नहीं होता। चौरासी लाख चन्द्र को उदित करने का अभिप्राय, अनेक जन्मों में भ्रमण भी हो सकता है। वैसे इसका सीधा अर्थ है चौरासी लाख चन्द्रों का प्रकाश भी ईश्वर की कृपा के बिना या सद्गुरु के ज्ञान के बिना जीवात्मा के अज्ञान को दूर नहीं कर सकता।

भली भई जु गुर मिल्या, नहीं तर होती हाँणि।[१]
दीपक दिष्टि पतंग ज्यूँ, पड़ता पूरी जाँणि[२]।।१६।।

पाठान्तर– तिवारी – १. हानि, २. जानि

शब्दार्थ – हाँणि = हानि, जाँणि = ज्ञान

व्याख्या – कबीरदास कहते हैं कि गुरु का मिलना मेरे लिए अतिशय कल्याणकारी रहा अन्यथा बहुत बड़ी हानि होती। दीपक को देखकर जैसे पतिंगे आकृष्ट होकर कूद पड़ते हैं उसी तरह मैं भी विषय वासनाओं की ओर पूरे ज्ञान के साथ टूट पड़ता।

इस साखी में गुरु की महिमा और उपकार की व्यंजना है। कबीर उपमा और रूपकातिशयोक्ति अलंकारों के द्वारा अपने भाव को स्पष्ट करते हैं। दीपक और पतंग की अप्रस्तुत योजना भी दर्शनीय है।

माया दीपक नर पतँग, भ्रमि भ्रमि इवै[1] पड़ंत।
कहै कबीर गुर ग्यान थैं, एक आध उबरंत।।२०।।

पाठान्तर– तिवारी – १. माँहि

शब्दार्थ – पड़ंत = गिरते हैं, थैं = से, उबरंत = उद्धार पाते हैं।

व्याख्या – कबीर कहते हैं कि माया दीपक की तरह है और मनुष्य पतिंगे की तरह है। वे माया रूपी दीपक पर आकर्षित होकर भ्रमित हो होकर गिर पड़ते हैं। माया के वशीभूत हुए लोगों में से एक आध व्यक्ति गुरु के ज्ञान से उबर पाता है।

इन पंक्तियों में माया के आकर्षण और उससे मुक्ति की दुष्करता की व्यंजना की गयी है। साखी के प्रथम चरण में सांगरूपक, भ्रमि-भ्रमि में पुनरुक्ति प्रकाश है।

सतगुरु बपुरा क्या करै, जे सिषही माँहै चूक।
भावै त्यूँ प्रमोधि लै, ज्यूँ बंसि बजाई फूँक।।२१।।

शब्दार्थ – बपुरा = बेचारा, सिषही = शिष्य में ही, चूक = कमी, प्रमोधि = प्रबोध ज्ञात, बंसि = वंशी।

व्याख्या – सद्गुरु बेचारा क्या कर सकता है यदि शिष्य में ही कमी है। अन्यथा वह जिस प्रकार चाहे गुरु द्वारा प्राप्त ज्ञान को संवर्द्धित कर ले। जैसे फूँक मार कर बंशी बजा ली जाती है। गुरु तो केवल यही बता सकता है कि फूँक मारने से बंशी बजती है। शिष्य स्वयं फूँक मारकर उससे अनेक तरह का संगीत पैदा कर लेता है। गुरु का कार्य है मार्ग निर्देशन, उस मार्ग पर तो शिष्य को स्वयं ही चलना होता है। यदि उसमें अनेक तरह की कमियाँ हैं, उपेक्षा है, अर्थ को अनर्थ कर लेने की आदत है तो इसमें गुरु का क्या दोष है।

इस साखी में वक्रोक्ति तथा दृष्टांत अलंकारों का विधान किया गया है। जायसी भी इसी तरह का भाव व्यक्त करते हैं–

गुरु विरह चिनगी जो मेला। जो सुलगाइ लेइ सो चेला।

तुलसी का कहना है – **मूरख हृदय न चेत जे गुरु मिले विरंचि सम।**

संसै खाया सकल जग, संसा किनहूँ न खद्ध।
जे बेधे गुर अष्षिरां, तिनि संसा चुणि चुणि खद्ध।।२२।।

शब्दार्थ – संसै = संशय, सकल = समस्त, किनहूँ = किसी ने, खद्ध = खाया, अष्षिरां = अक्षर, तिनि = उन्होंने।

व्याख्या – संशय अर्थात् माया, अज्ञान और भ्रम से सारा संसार ग्रसित है। कोई भी

इस संशय को समाप्त नहीं कर पाता। जब गुरु द्वारा उपदिष्ट अक्षर शरीर में प्रवेश करते हैं और ओऽम या राम (अक्षर ब्रह्म) की अनुभूति जाग उठती है तो रोम-रोम में व्याप्त संशय को ये अक्षर चुन-चुनकर खा जाते हैं।

स की आवृत्ति होने के कारण अनुप्रास चुणि-चुणि में पुनरुक्ति प्रकाश अलंकार है। 'खाया' – और खद्ध के प्रयोग द्रष्टव्य हैं। खद्ध का प्रयोग कर्मवाच्य में है। इससे कबीर के शब्द निर्माण के कौशल का बोध होता है। 'खाते' क्रिया के प्रयोग से 'संशय' का मूर्त्तीकरण हो जाता है और उसकी प्रबलता का बोध होता है। चुन-चुनकर खाने में क्रियात्मक बिम्ब का निर्माण होता है।

चेतनि चौकी बैसि करि, सतगुर दीन्हाँ धीर।
निरभै होइ निसंक भजि, केवल कहै कबीर।।२३।।

शब्दार्थ – चेतनि = चेतना, चैतन्य या ज्ञान, बैसि = बैठ, केवल = केवल परमतत्त्व।

व्याख्या – चेतना की चौकी पर आसीन होकर सद्गुरु ने धैर्य बँधाया। उसने कहा कि निर्भय होकर बिना किसी शंका के भगवान् का भजन करो। तत्पश्चात् कबीर केवल-केवल कहने में तत्पर हो गया। उसने मान लिया कि केवल एक तत्त्व है अर्थात् द्वैत नहीं।

'केवल' शब्द जैन दर्शन से सम्बद्ध माना जा सकता है। समस्त ज्ञानावरण के समूल नष्ट होने पर उत्पन्न होने वाला ज्ञान केवल ज्ञान है। यह सर्वज्ञता की स्थिति है। चेतनि चौकी में रूपक अलंकार है। अनुप्रास का सौन्दर्य तो सम्पूर्ण साखी में है। भजन के अलावा साधना के अन्य मार्गों का इस साखी में अप्रत्यक्ष रूप से निषेध किया गया है।

सतगुर मिल्या त का भया, जे मनि पाड़ी भोल।
पासि बिनंठा कप्पड़ा, क्या करै बिचारी चोल।।२४।।

शब्दार्थ – का = क्या, भया = हुआ, मनि = मन में, पाड़ी = पड़ी, भोल = भूल, भ्रम पासि = मैल, बिनंठा = विनष्ठ, चोल = मंजीठ।

व्याख्या – सद्गुरु मिल भी गया तो उससे क्या लाभ है, जब शिष्य के ही मन में चूक है, निष्ठा और समर्पण का अभाव है। यदि कपड़ा मैल से नष्ट हो चुका है तो उस पर रंग कैसे चढ़ सकता है। इसमें मंजीठ का क्या दोष है।

कबीर ने शिष्य के मन को मैले कपड़ों से उपमित किया है। जैसे मैले कपड़े पर रंग चटकीला नहीं होता उसी तरह ज्ञान का उदय मैले मन में नहीं हो पाता। दूसरी पंक्ति में दृष्टांत अलंकार है। का पुराना प्रश्नवाचक सर्वनाम है। मनि में सप्तमी विभक्ति का अवशेष है।

बूड़े थे परि ऊबरे, गुर की लहरि चमंकि।
भेरा देख्या[1] जरजरा, (तब) ऊतरि पड़े फरंकि।।२५।।

पाठान्तर– तिवारी – १. जब भेरा देखा

शब्दार्थ – भेरा = बड़ा, जरजरा = जीर्ण-शीर्ण, फरंकि = फड़क कर, कूदकर, अलग होना।

व्याख्या – मैं तो संसार रूपी सागर में डूब ही गया था। इतने में गुरु की कृपा या उपदेश रूपी लहर से ऊपर उछाल दिया गया। एकाएक मुझे चेत आया कि मैं जिस बाह्याडम्बरों की नौका पर सवार होकर भवसागर को पार कर रहा था वह तो बिलकुल जीर्ण-शीर्ण हो गयी है। मैं तत्काल कूदकर उससे अलग हो गया। व्यंजना यह है कि मैंने गुरु द्वारा बताई हुई नयी

साधना पद्धति का आश्रय ग्रहण कर लिया। फलतः संसार की विषय वासनाओं और माया में डूबने से बच गया।

'गुरु की लहरि' में रूपक अलंकार और भेरा में रूपकातिशयोक्ति अलंकार का प्रयोग है। 'फरंकि' में गतिशीलता का बिम्ब निर्मित होता है जिससे अलग होने की क्रिया प्रत्यक्ष हो जाती है।

गुरु गोविंद तो एक है, दूजा यहु[1] आकार।
आपा मेट जीवत मरै, तो पावै करतार[2]।।२६।।

पाठान्तर– तिवारी – १. सब, २. आपा मेट हरि भजै तब पावै दीदार

शब्दार्थ – आपा = अपने पृथक् अस्तित्व का बोध, करतार =ईश्वर।

व्याख्या– कबीरदास कहते हैं कि गुरु और ईश्वर दोनों एक ही हैं। केवल रूपाकार भिन्न है। गुरु ने आत्मा और परमात्मा के एकत्व को पूर्णतया अनुभूत कर लिया है। इसलिए वह स्वयं शुद्ध चैतन्य स्वरूप हो गया है। वास्तव में जो शिष्य अपने अलग अस्तित्व बोध को मिटाकर जीवन्मृत हो जाता है वही ईश्वर को प्राप्त कर लेता है या वह स्वयं ईश्वरमय हो जाता है। तिवारी के पाठ के अनुसार – यदि अहंकार मिटाकर भगवान् का भजन किया जाय तभी ईश्वर का दर्शन होता है। चूँकि गुरु जीवन्मृत की अवस्था को प्राप्त कर चुका होता है इसीलिए उसमें और ईश्वर में कोई भेद प्रतीत नहीं होता है। साधना की एक ऐसी अवस्था आती है जहाँ पूज्य-पूजक, साधक और भगवान का अलगाव समाप्त हो जाता है। मैं-तू, सुख-दुख, मित्र-अमित्र आदि सभी तरह के द्वन्द्व मिट जाते हैं। गुरु भी द्वन्द्वातीत होता है।

गुरु-गोविन्द में अनुप्रास अलंकार तथा जीवन मरै में विरोधाभास है। इस साखी में अद्वैत अनुभूति का काव्यात्मक प्रस्तुतीकरण है। 'जीवत मरै' एक तरह का पारिभाषिक शब्द है जिसका तात्पर्य है साधना की ऐसी सिद्धावस्था जहाँ इन्द्रियों का सांसारिक आकर्षण समाप्त हो जाता है। मन की सारी चंचलता मर जाती है। मन की वृत्तियाँ पूर्णतया अन्तर्मुखी हो जाती हैं। साधक सांसारिक कर्म करते हुए भी उससे निर्लिप्त रहता है।

कबीर सतगुर नाँ मिल्या, रही अधूरी सीष।
स्वाँग जती का पहरि करि, घरि-घरि मांगै भीष।।२७।।

शब्दार्थ – सीष = शिक्षा, जती = यती, स्वाँग= वेशभूषा।

व्याख्या – कबीरदास वेश-भूषा मात्र से संन्यास ग्रहण करने वाले भिक्षाजीवी संन्यासियों को सम्बोधित करते हुए कहते हैं कि उन्हें सद्‌गुरु नहीं मिल पाया इसीलिए उनकी शिक्षा अधूरी रह गयी। उन्हें पूर्ण वैराग्य नहीं हो पाया। इसी से तो वे यती का वेश बनाकर घर-घर भिक्षा माँगते हैं।

कबीर आडम्बर-प्रियता के पीछे गुरु की भूमिका भी स्वीकार करते हैं। यदि गुरु श्रेष्ठ होगा तो वह आत्म-ज्ञान को महत्त्व देगा, स्वाँग को नहीं। स्वाँग शब्द से मात्र वेशभूषा का ही बोध नहीं होता। बल्कि तपस्वी की कृत्रिम अभिनेयता की भी व्यंजना होती है। घरि-घरि में सप्तमी विभक्ति का पुराना अवशेष है।

सतगुर साँचा[1] सूरिवाँ, तातैं[2] लोहिं लुहार।
कसणी[3] दे कंचन किया, ताई लिया ततसार।।२८।।

पाठान्तर– तिवारी – १. मेरा, २. ज्यों तातैं, ३. कसनी

शब्दार्थ – साँचा = सच्चा, सूरिवाँ = वीर, तातैं = तप्त, कसणी = कसौटी (कसाव का पुट) ताइ लिया = निकाल लिया (आँक लिया)।

व्याख्या – सद्गुरु सच्चा वीर है या मेरा सत्गुरु वीर है। वह शिष्य के लिए ऐसा कार्य करता है जो साधारण लुहार के वश का नहीं होता। लुहार तो लोहे को तपाता है उसे पीट-पाटकर मन चाहे रूप में ढाल देता है। किन्तु उसे सोना नहीं बना पाता। किन्तु सद्गुरु लोहा रूपी शिष्य को तप की आग में तपाकर ज्ञान-भक्ति की कसौटी पर कसकर कंचनवत शुद्ध चमकदार एवं मूल्यवान बना देता है। उसके कल्मष को जलाकर सारभूत तत्त्वों को प्रत्यक्ष कर देता है।

साखी के प्रथम चरण की संगति अन्य चरणों के साथ तभी बैठ सकती है जब गुरु के अपूर्व रूपान्तरण की प्रक्रिया को मुख्य अर्थ के रूप में ग्रहण किया जाय। उसकी शूरता भी इससे सिद्ध होती है। यहाँ 'सूरिवाँ' मुख्यतः बौद्धिक कौशल का सूचक है दैहिक बल का नहीं। जो जोखिम भरा कार्य करता है वही तो वीर होता है। शिष्य को गहन साधना से गुजार कर उसका कायाकल्प करना क्या जोखिम का कार्य नहीं है।

इस साखी में रूपकातिशयोक्ति, सांगरूपक और निदर्शना अलंकारों का विधान किया गया है। पूरी साखी में अनुप्रास का सौन्दर्य तो दृष्टिगोचर होता ही है। जटिल अनुभवों को सुबोध अभिव्यक्ति देने में अनायास प्रयुक्त अलंकारों का महत्त्वपूर्ण योग है।

थापणि पाई थिति भई, सतगुर दीन्ही धीर।
कबीर हीरा बणजिया, मानसरोवर तीर।।२९।।

शब्दार्थ – थापणि = आत्म स्थिति, आत्म स्वरूप की प्राप्ति, थिति = स्थिति, स्थिरता, बणजिया = व्यापार करना।

व्याख्या– कबीरदास कहते हैं कि सद्गुरु ने धैर्य बँधाया और उनसे आत्म-स्वरूप प्रतिष्ठा का ज्ञान प्राप्त हुआ। फलतः मैं आत्मस्वरूप में दृढ़ता से स्थित हो गया। अब शिष्य कबीर मानसरोवर के तीर पर हीरे का व्यापार कर रहा है। अर्थात् शुद्ध चैतन्य रूप सागर में (मानस में) जीव आनन्द की हिलोरें ले रहा है।

'हीरा बणजिया' मुहावरे का प्रयोग अत्यन्त मूल्यवान वस्तु के विनिमय से प्राप्त आनन्द के लिए है। संत साहित्य में परम आनन्द की प्राप्ति की व्यंजना के लिए इसे प्रतीक रूप में ग्रहण कर लिया गया था। प्रस्तुत साखी में रूपकातिशयोक्ति अलंकार प्रयुक्त है।

निहचल निधि मिलाइ तत, सतगुर साहस धीर।
निपजी मैं साझी घणाँ, बाँटै नहीं कबीर।।३०।।

शब्दार्थ – निहचल = निश्चल, निधि = सम्पत्ति, निपजी = उपजी, घणाँ = पर्याप्त, साझी = हिस्सेदार, बाँटै = विभाजित करना।

व्याख्या – सद्गुरु ने बड़े साहस और धैर्य से जो ज्ञानोपदेश दिया उससे जीवात्मा को निश्चल आनन्द-निधि की प्राप्ति हुई। आनन्द-निधि की उत्पत्ति होने के बाद अनेक अज्ञानी, विकारी और संसारी व्यक्ति हिस्सा लेने के लिए आ गये। किन्तु कबीर इस सम्पत्ति का बँटवारा कैसे कर सकता है। अखंड आनन्द की अनुभूति नितान्त वैयक्तिक है। अन्यत्र कबीर ने इसे गूँगे का गुड़ कहा है। जब इसका प्रवचन भी संभव नहीं है तो इसे कैसे दूसरे व्यक्ति के अन्तःकरण तक सम्प्रेषित किया जा सकता है। परमात्मा की प्राप्ति का उपाय दो निर्दिष्ट

किया जा सकता है किन्तु ब्रह्मानुभूति का आनन्द अकथनीय है। सद्गुरु से प्राप्त साहस और धैर्य के आधार पर यदि साधक साधना में तल्लीन रहे तो उसे सिद्धि मिल सकती है।

कबीर के कथन की व्यंजना यह भी है कि वे सद्गुरु की तरह साहस और धैर्य की ही सीख दे सकते हैं। आनन्द निधि को स्वयं शिष्य को अपने अन्दर पैदा करना पड़ेगा। प्रस्तुत साखी में अनुप्रास अलंकार द्रष्टव्य है।

चौपड़ि माँडी चौहटै, अरध उरध बाजार।
कहै कबीरा राम जन, खेलौ संत विचार[1]।।३१।।

पाठान्तर– तिवारी – १. सतगुरु सेंती खेलता कबहुं न आवै हारि

शब्दार्थ – चौपड़ि = चौपड़ का खेल, माँडी = मंडित, बिछी है। चौहटै = चौराहा। जहाँ चारों ओर हाट (बाजार) है। रामजन = भक्त।

व्याख्या – जगत् के चौराहे पर कबीर जीवन रूपी चौपड़ का खेल रचाते हैं। इस चौराहे के ऊपर नीचे बाजार है। सन्तों को इस चौपड़ खेल को सावधानी से खेलना चाहिए क्योंकि इसमें जीव की ऊर्ध्व गति (ऊपरी बाजार में जाने) और अधोगति (संसारी बाजार में जाने) दोनों की संभावना है। ऊर्ध्व बाजार में तो हीरे का व्यापार है और अध (नीचे की ओर) में कौड़ी का।

तिवारी के पाठ का अर्थ है – सतगुरु के साथ खेलने पर कभी हार नहीं होती।

इस साखी का योग-परक अर्थ भी है– त्रिकुटी के चौराहे पर साधना की चौपड़ सजी है साधक सावधानी से खेलकर ऊर्ध्व शिखर की ओर (शून्य शिखर) जा सकता है जहाँ वह परम शक्ति से मिल जायेगा और थोड़ी-सी चूक होने पर वह नीचे स्खलित हो सकता है जिससे वह संसार को प्राप्त कर लेगा। सफलता के लिए तो इस खेल को सन्तों को बड़ी सावधानी से खेलना चाहिए।

चौपड़ि = चौहटे में छेकानुप्रास, अरध – उरध में पद मैत्री तथा रूपकातिशयोक्ति का सार्थक प्रयोग उल्लेखनीय है।

पासा पकड़्या प्रेम का, सारी किया सरीर।
सतगुर दाँव बताइया, खेलै दास कबीर।।३२।।

शब्दार्थ – सारी = गोट

व्याख्या – कबीरदास उपर्युक्त चौपड़ के रूपक को आगे बढाते हुए कहते हैं कि मैंने इस चौपड़ में प्रेम को पासा बनाया और शरीर को गोट बनाया। सद्गुरु ने दाँव बता दिया। अब मैं प्रेम और भक्ति का खेल-खेल रहा हूँ।

रूपक के आवरण में प्रेम और भक्ति का रोचक चित्रण है। संसारी व्यक्तियों की मानसिक वृत्तियाँ और व्यवहार भिन्न-भिन्न होते हैं। संसार में आकर्षण के भी अनेक रूप हैं। मध्य काल में चौपड़ का खेल एक लोकप्रिय खेल था। कबीरदास ऐसे खेल प्रेमियों को भक्ति के चौपड़ में खेलने के लिए आमंत्रित करते हैं। क्योंकि इसका फल उत्कृष्ट है। एक श्रेष्ठ रचनाकार की तरह कबीर अपने युग को अपनी रचना में बड़ी कुशलता से अभिव्यंजित करते हैं। प्रथम पंक्ति में अनुप्रास का सौंदर्य दृष्टिगोचर होता है।

सतगुरु हम सूँ रीझि करि, एक कह्या प्रसंग।
बरस्या बादल प्रेम का, भीजि गया सब अंग।।३३।।

शब्दार्थ–हम सूँ = हम से, रीझि कर = प्रसन्न होकर, भीजि = भीग।

व्याख्या–सद्‌गुरु ने मुझ पर प्रसन्न होकर एक रसपूर्ण वार्ता सुनाई जिससे प्रेम रस की वर्षा हुई और मेरे अंग-प्रत्यंग उस रस से भीग गये।

कबीर ने 'गुरुदेव कौ अंग' की अधिकांश आरम्भिक साखियों में गुरु के ज्ञानोपदेश का चित्रण किया है किन्तु इस साखी में वे उससे अलग रसवार्ता का चित्र अंकित करते हैं। शिष्य को निर्विकार, निष्कलुष, विरक्त और पूर्ण अधिकारी समझ कर गुरु उस पर रीझ गये तब उन्होंने पूर्ण आनन्द स्वरूप रस रूप ब्रह्म को शिष्य की अनुभूति में बड़ी सूक्ष्मता से उतार दिया जिससे उसे एक भिन्न प्रकार के आस्वादन का आनन्द प्राप्त हुआ। उसकी बौद्धिकता पूर्णतया भाव रूप हो गयी।

इन पंक्तियों में ज्ञान दशा का भक्ति दशा में सूक्ष्म रूपान्तरण का अंकन है। रूपक के माध्यम से भक्ति और प्रेम का प्रभावी चित्रण किया गया है।

कबीर बादल प्रेम का, हम परि बरष्या आइ।
अंतरि भीगी आत्माँ, हरी भई बनराइ।।३४।।

व्याख्या–कबीरदास कहते हैं कि गुरु के अनुग्रह से भक्ति और प्रेम का बादल मुझ पर बरस गया। प्रेम-जल से शरीर के बाह्य अंग ही नहीं बल्कि आत्मा भी सिक्त हो गयी। शरीर के रोम-रोम में शीतलता और उमंग जाग उठी। सम्पूर्ण विश्व जो जलता हुआ दृष्टिगत होता था वह हरा-भरा दिखने लगा।

कबीर ने रूपक के माध्यम से भक्ति की ऐसी अनुभूति को व्यक्त किया है जिसमें शरीर, आत्मा और विश्व सर्वत्र आनन्द ही प्रच्छादित हो जाता है। मन की पीड़ा और जलन दूर हो जाती है।

पूरे सूँ परचा भया, सब दुख मेल्या दूरि।
निर्मल कीन्हीं आत्माँ ताथैं सदा हजूरि।।३५।।

शब्दार्थ–परचा = परिचय, मेल्या = हट गया, हजूरि = स्वामी।

व्याख्या–सद्‌गुरु की महान् कृपा से सम्पूर्ण ब्रह्म से मेरा साक्षात्कार हो गया। उस पूर्ण तत्व से परिचय हो गया। इससे सारा दुख और जगत् का पीड़ा बोध समाप्त हो गया। आत्मा समस्त आवरणों और विक्षेपों से मुक्त होकर विशुद्ध हो गयी। परिणामस्वरूप ईश्वर प्रत्यक्ष हो गया, अब मैं सदैव उसी की सेवा में रहता हूँ।

'परचा' शब्द का प्रयोग द्रष्टव्य है। इसका अर्थ साक्षात्कार से भिन्न है। परिचय में एक तरह की आत्मीयता और परस्पर सम्बन्ध की भी व्यंजना है। साक्षात्कार में मात्र प्रत्यक्ष होने का भाव है। भक्त कबीर इसी दृष्टि से दार्शनिकों से बहुत कुछ अलग हो जाते हैं।

२. सुमिरण कौ अंग

पूर्व परिचय–कबीर ने इस अंग में राम नाम के स्मरण के महत्त्व को प्रतिपादित किया है। उनकी मान्यता है कि अनेक साधना पद्धतियों में भक्ति सर्वश्रेष्ठ है। भक्ति साधना में नाम स्मरण सर्वसुलभ तथा सरल पद्धति है। कबीर का तर्क है ब्रह्मा और महेश भी नाम स्मरण की महिमा को स्वीकार करते हैं केवल कबीर नहीं। जिसने तत्त्व तिलक को माथे पर धारण किया है वही भक्त शोभायमान होता है। छापा तिलक लगाने वाला पाखंडी है। भगवान् का

नाम स्मरण ही वास्तविक भजन है। सभी धर्मों का यही सार-तत्त्व है। इसके अलावा अन्य मार्ग अपार दुख के कारण हैं। कबीर ने बहुत शोध करके इस तथ्य को प्राप्त किया है। सभी साधनाओं का आदि और अंत घोर यातना से पूर्ण है। जो भगवान् का वास्तविक भक्त है उसे केवल नाम की चिन्ता रहती है, संसार की नहीं। कबीर अपनी संपूर्ण चेतना से राम-नाम के स्मरण में प्रवृत्त हैं। वे राम का स्मरण करते-करते राममय ही हो जाते हैं। भक्त और भगवान् जब एकमेक हो गये, तो अब किसके सामने कौन सिर झुकाये? कबीर सर्वत्र ईश्वर का ही दर्शन करने लगते हैं। 'मैं' के स्थान पर 'तू' (त्वमसि) ही दिखता है।

कबीर कहता जात हूँ, सुणता है सब कोइ।
राम कहें भला होइगा, नहिं तर[1] भला न होइ।।१।।

पाठान्तर– तिवारी–१. नातर

व्याख्या–कबीर सब लोगों को सुनाते हुए उद्घोषणा कर रहे हैं कि 'राम' नाम के कथन से ही कल्याण होगा अन्य किसी भी साधना पद्धति से भला होने वाला नहीं है।

कबीर योग साधना, ज्ञान साधना, कर्म साधना तथा अन्य अनेक साधना पद्धतियों में भक्ति को सर्वश्रेष्ठ मानते हैं। उन्होंने अनेक साधना पद्धतियों का प्रयोग करने के बाद सबसे सरल साधना विधि नाम स्मरण को सर्वसुलभ समझा। इसीलिए जन-साधारण के लिए इस पद्धति को दृढ़ता पूर्वक अनुमोदित किया।

कबीर कहैं मैं कथि गया, कथि गया ब्रह्म महेस।
राम नाँव ततसार है, सब काहू उपदेस।।२।।

शब्दार्थ–नाँव = नाम, ततसार = तत्त्व सार।

व्याख्या–कबीर कहते हैं कि मैंने जो कथन किया है उसी तरह का कथन ब्रह्मा और महेश (शिव) भी कर चुके हैं। मेरा कथन उसी के समरूप है! सभी का यही उपदेश है कि राम नाम ही सार तत्त्व है।

भारतीय धर्म साधना में शब्द ब्रह्म की महिमा विशेष रूप से मान्य और प्रचारित रही है। उपनिषदों में ओऽम् का महत्त्व अनेक दृष्टियों से प्रतिपादित किया गया है। कबीर ओऽम् के स्थान पर 'राम' को स्थापित करते हैं। 'सब काहू' में ब्रह्मा महेश से इतर ऋषियों तपस्वियों तथा ज्ञानियों का संकेत है।

तत तिलक तिहूँ लोक मैं, राम नाँव निज सार।
जन कबीर मस्तक दिया, सोभा अधिक अपार।।३।।

शब्दार्थ–तत = तत्त्व, तिहूँ = तीनों, नाँव = नाम, निज सार = आत्मसार, अपार = असीम।

व्याख्या–राम का नाम आत्मा का सार तत्त्व है। यह तीनों लोकों का मूर्धन्य तत्त्व रूप तिलक है। भक्त कबीर ने इसी तिलक से अपने मस्तक को अलंकृत किया है जिससे असीम छवि विराज रही है।

'तिलक' भक्त की पहचान होती है। कबीर छापा तिलक के विरुद्ध हैं। उनका विचार है कि भक्त की सही पहचान और शोभा वृद्धि राम-नाम के तत्त्व रूपी तिलक को मस्तक में लगाने से होती है।

भगति भजन हरि नाँव है, दूजा दुक्ख अपार।
मनसा, बाचा क्रमनाँ, कबीर सुमिरण सार।।४।।

शब्दार्थ–दूजा = दूसरा, दुक्ख = दुख, अपार = असीम, मनसा = मन से, वाचा = वाणी से, क्रमनाँ = कर्म से, सार = मूल तत्त्व।

व्याख्या–भगवान् का नाम-स्मरण ही वास्तव में भक्ति और भजन है। भजन के अलावा अन्य साधना असीमित दुख के कारण हैं। मन, वाणी और कर्म तीनों से स्मरण करना चाहिए। कबीरदास कहते हैं कि 'सुमिरन' (नाम-स्मरण) ही सभी धर्मों का सारतत्त्व है।

इस साखी में नाम की महिमा का प्रतिपादन है। इस साधना में किसी भी आडम्बर के लिए कोई स्थान नहीं रहता।

कबीर सुमिरण सार है, और सकल जंजाल।
आदि अंति सब सोधिया, दूजा देखौं काल।।५।।

शब्दार्थ–सुमिरण = स्मरण, सकल = सभी आदि, अन्त = आरम्भ और अन्तिम, सोधिया = अन्वेषण किया।

व्याख्या–कबीरदास कहते हैं कि नाम-स्मरण ही सभी साधनों में श्रेष्ठ और भक्ति का मूल भाव है। अन्य सभी उपाय हठयोग, तीर्थाटन, मन्त्रोच्चारण, पूजा, नमाज, झंझट हैं। सभी साधना-रूपों को अच्छी तरह समझ कर, शोध कर तथा उनकी आरम्भिक स्थिति तथा परिणामों को समझ कर इसी निष्कर्ष पर पहुँचा हूँ कि अन्य सभी काल की तरह भयावह, तथा नाशक हैं।

प्रस्तुत साखी में अनुप्रास की शोभा दर्शनीय है। बहुत सरल भाषा में कबीर ने 'सुमिरण' की महिमा को प्रतिपादित किया है।

च्यंता तौ हरि नाँव की, और न चिंता दास।
जे कुछ चिंतवैं राम बिन, सोइ काल कौ पास।।६।।

शब्दार्थ–च्यंता = चिन्ता, नाँव = नाम, दास = भक्त, सोइ = वही, कौ = का, पास = जाल।

व्याख्या–भक्त को यदि किसी तरह की चिंता है तो राम नाम की। किसी अन्य प्रकार की चिंता उसे नहीं रहती। वह न तो सुख-सम्पत्ति की चिंता करता है, न परिवार की चिन्ता करता है। एक संसारी व्यक्ति की तरह वह अनेक दुश्चिंताओं से घिरा नहीं होता। वह केवल राम के नाम के मर्म को समझने के प्रयत्न में लीन रहता है। नाम के बहाने उसके विराट स्वरूप को पहचानने के लिए तत्पर रहता है। कबीर का कहना है कि राम रहित जो चिंता (विचार-विमर्श, चिंतन-मनन) होती है वही तो मृत्यु का जाल है, वही कर्म बन्धन है। उसी में बँधकर जीव अनेक योनियों में भ्रमण करता है, और बार-बार पैदा होता है और मरता है।

कबीर के कथन का मूल अभिप्राय है कि राम रहित विचार ज्ञान, दर्शन सब कुछ काल के फंदे हैं, मुक्ति के साधन नहीं। इस साखी में अर्थान्तरन्यास अलंकार का स्वाभाविक विधान है।

पंच संगी पिव पिव करैं, छठा जु सुमिरै मंन।
आई सूति कबीर की, पाया राम रतंन।।७।।

शब्दार्थ–पंच = पाँच, संगी = साथी (पाँच = इन्द्रियाँ) सूति = श्रुति; स्मरण या प्रसव की स्थिति। रतंन = रत्न।

व्याख्या–कबीर ने अपनी सम्पूर्ण चेतना को मथ कर राम रूपी रत्न प्राप्त किया है।

उनकी प्रसव की स्थिति आ गयी है। क्योंकि उन्होंने आत्मा को ही राम के रूप में पा लिया है। इसका उल्लास पाँचों इन्द्रियों में व्यक्त हो रहा है। नाक, कान, आँख, मुँह और त्वचा सब जगह से पी-पी का शब्द निकल रहा है और छठी इन्द्री (मन) भी इसी का सुमिरन कर रहा है।

यहाँ 'सूति' शब्द विचारणीय है। सूति का अर्थ 'प्रसव की स्थिति' किया गया है जो इस साखी के पूरे संदर्भ में ठीक नहीं बैठता। इसीलिए इसका अर्थ श्रुति या स्मरण भी लिया जाता है। 'राम' की प्राप्ति में जो पीव-पीव की पुकार है उसमें वात्सल्य भाव की व्यंजना क्षीण हो जाती है। प्रियतम का ही दूसरा रूप पुत्र होता है। पुत्र के रूप में पति को पाना और पति के प्रति कृतज्ञता से भर कर पी की पुकार लगाना संभव है। इसी दृष्टि से यह अर्थ मान्य हो सकता है।

मेरा मन सुमिरै राम कूँ, मेरा मन रामहिं आहि।
अब मन रामहिं ह्वै रह्या, सीस नवावौं काहि।।८।।

व्याख्या–मेरा मन राम का स्मरण कर रहा है। मेरा मन राम का ही है। अब मन राम ही हो गया, सिर किसके आगे झुकाऊँ?

इस साखी में साधना की तीन स्थितियों का चित्रण है। पहली स्थिति है जब जीव अपने को भगवान् से अलग मानकर उसके नाम का स्मरण करता है। दूसरी स्थिति है जब जीवात्मा परमात्मा का रूप प्रतीत होने लगती है, और तीसरी स्थिति है जब आत्मा ही परमात्मा हो जाती है। द्वैत पूर्णतया मिट जाता है। अद्वैत की पूर्ण अनुभूति होने लगती है। वैष्णव भक्ति और कबीर की भक्ति में यही मौलिक अन्तर है। कबीर का भक्त मन राम का स्मरण करते-करते राम ही हो जाता है। जबकि वैष्णव भक्त को भगवान् का सामीप्य बोध तो होता है किन्तु सायुज्य नहीं। कूं कर्म का प्राचीन परसर्ग है।

तूँ तूँ करता तूँ भया, मुझ मैं रही न हूँ।
वारी फेरी बलि गई,[१] जित देखौं तित तूँ।।९।।

पाठान्तर– तिवारी– १. वारी तेरे नाउं पर

व्याख्या–जीवात्मा कह रही है कि 'तू है' 'तू है' कहते-कहते मेरा अहंकार समाप्त हो गयी। इस तरह भगवान् पर न्यौछावर होते-होते मैं पूर्णतया समर्पित हो गयी (तिवारी–तेरे नाम पर न्योछावर हूँ।) अब तो जिधर देखती हूँ उधर तू ही दिखाई देता है।

'तत्त्वमसि' अर्थात् केवल ब्रह्म की सत्ता ही सम्पूर्ण जगत् में व्याप्त है। इस तरह की भावना तथा विचार का निरन्तर ध्यान करने से जीव का अहंकार समाप्त हो जाता है। उसका अलग अस्तित्व नहीं रह जाता। वह अपने को पूर्ण ब्रह्म से अभिन्न या यों कहिए ब्रह्म ही समझने लगता है 'अहं ब्रह्मास्मि' की अनुभूति से वह सम्पृक्त हो जाता है। तू-तू में वीसा, वारी-फेरी में पदमैत्री द्रष्टव्य है।

कबीर ने इस साखी में ज्ञान और प्रेम का सुन्दर समन्वय प्रस्तुत किया है।

कबीर निरभै राम जपि, जब लगि दीवै बाति।
तेल घट्या बाती बुझी, (तब) सोवैगा दिन राति।।१०।।

शब्दार्थ–निरभै = निर्भय, दीवै = दीपक में अर्थात् शरीर में बाति = बत्ती, घट्या = समाप्त या कम।

व्याख्या–कबीरदास कहते हैं कि जब तक शरीर रूपी दीपक में वर्तिका–श्वासों का आरोह-अवरोह है, तब तक निर्भय होकर भगवान् का जप कर लो, जिस क्षण प्राण शक्ति रूपी तेल समाप्त हो जायेगा उसी क्षण बत्ती बुझ जायेगी। तब तुम लम्बी निद्रा में सो जाओगे।

प्रस्तुत साखी में निरन्तर आयु-क्षय की ओर संकेत किया गया है। दीपक के बिम्ब के द्वारा शरीर की कान्तिमयता तथा अज्ञानांधकार के निराकरण की क्षमता को व्यंजित किया गया है। जिस तरह बत्ती के जलने से तेल क्षीण होता है उसी तरह श्वास-प्रश्वास की गति से प्राण शक्ति क्षीण होती है और एक दिन ऐसा आता है जब वह पूर्णतया समाप्त हो जाती है। शरीर भी दीपक की तरह शान्त हो जाता है। धर्म साधना के लिए शरीर आद्य साधन है। शरीर की क्रिया और शक्ति का स्त्रोत है प्राण। जब तक दोनों साथ हैं तभी तक साधना हो सकती है।

इस साखी में रूपकातिशयोक्ति अलंकार है। तेल और बत्ती प्राण शक्ति और श्वास–प्रश्वास के प्रतीक के रूप में गृहीत हैं। इसमें अन्योक्ति शैली का भी पुट है।

कबीर सूता क्या करै, काहे न देखै जागि।
जाका संग तैं बीछुड़्या, ताही के संग लागि।।११।।

शब्दार्थ–सूता = सोया हुआ, काहे = क्यों, जाका = जिसके, संग = साथ, बीछुड़्या = विलग हुआ, ताही = उसी के।

व्याख्या–कबीरदास कहते हैं कि मोह की निद्रा में सोकर क्या करेगा? जागृत होकर क्यों नहीं आत्मस्वरूप को पहचानता? जगत् के व्यवहार की नश्वरता, आत्मा-परमात्मा के सम्बन्धों के विषय में क्यों नहीं खुली दृष्टि से चिन्तन-मनन करता है? कर्म और कर्म फल के बन्धन में पड़कर जो अनेक योनियों में भ्रमण कर रहा है उसके कारणों की खोज करने में तत्पर हो जाओ। मानव योनि में आकर तुम अपने प्रियतम से पुनः मिल सकते हो, जिससे अज्ञानवश लम्बी अवधि से बिछुड़ गये हो।

कबीर के कथन की अभिव्यंजना है कि जीवात्मा जाग्रतावस्था में आकर अपने और ब्रह्म के अभेदत्व को समझ जाती है और उसी में तन्मय हो जाती है। सम्पूर्ण छन्द में गूढ़ोक्ति अलंकार है। सूता में लक्षणा का विधान है। इसका अर्थ है अज्ञान की दशा में होना।

कबीर सूता क्या करै, जागि न जपै मुरारि।
एक दिनां भी सोवणां, लम्बे पाँव[1] पसारि।।१२।।

पाठान्तर– तिवारी–१.लम्बे गोड

शब्दार्थ–सोवणां = शयन, पाँव = पैर, पसारि = फैलाकर।

व्याख्या–कबीरदास जीवों को सम्बोधित करते हुए कहते हैं कि तुम अज्ञान की निद्रा में क्यों पड़े हो, जाग्रत होकर मुरारि का जप क्यों नहीं करते? एक दिन ऐसा आयेगा जब तुम पैरों को लम्बा फैला कर सो जाओगे। तब फिर कभी जागरण नहीं होगा।

साखी के प्रथम चरण में गूढ़ोक्ति, द्वितीय चरण में पर्यायोक्ति अलंकार है। सूता और जागि लाक्षणिक प्रयोग हैं 'सोवणां' में श्लेष की छाया है क्योंकि इसका अर्थ शयन और मृत्यु दोनों है। पूरी साखी में जीवन की नश्वरता और जीवन के सार्थक उपयोग की व्यंजना है।

कबीर सूता क्या करै, उठि न रोवै दुक्ख।
जाका बासा गोर मैं, सो क्यूँ सोवै सुक्ख।।१३।।

शब्दार्थ–रोवै दुःख = रोकर दुख का निवेदन करना, गोर मैं = कब्र में।

व्याख्या–कबीरदास कहते हैं कि मोह निद्रा में सोता हुआ क्यों पड़ा है? उठकर भगवान् के समक्ष अपने दुःख का निवेदन क्यों नहीं करता? जिससे भगवान् के अनुग्रह से दुःख का निवारण हो सके और अज्ञान की निद्रा भी समाप्त हो जाय। कबीर को इस बात पर आश्चर्य है कि जिसका निवास कब्र में है अर्थात् जिसे निश्चित रूप से मरना है वह सुख से क्यों सोता है?

कबीर ने काल की अनिवार्यता दिखाकर मोह ग्रस्त जीवों को भक्ति के लिए प्रेरित किया है। थोड़ी-सी चिन्ता में तो नींद आती नहीं, अपार सांसारिक दुखों की जलन को सहता हुआ मृत्यु की भयानक छाया के नीचे रहकर जीव कैसे सुख की नींद सोता है, यही कबीर के लिए आश्चर्य का विषय है।

सम्पूर्ण साखी में गूढ़ोक्ति अलंकार है। 'गोर मैं' अर्थान्तरन्यास की भी व्यंजना है। गोर का प्रयोग लाक्षणिक है। 'गोर' शब्द अरबी भाषा से गृहीत है। बिहारी भी इसी तरह का भाव निम्नलिखित दोहे में व्यक्त करते हैं–

जम करि मुँह तर परयौ, यह धरि हरि चित लाउ।
विषय तृषा परिहर अजौ नरहरि के गुन गाउ।।

कबीर सूता क्या करै, गुण गोबिंद के गाइ।
तेरे सिर परि जम खड़ा, खरच कदे का खाइ।।१४।।

शब्दार्थ–गाइ = गाओ, जम = यम।

व्याख्या–कबीरदास कहते हैं कि हे जीव तू अज्ञान की निशा में क्यों सो रहा है? सोने से क्या लाभ है? उठकर गोविन्द का गुणगान क्यों नहीं करता? तुझे शायद इसका ज्ञान नहीं है कि यमराज सिर पर खड़ा है। वह कब से तुम्हारे ही खर्च पर जी रहा है। तेरे अज्ञान के कारण कर्म संचय होता है जिसे भोगने के लिए तुझे जन्म और मृत्यु की घोर यातना से गुजरना पड़ता है। ईश्वर की भक्ति से ही यम से छुटकारा मिल सकता है। अनेक जन्मों से किये गये कर्म का भोग तो पूरा होने नहीं पाता, क्रियमाण कर्मों से पाप-पुण्य का ब्याज और बढ़ जाता है। यमराज जब लेखा-जोखा करता है, तो जीव के ऊपर ऋण ही निकलता है जिससे जीव यमराज के अधीन हो जाता है। इस ऋण को चुकाने के लिए उसे जन्म लेने का अवसर मिलता है किन्तु अज्ञान के कारण वह मुक्ति का प्रयत्न नहीं करता।

इस साखी में सांगरूपक की व्यंजना है। 'सिर पर जम खड़ा' मुहावरा है।

कबीर सूता क्या करै, सूताँ होइ अकाज।
ब्रह्मा का आसण खिस्या[1], सुणत काल की गाज।।१५।।

पाठान्तर– तिवारी–१. डिगा

शब्दार्थ–अकाज = अहित, खिस्या = खिसका, गाज = गर्जना।

व्याख्या–कबीरदास कहते हैं कि सोने से क्या लाभ है? सोने से अकल्याण ही होता है। सोने वाला निष्क्रिय हो जाता है इसीलिए उसके द्वारा किसी भी प्रकार का हित साधन नहीं हो पाता। काल की गर्जना तो इतनी शक्तिशाली होती है कि उससे ब्रह्मा का आसन हिल जाता

है, सामान्य जीव की उसके सामने क्या विसात है?

कबीर के इस साखी में मानव के प्रमाद और आलस्य की व्यंजना है। 'काल की गाज' में ध्वनि बिम्ब का विधान है।

केसौं कहि कहि कूकिये, नाँ सोइयै असरार।
राति दिवस कै कूकणौं (मत) कबहूँ लगै पुकार।।१६।।

शब्दार्थ–केसौ = केशव, असरार = लगातार, कूकणौं = कुहकना।

व्याख्या--हे मानव, लगातार मत सोओ। केशव का नाम लेकर करुण पुकार करते रहो। रातों-दिन की दीन पुकार को शायद किसी क्षण भगवान् सुन ही लें।

साखी में अनुप्रास की छटा दर्शनीय है। 'कूकिये' शब्द का प्रयोग बड़ा मार्मिक है। इसमें आर्त स्वर का समावेश तो है ही साथ में माधुर्य और कर्णप्रियता भी है। 'कूकना' कोयल की ध्वनि के आधार पर निर्मित शब्द है। इसमें दैन्य निवेदन की व्यंजना है। कबीर का राम भक्तों की पुकार को अरूप, अशरीर होते हुए भी सुनता है। उसमें कान के बिना भी सुनने की क्षमता है।

जिहि घटि प्रीति न प्रेम रस, फुनि रसना नहिं राम।
ते नर इस संसार में, उपजि[१] षये बेकाम।।१७।।

पाठान्तर–तिवारी– १. आइ

शब्दार्थ–जिहि = जिस, घटि = शरीर, फुनि = पुनः, रसना = वाणी, जिह्वा, षये = क्षति।

व्याख्या–जिनके शरीर में प्रेम का संचार नहीं है और न प्रेम के आस्वादन की ललक है। जिनकी वाणी पर राम की रट नहीं है या राम नाम का उच्चारण नहीं है, वे लोग इस संसार में पैदा होकर (या आकर) व्यर्थ में क्षति को प्राप्त हो रहे हैं या भोजन कर रहे हैं।

कबीर ने इस साखी में संकेत किया है कि मानव-जीवन की सार्थकता प्रेम भाव और भक्ति में है। जो लोग भाव-विहीन हैं उनका जीवन व्यर्थ है। 'षये' शब्द का एक अन्य अर्थ 'खाना' है। भक्ति और प्रेम से हीन व्यक्ति का संसार में उत्पन्न होकर खाना भी व्यर्थ है। घट, प्रीति, प्रेम, रसना, नर आदि तत्सम शब्दों के शुद्ध प्रयोग कबीर की भाषिक जागरूकता के परिचायक हैं। प्रीति और प्रेम को भी सूक्ष्म अर्थ भेद के साथ इस साखी में प्रयुक्त किया गया है। प के महाप्राणीकरण से लोक बोली में फुनि शब्द निर्मित हुआ है।

कबीर प्रेम न चाषिया, चषि न लीया साव।
सूने घर का पाहुँणा, ज्यूं आया त्यूं जाव।।१८।।

शब्दार्थ–चाषिया = आस्वादन किया, साव = स्वाद, पाहुँणा = मेहमान।

व्याख्या–कबीरदास कहते हैं कि जिसने संसार में जन्म लेकर ईश्वरीय प्रेम का आस्वादन नहीं किया, चख कर उसका स्वाद नहीं लिया, उसका जीवन उसी तरह व्यर्थ गया जैसे मेहमान सूने घर में आकर चला जाय। यदि किसी के घर कोई मेहमान आता है, तो उस घर के लोग मेहमान का स्वागत सत्कार करते हैं। उसकी मधुर अन्नादि से सेवा करते हैं, मीठी-मीठी बातें करते हैं। इस तरह वह मेहमान एक मधुर स्मृति तथा सन्तोष लेकर अपने घर लौटता है। यदि घर में कोई नहीं है तो मेहमान जिस पथ से कष्ट उठाता हुआ आया है उसी से लौट जाता है। इस लोक में भी मनुष्य का आगमन मेहमान की तरह है। यदि वह भगवान्

से तथा समस्त प्राणि-जगत् से प्रेम का सम्बन्ध स्थापित करेगा, तो उसे प्रत्युत्तर में प्रेम भाव का मधुर अनुभव प्राप्त होगा। नहीं तो वह जैसे आया था वैसे ही यहाँ से चला जायेगा। उसका नाम भी कोई नहीं लेगा।

कबीर ने इस साखी में ईश्वरीय प्रेम भाव के साथ ही प्राणि-मात्र के प्रेम सम्बन्ध को व्यंजित किया है। दृष्टांत अलंकार का मंजुल प्रयोग करके कबीर ने अभिव्यक्ति को प्रभावशाली बना दिया है।

पहली बुरा कमाइ करि, बाँधी विष की पोट।
कोटि करम फिल पलक मैं, (जब) आया हरि की ओट।।१९।।

शब्दार्थ–पहली = पूर्व जन्म में, विष = बुरे कर्म या घातक कर्म, पोट = पोटली, फिल = नष्ट, फेंकना, कोटि = शरण।

व्याख्या–पूर्व जन्म में मैंने जो पाप कर्म किये थे उनके दुखद परिणाम संग्रहीत हुए थे। उनसे विषैली पोटली बन गयी थी। अर्थात् कर्म बन्धन के घातक फल पुंजीभूत हो गये थे। जब मैं भगवान् की शरण में आया, तो कोटि कर्मों के बन्धन और उनके संस्कार पल भर में नष्ट हो गये।

कबीर ने प्रस्तुत साखी में शरणागत का महत्त्व प्रतिपादित किया है। कोटि कर्मों के विषैले फल से मुक्ति का सबसे सरल और सुगम मार्ग है ईश्वर की शरण में जाना। इस साखी की दूसरी पंक्ति में अत्युक्ति अलंकार है। कमाइ, विष, पोट आदि शब्दों में लाक्षणिकता है। कबीर ने पुनर्जन्म के सिद्धान्त को स्वीकार किया है। तुलसी का कथन है कि

सम्मुख होहि जीव मोहि जबहीं।
जन्म कोटि अघ नासहिं तबहीं।।

कोटि क्रम पेलै पलक[1] मैं, जे रंचक आवै नाउँ।
अनेक जुग जे पुन्नि करै, नहीं राम बिन ठाउँ।।२०।।

पाठान्तर– तिवारी– १. करम फिल फलक

शब्दार्थ–क्रम = कर्म, पेलै = नष्ट कर देना, रंचक = थोड़ा, नाउँ = नाम, पुन्नि = पुण्य, ठाउँ = स्थान।

व्याख्या–यदि भगवान् का थोड़ा भी नाम ले लिया जाय, तो उससे करोड़ों कर्म क्षण भर में नष्ट हो जाते हैं। अनेक युगों में किये गये पुण्य कर्म भी राम के बिना जीव को मुक्त नहीं कर पाते।

कबीरदास का विचार है कि तीर्थ, व्रत आदि पुण्य कर्मों से कर्म का बन्धन नहीं छूटता, इनसे मुक्ति भी नहीं मिलती, क्योंकि अच्छे कर्मों के भोग के लिए जन्म ग्रहण करना पड़ता है। ज्ञान और भक्ति से कर्म क्षय होता है और परमात्मा स्वरूप में जीव की प्रतिष्ठा हो जाने से पूर्ण मुक्ति हो जाती है। इसमें प्रथम पंक्ति में चपलातिशयोक्ति का प्रयोग है।

जांनंता बूझा नहीं, समुझि किया नहि गौन।
अंधे कौं अंधा मिला, राह बतावै कौन।।२१।।

व्याख्या – जानते हुए भी समझने की चेष्टा नहीं की। समझ बूझकर साधना पथ पर प्रस्थान नहीं किया। अज्ञानी व्यक्ति को अज्ञानी ही मिला, एक दूसरे को सही मार्ग-निर्देश कौन करे। अंधे को अंधा मिलना मुहावरा है। अंधा अज्ञानी का प्रतीक है।

जिहि हरि जैसा जांणियाँ, तिन कूँ तैसा लाभ।
ओसौ प्यास न भाजई, जब लग धसै न आभ।।२२।।

शब्दार्थ–भाजई = भागती है, धसै = प्रवेश करे, आभ = पानी।

व्याख्या–जिसने ईश्वर को जिस रूप में और जितना समझा है उसको उसी के अनुसार फल प्राप्त होता है। अन्य देवी देवताओं की आराधना ओस चाटने की तरह है, क्योंकि वे अल्प शक्ति से युक्त हैं। जीव की पिपासा की शान्ति इससे (ओस चाटने से) सम्भव नहीं है। जब तक पूर्ण ब्रह्म का भक्ति रस उसके शरीर में प्रविष्ट नहीं होता तब तक तृप्ति नहीं मिलती। गीता में कह गया है, 'ये यथा माम् प्रपद्यन्ते तानस्तथैव भजाम्यहम्'।

इस साखी में निदर्शना अलंकार और लोकोक्ति का प्रयोग किया गया है। ओस और प्यास का भिन्न अर्थ भी सम्भव है। प्यास का अर्थ है वासना और ओस का अर्थ है नश्वर क्षणिक विषय भोग, भक्ति भाव या गुरु के द्वारा प्रदत्त ज्ञान आभ या जल है।

राम पियारा छाँड़ि कर, करे आन का जाप।
बेस्वा केरा पूत ज्यूँ, कहै कौन-सूँ बाप।।२३।।

शब्दार्थ–आन = अन्य, बेस्वा = वेश्या, केरा = का, सूँ = को।

व्याख्या–प्रियतम राम को छोड़कर, जो अन्य देवताओं का जप करता है, वह किसको अपना जनक कहेगा। क्योंकि किसी एक के साथ उसका सम्बन्ध नहीं है। वेश्या का पुत्र अनेक पिताओं की संभावना से किसी को भी निश्चित रूप से अपना पिता नहीं कह पाता। जब वेश्या-पुत्र अपने पिता को पहचान ही नहीं पाता तो उसे प्राप्त करने का उपाय या उसके प्रेम को कैसे पा सकता है?

कबीर ने इस साखी में बहुदेववाद का खंडन बड़ी कटु शैली में किया है। उपमा और रूपक अलंकारों का सुन्दर प्रयोग द्रष्टव्य है। 'केरा' अवहट्ठ भाषा का पुराना परसर्ग है जो पूर्वी बोलियों में अब भी प्रयुक्त होता है।

कबीर आपण राम कहि, औराँ राम कहाइ।
जिहि मुखि राम न ऊचरे, तिहि मुख फेरि कहाइ।।२४।।

शब्दार्थ–आपण = स्वयं, औरां = दूसरों को, जिहि = जिसके, फेरि = फिर।

व्याख्या–कबीरदास कहते हैं कि स्वयं राम का नाम कहो, दूसरों को भी राम नाम लेने की प्रेरणा दो। उनसे भी राम नाम कहलाओ। जिस मुख से राम न उच्चरित हो सके उस मुख से पुनः राम कहलवाने का प्रयत्न करो।

कबीर के विषय में प्रायः यह कहा जाता है कि वे वैयक्तिक साधना के समर्थक थे। किन्तु इसका यह आशय नहीं लेना चाहिए कि वे भक्ति के प्रचार-प्रसार में विश्वास नहीं करते थे। यहाँ उन्होंने राम-नाम के दृढ़ता पूर्वक प्रचार का उपदेश दिया है। आपण में खड़ीबोली की प्रकृति का स्पष्ट आभास है। जिहि मुखि में तृतीया विभक्ति है।

जैसे माया मन रमैं, यूँ जे राम रमाइ।
(तौ) तारा मंडल छाँड़ि करि, जहाँ के सो तहाँ जाइ[1]।।२५।।

पाठान्तर– तिवारी–१. सो अमरपुर जाइ

व्याख्या–जिस तरह जीव माया में आसक्त रहता है यदि उसी तरह वह राम में रम जाय, तो तारा मंडल के ऊपर जहाँ केशव का निवास है वहाँ पहुँच जायेगा। तिवारी–वह अमरपुर

चला जाता है।

तारा मंडल के ऊपर शून्य चक्र का संकेत है। ऊर्ध्वगमन करके जीव परमात्मा में लीन हो जायेगा और अपने श्रेय को पा लेगा। यही इसकी व्यंजना है।

लूटि सकै तो लूटियौ, राम नाम है लूटि।
पीछैं ही पछिताहुगे, यहु तन जैहैं छूटि।।२६।।

व्याख्या—कबीर कहते हैं कि राम के नाम की लूट मची है। सन्तों और भक्तों के द्वारा राम नाम का अमूल्य पदार्थ लुटाया जा रहा है। जिसमें जितनी सामर्थ्य हो उतना प्राप्त कर सकता है। इस शरीर के रहते जितना बन सके राम का नाम ले लो, शरीरान्त हो जाने के बाद केवल पछताना ही शेष रह जायेगा।

कबीर ने राम की भक्ति के विविध प्रचार की ओर संकेत किया है। 'लूट' शब्द का यहाँ लाक्षणिक प्रयोग है। यहाँ 'लूटना' का अर्थ डाका नहीं है, बल्कि दान की वस्तु को प्रयत्न पूर्वक स्वयं प्राप्त करना है।

लूटि सकै तौ लूटियो, राम नाम भंडार।
काल कंठ तैं गहैगा, रूँधै दसूँ दुवार।।२७।।

व्याख्या—राम नाम का अक्षय भंडार लुटाया जा रहा है। अपनी पूरी शक्ति और क्षमता से इसे अधिकाधिक मात्रा में प्राप्त कर लो। मृत्यु जब गला पकड़ेगी तो दसों दरवाजे अवरुद्ध हो जायेंगे, उस समय तुम राम नाम का स्मरण नहीं कर सकोगे।

सम्पूर्ण साखी की व्यंजना है कि राम का अधिक से अधिक स्मरण करना चाहिए।

शरीर में दस द्वार इस प्रकार हैं—दो आँख, दो नासिका छिद्र, दो कान, एक मुख, गुदा मार्ग, मूत्र मार्ग, तथा ब्रह्म रंध्र।

लंबा मारग दूरि घर, विकट पंथ बहु मार।
कहौ संतौ क्यूं पाइये, दुरलभ हरि दीदार।।२८।।

शब्दार्थ—मारग = पथ, बहुमार = बहुत से बटमार, डाकू, ठग आदि, दीदार = दर्शन।

व्याख्या—जीव का लक्ष्य है ब्रह्म की प्राप्ति। ब्रह्म के निवास तक पहुँचने का मार्ग बहुत लम्बा है। अनेक योनियों में भटकने के बाद कहीं उसे मुक्त होने का अवसर मिलता है। उसके साधना पथ में अज्ञान, माया-मोह, विषय वासनाएँ तथा अनेक तरह के सांसारिक प्रलोभन बाधा बनकर उपस्थित होते हैं। इन बाधाओं में फँसकर वह अपने लक्ष्य तक पहुँचने में असमर्थ रह जाता है। अनेक विघ्न बाधाओं के कारण मार्ग भी अत्यन्त दुर्गम है। यही नहीं रास्ते में काम, क्रोध, लोभ अनेक बटमार (लुटेरे) भी हैं। ये बटमार अत्यन्त शक्तिशाली हैं। साधक यदि बहुत दृढ़ तथा संकल्पवान नहीं रहता, तो इनसे परास्त होकर पथ भ्रष्ट हो जाता है। वह मार्ग बदल देता है और सांसारिकता की ओर प्रत्यावर्तित हो जाता है। कबीरदास कहते हैं कि हे सन्तों ऐसी स्थिति में भगवान् का दुर्लभ दर्शन कैसे प्राप्त हो।

इस साखी में रूपकातिशयोक्ति अलंकार का विधान है। तुलसीदास इसी बात को भिन्न प्रकार से व्यक्त करते हैं।

कोटि जन्म मुनि जतन कराहीं। अंत राम कहि आवत नाहीं।

गुण गायें गुण ना कटे, रटै न राम बियोग।
अह निसि हरि ध्यावै नहीं, क्यूँ पावै दुलभ जोग।।२६।।

शब्दार्थ–गुण = रस्सी, पाश, अह = दिन, निसि = रात, दुलभ = दुर्लभ, जोग = योग।

व्याख्या–कबीरदास कहते हैं कि राम का गुण गान करने से नाम रूप माया की रस्सी का पाश कट जाता है। इसलिए जीव राम के वियोग में नाम की रट क्यों नहीं लगाता, यदि दिन-रात भगवान् का ध्यान नहीं करता तो उसे सायुज्य मुक्ति का दुर्लभ सुयोग कैसे प्राप्त हो सकता है?

उपर्युक्त साखी में व्यक्त हरि-दर्शन की कठिनाइयों से बचने का उपाय सुझाया गया है। काम, क्रोध, लोभ आदि बटमारों से बचने के लिए और विकट मार्ग को आसानी से पार करने के लिए राम-नाम का आश्रय सर्वाधिक सुलभ साधन है। यदि दिन-रात नाम का स्मरण किया जाय तो लम्बा मार्ग बहुत छोटा दिखाई देने लगता है। नाम स्मरण के अलावा अन्य साधन मार्ग की विकटताओं को कम नहीं करते।

गुण शब्द दो बार आता है, दोनों का अलग-अलग अर्थ है। इसलिए यमक अलंकार है। 'क्यूँ पावै दुलभ जोग' में वक्रोक्ति तथा 'गुण गाये गुण ना कटे' में विरोधाभास द्रष्टव्य है।

इस साखी में अनेक तत्सम शब्दों का इस्तेमाल किया गया है। इन शब्दों में 'अह निसि' शब्द विशेष रूप से ध्यान आकर्षित करता है। कबीर ने विशुद्ध संस्कृत के शब्द को लोक भाषा में रूपान्तरित किया है। इससे उनके भाषा ज्ञान एवं काव्य भाषा को सशक्त बनाने की सफल चेष्टा का संकेत मिलता है।

कबीर कठिनाई खरी, सुमिरताँ हरि नाम। (नाउं)
सूली ऊपरि नट विद्या, गिरूँ त नाहीं ठाम।।३०।। (ठाउं)

शब्दार्थ–खरी = बड़ी, सुमिरताँ = स्मरण करने में, नट विद्या = कलाबाजी दिखाना (सर्कस), ठाम = स्थान।

व्याख्या–कबीरदास कहते हैं कि भगवान् के नाम स्मरण में अनेक कठिनाइयाँ हैं। यह नट द्वारा शूली पर चढ़कर किये जाने वाले खेल के प्रदर्शन की तरह बहुत जोखिम भरा है। जैसे शूली पर से गिरने पर नट के बचने की कोई आशा नहीं रहती, उसी तरह भक्ति मार्ग से भ्रष्ट साधक के लिए समाज में कोई स्थान नहीं रहता। समाज में घोर अपमान पाने के कारण उसे आत्मग्लानि होती है। वह समाज की धारा से न तो अपने को जोड़ पाता है और न समाज ही उसको अपने अन्दर सम्मानित जगह देता है। काम, क्रोधादि ही मुख्य कठिनाइयाँ हैं।

सम्पूर्ण साखी में दृष्टांत अलंकार का प्रयोग है।

कबीर राम ध्याइ लै, जिभ्या सौं करि मंत।
हरिसागर जिनि बीसरै, छीलर देखि अनंत।।३१।।

शब्दार्थ–ध्याइ लै = ध्यान कर ले, मंत = मंत्र, जिनि - मत, बीसरै = विस्मृत, छीलर = तालाब, ताल = तलैया।

व्याख्या–कबीरदास कहते हैं कि जीभ से राम के नाम का मंत्र जाप करो और मन से राम का ध्यान करो। 'राम' सागर की तरह अगाध और विस्तृत है। उसमें आनन्द की जल राशि लहरा रही है। अन्य देवी-देवता छोटे-छोटे ताल-तलैया की तरह हैं। उनकी शक्ति अल्प है। उनसे मात्र सांसारिक सुख-सुविधाओं की प्राप्ति हो सकती है। उन्हें देखकर ईश्वर को मत

भूलो।

रूपक, और रूपकातिशयोक्ति अलंकारों को प्रयुक्त करके कबीर ने भक्तों को अनन्त आनन्द स्वरूप, समरस ईश्वर की ओर आकृष्ट करने का प्रयत्न किया है। प्रकारान्तर से बहुदेववाद के विरोध का स्वर भी मुखरित है।

कबीर राम रिझाइ लै, मुखि अमृत गुण गाइ।
फूटा नग ज्यूँ जोड़ि मन, संधि संधि मिलाइ।।३२।।

शब्दार्थ–रिझाइ लै = प्रसन्न कर ले, संधे-संधि = सन्धि से सन्धि मिलाकर जोड़।

व्याख्या–कबीरदास कहते हैं कि परम ब्रह्म के अमृत गुणों का गान करके हे जीव राम को प्रसन्न कर ले। तू अपने मन को राम से उसी तरह से जोड़ ले जैसे टूटे हुए रत्न को संधि से संधि मिलाकर जोड़ लिया जाता है।

विषय वासनाओं से खंडित मन को भक्ति भाव से भगवान् से जोड़ने की कोशिश करनी चाहिए। वास्तव में मन ईश्वर का ही अंश है। उसी का छोटा-सा अलग प्रतीत होने वाला टुकड़ा। जैसे रत्न के टुकड़े आपस में जुड़ जाते हैं। उसी प्रकार अंश मन अंशी परमात्मा से जुड़ जाता है। दोनों मिलकर एक हो जाते हैं। ईश्वर के अमृत गुण में यह क्षमता है कि वह विषय वासनाओं को नष्ट करके जीव और परमात्मा के तदाकार अनुभव को जीवन्त कर देता है। इस साखी में रूपकातिशयोक्ति, और उपमा अलंकारों का विधान है। मन को ईश्वर से जोड़ना एक भाव परक प्रक्रिया है जिसे टूटे रत्न को जोड़ने के स्थूल बिम्ब से समझाया गया है।

कबीर चित्त चमंकिया, चहुँ[1] दिसि लागी लाइ।
हरि सुमिरण हाथूँ घड़ा, बेगे लेहु बुझाइ।।३३।।८६।।

पाठान्तर– तिवारी–१. दहुं

शब्दार्थ–चमंकिया = चमत्कृत हो गया, या चौंक गया, चहुँ = चारों, दिसि = दिशाओं में, लाइ = लौ, आग, बेगे = शीघ्र।

व्याख्या–कबीरदास कहते हैं कि चारों तरफ विषय-वासनाओं और ईर्ष्या द्वेष की आग लगी है जिसे देखकर मेरा मन चौंक गया। एकाएक मन में ज्ञान का प्रकाश चमक उठा कि मेरे हाथ में हरि स्मरण का जल पूरित घड़ा है जिससे आग को शीघ्रता से बुझाया जा सकता है।

कबीर ने सर्व बोधगम्य प्रतीक विधान के द्वारा नाम स्मरण के माहात्म्य और अद्भुत प्रभाव शक्ति को काव्यात्मक ढंग से प्रस्तुत किया है। प्रस्तुत साखी में अनुप्रास, रूपकातिशयोक्ति, रूपक आदि अलंकारों का स्वाभाविक विधान है। संसार की विषय वासनाओं को आग की लपट के द्वारा बिम्बित किया गया है।

३. विरह कौ अंग

पूर्व परिचय–इस अंग में जीवात्मा के ईश्वर प्रेम, उससे मिलन की उत्कट भावना तथा विरह जनित व्यथा का मार्मिक चित्रण किया है। कबीर ने लौकिक दाम्पत्य प्रेम के माध्यम से अलौकिक प्रेम की अभिव्यंजना की है। लौकिक रूपक के निर्वाह के प्रति वे पूर्ण जागरूक हैं। विवेक के जागृत होने पर आत्मा रूपी विरहिणी को परमात्मा के प्रति प्रगाढ़ तथा अनन्य सम्बन्ध की अनुभूति हो गयी है। इसीलिए वह शेष जीवन क्रौंच पक्षी की तरह रोती कलपती

रहती है। विरह की ज्वाला से जलती हुई आत्मा अपनी व्यथा को अनेक रूपों में व्यक्त करती है।

रात्यूँ रुँनी बिरहनीं, ज्यूं बंचौ कूँ कुंज।
कबीर अंतर प्रजल्या, प्रगट्या बिरहा पुंज।।१।।

शब्दार्थ–रात्यूं = रात में, रुँनी = रोती है, बंचौ = वंचित, कुंज = क्रौंच, अंतर = हृदय में, प्रगट्या = प्रकट हुआ।

व्याख्या–विवेक के जागृत होने पर आत्मा और परमात्मा के सम्बन्ध का ज्ञान आत्मा रूपी प्रेयसी को हो गया। वह आत्मा रूपी विरहिणी शेष जीवन उसी तरह रोती रही, जैसे क्रौंच पक्षी अपने साथी से बिछुड़ कर रोता है। कबीरदास का कथन है कि विरह का पुंज प्रकट हो गया है, जिससे जीवात्मा के हृदय में ज्वाला प्रज्ज्वलित हो रही है।

इस साखी में रहस्यवाद की मार्मिक अभिव्यंजना की गयी है। उपमा, रूपक तथा अनुप्रास अलंकारों की सहज नियोजना द्रष्टव्य है। कबीर के हृदय की द्रवणशीलता, भाव विह्वलता तथा रसानुभूति की व्यंजना अतिशय प्रगाढ़ है। यह साखी उनके कवि हृदय की परिचायक है।

विरह के अतिशय पीड़ा-बोध का उपमान क्रौंच पक्षी बहुत पहले से कवियों को अपनी ओर आकर्षित करता रहा है। जिस क्रौंच की वियोग-व्यथा से विगलित होकर आदि कवि की रचनात्मक ऊर्जा स्वतः क्रियाशील हो गयी थी उसी तरह का क्रौंच कबीर की व्यथा कथा का प्रतीक बन गया है।

अंबर कुंजाँ कुरलियाँ, गरजि भरे सब ताल।
जिन थैं गोबिंद बीछुटे,[1] तिनके कौण हवाल।।२।।

पाठान्तर– तिवारी–१. साहिब बीछुरा

शब्दार्थ–अंबर = आकाश, कुंजाँ = क्रौंच, कुरलियाँ = क्रंदन किया, ताल = तालाब, जलाशय।

व्याख्या–आसमान में क्रौंच पक्षी ने विरह-व्यथा से करुण क्रंदन किया, जिससे विचलित होकर बादलों ने गरज कर सभी जलाशयों को भर दिया। जिनसे गोविन्द विमुक्त हो गये हैं, उनका क्या हाल होगा?

तिवारी–जिनसे साहब बिछड़ गया है उनका क्या हाल होगा।

कबीर प्रथम पंक्ति में तो एक वियोगी पक्षी की दीनता भरी पुकार और उसके प्रभाव को व्यक्त करके, दूसरी पंक्ति में एक प्रश्न-वाचक चिह्न छोड़कर चुप हो जाते हैं और राम वियोगी की विरह-व्यथित पुकार की प्रभावात्मकता के अनुभव को पाठकों की संवेदना पर छोड़ देते हैं। जब एक छोटे से जीव के विरह की यह दशा है तो विराट ब्रह्म के अनन्त वियोग की कितनी गहन पीड़ा होगी और उसमें कितनी व्यापक द्रवण-शीलता होगी? यदि क्रौंच के कुरलने से बादल बरस सकते हैं तो क्या वियोगी आत्मा के कुहकने से अपार आनन्द-रस की वर्षा नहीं हो सकती है, जिससे सम्पूर्ण सृष्टि की रिक्तता पूर्ण हो जाय।

इस साखी के प्रथम चरण में विभावना, द्वितीय चरण में वक्रोक्ति का विधान है।

चकवी बिछुटी[1] रैणि की, आइ मिली परभाति।
जे जन बिछुटे राम सूँ, ते दिन मिले न राति।।३।।

पाठान्तर– तिवारी– १. बिछुरी

शब्दार्थ–बिछुटी = वियोगिनी, रैणि = रात, परभाति = प्रातःकाल।

व्याख्या–रात के समय में अपने प्रिय से बिछुड़ी हुई चकवी प्रातःकाल होने पर अपने प्रिय से मिल गयी। किन्तु जो लोग राम से विलग हुए हैं, वे न तो दिन में मिल पाते हैं और न रात में।

आत्मा परमात्मा का अंश होती हुई भी उससे मायादि की दीवार के कारण अपने को अलग समझती है। उसका यह वियोग कई जन्मों से चला आ रहा है। इस चिरन्तन विरह की अनुभूति को झेलना कितना कठिन है। इसमें व्यतिरेक की व्यंजना तथा दृष्टांत की योजना परिलक्षित होती है। इसमें ईश्वर मिलन की आकुलता को व्यंजित किया गया है। अन्य वियोगिनियों को देखकर मन को ढाढ़स बँधाया जा सकता है, किन्तु जब एक की कामना पूरी हो जाती है तो दूसरी की तड़प का बढ़ जाना स्वाभाविक है।

बासुरि सुख नां रैणि सुख, नाँ सुख सुपिनै माँहिं।
कबीर बिछुट्या राम सूँ, ना सुख धूप न छाँह।।४।।

शब्दार्थ–बासुरि = दिन (वासर), रैणि = रात, सुपिनैं = स्वप्न में।

व्याख्या–परमात्मा से विमुक्त जीवात्मा को न दिन में सुख मिलता है और न रात में। उसे स्वप्न में भी सुख उपलब्ध नहीं होता। उसे न धूप में और न छाया में, कहीं भी चैन नहीं मिल पाता।

इस साखी में आत्मा की शाश्वत वियोग की व्यथा तथा आकुलता को व्यंजित किया गया है। अनुप्रास तथा विशेषोक्ति अलंकारों की नियोजना की गयी है। 'वासर' शब्द को भाषा की प्रकृति में परिवर्तित किया गया है।

बिरहनि ऊभी पंथ सिरि, पंथी बूझै धाइ।
एक सबद कहि पीव का, कब रे मिलैंगे आइ।।५।।

शब्दार्थ–ऊभी = खड़ी, पंथ सिरि = रास्ते पर, बूझै = पूछती है, धाइ = दौड़ कर।

व्याख्या–आत्मा रूपी विरहिणी रास्ते में खड़ी है। वह हर गुजरने वाले पथिक से प्रियतम का हाल पूछती है। वह कहती है कि हे पथिक कम से कम एक शब्द तो बताओ कि प्रियतम कब आकर मुझसे मिलेंगे।

इस साखी में 'पंथ' जीवन पथ का सूचक है। उसमें गुजरने वाले पथिक साधु महात्मा हैं। जिन्हें परमात्मा के विषय में पूर्ण ज्ञान है वे ही विरहिणी की दशा देखकर बता सकते हैं कि क्या उसकी प्रतीक्षा और साधना की चरम सीमा आ गयी है? क्या वह ईश्वर का अनुग्रह प्राप्त करने की अधिकारिणी हो गयी है?

भावात्मक रहस्यवाद की व्यंजना की गयी है।

विरहिणी की व्यग्रता, उत्सुकता तथा व्यथा की मार्मिक अभिव्यक्ति अत्यन्त सरल शैली में की गयी है। आध्यात्मिक शृंगार की उत्कृष्ट अभिव्यक्ति कबीर की प्रतिभा का ही परिणाम है। 'ऊभी' मराठी का बहुप्रचलित शब्द है। हिन्दी में इसका व्यवहार नगण्य है।

बहुत दिनन की जोवती, बाट तुम्हारी राम।
जिव तरसै तुझ मिलन कूँ, मनि नाहीं विश्राम।।६।।

शब्दार्थ–जोवती = देखती, बाट = रास्ता।

व्याख्या–हे राम मैं बहुत दिनों से तुम्हारा मार्ग देख रही हूँ अर्थात् तुम्हारी प्रतीक्षा में लीन हूँ। तुमसे मिलने के लिए मेरा जी तड़प रहा है, मन में क्षण भर के लिए विश्रान्ति नहीं है।

आत्मा और परमात्मा का वियोग चिरन्तन है। आत्मा अनन्त काल से परमात्मा से एकात्म होने के लिए आकुल है। परमात्मा के साथ अपने अभिन्न सम्बन्ध के ज्ञान के बाद तो उसको संसार में और भी बेचैनी का अनुभव होने लगा है। क्योंकि उसकी सम्पूर्ण चेतना ईश्वरोन्मुख हो गयी है।

सम्पूर्ण छन्द में स्वभावोक्ति अलंकार है। कबीर का विरह चित्रण सूफियों के प्रेम विरह के चित्रों से कम मार्मिक नहीं है।

बिरहिन ऊठै भी पड़े,[१] दरसन कारनि राम।

मूवाँ पीछै देहुगे, सो दरसन किहिं काम[२]।।७।।

पाठान्तर– तिवारी–१. उठि उठि भुइं परै, २. सो आवे कौने काम

शब्दार्थ–पड़े = गिर पड़े, मूवाँ = मृत्यु।

व्याख्या–विरहिणी आत्मा इस लालसा से उठती है कि शायद प्रियतम आ गये हों, किन्तु शारीरिक निर्बलता के कारण वह अपने को सम्हाल नहीं पाती, फलतः गिर पड़ती है। (तिवारी–वह उठ उठकर जमीन पर गिर जाती है।) उसकी शारीरिक शक्ति वियोग व्यथा के प्रभाव से क्षीण हो गयी है। उसके अन्दर अब और अधिक धीरज रखने की क्षमता नहीं है। प्रियतम को सम्बोधित करके वह कहती है, कि हे स्वामी! लगता है तुम मरने के बाद ही दर्शन दोगे। मरणोपरान्त का दर्शन किस काम का होगा? इस साखी में मरण के पूर्व की स्थिति का चित्रण किया गया है। साधक की साधना का उत्तम फल यही है कि वह जीते जी अपने आराध्य को प्राप्त कर ले। मरणोपरान्त ही यदि ईश्वर का साक्षात्कार होता है तो वह उसकी साधना की न्यूनता का परिचायक है। जिस तरह सूफी कवि प्रेम का चित्रण करते समय प्रतीकात्मकता को विस्मृत कर देते हैं वैसे ही कबीर भी विरह के चित्रण में विरह के लौकिक पक्ष को पूर्णतया पुष्ट करते हैं। इस साखी में विरहिणी का बिम्ब उसकी पूर्ण व्याकुलता के साथ प्रत्यक्ष हो जाता है।

मूवाँ पीछे जिनि[१] मिलै, कहै कबीरा राम।

पाथर घाटा लोह सब,[२] (तब) पारस कौणे काम।।८।।

पाठान्तर–तिवारी – १. मति, २. लोहा माटी मिलि गया

शब्दार्थ–मूवाँ = मृत्यु, पाथर = पत्थर।

व्याख्या–कबीरदास भगवान् से अनुनय करते हैं, कि हे राम ! मरने के बाद दर्शन देने मत आना। यदि तुम्हें अपनी प्रिया से लगाव है, तो जीवितावस्था में ही दर्शन देने आ जाओ। पारस पत्थर की तलाश में जब सारा लोहा ही समाप्त हो जायेगा, तो पारस पत्थर मिलने से ही क्या लाभ होगा? (तिवारी–जब सारा लोहा मिट्टी में मिल गया तो पारस किस काम का)

यहाँ कबीर विरह का चित्रण करते हुए लोक पक्ष को अधिक सबल बना देते हैं। उन्हें अपने दार्शनिक सिद्धान्त की भी परवाह नहीं रहती। कबीर की मुख्य मान्यता है कि जीवात्मा मरती नहीं केवल उसका एक शरीर से दूसरे शरीर में स्थानान्तरण होता है।

दृष्टांत अलंकार का सुन्दर प्रयोग करते हुए कबीर ने हल्के उपालम्भ को भी व्यक्त

अंदेसड़ा न भाजिसी, संदेसौं कहियाँ।
कै हरि आयाँ भाजिसी, कै हरि ही पासि गयाँ।।९।।

शब्दार्थ–अंदेसड़ा = संशय, भाजिसी = भागता, कहियाँ = कहने से।

व्याख्या–संदेश से संशय नहीं भागता। प्रियतम के विषय में दूसरों द्वारा दी गयी सूचनाओं से मन की द्वन्द्वात्मकता नहीं मिटती। इससे हृदय की पीड़ा का भी निवारण नहीं हो पाता। पीड़ा से मुक्ति के दो ही विकल्प हैं। पहला विकल्प है कि भगवान् स्वयं भक्त के पास आ जाय या भक्त ईश्वर के पास पहुँच जाय। मिलन के संदर्भ में प्रेमी या प्रेमिका में से कोई अभिसार के लिए आता है। कबीर ने दोनों पक्षों की ओर यहाँ संकेत किया है। प्रथम चरण में विशेषोक्ति अलंकार है।

आइ न सकौं तुझ पै, सकूँ न तुझ बुलाइ।
जियरा यौंही लेहुगे, बिरह तपाइ तपाइ।।१०।।

शब्दार्थ–तुझ पै = तुम्हारे पास, जियरा = प्राण।

व्याख्या–आत्मारूपी विरहिणी कहती है कि मैं तुम्हारे पास आने में असमर्थ हूँ। विरह के कारण मेरा शरीर बहुत क्षीण हो गया है। उसमें इतनी शक्ति शेष नहीं है कि एक लम्बा मार्ग तय करके प्रियतम के पास तक पहुँच सके। मैं इतने दिनों से तड़प-तड़प कर तुम्हारे नाम की रट लगाये हूँ। तुम मेरी दशा पर द्रवित होकर स्वयं आते नहीं हो। जोर जबरदस्ती से मैं तुम्हें बुलवा नहीं सकती हूँ। ऐसा लगता है कि मेरा और तुम्हारा मिलन हो नहीं पायेगा। जिसकी पूरी जिम्मेदारी तुम्हारे ऊपर है। क्योंकि विरह की तड़प को शान्त करने में तुम्हीं पूर्ण सक्षम हो। मुझे प्रतीत होता है कि विरह की आग में तड़पा-तड़पा कर तुम यों ही मेरा प्राण ले लोगे।

इस साखी में प्रियतम के प्रति उपालम्भ तथा जीवात्मा की सीमित शक्ति की अभिव्यंजना है। 'तपाइ-तपाइ' में पुनःशक्ति प्रकाश अलंकार की योजना की गयी है। एक विरहिणी की मार्मिक वेदना का उद्‌घाटन कबीर ने बड़ी कुशलता से किया है।

यहु तन जालौं मसि करूँ, ज्यूँ धूवाँ जाइ सरग्गि।
मति वै राम दया करैं, बरसि बुझावै अग्गि।।११।।

शब्दार्थ–तन = शरीर, जालौं = जलाऊँ, सरग्गि = स्वर्ग, बुझावै = शमित।

व्याख्या–आत्मा रूपी विरहिणी की इच्छा है कि वह अपने शरीर को जला कर मसि (भस्म) बना दे और उसके प्रज्वलन से निसृत धूम स्वर्ग तक चला जाय। इस धुएँ को देखकर कदाचित भगवान् अपनी प्रिया के ऊपर कृपा कर दें और अपने प्रेम की वर्षा से उसकी ज्वलनशीलता को शमित कर दें।

इस साखी में कबीर ने आत्मा की तीव्र मिलन की उत्कंठा तथा शारीरिक उत्सर्ग को अभिव्यंजित किया है। पूर्व साखी में प्रियतमा ने प्रियतम के पास जाने में अपनी असमर्थता का अनुभव किया था। इस साखी में उसे एक उपाय सूझ गया। इसमें रूपकातिशयोक्ति अलंकार की योजना है। जायसी ने अपने विरह भाव को नागमती में प्रक्षिप्त करके जो मार्मिकता उत्पन्न की है, कबीर के इस रूपक में उससे कम मार्मिकता नहीं है। इसी से मिलता जुलता भाव नागमती के इस कथन में है–

पिउ से कहेउ संदेसड़ा, हे भँवरा हे काग।
सो धनि विरहे जरि मुई, सोइ का धुआँ हम लाग।।

यहु तन जालों मसि करूँ, लिखौं राम का नाउँ।
लेखणि करूँ करंक की, लिखि-लिखि राम पठाउँ।।१२।।

शब्दार्थ–तन = शरीर, मसि = स्याही, नाऊँ = नाम, लेखणि = लेखनी, करंक = हड्डी, पठाऊँ = भेजूँ।

व्याख्या–आत्मारूपी विरहिणी कह रही है कि मैं चाहती हूँ कि इस शरीर को जला कर स्याही बना लूँ और हड्डी की लेखनी बनाऊँ, इसी से लिख-लिख कर राम के नाम संदेश भेजूँ।

विरहिणी की मिलन की कामना विचित्र त्याग के रूप में प्रकट हुई है। इस तरह के विरह चित्रण पर फारसी प्रभाव मानना अनुचित नहीं है। खून, हड्डी, आदि के चित्रों में जुगुप्सा की स्थिति है। भारतीय प्रेम चित्रण की परम्परा में इस तरह के प्रतीकों तथा उपमानों का लगभग अभाव है। इसमें कबीर की ईश्वर के प्रति अनन्य निष्ठा की अभिव्यंजना होती है।

कबीर पीर पिरावनीं, पंजर पीड़ न जाइ।
एक ज पीड़ परीति की, रही कलेजा छाइ।।१३।।

शब्दार्थ–पीर = पीड़ा, पंजर = शरीर रूपी पिंजड़ा।

व्याख्या–कबीरदास कहते हैं कि, विरह की पीड़ा निरन्तर (पीड़ा दायिनी) टीस रही है। शरीर रूपी पिंजड़े से वह विरह-वेदना बाहर निकलती नहीं है। यह प्रेम की पीड़ा कलेजे में व्याप्त हो गयी है अर्थात् हृदय की अत्यन्त गहराई में प्रविष्ट हो गयी है।

इस साखी में पीड़ा शब्द का बार-बार प्रयोग करके कबीर ने यह संकेत किया है कि, शरीर में इस समय पीड़ा का अस्तित्व ही प्रमुख है। 'पिरावनी पीड़' में शब्द चयन तथा विन्यास का कौशल द्रष्टव्य है। पीड़ा कहीं मन के कोने में पड़ी नहीं है, बल्कि पूरी तरह से सक्रिय है। अनुप्रास, विरोधाभास, रूपकातिशयोक्ति आदि अलंकारों का सुन्दर विधान है।

चोट सतांणी बिरह की, सब तन जरजर होइ।
मारणहारा जाणिहै, कै जिहिं लागी सोइ।।१४।।

शब्दार्थ–सतांणी = सताने वाली; जरजर = जर्जरित, शिथिल, जाँणिहै = जानेगा।

व्याख्या–आत्मा रूपी विरहिणी कहती है कि विरह की चोट ने मर्म को आहत कर डाला है, जिससे समस्त शरीर जर्जरित हो गया है। इस पीड़ा को या तो मारने वाला जानता है, या जिसको इस पीड़ा को भोगना पड़ रहा है, वह जानता है।

प्रेम विरह की भक्ति की अनुभूति नितान्त वैयक्तिक है। इसे या तो आत्मा अनुभव करती है या परमात्मा, जो सर्वज्ञ है।

कर कमाण सर साधि करि, खैंचि जु मार्‌या माँहि।
भीतरि भिद्या सुमार ह्वै, जीवै कि जीवै नाँहि।।१५।।

शब्दार्थ–कर = हाथ, कमाण = धनुष, साँधि = संधान, सुमार = गम्भीर घाव।

व्याख्या–सद्गुरु ने हाथ में धनुष लेकर प्रेम-विरह के बाण को पूरी शक्ति के साथ खींचकर हृदय पर वार किया। इस बाण ने हृदय में घुसकर गहरी चोट कर दिया। उसकी इस घातक पीड़ा से जीवात्मा रूपी वियोगिनी जीवन मृत्यु के बीच संघर्ष कर रही है, पता नहीं विरहिणी बचेगी या मर जायेगी। इस साखी में अनुप्रास तथा अन्योक्ति अलंकार की योजना है। विरह की अनुभूति को जागृत करने में गुरु की प्रमुख भूमिका की ओर संकेत है।

जबहूँ मार्‌या खैंचि करि, तब मैं पाई जाँणि (जाँनि)।
लागी चोट मरम्म की, गई कलेजा छाँड़ि (छांनि)।।१६।।

शब्दार्थ–जबहूँ = जब, मार्‌या = मारा, खैंचि = खींच, जाँणि = समझ, छाँड़ि = छेदकर। (मूल शब्द छांनि, छेदता हुआ)।

ईश्वर की प्रेरणा से गुरु ने (या स्वयं परमात्मा ने जब) (शब्द का या विरह का) बाण खींचकर मारा तब मुझे बोध हुआ। यह चोट मर्मभेदी थी और कलेजे को छेद कर आर-पार हो गयी।

आत्मा और परमात्मा के सम्बन्ध का वास्तविक बोध होने पर आत्मा में विरह की चरम अनुभूति एकाएक जाग उठी। कलेजा छलनी होने में यह भी व्यंजना है कि सांसारिकता का जल उसमें समा नहीं सकता है। विरोधाभास तथा अतिशयोक्ति की व्यंजना और विरह भाव की तीव्रता की प्रभावशाली अभिव्यक्ति की गयी है।

जिहि सरि मारी काल्हि, सो सर मेरे मन बस्या।
तिहिं सरि अजहूँ मारि, सर बिन सचु पाऊँ नहीं।।१७।।

शब्दार्थ–जिहिं = जिस, सरि = बाण से, बस्या = प्रिय हो गया, अजहूँ = आज भी सचु = सत्य।

व्याख्या–जिस विरह बाण से कल मारी गयी थी, वह मेरे मन में बस गयी है। उस विरह से ही मेरी आसक्ति हो गयी है। आत्मा रूपी विरहिणी निवेदन करती है, कि हे प्रियतम! उसी बाण से आज भी प्रहार करो, उस बाण के बिना सच (सुख) नहीं पा सकूँगी।

कबीर ने इन पंक्तियों में सत्यानुभूति के लिए प्रेम विरह को आवश्यक माना है। विरह के प्रभाव से प्रियतमा का ध्यान प्रियतम पर पूर्णतया केन्द्रित हो जाता है। चूँकि इस स्थिति में भोग का अभाव होता है, इसीलिए प्रेम पुञ्जीभूत होता है तथा आत्मा की आग में तपकर परिष्कृत होता है। गोपियाँ भी कहती हैं 'ऊधौं विरहौ प्रेम करो।' सूफी काव्य में तो विरह को व्यापक रूप से समादृत किया गया है। इसीलिए कबीर विरह बाण का हृदय से स्वागत करते हैं और उसकी चोट खाने के लिए प्रिय से आग्रह करते हैं। इस साखी में कुछ शब्दों के सविभक्तिक प्रयोग द्रष्टव्य हैं–जैसे जिहिं, सरि, तिहिं आदि। अनुप्रास की योजना से विन्यास गत सौंदर्य निर्मित हो गया है।

बिरह भुवंगम तन बसै, मंत्र न लागै[1] कोइ।
राम बियोगी ना जिवै, जिवै तौ बौरा होइ।।१८।।

पाठान्तर– तिवारी–१. मानै

शब्दार्थ–भुवंगम = सर्प, बौरा = पागल।

व्याख्या–कबीरदास कहते हैं कि विरह का सर्प शरीर के अन्दर निवास कर रहा है, जिस पर किसी तरह का मंत्र लाभप्रद नहीं हो पा रहा है। इसलिए राम से वियुक्त आत्मा जीवित नहीं रह पाती, और यदि जीवित रहती भी है तो वह पागल हो जाती है।

सामान्यतः साँप बाह्य अंगों को डसता है जिस पर मंत्रादि कामयाब हो जाते हैं किन्तु राम का विरह सर्प तो शरीर के अन्दर प्रविष्ट हो गया है, वहाँ वह लगातार डसता रहता है। इसलिए मंत्र-तंत्र के प्रभाव का कोई अर्थ ही नहीं है। राम का वियोगी उस तरह से नहीं जीता,

जैसे सामान्य आदमी जीते हैं। वह तो जीवन्मृत हो जाता है। उसके व्यवहार भी संसार के व्यवहार से मेल नहीं खाते, इसीलिए उसे पागल समझा जाता है। सांगरूपक अलंकार का प्रयोग है।

बिरह भुवंगम पैसि करि, किया कलेजै घाव।
साधू अंग न मोड़ही, ज्यूँ भावै त्यूँ खाव।।१६।।

शब्दार्थ–पैसि करि = प्रवेश करके।

व्याख्या–विरह रूपी सर्प ने शरीर के अन्दर प्रवेश करके दिल में घाव कर दिया है। साधु अपने अंगों को मोड़ता नहीं बल्कि सर्प को पूरी तरह से छूट दे देता है कि वह स्वेच्छानुसार शरीर को खा ले।

इसमें भी शाश्वत विरह की कामना की गयी है। वास्तव में ईश्वर की विरहानुभूति परम आनन्ददायिनी होती है। लौकिक व्यवहार की दृष्टि से विरह दुखदायी भले ही प्रतीत होता हो। इस साखी में रूपक 'विरह भुवंगम' तथा विशेषोक्ति 'साधु अंग न मोड़ही' की योजना परिलक्षित होती है। इस तरह के चित्रणों पर फारसी प्रभाव बहुत स्पष्ट है।

सब रग तंत रबाब तन, बिरह बजावै नित्त।
और न कोई सुणि सकै, कै साईं कै चित्त।।२०।।

शब्दार्थ–रग = रगें, शिराएँ, रबाब = एक विशेष प्रकार का वाद्य, सुणि = सुन।

व्याख्या–आत्मा रूपी विरहिणी कहती है कि मेरा शरीर रबाब नामक वाद्य बन गया है। मेरी सभी शिराएँ उसकी तांत हैं। रबाब को विरह नित्य (प्रेम) का राग बजाता रहता है। इस वाद्य से निकलने वाले राग को या तो स्वामी सुनता है या साधक का चित्त।

सांगरूपक के द्वारा कबीर ने शरीर के रोम-रोम में व्याप्त विरह को व्यंजित किया है। शरीर से निकलने वाला राग अनाहद नाद का सूचक है। इस नाद का श्रवण साधक या स्वामी के अलावा कोई और नहीं कर पाता। ईश्वरीय प्रेम का गहन अनुभव नितान्त वैयक्तिक है। संगीत वाद्य के बिम्ब से कबीर ने अनाहद नाद के स्वरूप को सर्वसुलभ बनाने का प्रयास किया है। किसी भी कुशल रचनाकार की सृष्टि में उसका युग प्रतीकों और बिम्बों में भी प्रत्यक्ष हो जाता है।

बिरहा बुरहा जिनि कहौ, बिरहा है सुलितान।
जिह घटि बिरह न संचरै, सो घट सदा मसान।।२१।।

शब्दार्थ–घटि = शरीर में, संचरै = संचरित होना, मसान = मरघट।

व्याख्या–विरह-विरह व्यर्थ में चिल्लाने से विरह की अनुभूति नहीं होती। विरह को बुरा नहीं समझना चाहिए। वास्तव में विरह शरीर का मालिक है। उसे एक अदना आदमी के रूप में 'विरहा-विरहा' कहकर न पुकारो। जिस शरीर में विरह रूपी सुल्तान का संचरण नहीं होता वह शरीर श्मशान की तरह है।

प्रेम का शुद्ध और परिष्कृत रूप विरह के बिना संभव नहीं है। ईश्वरीय विरह के अभाव में शरीर अशुद्ध ही नहीं बल्कि वह मुर्दे के समान है। कबीर की दृष्टि में जीवन की सार्थकता भक्ति (विरह भक्ति) भाव में ही है।

अंषड़ियाँ[1] झाँई पड़ी, पंथ निहारि निहारि।
जीभड़ियाँ[2] छाला पड़्या, राम पुकारि पुकारि।।२२।।

पाठान्तर–तिवारी - १. अंखियन, २. जिभ्या मैं

शब्दार्थ–अंषड़ियाँ = आँखों में, झाँई = अंधेरा, निहारि-निहारि = देख-देख कर, जीभड़िया = जीभ में।

व्याख्या–प्रियतम का रास्ता देखते-देखते आत्मा रूपी विरहिणी की आँखों के आगे अंधेरा छाने लगा है। उसकी दृष्टि मंद पड़ गयी है। प्रिय राम की पुकार लगाते-लगाते उसकी जीभ में छाले पड़ गये हैं।

कबीर ने विरहिणी की प्रतीक्षा तथा प्रियतम से मिलन की उत्कंठा का मर्मस्पर्शी चित्र अंकित किया है। इस साखी में पुनरुक्ति प्रकाश तथा अतिशयोक्ति की योजना द्रष्टव्य है। इस चित्रण पर फारसी काव्य का प्रभाव परिलक्षित होता है। 'अंषड़ियाँ' और 'जिभड़ियाँ' में प्रयुक्त ड़ी प्रत्यय लघुता सूचक प्रत्यय है, जिसका प्राचीन काव्यों में बहुल प्रयोग उपलब्ध होता है।

इस तन का दीवा करौं, बाती मेल्यूँ जीव।
लोही सीचौं तेल ज्यूँ, कब मुख देखौं पीव।।२३।।

शब्दार्थ–दीवा = दीपक, बाती = वर्तिका, मेल्यूँ = डालू, लोही = खून, पीव = प्रियतम।

व्याख्या–आत्मा रूपी विरहिणी प्रियतम की प्रतीक्षा करते-करते अतिशय बेचैन हो गयी है। उसकी आँखों में झाईं पड़ ही चुकी है। जीभ भी पुकार करते-करते छाले से युक्त हो गयी है। ऐसी विकट स्थिति में उसे एक उपाय सूझता है। वह फैसला करती है कि अपने शरीर को दीपक बना ले, उसमें जीव की वर्तिका डाल दे और खून रूपी तेल से उसको सींचती रहे। इस दीपक के प्रकाश में शायद उसके प्रियतम का मुख उसे दिखाई पड़ जाय।

इस साखी में अपने आपको मिटाकर प्रियतम को पा लेने की अभिलाषा व्यक्त की गयी है। शरीर और जीव के अलग अस्तित्व को मिटा देने के बाद ही तो परमात्मा में विलय हो सकेगा। लोही आदि के जिक्र में फारसी प्रभाव स्पष्ट है। प्रेम चित्रण में जुगुप्सा का वर्णन भारतीय परम्परा में नहीं है। इससे रस परिपाक में बाधा उत्पन्न होती है। रूपक, उपमा आदि सादृश्य मूलक अलंकार अभिव्यक्ति को सशक्त बना देते हैं। 'प्रियतम का मुख' देखने की इच्छा में ईश्वर के विग्रह की परिकल्पना दृष्टिगत होती है।

नैनाँ नीझर लाइया, रहट बहै निस जाम।
पपीहा ज्यूँ पिव-पिव करौं, कबरू मिलहुगे राम।।२४।।

शब्दार्थ–नैनाँ = नेत्रों से, नीझर = निर्झर, निस जाम = रात दिन।

व्याख्या–कबीरदास कहते हैं कि, आत्मारूपी विरहिणी के नेत्रों से आँसुओं की निरन्तर झड़ी लगी है। रहट के जल पात्र की तरह रात-दिन लगातार उनसे पानी (आँसू) गिरता रहता है। विरहिणी मुख से पपीहा की तरह 'पिव-पिव' की पुकार करती रहती है। हे भगवान् ! तुम उसे कब दर्शन दोगे?

इस साखी में कबीर ने 'रहट' के बिम्ब का बड़ा सुन्दर उपयोग किया है। 'रहट' एक सिंचाई का साधन है, जिससे कृषक प्रायः परिचित होते हैं। इस परिचित बिम्ब के द्वारा उन्होंने आँसुओं के निरन्तर प्रवाह को प्रत्यक्ष किया है। दूसरी पंक्ति में 'पपीहा' के रूढ़ उपमान का सहारा लिया गया है। सामान्यतः दोनों पंक्तियों में प्रयुक्त उपमान जिनसे बिम्ब का विधान

हुआ है अर्थ की दृष्टि से अलग-अलग दृष्टिगोचर होते हैं जब कि वस्तु स्थिति ऐसी नहीं है। इन दोनों के संयोग से कबीर ने अभिव्यक्ति में एक चमत्कार पैदा किया है। 'पिव-पिव' में पीने का भी भाव है। कहा जाता है कि पपीहा श्वाति नक्षत्र के जल को पीकर ही तृप्त होता है। अन्य प्रकार का जल उसकी प्यास को नहीं बुझा पाता। एक तरफ तो नेत्रों से जल की धारा बह रही है, दूसरी तरफ मन पपीहा की तरह पीने की इच्छा लिए तड़प रहा है। यह प्यास तो राम के दर्शन से प्राप्त राम-रस से ही बुझने वाली है।

अंषड़िया[1] प्रेम कसाइयाँ, लोग जाँणै दुखड़ियाँ।
साँई अपणै कारणैं, रोइ रोइ रतड़ियाँ।।२५।।

पाठान्तर– तिवारी–१. अँखियाँ

शब्दार्थ–अंषड़ियाँ = आँखें, दुखड़ियाँ = रोगग्रस्त, आँख आना, रतड़ियाँ = रक्त, लाल

व्याख्या–कबीरदास कहते हैं कि, आत्मारूपी विरहिणी की आँखें प्रेम से कषायित हो गयी हैं। लोग जानते हैं कि आँखों में पीड़ा है या आँखें आ गयी हैं। अपने स्वामी के लिए रो-रोकर उसने अपनी आँखें लाल कर ली हैं।

विप्रलंभ भक्ति शृंगार में अनुभावों का अंकन किया गया है। इसमें प्रियतम के लिए प्रियतमा की घोर साधना का संकेत निहित है। रोइ-रोइ में पुनरुक्ति प्रकाश का विधान है। सम्पूर्ण साखी में अपह्नुति की व्यंजना है।

सोई आँसू सजणाँ, सोई लोक बिड़ाँहि।
जे लोइण लोंही चुवै, तौ जाँणो हेत हियाँहि।।२६।।

शब्दार्थ–सजणाँ = सगे,हितेच्छु, सज्जन, बिड़ाँ = पराये, विट, लोइण = लोचन, लोंही = खून, हेतु = प्रेम।

व्याख्या–कबीरदास कहते हैं कि जो आँसू, स्वजनों या सज्जनों के होते हैं वही पराये लोगों के या विटों (नाटक में अभिनय करने वालों) के होते हैं। दोनों में ऊपरी तौर से कोई अन्तर दृष्टिगत नहीं होता। जिन लोचनों से आँसू के रूप में खून गिरे वहीं असली प्रेम की स्थिति होती है।

विरही की आँसुओं के रंग से उसके प्रेम की पहचान हो जाती है। इस साखी पर सूफी काव्य का प्रभाव दिखाई देता है। जायसी ने भी 'रक्त' के आँसू का चित्रण किया है।

कबीर हसणाँ दूरि करि, करि रोवण सौं चित्त।
बिन रोयाँ क्यूँ पाइये, प्रेम पियारा मित्त।।२७।।

शब्दार्थ–रोवण = रोना, मित्त = मित्र।

व्याख्या–कबीरदास कहते हैं कि, सांसारिक सुखों और भोगों में पड़कर जो झूठी हँसी हँस रहे हो उसे छोड़ दो। रोने में चित्त लगाओ। अर्थात् भगवान् के साथ अपने वास्तविक सम्बन्ध का बोध करके उसको पाने के लिए विरह की पीड़ा से अभिभूत हो जाओ। बिना रोए वह प्रियतम मित्र नहीं मिल पायेगा। इसमें गूढ़ार्थ समन्वित वक्रोक्ति की योजना की गयी है।

जौं रोऊँ तौ बल घटै, हँसौं तौ राम रिसाइ।
मनहीं माँहि बिसूरणां, ज्यूँ घुंण काठहिं खाइ।।२८।।

शब्दार्थ–रिसाइ = नाराज हो जाय। बिसूरणा = सोचना, चिन्ता करना।

व्याख्या–कबीरदास कहते हैं कि, यदि आत्मारूपी विरहिणी प्रिय के वियोग में रोती है, तो उसकी शक्ति क्षीण होती है और यदि हँसती है, तो भगवान् नाराज हो जाते हैं। वह मन ही मन दुःख से अभिभूत होकर चिन्ता करती है और इस तरह की स्थिति में उसका शरीर अन्दर-अन्दर वैसे ही खोखला होता जाता है, जैसे घुन लकड़ी को अन्दर-अन्दर खा जाता है।

कबीर ने यहाँ विरहिणी की विषम परिस्थिति का अंकन किया है। विरहिणी यदि विरह से रोती है तो वह क्षीण होती है। यदि सांसारिकता की ओर उन्मुख होकर अपना मन बहलाकर खुश होती है, तो भगवान् रुष्ट हो जाते हैं। अतः उसे भयानक पीड़ा को चुपचाप बिना आह भरे झेलना पड़ता है और मन ही मन ईश्वर का ध्यान करना होता है।

साखी के प्रथम चरण में विरोधाभास तथा द्वितीय चरण में दृष्टांत का विधान किया गया है। 'विसूरना' लोक प्रचलित शब्द है, जिसका अर्थ गहरे विषाद में डूब कर प्रशान्त मन से सोचा है।

हँसि हँसि कंत न पाइये, जिनि पाया तिनि रोइ।
जो हाँसे ही हरि मिलै, तौ नहीं दुहागनि कोइ।।२९।।

शब्दार्थ–कंत = प्रियतम, दुहागिन = दुर्भाग्यशालिनी।

व्याख्या–लौकिक सुखों के बीच रहकर हँसी-खुशी से प्रियतम प्राप्त नहीं होता। जिन लोगों ने भगवान् को पाया है, उन्होंने सांसारिकता को छोड़कर विरह की गहन पीड़ा को भोगा है। यदि हँसते-हँसते ही ईश्वर मिल जाय तो कोई भी जीवात्मा रूपी स्त्री दुर्भाग्यशालिनी न रह जाय।

इस साखी में विरोधाभास, पुनरुक्ति प्रकाश, और अनुप्रास आदि अलंकारों की योजना है। लौकिक जीवन में प्रिय मिलन हँसते-हँसते होता है, किन्तु आध्यात्मिक क्षेत्र में प्रियतम कठिन त्याग, अतिशय पीड़ा तथा विकट साधना से ही मिल पाता है। यदि ऐसा न होता तो करोड़ों जीवात्माएँ जो अनेक योनियों में भटक रही हैं, वे सुहागिन न हो जातीं। कबीर ने सुहागिन के विपरीत-अर्थ व्यक्त करने वाले शब्द दुहागिन का प्रयोग किया है। यह शब्द प्रायः प्रचलन में नहीं है। लगता है कबीर ने इसे स्वयं गढ़ लिया है।

हाँसी खेलौं हरि मिलै, तौ कौण सहै षरसान।
काम क्रोध त्रिष्णाँ तजै, ताहि मिलैं भगवान।।३०।।

शब्दार्थ–षरसान = तेज धार, कलहमय जीवन।

व्याख्या–विषय-वासनाओं का आनन्द लेते हुए हँसी खेल में यदि भगवान् मिल जायँ तो व्यथा की सान पर कौन चढ़े? अर्थात् ईश्वरीय प्रेमानुभूति जनित विरह-वेदना को कोई क्यों सहन करे? कबीरदास कहते हैं कि, काम, क्रोध और लालच के त्यागने के बाद ही भगवान् मिल सकता है। वक्रोक्ति, अनुप्रास आदि अलंकारों की सुन्दर योजना के साथ ही 'हँसी-खेल में' मुहावरे का प्रयोग द्रष्टव्य है। साधना का मार्ग दुरूह है, यह खाँडे की धार पर चलने के समान है।

पूत पियारो पिता कौ, गौंहनि लागौं धाइ।
लोभ मिठाई हाथि दे, आपण गयो भुलाइ।।३१।।

शब्दार्थ–पूत = पुत्र, गौहनि = साथ।

व्याख्या–परमात्मा पिता का प्रिय पुत्र जीवात्मा दौड़कर पिता के साथ लग जाओ। पिता

ने लोभ रूपी मिठाई तुम्हारे हाथ में दे दी है, जिससे तुम स्वयं को ही भूल गये हो, पिता की सुध तुम्हें कैसे रह सकती है। माया-मोह में फँस जाने के कारण तुमने पिता का साथ छोड़ दिया है। कम से कम अब तो चेत जाओ और लोभ को छोड़कर अपने जनक से लग जाओ।

अन्योक्ति के द्वारा कबीर ने आत्मा-परमात्मा के जन्य-जनक भाव उनके पारस्परिक वियोग तथा पुनर्मिलन की आकांक्षा को व्यक्त करना चाहा है। अनुप्रास, रूपक, आदि अन्य अलंकारों के माध्यम से रहस्यवाद की व्यंजना की गयी है।

डारी खांड़ पटकि करि, अंतरि रोस उपाइ।
रोवत रोवत मिलि गया, पिता पियारे जाइ।।३२।।

शब्दार्थ–खाँड़ = शक्कर, मिठाई, डारी = डाल दिया, अंतरि = अन्दर, रोस = क्रोध।

व्याख्या–अन्ततः (गुरु का प्रबोधन प्राप्त होने पर) आत्मा रूपी बालक सचेत हुआ। अपने इस दुष्कर्म के प्रति उसमें तीव्र आक्रोश जाग उठा। उसने लोभ वासना की मिठाई को पटक कर फेंक दिया। अलगाव के दुख से रोते-रोते वह परमात्मा रूपी प्रिय पिता से तदाकार हो गया। रोवत-रोवत में पुनरुक्ति प्रकाश अलंकार द्रष्टव्य है। पिता पुत्र के माध्यम से रहस्यवाद को व्यंजित किया गया है। यह वात्सल्य भाव का रहस्यवाद है।

नैनाँ अंतरि आव तूं (आचरूँ), निस दिन निरषौं तोहि।
कब हरि दरसन देहुगे, सो दिन आवै मोहि।।३३।।

शब्दार्थ–नैनाँ = नेत्रों, अंतरि = अन्दर, निरखौं = देखूँ।

व्याख्या–आत्मारूपी प्रियतमा अपनी उत्कट मिलनोत्कंठा को व्यक्त करती हुई निवेदन करती है। हे भगवान्! तुम मेरे नेत्रों के अन्दर आ जाओ, जिससे रात-दिन मैं तुम्हारा दर्शन करती रहूँ। मेरे परम सौभाग्य का कौन सा दिन होगा, जब तुम दर्शन देने की कृपा करोगे।

माधुर्य भाव की भक्ति में अभिलाषा और औत्सुक्य को व्यंजित किया गया है।

कबीर देखत दिन गया, निस भी देखत जाइ।
बिरहणि पिव पावै नहीं, जियरा तलपै माइ।।३४।।

शब्दार्थ–निस = रात, जियरा = जीव, तलपै = तड़पता, माइ = माई (सखी)।

व्याख्या–कबीरदास कहते हैं कि प्रतीक्षा करते हुए दिन बीत गया। रात भी देखते-देखते व्यतीत हो गयी। विरहिणी के प्रियतम ने दर्शन नहीं दिया। हे माई (सखी) मेरा दिल इसीलिए तड़प रहा है।

इस साखी में विरहिणी की विकल प्रतीक्षा तथा व्यग्रता के भाव को व्यंजित किया गया। इसमें भावात्मक रहस्यवाद का चित्रण है। अनुप्रास अलंकार की सुन्दर योजना है।

कै बिरहनि कूँ मींच दे, कै आपा दिखलाइ।
आठ पहर का दाझणाँ, मोपै सह्या न जाइ।।३५।।

शब्दार्थ–मींच = मृत्यु, आपा = अपना स्वरूप, आठ पहर = दिन-रात (दिन-रात में कुल आठ पहर माने गये हैं) दाझणाँ = जलना, मोपै = मुझसे।

व्याख्या–आत्मा रूपी विरहिणी कहती है कि, हे प्रियतम! या तो मुझे मृत्यु दे दो या अपना दर्शन दो। आठों पहर (रात-दिन) की जलन मुझसे सही नहीं जाती है।

विरहिणी की खीज तथा अतिशय विकलता की व्यंजना की गयी है। आध्यात्मिक विरह की पीड़ा कितनी भी गहन हो, किन्तु उसमें एक अद्‌भुत शक्ति होती है जो शरीर को नष्ट होने से बचा लेती है। विरहिणी को मृत्यु भी ईश्वर की कृपा से ही मिल सकती है। क्योंकि मृत्यु बिना ईश्वरीय आदेश के भक्त के पास आ ही नहीं सकती।

बिरहणि थी तौ क्यूँ रहीं, जली न पीव के नालि।
रहु रहु मुगध गहेलड़ी, प्रेम न लाजूँ मारि।।३६।।

शब्दार्थ–रहीं = जीवित बच रही, नालि = निमित्त, मुगध = मुग्धा, गहेलड़ी = पगली, बावली, लाजूँ = लाज से, मारि = मारी।

व्याख्या–जीवात्मा स्वयं को कोसती हुई कहती है कि यदि तू सच्ची विरहिणी थी, तो प्रियतम के निमित्त जल कर मर क्यों नहीं गयी? तू जीवित क्यों बच गयी। प्रियतम के वियोग में प्रियतमा का जीवित रहना उसके प्रेम की न्यूनता को प्रकट करता है। हे बावली मुग्धा अब प्रियतम ने जैसे तुम्हें तड़पने के लिए छोड़ दिया है उसे भोगो। विरह-विरह की पुकार लगाकर तू प्रेम को लज्जित न कर।

कबीर इस साखी में आत्म-निरीक्षण करते हुए दिखाई देते हैं। उन्हें लगता है, कि आत्मारूपी विरहिणी के प्रेम में कहीं थोड़ी बहुत खोट अवश्य थी नहीं तो ईश्वर के निमित्त उसे मर जाना चाहिए था। इसके मन में सांसारिकता के प्रति थोड़ा बहुत मोह अवश्य अवशिष्ट था जिसे भोगना अनिवार्य हो गया है। अन्योक्ति के द्वारा आत्म-ग्लानि की व्यंजना की गयी है।

हौं बिरहा की लाकड़ी, समझि समझि धूँधाऊँ[१]।
छूटि पड़ौं यौं बिरह तैं, जे सारीही[२] जल जाऊँ।।३७।।

पाठान्तर– तिवारी–१.विरह की ओदी लाकडी सपचै औ धुंधुवाइ २. सगली

शब्दार्थ–हौं = हूँ, समझि-समझि = सोच-सोचकर (धीरे-धीरे) धूँधाऊँ = सुलगती, सारी = पूरी।

व्याख्या–जीवात्मा कहती है कि मैं विरह की अग्नि में पड़ी हुई विचित्र (गीली) लकड़ी हूँ। ज्यों-ज्यों मुझे बोध होता है, त्यों-त्यों उस आग में सुलग-सुलग कर धुआँ देती हूँ। (तिवारी – उस आग में मैं चिटकती हूँ तथा धुआँ देती हूँ) अर्थात् सोच-सोचकर मन्दगति से आग में सुलगती हूँ। अगर मैं पूर्ण रूप से एक साथ जल जाऊँ तो इस विरह की आग से छुटकारा पा जाऊँ।

जीवात्मा में सांसारिक आसक्ति की आर्द्रता और अहंकार की गाँठें बची हुई हैं। उसमें सम्पूर्ण ज्ञान भी जागृत नहीं हुआ है, इसीलिए भगवान् के प्रति पूर्णतया समर्पित नहीं हो पा रही है। इस साखी में रूपक अलंकार के प्रयोग द्वारा आन्तरिक जलन को बाह्य स्थूल बिम्ब के माध्यम से प्रत्यक्ष किया गया है। रूपकातिशयोक्ति की भी संस्थिति स्पष्ट है।

कबीर तन मन यौं जल्या, बिरह अगनि सूँ लागि।
मृतक पीड़ न जाँणई, जाँणेंगी यहु आगि।।३८।।

शब्दार्थ–जल्या = जल गया, अगनि = अग्नि, पीड = पीड़ा।

व्याख्या–कबीरदास कहते हैं कि विरहिणी का शरीर और मन विरह की आग लगने से इस तरह जल गया कि मृतक को उसकी पीड़ा का अनुभव नहीं हो सका। उसके पीड़ा बोध

की साक्षी तो केवल विरह की आग ही रह गयी।

जीवात्मा विरह की आग में जैसे-जैसे जलेगी, वह ईश्वरीय आलोक में वैसे-वैसे विलीन होती जायेगी। उसका पीड़ा-बोध भी समाप्त हो जायेगा। उसे कितनी वेदना सहनी पड़ी है, इसकी गवाही तो आग ही दे सकेगी। इस साखी की एक दूसरी व्यंजना यह है कि बाह्य इन्द्रियाँ और मन के परे यह अनुभूति विशुद्ध आत्मा की गहराई में प्रत्यक्ष होगी। यह अभ्यंतर व्यथा इन्द्रियों के द्वारा संवेद्य नहीं है।

वास्तव में यह व्यथा से गुजरकर व्यथा से मुक्त होने की साधना है।

बिरह जलाई मैं जलौं, जलती जलहरि जाऊँ।
मो देख्याँ जलहरि जलै, संतौ कहा बुझाऊँ।।३९।।

शब्दार्थ–जलहरि = जलधर-तालाब, जलाशय, जलस्थान।

व्याख्या–विरहिणी कहती है कि विरह से जलाई गयी मैं जलती हुई सरोवर (या जलस्थान) के पास गयी। वहाँ मैंने देखा कि जलाशय भी जल रहा है। हे संतो! बताइये मैं अपनी विरह की आग को कहाँ बुझाऊँ?

जलधर अन्य साधनाओं का प्रतीक है जो स्वयं राग-द्वेष से जल रही हैं। इसे गुरु का प्रतीक भी माना जा सकता है। मुमुक्षु देखता है कि गुरु स्वयं ईश्वर की विरहाग्नि से जल रहा है। उसकी प्रेम-भावना तीव्रतम हो उठी है। यदि हम किसी तरह के प्रतीकार्थ की कल्पना न करें तो इसका सीधा-सा अभिप्राय यह है कि विरह की अनुभूति कण-कण में व्याप्त हो गयी है। साधक जहाँ कहीं भी देखता है वहीं आग जलती हुई दिखाई देती है। रूपकातिशयोक्ति के द्वारा विरह की सर्वव्यापकता की व्यंजना की गयी है। प्रस्तुत साखी में अनुप्रास का सौन्दर्य निखर पड़ा है। जायसी ने भी नागमती के विरह वर्णन में विरह की आग की व्यापकता को चित्रित किया है।

जैसे–सूरूज बूड़ि उठा होइ ताता। औ मंजीठ टेसू बनराता आदि।।

परबति परबति मैं फिर्‌या, नैंन गँवाये रोइ।
सो बूटी पाऊँ नहीं, जातैं जीवनि होइ।।४०।।

शब्दार्थ–परबति = पर्वत, पहाड़, फिर्‌या = भ्रमण किया, गँवाये = खो दिया, बूटी = जड़ी।

व्याख्या–कबीर कहते हैं कि जीवात्मा प्रियतम की खोज में एक पहाड़ से दूसरे पहाड़ तक भटकती रही, किन्तु प्रियतम का कहीं पता नहीं चला। उसने रो-रोकर अपने नेत्रों (की रोशनी) को गँवा दिया। किन्तु उसे जीवनदायिनी औषधि की उपलब्धि नहीं हो पाई जिससे उसकी प्राण रक्षा हो सके, और शान्ति मिल सके। पर्वत-पर्वत घूमने का तात्पर्य है कि पर्वत कन्दराओं में साधना करके उसकी व्यर्थता को समझ लिया। विरह के संदर्भ में कवि कहना चाहता है कि विरहिणी घर-बार छोड़कर प्रियतम की खोज के लिए दुर्गम रास्तों पर निकल पड़ी। उसने खूब घूम-फिर कर प्रियतम रूपी जड़ी की तलाश की, किन्तु उसे सफलता नहीं मिल पाई। इसमें पुनरुक्ति प्रकाश तथा सम्बन्धातिशयोक्ति अलंकारों का प्रयोग द्रष्टव्य है। उन्माद की भी अभिव्यंजना की गयी है।

फाड़ि पुटोला धज करौं, कामलड़ी पहिराऊँ।
जिहि जिहि भेषां हरि मिलै, सोइ सोइ भेष कराऊँ।।४१।।

शब्दार्थ–पुटोला = पट्टकूल, धज = धज्जी उड़ाना या ध्वजा बनाना, कामलड़ी = कम्बल (कम्बली)।

व्याख्या–आत्मारूपी विरहिणी कह रही है कि पट्टकूल (रेशमी वस्त्र या ओढ़नी) को फाड़कर चिथड़े कर दूँगी (या ध्वजा बना लूँगी) और कम्बली पहन लूँगी। भगवान् जिस भी वेश में मिलेगा मैं उसी वेश को धारण करने को तैयार हूँ।

वेश-भूषा की निन्दा करने वाले कबीर अपने रूपक के उचित निर्वाह के लिए यहाँ वेश-भूषा के महत्त्व को प्रतिपादित करते हैं। वह भगवान् को पाने के लिए सब कुछ त्यागने के लिए तैयार हैं। अतिशय वेदनाग्रस्त व्यक्ति की बुद्धि ठिकाने नहीं रहती। उसे जो जैसा उपाय बताता है या जब जैसा सूझ जाता है उसी का आचरण करने लगता है। अतिशय व्यग्र एवं उन्मत्त विरहिणी भी किसी भी साधन से प्रियतम को पा लेने की इच्छा करती है। उसे अब साधनों की नहीं केवल साध्य की चिन्ता है।

नैन हमारे जलि गये, छिन छिन लोड़ैं तुझ।
नाँ तू मिलै न मैं खुसी, ऐसी बेदन मुझ।।४२।।

शब्दार्थ–लोड़ैं = प्रतीक्षा, खोज।

व्याख्या–हे प्रिय प्रति-क्षण तुम्हारी प्रतीक्षा करते-करते मेरे नेत्र जल गये हैं। न तो तुम्हारा दर्शन होता है और न मुझे खुशी मिलती है। विरह की वेदना मुझे लगातार सालती रहती है। 'छिन-छिन' में पुनरुक्ति प्रकाश है। 'जलि गये' प्रचलित मुहावरा है। शाश्वत पीड़ा की अभिव्यंजना की गयी है।

भेला पाया श्रम सौं[1], भौसागर के माँह।
जे छाँड़ौं तौ डूबिहौं, गहौं त डसिये बाँह।।४३।।

पाठान्तर– तिवारी–१. सरप का

शब्दार्थ–भेला = बेड़ा।

व्याख्या–इस संसार सागर को पार करने के लिए बड़ी मेहनत से मानव शरीर रूपी बेड़ा मिला है। इसमें विषय-वासना रूपी सर्प लिपटा हुआ है। (तिवारी–मैंने सर्प का बेड़ा प्राप्त किया है।) यदि इस शरीर रूपी बेड़ा को बीच में छोड़ दूँ तो भवसागर में डूब जाऊँगा। मुक्त होने का जो मौका मिला है वह भी खो जायेगा। मुझे बार-बार जन्म तथा मृत्यु से गुजरना पड़ेगा। यदि इस बेड़े में पूर्णतया सवार हो जाऊँ तो विषय-वासना रूपी सर्प से डस लिया जाऊँगा।

सांसारिक द्विविधा की स्थिति का मार्मिक चित्रण करके कबीर ईश्वर के अनुग्रह की माँग करते हैं। सम्पूर्ण साखी में साँगरूपक की योजना है। पूर्ण विरक्ति और पूर्ण आसक्ति के बीच की स्थिति अर्थात् मध्यम मार्ग का प्रतिपादन करके कबीर ने अपने जीवन दर्शन को स्पष्ट किया है। सर्प विषय वासना का प्रतीक है। विरह का प्रतीक भी हो सकता है।

रैणा दूर[1] बिछोहिया, रहु रे संषम झूरि।
देवलि देवलि धाहड़ी, देसी ऊगे सूरि।।४४।।

पाठान्तर– तिवारी–१. रेनाईर

शब्दार्थ–रैणा = रात, झूरि = संतप्त, देसी = देगा।

व्याख्या–हे शंख रात के समय तू अपने जनक समुद्र से वियुक्त हो गया है। रात भर तू

संतप्त हो ले। सुबह होते ही मंदिर-मंदिर में घूमकर अनेक देवताओं से चीख पुकार करेगा।

इस साखी में अर्थ व्यंजना किंचित गूढ़ है क्योंकि एक साथ अनेक अर्थों की संभावना दीख पड़ती है। शंख जीव का प्रतीक है जो अज्ञान के कारण ईश्वर से वियुक्त हो गया है। ज्ञान के उदय होने पर उसमें विरह भावना जाग उठेगी और चिल्ला-चिल्लाकर अपने जनक की खोज करने लगेगा। संताप तभी तक रहेगा जब तक अज्ञान की निशा समाप्त नहीं हो जाती।

दूसरा संकेत बहुदेवपूजकों की ओर है। बहुदेवपूजक जीवात्माएँ कुछ क्षण तक तो अपने जनक के वियोग का अनुभव करती हैं, फिर वे अनेक देवताओं के आगे चीख-पुकार करने लगती हैं। उन देवताओं में उतनी शक्ति तो होती नहीं कि प्रियतम से उनकी भेंट करा दें।

यहाँ शंख की अप्रस्तुत योजना बहुत सारगर्भित प्रतीत होती है। जैसे शंख की ध्वनि अन्य के द्वारा बजाई जाती है। उसी तरह जीवात्मा संसार की प्रेरणा से बहुत से कार्य-सम्पादित करती है।

सुखिया सब संसार है, खाए अरु सोवै।
दुखिया दास कबीर है, जागै अरु रोवै।।४५।।

व्याख्या–कबीरदास कहते हैं कि सभी खाकर अज्ञान की निशा में सो रहे हैं। एक मात्र कबीर दुखी हैं जो जागते हुए रो रहे हैं।

कबीर को पूरा संसार मोह ग्रस्त दिखाई देता है। वह मृत्यु की छाया में रहकर भी सबसे बेखबर विषय-वासनाओं को भोगते हुए अचेत पड़ा है। कबीर का अज्ञान दूर हो गया है। उनमें ईश्वर के प्रेम की प्यास जाग उठी है। सांसारिकता से उनका मन विमुख हो गया है। उन्हें दोहरी पीड़ा से गुजरना पड़ रहा है। पहली पीड़ा है, सुखी जीवों का घोर यातनामय भविष्य, मुक्त होने के अवसर को व्यर्थ में नष्ट करने की उनकी नियति। दूसरी पीड़ा है, भगवान को पा लेने की अतिशय बेचैनी। दोहरी व्यथा से व्यथित कबीर जाग्रतावस्था में हैं और ईश्वर को पाने की करुण पुकार लगाए हुए हैं।

बहुत सरल किन्तु कुछ-कुछ उलटवाँसी के ढंग पर कबीर ने संसार से अपनी भिन्नता को व्यक्त किया है। श्रीमद्भगवद्गीता की अधोलिखित पंक्तियों से तुलनीय है कबीर की उपर्युक्त साखी–

या निशा सर्वभूतानां तस्याम् जाग्रति संयमी।
यस्यां जाग्रति भूतानि सा निशा पश्यतो मुनिः।।

जाहु वैद घर आपनै, तेरा किया न होइ।
जिन या वेदन निरमई, भला करैगा सोइ।।४६।।११२।।

व्याख्या–आत्मा रूपी विरहिणी कहती है कि हे वैद अपने घर जाओ जिसने यह पीड़ा पैदा की है, वही इसे दूर करके कल्याण करेगा। संकेत ईश्वर की ओर है। वही पीड़ा देने वाला है, वही उसे दूर भी कर सकता है।

४. ग्यान बिरह कौ अंग

पूर्व परिचय–गुरु के उपदेश से जो अभेद की अनुभूति होती है उससे ईश्वरीय बोध,

अद्वैत अनुभूति तथा शाश्वत विरह की पीड़ा एक साथ जाग जाती है। ज्ञान-विरह के जागृत होने पर सांसारिक विरक्ति एवं परमात्मा से मिलने की घोर विकलता का अनुभव होता है। ज्ञान के दीपक में विरह की आग तथा प्रेम-स्नेह के तेल से जो लौ उठती है उसमें विषय-वासना रूपी पतिंगे टूट-टूटकर गिरने लगते हैं। साधक को ऐसी विरह की पीड़ा का अनुभव होता है, जो उसके जीवन के लिए खतरनाक हो जाती है। उसके अन्दर ऐसी विचित्र आग जलती है जिसका धुआँ बाहर से दृष्टिगोचर नहीं होता। उसका अनुभव वह स्वयं करता है या ईश्वर करता है। विरह की आग भड़कने पर वेश-भूषा तथा सांसारिक आवश्यकताओं की उपादेयता नष्ट हो जाती है। उसके संचित कर्म तथा क्रियमाण-कर्म दोनों समाप्त हो जाते हैं। जीवात्मा के दैहिक, दैविक और भौतिक ताप जल जाते हैं। गुरु की गुरुता और शिष्य की शिष्यता का भेद भी मिट जाता है। शुद्ध चैतन्य का प्रवाह होने लगता है। इस अंग में कबीर ने उलटवासी शैली में उपर्युक्त भावों को, अनेक प्रतीकों के माध्यम से व्यक्त किया है।

दीपक पावक आँणिया, तेल भी आँण्या संग।
तीन्यूँ मिलि करि जोइया, (तब) उड़ि-उड़ि पड़ैं पतंग।।१।।

शब्दार्थ–पावक = आग, आँणिया = लाया, जोइया = जला दिया।

व्याख्या–गुरु ने ज्ञान का दीपक, विरह की आग और प्रेम-स्नेह के तेल का प्रबन्ध किया। तीनों को मिलाकर सद्गुरु ने दीप को जला दिया। अब इस दीपक में विषय-वासना रूपी पतिंगे टूट-टूट कर गिर रहे हैं। ज्ञान, विरह और प्रेम से निर्मित इस दीपक की लौ में मुमुक्ष आत्माएँ आकृष्ट होकर अपनी विषय-वासनाओं को जलाकर ईश्वर से तदाकार हो रही हैं।

इस साखी में सांगरूपक का अच्छा निर्वाह किया गया है। रूपकातिशयोक्ति का भी प्रयोग है। 'उड़ि-उड़ि' में पुनरुक्ति प्रकाश है।

मार्‌या है जे मरैगा, बिन सर थोथी भालि।
पड़्या पुकारै ब्रिछ तरि, आजि मरै कै काल्हि।।२।।

शब्दार्थ–थोथी = कोरी, ब्रिछ = वृक्ष, काल्हि = कल।

व्याख्या–जो बिना शर (फाल, मुठिया) के केवल भाले (बाण का अगला नुकीला भाग) से मारा गया है, वह वृक्ष के नीचे पड़ा-पड़ा पुकार रहा है। पीड़ा से कराह रहा है। बिना शर के अनी निकाली नहीं जा सकती है। इसलिए उसका मरना लगभग निश्चित है। वह आज मरता है या कल अर्थात् अधिक दिनों तक उसके जीवित रहने की उम्मीद नहीं है।

इस साखी में गुरु के शब्द (ज्ञानोपदेश) के गहन प्रभाव को बाण के नोक की आन्तरिक चुभन से व्यंजित किया गया है। 'मरने' का तात्पर्य जीवन मृत होने से है। कबीर ने वृक्ष के नीचे तड़पते हुए साधक का बिम्ब प्रस्तुत कर दिया है। रूपक और विभावना की सुन्दर योजना के साथ ही शब्दों के लाक्षणिक प्रयोग उल्लेखनीय हैं। विशेषतया मार्‌या, मरैगा और मरै आदि।

हिरदा भीतरि दौं बलै, धूंवाँ प्रगट न होइ।
जाकै लागी सो लखैं, कै जिहि लाई सोइ।।३।।

शब्दार्थ–हिरदा = हृदय, दौं = दावाग्नि, बलै = जलती है, जिहि = जिसने, लाई = जलाई।

व्याख्या–कबीरदास कहते हैं कि ईश्वर के प्रेमी के हृदय में विरह की दावाग्नि जलती रहती है। इस विचित्र आग से निकलने वाला धूम बाहर से दृष्टिगोचर नहीं होता। इस आग की प्रज्वलनशीलता की अनुभूति या तो वह करता है जिसने इसे जलाया है या वह करता है जिसके अन्तःकरण में यह जल रही है।

व्यतिरेक और विभावना के द्वारा विरह की विचित्र आग का चित्रण किया गया है जो अलौकिक होने के कारण अदृश्य और अनुभूतिगम्य है। इसका अनुभव ईश्वर या शिष्य, दो को ही होता है। गुरु भी ईश्वर का ही रूप है। इसलिए वह भी इसका पूर्ण अनुभव रखता है।

झल ऊठी झोली जली, खपरा फूटिम फूटि।
जोगी था सो रमि गया, आसणि रही बिभूति।।४।।

शब्दार्थ–झल = ज्वाला, झोली = भीख माँगने का थैला, खपरा = खप्पर, बिभूति = राख।

व्याख्या–ज्ञान विरह की ज्वाला प्रस्फुटित होने से योगी की झोली जल गयी। उसका खपरा भी आग की तेज ऊष्मा से फूट गया। योगी अपने स्वरूप में लीन हो गया। उसका अहंकार नष्ट हो गया। आसन पर केवल राख शेष रह गयी।

कथन का अभिप्राय यह है कि ज्ञान के जागृत होने पर वेशभूषा तथा सांसारिक आवश्यकताओं की उपादेयता नष्ट हो जाती है। उसका सांसारिक अस्तित्त्व समाप्त हो जाता है। यहाँ 'झोली' संचित कर्मों का और 'खपरा' क्रियमाण-कर्मों का प्रतीक है। इनके नष्ट होने पर जीव ईश्वर रूप हो जाता है। सांगरूपक तथा रूपकातिशयोक्ति अलंकारों की अनूठी योजना दर्शनीय है। गीता में कहा गया है–'ज्ञानाग्निः सर्व कर्माणि भस्म सात्कुरुतेऽर्जुन' अर्थात् ज्ञान की अग्नि सब कर्मों को भस्म कर देती है।

अगनि जु लागी नीर मैं, कंदू जलिया झारि।
उत्तर दषिण के पंडिता, रहै[1] बिचारि बिचारि।।५।।

पाठान्तर– तिवारी–१. मुए

शब्दार्थ–नीर = पानी, कंदू = कीचड़, झारि = ज्वाला से।

व्याख्या–पानी में आग लग गई है। ज्वाला से सम्पूर्ण कीचड़ जल गया है। उत्तर-दक्षिण के पंडित विचार कर रहे हैं किन्तु उन्हें इसका मर्म ज्ञात नहीं हो पा रहा है।

इस साखी में उलटवाँसी शैली का प्रयोग किया गया है। नीर आत्मा का प्रतीक है। इस प्रतीक का निर्माण गुण-धर्म के आधार पर किया गया है। आत्मा नीर की तरह शुद्ध और शीतल है। दैहिक, दैविक और भौतिक तापों के प्रभाव से अछूता। इस पर विषय वासनाओं का कीचड़ ऊपर से मिल गया है। यह आवरण-विक्षेप रूप माया से लिप्त दृष्टिगत होती है। ज्ञान-विरह की आग की ज्वाला में विषय-वासनाओं के कीचड़ जल जाते हैं। उत्तर और दक्षिण के पंडित इस उलटवाँसी के अर्थ को बहुत चिन्तन करने के बाद भी नहीं समझ पाते हैं। (तिवारी–उत्तर दक्षिण के पंडित इसका विचार करते करते मर गए अर्थात् पराजित हो गए।) इसके प्रतीकार्थ को समझने वाले सन्तों के लिए यह सहज ही बोधगम्य है।

असंगति, पुनरुक्तिप्रकाश तथा सम्बन्धातिशयोक्ति अलंकारों का विधान परिलक्षित होता है। कबीर इस तरह की उलटवाँसियों के द्वारा पंडितों के ज्ञान को चुनौती देना चाहते हैं। इस साखी में दो वैचित्र्य हैं–पहला यह कि आग पानी में लगती है, दूसरा जहाँ आग लगती

है उसे छोड़कर कीचड़ को जलाती है। कीचड़ रहता भी है मानस के अवचेतन में अर्थात् गहरे दूषित संस्कार ज्ञान विरह की आग में जल जाते हैं।

दौ लागी साइर जल्या, पंषी बैठे आइ।
दाधी देह न पालवै, सतगुर गया लगाइ।।६।।

शब्दार्थ – साइर = सागर, पंषी = पक्षी, दाधी = जली, पालवै = पल्लवित या परिपुष्ट।

व्याख्या – अन्तःकरण रूपी सागर में ज्ञान-विरह की आग लग गयी है। अर्थात् सागर जलने लगा है। विषय वासना रूपी पक्षी इसके किनारे इस आशा में बैठे हैं कि इसकी पूर्व स्थिति होगी और फिर हम अन्तःकरण रूपी सागर में विहार करेंगे। कबीर कहते हैं कि ज्ञान विरह से जली हुई शरीर पुनः पल्लवित या परिपुष्ट नहीं होती। सद्गुरु द्वारा लगाई गयी ज्ञान-विरह की आग देह के अन्तर निरन्तर जलती ही रहेगी। अतः विषय वासनाओं को इसके पास फटकने का मौका मिल ही नहीं सकेगा।

इस साखी में रूपकातिशयोक्ति तथा व्यतिरेक की योजना की गयी है। यह भी कबीर की उलटवाँसी का एक नमूना है।

गुर दाधा चेला जल्या, बिरहा लागी आगि।
तिणका बपुड़ा ऊबर्‌या, गलि पूरे कै लागि।।७।।

शब्दार्थ – दाधा = जल गया, तिणका = तिनका, सूक्ष्म तत्त्व, गलि = गलकर, पूरे = पूर्ण ब्रह्म।

व्याख्या – विरह की आग से गुरु और शिष्य दोनों जल गये। अर्थात् गुरु की गुरुता और शिष्य का शिष्यत्व दोनों समाप्त हो गया। उनमें विराजित सूक्ष्म आत्म-तत्त्व पूर्ण-ब्रह्म से मिल गया। इसीलिए वह जलने से बच गया।

इस साखी में उलटवाँसी शैली है। विरह की आग से स्थूल का नाश होता है और सूक्ष्म तत्त्व शेष रह जाता है। जबकि सामान्यतः आग लगने से तिनका पहले जलता है। शब्दों की पारस्परिक अर्थ-संगति प्रतीकार्थ से ही बन पाती है। 'तिणका' जीव के अणुत्व तथा न डूबने की शक्ति का परिचायक है। 'दाधा' तथा 'जल्या' शब्दों की योजना द्रष्टव्य है। दाधा गुरु के लिए है जो तत्त्वज्ञ होने के कारण विरह की आग की जलन का अनुभव शिष्य की तुलना में कम करता है। शिष्य तो विषय वासनाओं में लिप्त रहता है इसलिए उसे तीव्र ज्वलनशीलता से गुजरना पड़ता है। इस साखी में रूपकातिशयोक्ति अलंकार का विधान है।

आहेड़ी दौं लाइया, मृग पुकारै रोइ।
जा बन में क्रीला करी, दाझत है बन सोइ।।८।।

शब्दार्थ – आहेड़ी = शिकारी (गुरु), दौं = विरहाग्नि।

व्याख्या – शिकारी गुरु ने वासना-युक्त मनोदेहात्मक जंगल में ज्ञान-विरह की आग लगा दी। वासना रूपी मृग रो-रोकर पुकार करने लगे कि जिस मानस वन (अन्तःकरण) में हमने क्रीड़ा किया है वही आग से जल रहा है।

ज्ञान विरह के प्रभाव को व्यंजित करने के लिए जलते हुए वन तथा उसमें करुण पुकार करते हुए मृगों के सार्थक बिम्ब का आश्रय लिया गया है। सम्पूर्ण साखी में अन्योक्ति का

विधान द्रष्टव्य है। चूँकि उपर्युक्त उपमान रूढ़ है, इसलिए प्रतीक शैली का प्रयोग भी माना जा सकता है।

पाणी माँहै परजली, भई अपरबल आगि।
बहती सलिता रहि गई, मंछ रहे जल त्यागि।।६।।

शब्दार्थ – पाणी = पानी, विशुद्ध चेतना, प्रजली = ज्ञान की आग प्रज्वलित हो गयी। अप्रबल = महान् शक्ति, मंछ = मछलियाँ।

व्याख्या – ज्ञान विरह की आग विशुद्ध चेतना रूपी जल में लग कर अत्यन्त प्रबल हो गयी। विषय-वासना रूपी मछलियाँ जलते हुए जल को छोड़कर अलग हो गयीं अब केवल विशुद्ध जल प्रवाह ही शेष रह गया है।

चेतना अखण्ड एवं सतत् प्रवाहमान है जिसे शुद्ध सरिता से व्यंजित किया गया है। यह बंधन की आसक्ति से रहित होकर भी सोपाधिक चैतन्य प्रवाह-रूप होता है।

पानी और जल के विरोधी गुणों को एक साथ रखकर उलटवाँसी का चमत्कार पैदा किया गया है। इसकी शैली प्रतीकात्मक है। अगली साखी में मंछ जीवात्मा का प्रतीक बनकर आया है। इस दृष्टि से देखा जाय तो दूसरी पंक्ति का एक भिन्न अर्थ होगा। विषय-वासना रूपी सरिता तो रह गई, इन्द्रियों का काम समाप्त हो गया और जीवात्मा जल को त्याग कर अलग हो गयी।

समन्दर लागी आगि, नदियाँ जलि कोइला भईं।
देखि कबीरा जागि, मंछी रूषाँ चढ़ि गईं।१०।।१२२।।

शब्दार्थ – समन्दर = समुद्र, कोइला = कोयला, मंछी = मछलियाँ।

व्याख्या – कबीरदास कहते हैं कि विषयासक्त अन्तःकरण रूपी सागर में ज्ञान-विरह की आग लग गयी, फलतः विषय वासनाओं का संवहन करने वाली नदी रूपी इन्द्रियाँ जलकर नष्ट हो गयीं। इन्द्रियों का कार्य-व्यापार हो गया। कबीर ने जागृत होकर देखा कि जीवात्मा रूपी मछली सहस्त्रार चक्र के वृक्ष पर चढ़ गयी है।

इसकी योग परक व्याख्या इस प्रकार है – मूलाधार-चक्र में स्थित कुण्ड में चण्डाग्नि प्रज्वलित हो गई और इड़ा-पिंगला रूपी नदियों का प्रवाह समाप्त हो गया। कुण्डलिनी शक्ति रूपी मछली सहस्त्रार कमल में ऊर्ध्वगमित कर गयी। रूपकातिशयोक्ति और सांगरूपक की आलंकारिक योजना दर्शनीय है।

५. परचा कौ अंग

पूर्व परिचय – ज्ञान विरह की तीव्रता की स्थिति में ईश्वर से मिलन तथा साक्षात्कार हो जाता है। कबीर ने इसी ईश्वरीय मिलन को योग, ज्ञान, और प्रेम के अनेक प्रतीकों के द्वारा चित्रित करने का प्रयत्न किया है। वे प्रभु की अनन्त ज्योति का साक्षात्कार सूर्य की श्रेणियों के रूप में करते हैं। अदेह परमेश्वर की ज्योति बिना चन्द्रमा और सूर्य के विकीर्ण होती हुई दिखाई देती है। ज्योति का यह प्रत्यक्षीकरण प्रामाणिक अनुभूति पर ही आधृत है; अनुमान से प्रतीत्य नहीं है। यहाँ तक सामान्य इन्द्रियाँ पहुँच भी नहीं सकतीं। कबीरदास अपनी भक्ति साधना से सहस्त्रार कमल की गंध का अनुभव करते हैं। उनका मन रूपी भौंरा वहीं लुब्ध हो जाता है। उपनिषदों की मान्यता के अनुसार वे हृत्कमल की प्रफुल्लता का भी अनुभव करते

हैं। इस अंग पर योग साधना का व्यापक प्रभाव परिलक्षित होता है। कबीर बड़े मौलिक ढंग से विरोधाभास के सौन्दर्य का निरूपण करते हैं और जिज्ञासुओं के आकर्षण के लिए कथन में चमत्कार पैदा करते हैं। कबीर द्वारा सृजित विरोधी कथनों की व्याख्या कुंडलिनी जागरण, इड़ा-पिंगला तथा सुषुम्ना के कार्य-व्यापार तथा शून्य-शिखर पर ईश्वरीय मिलन के संदर्भ में ही हो पाती है। कबीर हद को छोड़कर बेहद में पहुँच चुके हैं। जिस शून्य-सरोवर में वह अवगाहन कर रहे हैं वहाँ बड़े-बड़े ऋषियों, मुनियों की पहुँच नहीं है।

अनाहत स्वर (ओऽम की ध्वनि) सहज रूप से ध्वनित होने लगी। शून्य में स्नान करने से तथा हृदय में परमात्मा के प्रकट होने से शरीर का ताप मिट गया, और गहन शीतलता का अनुभव होने लगा। अब साधक में किसी तरह का अहंकार शेष नहीं रह गया। कबीर योग की साधना को आत्मसात करने के बाद लौकिक प्रेम प्रतीकों के माध्यम से मिलन सुख को व्यंजित करते हैं। इस तरह की उक्तियों में भक्त की निरीहता तथा सीमित शक्ति का बोध होता है। ईश्वर के जिस माहात्म्य को प्रियतमा ने देखा है, उसका वर्णन उसकी वाणी के परे है किन्तु वह तेज पुंज उसकी आँखों में पूर्णतया समाहित अवश्य है।

कबीर तेज अनंत का, मानौं ऊगी सूरज सेणि।
पति संगि जागी सुन्दरी, कौतिग दीठा तेणि।।१।।

शब्दार्थ – तेज = प्रकाश, अनन्त = असीमित, ऊगी = उदित, सेणि = श्रेणी, तेणि = उसने।

व्याख्या – कबीर कहते हैं कि परब्रह्म का असीमित प्रकाश ऐसा प्रतीत होता है मानो सूर्यों की श्रेणियाँ उदित हो गयी हैं। विरहिणी आत्मा ने अपने पति परमात्मा के साथ जागृत रहते हुए इस कौतिक अर्थात् अपूर्व दृश्य को देखा है।

इस साखी में कबीर ने परमात्मा के अद्‌भुत सौंदर्य के साक्षात्कार का बिम्बात्मक अंकन किया है। सूर्य श्रेणियों की परिकल्पना में परब्रह्म का अनन्त तेज मूर्तिमान हो उठता है। इस अनन्त तेज को देखने की क्षमता उसी आत्मा में होती है, जो सुषुप्ति से जाग गयी है और ईश्वरीय सामीप्य के बोध से सम्पृक्त है। पति-पत्नी के प्रतीकों से अनुभूति रसात्मक हो गयी है। कबीर इस अनन्त ज्योति के प्रकटीकरण को परमात्मा की अद्‌भुत क्रीडा का परिणाम मानते हैं। 'कौतिग' शब्द का विन्यास इसी भाव की ओर संकेत करता है। भावात्मक रहस्यवाद की सुन्दर अभिव्यंजना के लिए कवि ने दाम्पत्य प्रतीकों का प्रयोग तो किया ही है, साथ में उत्प्रेक्षा और रूपकातिशयोक्ति अलंकारों का विधान भी किया है।

दीठा तेणि – प्राचीन हिन्दी का कर्मवाच्य प्रयोग है।

कौतिग दीठा देह बिन, रवि ससि बिना उजास।
साहिब सेवा माँहि है, बेपरवाँही दास।।२।।

शब्दार्थ –कौतिग = विचित्र परिचय, दीठा = देखा, ससि = चन्द्रमा, उजास = प्रकाश।

व्याख्या – साधक को इस विचित्र परिचय में दो विलक्षण स्थितियाँ प्रत्यक्ष हुईं। एक तो वह परब्रह्म को देख रहा है, किन्तु उसकी कोई देह नहीं है। अर्थात् वह निराकार है। इस तरह के स्वामी की सेवा करते हुए सेवक को किसी प्रकार की सांसारिक विघ्न बाधाओं की परवाह नहीं है।

इस साखी में पद योजना कुछ इस तरह की है कि एक भिन्न अर्थ भी प्रतिभासित होता है। दास को यह कौतिक देह अर्थात् इन्द्रिय संवेदनों से परे ज्ञान-दृष्टि से दिखाई पड़ा। अर्थात् इसके दर्शन में भौतिक शरीर सक्षम नहीं हो सका, सूर्य चन्द्रमा के प्रकाश के बिना भी उस प्रकाश का दर्शन हो गया। यदि सूर्य चन्द्रमा का अस्तित्त्व न हो तो चारों तरफ अन्धकार होगा और जिससे आँखों का दृष्टि व्यापार संभव नहीं होगा। परम ज्योति के साक्षात्कार में चूँकि बाह्य दृष्टि कामयाब नहीं होती, इसलिए भौतिक कारणों का अतिक्रमण हो सकता है। निश्चिन्त सेवा से ही भगवान् की उपलब्धि होती है।

इसमें विभावना अलंकार की स्थिति है।

पारब्रह्म के तेज का, कैसा है उनमान।
कहिबे कूँ सोभा नहीं, देख्या ही परवान।।३।।

शब्दार्थ – उनमान = अनुमान, परवान = प्रमाण।

व्याख्या – परब्रह्म के प्रकाश को अनुमान से नहीं समझा जा सकता है। उपमान, प्रत्यक्ष या अनुमान आदि माध्यम तो लौकिक पदार्थों को जानने समझने के साधन हैं। इनका सम्बन्ध पूर्णतया मायिक जगत् से है। ईश्वर का साक्षात्कार इन साधनों से संभव नहीं है। उसके अपूर्व सौन्दर्य को वाणी से व्यक्त नहीं किया जा सकता है। वह सौन्दर्य कहने के लिए नहीं है, अर्थात् अनिर्वचनीय है। अपरोक्षानुभूति ही उसका प्रमाण है। अन्तर्दृष्टि से उसका दर्शन करने वाला व्यक्ति ही उसकी प्रामाणिक पहचान कर पाता है। अनुमान से या कथन से उसका साक्षात्कार न तो किया जा सकता है और न कराया जा सकता है।

इस साखी में सम्बन्धातिशयोक्ति, गूढ़ोत्तर तथा वक्रोक्ति का विधान परिलक्षित होता है।

अगम अगोचर गमि नहीं, जहाँ जगमगै जोति।
जहाँ कबीरा बंदिगी, तहाँ पाप पुन्य नहीं छोति।।४।।

शब्दार्थ – गमि = जाना, बंदिगी = बंदना, छोति = स्पर्श, छुअन।

व्याख्या – जहाँ परम ज्योति प्रकाशमान है, वहाँ इन्द्रिय माध्यमों से न पहुँचा जा सकता है और न देखा जा सकता है। वहाँ किसी भी मायिक और लौकिक साधन से नहीं पहुँचा जा सकता है। जिस परम ज्योति का साक्षात्कार करके कबीर उसके समक्ष नतमस्तक हो गया है, वहाँ पाप-पुण्य जैसे भेद-प्रभेद नहीं हैं। वह स्थिति द्वन्द्वातीत है।

गीता में कृष्ण ने कहा है –

न मां कर्माणि लिम्पन्ति, न मे कर्म फले स्पृहा।
इति मां योऽभिजानाति कर्मभिर्न स बध्यते।।

ईश्वर का जो साक्षात्कार करता है, वह स्वयं भी पाप-पुण्य से परे हो जाता है। मुण्डकोपनिषद् में इसी तथ्य का संकेत मिलता है –

यदा पश्यः पश्यते रुक्म वर्ण
कर्तारमीशं पुरुषं ब्रह्मयोनियम्।
तदा विद्वान् पुण्य-पापे विधूय।
निरञ्जनः परमं साम्यमुपैति।।३/१/३

हदे छाड़ि बेहदि गया, हुवा निरन्तर बास।
कँवल ज फूल्या फूल बिन, को निरषै दास।।५।।

शब्दार्थ – हदे = सीमा, बेहदि = असीम।

व्याख्या – कबीर कहते हैं, कि मैं ससीम को पार करके असीम में पहुँच गया। वहीं मेरा शाश्वत निवास हो गया। वहाँ मैंने अनुभव किया कि बिना फूल के एक कमल खिला हुआ है। इसका दर्शन भगवान् का निजी दास ही कर सकता है अन्य कोई नहीं।

कबीर ने ब्रह्म के अनुभव को बड़ी कुशलता से व्यंजित किया है। जीवात्मा माया के वशीभूत होने के कारण अपने को सीमित समझने लगती है। सांसारिकता के निराकरण और माया मोह से छूटने के बाद आत्मा अपनी सीमाओं को पार कर असीम ब्रह्म (परमात्मा) से अभिन्न हो जाती है। उसका हृत्कमल कार्य कारण से परे होकर उन्मीलित हो उठता है। उसमें अद्‌भुत सुगन्ध का अनुभव होता है। यह अनुभव भक्त को वैयक्तिक स्तर पर ही होता है। विभावना तथा वक्रोक्ति अलंकारों की योजना है। इस साखी पर नाथ सम्प्रदाय के हठ योग का प्रभाव परिलक्षित होता है।

कबीर मन मधुकर भया, रह्या निरन्तर बास।
कँवल ज फूल्या जलह बिन, को देखैं निज दास।।६।।

शब्दार्थ – मधुकर = भ्रमर।

व्याख्या – कबीर कहते हैं कि उस कमल को देखकर मेरा मन भ्रमर हो गया है क्योंकि उससे निरंतर सुगन्ध निकल रही है। जल के बिना जो फूल खिला हुआ है उसे कौन देख सकता है ? उसे देखने का एकमात्र अधिकारी भगवान् का भक्त ही है।

कबीर अपनी ब्रह्मानुभूति को व्यक्त करने के लिए जिन प्रतीकों का आश्रय ग्रहण करते हैं, उन्हें भी लौकिक गुणों से अलग करके अलौकिक बना देते हैं। इस साखी में रूपक, विभावना, वक्रोक्ति आदि अलंकारों की सुन्दर योजना है। कबीर ने सहस्त्र दल वाले कमल की परिकल्पना से प्रेरित होकर हृत्कमल की कल्पना की है। वास्तव में भक्त के लिए हृदय का उल्लास और आनन्द सर्वोपरि है।

अंतरि कँवल प्रकासिया, ब्रह्म वास तहाँ होइ।
मन भँवरा तहाँ लुबधिया, जाँणैगा जन कोइ।।७।।

शब्दार्थ – अंतरि = हृदय में, भंवरा = भ्रमर, लुबधिया = लुब्ध हो गया। जन = भक्त।

व्याख्या – कबीरदास कहते हैं कि हृदय के भीतर कमल प्रफुल्लित हो रहा है। उसमें से ब्रह्म की सुगन्ध आ रही (या वहाँ ब्रह्म का निवास) है। मेरा मन रूपी भ्रमर उसी में लुब्ध हो गया। इस रहस्य को कोई ईश्वर भक्त ही समझ सकता है। किसी अन्य व्यक्ति के समझ में नहीं आयेगा।

छान्दोग्योपनिषद् के अध्याय आठ में १ – ५ तक हृदय कमल रूप देश का उपदेश किया गया है – अथ यदिदमस्मिन ब्रह्मपुरे दहरं पुण्डरीकं वेश्म दहरोऽस्मिन्नन्तरा काशस्तस्मिन्यदन्तस्तदन्वेष्टव्यं तद्वाव विजिज्ञासितव्यमिति।' (अब इस ब्रह्मपुर के भीतर जो यह सूक्ष्म कमलाकार स्थान है, इसमें जो सूक्ष्म आकाश है उसके भीतर जो वस्तु है उसका अन्वेषण करना चाहिए और उसी की जिज्ञासा करनी चाहिए। कबीर ने इसी सूक्ष्म तत्त्व की

खोज की है और बहुत ही सरल ढंग से उसकी अभिव्यक्ति की है। उपनिषद् के ज्ञान को भक्ति भाव में परिणत करके कबीर ने उसे सहज बोधगम्य बना दिया है। मन भँवरा में रूपक तथा वास में श्लेष (गंध तथा निवास) अलंकार हैं।

सायर नाहीं सीप बिन, स्वाति बूँद भी नाहिं।
कबीर मोती नीपजै, सुन्नि सिषर गढ़ माँहि।।८।।

शब्दार्थ – सायर = सागर, सुन्नि = शून्य, सहस्त्रार चक्र, सिषर = शिखर।

व्याख्या – कबीरदास कहते हैं कि वहाँ सागर नहीं है, सीप नहीं है तथा स्वाति नक्षत्र की बूँदें भी नहीं हैं, फिर भी शून्य शिखर अर्थात् सहस्त्रार चक्र में मोती (ईश्वर रूपी) उत्पन्न हो रहे हैं। साधना के द्वारा जब कुण्डलिनी शक्ति जागृत होती है और मेरुदंड से ऊपर उठकर सहस्त्रार चक्र में पहुँचती है तो वहाँ ब्रह्म से उसका मिलन होता है अर्थात् ब्रह्मज्योति का साक्षात्कार होता है।

कबीर ने सांसारिक कार्य-कारण की सीमाओं से परे ब्रह्म के साक्षात्कार को विभावना अलंकार का सहारा लेकर प्रस्तुत किया है। कबीर अपने कथन में चमत्कार पैदा करके जिज्ञासुओं को अपनी ओर आकर्षित करने का प्रयत्न करते हैं। कबीर की भक्ति साधना पर योग का प्रभाव स्पष्ट है।

घट माँहै औघट लह्या औघट माँहै घाट।
कहि कबीर परचा भया, गुरु दिखाई बाट।।९।।

शब्दार्थ – घट = शरीर, औघट = विचित्र मार्ग, घाट = लक्ष्य, नहाने का स्थान, परचा = परिचय, बाट = रास्ता।

व्याख्या – कबीरदास कहते हैं कि गुरु के निर्देश से मैंने शरीर के अन्दर ही एक विचित्र मार्ग का दर्शन किया। इसी मार्ग का अनुसरण करते हुए मैं अपने लक्ष्य तक पहुँच जाऊँगा। उस घाट पर पहुँच कर आत्मा परम विश्रांति को प्राप्त करेगी। गुरु की कृपा से ही मुझे सत्य का साक्षात्कार हो गया।

इस साखी में कुण्डलिनी जागरण का संकेत है। यह शक्ति अनेक चक्रों को बेधती हुई सहस्त्रार में महाशक्ति से मिल जाती है। प्राण के ऊर्ध्वगमन का मार्ग गुरु के निर्देश से समझा जा सकता है। इस पर भी योग साधना का प्रभाव है। प्रथम पंक्ति में पद मैत्री द्रष्टव्य है। विरोधाभास अलंकार की भी कुशल योजना है।

सूर समाणौं चंद में, दहूँ किया घर एक।
मन का च्यंता तब भया, कछू पूरबला लेख।।१०।।

शब्दार्थ – सूर = सूर्य, पिंगला नाड़ी, दाहिनी नाड़ी, चंद = इड़ा नाड़ी, बाँई नाड़ी, दहूँ = दोनों, च्यंता = सोचा, पूरबला = पूर्व जन्म, लेख = भाग्य का लिखा।

व्याख्या – कबीरदास कहते हैं कि पिंगला और इड़ा दोनों नाड़ियाँ एक ही घर में समा गयीं अर्थात् सुषुम्ना में सक्रिय हो गयीं। यौगिक क्रिया से सुषुम्ना का अवरुद्ध मार्ग खुल गया। इसके बाद तो मनोवांछित फल मिल गया। इस तरह की सफलता पूर्व जन्म के पुण्य या सुन्दर भाग्य लेख के कारण मिल सकी।

इड़ा मेरुदंड के बाईं ओर तथा पिंगला दाहिनी ओर है। दोनों सुषुम्ना से लिपटी हुई हैं। इनके मध्य में सुषुम्णा नाड़ी है। सामान्य व्यक्ति की इड़ा पिंगला नाड़ियाँ सक्रिय रहती हैं। एक

से प्राण वायु और दूसरे से अपान वायु का प्रवाह होता है। साधना के द्वारा जब कुंडलिनी जागृत होती है तो दोनों नाड़ियाँ अवरुद्ध हो जाती हैं और सुषुम्णा का मार्ग खुल जाता है जिससे होकर प्राण शक्ति सहस्त्रार तक पहुँचती है जहाँ ईश्वर की ज्योति से साक्षात्कार होता है। यौगिक प्रभावों से निर्मित प्रतीकों में बहुत कुछ जटिलता आ गयी है। इनका अर्थ-बोध तब तक संभव नहीं है जब तक योग की क्रियाओं से परिचय न हो। इससे कबीर के पुनर्जन्मवादी मान्यता की पुष्टि होती है। इस जटिल काया साधना के पीछे वे पुण्य कर्मों के फल (प्रकारान्तर से ईश्वर की कृपा) को ही महत्त्वपूर्ण ठहराते हैं। इस साखी पर योग का गहरा प्रभाव है।

हद छाँड़ि बेहद गया, किया सुन्नि असनान।
मुनि जन महल न पावई, तहाँ किया विश्राम।।११।।

शब्दार्थ – हद = सीमा, बेहद = असीम, सुन्नि = शून्य, आकाश, ब्रह्मरंध्र का ऊपरी भाग।

व्याख्या – कबीरदास कहते हैं कि मैंने परिच्छिन्न एवं सीमित से आगे बढ़कर असीमित को प्राप्त कर लिया। अर्थात् माया, मोह तथा विषय-वासनाओं से घिरी हुई आत्मा को शुद्ध रूप में पहचान कर अपार शक्ति सम्पन्न परमात्मा से उसके अभेदत्व को समझ लिया। असीम को पा लेने के बाद मैं शून्य शिखर के आनन्द सागर में अवगाहन कर रहा हूँ, जहाँ पहुँचने का मार्ग बड़े-बड़े मुनि नहीं खोज पाते हैं। कबीर उसी स्थान पर पहुँच कर विश्राम कर रहा है।

ब्रह्मनाड़ी के रंध्र में से कुण्डलिनी ऊपर शून्य शिखर पर पहुँचती है। शीर्ष के ऊपरी भाग में स्थित रंध्र इन्द्रियों की पहुँच से परे है। रंध्र के ऊपर सहस्त्रदल कमल स्थित है जिसे ब्रह्मरंध्र कहते हैं। नाथ योगियों की मान्यता के अनुसार सहस्त्रार चक्र ही शून्य है। इस चक्र में पहुँच कर जीवात्मा सुख-दुःख, राग-द्वेष हर्ष-अमर्ष आदि द्वन्द्वों से परे हो जाती है। इसी शून्यावस्था को ही सहजावस्था भी कहा गया है।

देखौ कर्म कबीर का, कछु पूरब जनम का लेख।
जाका महल न मुनि लहैं, सो दोसत किया अलेख।।१२।।

शब्दार्थ – कर्म = भाग्य, दोसत = दोस्त, मित्र।

व्याख्या – कबीर का भाग्य तो देखिये वह कितना श्लाघ्य है। पूर्व जन्म के पुण्य का ही फल था कि जिसको बड़े-बड़े मुनि नहीं प्राप्त कर सके उसे कबीर ने केवल प्राप्त ही नहीं किया बल्कि उसे दोस्त बना लिया। जिस अदृश्य, अरूप, अनिर्वचनीय सत्ता का साक्षात्कार बड़े-बड़े साधक नहीं कर सके, उसी को कबीर नाम के जुलाहे ने जो एक साधारण व्यक्ति है मित्रवत् पा लिया। इतनी बड़ी उपलब्धि को कबीर विनय भाव से अपनी साधना की सफलता न मानकर पूर्व-जन्म के पुण्य फल पर छोड़ देते हैं। इसमें ईश्वर के अनुग्रह की भी व्यंजना है।

पिंजर प्रेम प्रकासिया, जाग्या जोग अनंत।
संसा खूटा सुख भया, मिल्या पियारा कंत।।१३।।

शब्दार्थ – पिंजर = पिंजरा, शरीर, प्रकासिया = प्रकाशित हुआ, जाग्या = जागृत हुआ, जोग = योग, संसा = संशय।

व्याख्या – शरीर में प्रेम प्रकाशित हुआ। फलतः असीम परमात्मा के साथ जीव का

योग (सम्बन्ध प्रगाढ़ता से प्रकट) हो गया। समस्त संशय की स्थितियाँ नष्ट हो गयीं। प्यारे प्रियतम के मिलन से आत्मा सुखानुभूति से सम्पृक्त हो गयी।

'रूपकातिशयोक्ति' के माध्यम से ईश्वरीय परिचय की सहज अभिव्यक्ति की गयी है। प और ज की आवृत्ति से अनुप्रास का सहज सौन्दर्य निखर पड़ता है।

प्यंजर प्रेम प्रकासिया, अंतरि भया उजास।
मुख कसतूरी महमहीं, बाँणीं फूटी बास।।१४।।

शब्दार्थ – प्यंजर = शरीर, अंतरि = अन्तःकरण, उजास = प्रकाश, मुखि = मुख में, महमहीं = सुगन्ध।

व्याख्या – अन्तःकरण में प्रेम का प्रकाश हो गया जिससे शरीर का सम्पूर्ण आन्तरिक भाग चमक उठा। मुख में कस्तूरी जैसी सुगंध आने लगी और वाणी में उसकी गमक प्रकट हो गयी।

भगवान् का साक्षात्कार होने पर जीव का प्रत्येक शब्द प्रेम रस से सिक्त होकर सुगंधित हो जाता है। लौकिक बिम्बों के द्वारा कबीर ने अलौकिक अनुभूति को साकार कर दिया है। अनुप्रास और रूपकातिशयोक्ति अलंकारों का उपयुक्त विधान किया गया है।

मन लागा उनमन्न सौं, गगन पहुँचा जाइ।
देख्या चंद बिहूँणाँ, चाँदिणां तहाँ अलख निरंजन राइ।।१५।।

शब्दार्थ – उनमन्न = उन्मनी अवस्था, गगन = ब्रह्मांड, शून्य।

व्याख्या – मेरा मन परमतत्त्व (परम मन) की ओर उन्मुख है। वह शून्य सहस्त्रदल कमल में पहुँच गया है। वहाँ मैंने चन्द्रमा के बिना चाँदनी का दर्शन किया तथा निर्गुण, निराकार, निर्लिप्त ईश्वर का दर्शन लिया। उस निष्कलुष ब्रह्म-सत्ता का साक्षात्कार इन्द्रियों की क्षमता से परे है।

उन्मन उस अवस्था का सूचक शब्द है जहाँ संकल्प-विकल्पात्मक चंचल मन शान्त हो जाता है और उसमें उच्चतर चेतना का आविर्भाव होता है। 'गगन' का अर्थ है शून्य, जिसे सहस्त्रार चक्र भी कहा जाता है। इसे सहजावस्था भी कहते हैं। अलख-निरंजन योगियों द्वारा प्रयुक्त परमात्मा की संज्ञा है जिसका अभिप्राय है त्रिगुणों के प्रभाव से रहित या कालिमा रहित शुद्ध ब्रह्म। विभावना अलंकार की योजना दृष्टव्य है। योग साधना का प्रभाव दृष्टिगोचर होता है।

मन लागा उन मन सौं, उन मनहिं बिलग।
लूँग बिलगा पाणियाँ, पाँणीं लूँण बिलग।।१६।।

शब्दार्थ – उनमन = परमतत्त्व, लूँण = नगक।

व्याख्या – कबीर कहते हैं कि मेरा मन परमतत्त्व में लीन हो गया। उसने अपना संकल्प-विकल्प छोड़कर ब्रह्म वृत्ति को ही धारण कर लिया है। परमतत्त्व की व्याप्ति में उसका अस्तित्व लीन हो गया। नमक पानी में विलीन हो गया और पानी नमकमय हो गया। मन और भागवत मन दोनों नमक और पानी की तरह ही एकाकार हो गये हैं।

कबीर ने 'बिलग' शब्द का प्रयोग बड़ी सावधानी से किया है। बिलग में विलय तथा अलगाव दोनों का अर्थ निहित है। कबीर यह व्यंजित करना चाहते हैं कि सोपाधि ज्ञान में विवेक द्वारा उपाधि तथा निरुपाधि दोनों की पृथकता का साक्षात्कार हो जाता है। दृष्टान्त

अलंकार की सुन्दर योजना है।

पाँणीं ही तैं हिम भया, हिम ह्वै गया बिलाइ।
जो कुछ था सोई भया, अब कछू कह्या न जाइ।।१७।।

शब्दार्थ – पाँणीं = पानी, हिम = बर्फ।

व्याख्या – पानी ही जमकर सघन होकर बर्फ बन जाता है। बर्फ पिघलकर पुनः पानी हो जाती है। यह जो था पुनः वही हो गया अतएव इस परिवर्तन के विषय में कोई विशेष तथ्य कहने को नहीं रह जाता है। इस अन्योक्ति के माध्यम से कबीर एक भिन्न अभिप्रेत अर्थ व्यंजित करना चाहते हैं। पानी और बर्फ के रूपान्तरण की प्रक्रिया के समान ही विशुद्ध चैतन्य माया से संवलित होकर बद्ध जीव हो जाता है और आत्मबोध या ज्ञान प्राप्त होने पर वह माया आदि से मुक्त होकर विशुद्ध चैतन्य या शुद्ध ब्रह्म हो जाता है। इनमें तत्त्वतः कोई भेद नहीं रहता है। पानी की तरलता एवं सघनता की तरह सूक्ष्म और स्थूल के भेद केवल उपाधि के भेद ही होते हैं। बद्ध और मुक्त दोनों अवस्थाओं में विशुद्ध चैतन्य तत्त्वतः एक ही रहता है। ऊपर से केवल उपाधिगत भेद ही प्रतीत होते हैं। यह परिणाम केवल विवर्त है इसलिए अनिर्वचनीय है।

भली भई जु भै पड्या, गई दशा सब भूलि।
पाला गलि पाँणी भया, ढुलि मिलिया उस कूलि।।१८।।

शब्दार्थ – भली = अच्छा, भै = भय।

व्याख्या – कबीरदास कहते हैं कि बहुत अच्छा हुआ कि मैं (भय) सांसारिकता को या अपने अलगाव के अनुभव को भूल गया। इससे पृथक् स्थिति का बोध समाप्त हो गया। फलतः मेरी आसक्ति तथा मेरे अहंकार भी विलीन हो गये। जैसे बर्फ गलकर पानी हो जाती है और लुढ़ककर जल में मिल जाती है। अन्ततः वह महासागर तक पहुँच जाती है। ठीक इसी तरह मैं मोह की जड़ता को छोड़कर द्रवित होकर परम चैतन्य में विलीन हो गया।

'ढुलि मिलिया' में ज्ञान और प्रेम की एक साथ अभिव्यंजना की गयी है। दृष्टांत अलंकार की योजना तथा रूपकातिशयोक्ति की व्यंजना दर्शनीय है। इस साखी में अद्वैत भाव का काव्यात्मक प्रस्तुतीकरण हुआ है।

चौहटै च्यंतामंणि चढ़ी, हाडी मारत हाथि।
मीराँ मुझ सूँ मिहर करि, इब मिलौ न काहू साथि।।१९।।

शब्दार्थ – चौहटै = चौराहा, च्यंतामंणि = चिंतामणि, मीराँ = मालिक, मिहर = दया।

व्याख्या – कबीरदास कहते हैं कि मैं बाजार जा रहा था चौराहे पर चिंतामणि को पा लिया। उसे छीनने के लिए डाकू लोग हाथ मार रहे हैं। हे मालिक ! मेरे ऊपर दया करो। मैं इनके चक्कर में न आऊँ।

कबीर के इस कथन में अभिप्रेत प्रतीकार्थ भिन्न ही है। कबीर साधना के मार्ग से अग्रसर हो रहे थे इड़ा, पिंगला और सुषुम्णा के मिलन बिन्दु पर उन्हें सारी आकांक्षाओं तथा कामनाओं को पूर्ण कर देने वाली परमात्मा रूपी चिंतामणि मिल गयी। काम, क्रोध, मोह रूपी डाकू उसे छीनने के चक्कर में हैं। कबीर भगवान् से निवेदन करते हैं कि हे मेरे मालिक! दया करो जिससे मैं चिंतामणि को इनसे बचा सकूँ। सांसारिक विषय-वासनाओं के अधीन होने से विशुद्ध ईश्वरीय वृत्ति दूषित हो जायेगी और पुनः जीव बन्धन में पड़ जायेगा। इस साखी में अन्योक्ति अलंकार की योजना की गयी है।

इसमें योग, ज्ञान तथा भक्तिभाव का सुन्दर समन्वय किया गया है।

पंषि उडाणीं गगन कूँ, प्यंड रह्या परदेस।
पाँणी पीया चंच बिन, भूलि गया यहु देस।।२०।।

शब्दार्थ – पंषि = पक्षी (आत्मा), गगन = आकाश, प्यंड = शरीर, चंच, चोंच, देस = संसार।

व्याख्या – मोक्ष कामी आत्मा रूपी पक्षी माया के बन्धन को तोड़कर (सांसारिकता के जाल से) ऊपर उड़ गया अर्थात् ऊर्ध्वगमन कर गया। आसक्तिहीन शरीर इस संसार में पड़ा रहा। उसने रामरस का पान इन्द्रिय रूपी चोंच के बिना किया। रस पान से वह इतना मस्त हो गया कि उसे इस संसार का ख्याल ही नहीं रह गया।

इस साखी की योगपरक व्याख्या इस प्रकार है – साधना से कुण्डलिनी रूपी पक्षी जागृत होकर आकाश या शून्य (सहस्त्रार चक्र) में पहुँच गया। वहाँ शून्य सरोवर में वह इन्द्रियों की सहायता के बिना अमृत रस का पान करने लगा। वह देह रूप से अलग शुद्ध चैतन्य रूप हो गया।

पक्षी, गगन और पानी, सिद्धों और सन्तों के द्वारा बहु प्रयुक्त प्रतीक हैं। इस साखी में सांगरूपक तथा विभावना से पुष्ट व्यतिरेक अलंकार की व्यंजना दृष्टिगत होती है।

पंषि उडानी गगन कूँ, उड़ी चढ़ी असमान।
जिहिं सर मंडल भेदिया, सो सर लागा कान।।२१।।

शब्दार्थ – असमान = शून्य, सर = बाण।

व्याख्या – जीवात्मा रूपी पक्षी ज्ञान, योग और भक्ति की समन्वित साधना से सहस्त्र दल कमल वाले चक्र अर्थात् शून्य तक उड़कर पहुँच गया। जिस अनाहद नाद से सम्पूर्ण मंडल (सहस्त्रार चक्र का क्षेत्र) गुंजायमान था वही शब्दबाण मेरे कानों में लग गया अर्थात् मुझे शब्दब्रह्म का ज्ञान हो गया।

इस साखी में अन्योक्ति अलंकार का विधान है। पूरी साखी में रूपकातिशयोक्ति की भी व्यंजना है। प्रतीकात्मक शैली में शब्द ब्रह्म की अनुभूति की अभिव्यंजना की गयी है। इस साखी पर यौगिक साधना का गहरा प्रभाव है।

सुरति समाँणी निरति मैं, निरति रही निरधार।
सुरति निरति परचा भया, तब खुले स्यंभ दुवार।।२२।।

शब्दार्थ – सुरति = स्मृति, प्रेमानुरक्त ध्यान, शब्दोन्मुखी वृत्ति, या बहिर्मुखीवृत्ति, निरति = निरोध वृत्ति, वैराग्य, अन्तर्मुखी वृत्ति, निराधार = अवलंब रहित, स्यंभ = शंभु।

व्याख्या – सुरति अर्थात् साधक के चित्त की स्मृति या प्रेमानुरक्त ध्यान निरतिशय नाद ब्रह्म में लीन हो गया। बहिर्मुखी वृत्ति अन्तर्मुखी हो गयी। प्रेय-श्रेय में समाहित हो गया। निरति साधना की ऐसी चरम अवस्था है जिसे किसी आश्रय या आधार की जरूरत नहीं रहती है बल्कि यह स्वयं सबका अधिष्ठान है। सुरति को जब निरति का परिचय हो गया अर्थात् जब निरति की अवस्था में प्रेमानुरक्त चित्त पहुँच गया तब शम्भु का द्वार उद्घाटित हो गया अर्थात् ईश्वर से साक्षात्कार हो गया।

इसमें इड़ा-पिंगला के परस्पर मिल जाने तथा कुण्डलिनी शक्ति के जागृत होने के फलस्वरूप ब्रह्मरंध्र के खुल जाने का भी संकेत है।

सुरति और निरति सन्त साहित्य में प्रयुक्त पारिभाषिक शब्द हैं। सुरति शब्द की व्युत्पत्ति तथा अर्थ की खोज कबीर साहित्य के मर्मज्ञ विद्वानों ने अनेक रूपों में की है। सुरति का सम्बन्ध स्त्रोत, स्मृति, श्रुति, सूरते इलहामिया आदि शब्दों से जोड़ा गया है। सुरति में विभिन्न अर्थ छवियाँ प्रतिभासित हैं। सुरति के अर्थ हैं – चित्त वृत्तियों का प्रवाह, प्रेम, शब्दोन्मुख-चित्त, प्रियतम की स्मृति, अन्तरात्मा के शब्द को सुनने की वृत्ति, आध्यात्मिक-किरण आदि। निरति पूर्ण तन्मयता की स्थिति है। बाह्य भ्रम-जाल से मुक्त होकर अन्तर्मुखी होने की प्रवृत्ति या शब्द एवं सुरति का मिलकर एक हो जाना या वैराग्य वृत्ति या आनन्द पद या नैरात्म्य को निरति कहते हैं।

सुरति समाँणी निरति मैं, अजपा माँहैं जाप।
लेख समाँणाँ अलेख मैं, यूँ आपा माँहैं आप।।२३।।

शब्दार्थ – अजपा = बिना जप के जप होना, लेख = प्रत्यक्ष, साकार, अलेख = अप्रत्यक्ष, निराकार, आपा = अहंकारहीन आत्मा, आप = अहंकारयुक्त आत्मा।

व्याख्या – कबीरदास कहते हैं कि साधना-पथ पर अग्रसर होते हुए ऐसी स्थिति आ गयी कि सुरति अर्थात् बहिर्मुखी वृत्ति, या चित्त वृत्तियों का प्रवाह अन्तर्मुखी हो गया। प्रियतम की स्मृति प्रियतम में ही समाहित हो गयी। शब्दोन्मुख चित्त शब्दमय हो गया। आत्मा पूर्ण तन्मयता की स्थिति में पहुँच गयी। मन पूर्ण वैराग्य की स्थिति या नैरात्म्य को प्राप्त हो गया। ऐसी अवस्था में जप-तप की जरूरत नहीं होती। बिना जप के ही जप की क्रिया सम्पन्न होने लगती है। श्वास-प्रश्वास से स्वतः ओऽम् या राम का शब्द निकलने लगता है। साकार, सीमित तथा प्रत्यक्ष तत्त्वबद्ध-जीव, निराकार असीमित, अप्रत्यक्ष ब्रह्म में लीन हो जाता है। अहंकार युक्त आत्मा विशुद्ध आत्मा में समाहित हो जाती है। कबीर के परिचय का यही वास्तविक स्वरूप है।

पारिभाषिक शब्दों की संस्थिति तथा अनुभूति की गहनता के कारण यह साखी सामान्य बोध की सीमा से परे है। कबीर ने भक्ति, ज्ञान तथा योग तीनों को एक साथ समन्वित करने का यत्न किया है जिससे पारिभाषिक शब्दों का भी पर्याप्त अर्थ-विस्तार हो गया है। सुरति, निरति शब्द की विविध छवियों का उल्लेख पूर्व साखी में किया जा चुका है। अजपा जाप उस तरह का जप है जो अनायास होता है जिसमें किसी तरह के आडम्बर तथा प्रयत्न की जरूरत नहीं होती। 'मैं' ब्रजभाषा का अधिकरण का परसर्ग है।

आया था संसार में, देषण कौं बहु रूप।
कहै कबीरा संत हौं, पड़ि गया नजरि अनूप।।२४।।

शब्दार्थ – देषण = देखने, अनूप = अनुपम ब्रह्म।

व्याख्या – कबीरदास कहते हैं कि मैं अपने कर्म-भोग के लिए तथा इस संसार के वैविध्य को देखने के लिए आया था। नाना रूपात्मक जगत् का परिचय पाना ही जैसे मेरा प्रेय था। किन्तु यहाँ आने पर गुरु की महती कृपा से अनुपम ब्रह्म के दर्शन का अवसर मिल गया।

इस साखी में भी कबीर अपने भाग्य को ही प्रकारान्तर से सराहते हैं। कहीं छोटी आशा लेकर जाने पर यदि अप्रत्याशित उपलब्धि हो जाय तो उसे सौभाग्य ही कहा जायेगा।

अंक भरे भरि भेटिया, मन मैं नाँहीं धीर।
कहै कबीर ते क्यूँ मिलै, जब लग दोइ शरीर।।२५।।

शब्दार्थ – अंक = गोद भर भेंटना, प्रगाढ़ आलिंगन, दोइ = दो।

व्याख्या – आत्मा कह रही है कि मैंने अपने प्रियतम का प्रगाढ़ालिंगन किया। हृदय में धैर्य नहीं रहा। क्योंकि मैं पूर्णतया विभोर हो गयी थी। गोद भर भेंटने के बावजूद मुझे पूर्ण तृप्ति नहीं मिल पाई। कबीर कहते हैं कि उस परमात्मा से पूर्ण मिलन कैसे संभव हो क्योंकि दोनों दो शरीर हैं।

दो शरीर का तात्पर्य है द्वैत भाव। जब तक देहात्म भाव बना हुआ है तब तक मिलन संभव नहीं होगा। जब तक जीवात्मा अपने को अल्पज्ञ अल्पशक्ति से युक्त सर्वज्ञ, सर्वशक्तिमान से अलग मानती रहेगी तब तक दोनों का पूर्ण मिलन (ऐसा मिलन जिसमें दोनों एकमेक हो जाँय) संभव नहीं होगा।

लौकिक प्रेम के बिम्बों से अलौकिक प्रेम को व्यक्त किया गया है। इसीलिए दो शरीर की बात कही गयी है। जबकि कबीर परमात्मा को अशरीरी मानते हैं। अनुप्रास की स्वाभाविक योजना दर्शनीय है।

सचु पाया सुख ऊपनाँ, अरू दिल दरिया पूरि।
सकल पाप सहजैं गये, जब साँई मिल्या हजूरि।।२६।।

शब्दार्थ – सचु = सत्य (ईश्वर का साक्षात्कार) ऊपनाँ = उत्पन्न हुआ, दरिया = सागर।

व्याख्या – कबीरदास कहते हैं कि जब ईश्वर से प्रत्यक्ष साक्षात्कार हुआ तो मुझे सत्य की अनुभूति हुई। मेरे सारे पाप सहज ही नष्ट हो गये। मेरा हृदय रूपी सागर आनन्द के जल से पूर्ण हो गया है।

इसमें ईश्वरीय साक्षात्कार, सत्यानुभूति और आनन्द के उद्रेक का बिम्बात्मक चित्र अंकित है। अनुप्रास तथा रूपक अलंकारों की सुन्दर योजना की गयी है।

धरती गगन पवन नहीं होता, नहीं तोया, नहीं तारा।
तब हरि हरि के जन होते, कहै कबीर बिचारा।।२७।।

शब्दार्थ – गगन = आसमान, तोया = जल, तारा = नक्षत्र, ज्योति, हरि के जन = भक्त।

व्याख्या – कबीरदास कहते हैं कि जब सृष्टि पूर्व पृथ्वी, आसमान, हवा, जल, तारे (ज्योति, अग्नि) आदि नहीं थे उस समय भी ईश्वर और उनके भक्तों का अस्तित्व था। अंशी और अंश की सत्ता थी।

लयावस्था में सम्पूर्ण सृष्टि ईश्वर में लीन हो जाती है और जीव भी उसी में लीन हो जाता है। इस साखी में भगवान् और भक्त के अलग-अलग रूपों की ओर संकेत किया गया है। इससे प्रतीत होता है कि कबीर भी सालोक्य या सामीप्य मुक्ति से थोड़ा बहुत प्रभावित अवश्य थे। इसीलिए वे भगवान् और भक्त दोनों का जिक्र करते हैं। विश्व के न होने पर भगवान् और भक्त दोनों की सत्ता उन्हें मान्य है। इस तरह के विचार कबीर के साहित्य में बहुत कम ही मिलते हैं।

जा दिन कृतमनाँ हुता, होता हट न पट[1]।
हुता कबीरा राम जन, जिनि देखै औघट घट[2]।।२८।।

पाठान्तर – तिवारी – १. हाट न बाट, २. घाट

शब्दार्थ – कृतमनाँ = कृत्रिम, बनावटी जगत, हट = बाजार, पट = नगर, हुता = था, औघट = विकट मार्ग, घाट = लक्ष्य।

व्याख्या – कबीरदास कहते हैं कि जिस दिन यह कृत्रिम जगत् नहीं था, जिस समय बाजार और नगर भी नहीं थे। (या तिवारी – हाट और रास्ते नहीं थे) और सांसारिक विषय-वासनाओं के आदान-प्रदान तथा प्रेरणा की स्थितियाँ नहीं थीं, उस समय भी भगवान् का भक्त था। जिसको अपने लक्ष्य (भगवान्) तक पहुँचने का विकट मार्ग ज्ञात था अर्थात् राम का भक्त कबीर उस समय भी था।

ईश्वर की तरह मुक्त जीव की सत्ता भी माया से निर्लिप्त और शाश्वत है। कबीर भगवान् और भक्त के अनन्य सम्बन्ध को व्यंजित करना चाहते हैं, जब भगवान् हैं तो भक्त अवश्य रहेगा। 'हुता', 'होता' आदि ब्रजभाषा की भूतकालिक सहायक क्रियाएँ हैं।

थिति पाई मन थिर भया, सतगुर करी सहाइ।
अनिन कथा तनि आचरी, हिरदै त्रिभुवन राइ।।२९।।

शब्दार्थ – थिति = प्रतिष्ठा, अनिन = अनित्य, आचरी = चरितार्थ हुई।

व्याख्या – सत् गुरु ने मेरी सहायता की, जिसके फलस्वरूप मेरी प्रतिष्ठा उस परम तत्त्व में हो गयी। अब मेरा मन स्थिर हो गया अर्थात् उसकी विषय वासनाओं की ओर दौड़ने की प्रवृत्ति समाप्त हो गयी। वह अन्तर्मुखी हो गया। मेरे भीतर अनन्य की कथा चरितार्थ हो गयी। हृदय में त्रिलोकपति का निवास हो गया।

इस साखी में 'अनिन' और 'आचरी' दो शब्द विशेष रूप से द्रष्टव्य हैं। अनिन–अन् अन्य, अनन्य, तात्पर्य है अद्वितीय। अनिन का अर्थ अनन्त भी होता है। आचरी = आचरण में उतर आना। अनन्त की जिन कथाओं का कबीर अब तक श्रवण करते थे वे अब उनके अन्तर में आचारित हो रही हैं अर्थात् चरितार्थ हो गयी हैं। 'अनिन' में श्लेष अलंकार है।

हरि संगति सीतल भया, मिटी[1] मोह की[2] ताप।
निस बासुरि सुख निध्य लह्या, जब अंतरि प्रकट्या आप।।३०।।

पाठान्तर– तिवारी – १. मिटा, २. तन

शब्दार्थ – ताप = जलन, सुखनिध्य = सुख की निधि, अंतरि = हृदय में।

व्याख्या – कबीरदास कहते हैं कि हृदय में ईश्वर का साक्षात्कार होने से मोह की जलन मिट गयी (या तिवारी-- मोह एवं शरीर का ताप मिट गया)। शरीर में अद्भुत शीतलता का अनुभव होने लगा। रात दिन सुख निधि की प्राप्ति का आनन्द प्राप्त हो रहा है।

अनुप्रास की योजना दर्शनीय है। ईश्वर के साक्षात्कार तथा तज्जनित आनंद की अनुभूति का चित्रण अत्यन्त अकृत्रिम शैली में किया गया है।

तन भीतरि मन मानियाँ, बाहरि कहा न जाइ।
ज्वाला तैं फिरि जल भया, बुझी बलंती लाइ।।३१।।

शब्दार्थ – तन = शरीर, भीतरि = अन्दर = मानियाँ = मान गया, बलंती = जलती हुई।

व्याख्या – ईश्वर का साक्षात्कार होने से मन की बहिर्मुखी वृत्ति समाप्त हो गयी, वह पूर्णतया अन्तर्मुखी हो गया। वह अब अन्तर में ही पूर्ण विश्राम का अनुभव करने लगा। सम्पूर्ण संशय के मिट जाने के कारण मन बलपूर्वक सांसारिक सुखों की ओर उन्मुख नहीं होता। जागतिक माया-मोह तथा विषय-वासनाओं की ज्वाला जल की तरह शीतल हो गयीं। जलती हुई मोह की आग एकदम से बुझ गयी। साधक को पूर्ण शान्ति का अनुभव होने लगा।

अनुप्रास और रूपकातिशयोक्ति की सार्थक योजना भाव को और सशक्त बना देती है। इस साखी में प्रतीकात्मक शैली भी है।

तत पाया तन बीसर्‌या, जब मनि धरिया ध्यान।
तपनि गई[1] सीतल भया, जब सुनि किया असनान।।३२।।

पाठान्तर– तिवारी – १. मिटी

शब्दार्थ – तत = तत्त्व, तन = शरीर, बीसर्‌या = विस्मृत, मनि = मन में, तपनि = जलन, सुन्नि = शून्य चक्र।

व्याख्या – कबीरदास कहते हैं कि जब मन ने ध्यान किया तो तत्त्व का साक्षात्कार हो गया जिससे देहाध्यास (देहात्मभाव) समाप्त हो गया अर्थात् परमात्मा से मिलन के बाद शरीर की स्मृति जाती रही। जब मैंने शून्य चक्र (सहस्रार चक्र) में स्नान किया तो मेरी देह की जलन मिट गयी। दैहिक, दैविक, भौतिक तापों के प्रभाव से मैं मुक्त हो गया।

इस साखी में योग और भक्ति का सुन्दर समन्वय किया गया है। 'सुन्नि' शून्य का सप्तमी विभक्ति का रूप है। यह पारिभाषिक शब्द है जिसे कबीर ने योग सम्प्रदाय से ग्रहण किया है। इसमें चपलातिशयोक्ति अलंकार का विधान किया गया है। शून्य में स्नान करना सहजावस्था की स्थिति का भी सूचक है।

जिनि पाया तिनि सूगह गह्या, रसना लागी स्वादि।
रतन निराला पाईयाँ, जगत ढंढौल्या बादि।।३३।।

शब्दार्थ – जिनि = जिसने, सूगह = अच्छी तरह पकड़ कर, रसना = वाणी, ढंढोल्या = ढूँढ़ना, बादि = व्यर्थ।

व्याख्या – जिसने परमतत्त्व को प्राप्त कर लिया उसने उसे अच्छी तरह पकड़ कर रख लिया। उसे यह भय था कहीं सांसारिकता की ओर उन्मुख होकर वह उसे खो न दे। ईश्वर की अनुभूति के मधुर रस (मिलन का प्रेम रस) का स्वाद उसकी जिह्वा को पसन्द आ गया। कबीरदास कहते हैं कि जिसने ईश्वर रूपी न्यारे रत्न को पा लिया है, उसको संसार में और कुछ नहीं ढूँढ़ना चाहिए।

इसमें व्यतिरेक और रूपकातिशयोक्ति की व्यंजना है। कबीर सूक्ष्म तत्त्व के अनुभव की महत्ता को रत्न के बिम्ब से रूपायित करते हैं। 'सूगह गह्या' लाक्षणिक प्रयोग है, इसका तात्पर्य हृदय में अच्छी तरह से प्रतिष्ठित करना है।

कबीर दिल स्याबति भया, पाया भल संभ्रथ्थ।
सायर माँहि ढंढोलताँ, हीरै पडि गया हथ्थ।।३४।।

शब्दार्थ – स्याबति = पूर्ण, संभ्रथ्थ = समर्थ, सायर = सागर, ढंढोलताँ = ढूँढ़ता, हथ्थ = हाथ।

व्याख्या – कबीर कहते हैं कि मैं भवसागर में अपने लक्ष्य की तलाश कर रहा था। गुरु की कृपा से मेरे हाथ में हीरा जैसा अमूल्य पदार्थ ही आ गया। इससे मेरा हृदय पूर्ण हो गया। भारी भरकम फल पा लेने के बाद अब मुझे किसी और वस्तु की चाह नहीं रह गयी।

हीरा परमतत्त्व का प्रतीक है। परमतत्त्व को पा लेने के बाद अन्तःकरण ही अज्ञानपरक रिक्तता तथा आकांक्षा समाप्त हो जाती है। विषयों से खंडित और सीमित हृदय अखंडित और असीमित हो जाता है। ईश्वर के साक्षात्कार से बढ़कर किसी भी साधना का और कौन-सा

बड़ा फल होगा ? अर्थात् यह चरम फलागम है।

इसमें रूपकातिशयोक्ति अलंकार की समुचित योजना दृष्टिगत होती है।

जब मैं था तब हरि नहीं, अब हरि हैं मैं नाँहिं।
सब अँधियारा मिटि गया, जब दीपक देख्या माँहि।।३५।।

शब्दार्थ – मैं = अहंकार, हरि = ईश्वर।

व्याख्या – जब तक अहंकार था तब तक ईश्वर से परिचय नहीं हो सका। अहंकार या आत्मा के भेदत्व का अनुभव जब समाप्त हो गया तो ईश्वर का प्रत्यक्ष साक्षात्कार हो गया। 'मैं' आत्मन् का अलग अहसास खत्म हो जाने के बाद, एकमात्र सत्ता ब्रह्म का अनुभव शेष रहता है। बूँद का अलग अस्तित्त्व यदि समुद्र में विलीन हो गया तो बूँद भी समुद्र ही हो जाती है। शरीर के भीतर जब परम-ज्योति रूपी दीपक का प्रकाश हुआ तो अज्ञानान्धकार-जनित अहं स्वयं नष्ट हो गया। 'दीपक' का तात्पर्य ज्ञान भी हो सकता है। ज्ञान के होने पर 'सर्वं खल्विदं ब्रह्म' की भावना प्रबल हो जाती है। 'अंधियारा' और 'दीपक' में रूपकातिशयोक्ति अलंकार है।

जा कारणि मैं ढूँढ़ता, सनमुख मिलिया आइ।
धन मैली पिव ऊजला, लागि न सकौं पाइ।।३६।।

शब्दार्थ – कारणि = निमित्त, सनमुख = सामने, धन = धन्या, स्त्री।

व्याख्या – जिसके निमित्त मैं इधर-उधर तलाश में व्यस्त था अर्थात् जिस परमात्मा को पाने के लिए मैं तीर्थादि में भ्रमण कर रहा था, वह प्रिय सामने ही मिल गया। किन्तु पाप से कलुषित आत्मा विशुद्ध परमात्मा से मिल न सकी। आत्मा रूपी धन्या ने प्रियतम रूपी भगवान् के चरणों के स्पर्श में भी संकोच का अनुभव करती रही। जीवात्मा तमोगुण से ग्रस्त होने के कारण विशुद्ध परमात्मा से मिल नहीं सकी। माया, मोह तथा विषय-वासनाओं के पंकिल से मुक्त हुए बिना ईश्वर का सामीप्य सम्भव नहीं होता।

इसी साखी में ज्ञान और प्रेमाभक्ति का सुन्दर समन्वय किया है। दाम्पत्य प्रतीक के द्वारा प्रेमभक्ति की मार्मिक व्यंजना द्रष्टव्य है। 'मैली' और 'ऊजला' लाक्षणिक प्रयोग हैं। 'धन', 'पिव' में समासोक्ति अलंकार का विधान किया गया है।

जा कारणि मैं जाइ था, सोई पाई ठौर।
सोई फिरि आपण भया, जासूँ कहता और।।३७।।

शब्दार्थ – जा कारणि = जिसके लिए, जाइ था = पैदा हुआ था, भटकता था, ठौर = स्थल।

व्याख्या – कबीरदास कहते हैं कि जिसको पाने के लिए मेरा जन्म हुआ था या मेरी भटकन थी, वह शरीर के अन्दर ही मिल गया। मैंने उसके निवास स्थान को अपने अन्दर ही पा लिया। जिसे मैं अब तक अपने से अलग मानता था वह अपना हो गया, अर्थात् वह आत्मरूप हो गया।

इस साखी में भक्ति साधना की तीन स्थितियों का चित्रण है। पहली स्थिति ईश्वर को अलग मानकर संसार में ढूँढ़ने का प्रयास है। दूसरी स्थिति उसकी देह के अन्दर स्थिति का अहसास है और तीसरी स्थिति है आत्मा-रूप में ही परमात्मा को पहचान लेना।

आत्मा और परमात्मा के अभेदत्व की सुन्दर व्यंजना है।

कबीर देख्या एक अंग[1], महिमा कही न जाइ।
तेज पुंज पारस धणों, नैनूं रहा समाइ।।३८।।

पाठान्तर– जय० – १ – अगम

शब्दार्थ – एक अंग = आंशिक, पारस = पत्थर।

व्याख्या – कबीरदास कहते हैं कि मैंने ईश्वर के एक अंग (आंशिक) का दर्शन किया है। (जय० - अगम ईश्वर का दर्शन किया) फिर भी मैं उसकी महिमा का बखान नहीं कर सकता। वह शक्ति का पुंज है, जो अनंत आलोक रूप में प्रतिभासित होता रहता है। परमात्मा पारस की तरह सौभाग्य-दाता है। लोहे से कंचन बनाने की उसमें पूर्ण क्षमता है। उसके अनन्त सौन्दर्य का प्रकाश मेरे नेत्रों में समा गया है।

एक अंग का अर्थ एक निष्ठ होकर देखना भी हो सकता है। सम्बन्धातिशयोक्ति तथा उल्लेख की योजना दर्शनीय है।

मान सरोवर सुभर[1] जल, हंसा केलि कराहिं।
मुकता हल मुकता चुगैं, अब उड़ि अनत न जाहिं।।३९।।

पाठान्तर– तिवारी – १. सुभग

शब्दार्थ – मान सरोवर = शून्य शिखर में स्थित अमृतकुंड, सुभर = अच्छी तरह भरा हुआ, जल = अमृत, हंसा = आत्मा, मुकता हल = मुक्ति का फल, मुकता = मुक्त भाव से।

व्याख्या – मानसरोवर रूपी अमृत कुंड में सुन्दर जल भरा है, हंस उसी में क्रीड़ा कर रहा है। जीवात्मा सुषुम्ना मार्ग से षट् चक्रों का वेधन करते हुए शून्य शिखर में स्थित अमृत कुंड तक पहुँच गयी है। अब वहीं पर क्रीड़ा कर रही है। जीवात्मा रूपी हंस स्वच्छंद भाव से मुक्ताफल को चुगने में लीन है। इसलिए उड़कर अन्यत्र नहीं जा सकता। इस परम आनन्द को छोड़कर विषय-वासनाओं का आकर्षण उसके लिए व्यर्थ है।

इस साखी में योग सम्बन्धी विचारों को आत्मसात किया गया है। श्लेष, रूपक तथा अन्योक्ति अलंकारों का प्रयोग करके अनुभूति को सुबोध ढंग से व्यक्त करने का प्रयत्न है।

गगन गरजि अमृत चवै, कदली कँवल प्रकास।
तहाँ कबीरा बंदिगी, कै[1] कोई निज दास।।४०।।

पाठान्तर– तिवारी – १. कर

शब्दार्थ – गगन = आकाश, सहस्त्रार, शून्य शिखर, कदली = केला, मेरुदण्ड, बंदिगी = नमन।

व्याख्या – कबीरदास कहते हैं कि सहस्त्रार से नित्य अनहद नाद प्रस्फुटित होता रहता है और अमृत की बूँदें टपकती रहती हैं अर्थात् अमर शक्ति का संचार होता रहता है। कुंडलिनी शक्ति के जागृत होने की अवस्था में सुषुम्णा नाड़ी (कदली) के ऊपरी भाग में स्थित सहस्त्रार कमल से प्रकाश विकीर्ण हो रहा है। कबीर इस सहज स्थिति के प्रति प्रणत हो गये हैं। इस साधना भूमि पर पहुँचकर कबीर या कोई भगवान् का भक्त ही ईश्वर की ऐसी आराधना करने में सक्षम हो सकता है।

ब्रह्मरंध्र में जो सहस्त्रार कमल स्थित है उसके मूल में जो योनि (त्रिकोणाकार शक्ति का केन्द्र) है वही चन्द्रमा का स्थान है, वहीं से अमृत झरता है।

ब्रह्म रन्ध्रे हि यत्पद्मं सहस्त्रारं व्यवस्थितम्।
तत्र कंदे हि योनिः तस्याः चन्द्रो व्यवस्थितः।
त्रिकोणाकृतिस्तस्याः सुधाक्षरति सन्ततम्।।

प्रथम पंक्ति में अनुप्रास की स्वाभाविक योजना तथा साखी पर योग का प्रभाव स्पष्ट है।

नींव बिहूँणाँ देहुरा, देह बिहूँणाँ देव।
कबीर तहाँ बिलंबिया, करे अलष की सेव।।४१।।

शब्दार्थ – बिहूणाँ = रहित, देहुरा = देवालय, बिलंबिया = रमरहा, तन्मय है, अलष = अलक्ष्य।

व्याख्या – कबीरदास कहते हैं कि वह देवालय नींव से रहित है और उसमें निवास करने वाला देवता देहहीन है। कबीर वहीं पर रम गया है और अपने अलक्ष्य आराध्य की सेवा में लीन है।

सहस्त्रार चक्र ऐसा मन्दिर है जिसमें नींव नहीं है। वहाँ अरूप, अदेह तथा अदृश्य परमात्मशक्ति का निवास रहता है। विभावना अलंकार का प्रयोग करके स्थूल देवालय और देवता का निषेध करके देह के अन्दर ही निवास करने वाले सूक्ष्म ब्रह्म का निरूपण किया गया है।

देवल माँहैं देहुरी, तिल जेहैं[1] बिसतार।
माँहे पाती माँहि जल, माँहे पूजण हार।।४२।।

पाठान्तर– तिवारी – १. जेता

शब्दार्थ – देवल = देवालय, शरीर, माँहि = में, देहुरी = देहली, जेहैं = जितना।

व्याख्या – कबीरदास कहते हैं कि देह रूपी देवालय के अन्दर जाने के लिए तिल के बराबर की विस्तार वाली देहली मौजूद है। इसके अन्दर ही पत्र-पुष्प हैं, अन्दर ही जल है, और अन्दर ही पूजने वाला भी है।

सहस्त्रार में स्थित ब्रह्म के पास पहुँचने का मार्ग सुषुम्ना अत्यन्त संकीर्ण है। सामान्य व्यक्ति का तो यह मार्ग अवरुद्ध ही रहता है। वहाँ तक पहुँचने के लिए मन को पूर्णतया समर्पित करना होगा, वाह्य पत्र-पुष्प की इस पूजा में कोई आवश्यकता नहीं। यह पूजा तो पूर्णतया मानसी है। यहाँ तत्त्वतः पूज्य और पूजक का कोई भेद भी नहीं है। जीवात्मा जो परमात्मा का पुजारी है, वह भी देह के अन्दर ही विराजमान है। माँहै, माँहिं आदि अधिकरण के प्राचीन परसर्ग हैं।

कबीर कँवल प्रकासिया, ऊग्या निर्मल सूर।
निस[1] अँधियारी मिटि गई, बाजै[2] अनहद तूर।।४३।।

पाठान्तर– तिवारी – १. रैनि, २. रागे

शब्दार्थ – कँवल = कमल, ऊग्या = उदित हुआ, सूर = सूर्य, ज्ञान की ज्योति, निस = रात, अज्ञान, अनहद = स्वतः ध्वनित होने वाला ओऽम, या राम का शब्द।

व्याख्या – कबीर कहते हैं कि ज्ञान के सूर्य उदित होने पर (परम शक्ति के जागरण की अवस्था में) सहस्त्रार कमल उन्मीलित ही नहीं प्रकाशित भी हो गया। अन्तर्मन में छाया हुआ अज्ञान का अंधकार पूर्णतया मिट गया और अनहद का तूर्य बजने लगा अर्थात् श्वास-

प्रश्वास से ओऽम की ध्वनि फूटने लगी। कानों में सहज रूप से ओऽम सुनाई देने लगा।

मध्यकालीन राजाओं-महाराजाओं के महल में प्रातःकाल होने पर तुरही बजाई जाती थी। उसी का कबीर ने रूपक निर्माण के लिए उपयोग किया है। इसमें रूपक तथा समासोक्ति की सुन्दर योजना की गयी है। नाथ पंथी हठयोग का प्रभाव परिलक्षित होता है।

अनहद बाजै नीझर झरै, उपजै ब्रह्म गिंयान।
अविगति अंतरि प्रगटै, लागै प्रेम धियान।।४४।।

शब्दार्थ – नीझर = निर्झर, झरै = झरता है, अविगति = अज्ञात, अज्ञेय, ब्रह्म।

व्याख्या – कबीरदास कहते हैं कि परिचय की स्थिति में अनाहत नाद निरन्तर निनादित होता रहता है। सहस्त्रार रूपी झरने से (अमृत) झरने लगता है। मानस में ब्रह्मज्ञान स्फुरित हो जाता है। अज्ञात ब्रह्म हृदय में ही (देह के अन्दर ही) प्रत्यक्ष हो गया है। उसमें कबीर प्रेमपूर्वक ध्यानावस्थित हो गये हैं।

इस साखी में योग, ज्ञान और भक्ति का समन्वय किया गया है। 'अनहद' अनाहत का अपभ्रंश रूप है जो योग का पारिभाषिक शब्द है। सहजावस्था में योगी लौकिकता के परे शब्द ब्रह्म (ओऽम्) का जो श्रवण करता है उसे अनाहत नाद कहते हैं। यह शब्द दो अंगों या वस्तुओं के टकराहट के बिना पैदा होता है। 'नीझर' सहस्त्रार का प्रतीक है।

आकासे मुखि औंधा कुवाँ, पाताले पनिहारि।
ताका पाँणी को हंसा पीवै, बिरला आदि बिचारि।।४५।।

शब्दार्थ – आकासे = शून्य मंडल में, औंधा = उलटा, हंसा = जीवात्मा।

व्याख्या – कबीरदास कहते हैं कि आकाश में अधोमुखी कुआँ है, पानी भरने वाली पाताल में है। इसका पानी कोई हंस ही पी सकता है। इसके विषय में कोई विरला आदमी ही विचार कर सकता है।

कबीर ने उलटवाँसी की तर्ज में ऊपर से असंगत लगने वाला विचार प्रकट किया है। इसमें कई अर्थों का संयोजन एक साथ किया गया है।

योगपरक अर्थ – गगन मंडल में सहस्त्रार चक्र ही औंधा कुआँ है और मूलाधार में स्थित कुंडलिनी ही पनिहारिन। प्राण साधना द्वारा जब यह ऊर्ध्वमुख होती है तब हंस (जीवात्मा) सहस्त्रार में प्राप्त अमृत का रसास्वादन करता है।

इस साखी में मुद्रा सिद्धि का भी संकेत है। जिह्वा पनिहारिन है और ब्रह्मरंध्र उस कुएँ का मुख है। योगी अपनी जिह्वा को उलटकर ब्रह्मरंध्र से टपकने वाले अमृतरस का पान करता है। हंस योगी का प्रतीक है।

सिव सकती दिसि कौंण जु जोवै, पछिम दिशा उठै धूरि।
जल मैं स्यंघ जु घर करै, मछली चढ़ै खजूरि।।४६।।

शब्दार्थ – सिव = शिव, सकती= शक्ति (शिव और शक्ति = इड़ा और पिंगला के भी प्रतीक हैं) पछिम = पीछे, मेरुदंड के सुषम्ना मार्ग में, स्यंघ = सिंह, जीव, खजूरि = खजूर, शून्यचक्र।

व्याख्या – शिव और शक्ति की ओर कौन देखता है ? पश्चिम दिशा में धूल उठती है, जल में सिंह घर बनाकर निवास करता है और मछली खजूर पर चढ़ जाती है।

इस साखी में उलटवाँसी शैली में योगसाधना का चित्रण किया गया है। कुंडलिनी शक्ति का जागृत होकर ऊपर की ओर जाना अर्थात् शून्य शिखर पर पहुँचना ही मछली का खजूर पर चढ़ना है। चूँकि इस स्थिति में प्राणवायु पीछे मेरुदंड के सुषुम्णा मार्ग से तीव्र गति से संचरित होती है उसी को पश्चिम में धूल उड़ना कहा गया है। सशक्त अहंकारी जीव अज्ञान से मुक्त होकर शून्य सरोवर में निवास करने लगता है।

कबीर ने यहाँ प्रतीकात्मक शैली का प्रयोग किया है। सहजावस्था में शिव और शक्ति का मिलन होता है। इस स्थिति का अनुभव विरले ही लोगों को होता है। विरोधाभास और वक्रोक्ति की स्वाभाविक योजना की गयी है।

पारस रूपी नाम है, लौह रूप संसार।
पारस तैं पारस भया, परसि भया टकसार।।४७।।

व्याख्या – राम का नाम पारस पत्थर की तरह है, संसार लोहे के समान है। पारस से वह पारस हो जाता है, उसका स्पर्श करके वह टकसाल हो जाता है। ईश्वर के स्पर्श से संसारी जीव मूल्यवान् तथा कांतिमान हो जाता है। फिर इसके स्पर्श से अन्य जीव भी सोना बन जाते हैं।

अमृत बरिसै हीरा निपजै, घंटा पड़ै टकसाल।
कबीर जुलाहा भया पारषू, अनभै उतर्या पार।।४८।।

शब्दार्थ – हीरा = वज्र, (ब्रह्म का प्रतीक) निपजैं = पैदा होना, घंटा = अनाहतनाद।

व्याख्या – कबीर सहजावस्था का चित्रण करते हुए लिखते हैं कि अमृत की वर्षा हो रही है। ब्रह्मरंध्र से अमृत स्रवित हो रहा है। हीरे की तरह मूल्यवान तथा अत्रेय ईश्वरतत्त्व की प्राप्ति हो रही है। सम्पूर्ण चेतना जहाँ केन्द्रित है वहाँ अनाहत नाद गूँज रहा है। कबीर नामक जुलाहा (ईश्वर की कृपा से) इसका असली पारखी हो गया। उस परम तत्त्व का परिचय पाकर वह बिना किसी भय के इस भवसागर से पार उतर गया है अर्थात् लौकिकता से बहुत ऊपर उठ गया है।

शब्दों की प्रतीकात्मक योजना अर्थ को कुछ गूढ़ बना देती है।

ममिता मेरा क्या करे, प्रेम उघाड़ी पौलि।
दरसन भया दयाल का, सूल भई सुख सौड़ि।।४६।।

शब्दार्थ – उघाड़ी = खोल दी, उद्‌घाटित कर दी, पौलि = द्वार, सूल = पीड़ा, सौड़ि = चादर।

व्याख्या – ईश्वरीय प्रेम से रहस्य का दरवाजा खुल गया। मुझे प्रत्यक्ष प्रभु का साक्षात्कार हो गया। अब ममता (सांसारिक माया, मोह) मेरा कुछ नहीं बिगाड़ सकती। मेरे लिए दुख ही सुख का चादर बन गया अर्थात् दुख ही सुख में परिणत हो गया।

इस साखी में अनुप्रास तथा विरोधाभास दर्शनीय हैं। आधुनिक कवि प्रसाद भी कहते हैं –

दुख की पिछली रजनी नीच
विकलता सुख का नवल प्रभात
एक परदा यह झीना नील
छिपाए है जिसमें सुख गात।

६. रस कौ अंग

पूर्व परिचय – परमात्मा से परिचय के बाद अगाध आनन्द की अनुभूति होती है। इसी ब्रह्मानुभूति जनित भक्तिरस या महारस के आस्वादन और मस्ती की अभिव्यक्ति इस अंग में हुई है। रामरस को पीने के लिए महान् त्याग की आवश्यकता है। इसके मूल्य के रूप में साधक को सिर काटकर देना पड़ता है। इस रस का पान करने वाला व्यक्ति सदैव मस्त रहता है। इसमें कायाकल्प की भी अद्‌भुत शक्ति है। इसके प्रभाव से देहात्मभाव से शुद्ध आत्म-भाव से अध्यांतरित हो जाता है। उसे शरीर का ख्याल बिलकुल नहीं रहता। उसके सारे द्वन्द्व समाप्त हो जाते हैं। इसीलिए तो सारे रसायनों में यह रसायन उत्तम है।

कबीर हरि रस यौं पिया, बाकी रही न थाकि।[1]
पाका कलस कुंभार का, बहुरि न चढ़हि चाकि।।१।।

पाठान्तर– तिवारी – १. छाकि

शब्दार्थ – थाकि = शिथिलता, थकावट।

व्याख्या – कबीरदास कहते हैं कि मैंने ईश्वर के भक्ति रस का खूब छक कर आस्वादन किया है। मुझमें किसी तरह की थकावट नहीं है। (या तिवारी – किसी तरह की मस्ती शेष नहीं है, अर्थात् खूब मस्त हो गया हूँ।) मन में पूर्ण जागृति आ गयी। परिपक्व साधक को पुनः संसारचक्र पर नहीं चढ़ना पड़ेगा। कुम्हार का घड़ा जब पक जाता है तो उसे पुनः चाक पर नहीं चढ़ना पड़ता।

कबीर ने निदर्शना का आश्रय लेकर ब्रह्मानन्द की रसात्मक अनुभूति और पूर्ण सिद्धावस्था का चित्रण एक साथ कर दिया है।

राम रसाइन प्रेम रस, पीवत अधिक रसाल।
कबीर पीवण दुलभ है, माँगै सीस कलाल।।२।।

शब्दार्थ – पीवत = पीने में, रसातल = मधुर, दुलभ = दुर्लभ, कठिन, सीस = सिर, अहं=स्वयं।

व्याख्या – भगवान् का प्रेम वह रसायन है जिसका आस्वादन अत्यधिक मधुर होता है। इसमें कायाकल्प की क्षमता है। इसीलिए तो भक्त को देहात्म अनुभूति से परमात्म अनुभूति होने लगती है। किन्तु इस अद्‌भुत रसायन को पाना कठिन है क्योंकि इसके लिए कलाल (गुरु) बहुत बड़ी कुर्बानी माँगता है। सिर देने के बाद ही यह रसायन मिल पाता है।

कबीर के इस कथन पर फारसी काव्य का प्रभाव है। सिर देने का अभिप्राय है पूर्ण अहंकार का विनाश, या भिन्न आत्मस्थिति का विसर्जन। इसमें व्यतिरेक अलंकार दर्शनीय है।

कबीर भाठी कलाल की, बहुतक बैठे आइ।
सिर सौंपे सोई पिवै, नहीं तौ पिया न जाइ।।३।।

शब्दार्थ – भाठी = शराब की भट्ठी।

व्याख्या – प्रेम रस रूपी आसव का जहाँ निर्माण हो रहा है उस भट्ठी के पास बहुत से पीने की इच्छा रखने वाले लोग मौजूद हैं। जो सिर सौंपने की हिम्मत रखता है वही इस आसव को पी सकता है अन्यथा बिना पिये ही जाना पड़ेगा।

कबीर ने शराब-निर्माण के स्थल को बिम्ब के रूप में प्रयोग करके राम की भक्ति के लिए अपेक्षित त्याग तथा अहंकार हीनता को व्यंजित किया है। कबीर को समाज के हर स्तर के लोगों की प्रवृत्ति का अच्छा अनुभव है। इस साखी में मध्यकालीन समाज की नशाखोरी की समस्या का संकेत मिलता है। शराब के लिए लोगों को कितना मूल्य चुकाना पड़ता था इसकी भी व्यंजना इसमें है। सन्त कबीर के रूपकों और प्रतीकों में तत्कालीन समाज का स्पष्ट चित्र अंकित हो जाता है।

इस साखी में 'कलाल' – गुरु का प्रतीक है। उसके ज्ञानोपदेश को सुनने के लिए बहुत से शिष्य इकट्ठे होते हैं किन्तु उनमें से रामभक्ति का आस्वादन वही कर पाता है जो अपने को पूर्णतया समर्पित कर देता है अर्थात् जिसमें अहंकार तथा सब के अलगाव का बोध लोशमात्र भी नहीं रहता। रूपकातिशयोक्ति तथा व्यतिरेक अलंकारों की योजना से कबीर के अभिव्यक्ति कौशल का परिचय मिलता है।

हरि रस पीया जाँणिये, जे कबहूँ न जाइ खुमार।
मैमंता घूँमत रहै[1], नाँहीं तन की सार।।४।।

पाठान्तर – जय० – १. फिर

शब्दार्थ – हरि रस = भक्ति रस, ईश्वरीय प्रेम - रस, खुमार = नशा, मैमंता = मस्त, मतवाला, सार = सुधि।

व्याख्या – कबीरदास कहते हैं कि राम के प्रेम का रस पान करने से कभी नशा नहीं उतरता। यही रामरस पीने वाले की पहचान भी है। प्रेमरस से मस्त होकर भक्त मतवाले की तरह इधर-उधर घूमने लगता है। उसे अपने शरीर की सुधि भी नहीं रहती। भक्ति-भाव में डूबा हुआ व्यक्ति, सांसारिक व्यवहार की परवाह नहीं करता और उसकी दृष्टि में देह-धर्म नगण्य हो जाता है। आसव पान किये हुए व्यक्ति के बिम्ब में रस भाव को प्रत्यक्ष करने में कवि पूर्ण सफल हुआ है।

मैमंता तिण नाँ चरै, सालै चिता सनेह।
बारि जु बाँध्या प्रेम कै, डारि रह्या सिरि षेह।।५।।

शब्दार्थ– मैमंता = मतवाला हाथी, तिण = तृण, घास, सालै = चुभन, षेह = धूल।

व्याख्या – जिस प्रकार द्वार पर बँधा हुआ मतवाला हाथी अपने शरीर का ख्याल नहीं रखता और अपने ऊपर धूल डालता रहता है, उसी तरह 'राम' भक्तिरस को पीने वाला व्यक्ति मस्त होकर सामान्य आचरण नहीं करता। क्योंकि उसे चित्त में स्नेह का शूल शालता रहता है। वह प्रेम के द्वार पर बधा हुआ अपने शरीर के प्रसाधन आदि की चिन्ता छोड़कर भस्म डाल लेता है अर्थात् शरीर-चिन्ता उसके लिए नगण्य हो जाती है।

इस साखी में मतवाले हाथी के बिम्ब का सार्थक प्रयोग है। तिण तथा नाँ चरै में श्लेष है। तिण के दो अर्थ हैं, पहला तृण दूसरा उसके द्वारा। नाँ चरै का अर्थ है न चरना और न आचरण करना। रूपकातिशयोक्ति अलंकार की योजना है।

मैमंता अविगत रता, अकलप आसा जींति।
राम अमलि माता रहै, जीवत मुकति अतीति।।६।।

शब्दार्थ – अविगत = अगम्य, रता = लीन, अनुरक्त, अकलप = निर्विकल्प, अमलि

= नशे में, आशा = आकांक्षा, इच्छा, अतीति = द्वन्द्व से परे।

व्याख्या – भक्ति रस (प्रेम-रस) में मस्त भक्त अगम्य तत्व में अनुरक्त हो जाता है। आशा-आकांक्षा को जीतकर अर्थात् इच्छा रहित होकर वह निर्विकल्प हो जाता है। राम के अमल (नशा) में मस्त वह विषयातीत तथा जीवन्मुक्त हो जाता है। उसके सारे द्वन्द्व समाप्त हो जाते हैं।

इसमें 'राम अमलि' में रूपक, जीवन मुकति में व्यतिरेक, मैमंता में रूपकातिशयोक्ति अलंकारों की संस्थिति है। सच्चे साधक का बिम्बात्मक चित्र बहुत ही प्रभावशाली है।

जिहि सर घड़ा न डूबता, अब मैगल मलि न्हाइ।
देवल बूड़ा कलस सूँ, पंषि तिसाई जाइ।।७।।

शब्दार्थ – सर = सरोवर, मैगल = मतवाला हाथी, देवल = देवालय, शरीर, कलस = चोटी तक, पंषि = जीव, तिसाई = तृषित ।

व्याख्या – जिस तालाब में घड़ा नहीं डूबता था उसमें मतवाला हाथी मल-मल कर अवगाहन कर रहा है। उसमें देवालय कलश तक डूब गया है और पक्षी की तृष्णा दूर हो गयी है।

कबीर के इस विचित्र कथन का कुछ निश्चित अभिप्राय है। सरमानस सरोवर या हृदय सरोवर का प्रतीक है। उसमें जब अनुभूति-जल प्रेमरस का अभाव था। तब एक साधारण घड़ा नहीं डूब सकता था। अर्थात् एक लघु जीव भी उसमें तृप्ति नहीं पा सकता था। अब यह अनुभूति सम्पन्न हो गया है जिसमें जीव अवगाहन कर सकता है। शरीर रूपी पक्षी के लिए यह जल पेय नहीं है क्योंकि यह विषय-सुख से अलग स्वभाव वाला अनुभव-जल है। इसलिए उसे प्यासा ही लौटना पड़ता है। मतवाला हाथी को अहंकार का प्रतीक भी माना जा सकता है जो इसमें पूर्णतया डूब जाता है। ऐसी स्थिति में पक्षी जीव का प्रतीक होगा। 'जाइ' का अर्थ है चला जाना, अर्थात् उसकी तृष्णा चली जाती है।

रूपकातिशयोक्ति, विशेषोक्ति अलंकारों का विधान द्रष्टव्य है।

सबै रसाइंण मैं किया, हरि सा और न कोइ।[1]
तिल इक[2] **घट मैं संचरै, तौ सब तन कंचन होइ।।८।।**

पाठान्तर– तिवारी १. हरि रस सम नहि कोइ २. रंचक

शब्दार्थ – रसाइंण = रसायन, घट = शरीर।

व्याख्या – कबीरदास कहते हैं कि मैंने बहुत से रसायनों का प्रयोग किया अर्थात् मैंने बहुत कीमियागीरी की किन्तु राम रसायन की तरह अद्भुत प्रभाव वाला कोई रसायन नहीं मिला। इस रसायन का एक बूँद (रंचमात्र भी) यदि शरीर में संचरित हो जाय तो सारा शरीर सोना हो जाता है।

कबीर ने कीमियागीरी का बिम्ब प्रस्तुत करते हुए अन्य साधना पद्धतियों की निष्प्रभावात्मकता और राम-भक्ति की श्रेष्ठता को प्रतिपादित किया है। यह प्रेम-रस ऐसा है कि इसके संचार मात्र से शरीर की कांति और मूल्य दोनों ही बढ़ जाते हैं।

अमृत केरी पूरिया, बहुविधि दीन्हीं छोरि।
आप सरीखा जो मिलै, ताहि पियावहु घोरि।।९।।

व्याख्या – अमृत की पुड़िया (गुरु ने) अनेक प्रकार से खोलकर रख दी है। अपने समान

स्वभाव का जो व्यक्ति मिलता है उसे घोलकर पिला दो। राम रस का आस्वादन उसे भी करा दो।

७. लाँबि कौ अंग

पूर्व परिचय – लाँबि का शाब्दिक अभिप्राय है लम्बा अर्थात् ईश्वर तक पहुँचने का मार्ग लम्बा है। कबीर उसे ढूँढते-ढूँढते उसी में समाहित हो गये, जैसे समुद्र में बूँद समा जाती है। ईश्वर ने भी कृपा करके उसे स्वात्म-भाव में मिला लिया। लाँबि का अर्थ अगाध तथा असीमित भी है। राम-रस अगाध है जिसके आस्वादन करने की इच्छा भक्त में निरन्तर रहती है।

काया कमंडल भरि लिया, उज्जल निर्मल नीर।
तन मन जोबन भरि पिया, प्यास न मिटी सरीर[1] ।।१।।

पाठान्तर – तिवारी – १. पीवत तृखा न भाजही तृखावंत कबीर

शब्दार्थ – काया = शरीर, नीर = पानी ।

व्याख्या – कबीरदास कहते हैं कि मैंने शरीर रूपी कमंडल को प्रेम के उज्ज्वल और शुद्ध जल से भर लिया और तन-मन की पूरी शक्ति के साथ यौवन भर उसका पान किया, किन्तु शरीर की प्यास नहीं बुझी, बल्कि पीने की इच्छा बढ़ती ही गई। (तिवारी – पीते ही तृष्णा नहीं जाती, कबीर में निरन्तर उसे पीने की इच्छा बनी रहती है)।

व्यतिरेक और सांगरूपक के द्वारा भक्ति भाव के प्रति निरन्तर तीव्र होती हुई अनुभूति का चित्रण किया गया है।

मन उलट्या दरिया मिल्या, लागा मलि न्हाँन।
थाहत थाह न पावई, तूँ पूरा रहिमान।।२।।

शब्दार्थ – दरिया = सागर ।

व्याख्या – कबीरदास कहते हैं कि मन सांसारिकता से विमुख होकर ब्रह्मज्ञान रूपी समुद्र की ओर उन्मुख हो गया। उस सागर में मल-मल कर स्नान करने लगा और पूर्णतया निष्कलुष हो गया। किन्तु उसकी गहराई की थाह लगाना आसान नहीं है। पूर्णब्रह्म की थाह एक ससीम व्यक्ति कैसे लगा सकता है?

'मन उलट्या' का भाव उन्मनी अवस्था है। बाह्य वृत्ति से अन्तर्मुखी-वृत्ति की ओर उन्मुखता, जो साधक को अन्ततः जीवनमृत बना देती है।

हेरत हेरत हे सखी, रह्या कबीर हिराई।
बूँद समानी समुंद मैं, सो कत हेरी जाइ।।३।।

शब्दार्थ – हेरत = ढूँढ़ना, हिराई = लुप्त।

व्याख्या – कबीरदास कहते हैं कि ईश्वर की खोज करते-करते हे सखी! कबीर गायब हो गया। बूँद समुद्र में समा गया अब उसे कैसे ढूँढ़ा जायेगा?

साधना की चरमावस्था में जीवात्मा का अहंभाव नष्ट हो जाता है। अद्वैत की अनुभूति जाग जाने के कारण आत्मा का पृथक्ता बोध समाप्त हो जाता है। अंश आत्मा अंशी परमात्मा में लीन होकर अपना अस्तित्व मिटा देती है। यदि कोई आत्मा के पृथक्-अस्तित्व को खोजना चाहे तो उसके लिए यह असाध्य कार्य होगा।

इस साखी में 'बूँद' आत्मा का और 'समुंद' परमात्मा का प्रतीक है। कबीर ने दृष्टांत के द्वारा तदाकार स्थिति का सुबोध अंकन किया है।

हेरत हेरत हे सखी, रह्या कबीर हिराइ।
समुंद समाणा बूंद मैं, सो कत हेर्‌या जाइ।।४।।१८२।।

व्याख्या – आत्मारूपी प्रेयसी कहती है कि हे सखी मैं प्रियतम को खोजते-खोजते स्वयं खो गयी। समुद्र बूँद में समाहित हो गया, उसे अब कैसे ढूँढ़ा जा सकता है?

आत्मा जब तक परमात्मा से अपने को अलग समझ रही थी तभी तक उसकी खोज संभव थी। जब आत्मा के सीमित दायरे में असीमित परमात्मा की अनुभूति समाहित हो गयी तो परमात्मा का अलग अस्तित्व ही नहीं रह गया। अब तो शुद्ध चैतन्य आत्म स्वरूप ही हो गया। वास्तव में आत्मा और परमात्मा अनुभव की दो स्थितियाँ हैं। दोनों अलग-अलग तत्व नहीं हैं। कबीर ने माना भी है कि जो ईश्वर सम्पूर्ण ब्रह्मांड में व्याप्त है। वही घट में आत्मरूप में स्थित है। अन्यत्र वे कहते हैं –

मेरा मन सुमिरै राम कूँ, मेरा मन रामहिं आहि।।

इस साखी में जीव-भाव से ही आत्यन्तिक स्थिति में ब्रह्मत्व बोध का चित्रण है। अनुग्रह की भी व्यंजना है। दृष्टांत का सौन्दर्य द्रष्टव्य है।

८. जर्णा कौ अंग

पूर्व परिचय – जर्णा का शाब्दिक अभिप्राय है अनादि, अतिप्राचीन, अजीर्ण (अ का लोप हो गया है) जो कभी वृद्ध नहीं होता। इसका लक्ष्यार्थ है अनिर्वचनीय तत्त्व। इस अंग में परम तत्त्व का अनेक रूपों में निर्वचन करने का प्रयत्न किया गया है। कबीर का कहना है कि जिसे भौतिक आँखों से देखा नहीं जा सकता उसे बड़ा या छोटा कैसे कहा जा सकता है? अन्तर्दृष्टि से यदि कोई साधक उसे देखता है या उसकी अनुभूति करता है तो उसे वह यथारूप व्यक्त नहीं कर सकता। अतः उस अद्‌भुत को यदि रहस्यपूर्ण ही रहने दिया जाय तो अच्छा है। वेद-कुरान भी तो वहाँ नहीं पहुँच पाते, किन्तु उसे अगम-अगोचर समझकर भक्त को निराश नहीं होना चाहिए। उसे अपने अनुमान से आगे बढ़ना चाहिए, धीरे-धीरे वह प्रमाण तक पहुँच ही जायेगा। वहाँ पहुँचने पर भक्त जब आनन्द-सागर में केलि करने लगेगा तभी वह कुछ कह सकेगा। बिना परमपद पर पहुँचे उसके विषय में कुछ कहना संशय पैदा करना है।

भारी कहौं त बहु डरौं, हलका कहूँ तो झूठ।
मैं का जाँणौं राम कूँ, नैनूँ कबहुँ न दीठ।।१।।

शब्दार्थ – नैनू = नेत्रों से, दीठ = देखा।

व्याख्या – कबीरदास कहते हैं कि यदि मैं राम को भारी अर्थात् बहुत बड़ा कहता हूँ तो डर लगता है और यदि हल्का कहता हूँ तो असत्य है। मैं राम के आकार के विषय में क्या जान सकता हूँ? क्योंकि इन नेत्रों से उसे कभी देखा ही नहीं है।

ब्रह्म के विषय में औपनिषदिक कथन है 'अणोरणीयान् महतो महीयान्' – ब्रह्म अणु से भी अणुतर और महान् से भी महानतम है। उसको महान् और लघु कहना दोनों ही मिथ्या है। बड़ा और छोटा होना अन्य वस्तु सापेक्ष है। ईश्वर के अलावा कोई दूसरा तत्त्व है ही नहीं

तो वह किससे बड़ा-छोटा होगा? उसे ज्ञान-दृष्टि से ही प्रत्यक्ष किया जा सकता है, वह केवल अनुभूति का विषय है। ऐसी स्थिति में किसी आकार की परिकल्पना ही संभव नहीं है। भारी और हल्का में यह भी व्यंजना है कि भारी-भरकम ईश्वरीय आकार की कल्पना भक्त के लिए डरावनी होगी। हल्का तत्त्वहीनता का बोधक शब्द है।

दीठा है तो कस कहूँ, कह्या न को पतियाइ।
हरि जैसा है तैसा रहौ, तूँ हरषि हरषि गुण गाइ।।२।।

शब्दार्थ – दीठा = देखा है, कस = कैसे, पतियाइ = विश्वास करना, हरषि = हर्षित होकर।

व्याख्या – कबीरदास कहते हैं कि यदि मैंने उसे ज्ञान दृष्टि से देखा है तो, उस वर्णनातीत का वर्णन कैसे करूँ? यदि वर्णन का प्रयत्न करूँगा तो, उसमें कुछ न कुछ कमी रह जायेगी। अर्थात् मैं वाणी से उस अनुभूति को एकदम उसी रूप में संप्रेष्य नहीं कर सकूँगा। ऐसी स्थिति में कोई सुनने वाला, उस कथन पर विश्वास नहीं करेगा। मेरी सलाह तो यही है कि, भगवान् जैसा है वैसे ही रहने दो। तुम हर्षित होकर उसका गुणगान करो। भगवान् के स्वरूप, आकार आदि के विषय में तर्क-वितर्क एवं ऊहा-पोह से कोई विशेष लाभ नहीं है, इसे तो विशुद्ध दार्शनिकों के लिए छोड़ देना चाहिए। भक्त को तो हर्षित होकर उसका गुण कथन करना चाहिए।

विशेषोक्ति अलंकार की योजना की गयी है।

ऐसा अद्भुत जिनि कथै, अद्भुत राखि लुकाइ।
बेद कुरानौं गमि नहीं, कह्याँ न को पतियाइ।।३।।

शब्दार्थ – जिनि = नहीं, मत, कथै = कथन करना, लुकाइ = छिपाकर, गमि = पहुँच, पतियाइ = विश्वास करना ।

व्याख्या – कबीरदास कहते हैं कि उस अद्भुत परमतत्त्व (ईश्वर) के स्वरूप के विषय में कथन मत करो। उसे अद्भुत तथा रहस्यपूर्ण ही रहने दो। उसे हृदय की अनुभूति के स्तर पर ही गोपनीय रखो। वेद और कुरान की पहुँच वहाँ तक नहीं है। अकथनीय के विषय में किया गया कथन, विश्वसनीय नहीं हो सकता। इसीलिए यदि तुम ईश्वर का बयान करोगे तो लोग तुम्हारी बात पर भरोसा नहीं करेंगे।

करता की गति अगम है, तूँ चलि अपणै[1] उरमान।
धीरैं-धीरैं पाव दे, पहुँचैगे परवान।।४।।

पाठान्तर– तिवारी १. कहे न कोइ

शब्दार्थ – करता = कर्त्ता, ईश्वर, उनमान = अनुमान, परवान = प्रमाण ।

व्याख्या – कबीर कहते हैं कि यद्यपि भगवान् की गति अगम्य है अर्थात् उसकी माया को पहचानना मनुष्य के बस का नहीं है। फिर भी तुम अपने आन्तरिक अनुमान के आधार पर धीरे-धीरे साधना-पथ पर अग्रसर होते जाओ (या तिवारी कथन से उसके विषय में अनुमान नहीं किया जा सकता। आत्मदर्शन से ही उसे समझा जा सकता है) एक दिन निश्चित रुप से किसी प्रमाण या निश्चय पर पहुँच जाओगे।

कबीर के कथन का मूल अभिप्राय यह है कि किसी दूसरे व्यक्ति के कथन से ईश्वर के स्वरूप का पूर्ण ज्ञान कर लेने के बाद साधना में प्रवृत्त होना उचित नहीं है। अपने आन्तरिक

अनुमान के आधार पर स्वानुभूति के जरिये प्रामाणिक तथा विश्वसनीय-स्थिति तक पहुँचना श्रेयस्कर है।

विरोधाभास अलंकार की योजना दर्शनीय है।

पहुँचैंगे तब कहैंगे, अमड़ैंगे उस ठाँइ।
अजहुँ बेरा समंद मैं, बोलि बिगूचैं कांइ।।५।। १८७।।

शब्दार्थ – अमड़ैंगे = आनन्द केलि करना, बेरा = बेड़ा, मैं = में, बौलि = बोलकर, बिगूचै = दोषी, अशुद्धि ।

व्याख्या – कबीरदास कहते हैं कि साधना की चरम स्थिति की अवस्था में पहुँचने के बाद ही कुछ कहेंगे। उस स्थिति में तो मैं आनन्द-सागर में केलि करूँगा। (उस परमतत्त्व में लीन होकर परमानन्दमय हो जाऊँगा) अभी तो बेड़ा भवसागर में है। अभी से बढ़-चढ़कर बोलकर अहंकार का दोष क्यों लूँ? या अपनी बोल को दूषित क्यों करूँ। बिना परमपद पर पहुँचे उसके विषय में कथन करने वाला संशय तथा उलझन ही पैदा करता है। इसमें रूपकातिशयोक्ति अलंकार का विधान है।

६. हैरान कौ अंग

पूर्व परिचय – कबीरदास पंडितों तथा खोखले संतों द्वारा राम या ब्रह्म के स्वरूप के विषय में किये गये भ्रामक कथनों से हैरान हैं। वे अपनी इसी व्यग्रता को इस अंग में व्यक्त करते हैं।

पंडित सेती कहि रहें, कह्या न मानै कोइ।
ओ अगाध एका कहैं, भारी अचिरज होइ।।१।।

शब्दार्थ – पंडित = ज्ञानियों तथाकथित पंडितों, ब्राह्मणों, अचिरज = आश्चर्य।

व्याख्या– कबीरदास कहते हैं कि जब मैं आत्मा और परमात्मा के अद्वैत वाद की बात करता हूँ, तो पंडित लोग मेरी बात पर विश्वास ही नहीं करते। अतएव उसे स्वीकार भी नहीं करते। उलटे उन्हें मेरी बात पर आश्चर्य ही होता है। अगाध ब्रह्म के विषय में मेरा चिन्तन हठ वादिता तथा जातीय श्रेष्ठता-बोध के कारण उन्हें ग्राह्य नहीं हो पाता। शास्त्रीय-ज्ञान में उलझे पंडितों को अनुभूति ज्ञान प्रामाणिक नहीं लगता। ये अगाध ईश्वर को शास्त्रों की सीमा में बाँधकर द्वैत-बुद्धि रखते हुए अद्वैत की स्थापना करते हैं। यही आश्चर्य का विषय है।

बसे अपिंडी पिंड में, ता गति लषै न कोइ।
कहै कबीरा संत हौ, बड़ा अचंभा मोहि।।२।।१८९।।

शब्दार्थ – अपिंडी = अशरीरी, पिंड = शरीर, अचंभा = आश्चर्य ।

व्याख्या – कबीरदास जी कहते हैं कि वह अशरीरी-ईश्वर शरीर में निवास करता है। उसकी गति को कोई नहीं देख पाता। बिना उसकी गति को समझे ही लोग अपने को संत मान लेते हैं। यह बहुत बड़ा आश्चर्य है।

कबीर का मंतव्य है कि वेद-शास्त्र के पीछे दौड़ने वाला पंडित, उस अदेह रूप ब्रह्म की घट-घट में व्याप्ति को समझ नहीं पाता। उसी तरह के अन्य अनेक साधक भी उस परमतत्त्व की आत्मरूप स्थिति का साक्षात्कार नहीं कर पाते हैं, किन्तु अपने को सन्त मानने लगते हैं। वही असली संत है, जिसने घट में स्थित ब्रह्म के स्वरूप को अच्छी तरह से समझ लिया है।

१०. लै कौ अंग

पूर्व परिचय – इस अंग में परचा कौ अंग के भाव का विस्तार है। कबीर इस अंग में शून्य में या परमतत्त्व में लय का चित्रण करते हैं। उन्होंने गंगा-यमुना (इड़ा-पिंगला) के बीच सहज शून्य के घाट पर मठ बना लिया है। वे कमल कुँवा के रस का निरन्तर पान कर रहे हैं।

जिहि बन सीह न संचरै, पंषि उड़े नहिं जाइ।
रैनि दिवस का गमि नहीं, तहाँ कबीर रह्या ल्यौ लाइ।।१।।

शब्दार्थ – वन = शून्य-शिखर, सहज-अवस्था, सीह = सिंह, अहंकार रूपी जीव, पंषि = इन्द्रियाँ, पक्षी, रैनि = रात, ल्यौ = ध्यान, लीन ।

व्याख्या – कबीरदास कहते हैं कि जिस वन में सिंह संचरण नहीं करता और पक्षी भी उड़कर नहीं जा सकते, जहाँ रात-दिन की भी स्थिति नहीं है, वहीं कबीर ने ध्यान लगा रखा है।

यह शून्यावस्था है या शून्य शिखर है, जहाँ मन अहंकार-ग्रस्त होकर नहीं पहुँच पाता, इन्द्रियरूपी पक्षी भी वहाँ नहीं जा सकते। वहाँ रात-दिन का विकल्प नहीं है। मात्र प्रकाश ही प्रकाश है, अर्थात् शाश्वत ज्योति की स्थिति है। कबीर ने इसी सहजावस्था में या शून्य-शिखर में ध्यान केन्द्रित कर लिया है। इसमें परमात्मा के साक्षात्कार की स्थिति की भी व्यंजना है।

सुरति ढीकुली लेज ल्यौ, मन नित ढोलन हार।
कँवल कुवाँ मैं प्रेम रस, पीवै बारंबार।।२।।

शब्दार्थ – सुरति = स्मृति, ईश्वरोन्मुखी रागात्मक वृत्ति, ढीकुली = पानी खींचने का यंत्र, लेज = रस्सी, ल्यौ = लय, ध्यान, लययोग, ढोलनहार = ढरकाने वाला, कँवल कुवाँ = सहस्त्रार चक्र ।

व्याख्या – कबीरदास कहते हैं कि सहस्त्रार चक्र रूपी कमल कुआँ, प्रेम के रस से भरा हुआ है। स्मृति रूपी ढेकुली और लय रूपी रस्सी से जल खींच-खींच कर मन नित्य शरीर के अन्दर ढलकाता रहता है।

कबीर ने सिंचाई के एक यंत्रविशेष (साधन) के बिम्ब के माध्यम से ब्रह्मानुभूति-जनित शाश्वत आनन्द को व्यंजित किया है। इसमें योग और भक्ति का सूक्ष्म सम्मिश्रण है। लोक से गृहीत उपमानों तथा प्रतीकों में कबीर ने नई अर्थ-क्षमता भर दी है। ब्रह्मानुभूति जैसी जटिल अनुभूति को कबीर अपने भाषा कौशल से ही रूपायित करते हैं। सांगरूपक का सुन्दर निर्वाह दृष्टिगत होता है।

गंग जमुन उर अंतरै, सहज सुंनि ल्यौं घाट।
तहाँ कबीरै मठरच्या, मुनि जन जोवें बाट।।३।।१६२।।

शब्दार्थ – गंग = गंगा, इड़ा, जमुन = यमुना, पिंगला, सहज सुंनि = सहस्त्रार, मठरच्या = निवास किया।

व्याख्या – गंगा-यमुना अर्थात् इड़ा-पिंगला के मध्य, सुषुम्ना के ऊपर (ब्रह्म रंध्र के ऊपर) शून्य शिखर है जिसे जीवात्मा के लय का सहजघाट भी कह सकते हैं। कबीर ने इसी घाट पर अपना निवास स्थान बना लिया है। वे भक्ति के द्वारा (योग, ज्ञान और प्रेम की

समन्वित-साधना) इस लय की अवस्था तक पहुँच चुके हैं। मुनि लोग अन्य साधना पद्धतियों का सहारा लेने के कारण केवल प्रतीक्षा कर रहे हैं। वहाँ तक पहुँचने में असमर्थ हैं।

कबीर ने शरीर के अन्दर ही गंगा-यमुना के प्रवाह को निरूपित किया है। बाह्य तीर्थों का निषेध करके कबीर ने धर्म साधकों को आन्तरिक तीर्थ तथा गंगा-यमुना (सरस्वती) में अवगाहन के लिए प्रेरित किया है।

व्यतिरेक अलंकार की योजना है। योग का स्पष्ट प्रभाव परिलक्षित होता है।

११. निहकर्मी पतिव्रता कौ अंग

पूर्व परिचय – भगवान् के परिचय से तथा उसमें पूर्णतया लीन हो जाने के बाद आत्मा रूपी प्रियतमा ईश्वर के प्रति पतिव्रता नारी की तरह आचरण करती है। उसमें अनन्य तथा एकान्तिक प्रेम की अनुभूति होती है। परम गुणवान कंत की प्रियतमा यदि दूसरे पुरुषों (देवताओं) से हँस कर बात करती है तो, वह अपने को सिर्फ कलंकित करती है। वह तो अपने प्रियतम के अलावा किसी और को देखना ही नहीं चाहती और उससे एक मर्यादित तथा एकनिष्ठ पति की तरह व्यवहार की अपेक्षा भी करती है। उसके पास अपना कुछ भी नहीं है। जो कुछ है वह परमात्मा का ही है। अतः वह सब कुछ पूर्णतया समर्पित कर देती है। संसार की वस्तुओं के प्रति कोई तृष्णा नहीं रहती, केवल हरिरस के लिए ही, वह आशा लगाये रहती है। वह विरह-दुख का वरण करने में भी नहीं हिचकती। प्रियतम के अभाव में वह स्वर्ग की भी इच्छा नहीं करती। कबीर की मान्यता है कि, एक परमतत्त्व के जान लेने के बाद और कुछ भी जानने के लिए शेष नहीं रहता।

कबीर बहुदेवों के पीछे दौड़ने के बजाय, एक ही ईश्वर की आराधना पर बल देते हैं। एक से मन लगाकर ही जीव निश्चिंत सो सकता है। कबीर भक्ति को निष्काम मानते हैं, क्योंकि सकाम भक्ति से निष्काम ईश्वर की प्राप्ति संभव नहीं होती।

कबीर प्रीतड़ी तौ तुझ सौं, बहु गुणियाले कंत।
जे हँसि बोलौं और सौं, तौं नील रङ्गाऊँ दंत।।१।।

शब्दार्थ – प्रीतड़ी = प्रेम, गुणियाले = गुणवान्, नील रंगाऊँ दंत = कलंकित होना, नील से रंगाना ।

व्याख्या – आत्मारूपी प्रियतमा ईश्वर को सम्बोधित करती हुई कहती है कि, सर्वगुण सम्पन्न हे प्रियतम् ! मेरा प्रेम तो तुमसे है। यदि प्रियतम स्वयं गुणवान है तो उसकी प्रियतमा का अन्य पुरुष के प्रति आकर्षित होने का प्रश्न ही नहीं है। वैसे पतिव्रता नारी प्रियतम में गुणों की कमी होने पर भी उसी के प्रति समर्पित रहती है। गुणवान पति के रहते यदि मैं अन्य से हँसकर बोलूँ तो दाँत में मिस्सी के बदले नीला रंग लगा लूँ। अर्थात् अपने को कलंकित कर लूँ। जिस अंग या व्यक्ति की शोभावृद्धि जिस वस्तु या व्यक्ति के सान्निध्य से होती है उसको छोड़कर अन्य का सेवन सौन्दर्य और मर्यादा को क्षीण करता है। नारी की मर्यादा और सौभाग्य उसकी पति परायणता है।

इसमें दाम्पत्य रति के आधार पर आत्मा और परमात्मा के एकान्तिक तथा अनन्य प्रेम का चित्रण किया गया है। 'नील रंगाऊँ देत' एक मुहावरा है, जिसका अर्थ है कलंकित होना। 'हँसि बोलौं' का प्रयोग लाक्षणिक है जिसका अर्थ है प्रेमालाप।

नैनाँ अंतरि आव तूँ, ज्यूँ हौं नैन झँपेउँ।[1]

नाँ हौं देखौं और कूँ, नाँ तुझ देखन देऊँ।।२।।

पाठान्तर – जय० – १. नैन झाँपि तोहिं लेउं

शब्दार्थ – झँपेऊँ = बन्द कर देना।

व्याख्या – आत्मारूपी प्रियतमा कह रही है कि हे प्रियतम! तुम मेरे नेत्रों के भीतर आ जाओ। तुम्हारा नेत्रों में आगमन होते ही, मैं अपने नेत्रों को बन्द कर लूँगी या तुम्हें नेत्रों में बन्द कर लूँगी। जिससे मैं न तो किसी को देख सकूँ और न तुम्हें किसी को देखने दूँ।

इस साखी में एकान्तिक तथा अनन्य प्रेम की व्यंजना की गयी है। प्रिय और प्रियतमा के प्रतीकों का सुन्दर निर्वाह भी दृष्टिगोचर होता है। प्रियतमा चाहती है कि उसके प्रेमास्पद पर उसका एकाधिकार हो। पुरुष तो स्वभाव से चंचल होता है, इसीलिए प्रियतमा उस पर पूरी निगरानी रखना चाहती है ताकि वह किसी और स्त्री की ओर देख ही न पके, विरह कौ अंग में इसी तरह की साखी है –

नैनाँ अंतरि आवतू निसदिन निरखौं तोहिं।

मेरा मुझ में कुछ नहीं, जो कुछ है सो तेरा।

तेरा तुझकौं सौंपता, क्या लागै है मेरा।।३।।

शब्दार्थ – सौंपता = समर्पित करते।

व्याख्या – कबीरदास कहते हैं कि हे भगवान् ! मेरे पास अपना कुछ भी नहीं है। मेरा यश, मेरी धन-सम्पत्ति, मेरी शारीरिक-मानसिक शक्ति, सब कुछ तुम्हारी ही है। जब मेरा कुछ भी नहीं है तो उसके प्रति ममता कैसी ? तेरी दी हुई वस्तुओं को तुम्हें समर्पित करते हुए मेरी क्या हानि है ? इसमें मेरा अपना लगता ही क्या है ?

जीवात्मा भी तो भगवान् का अंश है, इसीलिए इसे भी ईश्वर को समर्पित करने में कैसा मोह। 'त्वदीये वस्तु गोविन्द तुभ्यमेव समर्पयो' भाव का ही विस्तार किया गया है।

कबीर रेख स्यंदूर की, काजल दिया न जाइ।

नैनूँ रमइया रमि रह्या, दूजा कहाँ समाइ।।४।।

शब्दार्थ– स्यंदूर = सौभाग्य का चिह्न, काजल = कालिमा, विषय = वासनाएँ, रमइया = रमण करने वाला राम, प्रियतम, दूजा = दूसरा।

व्याख्या – आत्मारूपी प्रियतमा (कबीर) कह रही है कि, मैंने अपने मस्तक पर सौभाग्य का सिंदूर लगा रखा है। अब क्या उसकी जगह पर काजल लगाया जा सकता है ? प्रियतम के प्रेम तथा अनुराग का जो गौरव मुझे प्राप्त हुआ है, विषय-वासना रूपी काजल लगाने से क्या मेरी शोभा बढ़ सकेगी ? नेत्रों में तो सर्वत्र रमण करने वाला राम रम रहा है, उसमें दूसरा कैसे समा सकता है ?

काजल की जगह आँखों में है वहाँ राम रमण कर रहा है। उसके रहते किसी और शोभा-कारक वस्तु की क्या आवश्यकता है ? राम के प्रति अनुराग रखने वाले भक्त के मन में किसी अन्य देवी देवता के लिए स्थान नहीं होता है। इस साखी का एक दूसरा अर्थ भी संभव है – नेत्रों में सिंदूर की रेखा अर्थात् अनुराग की लालिमा, (लाल डोरे) होने के कारण उनमें काजल नहीं दिया जा सकता है। उसी तरह से राम के आँखों में बसते हुए, किसी और

देवी-देवता या माया, वासना को नहीं बसाया जा सकता।

दृष्टांत, अनुप्रास की सार्थक नियोजना दर्शनीय है।

कबीर सीप समंद की, रटै पियास पियास।
समंदहि तिणका बरि गिणै, स्वाँति बूँद की आस।।५।।

शब्दार्थ – तिनका बरि = तिनके के बराबर, तृणवत्।

व्याख्या – कबीरदास कहते हैं कि समुद्र की सीप प्यास से व्याकुल रहती है और प्यास-प्यास रटती रहती है। स्वाति के जल की आशा में वह सागर को तृणवत् मानती है। अर्थात् नगण्य समझती है। इसी तरह से भक्त, संसार-सागर में रहते हुए भी विविध प्रकार के आकर्षणों को तुच्छ समझता है। उसकी प्रेम पिपासा राम-रस के पान से मिट पाती है। विषय-वासनाओं का जल उसे तृप्त नहीं कर पाता। राम भक्त भी प्रेम रस (ब्रह्मानन्द) के लिए राम-राम रटता रहता है।

कबीर सुख कौं जाइ था, आगै आया दुख।
जाहि सुख घरि आपणैं, हम जाणौं अरु दुख।।६।।

व्याख्या – कबीरदास कहते हैं कि मैं सामान्य सांसारिक पुरुषों की तरह सुख की खोज में चला जा रहा था, रास्ते में गुरु की कृपा से मुझे प्रिय-विरह जनित वेदना मिल गयी। मैंने सुख से कहा कि, तुम अपने घर चले जाओ अब मुझे इस वेदना के साथ ही जाना है।

कबीर ने सांसारिक सुखों को छोड़कर ईश्वरीय विरह की पीड़ा को अंगीकार कर लिया। इस साखी में दुःख और सुख का मानवीकरण किया गया है।

दो जग तौ हम अंगिया, यहु डर नाहीं मुझ।
भिस्त न मेरे चाहिये, बाझ पियारे तुझ।।७।।

शब्दार्थ – अंगिया = स्वीकार किया, दोजग = दोजख, (फारसी शब्द) नरक, भिस्त = (विहिश्त, फारसी) स्वर्ग, बाझ = बजाय, बिना।

व्याख्या – कबीरदास कहते हैं कि तुम्हारे होने पर मुझे नरक भी स्वीकार है। इसका मुझे डर नहीं किन्तु तुम्हारे बिना यदि मुझे स्वर्ग मिले तो उसे अस्वीकार कर दूँगा।

ईश्वर से अनन्य प्रेम की व्यंजना है।

जे वो एकै न जाँणियाँ, तौ जाँण्याँ सब जाँण।
जे वो एक न जाँणियाँ, तो सबही जाँण अजाँण।।८।।२००।।

शब्दार्थ – एकै = एक, परमतत्त्व, जाँण = ज्ञान।

व्याख्या – जिसने एक परमतत्त्व को जान लिया, उसने सम्पूर्ण ज्ञान को जान लिया। अर्थात् सम्पूर्ण ज्ञान प्राप्त कर लिया। जिसने उस परमात्मा को नहीं जाना, उसका सारा ज्ञान अज्ञान ही है।

कबीर एक न जाँणियाँ, तौ बहु जाँण्याँ क्या होइ।
एक तैं सब होत है, सब तैं एक न होइ।।९।।

शब्दार्थ – जाँण्याँ = जानने से।

व्याख्या – कबीर कहते हैं कि जो उस अद्वैत पूर्ण ब्रह्म को नहीं जानता, उसके बहुत कुछ जान लेने से क्या लाभ है ? उस अद्वैत की व्याप्ति सर्वत्र है। उसके ज्ञान से समस्त ज्ञान स्वतः आ जाता है। समस्त अचराचर जगत् का अस्तित्त्व उसी के अधीन है। एक से ही अनेक का

विस्तार हुआ है। सब मिलकर भी ईश्वर के बराबर नहीं हो सकते।

एक साखी में 'एकोऽहम् बहुस्याम्' को ध्वनित किया गया है।

जब लग भगति सकामता, तब लग निर्फल सेव।
कहै कबीर वै क्यूँ मिलैं, निहकामी निज देव।।१०।।

शब्दार्थ – लग = तक, सकामता = कामना सहित, सकाम, निहकामी = निष्कामी।

व्याख्या – कबीर का विचार है कि जब तक भक्ति सकाम होती है तब तक भगवत् सेवा निष्फल रहती है। निष्काम ईश्वर की प्राप्ति सकाम भक्ति से कैसे संभव है ?

इस साखी में भक्ति को साध्य और साधन दोनों माना गया है। भक्त के मन में कुछ भी पाने की अभिलाषा नहीं होनी चाहिए। कामना युक्त भक्ति फलहीन होती है।

आसा एक जु राम की, दूजी आस निरास।
पाँणी माँहैं घर करैं, ते भी मरैं पियास।।११।।

शब्दार्थ – दूजी = दूसरी, पाँणी = पानी।

व्याख्या – कबीरदास कहते हैं कि एकमात्र राम की आशा करनी चाहिए, अन्य प्रकार की आशा निराशा ही है। पानी में घर बनाकर भी यदि कोई प्यासा मरे तो विडम्बना ही कही जायेगी।

इस साखी में राम के अलावा अन्य देवी-देवताओं के आश्रय को निरर्थक कहा गया है। कबीर के कथन का अभिप्राय यह है कि परमब्रह्म आनन्द सागर की तरह है। उसके साथ अभेदत्व का सम्बन्ध होते हुए भी जीव में तृष्णा क्यों रहती है ? पूर्णकाम ब्रह्मानन्द में लीन होते हुए भी जीव अन्य देवी-देवताओं का आश्रय ग्रहण करने के कारण ही प्यासा रहता है। निदर्शना अलंकार की योजना दर्शनीय है।

जे मन लागैं एक सूँ, तौं निरबाल्या जाइ।
तूरा दुइ मुखि बाजणाँ, न्याइ तमाचे खाइ।।१२।।

शब्दार्थ – निरबाल्या = निस्तार, छुटकारा, तूरा = तुरही।

व्याख्या – कबीर कहते हैं कि यदि एक से मन लगा है तो निस्तार हो सकता है और यदि दो तुरही को एक साथ एक मुख से बजाने की कोशिश की जायेगी तो उनका बजना मुश्किल होगा। ऐसी स्थिति में बजाने वाले का तमाचा खाना उचित ही है।

कबीर का मंतव्य है कि जो साधक अद्वैत ब्रह्म में ध्यान लगाता है या उसकी भक्ति करता है वह तो सफलता पा लेता और जो दो में, द्वैत में विश्वास करता है उसे दुःख ही मिलता है। दो तुरही को एक साथ बजाने का यह भी तात्पर्य है कि ईश्वर की भक्ति तथा सांसारिक भोग एक साथ नहीं हो सकता है।

कुछ टीकाकारों ने दूसरी पंक्ति का अर्थ इस प्रकार से भी किया है, जो बहुत सटीक नहीं है। तुरी बाजा दो मुखों से बजता है, अतः उसके स्वर को ठीक करने के लिए उसे हाथ से, कभी एक मुँह पर कभी दूसरे मुँह पर ठोंकना पड़ता है। दोनों मुखों में सरसता तो होती नहीं? अतः बाजे का तमाचा खाना उचित है। तुरी (तुरही) का दूसरा मुख बहुत चौड़ा होता है इसलिए उस तरफ से उसको बजाया ही नहीं जा सकता। अतः यहाँ 'दुइ तूरा' मानना उचित है। 'दुइ मुखि' नहीं। इसमें अर्थान्तरन्यास अलंकार है।

कबीर कलिजुग आइ करि, कीये बहुत ज मीत।
जिन दिल बंधी एक सूँ, ते सुखु सोवै नचींत[1] ।।१३।।

पाठान्तर– तिवारी – १. पावै नीत

शब्दार्थ – बहुत ज = बहुत सी वस्तुओं, मीत = मित्रता, नचींत = निश्चिंत।

व्याख्या – कबीर कहते हैं कि मनुष्य कलियुग में जन्म ग्रहण करके अनेक सांसारिक जीवों तथा वस्तुओं से मित्रता कर ली है। इसीलिए वह अनेक दुःखों को भोगता हुआ बेचैन रहता है। जिसने अपना मन ईश्वर से बाँध दिया अर्थात् प्रभु में दत्तचित्त हो गया वह निश्चिंत होकर सुख से सोता है (या तिवारी – नित्य सुख पाता है)। अन्योक्ति अलङ्कार की सुन्दर योजना दर्शनीय है।

कबीर कूता राम का, मुतिया मेरा नाउँ।
गलै राम की जेवड़ी, जित खैंचे तित जाउँ।।१४।।

शब्दार्थ – कूता = कुत्ता, नाउँ = नाम, जेवड़ी = रस्सी।

व्याख्या – कबीर कहते हैं कि मैं राम का कुत्ता हूँ। मेरे गले में राम की रस्सी पड़ी हुई है, वह जहाँ खींचकर ले जाता है मैं वहीं चला जाता हूँ।

इसमें अनन्य भक्ति तथा प्रपत्तिभाव की व्यंजना है। 'मुतिया' शब्द से एक निरीह दुम हिलाते कुत्ते का बिम्ब निर्मित हो जाता है। पूर्वी बोलियों के 'इया' प्रत्यय का प्रयोग कुत्ते के नाम की यथार्थता को साकार कर देता है। अक्खड़ कबीर भक्ति के क्षेत्र में कितने अधिक विनीत हो जाते हैं इस साखी में द्रष्टव्य है।

तो तो करै त बाहुड़ों, दुरि दुरि करै तौ जाउँ।
ज्यूँ हरि राखैं यूँ रहौं, जो देवै सो खाउँ।।१५।।

शब्दार्थ – बाहुड़ो = लौटना, जाऊँ = चला।

व्याख्या – कबीर कहते हैं कि जब राम 'तू तू' करके प्यार से पुकारता है तो उसके पास चला जाता हूँ और जब 'दुर दुर कहकर हटाता है तो अपना कल्याण समझकर दूर हट जाता हूँ, भगवान् जैसे मुझे रखता है वैसे ही रहता हूँ और जो कुछ खाने को देता है वही खाता हूँ।

इस साखी में पालतू कुत्ते के बिम्ब से (बदलें) पूर्ण समर्पण की भावना को व्यंजित किया गया है। 'तू' और 'दुर' ध्वनि मूलक शब्द हैं जो कुत्ते को बुलाने और हटाने के लिए प्रयुक्त होते हैं।

मन प्रतीति न प्रेम रस, नाँ इस तन मैं ढंग।
क्या जाणौं उस पीव सूँ, कैसे रहसी रंग।।१६।।

शब्दार्थ – प्रतीति = जानकारी, विश्वास, ढंग = रीति, सलीका।

व्याख्या – कबीरदास कहते हैं कि मन में पूर्ण विश्वास नहीं है और न प्रेम रस है। उन्हें खुश करने का ठीक तरीका भी मुझे ज्ञात नहीं है। न जाने कैसे मैं प्रिय मिलन के आनन्द का उत्सव मना पाऊँगी अर्थात् प्रिय मिलन से उत्पन्न उमंग की अभिव्यक्ति कैसे कर पाऊँगी ?

कबीर ने यहाँ आत्मा को एक मुग्धा नायिका के रूप में चित्रित किया है। या यो कहें कि वह 'गाम गहेली' है। उसके पास अभिव्यक्ति के माध्यम तो नहीं हैं किन्तु प्रियतम से मिलन की तीव्र उत्कंठा है। लौकिक प्रेम के बिम्ब से अलौकिक प्रेम की व्यंजना का प्रयत्न है। समासोक्ति अलंकार की योजना की गयी है। साखी में वक्रोक्ति की भी छाया है। निरीहता

प्रदर्शित करने के लिए निषेधात्मक शैली का प्रयोग किया गया है।

उस सम्रंथ का दास हौं, कदे न होई अकाज।
पतिब्रता नाँगी रहै, तौ उसही पुरिस कौं लाज।।१७।।

शब्दार्थ – सम्रंथ = समर्थ, कदे = कभी, नाँगी = नंगी।

व्याख्या – कबीर कहते हैं कि मैं सर्व-शक्तिमान पूर्ण समर्थ भगवान् का सेवक हूँ। इसलिए मेरा भी अमंगल नहीं होगा। यदि पतिव्रता नारी नंगी रहती है तो उसकी लाज उसके स्वामी को होती है। वह उसके वस्त्र की चिन्ता करता है और उसका प्रबन्ध करता है। इसी तरह से जो भक्त ईश्वर के प्रति पूर्ण समर्पित है, उसकी लाज की रक्षा ईश्वर करता है। श्रीमद्‌भगवतगीता में कहा गया है–

अनन्याश्चिन्तयन्तो मां ये जना पर्युपासते।
तेषांनित्याभियुक्तानां योगक्षेमं वहाम्यहम्।।

साखी में दृष्टांत अलङ्कार का प्रयोग किया गया है।

धरि परमेसुर पाँहुणाँ, सुणौं सनेही दास।
षट रस भोजन भगति करि, ज्यूँ कदे न छांड़े पास।।१८।। २१०।।

शब्दार्थ – घरि = घर में, सनेही = स्नेही, कदे = कभी।

व्याख्या – कबीर कहते हैं कि हे स्नेही भक्तों राम रूपी पति (घर का दामाद, अतिथि) तुम्हारे शरीर रूपी घर में मौजूद है। उसे भक्ति के षटरस भोजन से तृप्त रखो जिससे वह साथ छोड़कर कभी न जाय।

कबीर ने रूपक अलंकार के द्वारा ईश्वर के शाश्वत प्रतीति भाव तथा भक्ति की निरन्तर साधना से आत्मा और परमात्मा के सामीप्य के संरक्षण की अभिव्यंजना की है।

१२. चितावणी कौ अंग

पूर्व परिचय – कबीर ने इस अंग में जीवन की नश्वरता की चेतावनी दी है। सांसारिक वैभव तथा भोग विलास के समस्त उपकरण अल्पकालिक हैं। राजा रंक सभी की निर्मित योजनाएँ क्षण भर में ध्वस्त हो जाती हैं, एक दिन सब को संसार त्यागकर जाना होगा, इसलिए मुक्ति हेतु राम के नाम का स्मरण समय से कर लेना चाहिए। मनुष्य अपने यौवन की मस्ती में भूलकर तथा अज्ञान के कारण संसार को ही सब कुछ समझ बैठता है जबकि यह संसार सेमर के फूल की तरह आकर्षक तो है किन्तु अन्ततः निष्फल ही है। जीव अज्ञान की रात्रि में सुख-दुःख के सपने देखता है। इसलिए उसे जीव और ब्रह्म में भेद प्रतीत होता है। जागृत होने पर यह भेद मिट जाता है। यह मनुष्य जीवन दुर्लभ है। यह एक अवसर है जिसमें हरि की भक्ति से मुक्ति हो सकती है। शरीर तो कच्चे घड़े की तरह है जिसमें एक धक्का लगते ही टूट जाता है। जीव अपने ही कर्म कुल्हाड़ी से अपने शरीर, मन को काटता रहता है। सारा संसार जिस माया की रस्सी में बँधा है कबीर उससे नहीं बँधना चाहते। सन्त लोग विषय वासना के प्याले को छोड़कर भक्ति रस (राम रस) का प्याला पीते हैं। गरीबी में रहकर भी राम की ओट ग्रहण करनी चाहिए। जीवों के लिए यह जगत मात्र एक बाजार है, यहाँ लोग वाणिज्य के लिए आते हैं, कर्म का सौदा बेंचकर अपने वास्तविक धाम को प्रस्थान कर जाते हैं। यहाँ मैं (अहंकार) ही बड़ी बला है। देह की जर्जर नौका लेकर वही व्यक्ति भवसागर के

पार जा सकता है जिसके सिर पर सांसारिकता का भार नहीं है।

कबीर नौबति आपणीं, दिन दस लेहु बजाइ।
ए पुर पाटण ए गली, बहुरि न देखहु आइ।।१।।

शब्दार्थ–आपणीं = अपणी, पाटण = शहर, बहुरि = दुबारा।

व्याख्या–हे जीव, भौतिक सुखों की अपनी इस शान-शौकत तथा ऐश्वर्य को कुछ दिनों और भोग लो। इसके पश्चात् तुम्हें यह नगर, यह शहर तथा ये गलियाँ देखने को भी नहीं मिलेंगी। अर्थात् यह मानव योनि जो एक बार प्राप्त हो गयी है, उसमें चाहे जितना सुख एवं ऐश्वर्य पूर्ण जीवन व्यतीत कर लो, दुबारा फिर कभी यह मानव योनि मिलने वाली नहीं है। इस साखी में कबीर ने जीवन की क्षण-भंगुरता का वर्णन किया है।

नौबति बजना–राजाओं एवं बादशाहों के द्वार पर बजने वाला मंगल सूचक तथा ऐश्वर्य सूचक वाद्य, इसका प्रयोग मुहावरे के रूप में है।

जिनके नौबति बाजती, मैंगल बँधते बारि।
एकै हरि के नाँव बिन, गए जनम सब हारि।।२।।

शब्दार्थ–मैंगल = मदमस्त हाथी, नाँव = राम-नाम, हारि = व्यर्थ।

व्याख्या–जिनके द्वार पर हमेशा वैभव सूचक वाद्य बजते थे और द्वार पर मस्त हाथी बँधे रहते थे उनका सम्पूर्ण जीवन भगवान् के नाम-स्मरण के बिना नष्ट हो गया।

कबीर के अनुसार सांसारिक वैभव निरर्थक है, भक्ति करने में ही जीवन की सार्थकता है। राम नाम-स्मरण की महत्ता स्वीकार की गयी है।

ढोल दमामा दुड़बड़ी, सहनाई संगि भेरि।
औसर चल्या बजाइ करि, है कोइ राखै[1] फेरि।।३।।

पाठान्तर – तिवारी – १. लावै

शब्दार्थ–औसर = समय बीतने पर, दमामा = बड़ा नगाड़ा।

व्याख्या–इस मानव जीवन में सुख के सारे साधन क्षण-भंगुर हैं। यह (जीव) अपने समय पर ढोल, नगाड़ा, डुगडुगी, शहनाई तथा उसके साथ भेरी आदि बाजे बजाकर अर्थात् सांसारिक वैभवों को भोगता हुआ तथा उसका ढिंढोरा पीटता हुआ चला जाता है। परन्तु क्या ऐसा कोई है जो समय बीतने पर जीवन के इन सुखों की बाद में रक्षा कर पाता है? अथवा उन्हें लौटाकर रख पाता है?

इस साखी में जीवन के सुखों की क्षण-भंगुरता तथा समय की महत्ता का वर्णन है।

सातौ सबद जु बाजते, घरि-घरि होते राग।
ते मंदिर खाली पड़े, बैसण लागे काग।।४।।

व्याख्या–भौतिक वैभव से युक्त जिन महलों में कभी सातों प्रकार के स्वर ध्वनित होते थे और प्रत्येक क्षण राग-रागिनियाँ बजती थीं, वे मंदिर (महल) खाली पड़े हैं, उन पर अब केवल कौओं का ही निवास होता है।

कबीर ने संसार की प्रत्येक वस्तु की नश्वरता का यथार्थ चित्र प्रस्तुत किया है। राजकीय वैभव से युक्त महलों का यथार्थ चित्रण है।

कबीर थोड़ा जीवणां, माड़े बहुत भँड़ाण।
सबही ऊभा मेल्हि गया, राव रंक सुलितान।।५।।

शब्दार्थ–जीवणां = जीवन के लिए, माड़े = इकट्ठा करना।

व्याख्या–प्राणी अपने थोड़े से जीवन के लिए बहुत अधिक संसाधन इकट्ठे कर लेता है, परन्तु काल समय पर खड़े-खड़े राजा, भिखारी और बादशाह सभी को निगल लेता है।

कबीर ने मनुष्य की स्वाभाविक वृत्ति पर प्रकाश डाला है, किस प्रकार वह छोटे से जीवन में भौतिक सुखों के पीछे पड़ जाता है।

इक दिन ऐसा होइगा, सब सूँ पड़ै बिछोह।
राजा राणा छत्रपति, सावधान किन होइ।।६।।

जीवन में एक दिन ऐसा भी आता है, जब सब से वियोग हो जाता है, इस अनिवार्यता को जानकर भी राजा, राणा और छत्रपति सावधान क्यों नहीं होते? वे सांसारिक भोगों से विरक्त होकर परमात्मा का स्मरण क्यों नहीं करते?

कबीर ने सामान्य प्राणी के साथ ही वैभव, पद एवं शक्ति से सम्पन्न लोगों के जीवन को भी समान दर्शाया है।

कबीर पट्टण कारिवाँ, पंच चोर दस द्वार।
जम राणा गढ़ भेलिसि, सुमिरि लै करतार।।७।।

शब्दार्थ–पट्टण = शरीर, नगर, दस द्वार = दस इन्द्रियाँ, भेलिसि = नष्ट कर देना।

व्याख्यार्थ–कबीर कहते हैं कि शरीर के इस नगर के कारवाँ पर आक्रमण करने के लिए इन्द्रियाँ ही दस दरवाजे हैं तथा काम, क्रोध, मद, लोभ तथा मोह रूपी पाँच इस शरीर के भीतर बसने वाले चोर हैं। इनके कारण ही शरीर की शक्ति नष्ट होती रहती है। ये दरवाजे भी सुरक्षित नहीं हैं। यमराज इस शरीर के दुर्ग को नष्ट कर देगा। अतः हे प्राणी इससे बचने के लिए परमात्मा का स्मरण कर ले।

कबीर ने शरीर की नश्वरता का यथार्थ चित्रण किया है। साखी में सांगरूपक अलंकार की योजना है।

कबीर कहा गरबियो[1], इस जोबन की आस।
टेसू फूले दिवस चारि, खंखर भये पलास।।८।।

पाठान्तर – तिवारी – १. कबीर गरब न कीजिए

शब्दार्थ–गरबियो = गर्व करना, अहंकार, खंखर = पत्ते बिहीन ठूँठ।

व्याख्या–कबीर कहते हैं कि हे जीव! इस यौवन शक्ति पर क्यों अहंकार करते हो? यह तो उसी प्रकार नष्टप्राय है जैसे केशू का पुष्प जो चार दिनों तक फूलता है और अन्ततः पलाश के समान कुम्हलाकर ठूँठ हो जाता है। उसी प्रकार इस यौवन की प्रफुल्लता भी थोड़े दिनों तक रहने वाली है।

कबीर ने जीवन की क्षणभंगुरता का यथार्थ चित्रण किया है। निदर्शना अलंकार की योजना की गयी है।

कबीर कहा गरबियो[1], देही देखि सुरंग।
बीछड़ियाँ मिलिबौ नहीं, ज्यूँ काँचली भुवंग।।९।।

पाठान्तर – तिवारी – १. कबीर गरबु न कीजिए

शब्दार्थ–सुरंग = सुंदर, काँचली = केंचुली, भुवंग = सर्प।

व्याख्या–हे जीव! इस सुंदर शरीर को देखकर क्या अहंकार करता है। एक बार इससे बिछुड़ जाने पर फिर इससे मिलन नहीं हो सकता। यह उसी प्रकार होता है जैसे भुजंग द्वारा छोड़ी हुई केंचुल से उसका पुनः मिलन नहीं हो पाता।

इस साखी में शरीर की नश्वरता की व्यंजना की गयी है। ज्यूँ काँचली भुवंग में उपमा अलंकार का प्रयोग दर्शनीय है।

कबीर कहा गरबियो[1], ऊँचे देखि अवास।
काल्हि परयुं भुइ लोटणा, ऊपरि जामैं घास।।१०।।

पाठान्तर – तिवारी – १. कबीर गरबु न कीजिए

व्याख्या–हे प्राणी अपने इन ऊँचे भवनों को देखकर क्यों व्यर्थ में अभिमान करता है? कल-परसों (कुछ ही दिनों में) भूमि के ऊपर लेटना होगा और इन भवनावशेषों पर घास ही उगेगी।

कबीर ने सांसारिक वैभव-विलास को अत्यन्त तुच्छ बताया है।

कबीर कहा गरबियो[1], चांम पलेटे हड[2]।
हैंबर ऊपरि छत्र सिरि[3], तेभी देबा खड[4]।।११।।

पाठान्तर – तिवारी – १. कबीर गरबु न कीजिए, २. हाड, ३. तर, ४. गाड

व्याख्या–हे प्राणी, इस देह पर क्या अहंकार करता है? यह तो चमड़ी से चिपटा हुआ हाड़ मात्र है। जो श्रेष्ठ घोड़ों पर चढ़ने वाले हैं, तथा सिर पर छत्र धारण करने वाले हैं, वे भी गर्त में डाले जाते हैं। (या गाड़ दिए जाते हैं)

साखी में शरीर की क्षण-भंगुरता की व्यंजना है।

कबीर कहा गरबियो, काल गहै कर केस।
नां जाणै कहा मारिसी, कै घरि कै परदेस।।१२।।

व्याख्या–इस नश्वर शरीर पर क्यों गर्व करते हो जबकि काल ने निरन्तर तुम्हारे केश को हाथ में पकड़ रखा है। यह भी ज्ञात नहीं है कि वह तुम्हें कहाँ मारेगा, अपने घर में अथवा परदेश में।

कबीर ने मानव को निरन्तर काल के निकट होने का बोध कराया है। 'मानवीकरण' अलंकार की योजना की गयी है।

कबीर ऐसा यहु संसार है, जैसा सैंबल फूल।
दिन दस के व्यौहार में, झूठै रंगि न भूलि।।१३।।

व्याख्या – यह जगत सेमर के पुष्प की तरह क्षणभंगुर तथा अज्ञानता में डालने वाला है। दस दिन के इस व्यवहार में, हे प्राणी। झूठ-मूठ के आकर्षण में अपने को डालकर स्वयं को मत भूलो।

कबीर ने जीवन के विविध रंगों को क्षणिक तथा नाशवान बताया है। जीवन की तुलना सेमर के पुष्प से करने के कारण उपमा अलंकार है।

जांमण मरण बिचारि करि, कूड़े कांम निबारि।
जिन पंथू तुझ चालणां, सोई पंथ संवारि।।१४।।

व्याख्या–रे जीव, जन्म-मरण का विचार कर बुरे कर्मों का त्याग कर दे। जिस मार्ग पर तुझे जाना है उसी मार्ग को सजाओ सँवारो।

कबीर ने जीवन के यथार्थ रूप का वर्णन किया है तथा मानव को सच्चे मार्ग (परमात्मा प्राप्ति) पर चलने के लिए प्रेरित किया है।

राखन हारे बाहिरा, चिड़ियाँ खाया खेत।
आधा परधा ऊबरै, चेति सकै तो चेति।।१५।।

व्याख्या–रखवाले के बाहर होने के कारण जीवन रूपी खेत को विषय वासना रूपी चिड़ियों ने खा लिया है। अर्थात् जीवन का अधिकांश भाग व्यर्थ हो गया। हे जीव, जीवन का आधा, तीहा (जो कुछ अंश शेष है) यदि बचा सके तो बचा लो, जिससे जीवन सार्थक हो जाय।

कबीर ने मानव के जीवन के वास्तविक लक्ष्य की ओर संकेत किया है। 'रूपकातिशयोक्ति' अलंकार की योजना की गयी है।

हाड़ जलै ज्यूँ लाकड़ी, केस जले ज्यूँ घास।
सब तन जलता देखि करि, भया कबीर उदास।।१६।।

व्याख्या–हे जीव, यह शरीर नश्वर है। मरणोपरान्त हड्डियाँ लकड़ियों की तरह और केश घास (तृणादि) के समान जलते हैं। इस तरह समस्त शरीर को जलता देखकर कबीर उदास हो गया। उसे संसार के प्रति विरक्ति हो गयी।

मानव शरीर की नश्वरता का यथार्थ चित्र अंकित हुआ है। प्रथम पंक्ति में 'उपमा' अलंकार की योजना है।

कबीर मंदिर ढहि पड़्या, ईंट भई सैंबार।
कोइ चेजारा चिणि गया, मिल्या न दूजी बार।।१७।।

शब्दार्थ–चेजारा = कारीगर।

व्याख्या – यह मंदिर (शरीर) ढह गया और उसके अवयवों रूपी ईंटों पर शैवाल घास उग आई है अर्थात् अवयव शैवाल घास में परिवर्तित हो गये। इस शरीर को किसी कारीगर ने चिना था, सत्कर्मों के अभाव में वह दुबारा नहीं मिल सकेगा।

रूपकातिशयोक्ति तथा दृष्टांत अलंकार की योजना है।

कबीर देवल ढहि पड़्या, ईंट भई सैंबार।
करि चेजारा सौं प्रीतिड़ी, ज्यौं ढहै न दूजी बार।।१८।।

व्याख्या–यह शरीर रूपी देवालय ढह गया है। उसके ईंटों (अवयवों) पर शैवाल घास उग आई है। इस शरीर का निर्माण करने वाले चेजारे (सृष्टिकर्ता) से प्रेम कर, जिससे इसे दुबारा (फिर से) ढहना न पड़े अर्थात जीवनमुक्त हो जाय।

ईश्वर से प्रेम करने की व्यंजना है। रूपकातिशयोक्ति अलंकार है।

कबीर मंदिर लाष का, जड़िया हीरैं लालि।
दिवस चारि का पेषणाँ, बिनसि जाइगा काल्हि।।१९।।

व्याख्या–यह शरीर रूपी महल लाखों के मूल्य का (बहुमूल्य) है। यह हीरे और मणियों से जड़ा हुआ है। यह प्रेक्षण (इसकी शोभा) केवल चार दिनों (कुछ समय) के लिए है और कल (शीघ्र ही) यह नष्ट हो जायेगा।

कबीर ने शरीर पर अहंकार न करने के लिए जीव को सचेष्ट किया है और इसे नश्वर बताया है। लाष का दूसरा अर्थ लाक्षा (मोम) भी है। यह शरीर लाक्षागृह जैसा है।

कबीर धूलि सकेलि करि, पुड़ी ज बाँधी एह।
दिवसि चारि का पेषणां, अंति षेह की षेह।।२०।।

व्याख्या–कबीर कहते हैं कि यह शरीर धूल-मिट्टी इकट्ठी कर बाँधी गयी पुड़िया की तरह है। यह केवल कुछ ही दिनों का तमाशा है अन्ततः इस मिट्टी को मिट्टी में ही मिल जाना है।

इस साखी में शरीर की नश्वरता का वर्णन है। पंचतत्त्व से निर्मित शरीर पंचतत्त्व में ही मिल जाती है। इसी का संकेत है।

कबीर जे धंधै तौ धूलि बिन, धंधै धुलै नहीं।
ते नर बिनठे मूलि, जिनि धंधै मैं ध्याया नहीं।।२१।।

व्याख्या–कबीर कहते हैं कि जो प्राणी धंधा (कर्म) करता है वह धूल रूपी शरीर प्राप्त करता है अर्थात कर्मों में लिप्त होने के कारण उसे शरीर धारण करना पड़ता है। यदि धंधा (कर्म) नहीं करता (कर्म में नहीं पड़ता) तो उसे पुनः शरीर धारण नहीं करना पड़ता है। ऐसे मनुष्य समूल नष्ट हो गये जिन्होंने कर्म में पड़कर ईश्वर का ध्यान नहीं किया।

ईश्वर के ध्यान की महत्ता वर्णित है।

कबीर सुपनै रैणि के, ऊघड़ि आये नैंन।
जीव पड़्या बहु लूटि मैं, जागै लैंण न दैंण।।२२।।

शब्दार्थ – रैणि=रात, लूट = अधिक मात्रा में सुख पाना या किसी के द्वारा धन का अपहरण।

व्याख्या–रात्रि के स्वप्न के पश्चात् जब जीव के नेत्र खुल गये तो ऐसा प्रतीत हुआ कि जो स्वप्न में बहुत लूट में पड़ा था जागने पर न तो लेना है, न देना ही है। रात्रि अज्ञान का प्रतीक है, स्वप्न जीवन के दुःख हैं, जागना ज्ञान का प्रतीक है। 'समासोक्ति' अलंकार की योजना है।

कबीर सुपनै रैणि के, पारस जीय मैं छेक।
जो सोऊं तो दोइ जणाँ, जे जागूँ तो एक।।२३।।

शब्दार्थ – पारस = पत्थर, ब्रह्म का प्रतीक।

व्याख्या–अज्ञानता रूपी रात्रि के जीवन रूपी स्वप्न में परमात्मा और जीव में भेद हो जाता है अर्थात् जीवात्मा अपने को परमात्मा से भिन्न भेद समझने लगती है। जीव जब अज्ञान की निद्रा में सोता है तो वह अपने को ईश्वर से भिन्न रूप में देखता है (द्वैत हो जाता है) जब ज्ञान की अवस्था में होता है तो उसे केवल परमात्मा का बोध होता है अपना बोध नहीं होता।

कबीर ने जीव के ज्ञान और अज्ञान दो स्थितियों का चित्रण किया है। 'रूपकातिशयोक्ति' अलंकार की योजना है।

कबीर इस संसार में, घणै मिनष मति हींण।
राम नाम जाँणैं नही, आये टापा दीन।।२४।।

व्याख्या–इस जगत में अनेक मनुष्य बुद्धिहीन और अज्ञानी हैं। राम नाम के महत्त्व को जानते नहीं और ठप्पा (तिलक) देकर भक्त होने का दिखावा करते हैं अर्थात भटकते हुए अपने जीवन को व्यर्थ में खो देते हैं।

इस साखी में राम-नाम की महत्ता वर्णित है। 'टापा दीन' मुहावरा है। इसका दूसरा अर्थ आँख में पट्टी बाँधना भी है जो अज्ञान का प्रतीक है।

कहा कियौ हम आइ करि, कहा कहैंगे जाइ।
दूत के भए न उत के, चाले मूल गँवाइ।।२५।।

व्याख्या–अपने जीवन पर दुःख प्रकट करता हुआ जीव कहता है कि मैंने यह जीवन प्राप्त करके क्या किया? यहाँ से जाकर परमात्मा को क्या उत्तर दूँगा। न इस लोक का हो सका न उस लोक का, मैं अपना समूल नष्ट कर बैठा।

साखी में मानव जीवन का पश्चाताप व्यक्त हुआ है।

आया अण आया भया जे बहुराता संसार।
पड़्या भुलांवां, गाफिलां, गये कुबुद्धी हारि।।२६।।

शब्दार्थ–अण आया = न आना, बहुरता = अत्यधिक रत होना।

व्याख्या–जो प्राणी जन्म लेकर इस जगत में अधिक रम जाते हैं उनका यहाँ आना (जन्म लेना) न आने के समान है। प्राणी असावधान होकर इस संसार में अपने को भुला देता है और अपनी कुबुद्धि से इस जन्म को खो देता है।

साखी में मनुष्य की अज्ञानता का चित्रण है जिसके परिणामस्वरूप वह अपने जीवन को सांसारिकता में लीन होकर व्यर्थ में गवाँ देता है।

कबीर हरि की भगति बिन, ध्रिग जीवण सार।
धूँवाँ केरा धौलहर, जात न लागै बार।।२७।।

शब्दार्थ–ध्रिग = धिक्कार, धौलहर = धवल महल, बार = देर।

व्याख्या–हे प्राणी, ईश्वर की भक्ति के बिना इस संसार में जीवन व्यर्थ है। यह जीवन धूम्र युक्त बादलों का महल है। इसे नष्ट होते तनिक भी देर नहीं लगती।

कबीर ने मानव जीवन के मिथ्यात्व का वर्णन किया है। 'रूपक' अलंकार की योजना की गयी है।

जिहि हरि की चोरी करी, गये राम गुण भूलि।
ते बिधना बागुल रचे, रहे अरध मुखि झूलि।।२८।।

व्याख्या–जिन प्राणियों ने भगवान् से अपने मन को नहीं लगाया और परमात्मा के गुणों को भुला दिया है। परमात्मा ने उन्हें बगुला बनाया। जो नत मुख किये हुए झूलते रहते हैं जो केवल अपने शिकार (भोजन) की चिन्ता में लगे रहते हैं। ऐसे प्राणी अधोगति को प्राप्त होते हैं।

इस साखी में राम गुण गान की महत्ता का वर्णन है। 'हेतूत्प्रेक्षा' अलंकार की योजना की गयी है।

माटी मलणि कुम्हार की, घणीं सहै सिरिलात।
इहि औसर चेत्या नहिं, चूका अब की घात।।२९।।

व्याख्या–प्राणी का यह जीवन कुम्हार द्वारा रौंदी जानी वाली मिट्टी के समान है। मिट्टी की तरह प्राणी भी जीवन में अनेक यातनाएँ सहता है। इस अवसर पर भी अर्थात् मानव जन्म मिलने पर भी तू चेता नहीं तुझे ज्ञान नहीं हुआ यह दाँव भी (अवसर) तू चूक गया। परमात्मा की भक्ति न प्राप्त करने के कारण अपने मानव जीवन को व्यर्थ में गवाँ दिया।

इहि औसर चेत्या नहीं, पसु ज्यूँ पाली देह।
राम नाम जाप्या नहीं, अंति पड़ी मुख षेह।।३०।।

व्याख्या–मानव योनि प्राप्त करके भी जो प्राणी नहीं चैतन्य (सावधान) हुआ और पशु की तरह केवल अपने शरीर का ही पालन-पोषण करता रहा और उसने राम का नाम स्मरण भी नहीं किया अंततः उसके मुख पर खेह (धूल) ही पड़ती है।

कबीर ने मानव जीवन की सार्थकता का वर्णन किया है। 'पसु ज्यूँ पाली देह'–'उपमा' अलंकार की योजना है।

राम नाम जाण्यौं नहीं, लागि मोटी षोड़ि।
काया हाँडी काठ की, ना ऊँ चढ़े बहोड़ि।।३१।।

व्याख्या–हे प्राणी, तूने राम-नाम को नहीं जाना, उसका स्मरण नहीं किया, तुझे बहुत बड़ा दोष लग गया है। यह शरीर काठ की हाँडी की तरह है, जो दुबारा आग पर नहीं चढ़ सकती। एक बार यह शरीर नष्ट होने पर पुनः नहीं प्राप्त हो सकता।

राम नाम की महत्ता का वर्णन किया गया है। 'सांग रूपक' अलंकार की योजना की गयी है।

राम नाम जाण्यां नहीं, बात बिनंठी मूलि।
हारत इहां ही हारिया, परत पड़ी मुखि धूलि।।३२।।

शब्दार्थ - बिनंठी = विनष्ट।

व्याख्या–हे प्राणी, राम नाम की महत्ता को तूने नहीं जाना, तूने अपनी मूल वस्तु ही बिगाड़ ली, दूसरे का हरण करते हुए तू स्वयं ही हार गया, अर्थात् मूलधन ही गँवा दिया। तुम्हारे मुख पर अज्ञानता रूपी अंधकार की धूल पड़ गयी है।

कबीर ने राम-नाम के अभाव में जीव द्वारा अपना जीवन नष्ट करने की व्यंजना की है।

राम नाम जाण्यां नहीं, पाल्यो कटक कुटुंब।
धंधा ही में मरि गया, बाहर हुई न बंब[1]।।३३।।

पाठान्तर–पं० में यह है : भाई रहिआ न बंधु अर्थात् भाई बंधु किसी काम नहीं आते।

व्याख्या–हे प्राणी, तूने राम-नाम के महत्त्व को समझा नहीं, केवल अपने कुटुम्ब रूपी सेना को ही पाला। व्यवसाय करता हुआ अर्थात् अपने स्वार्थ हित में ही कार्य करता हुआ मर गया। तुम्हारी पुकार (ईश्वरी चाह या यश की गाथा) प्रकट न हुई, व्यक्त न हुई। वह तुम्हारे मन में ही दबकर रह गयी।

मनिषा[1] जनम दुर्लभ है, देह न बारंबार।
तरवर थै फल झड़ि पड़्या, बहुरि न लागै डार।।३४।।

पाठान्तर – तिवारी – १. मानुष

व्याख्या–हे प्राणी, मानव योनि अत्यन्त दुर्लभ है। यह शरीर बार-बार नहीं प्राप्त होता। यह जीवन उसी प्रकार है जैसे वृक्ष से गिरा हुआ फल दुबारा उस डाल से नहीं लग पाता।

कबीर ने मानव शरीर की महत्ता का वर्णन किया है। 'उदाहरण' अलंकार की योजना है।

कबीर हरि की भगति करि, तजि विषिया रस चोज।
बार-बार नहीं पाइए, मनिषा जन्म की मौज।।३५।।

शब्दार्थ – चोज = आश्चर्य

व्याख्या–हे प्राणी, तुम भगवान की भक्ति करो। विषय-वासनाओं के रस तथा चमत्कारपूर्ण आसक्ति से अलग हो जाओ। इस मानव योनि की प्राप्ति तथा जीवन का आनंद बार-बार नहीं मिलता। अतः इस जीवन को परमात्मा की भक्ति में लगाओ।

साखी में परमात्मा की आराधना (भक्ति) की व्यंजना है। 'बार-बार' में वीप्सा अलंकार है।

कबीर यहु तन जात है, सकै तो ठाहर लाइ।
कै सेवा करि साध की, कै गोविन्द गुण गाइ।।३६।।

व्याख्या–हे प्राणी, यह शरीर व्यर्थ में ही नष्ट हो रहा है। यदि हो सके तो इसे सही स्थान पर लगा दे अर्थात् इसका उपयोग भक्ति में कर। तू या तो संतों की सेवा कर या फिर परमात्मा का गुणगान कर, इसी में जीवन की सार्थकता है।

मानव जीवन के उपयोग की व्यंजना है।

कबीर यहु तन जात है, सकै तो लेहु बहोड़ि।
नागे हाथूँ ते गये, जिनकै लाखि करोड़ि।।३७।।

शब्दार्थ - बहोड़ि = बचा, लाँगे = खाली।

व्याख्या–कबीर प्राणी को सचेत करते हुए कहते हैं कि यह शरीर छूट रहा है, सम्भव हो तो इसे बचा लो अर्थात् इसे ईश्वर भक्ति में लगा दो, क्योंकि ऐसे लोग भी जो लाखों, करोड़ों के स्वामी थे, वे भी खाली हाथ ही उठकर चले गये। इसलिए सांसारिक विषयों से अलग होकर परमात्मा की भक्ति द्वारा पुण्य कर्मों का अर्जन करो जिससे मानव जीवन सफल हो जाय।

यहु तन काचा कुम्भ है, चोट चहूं दिसि खाइ।
एक राम के नाँव बिन, जदि तदि प्रलै जाइ।।३८।।

व्याख्या–यह शरीर कच्चे घड़े के समान है। इस शरीर पर विषय वासनाओं के कर्म की चारों ओर से चोट लग रही है। एकमात्र परमात्मा के नाम के आश्रय के अभाव में यह कभी भी नष्ट हो सकता है।

यह शरीर नश्वर है फिर भी प्राणी इसे सत्य समझकर भिन्न-भिन्न दुष्कर्म करता है और परमात्मा की भक्ति के बिना उसका जीवन व्यर्थ हो जाता है।

यहु तन काचा कुंभ है, लिया फिरै था साथि।
ढबका लागा फूटि गया, कछू न आया हाथि।।३९।।

व्याख्या–यह शरीर कच्चा घड़ा है, जिसे प्राणी अपने साथ लेकर घूमता रहता है। अचानक इसे झटका लगा और यह नष्ट हो गया अन्ततः उसके पल्ले कुछ न पड़ा।

कबीर ने शरीर की नश्वरता का वर्णन किया है।

काँची कारी जिनि करै, दिन-दिन बधै बियाधि।
राम कबीरै रुचि भई, याही ओषधि साधि।।४०।।

व्याख्या–हे प्राणी, तू अपने रोग का कच्चा उपचार न कर जिससे दिन-प्रतिदिन यह सांसारिक व्याधि बढ़ती जायेगी। कबीर की रुचि राम के प्रति हो गयी है और इसी राम-नाम की औषधि से यह सांसारिक व्याधि साध्य है।

कबीर अपने जीवतै, ए दोइ बातें धोइ।
लोभ[१] बड़ाई कारणै, अछता मूल न खोइ।।४१।।

पाठान्तर – तिवारी - १. लाभ

व्याख्या–कबीर कहते हैं कि हे जीव अपने मन से लोभ और अहंकार का निवारण कर दे। इनके कारण ही अपने आप को मत भूल जाओ, अर्थात् अपने मूल धन को भी मत गंवा दो।

कबीर ने लोभ और अहंकार को परमात्मा के मिलन में बाधक बताया है तथा इनसे बचने के लिए प्राणी को सावधान किया है।

खंभा एक गइंद दोइ, क्यूँ करि बंधसि बारि।
मानि करै तो पीव नहीं, पीव तौ मानि निवारि।।४२।।

शब्दार्थ = गइंद = हाथी, निवारि = निकाल।

व्याख्या–खंभा एक है, हाथी दो हैं, दोनों हाथियों को एक ही खंभे में कैसे बाँधा जाए। इसी तरह मन में अहंकार एवं प्रियतम के प्रति प्रेम दोनों नहीं रह सकते। यदि अहंकार करते हो तो प्रिय नहीं रहता, प्रिय है तो अहंकार का निवारण करना होगा।

'मान' साहित्य शास्त्र का पारिभाषिक शब्द है जिसका अर्थ है नायिका या नायक का रूठना। 'मानवती' नायिका चाहकर भी अपने पति से दूर रहती है।

अन्योक्ति तथा अर्थान्तरन्यास अलंकार।

दीन गँवाया दुनीं सौं, दुनी न चाली साथि।
पाइं कुल्हाड़ा मारिया, गाफिल अपणै हाथि।।४३।।

व्याख्या–हे प्राणी, सांसारिक माया मोह में पड़कर तूने अपने धर्म और कर्त्तव्य का त्याग कर दिया। यह जगत भी तुम्हारे साथ न जा सका। तूने असावधान होकर अपने हाथों ही अपने पैर पर कुल्हाड़ी चला ली है। अर्थात् स्वयं ही इस माया जगत में फँस गया है।

लोकोक्ति अलंकार।

यहु तन तौ सब बन भया, करम भए कुल्हारि।
आप आप कूँ काटिहैं, कहै कबीर बिचारि।।४४।।

व्याख्या–कबीर सोच विचार करके यह कहते हैं कि यह सम्पूर्ण शरीर वन हो गया है, इसके द्वारा किये गये कर्म ही इसके लिए कुल्हाड़ी बन गये हैं। इस प्रकार यह स्वयं ही अपने आप को काट रहा है। यह अपने कर्मों से ही दुःख पा रहा है।

कबीर ने प्राणी को सत्कर्म करने के लिए प्रेरित किया है। साखी में सांगरूपक अलंकार की योजना की गयी है।

कुल खोयाँ कुल ऊबरै, कुल राख्या कुल जाइ।
राम निकुल कुल भेंटि लै, सब कुल रह्या समाइ।।४५।।

व्याख्या–हे जीव, इस कुल अर्थात् पारिवारिक सम्बन्धों का त्याग करने से सम्पूर्ण सम्बन्ध बच जाते हैं, अर्थात् परमात्मा से उसकी निकटता होती जाती है। इस कुल अर्थात सांसारिक संबंधों की रक्षा करने से वह परमात्मा रूपी कुल छूट जाता है अतः तू कुल विहीन होकर परमात्मा से जाकर मिलेगा, जो सम्पूर्ण कुलों में समाहित है।

सांसारिक संबंधों की नश्वरता तथा परमात्मा के साथ सम्बन्धों की सत्यता व्यंजित है। विरोधाभास अलंकार है।

दुनिया के धोखै मुवा, चलै जु कुल की कांणि।
तब कुल किसका लाजसी, जब ले धर्‌या मसांणि।।४६।।

शब्दार्थ - कांणि=मर्यादा, परम्परा।

व्याख्या–हे जीव! सांसारिकता के धोखे में पड़कर अर्थात् माया मोह के चक्कर में पड़कर तू भी अपनी कुल की परम्परा पालन में लग गया। यह अज्ञानता तुझे इस जीवन से मुक्त नहीं कर पायेगी। जब तू चिता पर रखा जायेगा तब कौन सा कुल लज्जित होगा।

कबीर ने मानव के सांसारिक कर्म की निरर्थकता का वर्णन किया है और उसके वास्तविक उद्देश्य की ओर संकेत किया है।

दुनियां भाँडा दुःख का, भरी मुहांमुह भूष।
अदया अलह राम की, कुरहै ऊंणी कूष।।४७।।

शब्दार्थ - भाँडा=पात्र, भूष=भूख-तृष्णा, कूष=कोष, खजाना।

व्याख्या–हे जीव, यह जगत दुःखों का ऐसा सागर है जो मुँह तक (लबालब) इन्द्रियों की भूख से भरा है। जिन पर परमात्मा राम की दया नहीं है वे तो कुदेश और निम्न कुल में ही जन्म लेते हैं।

कबीर ने भौतिक जगत को दुःखों का केन्द्र माना है। जीव दुःख पाने के लिए ही यहाँ जन्म लेता है। रूपक अलंकार की योजना है।

जिहि जेबड़ी जग बाँधिया, तूँ जिनि बँधै कबीर।
ह्वैसी आटा लूण ज्यूँ, सोना सँवाँ सरीर।।४८।।

व्याख्या–कबीर स्वयं को संबोधित करते हुए कहते हैं कि जिस माया-मोह की रस्सी में यह जगत बँधा है, तू उससे मत बँध, नहीं तो तुम्हारा सोने (कंचन) जैसा शरीर उसमें उसी प्रकार मिलकर नष्ट हो जायेगा जैसा आटे में मिलकर नमक अपना स्वरूप खो देता है। ईश्वरीय प्रेम की व्यंजना है तथा उपमा अलंकार की योजना है।

कहत सुनत जग जात है, विषै न सूझैं काल।
कबीर प्यालै प्रेम कै, भरि-भरि पिवै रसाल।।४९।।

व्याख्या–यह सांसारिक जीवन कहते-सुनते चला जाता है। हमें विषय-वासनाओं के सुख में काल (मृत्यु) का ध्यान नहीं रहता किन्तु कबीर इसके प्रति सतर्क हैं इसलिए वह प्रेम के प्याले में राम रूपी रसायन भर-भर कर पी रहा है।

कबीर ने अज्ञानी प्राणियों की ओर संकेत किया है जो विषयों से ही प्रेम करते हैं। रूपक अलंकार की योजना है।

कबीर हद के जीव सूँ, हित करि मुखाँ न बोलि।
जे लागे बेहद सूँ, तिन सू अंतरि खोलि।।५०।।

व्याख्या–हे प्राणी, तू ससीम जीवों से प्रेम पूर्वक मत बोल क्योंकि वे सांसारिक सीमाओं से बाँधकर रखने वाले होते हैं। जो उस असीम परमात्मा से जुड़े हैं उनके समक्ष अपने हृदय की पीड़ा को खोल कर रख। वही सांसारिकता से मुक्ति दिला सकते हैं।

कबीर केवल राम की, तू जिनि छाँड़े ओट।
घण अहरणि बिचि लोह ज्यूँ, घणी सहै सिर चोट।।५१।।

व्याख्या–हे जीव, जैसे घन और निहाई के मध्य पड़ा लोहा अपने सिर पर भयंकर चोट सहता है उसी प्रकार तू भी संसार में अपने कर्मों के दुःख की चोट को सहता रहता है। इस चोट से बचने के लिए तू निर्विकार परमात्मा का सहारा मत छोड़ क्योंकि वही तुम्हें इससे बचा सकता है।

परमात्मा के शरणागत रूप का वर्णन है। घण अहरणि बिचि लोह ज्यूं में उपमा अलंकार है।

कबीर केवल राम कहि, सुध गरीबी झालि।
कूड़ बड़ाई बूड़सी, भारी पड़सी काल्हि।।५२।।

शब्दार्थ – कूड़=व्यर्थ।

व्याख्या–हे जीव, तू केवल परमात्मा का ही स्मरण करता रह और मुख्य रूप से दीनता (दुःख) में ही अपना जीवन व्यतीत कर, तू मूर्ख और अहंकारी बनकर व्यर्थ के बड़प्पन में मत डूब क्योंकि तेरा यह अहंकार आने वाले समय में कष्टकारी (पीड़ा पहुँचाने वाला) होगा।

कबीर ने राम-नाम की महत्ता पर बल देते हुए प्राणी को माया-मोह से बचने की सीख दी है।

काया मंजन क्या करै, कपड़ धोइ न धोइ।
उजल हूवा न छूटिये, सुख नीदडी न सोइ।।५३।।

व्याख्या–हे जीव, तू इस काया को क्या धुलता रहता है? शरीर पर धारण करने वाले कपड़े को चाहे धोए या न धोए। शरीर और कपड़े को धुलकर तू इस सांसारिकता से मुक्त नहीं हो सकता। अतः तू सुख की नींद मत सो अर्थात् अज्ञानता से निकलकर ईश्वर का स्मरण कर।

कबीर ने बाह्याडम्बरों का खंडन किया है तथा मन की साधना पर बल दिया है।

ऊजल (उज्ज्वल) कपड़ा पहरि करि पान सुपारी खाँहि।
एकै हरि के नाँव बिन, बाँधे जमपुरि जाँहि।।५४।।

व्याख्या–जो स्वच्छ और सुंदर वस्त्र धारण करके पान-सुपारी खाकर अपने को

व्याख्या–कबीर सोच विचार करके यह कहते हैं कि यह सम्पूर्ण शरीर वन हो गया है, इसके द्वारा किये गये कर्म ही इसके लिए कुल्हाड़ी बन गये हैं। इस प्रकार यह स्वयं ही अपने आप को काट रहा है। यह अपने कर्मों से ही दुःख पा रहा है।

कबीर ने प्राणी को सत्कर्म करने के लिए प्रेरित किया है। साखी में सांगरूपक अलंकार की योजना की गयी है।

कुल खोयाँ कुल ऊबरै, कुल राख्या कुल जाइ।
राम निकुल कुल भेंटि लै, सब कुल रह्या समाइ।।४५।।

व्याख्या–हे जीव, इस कुल अर्थात् पारिवारिक सम्बन्धों का त्याग करने से सम्पूर्ण सम्बन्ध बच जाते हैं, अर्थात् परमात्मा से उसकी निकटता होती जाती है। इस कुल अर्थात सांसारिक संबंधों की रक्षा करने से वह परमात्मा रूपी कुल छूट जाता है अतः तू कुल विहीन होकर परमात्मा से जाकर मिलेगा, जो सम्पूर्ण कुलों में समाहित है।

सांसारिक संबंधों की नश्वरता तथा परमात्मा के साथ सम्बन्धों की सत्यता व्यंजित है। विरोधाभास अलंकार है।

दुनिया के धोखै मुवा, चलै जु कुल की कांणि।
तब कुल किसका लाजसी, जब ले धर्या मसांणि।।४६।।

शब्दार्थ - कांणि=मर्यादा, परम्परा।

व्याख्या–हे जीव! सांसारिकता के धोखे में पड़कर अर्थात् माया मोह के चक्कर में पड़कर तू भी अपनी कुल की परम्परा पालन में लग गया। यह अज्ञानता तुझे इस जीवन से मुक्त नहीं कर पायेगी। जब तू चिता पर रखा जायेगा तब कौन सा कुल लज्जित होगा।

कबीर ने मानव के सांसारिक कर्म की निरर्थकता का वर्णन किया है और उसके वास्तविक उद्देश्य की ओर संकेत किया है।

दुनियां भाँडा दुःख का, भरी मुहांमुह भूष।
अदया अलह राम की, कुरहै ऊंणी कूष।।४७।।

शब्दार्थ - भाँडा=पात्र, भूष=भूख-तृष्णा, कूष=कोष, खजाना।

व्याख्या–हे जीव, यह जगत दुःखों का ऐसा सागर है जो मुँह तक (लबालब) इन्द्रियों की भूख से भरा है। जिन पर परमात्मा राम की दया नहीं है वे तो कुदेश और निम्न कुल में ही जन्म लेते हैं।

कबीर ने भौतिक जगत को दुःखों का केन्द्र माना है। जीव दुःख पाने के लिए ही यहाँ जन्म लेता है। रूपक अलंकार की योजना है।

जिहि जेबड़ी जग बाँधिया, तूँ जिनि बँधै कबीर।
ह्वैसी आटा लूण ज्यूँ, सोना सँवाँ सरीर।।४८।।

व्याख्या–कबीर स्वयं को संबोधित करते हुए कहते हैं कि जिस माया-मोह की रस्सी में यह जगत बँधा है, तू उससे मत बँध, नहीं तो तुम्हारा सोने (कंचन) जैसा शरीर उसमें उसी प्रकार मिलकर नष्ट हो जायेगा जैसा आटे में मिलकर नमक अपना स्वरूप खो देता है। ईश्वरीय प्रेम की व्यंजना है तथा उपमा अलंकार की योजना है।

कहत सुनत जग जात है, विषै न सूझैं काल।
कबीर प्यालै प्रेम कै, भरि-भरि पिवै रसाल।।४९।।

व्याख्या--यह सांसारिक जीवन कहते-सुनते चला जाता है। हमें विषय-वासनाओं के सुख में काल (मृत्यु) का ध्यान नहीं रहता किन्तु कबीर इसके प्रति सतर्क हैं इसलिए वह प्रेम के प्याले में राम रूपी रसायन भर-भर कर पी रहा है।

कबीर ने अज्ञानी प्राणियों की ओर संकेत किया है जो विषयों से ही प्रेम करते हैं। रूपक अलंकार की योजना है।

कबीर हद के जीव सूँ, हित करि मुखाँ न बोलि।
जे लागे बेहद सूँ, तिन सू अंतरि खोलि।।५०।।

व्याख्या–हे प्राणी, तू ससीम जीवों से प्रेम पूर्वक मत बोल क्योंकि वे सांसारिक सीमाओं से बाँधकर रखने वाले होते हैं। जो उस असीम परमात्मा से जुड़े हैं उनके समक्ष अपने हृदय की पीड़ा को खोल कर रख। वही सांसारिकता से मुक्ति दिला सकते हैं।

कबीर केवल राम की, तू जिनि छाँड़े ओट।
घण अहरणि बिचि लोह ज्यूँ, घणी सहै सिर चोट।।५१।।

व्याख्या–हे जीव, जैसे घन और निहाई के मध्य पड़ा लोहा अपने सिर पर भयंकर चोट सहता है उसी प्रकार तू भी संसार में अपने कर्मों के दुःख की चोट को सहता रहता है। इस चोट से बचने के लिए तू निर्विकार परमात्मा का सहारा मत छोड़ क्योंकि वही तुम्हें इससे बचा सकता है।

परमात्मा के शरणागत रूप का वर्णन है। घण अहरणि बिचि लोह ज्यूं में उपमा अलंकार है।

कबीर केवल राम कहि, सुध गरीबी झालि।
कूड़ बड़ाई बूड़सी, भारी पड़सी काल्हि।।५२।।

शब्दार्थ – कूड़=व्यर्थ।

व्याख्या–हे जीव, तू केवल परमात्मा का ही स्मरण करता रह और मुख्य रूप से दीनता (दुःख) में ही अपना जीवन व्यतीत कर, तू मूर्ख और अहंकारी बनकर व्यर्थ के बड़प्पन में मत डूब क्योंकि तेरा यह अहंकार आने वाले समय में कष्टकारी (पीड़ा पहुँचाने वाला) होगा।

कबीर ने राम-नाम की महत्ता पर बल देते हुए प्राणी को माया-मोह से बचने की सीख दी है।

काया मंजन क्या करै, कपड़ धोइ न धोइ।
उजल हूवा न छूटिये, सुख नीदडी न सोइ।।५३।।

व्याख्या–हे जीव, तू इस काया को क्या धुलता रहता है? शरीर पर धारण करने वाले कपड़े को चाहे धोए या न धोए। शरीर और कपड़े को धुलकर तू इस सांसारिकता से मुक्त नहीं हो सकता। अतः तू सुख की नींद मत सो अर्थात् अज्ञानता से निकलकर ईश्वर का स्मरण कर।

कबीर ने बाह्याडम्बरों का खंडन किया है तथा मन की साधना पर बल दिया है।

ऊजल (उज्ज्वल) कपड़ा पहरि करि पान सुपारी खाँहि।
एकै हरि के नाँव बिन, बाँधे जमपुरि जाँहि।।५४।।

व्याख्या–जो स्वच्छ और सुंदर वस्त्र धारण करके पान-सुपारी खाकर अपने को

सुशोभित करने वाले (इन्द्रिय स्वाद में लिप्त रहने वाले) हैं, ऐसे लोग एक मात्र परमात्मा के स्मरण के बिना बँधकर यमलोक चले जाते हैं।

तेरा संगी कोउ नहीं, सब स्वारथ बंधी लोइ।
मनि परतीति न ऊपजै, जीव बेसास न होइ।।५५।।

व्याख्या–रे जीव, इस माया-मोह के जगत में तेरा कोई भी साथी नहीं है। ये सारे सगे सम्बन्धी लोग स्वार्थ से बँधे हैं। तुम्हारे मन में इस तथ्य के प्रति विश्वास नहीं होता और जीवात्मा को भी विश्वास नहीं होता है।

मांइ बिड़ांणी बाप बिड़, हम भी मंझि बिड़ाँह।
दरिया केरी नाव ज्यूँ, संजोगे मिलियाँह।।५६।।

शब्दार्थ–बिड़ांणी = पराया, बिड़ = पराया।

व्याख्या–जन्म देने वाली माँ भी परायी है, पिता भी पराया है; इन सब लोगों के मध्य हम सब भी पराये हैं। इस संसार में हम सब संयोग वश उसी प्रकार मिल गये हैं जैसे नदी में चलने वाली नावें विभिन्न स्थानों से आकर एक जगह मिल जाती हैं।

कबीर ने जीव के वास्तविक स्वरूप का वर्णन किया है। 'दरिया केरी नाव ज्यूँ' में उपमा अलंकार है।

इत पर घर उत घर, बणजण आये हाट।
करम किरांणां बेचि करि, उठि जु लागे बाट।।५६।।

व्याख्या–कबीर ज्ञानी जीवों को सम्बोधित करते हुए कहते हैं कि हे जीव तुम्हारे लिए यह जगत (घर) पराया है, परमात्मा का स्थान ही तुम्हारा वास्तविक घर है। इस मायारूपी बाजार में तुम व्यापार करने आए हो। अपने पाप-पुण्य रूपी कर्मों के किराने को बेचकर अपने घर के मार्ग से जा लग।

ज्ञानी व्यक्ति इस संसार में आकर अपने को मुक्त कर लेता है। 'रूपक' अलंकार की भी योजना है।

नांन्हां काती चित दे, महँगे मोलि बिकाइ।
गाहक राजा राम है, और न नेड़ा आइ।।५८।।

व्याख्या–हे जीव, तुम चित्त लगाकर इस जीवन रूपी धागे को महीन कातो (बना)। जिससे यह महँगे मूल्य में बिके। इस धागे का ग्राहक वह परमात्मा राम स्वयं है।

अन्य कोई दूसरा इस जीवन रूपी धागे के निकट नहीं आयेगा।

कबीर के अनुसार जीवन ही वह सूत है जिसे ज्ञान एवं भक्ति के द्वारा स्वच्छ बनाना है जिससे इस संसार से मुक्ति हो सकती है। 'रूपकातिशयोक्ति' अलंकार की योजना है।

डागल उपरि दौड़णा, सुख नींदड़ी न सोइ।
पुनैं पाये द्यौंहड़े, ओछी ठौर न खोइ।।५६।।

शब्दार्थ–डागल = ऊबड़-खाबड़।

व्याख्या–हे प्राणी, तुझे ऊबड़-खाबड़ भूमि पर से होकर गुजरना है इसलिए तू सांसारिक सुखों की नींद में मत सोओ। तुम्हें यह मानव जीवन बड़े पुण्य कर्मों के बाद मिला है इसलिए खोटे स्थानों में (खोटे कर्मों के द्वारा) नष्ट न करो।

कबीर ने मानव जीवन की महत्ता का वर्णन किया है।

मैं मैं बड़ी बलाइ है, सकै तो निकसो भाजि।
कब लग राखौं हे सखी, रुई पलेटी आगि।।६०।।

व्याख्या–हे जीव, मैं, मैं अर्थात् अहंकार बड़ी बला है, यदि संभव हो तो तू इससे अपने को अलग कर ले क्योंकि हे सखी (जीवात्मा) रुई से लपटी हुई आग को तू कब तक रोक सकती है, जैसे रुई से युक्त आग बुझाना कठिन है, उसी तरह अहंकार युक्त बुद्धि को नाश होने से बचाना कठिन है।

इस साखी में 'रूपक' तथा 'दृष्टान्त' अलंकार की योजना है।

मैं मैं मेरी जिनि करै, मेरी मूल बिनास।
मेरी पग का पैंषणा, मेरी गल की पास।।६१।।

व्याख्या–हे जीव, तू मैं-मैं और मेरी-मेरी मत कर क्योंकि यह अहं का भाव ही तुम्हें मूल से नष्ट कर देता है। मेरा का भाव ही तुम्हारे पैरों में बन्धन है और यही तुम्हारे गले की फाँसी है।

कबीर ने अहंकार की भावना को प्राणी के विनाश का कारण माना है। प्रथम पंक्ति में अनुप्रास अलंकार है।

कबीर नाव जरजरी, कूड़े खेवणहार।
हलके हलके तिरि गये, बूड़े तिनि सिरि भार।।६२।।

शब्दार्थ–कूड़े = व्यर्थ।

व्याख्या–हे जीव, यह नौका जर्जर है, इस नौका को खेने वाले भी बुरे हैं। जो प्राणी हल्के भार वाले थे (अर्थात् पाप-पुण्य से परे थे) वे तो इसे पार कर गये और जिनके सिर पर पाप-पुण्य का भार था वे डूब गये।

विशेष–यह जीवन ही नौका है, अज्ञानता ही उसे खेने वाला है। पाप-पुण्य से रहित प्राणी ही हल्के भार वाले हैं और जो इनसे मुक्त हैं उनके ही सिर पर भार है। रूपकातिशयोक्ति एवं अन्योक्ति अलंकारों की योजना है।

१३. मन कौ अंग

पूर्व परिचय – प्रस्तुत अंग में 'मन' के विविध स्तरों की चर्चा करते हुए मन को चोर, पंच इन्द्रियों का नायक तथा जानबूझकर असत् मार्ग पर प्रवृत्त होने वाला कहा गया है। मन को मारने (जीवनमृत होने) से ही मुक्ति होती है। मन ही साधना का केन्द्र है, मन से ही गोरख हो सकता है, गोविन्द को प्राप्त कर सकता है, इसी से औघड़ भी हो सकता है। सूक्ष्म मन को वश में करके कबीर परमतत्त्व का साक्षात्कार कर लेते हैं। मन के अहंकार को नष्ट करना अनिवार्य है। विषयों की आसक्ति से यदि मन विचलित होता है तो साधक का सर्वनाश ही हो जाता है।

मन के मतै न चालिये, छाड़ि जीव की बांणि।
ताकू केरे सूत (ताड़) ज्यूँ, उलटि अपूठा आंणि।।१।।

शब्दार्थ–बांणि = आदत, ताकू = तकली, अपूठा = पीछे की ओर।

व्याख्या–हे जीव, तू अपनी आदत छोड़ दो, मन के मतानुसार स्वयं को मत चला।

जिस प्रकार तकली के सूत को उलटकर नली पर चढ़ा दिया जाता है उसी प्रकार मन को विषयों की ओर से विमुख करके इसे परमात्मा की ओर उन्मुख कर दो।

इसमें मन को मारकर सूक्ष्म कर देने का वर्णन है। 'ताकू केरे सूत ज्यूँ' में उपमा अलंकार है।

चिंता चित्ति निवारिये, फिरि बूझिये न कोइ।
इंद्री पसर मिटाइये, सहजि मिलैगा सोइ।।२।।

व्याख्या–अपने मन से चिंता का निवारण कर इन्द्रियों को विषयों की ओर जाने से रोको। इसके पश्चात् किसी से कुछ भी पूछने की आवश्यकता नहीं है। ऐसे प्राणी को परमात्मा की प्राप्ति सहज ही हो जाती है।

काया कजरी बन अहै, मन कुंजर मैमंत।
अंकुश ज्ञान रतन है, खेवट बिरला संत।।३।।

व्याख्या–शरीर कजली वन है, मन मस्त हाथी, ज्ञान का रत्न अंकुश है और एकाध संत फीलवान हैं। मन के हाथी को ज्ञान के द्वारा वश में लाया जा सकता है।

रूपक अलंकार का विधान है। मन की बलिष्ठता की व्यंजना है।

आसा की ईंधण करौं, मनसा करौं विभूति।
जोगी फेरी फिल करौं, यौं बिननां वो सूति।।४।।

व्याख्या–मन की आशाओं को ईंधन के समान जलाकर नष्ट कर दूँ और मन में उठने वाली विषय-वासनाओं को राख कर दूँ। जोगी के समान फेरी लगाने वाले इस जीवन को नष्ट कर दूँ और इसी प्रकार अपने जीवन रूपी सूत्र को बीन लूँ।

सांग रूपक का विधान किया गया है।

कबीर सेरी साकड़ी, चंचल मनुवां चोर।
गुण गावैं लैलीन होइ, कछू एक मन मैं और।।५।।

शब्दार्थ–सेरी (फारसी शब्द) गली, सँकरी = संकीर्ण।

व्याख्या–हे प्राणी, ईश्वर की प्राप्ति का मार्ग अत्यन्त संकीर्ण है, और यह मन चंचल और चोर स्वभाव का है, यह एकाग्रचित्त नहीं रह पाता। यह परमात्मा का गुण तो लय में लीन होकर गाता है परन्तु इस मन में कुछ और ही बसा रहता है अर्थात् यह विषय-वासनाओं से अपने को अलग नहीं कर पाता।

भेदकातिशयोक्ति अलंकार का विधान है।

कबीर मारौ मन कूँ, टूक-टूक ह्वै जाइ।
विषय की क्यारी बोइ करि, लुणत कहा पछिताइ।।६।।

व्याख्या–हे जीव, विषय वासनाओं की क्यारी बोकर उसे काटने (भोगने) में पश्चाताप क्यों करता है? कबीर कहते हैं कि इस मन को ऐसा मारो कि टुकड़े-टुकड़े हो जाय जिससे फिर वह विषय-वासनाओं में जाकर न फँसे।

'विष-क्यारी' में रूपक अलंकार की योजना है।

तीन लोक चोरी भई, सबका सर बस लीन्ह।
बिना मूंड का चोरवा, परा न काहू चीन्ह।।७।।

व्याख्या–तीनों लोक में चोरी हो गयी। सबका सब कुछ ले लिया गया। बिना सिर का चोर है किन्तु कोई पहचानता नहीं है।

बिना सिर का चोर माया है जिसने संसार का सब कुछ हरण कर लिया है। मन भी चोर हो सकता है जो जीवों को वासनाओं की ओर उन्मुख करके उनके सद् कर्मों के भंडार का क्षय करता है।

मन के हारे हार है, मन के जीते जीति।
कहै कबीर हरि पाइए, मन ही की परतीति।।८।।

व्याख्या–मन के हारने से हार होती है, मन के जीतने से जीत होती है। (मनोबल सदैव ऊँचा रखना चाहिए)। मन के गहन विश्वास से ही भगवान् की प्राप्ति होती है। (ईश्वर से भेंट होती है।)

इस मन कौं बिसमल करौं, दीठा करौं अदीठ।
जे सिर राखौं आपणां, तौ पर सिरिज अंगीठ।।९।।

व्याख्या–इस मन को घायल कर इस दृश्य जगत को अदृश्य बना लूँ अर्थात् इस सांसारिकता से अपने को अलग कर दूँ। यदि सिर पर अपनापन या अहंभाव रखूँ तो मेरे सिर पर जलती हुई अँगीठी रख दी जाय। इस साखी में विरक्ति की प्रतिज्ञा की गयी है।

मन जांणै सब बात, जाणत ही औगुण करै।
काहे की कुसलात, कर दीपक कूँवै पड़ै।।१०।।

व्याख्या–यह मन अच्छा-बुरा सब जानता है, परन्तु जानते हुए भी अवगुण (बुरा) ही करता है। हाथ में दीपक रहते हुए भी यदि कोई कुएँ (विषय वासनाओं) में पड़ता है तो वह कैसे सकुशल रह सकता है।

अन्योक्ति एवं 'अर्थान्तरन्यास' अलंकारों की योजना है।

हिरदा भीतरि आरसी, मुख देख्यां नहिं जाइ।
मुख तौ तबही देखिए, जे मन की दुबिधा जाइ।।११।।

शब्दार्थ – आरसी=दर्पण।

व्याख्या–इस हृदय के अन्दर ही परमात्मा का साक्षात्कार कराने वाला दर्पण है। परन्तु मानव परमात्मा का मुख दर्शन नहीं कर पाता। उस परमात्मा का मुख दर्शन तो तब मिलता है जब मन की दुविधा दूर हो जाती है।

इस साखी में अद्वैत रूप का संकेत है। 'रूपकातिशयोक्ति' अलंकार द्रष्टव्य है। दुविधा संशय तथा द्वैत भाव के लिए प्रयुक्त है। दुविधा मन को चंचल बनाए रखती है इसलिए वह दर्पण को ठीक से नहीं देख पाता।

मन दीयां मन पाइए, मन बिन मन नहिं होइ।
मन उनमन उस अंड ज्यूँ, अनल अकासां जोइ।।१२।।

व्याख्या–मन को परमात्मा में लगा देने से ही उस मन अर्थात् उन्मन की प्राप्ति होती है। मन के बिना उन्मन अर्थात् परमतत्त्व की प्राप्ति नहीं होती है। मन उन्मन (ऊर्ध्वचेतना से सम्पन्न) होने पर उस स्थिति को प्राप्त हो जाता है जिस स्थिति में अनल पक्षी का अंडा रहता है। वह आकाश में ही रहता है और वहीं उसमें से बच्चा निकलकर उड़ने लगता है। ऊर्ध्वमुखी मन पुनः सांसारिक धरातल पर नहीं आता।

यमक तथा उपमा अलंकार।

मन गोरख मन गोबिंदौ, मन ही औघड़ होइ।
जे मन राखै जतन करि, तौ आपै करता सोइ।।१३।।

व्याख्या–मन को सर्वोपरि बताते हुए कबीर कहते हैं कि मन ही गोरख है और मन ही गोविंद (परमात्मा) है। मन ही पवित्र-अपवित्र को समान समझने वाला औघड़ है। जो कोई मन को यत्नपूर्वक वश में कर लेता है, वह स्वयं ईश्वर हो जाता है।

मन ही साधना का केन्द्र है। सरहपा ने भी कहा है–चित्त एक है, चित्त सकल बीज स्वरूप है चित्त चिन्तामणि की तरह सकल फल देने वाला है।

एक जु दोस्त हम किया, जिस गलि लाल कबाइ।
सब जग धोबी धोइ मरै, तौं भी रंग न जाइ।।१४।।

व्याख्या–मैंने श्रेष्ठ मन को अपना दोस्त बनाया है जिसके गले में लाल रंग का अंगरखा है अर्थात् जो प्रेम की लालिमा से युक्त है। सारे संसार के धोबी (भौतिक कर्म) इसे मिटाने के अनेक प्रयत्न किये फिर भी यह रंग (प्रेम का रंग) जाता नहीं।

कबीर ने अपने मन को ईश्वर के रंग में रंग जाने का वर्णन किया है। 'रूपकातिशयोक्ति' अलंकार की योजना है।

पाणी ही तैं पातला, धूवां हीं तैं झींण।
पवनां बेगि उतावला, सो दोस्त कबीरै कीन्ह।।१५।।

व्याख्या–जो जल से भी अधिक पतला (सूक्ष्म) है और धुएँ से भी झीना है और जो पवन के वेग से भी अधिक गतिमान है। ऐसे रूप वाले सूक्ष्म उन्मन को कबीर ने अपना मित्र बनाया है।

इस साखी में सख्य भाव की व्यंजना है।

कबीर तुरी पलांणियां, चाबक लीया हाथि।
दिवस थकां साईं मिलौ, पीछैं पड़िहै राति।।१६।।

व्याख्या–कबीर कहते हैं कि मैंने घोड़े (मन) पर जीन कस ली है तथा घोड़े को चलाने के लिए संयम का चाबुक हाथ में ले लिया है। मैं इस जीवन (दिन) के रहते ही अपने परमात्मा का साक्षात्कार करना चाहता हूँ क्योंकि इसके पश्चात् रात्रि (मृत्यु) आ जायेगी तब यात्रा संभव नहीं हो पायेगी।

मन को सांसारिक विषयों से अलग कर परमात्मा से जोड़ने की व्यंजना है। 'रूपक' अलंकार की योजना है।

मनवां तौं अधर बस्या, बहुतक झींणा होइ।
आलोकत सचु पाइया, कबहूँ न न्यारा सोइ।।१७।।

शब्दार्थ–अधर = शून्य।

व्याख्या–मेरा मन ब्रह्म रंध्र अथवा शून्य में निवास कर रहा है। वह बहुत सूक्ष्म हो गया है। प्रभु के दर्शन मात्र से उसे सुख मिल गया। वह उस परमपद की स्थिति से कभी विलग नहीं होता।

मन न मार्‍या मन करि, सके न पंच प्रहारि।
सील साच सरधा नहीं, इंद्री अजहुँ उघारि।।१८।।

व्याख्या–हे जीव, तूने दत्तचित्त होकर अपने मन को नहीं मारा और पंच विकारों अर्थात् काम, क्रोध, मद, लोभ और मोह पर प्रहार नहीं कर सका, वे भी तुम्हारे वशीभूत नहीं हो सके। शील और सच्चाई के प्रति श्रद्धा भी नहीं जगी जिसके परिणामस्वरूप इन्द्रियाँ आज भी नग्न अर्थात् अनियन्त्रित हैं।

कबीर ने प्राणी को परमात्म तत्त्व को प्राप्त करने का मार्ग बताया है। 'अनुप्रास' अलंकार की योजना है।

कबीर मन बिकरै पड़ूया, गया स्वाद कै साथि।
गलका खाया बरजतां, अब क्यूँ आवै हाथि।।१६।।

व्याख्या–कबीर कहते हैं कि मन विकारग्रस्त हो गया है और स्वाद के साथ लग गया है मना करने के बाद भी यह गले तक अर्थात् आकंठ विषय-वासनाओं में डूब गया अतः अब उसे अपने वश में कैसे किया जा सकता है।

हाथ आना मुहावरा है।

कबीर मन गाफिल भया, सुमिरण लागै नाहिं।
घणीं सहैगा सांसनां, जम की दरगह माहिं।।२०।।

शब्दार्थ–दरगह = दरबार।

व्याख्या–कबीर कहते हैं कि यह मन चूक गया है अर्थात् अपने कर्त्तव्य पथ से हट गया है। यह राम-नाम का स्मरण नहीं करता। जब यह यमलोक पहुँचेगा तो इसे कठिन यातना (पीड़ा) सहनी पड़ेगी।

मन का मानवीकरण किया गया है।

कोटि कर्म पल मैं करै, यहु मन विषिया स्वादि।
सतगुर सबद न मानइ, जनम गँवाया बादि।।२१।।

व्याख्या–यह मन विषयों के स्वाद के चक्कर में पड़कर करोड़ों दुष्कर्म पल भर में ही कर डालता है। सद्‌गुरु द्वारा दिये गये राम-नाम के उपदेश को नहीं मानता। इस प्रकार इस मानव जन्म को यूँ ही (व्यर्थ में) गँवा देता है।

विषयों में पड़ा मन इस जीवन की सार्थकता नहीं समझता।

मैमन्ता मन मारि रे, घट ही माहैं घेरि।
जबहीं चाले पीठि दें, अंकुस दै दै फेरि।।२२।।

व्याख्या–सांसारिक विषयों के स्वाद में मस्त इस मन को इस शरीर में ही घेर कर मार दो अर्थात् वश में कर लो। परमात्मा से विमुख होकर यह जब सांसारिक विषयों की ओर चलने की चेष्टा करे तो ज्ञान और वैराग्य रूपी अंकुश (भाले) द्वारा परमात्मा की ओर उन्मुख कर दे।

मन को विषयों से अलग रखने की व्यंजना है। 'मैमंता मन' में रूपक अलंकार है।

मैमंता मन मारि रे, नान्हां करि करि पीसि।
तब सुख पावै सुन्दरी, ब्रह्म झलकै सीसि।।२३।।

व्याख्या–विषयों के भोग से हाथी के समान मस्त इस मन को मार दो, वशीभूत इस मन को साधना द्वारा सूक्ष्म बना लो। इसके पश्चात् ही यह जीवात्मा रूपी सुंदरी परम सुख को

प्राप्त करेगी और गगन मंडल में उस परमतत्त्व का साक्षात्कार होगा।

कबीर ने मन की साधना का वर्णन किया है। रूपकातिशयोक्ति अलंकार की योजना की गयी है।

कागद केरी नाँव री, पांणी केरी गंग।
कहै कबीर कैसे तिरूँ, पंच कुसंगी संग।।२४।।

व्याख्या–यह मानव शरीर कागज की नाव है, और यह संसार विषय-वासनाओं के जल से भरी हुई गंगा के समान है। ऐसे में पंच विकार, काम, क्रोध, मद, लोभ, मोह आदि साथ हैं तो इस भवसागर रूपी गंगा को कैसे पार कर सकता हूँ।

कबीर ने मानव शरीर की क्षणभंगुरता का भाव व्यंजित किया है। रूपकातिशयोक्ति अलंकार है।

कबीर यहु मन कत गया,जो मन होता काल्हि।।
डूँगरि बूठा मेह ज्यूँ, गया निबांणी चालि।।२५।।

शब्दार्थ–डूँगरि = पहाड़ी, बूठा = बरसा हुआ, निबांणी = नीची जमीन।

व्याख्या–जो मन कल था वह आज कहाँ चला गया अर्थात जो मन सांसारिकता से विमुख होकर ईश्वरोन्मुख हो गया था, उस मन की स्थिति अब नहीं है। पहाड़ी पर बरसे हुए जल की तरह उलटकर नीचे की ओर जलाशय में चला गया अर्थात् ईश्वर से विमुख होकर विषय-वासनाओं में पुनः प्रवृत्त हो गया।

उपमा और रूपक अलंकार की योजना है।

मृतक कूँ धी जौं नहीं, मेरा मन बी है।
बाजै बाव बिकार की, मूवा भी जीवै।।२६।।

शब्दार्थ–धी = बोध, जौं = ज्यों।

व्याख्या–मरे हुए को जैसे बोध नहीं होता उसी तरह मेरा मन भी है। इससे मुझे भय लगा रहता है। क्योंकि यदि विषय विकारों की हवा बहने लगती है तो मरा हुआ भी जीवित हो उठता है अर्थात् फिर से वासनाओं में पड़ जाता है।

काटी कूटी माछली, छींकैं धरी चहोड़ि (चहोरि)।
कोइ एक अषिर मन बस्या, दह मैं पड़ी बहोड़ि (बहोरि)।।२७।।

व्याख्या–मछली (मन) को काट-कूटकर अच्छी प्रकार से छीके के ऊपर चढ़ाकर रख दी किन्तु वासना का एक अक्षर उसमें शेष रह गया और वह पुनः वासनाओं के दह में गिर पड़ी।

मछली मन है, छीका शून्य चक्र है, अक्षर-विषय-वासना है, दह विषयासक्ति है। रूपकातिशयोक्ति एवं सांगरूपक अलंकार।

कबीर मन पंषी भया, बहुतक[1] चढ्या अकास।
उहां हीं तै गिरि पड्या, मन माया के पास।।२८।।

पाठान्तर-जय०–१. उड़िकै

व्याख्या–यह मन पक्षी की भाँति आकाश में ऊँचे (उड़कर) चढ़ गया। वहाँ पहुँचकर ही अपने अहंकार के कारण फिर से गिर पड़ा क्योंकि मन माया में ही रमा हुआ था।

कुंडलिनी से उठकर गगन मंडल तक पहुँचने तथा पुनः वहाँ से च्युत होने की व्यंजना

है। 'रूपक अलंकार' है।

भगति दुवारा सांकड़ा, राइ दसवैं भाइ।
मन तौ मैंगल ह्वै रह्या, क्यूं करि सकै समाइ।।२९।।

व्याख्या–भक्ति का द्वार अत्यन्त सँकरा है, वह राई के दसवें हिस्से के बराबर है। यह मन तो मदमस्त हाथी की तरह है अतः इतने संकीर्ण मार्ग में वह कैसे समा सकता है अर्थात् मन की सूक्ष्मावस्था ही भक्ति को प्राप्त कर सकती है।

भक्ति के मार्ग में आने वाली कठिनाइयों का वर्णन है। 'सांगरूपक' अलंकार की योजना है।

करता था तौ क्यूँ रह्या, अब करि क्यूँ पछताइ।
बोवैं पेड़ बबूल का, अंब कहाँ तैं खाइ।।३०।।

व्याख्या–हे मन, तू बुरे कर्मों में लिप्त रहता था तो क्यों रहता था, अब बुरे कर्म करके क्यों पश्चाताप कर रहा है। यदि कोई बबूल का वृक्ष बोता है तो वह आम जैसे मीठे फल को कैसे खा सकता है।

मन को अच्छे कर्म करने के लिए प्रेरित किया गया है। दूसरी पंक्ति में दृष्टांत अलंकार है।

काया देवल मन धजा, विषै लहरि फहराइ।
मन चाल्यां देवल चलै, ताका सरबस जाइ।।३१।।

व्याख्या–यह काया ही देवालय (मन्दिर) है और मन ही उसकी पताका है। यह पताका विषयों की हवा से फहरती रहती है। मन के अनुसार अर्थात् पताका के फहरने के साथ ही यदि देवालय चलायमान हो जाय तो उसका सर्वस्व नष्ट हो जाता है। इसी प्रकार जो काया मन के अनुसार चलती है वह विषयों में लिप्त होकर पूर्णतः नष्ट हो जाती है।

प्रथम पंक्ति में रूपक अलंकार है।

मनह मनोरथ छाड़ि दे, तेरा किया न होइ।
पांणी मैं घीव नीकसै, तौ रूखा खाइ न कोइ।।३२।।

व्याख्या–हे मन, तू अपने मन की इच्छाओं का परित्याग कर दे, क्योंकि तुझसे कुछ किया नहीं जा सकता। यदि पानी मथने से घी निकलने लगे तो इस संसार में कोई भी रूखी रोटी नहीं खाए। अर्थात् इच्छामात्र से किसी वस्तु की प्राप्ति नहीं होती। 'पानी से घी निकालना' मुहावरे का प्रयोग है। दृष्टांत अलंकार।

काया कसूँ कमांण ज्यूं, पंचतत्त करि बाँण।
मारौं तौ मन मिरग कौं, नही तौ मिथ्या जांण।।३३।।

व्याख्या–इस काया (शरीर) को धनुष की तरह कसूँ। उस पर पंच तत्व रूपी बाणों का संधान करूँ और इस प्रकार इस मन मृग को मार दूँ तभी यह जीवन सफल है अन्यथा सारा ज्ञान झूठा है।

पंचतत्त का तात्पर्य पाँचों यमों सत्य, अहिंसा, अपरिग्रह, अस्तेय तथा ब्रह्मचर्य से है। 'रूपक अलंकार' की योजना है। पाँच इन्द्रियों के पांच विषय हैं। इन्द्रियों को प्रत्यावर्तित या अन्तर्मुखी करके उन्हें विषय-वासनाओं से विरत किया जा सकता है। मन नायक है। वह इन्द्रियों के द्वारा ही अपनी इच्छा की पूर्ति करता है। इन्द्रियों की प्रवृत्ति जब विषय की ओर

नहीं होगी तो मन मृग मर जाएगा–जीवन मृत हो जाएगा।

'सांग रूपक' अलंकार का प्रयोग है।

१४. सूषिम मारग कौ अंग

पूर्व परिचय–सूषिम का तात्पर्य है सूक्ष्म। अर्थात् परम पद पर पहुँचने का मार्ग अत्यन्त सूक्ष्म है। इस संसार में आकर जीव अपने असली देश को भूल जाता है। यहाँ से सभी उसी देश में जाते हैं किन्तु कोई उसका संदेश बताने नहीं आता। लोग चलने की बात तो करते हैं परन्तु उस स्वामी के विषय में नहीं जानते जहाँ उनको जाना है। प्रभु प्राप्ति का मार्ग कठिन है। उस मार्ग से चींटी एवं हवा भी नहीं जा सकती। सतुगुरु की साक्षी से ही वहाँ पहुँचना संभव है। कबीर अपने को भाग्यशाली मानते हैं क्योंकि उस परमपद पर प्रतिष्ठित हो सके हैं।

कौण देस कहाँ आइया, कहु क्यूं जांण्यां जाइ।[1]
उहु मार्ग पावै नहीं, भूलि पड़े इस मांहि।।१।।

पाठान्तर–तिवारी–१. जाने कोई नाहिं

व्याख्या–जीवात्मा विचार करती है कि मेरा देश (स्थान) कौन-सा है और मैं कहाँ पहुँच गयी हूँ कहो, यह कैसे जाना जाय (या तिवारी–मेरा कौन देश है किन्तु कहाँ आ गयी हूँ, इसे कोई नहीं जानता है।) उस मार्ग (परमात्मा की प्राप्ति का मार्ग) का ज्ञान नहीं हो रहा है। इस भवसागर में ही भटक गयी हूँ।

कबीर ने जीवात्मा के इस जगत में भटकते रहने के दुःख का वर्णन किया है।

उतथैं कोई न आवई, जासौ बूझौं धाइ।
इतथैं सबै पठाइये, भार लदाइ लदाइ।।२।।

व्याख्या–उस परमात्मा के पास से कोई लौटकर आता नहीं जिससे दौड़कर मैं वहाँ का हाल जान सकूँ। इस जगत से ही सब कोई अपने ऊपर कर्मों की गठरी लादे हुए जाता दिखाई देता है।

आत्मा का परमात्मा के प्रति होने वाली जिज्ञासा का वर्णन है। भार का तात्पर्य पुण्य-पाप कर्म है। परमात्मा के पास पहुँचने वाला मुक्त हो जाता है, उसका पुनर्जन्म नहीं होता।

सबकूँ बूझत मैं फिरौं, रहण कहै नहिं कोइ।
प्रीति न जोड़ी राम सूँ, रहण कहाँ थैं होइ।।३।।

व्याख्या–जीवात्मा सबसे साधना के रहस्यों के विषय में पूछती फिरती है किन्तु कोई भी ईश्वर की अनुभूति के साथ रहने की बात नहीं बताता है। जब मैंने अपने प्रियतम राम से प्रीति ही नहीं जोड़ी तो उसके निकट रहने की स्थिति कैसे बन सकती है।

'रहनि' संत काव्य का पारिभाषिक शब्द है। आत्मा-परमात्मा की अद्वैत अनुभूति के साथ प्रेममय जीवन यापन रहनि है। न का रूपान्तरण 'ण' में हो गया है।

चलौं चलौं सब कोउ कहै, मोहि अँदेसा और।
साहिब सूँ पर्चा नहीं, ए जांहिगे किस ठौर।।४।।

सब प्राणी चलने की ही बात करते हैं किन्तु मुझे एक अन्य सन्देह है कि परमात्मा से किसी का परिचय ही नहीं है तो सभी प्राणी किस स्थान पर जायेंगे।

ज्ञान की महत्ता का वर्णन किया गया है।

हम बासी उस देश के जहाँ जांति पांति कुल नाहि।
सबद मिलावा ह्वै रहा देह मिलावा नांहि।।५।।

व्याख्या–कबीर कहते हैं कि हम उस देश के निवासी हैं जहाँ जाति-पांति तथा कुल का भेद-भाव नहीं है। वहाँ शब्द से शब्द का मिलन होता है, देह का मिलन नहीं होता।

शब्द तत्व अनाहत नाद (ओऽम या राम) का रूप है, वही उससे मिल जाता है। कबीर ने अन्यत्र कहा है कि 'बोलनहारा' वही परमतत्त्व है जो देह में उपस्थित है।

जाइबे कौं जागह नहीं, रहिबे कौं नहिं ठौर।
कहै कबीरा संत हौ, अबिगति की गति और।।६।।

व्याख्या–कबीर संतों को सम्बोधित करते हुए कहते हैं कि न तो जाने के लिए कोई जगह है न रहने के लिए कोई स्थान है। उस अव्यक्त ब्रह्म की दशा कुछ विचित्र ही है।

ईश्वर के पास पहुँचने का मार्ग अत्यन्त सूक्ष्म है। गंतव्य भी अज्ञेय है। सामान्यतः ईश्वर के विषय में जो धारणा है, ईश्वर उससे भी विशिष्ट है।

कबीर मारग कठिन है, कोइ न सकई जाइ।
गए ते बहुड़े नहीं, कुशल कहै को आइ।।७।।

व्याख्या–कबीर कहते हैं कि परमात्मा के प्राप्ति का मार्ग अत्यन्त कठिन है, वहाँ कोई पहुँच नहीं सकता है। यदि कोई कठिन साधना के द्वारा पहुँच भी गया तो वह लौटकर आया नहीं तो कुशलक्षेम कौन आकर बताये?

जन कबीर का सिषर घर, बाट सलैली शैल।
पाव न टिकै पिपीलका, लोगनि लादे बैल।।८।।

व्याख्या–परमात्मा साधक कबीर का निवास स्थान शून्य चक्र में है जिसका मार्ग बहुत ऊबड़-खाबड़ एवं रपटीला है। ऐसे पर्वतीय बेढंगे मार्ग पर चींटी की गति वाले अर्थात् सूक्ष्म मन वाले साधक भी फिसल जाते हैं। उनके भी पैर वहाँ नहीं टिक पाते। तब सामान्य लोगों की जो अपने मन रूपी बैल पर अपने दुष्कर्मों का बोझा लाद रखे हैं क्या दशा होगी?

कबीर ने मूलाधार चक्र में स्थित कुंडलिनी जागरण से लेकर परमात्मा तक (सहस्त्रार चक्र) पहुँचने के मार्ग में आने वाली कठिनाइयों का वर्णन किया है। रूपकातिशयोक्ति अलंकार है। योग मार्ग (या भक्ति मार्ग) साधारण मार्ग नहीं है। उस पर चलकर लक्ष्य तक पहुँचना कठिन है।

जहाँ न चींटी चढ़ि सकै, राइ ना ठहराइ।
मन पवन का गमि नहीं, तहाँ पहूँचे जाइ।।९।।

व्याख्या–परमात्मा तक पहुँचने का मार्ग इतना दुर्गम है कि वहाँ चींटी भी नहीं पहुँच सकती, राई भी नहीं ठहर सकती मन और पवन की भी गति जहाँ नहीं है ऐसे परमात्मा पद की प्राप्ति कबीर ने कर ली है।

कबीर मारग अगम[1] है, सब मुनिजन बैठे थाकि।
तहाँ कबीरा चलि गया, गहि सतगुरु की साषि।।१०।।

पाठान्तर– तिवारी – १. कठिन

व्याख्या–कबीर मानते हैं कि परमात्मा तक पहुँचने का मार्ग अगम (कठिन) है। सारे

मुनि लोग थककर (हार मान कर) बैठ गये हैं परन्तु कबीर सतगुरु के साक्ष्य के सहारे तथा उनकी कृपा से वहाँ पहुँच गया।

गुरु की महत्ता तथा परमात्मा की प्राप्ति के मार्ग में आने वाली कठिनाइयों का वर्णन है।

सुर नर थाके मुनि जनां, जहाँ न कोई जाइ।
मोटे भाग कबीर के, तहाँ रहे घर छाइ।।११।।

व्याख्या–कबीर कहते हैं कि सुर, मानव तथा मुनिजन सभी साधना मार्ग पर चलते-चलते थक गये फिर भी कोई वहाँ नहीं पहुँच सका। कबीर बड़े भाग्यशाली हैं कि ऐसे गूढ़ स्थान पर अपना घर बना लिया है। उनका स्थायी रूप से उस परमात्मा में निवास हो गया है।

१५. सूषिम जनम कौ अंग

पूर्व परिचय–इस अंग में कबीर ने मनुष्य के जन्म के विषय में प्रकाश डाला है। मनुष्य का जन्म दो प्रकार से होता है–१. स्थूल शारीरिक जन्म, २. आध्यात्मिक साधना परक जन्म।

चित्त वृत्ति के ईश्वरीय आधान से स्मरण का आस्वादन होता है। स्थूल मृत्यु से इतर प्राण रहते हुए जो मृत होता है वही सूक्ष्म मृत्यु है।

कबीर सूषिम सुरति का, जीव न जांणैं जाल।
कहै कबीरा दूरि कूरि, आतम अदिष्ट काल।।१।।

व्याख्या–कबीर कहते हैं कि सूक्ष्म स्मृति रूपी जो जाल (जीवात्मा को जन्म-मरण के बन्धन में डालने वाला) है उसे जीव नहीं जानता। इसलिए हे जीव, आत्मा को अज्ञान से ढकने वाली माया से अपने को अलग कर लेना चाहिए।

प्राण पिंड कौं तजि चलै, मूवा कहैं सब कोइ।
जीव अछत जाँमै मरै, सूषिम लखै न कोइ।।२।।

व्याख्या–जब प्राण पिंड (शरीर) को छोड़कर चल देता है तब उसे सब मरा हुआ कहते हैं किन्तु प्राण के रहते हुए प्राणी जो बार-बार जन्म लेता और मरता रहता है इस सूक्ष्म जन्म-मरण को कोई नहीं देखता।

१६. माया कौ अंग

पूर्व परिचय–कबीर ने माया के विषय में अनेक तरह की कल्पनाओं का चित्र खींचा है। माया वेश्या है, ठगनी है, कामिनी और शिकारिणी है, पापिनी है जिसके फन्दे में सारा संसार उलझा हुआ है। यह राम का नाम नहीं लेने देती। मोहनी माया से छुटकारा पाने के लिए सतगुरु की कृपा अपेक्षित होती है। संतों की दासी बन जाती है। मान, सम्मान, तृष्णा, धन, वैभव सब कुछ माया के ही रूप हैं। माया के वृक्ष में दुःख और संताप की शाखाएँ हैं। इसकी छाया में स्वप्न में भी शीतलता नहीं है। माया रूपी बगुली इस संसार के जल को गंदा किए है, सभी जीव उसी दूषित पानी को पी रहे हैं, कनक और कामिनी रूपी माया के जाल में सारा संसार जल रहा है। मुक्ति के लिए जीव को माया से ऊपर उठना चाहिए।

जग हटवाड़ा स्वाद ठग, माया बेसां लाइ।
राम चरन नीकां मही, जिनि जाइ जनम ठगाइ।।१।।

व्याख्या–इस संसार रूपी बाजार में माया वेश्या रूप में स्वाद रूपी ठग के साथ बैठी है। इस संसार में आकर राम के चरणों में शरण ले ले जिससे तुम्हारा यह जन्म व्यर्थ न हो अर्थात् माया द्वारा तुम ठगे न जाओ।

कबीर ने प्राणी को माया से बचने के लिए राम के चरणों में भक्ति करने के लिए प्रेरित किया है। 'सांग रूपक' अलंकार है।

कबीर माया पापणीं, फंद लै बैठी हाटि।
सब जग तौ फंधै पड्या, गया कबीरा काटि।।२।।

व्याख्या–कबीर कहते हैं कि माया पापिनी है वह संसार रूपी बाजार में प्राणियों को फँसाने के लिए फंदा लेकर बैठी है। सारे सांसारिक प्राणी इसके फंदे में पड़ गये लेकिन कबीर इस फंदे को काटकर पार हो गया।

व्यतिरेक अलंकार।

कबीर माया पापणीं, लालै लाया लोग।
पूरी किनहूँ न भोगई, इनका इहै बिजोग।।३।।

व्याख्या–यह माया बड़ी पापिन है, प्राणियों के मन में इसने लालसा (तृष्णा) उत्पन्न कर दी है परन्तु कोई भी अपनी तृष्णा की पूर्ति नहीं कर पाता। अर्थात् सुखों के प्रति जगी तृष्णा का भोग नहीं कर पाता। इनका यही सबसे बड़ा वियोग (दुःख) है या विचित्र संयोग है।

गीता में कहा गया है कि–

एहि संस्पर्शजा भोगा दुःख योनय एव ते।
आद्यन्तवन्तः कौन्तेय न तेषु रमते बुधः।।५-२२।।

हे कौन्तेय (अर्जुन) भौतिक इन्द्रिय सुख उन इन्द्रियों के स्पर्श से उद्‌भूत हैं जो नाशवान है क्योंकि शरीर स्वयं नाशवान है। मुक्तात्मा किसी नाशवान वस्तु में रुचि नहीं रखता।

भागवत में भी कहा गया है–

नायं देहो देहभाजां नृलोके कष्टान् कामानर्हते विड्‌भुजां ये।
तपो दिव्यं पुत्रका येन सत्वं शुद्‌ध्येद्‌यस्माद् ब्रह्मसौठ्यं त्वनन्तम्।।

''हे पुत्रो! इस मनुष्य योनि में इन्द्रियसुख के लिए अधिक श्रम करना व्यर्थ है। ऐसा सुख तो सूकरों को भी प्राप्य है। इसकी अपेक्षा तुम्हें इस जीवन में तप करना चाहिए, जिससे तुम्हारा जीवन पवित्र हो जाए और तुम असीम दिव्य सुख प्राप्त कर सको।''

अतः जो यथार्थ योगी या दिव्य ज्ञानी हैं वे इन्द्रिय सुखों की ओर आकृष्ट नहीं होते क्योंकि ये निरन्तर भवरोग के कारण हैं। जो भौतिक सुख के प्रति जितना ही आसक्त होता है, उसे उतने ही अधिक भौतिक दुःख मिलते हैं।

कबीर माया पापणीं, हरि सूँ करे हराम।
मुखि कड़ियाली कुमति की, कहण न देई राम।।४।।

व्याख्या–यह माया बड़ी पापिन है। यह प्राणियों को परमात्मा से विमुख कर देती है तथा उनके मुख पर दुर्बुद्धि की कुंडी लगा देती है और राम-नाम का जप नहीं करने देती।

माया का मानवीकरण किया गया है।

जाणौं जे हरि कौ भजौ, मो मनि मोटी आस।
हरि बिचि घालै अंतरा, माया बड़ी बिसास।।५।।

शब्दार्थ–बिसास = कपटी, विश्वासघातिनी।

व्याख्या– जीव के मन में यह लालसा है कि वह परमात्मा का भजन कर उसका साक्षात्कार कर ले। लेकिन यह माया बड़ी विश्वासघात करने वाली है। वह आत्मा और परमात्मा के मध्य भेद (अविश्वास) उत्पन्न कर देती है।

कबीर माया मोहनी, मोहे जांण सुजांण।
भागाँ ही छूटै नहीं, भरि-भरि मारै बाँण।।६।।

व्याख्या–यह माया मोहित करने वाली है। उसने ज्ञानी और परम ज्ञानी सब को मोहित कर रखा है। जो उससे छूट कर भागना चाहता है वह भी नहीं बच पाता क्योंकि वह निरन्तर विषयों का बाण मारती रहती है।

विशेषोक्ति और मानवीकरण अलंकारों का विधान है।

कबीर माया मोहनी, जैसी मीठी खाँड़।
सतगुरु की कृपा भई, नहीं तो करती भाँड़।।७।।

शब्दार्थ–भाँड़ = विनाश, खंडन।

व्याख्या–कबीर कहते हैं कि माया अपने मोह जाल में फँसाने वाली है। यह खाँड़ (शकर) जैसी मीठी है। यह अच्छा हुआ कि सत्गुरु की मुझ पर कृपा हो गयी नहीं तो यह माया मुझे भांड़ ही बनाकर छोड़ती अर्थात् मुझे नाचने कूदने वाला बना देती। भाँड़ का अर्थ नष्ट भी है। वह मुझे नष्ट कर देती।

माया के वास्तविक रूप का चित्रण है। 'रूपक' तथा 'उपमा' अलंकार की योजना है।

कबीर माया मोहनी, सब जग घाल्या घांणि।
कोई एक जन ऊबरै, जिनि तोड़ी कुल की कांणि।।८।।

व्याख्या–यह माया मोह जाल में फँसाने वाली है, उसने सारे संसार को घानी में डाल रखा है (कोल्हू में पेरना)। इस जाल को तोड़कर कोई विरला भक्त ही बच सकता है जिन्होंने कुल की कानि अर्थात् मर्यादा के बन्धन को तोड़ दिया है।

माया की व्यापकता का वर्णन है। सांगरूपक अलंकार की योजना है।

कबीर माया मोहनी, माँगी मिलै न हाथि।
मनह उतारी झूठ करि, तब लागी डोलै साथि।।९।।

व्याख्या–यह माया मोह के जाल में फँसाने वाली है। इसके पीछे पड़ने पर यह हाथ नहीं लगती। परन्तु जब इसे झूठा मानकर मन से अलग कर दिया तब यह स्वयं साथ-साथ लगी रहती है।

विरोधाभास अलंकार।

माया दासी संत की, ऊभी देइ असीस।
बिलसी अरु लातौं छड़ी, सुमरि-सुमरि जगदीस।।१०।।

शब्दार्थ–छड़ी = छोड़ दी, लातौ छड़ी =ठुकरा दी गई।

व्याख्या–यह माया संतों की दासी है, यह संतों की सेवा में तत्पर रहती है और निरन्तर खड़ी आशीर्वाद देती है। संतजन परमात्मा का भजन करते हुए इस माया को भोगकर पुनः लात मारकर उसे छोड़ देते हैं। वे इसमें लिप्त नहीं होते।

माया मुई न मन मुवा, मरि मरि गया सरीर।
आसा त्रिष्णाँ नाँ मुई, यौं कहै दास कबीर।।११।।

व्याख्या–कबीर कहते हैं कि प्राणी की न माया मरती है, न मन मरता है, यह शरीर ही बार-बार मरता है। अर्थात् अनेक योनियों में भटकता रहता है। परन्तु प्राणी की आशा और तृष्णा नहीं मरती वह हमेशा बनी ही रहती है।

आसा जीवै जग मरै, लोग मरे मरि जाइ।
सोइ मूवे धन संचते, सो उबरे जे खाइ।।१२।।

व्याख्या–आशा निरन्तर जीवित रहती है लेकिन यह संसार (सांसारिक लोग) मरता है। लोग बार-बार जन्म लेकर मरते रहते हैं। जो प्राणी इस कर्म रूपी धन का संचय करते हैं वे मरते हैं अर्थात् नष्ट हो जाते हैं, जो इस कर्म संचय को क्षीण करते हैं अर्थात् खा जाते हैं, माया के वशीभूत नहीं होते वे बच जाते हैं। वे जीवन मुक्त हो जाते हैं।

विरोधाभास अलंकार का विधान है।

कबीर सो धन संचिए, जो आगैं कूँ होइ।
सीस चढ़ाए पोटली, जे लात न देख्या कोइ।।१३।।

व्याख्या–कबीर कहते हैं कि उसी धन का संचय करना चाहिए जो आगे आने वाले जीवन के लिए सुखदायी हो अर्थात् ज्ञान और प्रेम रूपी पुण्य धन का संचय करना चाहिए। परन्तु प्राणी सांसारिक धन का संचय करते हैं जो व्यर्थ है क्योंकि उस धन को मैंने किसी को सिर पर लादकर ले जाते नहीं देखा।

धन-वैभव संसार में ही रह जाता है, जीव के साथ उसके पाप-पुण्य जाते हैं।

तिरिया त्रिष्णाँ पापणी, तासूँ प्रीति न जोड़ि।
पैंड़ी चढ़ि पाछे पड़ै, लागै मोटी खोड़ि।।१४।।

व्याख्या–स्त्री और तृष्णा (कामवासना और इच्छायें) पाप कराने वाली हैं इसलिए इनसे प्रीति नहीं करनी चाहिए। क्योंकि ये पगडण्डी पर चढ़कर जीव का पीछा करती हैं और इस प्रकार जीव को बड़ी बुराई लगती है।

अनुप्रास अलंकार का विधान है।

तिरिया तृष्णा में रूपक माना जा सकता है। अर्थात् तृष्णा रूपी तिरिया से प्रेम नहीं करना चाहिए।

त्रिष्णां सींची नाँ बुझै, दिन दिन बढ़ती जाइ।
जवासा के रुष ज्यूँ, घण मेहाँ कुमिलाइ।।१५।।

व्याख्या–तृष्णा भोग रूपी जल के सींचने से नहीं बुझती बल्कि दिन-प्रतिदिन वह और भी बढ़ती जाती है। जवासा के वृक्ष की तरह प्रेम रस की वर्षा होने पर यह तृष्णा कुम्हला जाती है अर्थात् नष्ट हो जाती है।

विशेषोक्ति और उपमा अलंकार।

बादलों की सामान्य जल वर्षा की तुलना परमात्मा के प्रेम रस की वर्षा से की गयी है।

कबीर जग की को कहै, भौजलि बूडै दास।
पारब्रह्म पति छाँड़ि करि, कर मानि की आस।।१६।।

व्याख्या–कबीर कहते हैं कि इस संसार के लोगों की बात कौन करे। इस संसार सागर में वे भक्त भी डूब जाते हैं जो परमात्मा रूपी पति को छोड़कर सम्मान की लालसा में पड़े रहते हैं।

परमात्मा की महत्ता का वर्णन किया गया है। भौजलि में रूपक अलंकार की योजना है।

माया तजी तौ का भया, मानि तजी नहीं जाइ।
मानि बड़े मुनियर गिले, मानि सबनि कौं खाइ।।१७।।

व्याख्या–माया (धन, वैभव आदि की लालसा) का त्याग यदि कर भी दिया तो क्या हुआ? यदि सम्मान की भावना का त्याग नहीं किया तो क्या किया? यह सम्मान की भावना तो बड़े-बड़े मुनियों को भी निगल जाती है। यह सम्मान तथा अहं का भाव तो सारे संसार को अपने वशीभूत कर उसे नष्ट कर देता है।

मान का मानवीकरण।

रांमहिं थोड़ा जांणि करि, दुनियां आगैं दीन।
जीवा कौं राजा कहैं, माया के आधीन।।१८।।

व्याख्या–प्राणी राम के विषय में बहुत कम जानता है या राम की सामर्थ्य को कम करके आँकता है इसीलिए वह स्वयं दुनिया के सामने अपने को बहुत दीन समझता है। वह (प्राणी) माया के वशीभूत होकर उन प्राणियों को भी राजा स्वीकार कर लेता है जो स्वयं माया के अधीन हैं।

रज बीरज की कली, तापरि साज्या रूप।
रांम नांम बिन बूड़िहै, कनक कामिणी कूप।।१६।।

यह मानव देह रज और वीर्य के मेल से बनी एक कली भर है उसी पर हाँड, माँस का ढाँचा सजा है।

(स्वयं में ग्रह अत्यन्त दुर्बल और नश्वर है) यह राम-नाम के स्मरण के बिना कनक (धन-वैभव की लालसा) और कामिनी (वासना) रूपी कूप में डूब कर अपना नाश कर लेती है।

रूपक अलंकार का विधान है।

माया तरवर त्रिविध का, साखा दुःख संताप।
सीतलता सुपिनै नहीं, फल फीकौ तनि ताप।।२०।।

व्याख्या–यह माया (सतोगुण, तमोगुण तथा रजोगुण) इन तीनों गुणों से युक्त वृक्ष की भाँति है। इसमें दुःख और संताप रूपी शाखाएँ हैं। इसकी छाया में रहने वाले को तो स्वप्न में भी सुख शान्ति नहीं प्राप्त हो सकती। इसका फल फीका और शरीर को ताप (कष्ट) देने वाला है।

इस साखी में माया के असत् एवं पीड़ाजनक रूप का वर्णन किया गया है।

सांगरूपक तथा व्यतिरेक अलंकार।

कबीर माया डाकणीं, सब किसही कौं खाइ।
दांत उपाड़ौ पापणीं, जे संतौ नेड़ी जाइ।।२१।।

शब्दार्थ–डाकिणी = पिशाचिनी।

व्याख्या–कबीर कहते हैं कि माया पिशाचिनी (डाइन) है। यह सारे सांसारिक प्राणियों को खा जाने वाली है। परन्तु यदि यह सन्तों के निकट आये तो मैं इस पापिनी के दाँत उखाड़ दूँ।

संत जन माया के वशीभूत नहीं होते, साखी में इसी की व्यंजना है। 'सांगरूपक' अलंकार की योजना है।

नलनी सायर घर किया, दौं लागी बहुतेणि।
जलही माहैं जलि मुई, पूरब जनम लिषेणि।।२२।।

व्याख्या–जीवात्मा रूपी कमलिनी ने इस संसार सागर में अपना स्थान कर लिया है। इस माया रचित भवसागर में विषय-वासनाओं की आग लग गयी। यह जीवात्मा रूपी कमलिनी माया के जल में रहते हुए भी वासना की आग में जल मरी। यह पूर्व जन्मों के कर्मों के परिणामस्वरूप ही हुआ।

विशेष–तृतीया विभक्ति का शेष, रूपकातिशयोक्ति, विरोधाभास अलंकार।

कबीर गुण की बादली, तीतरबानी छांहिं।
बाहरि रहे ते ऊबरे, भीगे मंदिर मांहि।।२३।।

व्याख्या–माया त्रिगुणात्मिका बदली की तरह है। इसकी छाया तीतर वर्ण की तरह है। कहीं उसकी छाया सघन और कहीं फीकी है जो इस छाया की सघनता से बाहर रहे। वे तो बच गये और जो उस सघनता की छाया में रहे वे भीग गये अर्थात् वे विषयों के भोग में लिप्त हो गए।

मंदिर का अर्थ है घर जो गृहस्थी का द्योतक है। रूपक, विरोधाभास अलंकार।

कबीर माया मोह की, भई अँधियारी लोइ।
जे सूते ते मुसि गए, रहे वस्तु कूँ रोइ।।२४।।

शब्दार्थ–सूत = सोए, मुसि = लूटे।

व्याख्या–कबीर कहते हैं कि यह माया मोह रूपी अंधकार की काली छाया सारे संसार में व्याप्त है जो सुषुप्तावस्था में है वे लूट लिए गये अर्थात् उनका ज्ञान छिन गया। वे उसके लिए रोते-बिलखते रहते हैं।

सांकल हूँ ते सबल है, माया इहि संसार।
ते क्यूँ छूटैं बापुड़े, बाँधे सिरजन हार।।२५।।

व्याख्या–माया इस संसार में सभी प्राणियों को अपनी श्रृंखला में बाँधने वाली है। माया की श्रृंखला सामान्य जंजीर से सबल है। जो सृष्टिकर्ता के द्वारा स्वयं माया से बाँध दिया गया है वे बेचारे इससे कैसे छूट सकते हैं।

माया उस परमात्मा की ही शक्ति है, इस साखी में यही व्यंजना है। व्यतिरेक अलंकार।

बाड़ि चढ़ंती बेलि ज्यूं, उलझी आसा फंध।
तूटै पर छूटै नहीं, भई जो बाचा बंध।।२६।।

व्याख्या–माया इस संसार रूपी बाड़ पर आशा लता के समान फैली है, जीव उस

आशा रूपी फंदे में पड़कर झूल रहा है। यह जीव जब शरीर रूप धारण करता है उसी समय माया से बँध जाता है, इस प्रकार प्राणी का सारा जीवन उससे बँध कर रह जाता है। जैसे वचनबद्ध आदमी अपनी वाणी से बँधा हुआ छिन्न-भिन्न हो जाता है वैसे ही माया से बँधा प्राणी छिन्न-भिन्न होकर नष्ट हो जाता है।

इस साखी में माया की तुलना बाड़ पर चढ़ती लता से किया गया है। उपमा, रूपक तथा दृष्टांत अलंकारों की योजना की गयी है।

सब आसण आसा तणां, निर्बर्तिकै को नाहिं।
न्रिवरति कै निबहै नहीं, परव्रति परपंच माँहि।।२७।।

व्याख्या–समस्त आसन (कर्मों के रूप) आसा रूपी बंधन से बँध गये हैं। निवृत्ति मार्ग का पालन करने वालों के लिए यह आसन नहीं है। प्राणी निवृत्ति के मार्ग का निर्वाह नहीं कर पाता इसलिए वह प्रवृत्ति के प्रपंचों (विषय-वासनाओं) में पड़ा रहता है।

कबीर इस संसार का, झूठा माया मोह।
जिहि घरि जिता बंधावणा, तिहिं घरि तिता अंदोह।।२८।।

व्याख्या–कबीर कहते हैं कि इस संसार के प्रति किया गया माया मोह झूठा है। जिस घर में जितनी ही बधाइयाँ (प्रसन्नता) होती हैं उस घर में उतना ही कष्ट है। अर्थात जो प्राणी माया-मोह से जितना लगा रहता है वह उतना ही दुःख पाता है।

माया हमसौ यौं कह्या, तू मति दे रे पूठि।
और हमारा हम बलू[1] गया कबीरा रूठि।।२९।।

पाठान्तर– तिवारी – १. और हमारे वसि पड़े।

शब्दार्थ–हम बलू = हमारे हमबोल अनुवर्ती।

व्याख्या–कबीर कहते हैं कि माया ने मुझसे इस प्रकार कहा कि तू मुझे पीठ मत दिखा अर्थात् मेरा तिरस्कार मत करो। क्योंकि सारा जगत मेरे वशीभूत है या मेरा अनुवर्ती है किन्तु कबीर मुझसे रूठ गया है। अर्थात् विमुख हो गया है।

कबीर ने माया के प्रति अपना विमोह दर्शाया है। मानवीकरण अलंकार की योजना है।

बगुली नीर बिटालिया, सायर चढ्या कलंक।
और पंखेरू पी गए, हंस न बोवै चंच।।३०।।

व्याख्या–माया रूपी बगुली ने विषय वासनाओं रूपी जल को जूठा कर दिया है, परिणामस्वरूप संसार सागर भी कलंकित (दूषित) हो गया है। सामान्य जीव रूपी पक्षी इस जल को पी गये किन्तु शुद्ध चैतन्य स्वरूप आत्मा इसमें अपनी चोंच भी नहीं डुबाता।

यहाँ बगुली माया की, 'नीर' विषय-वासनाओं का, सागर संसार का, पंखेरू सामान्य जीवों का तथा हंस ज्ञानी आत्मा के प्रतीक हैं।

कबीर माया जिनि मिलै, सौ बरियां दे बाँहि।
नारद से मुनियर गिले, किसौ भरोसौ ताहि।।३१।।

व्याख्या–कबीर कहते हैं कि यदि माया सौ बार भी बाँह देकर बुलाये, फिर भी उससे नहीं मिलना चाहिए क्योंकि इसने नारद जैसे मुनियों को भी निगल लिया तो इस पर कैसे भरोसा किया जाय। साधारण जीवों को यह कैसे छोड़ सकती है।

माया की झलि जग जलै, कनक कामणी लागि।
कहु धौं किहि विधि राखिये, रुई पलेटी आगि।।३२।।

व्याख्या–कनक और कामिनी के मोह में पड़कर यह जगत माया की ज्वाला में जल रहा है। हे प्राणी तुम्हीं कहो रुई में लपेटी हुई आग को किस प्रकार बचाया जा सकता है।

साखी में कनक और कामिनी को माया का ही रूप बताया गया है। 'निदर्शना' अलंकार की योजना की गयी है।

१७. 'चांणक कौ अंग'

पूर्व परिचय – चांणक चाणक्य का अपभ्रंश है। चाणक्य की राजनीतिक चतुराई प्रसिद्ध है। उसी आधार पर चतुराई के अर्थ में यह शब्द प्रचलित हुआ है। संसार में जीव का जीव से लगाव रहता है। वेशभूषा मात्र से साधक लोग संत होने का कपट करते हैं। आडम्बरों में ही उलझ कर वे समय बिता देते हैं। उन्हें राम के नाम की पहचान नहीं होती। वेदपाठी पंडित एवं शाक्त आदि की पद्धति मुक्तिदायिनी नहीं। बहुत चतुराई करने वाला तोते की तरह पिंजड़े में ही बंद होकर रह जाता है। पंडित जो दूसरों को उपदेश देता है अन्ततः उसके मुँह पर मिट्टी ही पड़ती है। इस अंग में कबीर मनुष्य की मिथ्या चतुराई का ही पर्दाफाश करते हैं।

जीव बिलंब्या जीवं सौं, अलष न लखिया जाइ।
गोविन्द मिलै न झल बुझै, रही बुझाइ बुझाइ।।१।।

व्याख्या–इस संसार में जीव-जीव के आश्रित है। वह उस अलक्ष्य निराकार परमतत्त्व की ओर नहीं देखता। बिना गोविन्द के सांसारिक विषय-वासनाओं की ज्वाला नहीं बुझती, चाहे किसी भी प्रकार से उसे क्यों न बुझाया जाय।

बुझाइ-बुझाइ में पुनरुक्ति प्रकाश अलंकार है।

इही उदर कै कारणै, जग जाँच्यौ निस जाम।
स्वामी-पणौ जो सिरि चढ्यो सर्यो न एको काम।।२।।

व्याख्या–अपनी उदरपूर्ति के लिए रात-दिन प्राणी इस संसार से याचना करता है किन्तु उसका स्वामित्वपन (अपने बड़प्पन का भाव) उसके सिर पर रहता है जिसके परिणामस्वरूप उसका एक भी कार्य नहीं सिद्ध होता।

स्वामी हूँणाँ सोहरा, दोद्धा हूँणां दास।
गाडर आँणी ऊन कूँ बाँधी चरै कपास।।३।।

व्याख्या–स्वामी बन जाना सरल है किन्तु परमात्मा का दास (भक्त) बनना अत्यन्त कठिन कार्य है अर्थात् भक्ति निबाहना दुष्कर है। जैसे भेड़ ऊन के लिए लायी जाती है किन्तु बँधी हुई वह कपास चरने में तत्पर हो जाती है अर्थात् प्राणी की जो शक्ति परमात्मा की भक्ति में लगनी चाहिए वह अपने अहंकार की रक्षा में लग जाती है।

गाडर (भेड़) से ऊन तो मिला नहीं कपास की भी हानि हुई। साधु संत होकर लोग संसार सुख भी छोड़ते हैं परमार्थ भी नहीं पाते, क्योंकि वे पूरी तरह संन्यास में लीन नहीं होते।

स्वामी हूवा सेंत का, पैकाकार पचास।
राम नांम कांठै रह्या, करै सिषाँ की आस।।४।।

व्याख्या–स्वामी बन जाना सेंत का (आसान) काम है. स्वामी के अनेक पैकाकार

(सेवक) भी बन जाते हैं, ऐसे साधक व्यक्ति के लिए राम-नाम एक किनारे रखा रह जाता है। वह अपने शिष्यों से ही आशा करने लगता है अर्थात् शिष्य ही उसकी सेवा भक्ति करें।

कबीर तस्टा टोकणीं, लीए फिरै सुभाइ।
राम नाँम चीन्है नहीं, पीतलि ही कै चाइ।।५।।

शब्दार्थ – तस्टा (फा०) = तसला।

व्याख्या–कबीर कहते हैं कि मिथ्या साधक स्वभाव वश ही तसला और टोकणी (जलपात्र) लिए फिरते रहते हैं। राम-नाम की उन्हें पहचान ही नहीं है केवल पीतल की उस धातु के प्रति ही उनका प्रेम होता है।

कलि का स्वामी लोभिया, पीतलि धरी खटाइ।
राज दुबारां यौं फिरे, ज्यूँ हरिहाई गाइ।।६।।

व्याख्या–कलिकाल के महात्मा (साधु) अत्यन्त लोभी होते हैं। ये लोग पीतल में रखी हुई खटाई की तरह विकृत भी होते हैं। ये स्वामी राज-दरबारों में सम्मान पाने के लिए ऐसे फिरते हैं जैसे हरहा गाय स्वाद के वशीभूत होकर बारबार रोकने पर भी फसलों में मुँह मारा करती है।

उपमा अलंकार।

कलि का स्वामीं लोभिया, मनसा धरी बधाइ।
दैंहि पईसा ब्याज कौं, लेखाँ करतां जाइ।।७।।

व्याख्या–कलिकाल के स्वामी (संन्यासी) लोभवश अपने मन की इच्छाओं को निरंतर बढ़ाकर रखते हैं अतः ब्याज प्राप्त करने के लिए पैसा उधार देते हैं और उसी का लेखा-जोखा करने में जीवन नष्ट कर देते हैं।

स्वामी शब्द मठाधीशों तथा महन्तों के लिए प्रयुक्त किया गया है।

कबीर कलि खोटी भई, मुनियर मिले न कोइ।
लालच लोभी मसकरा, तिनकूं आदर होइ।।८।।

व्याख्या–इस कलिकाल में बहुत ही बुरा हुआ, कोई श्रेष्ठ (सच्चा) मुनि मिलता ही नहीं। क्योंकि इस काल में जो लोभी है, लालची है तथा हँसी मसखरी करने वाले हैं उन्हीं को सम्मान मिलता है। तुलसी भी कहते हैं–जो कह झूठ मसखरी जाना। कलयुग सोइ गुनवन्त बखाना।।

चार्‌यूं बेद पढ़ाइ करि, हरि सूँ न लाया हेत।
बालि कबीरा ले गया, पंडित ढूँढै खेत।।९।।

व्याख्या–चारों वेदों को पढ़ाकर भी पंडित को हरि से प्रेम नहीं हुआ। अन्न युक्त बाल तो कबीर ले गया तथा पंडित सारहीन खेतों को ही ढूँढ़ता रहा। परमात्मा के प्रति प्रेम की महत्ता वर्णित है। भक्ति में तत्त्व है, शास्त्र में सारहीनता। रूपकातिशयोक्ति अलंकार की योजना है।

ब्राह्मण गुरु जगत का, साधू का गुरु नाहिं।
उरझि पुरझि करि मरि रह्या, चारिऊं बेदाँ माँहि।।१०।।

व्याख्या–ब्राह्मण या पंडित सारे संसार का गुरु होता है किन्तु वह साधु (संत) पुरुषों का गुरु नहीं हो सकता। ब्राह्मण चारों वेदों में उलझ-उलझ कर जीवन यूँ ही नष्ट कर देता है।

जबकि साधु (संत) आत्मसाक्षात्कार को महत्व देता है। इसलिए वह श्रेष्ठ है।

कलि का बाम्हन मसखरा, ताहि न दीजै दान।
सौ कुटुंब नरकै चला, साथि लिए जजमान।।११।।

व्याख्या–कलियुग का ब्राह्मण दिल्लगीबाज है (हँसी मजाक करने वाला) उसे दान मत दो। वह अपने यजमान को साथ लेकर सैकड़ों कुटुम्बियों के साथ नरक जाता है।

साषित सण का जेवड़ा, भींगाँ सू कठठाइ।
दोइ अषिर गुरु बाहिरा, बांध्या जमपुरि जाइ।।१२।।

व्याख्या–शाक्त धर्म के अनुयायी सन की रस्सी जैसे हैं जो भीगने से और भी कठोर हो जाते हैं अर्थात् भक्ति-रस से भीगने पर भी वह अपने अहं में और भी कठोर हो जाते हैं। राम नाम रूपी दो अक्षर तथा गुरु के अभाव में वे काल-पाश में बँधे हुए यमलोक जाते हैं।

मध्यकाल में शक्ति की पूजा करने वालों को ही साषत (शाक्त) कहा गया है। यह वैष्णव धर्म से विमुख रहने वाले थे। कबीर ने इन पर व्यंग्य किया है। उपमा एवं रूपक अलंकारों की योजना है।

पाड़ोसी सू रुषणां, तिल तिल सुख की हांणि।
पंडित भए सरावगी, पाँणी पीवैं छाँणि।।१३।।

व्याख्या–अपने पड़ोसी के प्रति रोष (द्वेष) करने से थोड़ा-थोड़ा करके सुख की हानि ही होती है। जैसे पंडित भी श्रावकों (जैन साधुओं) के पड़ोस में (संगति) पड़कर पानी को छानकर पीने लगता है। अर्थात् संगति का प्रभाव उस पर पड़ने लगता है, वह भी ढोंगी हो जाता है।

पडोसी के साथ सद्व्यवहार न करके लोग उनके आडम्बर, प्रथा; आचरण की नकल कर लेते हैं।

पंडित सेती कहि रह्या, भीतरि भेद्या नाहिं।
औरूँ कौं परमोधतां, गया मुहरक्यां माँहि।।१४।।

व्याख्या–यह कबीर पंडित से कहता ही रह गया किन्तु उसका उपदेश उसके हृदय को नहीं भेद सका। दूसरों को प्रबोधित करते-करते वह स्वयं उस अगुवाई (नेतागिरी) में बेकार हो गया। पंडित अपनी बात तो दूसरों को समझाना चाहते हैं किन्तु दूसरे की सुनना नहीं चाहते। इसी से उनका विनाश होता है। उनमें जड़ता घर कर जाती है।

चतुराई सूवैं पढ़ी, सोई पंजर मांहि।
फिरि प्रमोधै आंन कौं, आपण समझे नाहिं।।१५।।

व्याख्या–तोते ने बड़ी चतुराई सीखी तो वह पिंजरे में आबद्ध हो गया। आबद्ध हुआ वह दूसरों को ज्ञान देता है किन्तु वह स्वतः इस ज्ञान को नहीं समझता। इस साखी में शाब्दिक ज्ञान की निस्सारता का वर्णन है।

रासि पराई राषतां, खाया घर का खेत।
औरों को परमोधतां, मुख में पड़िया रेत।।१६।।

व्याख्या–जैसे दूसरों की अन्न राशि की रक्षा करते हुए किसान का खेत पशुओं द्वारा खा लिया गया। वैसे दूसरों को प्रबोधित करने वाले (ज्ञान देने वाला) पंडित के मुख पर खेह ही

पड़ती है अर्थात अपमानित होकर नष्ट हो जाता है। जो अपना कल्याण न सोचकर उपदेश देता है, उसकी परिणति बुरी होती है। अन्योक्ति अलंकार की योजना है।

तारा मंडल बैंसि करि, चंद बड़ाई खाइ।
उदै भया जब सूर का, स्यूँ ताराँ छिपि जाइ।।१७।।

व्याख्या–तारा मंडल में बैठकर चंद्रमा बड़प्पन को प्राप्त करता है परन्तु जब सूर्य का उदय होता है तो वह भी तारों के समान छिप जाता है।

अज्ञानियों के मध्य सामान्य ज्ञान रखने वालों की प्रतिष्ठा रहती है किन्तु अनुभूति सम्पन्न ज्ञानी के समक्ष वह नहीं ठहर पाता। चन्द्रमा पंडित का, तारा मंडल शिष्यों का तथा सूर्य ज्ञान सम्पन्न भक्त का प्रतीक है।

देषण कौं सब कोउ भले, जिसे सीत के कोट।
रवि के उदै न दीसहीं, बँधै न जल की पोट।।१८।।

व्याख्या–तुषार या कुहरे के दुर्ग के समान देखने में सब साधु-संत भले ही सदृश प्रतीत होते हैं किन्तु ज्ञान रूपी सूर्य के प्रकट होने पर वे अदृश्य हो जाते हैं और उस जल की पोटली नहीं बाँधी जा सकती।

इस साखी में सूर्य ज्ञानी भक्त है तथा तुषार (कुहरा) सामान्य ज्ञान का अहंकार करने वाला संत है। ज्ञानोदय के पश्चात् आडम्बर युक्त संन्यासी महत्त्वहीन हो जाते हैं। सीत के कोट में उपमा अलंकार की योजना की गयी है।

तीरथ करि करि जग मुवा, डूँघै पाँणी न्हाइ।
रामहि राम जपंतडाँ, काल घसीट्याँ जाइ।।१९।।

व्याख्या–यह सारा जगत (सांसारिक प्राणी) तीर्थों में भ्रमण करते-करते तथा उसके जल में स्नान करते-करते मर गया। जबकि केवल राम-नाम जप करके ही इस काल को घसीटा (वश में) जा सकता है। काल पर विजय पायी जा सकती है।

इस साखी में बाह्याडम्बरों का खंडन है। राम-नाम की महत्ता वर्णित है।

कासी काँठैं घर करै, पीवै निरमल नीर।
मुकति नहीं हरि नाँव बिन, यूँ कहै दास कबीर।।२०।।

व्याख्या–भक्त कबीर कहता है कि जो काशी के निकट (क्षेत्र) घर बनाकर निवास करता है तथा वहाँ का (गंगा) स्वच्छ जल पीता है वह भी परमात्मा के स्मरण के बिना मुक्ति को प्राप्त नहीं कर सकता।

कबीर इस संसार कौ, समझाऊँ कै बार।
पूँछ जो पकड़े भेड़ की, उतर्‌या चाहै पार।।२१।।

व्याख्या–कबीर कहते हैं कि जो लोग भेड़ की पूँछ पकड़ कर इस भवसागर के पार उतरना चाहते हैं ऐसे लोगों को मैं कितनी बार समझाऊँ क्योंकि बार-बार बताने पर भी वे नहीं समझते।

इस साखी में भेड़ की पूँछ पकड़ना गतानुगतिक होना है तथा जिसके पार जाना है वह भवसागर है।

मैं रोऊँ संसार कौ, मो कौ रोवै न कोइ।
मोकौं रोवै सो जना, जो सबद विवेकी होइ।।२२।।

व्याख्या–कबीर कहते हैं कि मैं सारे संसार की पीड़ा से रोता हूँ। (उनके उद्धार की चिन्ता से व्यथित हूँ) परन्तु वे मेरे लिए नहीं रोते। मेरे लिए वही रोते हैं जो शब्द (राम) के विवेकी हैं। जो शब्द ब्रह्म की अनुभूति रखते हैं वे ही मेरी साधना की कठिनाई को समझते हैं।

कबीर मन फूल्या फिरै, करता हूँ मैं ध्रंम।
कोटि करम सिरि ले चल्या, चेति न देखै भ्रंम।।२३।।

व्याख्या–कबीर कहते हैं कि प्राणी मन ही मन प्रसन्न होकर इसलिए फिरता है कि वह धर्म विहित कर्म कर रहा है परन्तु करोड़ों कर्मों का भार वह सिर पर रखकर चला जा रहा है। सचेत होकर वह इस भ्रम को नहीं देखता।

प्राणी के अन्दर व्याप्त अहंकार की भावना ही उसका बंधन है। इसी की व्यंजना है।

मोर तोर की जेवड़ी, बलि[1] बंध्या संसार।
काँसि कडूँबा सुत कलित, दाझण बारंबार।।२४।।

पाठान्तर– जय० – १. गलि

शब्दार्थ–काँसि = आकांक्षा।

व्याख्या–यह संसार मेरी-तेरी (माया-मोह) की रस्सी से ही बल पूर्वक (या गले से) बँधा है। तू जिस कुटुंब, सुत, स्त्री आदि की आकांक्षा रखता है उनके द्वारा ही तुझे बार-बार दुःख उठाना पड़ता है, वे ही तुझे दग्ध करते हैं।

कबीर कोठी काठ की, दह दिस लागी आगि।
पंडित पंडित जलि गए, मूरख ऊबरे भागि।।२५।।

व्याख्या–यह संसार काठ की कोठरी है। इसमें दसों दिशाओं से विषय-वासना की आग लगी है। पंडित लोग इसमें आसक्त होकर जल मरते हैं किन्तु जिन्हें वे तथाकथित मूर्ख समझते हैं ऐसे (संत) लोग भागकर (संसार) का त्याग करके, उससे विरक्त होकर बच जाते हैं।

कोठरी साम्प्रदायिक और धार्मिक विचारों की भी हो सकती है जिसमें पड़कर पंडित लोग जलते हैं किन्तु मूर्ख लोग (जो पंडितों की दृष्टि में मूर्ख हैं) उसमें आसक्त न होकर बच जाते हैं।

१८. कथणी-करणीं कौ अंग

पूर्व परिचय–कबीरदास कथनी और करनी के एकत्व पर बल देते हैं। यदि कथनी को आचरण में न उतारा जाए तो वह व्यर्थ है। कथनी के अनुसार न चलने वाले की बड़ी दुर्दशा होती है। पढ़ना, गुनना, गाना आदि भी कथनी के ही रूप हैं। अक्षर ज्ञान तथा शास्त्र के आख्यान को अपने भाव में उतारना आवश्यक होता है। उसमें भावात्मक तल्लीनता अपेक्षित होती है। प्रेम के एक अक्षर से ही कोई व्यक्ति पांडित्य पा सकता है।

कथणीं कथी तौ का भया, जे करणीं नाँ ठहराइ।
कालबूत के कोटज्यूं, देषतही ढहि जाइ।।१।।

व्याख्या–कथनीय (जो कहने योग्य है) उसके विषय में कथन करने से क्या लाभ? यदि उसे कर्म में नहीं उतारा जाता। ऐसी कथनी कच्ची मिट्टी के परकोटे के समान देखते ही देखते ढह जाती है।

'कालबुद' फारसी का शब्द है, इसका अर्थ है कच्चा भराव जिस पर मेहराब बनती है। दृष्टांत अलंकार है।

रांमहिं राम पुकारते, जिभ्या परिगौ रौंस।
सूधा जल पीवै नही, खोदि पियन कौ हौंस।।२।।

व्याख्या–राम का नाम पुकारते-पुकारते जीभ में छाले पड़ गए। अब शुद्ध जल जो पहले से प्राप्त है पीने की इच्छा नहीं है, जल को खोदकर पीने की इच्छा है। ऐसा जल (अमृत जल) जो राम रस के रूप में प्राप्त होता है जिसकी उपलब्धि निजी साधना से ही संभव है।

अन्योक्ति अलंकार, रूढ़ साधना छोड़कर मौलिक साधना की चाह व्यक्त की गयी है।

जैसी मुख तैं नीकसै, तैसी चालै चाल।
पार ब्रह्म नेड़ा[१] रहै, पल में करै निहाल।।३।।

पाठान्तर–१. नियरा

व्याख्या–प्राणी के मुख से जैसी बात निकलती है अगर वह वैसी चाल भी (करनी) भी करता है तो परमात्मा उसके निकट ही रहता है और अन्य जीवों को वह पल भर में ही अपना बना लेता है।

जैसी मुख तैं नीकसै, तैसी चालै नाहिं।
मानिष नहीं ते स्वांन गति, बाँध्या जमपुर जाहिं।।४।।

व्याख्या–जो प्राणी जैसा कथन करता है यदि उसी का वह पालन नहीं करता तो वह मनुष्य नहीं है, उनकी दशा कुत्तों जैसी है। ऐसे लोग काल द्वारा बँधकर जमपुर ले जाये जाते हैं।

पद गाएँ मन हरषियाँ, साषी कह्या अनंद।
सो तत नांउं न जाणिया, गल मैं पड़िया फंध।।५।।

पद का गान करने से मन हर्षित हो गया तथा साखी कहने से आनंदित हो उठा परन्तु यदि उस परम तत्त्व का नाम न जाना तो गले में जन्म-मरण का फंदा पड़ जाता है। पद गाना या साखी पढ़ना भी राम नाम के मर्म को समझे बिना मुक्ति दायक नहीं है।

करता दीसै कीरतन, ऊँचा करि करि तूंड।
जाँणै बूझै कछू नहीं, यौं ही आंधा रुंड।।६।।

व्याख्या–अपना मुख ऊँचा किये हुए जो कीर्तन करता हुआ दिखाई देता है वह आधे धड़ के जैसा है जो कुछ भी नहीं जानता समझता है।

मैं जान्यूँ पढ़िबौ भलौ, पढ़िबा थै भलौं जोग।
राँम नाँम सूँ प्रीति करि, भल-भल नीदौं लोग।।७।।

व्याख्या–मैंने समझा कि पढ़ना (शास्त्रों का ज्ञान करना) अच्छा है लेकिन इस शब्द ज्ञान से तो कहीं अच्छी योग साधना है। कबीर ने तो राम-नाम से प्रेम कर लिया है, भले ही लोग इसके लिए उसकी निन्दा क्यों न करें।

सामान्य (पुस्तकीय) ज्ञान की अपेक्षा राम-नाम की महत्ता पर बल दिया गया है।

कबीर पढ़िबो दूरि करि, पुस्तक देइ बहाइ।
बाँवन अषिर सोधि कर, ररै ममैं चित लाइ।।८।।

व्याख्या–पढ़ने अर्थात् शास्त्राध्ययन से अपने को अलग कर पुस्तक को बहा दो। वर्णमाला के बावन अक्षरों को शोधकर केवल रकार और मकार अर्थात् 'राम' को ही चित्त में धारण करो।

कबीर पढ़िबो दूरि करि, आथि पढ़्या संसार।
पीड़ न उपजी प्रीति सूँ, तो क्यूँ करि करै पुकार।।६।।

व्याख्या–कबीर कहते हैं कि शास्त्रीय ज्ञान से अपने को दूर कर लो। सारा संसार पढ़ा हुआ ही है। परमात्मा के प्रेम के साथ-साथ यदि पीड़ा नहीं जागती तो किस प्रकार तुम उसकी पुकार करोगे।

साखी में शास्त्रीय ज्ञान की अपेक्षा प्रेम और विरह की महत्ता व्यंजित है।

पोथी पढ़ि-पढ़ि जग मुवा, पंडित भया न कोइ।
एकै आखिर पीव[1] का, पढ़ै सो पंडित होइ।।१०।।

पाठान्तर–१. प्रेम

व्याख्या–सारे सांसारिक लोग पुस्तक पढ़ते-पढ़ते मर गये कोई भी पंडित (वास्तविक ज्ञान रखने वाला) नहीं हो सका। परन्तु जो अपने प्रिय परमात्मा के नाम का एक ही अक्षर जपता है (या प्रेम का एक अक्षर पढ़ता है) वही सच्चा ज्ञानी (पंडित) होता है। वही परमतत्त्व का सच्चा पारखी होता है।

१९. कामी नर कौ अंग

पूर्व परिचय–प्रस्तुत अंग में नारी के कामिनी रूप की निन्दा की गयी है। कामिनी शहद की मक्खी की तरह है जो भी उसे छेड़ता है, उसे वह खा जाती है। कबीर परनारी आसक्ति की विशेष रूप से निन्दा करते हैं। नर-नारी दोनों ही नरक तुल्य होते हैं जब तक उनकी देह सकाम रहती है। कबीर को आश्चर्य है कि कितने लोग मिथ्या सुख भोगते हुए नरक जा रहे हैं, फिर भी उन्हें कोई खबर नहीं है। कामी नर की भक्ति साधना भी नष्ट हो जाती है। नारी दहकती हुई आग है, प्राण लेने वाली शूली है इससे बचे बिना सद्गति संभव नहीं है।

कामणि काली नागणीं, तीन्यूँ लोक मँझारि।
राम सनेही ऊबरे, बिषई खाये झारि।।१।।

व्याख्या–तीनों लोक में कामिनी काली नागिन की तरह है। (इसके विषैले प्रभाव से कोई नहीं बचा है।) राम के भक्त ही उससे उबर सकते हैं। विषयासक्त लोगों को तो इसने पूर्णतः खा लिया है।

कामणि मीनी षाँणि की, जे छेड़ौ तौ खाइ।
जे हरि चरणाँ रचियाँ, तिनके निकट न जाइ।।२।।

शब्दार्थ– मीनी = मक्खी, षाँणि = शहद।

व्याख्या–कामिनी शहद की मक्खी की तरह है, यदि उसे छेड़ा जाता है तो वह खा जाती है। जो प्राणी परमात्मा के चरणों में अनुरक्त है, वह उनके पास नहीं जाती है, अर्थात् उसका वह कुछ भी नहीं बिगाड़ पाती।

उपमा अलंकार का प्रयोग है।

परनारी राता फिरै, चोरी विढ़ता खाइ।
दिवस चारि-सरसा रहे, अंति समूला जांहि।।३।।

व्याख्या–जो प्राणी पर नारी में अनुरक्त हुआ फिरता है तथा चोरी द्वारा प्राप्त धन का सेवन करता है, वह कुछ ही समय तक फलता-फूलता है। अंततः उसका सब कुछ नष्ट हो जाता है।

परनारी पर सुंदरी, बिरला बंचै कोइ।
खातां मीठी खाँड़ सी, अंति कालि विष होइ।।४।।

व्याख्या–पराई स्त्री तथा पराई सुंदरियों से कोई बिरला ही बच पाता है। वह खाने (उपभोग करते) समय खाँड़ के समान मीठी (आनंददायी) अवश्य लगती है किन्तु अन्ततः वह विष जैसी हो जाती है।

मीठी खाँड़ सी – उपमा अलंकार।

परनारी के राचणैं, औगुण है गुण नांहि।
षार समुंद में माँछली, केता बहि-बहि जांहि।।५।।

व्याख्या–पराई स्त्री के प्रति अनुरक्त होना अवगुण (बुराई) है, गुणशीलता (अच्छाई) नहीं है। कितने ही मत्स्य नदी के मीठे जल के साथ बहते-बहते समुद्र के खारे जल में पहुँच जाते हैं। इसी तरह परस्त्री संसर्ग से गुणवान व्यक्ति भी अवगुणी बन जाता है।

इस साखी में प्रतीकात्मकता है। मत्स्य मनुष्य का, पराई नदी का मीठा जल पराई स्त्री का तथा समुद्र कष्टों का प्रतीक है।

परनारी कौ, राचणौं, जिसी लहसण की खांनि।
षूणैं[1] बैसिर[2] षाइए, परगट होइ निवानि।।६।।

पाठान्तर – तिवारी – १. कोने, २. बैठि/ बैठे

शब्दार्थ – षूणैं = शून्य स्थान, एकांत।

व्याख्या–पराई स्त्री के प्रति अनुरक्त होना वैसा ही है जैसे लहसुन खाना। उसे कोई भले ही किसी गुप्त स्थान में बैठ कर खाए किन्तु उसकी असलियत अंत में प्रकट हो ही जाती है। इसी प्रकार पराई नारी से प्रेम करने वाले की पोल अंत में प्रकट हो जाती है।

उपमा अलंकार का विधान है।

नर-नारी सब नरक है, जब लग देह सकाम।
कहे कबीर ते रांम के, जैं सुमिरैं निहकाम।।७।।

व्याख्या–जब तक यह शरीर काम भावना से युक्त है तब तक समस्त नर-नारी नरक स्वरूप हैं। किन्तु जो काम रहित होकर परमात्मा का स्मरण करते हैं वे परमात्मा (राम) के वास्तविक भक्त हैं।

इस साखी में निष्काम भक्ति की महत्ता का प्रतिपादन किया गया है।

नारी सेती नेह, बुधि बमेक[1] सब हीं हरै।
कांइ गमावै देह, कारिज कोई नां सरै।।८।।

पाठान्तर – तिवारी – १. विवेक।

शब्दार्थ – बमेक = विवेक, सरै = सिद्ध होना।

व्याख्या–कामिनी नारी से प्रेम करने वाले व्यक्ति की बुद्धि और विवेक सब हर उठता है। इसमें कोई भी अपना शरीर क्यों नष्ट करता है क्योंकि इससे कोई कार्य सिद्ध नहीं होता।

प्राणी की आसक्ति वृत्ति तथा उसके परिणामों की व्यंजना है।

नाना भोजन स्वाद सुख, नारी सेती रंग।
बेगि छाड़ि पछिताइगा, ह्वै है मूरति भंग।।९।।

व्याख्या–विविध प्रकार के भोजनों के स्वाद का सुख तथा नारी के प्रति अनुराग वृत्ति का तू शीघ्र ही त्याग कर दे, अन्यथा जब तेरी आकृति नष्ट हो जायेगी तब तू पछतायेगा।

नारि नसावैं तीनि सुख[1], जा नर पासैं होइ।
भगति मुकति निज ग्यान मैं, पैसि न सकइ कोइ।।१०।।

पाठान्तर – तिवारी - १. गुण।

व्याख्या–जो मनुष्य कामुक नारी के पास बसता है वह उसके तीन सुखों (भक्ति सुख, मुक्ति सुख, ज्ञान-सुख) का नाश कर देती है। उसके निकट रहते हुए कोई भी प्राणी भक्ति, मुक्ति और आत्मज्ञान में प्रविष्ट नहीं हो सकता।

एक कनक अरु काँमनी, विष फल कीए उपाइ।
देखैं ही थै विष चढ़ै, खाँये सू मरि जाइ।।११।।

व्याख्या–कनक और कामिनी इस संसार में माया द्वारा विषफल के रूप में उत्पन्न किये गए हैं। इन्हें देखने मात्र से विष चढ़ता है, और इनको खाने अर्थात् भोग करने से प्राणी मर ही जाता है। धन और भोग का तिरस्कार किया गया है।

एक कनक अरु काँमनी, दोऊ अगनि की झाल।
देखे ही तन प्रजलै, परस्याँ ह्वै पैमाल।।१२।।

शब्दार्थ – पायमाल (फा०) = पैरों तले रौंदा हुआ, अक्षम।

व्याख्या–इस संसार में कनक और कामिनी दोनों अग्नि की ज्वालायें हैं। इन्हें देखने मात्र से शरीर जलने लगता है और स्पर्श करने से तो प्राणी पायमाल अर्थात् अक्षम ही हो जाता है।

कबीर भग की प्रीतड़ी, केते गए गड़ंत।
केते अजहूँ जाइसीं, नरकि हसंत हसंत।।१३।।

व्याख्या–कामिनी के भोग के वशीभूत होकर न जाने कितने नरक के गर्त में समा गये। आज भी कितने हँसते-हँसते (आनंद भोग करते हुए) नरक में जा रहे हैं।

जोरू जूठणि जगत की, भले-बुरे का बीच।
उत्यम् ते अलगे रहै, निकटि रहैं ते नीच।।१४।।

व्याख्या–स्त्री सारे संसार की जूठन है। इसके संबंधों से भले और बुरे का ज्ञान होता है। जो उत्तम प्रकृति के अर्थात् ज्ञानी पुरुष हैं वे इससे अलग रहते हैं परन्तु जो नीच प्रकृति के हैं वे इनके निकट रहते हैं।

रूपक अलंकार का प्रयोग है।

नारी कुंड नरक का, बिरला थंभै बाग।
कोई साधू जन ऊबरे, सब जग मूवा लाग।।१५।।

व्याख्या–नारी नर्क की खान है, कोई बिरला व्यक्ति ही अपने मन रूपी घोड़े की लगाम थाम पाता है अर्थात् उस पर नियंत्रण कर पाता है। कोई साधु (सज्जन) पुरुष ही इससे उबर पाता है नहीं तो सारा संसार ही उससे संबंध जोड़कर मृत ही होता है।

सुंदरि थै सूली भली, बिरला बंचै कोइ।
लोह निहाला अगनि मैं, जलि-बलि कोइला होइ।।१६।।

व्याख्या–सुंदरी (स्त्री) से तो शूली ही ठीक होती है। क्योंकि इससे कोई बिरला ही बच पाता है। और अन्य को तो वह उसी तरह जलाकर कोयला (नष्ट) कर देती है जैसे अग्नि में डाला हुआ लोहा जल कर कोयला बन जाता है।

उपमा अलंकार का प्रयोग है।

अंधा नर चेतै नहीं, कटै न संसै सूल।
और गुनाह हरि बकससी[1], काँमी डाल न मूल।।१७।।

पाठान्तर – तिवारी – १. बकसिहै

व्याख्या–अंधा (अज्ञानी) व्यक्ति चेतता ही नहीं इसलिए उसका संशय रूपी शूल भी नहीं कटता। प्राणी के अन्य अपराधों को तो परमात्मा क्षमा कर देता है परन्तु कामुक व्यक्ति को डाल (शाखा) और मूल सहित नष्ट कर देता है अर्थात् किसी भी कीमत पर क्षमा नहीं करता।

भगति बिगाड़ी कांमियाँ, इन्द्री केरै स्वादि।
हीरा खोया हांथ थैं, जनम गँवाया बादि।।१८।।

व्याख्या–कामी व्यक्ति ने इन्द्रियों के वशीभूत होकर भक्ति को विकृत (बिगाड़) दिया। उसने अपने हाथ से हीरा (परमात्मा की भक्ति) को खो दिया तथा यह मानव जन्म भी व्यर्थ ही गँवा दिया।

'हीरा' का प्रयोग परमात्मा की भक्ति के प्रतीक के रूप में किया गया है। रूपकातिशयोक्ति अलंकार है।

कामीं अमीं न भावई, विष ई कौं ले सोधि।
कुबधि न जाई जीव की, भावै स्यंभ परमोधि।।१६।।

शब्दार्थ – भावै = चाहे, स्यंभ = स्वयंभू, शंभु, परमात्मा, परमोधि = समझाए।

व्याख्या–कामातुर व्यक्ति को भक्ति रूपी अमृत नहीं भाता (अच्छा लगता)।, वह तो काम रूपी विषय की ही खोज में रहता है। जीव की दुर्बुद्धि का नाश नहीं होता भले ही परमात्मा ही उसे प्रबोधित करे, ज्ञान की ज्योति जगाये।

कामी अमी न भावई, निज ही कौ ले सोधि।
बुबुधि न जाई जीव की, भावै ज्यौं परमोधि।।२०।।

व्याख्या–कामी को अमृत नहीं अच्छा लगता है। वह विष ही खोजता है। ऐसे जीव की दुर्बुद्धि (असद् भाव) नहीं जाती उसे चाहे जैसे प्रबोधन दिया जाय।

बिषै बिलंबी आत्माँ, ताका मज कण खाया सोधि।
ग्यांन अंकूर न ऊगई, भावै निज परमोधि।।२१।।

शब्दार्थ– बिलंबी = संलग्न, परमोधि = प्रबोधन।

व्याख्या–जो आत्मा विषयों से लटकी (लगी) हुई है उसका गूदा खोज-खोज कर खा लिया गया है अर्थात् अस्तित्व हीन है। इस कारण उसमें ज्ञान का अंकुर फूटता ही नहीं। वह निज अर्थात् अपने द्वारा प्रबोधित मार्ग को ही चुनता है। वह विषयों से अलग नहीं होता।

बिषै कर्म की कंचुली, पहरि हुआ नर नाग।
सिर फोड़ै सूझै नहीं कोई आगिला अभाग।।२२।।

शब्दार्थ – आगिला = पूर्व जन्म, अभाग = दुर्भाग्य।

व्याख्या–प्राणी विषय रूपी कर्मों की केचुलीं धारण कर नाग जैसे अंधा हो गया है। उसे शुभ-अशुभ, पाप-पुण्य, हित-अनहित सूझता ही नहीं। वह चाहे जितना सिर पटक ले अर्थात् चाहे जितना प्रयत्न कर ले किन्तु कर्मों के बंधन से मुक्त नहीं होता। ऐसा उसके साथ पूर्व जन्म के कर्मों के दुर्भाग्य के कारण ही होता है।

परनारी परतख छुरी, विरला बाँचै कोइ।
ना ऊ पेट संचारिए, जौ सोने की होइ।।२३।।

व्याख्या–पराई स्त्री प्रत्यक्ष छूरी (चाकू) है, उससे कोई-कोई ही बच पाता है। छूरी (चाकू) चाहे सोने की ही हो, क्या उसे पेट में संचरित किया जा सकता है अर्थात् नहीं। पर नारी चाहे जितनी सुन्दर हो उसे हृदय से लगाना नहीं चाहिए नहीं तो छूरी की तरह घायल कर देगी।

दृष्टांत अलंकार।

कांमिनी सुंदर सर्पिनी, जो छेड़ै तिंहिं खाइ।
जे हरि चरना राचिया, तिनके निकटि न जाइ।।२४।।

व्याख्या–कामिनी सुन्दर सर्पिणी है जो उसे छेड़ता है उसे खा लेती (डस लेती है), जो हरि के चरणों में अनुरक्त है, वह उनके पास नहीं जाती है।

कामिनि माया के प्रतीक रूप में प्रस्तुत की गयी है।

कामीं कदे न हरि भजै, जपै न केसौ जाय।
राँम कह्याँ थै जलि मरैं, कोउ पूरिबला पाप।।२५।।

व्याख्या–कामी व्यक्ति कभी भी हरि का भजन नहीं करता और न केशव (परमात्मा) का जप ही करता है। अपने पूर्ववर्ती कर्मों के प्रभाव के कारण वह 'राम' के नाम से जल-भुन जाता है। यदि उसे राम-नाम लेने के लिए कहा जाता है तो वह बहुत रुष्ट हो जाता है।

'जलि मरै' मुहावरा है।

कामी लज्यां नां करैं, मन मांहैं अहिलाद।
नींद न मांगै सांथरा, भूष न मांगै स्वाद।।२६।।

व्याख्या–कामी व्यक्ति लज्जा नहीं करता बल्कि मन ही मन काम तृप्ति के कारण आह्लादित होता है। काम के आवेग में वह उचित-अनुचित का विवेक खो देता है। जैसे नींद ग्रस्त व्यक्ति को बिछौना की आवश्यकता नहीं होती और भूखा व्यक्ति स्वाद युक्त भोजन की माँग नहीं करता।

दृष्टान्त अलंकार का प्रयोग है।

नारि पराई आपणीं, भुगत्या नरकहिं जाइ।
आगि आगि सब एक है, तामैं हाथ न बाहि।।२७।।

व्याख्या–पराई (दूसरे की) स्त्री हो या अपनी स्त्री हो, उसका भोग करने वाला प्राणी नरक में ही जाता है। आग तो आग ही होती है वह चाहे जैसी हो। उसमें हाथ नहीं डालना चाहिए।

काम भाव मात्र सृष्टि विकास के लिए है, भोग के लिए नहीं। नारी सन्तानोत्पत्ति के लिए है, वह भोग्या वस्तु नहीं है। इस साखी में सामन्ती भोग वृत्ति का विरोध किया गया है।

कबीर कहता जात हौं, चेतै नहीं गँवार।।
बैरागी गिरही कहा, कांमीं वार न पार।।२८।।

व्याख्या–कबीर निरंतर कहते जा रहे हैं परन्तु गँवार (मूर्ख) व्यक्ति चेतता (समझता) ही नहीं। वह अपने को काम-वासना से अलग ही नहीं करता। बैरागी हो या गृहस्थ कामी का कोई आदि अंत नहीं है। उसकी न तो इस लोक में सद्‌गति है और न परलोक में।

ग्यानीं तौ नीडर भया, मानैं नाहीं संक।
इंद्री केरे बसि पड्या, भूंजै विषै निसंक।।२९।।

शब्दार्थ – भूंजै = भोग।

व्याख्या–ज्ञानी व्यक्ति तो अपने ज्ञान के अभिमान में निर्भय हो गया है, वह अपने मन में किसी प्रकार की शंका नहीं करता। वह इन्द्रियों के वशीभूत होकर शंका रहित होकर विषयों का भोग करता है।

ग्यांनी मूल गँवाइया, आपण भये करता।
ताथैं संसारी भला, मन मैं रहै डरता।।३०।।

व्याख्या–ज्ञानी स्वयं को ही कर्त्ता मानता है, इस अज्ञान में पड़कर वह अपना मूल धन ही गँवा देता है। ऐसे ज्ञानी से तो संसारी व्यक्ति ही अच्छा है क्योंकि वह मन ही मन दुष्कर्मों से डरता रहता है।

अद्वैत का मिथ्या ज्ञान रखने वालों पर व्यंग्य किया गया है।

२०. सहज कौ अंग

पूर्व परिचय–सहज का शाब्दिक अर्थ है जो साथ में पैदा हुआ है अर्थात् स्वभाव। सिद्धों ने भी सहज तत्व का अनेक बार जिक्र किया है। उनके यहाँ सहज तत्व परमतत्त्व का पर्याय प्रतीत होता है। कबीर का कहना है कि जो सहज ही विषय वासनाओं को छोड़ देता है तथा सहज ही पाँचों इन्द्रियों को वशीभूत कर लेता है। सांसारिक सम्बन्ध, धन दौलत को जो सहज ही छोड़ देता है वही सहजिया है। ऐन्द्रिक दमन तथा कृच्छ साधना के बिना ही परमतत्व से मिलन ही सहज साधना है। सहज साधना ही साधना की चरम स्थिति है जिसे कबीर अन्यत्र अजपाजाप कहते हैं।

सहज-सहज सब कोउ कहैं, सहज न चीन्हैं कोइ।
जिन्ह सहजै विषिया तजी, सहज कहीजै सोइ।।१।।

व्याख्या–सब कोई सहज-सहज की बात करते हैं किन्तु किसी को भी सहज की पहचान

नहीं है। जो स्वाभाविक रूप से विषयों का त्याग कर देता है उसे ही सहज कहा जा सकता है।

पुनरुक्ति प्रकाश, यमक अलंकार।

सहज-सहज सब कोउ कहैं, सहज न चीन्हैं कोइ।
पाँचू राखै परसती, सहज कहीजै सोइ।।२।।

व्याख्या–सहज-सहज की बात सभी करते हैं किन्तु किसी को भी सहज की असली पहचान नहीं है। जो ज्ञानी पुरुष पाँचों विषयों का स्पर्श करती हुई ज्ञानेन्द्रियों को अपने वश में रखता है वह सहज कहलाता है अर्थात् सहजावस्था की प्राप्ति करता है।

सहजैं-सहजैं सब गए, सुत बित कांमणि काम।
एकमेक ह्वै मिलि रह्या, दासि कबीरा राम।।३।।

व्याख्या–सहज-सहज ह्वै (धीरे-धीरे) पुत्र, स्त्री, धन तथा इच्छायें सब मिट गयीं। परिणामस्वरूप यह दास कबीर उस परमात्मा से एकमेक होकर मिल रहा है। सांसारिक संबंधों के मिट जाने से भक्त का परमात्मा से साक्षात्कार हो गया।

इस दोहे में सहजैं का प्रयोग पारिभाषिक अर्थ में नहीं किया गया है।

सहज-सहज सब कोउ कहैं, सहज न चीन्हैं कोइ।
जिन्ह सहजैं हरि जी[1] मिलै, सहज कहीजै सोइ।।४।।

पाठान्तर – १. साहिब।

व्याख्या–सहज-सहज तो सभी रटते हैं किन्तु सहज क्या है इसे कोई पहचानता नहीं। जिस सहज (भावना) साधना के द्वारा परमात्मा (या स्वामी) की प्राप्ति होती है उसे ही सहज कहा जा सकता है।

२१. साँच कौ अंग

पूर्व परिचय–इस अंग में ईश्वरीय दरबार में जीव द्वारा प्रस्तुत लेखा-जोखा तथा तदनुकूल उसके फल का वर्णन है। जो व्यक्ति सच्चे मन से सांसारिक कार्य व्यापार करते हुए ईश्वरमय जीवन जीता है वह भगवान् के सामने सही-सही लेखा-जोखा पेश करता है। काजी, पंडित, मुल्ला आदि के कार्य-व्यापार सच्चे नहीं हैं। उनमें कहीं न कहीं खोट होती है इसलिए उनकी दुर्गति ही होनी है। धर्म के नाम पर हिंसा, परमात्मा से दुराव-छिपाव उचित नहीं है। मिथ्यावादी का सुधार सच्चे व्यक्ति के संसर्ग से हो सकता है।

कबीर पूँजी साहु की, तूँ जिनि खोवै ष्वार।
खरी बिगूचनि होइगी, लेखा देती बार।।१।।

व्याख्या–हे प्राणी, तेरे पास जो बुद्धि और ज्ञान की पूँजी है वह परमात्मा की है तू उसे यूँ ही न खो दे अन्यथा परमात्मा के समक्ष जब जीवन के कर्मों का लेखा-जोखा होगा तब तुम्हें अपमानित होना पड़ेगा। बिगूचनि का अर्थ असमंजस भी है।

लेखा देणाँ सोहरा, जे दिल साँचा होइ।
उस चंगे[1] दीवाँन मैं, पला न पकड़ै कोइ।।२।।

पाठान्तर – तिवारी – १. साँचे

व्याख्या–यदि दिल सच्चा हो तो कर्मों का लेखा (हिसाब) देना सरल है। जिसका लेना-देना स्पष्ट है परमात्मा के उस सच्चे दरबार में कोई भी उसका पल्ला नहीं पकड़ सकता, अर्थात्

उसका दामन पकड़कर उसे कोई नहीं रोक सकता।

पला पकड़ना मुहावरा है। चंगे = पंजाबी क्षेत्र से आगत शब्द है।

कबीर चित्त चमंकिया, किया पयाना दूरि।
काइथि कागद काढ़िया, तब दरिगह लेखा पूरि।।३।।

व्याख्या–कबीर कहते हैं कि जिसका चित्त परिष्कृत (चमत्कृत, चमकीला) हो गया वह दूर (परलोक) को प्रस्थान कर गया। वहाँ जब कायस्थ (चित्रगुप्त) ने उसके पाप-पुण्य का लेखा-जोखा किया तो उसमें वह पूर्ण पाया गया। अर्थात् उसका पुण्य सम्पूर्ण था।

काइथि कागद काढ़ियां, तब लेखै वार न पार।
जब लग साँस सरीर मैं, तब लग राय संभार।।४।।

व्याख्या–कबीर पाप कर्म में लिप्त जीवों को सम्बोधित करते हुए कहते हैं जब कायस्थ (चित्रगुप्त) कागज (बही) निकालेगा तो उसमें अवशिष्ट पाप कर्मों का ओर छोर-नहीं मिलेगा। इसलिए जब तक देह में साँस है तब तक राम का आश्रय लेकर पुण्य अर्जित करो (भक्ति से मुक्ति का उपाय करो।)

उपर्युक्त दोहों में कर व्यवस्था के लिए निर्मित राजकीय खातों के प्रतीक द्वारा परलोक में हर व्यक्ति के पाप-पुण्य के लेखा-जोखा का वर्णन किया गया है। भारतीय एवं इस्लाम दोनों धर्मों में यह मान्यता है कि मनुष्य के सद्कर्मों तथा दुष्कर्मों से उत्पन्न परिणामों (पाप-पुण्य) का ईश्वर या यम के दरबार में लेखा-जोखा रहता है तदनुसार ही जीव को स्वर्ग या नर्क का फल मिलता है।

यहु सब झूठी बंदगी, बरियाँ पंच निवाज।
साचै मारै झूठ पढ़ि, काजी करै अकाज।।५।।

व्याख्या–कबीर कहते हैं कि काजी द्वारा पाँच बार नमाज का पढ़ना मिथ्या बंदगी (प्रणति) है। वह इस झूठी नमाज को पढ़कर सच्चे जीव की हत्या करता है, (या सच्चाई की हत्या करता है) इसलिए उसकी यह नमाज अकारथ या व्यर्थ है।

कबीर काजी स्वादि बसि, ब्रह्म हतै तब दोइ।
चढ़ि मसीति एकै कहै, दरि क्यूं साचा होइ।।६।।

व्याख्या–कबीर कहते हैं कि काजी स्वाद के कारण जब जीव रूप में ईश्वर के अंश की हत्या करता है तब उसके मन में द्वैतभाव रहता है। किन्तु मस्जिद पर चढ़कर वह अल्लाह की एक मात्र सत्ता की घोषणा करता है। ऐसा काजी परलोक में खुदा के समक्ष सच्चा कैसे माना जाएगा।

एकेश्वरवाद के स्थान पर अद्वैत की श्रेष्ठता प्रतिपादित की गयी है। यदि खुदा का ही नूर हर जीव में है तो जीव की हत्या करने वाला ईश्वर की दृष्टि में श्रेष्ठ नहीं माना जा सकता है।

काजी मुलां भ्रमियां चल्या दुनीं कै साथि।
दिल थैं दीन बिसारिया, करद लई जब हाथि।।७।।

शब्दार्थ – दुनीं = जगत, दीन = धर्म, करद = छूरी।

व्याख्या–काजी, मुल्ला भी संसार के साथ गतिमान जीवों की तरह ही भ्रमित हैं। जिस क्षण वे जीव की हत्या के लिए अपने हाथ में छूरी धारण करते हैं उसी क्षण वे अपने हृदय से

धर्म को भुला देते हैं। इसमें हिंसक धर्म का विरोध किया गया है।

जोरी करि जिबह करैं[1] कहते हैं ज हलाल।
जब दफतर देखेगा दई[2] तब ह्वैगा कौण हवाल।।८।।

पाठान्तर – तिवारी १. जीव जु मारहिं जोरकरि २. जब दफ्तरि लेखा मांगि है

शब्दार्थ – जिबह = हत्या, दफ्तर = लेखा।

व्याख्या–काजी बलपूर्वक जीव की हत्या करते हैं और उसे हलाल (धर्मानुकूल बलि) मानते हैं। जब ईश्वर लेखा (पाप कर्मों का हिसाब) देखेगा तो फिर काजी की क्या दशा होगी?

जोरी कीयां जुलम है, माँगै न्याव खुदाइ।
खालिक दर खूनी खड़ा[1], मार मुहें मुह खाइ।।९।।

पाठान्तर – तिवारी – १. दफतरि लेखा नीकसै

व्याख्या–कबीर कहते हैं कि बलपूर्वक अत्याचार करने वाला काजी खुदा के सामने न्याय माँगता है। सृष्टिकर्ता के समक्ष खूनी (जीव हत्या करने वाला) खड़ा होता है और वह मुँह पर मार खाता है। (या ति० यमराज के कार्यालय में जब ऋण निकलता है) पाप की अधिकता निकलती है) तब वह मुँहकी खाता है।) हिंसक धर्म के दुष्परिणामों को व्यंजित किया गया है।

कबीर साईं सेती चोरियां, चोरां सेती गुझ।
जांणैगा रे जीवडा, मार पडैगी तुझ।।१०।।

व्याख्या–तू स्वामी से चोरी करता है और चोरों से गुप्त सम्बन्ध रखता है। हे जीव जब ईश्वर तुम्हें दंडित करेगा तब तुम्हें जान पड़ेगा, पंचविकार ही चोर हैं।

सेष सबूरी बाहिरा, क्या हज काबै जाइ।
जिनकौ दिल स्याबति नहीं, तिनकौ कहा खुदाइ।।११।।

व्याख्या–हे शेख सन्तोष वृत्ति से अलग रहकर अर्थात् सन्तोष न करके तू व्यर्थ ही हज के लिए (तीर्थ के लिए) काबा जाते हो। जिनका दिल पूर्ण (ईश्वर प्रेम से परिपूर्ण) नहीं है उनको खुदा कैसे मिल सकता है।

खुदा की प्राप्ति के लिए सन्तोष और प्यार की पूर्णता की अपेक्षा होती है।

खूब खाँड (खान) है खीचड़ी, माँहि पड़्यौ टुक लूँण।[1]
हेडा[2] रोटी कारणै गला[3] कटावै कूँण।।१२।।

पाठान्तर – तिवारी १. जे टुक वाहै लोन, २. हेरा, ३. सीस

व्याख्या–खिचड़ी खूब अच्छा भोजन है, यदि उसमें दो टुकड़ा नमक पड़ा है। गोश्त और रोटी के लिए दूसरे जीव का सिर कौन कटाए। या गोश्त के स्वाद के लिए जीव हिंसा के दुष्परिणाम के कारण अपना गला कटाने का दंड क्यों भोगे?

पापी पूजा बैसि करि, भषै मांस मद दोइ।
तिनकी देख्यां मुकति नहीं, कोटि नरक फल होइ।।१३।।

व्याख्या–जो पापी (शाक्त) पूजा पर बैठकर मांस, मदिरा का सेवन करते हैं, उनकी मुक्ति मैंने कभी नहीं देखी, बल्कि उन्हें करोड़ों नरक का फल भोगना पड़ता है।

सकल बरण एकत्र ह्वै, सकति पूजि मिलि खांहिं।
हरि दासनि की भ्रांति करि, केवल जमपुर जाँहिं।।१४।।

व्याख्या–समस्त वर्णों के लोग शक्ति पूजा के नाम पर इकट्ठे होकर मांस भक्षण करते हैं, वे सिर्फ हरि भक्त होने की भ्रांति पैदा करते हैं, (वे वास्तविक भक्त नहीं होते।) वे केवल यमपुर की यात्रा करते हैं।

कबीर लज्या लोक की, सुमरै नांही साँच।
जाणि बूझि कंचन तजै काठा पकड़ै कांच।।१५।।

व्याख्या–कबीर कहते हैं कि लोक लज्जा के भय से लोग सत्य का स्मरण नहीं करते। वे जान-बूझकर सोने का त्याग कर देते हैं और काँच को पकड़ लेते हैं।

रूपकातिशयोक्ति अलंकार का प्रयोग है।

कबीर जिनि जिनि जाणिया, करता केवल सार।
सो प्राणी काहे चलै, झूठे जग की लार।।१६।।

शब्दार्थ – लार = संलग्नता।

व्याख्या–कबीर कहते हैं कि जो लोग ज्ञानी हैं वे सार तत्त्व को ही ग्रहण करते हैं, वे मिथ्या जगत के रीति-रिवाजों से संलग्न होकर क्यों चलें अर्थात् जग का अनुसरण वे नहीं करते हैं।

झूठे कौं झूठा मिलै दूणां बँधै सनेह।
झूठे कौं साँचा मिलै, तब ही टूटै नेह।।१७।।

व्याख्या–जब मिथ्यागामी को मिथ्याधर्मी मिलता है तो सांसारिकता से प्रेम और बढ़ता है किन्तु जब मिथ्यावादी को कोई सच्चा मार्गी मिल जाता है तो उसका स्नेह टूटता है, अर्थात् सांसारिकता छूटती है या मिथ्यामार्ग से मोह भंग होता है।

२२. भ्रम विधौंसण कौ अंग

पूर्व परिचय–भ्रम विधौंसण का अर्थ है भ्रम का विध्वंस करना, इसमें मूर्ति-पूजा के विरोध में कथन किया गया है। जितनी आत्माएँ हैं सभी शालिग्राम हैं, मानव के अन्दर ही ईश्वर आत्मा रूप में मौजूद है, उसी की पूजा की जानी चाहिए। तीर्थ, व्रत, देवालय सभी व्यर्थ हैं।

पाहण केरा पूतला करि पूजै करतार।
इही भरोसै जे रहै, ते बूड़े काली धार।।१।।

व्याख्या–पत्थर के पुतले को लोग भगवान् (कर्त्ता) मानकर पूजते हैं, जो इसी के भरोसे रहता है वह निश्चित ही (संसार सागर की) काली धारा में डूब जाता है।

बुतपरस्ती का खंडन किया गया है। पत्थर का सहारा धारा में डुबा देता है। सशक्त दृष्टान्त से मूर्ति पूजा की असारता बताई गयी है।।

मुला मुनारै क्या चढहि, अला न बहिरा होइ।
जेहिं कारन तू बांग दे, सो दिल ही भीतरि जोइ।।२।।

शब्दार्थ – मुनारै = मीनार।

व्याख्या–हे मुल्ला! तुम मीनार पर चढ़कर बाँग देता है, अल्लाह बहरा नहीं है। जिसके लिए तू बॉग देता है, उसे दिल के भीतर ही देखो।

काजल केरी ओवरी[1] मसि के कर्म कपाट।
पांहनि बोई पृथमी, पंडित पाड़ी बाट।।३।।

पाठान्तर – दास – १. कोठरी

शब्दार्थ – ओवरी = कोठरी, मसि = स्याही, कपाट = किवाड़ा।

व्याख्या–पंडित (मूर्ति पूजक) की कोठरी काजल से भरी है (तमस युक्त है) और उसमें स्याही (कालिमा) का ही कपाट लगा है। उसने पत्थरों को (मूर्ति रूप में) सारी पृथ्वी पर फैला (बो रखा) रखा है। पंडित इस तरह से जड़ता में फँसाकर (धर्म) पथ पर डाका डाल रहा है।

काली कोठरी के बिम्ब द्वारा पंडित की काली करतूतों को उजागर किया गया है।

पाँहिनकूँ का पूजिए, जे जनम न देई जाब।
आँधा नर आसामुषी, यौं ही खोवै आब।।४।।

व्याख्या–ऐसे पत्थर को क्यों पूजा जाए, जो जन्म भर कोई उत्तर नहीं देता। अंधे लोग आशावश व्यर्थ की पूजा में अपनी रौनक (ताकत) तथा प्रतिष्ठा गँवा रहे हैं।

हम भी पांहन पूजते, होते रन के रोझ।
सतगुरु की कृपा भई, डार्‍या सिर पैं बोझ।।५।।

शब्दार्थ – रन = अरण्य, रोझ = नील गाय।

व्याख्या–कबीर कहते हैं कि यदि सत् गुरु की कृपा न हुई होती तो मैं भी पत्थर की पूजा करता और जंगल के नीलगाय की तरह व्यर्थ होता (या तीर्थों में भटकता फिरता) सत् गुरु की कृपा से ही मेरे सिर से आडम्बरों का बोझ उतर गया। 'बोझ उतरना' मुहावरा है।

जेती देषी आतमा, तेता सालिगराम।
साधू प्रतषि देव हैं, नहीं पाथर सूं काम।।६।।

व्याख्या–मुझे जितनी आत्माएँ दिखाई देती हैं उतने ही सालिकराम प्रतीत होते हैं (क्योंकि हर आत्मा परमात्मा का ही अंश है।) साधु ही मेरे लिए प्रत्यक्ष देवता है, इसलिए मुझे किसी पत्थर से कुछ लेना-देना नहीं है। जब हमारे सालिकराम (शालिग्राम) प्रत्यक्ष हैं तो मैं जड़ तत्त्व की आराधना क्यों करूँ।

सेवै सालिगराम कूँ, मन की भ्रान्ति न जाइ।
सीतलता सुपिनैं नहीं दिन दिन अधिकी लाइ।।७।।

व्याख्या–जो शालिग्राम की सेवा करते हैं उनके मन की भ्रान्ति दूर नहीं होती है, उन्हें स्वप्न में भी शीतलता नहीं मिलती बल्कि प्रतिदिन (दैहिक, दैविक, भौतिक) ताप से उनकी जलन बढ़ती जाती है।

मूर्तिपूजा की निरर्थकता व्यंजित है। विशेषोक्ति अलंकार का प्रयोग है।

सेवैं सालिगराम कूं, माया सेती हेत।
वोढ़े काला कापड़ा, नाउं धरावैं सेत।।८।।

व्याख्या–लोग शालिग्राम की सेवा करते हैं और लगाव रखते हैं माया से। वे ओढ़ते हैं काला वस्त्र किन्तु उसे नाम देते हैं श्वेत वस्त्र।

काला वस्त्र तामसी वृत्ति का सूचक है और शुभ्र वस्त्र भक्ति के निष्कलुष मार्ग का सूचक है। लोग तामसी साधना को उज्ज्वल साधना के रूप में प्रचारित करते हैं। रूपकातिशयोक्ति अलंकार का प्रयोग है।

जप तप दीसै थोंथरा, तीरथ व्रत बेसास।
सूवैं सेबल सेविया, यौ जग चल्या निरास।।६।।

व्याख्या–जप, तप, तीर्थ, व्रत और विश्वास सारहीन हैं। जैसे शुक (तोता) सेमल के फूल के पास बैठा हुआ समय व्यतीत कर देता है, अन्ततः उसमें से कोई फल नहीं निकलता, इसी तरह संसारी जीव आडम्बरों के पीछे पड़कर संसार से निराश चले जाते हैं।

दृष्टांत अलंकार की योजना की गयी है।

तीरथ तो सब बेलडी[1] सब जग मेल्या छाइ।
कबीर मूल निकंदिया, कौण हलाहल खाइ।।१०।।

पाठान्तर – जय० – तीरथ व्रत विष बेलडी

व्याख्या–सभी तीर्थ बेल के समान हैं, तीर्थ, व्रत सभी विष की बेल हैं। जो सारे संसार को घेरे हुए हैं। इनसे केवल आडम्बर मूलक धर्म को प्रश्रय मिला है। कबीर ने तो इन्हें विष की बेल मानकर इनके मूल को ही काट दिया है। कबीर जैसा बुद्धिमान संत विष का पान क्यों करे।

रूपक की योजना की गयी है।

मन मथुरा दिल द्वारिका, काया कासी जाणि।
दसवाँ द्वारा[1] देहुरा, तामै जोति पिछांणि।।११।।

पाठान्तर – १. दस द्वारे का

व्याख्या–मन को मथुरा (कृष्ण का जन्म स्थान) दिल को द्वारिका (कृष्ण का राज्य स्थान) देह को ही काशी समझो। दशवाँ द्वार ब्रह्म रंध्र ही देवालय है, उसी में परम ज्योति की पहचान करो। (या दस द्वारों का देह रूपी देवालय तुम्हारे पास है।)

रूपक अलंकार के द्वारा बाह्य तीर्थों की परिकल्पना देह के अन्दर की गयी है। सारे तीर्थ देह में ही हैं अतः काया साधना ही श्रेष्ठ है।

कबीर दुनियाँ देहुरै, शीश नवांणें जाइ।
हिरदा भीतर हरि बसै, तूं ताही सौं ल्यौ लाइ।।१२।।

व्याख्या–कबीर कहते हैं कि सारा संसार देवालयों में शीश झुकाता है। हृदय के भीतर भगवान् का निवास है, तुम उसी में ध्यान लगाओ।

२३. भेष कौ अंग

पूर्व परिचय–इस अंग में, जप, माला, छापा, तिलक, केश-मुंडन आदि की निरर्थकता बताई गयी है। आडम्बरों की तुलना में सच्चे भाव की भक्ति श्रेष्ठ होती है। वैष्णव वही होता है जो विवेकी हो, योगी वही है जो मन से साधनारत हो। सतगुरु के प्रबोध के बिना आत्मा अलक्ष्य रह जाती है। भेष के बदले साधु को अहंकार के दुर्ग को तोड़ना चाहिए तभी सद्भावनाओं को अन्तःकरण में प्रवेश मिलता है।

कर सेती माला जपै हिरदै बहै डंडूल।
पग तौ पाला मैं गिला, भाजन लागी सूल।।१।।

शब्दार्थ – डंडूल = अंधड़, बवंडर, सूल = काँटा।

व्याख्या – जो व्यक्ति आडम्बर के लिए हाथ में माला जपता है किन्तु उसका चित्त एकाग्र न रहकर विविध विचारों के अंधड़ में भटकता रहता है, उसकी दशा उस व्यक्ति की तरह होती है जिसके पैर बर्फ में गल रहे हों और यदि वहाँ से भागना चाहे तो पैर में काँटे चुभने लगें।

इस तरह के व्यक्ति न तो मुक्ति पाते हैं और न तो भुक्ति। दोनों ओर इनकी दुर्दशा होती है। दृष्टान्त अलंकार की योजना की गयी है।

कर पकर अंगुरी गिनै, मन धावै चहुं ओर।
जाहि फिराया हरि मिलै सो भया काठ कठोर।।२।।

व्याख्या–माला को हाथ से पकड़कर अंगुली से मनके गिनते हैं किन्तु मन चारों ओर दौड़ता रहता है, जिस मन को अन्तर्मुखी करने से ईश्वर मिलता है वह तो काठ (लकड़ी) की तरह कठोर हो गया है। मन में प्रेम की सरसता ही नहीं है तो वह भक्ति को ओर कैसे उन्मुख हो।

माला जाप की अपेक्षा मन की साधना की श्रेष्ठता प्रतिपादित की गयी है।

माला पहिरै[1] मनमुषी, ताथैं कछू न होइ।
मन माला कौं फेरतां, जग उजियारा होइ।।३।।

पाठान्तर– जय० – १. फेरै

व्याख्या–यदि मन की प्रेरणा से ही कोई व्यक्ति कार्य करता है तो उसका माला पहनना व्यर्थ है। मन की माला फिराने से संसार आलोकित हो उठता है।

रूपक, अलंकार का विधान है। मन की साधना पर बल दिया गया है।

माला पहिरै[1] मनमुषी, बहुतै फिरै अचेत।
गाँगी रोलै बहि गया, हरि सूं नाँही हेत।।४।।

पाठान्तर – जय० – १. फेरै

शब्दार्थ – रौलै = रव, ध्वनि।

व्याख्या–मनोन्मुख व्यक्ति भले ही माला को धारण करता है किन्तु वह अचेत ही संसार में घूमता है। उसमें ज्ञान की जागृति एवं चेतना नहीं होती है। गंगा तट पर जप करते हुए वह जनरव में ही बह जाता है, उसका प्रेम ईश्वर के प्रति उन्मुख नहीं होता है। या उसका लगाव ईश्वर से नहीं हो पाता। मनमुषी का तात्पर्य है मन के अनुसार आचरण करने वाले। रौले का तात्पर्य जल प्रवाह भी हो सकता है।

कबीर माला काठ की, कहि समझावै तोहि।
मन न फिरावै आपणाँ, कहा फिरावै मोंहि।।५।।

व्याख्या–काष्ठ की माला कहकर समझाती है कि हे माला फिराने वाले तुम अपना मन क्यों नहीं फिराते अर्थात् विषय वासनाओं में लिप्त मन को क्यों नहीं ईश्वरोन्मुख करते, मुझे फिराने से क्या लाभ है।

कबीर माला काठ की, मेली मुगध झुलाइ।
सुमिरन की सोधी नहीं, ज्यों डींगर घाली गाइ।।६।।

शब्दार्थ – डींगर = टेकना।

व्याख्या–कबीर कहते हैं कि काठ की माला गले में डालकर हे मुग्ध (मूढ़) क्यों उसे झुलाता है। मन में सुमिरन की शुद्धता है नहीं, जैसे गले में काठ डालकर गाय छोड़ दी जाती है, वैसी ही तुम्हारी स्थिति है। तुम भी काठ की माला डालकर इधर-उधर माँगते खाते हो (चरते हो, भ्रमण करते हो।)

उपमा अलंकार।

बाहरि क्या दिखलाइए, भीतरि कहिए रांम।
नहीं महौला जगत सौं, परा धनी सौं काम।।७।।

शब्दार्थ – महौला = धोखा, प्रवंचना, धनी = पति, स्वामी।

व्याख्या–बाहर प्रदर्शन की क्या आवश्यकता है। मन से राम कहो। यह सांसारिक सम्बन्ध नहीं है कि धोखा या प्रवंचना से काम चल जाएगा, धनी (राजस्थानी भाषा में पति) से काम पड़ा है, स्वामी राम से सम्बन्ध स्थापना की बात है, यहाँ धोखा से काम नहीं चलेगा।

मानवीकरण अलंकार।

कबीर माला मन की, और संसारी भेष।
माला पहन्याँ हरि मिलै, तौ अरहट कै गलि देष।।८।।

व्याख्या–कबीर का कथन है कि साधु लोग मन भर (करीब पन्द्रह किलोग्राम) की माला पहनते हैं, उनकी यह वेश भूषा सांसारिक लाभ के लिए ही है। यदि माला पहनने से ही भगवान् मिलता है तो रहट के गले में डिब्बे की माला देखो, उसे तो भगवान् नहीं मिला।

अर्थान्तरन्यास अलंकार की योजना है।

माला पहर्‌या कुछ नहीं, रूल्य मूवा इहि भारि।
बाहरि ढोल्या हींगलू, भीतरि भर्‌या भंगारि।।९।।

शब्दार्थ – ढोल्या = डालना, हींगलू = लाल रंग का।

व्याख्या–माला पहनने से कुछ नहीं होता, साधु उसी के भार से मृत जैसा रहता है। बाहर से वह लाल वस्त्र भले ही डाले रहता है लेकिन उसके मन में गंदगी ही भरी रहती है।

माला पहर्‌या[१] कुछ नहीं, काती मन कै साथि।
जब लग हरि प्रगटै नहीं, तब लग पतड़ा हाथि।।१०।।

पाठान्तर – तिवारी १.फेरे

व्याख्या–माला पहनने से कोई लाभ नहीं है क्योंकि पुण्यफल को काटने वाली मनोवृत्ति रूपी कर्तनी (कैंची) मन के साथ है। जब तक हरि का साक्षात्कार नहीं होता तब तक ही व्यर्थ के पचड़े में जीव पड़ा रहता है।

पतड़ा देशज शब्द है जिसे पचड़ा (व्यर्थ का आडम्बर) भी कहा जाता है।

माला पहर्‌या[१] कुछ नहीं, गांठि हिरदा की खोइ।
हरि चरनूं चित राखिए, तौ अमरावर होइ[२]।।११।।

पाठान्तर – तिवारी – १. फेरें, २. अमरापुर जोइ

व्याख्या–माला पहनने से कोई लाभ नहीं है, अपने हृदय की गाँठें (दूषित ग्रंथियाँ) दूर करो। भगवान् के चरणों में मन लगाओ, तभी अमर होओगे या अमरपुर पहुँचोगे।

माला पहर्‌याँ कुछ नहीं, भगति न आई हाथि।
दाढ़ी[1] मूंछ मुँडाइ करि, चल्या जगत कै साथि।।१२।।

पाठान्तर – दास – १. माथौ

व्याख्या–यदि भक्ति पर अधिकार नहीं हुआ तो माला पहनने से कोई लाभ नहीं है। दाढ़ी या (सिर) तथा मूँछ मुड़ाकर भी संसार के साथ ही चलते रहोगे अर्थात् सांसारिकता से अलग रहकर साधना लीन नहीं होगे।

बाह्याडम्बर की अपेक्षा भक्ति की दृढ़ता पर बल दिया गया है। आडम्बरों से न तो वैराग्य आता है और न मुक्ति मिलती है।

साईं सेती साँच चलि औरां सूं सुध भाइ।
भावै लंबे केस करि भावै घुरड़ि मुड़ाइ।।१३।।

व्याख्या–भगवान् के प्रति सच्चा भाव रखो और अन्य जीवों के प्रति सद्‌भाव रखो, अच्छा लगे तो लंबे बाल रखो, अच्छा लगे तो जड़ से मुंडित हो जाओ।

सच्ची भावना के रहने पर आडम्बर महत्त्वहीन हो जाते हैं। ईश्वर और प्राणियों के प्रति सच्चा व्यवहार ही साधना का केन्द्रीय तत्त्व है।

केसौं कहा बिगाड़िया, जो मूंडे सौ बार।
मन कौ काहे न मूंडिए, जामैं विषै विकार।।१४।।

व्याख्या–कबीर का कथन है कि बालों ने क्या बिगाड़ा है जो उन्हें सैकड़ों बार मुड़ाते हो। मन को क्यों मुंडित अर्थात् परिमार्जित नहीं करते जिसमें अनेक प्रकार की विषय वासनाओं की लिप्तता है।

मन की पवित्रता साधु के लिए ज्यादा जरूरी है जबकि जगत में लोग देह की पवित्रता को अधिक महत्त्व देते हैं।

मन मैवासी मूंडि ले, केसौं मूंडे कांइ।
जो कुछ किया सुमन किया, केसौं कीया नांहि।।१५।।

शब्दार्थ – मैवासी = दुर्ग पति या अहंकारी।

व्याख्या–हे साधक देह रूपी किले में अधिकार जमाने वाले अहंकारी मन को ही मूड़ो अर्थात् उसे विषय रहित बनाओ, बालों को ही क्यों मुड़ाते हो। जो कुछ दुर्गति हो रही है मन के ही कारण हो रही है बालों द्वारा तो कुछ किया नहीं जा रहा है।

रूपक तथा परिकर अलंकारों की योजना की गयी है। मूंड़ना का प्रयोग अभिधा तथा लक्षणा दोनों में किया गया है।

मूंड मुंडावत दिन गए, अजहुं न मिलिया राम।
रांम नांम कहु क्या करै, जे मन के औरै काम।।१६।।

व्याख्या–सिर मुड़ाते हुए कितने दिन बीत गए परन्तु राम से भेंट नहीं हुई। राम-नाम का भावहीन स्मरण क्या कर सकता है। यदि मन किसी अन्य काम में लिप्त है। सांसारिक मन यदि शुद्ध भाव से नाम स्मरण नहीं करता तो उसे आराध्य का दर्शन नहीं होता है।

स्वांग पहिरि सोरहा भया, खाया पीया षूंदि।
जिहि सेरी साधू नीकले, सो तौ मेल्ही मूंदि।।१७।।

शब्दार्थ – सोरहा = सुरक्षित, सेरी = गली।

व्याख्या–हे वेषधारी साधु तू नाटकीय वेष धारण करके सुरक्षित भले ही हो गया है किन्तु जो कूद-कूद कर खूब खा-पी रहा है वह तेरे लिए लाभकारी नहीं होगा। जिस आचरण पथ से साधु गुजरता है उसे तुम आँख मूँदकर छोड़ चुके हो।

वैसनौ भया तौ का भया, बूझा नहीं बवेक।
छापा तिलक बनाइ करि, दगध्या लोक अनेक।।१८।।

व्याख्या–वैष्णव होने मात्र से कुछ नहीं होता यदि विवेक एवं प्रबुद्धता नहीं आयी। तुम छापा और तिलक लगाकर वेश मात्र से वैष्णव बने हो, इससे तुम्हारा अनेक लोक दग्ध हो गया है अर्थात् आडम्बर मात्र से वैष्णवता ग्रहण करने से तुम्हारा अनेक जन्मों का पुण्य फल नष्ट हो चुका है।

लोक का अर्थ लोग भी हो सकता है। वेशभूषा से अनेक लोगों को तुम ठगने का उपक्रम करते हो।

तन कौ जोगी सब करै मन को विरला कोइ।
सब सिधि सहजै पाइए, जे मन जोगी होइ।।१९।।

व्याख्या–शरीर पर वेश धारण करके तो सभी योगी हो जाते हैं किन्तु मन से योग साधना की प्रवृत्ति बहुत कम लोगों में होती है, यदि कोई मन से योगी हो जाए तो उसकी साधना अवश्य फलीभूत होती है।

कबीर यहु तौ एक है, पड़दा दीया भेष।
भर्म कर्म सब दूरि करि, सब ही मांहि अलेष।।२०।।

व्याख्या–कबीर कहते हैं कि मनुष्य मनुष्य एक हैं। वेशों ने ही परदा डाल रखा है (अनेक रूप-रंगों का ही भेद है) इसलिए अनेकता तथा भेद प्रतीत होते हैं। भ्रमपूर्ण कर्मों को दूर करो, सभी में वह अलक्ष्य ईश्वर व्याप्त है।

सभी मनुष्यों में एक ही तत्त्व मौजूद है इसलिए किसी भी तरह का भेद सत्य नहीं है।

भरम न भागा जीव का अनंतहि धरिया भेष।
सतगुर परचै बाहिरा, अंतरि रह्या अलेष।।२१।।

व्याख्या–अनंत वेषों को धारण करने से जीव का भ्रम नहीं भागता। सतगुरु के परिचय के बिना, अन्तस में उपस्थित अलक्षित तत्त्व का साक्षात्कार नहीं हो सका। आत्मा रूप में स्थित भगवान् का साक्षात्कार गुरु के द्वारा होता है, वेश परिवर्तन से नहीं।

वेश की निरर्थकता तथा गुरु की महत्ता की व्यंजना की गयी है।

जगत जहंदम रांचिया झूठे कुल की लाज।
तन बिनसैं कुल बिनसिहैं, गह्यौ न राम जिहाज।।२२।।

शब्दार्थ – जहंदम = (जहन्नुम) नरक, कीचड़।

व्याख्या–यह संसार झूठे कुल की लाज से जहन्नुम (नर्क) के प्रति अनुरक्त हो उठा है किन्तु संसार यह नहीं जानता कि शरीर के नष्ट हो जाने पर कुल भी नष्ट हो जाता है फिर भी जीव भवसागर पार करने के लिए रामरूपी जहाज का आश्रय क्यों नहीं ग्रहण करता।

रूपक तथा वक्रोक्ति अलंकारों की योजना है।

पष लै बूड़ी पृथमीं, झूठे कुल की लार।
अलष बिसार्‌यौ लेष मैं, बूड़े काली धार।।२३।।

व्याख्या–यह जगत अनायास ही झूठे कुल की संलग्नता में पड़कर तथा व्याप्त दुर्भावनाओं एवं नाशवान् परम्पराओं का पक्ष लेकर बर्बाद हो रहा है। जो लेख (साकार) में पड़कर अलक्ष्य निराकार को भुला देते हैं वे भव सागर की काली धारा (कालिमा) में डूब जाते हैं।

चतुराई हरि नां मिलै, ए बातां की बात।
एक निसप्रेही निरधार का, गाहक गोपीनाथ।।२४।।

व्याख्या–परमात्मा की प्राप्ति चतुराई से नहीं होती। यह तो बात की बात है या सौ बात में एक है क्योंकि गोपीनाथ तो एकमात्र निस्पृह (किसी प्रकार आकांक्षा न रखने वाले) तथा निराधारों (जिसका कोई आधार नहीं) के ग्राहक हैं। परमात्मा बेसहारों को ही पूछता है।

गोपीनाथ शब्द का सार्थक प्रयोग है। गोपियों की सहजता पर ही कृष्ण रीझे थे।

नवसत साजे कांमिनीं, तन मन रही संजोइ।
पीव के मनि भावै नहीं, पटंम कीयैं क्या होइ।।२५।।

शब्दार्थ – नव सत = नौ और सात = सोलह, पटंम = दिखावा, छद्‌म।

व्याख्या–कामिनी ने सोलह श्रृंगार करके अपने तन-मन को सजा लिया। इसके बावजूद भी यदि वह प्रियतम के मन को नहीं भाती तो पटम्बर अलंकृत दिखावा करने से क्या होता है। अर्थात् बाह्याडम्बरों की साधना से साधक परमात्मा का प्रिय नहीं हो सकता है।

जब लग पीव परचा नहीं, कन्यां कंवारी जांणि।
हथलेवा हौसैं लीया, मुसकल पड़ी पिछांणि।।२६।।

व्याख्या–जब तक परमात्मा रूपी पति से परिचय नहीं होता तब तक कन्या को कुमारी जाना जाता है। उसने उल्लास पूर्वक पाणिग्रहण कर लिया था किन्तु बाद में जब प्रियतम को पहचाना तो वह मुश्किल में पड़ गयी। कोई कन्या विवाह मात्र से ही पति का प्रेम नहीं पा लेती, उसे उसके प्रति पूर्ण समर्पण करना होता है। इसी तरह आत्मा जब ईश्वर के प्रति पूर्ण समर्पण करती है तभी उसका प्रेम मिलता है। केवल साधना का संकल्प करने से प्रेम की प्राप्ति नहीं होती।

इस साखी में 'कन्या' आत्मा का, 'प्रिय' परमात्मा का तथा 'पाणिग्रहण' अनुराग व्रत का प्रतीक है। अन्योक्ति अलंकार।

कबीर हरि की भगति का, मन मैं खरा उल्हास।
मैंवासा भाजै नहीं, हूंण मतै निज दास।।२७।।

शब्दार्थ – मैवासा = स्वामित्व, मैं का भाव, अहंकार।

व्याख्या–तेरे मन में तो हरि की भक्ति के प्रति अत्यधिक उल्लास है। परन्तु तेरे अंदर का अहंकार (स्वामित्व का भाव) भागता ही नहीं, और तू निज अर्थात् परमात्मा का दास होने की बात करता है।

मैंवासा मोई कीया, दुरिजन काढ़े दूरि।
राज पियारे रांम का, नगर बस्या भरि पूरि।।२८।।

शब्दार्थ – मोई = नष्ट।

व्याख्या–तुम अपने मन के अहंभाव को नष्ट कर दो तथा दुर्वासनाओं को निकालकर दूर फेंक दो तब तुम्हारे हृदय में प्रियतम राम का राज्य स्थापित होगा और नगर भरपूर बस जाएगा अर्थात् हृदय भक्ति भाव से भर जाएगा।

साखी में प्रयुक्त 'नगर' साधक का हृदय है, उसकी दुर्वासनाएँ ही 'दुरिजन' हैं तथा नगर का भरपूर होना हृदय का भक्ति भाव से भर जाना है। रूपकातिशयोक्ति अलंकार की योजना है।

२४. कुसंगति सद्संगति कौ अंग

पूर्व परिचय–कुसंगति शुद्ध भावों को नष्ट कर देती है, जैसे आकाश से गिरने वाली शुद्ध बूँद जमीन में पड़कर दूषित हो जाती है। मूर्ख की संगति नहीं करनी चाहिए। भक्तों का साथ मनुष्य में सद्भावना जागृति करता है। विपरीत स्वभाव वाले व्यक्ति की संगति तो और भी विध्वंसक होती है। सदैव समान स्वभाव एवं सच्चे स्वभाव वाले व्यक्ति की संगति करनी चाहिए।

निरमल बूँद अकास की, पड़ि गई भोमि बिकार।
मूल विनंठा मांनवी, बिन संगति भठछार।।१।।

व्याख्या–आकाश से निकली निर्मल बूँद पृथ्वी की संगति में पड़कर विकार युक्त हो जाती है। इसी प्रकार मानव भी संगति के अभाव में भट्ठे की राख तुल्य है। तुलसीदास कहते हैं –

'भूमि परत भा डाबर पानी। जिमि जीवहिं माया लपटानी।'

मूरिष संग न कीजिए, लोहा जलि न तिराइ।
कदली सीप भवंग मुष, एक बूँद तिहुँ भाइ।।२।।

व्याख्या–मूर्ख व्यक्ति की संगति नहीं करनी चाहिए क्योंकि लोहा जल में नहीं तैर सकता। जिस प्रकार लोहे का सहारा लेकर समुद्र को पार नहीं किया जा सकता उसी प्रकार मूर्ख का सहारा लेकर संसार सागर को नहीं तिरा जा सकता। स्वाति नक्षत्र की एक जल की बूँद कदली (केला) सीप तथा सर्प के मुख में पड़कर तीन रूपों में (कपूर, मोती, विष) परिवर्तित हो जाती है।

दृष्टांत अलंकार।

हरिजन सेती रूसणाँ, संसारी सूँ हेत।
ते नर कदे न नीपजै, ज्यूँ कालर का खेत।।३।।

शब्दार्थ – रूसणाँ = नाराज होना, हेत = प्रेम, लगाव, नीपजै = पैदा होना, कालर = ऊसर, (संस्कृत कल्लर)।

व्याख्या–जो प्रभु भक्तों से रुष्ट रहते हैं और सांसारिक व्यक्तियों के प्रति प्रेम रखते हैं, ऐसे मनुष्य उसी प्रकार कभी नहीं फलते-फूलते अर्थात् ऐसे लोगों का विकास नहीं होता जिस प्रकार ऊसर धरती में बीज का एक अंकुर नहीं फूटता।

इस साखी में परमात्मा के भक्त की महत्ता वर्णित है। ज्यूँ कालर का खेत–उपमा अलंकार।

मारी मरूँ कुसंग की, केला काँठै बेरि।
वो हालै वे चीरिये, साषित संग निबेरि।।४।।

व्याख्या–मैं कुसंगति में पड़कर उसी प्रकार मरी (नष्ट हुई) जा रही हूँ जैसे केला बेर की संगति में पड़कर नष्ट हो जाता है। बेर का वृक्ष अपनी मस्ती में हिलता है किन्तु केले के पत्ते फट जाते हैं। इसी प्रकार हरि से विमुख शाक्त धर्मानुयायियों की संगति का दुखद प्रभाव पड़ता है अतः उनकी संगति निवारण करो।

शाक्तों की वामाचार साधना भक्तों को दुखी करती है, इसलिए शाक्तों की संगति त्याज्य है। निदर्शना अलंकार।

मेर नीसाँणी मीच की, कुसंगति ही काल।
कबीर कहै रे प्राणियाँ, बाँणी ब्रह्म संभाल।।५।।

शब्दार्थ – मीच = मृत्यु।

व्याख्या–प्राणी में मेरेपन (मोह, ममता) की भावना मृत्यु की निशानी है। कुसंगति ही उसका काल है। कबीर प्राणियों को संबोधित करते हुए कहते हैं कि तू वाणी के द्वारा परमात्मा को सँभाल अर्थात् उसका स्मरण कर।

एक घरी आधी घरी, आधी हूँ तैं आध।
कबीर संगति साधु की, कटै कोटि अपराध।।६।।

व्याख्या–एक घटी (२४ मिनट) या आधी घटी (१२ मिनट) या आधा का भी आधा अर्थात् ६ मिनट यदि साधु की संगति मिल जाय तो करोड़ों अपराध नष्ट हो जाते हैं अर्थात् अपराध जनित पाप कट जाते हैं।

साधू की संगति रहौ, जौ की भूसी खाउ।
खीर खांड भोजन मिलै, साकति संगि न जाउ।।७।।

व्याख्या–साधु की संगति में रहो भले ही जौ की भूसी खाकर रहना पड़े। खीर, खांड (शक्कर) से युक्त भोजन के लिए शाक्तों के साथ मत जाओ।

जौं तोहिं साध पिरेम की, तौ पाका सेती खेलि।
कांची सरसौं पेलि कै, नां खलि भई न तेल।।८।।

व्याख्या–यदि साधु से प्रेम है तो पक्के साधु के साथ खेलो, कच्ची सरसों डालकर (कोल्हू में डालकर) न तो तेल पाया जा सकता है और न खली। उसी तरह कच्चे साधु से कुछ भी नहीं मिलता है।

कबीर कहते क्यों बने, अनमिलता कौ संग।
दीपक कौं भावै नहीं, जरि जरि मरै पतंग।।९।।

व्याख्या–कबीर कहते हैं कि अनमेल का साथ उचित नहीं होता है। पतिंगा जल कर मर जाता है किन्तु दीपक को उसका यह बलिदान अच्छा नहीं लगता है। पतिंगा बेचारा जल मरता है पर दीपक उससे अप्रभावित रहता है।

माषी गुड मैं गड़ि रही, पंष रही लपटाइ।
ताली पीटै सिरि धुनै, मीठे बोई माइ।।१०।।

व्याख्या—अपने स्वाद के लोभ का संवरण न कर पाने के कारण मक्षिका गुड़ में धँस गई और उसके पंख उसमें लिपट गये। वह ताली पीटती है, और सिर धुनती हुई कहती है कि हे माइ (सखी) मीठे के लोभ में मैं नष्ट हो गयी। सांसारिकता के माधुर्य में फँसे हुए जीवों की यही गति है। अन्योक्ति अलंकार का विधान है।

ऊँचे कुल का जनमियाँ, जे करणीं ऊँच न होइ।
सुवरन[1] कलस सुरै भरया, साधू निंद्या सोइ।।११।।

पाठान्तर – दास - १. सोवन

व्याख्या—यदि तुम्हारे कर्म ऊँचे (उच्च कोटि) नहीं हैं तो ऊँचे कुल में जन्म लेने से ही क्या लाभ? जैसे कलश क्यों न सोने का ही हो यदि वह सुरा (शराब) से भरा है तो साधू उसकी निंदा ही करेगा।

कुल की अपेक्षा जीवन में कर्म की श्रेष्ठता को सिद्ध किया गया है। दूसरी पंक्ति में दृष्टांत अलंकार है।

देखा देखी पाकड़े, जाइ, अपरचे छूटि।
बिरला कोई ठाहरे, सतगुर साँमी मूठि।।१२।।

व्याख्या—दूसरों के अनुकरण से जब कोई भक्त या साधक किसी सतगुरु की संगति पकड़ लेता है तब वह उससे अपरिचित नहीं रह जाता। परन्तु जब सत्गुरु मूँठ भर-भरकर ज्ञानोपदेश रूपी बाण चलाने लगता है तो उसके समक्ष कोई बिरला ही ठहर पाता है।

देखा देखी भगति है, कदे न चढ़ई रंग।
बिपत्ति पड़्या यूँ छाड़सी, ज्यूँ कंचुली भुवंग।।१३।।

व्याख्या—यदि प्राणी किसी की देखा-देखी भक्ति करने लगता है तो कभी भी उस पर भक्ति का रंग नहीं चढ़ता। वह विपत्ति आने पर भक्ति का परित्याग उसी प्रकार कर देता है जैसे सर्प अपनी केंचुली का त्याग कर देता है।

करिए तौ करि जाँणिये, सारीषा सूं संग।
लीर लीर लोई थई, तऊ न छांडै रंग।।१४।।

व्याख्या—यदि संगति करनी है तो अपने समान व्यक्ति की संगति का मर्म समझिए। लोई (ऊनी चादर) चिथड़े-चिथड़े भले ही हो जाय किन्तु उसका रंग नहीं छूटता। समान स्वभाव वाला व्यक्ति भी चाहे जितनी विपत्ति पड़े किन्तु साथ नहीं छोड़ता।

निदर्शना अलंकार की योजना है।

यहु मन दीजै तास कौं, सुठि सेवग भल होइ।
सिर ऊपर आरा सहै, तऊ न दूजा होइ।।१५।।

व्याख्या—यह मन उसी को दीजिए जो भगवान् का सच्चा सेवक है। सच्चे सेवक (भक्त) के ऊपर यदि आरा चलता है (उसका सिरच्छेदन होने पर भी) तो भी वह बदलता नहीं अर्थात् मित्र से अमित्र नहीं बनता।

दृष्टान्त तथा रूपकातिशयोक्ति अलंकारों का विधान है।

पांहण टांकि न तोलिए, हाडि न कीजै बेह।
माया राता मांनवी तिन सूं किसा सनेह।।१६।।

व्याख्या– पत्थर टंको में नहीं तौलना चाहिए और हड्डी में (रत्नों जैसा) छेद नहीं करो, जो लोग माया से अनुरक्त हैं उनका किसी से क्या स्नेह?

दृष्टान्त और अतिशयोक्ति द्वारा माया ग्रस्त जीव में ईश्वरीय प्रेम को जागृत करने की कठिनाई की व्यंजना की गयी है। माया ग्रस्त जीव प्राणियों से भी सच्चा प्रेम नहीं करता है।

कबीर साखत की सभा, तूं मति बैठे जाइ।
एक गुंवाडै क्यूं बनै, रोझ गदहरा गाइ।।१७।।

शब्दार्थ – गुंवाडै = साथी।

व्याख्या–कबीर कहते हैं कि तू शाक्तों की सभा में मत बैठो। नील गाय, गधे और गाय का एक साथी क्यों बनते हो। (शाक्तों का व्यवहार उपर्युक्त पशुओं जैसा है उनकी सभा में जाकर संत पशु बन जाएगा।)

कबीर तासूं प्रेम करि, जो निरबाहै ओडि (ओरि)।
बनिता विविध न राचिये, देषत लागै षोड़ि (खोरि)।।१८।।

शब्दार्थ – ओड़ि = अन्त तक।

व्याख्या–कबीर कहते हैं कि प्रेम उनसे करो जो अन्त तक निर्वाह करें। अनेक स्त्रियों से प्रेम न करो क्योंकि एक से अनेक स्त्री को देखना भी दोष है।

षोड़ का अर्थ क्षीणता भी है। दूसरी पंक्ति का एक अर्थ और भी संभव है। स्त्री को भिन्न-भिन्न पुरुषों से अनुरक्त नहीं होना चाहिए क्योंकि एक से अनेक पुरुष को देखना भी पाप है।

आत्मा को एक मात्र परमात्मा से अनुराग रखना चाहिए। विविध देवी-देवताओं की उन्मुखता उचित नहीं है। रूपकातिशयोक्ति अलंकार का विधान है।

कबीर तन पंषी भया, जहाँ मन तहाँ उड़ि जाइ[1]।
जो जैसे संगति करै, सो तैसे फल खाइ।।१६।।

पाठान्तर – तिवारी १. उड़ि उड़ि दह दिसि जाइ।

व्याख्या–कबीर कहते हैं कि देह पक्षी हो गया है। वह मनोवांछित स्थान पर उड़कर चला जाता है (बिना भले बुरे का विचार किए वह लोगों का साथ पकड़ लेता है) ठीक ही है जो जैसी संगति करता है वैसा ही फल पाता है।

ति० के पाठानुसार मन पक्षी उड़-उड़ कर दसों दिशाओं में जाता है।

अर्थान्तरन्यास तथा रूपकातिशयोक्ति अलंकार।

काजल केरी कोठरी[1] तैसा यहु संसार।
बलिहारी ता दास की, पैसि र निकसणहार।।२०।।

पाठान्तर – तिवारी १. ओवरी

व्याख्या–जिस तरह काजल की कोठरी होती है, वैसे ही यह संसार है। उस भगवान् के

भक्त की बलिहारी है जो उसमें प्रवेश करके भी अछूता बाहर निकल आता है। भक्त को सांसारिकता लिप्त नहीं करती।

दृष्टांत अलंकार।

२५. असाधु साधु कौ अंग

पूर्व परिचय–इस अंग में साधु वेषधारी असाधुओं की काली करतूतों का पर्दाफाश किया गया है तथा साधु के स्वभाव की सच्चाई पर प्रकाश डाला गया है। सभी उज्ज्वल वेषधारी एवं मीठा बोलने वाले सच्चे साधु नहीं होते। साधुओं की संगति कभी निष्फल नहीं होती है। भक्त बहुमूल्य कपड़े की तरह होता है उसमें गन्दगी समाहित नहीं होती। साधु विषय प्रवाह की ओर उन्मुख नहीं होता वह उसके विपरीत चलता है।

कबीर भेष अतीत का, करतूति करै अपराध।
बाहरि दीसै साध गति, याहैं महा असाध।।१।।

व्याख्या–कुछ साधु वेष से तो विषयातीत दिखाते देते हैं किन्तु उनकी करनी अपराधपूर्ण रहती है। ऊपरी आचरण से साधु (सज्जन) दिखाई देते हैं किन्तु उनके भीतर कलुष होता है अर्थात् वे मन से असाधु होते हैं।

उज्जल देखि न धीजिए, बग ज्यूँ माँडै ध्यान।
धीरै बैठि चपेटसी, यूँ ले बूड़ै ग्याँन।।२।।

व्याख्या–बाह्य उज्ज्वलता जो वेष से झलकती है उस पर विश्वास नहीं करना चाहिए। वे बकुल ध्यानी साधु हैं जो पास रहकर अपनी भूख की तृप्ति करते हैं। वे मिथ्या ज्ञान में शिष्य को डुबा देते हैं। शिष्यों की सन्निकटता का वे अपने हित के लिए उपयोग करते हैं।

जेता मीठा बोलणाँ, तेता साध न जाँणि।
पहली थाह दिखाइ करि, ऊँडै देसी आँणि।।३।।

शब्दार्थ – देसी = देगा।

व्याख्या–जो लोग जितने मधुरभाषी हैं उतने ही साधु (सज्जन) नहीं हैं। वे तुम्हें पहले थाह दिखाकर (तुम्हारी समझ के अनुकूल ज्ञान देकर तुम्हारा हित करते प्रतीत होंगे) बाद में गहरे पानी में ले जाकर डुबा देंगे। विश्वास पा लेने के बाद ज्ञानाभास के तमस में तुम्हें डालकर नष्ट कर देंगे।

रूपकातिशयोक्ति अलंकार का विधान है।

कबीर संगति साध की, कदे न निरफल होइ।
चंदन होसी बाँवना, नींब न कहसी कोइ।।४।।

व्याख्या–कबीर कहते हैं कि साधु की संगति कभी व्यर्थ नहीं जाती। चंदन के वृक्ष को छोटा होते हुए भी कोई नीम नहीं कहता। इसी प्रकार साधु की भी स्थिति होती है। बाह्य रूप से वह चाहे जैसा भी दिखे लेकिन उसके आंतरिक गुणों के कारण उसकी उपेक्षा नहीं की जा सकती।

सज्जनों की संगति का महत्त्व दर्शाया गया है। निदर्शना अलंकार का विधान है।

कबीर संगति साध की, बेगि करीजैं जाइ।
दुरमति दूरि गँवाइसी, देसी सुमति बताइ।।५।।

व्याख्या—कबीर कहते हैं कि साधु (सज्जन) की संगति शीघ्र कर लीजिए। वह तुम्हें सद्बुद्धि देगा और दुर्बुद्धि को भगा देगा। साधु के पास सद् विवेक जागृत करने की अद्भुत क्षमता होती है।

मथुरा जावै, द्वारिका, भावैं जा जगनाथ।
साध संगति हरि भगति बिन, कछु न आवै हाथ।।६।।

व्याख्या—कोई चाहे मथुरा जाये या द्वारिका, भाये (अच्छा लगे) तो जगन्नाथ भी जाये। किन्तु साधु की संगति तथा परमात्मा की भक्ति के बिना कुछ भी हाथ नहीं लग सकता।

बाह्याडम्बरों का खंडन तथा साधु संगति की महत्ता बतायी गयी है।

मेरे संगी दोइ जणाँ, एक वैष्णों एक राँम।
वो हैं दाता मुकति के, वो सुमिरावैं नाँम।।७।।

व्याख्या—मेरे केवल दो ही साथी हैं - एक वैष्णव और दूसरे राम। राम मुक्ति देने वाला है तथा वह (वैष्णव) राम-नाम का स्मरण कराता है।

वैष्णव से राम-नाम के स्मरण की प्रेरणा मिलती है।

कबीर बन-बन मैं फिरा, कारणि अपणें राम।
राम सरीखे जन मिले, तिनि सारे सब काम।।८।।

शब्दार्थ – सारे = सिद्ध कर दे। जन = भक्त, सरीखे = समान।

व्याख्या—अपने राम के कारण मैं बन-बन घूमता रहा किन्तु अब तो मुझे राम समान भक्त मिल गये हैं। उन्होंने मेरे सारे कार्य सिद्ध कर दिये।

भक्तों की महिमा भगवान् के समकक्ष है।

कबीर सोइ दिन भला, जा दिन संत मिलाँहि ।
अंक भरे भरि भेंटिया, पाप सरीरौं जाँहि।।९।।

व्याख्या—वही दिन अच्छा (शुभ) होता है जिस दिन संत की संगति मिलती है। उनसे आलिंगन बद्ध होकर भेंटने से शरीरों के (जन्मों) पाप नष्ट हो जाते हैं।

कबीर चंदन का बिड़ा, बैठ्या आक पलास।
आप सरीखे करि लिए, जे होते उनके पास।।१०।।

व्याख्या—चंदन का वृक्ष आक और पलाश वृक्ष को भी अपने में आवेष्टित कर लेता है। जो व्यक्ति उनके (संतों के) निकट होते हैं उन्हें वे अपने समान ही कर लेते हैं।

यहाँ चंदन-संत का तथा आक और पलाश सांसारिक या दुर्जन व्यक्तियों के प्रतीक हैं।

कबीर खाईं कोट की, पांणी पीवे न कोइ।
आइ मिलै जब गंग मैं, तब सब गंगोदिक होइ।।११।।

व्याख्या—परकोटे (दुर्ग के चारों ओर) की खाईं के जल को कोई नहीं पीता। उसे अपवित्र मानता है किन्तु वही जल जब गंगा में जाकर मिल जाता है तब वह भी गंगाजल ही हो जाता है।

'संगति से गुण होत हैं संगति से गुण जात।'

सत्संगति के प्रभाव की व्यंजना है।

जाँनि बूझि साचहि तजै, करै झूठ सूँ नेह।
ताकी संगति राम जी, सुपिनैं हौ जिनि देहु।।१२।।

व्याख्या—ऐसे लोग जो जान-बूझकर सत्यता का त्याग कर देते हैं तथा झूठ से स्नेह (प्रेम) जोड़ लेते हैं। हे राम उनकी संगति तुम कभी स्वप्न में भी न दो।

सत्य के पक्ष का समर्थन तथा असत्य का विरोध किया गया है।

कबीर तासु मिलाइ, जासु हियाली तूँ बसै।
नहिं तर बेगि उठाइ, नित का गंजन को सहै।।१३।।

व्याख्या—कबीर कहते हैं कि हे भगवान् तू मुझे उस व्यक्ति से मिला दे जिसके हृदय में तू निवास कर रहा है। अन्यथा शीघ्र मुझे यहाँ से उठा ले, नित्य की वेदना कौन सहन करे।

यद्यपि भगवान् सबके हृदय में हैं किन्तु विरले लोग ही उसकी अनुभूति करते हैं। अनुभव सिद्ध व्यक्ति से मिलन होने पर हृदय की व्यथा मिट जाती है।

केती लहर समुंद की कत उपजै कत जाइ।
बलिहारी ता दास की, उलटी माँहिं समाइ।।१४।।

व्याख्या—समुद्र में कितनी लहरें पैदा होती हैं और कितनी उसी में समा जाती हैं। उस भक्त के प्रति न्योछावर जाता हूँ जिसके मन की तृष्णा लहरें पैदा होकर उसके अन्तर में ही समाप्त हो जाती हैं।

तृष्णा की लहरों से मनुष्य की चेतना बहिर्मुखी हो जाती है किन्तु भक्त साधक मन की गति को अन्तर्लीन करने में सफल होता है। ईश्वर से आत्मा रूपी लहरें पैदा होकर जन्म ग्रहण करती हैं और भ्रम एवं माया में नष्ट हो जाती हैं। सार्थक उसी का जीवन होता है जो उलट कर आत्मा को परमात्मा में ही लीन कर देता है।

रूपकातिशयोक्ति अलंकार का विधान है।

काजर केरी कोठड़ी, काजल ही का कोट।
बलिहारी ता दास की, जे रहै राँम की ओट।।१५।।

व्याख्या—यह संसार काजल की कोठरी (कमरा) है, काजल (कालिमा) का ही इसका परकोटा है। मैं उस भक्त के प्रति बलिहारी जाता हूँ जो राम की ओट (आड़) लिए रहता है।

कज्जल अर्थात् कल्मषमय इस संसार के प्रभाव से बचने के लिए राम का आश्रय ग्रहण करना आवश्यक है। विवेकी सन्त यही करता है।

रूपक अलंकार का विधान है।

भगति हजारी कापड़ा, तामैं मल न समाइ।
साषित काली कामरी, भावै तहाँ बिछाइ।।१६।।

व्याख्या—भक्ति स्वच्छ एवं महीन (हजार अंक मूल्य वाला) कपड़ा है। उसमें गन्दगी समाहित नहीं होती है। जबकि शाक्त साधना काली कम्बली है। उसे चाहे जहाँ बिछाओ उसमें समस्त गन्दगी समाहित हो जाती है।

स्वच्छ कपड़ा गन्दगी को स्वीकार नहीं करता। गन्दगी के छूते ही वह दूषित दिखाई देने लगता है। जबकि काली कम्बली में गंदगी को आत्मसात करने की क्षमता होती है। भक्ति के निष्कलुष स्वरूप में किसी तरह का दूषण संभव नहीं है। भक्ति साधना की श्रेष्ठता की व्यंजना है। शाक्त पहले से ही कल्मष युक्त है इसलिए गंदगी समाने से बाहरी तौर पर ज्ञात नहीं होता है।

२६. साधु साषीभूत कौ अंग

पूर्व परिचय–जो योगी आत्मस्थ हो जाता है तथा जो सन्त आत्मा परमात्मा के एकत्व का अनुभव कर लेता है वही साक्षीभूत साधु है। इस अंग में संतों के लक्षण पर प्रकाश डाला गया है। संत निष्काम होते हैं और ईश्वर के वियोग में तड़पते रहते हैं। प्रभु के अनुराग के हेतुओं पर भी कई साखियों में प्रकाश डाला गया है। प्रभु आग की तरह प्रत्येक व्यक्ति के अन्तःकरण में उपस्थित है। उसको प्रत्यक्ष करने के लिए चित्त रूपी चकमक का जागृत होना आवश्यक है।

निरबैरी निहकांमता, साईं सेती नेह।
विषिया सूँ न्यारा रहै, संतनि का अंग एह।।१।।

व्याख्या–निर्वैरता, निष्कामता, ईश्वर से स्नेह, विषयों से अनासक्ति। ये ही संतों के अंग अर्थात् उपादान हैं।

संत न छांड़ै संतई, जे कोटिक मिलैं असंत।
चंदन[1] भुवंगा बेढ़िया, तऊ सीतलता न तजंत।।२।।

पाठान्तर – १. मलय

व्याख्या–संत अपनी संतई (साधु स्वभाव) नहीं छोड़ते, उन्हें चाहे जितने असाधु (दुष्ट) व्यक्ति मिल जायें, जैसे चंदन के वृक्ष में भुजंग (सर्प) लिपटे रहते हैं। फिर भी वे अपनी शीतलता नहीं छोड़ते।

दृष्टान्त अलंकार द्वारा संत के दृढ़ स्वभाव की व्यंजना की गयी है।

कबीर हरि का भाँवता दूरैं थैं दीसंत।
तन षीणाँ मन उनमना, जग रुठडा फिरंत।।३।।

व्याख्या–कबीर कहते हैं कि ईश्वर का प्रिय भक्त दूर से ही पहचाना जा सकता है। उसका शरीर क्षीण रहता है, मन ऊर्ध्वमुखी रहता है और वह जग से रुष्ट रहता है। अर्थात् जागतिक विषयों में उसकी रुचि नहीं रहती है।

कबीर हरि का भाँवता, झीना पंजर तास।
रैणि न आवै नींदड़ी, अंगि न चढ़ई मांस।।४।।

व्याख्या–कबीर कहते हैं कि हरि के भक्त (प्रिय जन) का शरीर क्षीण रहता है। उसे वियोग की पीड़ा के कारण रात में नींद नहीं आती और उसके शरीर पर मांस नहीं चढ़ता अर्थात् वह स्थूलकाय नहीं होता।

अजरता सुख सोवणाँ, रातै नींद न आइ।
ज्यूँ जल टूटै मछली, यूँ बेलंत विहाइ।।५।।

व्याख्या–अनुराग हीन होने पर सुख से सोना संभव होता है किन्तु अनुरक्त व्यक्ति को नींद नहीं आती। जैसे जल से वियुक्त मछली तड़पती हुई इधर-उधर बेलती (घूमती, मनुष्य पक्ष में करवट बदलते हुए) समय व्यतीत करती है।

मत्स्य के दृष्टांत से ईश्वर भक्त की अनिद्रा तथा बेचैनी की अभिव्यंजना की गयी है।

जिण कुछ जांण्यां नहीं, तिन्ह सुख नींदणीं बिहाइ।
मैं रे अबूझी बूझिया, पूरी पड़ी बलाइ।।६।।

व्याख्या–जिन्हें आत्मा-परमात्मा तथा जगत् के पारस्परिक सम्बन्ध का तनिक भी ज्ञान नहीं, वे सुख की नींद सोते हैं। मैंने तो उस अज्ञात को जानने की चेष्टा की इसलिए मेरे ऊपर तो ऊपरी बला ही आ गयी। परमात्मा के ज्ञान से सांसारिकता से मन उचट जाता है, फलतः परेशानी में जीवन बीतने लगता है।

तुलसी ने भी कहा है कि 'धन्य हैं वे मूढ़ जन जिन्हें न व्यापी जगत गति।'

वक्रोक्ति अलंकार की व्यंजना है।

जाण भगत का नित मरण, अण जांणे का राज।
सर अपसर समझै नहीं, पेट भरण सूं काज।।७।।

व्याख्या–ज्ञानी भक्त को प्रतिदिन मरना होता है (वियोग व्यथा की गहन पीड़ा झेलनी पड़ती है) अज्ञानी लोग मस्त होकर आनन्द भोग करते हैं। उन्हें उचित अनुचित का ज्ञान होता ही नहीं, उन्हें तो सिर्फ पेट भरने से मतलब है। व्यंग्यात्मक शैली का प्रयोग है।

जिहि घटि जाँ बिनाँण, तिहि घटि अवटणाँ घणाँ।
बिन षंडे संग्राम है नित, उठि मन सौं झूमणाँ।।८।।

व्याख्या–जिस शरीर में ज्ञान-विज्ञान है उस शरीर में ज्ञानाग्नि औटता (खौलता) रहता है। नित्य प्रति मन से युद्ध करना वैसा ही है जैसे बिना खड्ग के युद्ध करना। मन और साधक में निरन्तर द्वन्द्व बना रहता है।

विभावना अलंकार की योजना है।

राम वियोगी तन विकल, ताहि न चीन्है कोइ।
तंबोली के पान ज्यूं, दिन-दिन पीला होइ[1]।।६।।

पाठान्तर - तिवारी १. राम वियोगी विकल तन, इन्ह दुखवौ मति कोइ।
छूवत ही मरि जाइहें, तालाबेली होइ ।

व्याख्या–राम से वियुक्त लोगों की देह व्याकुल रहती है इन्हें कोई दुखी न करे। इन्हें सांसारिक जीव यदि छू लेंगे तो ये तड़पकर मर जायेंगे।

राम से वियुक्त साधक का शरीर मिलन के लिए व्याकुल रहता है किन्तु उस व्याकुलता को कोई पहचानता नहीं। वह तमोली के पान की तरह दिन-प्रतिदिन पीला होता रहता है। दृष्टान्त अलंकार का विधान है।

पीलक दौड़ी साँइयाँ, लोग कहै पिंड रोग।
छाँनै लंघण नित करै, रांम पियारे जोग।।१०।।

व्याख्या–हे स्वामी, आपके विरह के कारण मेरे शरीर में पीलापन आ गया है, जिसे

लोग पिंड (पीलापन) का रोग कहते हैं। किन्तु सच्चाई तो यह है कि अपने प्रिय राम से संयोग पाने के लिए छिपाकर लंघन (उपवास) करते रहते हैं।

काम मिलावे राम कूं, जे कोई जाँणै राषि।
कबीर बिचारा क्या करे, जाकी सुखदेव बोलै साषि।।११।।

व्याख्या–यदि कोई काम पर नियंत्रण करना जान ले और ज्ञान पूर्वक उसको वश में कर ले तो वही काम राम से मिला सकता है। शुकदेव स्वयं साक्ष्य देते हैं कि गोपियों ने प्रेम काम (रति भाव) से ही श्रीकृष्ण को प्राप्त कर लिया। कबीर यदि इस विचार को प्रतिपादित करते हैं तो उनका क्या दोष है। तुलसी भी कहते हैं –

कामी नारि पियारि जिमि लोभी प्रिय जिमि दाम।
तिमि रघुनाथ निरन्तर प्रिय मोहिं लागहु राम।।

काँमणि अंग बिरकत[1] भया, रत भया हरि नाँहि।
साषी गोरखनाथ ज्यूँ, अमर भए कलि माँहि।।१२।।

पाठान्तर – तिवारी – १. अरत

व्याख्या–जो कामिनी (स्त्री) के अंगों से विरक्त होकर हरि में अनुरक्त हो जाता है वह इस कलियुग में अमर हो जाता है। इसके साक्षी स्वयं गोरखनाथ हैं जो इसी प्रकार का आचरण करके कलियुग में अमर हो गये। दृष्टान्त अलंकार का विधान है।

जदि विषै पियारी प्रीति सूँ, तब अंतर हरि नाँहि।
जब अंतर हरि जी बसै, तब विषिया सूँ चित्त नाँहि।।१३।।

व्याख्या–यदि परमात्मा के प्रेम से विषयों के प्रति प्रेम अधिक है तब समझो कि हृदय में परमात्मा की स्थिति नहीं है। जब परमात्मा हृदय में बस जाता है तब विषयों के प्रति चित्त (मन) का आकर्षण नहीं होता।

जिहि घट मैं संसौ बसै, तिहिं घटि राम न जोइ।
राम सनेही दास बिचि, तिणाँ न संचर होइ।।१४।।

व्याख्या–जिस देह में संशय (आत्मा और परमात्मा की एकता के प्रति संदेह) वास करता है, उस अन्तःकरण को ईश्वर का साक्षात्कार नहीं हो पाता है राम और उनके स्नेही भक्त के सम्बन्धों के बीच तृण का भी संचार नहीं होता है। दोनों का, सम्बन्ध मध्यस्थता रहित है, उसमें किसी तरह के संशय के लिए स्थान नहीं है।

अर्थान्तरन्यास अलंकार ध्वनित है।

स्वारथ को सब कोउ सगा, जग सगलाही जांणि।
बिन स्वारथ आदर करै, सो हरि की प्रीति पिछांणि।।१५।।

व्याख्या–समस्त संसार जानता है कि स्वार्थ के लिए सभी लोग स्वकीय (आत्मीय) बनते हैं, पर जो स्वार्थ को छोड़कर दूसरों का आदर करता है, वही भगवान् के प्रेम को पहचानता है।

जिहि हिरदै हरि आइया, सो क्यूँ छांना होइ।
जतन जतन करि दाविए तऊ उजाला सोइ।।१६।।

व्याख्या–जिसके हृदय में भगवान् के प्रकाश का प्रवेश हो गया है वह हृदय कैसे छिपा

रह सकता है। अनेक यत्न के द्वारा यदि उसे दबाया जाय तो भी वह प्रकाश प्रकट हो ही जाता है।

हृदय में ईश्वरीय ज्योति का साक्षात्कार होने पर भक्त की विशिष्टता जग जाहिर हो जाती है। उसे यत्नपूर्वक छिपाना संभव नहीं होता।

फाटै दीदै मैं फिरौं नजरि न आवै कोइ।
जिहि घटि मेरा साइंयाँ, सो क्यूं छांना होइ।।१७।।

शब्दार्थ – छांना = दुराव, छिपना।

व्याख्या–मैं आँखें फाड़कर घूम रहा हूँ किन्तु ईश्वर का साक्षात्कार करने वाला कोई व्यक्ति मिल नहीं रहा है। जिस देह में मेरे स्वामी का तेज जागृत रूप में अनुभूत हो गया है वह देह कैसे छिप सकती है।

कबीर मानते हैं कि हर घट में ईश्वर विद्यमान है किन्तु जब कोई भक्त उसका साक्षात्कार करता है तो उसकी देह का तेज उसे द्योतित करने लगता है, उसे किसी भी रूप में छिपाया नहीं जा सकता है।

सब घटि मेरा सांइयाँ, सूनी सेज न कोइ।
भाग तिन्हौं का हे सखी जिहि घट परगट होइ।।१८।।

व्याख्या–मेरा स्वामी हर शरीर में है, कोई भी जीवात्मा रूपी प्रेयसी की देह-शय्या सूनी नहीं है। लेकिन उस शरीर का भाग्य है जिसमें वह प्रकट हो जाता है।

शय्या पर रहते हुए वह अदृश्य है। देह शय्या में वह प्रेम भावना से ही प्रकट होता है। रहस्यवाद की व्यंजना की गयी है।

पावक रूपी राम है, घटि घटि रह्या समाइ।
चित चकमक लागै नहीं, ताथैं धूंवां होइ होइ जाइ।।१९।।

व्याख्या–राम अग्नि रूप है, वह प्रत्येक देह में समाहित है। किन्तु चित्त रूपी चकमक पत्थर उस रोशनी को पुंजीभूत नहीं कर पाता इससे काया-वासना जलती नहीं बल्कि धुँधुँआकर रह जाती है।

सांगरूपक तथा उपमा अलंकार का प्रयोग है। 'चकमक' एक तरह का पत्थर जो सूर्य की किरणों को खींचता है यदि किसी ज्वलनशील वस्तु पर उसके बिम्ब को रखा जाय तो वह जलने लगती है।

कबीर खालिक जागिया, और न जागै कोइ।
कै जागै विषई विष भर्‌या कै दास बंदगी होइ।।२०।।

शब्दार्थ – खालिक = सृष्टिकर्ता।

व्याख्या–सृष्टिकर्ता जागता रहता है, अन्य कोई भी नहीं जागता। या तो विषय वासनाओं से लिप्त विषयी जागता है या भगवान् का भक्त ईश्वर प्राप्ति हेतु जागृत रहता है।

कबीर चाल्या जाइ था आगै मिल्या खुदाइ।
मीरा मुझ सौं यौं कहया किन फुरमाई गाइ।।२१।।

शब्दार्थ – फुरमाई = कहा, जाई = जाकर।

व्याख्या–मैं बेखबर होकर जीवन पथ पर चला जा रहा था, मुझे अचानक ईश्वर मिल गया। मीरा (स्वामी) ने मुझसे यों कहा, तुम अपनी अनुभूति को गाकर क्यों प्रकट नहीं करते।

दूसरी पंक्ति का दूसरा अर्थ यह भी है – तुमसे गाय के बलिदान की बात किसने बताई।

२७. साधु महिमा कौ अंग

पूर्व परिचय–प्रस्तुत अंग में साधुओं (सन्तों) के महत्त्व पर प्रकाश डाला गया है। जिस घर, गाँव तथा शहर में सन्त की उपस्थिति तथा महत्ता मान्य नहीं होती है वहाँ के निवासी भूत सदृश होते हैं कबीर ने इसी अंग में वैष्णव को श्रेष्ठ तथा शाक्तों को हीन बताया है।

चंदन की कुटकी भली, नाँ बंबूर की अंबराउँ।
वैश्नौ की छपरी भली, ना साषत का बड़ गाउँ।।१।।

व्याख्या–चंदन के वृक्ष की छोटी विटपी अच्छी होती है, न कि बबूलों का उपवन, वैष्णवों का छप्पर अच्छा है, शाक्तों का गाँव नहीं।

कबीर शाक्तों की तुलना में वैष्णवों को श्रेष्ठ मानते हैं। दृष्टान्त द्वारा उसी की व्यंजना करते हैं।

सुपिनै हू वरराइ कै जिहिं मुख निकसै राम।
ताके पग की पांनही मेरे तन कौ चांम।।२।।

व्याख्या–कबीर कहते हैं कि स्वप्न में भी उझककर जिसके मुँह से राम निकल जाता है उसके पैर की जूती बनाने के लिए यदि मेरे शरीर का चमड़ा प्रयोग हो तो अच्छा है।

भक्त के प्रति गहन श्रद्धा तथा समर्पण का भाव व्यंजित है।

पुर पाटण सूबस बसै, आनंद ठांयै ठांइ।
राम सनेही बाहिरा, ऊजड़ मेरे भांइ।।३।।

व्याख्या–कोई पुर अथवा पाटण (शहर) अच्छी तरह से बसा हो, वहाँ स्थान-स्थान पर आनंद हो। यदि वहाँ कोई राम भक्त न हो तो मेरे भाव से वह उजड़ा गाँव मात्र है।

किसी स्थान की सार्थकता ईश्वर भक्त की उपस्थिति से ही है।

जिहि घरि साधु न पूजिए, हरि की सेवा नाहिं।
ते घर मड़हट सारिषे, भूत बसै तिन मांहि।।४।।

व्याख्या–जिन घरों में साधु की पूजा नहीं होती और भगवान् की सेवा नहीं होती, वे मरघट (श्मशान) की तरह हैं, उनमें भूतों का निवास रहता है।

उपमा अलंकार का विधान है।

है गै, गैबर[1] सघन घन, छत्र धजा फहराइ।
तां सुख तैं भिष्या भली, हरि सुमिरत दिन जाइ।।५।।

पाठान्तर – १. है गै, वाहन।

व्याख्या–किसी के पास श्रेष्ठ घोड़े, श्रेष्ठ हाथी अत्यधिक संख्या में हैं और छत्र हैं तथा ध्वजाएँ फहरा रहीं है, इस सुख की अपेक्षा भिक्षा अच्छी है क्योंकि उसमें दिन भगवान् का

स्मरण करते हुए व्यतीत होता है।

भक्ति के लिए विनम्रता अपेक्षित है धन वैभव नहीं।

पंचवलधिया फिरकिड़ी ऊजड़ि ऊजड़ि जाइं।
बलिहारी वा दास की, पकड़ि जु राखै ठाइं।।६।।

व्याख्या–पाँच बैलों वाली एक गाड़ी है। (देह गाड़ी है जिसे पाँच बैल अपनी-अपनी ओर खींचते हैं) वे बैल बार-बार तुड़ाकर (तितर-बितर होकर) भाग जाते हैं। वे गाड़ीवान के वश में नहीं रहते। उस भक्त की बलिहारी है जो पाँच इन्द्रियों रूपी बैलों को पकड़कर वश में कर ले।

रूपकातिशयोक्ति अलंकार है।

है गै गैबर[1] सघन घन छत्रपती की नारि।
तांस पटंतर ना तुलै हरिजनि की पनिहारि।।७।।

पाठान्तर – जय० – १. है गै, वाहन।

व्याख्या–जिसके पास श्रेष्ठ घोड़े तथा श्रेष्ठ हाथी पर्याप्त मात्रा में हैं और वह छत्रपति की पत्नी भी है किन्तु वह भगवान् के भक्त की पनिहारिन (पानी भरने वाली स्त्री) की तुलना में नहीं ठहर सकती। भक्त की पनिहारिन रानी से श्रेष्ठ होती है।

क्यूं नृप नारी नींदए क्यूं पनिहारी कौ मान।
वा माँग संवारै पींव कौं, वा नित उठि सुमिरै राम ।।८।।

व्याख्या–राजा की पत्नी की निन्दा क्यों होती है और पनिहारिन क्यों सम्मान्य है। प्रथम संसारी पति के लिए शृंगार करती है और द्वितीय नित्य उठते ही राम का स्मरण करती है।

राम का सुमिरन करने वाला संसारी जीव से श्रेष्ठ होता है। श्रेष्ठता का प्रतिमान धन-वैभव नहीं बल्कि ईश्वर भक्ति है।

कबीर धनि ते सुंदरि, जिनि जाया बैसनौं पूत।
राँम सुमरि निरभै हुवा, सब जग गया अऊत।।९।।

व्याख्या–कबीर का मन्तव्य है कि वे स्त्रियाँ धन्य हैं जिन्होंने वैष्णव पुत्रों को जन्म दिया। वे राम-नाम का स्मरण कर काल से निर्भय हो जाते हैं किन्तु शेष संसार जन्म लेकर भी यूँ ही नष्ट हो जाता है। (शेष संसार की स्त्रियाँ पुत्र भले ही पैदा करें लेकिन उन्हें निपूती ही कहना चाहिए) अऊत का अयुक्त भी हो सकता है जो अनुपयोगी का अर्थ देता है।

जानि बूझि जड़ होइ रहै, बल तजि निरबल होइ।
कहै कबीर तेहिं संत का, पला न पकड़ै कोइ।।१०।।

व्याख्या–कोई जान बूझकर यदि जड़ (मूर्ख) बना रहता है और बल छोड़कर निर्बल हो जाता है (ईश्वर ही बल है उसका सहारा नहीं छोड़ना चाहिए) कबीर कहते हैं कि ऐसे संत का पक्ष कोई नहीं लेता या उसका पलड़ा कोई नहीं पकड़ता। (कोई उसके आश्रय में नहीं आता।)

कबीर कुल सोई भला, जिहिं कुल उपजै दास।
जिहिं कुल दास न ऊपजै, सो कुल आक पलास।।११।।

व्याख्या–कबीर कहते हैं कि कुल तो वही अच्छा होता है जिस कुल में भक्त उत्पन्न हो। जिस कुल में हरि का भक्त नहीं उत्पन्न होता वह कुल आक और पलाश के वृक्ष की तरह

सारहीन है। उपमा अलंकार का विधान है।

लालन की ओबरी नहीं, हंसन की नहिं पाँति।
सिंहन के लेहड़ा नहीं, साधु न चलै जमाति।।१२।।

व्याख्या–हीरे जवाहरात (रत्नों) की कोठरी नहीं होती (एक साथ बड़ी राशि नहीं होती) हंसों की पंक्तियाँ नहीं होती हैं। सिंहों का झुंड नहीं होता (एक परिवार के दो चार शेर ही साथ रहते हैं) साधुओं का गमन एक समूह में नहीं होता अर्थात् साधु अकेले रहकर ही साधना करता है वह भीड़ नहीं बनाता।

साषत बाँभण मति मिलै, बैसनों मिलै चंडाल।
अंक माल दै भेटिये, माँनों मिले गोपाल।।१३।।

व्याख्या–शाक्त ब्राह्मण न मिले इसकी अपेक्षा यदि चांडाल वैष्णव मिल जाय तो अच्छा है। उसे अपने अंक में समेट कर ऐसे भेंटना चाहिए मानो गोपाल (कृष्ण) मिल गये हों।

शाक्त धर्म में व्याप्त दोषों तथा वैष्णव धर्म की महत्ता का वर्णन किया गया है।

राँम जपत दालिद भला, टूटी घर की छाँनि।
ऊँचे मंदिर जालि दे, जहाँ भगति न सारँगपाँनि।।१४।।

शब्दार्थ – दालिद = दारिद्रय, छांनि = छप्पर, मंदिर = घर, सारंगपानि = धनुषधारी विष्णु।

व्याख्या–राम का जप (स्मरण) करते हुए दरिद्रता भी अच्छी है। भले ही घर की छाजन (छप्पर) टूटी हुई हो।

ऐसे ऊँचे-ऊँचे मंदिरों (महलों) को जला देना चाहिए जहाँ धनुर्धारी राम की भक्ति न की जाती हो।

कबीर भया है केतकी, भँवर भये सब दास।
जहाँ-जहाँ भगति कबीर की, तहाँ तहाँ राम निवास।।१५।।

व्याख्या–कबीर की स्थिति केतकी पुष्प जैसी है, सभी भक्त उनके चारों ओर चक्कर लगाने वाले भ्रमर की तरह हैं। जहाँ जहाँ कबीर की भक्ति है उन स्थानों पर राम का निवास होता है।

साकत ते सूकर भला, राखै सूंचा गाउं।
साकत बपुरा मरि गया, कोइ न लेइहैं नाउं।।१६।।

व्याख्या–शाक्त से बेहतर सुअर होता है क्योंकि वह गाँव को स्वच्छ रखता है। शाक्त (शक्ति का उपासक) बेचारा मर जाता है तो कोई उसका नाम तक नहीं लेता है।

वैस्नो की कूकरि भली साकत की बुरी माइ।
वह बैठी हरि जस सुनै, वह पाप विसाहन जाइ।।१७।।

व्याख्या–वैष्णव की कुतिया अच्छी है किन्तु शाक्तों की माँ नहीं। कुतिया घर पर बैठकर राम का नाम ध्यान से सुनती है जबकि शाक्त की माँ पुत्र की कृच्छ तथा वामाचार साधना के जरिए पाप खरीदती है। कबीर ने उपर्युक्त साखियों में शाक्तों की निन्दा की है।

२८. मधि कौ अंग

पूर्व परिचय–मधि का अर्थ है मध्य। जो सन्त इड़ा-पिंगला के मध्य सुषुम्ना में ध्यान लगाए है वह मध्यमार्गीय है। सुख-दुख, आशा-निराशा, निर्गुण-सगुण जो भी द्वैत है उनके मध्य स्थित होना अर्थात् दोनों को समझने की प्रक्रिया द्वन्द्व के चक्कर में रहने वाला संसार में डूब जाता है। कबीर ऐसे स्थान पर स्थित हैं जहाँ धूप-छाँव जैसे विरोधी भाव नहीं हैं। संत के लिए राम-रहीम, भेद नहीं रहता वह स्वर्ग नरक में से किसी की भी चाह नहीं रखता। उसके लिए राम रहीम बन जाते हैं, काबा काशी हो जाती है। वह सुख-दुख को भूलकर राम के आनन्द में मस्त हो जाता है।

कबीर मधि अंग जे को रहै, तौ तिरत न लागै बार।
दुई-दुई अंग सूँ लागि करि, डूबत है संसार।।१।।

व्याख्या–कबीर कहते हैं कि जो व्यक्ति मध्यम मार्ग को अपनाता है उसे इस भवसागर को पार करते देर नहीं लगती। जो दुविधा (द्वैत भाव) में निवास करता है वह इस संसार सागर में डूब जाता है।

दो अंग से तात्पर्य-कर्म प्रवृत्ति और कर्म निवृत्ति है।

कबीर दुबिधा दूरि करि, एक अंग ह्वै लागि।
यहु सीतल बहु तपति है, दोऊ कहिये आगि।।२।।

व्याख्या–मन की दुविधा (संदेह) दूर कर उस परमात्मा के अंग से लग जा। क्योंकि द्विधा अर्थात् दोनों अग्नियों ही कही जा सकती हैं। जैसे अतिशय शीतलता एवं अतिशय ताप दोनों ही अग्नि की तरह विनाश कर देते हैं। इसलिए मध्यम मार्ग का अनुसरण करना चाहिए।

आगे सीढ़ी सांकरी, पाछै चकनाचूर।
परदा तर की सुंदरी रही धका तैं दूर।।३।।

व्याख्या–आगे आनेवाली सीढ़ी सँकरी है और पीछे टूटी हुई है। ऐसी स्थिति में परदे के अन्दर रहने वाली सुन्दरी धक्का-मुक्का से दूर रहती है।

व्याख्या–जीवात्मा रूपी सुन्दरी संकीर्ण साधना पथ पर नहीं जाना चाहती और न तो पुरातन (अतीत) मार्ग पर लौटना चाहती है क्योंकि अतीत की प्रासंगिकता खत्म हो चुकी है। देह के अन्दर छिपी हुई वह जीवात्मा रूपी सुन्दरी जो ईश्वर रूपी पति के सिवाय किसी को पसन्द नहीं करती, यहाँ तक कि सांसारिकों की भीड़-भाड तथा धक्का-मुक्की सहना भी उसकी गरिमा के विरुद्ध है। इसलिए वह उससे दूर स्थिर रहती है।

हद्द चलै सो मानवा, बेहद चलै सो साध।
हद्द बेहद दोऊ तजै ताकर मता अगाध।।४।।

व्याख्या–जो सीमा में संचरण करता है वह मानव है। जो सीमा के बाहर जाना चाहता है वह साधु है। जो सीमा तथा असीम दोनों को त्याग देता है उसका मत बहुत गहरा है। जो द्वैत से परे होकर विराट चेतना से युक्त होता है कबीर की दृष्टि में वही महान् होता है।

अनल अकाँसाँ घर किया, मधि निरंतर बास।
बसुधा व्यौम बिरकत रहै, बिनठा हर बिसवास।।५।।

व्याख्या–अनल पक्षी की भाँति साधक ने अपने शरीर रूपी घर को भस्म कर आकाश

में (गगन मंडल) घर कर लिया है वह आकाश और धरती के मध्य में निवास करता है। वह पृथ्वी और व्योम (आकाश) से विलग रहता है, दोनों स्थितियों को वह नष्ट कर देता है। द्वैत-अद्वैत से परे रहता है।

सहज समरस रहने की व्यंजना है। धरती-आकाश दो आत्यंतिकताएँ हैं।

वासुरि गमि न रैंणि गमि, नाँ सुपनैंतर गंम।
कबीर तहाँ बिलंबिया, जहां छांहड़ी न घंम।।६।।

व्याख्या–जहाँ न दिन की पहुँच है, न रात की तथा स्वप्नलोक से भी जो परे है। कबीर ऐसे ही स्थान पर रम रहा है। जहाँ न छाया है न धूप है। वह स्थिति जहाँ भौतिक सुख-दुःखों का अनुभव नहीं होता। सिद्धों ने इस अवस्था को सहज अवस्था या परमपद कहा है।

जिहि पैड़ै पंडित गए, दुनियां परी बहीर।
औघट घाटी गुर कही[1], तिहिं चढ़ि रह्या कबीर।।७।।

पाठान्तर – तिवारी – १. रॉंम की।

व्याख्या–दुनिया की भीड़ उसी मार्ग का अनुकरण करती है जिस मार्ग का अनुकरण पंडित करते हैं। इससे भिन्न मार्ग (राम का है) जो ऊँची-नीची घाटी के समान है जिसे सत्गुरु ने बताया है कबीर उसी मार्ग पर चलता जा रहा है। अर्थात् कबीर सत्गुरु द्वारा बताये गये मार्ग का अनुसरण करता है।

पखा पखी के कारनै, सब जग रहा भुलान।
निरपख होइकै हरि भजै सोई संत सुजान।।८।।

व्याख्या–पक्ष-विपक्ष के कारण सारा संसार विस्मृत है जो निष्पक्ष होकर हरि का भजन करता है वह ज्ञानी संत है। ज्यादातर आदमी मत मतान्तरों के चक्कर में भूले रहते हैं। किसी का भी पक्ष न लेकर भगवान् का भजन करना ही उचित है। संतों का यही लक्षण है।

कबीर मरनां तहं भला, जहां आपनां न कोइ।
आमिख भखै जनावरा, नाउं न लेवै कोइ।।९।।

व्याख्या–कबीर कहते हैं कि ऐसे स्थान पर मरना चाहिए जहां अपना कोई न हो। जानवर माँस खा लें और नाम तक कोई न ले (कोई नाम लेकर रोए भी नहीं।)

परोपकार की भावना व्यक्त है। पारसियों के यहाँ मृत शरीर को जानवरों तथा चीलों को खाने के लिए कुएँ में लटका दिया जाता है। कबीर भी इसी तरह के भाव को व्यक्त करते हैं।

सिख साखा बहुतै किए, केसौ किया न मीत।
चाले थे हरि मिलन कौं, बीचहि अटका चीत।।१०।।

व्याख्या–अनेक शिष्य बनाए, सम्प्रदाय की शाखाएँ फैलाईं, किन्तु केशव से मित्रता नहीं की। चले थे भगवान् से मिलने के लिए किन्तु चित्त (मन) बीच में ही अटक गया (उलझ गया)।

सरग नरक थैं हूँ रह्या, सतगुर के प्रसादि।
चरन कँवल की मौज मैं, रहिस्यूँ अंतिरु आदि।।११।।

व्याख्या–कबीर कहते हैं कि मुझे गुरु का प्रसाद मिल गया है इसलिए मैं स्वर्ग और

नरक से मुक्त हो गया हूँ। अब मैं भगवान् के चरण-कमलों के आनंद में आदि अंत तक रहूँगा।

कबीर ने सेवा भक्ति को स्वर्ग से भी श्रेष्ठ माना है। स्वर्ग और नरक की कामना-अकामना जन्म-मृत्यु का कारण बनती है इसलिए ईश्वर का सामीप्य लाभ अपेक्षाकृत अधिक सुखद है।

चरन-कँवल मे रूपक अलंकार का विधान है।

हिन्दू मूए राम कहि, मुसलमान खुदाई।
कहै कबीर सो जीवता, दुइ मैं कदै न जाइ।।१२।।

व्याख्या–हिन्दू राम कहकर मर जाता है और मुसलमान खुदा कहकर मरता है। कबीर कहते हैं कि जीवित वही रहता है जो दोनों में किसी का पक्ष नहीं लेता।

कबीर ने साम्प्रदायिक सीमाओं में बद्ध नामों की आराधना का खंडन किया है। चाहे जिस नाम का ग्रहण किया जाय किन्तु उसकी सर्वव्यापकता और विराटता की स्वीकृति अपेक्षित है। साम्प्रदायिक भेद-भाव की दृष्टि से की गयी साधना निष्फल होती है। जो द्वैत से परे अद्वैत की साधना करता है वही अमर हो जाता है।

बाभन बूड़ा बापुरा, जनेऊ केरै जोरि।
लख चौरासी मांगि लई, पार ब्रह्म सौं तोरि।।१३।।

व्याख्या–ब्राह्मण बेचारा जनेऊ तोड़कर (बाह्य आडम्बर तथा सांसारिक नियमों, उपनियमों के पालन हेतु संकल्पबद्ध होकर) भवसागर में डूब गया। परम ब्रह्म से सम्बन्ध तोड़कर उसने चौरासी लाख योनियों में भटकाव को ही माँग लिया।

दुखिया मूवा दुख कौं, सुखिया सुख कौं झूरि।
सदा आनंदी राम के, जिन सुख दुख मेल्हे दूरि।।१४।।

व्याख्या–इस संसार में कुछ लोग दुख से व्यथित होकर मर गए, कुछ लोग सामान्यतः सुखी होते हुए भी और अधिक सुख की चाह में संतप्त होकर मर गए। किन्तु राम की भक्ति में आनन्द ग्रहण करने वाले दुख और सुख दोनों को छोड़कर आनंद में रमते हैं।

कबीर हरदी पीयरी, चूना ऊजल भाइ।
रांम सनेही यूं मिले दुन्यूं बरन गंवाइ।।१५।।

व्याख्या–कबीर कहते हैं कि हल्दी पीली होती है और चूना उज्ज्वल होता है। दोनों को मिला देने पर लाल रंग आ जाता है। इसी तरह राम के भक्त अपने वर्ण को छोड़कर एक दूसरे से मिल जाते हैं और उनमें प्रेम का नया रंग पैदा हो जाता है।

वरन में वर्ण और रंग दोनों अर्थ निर्दिष्ट हैं।

काबा फिर कासी भया, राम भया रहीम।
मोट चून मैदा भया, बैठ कबीर जीम।।१६।।

व्याख्या–साम्प्रदायिक सद्‌भावना के कारण कबीर के लिए काबा काशी में परिणत हो गया। भेदों का घोटा चून या मोठ का चून अभेद का मैदा बन गया, कबीर उसी को जीम रहा है। (खा रहा है।)

रूपक एवं लाक्षणिक भाषा का प्रयोग। कबीर के लिए काबा और काशी तथा राम-रहीम में कोई भेद नहीं रहता है।

धरती अरु असमान विचि, दोई तूं बड़ा अवध।[१]
षट् दरसन संसै पड़्या, अरु चौरासी सिध।।१७।।

पाठान्तर – तिवारी १. दोइ तुमरिया बद्ध

व्याख्या–धरती और आसमान के बीच द्वैत भाव ही अवध्य है उसको कोई समाप्त नहीं कर पा रहा है। छह दर्शन तथा चौरासी सिद्ध इसी कार्य में लगे रहे परन्तु उन्हें सफलता नहीं मिली। दो असमान-इड़ा-पिंगला नाड़ियाँ हैं और अवधि - अवकाश = ब्रह्म नाड़ी ।

कबीर की दृष्टि में यह ब्रह्मनाड़ी रूपी मध्य मार्ग ही द्वैत की समाप्ति का मुख्य उपाय है। व्यतिरेक ध्वनित है।

२६. सारग्राही कौ अंग

पूर्व परिचय–श्रेष्ठ सन्त नीर-क्षीर विवेकी होते हैं। वे सांसारिक व्यवहार में राम तत्त्व को पहचान लेते हैं। मधुमक्खी की तरह सार रूप मधु का ग्रहण करना चाहिए।

खीर रूप हरि नाँव है, नीर आन व्यौहार।
हंस रूप कोइ साध है, तत का जाणहार।।१।।

व्याख्या–स्वयं भगवान क्षीर रूप हैं, जगत के अन्य व्यवहार जल की तरह हैं। कोई विरला साधु हंस रूप है जो तत्त्व का जानने वाला है।

जल को छोड़कर क्षीर (दूध) की ओर उन्मुख भक्त जन ही होते हैं। क्योंकि नीर-क्षीर विवेक उन्हीं में होता है।

कबीर साषत को नहीं, सबै वैष्णों जाणि।
जा मुखि राँम न ऊचरै, ताही तन की हाणि।।२।।

व्याख्या–कबीर कहते हैं किसी को शाक्त मत समझो, सभी वैष्णव हैं। जिसके मुख से राम का उच्चारण नहीं होता, उसी के देह की हानि होती है अर्थात् उसका देह धारण करना व्यर्थ हो जाता है।

पापी भगति न भावई, हरि पूजा न सुहाइ।
माखी चंदन परिहरै, जहं विगंध तह जाइ।।३।।

व्याख्या–पापी लोगों को भक्ति अच्छी नहीं लगती और भगवान की पूजा भी सुहाती नहीं। जैसे मक्खी चंदन को छोड़ देती है और दुर्गंध के स्थान पर जाती है। पापी लोगों की भी यही दशा है। वे पाप कर्म की ओर उन्मुख होते हैं। दृष्टांत अलंकार।

कबीर औगुण नां गहै, गुंण ही कौ ले बीनि।
घट घट महु के मधुप ज्यूँ, परमातम ले चीन्हिं।।४।।

व्याख्या–कबीर कहते हैं कि तू अवगुण का ग्रहण मत कर। गुणों को ही चुनकर ले ले। मधु को इकट्ठा करने वाली मधुमक्खी की तरह हर देह में स्थित परमात्मा को पहचान ले।

मधुप का प्रयोग मधुमक्खी के अर्थ में किया गया है। उपमा अलंकार। 'मधु' शब्द परमात्मा की आस्वादनीयता का व्यंजक है।

वसुधा बन बहु भाँति हैं, फूल्यौ फल्यौ अगाध।
मिष्ट सुबास कबीर गहि, विषम कहै केहि साध।।५।।

व्याख्या–यह पृथ्वी तल अनेक वनों से परिपूर्ण है तथा उनमें अनेक फूल फल लगे हैं। इनमें से मीठे तथा सुगन्धित का ग्रहण कर ले। तुम किसको विषम कहते हो? साधु स्वभाव तो सद्ग्रहण करता है उसके लिए विषमता का प्रश्न ही नहीं है। ईश्वर ने पाप-पुण्य दोनों का विधान कर रखा है। जीव को स्वविवेक से सद् का ग्रहण एवं असद् का त्याग करना चाहिए।

यदि किसी सन्त में भी कोई खोट है तो उसकी निन्दा की अपेक्षा उसके गुणों को ही ग्रहण किया जाना चाहिए।

३०. बिचार कौ अंग

पूर्व परिचय–विचार कौ अंग में सचेष्ट तथा सजग भक्ति साधना पर प्रकाश डाला गया है। भक्ति का सम्बन्ध आन्तरिक भाव-चेतना से है, बाह्य प्रदर्शन से नहीं। चिन्तन-मनन पूर्वक सन्तों की वाणी के रहस्य को समझना चाहिए।

राम नाम सब कोइ कहै, कहिबे बहुत विचार।
सोई राम सती कहै, सोई कौतिगहार।।१।।

व्याख्या–राम का नाम तो सभी जपते (कहते) हैं किन्तु सबके कहने में भेद है। उसी राम का नाम सती (सत्यनिष्ठ साधक) लेती है तथा उसी राम-नाम को कौतुक दिखाने वाला बहुरूपिया भी उच्चरित करता है।

आगि कह्याँ दाझै नहीं जे नहीं चंपै पाइ।
जब लग भेद न जाँणिये, राम कह्या तौ काइ।।२।।

व्याख्या–यदि कोई अपना पैर आग पर नहीं रखता तो आग कहने मात्र से वह नहीं जलता। इसी प्रकार जब तक कोई प्राणी राम-नाम का मर्म नहीं समझता तब तक राम कहने से क्या होना है? दृष्टांत अलंकार।

कबीर सोचि बिचारिया, दूजा कोई नाँहिं।
आपा पर जब चीन्हियाँ, तब उलटि समाना माँहि।।३।।

व्याख्या–कबीर कहते हैं कि मैंने भली-प्रकार सोच-विचार कर देख लिया आत्मा से भिन्न कुछ नहीं है। मैंने जब स्वयं अर्थात् आत्मा तथा परमात्मा के एकत्व को पहचान लिया तब उलटे स्वयं में ही समा गया अर्थात् अद्वैत रूप हो गया।

पाणी केरा पूतला, राख्या पवन सँवारि।
नाँनाँ बांणी बोलिया, जोति धरी करतारि।।४।।

व्याख्या–मानव का शरीर तो पानी के बुलबुले की तरह है जो प्राण-वायु द्वारा संभाल कर रखी गयी है और इस नश्वर शरीर में करतार (परमात्मा) ने आत्मा रूपी ऐसी ज्योति स्थापित कर दी है जो विविध प्रकार की बोलियाँ बोलता है। कर्त्ता की ज्योति ही सार तत्त्व है।

नौ मण सूत अलूझिया, कबीर घर घर बारि।
तिनि सुलझाया बापुड़े, जिनि जाणीं भगति मुरारि।।५।।

व्याख्या–कबीर कहते हैं कि प्रत्येक प्राणी के घर-द्वार पर नौ मन सूत उलझा हुआ है अर्थात सभी सांसारिक कर्म-जाल में उलझे हुए हैं। जिन्होंने परमात्मा की भक्ति को पहचान लिया है वही बेचारे इस उलझन से उबर पाये हैं। रूपकातिशयोक्ति अलंकार।

आधी साषी सिरि कटै, जोर बिचारी जाइ।
मनि परतीति न ऊपजै, तौ राति दिवस मिलि गाइ।।६।।

व्याख्या–यदि विचार करके देखा जाय तो आधी साखी से ही किसी का सिर (भौतिक जीवन) कट (समाप्त हो) सकता है। किन्तु यदि उसके प्रति मन में विश्वास नहीं है तो रात-दिन (प्रत्येक क्षण) मिलकर गान किया जाय तो भी उसका कोई परिणाम नहीं निकल सकता।

सोई अषिर सोई बैन, जन जू-जू बाचवंत।
कोई एक मेलै लवणि, अमीं रसाइण हुंत।।७।।

व्याख्या–अक्षर भी वही है, वचन भी वही है किन्तु लोग इसे भिन्न-भिन्न तरह से कहते हैं। जब कोई विरला भक्त उसमें लावण्य घोल देता है तब वह अमरता प्रदान करने वाला रसायन बन जाता है।

हरि मोतिन की माल है, पोई काचै तागि।
जतन कर झंटा घँणा, टूटेगी कहुँ लागि।।८।।

व्याख्या–परमात्मा की भक्ति तो मोतियों की माला है जो कच्चे धागे में पिरोई गई है, इसे बहुत सँभालकर रखने की आवश्यकता है। इस संसार में माया-मोह के अनेक झंझट रहते हैं उनसे टकराकर कहीं यह माला टूट न जाय।

मन नही छाड़ै विषै, विषै न छाड़ै मन कौं।
इनकौं इहै सुभाव, पूरि लागी जुग जन कौं।।
खंडित मूल बिनास कहौ, किम बिगतह कीजै।
ज्यूँ जल में प्रतिब्यंब, त्यूँ सकल रामहिं जांणीजें।।
सो मन सो तन सो बिषै, सो त्रिभुवन पति कहूँ कस।
कहै कबीर ब्यंदहु नरा, ज्यूँ जल पूर्‌या सकल रस।।९।।

व्याख्या–यह मन विषयों से अलग नहीं होता और विषय इस मन को छोड़कर अलग नहीं हो पाते। सत्य तो यह है कि इन दोनों का यही स्वभाव है कि दोनों से ही मनुष्य पूर्णतः घिर जाता है, वह बच नहीं पाता। मूल के खंडित (नष्ट) होने पर पौधे का भी नाश हो जाता है इस तथ्य को किस प्रकार अस्वीकार किया जा सकता है? जिस प्रकार जल में सूर्य की छाया पड़ती है उसी प्रकार सर्वत्र राम की व्याप्ति है, यह जानना-चाहिए। यदि वही मन, वैसा ही तन है और विषय-वासनाएँ भी वही हैं तो उसे त्रिलोकपति कैसे कहें (अवतारी ईश्वर त्रिलोकपति नहीं हो सकता) कबीर कहता है कि हे मनुष्य जैसे सम्पूर्ण सरोवर में जल व्याप्त रहता है, ठीक उसी प्रकार वह राम भी सर्वत्र व्याप्त है, यह जान लो।

३१. उपदेस कौ अंग

पूर्व परिचय–ईश्वर ने सांसारिकता में डूबे हुए जीवों के उद्धार हेतु साखी कहने की इच्छा जाहिर की तदनुसार कबीर अपने अनुभवों को जनता के समक्ष उजागर कर रहे हैं। आत्मा के

जन्म-मरण संशय हीनता, वैराग्य आदि पर कबीर ने प्रस्तुत अंग में विचार किया है।

हरि जी यहै बिचारिया, साषी कहौ कबीर।
भौसागर मैं जीव है, जे कोई पकड़ै[1] तीर।।१।।

पाठान्तर – जय० – १. सुनिकै लागै

व्याख्या–परमात्मा ने यह विचार करके प्रेरणा दी कि कबीर साखी का गान करो संभव है उसे सुनकर भवसागर में डूबने वाले कुछ जीव किनारे लग सकें। भौसागर में रूपक अलंकार की योजना है।

मानुख जनमहिं पाइ कै, चूकै अबकी घात।
जाइ परै भवचक्र मैं, सहै घनेरी लात।।२।।

व्याख्या–मनुष्य जन्म पाकर यदि अवसर से (आवागमन के बन्धन को तोड़ने का अवसर) यदि चूक गये तो दुबारा भवचक्र में पड़ जाओगे तथा यमराज या काल के चरणों का गहरा आघात सहना पड़ेगा।

कली काल ततकाल है, बुरा करौ जिनि कोइ।
अन बावैं लोहा दाहिणैं[1] बोवै सु लुणता होइ।।३।।

पाठान्तर – जय० – १. अनबोवै लुनता नहीं, बोवै लुनता होइ (बिना बोए काटा नहीं जाता है, जो बोया जाता है वही काटा जाता है)

व्याख्या–कलिकाल में कर्मों का फल तुरंत प्राप्त होता है इसलिए किसी को बुरा कर्म नहीं करना चाहिए। जैसे किसान अपने बायें हाथ में अन्न (पौधा) तथा दाहिने हाथ में लोहा (हल) लिए रहता है, इस प्रकार वह जो कुछ बोता है वही काटता भी है।

अर्थान्तरन्यास अलंकार।

साँच बरोबरि तप नहीं, झूठ बरोबरि पाप।
जाके हिरदै साँच है ताकै हृदय आप।।४।।

व्याख्या–सच्चाई के बराबर कोई तपस्या नहीं है, झूठ (मिथ्या आचरण) के बराबर कोई पाप कर्म नहीं है। जिसके हृदय में सच्चाई है उसी के हृदय में भगवान् निवास करते हैं।

कबीर संसा जीव मैं, कोई न कहै समझाइ।
बिधि-बिधि बाणीं बोलता, सो कत गया बिलाइ।।५।।

व्याख्या–इस जीवात्मा में एक बहुत बड़ा संदेह है जिसे कोई समझाकर दूर नहीं करता अर्थात् इसका कोई समाधान नहीं निकल पाता। जो जीव विविध प्रकार की बाणियाँ बोलता था वह शरीर को त्याग कर कहाँ चला गया। मृत्यु के बाद जीव के गमन स्थान का पता लगाना चाहिए।

बोलत ही पहचानिए साहु चोर का घाट।
अंतर घट की करनीं, निकसै मुख की बाट।।६।।

शब्दार्थ – घाट = स्थान, घट=शरीर, बाट = रास्ता।

व्याख्या–बोलते ही साधु (साधु पुरुष) और चोर का स्वरूप पहचान में आ जाता है। शरीर के अन्तर की करनी (करतूतें) मुख के रास्ते (वाणी से) बाहर आ ही जाती हैं।

जिसका जैसा आचरण होता है उसकी अभिव्यक्ति वाणी द्वारा अवश्य हो जाती है।

मुख की बाट में रूपक है।

कबीर संसा दूरि करि, जाँमण मरण भरंम।
पंचतत्त तत्तहि मिले, सुरति समाना मन।।७।।

व्याख्या–कबीर कहते हैं कि जन्म-मरण के विषय में अपना संशय दूर करो। आत्मा का जन्म धारण करना और मरण दोनों भ्रम है। पंचतत्त्व से बना यह पार्थिव शरीर पंच महाभूतों में ही मिल जाता है और मन सुरति में समा जाता है। यहाँ सुरति का तात्पर्य है पराचेतना (परमतत्त्व)।

कबीर पगरा दूरि है, बीचि पड़ी है राति।
नां जानौ क्या होइगा ऊंगते परिभाति।।८।।

व्याख्या–कबीर रास्ता लम्बा है, बीच में रात पड़ी है (मोह निशा को पार करते हुए साधना पथ पर अग्रसर होना है) पता नहीं सूर्य निकलते तक क्या दशा होगी (ज्ञानोदय) तक कितनी समस्याओं का सामना करना पड़ेगा।

वस्तु कहीं खोजै कहीं, क्यों करि आवै हाथि।
कहै कबीर तब पाइए जब भेदी लीजै हाथि।।९।।

व्याख्या–वस्तु कहीं है (ईश्वर रूपी परमतत्त्व ही अन्वेष्य वस्तु है) और खोजते कहीं हैं, वह क्यों हाथ लगेगी। कबीर कहते हैं कि वह तभी मिलेगी जब (वास्तविक अन्वेषक गुरु) रहस्यज्ञाता को साथ लिया जाय।। रूपकातिशयोक्ति अलंकार।

बहते को बहि जांन दे मति पकड़ावौ ठौर।
समुझाए समुझै नहीं, तो देउ धका दोउ और।।१०।।

व्याख्या–जो भवसागर में बह रहा है उसे सुरक्षित स्थान पर मत पहुँचाओ। यदि कोई समझाने से नहीं समझता तो उसे दो धक्का और दे दो ताकि वह जल्दी बह जाय।

कबीर घोर अज्ञानी तथा जड़ लोगों के विषय में आक्रोश व्यक्त करते हैं। रूपकातिशयोक्ति अलंकार।

गृही तौ च्यंता घणीं, बैरागी तौ भीष।
दुहुँ कात्याँ बिचि जीव है, दौ हमैं संतौ सीष।।११।।

व्याख्या–यदि गृहस्थ है तो वह अनेक प्रकार की चिंताओं से घिरा है। यदि बैरागी है तो उसे भिक्षा की चिंता है। इस प्रकार जीव दो कातियों (कैंचियों) के मध्य पड़ा है। हे संतो ऐसी परिस्थिति में मुझे सीख दो। (ऐसी परिस्थिति में हमें क्या करना चाहिए।)

बैरागी बिरकत भला, गिरहीं चित्त उदार।

दुहुँ चूकाँ रीता पड़ै, ताकूँ वार न पार।।१२।।

व्याख्या–यदि वैरागी है तो संसार से विरक्त रहना ही अच्छा है। यदि गृहस्थ होते हुए उदार चित्त वाला है तो वह भला है। यदि कोई दोनों से चूक जाता है तो वह खाली हाथ हो जाता है, ऐसे व्यक्ति कहीं के नहीं होते इनका न तो लोक सिद्ध होता है और न परलोक।

कबीर सोई मारिए, जिहिं मुए सुख होइ।
भलो भलो सब कोइ कहै बुरा न मानै कोइ।।१३।।

व्याख्या–कबीर कहते हैं कि उसी को मारना चाहिए जिसके मरने से सुख उत्पन्न हो।

सब कोई भला कहें, कोई बुरा न माने। अहंकार तथा दुष्कर्मों को मारना चाहिए इसी में भलाई है तथा इसी से यश मिलता है।

जैसी उपजै पेड़ सूँ, तैसी निबहै ओरि।
पैका-पैका जोड़ताँ, जुड़िसा लाष करोड़ि।।१४।।

व्याख्या—वृक्ष में जैसे फल उत्पन्न (लगता) होता है यदि अंत तक उसका निर्वाह हो जाय तो वह बहुत अच्छा है। जैसे एक-एक पैसा जोड़ने से लाखों-करोड़ों इकट्ठा हो जाता है उसी प्रकार थोड़ा-थोड़ा राम का स्मरण करते-करते परमसिद्धि की प्राप्ति हो जाती है। दृष्टांत अलंकार।

भय बिनु भाव न ऊपजै, भाव बिना नहिं प्रीति।
जौ हिरदै सौ भै भया, तब मिटी सकल रस रीति।।१५।।

व्याख्या—भय विना भाव नहीं उत्पन्न होता, भाव विना प्रेम नहीं होता। यदि हृदय में भय है तो समस्त रस की परिपाटी मिट जाती है। प्रथम भय सांसारिक दुखों से है, दूसरा भय ईश्वर की विराटता से जनित है। संसार से भय होगा तो ईश्वर से प्रेम होगा, ईश्वर से भय होगा तो समस्त रस भाव खत्म हो जाएगा।

अनुप्रास अलंकार।

कबीर हरि के नाँव सूँ, प्रीति रहै इकतार।
तौ मुख तैं मोती झड़ैं, हीरे अंत न पार।।१६।।

व्याख्या—कबीर कहते हैं कि यदि भगवान् के नाम के साथ निरन्तर प्रीति लगी रहे तो भक्त के मुख से मोती झड़ने लगते हैं और उसके पास हीरे का अनंत भंडार हो जाता है।

मोती झड़ना वाणी की महत्ता तथा हीरे की उपस्थिति साधु की मूल्यवत्ता एवं वैभवजनित आनंद को व्यंजित करते हैं।

कबीर सभ ते हंम बुरे, हंम तजि भल सब कोइ।
जिनि ऐसा करि बूझिआ, मीत हमारा सोइ।।१७।।

व्याख्या—कबीर कहते हैं कि सबसे बुरा मैं हूँ, मुझे छोड़कर सभी भले हैं। जो इस विचार को समझता है या मानता है वही मेरा मित्र है।

ऐसी वाणी बोलिए, मन का आपा खोइ।
अपना तन सीतल करै, औरन कौ सुख होइ।।१८।।

व्याख्या—ऐसी वाणी बोलना चाहिए जिसमें मन का अहंकार न हो, ऐसी वाणी वक्ता के शरीर को शीतलता देती है और श्रोता को सुख प्रदान करती है।

कबीर यहु चेतावनी, जिनि संसारी संग जाइ।
जो पहिले सुख भोगिया, तिनका गुड़ लै खाइ।।१९।।

व्याख्या—कबीर यह चेतावनी देते हैं कि संसारी जीवों के आचरण का अनुसरण मत करो, जो पहले सुख भोगा है उनके मीठे परिणाम तथा गुणों को ही खाओ। जो पूर्व कर्म संचित है उसी का फल भोग करो।

कोई एक राखै सावधान, चेतनि पहरै जाणि।
बसन बासन सूँ खिसै, चोर न सकई लागि।।२०।।

व्याख्या–चैतन्य होकर जो सावधानी से पहरा देता है और अपने सामान की रक्षा करता है, उसके वस्त्र तथा बर्तन कैसे खिसक सकते हैं? कोई चोर लग ही नहीं सकता अर्थात् उसकी वस्तुएँ चोर द्वारा चुराई नहीं जा सकती हैं।

अन्योक्ति अलंकार द्वारा चैतन्य होकर माया रूपी चोर से सावधान रहने का उपदेश दिया गया है।

कबीर नवै सो आप कौं, पर कौं नवै न कोइ।
घालि तराजू तौलिए, नवै सो भारी होइ।।२१।।

व्याख्या–कबीर कहते हैं कि मैं आपको (भगवान् को) ही नमन करता हूँ किसी और के आगे नमन नहीं करता। तराजू में डालकर तौलो जो झुक जाएगा वह भारी होगा।

विनम्रता दिखानेवाला महान् होता है। कबीर विनम्रता के कारण महान् हैं। उनका दैन्य ईश्वर के प्रति है, मनुष्य के प्रति नहीं।

३२. बेसास कौ अंग

पूर्व परिचय–विश्वास प्रपत्ति भाव की भक्ति का एक आवश्यक पक्ष है। जो माँ की कुक्षि में जीव की जठराग्नि से रक्षा करता है वह ईश्वर जीव की हर स्थिति में रक्षा करेगा ऐसा विश्वास रखना चाहिए। प्रभु भक्तों का सदैव ध्यान रखते हैं पशु, पक्षी तथा अन्य जीवों की तरह मनुष्य को भी ईश्वर के अधीन रहना चाहिए। संतों को संग्रह की आवश्यकता नहीं होती। उसका मनोवांछित ईश्वर प्रदान कर देता है। जो करुणा पूर्वक ईश्वर की पुकार करता है उसका दुख ईश्वर दूर कर देता है।

जिनि नर हरि जठराँह, उदिकै थैं षंड प्यंड प्रकट कियौ।
सिरजे श्रवण कर चरन, जीव जीभ मुख तास दियौ।
उरध पाव अरध सीस, बीस पषां इम रषियौ।
अन पान जहाँ जरै, तहाँ तैं अनल न चषियौ।
इहिं भांति भयानक उद्र में, न कबहूँ छंछरै।
कृसन कृपाल कबीर कहि, इम प्रतिपालन क्यों करै।।१।।

व्याख्या–जिस परमात्मा ने स्त्री के जठर (गर्भ) में पुरुष के वीर्य और नारी के रज मिश्रित जल की बूँद से इस जीवात्मा पिंड को उत्पन्न किया, जिसने जीवात्मा के श्रवण, हाथ और चरण का सृजन किया मुख तथा जिह्वा प्रदान की तथा ऊपर को पैर तथा नीचे को सिर किये हुए जीव की बीस पखवाड़े (दस माह) तक रक्षा की। जहाँ (जठराग्नि युक्त उदर में) अन्न तथा पान किया हुआ द्रव पदार्थ भी जल जाता है, वहाँ रहकर भी वह अग्नि तुझे नहीं छू पाई। इस प्रकार भयानक उदर में रहते हुए भी तेरा उदर कभी खाली नहीं रहा। कबीर कहते हैं कि इस प्रकार कृपा करने वाले कृष्ण तुम्हारा पालन-पोषण क्यों नहीं करेंगे।

भूखा-भूखा क्या करै कहा सुनावै लोग।
भांडा घड़ि जिनि मुख दिया, सोइ पूरण जोग।।२।।

व्याख्या–तू भूखा-भूखा की रट क्यों लगा रखा है, क्यों तू लोगों को इस प्रकार सुनाता है। इस शरीर रूपी भांड़ को गढ़ कर जिसने मुख सौंपा है वही उसे पूर्ण करने में सक्षम है।

रचनहार कूँ चीन्हिं लै, खैबे को कहा रोइ।
दिल मंदिर में पैसि करि, तांणि पछेवड़ा सोइ।।३।।

शब्दार्थ – पछेवड़ा = चादर।

व्याख्या–हे जीव, तू खाने के लिए क्यों रोता है? उस रचनाकार को पहचान ले तथा दिल रूपी मंदिर में प्रवेश कर (आत्मस्थित होकर) पिछौरा तानकर सो जा। तुझे किसी प्रकार की चिंता करने की आवश्यकता नहीं है।

राम नाम करि बोहणा, बांही बीज अघाइ।
अंति कालि सूका पड़े, तौ निरफल कदे न जाइ।।४।।

व्याख्या–राम-नाम से अपने शरीर रूपी खेत की जुताई कर उसमें भरपूर राम-भक्ति का बीज बो ले। यदि अंत समय में सूखा भी पड़ गया तो यह खेती कभी निष्फल नहीं जायेगी।

इस साखी में अन्योक्ति और रूपक अलंकार की योजना है।

च्यंतामणि मन में बसै, सोई चित्त मैं आंणि।
बिन च्यंता च्यंता करै, इहैं प्रभू की बांणि।।५।।

व्याख्या–जो परमात्मा रूपी चिंतामणि (मनचाही वस्तु देनेवाली) मन में बस गयी है उसे ही अपने चित्त (मन) में बसा लो। उस प्रभु की तो ऐसी आदत है कि वह बिना चिंता के ही अपने भक्त की चिंता करता है। विभावना, यमक अलंकार है।

कबीर का तूँ चितवै, का तेरा च्यंत्या होइ।
अणच्यंत्या हरि जी करै[1] जो तोहि च्यंत न होइ।।६।।

पाठान्तर – तिवारी– १. आपन चिंता हरि करै

व्याख्या–तुझे चिंता करने की क्या आवश्यकता है, तुम्हारे द्वारा चिंता करने से भी क्या होता है। (ति० हरि स्वयं हमारी (भक्त की) चिन्ता करता है) जिसके विषय में तू सोच भी नहीं सकता परमात्मा उससे भी तुम्हें चिंता मुक्त कर देता है।

करम करीमां लिखि रह्या, अब कछु लिख्या न जाइ।
मासा घटै न तिल बढ़ै जौ कोटिक करै उपाइ।।७।।

व्याख्या–हे प्राणी, तुम्हारे कर्म (भाग्य) को परमात्मा लिख चुका है। अब उसमें कुछ भी बदल कर नहीं लिखा जा सकता। तुम चाहे विविध प्रयत्न कर लो लेकिन उसमें मासा भर न कम हो सकता है और न तिल बराबर बढ़ ही सकता है।

साखी में परमात्मा द्वारा लिखे गये भाग्य के अमिट होने की व्यंजना है।

जाकौ जेता निरमया, ताकौं तेता होइ।
रती घटे न तिल बधै, जौ सिर कूटै कोइ।।८।।

शब्दार्थ– बधै = बढ़ता।

व्याख्या–परमात्मा ने जिसके लिए जितना निर्मित किया है उसको उतना ही प्राप्त (मिलता) होता है। कोई अपना सिर ही क्यों न पीटे लेकिन उसमें न रत्ती भर कम हो सकता है न तिल बराबर बढ़ ही सकता है।

च्यंता न करि अच्यंत रहु, साईं है संम्रथ।
पसु पंखरु जीव जंत, तिनको गांडि[1] किसा ग्रत्थ।।९।।

पाठान्तर – १. गांठि

व्याख्या–हे मानव, तू किसी प्रकार की चिंता मत कर, चिंता रहित होकर जीवन बिता, वह परमात्मा अत्यन्त सामर्थ्यवान है क्योंकि पशु, पक्षी, जीव-जंतु आदि प्राणियों के पास (या गाँठ में) कौन सा द्रव्य (धन) रहता है?

संत न बांधै गाँठड़ी, पेट समाता लेइ।
सांई सूँ सनमुख रहैं, जहाँ माँगै तहाँ देइ[1]।।१०।।

पाठान्तर – तिवारी १. आगै पीछै हरि खड़ा, जब माँगै तब देइ

व्याख्या–संत वस्तुओं की गठरी नहीं बाँधता, उसके पेट में जो समाता है उतना ही ग्रहण करता है। वह परमात्मा के सामने अपने को प्रस्तुत करता है। जब-जब सेवक माँगता है तब तब स्वामी उसे दे देता है। (ति० – आगे पीछे भगवान् खड़ा है, जब माँगता है तब वह उसे दे देता है।)

सन्तों की अपरिग्रह वृत्ति की व्यंजना है।

राँम-राँम सू दिल मिली, जन हम पड़ी बिराइ।
मोहि भरोसा इष्ट का, बदा नरकि न जाइ।।११।।

व्याख्या–राम से मेरा दिल मिल गया है, सांसारिक जन से मेरा बिलगाव हो गया है। मुझे इष्ट का पूरा भरोसा है इसलिए मुझे नरक में नहीं जाना है।

प्रपत्ति के अन्तर्गत मुक्ति का पूर्ण विश्वास तथा अनन्यता की व्यंजना की गयी है।

कबीर तूं काहे डरै, सिर परि हरि का हाथ।
हस्ती चढ़ि नहीं डोलिए, कूकर भुकै जु लाष।।१२।।

व्याख्या–कबीर कहते हैं कि तुम क्यों डरते हो, जब सिर पर भगवान् का हाथ (रक्षा हेतु आशीष) है। हाथी पर चढ़कर भी तुम क्यों विचलित होते हो, लाख कुत्तों के भूकने से तुम्हारा क्या बिगड़ेगा।

प्रपत्ति भाव के अन्तर्गत रक्षा के पूर्ण विश्वास की व्यंजना है। दूसरी पंक्ति में दृष्टांत अलंकार है।

मीठा खाण मधुकरी भाँति भाँति कौ नाज।
दावा किसही का नहीं, बिन बिलाइत बड़ राज।।१३।।

शब्दार्थ – मधुकरी = भिक्षा, नाज = अन्न, विलाइति = विदेश ।

व्याख्या–भिक्षा वृत्ति से प्राप्त भिन्न-भिन्न अनाजों से मिश्रित भोजन बहुत मधुर होता है। इस अनाज पर किसी का दावा नहीं रहता। यह तो बिना विदेशों पर अधिकार के ही बड़ा राज्य है।

भिक्षा वृत्ति से प्राप्त अनाज से जीवन यापन अहंकार शून्य बनाता है। संग्रह वृत्ति तथा अधिकार भावना की भी इससे समाप्ति होती है।

मानि महातम प्रेम रस, गरवातण गुण नेह।
ऐ सबही अहला गया जबही कह्या कुछ देह।।१४।।

शब्दार्थ – अहला = व्यर्थ।

व्याख्या–जब कोई व्यक्ति किसी दूसरे व्यक्ति से कुछ देने को कहता है तो उसका मान, माहात्म्य, प्रेम रस, गौरव, गुण तथा स्नेह सभी व्यर्थ हो जाते हैं।

सहोक्ति अलंकार।

माँगण मरण समान है, बिरला बंचै कोइ।
कहै कबीर रघुनाथ सूँ मति र मंगावै मोहि।।१५।।

व्याख्या–किसी व्यक्ति से माँगना मरने के समान है। यद्यपि इससे कोई विरला व्यक्ति ही बचता है। कबीर रघुनाथ से कहते हैं कि वह उनसे न मंगाए अर्थात् कबीर को कभी किसी से कुछ याचना न करनी पड़े। उपमा अलंकार।

पाडल पंजर मन भँवर अरथ अनूपम बास।
राम नाम सींच्या अमी, फल लागा बेसास।।१६।।

व्याख्या–यह देह पाटल पुष्प है और मन रूपी भौंरा इसके मनोरथ की अनुपम सुगन्ध पर लुब्ध है। राम नाम रूपी अमृत जल से सींचने पर इसमें ईश्वरी निष्ठा और विश्वास का फल लगता है। सांगरूपक अलंकार का विधान है।

मेर मिटी मुकता भया पाया ब्रह्म बिसास।
अब मेरे पूजा कोउ नहीं, एक तुम्हारी आस।।१७।।

व्याख्या–मेरा अहंकार मिट गया, मैं मुक्त हो गया, मेरा निवास ब्रह्म में हो गया। अब मेरे लिए कोई दूसरा नहीं है। एक मात्र तुम्हारी ही आशा शेष है।

ईश्वर में पूर्ण एवं अनन्य विश्वास तथा आत्मा-परमात्मा की एकता का अनुभव।

जाकै दिल में हरि बसै, सो नर कलपै कांइ।
एकै लहरि समुंद की, दुख दालिद सब जाइ।।१८।।

व्याख्या–जिसके दिल में ईश्वर निवास का अनुभव जाग गया है, वह मनुष्य दुखी-पीड़ित क्यों होता है? भगवान् जो कृपा-सिंधु हैं उसकी एक लहर मात्र से दुख-दरिद्र सब दूर हो जाएँगे।

रूपक का विधान है। 'कलपै' का अवधी में 'तड़पना' अर्थ होता है।

पद गावै लौलीन ह्वै, कटी न संसै पास।
सबै पिछोड़े थोथरे, एक बिनां बेसास।।१९।।

शब्दार्थ – पिछोडे = पछोरने के बाद, थोथरे = सारहीन।

व्याख्या–भक्ति-भावना से रहित बाह्य तल्लीनता के साथ पद गाने से संशय का जाल नहीं कटता। बिना विश्वास के सभी क्रिया कलाप पछोरने के (फटकने) बाद शेष बचे तुस (भूसी) की तरह सारहीन होते हैं।

रूपकातिशयोक्ति अलंकार तथा आन्तरिक निष्ठा तथा तल्लीनता की व्यंजना।

गावण ही मैं रोज है, रोवण ही मैं राग।
इक बैरागी ग्रिह करै, इक ग्रही बैराग।।२०।।

शब्दार्थ – रोज = रोना ।

व्याख्या–गाने में ही रोना है अर्थात् रागपूर्ण गान में आन्तरिक व्यथा की संवेदना निहित

है और रुदन में भी जीवन का संगीत (राग) निहित है (भगवान के प्रति व्यथा में संगीत है और सांसारिक सुख के राग में रोना छिपा है) एक गृहस्थी में रहकर भी विरक्त है और दूसरा वेष से वैरागी होकर भी भाव से गृहस्थ है।

गाया तिनि पाया नहीं, अण गाया थै दूरि।
जिनि गाया बिसवास सूँ तिनि राम रह्या भरि पूरि।।२१।।

व्याख्या–जिसने ताल लय से पदों का गान किया उसे ईश्वर नहीं प्राप्त हुआ, जिसने गुणगान नहीं किया उससे भी ईश्वर दूर रहा। जिसने पूर्ण आस्था के साथ गान किया उसी में राम पूरी तरह के भरित पूरित हुआ। राम की पूर्ण अभिव्यक्ति निष्ठापूर्ण गुणगान में होती है।

३३. पीव पिछाणन कौ अंग

पूर्व परिचय–प्रस्तुत अंग में ईश्वर के वास्तविक स्वरूप की पहचान पर प्रकाश डाला गया है। ईश्वर संकुचित सीमाओं में नहीं रहता बल्कि संपूर्ण ब्रह्मांड में परिव्याप्त रहता है। जीव वास्तविक ईश्वर की पहचान न कर पाने के कारण अन्य देवी-देवताओं या सांसारिक वस्तुओं की आराधना में ही तल्लीन हो जाता है। ईश्वर का कोई आधार नहीं है वह पुष्प की गन्ध की तरह केवल अनुभूति का विषय है।

संपटि माँहि समाइया, सो साहिब नही होइ।
सकल मांड मैं रमि रह्या, साहिब कहिए सोइ।।१।।

व्याख्या–संपुट (डिबिया) में जो शालिग्राम की छोटी प्रतिमा समाहित है वह स्वामी नहीं है। जो समस्त सृष्टि में रम रहा है, उसी को स्वामी कहना चाहिए।

रहै निराला माँड थैं, सकल माँड ता मांहि।
कबीर सेवै तास कूँ, दूजा कोइ[1] नांहि।।२।।

पाठान्तर – १. सेवै ।

व्याख्या–समस्त सृष्टि उसमें व्याप्त है किन्तु वह सृष्टि से पृथक है। कबीर उसी की सेवा करता है। उसके अलावा कोई दूसरा मेरी दृष्टि में महत्वपूर्ण नहीं है। ईश्वर अद्वैत तत्त्व है।

विरोधाभास अलंकार का विधान है।

भोलै भूली खसम कै, बहुत किया बिभचार।
सतगुर गुरु बताइया, पूरिबला भरतार।।३।।

व्याख्या–हे आत्मा रूपी स्त्री तूने भोलेपन में अपने वास्तविक पति को भूलकर दूसरे को अपना पति समझकर बहुत व्यभिचार किया। सत्गुरु ने पूर्व जन्म (जन्म से पूर्व के) के वास्तविक पति (ईश्वर) को बता दिया।

रूपकातिशयोक्ति अलंकार का प्रयोग है।

जाके मुह माथा नहीं, नाहीं रूप कुरूप।
पुहुप बास तैं पातरा, ऐसा तत्त अनूप।।४।।

व्याख्या–जिसके मुख और मस्तक नहीं है, न रूप है न अरूप (वह न तो रूपवान है और न रूपहीन है) पुष्प की सुगन्ध से भी सूक्ष्म वह अनुपम तत्त्व है।

इसमें व्यतिरेक अलंकार तथा उपनिषद् के अणोरणीयान् (अणु से अणुतर) की व्यंजना है।

३४. विर्कताई कौ अंग

पूर्व परिचय–विर्कताई का तात्पर्य है विरक्ति। प्रस्तुत अङ्ग में संतों के विरक्ति भाव को वर्णित किया गया है। कबीर का कहना है कि कनक और कामिनी की इच्छा से जिसका मन दूषित होता है उस पर भक्ति का रंग नहीं चढ़ता। संतों को सांसारिक हानि की चिंता नहीं करनी चाहिए। उसे बहुत ही अल्प साधनों द्वारा जीवनयापन करने का प्रयास करना चाहिए। जो व्यक्ति निष्काम रहता है वह इंद्र को भी अपने आगे दरिद्र समझता है।

मेरे मन मैं पड़ि गई, ऐसी एक दरार।
फटा फटक पषाँण ज्यूँ, मिल्या न दूजी बार।।१।।

व्याख्या–इस मन में सांसारिक संबंधों की एक ऐसी दरार पड़ गई है जैसे स्फटिक मणि (पत्थर) फट जाय और वह फूट (दरार) दुबारा नहीं जुड़ पाती वैसे ही यह मन संसार के संबंधों से नहीं जुड़ पा रहा है। उपमा अलंकार।

मन फाटा बाइक बुरै, मिटी सगाई साक।
जौ परि दूध तिवास का, उकटि हूवा आकाश।।२।।

व्याख्या–मेरा मन संसार के बुरे विचार तथा व्यवहार से टूट (रूठ) गया है। उसके प्रति अपनेपन का भाव मिट गया है। यह सब वैसे ही हो गया जैसे तीन दिन का पड़ा दूध उकटकर (दूषित होकर जमना) मदार के दूध जैसा हो जाता है। वैसे ही यह स्थूल मन भी बदलकर भिन्न हो गया है।

चंदन भागां गुण करै, जैसे चोली पंन।
दोइ जनाँ भागां न मिलैं मुकताहल अरु मंन।।३।।

शब्दार्थ : चोली = पान की डिबिया।

व्याख्या–टुकड़े-टुकड़े हुआ चंदन उसी प्रकार गुणकारी (उपकारी) होता है जैसे मंजीठे का पत्ता (या जैसे डिबिया का पान फेरने से खराब नहीं होता) होता है। मुक्ताहल (मोती) और मन ये दो पदार्थ टूटकर कभी नहीं मिलते। वे गुणकारी नहीं होते।

पासि बिनंठा कापड़ा, कदे सुरंग न होइ।
कबीर त्याग्या ग्यांन करि, कनक कामिनी दोइ।।४।।

व्याख्या–मैल से नष्ट हुआ कपड़ा, कभी भी सुंदर रंग ग्रहण नहीं करता। अतः कबीर ने ज्ञान के लिए कनक और कामिनी (वैभव और विलास के साधन) का त्याग कर दिया है क्योंकि ये प्राणी को वैसे ही मलिन कर देते हैं जैसे गंदगी कपड़े को मलिन कर देती है।

दृष्टान्त अलंकार।

चित चेतनि मैं गरक ह्वै चेत्य न देखैं मंत।
कत कत की सालि पाड़िये, गल बल सहर अनंत।।५।।

व्याख्या–हे प्राणी चित्त की चेतना में डूबकर मूल मंत्र को चैतन्य होकर क्यों नहीं देखते? क्योंकि जब शहर (संसार) में अनेक वादों का प्रचार जोरों पर है तो कितनों-कितनों की साधना प्रणाली में अपने को डाला जाय।

जाता है सो जाँण दे, तेरी दसा न जाइ।
खेवटिया की नाव ज्यूँ, घणों मिलैंगे आइ।।६।।

व्याख्या–यदि तुम्हारी सुदशा बनी रहती है, वह नहीं नष्ट होती तो जो कुछ जा रहा है उसे जाने दो, नाव खेने वाले नाविक की तरह तुझे बहुत से संगी-साथी मिलेंगे। तू इसकी चिंता कदापि न कर सच्चाई के प्रति अकेले होने पर भी समर्पित रहना चाहिए।

उपमा अलंकार।

नीर पिलावत क्या फिरै, सायर घर-घर बारि।
जो त्रिषावंत होइगा, तो पीवेगा झष मारि।।७।।

व्याख्या–हे ज्ञानवान प्राणी तू हर किसी को जल (ज्ञान) पिलाता क्यों फिरता रहता है क्योंकि घर-घर (शरीर) में सागर का जल भरा है। जो भी प्यासा होगा वह झखमार कर उसका पान कर ही लेगा। हर शरीर में अनन्त आनन्द रस समाहित है। व्यक्ति चाहे तो भक्ति साधना से उसका पान कर सकता है। सांगरूपक तथा अन्योक्ति अलंकार की योजना है।

सतगंठी कोपीन है, साध न मानै संक।
राम अमलि माता रहै, गिणैं इन्द्र कौ रंक।।८।।

व्याख्या–कौपीन (लंगोटी) सौ ग्रंथियों की हो गयी है अर्थात् छिन्न-भिन्न हो गयी है फिर भी साधु मन में शंका नहीं करता। वह राम के नशे में इस कदर मस्त रहता है कि वह अपने समक्ष इन्द्र को भी रंक (कुछ नहीं) समझता है। भक्त के सन्तोष और त्याग की व्यंजना है। उसके लिए भक्ति भाव सर्वश्रेष्ठ उपलब्धि है।

दावै दाझण होत है, निरदावै निरसंक।
जे नर निरदावै रहैं, ते गणैं इंद्र कौ रंक।।९।।

व्याख्या–प्राणी को अपने अधिकार की भावना से दग्ध होना पड़ता है। जो यह दावा (अधिकार भाव) नहीं रखते वे शंकारहित होकर जीते हैं। जो व्यक्ति किसी के प्रति अधिकार नहीं रखता वह इन्द्र को भी अकिंचन समझता है।

कबीर सब जग हंड़िया, मंदल कंधि चढ़ाइ।
हरि बिन अपनाँ को नहीं, देखे ठोंकिं बजाइ।।१०।।

व्याख्या–मैंने मर्दला (मृदंग) नामक वाद्य को कंधे पर टाँगकर (चढ़ाकर) उसे पीटता हुआ सारे संसार में घूमा फिरा। इस संसार में सभी की परख मैने कर ली है। अन्ततः इसी निष्कर्ष पर पहुँचा कि परमात्मा के अलावा अपना यहाँ कोई भी नहीं है।

३५. 'संम्रथाई कौ अंग'

पूर्व परिचय–प्रस्तुत अंग में ईश्वर की कृपा से भक्त की शक्ति और सामर्थ्य की समृद्धि का वर्णन किया गया है। ईश्वर के अनुग्रह से ही साधारण जुलाहा कबीर महान हो गया। वह ईश्वर अवर्णनीय है। संसार में चारों और आग जल रही है। ईश्वर ही जीवों का रक्षक है। ईश्वर ऐसा व्यापारी है जो बिना तराजू के ही सबके कर्मों को तोलता रहता है और वह तदनुसार उन्हें फल देता है। कर्ता-धर्ता सब ईश्वर है। संसार दुःखमय है, जीव निरीह होकर भटक रहा है। प्रभु की कृपा से ही उद्धार संभव है।

नाँ कछु किया न करि सक्या, नाँ करणे जोग सरीर।
जो कछु किया सु हरि किया, (ताथैं) भया कबीर-कबीर।।१।।

व्याख्या–इस संसार में रहते हुए मैंने न कुछ किया है न आज तक कर ही सका, क्योंकि

मेरे शरीर में करने की सामर्थ्य ही नहीं है। जो कुछ किया वह परमात्मा ने किया जिससे यह सामान्य कबीर-कबीर अर्थात् महान बन गया।

कबीर किया कछू न होत है, अनकीया सब होइ।
जे किया कछु होत है, तो करता औरे कोइ।।२।।

व्याख्या–कबीर कहते हैं कि प्राणी के करने से कुछ नहीं होता बल्कि बिना किये सब कुछ होता है। यदि तुम्हारा किया हुआ कुछ होता भी है तो उसका कर्ता (करने वाला) कोई अन्य अर्थात् परमात्मा ही होता है।

विरोधाभास, भेदकातिशयोक्ति अलंकार।

जिसहि न कोई तिसहि तूँ, जिस तूँ तिस सब कोइ।
दरिगह तेरी साईयाँ, नाव हरुमन होइ[1]।।३।।

पाठान्तर – १. मेटि सकै न कोइ

शब्दार्थ – दरिगह = दरबार, नाव हरुमन = नमहरुम = (महरुम का देशी रूपान्तर) वंचित।

व्याख्या–इस संसार में जिसका कोई नहीं है उसका स्वामी तू है। जिसके रक्षक तुम हो उसकी रक्षा सभी करते हैं। हे स्वामी तेरी दरगाह (शरण) में आकर कोई भी तेरी कृपा से वंचित नहीं रह पाता। (या कोई तुम्हारी कृपा जनित फल को मिटा नहीं सकता)।

एक खड़े ही लहैं, और खड़ा बिललाइ।
साईं मेरा सुलषनां[1], सूता देइ जगाइ।।४।।

पाठान्तर – १. समरथ मेरा साइयाँ

शब्दार्थ – सुलषना = सुन्दर लक्षण।

व्याख्या–परमात्मा की शरण में पहुँचकर एक खड़े-खड़े ही (अनायास) सब कुछ प्राप्त कर लेता है और अन्य लोग (जो शरण में नहीं हैं) खड़े-खड़े बिललाते हैं। मेरा स्वामी तो ऐसे सद् लक्षणों से युक्त है (या मेरा स्वामी हर प्रकार से समर्थ है) कि वह सोये हुए को भी जगाकर सब कुछ देता है। ईश्वर की कृपालुता की व्यंजना की गयी है।

सात समंद की मसि करौं, लेखनि सब बनराइ।
धरती सब कागद करौं, तऊ हरि गुण लिख्या न जाइ।।५।।

व्याख्या–यदि मैं सातों समुद्रों के जल की स्याही बना लूँ तथा समस्त वन समूहों की लेखनी कर लूँ, तथा सारी पृथ्वी को कागज कर लूँ, तब पर भी परमात्मा के गुण को लिखा नहीं जा सकता। क्योंकि वह परमात्मा अनंत गुणों से युक्त है। अतिशयोक्ति, विशेषोक्ति अलंकारों की योजना है।

अबरन कौं का बरनिये, मोपै लख्या न जाइ।
अपना बाना बाहिया, कहि-कहि थाके माइ।।६।।

व्याख्या–जिसका कोई रूप-रंग ही नहीं (वर्णहीन) है उसका वर्णन कैसे किया जा सकता है? उसके रूप को देखा भी नहीं जा सकता, सभी लोग अपने ही बाने (भाव को) को उस पर आरोपित करते हैं और उसके विषय में कह कहकर थक जाते हैं।

डा० पारसनाथ तिवारी के अनुसार साखी इस प्रकार है –

अबरन कौ क्या बरनिए, मोपै बरनि न जाइ।
अबरन बरने बाहिरा, करि करि थका उपाइ।।७।।

व्याख्या–जो वर्णनातीत है उसका क्या वर्णन किया जाय वह तो मुझसे वर्णित नहीं हो पा रहा है। वह अवर्णनीय वर्णन के बाहर है। मैंने बहुत उपाय किया किन्तु अन्ततः थक गया किन्तु पूरी तरह वर्णन नहीं कर पाया।

झल बाँवै झल दाँहिनै, झलहिं माँहि ब्यौहार।
आगैं पीछैं झलमई, राखै सिरजनहार।।८।।

व्याख्या–विषय-वासनाओं की ज्वाला हमारे बायें है, दाहिने भी है। उस ज्वाला में ही हमारे सारे कार्य व्यवहार होते हैं, आगे पीछे (चारों तरफ) अग्नि की ज्वालाएँ ही हैं ऐसे में वह परमात्मा ही जीव रक्षा कर सकता है।

ज्वाला का तात्पर्य त्रिताप – आधि भौतिक, आध्यात्मिक और आधिदैविक भी हो सकता है।

साँई मेरा बाँणियाँ, सहजि करै व्यौपार।
बिन डाँडी बिन पालड़े, तोलै सब संसार।।९।।

व्याख्या–मेरा परमात्मा वणिक है, वह सहज (स्वभावतः) ही व्यापार करता है। वह बिना तराजू एवं बिना डांडी पलड़े के ही सारे संसार को तौलता है। अर्थात् वह समस्त जीवों के कर्मों का माप करके उन्हें तदनुसार गति देता है।

साखी में रूपक तथा विभावना अलंकार की योजना है।

कबीर वार्‌या नांव परि, कीया राई लूँण।
जिसहि चलावै पंथ तूँ, तिसहि भुलावै कौंण।।१०।।

व्याख्या–कबीर कहते हैं कि मैं राम के नाम पर न्यौछावर हूँ, मैंने अपने को राई (सरसो) तथा नमक कर दिया है। (किसी पर मंत्र फूँकने पर राई और नमक भी फेंका जाता है। उसी का संकेत है।) तू जिस सन्मार्ग पर चलाता है उसे कौन भुला सकता है।

'राई लूण' आपदाओं को दूर करने का लोकाचार है। अर्थान्तरन्यास अलंकार।

कबीर करणी क्या करै, जे रांम न करै सहाइ।
जिहिं जिहिं डाली पग धरै, सोई नवि नवि जाइ।।११।।

व्याख्या–कबीर कहते हैं कि करनी 'कर्म' से कुछ नहीं होता यदि राम सहायता नहीं करते तो कर्म का कोई फल नहीं होता। अहंकारी जीव जिस-जिस डाल पर पैर रखता है वही डाल झुक जाती है। परिणामतः जीव अपने कार्य में सफल नहीं हो पाता है। रूपकातिशयोक्ति अलंकार।

जद का माइ जनमियां, कदे न पाया सुख।
डाली डाली मैं फिरौं, पातै पातै दुख।।१२।।

व्याख्या–जब से माँ ने जन्म दिया, तब से कभी सुख नहीं मिला। मैं डाल-डाल घूमता हूँ और दुख पत्ते पत्ते पर विराजित रहता है।

मनुष्य की गति से तेज दुख की गति है। बौद्ध दर्शन के अनुसार संसार दुखमय है। कबीर पर उसका प्रभाव माना जा सकता है। लोकोक्ति अलंकार।

साईं सूं सब होत है, बंदे थै कछु नांहि।
राई ते परबत करै, परबत राई मांहि।।१३।।

व्याख्या–स्वामी अर्थात् भगवान् ही सब कुछ करने में समर्थ हैं। मनुष्य के द्वारा कुछ नहीं होता। भगवान राई (सरसों) को पर्वताकार बना सकता है और विशाल पर्वत को सरसों के बराबर छोटा कर सकता है। या राई में पर्वत को समाविष्ट कर देता है। लोकोक्ति अलंकार।

३६. कुसबद कौ अंग

पूर्व परिचय–प्रस्तुत अंग में दुर्वचन के प्रभाव को अंकित किया गया है। कटु वाणी भाले की नोक की तरह चोट करती है। कटु वचन को सहने की क्षमता संत में ही होती है। जिसके अन्दर ब्रह्मज्ञान जाग्रत होता है वह दुर्वचन की आह को सह लेता है।

अणी सुहेली सेल की, पड़तां लेइ उसास।
चोट सहारै सबद की तास गुरु मैं दास।।१।।

शब्दार्थ – सेल = भाला, सुहेली = सुखद।

व्याख्या–भाले के नोक की चोट अपेक्षाकृत सह्य होती है, यह जिसे लगती है वह उच्छ्वास लेता है किन्तु शब्द की चोट सहना बड़ा कठिन होता है। जो सन्त शब्द की चोट सहता है मैं उस गुरु का ही शिष्य हूँ।

कबीर ने कई साखियों में शब्द-बाण का रूपक बनाया है। यहाँ भी उसी शब्द-बाण के गहरे प्रभाव की ओर संकेत है। शब्द-बाण सहने के लिए शारीरिक मानसिक तैयारी की आवश्यकता होती है।

कटु शब्द को सुनकर सहना भी कठिन होता है इसलिए ऐसे संतों की ओर भी कबीर का संकेत हो सकता है। व्यतिरेक अलंकार।

खूंदन तौ[1] धरती सहै, बाढ़ सहै[2] बनराइ।
कुसबद तौ हरिजन सहै, दूजै सह्या न जाइ।।२।।

पाठान्तर – जय० – १. खोद खाद, जय० - २. कूट काट।

व्याख्या–खनन धरती ही सहती है, और कटान बनराजि (वन के वृक्षादि) सहते हैं। कुशब्द को हरिजन (भगवान के भक्त) ही सहते हैं, दूसरों के वश का नहीं है कुशब्द सहना। सन्तों की सहनशीलता की व्यंजना। तुल्ययोगिता अलंकार, बाढ़ - बढ़ईगीरी (काट-कूट)।

सीतलता तब जाणिये, समिता रहै समाइ।
पष छाडै निरपष रहै, सबद न दूखा जाइ।।३।।

व्याख्या–जब मनुष्य में समता भाव समाहित हो जाता है, तो उसमें वास्तविक शीतलता आती है। जब वह पक्ष छोड़कर निष्पक्ष हो जाता है तब उसे कुशब्द व्यथित नहीं करते।

कबीर सीतलता भई, पाया ब्रह्म गियान।
जिहि बैसंदर जग जल्या, सो मेरे उदिक समान।।४।।

शब्दार्थ - बैसंदर = आग।

व्याख्या–समत्व की शीतलता आने के बाद ही ब्रह्मज्ञान मिल गया। फिर तो जिस माया की आग से सारा संसार जल रहा है वह मेरे लिए जल के समान हो गयी।

चूँकि यह दोहा कुशब्द से सम्बन्धित है, इसलिए बैसंदर कुशब्द के लिए प्रयुक्त माना जा सकता है।

३७. सबद कौ अंग

पूर्व परिचय–यहाँ शब्द का तात्पर्य है अनाहत नाद। अनाहत नाद सारे विश्व में व्याप्त है। जिस व्यक्ति की कुण्डलिनी जागृत हो जाती है उसका मन अनाहत नाद में रम जाता है। उसे निरन्तर ओम् (ॐ) की ध्वनि सुनाई देती है। सद्गुरु अपने शब्दबाण से साधक में ब्रह्म के प्रति राग उत्पन्न कर देता है। साधक जैसे-जैसे हरि के गुणों का स्मरण करता है, उसकी विरह व्यथा बढ़ती जाती है। संत उस वेदना को बड़े चाव से सहन करता है। वह ईश्वर का स्मरण आन्तरिक वेदना से करता है कृत्रिम शब्दों से नहीं।

कबीर सबद सरीर मैं, बिनि गुण बाजै तांति[1]।
बाहरि भीतरि भरि रह्या, ताथैं छूटि भरांति[2]।।१।।

पाठान्तर – दास – १. तंति, २. भरंति।

व्याख्या–कबीर कहते हैं कि अनाहत नाद शरीर के भीतर बिना तारों की तंत्री के बजता है। वह शब्द बाहर और भीतर चारों ओर भरा रहता है इसलिए सारी भ्रान्तियाँ छूट जाती हैं।

सती संतोषी सावधान सबद भेद सुविचार।
सतगुर के प्रसाद थैं, सहज सील मत सार।।२।।

व्याख्या–सत्यनिष्ठ, संतोषी मनुष्य यदि सावधानी से शब्द के रहस्य पर विचार करता है तो वह सत्गुरु की कृपा से वह सहज शीलवन्तों का सार बन जाता है या वह समस्त मतों के सार तत्त्व एवं सहजशील का अधिकारी बन जाता है।

सतगुरु ऐसा चाहिए, जैसा सिकलीगर होइ।
सबद मसकला फेरि करि देह द्रपन करै सोइ।।३।।

व्याख्या–गुरु को सिकलीगर (चाकू आदि पर शान रखनेवाला) के समान होना चाहिए जो शब्दों के मसकले (शान रखने का चक्र) पर रगड़कर देह को दर्पण की तरह चमकदार बना दे। उपमा और रूपक अलंकार।

तिवारी ने इस दोहे को इस प्रकार स्वीकार किया है –

गुरु सिकलीगर कीजिए, ग्यान मसकला देइ।
सबद छोलना छोलि कै चित दरपन करि लेइ।।४।।

व्याख्या–गुरु को सिकलीगर (शान चढ़ाने वाला, चाकू आदि पर धार चढ़ाने वाला) बनाइए। वह ज्ञान का हथियार प्रयोग करके शब्द के छोलने से छोलकर (रगड़कर) चित्त को दर्पण के समान निर्मल बना देगा।

संत दरिया ने भी कहा है –

संत सिकलीगर खोजहु जाई।
मुरजा सिकलि करहु तुम भाई।।

हरि रस जे जन बेधिया, सतगुण सी गणि नाहिं।
लागी चोट सरीर में, करक कलेजे मांहि।।५।।

व्याख्या–भक्ति रस से जिनका मन विद्ध है, उसकी बराबरी सात रस्सियों वाली धनुष की मार नहीं कर सकती। ऐसे भक्तों को चोट तो शरीर में लगती है किन्तु कसक कलेजे में होती है। असंगति अलंकार।

ज्यूं ज्यूं हरि गुण साँभलूँ, त्यूँ त्यूँ लागै तीर।
सांठी - सांठी झड़ि पड़ी, भलका रह्या सरीर।।६।।

व्याख्या–जैसे जैसे भगवान् के गुणों का साक्षात्कार (स्मरण) करता हूँ वैसे वैसे प्रेम का बाण बेधता है। उन तीरों की सांठी (सरकंडे का भाग) झड़ पडी और नोक शरीर में रह गए। इसलिए वे निरन्तर उत्पीडित करते हैं, उन्हें निकाला भी नहीं जा सकता है। रूपकातिशयोक्ति तथा साँगरूपक अलंकार।

ज्यों-ज्यों हरि गुण साँभलौं, त्यूँ-त्यूँ लागै तीर।
लागैं थैं भागा नहीं साहणहार कबीर।।७।।

व्याख्या–भगवान् के गुणों को ज्यों-ज्यों सुनता हूँ त्यों-त्यों देह में शब्द-तीर की चोट गहरी होती जाती है। बाण लगने से कबीर भागता नहीं, क्योंकि सहने वाला महान है। कबीर में श्लेष है। कबीर का अर्थ है महान्।

सारा बहुत पुकारिया, पीड़ पुकारै और।
लागी चोट सबद की, रह्या कबीरा ठौर।।८।।

शब्दार्थ – सारा = जो आहत नहीं है।

व्याख्या–जो आहत नहीं है वह बहुत पुकारता है जिसे चोट लगी है या पीड़ा है उसकी पुकार भिन्न होती है। किन्तु कबीर तो इतना मर्माहत है कि वह अपने स्थान पर ही स्थिर हो गया है।

सम्पूर्ण चंचलता की समाप्ति तथा स्थितप्रज्ञता की व्यंजना की गयी है। भेदकातिशयोक्ति अलंकार।

३८. जीवन मृतक कौ अंग

पूर्व परिचय–मन की बहिर्मुखी प्रवृत्ति को पूर्णतया अन्तर्मुखी करके उसे विषय वासनाओं से मुक्त करना, जीवित रहते इन्द्रिय व्यापारों से निर्लिप्त रहना तथा परमात्मा के एकत्व की अनुभूति से सम्पृक्त रहना जीवत मृत होना है। जो सन्त एक बार जीवनमृत होता है उसे बार-बार नहीं मरना होता, ईश्वर स्वयं उसकी चिन्ता करता है। अहंकार शून्य होने पर ही ईश्वर का दर्शन होता है। इसी अंग में कबीर ने विनम्र होने की भी सलाह दी है।

जीवन मृतक ह्वै रहै, तजै जगत की आस।
तब हरि सेवा आपै[१] करै, मति दुख पावै दास।।१।।

पाठान्तर – दास – १. आपण।

व्याख्या–जीवनमृत होकर जो जगत की आशा छोड़ देता है, उसकी सेवा भगवान् इसलिए करते हैं कि दास (भक्त) को कोई कष्ट न हो।

बौद्ध दर्शन में जिसे निर्वाण कहा गया है उसी के समकक्ष जीवनमृत होना है। मन का सांसारिक वृत्तियों से विमुख होकर पूर्णतया अन्तर्मुखी हो जाना तथा तृष्णा-वासना का मिट जाना। इसे अमनसिकार भी माना गया है।

कबीर मन मृतक भया, दुरबल भया सरीर।
तब पैड़े लागा हरि फिरै, कहत कबीर कबीर।।२।।

व्याख्या–जब मन मृत हो जाता है, देह दुर्बल हो जाती है तब भगवान् कबीर-कबीर कहता हुआ साथ लग जाता है या पीछे पड़ जाता है।

आत्मा रूप में भगवान् देह में स्थित है। मन के आत्मस्थ होने पर द्वैत भाव खत्म हो जाता है। फिर तो भगवान की उपस्थिति का अनुभव हर क्षण होता रहता है।

कबीर मन मड़हट रह्या, तब कोई न बूझै सार।
हरि आदर आगै लिया, ज्यूं गउ बछ की लार।।३।।

व्याख्या–जब कोई जीव मरकर मरघट में पहुँच जाता है तो कोई भी उसका सार (कुशल क्षेम) नहीं पूछता। किन्तु भगवान् आगे से आकर आदर पूर्वक अपना लेता है जैसे गाय बछड़े से संलग्न होती है। (या जीभ से चाटने लगती है)

यहाँ व्यंजना यह है कि संसार विरक्त तथा जीवनमृत भक्त से अपना सम्बन्ध तोड़ लेता है, उसका एक मात्र रिश्ता भगवान् से ही रहता है। उपमा अलंकार।

खेह भई तौ क्या भया, उड़ि उड़ि लागै अंग।
हरिजन ऐसा चाहिए ज्यौं पानी सरवंग।।४।।

व्याख्या–धूल हुआ तो क्या हुआ, उड़कर सभी के अंग में लगते हो (मैला करते हो) हरिजन ऐसा चाहिए जैसे निर्मल जल। उसका सर्वांग पवित्र एवं शुद्ध हो जिसकी देह में लगे उसका भी मल छूट जाय।

रोड़ा भया त क्या भया, पंथी कौं दुख देइ।
हरिजन ऐसा चाहिए, ज्यौं धरनी की खेह।।५।।

व्याख्या–हे संत यदि तुम रास्ते का रोड़ा हुए तो क्या हुए उससे पथिक को कष्ट ही होता है। भक्त को ऐसा होना चाहिए जैसी पृथ्वी पर धूल होती है। उपमा अलंकार।

पानी भया तौ क्या भया, ताता सीरा होइ।
हरिजन ऐसा चाहिए जैसा हरि ही होइ।।६।।

शब्दार्थ – ताता = गर्म, सीरा = ठंडा।

व्याख्या–भगवान् का भक्त यदि पानी हुआ तो क्या हुआ क्योंकि वह कभी ताप देता है और कभी ठंडक प्रदान करता है, भक्त को तो परमात्मा जैसा समभाव वाला होना चाहिए।

जैसा हरि ही होई – उपमा अलंकार।

घर जालौं घर ऊबरे, घर राखौं घर जाइ।
एक अचंभा देखिया, मड़ा काल कौ खाइ।।७।।

व्याख्या–यदि माया मोह रूपी घर को जलाता हूँ तो वास्तविक घर (स्वरूप स्थिति) की रक्षा होती है। यदि मोह रूपी घर की रक्षा करता हूँ तो वास्तविक घर (ईश्वर के द्वारा निवसित घर जहाँ आत्मा का वास्तविक वास है) नष्ट हो जाता है। मैंने एक आश्चर्य देखा है कि मरा (जीवनमृत) काल को खा जाता है अर्थात् मृत्यु से परे हो जाता है। उलटवाँसी का विधान है।

मरता मरता जग मुवा, औसर मुवा न कोइ[१]।
दास कबीरा यौं मुवा[२] ज्यूं बहुरि न मरना होइ।।८।।

पाठान्तर – तिवारी १. मुवै न जाना कोइ, दास – २. कबीर ऐसे मरि मुवा

व्याख्या–मरते-मरते तो संसार मर जाता है किन्तु उपयुक्त अवसर पर कोई नहीं मरता (या कोई मरना नहीं जानता) कबीर जीवनमृत होकर मरा है इसलिए उसे फिर से नहीं मरना पड़ेगा।

मानव जीवन इसलिए मिला है कि साधना करके मुक्त हुआ जाय। यह मुक्ति सांसारिकता के प्रति मन की पूर्ण विमुखता से होती है। यही मृत होने का उचित अवसर है। मृत्यु तो अवसर बे अवसर होती ही रहती है।

बैद मुवा रोगी मुवा, मुवा सकल संसार।
एक कबीरा न मुवा, जिनिके राम अधार।।९।।

व्याख्या–दूसरों को जीवन देने वाला वैद्य मर गया, रोगी भी मर गया तथा सारा संसार इसी प्रकार मर गया किन्तु यह कबीर नहीं मरा जिसके एकमात्र अवलंब (सहारा) परमात्मा राम हैं।

राम-नाम का अवलंबन लेकर ही इस जीवन से मुक्ति पायी जा सकती है। साखी में इसी की व्यंजना है।

मन मार्‍या ममिता मुई, अहं गई सब छूटि।
जोगी था सो रमि गया, आसणि रही विभूति।।१०।।

व्याख्या–मन मार देने से ममता स्वयं मृत हो जाती है, तत्पश्चात् प्राणी का सारा अहंभाव मिट (नष्ट) जाता है। साधक (जोगी) उस अलक्ष्य परमात्मा में रम गया, उसके साधना स्थल पर केवल भस्म ही शेष रह गयी। योगी निस्सार तत्त्व छोड़कर परमात्मा में विलीन हो जाता है।

जीवन थैं मरिबो भलौ, जौ मरि जानै कोइ।
मरनै पहिले जो मरै, तौ कलि अजरावर होइ।।११।।

व्याख्या–जीवन जीने से मरना अच्छा है यदि कोई मरना (जीवनमृत होना) जाने तो, मरने से पहले जो अपने को मृत कर ले (विषय वासनाओं को मार दे) वही इस कलियुग में अजर-अमर हो जाता है।

विरोधाभास अलंकार का विधान है।

खरी कसौटी राम की, खोटा टिकै न कोइ।
राम कसौटी सो टिकै, जो जीवत मृतक होइ।।१२।।

व्याख्या–राम की कसौटी खरी है जिस पर कोई खोटा (अज्ञानी-तुच्छ) व्यक्ति नहीं टिक सकता। राम की इस कसौटी पर तो वही टिक पाता है जो जीते जी अपने को (अहं) मार देता है।

आपा मेट्या हरि मिलै, हरि मेट्या सब जाइ।
अकथ कहाणी प्रेम की, कह्या न को पत्याइ।।१३।।

व्याख्या–अपने अहंकार भाव को मिटाने से परमात्मा की प्राप्ति होती है किन्तु जिसने

परमात्मा को ही मिटा (भुला) दिया उसका सब कुछ नष्ट हो जाता है। परमात्मा प्रेम की कहानी अकथनीय है किन्तु यदि उसे बताया जाय तो उस पर कोई विश्वास नहीं करता।

निगुसाँवाँ बहि जायगा, जाकै थाघी नहीं कोइ।
दीन गरीबी बंदिगी, करता होइ सु होइ।।१४।।

शब्दार्थ – थाघी = सहारे की लकड़ी, थाह लेने की लकड़ी।

व्याख्या–ऐसा व्यक्ति जिसका कोई स्वामी नहीं है इस संसार सागर में बह जायेगा। अर्थात् (उसका जीवन निष्फल चला जायेगा) जिसे इस संसार से थाह लेकर उबारने वाला नहीं मिला।

दीन-हीन अकिंचन बनकर जो परमात्मा की बंदगी करता है वही इस जीवन में कुछ कर पाता है।

दीन गरीबी दीन कौं, दूंदर कौ अभिमान।
दूंदर दिल विष सूं भरी, दीन गरीबी रांम।।१५।।

व्याख्या–दीन के लिए तो दीनता और गरीबी ही सब कुछ है, तथा अभिमान तो द्वन्द्व युक्त व्यक्ति में होता है। द्वन्द्व युक्त व्यक्ति (भ्रम में पड़ा) का हृदय विष से भरा रहता है तथा जहाँ दीनता तथा गरीबी है वहाँ स्वयं राम ही निवास करते हैं।

दैन्य भाव अहंकार शून्य होता है, ईश्वर की उपस्थिति वहीं रहती है।

कबीर चेरा संत का, दासनि का परदास।
कबीर ऐसे ह्वै रह्या, ज्यूं पाऊँ[1] तलि घास।।१६।।

पाठान्तर – पावां।

व्याख्या–यह कबीर तो संतों (सच्चे ज्ञान का पारखी) का सेवक है तथा परमात्मा के दासों का भी दास है। कबीर ने अपने जीवन को ऐसा कर लिया है जैसे पैरों तले घास रहती है। वह अतिशय विनम्र बन गया है।

रोड़ा ह्वै रहौ बाट का, तजि पाषंड अभिमान।
ऐसा जे जन ह्वै रहे, ताहि मिलै भगवान।।१७।।

व्याख्या–हे प्राणी, अपने पाषंड और अभिमान को छोड़कर तू मार्ग का रोड़ा (कंकड़) ही बनकर रहो। सतत प्रेम के मार्ग में ठोकरें खाते रहो। राम का जो भक्त इस प्रकार जीता है उसे परमात्मा स्वयं ही प्राप्त हो जाते हैं।

कबीर ने मानव के लिए प्रकारान्तर से नैतिक मूल्यों का विधान किया है।

३९. चित कपटी कौ अंग

पूर्व परिचय–कबीर ने इस अंग में कपटपूर्ण सम्बन्धों को त्यागने का उपदेश दिया है। भिन्न विचारधारा का व्यक्ति यदि चरित्रवान है तो वह श्रेष्ठ है।

कबीर तहाँ न जाइए, जहाँ कपट का हेत।
जालूँ कली कनीर की, तन रातौ मन सेत।।१।।

व्याख्या–जहाँ प्रेम में कपट हो ऐसे व्यक्ति के पास नहीं जाना चाहिए। कनैर के फूल की तरह जो व्यक्ति हैं उन्हें त्याग देना चाहिए, ऐसे लोगों का शरीर लाल तथा मन श्वेत रहता है।

शरीर से दिखावटी अनुराग किन्तु मन में राग हीनता होती है।

जालू वितृष्णा-त्याग की व्यंजना करता है।

संसारी साषत भला, कँवारी कै भाइ।
दुराचारी बेश्नों बुरा, हरिजन तहाँ न जाइ।।२।।

व्याख्या–संसार में आसक्त रहने वाला शाक्त यदि कुँवारी के भाव का है अर्थात् चरित्रवान है तो श्रेष्ठ है। दुराचारी वैष्णव बहुत बुरा होता है। भगवान् के भक्त को वहाँ नहीं जाना चाहिए।

निर्मल हरि का नाँव सो, कै निरमल सध भाइ।
फैले दूणी कालिमाँ भावै सौ मण साँबुन लाइ।।३।।

व्याख्या–भगवान् के नाम से ही तू निर्मल होगा, या सत्यभाव से निर्मल होगा, अन्यथा दूनी कालिमा फैलेगी भले ही सौ मन साबुन लगा डालोगे।

४०. गुर सिष हेरा कौ अंग

पूर्व परिचय–सद्गुरु की उपलब्धि बहुत कठिन होती है। ऐसा व्यक्ति जल्दी नहीं मिलता जो शिष्य की मानसिक स्थिति को पहचानकर उसे अध्यात्म की भूमि पर उतार दे। सारा संसार अपनी-अपनी पीड़ा से जल रहा है। ऐसा कोई नहीं है जिससे दिल खोलकर बात की जाय। सांसारिकता से मुक्त करके ईश्वर की आराधना में लीन करने वाला ईश्वर के विरह से घायल कोई नहीं दिखाई देता। कबीर स्वयं इस दायित्व का निर्वाह करते हैं, पर शर्त यह है कि अपने सांसारिक मोह को जलाकर ही व्यक्ति उनका साथी बन सकता है।

ऐसा कोई नां मिलै, हम कौं दे उपदेस।
भौसागर मैं डूबता कर गहि काढै केस।।१।।

व्याख्या–मुझे कोई ऐसा गुरु न मिला जो उपदेश दे, मैं भवसागर में डूब रहा हूँ कोई हाथ से बालों को पकड़कर रक्षा नहीं करता।

डूबते हुए व्यक्ति का बिम्ब प्रस्तुत किया गया है। भौसागर में रूपक अलंकार है।

ऐसा कोई नां मिलै, हम कौ लेइ पिछानि।
अपना करि किरपा करै, ले उतारै मैदानि।।२।।

व्याख्या–ऐसा कोई गुरु नहीं मिला जो मेरी योग्यता तथा आवश्यकता को पहचान कर मुझे अपना लेता और कृपा करके मैदान (जीवन के संघर्ष क्षेत्र) से पार कर देता।

रूपकातिशयोक्ति अलंकार।

ऐसा कोई नां मिलै, राम भगति का मीत।
तन मन सौंपै मृग ज्यूं, सुनै बधिक का गीत।।३।।

व्याख्या–मुझे राम-भक्ति का कोई सच्चा-प्रेमी नहीं मिला जिसके प्रति मैं अपने को उसी प्रकार समर्पित कर देता जैसे बधिक (बहेलिया) का गीत सुनकर मृग सब कुछ भुलाकर अपने को समर्पित कर देता है। उपमा अलंकार।

ऐसा कोई नां मिलै अपना घर देइ जलाइ।
पंचू लरिका पटकि करि रहै रांम ल्यौ लाइ।।४।।

व्याख्या–ऐसा कोई व्यक्ति नहीं मिलता जो विषय वासनाओं से युक्त घर को प्रेम-विरह की आग से जला दे और पाँच लड़कों (पांच विकारों– क्रोध, मोह, लोभ, ईर्ष्या, बैर) को पटककर राम से लय (ध्यान) लगा दे।

रूपकातिशयोक्ति तथा साँगरूपक अलंकार।

ऐसा कोई नां मिलै जासौं रहिये लागि।
सब जग जलताँ देखिये, अपनी अपनी आगि।।५।।

व्याख्या–मुझे ऐसा कोई व्यक्ति नहीं मिला जिससे पूरी तरह जुड़ जाँय (जिससे पूर्ण श्रद्धा और विश्वास के साथ सम्बन्ध स्थापित किया जाय)। सारा संसार अपने दुखों या वासनाओं की आग में जल रहा है।

रूपकातिशयोक्ति अलंकार।

ऐसा कोई ना मिलै, जासूँ कहूँ निसंक।
जासूं हिरदै कौ कहूं,सो फिरि मांडै कंक।।६।।

शब्दार्थ – मांडै = प्रहार, कंक = बाण।

व्याख्या–कोई ऐसा नहीं मिलता जिससे अपनी समस्याओं को निःसंकोच बता सकूँ। जिससे मैं हृदय की बात कहता हूँ वहीं एक शस्त्र या तीक्ष्ण लौह से मुझ पर प्रहार करता है।

प्रश्न को और पेचीदा बनाकर उलझन पैदा करने की व्यंजना है।

ऐसा कोई नां मिलै, सब विधि देइ बताइ।
सुनि मंडल में पुरिष एक, ताहि रहौं ल्यौ लाइ।।७।।

व्याख्या–ऐसा कोई तत्त्वज्ञानी तथा योग्य गुरु नहीं मिलता जो सब कुछ बता दे। जिससे शून्य मंडल (सहस्त्रार चक्र) में निवास करने वाले एक पुरुष (परम तत्त्व) में ध्यान लगाए रखूँ।

हठयोग के प्रतीकों का प्रयोग किया गया है।

हम देखत जग जात है, जग देखत हम जाहिं।
ऐसा कोई नां मिलै, पकड़ि छुड़ावै बांहि।।८।।

व्याख्या–हमारे देखते हुए सारा संसार मृत्यु के मुख में जा रहा है और संसार के देखते हुए हम काल के गाल में समा जाएँगे। ऐसा कोई तत्त्वज्ञ नहीं मिलता जो मृत्यु के मुख में जाने से बाँह पकड़कर छुड़ा ले।

तीनि सनेही बहु मिलै चौथे मिलै न कोइ।
सबै पियारे राम के बैठे परबस होइ।।९।।

व्याख्या–तीन से स्नेह करने वाले बहुत हैं, चौथे से प्रेम करने वाला कोई नहीं है। सभी जीव राम के प्रिय हैं किन्तु माया के कारण सभी पराधीन हैं।

तीन तथा चतुर्थ के कई संकेत हैं –

१. त्रिगुण–सतोगुण, रजोगुण, तमोगुण, चौथा गुणातीत
२. त्रिपुरुषार्थ – धर्म, अर्थ, काम, चौथा मोक्ष
३. त्रिएषणा – पुत्रेषणा, लोकेषणा, वित्तेषणा चौथा स्वरूप स्थिति।
४. तीन अवस्था – सुषुप्ति, स्वप्न, जाग्रत चौथी तुरीयावस्था।

तुलसीदास – सुत वित लोक ईषना तीनी। केहि के मति इन्ह कृत न मलीनी।

माया मिलै मोहबती, कूड़े आखै बैण।
कोई घाइल बेध्या नां मिलै साईं हदा सैण।।१०।।

व्याख्या–माया के प्रेमी मिल जाते हैं और कूड़ा कर्कट जैसे व्यर्थ वचन भी बोलते हैं, कोई स्वामी के संकेतों से विद्ध घायल व्यक्ति नहीं मिलता है।

मायावी बहुत हैं, ईश्वर के असली भक्त कम हैं।

सारा सूरा बहु मिलैं, घाइल मिलै न कोइ।
घाइल कौं घाइल मिलै, तब राम भगति दिढ़ होइ।।११।।

व्याख्या–अनाहत (जो घायल नहीं है) ऐसे वीर तो बहुत मिलते हैं। (उनकी वीरता अहंकार के कारण ही होती है) किन्तु घायल कोई नहीं मिलता। यदि भगवान् के विरह बाण से घायल व्यक्ति दूसरे घायल को मिलता है तो रामभक्ति दृढ़ होती है।

रूपकातिशयोक्ति अलंकार।

प्रेमी ढूंढ़त मैं फिरूँ, प्रेमी मिलै न कोइ।
प्रेमी कूं प्रेमी मिलै तब सब विष अमृत होइ।।१२।।

व्याख्या–भगवान् के प्रेमी को मैं खोजता घूम रहा हूँ परन्तु कोई भी प्रेमी नहीं मिलता है। यदि ईश्वर-प्रेमी को दूसरा ईश्वर प्रेमी मिल जाता है तो विषय वासना रूपी विष अमृत में परिणत हो जाता है।

रूपकातिशयोक्ति अलंकार।

हम घर जाल्या आपणाँ लिया मुराड़ा हाथि।
अब घर जालौं तासका जे चले हमारे साथि।।१३।।

व्याख्या–मैंने ज्ञान-भक्ति की जलती हुई लकड़ी हाथ में लेकर अपना विषय वासनाओं का घर जला डाला अब मैं उसका भी विषयवासनाओं का घर जला सकता हूँ जो मेरा साथ देने के लिए तैयार हो।

मुराड़ा देशज शब्द है जिसका अर्थ है जलती लकड़ी। रूपकातिशयोक्ति अलंकार।

४१. हेत-प्रीति सनेह कौ अंग

पूर्व परिचय–जिसका जिसके प्रति सच्चा स्नेह रहता है वह दूरी की चिन्ता किए बिना उससे मिल जाता है। आकर्षण तन का नहीं मन का होता है।

कमोदिनी जलहरि बसै, चंदा बसे अकासि।
जो जाही का भावता, सो ताही के पासि।।१।।

व्याख्या–कुमुदिनी जलाशय में बसती है, चन्द्रमा आकाश में रहता है फिर भी चाँद के उगने पर कुमुदिनी खिल जाती है। इसलिए यही कहना उचित है कि जो जिसको अच्छा लगता है उसका उसे सामीप्य बोध होता रहता है।

कबीर गुरु बसै बनारसी, सिष समंदाँ तीर।
बिसार्या नहीं बीसरै, जे गुंण होइ सरीर।।२।।

व्याख्या–गुरु क्यों न बनारस में बसता हो तथा शिष्य समुद्र के किनारे पर, किन्तु यदि शरीर में गुण है (प्रेम का भाव है) तो वह भुलाने पर भी नहीं भुलाया जा सकता।

जो है जाका भावंता, जदि तदि मिलसी आइ।
जाकौं तन मन सौंपिया, सो कबहुँ छाँड़ि न जाइ।।३।।

व्याख्या–जो जिसको भाता है, प्रेम करता है वह कभी न कभी आकर मिल जाता है। जिस किसी को भी यह तन-मन सौंप दिया जाता है वह कभी भी छोड़कर नहीं जाता है।

स्वामी सेवक एक मत, मन ही मैं मिलि जाइ।
चतुराई रीझै नहीं, रीझै मन कै भाइ।।४।।

व्याख्या–यदि स्वामी और सेवक में एक भाव ऐक्य है तो उन दोनों का मन आपस में मिल जाता है। वह स्वामी (परमात्मा) चतुरता दिखाने पर नहीं रीझता, वह तो मन में उठने वाले प्रेम भाव से रीझता है। स्वामी और दास के मिलन में प्रेम का महत्व सर्वोपरि है।

४२. सूरातन कौ अंग

पूर्व परिचय–सती और शूर कबीर के दो आदर्श हैं। भक्ति साधना यद्यपि सरल होती है किन्तु संसार त्यागना सरल नहीं है। साधना के मार्ग में एक वीर की तरह ही प्रवृत्त होना पड़ता है। इन्द्रियों के खिलाफ लड़ाई करना आसान नहीं है। जो मृत्यु से भयभीत रहता है वह इस लड़ाई में प्रवृत्त नहीं हो सकता। प्रेम मार्ग प्राणों का बलिदान माँगता है जिसमें सिर कटाने की हिम्मत हो वही इस रास्ते पर चल सकता है।

काइर हूवां न छूटिये, कछु सूरातन साहि।
भरम भलाका दूरि करि, सुमिरण सेल सँबाहि।।१।।

व्याख्या–कायर बनने से इस संसार से मुक्ति नहीं हो सकती। अपने अन्दर कुछ तो शूरत्व के भाव को ग्रहण कर। तुम भ्रमरूपी भाले का परित्याग कर राम-नाम स्मरण रूपी भाले को सँभालो। रूपकातिशयोक्ति अलंकार।

षूड़ै (कोने) पड्या न छूटियो, सुणि रे जीव अबूझ।
कबीर मरि मैदान मैं, करि इंद्र्याँ सूँ झूझ।।२।।

शब्दार्थ – षूंडै = कोने।

व्याख्या–हे अज्ञानी जीव, गूढ़ स्थान पर छिपकर बैठने से भी तू इस माया से नहीं छूट सकता। इसलिए कबीर कहता है तू इन्द्रियों से युद्ध कर जीवन के रण-क्षेत्र में मृत्यु प्राप्त करके मुक्ति का लाभ अर्जित कर ले।

इस साखी में जीवन-मृत होने की व्यंजना है।

समाज एवं परिवार से भागकर किसी एकान्त स्थान में छिपने से माया से मुक्ति नहीं मिलती क्योंकि वासना का सम्बन्ध मन से है। मन तो सदैव आदमी के साथ ही रहता है।

कबीर सोई सूरिमां मन सूं माड़ै झूझ।
पंच पयादा पाड़िले, दूरि करै सब दूज।।३।।

शब्दार्थ – पयादा = पैदल सैनिक।

व्याख्या–कबीर का कथन है कि सच्चा शूर (वीर) वही है जो वासना पूर्ण मन से युद्ध करके शब्द, स्पर्श, रूप, रस, गंध नामक उसके पाँचों पैदल सैनिकों को भगा देता है और दूसरे पक्ष (द्वैत भाव) को दूर कर देता है। रूपक अलंकार।

जब द्वैत समाप्त हो जाता है तो कोई दूसरा पक्ष रहता ही नहीं। ऐसी स्थिति में युद्ध

किससे किया जाय?

चोट सुहेली सेल की, पड़तां लेइ उसास।
चोट सहारै सबद की तास गुरू मैं दास।।४।।

व्याख्या–भाले की चोट सुखद होती किन्तु आहत व्यक्ति आहें भरने लगता है। जो शब्द (अनाहत नाद या ज्ञानोपदेश के बाण) की चोट सह ले उसी गुरु का मैं सेवक या दास हूँ।

भाले की चोट की तुलना में शब्द-बाण की चोट अधिक तीखी होती है। सम्पूर्ण दोहे में यदि शब्द के ही भाले का वर्णन माना जाय तो कहा जा सकता है कि शब्द के भाले की चोट सुखद होती है किन्तु उसके लगते ही सामान्य साधक आहें (उच्छ्वास) भरने लगता है। इसके माने वह खरा साधक नहीं है। जो शब्द बाण की चोट सह लेता है वही गुरु का स्थान पा सकता है।

रूपकातिशयोक्ति अलंकार।

सूरा झूझै गिरद सूँ, इक दिसि सूर न होइ।
कबीर यौं बिन सूरिमां, भला न कहिसी कोइ।।५।।

शब्दार्थ – गिरद (गिर्द) = (इर्द) गिर्द चारों ओर।

व्याख्या–वीर अपने चारों ओर युद्ध करता है, केवल एक दिशा में लड़ने वाला वीर नहीं होता है। इस तरह हुए बिना उसे कोई भी श्रेष्ठ वीर नहीं कहेगा।

अन्योक्ति अलंकार। सूर और सती को कबीर भक्ति का आदर्श मानते हैं। चतुर्दिक व्याप्त बुराइयों से लड़ने वाला ही असली वीर होता है।

कबीर आरनि[1] पैंसि करि, पीछै रहै सु सूर।
साँई सूँ साचा भया रहसी सदा हजूर।।६।।

पाठान्तर – दास - १. आरणि।

व्याख्या–कबीर कहते हैं कि युद्ध के समग्र मैदान में प्रविष्ट होकर जो स्वामी के पीछे रहता है वही वीर है। स्वामी से सच्चा बना हुआ वह सदैव उसकी सेवा में रहता है।

इस दोहे में आध्यात्मिक युद्ध का संकेत है। अन्योक्ति अलंकार के द्वारा आध्यात्मिक युद्ध की व्यंजना। 'पीछै रहै' में विरोधाभास है।

गगन दमामा बाजिया पड्या निसानै घाव।
खेत बुहार्‌या सूरिमै, मुझ मरणे का चाव[1]।।७।।

पाठान्तर – तिवारी १. अब मरिबे कौ दाउं।

शब्दार्थ– दमामा = नगाड़ा।

व्याख्या–आकाश में नगाड़े बजने लगे हैं, निशान पर आघात हो गया। शूर ने रणक्षेत्र में गर्जना की तथा रणक्षेत्र साफ करके कहा कि अब मुझे मरने की चाह है। (अब मरने का अवसर है)

अन्योक्ति अलंकार द्वारा शून्य में अनाहत की गर्जना तथा जीवन्मृत होने की आकांक्षा की अभिव्यंजना की गयी है।

कबीर मेरै संसा को नहीं, हरि सूँ लागा हेत।
काम क्रोध सूँ झूंझणा, चौड़े मांड्या खेत।।८।।

व्याख्या–कबीर कहते हैं कि मेरा प्रेम (स्नेह) ईश्वर से लग गया है। मुझे अब कोई संशय नहीं है। अब तो चौड़े मैदान में मैंने काम, क्रोध से जूझने का संकल्प ले लिया है।

सूरै सार सँबाहिया, पहर्‌या सहज संजोग।
अब कै ग्यान गयंद चढ़ि, खेत पड़न का जोग।।९।।

व्याख्या–अब वीर ने सार (लौह के अस्त्र-शस्त्र) सम्हाल लिया है और सहज संयोग (मन और ईश्वर के योग) का साज सामान ले लिया है। अब की बार ज्ञान के हाथी पर चढ़कर रणक्षेत्र में जाने का अवसर प्राप्त हुआ है।

'जीवनमृत' होने की व्यंजना है। रूपक अलंकार। युद्ध की गहरी अनुभूति है।

कबीर सूरा तब ही परषिये लड़ै धणीं के हेत।
पुरजा पुरजा ह्वै पड़ै, तऊ न छाड़ै खेत।।१०।।

व्याख्या–शूर की असली परख तभी होती है जब वह स्वामी के लिए लड़ता है। वह टुकड़े-टुकड़े हो जाता है किन्तु वह रण-क्षेत्र छोड़ता नहीं है।

अन्योक्ति अलंकार। आध्यात्मिक युद्ध में भक्त-वीर आराध्य के लिए माया-मोह रूपी शत्रुओं से लड़ता है। वह तन के छिन्न-भिन्न की परवाह किए बिना साधना-युद्ध में अडिग रहता है।

खेत न छाड़ै सूरिवां, झूझै द्वै दल माँहि।
आसा जीवन मरण की मन में आंणै नाहिं।।११।।

व्याख्या–शूरवीर दोनों दलों के मध्य जूझता है। वह जीवन-मरण की आशा को मन में कभी नहीं लाता। भक्त द्वैत के बीच जूझता है। संसार उसकी साधना भूमि है और ईश्वर मुक्ति का क्षेत्र। द्वैत के बिना भक्ति नहीं होती और अद्वैत बिना अन्तिम फल नहीं मिलता। द्वैत में संघर्ष है किन्तु लक्ष्य है अद्वैत होना।

अब तो झूझ्या ही बणै, मुड़ि चाल्यां घर दूरि।
सिर साहिब कूं सौंपियै सोच न कीजै सूर।।१२।।

व्याख्या–अब तो युद्ध करने से ही कल्याण है। मुड़ कर चलने पर कल्याण नहीं क्योंकि घर बहुत दूर है। हे वीर! स्वामी के लिए सिर अर्पित करने में सोच-विचार मत करो।

भक्ति-साधना में अग्रसर हो जाने के बाद फिर से गृहस्थ होना संभव नहीं होता। संन्यासी जब गृहस्थ होता है तो वह समाज द्वारा तिरस्कृत हो जाता है। सिर कटाना, खून बहाना आदि वर्णन सूफी काव्य के प्रभाव के कारण हैं। अन्योक्ति अलंकार।

अब तो ऐसी ह्वै पड़ी, मन का रुचित[1] कीन्ह।
मरनै कहा डराइए[2] हाथि स्यंधौरा[3] लीन्ह।।१३।।

पाठान्तर – जय० - १. भावति २. डरपना, ३. सिंधौरा

व्याख्या–मन को रुचिकर लगने वाला निर्णय मैंने किया। फस्वरूप अब ऐसी अवस्था आ गयी है। इस अवस्था में मरने से क्या डरना, जब हाथ में सिन्दूरदान लेकर प्रिय के साथ सती होने के लिए चल पड़ी तो मृत्यु भय कैसा?

सती के संकल्प की तरह ही भक्त का संकल्प होता है। वह निडर होकर अपने साधना मार्ग पर अग्रसर होता है।

जिस मरनै थै जग डरै, सो मेरे आनंद।
कब मरिहूं कब देखिहूं, पूरन परमानंद।।१४।।

व्याख्या–जिस मरण से संसार डरता है, वह मेरे लिए आनंद है। कब मरूँगा और कब पूर्ण परमानन्द स्वरूप ईश्वर का दर्शन करूँगा। देह त्याग के बाद ही ईश्वर का साक्षात्कार होगा। घट का अन्तराल हट जाएगा तो अंशी में अंश मिल जाएगा।

कायर बहुत पमांवही, बहकि न बोलै सूर।
काम पड्यां ही जांणिये, किसके मुख परि नूर।।१५।।

शब्दार्थ–पमांवही = डींग हाँकने वाला, नूर = ज्योति।

व्याख्या–कायर ही डींग मारता है, वीर प्रमाद प्रलाप नहीं करता। काम पड़ने पर ही ज्ञात होता है कि किसके मुख पर वीरत्व की ज्योति है।

लोकोक्ति का विधान है।

जाइ पूछौ उस घाइलैं, दिवस पीड़ निस जाग।
बाँहणहारा जाणिहै, कै जांणै जिस लाग।।१६।।

व्याख्या–जाकर पूछो उस घायल (विरह बाण से घायल जन) से जो पीड़ा के कारण दिन में तड़पता है और रात में जागता है। उस पीड़ा का अनुभव तीर चलाने वाला करता है या जिसे चोट लगती है वही उसे समझता है।

रूपकातिशयोक्ति अलंकार।

घाइल घूँमै गहि भरया, साख्या रहै न ओट।
जतन कियाँ जीवैं[1] नहीं बणी[2] मरम की चोट।।१७।।

पाठान्तर – दास - १. राख्या, जय० २. लगी।

व्याख्या–प्रेम-बाण से घायल शूरवीर आनंद से युक्त रणक्षेत्र (भक्ति) में घूमता है, रोककर रखने पर भी वह किसी की आड़ में नहीं रहता। अनेक-यत्न करने पर भी वह जीवित नहीं रहता क्योंकि उसके हृदय में मर्मस्थल की चोट अभी बनी हुई है। अन्ततः वह जीवन-मृत हो जाता है।

ऊँचा बिरष अकासि फल, पंषी मूए झूरि।
बहुत सयाने पचि रहे, फल निरमल परिदूरि।।१८।।

व्याख्या–आत्मज्ञान रूपी वृक्ष अत्यन्त ऊँचा है तथा आकाश अर्थात् गगन मण्डल में ब्रह्मज्ञान रूपी फल लगा है, विकार ग्रस्त जीवात्मा रूपी पक्षी कामाग्नि में झुलस कर मर गये। अपने को बहुत चतुर (ज्ञानाभिमानी) समझने वाले पंडित भी हार कर रह गये। फल तो अत्यन्त निर्मल है किन्तु पहुँच के बाहर है।

वृक्ष सुषुम्ना का भी सूचक हो सकता है, अकासि ब्रह्मरंध्र का संकेतक है। रूपकातिशयोक्ति अलंकार।

दूरि भया तौ का भया, सिर दे नेड़ा होइ।
जब लग सिर सौंपै नहीं, कारिज सिद्धि न होइ।।१९।।

व्याख्या–हे शूरवीर साधक, यदि ब्रह्मानुभूति का फल दूर है तो क्या हुआ, तू कैसा वीर है जो सिर देकर उसके निकट नहीं पहुँचता। जब तक तू सिर को समर्पित नहीं करता तब तक

तुम्हारा कार्य सिद्ध नहीं होगा।

कबीर यहु घर प्रेम का, खाला का घर नाँहि।
सीस उतारै हाथि करि, सो पैसे घर माँहि।।२०।।

व्याख्या--परमात्मा का घर तो प्रेम का है, यह मौसी (माँ की बहन) का घर नहीं है जहाँ मनचाहा प्रवेश मिल जाय। जो साधक अपने सीस को उतार कर अपने हाथ में ले लेता है वही इस घर में प्रवेश पा सकता है।

सिर उतारने से तात्पर्य है अहंभाव का त्याग। सूफी साधना का प्रभाव है।

कबीर निज घर प्रेम का, मारग अगम अगाध।
सीस उतारि पग तलि धरै, तब निकटि प्रेम का स्वाद।।२१।।

व्याख्या--कबीर कहते हैं कि अपना घर प्रेम का है किन्तु उसका रास्ता अगम्य और अगाध अर्थात् कठिन है। जो कोई इस मार्ग पर चलना चाहे वह सिर उतारकर पैरों तले रख दे तब कहीं जाकर वह प्रेम, स्वाद के निकट पहुँच सकता है। प्रेम का मार्ग बहुत बड़े बलिदान की माँग करता है।

प्रेम न खेतौं नीपजै, प्रेम न हाटि बिकाइ।
राजा परजा जिस रुचै, सिर दे सो ले जाइ।।२२।।

व्याख्या--प्रेम किसी खेत में उत्पन्न नहीं होता और न वह किसी हाट (बाजार) में ही बिकता है। राजा हो अथवा प्रजा जिस किसी को भी वह रुचिकर लगे वह अपना सिर देकर उसे ले जा सकता है।

सीस काटि पासंग दिया, जीव सरभरि लीन्ह।
जाहि भावे सो आइ ल्यौ, प्रेम हाट हम कीन्ह।।२३।।

व्याख्या--कबीर कहते हैं कि ईश्वर प्रेम प्राण-दान की बराबरी में नहीं मिलता है। उसके लिए सिर काटकर पसंगा लगाना पड़ेगा अर्थात् अहं भाव का पूर्ण त्याग करना होगा। जिसे यह शर्त अच्छी लगे वह कबीर द्वारा बनाई गयी बाजार से ईश्वर प्रेम प्राप्त कर ले। रूपक अलंकार का विधान है।

सूरै सीस उतारिया, छाड़ी तन की आस।
आगैं थैं हरि मुलकिया, आवत देख्या दास।।२४।।

व्याख्या--सूर वीर साधक जब सिर उतार लेता है अर्थात् अहंकार शून्य हो जाता है और अपने जीवन की आशा छोड़ देता है। ऐसी स्थिति में दास को अपनी ओर आता देखकर परमात्मा आगे बढ़कर मुस्करा देता है। त्याग करने वाले को ईश्वर स्वयं अपना लेता है।

भगति दुहेली राँम की, नहि कायर का काम।
सीस उतारै हाथि करि, सो लेसी हरि नाम।।२५।।

व्याख्या--राम की भक्ति करना दुःखदायी (कष्ट साध्य) है। यह किसी कायर के वश का काम नहीं है जो सिर उतार कर (जीवन के सारे सुखों का त्याग कर) हाथ में लेता है वही हरि का स्मरण कर सकता है।

भगति दुहेली राँम की, जैसि खाड़े की धार।
जे डोलै कटि पड़ै, नहीं तौ उतरै पार।।२६।।

व्याख्या–राम की भक्ति दुख देने वाली है, वह तलवार की धार पर चलने के समान है। इस पर चलने वाला यदि तनिक भी विचलित हुआ तो वह धार से कट कर गिर जाता है जो संयमित होकर चलता है वह भव-सागर के पार उतर जाता है। उपमा और विरोधाभास अलंकार।

भगति दुहेली राम की, जैसी अगनि की झाल।
डाकि पड़े तो ऊबरे, दाधे कौतिगहार।।२७।।

व्याख्या–राम की भक्ति तो अग्नि की ज्वाला के समान दुःख देने (जलाने) वाली है। जो इस ज्वाला में कूद पड़े वे तो बच गये और जो केवल कौतिक (तमाशा) देखने वाले थे वे उसके ताप से जल गये। उपमा, विरोधाभास अलंकार।

कबीर घोड़ा प्रेम का, चेतनि चढ़ि असवार।
ग्याँन षड़ग गहि काल सिरि, भली मचाई मार।।२८।।

व्याख्या–साधक ने प्रेम रूपी घोड़ा लेकर चैतन्य रूपी आत्मा की सवारी कर लिया। तत्पश्चात् (काल के सिर पर उसे लक्ष्य बनाकर) ज्ञान रूपी खड्ग को धारण किया तथा घोर युद्ध मचा दिया है।

रूपक अलंकार की योजना है। ज्ञान, प्रेम और भक्ति का समन्वय किया गया है। सांग रूपक अलंकार।

कबीर हीरा बणजिया, महँगे मोल अपार।
हाड़ गला माटी गली, सिर सांटै व्यौहार।।२९।।

व्याख्या–कबीर ने महँगे और अपार मूल्य में हीरे (ब्रह्मज्ञान) का व्यापार (क्रय) किया। इस प्रकार के व्यापार में शरीर की हड्डियाँ गल गईं, माटी स्वरूप देह गल गयी। सिर के सट्टे या बदले में (लेन-देन) से मैंने यह व्यवहार किया।

सागरूपक और रूपकातिशयोक्ति अलंकार की योजना है। 'हीरा' भक्ति साधना का भी प्रतीक हो सकता है।

जेते तारे रैणि के, तेते बैरी मुझ।
धड़ सूली सिर कंगुरै, तऊ न बिसारौं तुझ।।३०।।

व्याख्या–रात में आकाश में जितने तारे होते हैं उतने मेरे शत्रु हैं। मेरा धड़ शूली पर हो तथा और सिर काटकर महल के कंगूरे पर क्यों न लटका दिया जाय फिर भी हे प्रियतम परमात्मा! मैं तुझे नहीं भुला सकता।

जे हार्‌या तौ हरि सवां, जे जीत्या तो दांव।
पारब्रह्म कूँ सेवता, जे सिर जाइ त जाव।।३१।।

व्याख्या–यदि साधक अध्यात्म क्षेत्र में हार जाता है तो वह परमात्मा के समान हो जाता है क्योंकि उसके दुर्गुण दूर हो जाते हैं और उसमें दैवी भाव आ जाता है। यदि जीत गया तो वह अपने दाँव में सफल हो जाता है। उस पारब्रह्म परमात्मा की सेवा करते हुए यदि सिर भी कट जाय तो कोई गम नहीं क्योंकि परमात्मा की प्राप्ति ही साधक का मूल उद्‌देश्य है।

सिर साँटै हरि सेविए, छाड़ि जीव की बाँणि।
जे सिर दीया हरि मिलै, तब लगि हाँणि न जाणि[1]।।३२।।

व्याख्या–जीवात्मा (साधक) को अपनी आदत छोड़कर सिर के व्यापार द्वारा परमात्मा की सेवा करनी चाहिए। यदि सिर सौंपने से परमात्मा की प्राप्ति हो जाती है तो उसे हानि नहीं समझनी चाहिए।

तिवारी के अनुसार इसका पाठ है –

सिर दीन्हें जो पाइए, तौ देत न कीजै कानि।
सिर के सांटे हरि मिलै तउ हानि मत जानि।।३३।।

व्याख्या–सिर देने पर यदि ईश्वर मिलता है, तो उसे देने में देर मत कीजिए। सिर के बदले यदि ईश्वर मिलता है तो हानि नहीं समझना चाहिए। इस साखी में एक बात की दोनों पंक्तियों में पुनरावृत्ति है। इसकी तुलना में पूर्व पाठ अधिक समीचीन है।

टूटी बरत अकास थै, कोई न सकै झड़ झेल।
साध सती अरु सूर का, अँणी ऊपिला खेल।।३४।।

व्याख्या–नट विद्या दिखाते हुए यदि आकाश से नट की रस्सी टूट पड़ी तो उसके पतन को कोई रोक नहीं सकता। इसी प्रकार साधु, सती स्त्री तथा शूरवीर का भी खेल अनी (भाले की नोंक) पर चलने जैसा ही होता है। यदि इस खेल में वह जरा भी चूकता है तो उसका जीवन नष्ट हो जाता है। निदर्शना अलंकार का विधान है।

सती पुकारै सलि-चढ़ी, सुन रे मीत मसाँन।
लोग बटाऊँ चलि गए, हम तुझ रहे निदाँन।।३५।।

शब्दार्थ – सलि = चिता।

व्याख्या–सती स्त्री चिता पर चढ़ी (बैठी) हुई पुकार कर कहती है कि हे मित्र श्मशान सुनो। अब तो अपने सगे-सम्बन्धी तथा अन्य पथिक लोग तो चले गये अंततः अब हम और तुम्हीं रह गये हैं। साधक और साधना पथ दो ही अन्ततः बचते हैं। शेष साथ छोड़ जाते हैं। रूपक तथा अन्योक्ति अलंकार की योजना है।

सती बिचारी सत किया, काठौं सेज बिछाइ।
ले सूती पिव आपणा, चहुँ दिसि अगनि लगाइ।।३६।।

व्याख्या–सती स्त्री ने सोच-विचार कर सतीत्व प्रमाणित करने का संकल्प लिया तथा काष्ठ (लकड़ी) की चिता पर अपनी शय्या बिछा ली। तत्पश्चात् अपने प्रियतम के साथ उस चितारूपी शय्या पर चारों दिशाओं (ओर) में आग लगाकर सो गयी। आत्मा रूपी सती भी इसी तरह साधना या विरह की आग में जलती हुई ईश्वर के शाश्वत सहयोग की आकांक्षा करती है।

सती सूरा तन साहि करि, तन मन कीया घाँण।
दिया महौला पीव कूँ, तब मड़हट करै बषाँण।।३७।।

शब्दार्थ – साहि = साथ, घाण = घानी, महौला = महावर का रस।

व्याख्या–सती स्त्री ने शूरत्व की साधना कर अपने शरीर और मन को परमात्मा में लीन कर दिया। इसके पश्चात् जब सती ने प्रियतम के साथ जलने के लिए अपने पैर में महावर लगाया तब वह मरघट (श्मशान) उसकी प्रशंसा करने लगा।

घाँण का अर्थ घानी भी है। सती ने जीवन का रस निचोड़ कर उसे ईश्वर को समर्पित कर दिया।

सती जलन कूँ नीकली, पीव का सुमिरि सनेह।
सबद सुनत जीव निकल्या, भूलि गई सुधि देह।।३८।।

व्याख्या–सती स्त्री अपने प्रियतम के प्रेम का स्मरण करके उसके साथ जलने के लिए निकल पड़ी। जब उसके भीतर राम-नाम का शब्द ध्वनित होने लगा तब वह भौतिक शरीर को भूल गयी और उसके प्राण निकल गए।

सती जीवात्मा का पीव परमात्मा का, सबद-अनाहत नाद का तथा देह-भौतिक जगत का प्रतीक है। रूपकातिशयोक्ति अलंकार है।

सती जलन कूँ नीकली, चित्त धरि एक विवेक[1]।
तन मन सौंप्या पीव कूँ, तब अंतर रही न रेख।।३९।।

पाठान्तर – दास – १. नमेष, जय० – उमेख

व्याख्या–सती स्त्री अपने मन में विवेक (बुद्धि) धारण करके अपने को जलाने हेतु निकल पड़ी। जब उसने तन-मन सहित स्वयं को उस परमात्मा रूपी प्रियतम के प्रति समर्पित कर दिया तो उन दोनों में रेखामात्र का भी अंतर नहीं रह गया। अर्थात् दोनों एक हो गए।

हौं तोहि पूछौं हे सखी, जीवत क्यूँ न मराइ।
मूँवा पीछै सत करै, जीवत क्यूँ न कराइ।।४०।।

व्याख्या–हे जीवात्मा रूपी सखी (सती) मैं तुझसे पूछती हूँ कि जीवित रहते क्यों न स्वयं को मार दिया जाय? अर्थात् (विषय-वासनाओं को मार देना ही जीवन्मृत होना है) मरने के पश्चात् जिस सत्य का साक्षात्कार किया जाता है उसका साक्षात्कार जीवित रहते ही क्यों न कर लिया जाय। या तुम मरण के बाद जो सतीत्व करती है, उसे जीवित रहते ही क्यों नहीं करती। अन्योक्ति अलंकार।

कबीर प्रगट राम कहि, छाँनै राँम न गाइ।
फूस कजौंड़ा दूरि करि, ज्यूं बहुरि लागै लाइ।।४१।।

व्याख्या–हे जीव, प्रकट रूप में तू राम का भजन क्यों नहीं करता? एकान्त में (प्रच्छन्न रूप) राम का गुणगान न कर। यह फूस के (अज्ञानता के) कजौड़ा (समूह) से अपने को अलग कर ले जिससे दुबारा यह (विषय वासनाओं की) आग न लग सके। कजौड़ा का अर्थ कूड़ा भी हो सकता है।

कबीर हरि सबकूँ भजै, हरि कूँ भजै न कोइ।
जब लग आस सरीर की, तब लग दास न होइ।।४२।।

व्याख्या–वह परमात्मा तो सबको भजता है (सबकी याद रखता है) किन्तु उसका भजन (स्मरण) कोई नहीं करता। जब तक जीव को इस शरीर की आशा है तब तक वह भगवान् का भक्त नहीं हो सकता।

आप सवारथ मेदनीं, भगत सवारथ दास।
कबीरा राम सवारथी, जिनि छाड़ी तन की आस।।४३।।

व्याख्या–यह सारी दुनिया अपने स्वार्थ के लिए है। भक्त तो ईश्वर की भक्ति का स्वार्थी है। कबीर राम का स्वार्थी है अर्थात् वह केवल राम को चाहता है उसने अपने शरीर की आशा छोड़ दी है।

४३. काल कौ अंग

पूर्व परिचय–काल कौ अंग में मृत्यु तथा नश्वरता का वर्णन किया गया है। कोई कार्य कल पर नहीं छोड़ना चाहिए तथा मनुष्य को अहंकार भी नहीं करना चाहिए, क्योंकि समस्त प्राणियों का भविष्य काल के हाथ में है। कालु सिरहाने खड़ा रहता है इसलिए जीवों को निर्भय होकर नहीं सोना चाहिए। बारी बारी हर जीव कालग्रस्त हो जाता है। सम्पन्नता-विपन्नता, सुख-दुख का चक्र चलता रहता है। यहाँ कुछ भी स्थायी नहीं है। प्राण के निकल जाने पर देह अछूत हो जाती है। काल की दुर्गति से बचने के लिए राम-नाम ही एक मात्र आश्रय है।

झूठे सुख कौं सुख कहैं, मानत हैं मन मोद।
खलक चबीणाँ काल का, कुछ मुख मैं कुछ गोद।।१।।

व्याख्या–मानव मिथ्या सुख को सुख कहता है और मन से प्रसन्न होता है जबकि यह संसार जिसे वह सुख का साधन मानता है वह पूरी तरह से काल का चबैना है। कुछ संसारी जीव तथा संसारी वस्तुएँ उसके मुख में हैं और कुछ उसमें समाहित होने के लिए उसकी गोद में प्रतीक्षारत हैं। रूपक अलंकार, काल का मानवीकरण है।

आज कि काल्हि कि निसि हमै मारगि माल्हंताँ।
काल सचाणाँ नर चिड़ा, औझड़ औच्यंताँ।।२।।

व्याख्या–काल बाज पक्षी है तथा नर चिड़िया है, रास्ता चलते हुए आज या कल या रात में किसी भी समय यह हमें अचानक झपट्टा मार देगा। तात्पर्य है कि काल रूपी (मृत्यु) सचान नर रूपी पक्षी को किसी समय मार सकता है। रूपक अलंकार।

काल सिरहाने यौं खड़ा, जागि पियारे मिन्त।
राम सनेही बाहिरा, तू क्यौं सोवै निच्यंत।।३।।

व्याख्या–हे प्रिय मित्र! काल तुम्हारे सिरहाने खड़ा है, इसलिए तुम जागृत हो जाओ (विवेक ज्ञान से जीवन का निर्वाह करो, मोह निशा में शयन मत करो) राम के स्नेह से रहित होकर तुम निश्चिन्त क्यों सोते हो। जिस व्यक्ति ने राम के स्नेह को पा लिया है वही निश्चिन्त हो सकता है।

काल का मानवीकरण किया गया है।

कबीर हरनी दूबरी, इस हरियारे तालि।
लाख अहेरी एक जिउ, केतिक टारै भालि।।४।।

व्याख्या–एक जीवात्मा रूपी हिरनी संसार की सम्पन्नता में रहती है किन्तु उसे मारने वाले अनेक शत्रु हैं। वह किससें किससे बचने की कोशिश करे। भोग की सुविधा के बावजूद मृत्यु का भय बना रहता है इसलिए वह दुबली रहती है।

कबीर कहते हैं कि हरनी हरे भरे तालाब में रहकर भी दुबली है। उसे मारने के लिए लाखों शिकारी हैं। प्राण एक ही है। वह अपने ऊपर कितने बाण सहकर कितनों को टाल सकती है या भली प्रकार से कितनों से अपनी रक्षा कर सकती है।

सब जग सूता नींद भरि, संत न आवै नींद।
काल खड़ा सिर ऊपरै, ज्यौं तौरणि आया बींद।।५।।

शब्दार्थ – बींद = दूल्हा, वर।

व्याख्या–सारा संसार नींद में सो रहा है किन्तु सन्त लोग जागृत हैं। उन्हें काल का भय नहीं है, काल यद्यपि सिर के ऊपर खड़ा है किन्तु सन्त को हर्ष है कि तोरण में दूल्हा खड़ा है वह शीघ्र जीवात्मा रूपी दुल्हन को उसके असली घर लेकर जाएगा।

सामान्य जन वास्तविकता से परे हैं इसलिए उनके अन्दर कोई उल्लास नहीं है। वे संसार को ही सब कुछ समझ कर निद्रामग्न हैं। उपमा, काव्यलिंग अलंकारों का विधान है। बींद राजस्थानी शब्द है।

कहा चुनावे मैंडियां, लंबी भीति उसारि।
घर तौ साढ़े तीनि हथ, घनां त पौने चारि।।६।।

व्याख्या–लम्बी दीवार उठाकर क्यों मंडप या घर को निर्मित करते हो। असली घर (देह रूपी घर) तीन ही हाथ का है। ज्यादा से ज्यादा पौने चार हाथ का घर बनाओ। (इसका महत्व या फैलाव पौने चार हाथ तक हो सकता है)

मनुष्य को आवास के लिए उतनी जगह चाहिए जितनी उसकी देह है। अधिक के प्रति आसक्ति संचय वृत्ति का ही परिणाम है। इससे लोभ बढ़ता है और कष्ट होता है।

आज कहैं हरि काल्हि भजौगो, काल्हि कहै फिरि काल्हि।
आज ही काल्हि करंतंडा, औसर जासी चालि।।७।।

व्याख्या–आज कहते हैं कि हरि का भजन कल करेंगे। कल फिर आने वाले कल का बहाना करते हैं। इस तरह आजकल करते हुए अवसर व्यतीत हो जाता है।

कबीर पल की सुधि नहीं, कटै काल्हि को साज।
काल अच्यंता झड़पसी, ज्यूँ तीतर को बाज।।८।।

व्याख्या–कबीर कहते हैं कि मनुष्य जीवन का पल भर का भरोसा नहीं है, लेकिन हर व्यक्ति कल की साज सज्जा करने में जुटा है। जैसे बाज तीतर के ऊपर झपट्टा मारता है उसी तरह काल अचानक ही मनुष्य के ऊपर झपट्टा मार देगा। मानवीकरण एवं उपमा अलंकार।

कहा चुनावे मैड़िया चूनां माटी लाइ।
मीच सुनैगी पापिनी, उदारैगी आइ।।६।।

व्याख्या–इस शरीर रूपी मंडप (घर) को सौन्दर्य प्रसाधन रूपी चूना मिट्टी से क्यों सजाते हो। मृत्यु पापिनी जब सुन पाएगी तो वह आकर इसे विदीर्ण कर देगी।

कबीर टग टग[1] चोघताँ, पल-पल गई बिहाइ।
जीव जँजाल न छाड़ई, जम दिया दमामा आइ।।१०।।

पाठान्तर – जय० – १. टुक,टुक।

व्याख्या–कबीर कहते हैं कि टक-टक निहारते हुए मानव जीवन का पल-पल करके सारा समय बीत जाता है। अन्ततः यमराज आकर जीव को सचेत भी कर देता है फिर भी वह संसार के माया-मोह रूपी जंजाल को नहीं छोड़ पाता।

मानवीकरण अलंकार।

मंछ होइ नहिं वांचिहौ झींवर तेरौ काल।
जिहिं जिहिं डावर तुम फिरौ, तँह तहँ मेलै जाल।।११।।

व्याख्या–कबीर कहते हैं कि मछली रूपी जीव तुम नहीं बच सकते हो क्योंकि काल तेरा धीवर (मछली पकड़ने वाला) है। जिस जिस गड्ढे (तलैया) में तुम फिरते हो वहाँ वहाँ वह जाल फैला देता है।

धीवररूपी काल के जाल से जीव रूपी मछली नहीं बच पाती है। रूपकातिशयोक्ति अलंकार।

मंछ विर्कता देखिया झींवर के दरबारि।
आषंडिया रतनालिया क्यौंकरि बंधै जालि।।१२।।

व्याख्या–एक जीव दूसरे को धीवर (मछुआरा) के दरबार में मछली रूप में बिकता देखता है, विक्रय हेतु प्रस्तुत मछली की आँखें भय से लाल हैं। जीवात्मा उससे पूछती है कि तुम जाल में क्यों फँस गयी (तूने जाल से छूटने का कोई उपाय क्यों नहीं किया।)। रूपकातिशयोक्ति अलंकार।

पानी मांहै घर किया सेजा किया पतालि।
पांसा परा करीम का, तातै पहिरा जाल।।१३।।

व्याख्या–जीवात्मा कहती है कि मैंने पानी में अर्थात् विषय वासनाओं के जल में घर बनाया तथा निम्न स्तर (अधोमुखी) या बहुत नीचे अपना घर बनाया। ईश्वर ने ऐसी दाँव लगा दी कि मैंने जाल पहन लिया अर्थात् माया के जाल या काल के जाल में फँस गया।

कुछ प्रतियों में करीम की जगह करम है जो अर्थ की दृष्टि से सटीक है। करम या कर्म का पांसा ऐसा पड़ा कि मैं माया जाल में फँस गया।

मैं अकेला ए दोइ जणां, छेती नाइ काँइ।
जे जम आगै ऊबरौ, तौ जुरा पहुँची आइ।।१४।।

व्याख्या–जीव तो अकेला है किन्तु उसे कष्ट देने वाले दो हैं। एक यमराज और दूसरी वृद्धावस्था। इन दोनों में कोई अन्तर नहीं है क्योंकि यदि यमराज के सामने (दरबार) से वह बच जाता है तो वृद्धावस्था आ धमकती है।

जीवात्मा को निरंतर सजग रहने का संकेत है। मानवीकरण अलंकार।

बारी-बारी आपणीं, चले पियारे म्यंत।
तेरी बारौ रे जिया, नेड़ी आवै नित्त।।१५।।

व्याख्या–इस संसार में सारे प्राणी अपनी बारी आने का इंतजार कर रहे हैं। अपनी बारी (समय) आने पर प्यारे मित्र (प्रियजन) संसार छोड़कर चले जाते हैं। हे जीव! नित्य प्रति तुम्हारा भी समय निकट आता जा रहा है।

दौं की दाधी लाकड़ी ठाढ़ी करे पुकार।
मति बसि पड़ौ लुहार कै, जालै दूजी बार।।१६।।

व्याख्या–दावाग्नि द्वारा जलाई गई लकड़ी खड़ी हुई यह पुकार कर रही है कि वह कहीं लुहार के वश में न पड़ जाय नहीं तो उसे फिर जलना पड़ेगा। लकड़ी जलकर कोयला हो गयी, लुहार के यहाँ उसे पुनः भट्ठी में जलना पड़ेगा। जीव पुनर्जन्म से भयभीत है। दावाग्नि सांसारिक विषय वासना है। लुहार ही वह काल है जीव जिसके वश में नहीं पड़ना चाहता।

हे मतिहीनीं माछरी, झींवर मेला जाल।
डाबरिया छूटे नहीं, सकैत समुद सम्हालि।।१७।।

व्याख्या–हे मतिभ्रष्ट या अल्प बुद्धिवाली जीवात्मा रूपी मछली धीवर (मछेरा) ने हर जगह जाल फैला रखा है। तुम छोटी तलैया छोड़ना नहीं चाहती (छोटे देवी देवता की शरण जहाँ काल रूपी धीवर अपने जाल में जरूर फँसा लेगा)। यदि बचने का कोई उपाय है तो वह है समुद्र की शरण से संभव है। समुद्र परम् ब्रह्म ईश्वर है वही काल के जाल से बचा सकता है।

रूपकातिशयोक्ति अलंकार।

जो ऊग्या सो आँथवै, फूल्या सो कुमिलाइ।
जो चिणियाँ सो ढहि पड़े, जो आया सो जाइ।।१८।।

शब्दार्थ – चिणिया = चुना गया, बनाया गया।

व्याख्या–जो सूर्य उदित होता है वहीं अस्त भी होता है। जो पुष्प खिलता है वही कुम्हलाता भी है। जो मंदिर चुन-चुनकर (सँजोकर) बनाया जाता है वही एक दिन ढहता भी है। इसी प्रकार जो इस संसार में जन्म लेता है उसी की मृत्यु भी होती है।

चाकी चलती देखि कै, दिया कबीरा रोइ।
दोइ पट भीतर आइकै, सालिम बचा न कोई।।१९।।

व्याख्या–काल की चक्की चलते देख कर कबीर को रुलाई आ जाती है आकाश और धरती के दो पाटों के बीच कोई भी सुरक्षित नहीं बचा है।

कबीर ने एक बड़ी चक्की की कल्पना की है। इस चक्की के दो पाट हैं आकाश और पृथ्वी।

१. सालिम की तुलना में साबुत पाठ अधिक उपयुक्त है –

पाँच तत्त्व का पूतरा, मानुस धरिया नाउं।
चारि दिवस के पाहुने बड़ बड़ रूँधइं ठाउं।।२०।।

व्याख्या–क्षिति, जल, पावक, गगन और वायु पंचतत्वों से निर्मित यह पुतला मनुष्य नाम को धारण किए है। वह इस संसार में चार दिनों के लिए अतिथि रूप में आया है (मेहमानी करने आया है।) फिर भी वह बड़ी-बड़ी जगहें अपने रहने के लिए अवरुद्ध करता है (घेरता है) मानव की नश्वरता की व्यंजना है।

जो पहर्या सो फाटिसी, नाँव धर्या सो जाइ।
कबीर सोइ तत्त गहि, जौ गुरि दिया बताइ।।२१।।

व्याख्या–जो वस्त्र एक दिन पहना (धारण) जाता है वह फट कर नष्ट होता है। जो नामकरण किया जाता है वही समय पर मिट जाता है इसलिए कबीर कहते हैं कि हे जीव वही तत्त्व ग्रहण कर जिसे गुरु ने बताया है।

निधड़क बैठा राम बिन, चेतनि करै पुकार।
यहु तन जल का बुदबुदा, बिनसत नाही बार।।२२।।

व्याख्या– हे जीव, तू राम नाम के स्मरण के बिना निश्चिन्त होकर कैसे बैठ गया है। क्यों नहीं सचेत होकर उसकी पुकार करता। यह शरीर तो जल के बुलबुले के समान है जिसे नष्ट होने में तनिक भी देर नहीं लगती। उपमा अलंकार।

टालै टूलै दिन गया, ब्याज बढ़ता जाइ।
ना हरि भजा न खत फटा, काल पहुँचा आइ।।२३।।

व्याख्या—टालते-टालते दिन बीत गए किन्तु पाप का ब्याज बढ़ता गया, न तो भगवान् का भजन किया और न खत (खाता जिसमें पाप-पुण्य का लेखा-जोखा रहता है) विदीर्ण हुआ (जिसका हिसाब चुकता हो जाता है, जो मुक्त हो जाता है उसका लेखा-जोखा सम्बन्धी कागज फाड़कर फेंक दिया जाता है।) इतने में काल (मृत्यु) आकर पहुँच गया।

भक्ति हेतु टाल-मटोल नहीं करना चाहिए क्योंकि काल नजदीक आता रहता है। रूपकातिशयोक्ति या अन्योक्ति अलंकार।

तुलना– पाणी केरा बुदबुदा, अस मानस की जाँति।
देखत ही छुप जायेगा, ज्यूं तारा परभाति।

पाणी केरा बुदबुदा इसी हमारी जाति।
एक दिनाँ छिप जाँहिगे, तारे ज्यूं परभाति।।२४।।

व्याख्या—यह मानव जाति तो पानी के बुलबुले के समान है। यह एक दिन उसी प्रकार छिप (नष्ट) जायेगी जैसे ऊषा काल में आकाश में तारे छिप जाते हैं। उपमा अलंकार।

कबीर यहु जग कुछ नहीं, षिन षारा षिन मीठ।
काल्हि जु बैठा माड़िया, आज मसांणां दीठ।।२५।।

व्याख्या—यह संसार कुछ भी नहीं है। किसी क्षण मीठा (सुखदायी) और किसी क्षण खारा (दुखदायी) प्रतीत होता है। कल जो मण्डप में सज-धजकर बैठा था वह आज श्मशान में दिखाई पड़ रहा है।

कबीर मंदिर आपणै, नित उठि करती आलि।
मड़हट देष्याँ डरपती, चौड़े दीन्हीं जालि।।२६।।

व्याख्या—जो स्त्री कभी अपने प्रासाद (महल) में नित्य प्रति उठकर पर्दा करके बैठती थी तथा श्मशान को देखने मात्र से भयभीत हो जाती थी वही आज मरणोपरान्त चौड़े अर्थात् खुले स्थान में जलाई जा रही है।

जीवन की नश्वरता का वर्णन किया गया है।

कबीर पंच पखेरुवा, राखे पोख लगाइ।
एक जु आयौ पारधी, लै गयौ सभै उड़ाइ।।२७।।

व्याख्या—पाँच इन्द्रिय रूपी पक्षियों को पोषित करके जीव ने उनकी रक्षा की। एक कालरूपी बहेलिया आया जो पाँचों को उड़ा ले गया। यहाँ पंच पखेरू का तात्पर्य पंच प्राण से भी हो सकता है जो अर्थ की दृष्टि से अधिक उचित है।

अनुप्रास और रूपकातिशयोक्ति अलंकार की योजना है।

पानी में की माछरी, सकै तौ पाकड़ि तीर।
कड़िया खड़की जाल की, आइ पहुँचा कीर।।२८।।

शब्दार्थ – कीर = बहेलिया।

व्याख्या—कबीर जीवात्मा रूपी मछली को सम्बोधित करते हुए कहते हैं कि तू वासना रूपी जल में क्यों पड़ी हो तू क्यों उससे निकलकर किनारे नहीं लग जाती। काल के जाल की

ध्वनि सुनाई दे रही है वह काल रूपी शिकारी आकर पहुँच गया है।

अन्योक्ति के माध्यम से जीवात्मा को संबोधन है।

बेटा जाए क्या हुआ, कहा बजावै थाल।
आवन जावन ह्वै रहा, ज्यौं कीड़ी का नाल।।२९।।

शब्दार्थ – नाल = नाला।

व्याख्या–बेटा पैदा होने पर हे प्राणी थाली बजाकर इतनी प्रसन्नता क्यों प्रकट करते हो? जीव तो चौरासी लाख योनियों में वैसे ही आता जाता रहता है जैसे जल से युक्त नाले में कीड़े आते-जाते रहते हैं।

ज्यौं कीड़ी का नाल – उपमा अलंकार।

मंदिर माँहि झलकती[1], दीवा केसी जोति।
हंस बटाऊ चलि गया, काढ़ौ घर की छोति।।३०।।

पाठान्तर – १. हास झलकती।

व्याख्या–दीपक की ज्योति की भाँति जो जीवात्मा इस शरीर-रूपी मंदिर में चमकती रहती थी। वह हंस (जीव) रूपी बटाऊ जब इसे छोड़कर चला गया तो लोग कहने लगे कि इस घर की छूत (अस्पृश्य वस्तु) को निकाल कर बाहर करो।

ऊँचा मंदर धौलहर, मांटी चित्री पौलि।
एक राम के नांउ बिन, जंम पाड़ैगा रौलि।।३१।।

शब्दार्थ – पौलि = प्रतौली, मुख्य द्वार, रौली = प्रहार, तमाचा।

व्याख्या–हे प्राणी, भले ही तुम्हारा यह शरीर रूपी मंदिर ऊँचा एवं धवल है और दरवाजा (बहिरंग) अनेक तरह की रंग बिरंगी मिट्टी से चित्रित है अर्थात् जिसका विविध श्रृंगार किया गया है वह राम-नाम के स्मरण बिना यमराज के प्रहार द्वारा नष्ट कर दिया जाएगा। रूपकातिशयोक्ति अलंकार।

कबीर कहा गरबियौ, काल गहै कर केस।
नाँ जाँणै कहा मारिसी, कै घर कै परदेस।।३२।।

व्याख्या–कबीर कहते हैं, हे प्राणी! इस शरीर पर क्या गर्व करना, काल ने तुम्हारे केश को अपने हाथ में ले रखा है। न जाने कब और कहाँ वह तुझे मार दे। घर में रहते मार दे या परदेश में इसका कोई-ठिकाना नहीं है। काल का मानवीकरण किया गया है। देह की नश्वरता की व्यंजना है।

कबीर जंत्र न बाजई, टूटि गये सब तारि।
जंत्र बिचारा क्या करै, चलै बजावण हार।।३३।।

व्याख्या–अब शरीर रूपी वाद्य यंत्र बज नहीं रहा है क्योंकि उसके सारे तार टूट कर नष्ट हो गये हैं। यह यंत्र बेचारा भला अब क्या कर सकता है जब इसको बजाने वाला ही नहीं रहा। शरीर ही यंत्र है, तार उसके अवयव तथा जीवात्मा उसे बजाने वाला है। रूपकातिशयोक्ति अलंकार।

धवणि धवंती रहि गई, बुझि गए अंगार।
अहरणि रह्या ठमूकड़ा, जब उठि चले लुहार।।३४।।

व्याख्या–तुम्हारी धमनी रूपी साँसें धौंकती रह गयीं। चेतना रूपी अंगारे बुझ गये। शरीर रूपी निहाई ठमकती रह गयी। जब लुहार रूपी जीवात्मा इस संसार से उठकर चला गया। लोहार की भट्ठी के बिम्ब द्वारा प्राणी के दैहिक व्यापार के स्थगन को व्यंजित किया गया है। रूपकातिशयोक्ति अलंकार की योजना है।

पंथी ऊभा पंथ सिरि, बगुचा बांध्या पूठि।
मरणां मुँह आगै खड़ा, जीवण का सब झूठ।।३५।।

व्याख्या–जीवात्मा रूपी पथिक जीवन के प्रस्थान मार्ग पर खड़ा है तथा उसने अपनी पीठ पर सत्कर्मों और दुष्कर्मों का गट्ठर बाँध रखा है। तभी वह देखता है कि मृत्यु तो उसके समक्ष खड़ी है तब उसे ज्ञान होता है कि जीवन का सारा व्यापार झूठा है।

मृत्यु का मानवीकरण किया गया है।

यहु जिव आया दूर थैं, अजौं भी जासी दूरि।
बिच कै बासै रमि रह्या, काल रह्या सिर पूरि।।३६।।

व्याख्या–यह जीवात्मा रूपी पथिक दूर देश से आया है तथा आज भी उसी देश को जाने को तैयार है। अब तक तो यह अपने जीवन के बसेरे में रम रहा था परन्तु तभी काल पूरी तरह इसके सिर आ पड़ा।

राँम कह्या तिनि कहि लिया, जुरा पहूँती (पहूँची) आइ।
मंदिर लागै द्वार थैं, तब कुछ काढ़णां न जाइ।।३७।।

व्याख्या–जीवन शेष रहते जिन्होंने राम-नाम का जप कर लिया वे तो जप कर लिये। देखते-देखते वृद्धावस्था आ पहुँचती है। जब शरीर रूपी मंदिर के इंद्रिय रूपी दरवाजे बंद हो जाते हैं तब कुछ भी नहीं व्यक्त किया जा सकता।

जयदेव सिंह ने इस साखी की दूसरी पंक्ति को इस प्रकार स्वीकार किया है–

लागी मंदिर द्वार तैं, अब क्या काढ़ा जाइ।।

व्याख्या–इसका अर्थ है जब आग घर के द्वार तक पहुँच जाती है तो घर का सामान बाहर कैसे निकाला जा सकता है। तात्पर्य है कि मृत्यु के समीप आने पर मुक्ति के साधन नहीं जुटाए जा सकते हैं।

दृष्टांत अलंकार।

बरियाँ बीती बल गया, बरन पलट्या और[1]।
बिगड़ी बात न बाहुड़ै कर छिटक्याँ कत ठौर।।३८।।

पाठान्तर – जयदेव - केस पलटि भे और।

व्याख्या–युवावस्था की बेला जब बीत गयी तब बल कम हो गया तथा शरीर का वर्ण (रंग) बदलकर कुछ और वर्ण का (वृद्धावस्था) हो गया या जब बाल बदलकर और हो गये अर्थात् बाल पक गये। जब बात बिगड़ जाती है तब उसे फिर से ठीक नहीं किया जा सकता। हाथ से छिटकी हुई चीज किस स्थान (उचित अनुचित स्थान) पर जाएगी, कहा नहीं जा सकता है। मुहावरों का काव्यात्मक प्रयोग किया गया है।

बरियाँ बीती बल गया, अरु बुरा कमाया।
हरि जिनि छाड़ै हाथ थैं, दिन नेड़ा आया।।३९।।

व्याख्या–जीवन की बेला बीतते ही बल भी नष्ट हो जाता है। फिर भी तूने सम्पूर्ण जीवन दुष्कर्म और पाप की ही कमाई की। अब तुम्हारा दिन (जाने की बेला) निकट आ गया अपने हाथ से हरिनाम का स्मरण मत जाने दे।

कबीर हरि सूँ हेत करि, कूड़ै चित्त न लाय।
बांध्या बार षटीक कै, ता पसु कितीक आय।।४०।।

शब्दार्थ – हेत = प्रेम, कूड़ै = व्यर्थ, षटीक = बाधक, आय = आयु।

व्याख्या–कबीर कहते हैं, हे प्राणी! तू हरि से प्रेम कर। व्यर्थ के कार्यों में अपना मन न लगा क्योंकि जो पशु (प्राणी) बधिक अर्थात् काल के दरवाजे पर बँधा है उस पशु की आयु भला कितनी हो सकती है।

साखी में दृष्टान्त अलंकार की योजना है।

सूखन लागे केवड़ा टूटी अरहट माल।
पानी की कल जानता गया सो सींचनहार।।४१।।

व्याख्या–केवड़ा (देह) सूखने लगी क्योंकि श्वास रूपी रहट की माला टूट गयी। जो पानी के यंत्र (श्वास-प्रश्वास के संचालन) के विषय में जानता था वह सिंचाई करने वाली जीवात्मा चली गयी।

रूपकातिशयोक्ति अलंकार।

माली आवत देखि के कलियाँ करैं पुकार।
फूली फूली चुनि गईं, कालि हमारी बार।।४२।।

व्याख्या–मृत्यु रूपी माली को आता देखकर अल्पवयस जीव कहता है कि जो पुष्पित थे अर्थात् पूर्ण विकसित हो चुके थे उन्हें काल चुन ले गया। कल हमारी भी बारी आ जाएगी। अन्य पुष्पों की तरह मुझे भी काल कवलित होना पड़ेगा। अन्योक्ति अलंकार।

मेरा बीर लुहारिया, तू जिनि जारै मोहिं।
इक दिन ऐसा होइगा हौं जारौगीं तोहिं।।४३।।

व्याख्या–लकड़ी कहती है कि हे भाई लुहार तू मुझे न जला, एक दिन ऐसा आएगा मैं तुम्हें ही जला दूँगी।

मृत्यु के बाद लकड़ी की चिता पर आदमी को जलाया जाता है उसी का संकेत है। मानवीकरण अलंकार।

पात झरंता यों कहै सुनि तरवर बनराइ।
अब के बिछुडे ना मिलैं कहुं दूर पड़ैंगे जाइ ।।४४।।

व्याख्या–पेड़ से गिरता हुआ पत्ता कहता है कि बनराजि के वृक्ष अबकी बार बिछुड़कर फिर नहीं मिलेंगे, गिरकर कहीं दूर हो जाएँगे।

जीवात्मा जहाँ जन्म लेती है दुबारा वहाँ उसका जन्म नहीं होता।

अन्योक्ति अलंकार।

विष के वन मैं घर किया, सरप रहे लपटाइ।
ताथैं जियरै डर गह्या, जागत रैणि बिहाइ।।४५।।

व्याख्या–जीव ने विषयरूपी विष के वन में अपना निवास स्थान बनाया है तथा वासना

रूपी सर्प उससे लिपटे हुए हैं। उस जीव में भय व्याप्त है जिसके परिणामस्वरूप उसे जागते हुए (जाग्रतावस्था) ही सारी रात्रि (अज्ञान) बितानी पड़ती है। रूपकातिशयोक्ति अलंकार है डरावने वन का बिम्ब विधान किया गया है।

कबीर सब सुख राम है, और दुख की रासि।
सुर नर मुनियर असुर सब, पड़े काल की पासि।।४६।।

व्याख्या–कबीर कहते हैं कि राम सब सुखों का मूल है शेष सभी दुख की राशियाँ हैं। देवता, मनुष्य, श्रेष्ठ मुनि तथा राक्षस सभी काल के जाल में फँसे हैं। मानवीकरण अलंकार।

काची काया मन अथिर थिर थिर काम करंत।
ज्यूं ज्यूं नर निधड़क फिरै, त्यूं त्यूं काल हसंत।।४७।।

व्याख्या–मनुष्य की देह कच्ची है तथा मन अस्थिर है किन्तु वह ऐसा काम करना चाहता है कि वह स्थायी रहे या मनुष्य देह और मन को स्थिर मानकर ही सांसारिक कार्यों में प्रवृत्त होता है। जैसे-जैसे मनुष्य निर्भय होकर घूमता है वैसे-वैसे काल उसकी हँसी करता है।

मानवीकरण अलंकार।

रोवणहारे भी मुए, मुए जलांवणहार।
हा हा करते ते मुए कासनि करौं पुकार।।४८।।

व्याख्या – मरणोपरान्त रोने वाले मर गए, जलाने वाले भी मर गए। हाय-हाय करने वाले (मरणोपरान्त सहानुभूति जताने वाले) भी मर गए, मैं किसकी पुकार करूँ।

जो स्वयं मरणशील है वह किसी को मरने से कैसे बचा सकता है। व्यंजना है कि ईश्वर ही मृत्यु से बचा सकता है।

जिनि हम जाए ते मुए हम भी चालणहार।
हमरै पाछै पूंगरा तिन भी बांध्या भार।।४९।।

पाठान्तर – दास - जो हमकौ आगैं मिले, तिन भी बँध्याभार । (जो हमें रास्ते में मिले थे, वे भी तैयारी में जुट गए हैं। रास्ते में मिलने का मतलब जो इस संसार में आ रहे थे अर्थात् बच्चे)

शब्दार्थ – पूंगरा = बच्चे।

व्याख्या–जिन्होंने हमें जन्म दिया था वे मर गए, हम भी चलने की तैयारी में हैं। हमारे पीछे बच्चे भी अपने कर्म की गठरी बाँधकर चलने की तैयारी कर रहे हैं। तीन पीढ़ियों की नश्वरता की व्यंजना की गयी है।

४४. संजीवनी कौ अंग

पूर्व परिचय–राम के चरणों में ध्यान तथा सालोक्य या सामीप्य मुक्ति भक्त को समस्त पीड़ाओं से मुक्त कर देती है। राम ऐसा वृक्ष है जो सदैव फलित है तथा सदैव छायायुक्त है। भक्त को उसी का आश्रय ग्रहण करना चाहिए।

जहाँ जुरा मरण व्यापै नहीं, मुवा न सुणिए कोइ।
चल कबीर तहँ देसड़ै, जहाँ बैद बिधाता होइ।।१।।

व्याख्या–जिस स्थान पर वृद्धावस्था तथा मरण नहीं होते, किसी भी प्राणी का मरना सुनाई नहीं देता। कबीर कहते हैं कि उस देश को चलो जहाँ वैद्य स्वयं विधाता है।

जहाँ ईश्वर स्वयं वैद्य है तो उसकी चिकित्सा भी अद्‌भुत होगी। ईश्वर की महत्ता की व्यंजना की गयी है।

कबीर जोगी बनि बस्या, षणि जाए कंद मूल।
ना जानौ किस जड़ी थैं, अमर भया असथूल।।२।।

व्याख्या–कबीर कहते हैं कि योगी ने वन में निवास किया और खोद-खोदकर कंदमूल खाए। पता नहीं किस जड़ी से, उसका स्थूल शरीर अमर हो गया।

साधना के वन में प्रत्येक क्षण तपस्या के कंदमूल का आस्वादन करते हुए योगी को अमरता मिलती है, वह साधना में निरन्तर इतना तन्मय रहता है कि उसे ज्ञात नहीं रहता कि वह किस क्षण की तपस्या से लाभान्वित हुआ है।

रूपकातिशयोक्ति अलंकार का विधान है।

कबीर हरि चरणौं चल्या, माया मोह थैं छूटि।
गगन मंडल आसण किया काल गया सिर कूटि।।३।।

व्याख्या–माया मोह से छूटकर कबीर भगवान् के चरणों में चला गया। उसने अपना स्थान शून्य चक्र में बना लिया। उसको ऐसे स्थान पर प्रतिष्ठित देखकर काल (मृत्यु) अपना सिर धुनकर चला गया (वह कबीर को अपना शिकार नहीं बना सका)।

काल का मानवीकरण तथा भक्ति एवं योग का समन्वय किया गया है। सिर कूटना मुहावरा है।

यहु मन पटकि पछाड़ि लै, सब आपा मिटि जाइ।
पंगुल होइ पिव पिव करै, पीछै काल न खाइ।।४।।

व्याख्या–जब जीव मन को पटककर पराजित कर देता है तब अहंकार मिट जाता है। चंचलता एवं गतिशीलता को छोड़कर मन स्थिर होकर पिव पिव (राम) जपता है, इसके पश्चात् उसे काल नहीं ग्रस पाता है।

अहंकार शून्य होकर नाम-साधना करने से जीव मुक्त हो जाता है। काल का प्रभाव उस पर नहीं पड़ता है।

कबीर मन तीखा किया विरह लाइ खरसाँण।
चित चणूँ मैं चुभि रह्या तहाँ नहीं काल की पाँणि।।५।।

शब्दार्थ – जर = तीखा, सांण = मसकला।

व्याख्या–कबीर कहते हैं कि मैंने विरह रूपी तीक्ष्ण मसकले (शाण) पर मन को तीक्ष्ण बनाया जिससे वह भगवान् के चरणों में चुभ गया है, वहाँ काल का पणित (सौदा) नहीं हो सकता है (वहाँ काल की पहुँच नहीं है)।

रूपक अलंकार तथा मन की भास्वरता की व्यंजना है।

तरवर तास बिलंबिए, बारह मास फलंत।
शीतल छाया गहर फल, पंषी केलि करंत।।६।।

व्याख्या–उसी वृक्ष का सहारा लेना चाहिए जिसमें बारहों महीने फल लगते हैं जिसमें शीतल छाया रहती है, जिसमें घने फल लगते हैं और पक्षी क्रीड़ा करते रहते हैं।

अन्योक्ति अलंकार । भगवान ही वह वृक्ष है जो सदैव हरा-भरा रहता है और सदैव

फल देता है। पक्षी भक्तजन हैं जो वहाँ आनंद से क्रीड़ा करते हैं।

दाता तरवर दया फल उपगारी जीवंत।
पंषी चले दिसावरां विरषा सुफल फलंत।।७।।

व्याख्या–वृक्ष दाता है, वह दया पूर्वक फल देता है (इसमें उसका कोई स्वार्थ नहीं होता) इस तरह के उपकारी ही वास्तव में जीवन्त कहे जा सकते हैं। पक्षी गण सफल होकर बिना किसी प्रतिदान के अपने देश चले जाते हैं, फिर भी वृक्ष फलता रहता है।

४५. अपारिष पारिष को अंग

पूर्व परिचय–'पारिष' का अर्थ है परखनेवाला, 'अपारिष' उसका विपरीतार्थक शब्द है। पारखी हरि रत्न को पहचान लेता है किन्तु अपारखी उसका तिरस्कार कर देता है। ज्यादातर लोग खोटा सौदा लेकर इस संसार से जाते हैं। भगवान् रूपी हीरा की पहचान भक्त रूपी जौहरी ही कर पाता है।

पाइ पदारथ पेलि करि कंकर लीया हाथि।
जोड़ी विछुटी हंस की, पड्या बगाँ के साथि।।१।।

व्याख्या–(बहुमूल्य) पदार्थ पाकर भी पैर से ठेलकर हाथ में कंकड़ ले लिया। बकों की संगति में पड़कर हंस का साथ छोड़ दिया।

सही परख न रखने के कारण जीव मूल्यवान वस्तु छोड़कर मूल्यहीन तथा तुच्छ वस्तु के पीछे पड़ जाता है। हंस जीवात्मा है, बगाँ वासनाग्रस्त जीव हैं, कंकड़ सांसारिक वस्तुएँ हैं।

अन्योक्ति अलंकार।

एक अचंभा देखिया, हीरा हाट बिकाइ।
परिषणहारे बाहिरा, कौड़ी बदले जाइ।।२।।

व्याख्या–एक आश्चर्य मैंने देखा कि हीरा बाजार में बिक रहा था किन्तु परखने वाले के अभाव में वह कौड़ी के मोल खरीदा जा रहा था।

अन्योक्ति, हीरा आत्मानन्द तथा ज्ञान का प्रतीक है। सहज सुलभ होने के कारण उसकी परख न करके जीव उसे मूल्यहीन मान लेता है और सांसारिक सुख को श्रेष्ठ मानकर उसके लिए प्राणों की बाजी लगा देता है।

कबीर गुदरी बिखरी सौदा गया बिकाई।
खोटा बांध्या गांठड़ी, इब कुछ लिया न जाइ।।३।।

व्याख्या–कबीर कहते हैं कि शरीर रूपी गुदड़ी की हाट बिखर गई क्योंकि उसका सौदा बिक गया। यदि खोटा सौदा हमने गठरी में बाँध लिया है तो उससे कुछ भी खरीदा नहीं जा सकता है।

मृत्यु के बाद संसार रूपी बाजार बिखर जाता है क्योंकि जीव का सारा सौदा खत्म हो जाता है। जो पाप रूपी खोटा सौदा उसके पास बचा रहता है उससे कोई अच्छी वस्तु (आत्मानन्द या मुक्ति) को नहीं खरीदा जा सकता है।

रूपकातिशयोक्ति अलंकार।

चंदन रुख बिदेस गयौ, जन जन कहै पलास।
ज्यौं-ज्यौं चूल्है झोंकिया, त्यौं त्यौं दूनीं बास।।४।।

व्याख्या–चंदन का वृक्ष ऐसे देश में ले जाया गया जहाँ वह नहीं प्राप्त होता। वहाँ के लोगों ने उसे पलाश समझा किन्तु जैसे-जैसे उसे चूल्हे में झोंका गया वैसे-वैसे उसकी सुगन्ध दूनी होती गयी।

आत्मा जो ईश्वर का अंश है जब इस संसार में आती है तो उसे लोग भ्रमवश संसार की विषय वासना की आग में डालकर जला देते हैं जब जीवन नष्ट हो जाता है तब उन्हें ज्ञात होता है कि उन्होंने अमूल्य वस्तु को खो दिया है तब केवल पश्चाताप ही शेष बचता है। सामान्य जीव नहीं जानता कि आत्मा का मानव देह में प्रवेश मुक्त होने के लिए हुआ है।

बोली हमरी पूरबी, ताहि न चीन्हैं कोइ।
हमरी बोली सो लखै, जो पूरब का होइ।।५।।

व्याख्या–मेरी बोली पूर्वी क्षेत्र की है किन्तु मैंने पश्चिमी क्षेत्र की ब्रज, खड़ी बोली आदि का ऐसा कुशल प्रयोग किया है कि कोई उसमें पूरबीपन को निर्दिष्ट नहीं कर पाता। पूरब के रहने वाले लोग ही मेरी उस बोली को पहचान सकते हैं।

इस साखी से कबीर के काव्य-भाषा-सम्बन्धी तथ्य पर प्रकाश पड़ता है। कबीर ने अपने द्वारा अर्जित भाषा के कौशल पर गर्वोक्ति की है।

पैड़ैं मोती बीखर्‌या, अंधा निकस्या आय।
जोतिं बिनां जगदीस की, जगत उलंघ्या जाय।।६।।

व्याख्या–जीवन पथ में (भक्ति-ज्ञान का) मोती बिखरा हुआ है, अंधे लोग (अज्ञानी जीव) उसे छोड़कर आगे बढ़ जाते हैं। ईश्वर के द्वारा दी हुई आत्मज्ञान रूपी ज्योति के अभाव में अंधों का यह जगत् ईश्वर को परखे बिना संसार को लाँघता चला जाता है।

रूपकातिशयोक्ति अलंकार।

कबीर यहु जग अंधला, जैसी अंधी गाइ।
बछा था सो मरि गया ऊभी चांम चटाइ।।७।।

व्याख्या–यह संसार अंधा है जो ऐसी अंधी गाय की तरह है, जिसका बछड़ा तो मर गया किन्तु वह खड़ी-खड़ी उसके चमड़े को चाट रही है।

सारे प्राणी उन्हीं वस्तुओं के प्रति राग रखते हैं जो मृत या मरणशील हैं। मोहवश जीव असत्य की ओर ही आकर्षित होता है।

जब गुण कूँ गाहक मिलैं, तब गुण लाख बिकाइ।
जब गुण कौ गाहक नहीं, तब कौड़ी बदले जाइ।।८।।

व्याख्या–गुण की महत्ता समझने वाले जब मिल जाते हैं तब गुण लाखों में बिकता है। किन्तु जब गुणवान को ग्राहक नहीं मिलता तब वह कौडी के मूल्य में बिक जाता है।

अन्योक्ति अलंकार।

कबीर लहरि समंद की, मोती बिखरे आइ।
बगुला मंझन जाँणई, हंस चुणे चुणि खाइ।।९।।

शब्दार्थ– मंझन= मर्म।

व्याख्या–कबीर कहते हैं कि समुद्र की लहर से तट पर मोती आकर बिखर गये किन्तु बगुला उसके मर्म (मूल्य) को नहीं समझता (या बगुला उसे माँजा या फेन समझकर छोड़ देता है, और हंस उन मोतियों को चुन-चुनकर खाता है)।

समुद्र हृदय है, लहर भक्ति भाव है, मोती-मुक्तावस्था (परमात्मा) है, बगुला – संसारी जीव है, तथा हंस शुद्ध चैतन्य युक्त प्राणी है। अन्योक्ति अलंकार की योजना है।

हरि हीरा जन जौहरी, ले ले माँडिय हाटि।
जबर मिलैंगा पारिषु, तब हीरा की साटि।।१०।।

व्याख्या–परमात्मा हीरा है और उसका भक्त (जन) जौहरी (परख करने वाला) है। उसे लेकर वह इस संसार रूपी हाट में सजाता है जब उसका पारखी मिलेगा तभी हीरे का सट्टा (व्यापार सौदा) तय होगा।

पारखी ही भगवान् के भक्त हो सकते हैं।

४६. उपजणि कौ अंग

पूर्व परिचय–उपजणि का अर्थ है भगवत् भक्ति की उत्पत्ति। प्रभु के पास पहुँचने का मार्ग सबको ज्ञात नहीं है। फिर भी लोग वहाँ जाने की बात करते हैं। सच्चा भक्त बिना किसी देवी-देवता की सहायता के वहाँ पहुँच जाता है, विषय वासनाओं से भरे हुए संसार से पार जाने के लिए राम, नाम की नौका का सहारा लेना चाहिए। प्रभु भक्त को इतना कुछ दे देता है कि उसे कुछ माँगने की जरूरत नहीं रह जाती है।

नाव न जांणौ गाँव का, मारगि लागा जाँऊँ।
काल्हि जु काटा भाजिसी, पहिली क्यों न खड़ाऊँ।।१।।

व्याख्या–जिस स्थान पर जाना है उस ग्राम का नाम तो नहीं जानता फिर भी गुरु ने जो मार्ग निर्दिष्ट किया है उस पर चलता जा रहा हूँ। जो मार्ग कल चलने (तय करने) पर कटेगा उस मार्ग पर पहले क्यों न चलकर पूर्ण कर लूँ। गाँव ईश्वरीय लोक का प्रतीक है। मार्ग साधना विधि है। साधना में तत्काल प्रवृत्त होना श्रेयस्कर है।

सीष भई संसार थैं, चले जु साँई पास।
अविनासी मोहिं ले चल्या, पुरई मेरी आस।।२।।

शब्दार्थ – सीख = विदाई (राजस्थानी)।

व्याख्या–जीवात्मा इस संसार से विदा होकर अपने स्वामी के पास चल पड़ी। वह अविनाशी ब्रह्म स्वयं ही मुझे लेकर चला और इस प्रकार उसने मेरी इच्छा पूरी कर दी।

जीवात्मा रूपी दुल्हन का इस संसार से विदा होकर जाने की व्यंजना है। 'रूपक' अलंकार की योजना की गयी है।

इंद्रलोक अचरिज भया, ब्रह्मा पड्या विचार।
कबीर चाल्या राँम पैं, कौतिगहार अपार।।३।।

व्याख्या–यह कबीर जब राम के पास (शरण में) चल गया तब इंद्रलोक में आश्चर्य हुआ, ब्रह्मा भी सोच-विचार में पड़ गये और अपार (अनंत) संख्या में लोग उस आश्चर्य को देखने लगे।

ऊँचा चढ़ि असमान कूँ, मेरु ऊलंघे ऊड़ि।
पसू पंखेरू जीव जंत, सब रहें मेर में बूड़ि।।४।।

व्याख्या—कबीर ऊँचे आसमान में चढ़कर अर्थात् गगन मंडल (शून्य चक्र) में स्थित होकर मेरु पर्वत जैसे अहंकार को उड़कर लाँघ गया। किन्तु अन्य सभी पशु पक्षी, जीव, जंतु उस मेरु पर्वत जैसे अहंकार में डूबे रह गये।

कुंडलिनी जागरण के द्वारा गगनमण्डल तक पहुँचने का संकेत है।

सद पाँणी पाताल का, काढ़ि कबीरा पीव।
बासी पावस पड़ि मुए, विषै बिलंबे जीव।।५।।

व्याख्या—कबीर कहते हैं कि पाताल से शुद्ध पानी निकालकर पिओ, वर्षा ऋतु का पानी बासी है उसमें कितने कीड़े पड़े हैं, विषैले जल में पड़कर कितने जीव मर गए हैं।

पाताल का जल ज्ञानानुभूति या मूलाधार का जल है जिसे स्वयं प्राप्त करना होता है, वर्षा का जल दूसरों की कृपा से प्राप्त रूढ़ साधना है।

रूपकातिशयोक्ति, अन्योक्ति अलंकार।

कबीर सुपिनै हरि मिल्या, सूतां लिया जगाइ।
आँषि न मीचौं डरपता मति सुपिनां ह्वै जाइ।।६।।

व्याख्या—कबीर कहते हैं कि स्वप्न में भगवान् का दर्शन हुआ और मुझे सोते हुए से जगा दिया। मैं अपनी आँख नहीं मीच (खोल) रहा हूँ कहीं भगवान् का दर्शन स्वप्न न हो जाय।

मन में जिस चीज के प्रति ध्यान लगा रहता है, वह स्वप्न में दिखाई दे जाती है किन्तु आँख खुलने पर फिर पूर्व स्थिति आ जाती है। स्वप्न में हुए प्रिय दर्शन को कबीर वास्तविक मानकर उसका आनन्द लेना चाहते हैं इसलिए वे आँख नहीं खोलते हैं।

गोव्यंद कै गुँण बहुत हैं, लिखे जु हिरदै मांहि।
डरता पांणी ना पीऊँ, मति वै धोये जांहि।।७।।

व्याख्या—भगवान् के अनेक गुण मेरे अन्तःकरण में अंकित हैं, मैं इस भय से पानी नहीं पीता कहीं वे गुण धुल न जाँय।

मुग्धावस्था की व्यंजना है। जल-पीना विषय वासनाओं की अनुरक्ति को भी इंगित करता है।

कबीर अब तौ ऐसा भया, निरमोलिक निज नाउं।
पहली कांच कथीर था, फिरता ठांवै ठांव।।८।।

शब्दार्थ—कबीर = रांगा।

व्याख्या—कबीर कहते हैं कि हरि के नाम स्मरण से मैं अमूल्य हो गया। इसके पहले मैं कच्चे रांगे की तरह था और इधर-उधर अज्ञान में भटक रहा था। उपमा अलंकार।

भौ समंद विष-जल भर्‌या[1] मन नहीं बांधै धीर।
सबल सनेही हरि मिले, तब उतरे पारि कबीर।।९।।

पाठान्तर – जय० – १. भौ सागर जल विषभरा।

व्याख्या—भवसागर में विषय वासनाओं का जल भरा है, मन का धैर्य नहीं बँध रहा है अर्थात् इसमें डगमगा रहा है। सबल प्रेमी भगवान् मिल गया उसकी कृपा से कबीर भवसागर

के पार चला गया। रूपक अलंकार।

भला सुहेला ऊतर्‌या, पूरया मेरा भाग।
राम नाम नीका गह्‌या तब पांणी पंक न लाग।।१०।।

व्याख्या–मैं अच्छी तरह से सुख पूर्वक भवसागर के पार चला गया। मेरा भाग्य बहुत अच्छा है। राम के नाम की नौका ग्रहण करने का परिणाम है कि न तो मुझे पानी छू गया, न कीचड़। पांणी माया का प्रवाह है और पंक विषय वासनाओं का प्रतीक है।

कबीर केसौ की दया संसा घाल्या खोइ।
जे दिन गए भगति बिन, ते दिन सालै मोंहि।।११।।

व्याख्या–कबीर कहते हैं कि केशव की कृपा से मेरा संशय मिट गया। जो दिन बिना भक्ति के व्यतीत हो गए उनका ध्यान आज मुझे कष्ट दे रहा है (मुझे पछतावा है) कि मैंने उन दिनों को बिना भक्ति के ही क्यों व्यतीत कर दिया।

कबीर जाचण जाइ था, आगे मिल्या अजंच।
ले चाल्या घर आपणै, भारी पाया संच।।१२।।

व्याख्या–मैं विषय वासनाओं की याचना करता हुआ जीवन पथ पर अग्रसर था, सामने मुझे अयाच्य मिल गया है अर्थात् ऐसा पदार्थ मिल गया जो याचना से नहीं मिलता या ऐसा स्वामी मिल गया जो किसी से कुछ नहीं माँगता। उसके प्रसाद से मैंने विराट सत्य को पा लिया, उस सत्य को लेकर मैं उसके घर की ओर चल पड़ा।

४७. दया निरबैरता कौ अंग

पूर्व परिचय–सारे संसार में काम क्रोध की ज्वाला जल रही है सभी लोग उसी में जल रहे हैं कबीरदास इस आग से बचने की चेतावनी देते हैं।

कबीर दरिया प्रजल्या दाझै जल थल झोल।
बस नाही गोपाल सौं बिनसै रतन अमोल।।१।।

व्याख्या–कबीर कहते हैं कि अन्तःकरण रूपी सागर में माया की आग प्रज्वलित होती है उससे सम्पूर्ण सागर, पृथ्वी, ज्वालामय हो जाते हैं। उसका गोपाल से बस नहीं चलता अन्यथा वह अमूल्य रत्न भी जल जाता।

अन्तःकरण में गोपाल का निवास है माया की आग जीव को उससे ओझल तो कर देती है किन्तु उसे जला नहीं पाती है।

माताप्रसाद गुप्त के अनुसार दरिया का प्रतीकार्थ मन, अग्नि का प्रतिकार्थ बैर-भाव, जल स्थलादि का अर्थ सम्पर्क में आने वाले भाव और अमूल्य रत्न मनुष्य के गुण हैं।

ऊनवि आई बादली बरसन लागे अंगार।
उठि कबीरा धाह दे दाझत है संसार।।२।।

व्याख्या–माया या बैर की बदली उन्नमित होकर अंगार की वर्षा कर रही है। हे कबीर उठकर ईश्वर के सामने धाड़ देकर रोओ, सारा संसार जला जा रहा है (ईश्वर की कृपा से ही आग बुझेगी)।

रूपकातिशयोक्ति के द्वारा क्रोध बैर अहंकार के अंगारों की वर्षा का प्रभावशाली चित्रण किया गया है। असंगति, विशेषोक्ति अलंकारों का भी विधान किया गया है।

दाध बली ता सब दुखी, सुखी न देखौं कोइ।
जहाँ कबीरा पग धरै, तहाँ टुक धीरज होइ।।३।।

शब्दार्थ–दाध = ज्वाला।

व्याख्या–क्रोध-वैर या माया की ज्वाला प्रज्ज्वलित है, उससे सभी दुखी हैं, कोई भी सुखी नहीं दिखाई देता है। कबीर जहाँ पैर रखता है, वहाँ थोड़ा सा धैर्य बँधता है। अन्योक्ति अलंकार।

४८. सुंदरि कौ अंग

पूर्व परिचय–प्रस्तुत अंग में स्त्री-पुरुष के दाम्पत्य सम्बन्धों के माध्यम से आत्मा और परमात्मा के प्रेम भाव को चित्रित किया गया है।

कबीर सुंदरि यों कहै, सुणि हो कंत सुजांण।
बेगि मिलौ तुम आइ करि, नहीं तर तजौं पराँण।।१।।

व्याख्या–आत्मा रूपी सुन्दरी कहती है कि हे सुजान (विज्ञ) प्रियतम सुनो। तुम शीघ्र आकर मिलो नहीं तो मैं अपने प्राण त्याग दूँगी।

दाम्पत्य भाव के द्वारा अलौकिक प्रेम की व्यंजना की गयी है।

कबीर जे कोउ सुन्दरी, जांणि करै विभचार।
ताहि न कबहूँ आदरै प्रेम पुरिष भरतार।।२।।

व्याख्या–यदि कोई स्त्री समझबूझकर व्यभिचार करती है तो प्रिय के द्वारा उसका आदर नहीं किया जाता, उसका पति उससे प्रेम भी नहीं करता। यदि जीवात्मा को यह ज्ञान हो गया कि संसारी जीव उसके प्रिय नहीं हैं उसका प्रियतम तो परम पुरुष परमात्मा है। इस ज्ञान के बाद भी यदि वह संसार से प्रेम करके व्यभिचार करती है तो उसका पति (ईश्वर) उसे स्वीकार नहीं करता है। अन्योक्ति अलंकार।

जे सुंदरि साईं भजै, तजै आन की आस।
ताहि न कबहूं परहरै, पलक न छाड़ै पास।।३।।

व्याख्या–जो सुन्दरी स्वामी का भजन करती है, उसी से लगाव रखती है और किसी दूसरे की आशा नहीं करती। उसका पति उसे कभी छोड़ता नहीं, वह उससे क्षण भर भी दूर नहीं रहता।

दाम्पत्य प्रेम के माध्यम से आत्मा-परमात्मा के प्रेम की व्यंजना की गयी है।

इस मन कौ मैदा करौ नान्हां करि करि पीस।
तब सुख पावै सुन्दरी, ब्रह्म झलक्कै सीस।।४।।

व्याख्या–इस मन को पीसकर इतना छोटा बना दो कि वह मैदा की तरह हो जाय। तभी ब्रह्म ब्रह्मरंध में झलकता है और सुन्दरी सुख का अनुभव करती है।

मन को पीसने का तात्पर्य है मन को सूक्ष्म तथा अहंकार शून्य कर देना। सुन्दरी आत्मा का प्रतीक है। रूपकातिशयोक्ति अलंकार।

दरिया पारि हिंडोलनां, मेल्या कंत मचाइ।
सोई नारि सुलषणी, नित प्रति झूलण जाइ।।५।।

व्याख्या–संसार रूपी नदी के उस पार प्रियतम ने प्रेम का झूला डाला है। वही नारी सुन्दर लक्षणों वाली है जो नित्य प्रति उस झूले पर झूलने जाती है। अन्योक्ति, रूपकातिशयोक्ति अलंकार।

४९. कस्तूरिया मृग कौ अंग

पूर्व परिचय–मृग की नाभि में कस्तूरी रहती है लेकिन मृग उसे अज्ञान के कारण जंगल में ढूँढ़ता है। इसी तरह हर शरीर में परमात्मा का निवास है लेकिन मनुष्य उसकी तलाश तीर्थ आदि स्थानों में करता है। राम का नाम तीनों लोकों में भरित पूरित है।

कस्तूरी कुंडलि बसै, मृग ढूढ़ै बन माँहि।
ऐसे घटि घटि राँम हैं, दुनियाँ देखै नाहिं।।१।।

शब्दार्थ – कुंडलि = नाभि।

व्याख्या–मृग की नाभि में कस्तूरी रहती है किन्तु वह उसे जंगल में ढूँढ़ता है। इसी तरह हर देह-घट में राम विराजित हैं किन्तु संसारी लोग उसे देख नहीं पाते (उसकी तलाश तीर्थादि में करते हैं)। उपमा अलंकार।

कोइ एक देखै संत जन जाँकै पाँचू हाथि।
जाके पाँचू बस नहीं, ता हरि संग न साथि।।२।।

व्याख्या–उस ईश्वर का दर्शन कोई विरला संत करता है जिसके बस में पाँचों इन्द्रियाँ हैं (पंच तन्मात्राओं सहित)। जिसके बस में पंच इंद्रियाँ नहीं हैं, भगवान् उसके संग-साथ नहीं होता (वह भगवान् का सहयोग नहीं प्राप्त करता)।

पंचमात्राएँ हैं – शब्द, स्पर्श, रूप, रस और गंध।

सो साईं तन मैं बसै, भ्रम्यौं न जांणै तास।
कस्तूरी के मृग ज्यूँ, फिरि फिरि सूंघै घास।।३।।

व्याख्या–वह स्वामी शरीर में निवास करता है किन्तु जीव भ्रम के कारण उसे जान नहीं पाता। जैसे कस्तूरी मृग अपनी नाभि में कस्तूरी की उपस्थिति से अनजान घास को सूँघकर उसे खोजता है।

मनुष्य ईश्वर की तलाश अपने अन्दर न करके बाह्य जगत में करता है जो उसका भ्रम है। उपमा अलंकार।

कबीर खोजी राम का गया जु सिंघल दीप।
राम तौ घटि भीतर रमि रह्या जौ आवै परतीति ।।४।।

व्याख्या–कबीर कहते हैं कि राम को खोजने वाले सिंघलद्वीप तक चले जाते हैं। यदि विश्वास आ जाय तो राम देह के भीतर ही रमण करता हुआ दिखाई दे जाता है।

घटि बढ़ि कहीं न देखिए, ब्रह्म रह्या भरपूरि।
जिनि जान्या तिनि निकटि है, दूर कहैं थैं दूरि।।५।।

शब्दार्थ – बढ़ि = बढ़कर।

व्याख्या–ब्रह्म एक भाव से ही सब जगह समाहित है, उसे कहीं भी घट-बढ़कर न देखिए। जिन्होंने उसको समझा (निकट समझा) उसके लिए वह समीप है, यदि उसे दूर कहते हैं या मानते हैं तो वह दूर ही रहता है।

मैं जांण्यां हरि दूर है, हरि रह्या सकल भरपूरि।

आप पिछांणै बाहिरा, नेड़ा ही थै दूरि।।६।।

व्याख्या–मैंने ईश्वर को अपने से दूर समझा जबकि ईश्वर सर्वत्र भरित पूरित है। जो आत्मज्ञान से रहित हैं उन्हें पार्श्व स्थित ब्रह्म दूर प्रतीत होता है।

तिणकै ओल्है राम है, परबत मेरै भाइ।

सतगुरु मिल परचा भया, तब हरि पाया घट मांहि।।७।।

शब्दार्थ – ओल्है = ओट।

व्याख्या–तृण के ओट में राम हैं मुझे लगता है कि वह पर्वत की आड़ में हैं। सतगुरु के साक्षात्कार से राम से परिचय हो गया, तत्पश्चात् भगवान देह में ही मिल गया।

अज्ञान के कारण ब्रह्म अपने से बाहर दिखाई देता है किन्तु आत्मा-परमात्मा के बीच बड़ा सूक्ष्म अन्तराल है। उस अन्तराल के मिटने पर ईश्वर प्रत्यक्ष हो जाता है, दोनों के बीच पर्वत जैसा विशाल अन्तराल नहीं है।

रॉंम नॉंम तिहूँ लोक मैं, सकलहु रह्या भरपूरि।

यहु चतुराई जाहु जलि, खोजत डोलै दूरि।।८।।

व्याख्या–भगवान् तीनों लोगों में सर्वत्र व्याप्त हैं, परन्तु मनुष्य की वह चतुरता जलाने योग्य है जिसकी प्रेरणा से वह उसे दूर खोजने की कोशिश करता है।

ज्यूँ नैनूं मैं पूतली, त्यूं खालिक घट मांहि।

मूरिख लोग न जाणहीं बाहरि ढूंढण जाहिं।।६।।

व्याख्या–जिस प्रकार नेत्रों में पुतली है, उसी प्रकार देह में ईश्वर है। मूर्ख लोग इस तथ्य से अवगत नहीं है, वे उसे देह के बाहर ढूँढ़ने जाते हैं।

नेत्र संसार को देखते हैं किन्तु अपने को नहीं। उसी तरह चैतन्य सबका द्रष्टा है, उसे बाह्य साधनों से देखना संभव नहीं है।

५०. निंद्या कौ अंग

पूर्व परिचय–कबीरदास का कथन है कि निन्दक भी आदरणीय है क्योंकि वह दोषों की ओर ध्यान आकर्षित कराता है। वैसे निन्दा करना अच्छा गुण नहीं है। किसी छोटी सी छोटी वस्तु की भी निंदा नहीं करनी चाहिए।

लोग बिचारा नींदई जिन्ह न पाया ग्यांन।

रांम नांव राता रहै, तिनहुं न भावै आंन।।१।।

व्याख्या–वही बेचारे लोग दूसरों की निंदा करते हैं जिन्हें ज्ञान नहीं मिल पाया है। जो राम के नाम में मस्त रहते हैं उन्हें निन्दा-स्तुति कुछ भी रुचिकर नहीं है।

दोष पराए देखि करि चल्या हसंत हसंत।

अपने च्यंति न आवई, जिनकी आदि न अंत।।२।।

व्याख्या–अन्य के दोषों को देखकर व्यक्ति हँस-हँस पड़ता है किन्तु वह अपनी चिंता नहीं करता जहाँ दोषों का आदि-अंत नहीं है।

निंदक नेड़ा राखिए आँगन कुटी बंधाइ।

बिना सांबण पांणी बिना, निरमल करै सुभाइ।।३।।

व्याख्या–कबीर कहते हैं कि निंदकों को आँगन में कुटिया बनाकर अपने निकट रखा जाय जिससे बिना साबुन और पानी के स्वभाव निर्मल होता रहेगा।

पास स्थित निंदक दोष निकालेगा और निन्द्य व्यक्ति अपना परिमार्जन करता जाएगा। उस तरह वह बिना साबुन और पानी के ही निर्मल हो जाएगा।

न्यंदक दूरि न कीजिए दीजिए आदर माँन।
निरमल तन मन सब करै बकि बकि आनहि आन।।४।।

व्याख्या–निंदकों को दूर नहीं करना चाहिए, उन्हें आदर सम्मान देना चाहिए। वे व्यर्थ का आरोप-प्रत्यारोप करके साधु की सहनशीलता को बढ़ाते हैं और आत्म परिष्कार के लिए प्रेरित करते हैं। उनकी प्रेरणा से तन, मन दोनों निर्मल हो जाते हैं।

जे कोउ नींदै साध कूं संकटि आवै सोइ।
नरक मांहि जांमै मरै मुकति न कबहू होइ।।५।।

व्याख्या–जो साधुओं की निन्दा करते हैं उन्हें संकट भोगना पड़ता है। वे मरणोपरान्त नरक में पड़ते हैं, उनकी मुक्ति कभी नहीं होती है।

कबीर घास न नींदिए, जो पाऊँ तलि होइ।
उड़ि पड़ै जब आँखि मैं, खरी दुहेली होइ।।६।।

व्याख्या–कबीर कहते हैं कि घास की भी निन्दा मत कीजिए जो पैरों तले रहती है, किसी समय जब उसका एक टुकड़ा आँख में पड़ जाता है तो अत्यन्त दुखदायक हो जाता है।

अन्योक्ति अलंकार, संसार में दलित व्यक्ति भी ताकतवर है। उसकी उपेक्षा तथा निन्दा नहीं करनी चाहिए।

आपनपौ न सराहिए, और न कहिए रंक।
नां जांणौ किस विरख तलि, कूड़ा होइ करंक।।७।।

व्याख्या–अपनी सराहना मत कीजिए और न दूसरों को तुच्छ (दरिद्र) कहिए। पता नहीं किस वृक्ष के नीचे हड्डियाँ कूड़े में बदल जाँय।

कथन की व्यंजना है कि नश्वर देह तथा नश्वर वैभव के प्रति अहंकार नहीं करना चाहिए।

कबीर आप ठगाइए और न ठगिए कोइ।
आप ठग्यां सुख उपजै, और ठग्यां दुख होइ।।८।।

व्याख्या–कबीर कहते हैं कि स्वयं ठगा लीजिए परन्तु किसी अन्य को मत ठगिए (धोखा देकर कोई वस्तु मत प्राप्त करिए) स्वयं ठगे जाने से सुख होता है किन्तु अन्य व्यक्ति को ठगने से दुख होता है।

यहाँ सत्पुरुष का आदर्श बताया गया है।

आपनपौ न सराहिए, पर निंदिए न कोइ।
अजहूँ लंबे द्यौहडे, नां जांनै क्या होइ।।६।।

व्याख्या–अपनी सराहना नहीं करनी चाहिए, और दूसरे की निंदा भी नहीं करना चाहिए। अभी भी लंबे दिन हैं (जीवन लंबा है) न जाने आगे क्या होगा। चूँकि सब कुछ परिवर्तनशील है, इसलिए आज की समृद्धि कल नष्ट हो सकती है।

अब कै जे साईं मिलै, तौ सब दुख आषौ रोइ।
चरनूं ऊपरि सीस धरि, कहूं जो कहणां होइ।।१०।।

शब्दार्थ – आषौ = आख्यान, कथन (पंजाबी)।

व्याख्या–अबकी बार यदि स्वामी से साक्षात्कार होगा तो उससे सारा दुख कह दूँगा। मैं उसके चरणों के ऊपर सिर रखकर जो कुछ कहना होगा कह दूँगा।

५१. निगुणां कौ अंग

पूर्व परिचय–जो व्यक्ति गुणहीन होता है उस पर उपदेश का असर नहीं पड़ता है, गुरु की कृपा के बिना ब्रह्म की पहचान सम्भव नहीं है। अविवेकी कर्म-काण्डों में ही फँसा रहता है। उसका मन जल्दी सुलझता नहीं। संगति का असर उन्हीं पर पड़ता है जिनमें कोई न कोई गुण प्रच्छन्न रूप से रहता है। बड़प्पन केवल कुल से नहीं होता है और न शास्त्र ज्ञान से कोई बड़ा होता है। कुल और ज्ञान का अहंकार मनुष्य को नष्ट ही करता है।

हरियर जाणै रूषड़ा उस पाणी का नेह।
सूका काठ न जांणई, कबहू बूठा नेह।।१।।

व्याख्या–पावस की वर्षा के जल का स्नेह हरे भरे वृक्ष ही जान सकते हैं। सूखे काठ को क्या पता कि कभी स्नेह की वर्षा हुई।

सहृदय तथा कृतज्ञ व्यक्ति ही भक्ति रस और ईश्वर अनुग्रह का अर्थ समझता है, निर्गुणी, अपात्र व्यक्ति स्नेह के महत्त्व को नहीं समझता।

अन्योक्ति अलंकार का विधान है।

झिरमिरि झिरमिरि बरषिया पांहण ऊपरि मेह।
माटी गलि सैंजल भई, पांहण बोही तेह।।२।।

व्याख्या–पत्थर के ऊपर हल्की-हल्की जल वर्षा हुई, उसके ऊपर की मिट्टी सजल हो गयी परन्तु पत्थर यथावत् कठोर रह गया।

अन्योक्ति अलंकार। तरल तथा कोमल रससिक्त हो जाता है पर कठोर व्यक्ति का स्वभाव अपरिवर्तित रहता है।

पारब्रह्म बूठा मोतियां, झड़ि बाँधी सिषरांह।
सगुरां सगुरां चुणि लिया, चूकि पड़ी निगुराह।।३।।

व्याख्या–परम ब्रह्म ने मुक्ति रूपी मोतियों की झड़ी सहस्त्रार चक्र रूपी शिखर में लगा दी। जो गुरु के द्वारा उद्बोधित शिष्य थे उन्होंने तो उन्हें चुन लिया परन्तु गुरुहीन लोग चूक गए।

ऊँचा शिखर-मायातीत उच्च भूमि का भी प्रतीक है। मोती ज्ञान और अनुग्रह का प्रतीक है। प्रस्तुत दोहे का भक्ति परक तथा योग परक दोनों ही अर्थ है।

कबीर हृदय कठोर कै, सब्द न लागै सार।
सुधि बुधि कै हिरदै विधै, उपज विवेक विचार।।४।।

व्याख्या–कबीर कहते हैं कि कठोर हृदय लोगों को गुरु के उपदेश के शब्दों का सार अनुभूत नहीं होता है। जिनके हृदय में चेतना और बौद्धिकता रहती है, उनके ही हृदय में शब्द का सारतत्त्व प्रभावी होता है। उन्हें ही विवेक और विचार उत्पन्न होता है।

तकत तकावत रहि गया, सका न बेझा मारि।
सबै तीर खाली पड़े, चला कमांनहि डारि।।५।।

व्याख्या–देखते दिखाते ही रह गया किन्तु लक्ष्यवेध नहीं कर सका। सभी तीर खाली हो गए। धनुष छोड़कर गुरु रूपी शिकारी चला गया।

मूर्ख के जड़ चित्त की जड़ता या आसक्ति अज्ञान को नष्ट करने के लिए गुरु शब्द बाणों का प्रयोग करके हार जाता है परन्तु वह लक्ष्य का बेध नहीं कर पाता। नितान्त निगुणी को वह गुणी नहीं बना पाता है।

रूपकातिशयोक्ति अलंकार।

कबीर हरि रस बरषिया, गिर डूंगर सिषरांह।
नीर निवांणा ठाहरै, नाऊँ छापर डांह।।६।।

शब्दार्थ– डूंगर = पर्वत।

व्याख्या–कबीर कहते हैं कि भगवान् ने भक्ति रस की वर्षा भले ही पर्वत तथा ऊँचे शिखरों पर किया किन्तु वहाँ पानी नहीं ठहरता, वह छप्पर पर भी नहीं ठहरता। वह पानी (भक्ति रस), निचले स्थानों पर ही रुकता है।

ऊँचे स्थान अहंकारी लोगों के प्रतीक हैं। छप्पर कल्मष आवृत्त मन का प्रतीक है। निवाणां विनयशील भक्तों के प्रतीक रूप में व्यवहृत है।

रूपकातिशयोक्ति अलंकार।

कबीर मूड़ठ करमियां नष सिष पाषर ज्यांह।
बाहणहारा क्या करै, बांण न लागै त्यांह।।७।।

शब्दार्थ – मूंडठ = मूर्ख।

व्याख्या–कबीर कहते हैं कि जिनका कर्म मूर्खतापूर्ण है, नख से शिखा तक जिनके ऊपर पाखर (कवच) पड़ी है (जो जड़ताओं से आवृत कर हैं) बाण चलाने वाले का क्या दोष है जो उस पर बाण लगता नहीं है।

कर्मकांड की जड़ता से आवृत्त व्यक्ति को सद्गुरु की वाणी बेधती नहीं है, इसमें शब्द बाण को चलाने वाले गुरु का कोई दोष नहीं है।

रूपकातिशयोक्ति अलंकार।

पसुवा सौ पाला[1] परौ, रहु रे हिया म खीजि।
ऊसर बौयौ न नीपजै, डारौ केतक बीज।।८।।

पाठान्तर – तिवारी – १. पानौ

व्याख्या–पशु (नितान्त मूर्ख) से पाला पड़ा (सम्पर्क हुआ) है। उसे चाहे जितना समझाओगे वह तथावत् मूर्ख बना रहेगा। अब तो हृदय में खीझकर (मसोसकर) रह जाओ। ऊसर में बोने से कुछ उत्पन्न नहीं होता, उसमें चाहे जितनी बार बीज डालो।

दृष्टांत अलंकार। मूर्ख को ज्ञानी बनाना बहुत कठिन है।

संगति भई तौ क्या भया, जौ हिरदा भया कठोर।
नौ नेजा पांनी चढ़ै, तऊ न भीजै कोर।।९।।

व्याख्या–अच्छी संगति मिली तो क्या हुआ यदि हृदय में कठोरता है। जैसे नवीन भाला

पर पानी चढ़ाइए फिर भी कोर भीगती नहीं है। दृष्टांत अलंकार।

कहत सुनत सब दिन गए, उरझि न सुरझ्या मन।
कह कबीर चेत्या नहीं, अजहूं सु पहला दिन।।१०।।

व्याख्या–उपदेश कहते या सुनते सब दिन बीत गए परन्तु मन जो सांसारिकता तथा शंका में उलझा था वह सुलझ नहीं पाया। कबीर कहते हैं कि तू अब भी चेत नहीं सका, आज भी तेरे लिए प्रकाशित होने का दिवस है (जब भी चेत जाओगे उत्तम होगा)।

सुपहला = सो पहला = वही पहला दिन, जो स्थिति पहले दिन थी वही बाद में भी रही अर्थात् कोई विकास नहीं हुआ।

कहै कबीर कठोर कै सबद न लागै सार।
सुधबुध कै हिरदै भिदै उपजै बिवेक विचार।।११।।

व्याख्या–कठोर (जड़ स्वभाव वाले लोगों को) शब्द का सार अनुभूत नहीं होता किन्तु सचेत', सुबुद्धिवान के हृदय में उपदेश के शब्द प्रविष्ट हो जाते हैं और उनके अन्दर से विवेक पूर्ण विचार उत्पन्न हो जाते हैं। अनुप्रास अलंकार।

सीतलता कै कारणै नाग बिलंबे आइ।
रोम रोम विष भरि रह्या, अम्रित कहां समाइ।।१२।।

व्याख्या–(चंदन के वृक्ष से) उसकी शीतलता की चाह में ही सर्प आकर लिपटता है किन्तु साँप के रोम-रोम में तो विष भरा है, उस चंदन का अमृत कहाँ समाहित हो।

संत रूपी चंदन वृक्ष से दुर्जन लोग जुड़ते तो हैं किन्तु विषय वासनाओं से आकंठ मग्न उन पर संतों का कोई प्रभाव नहीं पड़ता है। अन्योक्ति अलंकार।

सरपहि दूध पिलाइए, दूधै विष ह्वै जाइ।
ऐसा कोइ नां मिलै, स्यू सरपै बिष खाइ।।१३।।

व्याख्या–साँप को दूध पिलाने से दूध ही विष हो जाता है। ऐसा कोई नहीं मिलता जो सर्प को विष सहित खा ले।

सर्प विषयी जन हैं और विष उनका दोष है। उपदेश रूपी दूध दुष्टों के हृदय में उतरकर दोषमय हो जाता है। कोई विरला संत ही दोष निवारण की क्षमता रखता है।

रूपकातिशयोक्ति, अन्योक्ति अलंकार।

जालौं इहै बड़पणाँ, सरलै पेड़ि खजूरि।
पंखी छाँह न बीसवै, फल लागे ते दूरि।।१४।।

व्याख्या–खजूर के पेड़ जैसा यह बड़प्पन जला दूँ, जिसकी छाया में पक्षी विश्राम नहीं पाते और फल भी बहुत दूर लगता है।

जिससे सहज परोपकार संभव नहीं वह बड़प्पन व्यर्थ है। अन्योक्ति अलंकार।

ऊँचा कुल के कारणै, बंस बध्या (बढ़ा) अधिकार।
चंदन बास भेदै नहीं, जाल्या सब परिवार।।१५।।

व्याख्या–ऊँचे कुल के कारण बाँस अत्यधिक बढ़ता है किन्तु उसमें चंदन की सुगन्ध कभी नहीं आती, बल्कि वह अपने घर्षण से अपने परिवार को ही जला देता है।

कुलाभिमान सद्गुणों के अभाव में आत्म विनाशक है। अन्योक्ति अलंकार।

कबीर सौ मन दूध का, टिपके किया बिनास।
दूध फाटि कांजी भया, हूवा घृत का नास।।१६।।

व्याख्या–कबीर कहते हैं कि सौ मन दूध को खटाई की एक बूँद ही विनष्ट कर देती है। दूध फटकर मट्ठा हो जाता है तथा घी का नाश हो जाता है। साधना में केवल थोड़ी सी विचलन (कटुता या विषयाशक्ति) उसे नष्ट कर देती।

आत्म मंथन के बाद उसमें से जो घृत रूपी ईश्वर तत्त्व निकलने वाला है उस विचार तत्त्व का नाश हो जाता है।

रूपकातिशयोक्ति अलंकार।

कबीर चंदन के निड़ै, नीब भी चंदन होइ।
बूड़ा वंश बड़ाइता, कौ जिनि बूड़ै कोइ।।१७।।

व्याख्या–कबीर कहते हैं कि चंदन के सामीप्य से नीम भी चंदन हो जाता है, बड़ाई मात्र से बाँस की तरह अपना वंश ही डूबता है, इस तरह के बड़प्पन के अहंकार में कोई न डूबे।

अन्योक्ति अलंकार, कुल की श्रेष्ठता, अहंकार की विनाशकता की व्यंजना।

५२. बीनती कौ अंग

पूर्व परिचय–इस अंग में स्वामी के गुणों तथा दास की त्रुटियों का संकेत करते हुए प्रियतम से मिलन की उत्कंठा तथा मिलने पर हृदय की बातों को कहने का चित्रण है प्रेम के उभयपक्ष की महत्ता का भी वर्णन किया गया है।

कबीर साईं तौ मिलहिगे पूछहिंगे कुसलात।
आदि अंति की कहूँगा, उर अंतर की बात।।१।।

व्याख्या–कबीर कहते हैं कि स्वामी (अवश्य) मिलेंगे और कुशल मंगल पूछेंगे। मैं आदि से अन्त तक अपने हृदय की बात कहूँगा।

कबीर भूल बिगाड़िया, तूं नां करि मैला चित्त।
साहिब गरबा लोड़िए, नफर बिगाड़ै नित्त।।२।।

शब्दार्थ – लोड़िए = चाह राखिए, नफर = दास।

व्याख्या–कबीरदास कहते हैं कि यदि भूलवश कुछ बिगड़ गया तो चित्त को मैला मत करो। गौरवशाली साहब स्वामी की चाह राखिए (स्वामी से श्रेष्ठ कार्य की अपेक्षा होती है) दास तो नित्य कुछ गलती करता ही है।

कबीर भूलि बिगाड़ियां, तूं नां करि मैला चित्त।
साहिब गरबा लोड़िए नफर बिगाड़ै नित्त।।३।।

शब्दार्थ – नफर = दास।

व्याख्या–भूल वश सब कुछ बिगड़ गया फिर भी तुम मन को दूषित मत करो, श्रेष्ठ स्वामी सदैव दास को खोजता रहता है किन्तु दास सदैव उसका (स्वामी का) काम बिगाड़ता रहता है।

ईश्वर ऐसा महान स्वामी है कि वह भक्त दास की त्रुटियों को सुधार देता है और उस पर अनुग्रह रखता है।

करता केरै बहुत गुंण, औगुंण कोई नाँहि।
जे दिल खोजौं आपणों तौ सब औगुंण मुझ माँहि।।४।।

व्याख्या–सृष्टिकर्त्ता परमात्मा में अनंत गुण हैं। उसमें कोई अवगुण नहीं है, वह दोष मुक्त है। जब मैं अपने हृदय में झाँककर देखता हूँ तो सारे अवगुण (दोष) मेरे ही अन्दर दिखाई देते हैं।

औसर बीता अलपतन, पीव रह्या परदेस।
कलंक उतारौ केसवाँ, भाँनौ भरम अँदेस।।५।।

शब्दार्थ – भानौ = तोड़ना।

व्याख्या–मानव योनि में जो अवसर मुझे प्राप्त हुआ था वह अल्पत्व (अज्ञानता) में ही बीत गया। अब भी प्रियतम परमात्मा परदेश में ही बसा है अर्थात् अभी भी उससे साक्षात्कार नहीं हो पाया। हे केशव, अब आप ही मेरा कलंक उतार सकते हैं। मेरे भ्रम (अज्ञानता) और (अंदेस=संदेह) को आप ही दूर करें। भ्रम निवारण से ही ईश्वरीय रति जागृत होगी।

अन्योक्ति, दाम्पत्य भाव के द्वारा ईश्वरीय मिलन की आकांक्षा की व्यंजना की गयी है।

कबीर करत है बीनती, भौंसागर के ताँई।
बंदे ऊपरि जोर होत है, जँम कूँ बरिज गुसाँई।।६।।

व्याख्या–आपका भक्त कबीर भवसागर पार करने के सम्बन्ध में बिनती कर रहा है। आपके बंदे (सेवक) के ऊपर बड़ा जुल्म हो रहा है। हे स्वामी! इस काल रूपी यमराज को रोको। मेरी रक्षा करो।

हज काबै ह्वै ह्वै गया, केती बार कबीर।
मीराँ मुझ मैं क्या खता, मुखाँ न बोलै पीर।।७।।

व्याख्या–कबीर साधारण साधकों की ओर से कहते हैं कि न जाने कितनी बार हज और काबे होकर लौट आया परन्तु हे स्वामी (मालिक) न जाने मेरे अन्दर क्या दोष है? जिस कारण हे पीर, तुम मुख से भी मुझसे नहीं बोलते? व्यंजना यह है कि गुरु बाह्याचार से प्रभावित नहीं होता है, उसे शिष्य की नम्रता और आन्तरिक निष्ठा ही आकर्षित करती है।

ज्यूँ मन मेरा तुझ सौं, यौं जे तेरा होइ।
ताता लोहा यौं मिलै, संधि न लखई कोइ।।८।।

व्याख्या–हे परमात्मा, जिस प्रकार मेरा मन तुझमें रम रहा है उसी प्रकार, तेरा मन मुझमें रम जाय तो भक्त और भगवान् का एकाकार उसी प्रकार हो जाय जैसे गर्म लोहा एक दूसरे से जुड़ जाते हैं, उनकी संधि (जोड़) को कोई देख नहीं पाता। उपमा अलंकार।

५३. साषीभूत कौ अंग

पूर्व परिचय–जो व्यक्ति साधना के द्वारा तुरीयावस्था में पहुँच जाता है वह जाग्रत, स्वप्न, सुषुप्ति अवस्थाओं में संचालित सांसारिक जीवन का साक्षी होता है। उसे साक्षि चैतन्य कहा जाता है। ईश्वर तो हर स्थिति में सांसारिकता से निर्लिप्त रहकर सांसारिकता का संचालन करता है, कबीर उसी से वह उपाय जानता चाहते हैं जिससे वह संसार में रहकर भी निर्लिप्त रहें।

कबीर पूछै राँम कूँ, सकल भुवनपति राइ।
सबहीं करि अलगा रहौ, सो बिधि हमहिं बताइ।।१।।

व्याख्या–यह भक्त कबीर राम से पूछता है कि हे समस्त भुवनों के स्वामी और राजा जिस प्रकार से आप समस्त लोकों की रचना करके उससे विलग रहते हो, वह तरीका हमें भी बतलाओ।

जिहि बरियाँ साँई मिलै, तास न जाँणै और।
सब कूँ सुख दे सबद करि, अपणीं अपणीं ठौर।।२।।

व्याख्या–साधना की जिस अवस्था में पहुँचकर वह स्वामी मिलता है। उसे भक्त के सिवा कोई अन्य नहीं जानता। वह परमात्मा शब्द देकर (अनाहत नाद से) सभी प्राणियों को अपने-अपने स्थान पर सुख प्रदान करता है।

कबीर मन का बाहुला, ऊँडा बहै असोस।
देखत ही दह मैं पड़े, दई किसा कौ दोस।।३।।

शब्दार्थ – बाहुला = नाला, ऊँडा = गहरा (राजस्थानी)।

व्याख्या–प्राणी के मन का नाला गहरा है। उसमें माया मोह का जल बहता रहता है। देखते ही देखते जीव विषय–वासनाओं के इस कुण्ड में जा गिरता है तो इसमें किसका दोष दिया जाय।

रूपक अलंकार।

५४. बेलि कौ अंग

पूर्व परिचय–बेलि का अर्थ है लता। इस अंग में मायारूपी बेलि के विचित्र गुणों का वर्णन किया गया है। यह बेलि भक्ति रस के सींचने से मुरझाती है किन्तु कठोर साधना से काटने पर और भी हरी भरी हो जाती है। इस बेलि का फल कडुवा होता है।

अब तौ ऐसी ह्वै पड़ी, नाँ तूँबडी न बेलि।
जालण आँणी लाकडी, ऊठी कूँपल मेल्हि।।१।।

शब्दार्थ – तूँबडी = लौकी, कूपल = अंकुर, मेल्हि = पनपते हुए।

व्याख्या–साधक कुछ दिनों के बाद यह समझता है कि उसने माया रूपी बेलि को नष्ट कर दिया है। उसमें वासना का फल नहीं रह गया है किन्तु जब उस बेलि की लकड़ी को मूलतः जलाना चाहता है तो वह फिर हरी-भरी दिखाई देने लगती है।

माया की जड़ गहरी तथा विचित्र है। उसका समूल विनाश शीघ्र संभव नहीं है। अविद्या माया से राग-द्वेष की कोपलें फूटती रहती हैं।

आगैं आगैं दौ जलैं, पीछै हरिया होइ।
बलिहारी ता बिरष की, जड़ काट्या फल होइ।।२।।

व्याख्या–माया की बेलि को भले ही जलाते जाइए किन्तु वह पुनः हरी-भरी हो जाती है। उसको यदि मूल से ही उखाड़ दिया जाय तभी वह मुक्ति रूप फल देती है।

माया की जड़ें बहुत गहरी हैं। उसे ऊपर से नष्ट करने पर वह पुनः पूर्ववत् हो जाती हैं। बेलि को काया बेलि भी माना जा सकता है। विरोधाभास, व्यतिरेक अलंकार।

जे काटौ तौ डहडही, सीचौं तौ कुमिलाइ।
इस गुणवती बेलि का कुछ गुँण कह्याँ न जाइ।।३।।

व्याख्या–यदि बल पूर्वक माया बेलि को काटने की कोशिश की जाय तो वह और भी हरी भरी होती है। यदि इसे भक्ति रस से सींचा जाय तो यह कुम्हला जाती है। विचित्र गुणों वाली इस बेलि के विषय में कुछ कहा नहीं जा सकता।

सांसारिक माया मोह से भागने की लाख कोशिश की जाय फिर भी माया का बंधन नहीं छोड़ता। केवल भक्ति साधना के प्रभाव से माया छूटती जाती है।

दूसरा अर्थ – काया बेलि को यदि साधना के द्वारा काटा जाय तो वह प्रफुल्लित होती है। यदि वासना रस से सींचा जाय तो वह कुम्हला जाती है। व्यतिरेक, विरोधाभास अलंकार।

आँगणि बेलि अकास फल, अणव्यावर को दूध।
ससा-सींग की धनुहड़ी, रमै बाँझ का पूत।।४।।

व्याख्या–माया रूपी बेलि आँगन में लगी है किन्तु फल आकाश में है। यह बिन व्याई गाय का दूध है। शशक के सींग की धनुष है, बंध्या पुत्र की तरह रमण करती है।

इन विरोधी कथनों द्वारा माया के सत्, असत् रूपों की व्यंजना की गयी है। चेतन रूपी आँगन में इसकी जड़ें हैं किन्तु इसका फल असत् है। गाय सत् है दूध भी सत् है किन्तु अनव्याई गाय का दूध असत् है।

बेलि को डॉ० माता प्रसाद गुप्त ने गोरख वाणी वर्णन के समतुल्य राम के गुण या आत्मतत्त्व की बेलि माना है–

तत बेली लो ततबेली अवधू गोरखनाथ जांणी।
डाल न मूल पहुप न छाया विरधि करै विण पांणी।।
बेलड़ियाँ दौ लागी गगन पहुँती झाला।
जिम जिम बेली दाझबा लागी, तब मेल्है कूपल डाला।।
काटत बेलीं कूपल मेल्ही सींच तड़ा कुमलाए।
मछिंद्र पसादें जती गोरख बोल्या नित्त नवेलड़ी थाए।।

यह सहज तत्त्व की बेलि है। कबीर ने एक पद में कहा है–

राम गुन बोलडी रे, अवधू गोरखनाथि जांणी।
ना तिस रूप न छाया जाकै विरध करै विन पांणी।।

असंगति अलंकार (राग रामकली ११)

कबीर कड़ुई बेलड़ी कड़ुवा ही फल होइ।
साँध[1] नाँव तब पाइए, जे बेलि बिछोहा होइ।।५।।

पाठान्तर – जय० – १. सिद्ध

व्याख्या–कबीर कहते हैं कि शरीर रूपी कड़वी (तीखी) लता का फल कड़ुवा ही होता है। उसका सिद्ध (मदिरा विशेष) नाम तभी प्राप्त होता है जब माया रूपी विषैली लता से उसका विलगाव हो जाता है। जब साधक माया के बंधन को काटकर उससे परे हो जाता है तब वह सिद्ध पुरुष की कोटि प्राप्त कर लेता है।

सींध[1] भई तब का भया, चहूँ दिसि फूटी बास।
अजहूँ बीज अंकूर है, भीऊगण की आस।।६।।

पाठान्तर – जय० – १. सिद्ध

व्याख्या–यह शरीर रूपी लता यदि सीध (मदिरा विशेष) जैसी मीठी और सुगंधयुक्त भी हो गयी तो क्या हुआ? भले ही उसकी महक चारों दिशाओं में फैल जाय, परन्तु आज भी उसके अंदर बीज अंकुरित है अतः पुनः उसके उत्पन्न होने की आशा बनी है।

सिद्ध ज्ञानी पुरुष के मन में भी वासना बीज रूप में बनी रह जाती है इसी की व्यंजना है। अन्योक्ति अलंकार है।

पाठान्तर – सिद्ध भया तौ क्या भया शेष उपर्युक्त

व्याख्या–सिद्ध हुआ तो क्या हुआ, चारों दिशाओं में यश भले ही फैल गया किन्तु माया का बीज रूप भी अंकुरित हो सकता है, उसके उगने की संभावना है।

सिद्ध पुरुष भी माया के वशीभूत होकर पथभ्रष्ट हो सकता है।

५५. अहिबड़ कौ अंग

पूर्व परिचय–अबिहड़ का तात्पर्य है अविघट, विलग होना। कबीर ने ऐसे स्वामी से अपना नाता जोड़ा है जिससे कभी अलगाव नहीं होगा।

कबीर साथी सो किया, जाके सुख दुख नहीं कोइ।
हिलि मिलि करि खेलिस्यूँ, कदे विछोह न होइ।।१।।

व्याख्या–कबीर ने उस परम तत्त्व को अपना सहचर (मित्र) बनाया है जिसके साथ रहते हुए न सुख होता है न दुख। वह सुख-दुख के द्वन्द्वों से परे है। अब मैं निरन्तर उससे मिल-जुलकर खेलूँगा जिससे कभी भी मेरा उससे विलगाव न हो।

कबीर सिरजन हार बिन, मेरा हितू न कोइ।
गुण औगुण बिहड़ै नहीं, स्वारथ बंधी लोइ।।२।।

व्याख्या–कबीर कहते हैं कि उस सृजन करने वाले के अलावा मेरा कोई दूसरा हितैषी नहीं है। वह जीवात्मा के अंदर गुण-अवगुण होते हुए भी उसे अपने से अलग नहीं करता। वह अपने भक्त का सर्वदा ध्यान रखता है, जबकि सांसारिक लोग अपने स्वार्थ में बँधकर रह जाते हैं।

आदि मधि अरु अंत लौं, अबिहड़ सदा अभंग।
कबीर उस करता की, सेवग तजै न संग।।३।।

व्याख्या–वह अभंग (परमतत्त्व) सृष्टि के आदि, मध्य और अंत में किसी भी दशा में मुझसे (जीव से) अलग होने वाला नहीं है। वह निरंतर साथ रहने वाला है।

राग गौड़ी

दुलहिनी गावहु मंगलचार,
हम घरि आए हो राजा रांम भरतार (टेक)
तन रति करि मैं मन रति करिहौं पंचतत बराती।
रामदेव मोरै पांहुनैं आएं, मैं जोबन मैंमाती।।
सरीर सरोवर बेदी करिहौं, ब्रह्मा बेद उचारा।
रामदेव संग भाँवरि लैहौं, धनि धनि भाग हमारा।।
सुर तैंतीसौं कौतिग आए, मुनिवर सहस अठासी।
कहै कबीर हंम ब्याहि चले हैं, पुरिष एक अबिनासी।।१।।

शब्दार्थ–रति = प्रेम, पंच तत = क्षिति, जल, पावक, गगन, समीर (पाँच तत्त्व), पाहुंनै = प्रघूर्ण का तद्भव रूप , अतिथि भाँवरि = (भ्रमण) विवाह के समय लिए जाने वाले सात फेरे, कौतिग = (कौतिक) क्रीडा, कोटिक, करोड़।

प्रसंग–प्रस्तुत पद में कबीर ने आत्म साक्षात्कार का वर्णन विवाह के रूपक के द्वारा किया है।

व्याख्या–कबीर कहते हैं कि हे सुहागिनी स्त्रियो! मंगल गीत का गान करो। हमारे घर राजा राम पति (भरण-पोषण करने वाले पति) के रूप में पधारे हैं। पंच तत्त्व बराती बनकर उनके सहयोगी बन गए हैं। मैं (आत्मा रूपी वधू) उनसे शरीर और मन दोनों से प्रेम करूँगी। राम मेरे यहाँ अतिथि बनकर उपस्थित हुए हैं, मैं यौवन से मस्त हूँ अर्थात् आत्मा रूपी वधू यौवन के पूर्ण उल्लास में पति के स्वागत हेतु तत्पर है। शरीर रूपी सरोवर के किनारे यज्ञ वेदी बनाऊँगी, साक्षात् ब्रह्मा ही वेद मंत्रों का उच्चारण करेंगे। राम के साथ मैं आत्मा रूपी वधू सात फेरे लूँगी। आज मेरी आत्मा का भाग्य सराहनीय है। इस विवाह कौतुक के दर्शनार्थ तेंतीस कोटि देवता और अट्ठासी हजार श्रेष्ठ मुनि पधारे हैं। कबीर कहते हैं मेरी आत्मा रूपी वधू अविनाशी पुरुष राम से व्याह करके ससुराल जा रही है।

अलंकार–सांग रूपक, धनि-धनि में पुनुरुक्ति प्रकाश, पूरे पद में रहस्यवाद की व्यंजना है।

कवि ने विवाह के रूपक में अनेक दार्शनिक तथ्यों को बड़ी सावधानी से समाहित किया है। आत्मा तथा परमात्मा की एकत्व अनुभूति में अन्नमय, प्राणमय तथा मनोमय आवरण एवं व्यवधान क्रमशः विलीन हो जाते हैं। पुरुष का अर्थ है पुरि शेते इति पुरुष-जो शरीर में व्याप्त है। राम भी आत्मा रूप में सभी शरीरों में रमण कर रहे हैं। सरोवर = मानस या शून्य शिखर है जहाँ वेदी की रचना हुई है। ब्रह्मा वेद का उच्चार करते हैं–अर्थात् आत्मा परमात्मा के मिलन के पूर्व पराज्ञान जागृत होता है। पराज्ञान के उद्भासन से ही परमात्मा का अभिज्ञान संभव होता है। सारी प्रकृति शक्तियाँ प्रत्यक्ष होकर इस महामिलन की साक्षी बन जाती हैं। तैंतीस कोटि देवता प्रकृति शक्तियों के ही प्रतीक हैं। सात फेरे सात शरीरों के

क्रमिक विसर्जन के प्रतीक हैं। सात शरीर इस प्रकार हैं–१. स्थूल शरीर, २. भाव शरीर, ३. मानसिक शरीर, ४. मेधस ५. आत्म शरीर, ६. अनुत्पादक शरीर, ७. अज्ञात। प्रथम अन्नमय कोश है, दूसरे का सम्बन्ध प्राणमय कोश से है। तीसरा मनोमय कोश, चौथा, पाँचवाँ क्रमशः विज्ञानमय, आनन्दमय कोश हैं। छठा तथा सातवाँ परमात्मा के सूचक हैं। कबीर को लोक जीवन का कितना व्यापक अनुभव था इस पद से सहज प्रमाणित है।

बहुत दिनन (थैं) मैं प्रीतम आए।
भाग बड़े घरि बैठें पाए।।टेक।।
मंगलचार माँहि मन राखौं। राम रसाइण रसना चाषौं।।
मंदिर मांहि भया उजियारा। लै सूती अपना पीव पियारा।।
मैं निरास जौ नौ निधि पाई। हमहिं कहा यहु तुमहिं बड़ाई।।
कहै कबीर मैं कछू न कीन्हां। सहज सुहाग रांम मोहिं दीन्हां।।२।।

शब्दार्थ–रसाइण = रसायन, आस्वादनीय तत्त्व, मंदिर = शरीर रूपी घर, सूती = सोई, (तत्सम सुप्त का तद्भव रूप)

व्याख्या–कबीरदास की आत्मा रूपी प्रेयसी का कथन है कि बहुत दिनों के बाद मेरे प्रियतम आए हैं। मुझे अपना घर छोड़कर कहीं जाना नहीं पड़ा। वे मुझे घर बैठे ही मिल गये, इसलिए मैं बहुत सौभाग्यशालिनी हूँ। मंगलाचरण को मन ही में छिपा रखी हूँ अर्थात् मिलन के आनन्द को अन्तर्मन में ही अनुभव कर रही हूँ। वाणी राम के मिलन सुख रूपी रस का आस्वादन कर रही है। शरीर रूपी गृह में आलोक फैल गया है। मैं अपने प्रियतम को साथ लेकर शैया पर शयन कर रही हूँ। मैं तो निराश थी किन्तु राम के अनुग्रह से मुझे नौ निधि मिल गयी। यह प्रेयसी का प्रयत्न नहीं है बल्कि राम के बडप्पन का फल है। कबीर प्रेयसी रूप में स्वीकार करते हैं कि मैंने कुछ भी नहीं किया हे सखी, यह सौभाग्य मुझे राम द्वारा प्रदत्त है।

तृतीय पंक्ति में अनुप्रास, मंदिर माँहि में रूपकातिशयोक्ति, अंतिम पंक्ति में विभावना अलंकारों की योजना है।

पाँचवीं पंक्ति में 'मैं रनि रासी' पाठ भी मिलता है जिसका अर्थ है मुझे रानी की राशि अर्थात् अपार सौभाग्य मिल गया।

दाम्पत्य प्रतीकों द्वारा आत्मा-परमात्मा के मिलन तथा संयोग शृंगार की अद्भुत व्यंजना की गयी है। भक्त का दैन्य तथा परमात्मा के अनुग्रह का भी स्पष्ट वर्णन किया गया है। मिलन सुख की अनिर्वचनीयता की भी अभिव्यंजना हुई है। सम्पूर्ण भक्ति साहित्य में अनुग्रह दैन्य तथा आस्वादन की अकथनीयता के भाव व्यक्त हुए हैं। तुलसी की पंक्तियाँ इस संदर्भ में उल्लेखनीय हैं–

१. सोइ जानहि जेहिं देहु जनाई।
२. स्याम गौर किमि कहौ बखानी।
गिरा अनयनु नयनु बिनु बानी।

अब तोहिं जांन न दैहूं राम पियारे।
ज्यौं भावै त्यौं होहु हमारे।।टेक।।

बहुत दिनन के बिछुरे हरि पाए। भाग बड़े घर बैठे आए।।
चरनन लागि करौं सेवकाई। प्रेम प्रीति राखौं उरझाई।।

इत मन[१] मन्दिर रहौ नित चोखै। कहे कबीर रहौ[२] मत धोखै।।३।।

पाठान्तर–१. इतमन के स्थान पर आज बसौ मन (ति०) २. परहु (ति०)

शब्दार्थ–भावै = अच्छा लगे, बरिआई = बल पूर्वक, चोखै = अच्छी तरह से (तत्सम चोक्ष), निष्कलुष, शुद्ध बिछुरे = अलग होना (तत्सम विच्छेद)

व्याख्या–आत्मा रूपी प्रेयसी कहती है कि हे प्रिय राम अब मैं तुम्हें जाने नहीं दूँगी। जैसे भी तुम्हें अच्छा लगे उसी तरह से तुम मेरे बन जाओ। बहुत दिनों के वियोग के बाद हरि प्राप्त हुए हैं। यह मेरा सौभाग्य है कि मैं घर में बैठी (शरीरस्थ) ही रही। वह खुद आकर मुझसे मिल गए।

चरणों से लगकर उनको बलात् जाने से रोकूंगी और प्रेम-प्रीति में उलझाकर रखूँगी। हे राम मेरे मन मन्दिर में नित्य शुद्ध भाव से रहो या प्रेम पूर्वक अच्छी तरह से रहो किसी अन्य के धोखे में मत पड़ो।

लौकिक दाम्पत्य प्रेम द्वारा अलौकिक आध्यात्मिक प्रेम की व्यंजना की गयी है। अंतिम पंक्ति में सौत के धोखे का संकेत है जो सामन्ती परिवेश का प्रभाव है। प्रियतम को वशीभूत रखना भारतीय नारी का कर्त्तव्य है। उस आदर्श का भी कवि ने स्पष्ट संकेत किया है।

मन-मन्दिर में रूपक, सम्पूर्ण पद में सांग रूपक अलंकार का विधान है।

मन के मोहन बीठुला, यहु मन लागा तोहि रे।
चरन कंवल मन मांनिया, और न भावै मोहि रे।।टेक।।
षट दल कंवल निवासिया, चहु कौं फेरि मिलाई रे।
दहुं कै बीच समाधिया, तहां काल न पासै आइ रे।।
अष्ट कंवल दल भीतरा, तहाँ दस आंगुल का बीच रे।
तहाँ दुवादस खोजि ले, जनम होत नहीं मीच रे।।
बंक नालि के अंतरै पछिम दिसां की बाट रे।
नीझर झरै रस पीजिए, तहाँ भंवर गुफा के घाट रे।।
त्रिवेणी मनाह न्हवाइए, सुरति मिलै जौ हाथि रे।
तहाँ न फिरि मघ, सनकादिक मिलिहै साथि रे।।
गगन गरजि मघ जोइया, तहाँ दीसै तार अनंत।
बिजुरी चमकि घन बरषिहै, तहाँ भीजत हैं सब सन्त रे।।
षोडस कंवल जब चेतिया, तब मिलि गए श्री बनवारि रे।
जुरामरण भ्रम भाजिया, पुनरपि जनम निवारि रे।
गुर गमि तैं पाईए, झंषि मरै जिनि कोइ रे।
तहाँ कबीरा रमि रह्या, सहज समाधी सोइ रे।।४।।

बीठुला = विट्ठल, विष्णु का एक नाम, षटदल कंवल = छः दलों वाला कमल अर्थात् स्वाधिष्ठान चक्र, अष्टदल कंवल = मणिपुर चक्र, समाधिया = समाधि लगा लिया, श्रीरंग = राम,कदली = केला, रीढ़ की हड्डी के अर्थ में प्रयुक्त। बीच = दूरी, दुवादस = बारह

पंखुडियों वाला कमल, अनाहत चक्र, नीझर = निर्झर, अमृत का स्त्रोत, मघ = (मग महाप्राणीकरण के कारण ग का घ रूपान्तर) मार्ग, भंवर गुफा = सहस्त्रार चक्र, सुरति = परमतत्त्व, श्रेयस, घन = अनहद नाद, षोडस कंवल = सोलह पंखुड़ियों वाला कमल = विशुद्धाख्य = (कंठ के पास स्थित चक्र), झंषि = चिन्ताग्रस्त, सनकादिक = सनक, सनन्दन, सनातन, सनत कुमार ये ब्रह्म कुमार ज्ञान रूप माने गये हैं।

व्याख्या–मन को मोहित करने वाले विट्ठल यह मेरा मन तुममें अनुरक्त हो गया है। चरण कमलों पर लुब्ध मन सन्तुष्ट हो गया है, और कुछ उसे अच्छा नहीं लगता। चतुर्दिक दौड़ने वाला मेरा मन षटदल कमल अर्थात् स्वाधिष्ठान चक्र में निवास करने लगा है, (दूसरा अर्थ यह भी हो सकता है कि स्वाधिष्ठान चक्र में निवास करते हुए मैंने चारों वाणियों को मिला लिया है।) दोनों नाड़ियों (इड़ा, पिंगला) के बीच मैंने समाधि लगा ली है, वहाँ काल की पहुँच नहीं है, आठ कमल दल अर्थात् मणिपूर चक्र में श्रीरंग (राम) क्रीड़ा कर रहे हैं। सतगुरु की कृपा से ही राम का दर्शन होता है। नहीं तो सम्पूर्ण जन्म निरर्थक व्यतीत हो जाता है। कदली वृक्ष के समान रीढ़ की हड्डी के बीच नाड़ियों का जो फूलों जैसा जाल फैला हुआ है उसमें मूलाधार चक्र से अनाहत चक्र के बीच की दूरी दस अंगुल मात्र है। यहीं पर यदि द्वादश दल वाले कमल को खोज लेने पर जन्म, मृत्यु का बन्धन टूट जाता है। मेरुदंड में स्थित वक्र नाडी अर्थात् सुषुम्ना के ऊपर बाईं ओर पश्चिम की ओर विस्फोट करें तो वहाँ पर स्थित ब्रह्म रंध्र से अमृत रस झरता है, उसी का पान करना चाहिए फिर मन भंवर गुहा के घाट पर पहुँच जाता है। सुषुम्ना का जो मार्ग है उसे ही पश्चिम मार्ग कहते हैं। उसी के आश्रय से मन ब्रह्म रंध्र रूप घाट तक पहुँचता है। मन को त्रिकुटी (इड़ा, पिंगला तथा सुषुम्ना) के मिलन स्थान पर स्नान कराने से ईश्वरीय महाराग, श्रेयस (या परम तत्त्व) की उपलब्धि हो जाती है। फिर कोई मार्ग तलाशने की आवश्यकता नहीं होती। उसका सनकादिक ऋषियों का ज्ञान सहयोगी बन जाता है। तत्पश्चात् अनाहत नाद की गर्जना सुनाई देती है और अनन्त तारों की ज्योति दिखाई देने लगती है। फिर परम ज्योति की बिजली चमकती है और राम रस (अमृत रस या भक्ति रस) की वर्षा होती है, जिसमें सन्त जन भीगते हैं अर्थात् ब्रह्म रस का आस्वादन करते हैं। जब साधक सोलह दल कमल अर्थात् विशुद्ध चक्र पर ध्यान देता है तो उसे बनवारी (कृष्ण) का साक्षात्कार होता है। तत्पश्चात् जरा मरण का भ्रम भाग जाता है, पुनर्जन्म का निवारण हो जाता है। इस दशा का रहस्य गुरु के पास जाने से ज्ञात होता है, व्यर्थ चिन्ता से कुछ नहीं होता। कबीर कहते हैं कि मैं इसी दशा में रमण कर रहा हूँ, यही सहज समाधि है।

योग की प्रक्रिया से भक्ति रस की परिणति की व्यंजना की गयी है। योगिक प्रतीक नाथ सम्प्रदाय से गृहीत हुए हैं। त्रिवेणी, द्वादश कमल, पश्चिम पथ आदि शब्द प्रतीक रूप में प्रयुक्त हुए हैं।

शरीर में छः चक्र हैं–१. मूलाधार प्रथम है, इसका स्थान गुदा के समीप है। इसके चार दल हैं। यह पृथ्वी तत्त्व का दर्शक है। इसके नीचे स्वयंभू लिंग के त्रिकोणाकार अग्नि चक्र में कुंडलिनी शक्ति नागिन की तरह तीन वलयों में स्थित है। मूलाधार चक्र की साधना से सिद्ध व्यक्ति को वाक् सिद्धि मिलती है। इस चक्र का देवता ब्रह्मा है। २. स्वाधिष्ठान चक्र नाभि के पास स्थित है। यह दस कमलों वाला है। इसका देवता विष्णु है। ३. मणिपुर चक्र–दूसरे चक्र से थोड़ा ऊपर है। इसके देवता रुद्र हैं और इसमें आठ दल हैं। ४. अनाहत चक्र की स्थित हृदय के पास है। इसमें जीवात्मा का निवास है। इसमें बारह दल हैं। ५. विशुद्धाख्य–यह कंठ

के पास स्थित सोलह दलों वाला है। इसके देवता अर्धनारीश्वर माने जाते हैं। ६. आज्ञा चक्र–यह भ्रूमध्य में स्थित दो दल कमलवाला। इस चक्र के दोनों ओर इड़ा, पिंगला दो नाड़ियाँ हैं। इसके देवता विश्वनाथ माने गये हैं। इसी स्थान की संज्ञा त्रिकुटी है। ७. सहस्त्रार चक्र एक हजार दलों वाला है। यहाँ शिव का निवास स्थान है। इसे दसवाँ द्वार भी कहते हैं। अनाहत नाद यहीं सुनाई देता है इसलिए इसे अनाहत चक्र भी कहते हैं।

गोकुल नाइक बीठुला मेरा मन लागा तोहि रे।
बहुतक दिन बिछुरें भए तेरी औसेरि आवै मोहि रे।।
करम कोटि कौ गेह रच्यौ रे नेह गए की आस रे।
आपहिं आप बंधाइया दोइ लोचन मरहिं पियास रे।।
आपा पर सम चीन्हिए तब दीसै सरब समान।
इहिं पद नरहरि भेंटिए तू छाड़ि कपट अभिमान रे।।
नां कतहूँ चलि जाइए नां लीजै सिर भार।
रसनां रसहिं बिचारिए सारंग श्री रंग धार रे।।
साधन तैं सिधि पाइए किंबा होइम होइ।
जे दिढ़ ग्यांन न ऊपजै तौ अहटि (अति) मरै जिनि कोई रे।।
एक जुगुति एकै मिलै किंबा जोग कि भोग।
इन दोनिउं फल पाइए रांम-नांम सिधि जोग रे।।
तुम्ह जिनि जांनौ गीत है यहु निज ब्रह्म बिचार।
केवल कहि समझाइया आतम साधन सार रे।।
चरन कंवल चित लाइए रांम नांम गुन गाइ।
कहै कबीर संसा नहीं भगति (भुगित) मुकुति गति पाइ रे।।५।।

शब्दार्थ–औसेरि = स्मरण, चीन्हिए = पहचानिए, रसना = वाणी, अहटि = अटक कर, आतम = आत्मा, मुकुति = मुक्ति।

व्याख्या–कबीरदास कहते हैं कि हे गोकुल के स्वामी विट्ठल मेरा मन तुम्हारे ध्यान में लगा है। तुमसे वियुक्त हुए बहुत दिन व्यतीत हो गये, अब तुम्हारी स्मृति मुझे व्यथित कर रही है। मैंने कोटि कर्मों का घर बनाकर अपने को उसी में बन्द कर लिया है और उन चीजों से प्रेम करता हूँ जो नश्वर हैं। मैं स्वयं ही कोटि कर्मों से बँध गया हूँ। मेरे दोनों नेत्र प्यास से मर रहे हैं अर्थात् उनमें अतृप्ति बनी हुई है। अपने और पराये को समान रूप से देखना चाहिए अर्थात् यह समझकर कि ईश्वर की सत्ता कण-कण में विद्यमान है इसीलिए किसी में कोई भेद-भाव नहीं है। ऐसा ज्ञान होने पर सब कुछ समान दिखने लगता है। मिथ्या अहंकार को छोड़कर नरहरि विष्णु के चरणों का आलिंगन करना चाहिए, कहीं जाने की आवश्यकता नहीं है अर्थात् तीर्थाटन से कुछ नहीं होता और न ही सिर पर जटा का भार या शास्त्रों का भार ढोने की आवश्यकता है। केवल जिह्वा से प्रेम पूर्वक धनुर्धारी विष्णु का नाम स्मरण करना चाहिए। भक्ति के अलावा जो अन्य साधन हैं उनसे सिद्धि प्राप्त की जा सकती है किन्तु उसकी सार्थक परिणति होने में संदेह बना रहता है। यदि मन में दृढ़ ज्ञान नहीं उत्पन्न हुआ है तो व्यर्थ में अटककर मरने से कुछ नहीं होता। एक युक्ति से एक ही मिलता है योग या भोग। लेकिन राम-नाम का सिद्धि योग अर्थात् नाम साधना से योग और भोग दोनों की उपलब्धि हो जाती

है। तुम यह मत समझो कि मैं कोई गीत गा रहा हूँ जिसमें कल्पना का समावेश है, मैं अपनी ब्रह्म-अनुभूति को समझाने के लिए गीत के शिल्प का प्रयोग कर रहा हूँ। इसमें आत्म-साधना का सार-तत्व निहित है। राम के नाम का गुण-गान करते हुए उसके चरणों में चित्त लगाना चाहिए। कबीरदास कहते हैं कि इसमें कोई संशय नहीं है कि नाम साधना और चरणों के ध्यान से भक्ति और मुक्ति दोनों की गति प्राप्त हो जायेगी।

प्रस्तुत पद में प्रेम के माहात्म्य को प्रतिपादित किया गया है। नवधा भक्ति में नाम स्मरण की जो महत्ता मान्य है उसे कबीर ने स्वीकार किया है। कबीर की इस सन्दर्भ में जो वैचारिक स्थिति है वह सगुण भक्तों से भिन्न नहीं है। 'विनय-पत्रिका' में तुलसी दास ने भी लिखा है–

'गुरु कह्यो राम-भजन नीकों मोहि लगत राज डगरो सौ।'

कबीर ने ब्रह्म के अनेक नामों का प्रयोग करके धार्मिक एकता को दिखाने का प्रयत्न किया है।

आद्योपान्त छेकानुप्रास अलंकार का विधान है।

अब मैं पाइबौ रे, पाइबौ ब्रह्म गियांन।
सहज समाधें सुख मैं रहिबौ कोटि कलप विश्राम।।टेक।।
गुरु कृपाल क्रिपा जब कीन्हीं, हिरदै कंवल बिगासा।
भागा भ्रम दसौं दिसि सूझ्या, परंम जोति प्रकासा।।
मृतक उठ्या धनुक कर लीयैं, काल अहेड़ी भागा।
उदया सूर निसि कीया पयांनां, सोवत तैं जब जागा।।
अविगत अकल अनूपम देख्या, कहतां कह्या न जाई।
सैन करै मनहीं मन रहसै, गूंगै जानि मिठाई।।
पुहुप बिनां एक तरुवर फलिया, बिनकर तूर बजाया।
नारी बिनां नीर घट भरिया, सहज रूप सो पाया।।
देखत काँच भया तन कंचन, बिनां बांनी मन मांनां।
उड्या बिहंगम खोज न पाया, ज्यूं जल जलहि समांनां।।
पूज्या देव बहुरि नहीं पूजौं, न्हाये उदिक न न्हाउं।
भाग भरंम एक ही कहतां, आये बहुरि न आऊं।।
आपै मैं तब आपा निरष्या, अपनपै आया सूझ्या।
आपै कहत सुनत फुनि अपनां, अपनपै आपा बूझ्या।।
अपनैं परचै लागी तारी, अपनपै आप समांनां।
कहै कबीर जे आप बिचारै, मिटि गया आवन जांनां।।६।।

शब्दार्थ– कल्प = ब्रह्मा का एक दिन, ४ अरब ३२ करोड़ वर्ष, अहेड़ी = शिकारी

व्याख्या–कबीर कहते हैं कि अब मुझे ब्रह्म ज्ञान मिल गया है। अब तो मैं सहज समाधि में रहते हुए कोटि कल्पों तक विश्राम करूँगा। गुरु ने जब कृपा की तो हृदय में कमल विकसित हो गया। मेरा भ्रम दूर हो गया। मुझे दसों दिशाओं का ज्ञान हो गया, ब्रह्म ज्योति का प्रकाश चारों ओर हो गया। जीवन्मृत साधक ज्ञान का धनुष लेकर खड़ा हुआ तो काल

रूपी शिकारी भाग गया। सूर्योदय हो गया, रात भाग गयी, सुप्तावस्था से जागृतावस्था में आ गया। इस स्थिति में मैंने अविगत, अखंडित, अनुपम ब्रह्म का दर्शन किया, उसके विषय में कथन तो करना चाहता हूँ किन्तु जिह्वा से कहना संभव नहीं हो पाता। इस आनन्दानुभूति को केवल संकेत से समझाया जा सकता है, इसका जो अनुभव करता है वह मन ही मन आनन्दित होता है जैसे गूँगा व्यक्ति गुड़ का स्वाद मन ही मन अनुभव करता है व्यक्त नहीं कर पाता। यह विचित्र अनुभूति कुछ इस प्रकार है जैसे कोई फूल बिना वृक्ष के ही खिला है, जैसे कोई बिना हाथ के तूर्य बजा रहा है, जैसे नारी के बिना ही जल से घड़ा भर गया हो। समस्त कार्य बिना कारण के ही घटित होते रहते हैं। मुझे सहज तत्त्व की उपलब्धि हो गयी है। उस परमतत्त्व के दर्शन के बाद काँच की तरह निर्मूल्य शरीर सोने की तरह मूल्यवान हो गयी। बिना वाणी के (बिना किसी उपदेश के) मेरा मन सन्तुष्ट हो गया। मन में किसी तरह के वर्णन की इच्छा ही शेष नहीं रही। आत्मा रूपी पक्षी उड़कर न जाने कहाँ विलीन हो गया, अब खोजने से नहीं मिलता अर्थात् आत्मा परमात्मा में समाहित हो गयी जैसे जल जल में विलीन होकर अपना अलगाव समाप्त कर देता है। अब मुझे किसी देवता की पूजा करने की जरूरत नहीं है, किसी जलाशय में नहाने की जरूरत भी नहीं है। मेरा भ्रम कहते-कहते ही भाग गया। मैंने अपने अन्दर ही झाँककर आत्मा का दर्शन कर लिया। आत्मा का चिन्तन करते हुए आत्मबोध हो गया। आत्म परिचय ही वह कुंजी है जिससे सान्त आत्मा का अनन्त आत्मा के साथ विलय हो जाता है। आत्म विचार करने वालों का आवागमन छूट जाता है।

इस पद में अनुप्रास, रूपकातिशयोक्ति, विभावना आदि अनेक अलंकारों का प्रयोग किया गया है। अहेड़ी मृत्यु का प्रतीक है। कंचन और कांति तथा मूल्यवत्ता के प्रतीक रूप में प्रयुक्त है। यहाँ बुद्धि को ही गुरु माना गया है।

आत्म साक्षात्कार की दशा का जीवन्त चित्र अंकित किया गया है। कबीर अनिर्वचनीय को अपनी भाषा शक्ति से वचनीय बना देते हैं। तारी का अर्थ त्राटक भी है जो योग का शब्द है।

नरहरि सहजैं हीं, जिनि जांनां।
गत फल फूल तत्त तर पल्लव, अंकुर बीज नसांनां।।टेक।।
प्रगट प्रकाश ग्यांन गुरुगमि तें, ब्रह्म अगिनि परजारी।
ससिहर सूर दूर दूरंतर, लागी जोग जुग तारी।।
उलटे पवन चक्र षट बेधा, मेर डंड सर पूरा।
गगन गरजि मन सुंनि समांनां, बागे अनहद तूरा।।
सुमति सरीर कबीर बिचारी, त्रिकुटी संगम स्वांमी।
पद आनंद काल थैं छूटै, सुख मैं सुरति समांनी।।७।।

शब्दार्थ–तूरा = तुरही या नाद, तारी = ताटक योग।

व्याख्या–जिन्होंने सहज साधना के द्वारा नरहरि (ईश्वर) को जान लिया उनके लिए सांसारिक वृक्ष के फल-फूल अंकुर तथा बीज नष्ट हो जाते हैं। गुरु के पास जाने से मेरे भीतर ज्ञान का प्रकाश प्रकट हो गया है और ब्रह्माग्नि (ईश्वर का विरह या ज्ञान अग्नि) प्रज्वलित हो गयी है। शशधर (अर्थात् चन्द्रनाड़ी) और सूर्य अर्थात् सूर्य नाड़ी (इड़ा-पिंगला) दोनों नाड़ियाँ एक दूसरे से दूर थीं लेकिन योग ने दोनों को साथ ला दिया। त्राटिकाएँ अर्थात् समाधि की स्थिति प्राप्त हो गयी। प्राण को उलटकर षट्चक्रों का वेधन किया, मेरुदंड में शर संधानित

किया। इस प्रकार कुंडलिनी को सहस्त्रार चक्र में स्थित ब्रह्मरंध्र में, प्रवेश कराया, फलस्वरूप अनाहत नाद की तुरही बजने लगी। इस प्रकार बुद्धि सुन्दरी अपने स्वामी शिव से मिल गयी। इसका दूसरा अर्थ है कबीर ने सुबुद्धि शरीर को चैतन्य किया तो त्रिकुटी में स्थित ईश्वर का अनुभव होने लगा। इस आनन्दमय पद को प्राप्त करके वह काल से छुटकारा पा गये और उस सुख में उनकी स्मृति समाहित हो गयी।

प्रस्तुत पद में प्रतीक गर्भित रूपक का विधान है। सम्पूर्ण पद में विरोधाभास का चमत्कार है। हठयोग की साधना का वर्णन किया गया है। यौगिक प्रतीक सिद्धों और नाथों की परम्परा से ग्रहण किये गये हैं। दर्शन के क्षेत्र में सहज अवस्था द्वैताद्वैत विलक्षण स्थिति का सूचक है। दर्शन में इसे उस अवस्था का सूचक माना जाता है जिसमें जीव अपने आनंद रूप को पहचान लेता है जो उसका वास्तविक रूप है। यह समाधि की अवस्था होती है। सिद्धों ने सहज को परमपद के पर्याय के रूप में भी ग्रहण किया है। कबीर ने भी सहज को कहीं-कहीं निर्गुण ब्रह्म का पर्याय माना है। उनका सहजवाद भक्ति की सहज प्राप्ति से भी सम्बन्धित है।

मन रे मनहीं उलटि समांनां।
गुरु प्रसादि अकल[1] भई तोकौं नहीं तर था बेगांनां।।टेक।।
नेरै थैं दूरि दर थैं नियरा, जिनि जैसा करि जाना।
औलौती का चढ़्या बलींडै, जिनि पीया तिनि माना।।
उलटें पवन चक्र षट बेधा, सुनि सुरति लै लागी।
'अमर न मरै' मरै नहि जीवै, ताहि खोजि बैरागी।।
'अनभै' कथा कवन सूं कहिए, है कोई चतुर बवेकी।
कहै कबीर 'गुर' दिया पलीता, सो झल बिरलै देखी।।८।।

पाठान्तर–१. अकिलि, इसकी दूसरी, तीसरी पंक्ति ति० में चौथी, पाँचवीं है।

शब्दार्थ–अकल = विवेक, ज्ञान, नेरै = पास, बलींडै = ऊर्ध्व, बड़ेर स्थान, झल = ज्वाला, ज्वल का महाप्राणी करण झल।

व्याख्या–कबीरदास कहते हैं कि मन उलटकर मन ही में समा गया अर्थात् बहिर्मुखी मन अन्तर्मुखी हो गया। गुरु की कृपा से ही मन को विवेक आया अन्यथा यह आवारा की तरह इधर-उधर भटक रहा था। ज्ञान-स्वरूप ब्रह्म अत्यन्त पास भी है और अत्यन्त दूर भी। जो जैसा जानता है उसे वैसा ही प्रतीत होता है। जो व्यक्ति मन को छप्पर के बड़ेर अर्थात् ऊँचे स्थान पर ले जाने में समर्थ होते हैं अर्थात् मन को ऊर्ध्व पर ले जाते हैं वे ब्रह्म रन्ध्र से निसृत अमृत का पान करके उस पर पूर्ण आस्थावान हो जाते हैं। वायु को ऊर्ध्व मुख करके जो षट चक्रों का वेधन करते हैं उनकी चेतना शून्य शिखर अर्थात् सहस्त्रार चक्र में तल्लीन हो जाती है। वे अमर हो जाते हैं। वे जीवन्मृत हो जाते हैं। हे बैरागी! मन तू उसी अवस्था की खोज कर। कबीर कहते हैं कि इस अद्‌भुत अनुभूति का वर्णन किससे करूँ, यदि कोई प्रज्ञावान चतुर व्यक्ति मिले तो उसे समझाऊँ। सत्‌गुरु के द्वारा जो पलीता (वह अग्नि जो बारूद में लगायी जाती है) दिया है उसकी ज्वाला को विरले ही दृष्टिगत कर सकते हैं।

इस पद मे हठयोग की प्रक्रिया का जीवन्त चित्रण किया गया है। ग्राम प्रतीकों द्वारा कबीर ने अपनी अभिव्यक्ति को रोचक तथा ग्राह्य बनाने का प्रयत्न किया है। 'है कोई चतुर बवेकी' में वक्रोक्ति का विधान है।

इहि तति[1] रांम जपहु रे प्रांनी, बूझौ अकथ कहांनी।
हरि कर भाव होइ जा ऊपरि, जाग्रित रैनि बिहांनी।।टेक।।
डांइनि डोरै सुनहां डोरै, स्यंघ रहैं बन घेरै।
पंच[2] कुटंब मिलि झूझन लागे, बाजत सबद संघेरै।।
रोहै मृग सुसा बन घेरै, पारधी बाण न मेलै।
सायर जलै सकल बन दाझै, मछ अहेरा खेलै।।
सोई पंडित सो तत ग्याता, जो इहि पदहि बिचारै।
कहै कबीर सोइ गुर मेरा, आप तिरै मोंहि तारै।।६।।

पाठान्तर–१. ततु (तिवारी) २. पाँच (तिवारी)

शब्दार्थ–डांइनि = माया, स्यंघ = सिंह, अहंकार, पंच कुटंब = पाँच ज्ञानेन्द्रियाँ, रोहै = भागा, पारधी = शिकारी, सायर = सागर, दाझै = जलाना, दग्ध, अहेरा = शिकार।

व्याख्या–कबीरदास कहते हैं कि हे प्राणियो! तत्त्व यही है कि राम का जप करो। अकथ कहानी को बूझो, जिसके ऊपर हरि का भाव अर्थात् प्रेम होता है वह जागते हुए रातें व्यतीत करता है। मायारूपी डाकिनी कुत्ते के साथ डोलती रहती है और सिंह अर्थात् अहंकार जंगल को घेरे रहता है। जीवन रूपी वन में विषयों के सघन शब्द हो रहे हैं और पाँचों कुटुम्बी अर्थात् ज्ञानेन्द्रियाँ उन्हें पाने के लिए परस्पर लड़ रही हैं। इन्द्रिय रूपी हिरन इन विषयों की ओर भागते हैं। वासना रूपी खरगोश ने शरीर को घेर रखा है। जीवात्मा रूपी शिकारी इन पर बाण नहीं मारता। संसार रूपी सागर में काम, क्रोध आदि की आग लगी हुई है। व्यक्ति के शरीर रूपी वन में उपजने वाली सद्वृत्तियाँ जल रही हैं। आत्मा रूपी मत्स्य साधना के बल पर शिकार खेल रहा है। पर उपर्युक्त स्थितियों का प्रभाव नहीं पड़ता। वह निश्चिन्त आनंद पूर्वक शरीर रूपी वन में विहार करता है। कबीर कहते हैं कि वही पंडित है वही ज्ञानी है जो इस पद में निहित विचार को समझ सकता है। कबीर कहते हैं कि वही मेरा गुरु है जो स्वयं को भवसागर से पार ले जाता है और मुझ जैसे लोगों को भी पार कर देता है।

अवधू ग्यान लहरि करि माँडी रे।
सबद अतीत अनाहद राता, इहि बिधि त्रिष्णां खाँडी रे।।टेक।।
बन कै ससै समंद घर कीया, मछा बसै पहाड़ी।
सुद्र पीवै बांम्हन मतिवाला, फलु लागा बिन बाड़ी।।
खाड़ बुणैं कोली मैं बैठी, ध्वैं खूंटा मैं गाड़ी।
ताणैं बाणैं पड़ी अनँवासी, सूत कहै बुणि गाढ़ी।।
कहै कबीर सुनौ रे संतौ, अगम ग्यांन पद माँहीं।
गुरु प्रसादि सूई के नाँकै, हस्ती आवैं जाँहीं।।१०।।

शब्दार्थ–अवधू = अवधूत (नाथ योगी), माँडी = मंडित, समाधि में लीन, ससै = खरगोश (मन), समंद = समुद्र (शून्य रूपी समुद्र), बाड़ी = वाटिका, मछा = मछली (आत्मा), खाड़ = खाल, वह गड्ढा जिसमें बैठकर कोली (जुलाहा) बुनता है। खूँटा और गाड़ी = बुनाई में प्रयुक्त उपकरण।

व्याख्या–कबीरदास कहते हैं कि अवधूत ने ज्ञान की लहर माँड रखी है अर्थात् ज्ञान की

लहर में मस्त हो गया है। उसकी इन्द्रियाँ अनाहत शब्द में अनुरक्त हो गयी हैं, इस प्रकार उसने तृष्णा को खंडित कर दिया है। जगत के वन में रहने वाला (रमनेवाला) खरगोश रूपी मन ने मूलाधार रूपी चक्र या चित्त सागर में घर बना लिया है। मछली रूपी पवन (प्राण वायु) पहाड़ी रूपी मेरुदंड के ऊपर सहस्त्रार चक्र में स्थित हो गया है। शूद्र मदिरा पान करता है और मतवाला ब्राह्मण होता है। शूद्र जीव है और ब्राह्मण आत्मा है। बिना वाटिका के ही फल लगता है अर्थात् प्रभु की कृपा मात्र से साधक को फल, मुक्ति फल प्राप्त हो जाता है। आत्मा रूपी जुलाहा अपने कर्म रूपी वस्त्र का थान बुन रहा है। ज्ञान के उद्‌भासित होने पर व्यावहारिक जगत के व्यापार उलटे प्रतीत होने लगते हैं। जिस नीचे स्थान पर वह बैठता है, लगता है वह स्थान ही जुलाहे पर बैठा है। तात्पर्य है कि जो निम्न है वह ऊर्ध्वमुखी हो जाता है। सम्पूर्ण विश्व ही जुलाहा रूपी योगी के ऊर्ध्व चेतना में अधिष्ठित दिखाई देता है। खूँटी भूमि में गाड़ी जाती है किन्तु अब तो ऐसा प्रतीत होता है कि भूमि ही खूँटी में गड़ी हुई है।

सूक्ष्म तत्व के व्यापक आयाम के विचित्र अनुभव को उलटवाँसियों के द्वारा प्रस्तुत किया गया है। जुलाहा स्वयं ही खूँटा और माँडी (बुनने का उपकरण) बन जाता है। कर्त्ता और कर्म तथा कर्म साधन सभी एक हो जाते हैं। सब अद्वैत स्थापित हो जाता है। अनंवासी में ताना बाना पड़ने के स्थान पर ताने-बाने में ही अनँवासी पड़ने लगती है। सूत्र स्वयं कहता है कि गाढ़ा बुनो अर्थात् ध्यान में स्वयं सघन होने की प्रेरणा जागृत होने लगती है। मन जब अन्तर्मुखी हो जाता है तो सभी इन्द्रियाँ तथा विषय वासनाएँ उसमें समाहित हो जाती हैं। पहले मन वासनाओं में लिपटता था वासनाएँ स्वयं मन की ओर खिंची चली आती हैं और उनका शमन होने लगता है। कबीर कहते हैं कि हे संतो, सुनो परम पद में ही अगम ज्ञान है। गुरु की कृपा से सुई के छिद्र से भी हाथी आने जाने लगता है। हाथी रूपी मन सुषुम्ना के सूक्ष्म मार्ग से ऊपर उठने की क्षमता पा लेता है।

योग के प्रतीकों के द्वारा उलटवाँसी का विधान किया गया है। उलटवाँसी की व्युत्पत्ति उल्लुण्ठ+वाशित (उलटा कहा हुआ) से सिद्ध की गयी है। वयन कर्म का बिम्ब ग्रहण करके कवि ने अपनी आध्यात्मिक अनुभूति को व्यंजित किया है। मन की वृत्तियों के ऊर्ध्वमुखी होने का परिणाम होता है सब कुछ उल्टा प्रतीत होना। कबीर की हर उल्टी बात का तर्क संगत अर्थ बहुत खींच-तान के बाद ही निर्दिष्ट हो पाता है।

फल लागा–बाड़ी में विभावना तथा अंतिम पंक्ति में विरोधाभास अलंकार है। वैसे विरोधाभास की व्यंजना पूरे पद में है।

एक अचंभा देख्या[१] रे भाई।
ठाढ़ा सिंघ चरावै गाई।।
पहले पूत पीछे भई माई[२]। चेला कै गुर लागै पाई।।
जल की मछरी तरवरि व्याई। कूता कौ लै गई विलाई[३]।।
बैलहिं डारि गोंनि घर आई। घोरै चढ़ि भैंस चरावन जाई[४]।।
तलि करि साषा[५] ऊपरि करि मूल। बहुत भाँति लागै जड़ फूल।।
कहैं कबीर या पद कौं बूझै। ताकौ तीनिउं त्रिभुवन सूझै।।११।।

पाठान्तर–१. देखा, २. माइ, ३. पकड़ि बिलाई मुरगै खाई, ४. कुत्ता कूँ लै गई विलाई, ५. पत्ता

व्याख्या–कबीर कहते हैं कि मैंने एक आश्चर्य देखा कि सिंह रूपी ज्ञानी जीवात्मा इन्द्री रूपी गायों को चरा रहा है अर्थात् उनका संचालन कर रहा है। पहले जीव रूपी पुत्र पैदा होता है। तत्पश्चात् साधना या भक्ति रूपी माँ का जन्म होता है। तत्त्वमसि इत्यादि उपनिषदिक शब्द जीवात्मा के स्वरूप का ज्ञान कराने वाले गुरु हैं। इनका प्रतिपादन ही गुरु द्वारा चेले का चरण स्पर्श है। गुरु और शिष्य दोनों जब ब्रह्मत्व को प्राप्त कर लेते हैं तो हर तरह की नाम उपाधि-समाप्त हो जाती है। फिर शिष्य गुरु का चरण स्पर्श कर रहा है या गुरु शिष्य का चरण स्पर्श कर रहा है, कोई अन्तर नहीं पड़ता। जैसे भक्त और भगवान् का अन्तर एक सीमा के बाद मिट जाता है। कुण्डली रूपी मछली ने सुषुम्ना वृक्ष के ऊपर शून्य शिखर पर ज्ञान एवं आनन्द रूपी बच्चों को जन्म दिया। विषय भोग के मोह रूपी कुत्ते को माया रूपी बिल्ली अपने साथ ले गयी, अर्थात् साधक विषय भोग से निवृत्त हो गया। शुद्ध चैतन्य जीवात्मा तामसी वृत्तियों रूपी बैल को परास्त करके अपने वास्तविक स्थान शून्य शिखर पर पहुँच गया है। पंच प्राण रूपी बैल को छोड़कर सिद्धि स्वरूप हो गया। घोड़ा रूपी मन तामसी वृत्तियों को चराने जाता है। अर्थात् तामसी वृत्तियों पर मन का अधिकार हो गया है। उसकी सबलता सिद्ध हो गयी है। संसार रूपी वृक्ष की जड़े (पत्ते) ब्रह्मरंध्र में स्थिति शुद्ध चैतन्य में है और प्रसार माया में अर्थात् अधोगामी वृत्तियों में है। इसकी जड़ में मोक्ष, आनन्द, सिद्धि अनेक प्रकार के फूल लगते हैं। कबीरदास कहते हैं कि जो मनुष्य इस पद के वास्तविक अर्थ को समझकर आचरण करता है। उसको तीन लोकों का ज्ञान सहज ही समझ में आ जाता है।

टिप्पणी–डॉ० रामकुमार वर्मा ने माता का प्रतीकार्थ 'माया' निर्दिष्ट किया है। गुरु का प्रतीकार्थ शब्द, चेला का जीवात्मा, सिंह का ज्ञान, गाय का वाणी, मछली का कुण्डली, तरवर का मेरुदण्ड, कुत्ता का अज्ञानी, बिल्ली का माया, पेड़ का सुषुम्ना नाड़ी, फल-फूल का चक्र तथा सहस्त्र दल कमल, घोड़ा का मन, भैंस का तामसी वृत्तियाँ, बैल का पंच प्राण, गोनि का स्वरूप की सिद्धि है।

हरि के षारे[1] बड़े[2] पकाये, जिनि जारे[3] तिनि खाये।
म्यांन अचेत फिरै नर लोई, ताथैं जनमि-जनमि डहकाए[4]।।टेक।।
धौल मंदरिया बलर बाबी, कऊवा ताल बजावै।
पहरि चोलनां गादह नाचै, भैंसा निरति कहावै।।
स्यंघ[5] बैठा पांन कतरै, मूंस गिलौरा लावै।
उदरी बपुरी मंगल गावै, कछू एक आनंद सुनावै[6]।।
कहै कबीर सुनहुँ रे संतो, गडरी परबत खावा।
चकवा बैसि अंगारैं निगलै, समंद अकासां धावा।।१२।।

पाठान्तर–१. खारे, २. बरे ३. जाने, ४. दूसरी पंक्ति डॉ० पारसनाथ तिवारी की ग्रंथावली में नहीं है। ५. सिंघ ६. कछुआ संख बजावै

शब्दार्थ–खारे = खरे, नमकीन, बड़े = बड़ा (खाद्य पदार्थ), जारे = जलाया, (जाने, जाना) चोल = वस्त्र, गडरी = भेड़, बैसि = वासना।

व्याख्या–हरि ने नमकीन (खरे) बड़े पकाए हैं, जिन्होंने उसको जाना या अपने को जलाया उसी ने उसे खाया। सांसारिक विषय वासनाओं का जिसने भी आस्वादन किया वह अपने को जला लिया। ज्ञान से अचेत होकर नर लोक में फिरता है इसलिए जन्म-जन्म वह

ठगा जाता है। उत्तम बैल पुण्य का मृदंग तथा सामान्य बैल पाप-पुण्य का रबाब बजा रहे हैं। कौवा रूपी वासना युक्त जीव उसमें ताल मिलाता है। चोला पहन कर गधे की तरह नाच रहा है। भैंसा (कलुषित जीव) से नृत्य कराया जाता है। सिंह रूपी अहंकार जीव का चैतन्य-पान काट रहा है अर्थात् विषय का आधार बना है और चूहा पान की गिलौरी लगाता है, चूहा रूप अज्ञान उस विषय वासना को भोगता है। छछूंदर बेचारी मंगल गीत गाती है, छछूंदर या मूषिका रूपी कुछ साधक आत्माएँ भक्ति प्रेम का मंगल गान गाती हैं। कुछ संसारी जीवों को वे किंचित आनन्द का आस्वादन कराती हैं। कबीरदास कहते हैं कि हे संतो, सुनो भेड़ रूपी माया ने चैतन्य रूपी पर्वत को खा लिया है। चकवा रूपी जीव वासना रूपी अंगारे निगल रहा है, अर्थात् कुंडलिनी अलख निरंजन की आनंद ज्योति को आत्मसात कर रही है, भवसागर या प्राण मूलाधार से उत्थित होकर शून्य चक्र की ओर दौड़ रहा है।

टिप्पणी–प्रथम पंक्ति का दूसरा अर्थ भी संभावित है। जिसने भगवान् के द्वारा बनाए गए बड़े के स्वाद को ठीक से समझा वह उसका सही आस्वादन करता है। यह भक्ति और साधना का बड़ा है।

पूरे पद में विरोधाभास है। मन की जागृतावस्था में समस्त जीव जन्तुओं में एक विचित्र उल्लास का दर्शन होता है। सभी विरोधी प्रवृत्तियाँ एक लय तथा ताल में लीन होकर कार्यरत हो जाती हैं। सूक्ष्म जीव जो अपने को असमर्थ तथा अकिंचन समझता है वह प्रबल शक्ति से युक्त हो जाता है। जीव जन्तुओं के जो प्रतीकार्थ कल्पित किये गये हैं उनकी संगति निशंक भाव से ग्राह्य नहीं है। इनका यदि व्यंजनात्मक तात्पर्य लिया जाय तो अधिक उचित है।

चरखा जिनि जरै।
कातौंगी हजरी का सूत, नणद के भइया की सौं।।टेक।।
जलि जाइ थलि ऊपजौ, आई नगर मैं आप।
एक अचंभा देखिया, बिटिया जायौ बाप।।
बाबल मेरा ब्याह करि, बर उत्यम ले जाहि।
जब लगि बर पावौ नहीं, तब लग तूं हीं ब्याहि।।
सुबधी के घरि लुबधी आयौ, आन बहू कै भाइ।
चूल्हे अगनि बताइ-करि, फल सौ दियौ ठठाइ।।
सब जग ही मर जाइयौ, एक बढ़इया जिनि मरै।
सब राड़नि कौ साथ, चरषा कौ धरै।।
कहै कबीर सो पंडित ग्याना, जो या पदरि बिचारै।
पहले परचै गुरु मिलै, तौ पीछैं सतगुर तारै।।१३।।

शब्दार्थ–चरखा=प्रतीकार्थ विवेक रूपी शरीर, हजरी = हजारी एक प्रकार का महीन सूत, ननद के भाई = स्वामी, थालि = स्थल, लुबधी = लुब्ध प्रेम, बाप = ईश्वर, बिटिया = भक्ति, गुरु = आत्मबोध, सतगुरु = निवृत्ति मूलक आत्म ज्ञान।

व्याख्या–कबीर कहते हैं कि मेरा चरखा रूपी विवेकवान शरीर जले न अर्थात् नष्ट न हो। मैं (आत्मा रूपी विरहिणी) स्वामी की सौगन्ध खाकर कहती हूँ कि मैं उत्तम सूत कातूँगी अर्थात् पुण्य कर्म करूँगी। मेरा जन्म स्थान जो माया गृह है वह नष्ट हो जाय। मैं तो अपने पति के गृह अर्थात् परमात्मा के नगर में आ गयी हूँ अर्थात् मनोमय स्थिति से बुद्धि मनस की

स्थिति में आ गयी हूँ। मैंने एक आश्चर्य देखा कि बेटी ने पिता को जन्म दिया अर्थात् माया ने पिता रूप ज्ञान (या ईश्वर) को जन्म दिया है। जब ब्रह्म माया से संवलित होता है तभी उसकी उपाधि ईश्वर हो जाती है। बिटिया का प्रतीकार्थ भक्ति भी हो सकता है। भक्ति से आत्मबोध रूपी पिता का जन्म होता है।

भक्ति रूपी बेटी अपने आत्मबोध रूपी पिता से कहती है कि उचित वर देखकर मेरा ब्याह कर दो। जब तक मुझे परमात्मा रूपी पति की उपलब्धि नहीं होती है तब तक तुम्हीं मुझसे ब्याह कर लो। जब तक ईश्वर नहीं मिलता तब तक आत्मज्ञान के संरक्षण में ही भक्ति का पोषण होता है। यदि बेटी का प्रतीकार्थ माया लिया जाय तो उसका अर्थ होगा–माया का वास्तविक वर जीवात्मा है। जब तक उसका अस्तित्त्व नहीं होता तब तक वह ब्रह्म को ही अपने पति रूप में ग्रहण करती है। सुबुद्धि अर्थात् ज्ञान के साथ ईश्वर प्रेम आया है, जैसे बहन के घर उसका भाई आता है। ज्ञान और भक्ति जीव साधना के पुत्र और पुत्री हैं। जिस प्रकार भाई चूल्हे में बहन के हाथों आग लगवाकर उसे प्रिय के पास जाने की प्रेरणा देता है उसी तरह ज्ञान विषय वासनाओं को जलाकर भक्ति को परमात्मा दर्शन के लिए प्रेरित करता है। (दूसरा अर्थ है–माया रूपी बेटी के साथ समधी, लमधी, साले आदि का आगमन सांसारिक सम्बन्धों का विस्तारक है। माया रानी तृष्णा की आग प्रज्वलित करती है। सम्बन्धी लोग उसको तृप्त करने में सहयोग करते हैं, किन्तु सब कुछ अन्ततः हास्यास्पद ही होता है।) कबीर कहते हैं कि सब कोई मर जाय किन्तु बढ़ई (सृष्टिकर्त्ता) न मरे। अन्य जीवात्माएँ विवेक रूपी पति को नष्ट करके विधवाएँ बन गयी हैं। मैं उनके साथ बैठकर सूत नहीं कातूँगी। माया भी राँड़ है क्योंकि आत्मज्ञान होने पर सभी जीव उसका साथ छोड़ देते हैं। कबीर इस राँड़ का साथ छोड़कर ही सूत कातने का संकल्प करते हैं।

कबीर का कथन है कि जो इस पद का अर्थ समझता है वही पंडित ज्ञानी है। पहले विवेक जागृत होता है तत्पश्चात् तदनुकूल आचरण से उद्धार होता है। पहले गुरु से परिचय होता है, फिर वह शिष्य की परख करके उसका भवसागर से उद्धार करता है।

टिप्पणी–बढ़इया, राँड़नि में रूपकातिशयोक्ति, सुबुधी.... भाई में दृष्टान्त, श्लेष, बिटिया जायो बाप में विरोधाभास का विधान किया गया है। पूरे पद में जटिल प्रतीक विधान है। उलटवाँसी शैली के कारण अर्थगत अस्पष्टता आ गयी है। लोक अनुभवों को आध्यात्मिक तथा साधनापरक स्वरूप प्रदान करने की चेष्टा है।

अब मोहि ले चलि नणद के बीर, अपनैं देसा।
इन पंचनि मिलि लूटी हूँ, कुसंग आहि बदेसा।।टेक।।
गंग तीर मोरी खेती बारी, जमुन तीर खरिहानां।
सातौं विरही, मेरे नीपजै, पंचू मोर किसानां।।
कहै कबीर यह अकथ कथा है, कहतां कही न जाई।
सहज भाइ जिहिं उपजै, ते रमि रहे समाहि।।१४।।

शब्दार्थ–पांचों इन्द्रियों के विषय अथवा काम, क्रोध, मद, लोभ, मोह, बीर = भाई।

व्याख्या–कबीर की आत्मा रूपी स्त्री कहती है कि हे ननद के भाई अर्थात् स्वामी मुझे अपने देश ले चलो। इस संसार में क्रोधादि पाँच शत्रुओं ने मुझे लूट लिया है (मेरे पुण्य कर्म का नाश कर दिया है) इस विदेश में कुसंगति ही है। गंगा (इड़ा नाड़ी) के किनारे मेरी खेती

है और जमुना (पिंगला) के किनारे मेरा खलिहान है। मेरा सारा श्रम नाड़ी साधना तथा उसके फल पर ही केन्द्रित है। सात विरही (पित्त, रक्त, मांस, वात, मज्जा, अस्थि, तथा वीर्य) मुझसे उत्पन्न हैं, पाँच ज्ञानेन्द्रियाँ ही किसान हैं। दूसरा अर्थ जो ज्यादा संगत है–मेरी साधना से सप्त भूमिकामय ध्यान के विरवें उत्पन्न होते हैं, पाँच इन्द्रियाँ ही किसान हैं जो इन्हें उत्पन्न करती हैं। इस अकथ कथा का वर्णन नहीं किया जा सकता है। जिसके अन्दर सहज भाव पैदा होता है वही राम में रमता है।

रूपकातिशयोक्ति अलंकार तथा प्रतीकों का अर्थगर्भित प्रयोग हुआ है। 'विदेश' जगत के अर्थ में प्रयुक्त है जहाँ माया की प्रबलता है। दाम्पत्य प्रतीक का मार्मिक चित्रण हुआ है।

अब हम सकल कुसल करि मांनां।
सांति[१] भई तब गोविंद[२] जांनां।।टेक।।
तन मैं होती कोटि उपाधि। उलटि भई सुखसहज समाधि।
जम तैं[३] उलटि भया है रांम। दुख विनसे सुख किया बिसरांम।।
बैरी उलटि भए हैं मीता। साकत उलटि सजन[४] भए चीता।।
आपा जानि उलटिले आप। तौ नहिं कापै तीन्यूं ताप।।
अब मन उलटि सनातन हूवा। तब जानत जब जीवत मूवा।।
कहै कबीर सुख सहज समावउं। आप डरउं न और डरावउं।।१५।।

पाठान्तर–१. स्वांति, २. गोव्यंद, ३. थैं, ४. सज्जन

व्याख्या–कबीर कहते हैं कि अब मुझे समस्त क्रिया कलापों में कुशल क्षेम प्रतीत हो रहा है। मेरे मन में शांति तब आई जब मैंने गोविन्द को समझ लिया (पहचान लिया)। शरीर में जो विविध प्रकार की वासना की पीड़ाएँ थीं, वे सभी उलटकर सहज समाधि के सुख में बदल गयीं। जो यमराज काल था वह अब रक्षक राम बन गया है। दुखों का विनाश हो गया। सुख में आत्मा विश्राम कर रही है। शत्रु भाव मैत्री भाव में परिणत हो गया है। हरि विमुख शाक्त भी सज्जनता से युक्त हो गए। आत्मा को समझकर मन को अन्तर्मुखी कर लेने के बाद दैहिक, दैविक और भौतिक ताप व्याप्त नहीं होते। आत्म स्वरूप को पहचान लेने के बाद तीनों ताप व्यथित नहीं करते। हमारा मन संसार से विमुख होकर चिरन्तन हो गया। तभी मैंने सब कुछ समझा जब जीवन्मृत हो गए। कबीर कहते हैं कि मैं सहज आनन्द में समाहित हो गया हूँ। अब न किसी से डरता हूँ और न किसी को डराता हूँ।

टिप्पणी–अंतिम दो पंक्तियों में अनुप्रास की योजना। जीवन्मृत ऐसी अवस्था जब जीवित रहते हुए भी इन्द्रियों की संसार के प्रति उन्मुखता समाप्त हो जाती है।

आत्मानुभूति तथा मन के आध्यात्मिक रूपान्तरण की प्रक्रिया की प्रभावशाली व्यंजना है।

संतों भाई आई ग्यान की आँधी रे।
भ्रम की टाटी सबै उडांणी, माया रहै न बाँधी।।
हितचित[१] की है थूंनि गिरानी, मोह वलीडा[२] टूटा।
त्रिस्नां छानि परी घर ऊपरि कुबुधि का भांडा[३] फूटा।।

जोग जुगति करि संतौ बांधी, निरचू चुवै न पाणी।
कूड़ कपट काया का निकस्या, हरि की गति जब जांणी।।
आंधी पीछैं जो जल बूढ़ा[४], प्रेम[५] हरि[६] जन भीनां।
कहै कबीर भान के प्रगहें, उदित भया तम षीनां[७]।।१६।।

पाठान्तर–१. दुचिते, २. बलेंडा, ३. दुरमति भाँडा, ४. बरसा, ५. तिहि, ६. तेरा, ७. अंतिम पंक्ति इस प्रकार है–कहै कबीर मनि भया प्रगासा उदै भानु जब चीनां (न्हांर) पारसनाथ तिवारी की ग्रंथावली में पाँचवीं, छठी पंक्तियाँ नहीं हैं।

शब्दार्थ–टाटी = फूस का पर्दा, टटिया, आड़, वलींडा = बड़ेरा, बूढ़ा = बरसा, षीनां = क्षीण।

व्याख्या–कबीर कहते हैं कि हे संतो, ज्ञान की आँधी आ गयी है। आँधी आने पर सभी भ्रम रूपी फूस के पर्दे (टटिया) उड़ गयी। ज्ञान उत्पन्न हो जाने पर भ्रम का निवारण हो गया। माया का बंधन छूट गया। ज्ञान की आँधी से प्रेम और आसक्ति के दोनों खंभे जो तृष्णा रूपी छप्पर को सहारा देते थे गिर गए, मोह का बडेरा जिस पर छप्पर टिका था टूट गया। तृष्णा का छप्पर धराशायी हो गया, दुर्बुद्धि के भांडे (जिन पात्रों में कर्म संचित रहते हैं) फूट गए। संतों ने योग की युक्ति से अपने शरीर रूपी छप्पर को ऐसा आकार दिया कि विषय-विकार का एक भी बूँद नहीं टपकता अर्थात् शरीर में प्रवेश नहीं करता। आँधी से शरीर के विकार (कूड़ा करकट) बाहर हो गए। आँधी के बाद भक्ति रस की वर्षा हुई जिससे समस्त भक्त जन भीग गए। जल वर्षा के बाद ज्ञान रूपी सूर्य का उदय हुआ और समस्त अज्ञान का आवरण हट गया।

टिप्पणी–पाठान्तर में दुचिते का अर्थ है द्विविधा, मनिभया प्रकासा = मन में प्रकाश हो गया, जब ज्ञान रूपी सूर्य को पहचान लिया। वास्तव में सूर्य का यह तेज ब्रह्म तेज का प्रतीक है क्योंकि ज्ञान की आँधी तो पहले ही आ चुकी है।

साधना के चारों सोपानों विवेक-वैराग्य, षट्-सम्पत्ति, सदाचार तथा प्रेम का वर्णन सावधानी से किया गया है। आँधी के बिम्ब द्वारा ज्ञान से प्रेम और ईश्वर के साक्षात्कार का प्रभावशाली चित्रण किया गया है। पूरे पद में सांग रूपक तथा रूपकातिशयोक्ति का विधान द्रष्टव्य है।

अब घटि प्रगट भए रांम राई। सोधि सरीर कनक की नाईं।।
कनक कसौटी जैसे कसि लेइ सुनारा। सोधि सरीर भयौ तन सारा।।
उपजत उपजत बहुत उपाई। मन थिर भयौ तनै थिति पाई।।
बाहरि खोजत जनम गंमाया। उनमनी ध्यांन घट भीतरि पाया।।
बिन परचै तन काँच कथीरा। परचै कंचन भया कबीरा।।१७।।

शब्दार्थ–सोधि = शुद्धीकरण, उनमनी = तुरीयावस्था, समाधि, कथीरा = राँगा।

व्याख्या–कबीर कहते हैं कि अब मेरे शरीर में राम उत्पन्न हो गए हैं जिससे मेरा शरीर सोने की तरह शुद्ध हो गया है। जैसे स्वर्णकार सोने को कसौटी पर रखकर शोध लेता है उसी तरह साधक ने अपनी साधना से शरीर को शुद्ध कर लिया है। उसमें धीरे धीरे तत्त्वज्ञान उत्पन्न हुआ, मन स्थिर हो गया, जीव अपने स्वरूप में स्थित हो गया। अज्ञानी जीव (तीर्थ आदि स्थानों) बाहर ईश्वर की खोज करके जन्म व्यतीत कर दिया। उसे उन्मनी ध्यान (तुरीयावस्था)

में पहुँचने या समाधि के द्वारा शरीर में ही ईश्वर मिल गया। बिना परिचय के शरीर राँगे की तरह मूल्य हीन रहता है, ईश्वर से परिचय होने पर सोने की तरह मूल्यवान हो जाता है।

टिप्पणी–साधना में आत्मिक एवं दैहिक शुद्धि आवश्यक है। राम शुद्धता की जाँच करके ही भक्त को दर्शन देते हैं। साधना की आन्तरिकता की महत्ता को प्रतिपादित किया गया है। बाह्य साधना का विरोध है। उपमा तथा पुनरुक्ति प्रकाश अलंकारों की सार्थक योजना है।

हिंडोलनां तहाँ झूलै आतम रांम।
प्रेम भगति हिंडोलनां, सब संतनि कौ विश्राम।।
चंद सूर दोइ खंभवा बंक नालि की डोरि।
झूलें पंच पियारियाँ, तहाँ झूलै जीय मोर।।
द्वादस गम के अंतरा, तहाँ अमृत कौ ग्रास।
जिनि यह अमृत चाषिया, सो ठाकुर हम दास।।
सहज सुंनि कौ नेहरौ गगन मंडल सिरिमौर।
दोऊ कुल हम आगरी जो हम झूलै हिंडोल।।
अरध उरध की गंगा जमुना, मूल कंवल को घाट।
षट चक्र की गागरी, त्रिवेणी संगम बाट।।
नाद व्यंद की नावरी, राम नांम कनिहार।
कहै कबीर गुंण गाइ ले, गुर गमि उतरौ पार।।१८।।

शब्दार्थ–हिंडोलना = झूला, चंद सूर = पिंगला और इड़ा नाड़ी, बंक नालि = सुषुम्ना नाड़ी, वक्र नाड़ी, पियारियाँ = ज्ञानेन्द्रियाँ, बिन्दु = वीर्य।

व्याख्या–कबीरदास कहते हैं कि प्रेम-भक्ति रूपी झूला लगा हुआ है। वहीं सभी सन्तों को विश्राम मिलता है। उसमें आत्मा रूपी राम झूल रहे हैं। यह झूला इड़ा और पिंगला नाड़ियों के दो स्तम्भों पर सुषुम्ना नाड़ी की डोरी से बँधा हुआ है। पाँचो इन्द्रियाँ तथा मन इस पर झूलते हैं। ब्रह्म रन्ध्र से ऊपर के सहस्त्रार कमल से अमृत की बरसा हो रही है। द्वादश अंगुल प्राण-पथ के भीतर ही प्राण-पर नियन्त्रण करके सिद्धि रूपी अमृत प्राप्त किया जा सकता है जिसने इस अमृत को चखा है वही मेरा स्वामी या गुरु है। मैं उसका सेवक हूँ। सहस्त्रार स्थित गंगन मंडल (ब्रह्म रन्ध्र) ही मेरी आत्मा रूपी सुंदरी का नैहर है। मेरी आत्मा रूपी सुंदरी यदि इस झूले पर झूल लेगी तो दोनों लोक अर्थात् लोक-परलोक को श्रेष्ठता प्रदान करेगी अर्थात् दोनों लोकों में हमारा अग्रगण्य स्थान हो जायेगा। इड़ा और पिंगला नाम की नाड़ियाँ गंगा-यमुना हैं। मूलाधार चक्र ही उन तक पहुँचाने वाला घाट है। इन दोनों नदियों के मार्ग से षटचक्रों की गागरी या घट को उठाकर भ्रू मध्य स्थित त्रिवेणी (जहाँ तीनों नाड़ियों का संगम होता है) पर पहुँचेगी। नाद बिन्दु ही नौका है अर्थात् अनाहत नाद एवं वीर्य की नाव को खेने वाला राम-नाम है। कबीर दास कहते हैं कि भगवान के गुणों का गान करके और गुरु की कृपा से साधक को इस भव-सागर से पार-उतरना चाहिए।

प्रस्तुत पद में भक्ति और योग का सुंदर समन्वय किया गया है। नाद और बिन्दु योग परम्परा से गृहीत शब्द हैं। वैदिक साहित्य में शब्द को ब्रह्म कहा गया है। नाद मानव शरीर में भी उपस्थित है। यह परमतत्त्व का प्रतीक है। बिन्दु शक्ति का परिचायक है। नाद (शिव) से

शक्ति का मिलन प्रत्येक साधक का अभीष्ट है। कबीर ने नाद का प्रयोग ज्यादातर अनाहत नाद के अर्थ में तथा बिन्दु का प्रयोग रजस के अर्थ में किया है।

प्रस्तुत पद में रूपक का सार्थक प्रयोग हुआ है। चन्द्र, सूर्य का प्रतीकात्मक प्रयोग है।

को बीनैं प्रेम लागी रे, माई को बीनैं।
रांम रसांइण मातेरी, माई को बीनैं।।टेक।।
पाई-पाई तू पुतिहाई, पाई की तुरियां बेचि खाईं री माई को बीनैं।
ऐसैं पाई पर बिथुराई, लूं रस आंनि बनायौ री, माई को बीनैं।
नाचै तांनां नाचै बांनां, नाचैं कूंच पुराना री, माई को बीनैं।।१६।।

शब्दार्थ–माते = मस्त, पुतिहाई = विश्वास हो गया।

व्याख्या–कबीर कहते हैं कि ज्ञान और प्रेम का जीवन ही वास्तविक जीवन है। जीवात्मा अपनी समान धर्मा साधिका अथवा माया से कहती है कि हे माई, मुझे तो परम-प्रभु से प्रेम हो गया है। इस सांसारिक ताने-बाने को कौन बुने। मैं राम-रस में मस्त हूँ इसलिए अब कौन बुने। तुमने विश्वास कर लिया कि मैं बुनने में पारंगत हो गई पर मैंने तो बुनने के साधन तुरी को ही बेंच खाया। मैंने तो सांसारिक क्रिया-कलापों को उत्पन्न करने वाली मूल वासनाओं को ही समाप्त कर दिया। मेरा मन प्रेम-रस से परिपूर्ण हो गया है। सूत सुलझाने की पाई पर भी वही रस फैल गया। प्रेम-रस की मस्ती में ताना और बाना दोनों नाच रहा है। पुरानी जीर्ण तुरी भी इस रस में नाचने लगी है। इस जीवन रूपी ताने को ज्ञान रूपी चूहे ने काट दिया है। अब यह सांसारिक जीवन रूपी वस्त्र बुनने योग्य नहीं रह गया अब उसे सँभालकर फिर से कैसे बीनूँ।

वयन कर्म तथा उससे सम्बन्धित उपकरणों को प्रतीक रूप में ग्रहण करते हुए कबीर ने प्रेम की मस्ती और सांसारिक क्रिया-कलापों से विरक्त होने का रोचक वर्णन किया है। इसमें लोक-गीतों की शैली पर चरणों की आवृत्ति की गयी है। रूपक, रूपकातिशयोक्ति, वक्रोक्ति आदि अलंकारों से अनुभूतियों को अधिक स्पष्ट ढंग से व्यक्त किया गया है।

मैं बुनिकर सिरांनां हो रांम, नालि करम नहीं ऊबरे।।टेक।।
दखिन कूंट जब सुनहां भूंका, तब हम सकुन बिचारा।
लरके परके सब जागत हैं, हम घरि चोर पसारा हो रांम।।
तांना लीन्हा बांना लीन्हा, लीन्हें गोड के पऊवा।
इत उत चितवत कठवन लीन्हां मांड, चलवना डउवा हो रांम।।
एक पग दोइ पग त्रेपग, संधें संधि मिलाई।
करि परपंच मोट बँधि आये, किलिकिलि सबै मिटाई हो रांम।।
तांनां तनि करि बांनां बुनि करि, छाक परी मोहि ध्यांन।
कहै कबीर मैं बुंनि सिरांना जानत है भगवांनां हो रांम।।२०।।

शब्दार्थ–दखिन = दक्षिण, कूंट = कोण, कोने में, सुनहां = श्वान, कुत्ता, भूंका = कुत्ते की आवाज, संधे = साधकर, सावधानी से, किलि-किलि = झंझट, छाक = भोजन, नालि करम = बुनने का काम।

व्याख्या–कबीर कहते हैं कि मैं सांसारिक कर्मरूपी वस्त्र बुनकर थक गया लेकिन बुनने

के काम से उबर नहीं पाया अर्थात् आवागमन का चक्र बना हुआ है। इस करघे के दक्षिण किनारे पर जब वृद्धावस्था का श्वान भूँकता है तब हमें उस घड़ी का शुभ विचार आता है जब इस संसार को छोड़कर अन्यत्र जाना पड़ेगा। इन्द्रियरूपी लड़के-बच्चे सभी जाग रहे हैं लेकिन शरीर रूपी घर में चोर रूपी मृत्यु का प्रसार होता जा रहा है। मैंने ताना और बाना उसका आधार काण्ठ, माड़ी, घोलने का कठौता, मांडी चलाने का काठ का डउवा बुनने के सारे सामान सजा लिये थे। ताने-बाने की संधियों को परस्पर मिलाकर कर्म और भोग का गठबंधन करके एक कदम दो कदम क्रमशः सांसारिकता का कपड़ा बुनता गया। इन सारे प्रपंचों के बाद भी ताने-बाने की गठरी बँध गई अर्थात् कर्मजाल एक दूसरे से उलझते गये। जीवन में साधनों को जुटाने एवं सम्पूर्ण प्रकार के प्रपञ्च रचने पर भी जीवन को चला नहीं सका। इसीलिए मुझे एकाएक ध्यान आया अर्थात् मुझे भजन का ध्यान आया और मुझ पर ईश्वर-प्रेम की मस्ती छा गयी फलतः मैंने बुनने का कार्य ही स्थगित कर दिया।

मैं सांसारिक माया जाल को बुनने से उपराम हो गया। इसके साक्षी स्वयं भगवान हैं।

'दक्षिण कूट' का दूसरा अर्थ शास्त्रविहित मार्ग है। उस पर कुत्तों के भूँकते हुए भी अर्थात् सावधानी के बावजूद भी पंच विकारों रूपी चोर प्रविष्ट हो गये। लड़के पड़के अर्थात् शुभ कर्म तथा उनके भागीदार के होते हुए भी पंचविकारों से रक्षा नहीं हो सकी। बुनाई का समस्त कार्य जागतिक व्यवहारों का प्रतीक है। राम का ध्यान आने से इन व्यवहारों से ध्यान हट जाता है।

तननां बुननां तज्यौ कबीर।
रांम नांम लिखि लियौ सरीर।।टेक।।
मुसि मुसि रोवै कबीर की माई। ए बारिक कैसे जीवहिं खुदाई।।
जब लगि तागा बाहौं बेही। तब लगि बिसरै रांम सनेही।।
कहत कबीर सुनहु मेरी माई। पूरन हारा त्रिभुवन राई।।२१।।

शब्दार्थ–मुसि = बिलखकर।

व्याख्या–कबीर कहते हैं कि मैंने ताना-बाना छोड़ दिया है अर्थात् बुनाई का कार्य छोड़ दिया है। मैंने अपनी देह पर राम का नाम लिख लिया है। तात्पर्य है कि मेरे शरीर में राम व्याप्त हो गया है। संसार के प्रति मेरी विरक्ति को देखकर मेरी माँ बिलख बिलखकर रोती है, वह कहती है कि हे खुदा, यह बालक बिना जीविकोपार्जन किए कैसे जीवित रहेगा। कबीर अपनी माँ से कहते हैं कि जब तक मैं छिद्र में तागा डालता हूँ तब तक राम का स्नेह विस्मृत हो जाता है। हे माँ! तीनों लोक का स्वामी राम सब कुछ पूर्ण करता है। जीवन यापन भी उसी की कृपा से हो सकता है।

तनना-बुनना सांसारिक कार्य व्यापार का प्रतीक है। इस तरह के पदों को कबीर की जाति तथा व्यवसाय का अन्तःसाक्ष्य माना जा सकता है। मुसि-मुसि में पुनरुक्ति प्रकाश अलंकार का विधान है।

जुगिया न्याइ मरै मरि जाइ।
घर जाजरो बलीडौ टेढ़ौ, औलोती डरराइ।।टेक।।
मगरी तजौ प्रीत पाषें सूं, डांडी देहु लगाइ।
छींको छोड़ि उपरहि डौ, बांधौ, ज्यूं जुगि जुगि रहौ समाइ।।

बैसि परहडी द्वारा मुंदाबौं, ख्यावौ पूत घर घेरी।
जेठी धीय सासरै पठवौ, ज्यूं बहुरि न आवें फेरी।।
लहुरीं धीय सबै कुल खायौ, तब ढिग बैठन पाई।
कहै कबीर भाग बपरी कौ, किलि-किलि सबै चुकाई।।२२।।

शब्दार्थ–जुगिया = जग की तरह, योगी या साधक, बलीडा = छप्पर के बीच ऊपर रखी आधारभूत लकड़ी, मगरी = छप्पर रखने की जगह, पाषे = पक्ष, दीवाल का एक कोना, छीकौं = भोजन रखने की लटकती जगह, धीय = लड़की, प्रतीकार्थ कुंडलिनी, बपुरी = बेचारी।

व्याख्या–कबीर कहते हैं इस संसार या साधक का बार-बार मरना उचित ही है। जीव का शरीर रूपी घर जर्जर है, बड़ेर (रीढ़ की हड्डी) टेढ़ी हो गयी है, औलाती भी छिन्न-भिन्न होकर डगमगाने लगी है अर्थात् काल के प्रभाव को रोकने की सामर्थ्य क्षीण हो गयी है। देह रूपी छप्पर को रखने की जगह आसक्ति एवं वासना आदि को छोड़ दो और जीवन रूपी छप्पर को ईश्वर की प्रीति रूपी पाख (दो दीवालों) पर टिका दो और ज्ञान एवं भक्ति की दो डंडियाँ लगाकर सहारा दो। छींका अर्थात् भोग्य सामग्री को रखने की जगह पर अधिक ध्यान न देकर छप्पर के ऊपरी भाग को दृढ़ता से बाँधो जिससे युग-युग तक वह सुरक्षित रहे। तात्पर्य यह है कि मन को ऊर्ध्वगामी करो। सुखोपभोग की चिन्ता छोड़ो जिससे जीवन अमर हो जाय उसकी चिन्ता करो। आत्मरूपा परहड़ी (जल-घट रखने का स्थान) में मन रूपी घट को प्रतिष्ठित करके विषय वासनाओं के आगमन द्वार को बन्द कर दो और आत्म बोध रूपी पुत्र को घर का पहरेदार बना दो। बड़ी लड़की अर्थात् कुंडलिनी को ब्रह्म रंध्र रूपी ससुराल में पहुँचा दो, वह लौटकर नीचे के चक्र में न आये। बड़ी लड़की आवरण रूपा माया का भी प्रतीक हो सकती है तथा छोटी लड़की विक्षेप रूपा माया का प्रतीक है। बड़ी लड़की को ईश्वर के पास भेज दो, उसका परम तत्त्व में विलय कर दो। विक्षेप रूपा छोटी लड़की जीव के पास तब तक बैठने नहीं पाती है जब तक वासना रूपी सम्पूर्ण कुल का विनाश नहीं कर लेती। इस बेचारी के भाग्य में यही लिखा है कि इसे ईश्वर प्रीति के द्वारा संसार के सभी झंझट मिटाने पड़ते हैं।

सम्पूर्ण पद में सांगरूपक तथा रूपकातिशयोक्ति १, ३, ४, ५ में छेकानुप्रास, छप्पर तथा कन्या के प्रतीकों द्वारा देह की नश्वरता तथा नश्वरता से मुक्त होने के उपायों का प्रभावशाली वर्णन किया गया है। लोक प्रतीकों द्वारा साधना की जटिलता के वर्णन की अद्‌भुत कला कबीर में विद्यमान है।

मन रे जागत रहिये भाई।
गाफिल होइ बसत मति खोवै, चोर मुसै घर जाई ।।टेक।।
षट चक्र की कनक कोठडी, बस्त भाव है सोई।
ताला कुंजी कुलक के लागे, उघड़त बार न होई।।
पंच पहरवा सोई गये हैं, बसते जागण लागौ।
करत विचार मनहीं मन उपजी नाँ कही गया न आया।
कहै कबीर संसा सब छूटा, रांम रतन धन पाया।।२३।।

शब्दार्थ–गाफिल = असावधान, मुसै = चोरी करना, बार = देर, पहरवा = रखवाला।

व्याख्या–कबीरदास अपने मन को संबोधित करते हुए कहते हैं कि हे मन! जागते रहो। असावधान होकर मत सोओ, असावधान होने पर चोर तुम्हारे घर की सम्पत्ति लूट ले जायेंगे। काम क्रोधादि ही चोर हैं जो अन्तःकरण रूपी सद्वृत्तियों का अपहरण करते रहते हैं। छः चक्रों से निर्मित तुम्हारी स्वर्ण कोठरी में शुद्ध चैतन्य की उपस्थिति है। इस कोठरी के ताले में ध्यान की कुंजी लगने से षट् चक्र रूपी कोठरी के खुलने में देर नहीं लगती अथवा ईश्वर प्रेम की व्यथा जागने अथवा कुंडलिनी जागृत होने पर चक्रों के द्वार खुल जाते हैं। उस समय पाँचों इन्द्रियाँ रूपी पहरेदार सो जाते हैं और आत्मा रूपी वस्तुयें (या मूल निवासिनी) जागने लगती हैं, उस समय जरा-मरण कुछ भी नहीं व्याप्त होता, जब गगन मंडल (ब्रह्म रंध्र) में लय लग जाती है। मैं विचार करते-करते ही इस युक्ति को समझ गया, यह युक्ति मेरे मन में स्वयं उत्पन्न हुई। इसे खोजने के लिए कहीं आना-जाना नहीं पड़ा। कबीरदास कहते हैं कि जब मैंने राम रतन रूपी धन को प्राप्त कर लिया तब सभी प्रकार के संशय मिट गये।

प्रस्तुत पद में रूपक का निर्वाह किया गया है। काया योग के प्रतीकों द्वारा ईश्वरीय प्रेम की जागृति को अंकित किया गया है।

चलन चलन सब कोइ कहत हैं।
नां जानौं बैकुंठ कहाँ है।।टेक।।
जोजन एक परमिति नहिं जाँनैं। बातनि ही बैकुंठ बखांनैं।।
जब लग मनि बैकुंठ का आसा। तब लग नहिं हरिचरन निवासा।।
कहें सुनें कैसे पतिअइयै। जब लग तहाँ आप नहिं जइयै।।
कहै कबीर यहु कहियै काहि। साध संगति बैकुंठहि आहि।।२४।।

शब्दार्थ–परमिति = सीमा, पतिअइयै = विश्वास करना।

व्याख्या–कबीरदास कहते हैं कि बैकुण्ठ जाने की बात तो सब कहते हैं लेकिन कोई यह नहीं जानता कि बैकुण्ठ कहाँ है। एक योजन (लगभग बारह कि० मी०) की दूरी को तो जानते नहीं बातों में ही बैकुण्ठ का बखान करते हैं। जब तक बैकुण्ठ की आशा से व्यक्ति बँधा है तब तक उसे भगवान के चरणों में निवास नहीं मिलता। जब तक उस परम-पद अथवा बैकुण्ठ का जीव स्वयं साक्षात्कार नहीं कर लेता तब तक उसे कहने-सुनने से विश्वास नहीं होता। कबीरदास कहते हैं कि यह किसे समझाऊँ कि साधु-संगति में ही बैकुण्ठ है।

प्रस्तुत पद में अहेतुक भक्ति साधना की व्यंजना की गयी है। पुनरुक्ति प्रकाश, वृत्यानुप्रास आदि अलंकारों के सहज प्रयोग हुए हैं। कवि ने सत्संगति की महिमा को प्रतिपादित किया है। नारदीय भक्ति सूत्र में भी यह कहा गया है–

नअहं वसामि बैकुण्ठे योगिनाम हृदये न च।
मद्भक्ता यत्र गायन्ति तत्र तिष्ठामि नारद।।

अपने बिचारि असवारी कीजै।
सहज कैं पाइड़ै[1] पाव जब दीजै।।टेक।।
दै मुहरा लगाम पहिराऊँ, सिकली जीन गगन दौराऊँ[2]।
चलि बैकुण्ठ तोहि लै तारौं, थकहि त[3] प्रेम ताजनैं मारूँ।।
जन[4] कबीर ऐसा असवारा, वेद कतेब दहूँ[5] थै न्यारा।।२५।।

पाठान्तर–१. पावड़ै (ति०) २. दौरावउं (ति०) ३. हिचहि (ति०) ४. कहत (ति०) ५. नियारा (ति०)।

शब्दार्थ–अपनें बिचारि = आत्म विचार,मुहरा = घोड़े के मुँह पर पहनाने का एक साज, ताजनै = चाबुक, कतेब = कुरान।

व्याख्या–कबीर कहते हैं कि हे मन! जब सहज समाधि रूपी रकाब में पैर रखोगे तभी आत्म चिंतन की सवारी कर सकोगे। अपने मन रूपी घोडे के मुँह पर मुहरा चढ़ाकर लगाम लगा दो अर्थात् विषय-वासनाओं से उसे विमुख करके पूरी तरह अपने नियन्त्रण में रखते हुए समष्टि भाव के ध्यान रूपी जीन को रखकर उसे शून्य शिखर की ओर दौड़ा दो। इस सवारी पर चढ़ाकर हे मन, मैं तुम्हें बैकुण्ठ ले जाकर उतार दूँगा। यह घोड़ा यदि बीच में थक जायेगा तो उसे प्रेम का चाबुक मारूँगा। कबीरदास कहते हैं कि ऐसा साधक जीवन जो आत्म-चिन्तन के घोड़े पर सवार है वह वेद और कुरान दोनों निर्दिष्ट मार्गों से अलग रहता है।

इस पद में सांग रूपक, रूपकातिशयोक्ति आदि अलंकारों का प्रयोग करते हुए शास्त्रीय ज्ञान की तुलना में आत्मचिंतन को विशेष महत्त्व दिया गया है। आत्मानुशासन में नियंत्रण, ध्यान, विरक्ति एवं प्रेम आदि भावों की मुख्य भूमिका होती है। घुड़सवारी का बिम्ब मध्यकालीन परिवेश में अधिक व्यावहारिक तथा भाव व्यंजक था।

इस पद में घुड़सवारी से सम्बन्धित शब्दावली के प्रयोग हुए है। मुहरा, लगाम, ताजनै, असवार आदि विदेशी शब्दों को काव्य-भाषा में समाहित किया गया है।

अपनैं मैं रँगि अपनपो जानूँ,
जिहि रँगि जानि ताही कूँ मानूँ।।टेक।।
अभि अंतरि मन रंग समानाँ, लोग कहैं कबीर बौरानाँ।।
रंग न चीन्हैं मूरखि लोई, जिहि रँगि रंग रह्या सब कोई।।
जे रंग कबहुँ न आवै न जाइ, वहै कबीर तिहिं रह्या समाइ।।२६।।

व्याख्या–कबीरदास कहते हैं कि मैं आत्म स्वरूप में तन्मय होकर ही अपने वास्तविक स्वरूप को जान सका हूँ। उस तन्मयता में या प्रेम के रंग में मैंने जिस स्वरूप का साक्षात्कार किया मेरे लिए वही प्रामाणिक है। वह रंग मेरे अन्तःकरण में व्याप्त हो गया है। मैं उसी में मस्त हूँ। लोग कहते हैं कबीर पागल हो गया है। मूर्ख लोग प्रेम के रंग को पहचानते नहीं, वास्तविकता यह है कि परमात्मा के प्रेम से सभी लोग रंजित हैं। जो रंग कभी आता-जाता नहीं अर्थात् एक रूप रहता है उसी में सारा विश्व समाहित है।

रँगि-रँगि-रंग में अनुप्रास अलंकार की योजना की गयी है। 'रंग' शब्द अनेक अर्थ बिम्बों को ग्रहण करता है। कबीर ने इस पद में चैतन्य स्वरूप के सहज एवं अनुभूतिमय साक्षात्कार का वर्णन किया है।

झगरा एक निबेरहु राँम।
जे तुम्ह अपनैं जन सौं काम।।टेक।।
ब्रह्मा बड़ा किं जिन रे उपाया। वेद बड़ा कि जहाँ तैं आया।।
यहु मन बड़ा कि जेहिं मनमानैं। राँम बड़ा कि रामहिं जानैं।।
कहै कबीर हौं भया उदास। तीरथ बड़ा कि हरि का दास।।२७।।

शब्दार्थ–निबेरहु = निपटा दो, काम = प्रेम, झगरा = झंझट, मन का, संशय, उपाया

= उत्पन्न किया, खरा = बहुत।

व्याख्या–कबीरदास कहते हैं कि हे राम, यदि तुम्हें अपने भक्तों से लगाव है तो एक द्वन्द्व का निवारण करो। ब्रह्मा बड़ा है कि जिसने सबको उत्पन्न किया है। वेद बड़ा है या कि वह जहाँ से वेद प्रकट हुआ है। यह मन श्रेष्ठ है कि वह जिसमें यह मन रमता है। राम बड़े हैं कि राम के तत्त्व को जानने वाला बड़ा है। कबीर कहते हैं कि मैं उदास हो गया हूँ। प्रश्न उठता है कि तीर्थ बड़े हैं अथवा भक्तगण जो किसी भी स्थान को अपने सत्कर्म से तीर्थ बना देते हैं।

कबीर ने वक्रोक्ति का सहारा लेते हुए परात्पर ब्रह्म की श्रेष्ठता, गुरु की श्रेष्ठता एवं हरि के भक्तों की श्रेष्ठता को सिद्ध किया है।

दास रामहिं जानिहै रे और न जानइ कोइ।।
काजल देइ सबै कोइ, चखि चाहन माँहि बिनाँन।।
जिन लोइन मन मोहिया, ते लोइन परवाँन।।
बहुत भगत (भगति) भौसागरा नानाँ विध नानाँ भाव।।
जिहि हिरदै श्रीहरि भेटिया सो भेद कहुँ कहुँ ठाँव।।
दरसन समि का कीजिये, जौ गुन नहिं होत समाँन।।
सींधव नीर कबीर मिल्यौ है, फटक न मिलै पषाँन।।२८।।

शब्दार्थ–परवाँन = प्रमाण।

व्याख्या–कबीरदास कहते हैं कि भक्त को केवल राम से ही प्रेम होता है, और किसी से वह पहचान नहीं करना चाहता है। आँख में काजल तो सभी लगाते हैं किन्तु आँखों में अनुराग किसके प्रति है यह एक रहस्य है। आँखों में चाह की विशिष्ट कला होती है। जो नेत्र देखते ही मोहित कर लेते हैं, उन्हीं नेत्रों में भाव की प्रामाणिकता होती है। भवसागर को पार करने के लिए अनेक प्रकार के भक्ति भाव हैं किन्तु ऐसी पद्धति बहुत कम दृष्टिगत होती है जिससे भगवान् से हृदय में ही भेंट हो जाय अर्थात् वह हृदय में ही प्रकट हो जाय। इस रहस्य का ज्ञान किसी किसी भक्ति पद्धति में है। भगवान् के दर्शन से भी क्या लाभ जिसमें भगवान् के समान गुण भक्त में न पैदा हो जाँय। नमक तो जल में विलीन हो जाता है किन्तु पत्थर जल से भिन्न रहता है। सच्चा भक्त प्रेम से अभिभूत होकर अपना अहंकार खोकर ईश्वर में लीन हो जाता है किन्तु अहंकार युक्त जड़ व्यक्ति अलग ही रह जाता है।

प्रस्तुत पद में अनुप्रास, रूपक, पुनरुक्ति, व्यतिरेक आदि अलंकारों की योजना की गयी है। कबीर ने कृत्रिम भावना और वास्तविक भावना का अन्तर दिखाया है तथा अपने द्वारा गृहीत भक्ति मार्ग की श्रेष्ठता को प्रतिपादित किया है। सींधव (नमक) और फटिक क्रमशः तरलता तथा जड़ता के प्रतीक हैं। बिहारी ने भी लिखा है–

किते न अनियारे दृगनि किती न जुबति जहान।
वह चितवनि औरै कछू जेहि बस होत सुजान।।

कैसैं होइगा, मिलावा हरि सनां।
रे तू विषै बिकारन तजि तजि मनां।।टेक।।

रे तैं जोग जुगुति जान्यां नहीं तैं गुरु का सबद मान्यां नहीं।।
गंदी देही देखि न फूलिये, संसार देखि न भूलियै।।
कहै कबीर मन बहुगुनी, हरि भगति बिनां दुख फुनि फुनी।।२६।।

शब्दार्थ–फुनि फुनी = बार बार, पुनः पुनः।

व्याख्या–कबीर कहते हैं कि हरि से मिलाप कैसे होगा? क्योंकि हे मन तू विषय विकार त्यागने की कोशिश नहीं कर रहा है। तूने योग युक्ति नहीं जानी और गुरु के उपदेश को भी मान्यता नहीं दी। इस गन्दे शरीर को देखकर प्रफुल्लित मत होओ और संसार देखकर विस्मृत मत होओ। कबीर कहते हैं कि मैंने मन में बहुत विचार किया और इस निष्कर्ष पर पहुँचा कि भगवान् की भक्ति बिना पुनः पुनः दुख ही है। मन का मानवीकरण किया गया है।

कासूँ कहिए सुनि राँम तेरा मरम न जानै कोई जी।
दास बवेकी सब भले, परि भेद न छानाँ होइ जी।।
ए सकल ब्रह्मंड तैं पूरिया अरु दूजा महि थाँन जी।
मैं सब घट अंतरि पेखिया, जब देख्या नैन समांन जी।।
राम रसाइन रसिक हैं, अदबुद गति विस्तार जी।
भ्रम निसा जो गत करै, ताहि सूझै संसार जी।।
सिव सनकादिक नारदा ब्रह्मि लीया निज बास जी।
कहै कबीर पद पंकजा, अब नेडा चरण निवास जी।।३०।।

शब्दार्थ–बवेकी = विवेकी (आदि स्वर लोप), छानां = छानबीन करना।

व्याख्या–हे राम! तुम्हारे मर्म की बात किसके सामने प्रकट करूँ। तेरा मर्म कोई तो नहीं जानता। तुम्हारे सभी भक्त श्रेष्ठ और विवेकवान हैं परन्तु वे भी रहस्य की छान-बीन नहीं कर पाते हैं। तुम एक अखंड तत्त्व रूप में सारे ब्रह्मांड में पूरित हो फिर भी ऐसा लगता है कि तुम्हारा स्थान पृथ्वी पर कहीं अन्यत्र है। या दूसरा स्थान पृथ्वी के देव स्थानों में है। जब मैंने समान दृष्टि से देखा तो मैंने तुम्हें सभी देह रूपी घटों के अन्तःकरण में प्रतिष्ठित देखा, ईश्वर नेत्र के समान अर्थात् ज्योति स्वरूप है। वही नेत्रों के प्रकाशक तथा दृश्य दोनों हैं। राम रसायन और रसिक दोनों हैं। इनकी लीला का विस्तार अद्भुत है। जो भ्रम रूपी रात्रि को समाप्त कर देता है, उसी को संसार का रहस्य ज्ञात हो पाता है। शिव, सनकादिक, नारद आदि ने ब्रह्म में ही अपनी प्रतिष्ठा कर ली है। कबीरदास कहते हैं कि मैंने भी भगवान् के चरणों के पास अपना निवास बना लिया है।

कासू कहिए, राम रसाइन रसिक में अनुप्रास, नैन समान में उपमा, भ्रम-निसा में रूपक अलंकारों का प्रयोग किया गया है। निर्गुण ब्रह्म के चरणों की कल्पना में सगुण की छाया दृष्टिगत होती है। छाना = प्रच्छन्न से विकसित हुआ किन्तु इसका लाक्षणिक अर्थ तलाश करना हो गया।

मैं डोरै डोरै जांऊँगा।
तौ मैं बहुरि न भौजलि आंऊँगा।।टेक।।

सूत बहुत कुछ थोरा, ताथै लाइलै कंथा डोरा।
कंथा डोरा लागा, तब जुरा मरण भौ भागा।।

जहाँ सूत कपास न पूनीं, तहाँ बसै इक मूनीं।
उस मूनीं सूंचित लांऊँगा, तौ मैं बहुरि न भौजलि आंऊँगा।।
मेरे डंड इक छाजा, तहाँ बसै इक राजा।
तिस राजा सूचित लांऊँगा, तौ मैं बहुरि न भौजलि आंऊँगा।।
जहाँ बहु हीरा धन मोती तह तत लाइ लै जोती।
तिस जोतहिं जोति मिलांऊँगा, तौ मैं बहुरि न भौजलि आंऊँगा।।
जहाँ ऊगै सूर न चंदा, तहाँ देख्या एक अनन्दा।
उस आनन्द सूं चित लाऊँगा, तौ मैं बहुरि न भौजलि आंऊँगा।।
मूल बंध इक पावा, तहाँ सिध गणेस्वर रावा।
तिस मूलहिं मूल मिलांऊँगा, तौ मैं बहुरि न भौजलि आंऊँगा।।
कबीरा तालिब तेरा, तहाँ गोपत हरी गुर मोरा।
तहाँ हेत हरि चित लांऊँगा, तौ मैं बहुरि न भौजलि आंऊँगा।।३१।।

शब्दार्थ–डोटै = डोरा के सहारे, सुषुम्ना के सहारे, भौजलि = भवसागर = संसार सागर, कंथा = गुदड़ी, जुरा = वृद्धावस्था, भौ = भय, पूनी = रुई की बाती जो कातने के लिए बनाई जाती है, तालिब = शिष्य।

व्याख्या–यदि सुषुम्ना मार्ग से कुंडलिनी को ऊपर चढ़ाऊँगा तो इस संसार सागर में फिर कभी नहीं आना पड़ेगा। सुषुम्ना के सूक्ष्म सूत्र मार्ग से सहस्त्रार चक्र में प्रस्थान होता है। कबीर उसी का संकल्प करते है। यह जीवन सूत्र बहुत छोटा है, इसलिए गुदड़ी अर्थात् वैराग्य में ध्यान लगा। यदि जीवन सूत्र को विरक्ति में पिरो दोगे तो वृद्धावस्था तथा मरण का भय समाप्त हो जायेगा। जहाँ न सूत है, न कपास, न पूनी अर्थात् जीवन को बुनने वाले उपकरण नहीं हैं वहीं एक मुनि (अर्थात् ईश्वर) निवास करता है। यदि उसी मुनि अर्थात् ईश्वर में चित लगाऊँगा तो फिर इस भवसागर में नहीं आऊँगा। मेरे सुषुम्ना दंड के ऊपर एक राजा (अर्थात् विश्व का स्वामी) निवास करता है। उसी राजा में यदि मैं ध्यान लगाऊँगा तो पुनः इस संसार में नहीं आऊँगा। जहाँ बहुत से हीरा, मोती हैं अर्थात् आनन्द और आह्लाद जैसी मूल्यवान वस्तुएँ हैं, वहीं परम तत्त्व की ज्योति का निवास है। उसी ज्योति से आत्म ज्योति को मिला दूँगा तो इस संसार में नहीं आना पड़ेगा। जहाँ सूर्य और चन्द्रमा उदित नहीं होते अर्थात् दिन रात नहीं होते। काल अखंड रहता है, वहाँ मैंने अद्भुत आनन्द का अनुभव किया। मैं उसी आनन्द में अपना मन अर्पित करूँगा फलस्वरूप मुझे संसार में फिर से जन्म नहीं ग्रहण करना पड़ेगा। मुझे मूलाधार चक्र की उपलब्धि हुई जिसके देवता गणेश हैं उसी मूल से मूल तत्त्व को मिलाने की चेष्टा करूँगा, परिणामतः संसार सागर में नहीं आऊँगा।

मैं कबीर तुम्हारा चाहने वाला हूँ इस विषय में गोपियाँ मेरी गुरु हैं। वहाँ पर मैं तुम्हारे प्रेम में चित्त लगाऊँगा तब पुनः इस भवसागर में नहीं आना होगा।

हठयोग तथा प्रेम भक्ति की समन्वित साधना के द्वारा पुनर्जन्म से मुक्त होने की भावना की व्यंजना की गयी है। प्रतीकात्मक शैली का प्रयोग किया गया है। लोकगीतों की तरह इसमें भावों की पुनरावृत्ति हुई है। तालिब फारसी से गृहीत शब्द है जिसका अर्थ है चाहने वाला। सूत, कंथा, राजा, मुनि आदि अनेक शब्दों के प्रतीकात्मक प्रयोग हुए हैं।

संतौ धागा टूटा गगन बिनसि गया, सबद जु कहाँ समाई।
ए संसा मोहिं निस दिन व्यापै, कोई न कहै समझाई।।टेक।।
नहीं ब्रह्मंड प्यंड पुंनि नांहीं, पंचतत्त भी नांहीं।
इला प्यंगुला सुषमन नाहीं, ए गुंण कहाँ समाँहीं।।
नहीं ग्रिह द्वार कछु नांहीं, तहियाँ, रचनहार पुनि नांहीं।
जोवनहार अतीत सदा संगि, ये गुंण तहाँ समाँहीं।।
तूटै बँधै बँधै पुंनि तूटै, तब तब होई बिनासा।
तब को ठाकुर अब को सेवक को काकै बिसवासा।।
कहै कबीर यहु गगन न बिनसै, जौ धागा उनमाँना।
सीखे सुने पढ़े का होई जौ नहीं पदहि समाँना।।३२।।

शब्दार्थ–धागा = जीवन सूत्र, श्वास का प्रवाह, प्यंड = शरीर।

व्याख्या–कबीरदास कहते हैं कि जीवन सूत्र (श्वास का क्रम या सृष्टि) विनष्ट हो जायेगा तथा शून्य या आकाश भी विनष्ट हो जायेगा तो शब्द कहाँ समाहित होगा। यह संशय मुझे दिन रात चिन्तित किए रहता है, इसके विषय में कोई भी समझाकर नहीं बताना चाहता है। जब ब्रह्मांड, शरीर, पंच तत्त्व (क्षिति, जल, पावक, गगन, समीर) इड़ा, पिंगला, सुषुम्ना आदि कुछ भी नहीं रह जाते तब इनमें व्याप्त गुण या त्रिगुण कहाँ समाहित हो जाते हैं। जब गृह, द्वार, आदि कुछ न होंगे और इनका रचयिता भी नहीं होगा। (मेरी दृष्टि में) जीवन को योजित करने वाला ईश्वर जो मायातीत है में ये गुण समाहित हो जाते हैं। जीवन का यह सूत्र (विश्व का ताना-बाना) निबद्ध होता है, टूटता है तथा विनष्ट भी होता है। ऐसी स्थिति में जो कभी स्वामी होता है, वही दास भी होता है, कौन किस सम्बन्ध पर विश्वास करे। कबीर कहते हैं कि यह आकाश विनष्ट नहीं होता, (सहस्त्रार चक्र या शून्य चक्र क्योंकि वहाँ शिव) राम का निवास है)। यदि उसमें उन्मनी समाधि का सूत्र लगा हुआ हो। सीखने, पढ़ने, सुनने से क्या लाभ है यदि परमपद में समाहित न हो सके।

कबीर ने सृष्टि या जीवन के निर्माण और विनाश सम्बन्धी जिज्ञासा उठायी है और ईश्वर तत्त्व को चिरन्तन सिद्ध किया है। ध्यान का तार यदि शून्य से जुड़ा है तो शाश्वत बोध साधक में भी जागृत हो जाता है। परमपद शब्द का प्रयोग सिद्ध साहित्य में भी मिलता है। इसे सहजावस्था भी कहा गया है। सरहपा कहते हैं–

बुद्धि विणासइ मण मरइ, तुट्टइ जहिं अहिमाण।।
सो मायामय परमपउ तहिं किं बज्झइ झाण।।

ता मन कौ खोजहु, रे भाई।
तन छूटे मन कहाँ, समाई।।

सनक सनंदन जैदेव नांमां। भगति करी मन उनहुँ न जानां।।
सिब विरंचि नारदमुनि ग्यानी। मन की गति उनहूँ नहीं जांनी।।
ध्रू प्रहिलाद विभीषन सेषा। तन भीतर मन उनहूँ न देषा।।
ता मन का कोइ जानै न भेव। रंचक तीन भया भये सुख देव।।
गोरख भरथरी गोपीचंदा। ता मन सौं मिलि करै अनंदा।।
अकल निरंजन सकल सरीरा। ता मन सूं मिलि रह्या कबीरा।।३३।।

व्याख्या–कबीर कहते हैं कि उस मन की खोज करनी चाहिए जो शरीर के छूट जाने पर कहीं न कहीं विलीन हो जाता है। सनक, सनन्दन और नामदेव आदि ने भक्ति तो की किन्तु मन को नहीं जान पाए। शिव, ब्रह्मा, नारद मुनि जैसे ज्ञानी भी मन की गति नहीं जान सके। ध्रुव, प्रह्लाद, विभीषण आदि भक्त जिन्हें भगवान् का साक्षात्कार होना कहा गया है तन के भीतर मन को उन्होंने भी नहीं देखा। इस मन के रहस्य को कोई विरला ही जानता है। सुकदेव ने इसे थोड़ा-बहुत समझा था। गोरख, भर्तृहरि एवं गोपीचन्द मन से मिलकर आनन्दित हो उठे थे। अलक्ष्य, निरंजन मन इसी खंडित शरीर में व्याप्त है। उसी ब्रह्म मानस से कबीर भी मिल गया है।

कबीर ने प्रस्तुत पद में ज्ञान और भक्ति की तुलना में योग साधना तथा आन्तरिक साधना को विशेष महत्त्व दिया है।

भाई रे बिरले दोसत[1] कबीर के यहु तत बार बार कासों कहिए।
भानण घडण संवारण संम्रथ, ज्यूँ राखै त्यूँ रहिए।।
आलम दुनीं सबै फिरि खोजी, हरि बिन सकल अयाना।
छह दरसन छयानबे पाषंड, आकुल किनहूँ न जाना।।
जप तप संयम पूजा अर्चा, जोतिग जग बौराना।
कागद लिखि लिखि जगत भुलांना, मन ही मन न समांना।।
कहै कबीर जोगी अरु जंगम, ए सब झूठी आसा।
गुरु प्रसादि[2] रटौ चात्रिग ज्यूँ, निहचै भगति निवासा।।३४।।

पाठान्तर–१. दोस्त (ति०) २. रामहिं नाम (ति०)

शब्दार्थ–दोसत = दोस्त, मित्र, आलम = संसार।

व्याख्या–कबीर कहते हैं कि मेरे बिरले दोस्त हैं किसके सामने तत्त्व की बात बार बार कहूँ। जो संहार, संघटन तथा संवारने में (पोषण) समर्थ है, वह जैसे रखता है उसी तरह रहना चाहिए। सम्पूर्ण संसार को घूमकर देख लिया है कि भगवान् के बिना सब कुछ अज्ञानपूर्ण है। छहों दर्शनों (वेदान्त, वैशेषिक, मीमांसा, बौद्ध, जैन, सांख्य) और छानबे पाखंडों में आकुल व्याकुल ज्ञानी तथा धर्माचारी इसे नहीं जान सके। जप, तप, संयम, पूजा, अर्चना, ज्योतिष में सारा संसार पागल बना है। यह जगत कागज लिख लिखकर भ्रम में भूल गया है। वे अपने मन को ब्रह्म मानस में विलीन न कर सके, बाह्य मन को आन्तरिक मन (अन्तःकरण) से मिला नहीं पाए। कबीर कहते हैं कि योगी तथा जंगम आदि सम्प्रदायों की खोज में मिथ्या आशा लेकर तल्लीन हैं। गुरु के प्रसाद (कृपा) से चातक की तरह पी-पी (प्रियतम) की रट लगाने से भक्ति और भगवान् में निश्चय ही प्रतिष्ठा हो जाती है।

पद में पुनरुक्ति प्रकाश और उपमा की योजना करते हुए नाम स्मरण की तल्लीनता को व्यंजित किया गया है। पुस्तकीय ज्ञान की अपेक्षा भाव-साधना तथा गुरु की कृपा अधिक महत्वपूर्ण होती है। पाखंडपूर्ण साधना का कबीर ने पूरी तरह से खंडन किया है। पाखंड और कागज में व्यंजनात्मकता अधिक है।

कितेक सिव संकर गए ऊठि।
राँम समाधि अजहूँ नहिं छूटि।।

प्रलै काल कहु कितेक भाष। गए इन्द्र से अगणित लाष।।
ब्रह्मा खोजि पर्‌यौ गहि नाल। कहै कबीर वै राँम निराल।।३५।।

व्याख्या–कितने शिव, शंकर विचलित होकर उठ गए किन्तु राम की समाधि आज भी नहीं टूटी। राम अविचलित हैं। वे आज तक किसी के भी द्वारा जाने न जा सके। कितने प्रलय कालों का वर्णन है। इन्द्र जैसे देवता भी अनगिनत आए और गए। ब्रह्मा ने भी नाल पकड़कर गहराई तक उतरना चाहा है किन्तु निराले राम को नहीं जान सके।

कबीर ने राम की अखंडता, एकरसता तथा चिरन्तनता को अन्य देवताओं की तुलना में विशिष्ट बताया है। रूपकातिशयोक्ति तथा वक्रोक्ति की सुन्दर व्यंजना है।

अच्यंत च्यंत ये माधौ, सो सब माँहिं समाँनाँ।
ताहि छाड़ि जे आँन भजत हैं, ते सब भ्रंमि भुलाँनाँ।।टेक।।
ईस कहै मैं ध्यांन न जाँनूं, दुर्लभ निज पद मोही।
रंचक करुणाँ कारणि कैसा, नाम धरण कौ तोहीं।।
कहौ धौं सबद कहाँ थै आवै, अरु फिरि कहाँ समाई।
सबद अतीत का मरम न जानै, भ्रंमि भूली दुनियाई।।
प्यंड मुकति कहा ले कीजै, जौ पद मुकति न होई।
प्यंडै मुकति कहत है मुनि जन, सबद अतीत था सोई।।
प्रगट गुपुत गुपुत फुनि प्रकट, सो कत रहै लुकाई।
कबीर परमानंद मनाये, अकथ कथ्यौ नहीं जाई।।३६।।

शब्दार्थ–रंचक = थोड़ा।

व्याख्या–जो पदार्थ चिन्त्य है तथा जो अचिन्त्य है सबमें भगवान् समाया हुआ है। उसको छोड़कर जो लोग अन्य का भजन करते हैं वे भ्रम में भूले हुए हैं। शंकर जी कहते हैं कि मैं उस परमपद का ध्यान करना नहीं जानता हूँ, इसलिए परम तत्त्व की पहचान मेरे लिए कठिन है। हे केशव! तुम्हारी थोड़ी सी करुणा के प्रभाव से, तुम्हारे नाम को धारण करता हूँ अर्थात् नाम का स्मरण करता हूँ। हे जीव विचार करो कि शब्द कहाँ से आता है और कहाँ समाहित हो जाता है। जो शब्दातीत है दुनिया उसका मर्म नहीं जानती, भ्रम में ही विस्मृत है। पिंड मुक्ति (शरीर मुक्ति) लेकर क्या किया जाय यदि पद मुक्ति (ब्रह्मलीनता) नहीं होती। मुनि लोग पिण्ड मुक्ति (शून्य शब्द आदि अवस्थाओं की प्राप्ति) की ही बात करते हैं, किन्तु वह तो शब्द से भी अतीत है अर्थात् परे है। उसका आविर्भाव तथा तिरोभाव होता है। वह स्वाधीन भाव से अपने को प्रकट करता है फिर छिप जाता है। साधक को जानना चाहिए कि वह कहाँ छिप जाता है। कबीर कहते हैं कि मैं तो परमानन्द के आनन्द में मग्न हूँ। वह अनुभव अकथनीय है, उसका वर्णन नहीं किया जा सकता है।

टिप्पणी–प्रथम पंक्ति का दूसरा अर्थ यह भी हो सकता है–भगवान् बुद्धि द्वारा अचिन्तनीय है किन्तु भावगम्य है। प्रथम पंक्ति में विरोधाभास, वृत्यानुप्रास तीसरी पंक्ति में सम्बन्धातिशयोक्ति, आदि अलंकारों की योजना है। हठयोग की तुलना में आत्म चिन्तन तथा भाव साधना पर बल दिया गया है। नाद ब्रह्म से परे परम पद या परम ब्रह्म की स्थिति का निर्देश किया गया है।

सो कछू बिचारहु पंडित लोई।
जाकै रूप न रेख बरण नहीं कोई।।टेक।।
उपजै प्यंड प्रांन कहाँ थैं आवै। मूवा जीव जाई कहाँ समावै।।
इंद्री कहाँ करहिं बिस्रामाँ। सो कत गया जो कहता रामाँ।।
पंचतत जहाँ सबद न स्वादं। अलेख निरंजन विद्या न बादं।।
कहै कबीर मन मनहि समानाँ। तब आगम निगम झूठि करि जानाँ।।३७।।

शब्दार्थ–प्यंड = शरीर, पिंड।

व्याख्या–पंडित लोग! उस तत्त्व के विषय में कुछ विचार करो जिसका कोई रूप, वेश तथा वर्ण नहीं है। जब शरीर उत्पन्न होता है तो उसमें प्राण कहाँ से आ जाता है, मरने के बाद वह कहाँ समाहित हो जाता है। इन्द्रियाँ कहाँ विश्राम करती हैं। जो राम कहता था वह जीव कहाँ गया। जहाँ पंच तत्त्व नहीं है, शब्द और स्वाद भी नहीं है, अलक्ष्य, निरंजन (निर्लिप्त) विद्या वादादि से परे उस ब्रह्म मानस में जब मेरा मन समा गया तब मैंने आगम निगम को झूठा समझ लिया।

चौथी पंक्ति में वृत्यानुप्रास, अंतिम पंक्ति में व्यतिरेक की योजना है। कबीर मन को ही उदात्त चेतना में प्रतिष्ठित करने को ही परमपद मानते हैं। इस स्थिति को प्राप्त व्यक्ति के लिए आगम निगम निरर्थक हो जाते हैं। यहाँ शब्द का प्रयोग सामान्य शब्द के रूप में है अनाहतनाद का प्रतीक नहीं है।

जो पै बीज रूप भगवाना[१]।
तौ पंडित का कथिसि गियाना[२]।।टेक।।
नहीं[३] तन नहीं[४] मन नहीं[५] अहंकार। नहीं[६] सत रज तम तीनि प्रकार।।
विष[७] अमृत फल फले[८] अनेक। वेद अरु बोध कहै तरु एक।।
कहै कबीर इहै मन माना। कहि धूँ[९] कवन उरझांना[१०]।।३८।।

पाठान्तर–१. भगवान, २. गियांन, ३. नहिं ४. नहिं ५. नहिं ६. नहिं, ७. विख, ८. अंम्रित फर फरे, ९. कोधौं,१०. अरुझांनां (ति०)

व्याख्या–हे पंडित, यदि भगवान् बीज रूप है, सबकी उत्पत्ति के कारण हैं तो फिर क्या ज्ञान की बात कहते हो। फिर न शरीर है, न मन है, न अहंकार है। प्रकृति के तीन गुण सत रज, तम भी नहीं हैं। ज्ञाता और ज्ञेय एक ही वृक्ष है। उसमें जीव के कर्मानुसार विष और अमृत सदृश कटु मधुर फल लगते हैं। कबीर कहते हैं कि यह संसार मन की ही कल्पना है इसमें कौन बँधता है और कौन छूटता है (सभी भ्रम ही है)

टिप्पणी–सिद्धावस्था में दार्शनिक मत मतान्तर अर्थहीन हो जाते हैं। बंधन और मोक्ष मन के ही भ्रम हैं। सूरदास ने भी कहा है–

आपुनपौ आपुन ही बिसर्यौ।

x x x

सूरदास नलिनी कौ सुवटा, कहि कौने जकर्यो।

विष-अमृत-फल में रूपक अलंकार की योजना है।

पांडे कौन कुमति तोहि लागी।
तूं राँम न जपहि अभागी।।टेक।।
बेद पुरान पढ़त अस पांडे, खर चंदन जैसे भारा।
राँम नाँम तत समझत नाँही, अंति पड़े मुखि छारा।।
बेद पढ्या का यहु फल पांडे, सब घटि देखै राँमाँ।
जनम मरन थैं तौ तूं छूटै, सुफल हूँहि सब काँमाँ।।
जीव बधत अरु धरम कहत हौ, अधरम कहाँ है भाई।
आपन तौ मुनिजन ह्वै बैठे, कासनि कहौं कसाई।।
नारद कहै व्यास यौं भाषैं, सुखदेव पूछौ जाई।
कहै कबीर कुमति तब छूटै, जे रहौ राँम ल्यौ लाई।।३६।।

शब्दार्थ–खर = गधा, छार = राख, धूल।

व्याख्या–कबीर कहते हैं कि हे पंडित तुम्हें कैसी दुर्बुद्धि लग गयी है। तुम राम का जप नहीं करते हो, इसलिए तेरा यह अभाग्य ही है। तुम वेद-पुराण का अध्ययन इस तरह करते हो जैसे गधे के ऊपर चंदन का बोझ लदा हो। तुम वेद-शास्त्र को इस तरह पढ़ते हो जैसे तुम्हारे ऊपर उसका बोझ लदा है। उसके द्वारा जो संवेदना होती है उससे तुम वंचित रहते हो। वेद-शास्त्र के अध्ययन मात्र से राम-नाम का मर्म समझ में नहीं आता, अंततः तुम्हारे मुख में धूल ही पड़ती है अर्थात् तुम्हारी कोई सद्गति नहीं होती। पंडित जी वेद पढ़ने का यह फल होना चाहिए कि तुम्हें सब घटों अर्थात् शरीरों में राम की उपस्थिति दिखाई दे। जन्म-मरण से मुक्ति मिलने के बाद ही सब काम (आचरण) सफल होते हैं। तुम जीव की हत्या (बलि) करते हो और उसे धर्म कहते हो, भाई! फिर अधर्म किसे कहा जायेगा। तुम अपने को मुनि कहते हो तो फिर कसाई (बधिक) किसे कहा जायेगा। नारद और व्यास भक्ति के महत्त्व को ही बताते हैं यदि तुम्हें विश्वास न हो तो शुकदेव से भी पूछ लो। कबीर कहते हैं कि दुर्बुद्धि तभी छूटती है जब राम में लय (ध्यान) लगा दी जाय।

तीसरी पंक्ति में दृष्टांत अलंकार की योजना है। शास्त्रीय ज्ञान की अपेक्षा नाम-साधना को श्रेष्ठतर सिद्ध किया गया है। धर्म में किसी भी तरह की हिंसा कबीर को स्वीकार्य नहीं है। तत्त्व ज्ञान ही मुक्ति दायक है शेष की परिणति दुखदायी है।

इस पद को डा० पारसनाथ तिवारी ने इस प्रकार स्वीकार किया है।

पंडिआ कवन कुमति तुम लागे।
बूड़हुगें परिवार सकल सिउं, राम न जपहु अभागे।।टेक।।
बेद पुरांन पढ़े क्या गुनु खर चंदन जस भारा।
रांम नांम की गति नहिं जानी कैसै उतरसि पारा।।
जीअ बधहु सु धरमु करि थापहु अधरम कहहु कतभाई।
आपस को मुनिवर करि थापहु काकौ कहौं कसाई।।
मन के अंधे आपि न बूझहु, काहि बुझावहु भाई।
माया कारनि बिद्या बेचहु जनमु अबिरथा जाई।।
नारद बचनु बिआस कहत है सुक कौं पूछहु जाई।
कहि (कहै?) कबीर रामैं रमि छूटहु नाहिं त बूड़े भाई।।

व्याख्या–हे पंडित तुम दुर्बुद्धि से क्यों जुड़ गए हो। तुम राम का जप नहीं करते इसलिए परिवार सहित भवसागर में डूब जाओगे। वेद पुराण पढ़ने गुनने से क्या लाभ है जैसे गधा अपने ऊपर चंदन का भार ढोता है किन्तु उसकी सुगन्ध का अनुभव उसे नहीं होता है। स्वानुभूति के बिना शास्त्र अध्ययन व्यर्थ है। रामनाम की गति नहीं जानते इसलिए कैसे पार उतरोगे। जीव का वध करते हो उसे धर्म कहकर स्थापित करते हो। अपने को मुनिवर के रूप में स्थापित करते हो फिर कसाई (वधिक) किसे कहा जायेगा। मन से अंधे हो अर्थात् अज्ञानी हो, किसे ज्ञान बुझाते हो। माया (धन-दौलत) के लिए विद्या बेचते हो इससे तुम्हारा जन्म नष्ट हो जायेगा। नारद का वचन है, और व्यास का भी कथन है, शुकदेव से भी पूछकर इस तथ्य की प्रामाणिकता की जाँच कर लो। कबीर कहते हैं कि राम में रमण करो तभी मुक्ति होगी नहीं तो भवसागर में डूब जाओगे।

पंडित बाद बदंते झूठा।
रांँम कह्या दुनियाँ गति पावै, षाँड कह्या मुख मीठा ।।टेक।।
पावक कह्याँ पाव जे दाझै, जल कहि त्रिषा बुझाई।
भोजन कह्या भूष जे भाजै, तौ सब कोई तिरि जाई।।
नर कै साथि सूवा हरि बोलै, हरि परताप न जानै।
जो कबहूँ उड़ि जाइ जंगल मैं, बहुरि न सुरतै आनै।।
साँची प्रीति बिषै माया सूं, हरि भगतनि सूं हासी।
कहै कबीर प्रेम नहीं उपज्यौ, बाँध्यौ जमपुरि जासी।।४०।।

शब्दार्थ–षांड = शक्कर, दाझै = जलै, त्रिषा = तृष्णा, प्यास, सुरतै= स्मृति, हासी = हँसी, जासी = जाएगा।

व्याख्या–कबीर कहते हैं कि पंडित लोग व्यर्थ के वाद-विवाद में पड़े रहते हैं। ज्ञान और भक्ति से शून्य भाव से राम कहने से संसार की गति का ज्ञान नहीं होता जैसे खाँड कहने से यदि मुख मीठा होता, यदि आग कहने से कोई जलता तथा जल कहने से यदि प्यास बुझती, भोजन कहने से यदि भूख मिट जाती, तो राम कहने से सभी लोग मुक्त हो जाते। मनुष्य के साथ तोता भी भगवान् का नाम लेता है किन्तु भगवान् के प्रताप को नहीं जानता, वह यदि कभी जंगल में उड़ जाता है तो उसे राम-नाम का ध्यान भी नहीं आता। ज्ञान और प्रेम रहित जप करने वाले व्यक्ति की सच्ची प्रीति माया से होती है। यह तो हरि भक्तों की हँसी उड़ाना है। कबीर कहते हैं कि यदि ईश्वर के प्रति सच्चा प्रेम नहीं है तो बँधा हुआ यमपुर चला जायेगा अर्थात् काल कवलित हो जायेगा।

दृष्टान्तों के द्वारा राम के नाम की महिमा, आत्मा-परमात्मा के सम्बन्धों के ज्ञान तथा गहन प्रीति से ही भक्ति साधना की सार्थकता को प्रतिपादित किया गया है।

जो पै करता बरन बिचारै।
तौं जनतैं तीनि डांड़ि किन सारै।।टेक।।
उतपति ब्यंद कहाँ थैं आया। जो धरी अरु लागी माया।।
नहीं को ऊँचा, नहीं को नीचा। जाका प्यंड ताही का सींचा।।
जे तूं बाभन बभनीं जाया। तौ आंन बाट होइ काहे न आया।।
जे तूं तुरुक तुरुकिनी जाया। तौ भीतरि खतनां क्यूं न कराया।।
कहै कबीर मद्धिम नहिं कोई। सो मद्धिम जा मुखि राँम न होई।।४१।।

शब्दार्थ–वरन = वर्ण (जाति), डांडि = विभाजक रेखा।

व्याख्या–सृष्टि कर्त्ता के मन में यदि वर्ण-व्यवस्था का विचार होता तो जन्म लेते ही वह तीन विभाजक रेखा क्यों नहीं खींच देता (ईश्वर स्वयं वर्ण को चिन्हित कर देता)। प्राणी की उत्पत्ति का वीर्य कहाँ से आया। जैसे ही उसकी ज्योति शरीर में रखी गयी वैसे ही माया ने लिप्त कर लिया। उत्पत्ति की दृष्टि से सब जीव समान हैं इसलिए न कोई ऊँचा है और न कोई नीचा है। जिसने पिंड (शरीर) का निर्माण किया है वही एक ब्रह्म सबको अभिसिंचित अर्थात् पोषित भी करता है। यदि तू ब्राह्मण है और ब्राह्मणी से पैदा हुआ है तो दूसरे मार्ग से क्यों नहीं जन्म लिया। यदि तू तुर्क है और तुर्किनी से जन्म लिया है तो तुमने माँ के उदर में ही खतना क्यों नहीं करा लिया। कबीर कहते हैं कि मध्यम (हीन) कोई नहीं है, मध्यम (हीन) वही है जिसके मुख से राम का नाम नहीं निकलता।

विविध तर्कों से वर्ण-व्यवस्था का खंडन किया गया है और मानवीय समानता की स्थापना की गयी है। तीन डांडी का अर्थ तिलक की तीन रेखाएँ भी हो सकता है जो ब्राह्मणों के द्वारा अपनी श्रेष्ठता के लिए माथे पर लगायी जाती हैं।

कथता बकता सुरता सोई।
आप बिचारै सो ग्याँनी होई ।।टेक।।
जैसे अगनि पवन का मेला। चंचल चपल बुधि का खेला।।
नव दरवाजे दसौं दुवार। बूझि रे ग्यांनी ग्यांन बिचार।।
देही माटी बोलै पवनां। बूझि रे ज्ञानी मूवा स कवनां।।
मुई सुरति बाद अहंकार। वह न मुवा जो बोलनहार।।
जिस कारनि तटि तीरथि जांही। रतन पदारथ घटहीं माहीं।।
पढ़ि-पढ़ि पंडित बेद बषांणै। भीतर हूती बसत न जाणैं।।
हूं न मूवा मेरी मुई बलाइ। सो न मुवा जो रह्या समाइ।।
कहैं कबीर गुरु ब्रह्म दिखाया। मरता जाता नजरि न आया।।४२।।

व्याख्या–कथन करने, वक्तृता देने या श्रवण करने से कोई अन्तर नहीं आता। तीनों समान ही हैं। तीनों से भिन्न ज्ञानी वह होता है जो आत्म-विचार करता है। जिस प्रकार हवा के द्वारा अग्नि प्रज्वलित होती है उसी प्रकार कथन, वक्तव्य और श्रवण से चंचल बुद्धि की चपलता बढ़ती है ये सब बुद्धि की क्रीड़ाएँ हैं। इस शरीर में नौ दरवाजे तथा दसवाँ द्वार ब्रह्म रंध्र है, हे ज्ञानी! तू विचार करके इस ज्ञान को समझो। देह तो मिट्टी है उसमें पवन (प्राण) बोलता है। हे ज्ञानी! विचार करो कि मरता कौन है? शारीरिक अनुभवों की स्मृतियाँ और अहंकार मरते हैं, वह (प्राण शक्ति) नहीं मरता जो बोलने वाला है। जिसकी खोज के लिए तीर्थ स्थानों में जाते हो, वह रत्न पदार्थ (श्रेष्ठ पदार्थ) शरीर के अन्दर ही है। पढ़-पढ़कर पंडित लोग वेद का व्याख्यान करते हैं, किन्तु भीतर निवास करने वाले परम तत्त्व को नहीं जानते हैं। मैं मृत नहीं होता (आत्मा अमर रहती है) मेरी बला अर्थात् मेरा अहंकार ही मरता है। वह (परम तत्त्व) भी नहीं मरता जो मुझमें समा रहा है। कबीर कहते हैं कि गुरु ने ब्रह्म-दर्शन करा दिया है अब मुझे संसार में कोई मरता हुआ नहीं दिखाई देता।

पंडित के शास्त्रीय ज्ञान का माखौल उड़ाते हुए योग दर्शन, आत्म दर्शन पर अधिक बल दिया गया है। आत्मा तथा परमात्मा की अजरता, अमरता का प्रतिपादन किया गया है।

हम न मरैं मरिहै संसारा।
हमकौं मिला जिआवन हारा ।।टेक।।
साकत मरहिं संत जन जीवहिं। भरि भरि राम रसाइन पीवहिं।।
हरि मरिहै तौ हंमहूँ मरिहैं। हरि न मरै हम काहे कौ मरिहैं।।
कहै कबीर मन मनहिं मिलावा। अमर भए सुख सागर पावा।।४३।।

व्याख्या–कबीरदास कहते हैं कि मैं नहीं मरूँगा, सारा संसार मर जायेगा, मुझे जिलाने वाला मिल गया है। शाक्त मर जायेंगे, संत लोग जीवित रहेंगे और राम रसायन का भरपूर पान करते रहेंगे। यदि भगवान् मरेंगे तो मैं भी मरूँगा। भगवान् मरता ही नहीं तो फिर मैं (आत्मा) कैसे मरेगी। कबीर कहते हैं कि मन को ब्रह्म मन में मिला दिया। अतएव मैंने अमर हो कर सुख के सागर को प्राप्त कर लिया।

प्रथम पंक्ति में अनुप्रास, भरि भरि में पुनरुक्ति प्रकाश, राम-रसायन में रूपक तथा सुख-सागर में रुपकातिशयोक्ति अलंकारों की योजना है। भगवान् की तरह भक्त भी अजर अमर रहता है। कबीर की शाक्त साधना के प्रति विद्रोह की भी व्यंजना की गयी है।

कौंन मरै कौंन जनमैं आई।
सरग नरक कौनैं गति पाई।।टेक।।
पंचतत अबिगत तैं उतपनां एकैं किया निवासा।
बिछुरे तत फिरि सहज समाँनाँ रेख रही नहिं आसा।।
जल मैं कुंभ कुंभ मैं जल है बाहरि भीतरि पांनी।
फूटा कुंभ जल जलहिं समाँनाँ यहु तत कथौ गियाँनीं।।
आदै गगनाँ अंतै गगनाँ मद्धे गगनाँ भाई।
कहै कबीर करम किस लागै झूठी संक उपाई।।४४।।

शब्दार्थ–कुंभ = घड़ा।

व्याख्या–कबीर कहते हैं कि कौन मरता है, कौन आकर जन्म लेता है, कौन स्वर्ग नर्क की गतियों को प्राप्त करता है। इस दृश्यमान जगत के पंच तत्त्व (क्षिति, जल, पावक, गगन समीर) उसी अविगत (अव्यक्त) ब्रह्म से उत्पन्न होते हैं और उनमें वही एक तत्त्व निवास करता है। तत्त्व विखंडित होने पर उसी सहज तत्त्व (परम तत्त्व ईश्वर) में समाहित हो जाते हैं। पानी में घड़ा है और घड़े में पानी है, बाहर भीतर सब जगह पानी है। कुंभ के टूटने पर जल जल में समा जाता है। यह तत्त्व ज्ञानियों ने प्रतिपादित किया है। घट रूपी शरीर के भीतर बाहर सब जगह ब्रह्म तत्त्व व्याप्त है। घड़े की दीवार माया की ही दीवार है। उसके टूटते ही आत्मा रूप ब्रह्मांश सर्व व्याप्त परमात्मा में समाहित हो जाता है। आदि, मध्य तथा अंत तीनों में आत्मा रूपी गगन (शून्य) है तो फिर कर्म संस्कार किसे लगता है। यह झूठी शंका उत्पन्न की गयी है।

सृजन और विनाश की व्याख्या गीता के अनुसार की गयी है। शुद्ध चैतन्य आत्म तत्व सदैव निर्लिप्त रहता है।

कौन मरै कहु पंडित जनाँ।
सो समझाइ कहौ हम सनाँ ।।टेक।।

माटी माटी रही समाइ, पवनैं पवन लिया सँगि लाइ।
कहै कबीर सुनि पंडित गुंनी, रूप मूवा सब देखै दुनी।।४५।।

व्याख्या–पंडित लोग मुझे समझाकर कहो कि कौन मरता है। मिट्टी मिट्टी में समा जाती है, हवा हवा के साथ हिल मिल जाती है। कबीर कहते हैं कि हे गुणवान पंडित सुनो, केवल यह रूपाकार ही मरता है अर्थात् बदल जाता है।

कबीर ने यहाँ गीता के समान आत्मा की अज़रता, अमरता को प्रतिपादित किया है। पंच तत्त्व अपने स्वरूप में विलीन हो जाते हैं।

जे को मरै मरन है मींठा।
गुरु प्रसादि जिनहीं मरि दीठा ।।टेक।।
मूवा करता मुई ज करनीं, मुई नारि सुरति बहु धरनीं।।
मूवा आपा मूवा मांन, परपंच खेइ मूवा अभिमाँन।।
राँम रमें रमि जे जन मूये, कहै कबीर अविनासी हूये।।४६।।

व्याख्या–मरना भी सुखद एवं मधुर अनुभूति है, यदि कोई मरना जाने तब। गुरु के प्रसाद से जो जीव मृत हुआ उसने आत्मा का दर्शन किया। कर्तृत्व के मरने पर कर्म भी मृत हो जाते हैं। अनेक प्रकार की स्मृतियों को धारण करने वाली देह रूपी नारी भी मर जाती है। अहंकार तथा सम्मान बोध भी मर जाता है। प्रपंचों को धारण करने वाला अभिमान भी मर जाता है। राम में रमण करते हुए जो लोग मृत हुए, कबीर कहते हैं वे ही अविनाशी हो गए। शरीर धारण करते हुए इन्द्रियों का विषय वासनाओं से पूर्णतया विरक्त हो जाना जीवनमृत होना है। मन आत्म-रूप हो जाता है।

प्रसाद ने भी कामायनी में मृत्यु की गोद को हिमानी सा शीतल कहा है।

जस तूँ तस तोहि कोई न जाँन।
लोग कहैं सब आनहिं आँन।।टेक।।
चारि बेद चहूँ मत का बिचार, इहि भ्रंमि भूलि पर्‌यो संसार।।
सुरति सुमृति दोइ कौ बिसवास, बाझि पर्‌यौ सब आसापास।।
ब्रह्मादिक सनकादिक सुर नर, मै बपुरौ धूँ का मैं काकर।।
जिहि तुम्ह तारौ सोई पै तिरई, कहै कबीर नाँतर बाँध्यौ मरई।।४७।।

व्याख्या–कबीरदास कहते हैं कि जैसा तू है वैसा कोई नहीं जानता है। लोग तुम्हारे विषय में अन्य बातें ही कहते हैं। चारों वेद तथा अन्य मत मतान्तर तुम्हारे विषय में जो विचार प्रतिपादित करते हैं वे भ्रामक हैं। इसी भ्रम में सारा संसार भूला हुआ है। श्रुति और स्मृति दोनों पर विश्वास करके लोग आशा के जाल में फँसे हुए हैं। ब्रह्मादिक, सनकादिक देवता, मनुष्य यदि उसी जाल में फँसे हैं तो मुझ बेचारे की क्या स्थिति है, मैं किस गिनती का हूँ। हे राम जिसे तुम (भवसागर) से तार देते हो वही पार पाता है अन्यथा बंधनों में ही बँधे रहते हुए मर जाता है।

वेद और शास्त्र के विरोध का स्वर प्रखर है। ईश्वर की कृपा से ही मुक्ति संभव है अन्य साधनों से नहीं।

लोका तुम जे कहत हौ नंद कौ नंदन नंद कहौ धूँ काकौ रे।
धरनि अकास दोऊ नहि होते तब यहु नंद कहाँ थौ रे।।टेक।।

लख चौरासी जीअ-जोनि महिं भ्रंमत भ्रंमत नंद थाकौ रे।
भगति हेतु औतार लियौ है भागु बड़ो बपुरा कौ रे।।
जनमैं मरै न संकटि आवै नांव निरंजन जाकौ रे।
दास कबीर कौ ठाकुर ऐसो जाकौ माइ न बापौ रे।।४८।।

व्याख्या–कबीर कहते हैं कि लोगो, तुम जो कहते हो कि भगवान् नन्द के पुत्र हैं तो बताओ नन्द किसके पुत्र थे? पृथ्वी और आकाश जब दोनों ही नहीं थे तब यह नंद कहाँ मौजूद थे। चौरासी लाख जीवों की योनियों में भ्रमण करते-करते नंद थक चुके हैं, (नंद की स्थिति भी अन्य जीवों से भिन्न नही है)। भक्ति हेतु यदि कृष्ण ने उनके यहाँ अवतार लिया तो यह बेचारे का बड़ा सौभाग्य है। जबकि वास्तविकता यह है कि निर्लिप्त ईश्वर न जन्म लेता है न मरता है, न संकट ग्रस्त होता है। कबीरदास के स्वामी ऐसे हैं जिनके माता-पिता नहीं हैं।

टिप्पणी–मा० प्र० गुप्त की ग्रन्थावली में पाँचवीं पंक्ति, तीसरी की जगह है। तीसरी पाँचवीं की जगह है। चौथी पंक्ति नहीं है। चौथी पंक्ति के स्थान पर अविनासी उपजै नहि बिनसै, संत सुजस कहैं ताकौ रे। इसका अर्थ है कि ईश्वर अनश्वर है। न वह उत्पन्न होता है न नष्ट होता है संत जन उसका सुयश कहते हैं। इस पंक्ति में तीसरी पंक्ति की ही पुनरावृत्ति दिखायी देती है। अंतिम पंक्ति में भगति करै हरि ताकौ रे की जगह 'जाकौ माइ न बापो रे' है। इसका अर्थ होगा, कबीर ऐसी भगवान् के प्रति भक्ति करते हैं।

इसमें अवतारवाद के विरोध की व्यंजना है।

निरगुन राँम जपहु भाई।
अबिगति की गति लखी न जाई।।टेक।।
चारि बेद अरु सुम्रित पुराँनाँ। नौ व्याकरनाँ मरम न जाँनाँ।।
सेस नाग जाकै गरुड़ समाँनाँ। चरन कँवल कँवला नहिं जाँनाँ।।
कहै कबीर सो भरमैं नाँहीं। निज जन बैठे हरि की छाँहीं।।४९।।

पाठांतर–मा० प्र० गुप्त में सो भरमैं नांही के स्थान पर जाकै भेदै नांही है।

व्याख्या–कबीरदास कहते हैं कि हे भाई! निर्गुण राम का जप करो। अज्ञात ईश्वर की गति मन, वाणी के लिए अलक्ष्य है। चारों वेद, स्मृति और पुराण, नवों व्याकरण उसके मर्म को नहीं जान सके। शेषनाग और गरुड़ जिसके सेवक हैं। जिसके चरण कमलों के विषय में कमला भी नहीं जानती। कबीरदास कहते हैं कि वे भ्रमित नहीं होते जो भगवान् के भक्त हैं और उनकी छाया में अर्थात् आश्रय में विराजित रहते हैं।

निर्गुण ब्रह्म की उपासना का निर्देश दिया गया है। भक्त ही निर्गुण ब्रह्म के मर्म को पहचानता है और कोई नहीं। 'अविगत की गति, चरन कमल छांही' में विरोधाभास, और 'चरण कमल' में रूपक अलंकार की योजना है। 'नौं व्याकरनां' में व्याकरण की नौ शाखाओं की ओर संकेत है।

मैं सबहिन्हि[१] महिं[२] औरनि मैं हूँ सब।
मेरी बिलगि बिलगि बिलगाई हो।
कोई कहौ कबीर कोई कहौ राम राई हो।।टेक।।
नाँ हम बार बूँढ़ नाँही हम नाँ हमरै चिलकाई हो।
पठएँ न जाऊँ अनवा[३] नहि आऊँ सहजि रहूँ[४] दुनियाई[५] हो।।

ओढ़न[6] हमरै एक पछेवरा लोक बोलैं इकताई हो।
जोलहै[7] तनि बुनि पानि न पावल फारि बिनैं[8] दस ठाँई हो।।
त्रिगुण रहित फल रंमि हम राखल तब हमरौ[9] नाउँ रॉम राई हो।
जग मैं देखौं जग न देखै मोहिं इहि कबीर किछु[10] पाई हो।।५०।।

पाठान्तर–१. गु० सबनि, २. गु० मैं, ३. अरवा नही, ४. रहीं, ४. हरिआई, ६. वोढ़न, ६. जुलहे, ८. बुनीं, ९. हमारौ, १०. कछु।

शब्दार्थ–बिलगि-बिलगि = अलग-अलग, चिलकाई = बच्चा।

व्याख्या–कबीरदास कहते हैं कि मैं ब्रह्म रूप में सब में व्याप्त हूँ। सृष्टि के सभी पदार्थ मेरे ही भिन्न-भिन्न रूप हैं, चाहे कोई मुझे कबीर कहो, चाहे राजाराम कहो। न तो मैं बालक हूँ, न वृद्ध हूँ, न मेरे कोई बच्चा है। मैं न तो कहीं भेजे जाने पर जाता हूँ और न ही बुलाने पर आता हूँ। मैं स्वभावतः प्रसन्न रहता हूँ, ओढ़ने के लिए मेरे पास एक चादर है, संसार के लोग जिसे अनोखी चादर कहते हैं। सृष्टिकर्त्ता रूपी जुलाहे ने तनकर और बुनकर विक्रय न कर पाया तो उसे फाड़कर दस टुकड़े कर दिया इस इन्द्रिय द्वार रूपी स्थानों पर फाड़कर पुनः सिल डाला। वास्तव में सारा संसार कपड़े के एक थान की तरह है जिसके अनेक टुकडे हैं किन्तु तत्त्व एक ही है। त्रिगुणात्मक अर्थात् सत्, रज, तम गुणों से युक्त माया मुझकों नहीं व्यापती। इसी प्रकृति के कारण मेरा नाम राजाराम पड़ा है। मैं ब्रह्म रूप में समस्त संसार को देखता हूँ किन्तु संसार मुझे नहीं देखता। इस तरह की कुछ स्थिति कबीर ने पा ली है। या यह कबीर की छोटी सी (किन्तु बहुत बड़ी) उपलब्धि है।

कबीर ने इस पद में अद्वैत अनुभूति का वर्णन किया है।

लोका जाँनि न भूलहु[1] भाई।
खालिक खलक खलक महिं[2] खालिक सब घटि[3] रहा[4] समाई।।टेक।।
अव्वलि अल्लह नूर उपाया[5] कुदरति के सभ बंदे।[6]
एक नूर तै[7] सब जग कीआ[8] कौंन भले कौंन मंदे[9]।।
ता अल्ला[10] की गति नहिं जानीं, गुर गुड़ दीन्हाँ मीठा।[11]
कहे कबीर मैं पूरा पाया सब घटि साहिब दीठा।।५१।।

पाठान्तर–१. गु० भूलौ, २. मैं, ३. घट, ४. रह्यौ, ५. अला एकै नूर निपाया, ६. कुदरति के सभ बंदे, ७. ता नूर थैं, ८. कीया, ९. कौन भला कौन मंदा, १०. ता अला, ११. गुरि गुड़ दीया मीठा

शब्दार्थ–नूर = ज्योति, उपाया = पैदा किया, कुदरति = प्रकृति, साहिब = ईश्वर, खालिक = परमात्मा।

व्याख्या–हे लोक के जन! (लोगों) जान बूझकर भ्रम में मत पड़ो। ईश्वर सृष्टि में और सृष्टि ईश्वर में व्याप्त है, ईश्वर प्रत्येक शरीर में समाहित है। परम तत्त्व ने पहले एक ज्योति पैदा की, प्रकृति के ही सभी जीव हैं। एक ज्योति से सभी संसार निर्मित है, फिर कौन उत्तम, कौन निकृष्ट है। इस दृष्टि से सभी बराबर हैं। उस परम तत्त्व की गति अगम्य है उसे कोई जान नहीं पाता। गुरु ने ईश्वर का परिचय रूपी गुड़ प्रदान किया है जो बहुत मधुर है। कबीर कहते हैं कि मैंने परम तत्त्व को सम्पूर्णता में प्राप्त कर लिया, और उसे सभी शरीरों में स्थित देखा है।

इस्लाम में परम तत्त्व के जिन नामों का उल्लेख है कबीर ने उन्हीं को ग्रहण किया। नूर से सृष्टि की निर्मिति सम्बन्धी मान्यता भी इस्लाम के अनुकूल है। धार्मिक समन्वय तथा सामाजिक समता की स्थापना की दृष्टि से यह पद उल्लेखनीय है।

द्वितीय पंक्ति में अनुप्रास, गुरि गुड़ में रूपकातिशयोक्ति अलंकारों की योजना है।

रॉंम मोहि तारि कहाँ लै जइहौ।
सो बैकुंठ कहौ धौं कैसा करि पसाउ मोहिं दइहौ।।टेक।।
जउ तुम मोकौं दूरि करत हौ तौ मोहिं मुकति बतावहु।
एकमेक रमि रह्यौ सभनि मै तौ काहे भरमावहु।।
तारन तरनु तबै लगि कहिए जब लगि तत्त न जाँना।
एक रॉंम देखा सबहिन मै कहे कबीर मन माँना।।५२।।

व्याख्या–कबीर कहते हैं कि हे राम मुझे तारकर कहाँ ले जाओगे। कृपा करके जिस बैकुंठ तक मुझे ले जाओगे, पता नहीं वह कहाँ और कैसा है? यदि तुम मुझे अपने से दूर करना चाहते हो तो मुझे मुक्ति का उपाय बताओ, यदि तुम एक और सर्वथा एक होकर सब में रम रहे हो, तो फिर क्यों भरमाते हो (भटकाते हो)। जब तक तत्त्व ज्ञान नहीं होता तब तक ही तारने तरने की बात की जाती है। कबीर कहते हैं कि एक राम को ही सब जगह देखा है अब मेरा मन पूर्णतया संतुष्ट है, उस तत्त्व को स्वीकार कर चुका हूँ।

कबीर ने बैकुंठ तथा मुक्ति को तिरस्कृत करके राम की सत्ता में ही अद्वैत भाव से समाहित होना चाहा है। सायुज्य मुक्ति की व्यंजना है।

सोहं हंसा एक समान।
काया के गुॅंण आँनहि आँन ।।टेक।।
माटी एक सकल संसारा। बहु विधि माँडे घडै कुंभारा।।
पंच वरन दस दुहिये गाइ। एक दूध देखौ पतिआइ।।
कहै कबीर संसा करि दूरि। त्रिभवननाथ रह्या भरपूरि।।५३।।

व्याख्या–सोऽहं और (अ) हंसो, वह मैं हूँ और मैं वह है अर्थात् परमात्मा-आत्मा है और आत्मा-परमात्मा है। दोनों में कोई भेद नहीं है। समस्त संसार में एक ही मिट्टी है किन्तु कुंभकार अनेक प्रकार के घड़े बनाता है। उसी तरह परमात्मा ने एक ही तत्त्व से सबको निर्मित किया है। पाँच वर्णों की दस गाय दुहिए, तब भी दूध एक ही होगा तुम स्वयं देखकर प्रतीति कर सकते हो। कबीर कहते हैं कि संशय दूर करो एक त्रिभुवननाथ समस्त प्राणियों में भरित पूरित है।

आत्मा-परमात्मा तथा विश्व की एकता की स्थापना की गयी है। माटी कुम्हार का दृष्टांत प्रस्तुत किया गया है।

प्यारे रॉंम मन हीं मनाँ।
कासूँ कहूँ कहन कौं नाहीं, दूसर और जनाँ।।टेक।।
ज्यूं दरपन प्रतिब्यंब देखिए, आप दवासूँ सोई।
संसौ मिट्याँ एक को एकै, महा परलै जब होई।।
जौ रिझऊं तौ महा कठिन है बिन रिझयैं थै सब खोटी।
कहै कबीर तरक दोइ साधै, ताकी मति है मोटी।।५४।।

व्याख्या–कबीर का कथन है कि मैं अपने प्रिय राम का मन ही मन गुणगान करता हूँ। दूसरे व्यक्ति से उसके विषय में क्या कहूँ। प्रथम तो कहना ही कठिन है दूसरे कोई उस योग्य तो हो जिससे कहा जाय। जैसे दर्पण में मुख देखने से दूसरा दिखाई देता है किन्तु दोनों होते एक ही हैं। जब महाप्रलय होता है अर्थात् मायिक सृष्टि का विनाश होता है, तब संशय मिट जाता है और एक का एक ही स्वरूप दिखाई देता है। यदि उसको रिझाऊँ तो बहुत कठिन है किन्तु यदि न रिझाऊँ तो बुराई होती है। कबीर कहते हैं कि जो कथनी और करनी हेतु दोहरा तर्क साधता है उसकी बुद्धि मोटी होती है। अर्थात् वह भेद बुद्धि होता है।

ब्रह्म अतर्क्य है। उसकी अनुभूति अकथनीय है। तीसरी पंक्ति में उपमा अलंकार का प्रयोग किया गया है।

हँम तौ एक एक करि जाँनाँ।
दोइ कहै तिनहीं कौ दोजग जिन नाहिंन पहिचाँनाँ।।टेक।।
एकै पवन एक ही पाँनीं एकै जोति समाँनाँ।
एकै खाक गढ़े सब भाँड़ै एकै कोंहरा साँनाँ।।
माया देखि कै जगत लुभानाँ काहे रे नर गरबाँनाँ।
कहै कबीर सुनौ भाई साधौ गुरु (हरि?) के हाथि काहे न बिकाँनाँ।।५५।।

शब्दार्थ–दो जग = नरक, खाक = मिट्टी।

व्याख्या–कबीर कहते हैं कि मैंने परमतत्त्व को एक और केवल एक समझा है। जो लोग दो कहते हैं वे नरक में पड़ते हैं। एक ही हवा है, एक ही पानी, और एक ही ज्योति समान रूप से सबमें समाहित है। एक ही मिट्टी के सभी घड़े बने हैं और एक ही कुम्हार के द्वारा निर्मित हैं। माया को देखकर सारा जगत ललचाया हुआ है, और (ऐश्वर्य या शक्ति पाकर) सभी लोग गर्वित हैं। कबीर कहते हैं कि हे संतो भाई सुनो, गुरु या भगवान् के हाथ बिक क्यों नहीं जाते अर्थात्, उनके प्रति समर्पित हो जाइए।

टिप्पणी–श्याम सुन्दर दास की ग्रंथावली में समांना के स्थान पर संसारा है, एकै कोहरा सांना के स्थान पर एक ही सिरजनहारा पाठ है। पाँचवीं पंक्ति जैसे बाढ़ी काष्ट ही काटै, अगिनि न काटै कोई। छठी पंक्ति–सब घटि अंतरि तू ही व्यापक धरै सरूपैं सोई।। अतिरिक्त हैं। इनका अर्थ है बढ़ई वन के काठ (लकड़ी) को काटता है। अग्नि को नहीं काट सकता है। आग के संसर्ग से काठ कटता प्रतीत होता है। सभी शरीरों के अन्दर तू ही व्याप्त है, तुम्हीं ने सारे रूप धारण किए हैं।

अंतिम पंक्ति है–निरभै भया कछू नहीं व्यापै, कहै कबीर दिवांना–द्वैत से ऊपर उठे व्यक्ति को भय नहीं व्याप्त होता मस्त कबीर का यही कथन है। बाह्य प्रतीति मात्र है। मूल तत्त्व एक और अपरिवर्तनीय है। दो जग = फारसी का शब्द है।

अरे भाई दोइ कहाँ सो मोहि बतावौ।
बिचिही भरम का भेद लगावौ।।टेक।।
जोनि उपाइ रची द्वै धरनीं, दीन एक बीच भई करनीं।।
राँम रहीम जपत सुधि गई, उनि माला उनि तसबी लई।।
कहै कबीर चेतहु रे भौंदू, बोलनहारा तुरक न हिन्दू।।५६।।

व्याख्या–कबीर कहते हैं अरे भाई द्वैत कहाँ है, वह मुझे बताओ। दो कहकर बीच में

भ्रमपूर्ण भेद उत्पन्न करते हो। मनुष्य योनि को उत्पन्न करके उसने उसे दो धरित्रियों में विभाजित कर दिया। उनका धर्म तो एक था किन्तु उनमें भेद करने वाली आचरण पद्धतियाँ अलग-अलग ग्रहण की गयीं। राम रहीम का जप करते हुए उनकी बुद्धि नष्ट हो गयी। एक सम्प्रदाय ने माला जपी, दूसरे ने उसे तसबीह कहा। कबीर कहते हैं कि हे मूर्खों! चेत जाओ-सावधान हो जाओ। तुम्हारे अन्दर जो बोलने वाला (चेतना शक्ति) है वह न तुर्क (मुसलमान) है और न हिन्दू है।

आचरण पद्धतियों के भेद का खंडन करके तात्विक एकता के आधार पर हिन्दू मुसलमानों की एकता सिद्ध की गयी है। 'भौंदू' शब्द देशज है जिसका अर्थ बहुत बड़ा मूर्ख होता है।

ऐसा भेद बिगूचनि भारी।
बेद कतेब दीन अरु दुनियाँ कौन पुरिख कौन नारी।।टेक।।
एक रुधिर एकै मल मूतर एक चाँम एक गूदा।
एक बूँद तै सृष्टि रची है कौंन बांह्मन कौंन सूदा।।
माटी का पिंड सहज उतपनाँ नाद रूबिंद समाँनाँ।
बिनसि गया तै का नाँव धरिहौ पढ़ि गुनि मरम न जाँनाँ।।
रज गुन ब्रह्माँ तम गुन संकर सत गुन हरि है सोई।
कहै कबीर एक रॉंम जपहु रे हिंदू तुरुक न कोई।।५७।।

शब्दार्थ–वास्तविकता का गोपन, दीन=धर्म।

व्याख्या–कबीर कहते हैं कि भेद बुद्धि वास्तविकता का गोपन है। वेद, कुरान, धर्म, और संसार, पुरुष और नारी के आधार पर कल्पित भेद व्यर्थ हैं। सभी पुरुष और नारी में एक ही खून, एक मल-मूत्र, एक ही चर्म तथा एक ही माँस है। एक ही बिन्दु (शुक्र) से सृष्टि का निर्माण हुआ है फिर ब्राह्मण और शूद्र का भेद कैसा। मिट्टी का यह पिंड सहज ही उत्पन्न हुआ, उसमें नाद (ब्रह्म तत्त्व) और सूक्ष्म शरीर समा गए। नष्ट हो जाने पर उसका क्या नाम रखोगे, तुमने शास्त्र का अध्ययन और मनन करके भी मर्म को नहीं समझा। रजो गुणी ब्रह्मा, तमोगुणी शंकर और सतोगुणी विष्णु में भी वही परम तत्त्व राम है। कबीर कहते हैं कि सभी लोग राम का ही जप करो। कोई न हिन्दू है और न तुर्क (मुसलमान) है।

सृष्टि की उत्पत्ति के आधार पर धार्मिक, सामाजिक एवं लैंगिक समता की स्थापना की गयी है। त्रिदेवों में भी परम तत्त्व राम की व्याप्ति मानी गयी है।

हमारे रॉंम रहीम करीमाँ केसौ, अलह रॉंम सति सोई।
बिसमिल मेटि बिसंभर एकै, और न दूजा कोई।।
इनकै काजी मुला पीर पैगंबर रोजा पछिम निवाजा।
इनकै पूरब दिसा देव दिजि पूजा, ग्यारसि गंग दिवाजा।।
तुरक मसीति देहुरे हिन्दू, दहूं ठाँ रॉंम खुदाई।
जहाँ मसीति देहुरा नाँही, तहाँ काकी ठकुराई।।
हिन्दू तुरक दोऊ रह तूटी फूटी अरु कनराई।
अरध उरध दसौं दिस जित तित, पूरि रह्या रॉंम राई।।

कहै कबीरा दास फकीरा, अपनी राह चलि भाई।
हिंदू तुरक का करता एकै ता गति लखी न जाई।।५८।।

शब्दार्थ–बिसमिल = बिस्मिल्लाह, मुलां = मुल्ला, पैगम्बर = धर्मदूत, दिज = ब्राह्मण, मसीति = मस्जिद, देहुरा = देवालय, कनराई = दरार, अरध = नीचे, उरध = ऊर्ध्व, करता = कर्त्ता।

व्याख्या–मेरे लिए राम, रहीम, करीम, केशव, अल्लाह राम सभी वही सत्य स्वरूप हैं। बिस्मिल्ला को मिटाकर विश्वम्भर कहना एक ही बात है दूसरा कोई नहीं है। मुसलमानों के धर्म से सम्बन्धित हैं काजी-मुल्ला, पीर, पैगम्बर, रोजा तथा पश्चिम में मुँह करके नमाज अदा करना। हिन्दुओं के यहाँ पूर्व दिशा में देव, द्विज की पूजा, और एकादशी को गंगा में दीपदान की मान्यता है। तुर्क (मुसलमान, मस्जिद और हिन्दू देवालय में उपासना करते हैं। दोनों स्थानों पर राम की ही प्रभुता है। जहाँ मस्जिद और देवालय नहीं है वहाँ किसका स्वामित्व है। हिन्दू मुसलमान दोनों की राहें टूटी-फूटी और दरार युक्त हैं अतः दोनों ही श्रेष्ठ नहीं हैं। नीचे, ऊपर, दसों दिशाओं में जहाँ-तहाँ अर्थात् सर्वत्र राम ही समाया हुआ है। फकीर कबीरदास कहते हैं कि भाई अपनी (आत्मा द्वारा निर्दिष्ट)राह पर चलो। हिन्दू और मुसलमान दोनों का कर्त्ता एक ही है। उसकी गति को समझना कठिन है।

परमात्मा की सर्वव्यापकता की व्यंजना के साथ हिन्दू मुस्लिम एकता पर बल दिया गया है।

काजी तैं कवन[1] कतेब बखानी[2]।
पढ़त-पढ़त केते दिन बीते गति एकौ नहि जाँनी[3]।।टेक।।
सकति सनेह पकरि करि सुनति मैं न बदउँगा भाई[4]।
जौ रे खुदाइ तुरुक मोहिं करता तौ आपहिं[5] कटि किन जाई।।
सुनति कराइ तुरुक जौ होना, तौ औरति कौं का कहिए।
अरध शरीरी नारि न छूटै तातै हिंदू रहिए।।
हिंदू तुरुक कहा तैं आए किन एह राह चलाई।
दिलि महिं खोजि देखि खोजादे भिस्ति कहाँ तै आई।।
छाँड़ि कतेब राँम भुज बउरे जुलुम करत है भारी।
कबीरै पकरी टेक राँम की, तुरुक रहे पचिहारी।।५९।।

पाठान्तर–१. मा० प्र० गुप्त में तैं कवन के स्थान पर 'कौन' है। २. बषानैं, ३. नही जानें। ४. बूंद रे भाई, ५. आपैं। इस पद की पाँचवीं पंक्ति के स्थान पर मा०प्र० गुप्त में 'हौ तौ तुरक किया करि सुनति, औरत सूं का कहिये। छठी और सातवीं पंक्ति मा० प्र० गु० में नहीं है।

शब्दार्थ–काजी = मुसलमान न्यायाधीश (अरबी शब्द), कतेब = किताब, कुरान, शरीफ, बषानैं = वर्णन करता है, केते = कितने, सकति = शक्ति।

व्याख्या–कबीरदास कहते हैं कि हे काजी, तू किस कुरान का व्याख्यान देते हो? पढ़ते-पढ़ते कितने दिन व्यतीत हो गये लेकिन तुम परम तत्व की गति को नहीं समझ सके। शक्ति से अथवा सनेह से तुम पकड़कर मेरी सुन्नत कर सकते हो लेकिन मैं उसके प्रति नम्र नहीं होऊँगा। या उसके विषय में कुछ कह नहीं सकता। (लेकिन मैं बदलूँगा नहीं)। यदि खुदा तुर्क

बनाता तो आप ही कट जाता (अर्थात् प्राकृतिक तरी के से सुन्नत हो जाती) लेकिन ऐसा होता नहीं। तात्पर्य यह है कि खुदा को किसी तरह का मानवीय भेद उत्पन्न करने की इच्छा नहीं थी। यदि सुन्नत करने से कोई तुर्क हो जाता है तो औरत को क्या कहा जाय (क्योंकि उसकी सुन्नत नही की जाती)। अर्धशरीरी (जो पुरुष की अर्द्धांग होती है) नारी को छोड़कर नहीं रहा जा सकता है इसके माने मुसलमानों का आधा भाग (या आधी संख्या) हिन्दू ही रह जाता है। हिन्दू और तुर्क का भेद कहाँ से पैदा हुआ, इस भेदक मार्ग को किसने निर्मित किया। दिल में सोच-विचार कर खोजो स्वर्ग और नरक कहाँ से आया। कतेब (कुरान) को छोड़कर हे बावले राम का भजन करो क्यों भारी जुल्म (अत्याचार) करते हो। कबीर! राम का आश्रय ले लिया है अर्थात् राम को हठपूर्वक पकड़ लिया है। तुर्क अर्थात् काजी उन्हें धर्मान्तरित नहीं कर पा रहा है इसलिए काजी ने हार मान ली है। प्रस्तुत पद में मुस्लिम धर्मान्तरण का विरोध किया गया है। इस पद से यह भी स्पष्ट है कि कबीर को भी धर्मान्तरण के लिए प्रेरित किया गया था लेकिन उन्होंने भक्ति के मार्ग को दृढ़ता से ग्रहण कर लिया था।

मुलाँ कहाँ पुकारै दूरि।
राँम रहीम रह्या भरपूरि।।टेक।।
यहु तौ अलह गूँगा नाँहीं। देखै खलक दुनीं दिल माहीं।।
हरि गुन गाइ बंग मैं दीन्हाँ। काल क्रोध दोऊ बिसमल कीन्हाँ।।
कहै कबीर यहु मुलनाँ झूठा। राँम रहीम सबनि मैं दीठा।।६०।।

शब्दार्थ–खलक = संसार, दुनीं = दुनिया, गुन = आवाज, बिसमल = बलि।

व्याख्या–हे मुल्ला! तू उसे दूर समझकर क्यों पुकारता है। राम-रहीम सर्वत्र भरित-पूरित है अर्थात् सर्वत्र व्याप्त है। जिस अल्लाह को तू पुकारता है वह गूँगा नहीं है। उसे तू सृष्टि, संसार और अपने दिल में देखो मैंने तो भगवान् का गुणगान करके पुकार किया तथा काम-क्रोध की बलि दे दी, कबीर कहते हैं कि यह मुल्ला झूठा है क्योंकि वह इस खुदा को मस्जिद में ही देखना चाहता है। राम-रहीम को मैंने सब में देखा है।

कबीर ने मुसलमानों के बीच प्रचलित मिथ्या आडम्बरों का विरोध करते हुए ईश्वर की सर्व व्यापकता को प्रतिपादित किया है।

पढ़ि ले काजी बंग निवाजा
एक मसीति दसौं दरवाजा।।टेक।।
मन करि मका कबिला करि देही। बोलनहार जगत गुर एही।।
उहाँ न दो जग भिस्त मुकाँमाँ। इहाँ ही राँम इहाँ रहिमाँनाँ।।
बिसमल ताँमस भरम कंदूरी। पंचौं भषि ज्यूँ होइ सबूरी।।
कहै कबीर मैं भया दिवाँनाँ। मनवां मुसि-मुसि सहजि समाँनाँ।।६१।।

व्याख्या–कबीर कहते हैं कि हे काजी, तू बाँग दे दे, नमाज पढ़ ले लेकिन ध्यान से समझ ले कि सबको एक मस्जिद रूपी शरीर मिला है जिसके दस दरवाजे हैं। (मनुष्य के शरीर में स्थित दस द्वार)। तू मन को मक्का और देह को किबला (पश्चिम द्वार) मान ले। बोलने वाला जो आत्मतत्व है वही गुरु है। वहाँ नरक और स्वर्ग के स्थान नहीं हैं। यहीं राम है और यहीं रहीम है। तेरा बिसमल तामस का है और तेरी कन्दूरी बनाने का बर्तन भ्रम का है। तुझे तमस का त्याग करना चाहिए और भ्रमों को दूर करना चाहिए। पंच विकारों का

भक्षण करो जिससे तुम्हें सच्ची शांति मिले। कबीर कहते हैं कि मैं धीरे-धीरे सहज में समाहित हो गया हूँ इसलिए उन्मत्त हूँ। व्यंजना यह है कि तुम्हें भी सहज साधना करनी चाहिए।

जोर से चिल्लाने, बलि करने से स्वर्ग-नरक की प्राप्ति नहीं होती और खुदा की प्राप्ति भी नहीं होती। विकारों से मुक्त होकर राम-रहीम की एकता का अनुभव करते हुए सहज साधना में प्रविष्ट होने से आनंद की प्राप्ति होती है।

मुल्ला कहहु निआउ खुदाई।
इहि बिधि जीव का भरम न जाई।।टेक।।
सरजीव आँनैं देह बिनासै माटी बिसमिल कीआ।
जोति सरुपी हाथि न आया कहौ हलाल क्यूँ कीआ।।
बेद कतेब कहहु मत झूठे झूठा जो न बिचारै।
सभ घटि एक एक करि लेखै भै दूजा करि मारै।।
कुकड़ी मारै बकरी मारै हक्क हक्क करि बोलै।
सबै जीव साँई के प्यारे उबरहुगे किस बोलै।।
दिल नापाक पाक नहिं चीन्हाँ तिसकौ मरम न जाँनाँ।
कहै कबीर भिसति छिटकाई, दोजग ही मन माँनाँ।।६२।।

शब्दार्थ–खुदाई = खुदा के नाम पर, या खुदा की तरह, सर जीव = सजीव, आनैं = लाते हो, बिसमिल = बलि, नष्ट, कुकड़ी = मुर्गी, भिसति = वहिश्त = स्वर्ग, दोजख = नर्क।

व्याख्या–ऐ मुल्ला! तुम ईश्वर के नाम पर खुदाई न्याय करो, इस प्रकार से जीवों का भ्रम निवारण नहीं होता। तुम सजीव को लाते हो, उसकी देह को विनष्ट करते हो, इस तरह तुम उसकी माटी (मिट्टी की बनी देह) का ही बिसमिल (बलि) करते हो। ज्योति स्वरूप आत्मा तुम्हारे हाथ आती नहीं फिर तुमने हलाल क्या किया। वेद और कुरान को झूठा क्यों कहते हो, झूठा वह है जो विचार नहीं करता। सभी घटों में एक ही परम तत्त्व व्याप्त है, इस एकता का ज्ञान तुम्हें है, फिर भी किसी जीव को अपने से अन्य समझकर तुम बलि करते हो। तू मुर्गी मारता है, बकरी मारता है और हर बार सत्य की दुहाई देता है। सभी जीव परमात्मा को प्रिय हैं, तो तुम किसके सहारे पाप से उबर सकोगे। तुम्हारा दिल पवित्र नहीं है इसलिए तुमने परमात्मा को नहीं पहचाना, उसकी खोज भी तुम नहीं कर पाए। कबीर कहते हैं कि स्वर्ग से अलग होकर तुम्हारा मन नरक की ओर ही उन्मुख हो गया है।

जीव वध का विरोध करते हुए प्राणियों की एकता निर्धारित की गयी है। कबीर देश, काल तथा पात्र के अनुसार भाषा का प्रयोग करते हैं। मुल्ला को सम्बोधित करते हुए उन्होंने फारसी शब्दों का अधिक प्रयोग किया है। इस्लाम धर्म में प्रचलित पारिभाषिक शब्दों से कबीर का गहरा परिचय है।

या करीम बलि हिकमति तेरी।
खाक एक सूरति बहु तेरी।।
अर्ध गगन में नीर जमाया। बहुत भाँति करि नूर निपाया।।
अबलि आदम पीर मुलाना। तेरी सिफति करि भये दिवाँना।।
कहै कबीर यहु हेत बिचारा। या रब या रब यार हँमारा।।६३।।

शब्दार्थ—करीम = कृपालु, हिकमति = चतुराई, बुद्धि कौशल, नूर = ज्योति, निपाया = पैदा किया, अवलि = सर्वप्रथम, सिफति = गुण विशेषता।

व्याख्या—हे कृपालु ईश्वर तुम्हारे बुद्धि कौशल की बलिहारी है कि एक ही मिट्टी से अनेक रूपों का निर्माण कर दिया। तूने आसमान के निचले हिस्से में जल जमाया अर्थात् बादलों का निर्माण किया। बहुत प्रकार की ज्योति (सूर्य, चन्द्र, तारे) उत्पन्न किये। सर्वप्रथम आदम फिर पीर (गुरु) फिर मुल्ला तुम्हारा गुणगान करके मस्त हो गए। कबीर इस प्रेम को विचारकर कहता है। ऐ रब, ऐ रब तू मेरा मित्र है।

कबीर ने अरबी फारसी शब्दों का प्रसंगानुकूल प्रयोग किया है। रब का अर्थ है भरण पोषण करने वाला। रब-रब में यमक अलंकार की योजना है।

काहे री नलनीं तूँ कुम्हिलाँनी।
तेरे हीं नालि सरोवर पाँनीं।।टेक।।
जल मैं उतपति जल मैं बास। जल मैं नलनीं तोर निवास।।
ना तलि तपति न ऊपरी आगि। तोर हेतु कहु कासनि लागि।।
कहै कबीर जे उदिक समाँन। ते नहीं मूए हमारे जान।।६४।।

शब्दार्थ—नलिनी = कमलिनी, नाल, निमित्त कमलिनी दंड, उदिक = पानी।

व्याख्या—कबीर कहते हैं कि हे कमलिनी! (रूपी आत्मा) तुम मुरझायी क्यों हो जबकि तुम्हारे नाल के नीचे या निमित्त सरोवर जल है। जल में तेरी उत्पत्ति है, जल में तेरी सुगन्ध है, जल ही में तेरा निवास है। न तुम्हारे नीचे तपन है, न ऊपर आग है, फिर तुम्हारी यह दशा किस कारण हुई है या तुम्हारा किसी से प्रेम हो गया जिसके विरह में उदास हो। कबीर कहते हैं कि जो जल के समान शान्त और सम रहते हैं वे कभी नहीं मरते। अन्य व्यक्ति कमलिनी की तरह अपने उत्पत्ति के कारण को विस्मृत करके अन्य अर्थात् संसार से प्रेम करके मुरझा जाते हैं।

इस पद में कबीर ने जीवात्मा के सहज स्वभाव की ओर संकेत किया है। ईश्वर तत्त्व के सर्वत्र व्याप्त रहते हुए भी आत्मा रूपी कमलिनी के मुरझाने का कोई कारण दृष्टिगत नहीं होता। जल स्वभाव अर्थात् ईश्वरीय स्वभाव के बने रहने पर मुक्ति का अधिकार मिलता है। जीवात्मा में ईश्वरीय प्रेम की कसक अवश्य रहती है इसलिए वह जगत् से उदास रहती है या जागतिक आसक्ति के कारण उसमें उदासी आ जाती है।

सम्पूर्ण पद में अन्योक्ति अलंकार का विधान है। उदिक समान में उपमा का प्रयोग किया गया है।

इब तूँ हंसि प्रभु मैं कुछ नाँहीं।
पंडित पढ़ि अभिमाँन नसाँहीं।।टेक।।
मैं मैं मैं जब लग मैं कीन्हाँ। तब लग मैं करता नहीं चीन्हाँ।।
कहै कबीर सुनहु नरनाहा। नाँ हम जीवत न मूँवले माहाँ।।६५।।

व्याख्या—अब तू ही है, मैं कुछ नहीं हूँ। पंडित पढ़-पढ़कर अभिमान में नष्ट होते हैं। जब तक व्यक्ति अहंकार की बात करता है तब तक कर्त्ता ईश्वर को नहीं पहचान पाता है। कबीर कहते हैं कि हे नरनाथ सुनो, न मैं जीवित हूँ न मृत हूँ अर्थात् जीवनमृत हूँ। अर्थात् जीवन रहते हुए मेरी मन की वृत्तियों की चंचलता तथा बहिर्मुखता समाप्त हो गयी है।

अब का डरौं डर डरहि समाँनाँ,
जब थैं मोर तोर पहिचाँनाँ।।टेक।।
जब लग मोर तोर करि लीन्हाँ, मैं मैं जनमि जनमि दुख दीन्हाँ।
आगम निगम एक करि जाँनाँ, ते मनवाँ मन माँहि समाँनाँ।
जब लग ऊँच नीच करि जाँनाँ, ते पसुवा भूले भ्रँम नाँनाँ।
कहि कबीर मैं मेरी खोई, तबहि राँम अवर नहीं कोई।।६६।।

शब्दार्थ–आगम = शास्त्र, निगम = वेद।

व्याख्या–कबीर कहते हैं कि जब मैंने मेरा तेरा का अभेदत्व जान लिया तथा मेरा डर डर में ही समाहित हो गया अर्थात् मैं निडर हो गया। जब तक अपने पराए की भेद दृष्टि थी तब तक अनेक जन्मों में दैहिक, दैविक, भौतिक ताप का भय मुझे दुख देता रहा। जब मैंने आगम-निगम अन्तर्भाव तथा बहिर्भाव को एक समान मान लिया तो मन ब्रह्म मानस में समाहित हो गया। जब तक ऊँच-नीच की भावना थी तब तक नाना पशु जन्मों में घूमते रहे। कबीर कहते हैं कि मैं और मेरी की भावना नष्ट हो जाने पर एक तत्त्व राम के अलावा और कुछ दिखाई ही नहीं देता।

आगम-निगम में सभंग पद यमक का विधान है। अपने पराए के भेद मिटने पर ही जन्म, मृत्यु का बंधन छूटता है और जीव निर्भय होकर एक मात्र ईश्वर की स्थिति का साक्षात्कार करता है। अति सरल भाषा में गूढ़ तत्त्व का विवेचन हुआ है।

बोलनाँ का कहिए रे भाई।
बोलत बोलत तत्त नसाई।।टेक।।
बोलत बोलत बढ़ै विकार। बिनु बोले क्या करहि बिचार।।
संत मिलहिं कछु सुनिऐ कहिऐ। मिलहिं असंत मुष्टि करि रहिऐ।।
ग्याँनी सौं बोलें उपकारी।। मूरिख सौ बोले झखमारी।।
कहै कबीर आधा घट बोलै। भरा होइ तौ कबहुँ न बोलै।।६७।।

व्याख्या–बोलने के सम्बन्ध में क्या कहा जाय। बोलते-बोलते तत्त्व नष्ट हो जाता है। अधिक विवाद करने से विकृतियाँ बढ़ती हैं, बोले बिना विचारों का आदान-प्रदान किस प्रकार किया जाय। यदि संत मिले तो उससे कुछ कहा सुना जाय। यदि विवेकहीन व्यक्ति से मिलन हो तो मन मसोस कर (दृढ़ता पूर्वक) चुप रहना ही उचित है। ज्ञानी से वार्ता करने से उपकार होता है किन्तु मूर्ख से बात करना झख मारना है अर्थात् समय का अपव्यय है। कबीरदास कहते हैं कि जल से अधूरा भरा घड़ा आवाज करता है किन्तु जल पूरित घड़ा कभी नहीं बोलता। इसी तरह ज्ञान से पूर्ण मनुष्य व्यर्थ की वितण्डा नहीं करता, अधूरे ज्ञान वाला ही वाद-विवाद में रुचि लेता है।

कबीर ने ज्ञान की सम्पूर्णता की स्थिति में वाद-विवाद से परे प्रशान्त चित्त की दशा की व्यंजना की है। अधूरे ज्ञान को पूर्णता प्रदान करने के लिए संतों से ही विचार विमर्श उपादेय होता है। अंतिम पंक्ति में लोकोक्ति तथा दृष्टांत का सार्थक उपयोग किया गया है।

बागड़ देस लूवन का घर है।
तहाँ जिनि जाइ दाझन का डर है।।टेक।।
सब जग देखौं कोई न धीरा। परत धूरि सिर कहत अबीरा।।

न तहाँ सरवर न तहाँ पाँणी। न तहाँ सतगुरु साधू बाँणी।।
न तहाँ कोकिल न तहाँ सूवा। ऊँचै चढ़ि चढ़ि हंसा मूवा।।
देस मालवा गहर गंभीर। डग-डग रोटी पग-पग नीर।।
कहै कबीर घर ही मन मानाँ। गूँगै का गुण गूँगै जाँनाँ।।६८।।

व्याख्या–कबीर का कथन है कि यह बांगड़ देश बहिर्जगत लू की लपटों से भरा है, वहाँ मत जाओ वहाँ जलने का भय है। बहिर्जगत में विषय वासनाओं की तप्त हवाएँ चलती रहती हैं, उनमें जीव के जलने की आशंका रहती है। अधिकांशतः जीव उसी से संतप्त होता भी है। यहाँ लोगों के सिर पर जब धूल (पाप, अज्ञान एवं तमस की धूल) पड़ती है तो उसे वे अबीर (प्रेम का प्रतीक या सौन्दर्य वर्धक वस्तु) समझ लेते हैं। यहाँ न तालाब है और न पानी है। सतगुरु और संतों के मधुर वचन भी सुनने को नहीं मिलते हैं। अर्थात् मन को शान्त करने वाले जितने तत्त्व हैं वे सभी बाह्य जगत में झुलसने वाले व्यक्तियों को अनुपलब्ध रहते हैं। यहाँ पर भगवान् का गुणगान करने वाले कोकिल (कोयल) तथा नाम जपने वाले तोते (रूपी भक्तों) का अभाव है। आत्मा रूपी हंस इस बाह्य जगत् में ऊपर उठने की चेष्टा जरूर करता है किन्तु असफल होकर असमय मारा जाता है। मालवा देश (अन्तः प्रदेश) में गंभीरता है, हर कदम पर संतृप्ति के साधन रोटी और पानी उपलब्ध हैं। ज्ञान की रोटी तथा भक्ति का पानी आत्मा को तृप्त कर देते हैं। कबीर कहते हैं कि घर के अन्दर ही मन संतुष्ट हो गया है। जिस तरह गूंगा व्यक्ति गुड़ के आस्वाद का अनुभव मन ही मन करता है उसी तरह भक्ति रस की अनुभूति अन्तर्मन में ही होती है उसकी तदवत् अभिव्यक्ति संभव नहीं होती।

समासोक्ति अलंकार का प्रयोग किया गया है। भक्ति की अनुभूति अनिर्वचनीय है।

अवधू जोगी जग थैं न्यारा।
मुद्रा निरति सुरति करि सींगी, नाद न खंडै धारा।।टेक।।
बसै गगन मैं दूनीं न देखै, चेतनि चौकी बैठा।
चढ़ि अकास आसण नहिं छाड़ै, पीवै महारस मीठा।।
परगट कंथा माहैं जोगी, दिल मैं द्रपन जोवै।
सहँस इकीस छ सै धागा, निहचल नाकै पोवै।।
ब्रह्म अगनि मैं काया जारै, त्रिकुटी संगम जागै।
कहै कबीर सोई जोगेस्वर, सहज सुनि ल्यौ लागै।।६९।।

शब्दार्थ–अवधू = नाथ योगी, हठयोगी साधक, थैं = से, मुद्रा = अंग विन्यास मुद्राएँ चार हैं–खेचरी, चाकरी, गोचरी और उनमनी, निरति = श्रेयस, ईश्वरीय भाव की स्मृति, विशेष रूप से ईश्वर में लीन होना, सुरति = शब्दोन्मुख चित्त या चित्तवृत्ति, धारा = नाड़ी।

व्याख्या–हे अवधूत, योगी जगत से न्यारा होता है। वह निरति (ईश्वरीय परमराग) की मुद्रा धारण करता है और सुरति (चित्त वृत्ति) की श्रृंगी ग्रहण करता है और अनाहत नाद की धारा को अखंडित रखता है अर्थात् निरन्तर ओऽम या राम की ध्वनि का श्रवण करता है। वह शून्य या ब्रह्म रंध्र में निवास करता है, दुनिया का अवलोकन नहीं करता अर्थात् उसकी चित्त वृत्तियाँ संसार में रमण नहीं करतीं। वह चेतना की चौकी पर अधिष्ठित रहता है। शून्य मंडल में पहुँचकर वह इस आसन की स्थिति को नहीं छोड़ता है। सहस्त्रार से झरने वाले अमृत रस का निरन्तर पान करता रहता है। प्रत्यक्ष रूप से तो गुदड़ी में लिपटा होता है किन्तु उसका

अन्तःकरण दर्पण की तरह शुद्ध और निर्मल होता है। इक्कीस हजार छः सौ धागे अर्थात् श्वासों को निश्चल के नाके (छिद्र) में पिरोता है, श्वासों को कुंभक प्राणायाम के अन्तर्गत संचरित करता है। वह ब्रह्माग्नि में काया के गुणों को जलाता है और त्रिकुटी के संगम (इड़ा, पिंगला और सुषुम्ना के मिलन बिन्दु) पर ध्यान लगाकर जागृत रहता है। कबीर कहते हैं कि वही योगेश्वर है जो सहज भाव से शून्य में लय (ध्यान) लगाता है।

काया योग की तुलना में ध्यान योग तथा ज्ञान योग की श्रेष्ठता प्रतिपादित की गयी है। मुद्रा आत्मा परमात्मा की एकत्व की परिचायिका है। (सुरति, निरति की विशिष्ट व्याख्या पारिभाषिक शब्दावली में देखें।)

अवधू गगन मंडल घर कीजै
अमृत झरै सदा सुख उपजै, बंक नालि रस पीजै।।टेक।।
मूल बाँधि सर गगन समाँनाँ, सुषमन पोतन लागी।
काम क्रोध दोऊ भया पलीता, तहाँ जोगणी जागी।।
मनवाँ जादू दरीबै बैटा, मगन भया रसि लागा।
कहै कबीर जिय संसा नाँहीं, सबद अनाहद बागा।।७०।।

शब्दार्थ–पोतन = मिलना, गूँथना, दरीबै = मदिरा की सट्टी।

व्याख्या–कबीर कहते हैं कि हे योगी शून्य शिखर पर अपना स्थायी निवास बना लो। वहाँ निरन्तर अमृत झरता है, आनन्द की निरन्तर उत्पत्ति होती है। तुम्हें सुषुम्ना नाड़ी के मार्ग से कुंडलिनी द्वारा हमेशा उस रस का पान करना चाहिए। मूलाधार चक्र को बाँधकर (बंद कर) प्राण रूपी शर (बाण) को गगन या शून्य अर्थात् ब्रह्म रंध्र में समाहित कर दिया। इड़ा, पिंगला नाड़ियाँ सुषुम्ना में गुंफित होने लगीं। काम और क्रोध में आग लग गयी और कुंडलिनी जागृत हो गयी। मन जाकर मदिरा की सट्टी अर्थात् उन्मत्त करने वाली समाधि में स्थित हो गया। वहाँ पर वह पूरी तरह रस मग्न हो गया। कबीर कहते हैं कि इस अवस्था को प्राप्त कर लेने के बाद कोई संशय शेष नहीं रहा। अनाहत शब्द अर्थात् ओऽम या राम की ध्वनि बजने लगी।

सम्पूर्ण पद में रूपकातिशयोक्ति अलंकार का विधान है। हठयोग की साधना का जीवन्त चित्रण किया गया है।

कोई पीवै रे रस राँम नाँम का, जो पीवै सो जोगी रे।
संतौ सेवा करहु राम की, और न दूजा भोगी रे।।टेक।।
यहु रस तौ सब फीका भया, ब्रह्म अगनि परजारी रे।
ईश्वर गौरी पीवन लागे, राम तनी मतिवारी रे।।
चंद सूर दोइ भाठी कीन्हीं, सुषमनि चिंगिबा लागी रे।
अंमृत कूँपी साचा पुरया, मेरी त्रिष्णाँ भागी रे।।
यहु रस पीवै गूँगा गहिला, ताकी कोई न बूझै सार रे।
कहै कबीर महा रस महँगा, कोई पीवेगा पीवन हार रे।।७१।।

शब्दार्थ–कबीर कहते हैं कि कोई (यदि) राम-नाम के भक्ति-रस का पान करता है तो वही वास्तविक योगी है। हे संतों राम की सेवा करो, अन्य कोई इस सेवा का अधिकारी या भोग की क्षमता वाला नहीं है। यदि इस रस का आस्वादन कर लिया तो अन्य रस फीके हो

जाते हैं, यह रस ब्रह्म अग्नि को प्रज्वलित कर देता है। ईश्वर अर्थात् महेश एवं गौरी भी इस रस को पीने लगे, उनमें राम के प्रति प्रेम की मस्ती पैदा हो गयी। इड़ा और पिंगला नाड़ियों को दो भट्ठियाँ बनाया, और सुषुम्ना रस चुआने लगी। अमृत को पीकर सत्यता से पूर्ण हो गया, मेरी तृष्णा (प्यास) मिट गयी। यह रस कोई गूँगा या भक्ति में मस्त व्यक्ति ही पीता है, फिर तो उसका कोई कुशल नहीं पूछता। कबीर कहते हैं कि यह रस बहुत महँगा है, कोई बहुत बड़ा त्यागी ही इसे पी सकता है।

चंद सूर की भाठी, सुषमनि चिगवा में रूपक अलंकार है। भक्तिरस तथा योग का समन्वय किया गया है। गूंगा, गहिला का लक्ष्यार्थ है वाद-विवाद से परे ईश्वरीय भाव में पूर्णतया लीन व्यक्ति जो सांसारिक व्यवहार की दृष्टि से गूंगा तथा पागल समझा जाता है। रस महँगा इसलिए है कि उसके लिए सम्पूर्ण सांसारिक ऐश्वर्य तथा सांसारिक वृत्तियों का त्याग करना पड़ता है। योगी और भक्त तो अलग-अलग मिलते हैं किन्तु भक्त योगी बहुत कम हैं। इसलिए ब्रह्म रंध्र से झरने वाले अमृत रस तथा राम-नाम के भक्ति रस को समन्वित रस की अनुभूति कर्त्ता तथा आस्वादक कबीर जैसे विरले व्यक्ति हैं।

अवधू मेरा मनु मतिवारा।
उनमनि चढ़ा मगन रस पीवै त्रिभुवन भया उजियारा।।
गुड़ करि ग्याँन ध्याँन करि महुआ भौ भाठी मन धारा।
सुखमनि नारी सहज समाँनीं पीवै पीवन हारा।।
दोइ पुर जोरि रसाई भाठी चुआ महारसु भारी।
कांमु क्रोध दोइ किए बलीता छूटि गई संसारी।।
सहज सुंन्रि मैं जिन रस चाखा सतिगुर तैं सुधि पाई।
दासु कबीर तासु मद माता उछकि न कबहु जाई।।७२।।

शब्दार्थ–मतिवारा = मतवाला, उनमनि = उन्मनी स्थिति को प्राप्त, दोइ पुर जोरि = इड़ा और पिंगला नाड़ियों का सम्बन्ध, मंदला बाजै = अनहद नाद।

व्याख्या–कबीर कहते हैं कि हे अवधू, योगी, मेरा मन मतवाला हो गया है। वह उन्मनी अवस्था में पहुँचकर ब्रह्म रन्ध्र से निःसृत रस का पान कर रहा है, मुझे तीनों लोकों में ईश्वर का व्याप्त आलोक प्रत्यक्ष हो गया है। ज्ञान को गुड़ के रूप में प्रयोग करके ध्यान का महुआ और इस संसार को भट्ठी बनाकर मन की धारा को उसमें सम्मिलित कर दिया। सुषुम्ना नाड़ी सहज में समाहित हो गई, पीने वाला जीव उससे निर्मित मदिरा का पान कर रहा है। इड़ा और पिंगला नाड़ियों को जोड़कर भट्ठी को रससिक्त किया तो भारी महारस चुआ। काम और क्रोध को जलाऊ लकड़ी के कुन्दे के रूप में प्रयुक्त किया और इस प्रकार उस भट्ठी में आग लगाई तो सांसारिकता छूट गई। जिसने सतगुरु से प्रबोधित होकर सहज शून्य से निःसृत रस को चख लिया है। कबीर कहते हैं, यह कबीर उस रस में मद मस्त है इसका नशा अब कभी भी नहीं उतर सकता है।

विशेष–प्रस्तुत पद में शराब बनाने की प्रक्रिया और उसके आस्वादन के माध्यम से ब्रह्म रस की अनुभूति को व्यंजित किया गया है। कबीर ने लोक जीवन से गृहीत रूपकों तथा प्रतीकों के द्वारा अपनी भावना को बड़ी सरलता से संप्रेषित किया है। रूपक अलंकार की सार्थक योजना की गयी है।

प्रस्तुत पद की कुछ पंक्तियों का पाठान्तर उपलब्ध है। श्याम सुंदर दास की ग्रन्थावली में तीसरी पंक्ति में प्रयुक्त 'भौ भाठी मन धारा' के स्थान पर भव भाठी करिभारा है। चौथी पंक्ति में 'सुखमनि नारी सहज' के स्थान पर 'सुषमन नारी सहजि' है। पाँचवीं पंक्ति के स्थान पर 'दोइ पुड़ जोइ चिगाई भाठी, चुया महा रस भारी प्रयुक्त है। सातवीं, आठवीं पंक्ति के स्थान पर निम्न पंक्तियाँ प्रयुक्त की गई हैं।

सुंनि मंडल में मंदला बाजै, तहां मेरा मन नाचै।
गुरु प्रसादि अमृत फल पाया, सहजि सुषमनाँ काछै।।
पूरा मिल्या तबैं सुष उपज्यौ, तन की तपनि बुझानी।
कहै कबीर भव बंधन छूटैं, जोतिहि जोति समानी।।

इन पंक्तियों का अर्थ इस प्रकार है–शून्य मंडल में मंदला वाद्य अर्थात् अनाहत नाद बजता है, वहाँ मेरा मन नृत्य करता है। गुरु की कृपा से अमृत फल को प्राप्त किया और सहज में ही सुषुम्णा ने रस निचोड़ लिया अर्थात् सुषुम्णा अपना कार्य करने लगी। जब पूर्ण ब्रह्म की प्राप्ति हुई तब सुख उत्पन्न हुआ और शरीर की तपनि मिट गई। कबीर कहते हैं कि मेरा सांसारिक बंधन छूट गया और आत्मा रूपी ज्योति परमात्मा रूपी ज्योति में समाहित हो गई।

छाकि पर्‌यो आतम मतिवारा।
पीवत राँम रस करत बिचारा।।टेक।।
बहुत मोलि महँगै गुड़ पावा। लै कसाव रस राँम चुवावा।।
तन पाटन मैं कीन्ह पसारत। माँगि माँगि रस पीवै बिचारा।।
कहैं कबीर फाबी मतिहारी। पीवत राँम रस लगी खुमारी।।७३।।

शब्दार्थ–छाकि पर्‌यो = पूर्णतया तृप्त हो गया, गुड़ = प्रतीकार्थ ज्ञान, पाटन = नगर, फाबी = अच्छी लगी, मतिहारी = उनमत्तता, खुमारी = नशा।

व्याख्या–मतवाली आत्मा रस पीती हुई और चिंता करती हुई नशे में छक गयी। राम रस के निर्माण हेतु ज्ञान रूपी गुड़ बहुत महँगे मूल्य में प्राप्त हुआ। उसमें मदिरा को तीक्ष्ण बनाने के लिए बबूल या बैर की छाल रूपी साधना को डालकर रामरस चुवाया फिर उससे शरीर रूपी नगर में प्रसारित किया। पीने वाला रसिक इसको माँग-माँगकर पीता है। कबीरदास कहते हैं कि उन्मत्तता बहुत फबती है अर्थात् उपयुक्त प्रतीत होती है। राम रूपी रस मदिरा को पीकर भक्त में खुमार अर्थात् नशा छा जाता है।

प्रस्तुत पद में मदिरा निर्माण तथा मदिरा पान के रूपक द्वारा राम रस के निर्माण प्रसार एवं प्रभाव को व्यंजित किया गया है। तीसरी पंक्ति में रूपकातिशयोक्ति अलंकार का प्रयोग है। फाबी, खुमारी आदि फारसी शब्दों का प्रयोग किया गया है। कसाव पंच विकारों का भी प्रतीक हो सकता है।

बोलौ भाई राँम की दुहाई।
इहि रसि सिव सनिकादिक माते, पीवत अजहूँ न अघाई।।टेक।।
इला प्युंगला भाठी कीन्ही, ब्रह्मा अगनि परजा ली।
ससिहर सूर द्वार दस मूँदे, लागी जोग जुग ताली।।
मन मतिवाला पीवै राँम रस, दूजा कछू न सुहाई।
उलटी गंग नीर बहि आया, अमृत धार चुवाई।।

पंच जाने सो संग करि लीन्हें, चलत खुमारी लागी।
प्रेम पियालै पीवन लागे, सोवत नागिनीं जागी।।
सहज सुनि मैं जिनि रस चाख्या, सतगुरु थैं सुधि पाई।
दास कबीर इहि रसि माता, कबहूँ उछकि न जाई।।७४।।

व्याख्या–कबीर कहते हैं कि हे भाई! राम की दुहाई (जय जयकार) बोलो। इस रस अर्थात् राम रस में शिव सनकादि ऋषि मस्त हैं, वे इसे पीते हुए कभी तृप्त नहीं होते अर्थात् उन्हें निरन्तर राम रस-पान की चाह बनी रहती है। इड़ा और पिंगला नाड़ियों को मैंने भट्ठी बनायी, उसमें मैंने ब्रह्माग्नि प्रज्वलित की। शशधर अर्थात् चन्द्रमा और सूर्य (जो क्रमशः इड़ा और पिंगला के अधिष्ठाता हैं) द्वारा शरीर के दसों द्वार बन्द कर दिए गए हैं। मन त्रिकुटी में केन्द्रित हो गया है। मत्त मन राम रस का पान कर रहा है, उसे कोई दूसरी चीज अच्छी नहीं लगती। गंगा में उलट कर पानी बह आया अर्थात् चैतन्य का प्रवाह ऊर्ध्वमुखी हो गया। इसके प्रभाव से ब्रह्म रंध्र से अमृत की धार गिरने लगी। मैंने पंच प्राणों या पंच अभिमान (विश्व, तेजस, प्राज्ञ, प्रत्यगात्मा और निरंजन) को अपने साथ ले लिया। अब मैं नशे की मस्ती में अग्रसर हो रहा हूँ। प्रेम का प्याला पीने से कुंडलिनी रूपी नागिन जागृत हो गयी। जिन्होंने सहज शून्य में पहुँचकर यह रस पी लिया उन्हें सत्गुरु की कृपा से आत्मबोध हो गया। कबीर इस महारस में उन्मत्त हैं, इसका नशा कभी उतरता नहीं है।

मदिरा निर्माण तथा उसके पान के प्रतीकों द्वारा ध्यान साधना, भक्तिरस तथा योग रस की आस्वादन प्रक्रिया को निरूपित किया गया है। सम्पूर्ण पद में सांग रूपक का विधान किया गया है।

राँम रसु पीआ रे।
तातैं बिसरि गए रस और।।टेक।।
रे मन तेरौ कोइ नहीं खैंचि लेइ जिनि भारु।
बिरखि बसेरौ पंखि कौ तैसौ यहु संसारु।।
और मुएँ क्या रोइऐ जउ आपा थिरु न रहाइ।
जो उपजा सो बिनसिहै दुख करि रोवै बलाइ।।
जहँ की उपजी तहँ रची पीवत मरदन लाग।
कहै कबीर चित चेतिआ राम सुमिरि बैराग।।७५।।

व्याख्या–मैंने राम रस का पान किया तो अन्य रसों को भूल गया। हे मन! इस संसार में तेरा कोई नहीं है, तू व्यर्थ ही ममता का भार वहन कर रहा है। जैसे वृक्ष पक्षियों के बसने का स्थान है उसी तरह यह संसार भी प्राणियों का रैन बसेरा है। दूसरों के मरने पर क्या रोना जब व्यक्ति स्वयं स्थिर नहीं है। जो उत्पन्न होता है वह विनष्ट होता है, दुखी होकर रोना व्यर्थ है (इस पर मेरी बलाय दुख करे)। ज्यों ही जीव संसार में पैदा होता है त्यों ही उस पर अनुरंजित हो जाता है और विषय रस का पान करते हुए मर्दित होता है। कबीर कहते हैं कि चित्त में चेतना आ गयी है इसलिए विरक्त होकर राम का सुमिरन करना है।

राम के भक्ति रस या रसेश्वर ब्रह्म के आनन्द की अद्वितीयता की व्यंजना की गयी है। संसार की नश्वरता तथा विरक्ति भाव की उन्मुखता की व्यंजना है। चौथी पंक्ति में उपमा अलंकार की योजना की गयी है।

राँम चरन मनि भाए रे।
अस ढुरि जाहु राँड के करहा प्रेम प्रीति लयौ लाए रे।।टेक।।
आँब चढ़ी अंबली रे अंबली बबूर चढ़ी नग बेली रे।
द्वै थरि चढ़ि गयौ राँड कौ करहा मनहँ पाट की सैली रे।।
कंकर कुईं पताल पानियाँ सोनै बूँद बिकाई रे।
बजर परौ इहिं मथुरा नगरी कांन्ह पियासा जाइ रे।।
एक दहेड़ियाँ दही जमाये। दुसरी परि गई सारी रे।
न्यौति जिमाँऊँ अपनौ करहा छार मुनिस की दाही रे।।
इहिं बनि बाजे मदन भेरि रे वहि बनि बाजै तूरा रे।
इहिं बनि खेलै राही रुकमिनि वहि बनि कांन्ह अहीरा रे।।
आसि-पासि घन तुरसी का बिरवा माँझि बनारस गाँऊँ रे।
जाकौ ठाकुर तुहीं सारिंग धर भगत कबीरा नाँऊँ रे।।७६।।

व्याख्या–कबीर कहते हैं कि मेरे मन को राम के चरण भा गए हैं अर्थात् राम के चरणों में मानसिक अनुराग जाग गया है। हे राँड़ के करहा (ऊँट) परित्यक्ता आत्मा या विधवा आत्मा के चेतना रूपी ऊँट तुम भी उसी रास्ते में ढल जाओ, प्रेम प्रीति में ही ध्यान लगाओ। जब तक परमात्मा से अनुराग नहीं होता तब तक जीवात्मा विधवा की तरह मन (चेतना) की सांसारिक गति के पीछे भटकती है। आम के वृक्ष के सहारे चढ़ने वाली बेलि में आम्र की सुगन्ध समा जाती है, पर बबूल के वृक्ष पर चढ़ने वाली बेलि नागबेलि है जो काँटे से क्षत-विक्षत होती है। ये साधना के दो मार्ग हैं–पहला सहज मार्ग दूसरा कृच्छ साधना का कंटकाकीर्ण मार्ग। आम्र तथा बबूल दोनों मेरुदण्ड भी माने जा सकते हैं जिन पर बंकनाल चढ़ी है। इमली तथा बंकनाल दोनों ही बंकनाल के लिए प्रयुक्त हैं। अनुकूल होकर राँड़ (विधवा आत्मा का) चेतन ऊँट मूलाधार के अनन्तर दो चक्रों पर चढ़ गया, मन में पाट (पटसन) की रस्सी (सेली) है (जो योगी के गले में बँधी रहती है।) मन की इच्छा स्वच्छन्द (स्वैर) है इसलिए वह अपूर्ण है। ब्रह्म रंध्र की कुईं (छोटा कुवाँ) कंकरीली है, उसका पानी बहुत गहरे है जो बड़ी कठिनाई से प्राप्त होता है। इसका जल सोने के मूल्य बिकता है। इस मथुरा नगरी अर्थात् सहस्त्रार चक्र जहाँ अमृत जल का कूप है पर वज्रपात हो क्योंकि कान्हा (साधक) प्यासा ही लौट जाता है। यदि साधक मन नीचे के चक्रों पर ही सन्तुष्ट हो जाता है (जैसा की ऊपरी पंक्ति में कहा गया है कि चेतना दो स्कंध ऊपर चढ़ी है) तो उसे प्यासा ही लौटना पड़ता है। एक चक्र रूपी दधिपात्र में दही जमी है, दूसरे चक्र पर जाते तक उस दही में साढ़ी जम गयी, न्योता देकर अपने चेतना रूपी ऊँट को खिलाऊँगी। मुनियों की दाढ़ी में राख पड़े या मनुष्य की दाढ़ी में राख पड़े अर्थात् विषय वासनाओं के जलाने की कामना पैदा हो। एक वन (एक चक्र) में काम की दुंदुभी बज रही है, दूसरे वन (चक्र) में तूर्य बज रहा है। इस वन में राधा और रुक्मिणी खेलती है, उस वन में कृष्ण अहीर खेलता है। आस-पास तुलसी आदि भक्ति के सहगामी विटप (वृक्ष) हैं। द्वारिका रूपी भक्ति नगरी में राम राजा हैं, जिसके भक्त का नाम कबीर है।

टिप्पणी–कुछ टीकाओं में आम्र और बबूल पर अलग चढ़ने वाली बेलि को साधना के दो पथ माने गए हैं। प्रथम भक्ति का पथ है दूसरा कृच्छ्र साधना का कठिन पथ। काया योग

की कृच्छ्र साधना या विशुद्ध ज्ञानमार्गी साधना में प्रेम का अभाव होने के कारण कान्हा को प्यासा लौटना पड़ता है। दो पात्रों में दही जमाना दो अलग-अलग साधनाओं में प्रवृत्त होना है जिनकी परिणति वासना की तृप्ति तक सीमित है, मुनियों को उसमें खाक भी नहीं मिलता। एक वन काया योग साधना का है जिसमें रुक्मिणी राधा आदि माया का ही खेल है, दूसरा सहज साधना का वन है जिसमें साक्षात् कृष्ण हैं।

दृष्टांत अलंकार तथा योगिक प्रतीकों द्वारा भक्ति भाव एवं सहज योग की श्रेष्ठता प्रतिपादित की है।

थिर न रहै चित थिर न रहै, च्यंतामणि तुम्ह कारणि हो।
मन मैले मैं फिरि-फिरि आइहूँ, तुम्हँ सुनहूँ न दुख बिसरावन हो।।टेक।।
प्रेम खटोलवा कसि कुसि बाँध्यो, बिरह बाँन तिहि लागू हो।
तिहि चढ़ि इंदऊ करत गवसियां, अंतरि जमुवां जागू हो।।
महरु मछा मारि न जाँनैं, गहरै पैठा धाई हो।
दिन इक मगरमछ लै खैहै, तब को रखिहै बंधन भाई हो।।
महरू नाँम हरइये जानैं, सबद न बूझै बौरा हो।
चारै लाइ सकल जग खाया, तऊ न भेटि निसहुरा हो।।
जौ महाराज चाहौ महरइये, तौ नाथौ ए मन बौरा हो।
तारी लाइकैं सिष्टि बिचारौ, तब गहि भेटि निसहुरा हो।।
टिकुरी भई कांन्ह कै कारणि, भ्रंमि भ्रंमि तीरथ कीन्हां हो।
सो पद देहु मोहि मदन मनोहर, जिहि पदि हरि मैं चीन्हां हो।।
दास कबीर कीन्ह अस गहरा, बूझै कोई महरा हो।
यहु संसार जात मैं देखौं, ठाढ़ा रहूँ किनिहुरा हो।।७७।।

व्याख्या–हे चिन्तामणि भगवान् तुम्हारे कारण मेरा मन स्थिर नहीं रहता है। मलीन (दोषयुक्त) मन लेकर मैं बार-बार तुम्हारे पास आता हूँ, पर दुखों को विस्मृत कराने वाले तुम सुनते ही नहीं हो। मैंने प्रेम रूपी खटोला को कसकर तैयार किया है। उसमें विरह का बाना लगा हुआ है। उस पर चढ़कर यदि तुम्हारे पास आना चाहता हूँ तो भीतर यमराज जाग जाता है। महरा (मछुवारा) मछली मारना जानता ही नहीं अर्थात् साधक जीव आत्म तत्त्व को प्राप्त करना नहीं जानता वह स्वयं दौड़कर गहरे जल में पैठ जाता है। किसी दिन उसे मगरमच्छ खा जायेगा, तात्पर्य है कि जीव स्वयं काल का पूर्ण शिकार हो जायेगा। तब उसके बंधन (जाल) की रक्षा कौन करेगा। वह केवल नाम का महरा है महराई जानता नहीं, वह शब्द का ज्ञान नहीं रखता अतः उन्मत्त (बावला) है। चारा लगाकर उसने जगत के समस्त जीव रूपी वासना का भोग कर लिया फिर भी मछली (आत्म-तत्त्व) उसके हाथ नहीं लगी। हे महाराज यदि मछली पकड़ने के कर्म में कुशल बनना चाहते हो तो बावले! पहले इस मन को नाथो। ताडी (त्राटक ध्यान), लगाकार सृष्टि का विचार करो तब मछली (आत्म-तत्त्व) प्राप्त होगी। मैं हरि के कारण सूत कातने की तकली हो गया हूँ, घूम घूमकर मैंने तीर्थाटन किया। हे काम की तरह मन को आकर्षक लगने वाले राम मुझे उस परमपद का दान करो जिससे मैं हरि की पहचान कर सकूँ, कबीर ने ऐसा गहरा (चिन्तन) किया है जिसे बिरला महरा (साधक) ही समझ सकता है। इस संसार को जाता हुआ (नष्ट होता) देख रहा हूँ। हे भगवान् तुम्हारी कृपा से मैं

खड़ा रहूँ या संसार के आगे नतमस्तक हो जाऊँ।

टिप्पणी–महरा साधक का प्रतीक है। मछली आत्म तत्त्व है। मगरमच्छ काल है। शब्द अनाहत नाद है। जग के जीवों को खाना इन्द्रिय तथा उनके रसों को प्राप्त करना है। कबीर अपने पदों में कहीं-कहीं आत्मा रूपी प्रेयसी बनकर कथन करते हैं इसलिए वे स्त्री लिंग क्रिया का प्रयोग करते हैं। मछली पकड़ने के रूपक द्वारा आत्म-साधना की प्रक्रिया को अंकित किया गया है।

बीनती एक राँम सुनि थोरी।
अब न बचाइ राखि पति मोरी।।टेक।।
जैसे मंदला तुमहि बजावा। तैसैं नाचत मैं दुख पावा।।
जे मसि लागी सबै छुड़ावौ। अब मोहि जिनि बहु रूप कछावौ।।
कहै कबीर मेरी नाच उठावौ। तुम्हारे चरन कवँल दिखलावौ।।७८।।

शब्दार्थ–थोरी = थोड़ी, मंदला = एक प्रकार का वाद्य विशेष, मसि = स्याही, कालिख, कछावौ = धारण कराना, उठावौ = समाप्त करना।

व्याख्या–कबीर कहते हैं कि हे राम! थोड़े समय के लिए मेरी एक प्रार्थना को सुनो। अब मुझे सांसारिकता से बचाकर मेरी प्रतीति की रक्षा क्यों नहीं करते। जिस प्रकार मर्दल नामक वाद्य तूने बजाया उसी की ताल पर नाचते हुए मैंने बहुत दुःख पाया। सांसारिक सम्बन्धों के निर्वाह हेतु अपने मुख पर अनेक तरह का कलंक लगाकर जो मैं बहुरूपिया बनकर नाच रहा हूँ। अब मेरे मुख की कालिख को छुड़ा दो और विविध रूप धारण करने का निर्देश भी मत दो। कबीर कहता है कि मेरा नाच समाप्त करो और अपने चरण कमलों का दर्शन कराओ।

कबीर ने इस पद में नृत्य के रूपक के माध्यम से सांसारिक विडम्बनाओं का चित्र खींचा है।

'चरन कवँल' में रूपक अलंकार है। सूरदास ने भी यही भाव व्यक्त किया है–

अब मैं नाच्यों बहुत गोपाल।
काम क्रोध को पहिरि चोलना कंठ विषय की माल।

मन थिर रहै न घर ह्वै मेरा।
इन मन घर जारे बहु तेरा।।टेक।।
घर तजि बन बाहरि कीयौ बास। घर बन देखौं दोऊ निरास।।
जहाँ जाऊँ तहाँ सोग संताप। जरा मरन कौ अधिक बियाप।।
कहै कबीर चरन तोहि बंदा। घर मैं घर दे परमाँनंदा।।७९।।

शब्दार्थ–संताप = दुःख, बियाप = व्याप्त, बंदा = वंदना करना।

व्याख्या–कबीर कहते हैं कि मेरा मन मेरे घट में स्थिर रहकर नहीं रहता। इसीलिए मेरे मन ने बहुत से घरों अर्थात् घटों में रहकर अनेक जन्मों को गँवाया। मन अनेक स्थितियों को बदलता रहता है। कभी गृहस्थी में रमता है कभी वनवास करते हुए वैराग्य में रमता है। लेकिन दोनों स्थितियों में ही उसे निराशा मिलती है। जहाँ भी जाता हूँ वहाँ ही जरा-मरण शोक-सन्ताप को व्याप्त पाता हूँ। हे भगवान! मैं तुम्हारे चरणों की वन्दना करता हूँ कि तुम मुझे सहज अवस्था में अर्थात् शरीर रूपी घर के भीतर ही परम आनंद की उपलब्धि करा दो।

'घर' का प्रयोग लाक्षणिक है। 'घर' का प्रतीकार्थ शरीर है और लक्ष्यार्थ है भिन्न-भिन्न स्थितियाँ। चौथी पंक्ति में अनुप्रास अलंकार की योजना दर्शनीय है।

कैसै नगरि करौं कुटवारी।
चंचल पुरिष विचषन नारी।।टेक।।
बैल बियाइ गाइ भई बाँझ। बछरहिं दूहै तीनिउँ साँझ।।
मकड़ी धरि माषी छछिहारी। माँस पसारि चील्ह रखवारी।।
मूसा खेवट नाव बिलइया। सोवै दादुर सर्प पहरिया।।
नित उठि स्यार सिंघ सौं जूझै। कहै कबीर कोई बिरला बूझै।।८०।।

शब्दार्थ–कुटवारी = रक्षा, दुहै = दुहना, छछिहारी = छाछ पर नियंत्रण रखने वाली, खेवट = खेनेवाला, बिरला = अनोखा।

व्याख्या–कबीरदास कहते हैं कि इस नगर के कोटपाल पद का निर्वाह कैसे करूँ। यहाँ के पुरुष चंचल हैं और नारियाँ चतुर हैं। बैल व्याता है और गाय बाँझ रहती है। तीनों कालों में अर्थात् प्रातः मध्यान्ह, सायं में बछड़ों का दोहन होता है। मक्खी मकड़े के घर की मालकिन, छाछ पर नियंत्रण रखने वाली है। मांस फैलाकर चील उसकी रखवाली करती है। बिल्ली नौका बन गई है और चूहा उसको खे रहा है। मेढ़क सो रहा है और साँप उसकी रखवाली कर रहा है। नित्य सियार उठकर सिंह से जूझता है। कबीरदास कहते हैं कि इस नगर की अवस्था कोई बिरला ही समझ सकता है।

इसमें शरीर रूपी नगर का वर्णन है। कोटपाल इस शरीर का साधक है। मन रूपी पुरुष चंचल रहता है। नारी आत्मा है जो विलक्षण है। विभिन्न वासनाओं के वशीभूत मन रूपी बैल अनेक संकल्पों की सृष्टि करता है और बार-बार जन्म ग्रहण करता है। गाय आत्मा है, इसका बन्ध्या होना जन्ममरण से परे होना है, बछड़ा ज्ञान है जिसका दूध देना अमरतत्व प्रदान करना है। बैल रूपी मन का अनुगमन करने वाली वासना से आक्रान्त इन्द्रियाँ भी बछड़ा मानी जा सकती हैं। जो सत, रज और तम तीनों प्रकार के विषयों से दूध रूपी रस को उत्पन्न करती हैं। मन की तृष्णा रूपी मक्खी ही मकड़ी रूपी माया की मालकिन हो गई है। तृष्णारूप मक्खी ही जगत के छाछ रूपी विषयों का आस्वादन करती है। मलिन तृष्णा रूपी चील विषय रूपी मांस को प्रसृत करके उसकी रखवाली करती है। तात्पर्य यह है कि तृष्णा से केवल भोग नहीं, भोग वस्तु संचयन की वृत्ति भी होती है। इसलिए चील मांस को खाती नहीं उसे इकट्ठा करती है। दुरमति रूपी बिल्ली को मन रूपी चूहा अपने संकल्पों के अनुसार गतिशील रखता है। तृष्णा से युक्त जीव रूपी मेढ़क ज्ञान से विमुख होकर सो गया और संशय रूपी सर्प उसके पास पहरा देता है ताकि ज्ञान उसके समीप पहुँच न सके। सियार रूपी जीव काल रूपी सिंह से जूझ रहा है। वह अमरत्व की आकांक्षा करता है पर उसमें सफलता नहीं प्राप्त कर पाता। सियार को सिंह नष्ट नहीं कर सकता क्योंकि जीव काल से ग्रसित नहीं होता बल्कि अज्ञान से ग्रसित होता है। गाय का प्रतीकार्थ गायत्री है जिसने अपना तत्त्व छिपा रखा है इसीलिए बाँझ है। बैल शब्द ब्रह्म है जो नाना रूपों में अभिव्यक्त होता है। सियार दुर्बुद्धि है और सिंह विवेक या ज्ञान है। सियार को गुरु का उपदेश भी माना जा सकता है जो सिंह रूपी मन से लड़ता रहता है। मकड़ी, चील, बिडाल, साँप आदि काल के विविध रूप हैं जो प्राण को क्रमशः मक्खी, मांस, चूहा, मेढ़क खाद्य पदार्थ के रूप में आत्मसात् करके नष्ट कर सकते हैं। सामान्यतया ऐसा प्रतीत होता है लेकिन प्राण कभी नष्ट नहीं होता, उसकी उपस्थिति हरदम

रहती है। कबीर ने उलटवाँसी के द्वारा इसी भाव को व्यंजित किया है।

कबीर ने इस पद में उलटवाँसी का प्रयोग किया है।

भाई रे चूँन बिलँटा खाई।
बाघनि संगि भई सबहिन कै, खसम न भेद लहाई।।टेक।।
सब घरि फोरि बिलूँटा खायौ, कोई न जाँनैं भेव।
खसम निपूतौ आँगणि सूतौ, राँड न देई लेव।।
पाड़ोसनि पनि भई बिराँनीं, माँहि हुई घर घाले।
पंच सखी मिलि मंगल गाँवैं, यहु दुःख याकौं साले।।
द्वै द्वै दीपक घरि घरि जोया, मंदिर सदा अँधारा।
घर घेहर सब सवारथ, बाहरि कीया पसारा।।
होत उजाड़ सबै कोई जाँनैं सब काहू मनि भावै।
कहै कबीर मिलै जे सतगुरु, तौ यह चूँन छुड़ावै।।८१।।

शब्दार्थ–चूँन = शरीर, पुष्प कर्म, बिलूँटा = बलात्, खसम = स्वामी, प्रभु, भेव = भेद, पंच सखी = पाँच ज्ञानेन्द्रियाँ, याकौं = भक्त को, जोया = ढूँढ़ना।

व्याख्या–कबीरदास कहते हैं कि काल रूपी व्याघ्रिन बलात् इस जीवन रूपी चूर्ण को खा रही है। यह बाघिन घर के सभी लोगों के साथ हो गयी है इसलिए जीवात्मा रूपी स्वामी भी इसका भेद नहीं जानता। वह समस्त घर (देह) को फोड़कर बलपूर्वक खा गई किन्तु इसका भेद कोई नहीं जान सका। पुत्रहीन अर्थात् जन्म-मरण से परे गृहस्वामी आँगन में ही सोता रहा। राँड़ (विधवा) स्त्री अर्थात् परमार्थ चेतना से उसका कुछ लेना देना नहीं है। तात्पर्य है कि परमार्थ चेतना के प्रति वह सजग नहीं है। माया रूपी पड़ोसिन इस जीवात्मा के घर घुस गयी है और उसने इस पर अधिकार जमा लिया है। उसकी पाँच सखियाँ (शब्द, स्पर्श, रूप, रस, गंध, आदि) मंगल गीत गाती हैं यह दुःख इसको सालता है। शरीर के भीतर द्वन्द्व के दो दीपक जल रहे हैं अथवा इड़ा-पिंगला के दो दीपक जल रहे हैं फिर भी शरीर में अज्ञान का अंधकार है। घर घरौंदे सभी अपने स्वार्थ के लिए हैं, इसलिए जीवात्मा उसके बाहर अपना प्रसार चाहती है। घर का उजड़ना सभी को ज्ञात है और यह हर किसी को अच्छा भी लगता है। कबीर कहते हैं कि यदि सद्गुरु मिले तो इस जीवन रूपी चूर्ण को काल रूपी व्याघ्रिणी से मुक्त कराए।

कुछ टीकाकारों ने बिलूँटा का अर्थ बिल्ली तथा चूहा भी किया है। बिल्ली के लिए बाघिन का वैकल्पिक प्रयोग उचित नहीं है डॉ० माता प्रसाद गुप्त ने बिलूँटा का अर्थ बलात्, या लूटकर किया है। बाघिन का प्रतीकार्थ काल तथा माया दोनों ही किया गया है। बाघिन रूपी माया मनुष्य के पुण्यफल रूपी चूर्ण को बलात् खा जाती है। वह सदैव सब के साथ लगी रहती है। शरीरस्थ विशुद्ध आत्मा जो परम चैतन्य का अंश है जो वास्तव में गृहस्वामी है उसे भी माया के आचरण का पता नहीं चलने पाता। माया का पति ईश्वर अजन्मा है, माया किसी को उसका पुत्र अर्थात् आत्मीय बनने ही नहीं देती। माया के कारण ही मनुष्य अपने समीपस्थ परमात्मा के लिए पराया हो जाता है। माया ही शरीर में प्रवेश करके सब कुछ नष्ट करती है। रूप, रस, शब्द, स्पर्श, गंध इसकी सखियाँ हैं। हर घर में पाप और पुण्य के दीपक जल रहे हैं फिर भी अँधेरा है। जीवात्मा अपना विस्तार बाहर की ओर करती है, अन्तर्मुखी

नहीं होती। वास्तव में घर का उजड़ना तो सबको ज्ञात है किन्तु मोह के कारण उसी के प्रति सभी की आसक्ति है। गुरु ही माया के प्रभावों से मुक्त करा सकता है।

प्रतीकात्मक शैली के कारण अभिव्यक्ति अत्यन्त दुरूह हो गयी है। कबीर में प्रतीकों का निश्चित अर्थ नहीं रहता है। इसलिए अर्थ का संधान बहुत कुछ अनुमानाश्रित रहता है। अलग-अलग आलोचकों ने अपने-अपने तरीके से प्रतीकों को समझना चाहा है फिर भी प्रांजल अर्थ की निष्पत्ति नहीं हो सकी है।

बिखिया अजहूँ सुरति सुख आसा।
होन न देइ हरि कै चरन निवासा।।टेक।।
सुख माँगें दुख आगें आवै। तातैं सुख माँग्या नहिं भावै।।
जा सुख तैं सिव बिरंचि डराँनाँ। सो सुख हमहुँ साँच करि जाना।।
सुख छाँड़ा तब सब दुख भागा। गुर कै सबदि मेरा मन लागा।।
कहै कबीर चंचल मति त्यागी। तब केवल राँम-नाँम ल्यौ लागी।।८२।।

शब्दार्थ–बिरंचि = ब्रह्मा

व्याख्या–कबीरदास कहते हैं कि विषयों की सुरति (आसक्ति) में अब भी सुख पाने की आशा है। इसलिए वह हरि के चरणों में निवास नहीं होने देती है। सुख माँगने पर दुख पहले आता है, इसलिए सुख माँगना अच्छा नहीं लगता। जिस सुख से ब्रह्मा और शिव डर गए, उसी सुख को हमने भी सच मान लिया। जब सांसारिक सुख को छोड़ दिया तो सभी दुख अपने आप भाग गए। गुरु के ज्ञानोपदेश शब्द में मेरा मन लग गया। रात-दिन विषयों का उपकार किया जाता है इसलिए विषयी को नर्क जाते देर नहीं लगती। कबीर कहते हैं कि मैंने चंचलता त्याग दी है। केवल राम-नाम में ही ध्यान लगा दिया है।

सांसारिक सुख की कामना में ही अनन्त दुखों से गुजरना पड़ता है। सुख की आशा छोड़कर गुरु के शब्दों पर ध्यान देने से दुख से मुक्ति मिलती है और ईश्वरीय राग पैदा होता है।

दूसरी पंक्ति में विरोधाभास अलंकार का विधान है। भक्ति के लिए विरक्ति आवश्यक है।

तुम्ह गारुड़ मैं विष का माता।
काहै न जिवावौ मेरे अंमृतदाता।।टेक।।
संसार भुवंगम डसिले काया। अरु दुःख दारुन ब्यापै तेरी माया।।
सापनि एक पिटारै जागै। अह निसि सोवै ताकूँ फिरि फिरि लागै।।
कहै कबीर को को नहीं राखे। राँम रसाइन जिनि जिनि चाखे।।८३।।

शब्दार्थ–गारुड़ = विष उतारने वाला, माता = विष की लहर से मस्त।

व्याख्या–कबीर कहते हैं कि हे भगवान्! तुम गारुड़ी हो मैं विष के वशीभूत मस्त हूँ। मुझे अमृत दान देकर जीवित क्यों नहीं करते। संसार रूपी सर्प ने शरीर को डस लिया है और तेरी माया का भयानक दुख व्याप्त हो रहा है। इस मन रूपी पिटारे में तृष्णा रूपी सर्पिणी जागती रहती है और जो रात-दिन सोता रहता है, उसको यह पुनः पुनः डसती है। अज्ञान में सुप्त व्यक्ति तृष्णा का शिकार अधिक होता है। कबीर कहते हैं कि ऐसे कौन भक्त हैं जो शरणागत होकर तुम्हारे द्वारा रक्षित नहीं हुए जिन्होंने राम रसायन का आस्वादन नहीं किया।

अर्थात् सभी को यह अवसर मिला है।

संसार भुवंगम, राम रसायन में रूपक अलंकार फिरि फिरि, जिनि जिनि में पुनरुक्ति प्रकाश अंतिम पंक्ति के आरंभिक चरण में वक्रोक्ति अलंकारों का विधान किया गया है।

माया तजूँ तजी नहीं जाई।
फिर फिर माया मोहिं लपटाई।
माया आदर माया मान। माया नहीं तहाँ ब्रह्म गियान।।
माया रस माया कर जाँन। माया कारनि तजै पराँन।।
माया जप तप माया जोग। माया बाँधे सबहीं लोग।।
माया जल थलि माया आकासि। माया व्यापि रही चहुँ पासि।।
माया माता माया पिता। असि माया अस्तरी सुता।।
माया मारि करै ब्यौहार। कहे कबीर मेरे राँम अधार।।८४।।

व्याख्या—कबीर कहते हैं कि मैं माया को त्यागता हूँ किन्तु वह मुझसे त्यागी नहीं जाती है, बार बार माया मुझे लिपटा लेती है। माया मनुष्य के पास अनेक रूपों में आती है। आदर, सम्मान सब माया है। जहाँ माया नहीं होती वहीं ब्रह्म ज्ञान उद्भासित होता है। माया के रस में विमुग्ध व्यक्ति माया को ही जानता है। वह माया के कारण प्राणों तक का न्योछावर कर देता है। जप, तप, योग भी माया ही हैं। माया में किसी न किसी तरह से सभी लोग बँधे हैं। माया की व्याप्ति जल, थल और आकाश में सर्वत्र है। माता माया है, पिता माया है, स्त्री और बेटी तो विशेष माया हैं। कबीर उस माया को मारकर व्यवहार करता है, उनके लिए सिर्फ राम का ही आश्रय है।

प्रस्तुत पद में कबीर ने माया के अन्तर्गत समस्त साधनाओं, सम्बन्धों, उपलब्धियों को समाहित कर लिया है। जो भी कार्य तृष्णा से प्रेरित होता है वह मायाग्रस्त हो जाता है। सकाम जप, तप, योग भी इसलिए माया ग्रस्त माने गए हैं।

ग्रिहि जिनि जाँनौ रूडो रे।
कंचन कलस उठाइ लै मंदिर, राम कहे बिन धूरौ रे।
इनि ग्रिह मन डहके सबहिन के, काहू कौ पर्यौ न पूरौ रे।
राजा राँणाँ राव छत्रपति, जरि भए भसम कौ कूरौ रे।
सबथैं नींकी संत मंडलिया, हरि भगतनि कौ भेरौ रे।
गोब्यंद के गुन बैठ गैहैं, खैहै टूको टेरौ रे।
ऐसैं जानि जपौ जगजीवन, जम सूँ तिनका तोरौ रे।
कहै कबीर राँम भजिबे कूँ एक आध को सूरौ रे।।८५।।

शब्दार्थ – रूडौ = सुन्दर, कूरौ = ढेर, भेरौ = नाव का बेड़ा।

व्याख्या– कबीर कहते हैं कि घर को सुन्दर न मानो। कंचन कलश का महल (प्रासाद) भले ही उठा लो, किन्तु राम के भजन के बिना वह उपलब्धि धूल के समान है। इन गृहों में सबका मन बहका हुआ है, किसी को पूरा नहीं पड़ रहा है, सभी अतृप्त ही हैं। राजा, राणा राव, छत्रपति, सभी अन्ततः जलकर राख की ढेर हो जाते हैं। सबसे अच्छी संत मंडली है, जो भगवान् के भक्तों को भवसागर से पार कराने वाले बेड़े की तरह है। संत बैठे-बैठे गोबिंद

का गुण गान करेंगे और जैसा भी रोटी का टुकड़ा मिलेगा, खाकर संतोष कर लेंगे। संतों के इसी जीवनादर्श को ध्यान में रखकर जग के जीवन आधार राम का जप करो और यम से सम्बन्ध तोड़ो। कबीर कहते हैं कि राम का भजन करने के लिए कोई विरला ही शूर सफलता पूर्वक अग्रसर होता है।

कबीर गृह निर्माण तथा उसे सम्पत्ति के रूप में जीवन की उपलब्धि मानने वाले तथा अनेक उपाधियों से विभूषित लोगों की अन्तिम परिणति को बताकर भगवत् भक्ति के माहात्म्य को प्रतिपादित करते हैं। भक्ति भी कोई शूर ही कर सकता है। धूरौ, कूरौ आदि मुहावरों का प्रभावात्मक प्रयोग किया गया है।

रंजसि मीन देखि बहु पाँनी।
काल झाल की खबरि न जाँनी।।
गारैं गरब्यौ औघट घाट। सो जल छाड़ि बिकानौं हाट।।
बँध्यौ न जाँनै जल उदमादि। कहै कबीर सब मोहे स्वादि।।८६।।

व्याख्या– जीवात्मा रूपी मछली विषय जल को देखकर अत्यन्त खुश होती है किन्तु उसे काल रूपी ज्वाला का ज्ञान नहीं रहता है। वह अपनी गुरुता से गर्वित होकर उपेक्षित तथा विकट घाटों पर भी विचरण करती है किन्तु उसका अहंकार तब चूर्ण होता है जब वह माया जाल में फँसकर बाजार में बिक जाती है अर्थात् संसार की हाट में उसका अपनापन समाप्त हो जाता है। उसे क्रीतदास की तरह आचरण करना पड़ता है। जल के उन्माद अर्थात् विषय जल की उन्मत्तता भी उसकी समझ में नहीं आती। वह स्वाद से सम्मोहित होकर भक्ष्य अभक्ष्य का आस्वादन करती है।

इसमें काया-योग की साधना करने वालों पर भी व्यंग्य किया गया है। काया योगी संसार की विषय वासनाओं में अपनी साधना के अहंकार के कारण विचरण करता है। वह औघट घाट की गुफा (ब्रह्मरंध्र) में ध्यान लगाकर अहंकार ग्रस्त हो जाता है। वह भक्ति तथा सहज योग के आनन्द को छोड़कर बाह्याचरणों की साधना में लीन हो जाता है। अहंकार ग्रसित होने के कारण वह काल के जाल में फँस जाता है और वासना के बाजार में बिक जाता है। साधना जल के उन्माद में गोता लगाने वाला कायायोगी काल से मुक्त नहीं हो पाता है।

अन्योक्ति और रूपकातिशयोक्ति अलंकारों का विधान किया गया है। वासनात्मक आसक्ति की तथा अहंकार साधना की पवित्रता को नष्ट कर देते हैं।

काहे रे मन दह दिसि धावै।
विषिया संग संतोष न पावै।।
जहाँ जहाँ कलपै तहाँ तहाँ बँधना। रतन कौ थाल कियो तैं रँधना।।
जो पै सुख पईयत इन माँही। तौ राज छाड़ि कत बन कौं जाँहीं।।
आनंद सहित तजौ विष नारी। इब क्या झीखै पतित भिखारी।।
कहै कबीर यहु सुख दिन चारि। तजि विषिया भजि चरन मुरारि।।८७।।

शब्दार्थ– दह = दस, कलपै = कर्म का संकल्प करता है, झीखै = रोता है, संतप्त होता है।

व्याख्या– हे मन, दसों दिशाओं में क्यों दौड़ता रहता है। विषयों के साथ तुझे संतोष नहीं मिल सकता। तुम जहाँ-जहाँ कर्म का संकल्प करते हो वहाँ-वहाँ तुम्हें बंधन में (कर्म

बंधन) में बँधना होता है। तुम्हें भगवान् ने शरीर रूपी रत्नों का थाल दिया था किन्तु तू विषय वासनाओं की रसोई में उसका प्रयोग करने लगा, जबकि तुम्हें उसके द्वारा भक्ति रस का पान करना चाहिए था। यदि सांसारिक भोग से ही तृप्ति होती तो लोग राजपाट छोड़कर बन में क्यों जाते। यदि परम आनंद की आकांक्षा है तो वासना को उत्तेजित करने वाली विषैली नारी का परित्याग कर दो, पतित भिखारी बनकर अब क्यों संतप्त होते हो। कबीर कहते हैं कि विषय वासनाओं का सुख दो चार दिन का है, इसलिए विषय वासनाओं को छोड़कर मुरारी कृष्ण के चरणों का भजन करो।

दह दिसि में छेकानुप्रास जहाँ-जहाँ में पुनरुक्ति प्रकाश, रतन को थाल में रूपकातिशयोक्ति, विष नारी में रूपक अलंकार की योजना है। विषय वासनाओं की निरर्थकता और भक्ति की सार्थकता की अभिव्यंजना की गयी है।

जियरा जाहिगौ मैं जाँनाँ।
जो देख्या सो बहुरि न पेख्या, माटी सूँ लपटाँनाँ।।
बाकुल बसतर किता पहिरवाँ, का तप बनखंडि बासा।
कहा मुगध रे पाहन पूजै, का जल डारैं गाता।।
कहै कबीर सुर मुनि उपदेसा, लोका पंथि लगाई।
सुनौं संतौ सुमिरौ भगत जन, हरि बिन जनम गँवाई।।८८।।

शब्दार्थ – बाकुल = बल्कल, पेड़ों की छाल का, बसतर = वस्त्र।

व्याख्या– जीव एक दिन चला जायेगा, मैंने इस तथ्य को समझ लिया है। जिनको एक बार देखा वे फिर नहीं दिखाई पड़े, अर्थात् वे सभी अतीत हो गए, सभी मिट्टी में ही लिपट गये, अर्थात् मिट्टी में मिल गए। बल्कल वस्त्र पहनने तथा वनखंड में निवास करते हुए तप करने से क्या लाभ है, हे मुग्ध (मूढ़) पत्थर पूजने तथा शरीर पर जल डालने से क्या होता है। देवों और मुनियों के उपदेश ने लोगों को सांसारिक पथ पर ही प्रवर्तित किया है उससे अमरता नहीं मिलती है। हे संतो सुनो, तुम भक्त जन के मार्ग का अनुसरण करो, यह सुमिरन का मार्ग ही श्रेयस्कर है। भगवान् की भक्ति के बिना जन्म व्यर्थ ही व्यतीत हो जाता है।

बाह्याडम्बरों का खंडन करके भक्ति मार्ग पर प्रवृत्त होने की सलाह दी गयी है। अमरता, भक्ति से ही प्राप्त हो सकती है अन्य साधनों से नहीं।

हरि ठग जग कौं ठगौरी लाई।
हरि कै वियोग कैसें जीउँ मेरी माई।।
कौन पुरिष को काकी नारी। अभिअंतर तुम्ह लेहु विचारी।
कौन पूत को काको बाप। कौन मरै कौन करै संताप।।
कहै कबीर ठग सूँ मनमाना। गई ठगौरी ठग पहिचाना।।८९।।

व्याख्या– हरि ठग की तरह संसार में जीवों को ठगने के अनेक साधन किए हैं। जीव सांसारिक वस्तुओं के प्रलोभन में ठगा जाता है। कबीर इस प्रलोभन में फँसने वाले नहीं हैं इसलिए राम के वियोग का अनुभव करते हुए कहते हैं कि हे माँ! मैं राम के वियोग में कैसे जीवित रहूँगा। संसार के सभी सम्बन्ध मायाजनित तथा भ्रम हैं (ये भी जीव को भ्रमित करने या ठगने के साधन हैं) कौन पुरुष (पति) है और कौन किसकी स्त्री है। अपने अन्दर विचार करके देखो तो असलियत का ज्ञान हो जायेगा। कौन पुत्र है, कौन पिता है, मरने पर कौन

दुखी होता है। एक ही तत्त्व है जो सर्वव्याप्त है। कबीर कहते हैं कि ठग ईश्वर में मेरा मन अनुरक्त हो गया है। ठगने की वस्तुएँ तथा साधन मेरे लिए व्यर्थ हो गए इसलिए ठग (ईश्वर) की पहचान कर सका।

मन को भी ठग माना जा सकता है। वह जीवात्मा से हरि तत्त्व को ओझल कर देता है। मन के वास्तविक स्वरूप तथा उसके क्रियाकलापों को जान लेने के बाद फिर जीव उस ठगी से मुक्त हो जाता है बल्कि उसका आनन्द लेता है।

यहाँ संसार में माया का विस्तार करने वाला हरि ही को ठग मानना उचित है। उसकी माया को समझने के बाद ही उसकी वास्तविक पहचान संभव होती है।

सांई मेरे साजि दई एक डोली।
हस्त लोक अरु मैं तैं बोली।।टेक।।
इक झंझर सम सूत खटोला। त्रिस्नां बाव चहूँ दिसि डोला।।
पाँच कहार का मरम न जाँनाँ। एकै कह्या एक नहीं माँना।।
भूभर घाम उहार न छावा। नैंहरि जात बहुत दुख पावा।।
कहै कबीर बर बहु दुख सहिये। राम प्रीति करि संग ही रहिये।।६०।।

शब्दार्थ– सांई = स्वामी, झंझर = जर्जर, भूभर = भुरभुरी, गर्म।

व्याख्या– कबीर कहते हैं कि मेरे स्वामी ने मुझे शरीर रूपी डोली तैयार करके प्रदान की है। यह डोली लोक मैं हँसती है और मैं, तैं की बोली बोलती है। यह पुराने सूत से बने खटोले की तरह है। यह तृष्णा की वायु लगने से इधर-उधर डोलती रहती है। इसमें पाँच कहार (पाँच इन्द्रियाँ) लगे हैं किन्तु उनका मर्म समझ में नहीं आता। एक कहार (इन्द्री) दूसरे का कहना नहीं मानता। तालमेल के अभाव में शरीर रूपी डोली को हर इन्द्री रूपी कहार अपनी-अपनी दिशा में खींचता है। इसके मार्ग में पृथ्वी को संतप्त करने वाली धूप रहती है अर्थात् जगत में दैहिक, दैविक, भौतिक अनेक तरह के ताप रहते हैं। डोली पर भगवत् कृपा या स्नेह का पर्दा नहीं लगा है इसलिए नैहर (संसार) में जाते हुए बड़ा दुख होता है। इस संसार रूपी पीहर से छुटकारा पाने के लिए चाहे जितनी पीड़ा सहनी पड़े किन्तु प्रयत्न यही करना चाहिए कि जीवात्मा रूपी दुल्हन अपने पति से प्रेम करते हुए उसी के साथ रहे।

डोली में रूपकातिशयोक्ति, झंझर सम में उपमा, तिस्ना बाव में रूपक अलंकारों की योजना की गयी है। प्रतीकात्मक शैली में सांसारिक पीड़ा, इन्द्रियों के पारस्परिक तनाव तथा राम-भक्ति के अनुराग की आवश्यकता को व्यंजित किया गया है।

बिनसि जाइ कागद की गुड़िया।
जब लग पवन तबैं लग उड़िया।।टेक।।
गुड़िया को सबद अनाहद बोलै। खसम लीयैं कर डोरी डोलै।।
पवन थक्यो गुड़िया खहरानी। सीस धुनै धुनि रोवै प्राँनी।।
कहै कबीर भजि सारंग पानी। नहीं तर ह्वै है खैंचा ताँनी।।६१।।

शब्दार्थ– गुड़िया = पतंग, खसम = स्वामी, सारंग पानी = धनुष है हाथ में जिसके अर्थात् राम।

व्याख्या– कबीरदास कहते हैं कि शरीर रूपी कागज की गुड़िया तभी तक उड़ रही है जब तक इसमें प्राण रूप हवा है, इसके न रहने पर यह नष्ट हो जाती है। इस गुड़िया के अन्दर

जो शब्द है वह अनाहत (ओऽम) का ही शब्द है। इसका स्वामी इस डोर को अपने हाथ में लिए हुए घूमता है। प्राण वायु के थक जाने पर यह शरीर रूपी पतंग स्खलित हो जाती है। इसकी मृत्यु पर प्राणी सिर धुनकर रोता है। कबीर कहते हैं कि राम का भजन करो नहीं तो शरीर रूपी पतंग की खींचतान होती रहेगी अर्थात् निरन्तर पीड़ा से गुजरना होगा।

रूपकातिशयोक्ति अलंकार का प्रयोग करते हुए पतंग, वायु के द्वारा जीवन की गतिशीलता तथा खींचतान का वर्णन करके भक्ति की ओर उन्मुख होने की प्रेरणा दी गयी है।

मन रे तन कागद का पुतरा।
लागै बूँद बिनसि जाइ छिन मैं, गरब करै क्या इतरा।।टेक।।
माटी खोदहिं भींत उसारैं, अंध कहैं घर मेरा।
आवै तलब बाँधि लै चालै, बहुरि न करिहै फेरा।।
खोट कपट करि यहु धन जोर्‌यौ, लै धरती मैं गाड़्यौ।
रोक्यौ घट कि साँस नहिं निकसै, ठौर ठौर सब छाड़्यौ।।
कहै कबीर नट नाटिक थाकै, मंदला कौंन बजावै।
गए पखनियाँ उझरी बाजी, को काहू कै आवै।।६२।।

शब्दार्थ– उसारैं = उठाते, तलब = तलबीनामा, आदेश पत्र, मंदला = मार्दल नामक एक वाद्य। उझरी = उत्क्षिप्त, छोड़ी हुई।

व्याख्या– कबीर अपने मन को सम्बोधित करते हुए कहते हैं कि हे मन, यह शरीर कागज का पुतला है। बूँद के लगते ही यह क्षण में गल जाता है, इस पर इतना गर्व क्यों करता है। मिट्टी खोदकर लोग दीवार खड़ी करते हैं और अज्ञानी लोग उसे ही अपना घर कहते हैं, जब यमराज का आदेश पत्र आता है तो यमदूत बाँधकर जीव को ले जाते हैं, फिर इस संसार में प्रत्यागमन नहीं होता है। खोटे कर्म तथा कपट करके लोग धन जोड़ते हैं और धरती में गाड़कर सुरक्षित रखते हैं। जब श्वास शरीर के अन्तर अवरुद्ध कर दी जाती है तो स्थान-स्थान पर संचित धन-संपत्ति वहीं छूट जाती है। कबीर कहते हैं कि नाटक के नट अर्थात् शरीर की इन्द्रियाँ थक गयीं हैं तो अब प्रखावज कौन बजाए अर्थात् जीवन रूपी नाट्य को गतिशील होने की प्रेरणा कौन दे? पखावजी चले गए, बाजी परित्यक्त हुई, फिर कौन किसके घर आता है।

उपमा, वक्रोक्ति, आदि अलंकारों द्वारा कबीर अपनी अनुभूति को प्रेषणीय बनाते हैं। बाजी उखड़ने का तात्पर्य है, महफिल का उखड़ना। जीवन की नश्वरता का ध्यान दिलाते हुए मुक्ति के लिए सक्रिय होने का संदेश दिया गया है। लोक नाट्य को प्रतीक के रूप में ग्रहण किया गया है।

झूठे तन कौं क्या गरबावै[१]।
मरै[२] तौ पल भरि रहन न पावै[३]।।टेक।।
खीर खाँड घृत पिंड[४] सँवारा। प्रॉन गएँ तौ बाहरि जारा।।
जिहिं सिरि रचि रचि बाँधत पागा। सो सिरु चंचु सँवारहिं कागा।।
हाड़ जरै जैसे लकड़ी झूरी। केस जरै जैसै त्रिन कै कूरी।।
कहै कबीर नर अजहुँ न जागै। जम का डंड मूँड़ महिं लागै।।६३।।

पाठांतर–१. मा० प्र० गुप्त में 'कहा गरबइये'। २. मरै के स्थान पर 'मरिये'।

३. पईये। ४. प्यंड। तिवारी की तीसरी, चौथी और पांचवीं पंक्ति के स्थान पर गुप्त जी में निम्न दो पंक्तियाँ मिलती हैं–

चोवा चंदन चरचत अंगा। सो तन जरै काठ के संगा।।
दास कबीर यहु कीन्ह बिचारा। इक दिन तन ह्वै है हाल हमारा।।

शब्दार्थ– गरबावै = घमंड करना, पिंड = शरीर, झूरी = सूखी।

व्याख्या– कबीरदास कहते हैं कि इस शरीर पर मिथ्या गर्व क्यों करते हैं क्योंकि मरने के बाद यह शरीर क्षण भर भी रहने नहीं पाता। शरीर को दूध, शकर तथा घी से पुष्ट करते और सँवारते हैं किन्तु प्राणों के चले जाने पर उसे बाहर ले जाकर जला दिया जाता है। जिस सिर को सँवारकर पगड़ी बाँधी जाती है, उसी सिर पर कौआ अपनी चोंच चलाकर बालों को सँवारता (व्यंग्यार्थ) बिखेरता है। हड्डी जैसे सूखी लकड़ी जलती है, और बाल तिनके के ढेर की तरह जलता है। कबीर कहते हैं कि मनुष्य यह सब देखकर भी जागृत नहीं होता, यमराज का दंड जब सिर में लगता है तभी उसे चेत आता है।

मा० प्र० गुप्त की दो पंक्तियों का अर्थ इस प्रकार है–अंगों में सुगंधित चंदन का लेप करते हैं, किन्तु वह सब काठ के साथ जल जाता है। कबीर ने यही विचार किया कि एक दिन मेरा भी यही हाल होगा।

शारीरिक नश्वरता की व्यंजना की गयी है।

देखहु यहु तन जरता है।
घड़ी पहर बिलंबौ रे भाई जरता है।।टेक।।
काहैं कूँ एता कीया पसारा। यहु तन जरि बरि ह्वैहै छारा।।
नव तन द्वादस लागी आगी। मुगध न चेतै नख सिख जागी।।
कांम क्रोध घर भरे बिकारा। आपहिं आप जरै संसारा।।
कहै कबीर हम मृतक समाँनाँ। रांम नाँम छूटे अभिमाँनाँ।।६४।।

व्याख्या– कबीरदास कहते हैं कि देखो यह शरीर (अवश्य) जलता है। घड़ी पहर की देर भले ही हो अर्थात् कुछ दिनों का जीवन भले ही मिला है किन्तु अन्ततः तो शरीर को जलना ही है। तुम न जाने शरीर के भोग हेतु इतना प्रसार क्यों करते हो अन्ततः तो यह शरीर जल जलकर राख हो जायेगा। नवों द्वार तथा बारहों अंगों वाले इस शरीर में आग लग जाती है, फिर भी नख-शिख जागृत होकर मूर्ख जीवन चैतन्य नहीं होता। काम, क्रोध, आदि विकार शरीर में भरे हैं, यह तो संसार में विकारों की ही आग से जलती रहती है। कबीर कहते हैं कि सांसारिक दृष्टि से मैं मरे हुए के समान हूँ क्योंकि राम-नाम की कृपा से मेरा अभिमान नष्ट हो गया है।

जीवन की नश्वरता की व्यंजना की गयी है। हम मृतक समाना में विरोधाभास की योजना है।

तन राखनहारा कौं नाँही।
तुम्ह सोचि बिचारि देखौ मन माँही।।
जोर कुटुंब अपनौ करि पार्‌यौ। मूँड ठोकि ले बाहरि जार्‌यौ।।
दगाबाज लूटैं (लुटैं) अरु रोवैं। जारि गाड़ि खुर खोजहिं खोवैं।।
कहत कबीर सुनहु रे लोई। हरि बिन राखनहार न कोई।।६५।।

शब्दार्थ– पार्‌यौ = पालन किया।

व्याख्या– कबीर कहते हैं कि इस शरीर की रक्षा करने वाला कोई नहीं है। तुम मन में सोच विचार करके देख लो। जिस कुटुम्ब को अपना समझकर पालते हो, वही सिर को फोड़कर बाहर (श्मशान में) जला देता है। कुटुंब जीव के साथ धोखा करके उसका शोषण करता है और सत्‌कर्म से उसे विरत रखता है। मरणोपरान्त जीव की देह को जलाकर या गाड़कर जैसे पशु के खुरों का चिह्न मिटाया जाता है उसी तरह ये जीव के सारे चिह्न मिटा देते हैं। कबीर कहते हैं कि हे लोगो! राम के बिना रक्षा करने वाला कोई नहीं है।

मूड़ ठोंकि = कपाल क्रिया का संकेतक है। दैहिक नश्वरता तथा कौटुम्बिक ममता की निरर्थकता की व्यंजना की गयी है। खुर खोज खोना ब्रज का मुहावरा है।

अब क्या सोचै आइ बनीं।
सिर पर साहिब रामधनी।।

दिन दिन पाप बहुत मैं कीन्हा, नहीं गोव्यंद की संक मनी।
लेट्‌यो भोमि बहुत पछितौंनौं, लालचि लागौ करत घनी।।
छूटी फोज आंनि गढ़ घेर्‌यौ, उड़ि गयौ गूडर छाड़ि तनीं।
पकर्‌यो हंस जम ले चाल्यौं, मंदिर रोवै नारि घनी।।
कहै कबीर रॉम किन सुमिरत, चीन्हत नाँहिन एक चिनीं।
जब जाइ आइ पड़ोसी घेर्‌यो, छाँड़ि चल्यौ तजि पुरुष पनीं।।६६।।

शब्दार्थ– मनी = माना, गूड़र = जीव, चिनीं = चयनित, एकत्रित की हुई।

व्याख्या– कबीरदास कहते हैं कि हे जीव तू अब क्या सोच करता है, अब तो तेरी अन्तिम अवस्था आ गयी, तुम्हें ज्ञात नहीं था कि तुम्हारे सिर पर राम जैसे सम्पन्न स्वामी की छाया है। तूने दिन प्रतिदिन बहुत से पाप किए किन्तु गोविन्द की शंका (भय) नहीं माना। जब मृत्यु सन्निकट आयी तो जमीन पर लेट गया, तब तूने अपने कर्मों के प्रति पश्चाताप किया किन्तु तब क्या लाभ, पहले तो गहरी लालच के वशीभूत होकर आचरण कर रहा था। जब यमराज की फौज छूटी तो उसने (शरीर रूपी) गढ़ को घेर लिया, जीव-शरीर को छोड़कर उड़ गया। हंस (जीवात्मा) को पकड़कर जब यमराज लेकर चला तो घर में अनेक नारियाँ रोने लगीं। कबीर कहते हैं अब अपने ही द्वारा इकट्ठी की गयी वस्तुओं को नहीं पहचानते हो। तू राम का भजन क्यों नहीं करता, जब पड़ोसी (यमराज) तुझे घेर लेगा तो अपना पौरुष छोड़कर तू उसके साथ चला जायेगा।

रूपकातिशयोक्ति अलंकार के द्वारा जीवन की नश्वरता और जीव की विमूढ़ता की व्यंजना की गयी है। अपने समय के आक्रमणों को कबीर ने प्रतीक रूप में ग्रहण किया है।

सुवटा डरत रहु मेरे भाई, तोहि डराई देत बिलाई।
तीन बार रुँधै इक दिन मैं, कबहूँ करवता खवाई।।टेक।।
या मंजारी मुगध न माँनै, सब दुनिया डहकाई।
राणाँ राव रंक को व्यापै, करि करि प्रीति सवाई।।
कहत कबीर सुनहु रे सुवटा, उबरै हरि सरनाँई।
लाखौ माँहि तै लेत अचानक, काहू न देत दिखाई।।६७।।

व्याख्या– हे शुक रूपी जीव काल रूपी बिल्ली से डरते रहो। यह दिन में तीन बार तुम्हें अवरुद्ध करती है। एक दिन में जाग्रत, सुषुप्ति, स्वप्न तीन अवस्थाएँ तुम्हारे चैतन्य को घेरती रहती हैं। किसी भी समय यह खतरा कर सकती है। काल रूपी बिल्ली इतनी मूर्ख है कि कुछ मानती ही नहीं, इसने समस्त जगत् ठग रखा है। राजा, राव, रंक सभी को यह सवाया प्रेम करके उनमें व्याप्त हो जाती है। कबीर कहते हैं कि हे जीव रूपी तोते! तू हरि की शरण जाकर ही इससे बच सकता है। लाखों में से चुनकर यह तुझे एकाएक पकड़ लेगी, किसी को यह दिखाई भी नहीं देती या उस समय कोई तुम्हारा रक्षक दिखाई नहीं देगा।

रूपकातिशयोक्ति अलंकार का प्रयोग है। बिल्ली माया की भी प्रतीक हो सकती है। तोता और बिल्ली के रूपक द्वारा जीव की काल ग्रस्तता की प्रभावशाली व्यंजना की गयी है।

क्या माँगौं किछु थिर न रहाई।
देखत नैन चला जग जाई।।
इक लख पूत सवा लख नाती। तिहि रावन घर दिआ न बाती।।
लंका सा कोट समुंद सी खाई। तिहि रावन की खबरि न पाई।।
आवत संग न जात सँगाती। कहा भयौ दरि बाँधे हाथी।।
कहै कबीर अंत की बारी। हाथ झारि जैसैं चला जुआरी।।६८।।

व्याख्या– कबीरदास कहते हैं कि भगवान से सांसारिक वस्तुओं की क्या माँग करूँ, (मुझे यह ज्ञात है कि) सब कुछ नश्वर है स्थिर कुछ भी नहीं रहता। देखते-देखते संसार अतीत हो जाता है। एक लाख पुत्र और सवा लाख नाती वाले रावण के घर दीपक-बत्ती जलाने वाला भी कोई नहीं रहा। लंका जैसा किला, समुद्र जैसी खाईं से सुरक्षित रावण का कहीं नामो-निशान नहीं बचा। जन्म के साथ न कोई आता है और मरते समय भी साथ में कोई नहीं जाता। फिर हाथी बाँधने जैसे वैभव का क्या महत्त्व है जब कुछ भी साथ नहीं जाता। कबीर कहते हैं कि अंत समय में जीव हाथ झाड़कर खाली हाथ चला जाता है जैसे जुआरी सब कुछ हारकर खाली हाथ जाता है।

उपमा तथा दृष्टांत अलंकारों का प्रयोग किया गया है। सांसारिक वैभव की नश्वरता तथा जीव की एकाकी यात्रा का वर्णन किया गया है।

राँम थोरे दिन कौं का धन करनाँ।
धंधा बहुत निहाति (निहाइति) मरनाँ।।टेक।।
कोटी धज साह हस्ती बँध राजा। क्रिपन को धन कोनैं काजा।।
धंन कै ग्रबि राँम नहीं जाँनाँ। नागा ह्वै जंम पै गुदरानाँ।।
कहै कबीर चेतहु रे भाई। हंस गया कछु संगि न जाई।।६९।।

कबीरदास कहते हैं कि हे राम! यह जीवन तो अल्प दिनों के लिए है इसलिए धन की क्या आवश्यकता है। धन का संचय करने के लिए प्राणियों को प्राणों की बाजी लगाकर श्रम करना पड़ता है। चाहे करोड़पति साहूकार हो, चाहे हाथी-नसीन राजा हो, चाहे कृपण हो धन किसी के काम का नहीं होता है। धन के अहंकार में लोग राम का स्मरण नहीं करते, मरणोपरान्त नंगा होकर यम के सामने गिड़गिड़ाने लगते हैं। कबीर कहते हैं कि समय रहते चेत जाओ, धन के मोह में मत पड़ो क्योंकि हंस रूपी जीव के साथ कुछ भी नहीं जाता है।

इसमें धन की महत्त्व हीनता का निरूपण किया गया है।

इसमें हंस को जीव का प्रतीक माना गया है।

काहे कौं माया दुख करि जोरी।
हाथि चूँन गज पाँच पछोरी।।टेक।।
नाँ को बंध न भाई साथी। बाँधे रहे तुरंगम हाथी।।
मैड़ी महल बावड़ी छाजा। छाड़ि गये सब भूपति राजा।।
कहे कबीर राँम ल्यौ लाई। धरी रही माया काहू खाई।।१००।।

शब्दार्थ– मैड़ी = ऊपरी छत का कमरा।

व्याख्या– कबीरदास कहते हैं कि रे जीव! दुख सहकर क्यों धन सम्पत्ति जोड़ता है। अन्त में तुझे हाथों में आटे का पिण्ड और ओढ़ने के लिए कफ़न की चादर मात्र मिलेगी। कोई भाई बंधु साथी नहीं होगा। घोड़े हाथी सब बँधे रह जाएँगे। कोई भी अंतिम यात्रा में साथ नहीं देंगे। जिन राजाओं ने मंडपिका महल तथा बावड़ी (वापी) निर्मित किए थे, वे पृथ्वीपति राज़ा भी चले गए। कबीर कहते हैं कि राम से लय लगा अर्थात् राम में ध्यान लगा, क्योंकि माया संसार में ही रखी रह जाती है, इसका उपयोग कोई नहीं कर पाता है।

कबीर ने यहाँ 'माया' का प्रयोग धन, सम्पत्ति तथा सांसारिक वैभव के लिए किया है। यह प्रयोग लोक व्यवहार से गृहीत है। संसार की नश्वरता की व्यंजना है।

माया को रस खाँण न पाया।
तब लग जम बिलःवा ह्वै धावा।।टेक।।
अनेक जतन करि गाड़ि दुराई। काहू साँची काहू खाई।।
तिल तिल करि यहु माया जोरी। चलती बेर तिणां ज्यूँ तोरी।।
कहै कबीर हूँ ताका दास। माया माँहैं रहै उदास।।१०१।।

शब्दार्थ– बिलवा = बिल्ली, जोरी = संयोजित करना, ताका = उसका।

व्याख्या– कबीर कहते हैं कि जीव (पूरी तरह से) माया का रस चखने भी नहीं पाया था कि यम रूपी बिल्ली का आक्रमण हो गया। अनेक प्रयत्न करके माया (धन-सम्पत्ति) को गाड़कर छिपा रखा था। किसी ने धन सम्पत्ति का संचय किया और किसी ने खा डाला। धीरे-धीरे (थोड़ा-थोड़ा करके) माया को संयोजित किया किन्तु संसार से जाते समय तृण की तरह उससे सम्बन्ध तोड़ लिया। कबीर कहते हैं कि मैं उसका दास हूँ जो माया से उदासीन रहता है।

रूपक और उपमा अलंकारों का प्रयोग करके माया रस से अतृप्ति, सांसारिक नश्वरता की अभिव्यंजना की गयी है। ईश्वर माया से निर्लिप्त रहता है। ईश्वर का भक्त भी उससे निर्लिप्त रह सकता है।

मेरी मेरी दुनियाँ करते, मोह मछर तन धरते।
आगै पीर मुकदम होते, वै भी गये यूँ करते।।टेक।।
किसकी ममा चचा पुंनि किसका, किसका पंगुड़ा जोई।
यहु संसार बजार मंड्या है, जानैंगा जन कोई।।
मैं परदेसी काहि पुकारौं, इहाँ नहीं को मेरा।
यहु संसार ढूँढ़ि सब देख्या, एक भरोसा तेरा।।

खाँहि हलाल हराँम निबारैं, भिस्त तिनहु कौं होई।
पंचतत का मरम न जाँनैं, दोजगि पड़िहै सोई।।
कुटंब कारणि पाप कमावै, तूँ जाँनैं घर मेरा।
ए सब मिले आप सवारथ, इहाँ नहीं को तेरा।।
सायर उतरै पथ सँवारौ, बुरा न किसी का करणाँ।
कहै कबीर सुनहु रे संतौ, जाब (ज्वाब) खसं कूं भरणा।।१०२।।

शब्दार्थ– पंगुड़ा (पंगुरा) = बच्चा, मंड्या = मंडित, हलाल कर्त्तव्य पर आरूढ़, दोजगि = नरक, खसम = पति, भिस्त = स्वर्ग।

व्याख्या– इस संसार में लोग मेरी-मेरी करते हुए मोह और मात्सर्य ही शरीर में धारण करते हैं, पिछले समय में जो पीर (साधु) प्रधान या श्रेष्ठ व्यक्ति हुए हैं वे भी इसी प्रकार मेरी मेरी (यह मेरा है, यह तेरा है का भाव) करते हुए कालकवलित हो गए। इस संसार में बाजार मंडित है (लगा है) जिसकी असली पहचान कोई संत ही कर सकता है। मैं (जीव) यहाँ के लिए परदेशी हूँ। आत्मा का यह वास्तविक घर नहीं है। यहाँ कोई भी आत्मीय नहीं है। इस संसार को ढूँढ़कर देख लिया, कोई हितैषी न मिलने पर इस निष्कर्ष पर पहुँचा कि तुम्हारा ही एक मात्र भरोसा है। जो कर्त्तव्य पर आरूढ़ होकर जीवन यापन करते हैं और हराम (बिना श्रम से प्राप्त लाभ) का निवारण करते हैं, उन्हें भी स्वर्ग होता है। जो लोग पंचतत्त्व का मर्म नहीं जानते वे नरक में पड़ते हैं। कुटुंब (परिवार) के लिए लोग पाप की कमाई करता है, जीव तू इस संसार या कुटुम्ब को ही अपना घर मानता है। किन्तु यहाँ सम्बन्धों का संयोग स्वार्थ के कारण हुआ है। जीव का वास्तविक साथी कोई नहीं है। भवसागर से पार उतरने का मार्ग ठीक करो, किसी का बुरा नहीं करना चाहिए। हे संतो, सुनो स्वामी को जवाब भरना (देना) होगा।

सांसारिक रिश्तों की स्वार्थपरता सिद्ध करते हुए संसार को पराया स्थान माना गया है। पारिवारिक पोषण के लिए पाप कर्म से विरत रहकर भवसागर से उबरने का उपाय करना चाहिए। प्रस्तुत पद में मुक्ति के उपाय के साथ नैतिक जीवन यापन का भी संदेश दिया गया है। ब्रज, खड़ी बोली के अलावा अरबी, फारसी के शब्दों को भी ग्रहण किया गया है।

रे यामैं क्या मेरा क्या तेरा।
लाज न मरहिं कहत घर मेरा।।टेक।।

चारि पहर निस भोरा। जैसैं तरवर पंखि बसेरा।।
जैसैं बनियैं हाट पसारा। सब जग का जो सिरजनहारा।।
ये ले जारै वै ले गाड़े। इनि दुखि इनि दोऊ घर छाड़े।।
कहत कबीर सुनहु रे लोई। हम तुम्ह बिनसि रहैगा सोई।।१०३।।

शब्दार्थ– हाट = दुकान, लोई = लोग।

व्याख्या– कबीर कहते हैं कि हे जीव इसमें क्या मेरा है, क्या तेरा है। इस संसार को अपना घर कहते हुए लज्जा से नहीं मरते हो। चार प्रहर (बारह घंटे) की रात के बाद सबेरा हो जाएगा, जैसे पक्षी रात भर किसी वृक्ष पर बसेरा करता है, सुबह उड़ जाता है। उसी तरह जीव इस संसार में अल्प समय के लिए बसेरा करता है, फिर उड़ जाता है। जिस प्रकार बनिया अपनी दुकान सजाता है, उसी तरह सृजनहार (भगवान्) ने अनेक प्रकार की वस्तुएँ यहाँ सजा

रखी हैं। हिन्दू मृत शरीर को जलाते हैं और मुसलमान गाड़ते हैं, पर दोनों ही दुखी होकर इस देह और जगत् को छोड़कर चले जाते हैं। कबीर कहते हैं कि हे लोगो, सुनो, हम, तुम सब विनष्ट हो जाएँगे, केवल वही शेष रहेगा।

इस संसार को अपना मानने वाला अज्ञानी है। यहाँ अल्पकाल का ही प्रवास है। शरीर रूपी घर नश्वर है। अनश्वर केवल परमात्मा है। उपमा अलंकार की सार्थक योजना की गयी है।

नर जाँनैं अमर मेरी काया।
घर घरवात दुपहरी छाया।।टेक।।
मारग छाड़ि कुमारग जोवै। आपण मरै और कूँ रोवै।।
कछू एक कीया कछू एक करणाँ। मुगध न चेतै निहचै मरणाँ।।
ज्यूँ जल बूँद तैसा संसारा। उपजत बिनसत लगै न बारा।।
पंच पंखुरिया एक सरीरा। कृष्ण कवँल दल भवँर कबीरा।।१०४।।

शब्दार्थ– घरवात = घर का साज सामान, निहचै = निश्चित।

व्याख्या– मनुष्य समझता है कि मेरी देह अमर है किन्तु घर और घर के साज सामान सब दोपहरी की छाया की तरह हैं। जैसे छाया अल्प समय के लिए होती है वैसे घर गृहस्थी भी अल्प समय तक ही आश्रय देती हैं। मनुष्य वास्तविक एवं सच्चे मार्ग को त्यागकर बुरे मार्ग की ओर देखता है। स्वयं मरता है किन्तु अन्य के लिए रोता है (मरते समय व्यक्ति अपने भाई-बन्धुओं को देखकर माया वश रुदन करता है जबकि उसे ज्ञात है कि अन्य भी मरकर उसी रास्ते जायेंगे।) मनुष्य सदैव एक कार्य निबटाने के बाद दूसरा कार्य सम्पादित करने की योजना बनाता रहता है। किन्तु वह मूर्ख यह नहीं समझता कि मरण निश्चित है। जल बिन्दु की तरह यह संसार है जिसे उत्पन्न होते और नष्ट होते देर नहीं लगती। पाँच पंखुड़ियों (पंच तत्त्वों) वाले इस शरीर को नष्ट होना है इसलिए कबीर कृष्ण रूपी कमलदल का भौंरा बना है यही आसक्ति अमरता का उपाय है।

उपमा, रूपकातिशयोक्ति अलंकारों का प्रयोग हुआ है। सांसारिक नश्वरता की व्यंजना की गयी है।

मन रे अहरषि बाद न कीजै।
अपनाँ सुकृत भरि भरि लीजै।।
कुंभरा एक कमाई माटी बहुविधि बाँनी लाई।
एकनि मैं मुकताहल मोती, एकनि व्याधि लगाई।।
एकनि दीना पाट पटंबर एकनि सेज निवारा।
एकनि दीनों गरी गूदरी एकनि सेज पयारा।।
साँची रही सूम की संपति, मुगध कहै यहु मेरी।
अंत काल जब आइ पहुँचा, दिन में कीन्ह न बेरी।।
कहत कबीर सुनौं रे, संतो मेरी मेरी सब झूठी।
चिरकुट, फारि, चुहाड़ा लै गयो तनी तांगरी छूटी।।१०५।।

शब्दार्थ– अहरषि = दिन रात, सुकृत = पुण्य।

व्याख्या– हे मन! दिन रात या हठ पूर्वक वाद-विवाद क्यों करता है। अपने कर्मों का पुण्य संचित करो। ईश्वर रूपी कुंभकार ने पंच तत्त्वों की मिट्टी तैयार करके विविध रूपों में उसे शरीर रूपी घट में परिणत किया है उसने विविध घटों के स्वरूप में बानगी ला दी। किसी में अनेक रंग उरेह दिए, किसी में मोती मुक्ताफल लगा दिए और किसी में व्याधियाँ लगा दीं। नाना रूपात्मक जगत् में उसने जीवों को कर्मानुसार भोग के साधन प्रदान किए हैं। किसी को रेशमी वस्त्र दिये, किसी को निवाड़ की शय्या दी, इसके विपरीत किसी को जीर्ण-शीर्ण कथरी दी और उससे भी हीन किसी को पुआल की शय्या दी। कंजूस को रक्षा करने के लिए या संचित करने के लिए सम्पत्ति दी किन्तु वह मूर्ख समझता है कि सम्पत्ति मेरी है। अंत समय जब आ गया तो काल (यमराज) उसे ले जाने में तनिक भी देरी नहीं की।

कबीर कहते हैं कि हे संतों 'मेरी मेरी' (सब मेरा है) करना मिथ्या है। मरणोपरान्त शव का चिरकुट भी नोच खसोट कर डोम ले लेता है और कटि सूत्र तथा कटि वस्त्र तक यहीं छूट जाते हैं। जब कुछ भी साथ नहीं जाना तो मेरी मेरी कहना उचित नहीं।

श्यामसुन्दरदास की ग्रंथावली में तृतीय पंक्ति में बहुविधि बानी लाई के स्थान पर बहुविधि जुगति बणाई पाठ है। इसका अर्थ है युक्ति से बहुत प्रकार से उससे शरीर घटों का निर्माण किया है। पारसनाथ तिवारी ने 'एकनि' के स्थान पर काहू महिं, काहू पाठ स्वीकार किया है। सातवीं पंक्ति में तिवारी ने, सूमहिं धन राखन को दीया, मुगध कहै यहु मेरा, आठवीं पंक्ति में जम का डंडु मूँड महि लागै, छिन महिं करे निबेरा। दास में अंतिम पंक्ति है– चड़ा चीथड़ा चूहड़ा ले गया तणी तणगती टूटी। इसका अर्थ है–फटा हुआ वस्त्र चूहड़ अर्थात् डोम ले लेता है। कटि वस्त्र भी टूट कर बिखर जाता है।

विविध जीवों के स्तर भेद, वर्गभेद का उल्लेख करते हुए सांसारिक नश्वरता तथा जीवों द्वारा सांसारिक वस्तुओं पर अधिकार भाव के मिथ्यात्व की व्यंजना की गयी है। रूपकातिशयोक्ति अलंकार का प्रयोग किया गया है।

हड़ हड़ हड़ हड़ हँसती है, दीवाँनपनाँ क्या करती है।
आड़ी तिरछी फिरती है, क्या च्यौं च्यौं म्यौं म्यौं करती है।।
क्या तू रंगी क्या तू चंगी, क्या सुख लौड़े कीन्हाँ।
मीर मुकद्दम सेर दिवाँनी, जंगल खेर खजीनाँ।।
भूले भरमि कहा तुम्ह राते, क्या मदुमाते माया।
राँम रंगि सदा मतिवारे, काया होइ निकाया।।
कहत कबीर सुहाग सुंदरी, हरि भजि ह्वै निस्तारा।
सारा खलक खराब कीया है, माँनस कहा बिचारा।।१०६।।

शब्दार्थ– चंगी = सुन्दर, मीर = प्रधान, मुकद्दम = प्रमुख, सेर = तृप्तात्मा, दिवाँनी = सभाएँ, खलक = सृष्टि।

व्याख्या– कबीर माया को सम्बोधित करके कहते हैं कि हे माया! तू हड़ हड़ अर्थात् अट्टहास करके क्यों हँसती है। यह तेरा आचरण पागलपन का है। तू क्यों-ऐंठी ऐंठी चलती है और व्यर्थ की बकवास करती है। तू रंगबाज तो क्या हुआ, तू सुन्दर है तो क्या हुआ। तेरे साथ रहने से क्या सुख उपलब्ध होता है। माया की आसक्ति तथा रूपासक्ति से किसी भी स्थायी सुख का विधान नहीं होता है। तेरे चक्कर में पड़कर प्रधानों, प्रमुखों तथा तृप्तात्माओं की

सभाएँ जंगल की निधियाँ बन गयीं अर्थात् बड़े-बड़े रईस तथा श्रेष्ठ जन जहाँ सभाएँ (दरबार) लगाते थे अपने ऐश्वर्य एवं ताकत का प्रदर्शन करते थे सब नष्ट होकर मिट्टी में मिल गए, उनके ऊपर जंगल उग आए। हे संसार के लोगो, तुम झूठे भ्रम में क्यों अनुरक्त हो, माया में क्यों मदमस्त हो। हे मतवाले! राम के रंग में रंजित हो जाओ, जिससे तुम्हारी देह सुदेह (निकाया) हो जायेगी। कबीर कहते हैं कि हे सौभाग्य सुन्दरी माया तू भी हरि का भजन करो जिससे तुम्हारा निस्तारण हो जाएगा। तूने सारी सृष्टि को नष्ट किया है, मनुष्य बेचारा तेरे आगे क्या है?

माया का मानवीकरण करके ध्वनि बिम्बों के द्वारा उसको एक उन्मत्त स्त्री के रूप में अंकित किया गया है। हरि भक्ति से ही जीवों का उद्धार संभव है। माया का भी निस्तारण भक्ति से ही संभव है।

हरि कै नाँइ गहर जिनि करऊ।
राँम नाँम चित मुखाँ जु धरऊ।।टेक।।
जैसैं सती तजै स्यंगार। ऐसैं जीवरा करम निवार।।
राग दोष दहुँ मैं एक न भाषि। कदाचि ऊपजै तौ चिता न राखि।।
भूलै बिसरि गहर जौ होई। कहै कबीर क्या करिहौ मोही।।१०७।।

शब्दार्थ– गहर = विलम्ब।

व्याख्या– कबीर कहते हैं कि हरि के नाम-स्मरण में विलंब मत करो। राम-नाम को चित्त और मुख में धारण करो। जैसे सती होने के लिए तत्पर स्त्री श्रृंगार त्याग देती है, उसी तरह हे जीव! कर्म का निवारण करो। तुम राग और द्वेष दोनों से न बोलो अर्थात् दोनों से सम्बन्ध न रखो। यदि कभी राग-द्वेष उत्पन्न भी हो तो उसके विषय में चिन्ता मत करो। भूले-बिसरे यदि विलंब होगा तो मोह ग्रस्त तू (मृत्यु के आने पर) क्या करेगा।

उपमा अलंकार का प्रयोग किया गया है। समय गँवाए बिना शीघ्र सांसारिक कर्मों का त्याग करके राम-नाम का स्मरण करना चाहिए।

भाषि का लाक्षणिक प्रयोग है।

मन रे कागद कीर पराया।
कहा भयो ब्यौपार तुम्हारे, कलतर बढ़ै सवाया।।टेक।।
बड़े ब्यौहरे साँठो दीन्हौं, कलतर काढ्यौ खोटै।
चार लाख अरु असी ठीक दे, जनम लिख्यौ सब चोटै।।
अबकी बेर न कागद कीर्‌यौ, तौ धरम राइ सूँ तूटै।
पूँजी बितड़ि बंदि लै दैहै, तब कहै कौंन कैं छूटै।।
गुरदेव ग्यांनीं भयौ लगनियाँ, सुमिरन दीन्हौं हीरा।
बड़ी निसरनी नाँव राँम कौ, चढ़ि गयौ कीर कबीरा।।१०८।।

शब्दार्थ– कीर = ऋण चुकाना, कलतर = आवाज करने वाला खोटा सिक्का, साँठो = संस्थिति, खरा सिक्का। निसरनी = सीढ़ी।

व्याख्या– हे मन! तू ऋणदाता के कागज जिस पर तेरे नाम ऋण लिखा हुआ है को चुकता करके मुक्त हो जाओ। तुम संसार से ऋण लेकर (पाप कर्मों के सहारे) जो व्यापार कर रहे हो, भले ही उसमें कलदार (आवाज करने वाले) खोटे सिक्के सवा गुना बढ़ भी जाएँ तो

क्या हुआ। सांसारिकता के आधार पर किए गए कर्मों का फलीभूत होना भी सांसारिकता अर्थात् आसक्ति, मोह को ही बढ़ावा देना है। बड़ा व्यवहारी (ईश्वर रूपी ऋणदाता) ने तुम्हें संस्थिति अर्थात् खरा सिक्का दिया है लेकिन तुम उसका ऋण चुकाने के लिए खोटे सिक्के निकालकर देना चाहते हो। ईश्वर ने ज्ञान और भक्ति रूपी खरा सिक्का देकर तुम्हें मानव जीवन में मुक्त होने का मार्ग बताया था किन्तु तुमने सांसारिकता के खोटे कार्य व्यापार द्वारा उसके द्वारा सुझाए उपाय का प्रत्युत्तर देना चाहते हो। जिन पुण्यों के कारण मानव जीवन प्राप्त हुआ है उन्हें भी जीव क्षीण करता है। अज्ञानवश उसे निरन्तर यह भ्रम रहता है कि वह उचित कार्य ही कर रहा है। तुम्हारे इस ईमानहीन आचरण के कारण तुम्हारे खाते में चौरासी लाख योनियों में चोट खाना अर्थात् दुख भोगने का दंड लिख दिया गया है। इस बार यदि ऋण चुकाकर (ज्ञान, भक्ति के सहारे सद् कर्म करके) कागज में उऋण नहीं होंगे तो यमराज से तेरा सम्बन्ध टूट जाएगा अर्थात् यमराज रुष्ट होगा। पूँजी के दुरुपयोग के लिए तुम्हें बंदीगृह में डाल देंगे, तब तू किसके कहने पर छूटेगा। इस समय गुरु ने तुम्हारी ओर से (जमानत लेने हेतु) लगान (कर) चुकाने हेतु तुम्हें स्मरण का हीरा दे दिया है। राम-नाम की सीढ़ी बहुत ऊँची है, संसार रूपी पिंजड़े में तोते की तरह बँधा हुआ कबीर उसी सीढ़ी पर चढ़ गया है, उसकी स्थिति बंधन मुक्त होकर ऊर्ध्वमुखी हो गयी है इसलिए उसे संसार के पिंजड़े में कोई बंद नहीं कर सकता है।

प्रस्तुत पद का भावार्थ अपेक्षाकृत अधिक पेचीदा है। इसमें ऋण लेकर व्यापार करने, धन बढ़ने, ऋण चुकाने आदि के रूपक को ग्रहण किया गया है। अन्तिम पंक्ति में कीर (तोते) का सीढ़ी पर चढ़ना बेमेल अर्थ है। 'निसरनी' का इस संदर्भ में अर्थ होगा निकालने वाला। सही अर्थ होगा– राम का नाम ऋण के खाते से नाम निकालने अर्थात् ऋण मुक्त होने का प्रमुख साधन है।

धागा ज्यूँ टूटै त्यूँ जोरि।
तूटै तूटनि होइगी रे, नाँऊँ मिलै बहोरि।।टेक।।

उरझ्यो सूत पाण नहीं लागै, कूच फिरै सब लाई।
छिटकै पवन तार जब छूटै, तब मेरो कहा बसाई।।
सुरझ्यौ सूत गुढ़ी सब भागी, पवन राखि मन धारा।
पंचूँ भइया भए सनमुखा, तब यहु पान करीला।।
नाँन्हीं मैंदा पीसि लई है, छाँणि लई द्वै बारा।
कहे कबीर तेल जब मेल्ह्या, बुनत न लागी बारा।।१०६।।

शब्दार्थ– धागा = ध्यान सूत्र, बहोरि = फिर से, पाण = मंडाई/मंजाई, कूच = जिससे ताने के सूत्र को माँजा जाता है। गुढ़ी = गुत्थी, बारा = देर, मेल्ह्या = डाला।

व्याख्या– कबीरदास कहते हैं कि जैसे ही ध्यान का सूत्र टूटे वैसे ही उसे जोड़ लेना चाहिए, ध्यान का तार टूटने से उसमें व्यवच्छेद (टूटन) आ जायेगा। फिर उसे यथावत् जोड़ना अर्थात् पूर्व स्थिति में लाना संभव नहीं होगा। उलझे हुए सूत की मँजाई नहीं हो पाती और कूर्च भी इस टूटे सूत को साथ लेकर ताने पर घूमता है। प्राण वायु (पवन) के छिटकने पर यदि ध्यान का सूत्र टूट जाता है तो उस पर मेरा क्या वश है। जब किसी तरह की उलझन होती है तो प्राणायाम का वेग साधक से सम्हल नहीं पाता। जब सूत्र (ध्यान) सुलझा हुआ होता है तो

सभी गुत्थियाँ (जीवन के सारे रहस्य) सुलझ जाती हैं। धीर मन प्राण वायु का निरोध करने में सक्षम हो जाता है। जब पाँचों भाई अर्थात् पंच प्राण (प्राण, अपान, उदान, समान और व्यान) सन्मुख अर्थात् अनुकूल हो जाएँगे तब ध्यान का सूत्र करिल्ल (बाँस के अंकुर) के समान चिकना हो जाएगा। मैंने अपने मन को मैदे की तरह पीस डाला है और दो बार छान लिया है। अर्थात् अहंकार हठ आदि को निकाल दिया। मन पूर्णतया शुद्ध है। हरिभक्ति का तेल डालने पर ध्यान के सूत को बुनने में देरी नहीं लगती।

वस्त्र बुनने के रूपक द्वारा ध्यान तथा भक्ति साधना का वर्णन किया गया है। रूपकातिशयोक्ति अलंकार का विधान है।

ऐसा औसर बहुरि न आवै।
राँम मिलै पूरा जन पावै।।टेक।।
जनम अनेक गया अरु आया। की बेगारि न भाड़ा पाया।।
भेष अनेक एक धूँ कैसा। नाँनाँ रूप धरै नट जैसा।।
दाँन एक माँगों कवलाकंत। कबीर के दुख हरन अनंत।।११०।।

शब्दार्थ– कवलाकंत = कमलाकान्त।

व्याख्या– कबीर कहते हैं कि मानव जन्म ग्रहण करने जैसा अवसर फिर नहीं आता है। राम का यदि मिलन हो जाए तो भक्त को सम्पूर्णता की उपलब्धि हो जाती है। अनेक जन्म गए और आए। हर जन्म बेगार किया किन्तु पारिश्रमिक नहीं मिला। एक ही नहीं अनेक वेष धारण किए, नट की तरह नाना रूप धारण किये (किन्तु कुछ भी उपलब्धि नहीं हुई) हे कमलाकान्त (लक्ष्मी के पति) तुमसे एक ही दान माँगता हूँ कि कबीर के अनंत दुखों का हरण करो।

मानव जीवन की सार्थकता भक्ति भाव में ही है नहीं तो जीवन बेगार करते ही बीत जायेगा। सांसारिक क्रिया-कलाप निष्फल ही होते हैं। रूपकातिशयोक्ति तथा उपमा अलंकारों का विधान है।

हरि जननी मैं बालक[1] तेरा[2]।
काहे न अवगुन[3] बकसहु मेरा।।टेक।।
सुत अपराध करत है[4] केते। जननी कै चित रहैं न तेते।।
कर गहि केस करै जौ घाता। तऊ न हेत उतारै माता।।
कहै कबीर इक[5] बुद्धि बिचारी। बालक[6] दुखी दुखी महतारी।।१११।।

पाठान्तर– माता प्र० गुप्त में इनके स्थान पर ये शब्द प्रयुक्त हैं - १. बालिक, २. तोरा, ३. औगुण, ४. करै दिन, ५. एक, ६. बालिक।

शब्दार्थ– कबीर कहते हैं कि हे भगवान् तू माँ और मैं तेरा बालक हूँ, तुम मेरे अपराध क्यों माफ नहीं कर देते। बेटा चाहे जितना अपराध करे किन्तु माँ के चित्त में उनकी गणना नहीं रहती अर्थात् वह उन पर बिलकुल ध्यान ही नहीं देती। बेटा यदि उसके बालों को हाथ से पकड़कर आघात करता है तब भी माँ बेटे के प्रति अपने स्नेह का त्याग नहीं करती। कबीर बुद्धि से विचारकर एक बात कहते हैं कि बेटे के दुखी होने पर माँ भी दुखी हो जाती है। (हे भगवान् तुम्हें भी अपने बालक कबीर के दुख से दुखी होना चाहिए।)

वात्सल्य रस की भक्ति की व्यंजना है। कबीर में इस भाव की भक्ति का अधिक

विस्तार नहीं है।

गोब्यंदे तुम्ह थैं डरपौं भारी।
सरणाई आयौ क्यूँ गहिये, यहु कौंन बात तुम्हारी।।टेक।।
धूप दाझतैं छाँह तकाइ, मति तरवर सचु पाऊँ।
तरवर मांहै ज्वाला निकसै, तौं क्या लेइ बुझाँऊँ।।
जे बन जलै त जल कौं धावै, मति जल सीतल होई।
जलहीं माँहि अगनि जौ (जे?) निकसै, और न दूजा कोई।।
तारण तिरण तिरण तूँ तारण, और न दूजा जाँनूँ।
कहै कबीर सरनाँई आयौं, आंन देव नहीं माँनूँ।।११२।।

शब्दार्थ– दाझतैं = जलते हुए, तकाई = देखी, सचपाऊँ = शांति प्राप्त करूँ, सरनाँई = शरण देना, मति = कदाचित।

व्याख्या– हे गोविंद, तुमसे मैं बहुत डरता हूँ। मैं तुम्हारी शरण आ गया हूँ लेकिन मुझे यह ज्ञात नहीं कि तुम मुझे किस तरह स्वीकार करोगे। यह न्यायोचित नहीं है कि तुम शरणागत को न स्वीकार करो। धूप से जलते हुए व्यक्ति ने वृक्ष की छाया का सहारा लिया लेकिन उसे वृक्ष के नीचे भी आराम नहीं मिला। यही दशा मेरी है। यदि वृक्ष से ही ज्वाला निकलने लगे तो उसे किस तरह से बुझाया जाय। यदि वन जलने लगता है तो लोग जल के लिए दौड़ते हैं क्योंकि वे मानते हैं कि जल शीतल होता है, यदि जल में आग निकलने लगे तो उसे शान्त करने के लिए अन्य क्या साधन होगा। तू ही तारने का साधन और तारने वाला दोनों है। कबीर कहते हैं कि मैं तुम्हारी शरण में आया हूँ अन्य किसी देवता को मैं नहीं मानता हूँ इसलिए निश्चित ही तुम्हें मेरा उद्धार करना चाहिए।

जल तरवर आदि दृष्टान्तों के द्वारा कबीर ने भगवान् के शरणागत उद्धार के गुण को व्यंजित किया है। तारन-तिरन में अनुप्रास अलंकार का विधान है।

मैं गुलाँम मोहि बेचि गुसाँई।
तन मन धन राँम जी कै ताँई ।।टेक।।
आनि कबीरा हाटि उतारा। सोई गाहक सोई बेचनहारा।।
बेचै राँम तौ राखै कौंन। राखै राँम तौ बेचै कौन।।
कहै कबीर मैं तन मन जार्या। साहिब अपनाँ छिन न बिसार्या।।११३।।

शब्दार्थ– ताँई = लिए, आंनि = लाकर, हाटि = बाजार।

व्याख्या– कबीरदास कहते हैं, हे भगवान्! मैं तुम्हारा दास हूँ। तुम मुझे चाहे तो बेच दो। तन, मन, धन मेरा सब कुछ राम के लिए ही है। भगवान् ने कबीर को संसार रूपी बाजार में उतारा है। भक्त कबीर को राम ही बेचने वाला है और राम ही खरीददार है। चूँकि भक्त के समस्त क्रिया कलाप राम की प्रेरणा से होते हैं और उसकी निष्पत्तियाँ राम को ही समर्पित होती हैं इसलिए वही क्रेता और विक्रेता दोनों होता है। यदि राम भक्त को बेच देते हैं तो उसे रखने वाला कौन है अर्थात् राम से अलग होकर भक्त किसी की शरण में रह ही नहीं सकता और किसी में उसे शरण देने की क्षमता भी नहीं है। यदि राम उसे चाहे तो कोई उसे बेच भी नहीं सकता। कबीर कहते हैं कि मैंने शरीर और मन को जला दिया है। मैं एक क्षण भी भगवान् को भुला नहीं पाता हूँ।

दास प्रथा को भक्ति का सन्दर्भ देकर दास्य-भाव की भक्ति को व्यंजित किया गया है। वक्रोक्ति तथा रूपकातिशयोक्ति अलंकारों की योजना की गयी है।

अब मोहिं राँम भरोसा तोरा[१]।
तब काहू का कवन[२] निहोरा।।
जाकै हरि सा ठाकुरु[३] भाई। सो कत[४] अनत पुकारन जाई।।
तीनि लोक जाकै हहि[५] भारा। सो काहे[६] न करै[७] प्रतिपारा।।
कहै कबीर सेवौ बनवारी। सींचौ पेड़ पिवैं सब डारी।।११४।।

पाठांतर– मा० प्र० गु०– १. तोरौ, २. और कौंन कौ करौं, ३. जाकै राम सरीखा साहिब, ४. क्यूं, ५. जा सिरि तीनि लोक कौ, ६. क्यूँ ७. न करै जन की

शब्दार्थ– निहोरा = उपकार, जन = भक्त या सेवक।

व्याख्या– कबीर कहते हैं कि हे भगवान्! मुझे तुम्हारा ही एकमात्र आसरा है। किसी अन्य से कुछ माँगकर मैं उसका उपकार नहीं चाहता। जिसके राम जैसा स्वामी हो वह अन्यत्र क्यों पुकार लगाने जाय। जिसके सिर पर तीनों लोकों का भार है वह सेवक का पालन-पोषण क्यों नहीं करेगा? कबीर कहते हैं कि तुम वनमाली कृष्ण की सेवा करो। तुम वन को सींचो जिससे वृक्ष की डालियों को भी जल मिले। राम की सेवा करने से उसके द्वारा उत्पन्न किया गया जगत स्वयं तृप्त हो जाता है।

इस पद में प्रपत्ति भाव की भक्ति की व्यंजना है। ईश्वर रक्षा करेगा इस पर पूर्ण-विश्वास व्यक्त किया गया है। तुलसीदास ने भी कहा है कि–

एक भरोसो एक बल एक आस-विस्वास।
एक राम घनश्याम हित, चातक तुलसीदास।।

वक्रोक्ति और दृष्टांत अलंकारों की योजना की गयी है।

जियरा मेरा फिरै रे उदास।
राँम बिन निकसि न जाइ साँस, अजहूँ कवन आस।।टेक।।
जहाँ जहाँ जाँऊँ राँम मिलावै न कोई। कहौ संतौ कैसें जीवन होई।।
जरै सरीर यहु तन कोई न बुझावै। अनल दहै निस नींद न आवै।।
चंदन घसि-घसि अंगि लगाऊँ। राम बिनाँ दारन दुख पाऊँ।।
संत संगति मति मन करि धीरा। सहज जाँनि राँमहि भजै कबीरा।।११५।।

शब्दार्थ– जियरा = जीव, मन, अनल = अग्नि, दारन = दारुन, कठिन।

व्याख्या– मेरा जीव उदास फिरता है। राम के बिना कहीं मेरी श्वास न निकल जाय। अब भी राम के मिलन की कौन आशा है। मैं (जीव रूपी प्रियतमा) जहाँ-जहाँ जाती हूँ कोई मेरी राम से भेंट नहीं कराता, हे संतो, बताओ स्वामी के बिना जीवन कैसे धारण किया जाय। राम के वियोग में यह शरीर जल रहा है लेकिन राम के बिना कोई इस तपन को बुझाता नहीं। विरह की आग लगी हुई है इसलिए रात में नींद नहीं आती। चन्दन घिस-घिस कर अंगों में लगाती हूँ लेकिन राम के बिना शांति नहीं मिलती। सत्संगति में धैर्य पूर्वक मन लगाती हूँ। कबीर प्रियतमा रूप में कहते हैं कि सहज तत्त्व को समझकर मैं राम का भजन करती हूँ। इसी से दुःख की निवृत्ति होगी।

ईश्वरीय विरह की अनुभूति का चित्रण करते हुए सत्संगति के महत्त्व को प्रतिपादित किया गया है। रूपकातिशयोक्ति अलंकार की योजना है। विरह में शीतलता दायक उपचार सामग्री की निरर्थकता की भी व्यंजना की गयी है।

राँम कहौ न अजहूँ केते दिनाँ।
जब ह्वैहै प्राँन प्रभू तुम्ह लीनाँ।।टेक।।
भौ भ्रमत अनेक जनम गया। तुम्ह दरसन गोब्यंद छिन न भया।।
भ्रमि भूलि पर्‌यो भव सागरा। कछू बसाइ बसोधरा।।
कहै कबीर दुखभंजनाँ। करौ दया दुरत निकंदनाँ।।११६।।

शब्दार्थ– भौ = संसार, जन्म-मरण, छिन = क्षण भर, बसोधरा = वसुंधरा = कृष्णभगवान, दुरत = पाप, निकंदनाँ = नष्ट करने वाला।

व्याख्या– हे राम बताओ, आज भी कितने दिन शेष हैं जब मेरे प्राण तुझमें लीन हो जायेंगे। संसार में भटकते हुए अनेक जन्म व्यतीत हो गये किन्तु हे गोबिन्द तुम्हारा दर्शन एक क्षण भी नहीं हुआ। भ्रमित होकर भूला हुआ मैं संसार-सागर में पड़ा हूँ। वसुंधरा में कुछ भी वश नहीं चल पा रहा है। कबीर कहते हैं कि हे दुःख नाशक! पापों को समूल नष्ट करने वाले! मुझ पर दया करो।

इस पद में ईश्वर-मिलन की आतुरता एवं अनुग्रह की याचना की गयी है।

[1]हरि मोरा पिउ[2] मैं हरि की बहुरिया।
राम बड़े मैं तनक[3] लहुरिया।।
किएउँ सिंगारु[4] मिलन कै ताँई। हरि न मिले जग जीवन गुसाँई[5]।।
धनि पिउ एकै संगि बसेरा। सेज एक पै मिलन दुहेरा।।
धन्नि सुहागनि जो पिय भावै। कह कबीर फिरि जनमि न आवै।।
अब की बेर मिलन जो पांऊं। कहै कबीर भौ जलि नही आंऊं।।११७।।

पाठान्तर– १. मा० प्र० गु० में इसके पूर्व अतिरिक्त : हरि मेरा पीव माई, हरि मेरा पीव। हरि बिन रहि न सकै मेरा जीव।। २. मेरा पीव। गु० -छुटक। ४. किया स्यंगार। ५. गु० में इसके स्थान पर पंक्ति है– काहे न मिलौ राजारांम गुसांई। चौथी और पाँचवीं पंक्ति के स्थान पर गुप्त में केवल एक ही पंक्ति है – अब की बेर मिलन जो पांऊं। कहै कबीर भौ जलि नही आंऊं।

व्याख्या– भगवान् मेरा प्रिय (पति) है, मैं भगवान् की प्रिया (पत्नी) हूँ। राम बड़े हैं और मैं थोड़ी छोटी अवस्था की हूँ। प्रिय से मिलन के लिए मैंने श्रृंगार किया है। जग के जीवन अर्थात् सारे संसार में प्राण रूप में समाहित स्वामी से मिलन नहीं हुआ। आत्मा रूपी धन्या (पत्नी) और प्रियतम (पति) दोनों एक साथ ही निवास करते हैं। एक ही (देह रूपी शय्या पर) दोनों उपस्थिति हैं फिर भी मिलन नहीं होता है। वह सौभाग्यवती जो प्रिय को अच्छी लग जाती है, वह धन्य हो जाती है। ईश्वर की कृपा प्राप्त आत्मा कृतकृत्य हो जाती है। कबीरदास कहते हैं कि उसे फिर इस संसार में जन्म नहीं लेना पड़ता है (वह मुक्त हो जाती है)।

अतिरिक्त पाठ का अर्थ है– भगवान् मेरा प्रिय (पति) है, हरि के बिना जीव इस देह में (या संसार में) रह नहीं सकता है। चौथी, पाँचवीं पंक्ति का अर्थ इस प्रकार है– मिलन के

लिए शृंगार किया किन्तु हे राजाराम स्वामी तुम मिलते क्यों नहीं। इस बार यदि मिलन का अवसर मिल जाय तो इस संसार सागर में पुनः नहीं आना पड़ेगा। दाम्पत्य भाव की भक्ति की व्यंजना है। लोकानुभूति को आध्यात्मिक अनुभूति में परिणत किया गया है।

राँम भगति[१] अनियाले तीर।
जेहि लागै[२] सो जानैं पीर।।टेक।।
तन महिं खोजौं चोट न पावौं[३]। ओषदि मूरि[४] कहाँ धँसि लावौं[५]।।
एक भाइ[६] दीसैं सब नारी। नाँ जाँनौं[७] को पियहिं पियारी।।
कहै कबीर जाकै[८] मस्तकि भाग। सभ परिहरि ताकौं मिलै सुहाग[९]।।११८।।

पाठान्तर– १. गु०-बान, २. जाहि लागे, ३. गु० - तन मन खोजूं चोट न पाऊं। ४. गु० - ओषदि मूरी। ५. गु०-लाऊं, ६. गु० - एकही रूप, ७. गु० - जांनूं। ८. गु० - जा, ९. गुप्त में इस पंक्ति के स्थान पर नां जांनूं काहू देइ सुहाग।

शब्दार्थ– अनियाले = नुकीले, मूरि = जड़ी, भाई = भाव।

व्याख्या– राम की भक्ति (बान पाठ के लिए बाण) नुकीले तीर की तरह है। वह जिसे लगती है, वही उसकी पीड़ा का अनुभव करता है। उसकी चोट रोम रोम में व्याप्त हो जाती है इसलिए तन (मन) में खोजने पर चोट का स्थान नहीं मिलता है, इसलिए औषधि की जड़ी कहाँ घिसकर लगायी जाय। सभी आत्मा रूपी स्त्रियाँ समान भाव की दिखाई देती हैं, इसलिए यह ज्ञात करना कठिन है कि प्रियतम को कौन प्रिय लगेगी। कबीर कहते हैं कि जिसके मस्तक में भाग्य (की प्रबल रेखा रहती है) प्रबल है, सब कुछ छोड़कर उसे सौभाग्य प्राप्त होता है।

राम की भक्ति की प्रभावात्मकता एवं आत्मा रूपी प्रेयसी के भाग्य जनित सौभाग्य उपलब्धि की व्यंजना की गयी है। राम बांन में रूपक अलंकार की योजना है। बाण से चोट लगने का बिम्ब प्रयुक्त है।

आस नहीं पूरिया रे।
राँम बिन को कर्म काटणहार।।टेक।।
जल (जद) सर जल परिपूरता, चात्रिग चितहँ उदास।
मेरी विषम कर्म गति ह्वै परी, ताथैं पियास पियास।।
सिध मिलै सुधि नां मिलै, मिलै मिलावै सोइ।
सूर सिध जब भेटिये, तब दुख न ब्यापै कोइ।
बोछैं जलि जैसे मछिका, उदर न भरई नीर।
त्यूँ तुम्ह कारनि केसबा, जन तालाबेली कबीर।।११९।।

शब्दार्थ– चात्रिग= चातक, सुधि = सुबुद्धि, बोछे = छिछला, उपला, ताला बेली = तड़प।

व्याख्या– मेरी आशा पूरी नहीं हुई, राम के बिना मेरे कर्म (के संस्कारों) को काटने वाला कौन है? यद्यपि सरोवर जल से परिपूर्ण है फिर भी चातक मन उदास है। अर्थात् संसार सरोवर में वासना का जल भरा हुआ है किन्तु भक्त रूपी चातक राम के प्रेम-रस के लिए लालायित है, इसलिए वह उदास है। जल रहते हुए भी खास जल के लिए इच्छा करना, सांसारिक सुखों के रहते हुए भी आध्यात्मिक आनन्द की आकांक्षा करना भक्त की विषम

कर्म गति का परिचायक है। विषम कर्म गति के कारण ही चातक रूपी आत्मा प्यासी प्यासी रहती है। सिद्ध अर्थात् योगी, ज्ञानी तो मिलते हैं किन्तु उनसे ईश्वर की खबर नहीं मिलती या सद् चेतना नहीं मिलती, ईश्वर स्वयं ही कृपापूर्वक मिलता है या आत्मा को अपने से मिला देता है। यदि किसी शूर सिद्ध (जो वास्तव में ईश्वर का साक्षात्कार कर चुका होता है) से गहन भेंट हो, तब दुख व्याप्त नहीं होता है। जैसे छिछले जल में मछली का पेट नहीं भरता है अर्थात् उसे जल विहार का पूर्ण आनन्द नहीं मिलता, उसी तरह छिछली साधनाओं या छिछले सिद्धों के सम्पर्क में भक्त को पूर्ण ब्रह्मानन्द का रस नहीं मिलता है। कबीर कहते हैं कि हे केशव! साधनारत रहते हुए भी कबीर तुम्हारे लिए तड़प रहा है।

वासना से विरक्त भक्त मन की ईश्वर के साक्षात्कार हेतु तड़प की व्यंजना की गयी है। सिद्ध पुरुष की कोटियों का भी निर्देश किया गया है। दृष्टांत, पुनरुक्ति प्रकाश, विशेषोक्ति आदि अलंकारों की सार्थक योजना है।

राँम बिन तन की तपन[१] न जाई।
जल मैं[२] अगनि उठी अधिकाई।।
तुम्ह[३] जलनिधि मैं[४] जलकर मीना[५], जल मैं[६] रहौं जलहिं बिन षीना[७]।।
तुम्ह[८] प्यंजरा मैं[९] सुवनाँ[१०] तोरा[११], दरसन देहु भाग बड़ मोरा[१२]।।
तुम्ह सतगुर मैं नौतम[१३] चेला, कहै कबीर राँम रमूँ अकेला[१४]।।१२०।।

पाठान्तर– तिवारी - १. ताप, २. महिं, ३. तूँ, ४. हउं, ५. का मीनु, ६. महि, ७. खीनु, ८. तूं, ९. पिंजरु हउं, १०. सुबटा, ११. तोरं, १२. जनु मंजार कहा करै मोर, नौतनु मिलु अंत की बेला। १३. का अर्थ है जन रूपी बिल्ली मेरा क्या कर सकती है, १४. अंत समय में हे भगवान् मुझे मिल जाओ।

शब्दार्थ– षीना = क्षीण।

व्याख्या– कबीर कहते हैं कि राम के बिना शरीर का ताप नहीं जा रहा है। उसके बिना जीव के चेतना रूपी जल में व्यथा की आग और अधिक संतप्त होती है। हे भगवान्! तुम (आनन्द के) सागर हो और मैं जल की मछली हूँ, जल में रहते हुए भी मैं प्यासी रहती हूँ। शरीर के अन्दर और बाहर सर्वत्र आन्दमय ईश्वर व्याप्त है। आत्मा उसी के बीच निवास करती है किन्तु अज्ञान के कारण अतृप्त रहती है। अगाध जल में रहते हुए भी वह जलाभाव का अनुभव करते हुए क्षीण होती है। हे भगवान् तुम पिंजड़ा हो, मैं उसमें बसने वाला तोता हूँ। यदि तुम दर्शन दे दो तो मैं अपने को बड़ा भाग्यशाली मानूँगा। तुम गुरु हो मैं तुम्हारा नूतन चेला हूँ। हे राम मैं अकेले राम में रमण करता हूँ।

राम की व्यापकता, भक्त के मिलन की आकांक्षा की गहन व्यंजना है।

जल में अधिकाई में विरोधाभास, जल मैं .... षीना - विशेषोक्ति, तुम्ह .... चेला - उल्लेख अलंकारों का विधान है।

गोव्यंदा गुँण गाईये रे।
ताथैं भाई पाईये परम निधाँन।।
ऊकारे जग ऊपजै, बिकारे जग जाइ।
अनहद बेन बजाइ करि, रह्यो गगन मठ छाइ।।
झूठै जग डहकाइया रे, क्या जीवण की आस।

राँम रसाँइण जिनि पीया, तिनकौ बहुरि न लागी रे पियास।।
अरध षिन जीवन भला, भगवत भगति सहेत।
कोटि कलप जीवन ब्रिथा, नाँहिन हरि सूँ हेत।।
संपति देखि न हरषिये, बिपति देखि न रोइ।
ज्यूँ संपति त्यूँ बिपति है, करता करै सु होइ।।
सरग लोक न बाँछिये, डरिये न नरक निवास।
हूँणा था सो ह्वै रह्या, मनहु न कीजै झूठी आस।।
क्या जप क्या तप सँजमाँ, क्या तीरथ ब्रत स्नान।
जो पै जुगति न जाँनियै, भाव भगति भगवान।।
सुनि मंडल मैं सोधि लैं, परम जोति परकास।
तहूँवा रूप न रेष है, बिन फूलनि फूल्यौं रे आकास।।
कहै कबीर हरि गुँण गाई लै, सत संगति रिदा मँझारि।
जो सेवग सेवा करै, ता सँगि रमै रे मुरारि।।१२१।।

शब्दार्थ– निधान = खजाना, शून्य मंडल = ब्रह्म रंध्र।

व्याख्या– हे जीव, गोविन्द का गुणगान करो, जिससे ब्रह्मानन्द रूपी परम ऐश्वर्य की प्राप्ति होगी। ऊँकार द्वारा वास्तविक आनन्द स्वरूप जगत की उत्पत्ति होती है, और विकार के द्वारा यह नष्ट हो जाता है। अनाहत का वेन (वंशी) बजाकर शून्य (ब्रह्म रंध्र) में मठ बनाकर निवास करो। मिथ्या संसार में तुम प्रवंचित किए गए हो, यहाँ जीवन की कोई भी आशा पूर्ण नहीं होगी। राम रसायन का पान जिन्होंने कर लिया उन्हें फिर कोई प्यास नहीं रहती (वे पूर्ण तृप्ति का अनुभव करते हैं) भगवान् की भक्ति सहित आधे क्षण का जीवन अच्छा है। यदि ईश्वर से प्रेम नहीं है तो कोटि कल्पों का जीवन व्यर्थ है। संपत्ति को देखकर हर्षित मत होओ और विपत्ति देखकर रुदन मत करो। जैसे संपत्ति है वैसे विपत्ति है, कर्त्ता जो करता है वही होता है। स्वर्ग लोक की आकांक्षा मत करो, नरक निवास से मत डरो। जो होना था होकर रहा, झूठी आशा मत करो। यदि भगवान् की भक्ति की युक्ति ज्ञात नहीं है तो जप, तप, संयम, तीर्थ, व्रत और स्नान निष्फल हो जाते हैं। परम ज्योति के प्रकाश को शून्य मंडल (ब्रह्म रंध्र) में ढूँढ़ लीजिए। वहाँ परम सत्ता की रूप-रेखा नहीं है, वहाँ बिना फूलों के ही आकाश फूल रहा है। कबीर कहते हैं कि साधुओं की संगति में हृदय में ईश्वर का गुण गाओ। जो सेवक (भक्त) सेवा करता है उसके साथ मुरारी रमण करता है।

योग साधना तथा भक्ति साधना का समन्वय किया गया है। भक्ति से ही ईश्वर का साक्षात्कार संभव है अन्य साधनों से नहीं। ईश्वर को कर्त्ता मानकर विरोधी भावों को समभाव से ग्रहण करना चाहिए। समत्व दृष्टि के बिना भक्ति नहीं हो पाती है। भगवत् भगति, कोटि कलप आदि में छेकानुप्रास, बिना फूलनि .... में विभावना अलंकार की योजना की गयी है। इस पद पर गीता का स्पष्ट प्रभाव है - गीता में कहा गया है -

सुखे दुःखे समे कृत्वा लाभालाभौ जयाजयौ।

मन रे हरि भजि हरि भजि हरि भज भाई।
जा दिन तेरो कोई नाँही, ता दिन राँम सहाई।।टेक।।

तंत न जाँनूँ मंत न जाँनूँ, जाँनूँ सुंदर काया।
मीर मलीक छत्रपति राजा, ते भी खाये माया।।
वेद न जाँनूँ, भेद न जाँनूँ, जाँनूँ एकहि राँमाँ।
पंडित दिसि पछिवारा कीन्हाँ, मुख कीन्हौ जित नाँमा।।
राजा अंबरीक कै कारणि, चक्र सुदरसन जारै।
दास कबीर कौ ठाकुर ऐसौ, भगत की सरन उबरै।।१२२।।

व्याख्या– हे मन! हरि का भजन करो, जिस दिन तुम्हारा कोई सहायक नहीं रहेगा उस दिन राम सहायता करेंगे। मैं तंत्र नहीं जानता, मंत्र नहीं जानता, केवल सुन्दर शरीर को जानता हूँ, अमीर, मालिक, छत्रपति, राजा सभी को माया ने ग्रस लिया (खा डाला)। वेद नहीं जानता हूँ, भेद नहीं जानता हूँ, केवल एक राम को ही जानता हूँ, जिन्होंने पंडितों की दिशा में पीठ कर लिया अर्थात् वेदमार्ग से विमुख हो गए और नामदेव की साधना की ओर उन्मुख हो गए (उन्हीं का कल्याण हुआ, वही मार्ग मेरा भी है।) राजा अम्बरीष की रक्षा के लिए भगवान् ने दुर्वासा ऋषि के पीछे चक्रसुदर्शन छोड़ दिया था। कबीरदास के स्वामी ऐसे हैं जो शरणागत भक्तों की रक्षा करते हैं।

कबीर ने अन्य साधनाओं की तुलना में भक्ति-साधना के महत्त्व को प्रतिपादित किया है। ईश्वर द्वारा शरणागत रक्षा के संकल्प को व्यंजित किया है। अंबरीष हरिभक्त थे। वे एकादशी व्रत करते थे। दुर्वासा उनके यहाँ अतिथि थे। वे स्नान करने गये और देर से लौटे, अम्बरीष ने हरि का नाम लेकर एकादशी का पारायण कर लिया जिससे दुर्वासा ने उन्हें शाप दे दिया। भगवान् ने अम्बरीष की रक्षा की।

राँम भणि राँम भणि राँम चिन्तामणि,
भाग बड़े पायौ छाड़ै जिनि।।टेक।।
असंत संगति जिनि जाइ रे भुलाइ, साध संगति मिलि हरि गुण गाइ।।
हिरिदा कवँल में राखि लुकाइ, प्रेम गाँठि दे ज्यूँ छूटि न जाइ।।
अठ सिधि नव निधि नाँव मँझारि, कहै कबीर भजि चरन मुरारि।।१२३।।

शब्दार्थ–भणि = कहो।

व्याख्या– कबीरदास कहते हैं कि राम-राम कहो, राम चिंतामणि स्वरूप हैं अर्थात् मनोवांछित फल देने वाले हैं। बड़े भाग्य से रामरूपी चिंतामणि मिली है, इसे छोड़ो मत। भूल करके भी असन्तों की संगति में मत जाओ, साधुओं की संगति में मिल बैठ कर हरि का गुणगान करो। इसे हृदय रूपी कमल में छिपाकर रखो, प्रेम की गाँठ दे दो ताकि यह कहीं छूट कर गिर न सके। राम के नाम में ही अष्ट सिद्धियाँ और नव निधियाँ हैं। इसलिए कबीर कहता है कि मुरारि के चरणों का भजन कर।

प्रस्तुत पद में रूपक अलंकार की योजना की गई है, और राम-नाम स्मरण के महत्व को प्रतिपादित किया गया है।

निरमल निरमल राम गुँण गावै,
सो भगता मेरे मनि भावै।।टेक।।
जे जन लेहिं राँम को नाँऊँ, ताकी मैं बलिहारी जाँऊँ।।
जिहिं घटि राँम रहे भरपूरि, ताकी मैं चरनन की धूरि।।
जाति जुलाहा मति कौ धीर, हरषि हरषि गुँण रमैं कबीर।।१२४।।

शब्दार्थ– गुण = राम के गुण, धीर = स्थिर।

व्याख्या– कबीरदास कहते हैं कि जो निर्मल होकर राम के गुणों का गान करता है वही मेरे मन को प्रिय लगता है। जो भक्त राम का नाम लेते हैं उनके प्रति मैं बलिहारी जाता हूँ। जिसके शरीर में राम भरा पूरा है, मैं उसके चरणों की धूल हूँ अर्थात् उसके प्रति मेरे मन में अतिशय विनम्रता का भाव है। जुलाहा जाति से सम्बन्धित स्थिर बुद्धि वाला कबीर हर्षित होकर भगवान् के गुणों में रमण करता है।

प्रस्तुत पद में कबीर ने भक्तों के प्रति अपने भावात्मक लगाव को व्यंजित किया है। कबीर की जाति की ओर संकेत करने वाला यह पद महत्वपूर्ण है।

निरमल - निरमल, हरषि- हरषि में वीप्सा अलंकार है।

जा नरि[१] राँम भगति नहीं साधी,
सो जनमत काहे न मूवौ[२] अपराधी।।टेक।।
गरभ मुचे मुचि[३] भइ किन बाँझ, सूकर[४] रूप फिरै कलि माँझ।।
जिहि कुलि पुत्र[५] न ग्याँन बिचारी, वाकी विधवा काहे न भई महतारी।।
कहे कबीर नर सुंदर सरूप, राम भगति बिन कुचल[६] कुरूप।।१२५।।

पाठान्तर– तिवारी - १. जिहि नरि, २. मुओ, ३. मुचि-मुचि गरभ, ४. बुड़भुज, ५. कुल पूत, ६. कुचिल।

शब्दार्थ– मूवौ = मर गया, अपराधी = पापी, कुचल = कुत्सित।

व्याख्या– जिस मनुष्य में राम की भक्ति नहीं सिद्ध की वह अपराधी जन्म लेते ही क्यों नहीं मर गया। उसकी माँ गर्भ को मुक्त कर बन्ध्या क्यों नहीं हो गयी। सुअर की तरह वह कलिकाल में इधर-उधर घूमता रहता है। जिसके परिवार में ज्ञान-विचार करने वाला पुत्र नहीं है उसकी माँ विधवा क्यों नहीं हो गयी। कबीर कहते हैं कि सुंदर स्वरूप वाला यदि राम की भक्ति नहीं करता तो वह कुत्सित और कुरूप ही माना जायेगा।

प्रस्तुत पद में कबीर ने राम-भक्ति से विमुख रहने वाले व्यक्तियों को निकृष्ट सिद्ध किया है और उनके प्रति तिरस्कार भाव की व्यंजना की है।

इस पद की चौथी पंक्ति तिवारी की ग्रन्थावली में तीसरी पंक्ति के रूप में प्रयुक्त है।

राँम बिनाँ ध्रिग-ध्रिग नर नारी,
कहा तैं आइ कियौ संसारी।।टेक।।
रज बिनाँ कैसौ रजपूत, ग्याँन बिना फोकट अवधूत।।
गनिका कौ पूत कासौं कहै, गुर त्रिन चेला ग्याँन न लहै।।
कबीर कन्याँ करै स्यंगार, सोभ न पावै बिन भरतार।।
कहै कबीर हूँ कहता डरूँ, सुषदेव कहै तौ मैं क्या करूँ।।१२६।।

शब्दार्थ– ध्रिग-ध्रिग = धिक्कार का भाव, रज = रजस्, शौर्य, फोकट = व्यर्थ, अर्थहीन, सुषदेव = वेदव्यास के पुत्र शुकदेव।

व्याख्या– राम भक्ति से रहित नर-नारियों को धिक्कार है। इस संसार में आकर उन्होंने क्या किया है। शौर्य के बिना राजपूत कैसा ? और ज्ञान के बिना अवधूत भी सारहीन है। वेश्या का पुत्र किसे अपना पिता बताये अर्थात् जो अनेक देवी-देवताओं की साधना में लीन हैं वे किसी के भी प्रति पूर्ण समर्पित नहीं हो पाते। गुरु के बिना शिष्य को पूर्ण ज्ञान नहीं

मिलता। कुँवारी कन्या यदि प्रियतम के बिना श्रृंगार करती है तो वह उसे शोभा नहीं देता। कबीरदास कहते हैं कि मैं कहते हुए डरता हूँ, इस बात को शुकदेव ने (भागवत में) कहा है, इसमें मेरा क्या वश है।

दृष्टांत अलंकार के द्वारा कबीर ने भगवत् भजन की महिमा को प्रतिपादित किया है। उन्होंने ज्ञान-प्राप्ति के साधन तथा एक मात्र आराध्य के प्रति निष्ठा को निरूपित किया है। शास्त्र-विरोधी होते हुए भी कबीर अपने को शास्त्र-प्रमाण से मुक्त नहीं कर पाते।

जरि जाव ऐसा जीवनाँ, राजा राँम सूँ प्रीति न होई।
जन्म अमोलिक जात है, चेति न देखै कोई।।टेक।।
मधुमाषी धन संग्रहै, मधुवा मधु ले जाई रे।
गयौ गयौ धन मूँढ़ जनाँ, फिरि पीछैं पछिताई रे।।
विषिया सुख कै कारनै, जाइ गनिका सूँ प्रीति लगाई रे।
अंधै आगि न सूझई, पढ़ि पढ़ि लोग बुझाई रे।।
एक जनम कै कारणैं, कत पूजौ देव सहँसौ रे।
काहे न पूजौ राँम जी, जाकौ भगत महेसौ रे।।
कहै कबीर चित चंचला, सुनहु मूढ़ मति मोरी।
विषिया फिर फिरि आवइ, राजा राँम न मिलै बहोरी।।१२७।।

शब्दार्थ– अमोलिक = अमूल्य, मधुमाषी = मधुमक्खी, मधुवा = शहद एकत्र करने वाला, गनिका = वेश्या, महेसौ = शिव।

व्याख्या– ऐसा जीवन जिसमें राजा-राम से प्रेम नहीं उत्पन्न हुआ वह भस्म हो जाय। अमूल्य जीवन व्यतीत होता जाता है लेकिन कोई उसके प्रति सचेत नहीं होता। मधुमक्खी शहद का संचय करती है लेकिन शहद एकत्रित करने वाला उसे लेकर चला जाता है। उसी तरह मूर्ख लोग धन संचित करते हैं लेकिन वह धन वासनाओं में नष्ट हो जाता या इस संसार में ही छूट जाता है। मनुष्य उसके लिए सिर्फ पश्चाताप ही करता है। विषय सुख की कामना से लोग गणिका से प्रेम करते हैं। अज्ञानी अन्धे को आग सूझती नहीं और लोग उसे मन्त्र पढ़कर बुझाने की चेष्टा करते हैं या अंधे अज्ञानी को वासना की आग के परिणामों का ज्ञान नहीं होता जबकि ज्ञानी लोग शास्त्रों को पढ़-पढ़कर उसे बुझाने की चेष्टा करते हैं। छोटे से जन्म के सुखों के कारण कितने लोग सहस्त्रों देवताओं की पूजा करते हैं। वे राम की पूजा क्यों नहीं करते जिसके भक्त स्वयं शिव हैं। कबीरदास कहते हैं कि हे चंचल चित्त वाले मूर्ख लोग! मेरी बुद्धि से उपजी हुई बात सुनो, विषय वासनाएँ बार-बार मिलती हैं लेकिन (मानव जीवन के अलावा) राम से मिलने का अवसर फिर नहीं मिलता।

इस पद की अनेक पंक्तियों में अनुप्रास, दृष्टांत अलंकारों की योजना की गयी है। विषयासक्ति और बहुदेववाद का खण्डन करते हुए राम से मिलन की सलाह दी गयी है।

राँम न जपहु कहा भयौ अंधा,
राँम बिना जँम मेलै फंधा।।टेक।।
सुत दारा का किया पसारा, अंत की बेर भये बटपारा।।
माया ऊपरि माया माड़ी, साथ न चले षोषरी हाँडी।।
जपौ राम ज्यूँ अति उबारै, ठाढ़ी बाँह कबीर पुकारै।।१२८।।

शब्दार्थ– मेलै = डालना, बटपारा = डाकू, माड़ी = सजाई, हाँड़ी = छोटा घड़ा, षोषरी = खाली, रिक्त।

व्याख्या– प्राणियों को संबोधित करते हुए कबीर कहते हैं कि तुम अंधे क्यों हो गये हो, राम का जप क्यों नहीं करते। राम के बिना यमराज तुम्हें फँसाने के लिए अपना जाल फैला रहा है। तुमने अपना सारा कार्य-व्यापार पुत्र और स्त्री के लिए ही प्रसरित कर रखा है। अंतिम समय में ये तुम्हारी समृद्धि को लूटने वाले लुटेरे ही सिद्ध होंगे अर्थात् मुक्ति मार्ग के अवरोधक बनेंगे। तुम माया के ऊपर ही मोहित हो लेकिन सांसारिक माया रिक्त हँड़िया की तरह है, वह साथ नही जाती। कबीरदास बाँह उठाकर पुकार कर कहता है कि राम का जप करो जो अंतिम समय में तुम्हें बचा लेगा।

इस पद में गूढ़ोक्ति, अनुप्रास अलंकारों की योजना है। माया-माया में यमक अलंकार है। पसारा किया, खोखली हाड़ी आदि मुहावरों का प्रयोग किया गया है।

डगमग छाडि दे मन बौरा।
अब तौ जरें बरें बनि आवै, लीन्हों हाथ सिंधौरा।।टेक।।

होइ निसंक मगन ह्वै नाचौ, लोभ मोह भ्रम छाड़ौ।
सूरौ कहा मरन थैं डरपैं, सती न संचै भाड़ौ।।
लोक वेद कुल की मरजादा, इहै गले मैं फाँसी।
आधा चलि करि पीछा फिरिहै, ह्वैहै जग मैं हाँसी।।
यह संसार सकल है मैला, रॉम कहै ते सूचा।
कहै कबीर नाव नहीं छाड़ौ, गिरत परत चढ़ि ऊँचा।।१२६।।

शब्दार्थ– डगमग = अस्थिरता, सिंधौरा = सिंदूर रखने का पात्र, सूचा = शुचि, पवित्र, पासी = गले का फंदा।

व्याख्या– हे बावले मन! तू अस्थिरता छोड़ दे। अब तूने यदि हाथ में सती होने के लिए अग्रसर नारी की तरह अपने हाथ में भक्ति-भाव का सिंदूर पात्र ले लिया है तो अब जलने-मरने से ही तुम्हारी शोभा होगी अर्थात् सांसारिक विषय-वासनाओं को जलाकर ईश्वर रूपी प्रियतम से एकमेक होने में ही सार्थकता है। तुम शंकाहीन होकर भाव-मग्न होकर नाचो। लोभ, मोह और भ्रम को छोड़ दो। तुम शूर और सती को अपना आदर्श समझो। जिस तरह शूर मरने से नहीं डरता उसी तरह तुम भी मृत्यु से न डरो, जिस तरह सती धन-सम्पत्ति संचय की चिंता नहीं करती, अपने प्रियतम को ही सब कुछ मानती है उसी तरह तुम भी सांसारिकता को महत्त्व मत दो। लोक, वेद, और परिवार की मर्यादाएँ ही गले में पाश की तरह पड़ी रहती हैं अर्थात् गले का बंधन हैं। भक्ति के मार्ग में अग्रसर होते हुए यदि आधे मार्ग से पीछे लौटोगे तो संसार में हँसी होगी। यह समस्त संसार दूषित है, जो राम का नाम लेता है वही पवित्र है। कबीरदास कहते हैं कि गिरते-पड़ते हुए भी मैं राम का नाम स्मरण नहीं छोडूँगा। ईश्वर भक्ति में ही ऊर्ध्व गमन करूँगा।

उदाहरण अलंकार द्वारा रामभक्ति के उत्कर्ष को प्राप्त करने के संकल्प को अंकित किया गया है। गले की फाँसी में मुहावरे का प्रयोग है।

का सिधि साधि करौं कुछ नाहीं,
रॉम रसांइन मेरी रसनाँ माही।।टेक।।

नहीं कुछ ग्याँन ध्याँन सिधि जोग, ताथैं उपजै नाँनाँ रोग।।
का बन मैं बसि भये उदास, जे मन नहीं छाड़ै आसा पास।।
सब कृत काच हरी हित सार, कहै कबीर तजि जग व्यौहार।।१३०।।

व्याख्या– अनेक सिद्धियाँ साधकर क्या करूँ जबकि उनमें कुछ नहीं है। राम रसायन मेरी जिह्वा में ही मौजूद है। ज्ञान, ध्यान, सिद्धि तथा योग कुछ नहीं हैं, उनसे विविध प्रकार के रोग (अहंकार, भ्रम) उत्पन्न होते हैं। वन में निवास करते हुए उदासी बनने से क्या लाभ है यदि मन ने आशाओं के पाश (जाल) को छोड़ा नहीं। सभी कर्म कच्चे हैं, हरि-प्रेम ही सार तत्त्व है। कबीर कहते हैं कि जगत् का व्यवहार त्याग दो।

राम रसायन में रूपक, दूसरी पंक्ति में अनुप्रास, अंतिम पंक्ति में छेकानुप्रास का प्रयोग है। वैराग्य भाव तथा भक्ति रस की श्रेष्ठता की प्रतिष्ठा की गयी है।

जौं तैं रसनाँ राँम न कहियो,
तौ उपजत बिनसत भरमत रहियौ।।टेक।।
जैसी देखि तरवर की छाया, प्राँन गये कहु काकी माया।।
जीवत कछु न कीया प्रवानाँ, मूवा मरम को काँकर जाँना।।
कंधि काल सुख कोई न सोवै, राजा रंक दोऊ मिलि रोवै।।
हंस सरोवर कवँल सरीरा, राँम रसाइन पीवै कबीरा।।१३१।।

व्याख्या– यदि वाणी से राम का नाम उच्चरित नहीं करोगे तो उत्पन्न एवं विनष्ट होते हुए भ्रमित रहोगे। तात्पर्य है कि अनेक योनियों में जन्म-मृत्यु से गुजरते हुए भ्रमण करते रहोगे। जैसे वृक्ष की छाया कुछ क्षणों तक रहती है, उसी तरह प्राणों के प्रस्थान करते ही सांसारिक वैभव किससे सम्बन्धित रहते हैं अर्थात् सांसारिक वैभव से सम्बन्ध टूट जाता है। यदि जीवित रहते तूने कोई प्रामाणिक कार्य नहीं किया तो मरने के बाद किसी के मर्म को कोई क्या जान सकता है। मरणोपरान्त क्या होगा इसके विषय में निश्चित रूप से कुछ नहीं कहा जा सकता है न तो आध्यात्मिक विषय में और न लौकिक विषय में। काल कंधे पर सवार है इसलिए कोई सुख से नहीं सो सकता है। काल जब जीवनान्त कर देता है तो राजा और गरीब दोनों मिलकर रोते हैं। जैसे हंस सरोवर का जल पीता है उसी तरह शरीर रूपी कटोरे (पात्र से) कबीर राम-रसायन पीता है। कवँल का तात्पर्य हृत् कमल (हृदय कमल) भी है। हृदय से कबीर राम रस का पान (आस्वादन) कर रहा है। सांसारिक नश्वरता की व्यंजना करते हुए शुद्ध चैतन्य द्वारा राम रस (सहस्त्रार चक्र से स्त्रवित रस) के पान की सलाह दी गयी है। कबीर भक्त रूप में इसी का आस्वादन करते हैं।

का नाँगें का बाँधे चाँम,
जौ नही चीन्हसि आतम राँम।।टेक।।
नागे फिरें जोग जे होइ, बन का मृग मुकुति गया कोइ।।
मूँड मूड़ायै जौ सिधि होई, स्वर्ग हौ भेड़ न पहुँची कोई।।
व्यंद राखि जे खेले है भाई, तौ षुसरै कौण परँम गति पाई।।
पढ़े गुनें उपजै अहंकारा, अधधर डूबे वार न पारा।।
कहैं कबीर सुनहु रे भाई, राँम नाँम बिन किन सिधि पाई।।१३२।।

शब्दार्थ– मृग = जीव जन्तु, व्यंद = वीर्य, षुसरै = बधिया जानवर, अधधर =

मध्यधारा (मझधार)।

व्याख्या– नंगा रहने या चर्म (का वस्त्र) बाँधने से क्या लाभ है? यदि आत्माराम को नहीं पहचानते हो। यदि नंगा घूमने से राम से मिलन होता तो बन का मृग मुक्त हो गया होता किन्तु क्या कोई मृग (जीव-जन्तु) मुक्ति को प्राप्त हुआ। सिर मुँड़ाने से यदि सिद्धि होती तो भेड़ें स्वर्ग पहुँच जातीं किन्तु कोई भेड़ स्वर्ग नहीं पहुँची। वीर्य की रक्षा करके (ब्रह्मचारी रहकर) जो क्रीड़ा करता है (ब्रह्म प्राप्ति का आडम्बर) रचता है तो (बताओ) बधिया किया हुआ किस जानवर ने परम गति को प्राप्त किया है (अर्थात् कोई नहीं) पढ़ने-गुनने से अहंकार उत्पन्न होता है उसके कारण जो अर्ध धारा (मध्य धारा) में डूबता है वह न इस पार का रहता है न उस पार का (न लोक सिद्ध होता है और न परलोक)। कबीर कहते हैं कि हे भाई सुनो, राम नाम के बिना किसे सिद्धि मिली है अर्थात् किसी को भी नहीं।

बाह्याचारों का विरोध किया गया है। वक्रोक्ति अलंकार की योजना की गयी है।

हरि बिन भरमि बिगूते गंदा।
जापै जाऊँ आपनपौ छुडावण, ते बीधे बहु फंदा।।टेक।।
जोगी कहै जोग सिधि नीकी, और न दूजा भाई।
लुंचित मुंडित मोनि, जटाधर, ऐ जु कहै सिधि पाई।।
जहाँ का उपज्या तहाँ बिलाना हरि पद बिसर्‌या जबहीं।
पंडित गुंनी सूर कवि दाता ऐ जु कहैं बड़ हमहीं।।
वार पार की खबरि न जाँनी फिर्‌यौ सकल बन ऐसै।
यहु मन बोहि थके कउवा ज्यूँ, रह्‌यौ ठग्यौ सो वैसै।।
तजि बावै दाहिणे विकार, हरि पद दिढ़ करि गहिए।
कहै कबीर गूँगै गुड़ खाया बूझै तौ का कहिए।।१३३।।

शब्दार्थ– बिगूते = गुप्त बात को प्रकट करना, छिछलेदार, तुच्छ, बिलाना = विलीन हो गया।

व्याख्या– कबीर कहते हैं कि भगवान् (की भक्ति बिना) हे मनुष्य! तूने अपने को भ्रमवश तुच्छ तथा गन्दा बना लिया है। जिसके पास मैं अपने को मोहपाश से छुड़ाने जाता हूँ वह स्वयं बहुत से फंदे में बँधा दिखाई देता है। योगी कहता है कि योग सिद्धि अच्छी है और दूसरी साधना नहीं। लुंचित (केश का लुंचन करने वाले जैन मुनि) मुंडित (सिर मुड़ाने वाले) मौनी (मौन रहने वाले) जटाधारी ये कहते हैं कि इसी प्रकार से सिद्धि प्राप्त की जा सकती है। जब हरि पद विस्मृत होता है तो मनुष्य जहाँ से उत्पन्न होता है उसी में विलीन हो जाता है (पंचतत्त्व विखंडित होकर पंच तत्त्व में विलीन हो जाता है, जीवात्मा कर्म भोग के लिए पुनर्जन्म ग्रहण कर लेती है)। पंडित, गुणी, शूर, कवि, दाता ये लोग कहते हैं कि हम ही बड़े हैं। इन्हें इस पार (इस लोक) उस पार (उस लोक) की खबर नहीं है। (संसार रूपी) वन में ये इधर-उधर भटकते रहते हैं। यह मन जहाज के कौए की तरह ठगा सा बैठा रहता है। (जलयान के ऊपर से उड़ा हुआ कौआ कहीं कोई विकल्प न देखकर उसी का फिर से सहारा लेता है।) वामाचार तथा दक्षिणाचार छोड़कर भगवान् के चरणों को दृढ़तापूर्वक पकड़िए। कबीर कहते हैं कि जैसे गूँगा व्यक्ति गुड़ खाकर उसके स्वाद का बयान नहीं कर सकता है उसी तरह हरि रस का आस्वादन करने वाला कबीर भी उसका कथन नहीं कर सकता।

कौवा ज्यूं में उपमा तथा बूझै तो का कहिए में वक्रोक्ति अलंकार की योजना है। विविध साधना पद्धतियों को बंधन रूप माना गया है। भक्ति रस की श्रेष्ठता तथा अनिर्वचनीयता की व्यंजना की गयी है।

चलौ बिचारी रहौ सँभारी कहता हूँ ज पुकारी।
राँम नाँम अंतर गति नाहीं, तौ जनम जुवा ज्यूँ हारी।।
मूँड मुँड़ाइ फूलि का बैठे, काँननि पहनि मंजूसा।
बाहरि देह षेह लपटानी, भीतरि तौ घर मूसा।।
गालिब नगरी गाँव बसाया, हाँम काँम हँकारी।
घालि रसरिया जब जम खैंचे, तब का पति रहै तुम्हारी।।
छाँड़ि कपूर गाँठि विष बाँध्यो, मूल हुवा न लाहा।
मेरे राम की अभै पद नगरी, कहै कबीर जुलाहा।।१३४।।

व्याख्या– कबीरदास कहते हैं कि मैं पुकार कर कहता हूँ कि संसार में विचारकर रहो और (माया मोह से) संभलकर रहो। यदि राम का नाम हृदय में नहीं है तो (समझो) जन्म को जुए के समान हार गए हो। सिर मुंडित कराके तथा कानों में मंजूषा (एक प्रकार के पत्थर का बना कुंडल) पहनकर क्यों अहंकार में हर्षित होकर बैठे हो। बाहर से तुमने देह में धूल लपेट कर (योगी, संन्यासी) होने का आडम्बर भले ही रच लिया है किन्तु अन्दर भीतर तुम्हारा अन्तःकरण माया-मोह आदि विकारों द्वारा अपहृत है, चुरा लिया गया है। तुमने गारिव (गौरवपूर्ण) नगर तथा गाँव बसाए जिससे तुम अहंकारी एवं अहंकर्मी हो गए। रस्सी डालकर जब यमराज खींचेगा तब तुम्हारी क्या प्रतिष्ठा या इज्जत रहेगी। कपूर (रामभक्ति) को छोड़कर तुमने विष (माया-मोह) की पोटली बाँधी है इसलिए तुम्हें मूल पर लाभ नहीं हुआ। कबीर जुलाहा कहता है कि मेरे राम की अभय पद नगरी है जो वहाँ ध्यान लगाता है उसे यम से भय नहीं रहता।

जुवा ज्यूं में उपमा, तब क्या पति रहै तुम्हारी में वक्रोक्ति, कपूर, विष में रूपकातिशयोक्ति अलंकारों का विधान है। योग साधना के आडम्बरों की निरर्थकता तथा रामभक्ति की श्रेष्ठता का प्रतिपादन किया गया है।

कौन बिचारि करत हौ पूजा, आतम राँम अवर नहिं दूजा।।
बिन प्रतीतै पाती तोड़ैं, ग्याँन बिना देवलि सिर फोड़ै।।
लुचरी लपसी आप सँघारै, द्वारै ठाढ़ा राँम पुकारै।।
पर आत्म जो तत बिचारै, कहि कबीर ताकै बलिहारै।।१३५।।

व्याख्या– किस विचार से पूजा करते हो, आत्मा राम के अलावा कोई दूसरी सत्ता नहीं है। आत्मा ही राम है। राम इससे भिन्न और दूसरा नहीं है। बिना प्रतीति (विश्वास) के पत्ती तोड़ता है और ज्ञान के बिना देव कुल में (या देवालय में) सिर फोड़ता है (तात्पर्य मस्तक जमीन में पटकता है) पूड़ी (लुचुई) और लप्सी का स्वयं भोग करता है और मन्दिर के द्वार पर खड़ा हुआ राम की पुकार करता है। (या भिखारी द्वार पर खड़ा होकर राम के नाम पर पुकार करता रहता है किन्तु जो भगवान् का भोग लगाते हो उसे किसी भूखे व्यक्ति को समर्पित भी नहीं करते, स्वयं खाकर ही आनन्द लेते हो)। जो उस परम तत्त्व और आत्म तत्त्व का विचार करता है, कबीर कहते हैं कि मैं उसके प्रति बलिहारी जाता हूँ।

विश्वास एवं ज्ञान के बिना पूजा व्यर्थ है। भगवान् के नाग आदमी सिर्फ अपना पेट भरता है। आत्म तत्त्व एवं परमात्म तत्त्व की एकता को समझे बिना सभी यत्न व्यर्थ हो जाते हैं।

कहा भयौ तिलक गरैं जप माला, मरम न जानै मिलन गोपाला।।टेक।।
दिन प्रति पसू करै हरिहाई, गरैं काठ बाकी बाँनि न जाई।।
स्वांग सेत करणी मनि काली, कहा भयौ गलि माला घाली।।
बिन ही प्रेम कहा भयौ रोये, भीतर मैल बाहरि का धोये।।
गल-गल स्वाद भगति नहिं धीर, चीकन चँदवा कहै कबीर।।१३६।।

व्याख्या– तिलक और गले में जपमाला डालने से क्या लाभ है? यदि गोपाल से मिलने का मर्म तू नहीं जानता है। पशु प्रतिदिन उद्दंडता करता है (उसकी उद्दंडता के निवारण के लिए) उसके गले में लकडी बाँध दी जाती है फिर भी उसकी आदत नहीं जाती। स्वांग (वेशभूषा) यद्यपि सफेद होती है किन्तु मन में कालापन रहता है, गले में माला डालने से काली करतूतों पर कोई प्रतिबंध नहीं लगता। बिना प्रेम के (भक्तिभाव में लीन होकर मिथ्या) रोने से क्या लाभ है। यदि भीतर मलिनता है तो बाहर की मैल धोने से क्या होता है ? भक्ति रस का स्वाद गलगल (नीबू) की तरह नहीं है और न चिकन (बहुमूल्य वस्त्र) तथा चंदवा (शिरोभूषण) की तरह है। मन को दृढ़ करने वाले को ही उसका स्वाद प्राप्त होता है।

वक्रोक्ति, विशेषोक्ति (गरै .... न जाई) आदि अलंकारों की योजना है। बाह्याडम्बरों की निरर्थकता प्रतिपादित की गयी है। भक्ति रस के लिए दृढ़ता तथा समर्पण की अपेक्षा है।

ते हरि आवेहि किहि काँमा,
जे नहीं चीन्हैं आतम रामाँ।।टेक।।
थोरी भगति बहुत अहंकारा, ऐसे भगता मिलै अपारा।।
भाव न चीन्हैं हरि गोपाला, जानि न अरहट कै गलि माला।।
कहे कबीर जिन गया अभिमाना, सो भगता भगवंत समाना।।१३७।।

व्याख्या– वे भगवान् के किस काम आ सकते हैं जो आत्मा रूपी राम को नहीं पहचानते हैं। जिनमें भक्ति थोड़ी और अहंकार बहुत होता है ऐसे भक्त बहुत मिलते हैं। जो हरि गोपाल को भाव से नहीं पहचानते वे अरहट की तरह गले में व्यर्थ ही माला डाले रहते हैं। कबीर कहते हैं कि जिनका अभिमान समाप्त हो गया है, वे भक्त भगवान् के समान होते हैं।

जानि ..... गलिमाला में उत्प्रेक्षा, ते ..... कांमा में वक्रोक्ति अलंकार है। भक्ति में निरभिमान अति आवश्यक है। सूरदास ने भी कहा है – गरब गोपालहिं भावत नाहीं।

कहा भयौ रचि स्वाँग बनायौ,
अंतरिजामी निकट न आयौ।।टेक।।
विषई विषे दिढावै गावै, राँम नाँम मानि कबहूँ न भावै।।
पापी परलै जाहि अभागै, अमृत छाड़ि विषै रसि लागै।।
कहै कबीर हरि भगति न साधी, भग मुषि लागि मूये अपराधी।।१३८।।

व्याख्या– स्वाँग बनाने (कृत्रिम वेश) से क्या लाभ हुआ अर्थात् नकली भक्त बनने से कुछ नहीं होता है। ऐसे लोग अंतर्यामी भगवान् के समीप नहीं आ पाते। उन्हें ईश्वर की

निकटता उपलब्ध नहीं होती। विषयी विषय को ही दृढ़ करता है और उसी का गुणगान कतरा है। राम नाम मन में कभी भाता नहीं है। वे पापी अभागे प्रलय को प्राप्त करेंगे क्योंकि वे अमृत को छोड़कर विष रस में तल्लीन हो जाते हैं। कबीर कहते हैं कि वे भक्ति की साधना नहीं करते बल्कि भग (सांसारिक ऐश्वर्य या योनि सुख) की तलाश में ही मर जाते हैं। अर्थात् उनका जीवन निरर्थक ही समाप्त हो जाता है।

कृत्रिम संत तथा विलासी एवं भोगी की दुर्गति का वर्णन किया गया है। छेकानुप्रास तथा रूपकातिशयोक्ति अलंकारों का सार्थक विधान है।

जौ पैं पिय के मनि नाहीं भाये।
तौ का परोसनि कैं हलुराये।।टेक।।

का चूरा पाइल झमकायें, कहा भयो बिछुवा ठमकाँये।।
का काजल स्यूंदर कै दीयैं, सोलह स्यँगार कहा भयौ कीयैं।।
अंजन भंजन करै ठगौरी, का पचि मरै निगौड़ी बौरी।।
जौ पैं पतिव्रता ह्वै नारी, कैसे ही रहौ सो पियहिं पियारी।।
तन मन जीवन सौंपि सरीरा, ताहि सुहागिन कहै कबीरा।।१३९।।

व्याख्या– यदि कोई नारी प्रियतम के मन को नहीं भाती और वह पड़ोसियों को चाहे जितना खुश रखे उसका जीवन सफल नहीं माना जा सकता है। चूड़ी, पायल झमकाने तथा बिछुवा ठमकाने से क्या लाभ है। काजल सिंदूर आदि सोलहों श्रृंगार भी निरर्थक हैं। वह ठगने के लिए अंजन मंजन सब कुछ करती है किन्तु वह बावली निगोड़ी (दुर्भाग्यशालिनी) व्यर्थ प्रयत्न करके मरती है। जो नारी (पड़ोसियों को खुश करने की अपेक्षा) अपने पति के प्रति पूर्ण निष्ठावान रहती है, वह चाहे जैसे रहे (चाहे बनावट, सजावट करे या न करे) वह प्रियतम को प्रिय होती है। जो प्रिय को तन, मन और जीवन समर्पित कर देती है वही सच्चे अर्थ में सुहागिनि है।

आत्मा रूपी पत्नी यदि सांसारिक जीवों को खुश करने की चेष्टा करती है और ईश्वर के प्रति निष्ठा से समर्पण नहीं करती तो उसका जीवन व्यर्थ हो जाता है। पद में ध्वनि बिम्ब का सौन्दर्य दर्शनीय है। लोकानुभूति के द्वारा आध्यात्मिक भाव की सार्थक व्यंजना की गयी है।

दूभर पनियाँ भर्‌या न जाई,
अधिक त्रिषा हरि बिन न बुझाई।।टेक।।

उपरि नीर लेज तलि हारी, कैसे नीर भरे पनिहारी।।
उधर्‌यौ कूप घाट भयौ भारी, चली निरास पंच पनिहारी।।
गुर उपदेश भरि ले नीरा, हरषि-हरषि जल पीवै कबिरा।।१४०।।

व्याख्या– दुर्लभ जल भरा नहीं जाता है। अधिक प्यास भगवान् के बिना बुझती नहीं है। पानी ऊपर है और रस्सी नीचे है, पनिहारी पानी कैसे भरे। कुआँ उघड़ा (उखड़ा), हुआ है, घाट अत्यन्त दुर्गम है, पाँचों पनिहारिनें निराश होकर चली जा रही हैं। गुरु का उपदेश प्राप्त कबीर ने वहाँ नीर भर लिया और वह उसको आनन्दित होकर पीता है।

योग साधना से प्राप्त होने वाला सहस्त्रार चक्र का अमृत (जल) दुर्गम है। हरि की कृपा के बिना भक्त तृप्त नहीं होता। ब्रह्म रंध्र ऊपर है जल को प्राप्त करने का साधन पवन रूपी

रस्सी नीचे है। कुंडलिनी रूपी पनिहारी इस जल को कैसे भरे। यह कुआँ ऊर्ध्व स्थित है, घाट भी दुर्गम है। प्राणायाम द्वारा मन को वहाँ पहुँचाना भी कठिन है। पाँचों इन्द्रियाँ इस रस को नहीं पी सकती हैं। कबीर गुरु के उपदेश से उसे पीने में सक्षम है।

साँग रूपक तथा प्रतीकात्मक शैली का प्रयोग किया है। साधनात्मक रहस्यवाद की व्यंजना है। योग की तुलना में भक्तिभाव की सरलता भी अंकित है।

कहौ भइया अंबर काँसूँ लागा,
कोई जाँणैगा जाँननहारा।।टेक।।
अंबरि दीसे केता तारा, कौन चतुर ऐसा चितरनहारा।।
जे तुम्ह देखौ सो यहु नाँही, यहु पद अगम अगोचर माँही।।
तीनि हाथ एक अरधाई, ऐसा अम्बर चीन्हौ रे भाई।।
कहे कबीर जे अंबर जाने, ताही सूँ मेरा मन माँनै।।१४१।।

पाठान्तर–तिवारी- कहौ भइया अंबर कासौं लागा

व्याख्या–कहो भाई आसमान किससे संलग्न (जुड़ा हुआ) है। इस तथ्य को कोई जानने वाला ही जानता है। आकाश में कितने तारे दिखाई देते हैं किस चतुर चित्रकार ने उनका चित्रण किया है। जो तुम देखते हो वह यह नहीं है, यह पद (स्थिति) अगम अगोचर में है अर्थात् इसकी व्याख्या अगम अगोचर के संदर्भ में ही संभव है। साढ़े तीन हाथ के शरीर के अन्दर जो आकाश है, हे भाई उसको पहचानो। कबीरदास कहते हैं कि जो आकाश को जानते हैं उन्हीं से मेरा मन मानता है अर्थात् वही मुझे अच्छे लगते हैं।

ब्रह्मांड को समझने के लिए पहले अपने शरीर को ही समझा जाय।

कोई बूझै बूझनहार सभागा।।
अंबर मद्धे दीसै तारा। कौन चतुर अैसा चितरनहारा।।
जो खोजहु सो उहवाँ नाही। सो तौ आहि अमर पद माँही।।
कहै कबीर जानैगा सोइ। ह्रदै राँम मुखि राँमै होइ।।

भाई कहो आकाश किससे लगा है। कोई सौभाग्यशाली ही इसे बूझ सकता है। अंबर में तारे दिखाई देते हैं, किस चतुर ने ऐसा चित्रण किया है। जो (चित्रकार को) खोजते हो वह वहाँ नहीं, वह अमर पद में ही स्थित है। वह उसे जानेगा जिसके ह्रदय और मुख दोनों में राम हैं।

तन खोजौ नर करौ बड़ाई,
जुगति बिना भगति किनि पाई।।टेक।।
एक कहावत मुलाँ काजी, राम बिना सब फोकटबाजी।।
नव ग्रिह बाँभण भणता रासी, तिनहुँ न काटी जम कौ पासी।।
कहै कबीर यहु तन काचा, सबद निरंजन राँम नाँम साचा।।१४२।।

व्याख्या–हे मनुष्यो, शरीर के मर्म की तलाश करो अपनी बड़ाई मत करो, युक्ति के बिना भक्ति किसे प्राप्त हुई है। एक मुल्ला तथा एक काजी कहलाते हैं किन्तु राम के बिना सब व्यर्थ है। ब्राह्मण नवग्रहों तथा बारह राशियों की बात करते हैं किन्तु यम का पाश उन्होंने भी नहीं काटा। कबीर कहते हैं कि यह शरीर कच्चा है केवल निरंजन शब्द और नाम राम

सच्चा है।

'राम' नाम की श्रेष्ठता का प्रतिपादन किया गया है। निरंजन शब्द अनाहत नाद का संकेत करता है।

जाइ परौ हमरौ का करिहै,
आप करै आपै दुख भरिहै।।टेक।।
ऊभड़ जाताँ बाट बतावै, जौ न चलै तौ बहुत दुख पावै।।
अंधे कूप क दिया बताई, तरकि पड़े पुनि हरि न पत्याई।।
इंद्री स्वादि विषै रसि बहिहै, नरकि पड़े, पुनि राँम न कहिहै।।
पंच सखी मिलि मतौ उपायौ, जँम की पासी हंस बँधायौ।।
कहै कबीर प्रतीति न आवै, पाषंड कपट इहै जिय भावै।।१४३।।

शब्दार्थ–पाषंड = पाखण्ड, हंस = आत्मा।

व्याख्या–चले जाओ (जा पड़ो) हमारा क्या करोगे? तात्पर्य है कि यदि मेरा कहना नहीं मानते हो तो जाओ इन्द्रियों में आसक्त हो जाओ। जो स्वयं करोगे उसके दुख की भरनी (भोग) भी स्वयं करनी होगी। ऊबड़-खाबड़ रास्ते से जाते हुए को यदि रास्ता बताया जाय और वह सही रास्ते पर न चले तो बहुत दुख पाता है। अंधे को कुआँ बता दिया गया किन्तु तर्क में पड़कर उसने भगवान में विश्वास नहीं किया। इन्द्रियों के वशीभूत होकर विषय रस में बह रहा है, नरक में भले ही पड़ जाये किन्तु राम का नाम नहीं लेगा। पाँचों इन्द्रिय रूपी सखियों ने उपाय सुझाया फलस्वरूप हंस रूपी आत्मा को संयम के पाश में आबद्ध कर दिया। कबीर कहते हैं कि जीव को तब भी राम पर विश्वास नहीं होता। उसे पाखंड और कपट ही मन भावन लगते हैं।

चौथी पंक्ति में अनुप्रास विषै रस में रूपक अलंकार अंधे कूप में रूपकातिशयोक्ति अलंकार की योजना की गयी है।

ऐसे लोगनि सूँ का कहिये।
जे नर भये भगति थैं न्यारे, तिनथैं सदा डराते रहिये।।टेक।।
आपण देही चरवाँ पानी, ताहि निंदै जिनि गंगा आनी।।
आपण बूड़ै और कौ बोड़े, अगनि लगाइ मंदिर मैं सोवै।।
आपण अंध और कूँ काँना, तिनकौ देखि कबीर डराँना।।१४४।।

व्याख्या–ऐसे लोगों से कुछ कहना व्यर्थ है, जो भगवान् की भक्ति से विमुख हैं उनसे सदा डरते ही रहना चाहिए। अपने तो चुल्लू भर पानी भी नहीं देते, उसकी निन्दा करते हैं जो गंगा को लाया। खुद (संसार-सागर में) डूबते हैं और अन्य को भी डुबाते हैं। वे आग लगाकर (दूसरों का घर जलाकर) स्वयं घर में जाकर चैन से सोते हैं। अपने तो अंधे हैं किन्तु दूसरों को काना कहते हैं। ऐसे लोगों को देखकर कबीर डरते हैं।

लोकोक्ति अलंकार के द्वारा हरि विमुखों से भयभीत रहने तथा सतर्क रहने की व्यंजना है। सूर ने भी कहा है–तजो हरि बिमुखन को संग। कहावतों का सुन्दर काव्यात्मक प्रयोग है।

हैं हरि जनसूँ जगत लरत है,
फुंनिगा कैसे गरड़ भषत हैं।।टेक।।

अचिरज एक देखह संसारा, सुनहाँ खेदै कुंजर असवारा।।
ऐसा एक अचंभा देखा, जंबक करै केहरि सू लेखा।।
कहै कबीर राँम भजि भाई, दास अधम गति कबहुँ न जाई।।१४५।।

शब्दार्थ–फुंनिगा = पतिंगा, गरड़ = मोर, गरुड़, सुनहाँ = कुत्ता, केहरि = सिंह।

व्याख्या–सारा संसार (जागतिक प्रवृत्तियाँ) हरि के भक्तों से लड़ता है। यह ऐसा ही है जैसे पतिंगा गरुड़ को खाना चाहता है। संसार में एक आश्चर्य देखा कि कुत्ता हाथी पर सवार व्यक्ति को दौड़ाता है। एक ऐसा आश्चर्य देखा कि गीदड़ सिंह से लेखा-जोखा माँगता है। कबीर कहते हैं कि हे भाई! राम भजो, हरि का भक्त निम्न गति को कभी नहीं प्राप्त होता है।

फुनिंगा, सुनहाँ, जंबक तुच्छ संसारी जीव के प्रतीक हैं। गरुड़, हस्त सवार, केहरि भगवान् के भक्तों के प्रतीक हैं। रुपकातिशयोक्ति, विरोधाभास आदि अलंकारों का विधान किया गया है।

हैं हरिजन थैं चूक परी,
जे कछु आहि तुम्हारो हरी।।टेक।।
मोर तोर जब लग मैं कीन्हा, तब लग त्रास बहुत दुख दीन्हाँ।।
सिध साधिक कहैं हम सिधि पाई, राम नाम बिन सबै गँवाई।।
जे बैरागी आस पियासी, तिनको माया कदे न नासी।।
कहै कबीर मैं दास तुम्हारा, माया खंडन करहु हमारा।।१४६।।

व्याख्या–कबीर कहते हैं कि भगवान् के भक्त से चूक हो सकती है किन्तु जो कुछ वह है पूरी तरह तुम्हारा ही है। जब तक मैंने मेरा, तुम्हारा (भेदभाव में लीन रहा) किया तब तक भय ने बहुत दुख दिया। सिद्ध, साधक कहते हैं कि हमने सिद्धि पा ली है, किन्तु राम के नाम के बिना उन्होंने सभी कुछ गँवा दिया है। जो विरागी हैं यदि उन्हें आशाओं की प्यास है, तो उनकी माया कभी भी नष्ट नहीं होती। कबीर कहते हैं कि हे भगवान् मैं तुम्हारा सेवक (दास, भक्त) हूँ, मेरी माया का खंडन करो।

चौथी पंक्ति में अनुप्रास अलंकार है। राम की भक्ति के प्रभाव से ही माया का बंधन छूटता है अन्य किसी साधन से नहीं।

सब दुनी सयाँनी मैं बौरा,
हँम बिगरे बिगरौ जिनि औरा।।टेक।।
मैं नहीं बौरा राम कियो बौरा, सतगुरु जारि गयौ भ्रम मोरा।।
विद्या न पढूँ बाद नहीं जानूँ, हरि गुँन कथत सुनत बौराँनूँ।।
काँम क्रोध दोउ भये विकारा, आपहिं आप जरें संसारा।।
मीठो कहा जाहि जो भावै, दास कबीर राम गुन गावै।।१४७।।

शब्दार्थ–दुनी = दुनिया, सयांनी = चतुर, बौरां = पागल, बावला।

व्याख्या–सारी दुनिया चतुर है, मैं ही बावला हूँ। मैं तो बिगड़ गया हूँ कोई और न बिगड़े। मैं स्वयं बावला नहीं हुआ बल्कि राम ने बावला बना दिया। सतगुरु ने मेरा भ्रम जला दिया। मैं विद्या नहीं पढ़ता (वेद शास्त्र नहीं पढ़ता) वाद-विवाद भी नहीं जानता। हरि के गुण कहते सुनते पागल हो गया हूँ। काम और क्रोध दो विकारों में पड़कर संसार स्वयं ही जल रहा

है। जो वस्तु जिसे अच्छी लगती है वही उसे मधुर लगती है। कबीर को राम का गुणगान अच्छा लगता है इसलिए उन्हीं के गुणगान में मस्त रहता है।

वक्रोक्ति, लोकोक्ति आदि के प्रयोग हैं। मधुर व्यंग्य भी किया गया है। बिगरौ का लक्ष्यार्थ बनना है बिगड़ना नहीं।

अब मैं राम सकल सिधि पाई।
आँन कहूँ तौ राँम दुहाई।।
इहि चिति चाषि सबै रस दीठा, राँम नाँम सा और न मीठा।।
औरे रसि हैहै कफ गाता, हरि रस अधिक-अधिक सुखदाता।।
दूजा वणिज नहीं कछू बाषर, राँम नाँम दोऊ तत आषर।।
कहै कबीर जे हरि रस भोगी, ताकूँ मिल्या निरंजन जोगी।।१४८।।

शब्दार्थ–बाषर = (अवधी बखरी) घर।

व्याख्या–कबीर कहते हैं कि मैंने राम के रूप में समस्त सिद्धियाँ प्राप्त कर ली हैं, राम की शपथ है यदि मैं अन्य के विषय में बात करूँ। मैंने इस चित्त से सभी रसों को चखकर देख लिया है, राम नाम के समान कोई रस मीठा नहीं है। अन्य रसों से शरीर में कफ बढ़ता है, किन्तु हरि रस अधिक से अधिक सुखदायी होता है। मेरे घर में कोई दूसरा व्यापार नहीं है। राम-नाम के दो तात्विक अक्षरों के प्रति मेरी पूर्ण निष्ठा है। कबीर कहते हैं कि जो भगवान् के रस के भोक्ता हैं उन्हें ही माया रहित योगी (भगवान्) प्राप्त होता है।

रस रूप ब्रह्म के उत्तम आस्वाद की व्यंजना की गयी है। हरि-रस भक्ति-रस का ही पर्याय है। सन्त सम्प्रदाय में भगवान् को योगी रूप में भी सम्बोधित किया गया है। ओऽम के स्थान पर 'राम' नाम की स्थापना की गयी है।

रे मन जाहि जहाँ तोहि भावै,
अब न कोई तेरे अंकुश लावै।।
जहाँ जहाँ जाइ तहाँ तहाँ राँमा, हरि पद चीन्हि कियौ विश्रामा।।
तन रंजित तब देखियत दोई, प्रगट्यौ ज्ञान जहाँ तहाँ सोई।।
लीन निरंतर वपु बिसराया, कहै कबीर सुख सागर पाया।।१४६।।

व्याख्या–रे मन तू जहाँ चाहे वहाँ चला जा, तुझ पर अब कोई अंकुश नहीं लगाऊँगा। मन जहाँ-जहाँ जाता है वहाँ उसे राम का निवास प्रतीत होता है। वह हरि के चरणों के स्थान को पहचानकर वहाँ विश्राम करने लगा है। जब तक मन शरीर में अनुरक्त रहता है तब तक द्वैत दिखाई देता है। ज्ञान के प्रकट होने पर जहाँ देखो वहीं ईश्वर दिखाई देता है। उसमें लीन होकर वह शरीर को भूलता जाता है और अन्ततः उसे सुख सागर (ब्रह्म) की प्राप्ति होती है।

तीसरी पंक्ति में वीप्सा अलंकार की योजना है। सुख सागर में रूपकातिशयोक्ति का विधान है। अद्वैत की अनुभूति होने पर सर्वत्र ईश्वर की ही व्याप्ति दिखाई देती है। इसलिए मन समस्त वर्जनाओं से मुक्त होकर विचरण करता है।

बहुरि हम काहैं कूँ आवहिंगे।
बिछुरे पंचतत्त की रचना, तब हम राँमहिं पाँवहिंगे।।
पृथी का गुण पाँणी सोष्या, पानी तेज मिलावहिंगे।
तेज पवन मिलि पवन सबद मिलि सहज समाधि लगाँवहिंगे।।

जैसे बहु कंचन के भूषन एकहि गालि तवावहिंगे।
ऐसैं हम लोक वेद के बिछुरें, सुनिहि माँहि समाँवहिंगे।।
जैसे जलहि तरंग तरंगनी, ऐसैं हम दिखलावहिंगे।
कहै कबीर स्वामी सुख सागर हंसहि हंस मिलावहिंगे।।१५०।।

व्याख्या–हम फिर इस संसार में क्यों आएँगे। पंचतत्त्व (क्षिति, जल, पावक, गगन, समीर) से निर्मित शरीर के विखंडन के बाद हम राम को प्राप्त करेंगे। पृथ्वी का गुण पानी सोख लेगा, पानी तेज (पावक तत्त्व) में मिल जायेगा। तेज हवा में मिलकर, हवा को शब्द में मिलाकर सहज समाधि का आयोजन करेंगे। जैसे ही कंचन के बहुत से आभरणों को एक ही में डालकर तपाएँगे वैसे ही लोक तथा वेद की मर्यादाओं से मुक्त होकर शून्य में समाहित हो जाएँगे। जैसे जल में तरंग और तरंगिनियाँ होती हैं उसी तरह से हम भी दिखाई देंगे। कबीर कहते हैं कि स्वामी सुख सागर हैं, उन हंस (परमात्मा) से हंस (आत्मा) को मिला देंगे।

बहुरि.....आवहिंगे में गूढ़ोक्ति, हंसहि हंस में यमक जैसे–तवाँवहिंगे में दृष्टांत अलंकार की योजना है। अंश-अंशी, जल-तरंग तथा कनक कुंडल आदि रूपों में आत्मा-परमात्मा के सम्बन्धों को प्रतिपादित किया गया है। न्याय तथा सांख्य के प्रपंचीकरण तथा बौद्धों के शून्य में समाहित होने के सिद्धान्त का भी प्रभाव ग्रहण किया गया है।

कबीरा संत नदी गयौ बहि रे।
ठाड़ी माइ कराड़ै टेरै है कोई ल्यावै गहि रे।।
बादल बाँनी राँम धन उनयाँ, बरिषै अमृत धारा।
सखी नीर गंग भरि आई, पीवै प्राँन हमारा।।
जहाँ बहि लागे सनक सनंदन, रुद्र ध्याँन धरि बैठे।
सुयं प्रकास आनंद बमेक मैं घन कबीर ह्वै पैठे।।१५१।।

शब्दार्थ–कराड़ै = किनारे, बमेक = विवेक।

व्याख्या–कबीर संत भाव की नदी में बह गया। माया रूपी माँ किनारे पर खड़ी होकर चिल्ला रही है कि कोई मेरे पुत्र को पकड़ ले आए। बादल के रंग का राम रूपी बादल उन्नमित हो गया है, अमृत की धारा (राम रस या ब्रह्म रंध्र से निकलने वाला अमृत रस) बरस रहा है। जीवात्मा रूपी सखी गंगा से जल भर लायी है, (हृदय के अन्दर गंगा की तरह अमृत धारा बह रही है) उसी जल का कबीर का प्राण पान कर रहा है। भक्ति की सरिता में सनक, सनंदन आदि ऋषि बह कर जहाँ पहुँचे हैं, महेश जिसके लिए ध्यान करते हैं उस स्वयं प्रकाश आनंद में कबीर बादल होकर प्रविष्ट हो गया है।

रूपक, रूपकातिशयोक्ति अलंकारों का विधान है। कबीर भक्ति के प्रवाह में बहकर परमानन्द में समाहित हो जाते हैं। भक्ति और योग दोनों रसों का समन्वय है।

अवधू कामधेन गहि बाँधी रे।
भाँड़ा भंजन करे सबहिन का, कछू न सूझे आँधी रे।।टेक।।
जौ ब्यावै तौ दूध न देई, ग्यामण अमृंत सरवै।
कौली घाल्याँ बीडरि चालै ज्यूँ घेरौं त्यूँ दरवै।।
तिहि धेनु यै इंछ्या पूगी पाकड़ि खूँटै बाँधी रे।
ग्वाड़ा माँहै आनँद उपनौ, खूँटै दोऊ खाँधी रे।।

सोई माइ सास पुनि सोई, सोई बाकी नारी।
कहै कबीर परम पद पाया, संतौ लेहु बिचारी।।१५२।।

व्याख्या–हे अवधूत, मैंने एक कामधेनु पकड़कर बाँध लिया है। यह सभी के बर्तनों को तोड़ती है। यह अंधी है, इसे कुछ नहीं सूझता। जब यह व्याती है तो दूध नहीं देती, जब गर्भिणी रहती है तो अमृत (जीव) को गिरा देती है, कोली (क्रोड) में डालने पर यह विडर जाती है, जब इसे घेरते हैं तो द्रवित होती है। इसलिए धेनु से मेरी इच्छा पूरी हो गयी है और इसे मैंने पकड़कर खूँटे में बाँध दिया है। गो-बाड़े में एक विचित्र आनंद उत्पन्न हुआ, इसने दोनों खूँटों को खा लिया। वही (इस जन की) माता है, वही सासु है, वही नारी (पत्नी) भी है। कबीर कहते हैं कि मैंने परम पद प्राप्त किया है, संतो विचार कर लो।

कामधेनु काम का प्रतीक है। भाँडों का भंजन का प्रतीकार्थ है सद्गुणों का नाश करना। काम अंधा होता है इसलिए यह गाय भी अंधी है। काम से प्रेरित होकर किए गए काम क्षीण होते हैं, निष्फल होते हैं। यही ब्याने पर दूध न देना है। काम से जो भावना उत्पन्न होती है वह पुष्टिदायक नहीं होती। काम जब गर्भित होता है तो अमृत (जीवों) को बहा या गिरा देता है तात्पर्य मनुष्य को पतन की ओर ले जाता है। शरीर में काम का बीज जब पड़ जाता है तो जीव उसकी प्रेरणा से सांसारिक विषय की तलाश में जुट जाता है। इसे अपनाने की चेष्टा में वह नियंत्रण से बाहर हो जाता है। काम को मन और बुद्धि के खूँटे में बाँधा जाता है किन्तु यह इनके बल को भी खौंधा देता है। नारी के विविध रूप ही इसके प्रेरक हैं। सभी स्त्रियों को काम एक ही भाव से देखता है। कबीर ने काम को वशीभूत करके परमपद प्राप्त कर लिया है।

कामधेनु को माया का भी प्रतीक माना गया है। यह माया साधनाओं रूपी भाँड़ (पात्र) को नष्ट कर देती है। औचित्य-अनौचित्य का इसे बोध नहीं रहता है इसलिए यह अन्धी है। माया रूपी गाय विक्षेप रूपी बालक को जन्म देती है तो जीव परमानन्द के आस्वादन रूपी दूध से वंचित हो जाता है। वश में करने की चेष्टा से यह विदक कर भागती है। इसे पकड़कर ज्ञान और भक्ति के खूँटे में बाँधा जा सकता है। माया का स्वामी भगवान् ही इसका सब कुछ है। इसी माया को बाँधकर कबीर ने परमपद प्राप्त किया है।

पाठान्तर–खूटै दोऊ खाँधी। बाँधी रे। खाँधी का अर्थ खाना नहीं है। जैसा कि टीकाकारों ने किया है। खाँधी खौधने जानवर द्वारा पैर से खोदने को कहा जाता है। जब माया या काम रूपी धेनु को मन और बुद्धि से बाँधा जाता है तो उसे भी यह कुछ समय तक खौंधती है या मथती है किन्तु बाद में शान्त हो जाती है।

माया या काम की सबलता को अंकित किया गया है। यहाँ काम वाला प्रतीक अधिक सार्थक है। रूपकातिशयोक्ति, विरोधाभास, विभावना आदि अलंकारों का विधान किया गया है।

राजाराँम (जगत गुर) अनहद कींगरी बाजे तहाँ दीरघ नाद ल्यौ लागै।।
त्री अस्थान अंतर मृग छाला गगन मंडल सीगीं बाजे।
तहुँआँ एक दुकान रच्यो हैं, निराकार व्रत साजे।।
गगन ही भाठी सींगीं करि चुंगी, कनक कलस एक पावा।
तहुँवा चवे अमृत रस नीझर, रस ही मैं रस चुवावा।।

अब तौ एक अनूपम बात भई, पवन पियाला साजा।
तीनि भवन मैं एकै जोगी, कहौ कहाँ बसै राजा।।
बिनरे जानि परणउँ परसोतम, कहि कबीर रँगि राता।
यहु दुनिया काँई भ्रमि भुलाँनी मैं राम रसाइन माता।।१५३।।

शब्दार्थ–अनहद = अनाहत नाद, किंगरी = किन्नरी वीणा, त्री अस्थान = त्रिकुटी सींगी = शृंगीनाद।

व्याख्या–(जगत् गुरु अर्थात्) राजा राम अनाहत चक्र में वीणा बजा रहा है (जिसका श्रवण योगी करता है) वहाँ पर उस दीर्घ नाद से लय लग गयी है। त्रिकुटी या सहस्त्रार में मृगछाला है, वहाँ शून्य मंडल पर शृंगी बज रही है। उसी गगन मंडल (शून्य चक्र) में साधक ने एक दुकान बना ली है वहीं पर निराकार भक्ति का व्रत कर रहा है। गगन (शून्य) की उसकी भट्ठी है, शृंगी अर्थात् नाद श्रवण के ध्यान को रस चुवाने की नली बना लिया है। वहाँ पर एक कनक कलश प्राप्त है, (तन्मयता और आनन्द ही कलश है) वहाँ पर अमृत रस का निर्झर चूता रहता है। रस (अमृत रस) रस (भक्ति रस) में सम्मिलित होता रहता है। अब एक अनुपम बात हुई कि पवन प्राणों का प्याला सज गया है। तीन भवनों में एक ही योगी है, बताओ वह राजा कहाँ निवास करता है। पूर्ण जान-पहचान के बिना ही मैंने पुरुषोत्तम से परिणय कर लिया। कबीर उसी के रंग में मस्त हैं। यह दुनिया किसी भ्रम में भूली है, कबीर राम-रसायन में मस्त हैं।

योग और भक्ति का समन्वय किया गया है। मदिरा निर्माण तथा पान से सम्बन्धित प्रतीकों का प्रयोग करके साधना पद्धति को लोक भाव के अनुकूल वर्णित किया गया है।

अनुप्रास तथा रूपक अलंकारों का विधान किया गया है। ईश्वर ज्ञान स्वरूप है, इसलिए उसे जगत् गुरु से सम्बोधित किया गया है। संत साहित्य में ईश्वर का एक सम्बोधन योगी भी है। कृष्ण को परम योगेश्वर कहा गया है। उसी से यह प्रेरणा मिली होगी।

ऐसा ग्यान विचारि लै, लै लाइ लै ध्यांनाँ।
सुंनि मंडल मैं घर किया, जैसा रहै सिचाँनाँ।।
उलटि पवन कह्याँ राखिए कोई भरम विचारै।
साँधै तीर पताल कूँ, फिरि गगनहिं मारै।।
कंसा नाद बजाव ले, धुंनि निमसि ले कंसा।
कंसा फूटा पंडिता, धुंनि कहाँ निवासा।।
प्यंड परें जीव कहाँ रहै, कोई मरम लखावै।
जीवत जिस घरि जाइये, ऊँधै मुषि नहीं आवै।।
सतगुरु मिलै त पाइयै, ऐसी अकथ कहाँणी।
कहै कबीर संसा गया, मिले सारंग पाँणी।।१५४।।

शब्दार्थ–लै=ध्यान, लेकर, सिचाँनाँ = सचान, बाज, ऊँधै = औधा।

व्याख्या–हे जीव, तू इस प्रकार का ज्ञान विचार ले और ध्यान की लगन लगा ले। शून्य मंडल में घर बना लो जैसे श्यान (बाज) रहता है। पवन (प्राणों) को उलटकर कहाँ रखा जाय, कोई इस मर्म को विचारो। पहले पवन रूपी तीर को पाताल की ओर (मूलाधार चक्र की ओर) मारो। उसके बाद शून्य मंडल की ओर संधान करो। कांसे (घंटे) की ध्वनि की गयी,

ध्वनि के समाप्त होने पर वह घंटा फूट गया।

हे पंडितो! उस कांसे (घंटे) की ध्वनि का निवास कहाँ हो गया। पिंड (शरीर) के परे (समाप्त होने पर) जीव कहाँ रहता है, कोई इस मर्म को लक्षित करे। जीवितावस्था में जो ईश्वर के घर जाता है, वह औंधे मुख संसार में नहीं लौटता। यदि सत्गुरु मिल जाय तो इस अकथ कथा का मर्म समझ में आ जाता है। कबीर कहते हैं कि सारंगपाणि (धनुष है हाथ में जिसके) राम के मिलने पर सभी संशय दूर हो जाते हैं।

श्यान (बाज) लक्ष्य की ओर तन्मयता का प्रतीक है। प्राणों को पहले मूलाधार की ओर केन्द्रित किया जाता है फिर कुंडलिनी शक्ति के जागरण के साथ प्राण वायु ऊर्ध्व मुखी होकर सुषुम्ना मार्ग से सहस्त्रार पर जाती है। जैसे कांसा (घंटा) की आवाज बाहर निकलती है। धीरे धीर वह ध्वनि कांसा में ही विलीन हो जाती है। जब कांसा टूटता है तो वह ध्वनि कहाँ विलीन होती है। कारण के समाप्त होने पर कार्य की क्या परिणति होगी। इसी तरह ईश्वर से निसृत जीव पिंड में मौजूद रहता है। पिंड के समाप्त होने पर वह ईश्वर में ही लीन हो जाता है। जैसे सम्पूर्ण शब्द शब्द ब्रह्म में ही अन्ततः लीन हो जाते हैं। जो जीवन्मृत होता है वह अमर हो जाता है।

लै लै में यमक, जैसे सिंचाना में उपमा, लखावै में दृष्टांत अलंकार की योजना की गयी है। योग के प्रतीकों का प्रयोग किया गया है।

है कोई संत सहज सुख उपजै, जाकौ जप तप देउँ दलाली।
एक बूँद भरि देई राँम रस, ज्यूँ भरि देई कलाली।।टेक।।
काया कलाली लाँहनि करिहूँ, गुरु सबद गुड़ कीन्हाँ।
काँम, क्रोध मोह मद मंछर, काटि काटि कस दीन्हा।।
भवन चतुरदस भाटी पुरई, ब्रह्म अगनि परजारी।
मूँदे मदन सहज धुनि उपजी, सुखमन पोतनहारी।।
नीझर झरै अँमी रस निकसै, तिहि मदिरावल छाका।
कहै कबीर यहु बास विकट अति, ग्याँन गुरु ले बाँका।।१५५।

शब्दार्थ–दलाली = मध्यस्थता का पारिश्रमिक, कलाली = कल्यपाली, मदिरा बेचने वाली, लांहनि = वह पदार्थ जिसकी खमीर उठाकर मदिरा बनायी जाती है। कस = मदिरा में तीक्ष्णता हेतु प्रयुक्त पदार्थ, पोतनहारी = भाप को रस रूप में परिणत करने के लिए भाप के ही नली पर लपेटा हुआ गीला कपड़ा, रावल = योगी।

व्याख्या–क्या कोई ऐसा संत है जिसके सम्पर्क से सहज सुख उत्पन्न हो जिसे अपना सारा जप-तप दलाली के रूप में समर्पित कर दूँ। जो एक बूँद राम रस भरकर दे दे जैसे शराब बेचने वाली शराब भरकर देती है (वह संत कहाँ है?) मैंने काया (शरीर) को उस कलाली का लाहन (वह पदार्थ जिससे खमीर उठाकर मदिरा बनायी जाती है) करके गुरु के शब्दों (ज्ञानोपदेश) को गुड़ बनाया। काम, क्रोध, मोह, मद, मात्सर्य को काट काटकर कस के डाल दिया (जैसे मदिरा में तीखापन लाने के लिए बबूल या बेर के वृक्ष की छाल काटकर डाली जाती है)। चौदह भुवनों की भट्ठी तैयार की और ब्रह्माग्नि उसमें प्रज्वलित की। मदन (काम) और मोम से उसे मुद्रित किया जिससे सहज ध्वनि (अनाहत नाद) उत्पन्न हुआ, सुषुम्ना ने पोता (गीला कपड़ा) का काम किया। इसके बाद निर्झरित (मदिरा रस) होकर अमृत रस निकलता है उसी के नशे में योगी मस्त हो गया है। कबीर कहते हैं कि इस मदिरा की गंध अत्यधिक

विकट है जिसका वास कोई विरला ज्ञान सम्पन्न व्यक्ति ले सकता है।

मदिरा निर्माण की पूरा प्रक्रिया का बिम्ब ग्रहण करते हुए योग साधना के अन्तर्गत अमृत रस की प्राप्ति तथा उसके विकट प्रभाव की व्यंजना की गयी है। साधना में शरीर की मुख्य भूमिका होती है लेकिन वह निरन्तर गलती जाती है। गुरु का उपदेश, प्राणायाम, कुंडलिनी शक्ति का जागरण, काम, क्रोध आदि का त्याग इस साधना की शर्तें हैं। सिद्धों में मदिरा पान पंचमकारों के अन्तर्गत स्वीकृत हो गया था, कबीर उससे भिन्न वास्तविक आध्यात्मिक एवं योगिक मदिरा की ओर ध्यान आकर्षित करते हैं।

अकथ कहाँणी प्रेम की, कछु कही न जाई।
गूँगे केरी सरकरा, बैठे मुसुकाई।।
भोमि बिनाँ अरु बीज बिन, तरबर एक भाई।
अनँत फल प्रकासिया गुर दीया बताई।।
मन थिर बैसि बिचारिया, राँमहि ल्यौ लाई।
झूठी अनभै बिस्तरी सब थोथी बाई।।
कहै कबीर सकति कछु नाही, गुरु भया सहाई।
आँवण जाँणी मिटि गई, मन मनहि समाई।।१५६।।

व्याख्या–प्रेम की कहानी अकथ्य है, उसके विषय में कुछ कहा नहीं जा सकता है। जो उसका आस्वादन करता है वह गूँगे व्यक्ति द्वारा खाई गयी शर्करा के स्वाद की तरह अन्तर्मन में अनुभव करता हुआ उल्लसित होता है किन्तु कह नहीं पाता है। यह ऐसा वृक्ष है जो भूमि के बिना तथा बीज के बिना उगा है। इससे अनन्त फल उत्पन्न होते हैं। गुरु ने उसके विषय में बताया है। प्रेम का आधार और कारण कुछ भी नहीं होता। उसका फल स्वयंभू और स्वयं प्रकाश है। मन को स्थिर करके मैंने विचार किया और राम में ध्यान लगाया, सभी विस्तार झूठे और सारहीन सिद्ध हुए जैसे वायु में थोथे तत्त्व उड़ जाते हैं उसी तरह व्यर्थ के पदार्थ मन से दूर हो गए। कबीर कहते हैं कि मुझमें शक्ति कहाँ थी, गुरु की सहायता से ही आवागमन से मुक्त हो गया। मन परम मन (परब्रह्म) में समाहित हो गया।

प्रथम पंक्ति में सम्बन्धातिशयोक्ति, दूसरी में दृष्टांत, तीसरी में विभावना, अलंकारों की योजना है। प्रेम कथा की अनिर्वचनीयता तथा मुक्तिदान का वर्णन किया गया है।

संतो सो अनभै पद गहिए।
कला अतीत आदि निधि निरमअ ताकूँ सदा विचारत रहिए।।
सो काजी जाको काल न व्यापै, सो पंडित पद बूझै।
सो ब्रह्मा जो ब्रह्म विचारै, सो जोगी जग सूझै।।
उदै न अस्त सूर न ससिहर, ताको भाव भजन करि लीजै।
काया थैं कछु दूरि बिचारै, तास गुरू मन धीजै।।
जार्‌यौ जरै न काट्‌यो सूकै उत्पति प्रलै न आवै।
निराकार अखंड मंडल मैं, पाँचौ तत्त समावै।।
लोचन अछित सबै अँधियारा, बिन लोचन जग सूझै।
पड़दा खोलि मिलै हरि ताकूँ जो या अरथहिं बूझै।।
आदि अनंत उभै पख निरमल, द्रिष्टि न देख्या जाई।

ज्वाला उठी अकास प्रजल्यौ सीतल अधिक समाई।।
एकनि गंध बासना प्रगटै जग थैं रहै अकेला।
प्राँन पुरिस काया तैं बिछुरे राखि लेहु गुर चेला।।
भागा भर्म भया मन अस्थिर निद्रा नेहा नसाँना।।
घट की जोति जगत प्रकास्या माया सोक बुझाँना।।
बंकनालि जे सम करि राखइ, तौ आवागमन न होई।
कहैं कबीर धुनि लहरि प्रगटी, सहजि मिलैगा सोई।।१५७।।

शब्दार्थ–ससिहर = चन्द्रमा, सूकै = सूखना, पख = पक्ष।

व्याख्या–हे संतो! उस अनुभूति या निर्भय पद (ब्रह्म पद) को ग्रहण कीजिए जो आदि अंत से रहित निर्मल तत्त्व है उसके ही विषय में विचार करते रहिए। सच्चा काजी वही है जिसको काल या मृत्यु या भय नहीं रहता है। पंडित वही है जो ब्रह्म का चिन्तन करता है। ब्रह्मा वही है जो ब्रह्म का विचार करे, योगी वही है जिसे जग की वास्तविकता सूझ जाए। जिस परमतत्त्व का उदय अस्त नहीं होता, जहाँ सूर्य और चन्द्रमा भी नहीं हैं, उसी का भावपूर्ण भजन करना चाहिए। काया से अलग हटकर जो परमार्थ चिन्तन करता है उसी को मन से गुरु मान लीजिए। वह परमतत्त्व जलाने से जलता नहीं और काटने से सूखता भी नहीं, उसकी न उत्पत्ति है और न प्रलय अर्थात् वह उत्पत्ति और प्रलय की सीमाओं में नहीं आता है। उस निराकार अखंड तत्त्व में पाँचों तत्त्व विलीन हो जाते हैं। चर्म चक्षुओं से अंधकार दिखाई देता है। बिना लोचन के आन्तरिक दृष्टि से सारा संसार दिखाई देता है। (जीव आँख के रहते हुए भी अज्ञान देखता है, ईश्वर बिना आँख के सब कुछ देखता है) जो इस अर्थ को समझता है भगवान् उससे पर्दा (माया का आवरण) खोलकर मिलता है। वह ईश्वर आदि और अंत दोनों पक्षों में निर्मल है। वह माया तथा त्रिगुणों से लिप्त नहीं होता। चर्म चक्षुओं से उसे देखा नहीं जा सकता है। जब आकाश प्रज्वलित होता है (कुंडलिनी शक्ति जागृत होकर शून्य मंडल में पहुँचती है) तो उस समय वह और शीतल हो जाता है। उस समय जीवात्मा को ब्रह्म तत्त्व की शीतलता, शान्ति एवं आनन्द की अनुभूति होती है। वह गंधहीन है, लेकिन उसी की गंध सर्वत्र व्याप्त है। जग से वह अलग अकेला रहता है। हे गुरुओं और चेलों! काया से मुक्त हुए प्राणों का वही पुरुष है उसी को हृदय में धारण करो। ऐसा करने पर भ्रम भाग गया, मन स्थिर हो गया, निद्रा और मोह नष्ट हो गए। शरीरस्थ आत्म ज्योति से जगत् प्रकाशित हो गया, माया की शोकाग्नि बुझ गयी। मेरुदंड को यदि कोई सीधा रखे तथा आवागमन (जन्ममरण) न हो। कबीर कहते हैं कि अनाहत ध्वनि की लहर प्रकट हो गई, इसलिए उस परमतत्त्व का मिलन सहज हो गया।

जार्‌यौ - - - - सूकै, लोचन - - - - अँधियारा में विशेषोक्ति, बिन लोचन - - - - सूझै में विभावना, ज्वाला उठी - - - - समाई, निगंध वासना में विरोधाभास, आदि अलंकारों का प्रयोग किया गया है। ब्रह्म के स्वरूप की पहचान तथा उसके परिणाम के विषय में बताया गया है। भगवद्‌गीता में भी कहा गया है–

नैनं छिन्दन्ति शस्त्राणि नैनं दहति पावकः।
न चैनं क्लेदयन्त्यापो न शोषयति मारुतः।।

(भगवद्‌गीता/२/२३)

जाइ पूछो गोविन्द पढ़िया पंडिता, तेराँ कौन गुरु कौन चेला।
अपणे रूप कौ आपहि जाँणें, आपैं रहे अकेला।।टेक।।
बाँझ का पूत बाप बिना जाया, बिन पाऊँ तरवरि चढ़िया।
अस बिन पाषर गज बिन गुड़िया, बिन षंडै संग्राम जुड़िया।।
बीज बिन अंकुर पेड़ बिन तरवर, बिन साषा तरवर फलिया।
रूप बिन नारी पुहुप बिन परमल, बिन नीरै सरवर भरिया।।
देव बिन देहुरा पत्र बिन पूजा, बिन पाँषाँ भवर बिलंबिया।
सूरा होइ सु परम पद पावै, कीट पतंग होइ सब जरिया।।
दीपक बिन जोति जोति बिन दीपक, हद बिन अनाहद सबद बागा।
चेतनाँ होइ सु चेति लीज्यौं, कबीर हरि के अंगि लागा।।१५८।।

शब्दार्थ–पाषर = बख़्तर, अस = अश्व, घोड़ा, गुड़ियां = हौदा, षड़ै = तलवार, बागा = चलता है, सुनाई देता है।

व्याख्या–कबीर एक पहेली के रूप में ब्रह्म का निरूपण करते हैं। हे मनुष्य (वेद शास्त्र) पढ़े हुए पंडितों से पूछो कि गोविन्द कौन है? तुम्हारा कौन गुरु है और कौन चेला (शिष्य) है? वह आत्माराम अपने स्वरूप का स्वयं ज्ञाता है और वह अकेला रहता है अर्थात् उसके समीप द्वैत नहीं रहता। यह आत्माराम बिना पिता के बाँझ से पैदा हुआ है बिना पैर के वृक्ष पर चढ़ जाता है। वह बिना बख़्तर के घोड़े पर और बिना हौदे (हाथी के ऊपर का पाखर) के हाथी पर चढ़कर युद्ध करता है। जो बीज के बिना अंकुरित है, तने के बिना ही वृक्ष है और शाखाओं के न होते हुए भी फल देता है। यह अ-रूप नारी है परिमल रहित फूल है जलाभाव में भी भरा हुआ सरोवर है, यह बिना देवालय का देव है, इसकी पूजा पत्र पुष्प के बिना ही होती है। यह बिना पांखों (पंखुड़ियों के बिना ही) भ्रमर को आकर्षित करता है या बिलमाता है। जो शूर होता है वही इस परम पद को पाता है, जो कीट पतंगादि होते हैं वे तो जल जाते हैं। यह ऐसा दीपक है जो ज्योति रहित है और यह ऐसी ज्योति है जो बिना दीपक के ही प्रकाशित है। यह असीम अनाहत शब्द है जो गमन करता है। जिसमें चेतना हो वह इसका अर्थ चेत ले और हरि के अंगों में लग जाय अर्थात् भक्ति भाव में लीन हो जाय।

गुरु और शिष्य की कल्पना द्वैत पर आश्रित है। आत्माराम अद्वैत की अनुभूति है इसलिए यहाँ गुरु-शिष्य का अलग सम्बन्ध नहीं है। ब्रह्म देश काल से परे है। आत्मा रूपमें भी वह जन्म मृत्यु से परे है। जीव का जन्म माया से माना जाता है किन्तु माया जड़ है इसलिए वह जन्म दे ही नहीं सकती इसलिए आत्मा बंध्या पुत्र है। ईश्वर और जीव चैतन्य अद्वैत हैं इसलिए दोनों में पिता पुत्र सम्बन्ध भी नहीं हो सकता है। ईश्वर का पिता रूप कल्पित है। बीज बिन अंकुर का तात्पर्य है कि कर्म के स्थूल कारण न होते हुए भी कर्म होते हैं। वासना का पारमार्थिक आधार न होते हुए भी शरीर में वासनाएँ रहती हैं। वासना रूप अंकुर कर्म फल में परिवर्तित होते रहते हैं। साधन न होते हुए भी ब्रह्म की तरह शुद्ध चैतन्य आत्मन् भी सारे कर्म सम्पादित करता है।

पूरे पद में मुख्यतः विभावना अलंकार की योजना की गयी है।

पंडित होइ सु पदहि बिचारै, मूरिष नाहिंन बूझै।
बिन हाथनि पाँइन बिन काँननि, बिन लोचन जग सूझै।।टेक।।

बिनु मुख खाइ चरन बिनु चालै, बिन जिभ्या गुंण गावै।
आछै रहै ठौर नहीं छाड़ै, दह दिसिहीं फिरि आवै।।
बिनही तालाँ ताल बजावै, बिन मंदल षट ताला।
बिनहीं सबद अनाहद बाजै, तहाँ निरतत है गोपाला।।
बिनाँ चोलनै बिनाँ कंचुकी, बिंन ही संग संग होई।
दास कबीर औसर भल देख्या, जाँनैगा जस कोई।।१५९।।

व्याख्या–जो पंडित होगा वही इस पद का अर्थ विचार करेगा, मूर्ख इसे नहीं समझ पाएगा। शुद्ध चैतन्य आत्मा बिना हाथ, बिना पैर, बिना कान और बिना आँखों वाला है किन्तु फिर भी उसे संसार सूझता है। वह संसार के समस्त क्रिया कलापों को सम्पादित करता है। बिना मुँह के खाता है, बिना चरणों के चलता है, बिना जीभ के गुणगान करता है, वह सदैव स्थिर रहता है, स्थान नहीं छोड़ता है, इसके बावजूद वह दशों दिशाओं में दौड़ लगा आता है। बिना करतल के ही वह ताली बजाता है और मार्दल (वाद्य विशेष) के बिना भी वह षटताल बजाता है। बिना शब्दों के ही अनाहत नाद बजता है और गोपाल नृत्य करता है। बिना चोलने (वस्त्र) और कंचुकी (चोली) के वह रहता है। किसी के साथ रहे बिना भी वह सबके साथ रहता है। भक्त कबीर कहते हैं कि मैंने आनन्द का अवसर (समय) देखा है, इसे कोई भक्त ही समझ सकता है।

विभावना अलंकार के द्वारा आत्माराम के क्रिया कलापों का चित्रण किया गया है। अप्रस्तुत के द्वारा प्रस्तुत की व्यंजना की गयी है।

है कोई जगत गुरु ग्याँनी, उलटि बेद बूझै।
पाँणीं में अगनि जरैं, अँधरे कौ सूझै।।टेक।।

एकनि दादुर खाये, पंच भवंगा।
गाइ नाहर खायौ, काटि काटि अंगा।।
बकरी बिघार खायौ, हरनि खायौ चीता।
कागि लगर फाँदिया, बटेरै बाज जीता।।
मूसै मँजार खायौ, स्यालि खायौ स्वाँनाँ।
आदि कौं आदेस करत, कहै कबीर ग्याँनाँ।।१६०।।

शब्दार्थ–दादुर = मेढ़क, भवंगा = सर्प, चीता = चीता जानवर, विधार = व्याघ्र या भेड़िया (विगवा), कागि = कौआ, लगर = शिकारी, मंजार = बिल्ली।

व्याख्या–ऐसा कोई जगद्गुरु ज्ञानी है जो उलटे वेद को समझ सके। एक मेढ़क ने पाँचों साँपों को खा लिया। गाय ने सिंह को अंग अंग काटकर खा लिया। बकरी ने व्याघ्र या भेड़िए को खा लिया, हरिण ने चीते को खा लिया। कौए ने शिकारी को फँसा लिया, बटेर ने बाज को जीत लिया। शृंगाल कुत्ते को खा गया। आदि पुरुष के आदेश से ही कबीर इस ज्ञान को कह रहा है।

इस पद में आत्मा और काया के संघर्ष में आत्मा की विजय दिखाई गयी है। सामान्यतः लोग देह को ही प्रबल मानते हैं, आत्मा की शक्ति को नहीं पहचानते। साधना की उच्च भूमि में आत्मा की सबलता सिद्ध हो जाती है। अग्नि, अँधरे, दादुर, गाइ, बकरी, हरिन, कागि, बटेरे, मूस, स्वाँनाँ आदि आत्मा के प्रतीक हैं, नाहर, विघार, चीता, लगर, बाज मँजार,

शृगाल, आदि शरीर के प्रतीक हैं। प्रकृति व्यवस्था के विरुद्ध वर्णन के कारण उलटवाँसी का विधान है।

संसार के दुखों का अहसास (आग) चैतन्य जीव को होता है। आत्मा के आँख नहीं है (अंधा है) फिर भी उसे सब कुछ दिखाई देता है। इन्द्रियाँ विषयों का भोग करती हैं। वास्तविकता तो यह है कि विषय भुवंगम ही इन्द्रिय रूपी मेढ़क को खाकर निरन्तर नष्ट करते रहते हैं। माया रूपी गाय सशक्त आत्मा को काटकर खाती रहती है अर्थात् उसके पुण्य कर्मों को नष्ट करती रहती है। वासना रूपी बकरी जीव रूप व्याघ्र पर हावी रहती है। (उसी को चट कर जाती है)। कौआ अज्ञानी चित्त है, चैतन्य बोध शिकारी है। यह चैतन्य बोध अपने को व्यक्ति रूप अहं में फँसाकर सीमित कर लेता है, इससे वह अज्ञानी चित्त के फंदे में पड़ जाता है। संकल्प कबूतर है, ध्यान बाज है। ध्यान अनेक संकल्पों से खंडित होता है। अज्ञान जनित अहंकार रूपी शृगाल शुद्ध चैतन्य खंडित रूप कुत्ते को खा लेता है अर्थात् अपने अधीन कर लेता है। जो आदि मूल चेतना ब्रह्म तत्त्व है उसी को अहंकारी मन आदेश देता है।

चूँकि इस पद में सिद्धगत परिणतियों का वर्णन किया गया है इसलिए इस पद का एक अर्थ और भी संभाव्य है जो योग से जुड़ा है। काया में कुंडलिनी शक्ति के जागरण से अग्नि प्रज्वलित हो गयी, इसलिए अंधे मन या अज्ञानी मन को ज्ञान हो गया जिससे सब कुछ दिखाई देने लगा। साधक को आँख बन्द करने पर भी सब कुछ दृष्टिगोचर होने लगता है। विरक्ति की गाय आसक्ति के सिंह को काट काट कर खाती है। तत्त्वान्वेषी प्रज्ञा ने व्याघ्ररूपी विषयों को समाप्त कर दिया। हिरण मन जो चंचल था वह चित्त की अचंचलता को लीन कर लिया अर्थात् शुद्ध चैतन्य स्वरूप हो गया। अनाहतनाद रूपी कौए ने मन रूपी शिकारी को फँसा लिया। संकल्प के कबूतर ने उद्विग्नता को वशीभूत कर लिया। साधक मन ने काल रूपी बिल्ली को खा लिया। शृगाल रूप कायर मन दृढ़ होकर अज्ञान रूपी कुत्ते को नष्ट कर दिया।

विरोधाभास तथा रूपकातिशयोक्ति अलंकारों की योजना की गयी है। सिद्धों तथा नाथों का प्रभाव है। सिद्ध संधा भाषा में नाथ उलटी चर्चा करते हुए अपने विचारों का वर्णन करते हैं।

ऐसा अद्भुत मेरे गुरि कथ्या, मैं रह्या उभेषै।
मूसा हसती सौं लड़ै, कोई बिरला पेषै।।टेक।।
मूसा पैठा बाँबि मैं, लारै सापणि धाई।
उलटि मूसै सापणि गिली, यहु अचिरज भाई।।
चींटी परबत ऊषण्याँ, ले राख्यौ चौड़ै।
मुर्गी मिनकी सूँ लड़ैं, झल पाँणी दौड़ैं।।
सुरहीं चूँषै बछतलि, बछा दूध उतारै।
ऐसा नवल गुँणी भया, सारदूलहि मारै।।
भील लूक्या बन बीझ मैं, ससा सर मारै।
कहै कबीर ताहि गुर करौं, जो या पदहि बिचारै।।१६१।।

शब्दार्थ–उभेषै = आश्चर्य चकित, बांबि = बिल, झल = ज्वाला, लूक्या = छिप गया, ससा = खरगोश, सुरही = गाय।

व्याख्या–मेरे गुरु ने ऐसी अद्भुत बात कही कि मैं आश्चर्य चकित रह गया। साधक

मन रूपी चूहा अहंकार रूपी हाथी से लड़ता है, इसे कोई बिरला ही देख सकता है। साधक मन रूपी चूहा ध्यान की सूक्ष्म गुफा (त्रिकुटी) में प्रवेश कर गया। विषय वासना रूपी सर्पिणी उसे खाने के लिए दौड़ती है किन्तु उलटे चूहे ने (साधक मन) सर्पिणी (विषय-वासनाओं) को ही खा लिया। भाई यह आश्चर्य ही तो है। चींटी (आत्मा रूपी सूक्ष्म तत्त्व) ने पर्वत खोद डाला (आश्चर्य जनक कार्य कर डाला) ऊँच-नीच को मिटाकर समता कायम कर दी। बोध रूपी मुर्गा वासना रूपी मेढ़की से संघर्ष करता है। ईर्ष्या द्वेष की आग अपने को बुझाने के लिए भक्ति रस रूपी जल की ओर दौड़ती है। ज्ञान रूपी बछड़े के नीचे भक्ति रूपी गाय आनन्द रूपी दूध का पान करती है। आत्म बोध का बछड़ा अमृत (दूध) बरसाता है। साधक मन रूपी नेवला गुणवान होकर शक्तिशाली हो गया है और वह वासना-अहंकार रूपी शेर को मारता है। भ्रम मोह रूपी भील अज्ञान के वन में छिप गये हैं, साधक मन रूपी खरगोश उसे ज्ञान के बाण से मार रहा है। कबीर कहते हैं कि उसी को गुरु बनाओ जो इस पद का तात्पर्य समझता है।

डॉ० माता प्रसाद गुप्त के अनुसार मूषक, चींटी, मुर्गा, ज्वाला, बछड़ा, नेवला, शशक आदि आत्मा के प्रतीक हैं। हस्ती, सर्पिणी, मिनकी, पानी, सुरभी, शार्दूल तथा भालू शरीर के प्रतीक हैं। इस पद में भी पूर्ववर्ती पदों की तरह शरीर और आत्मा के संघर्ष को दिखाया गया है। शरीर के विकारों अहंकार, मोह, माया, वासना, आदि आत्म ज्ञान या सिद्ध मन से पराजित हो जाते हैं।

प्रतीकात्मक शैली के कारण उलटवाँसी का प्रयोग है। सम्पूर्ण पद में रूपकातिशयोक्ति एवं विरोधाभास अलंकार का प्रयोग है।

अवधू जागत नींद न कीजै।
काल न खाइ कलप नहिं ब्यापै, देही जुरा न छीजै।।टेक।।
उलटी गंग समुद्रहि सोखै, ससिहर सूर गरासै।
नव ग्रिह मारि रोगिया बैठे, जल में ब्यंब प्रकासै।।
डाल गह्या थैं मूल न सूझै, मूल गह्याँ फल पावा।
बंबई उलटि सरप कौं लागी, धरणि महारस खावा।।
बैठि गुफा मैं सब जग देख्या, बाहरि कछू न सूझै।
उलटै धनिक पारधी मार्यौ, यहु अचिरजु कोइ बूझै।।
औंधा घड़ा न जल में डूबै, सूधा सूभर भरिया।
जाकौं यहु जुग घिण करि चालैं, ता प्रसादि निस्तरिया।।
अंबर बरसै धरती भीजै, बूझै जाणौं सब कोई।
धरती बरसै अंबर भीजै, बूझै बिरला कोई।।
गाँवणहारा कदे न गावै, अण बोल्या नित गावै।
नटवर पेषि पेषनाँ पेषै, अनहद बेन बजावै।।
कहणीं रहणीं निज तत जाँणैं, यहु सब अकथ कहाणीं।

धरती उलटि अकासहि ग्रासै, यहु पुरिसाँ की वाँणी।।
बाझ पियालैं अमृत सोख्या, नदी नीर भरि राण्या।
कहै कबीर ते बिरला जोगी, धरणि महारस चाण्या।।१६२।।

शब्दार्थ–जुरा = वृद्धावस्था, कलप = ब्रह्मा का एक दिन ४ अरब ३२ करोड़ मानव वर्ष, संकल्प-विकल्प, पारधी = शिकारी।

व्याख्या–हे अवधूत (सिद्ध योगी) जागृतावस्था में आकर पुनः सुषुप्त न होओ। आत्मबोध हो जाने पर काल नहीं व्याप्त होता, शरीर जरा से क्षीण नहीं होता। ऐसा करो कि राग रूपी गंगा ब्रह्मोन्मुख होकर विषयों के समुद्र को शुष्क कर दे। चन्द्रमा सूर्य को ग्रस ले, रोगी नव ग्रहों को मार दे, जल में तेजस्वी बिम्ब प्रकाशित हो। डाल पकड़ में आने से मूल न सूझे। मूल को ग्रहण करने से फल मिले। बाँबी (बिल) उलटकर सर्प को लग जाए (ढक ले) और पृथ्वी महारस को खा ले। गुफा में बैठकर सब जगत दिखाई दे और बाहर कुछ भी न दिखाई दे। उलटकर धनुष ही शिकारी को मार दे। इस आश्चर्य को कोई बिरला ही जानता है। उलटा हुआ घड़ा जल में नहीं डूबता सीधा करने पर अच्छी तरह भर जाता है। जिसको यह जग घृणा करके छोड़ देता है उसी के प्रसाद से निस्तारण हो। आकाश बरसता है पृथ्वी भींगती है किन्तु अब पृथ्वी बरस रही है और आकाश भीग रहा। इस रहस्य को कोई बिरला ही समझता है। गाने वाला कभी नहीं गाता और न बोलने वाला नित्य गाता है। नट को प्रेक्षक देखता है, वह अनाहत वेणु बजाता है। कथनी और रहणी (आचरण) के निजी तत्त्व को कोई भले ही जान ले। यह सब अकथ कहानी है। धरती उलट कर आकाश को ही ग्रास बना ले यहीं ज्ञानी पुरुषों की वाणी है। पियाले (पीने वाले) के बिना ही अमृत सोख लिया (पी लिया) गया। नदी ने नीर को भर रखा है। कबीर कहते हैं कि वे योगी विरले होंगे जिनकी धरणी ने महारस का आस्वादन किया है।

यह उलटवाँसी शैली में लिखा गया पद है। इसमें योगिक क्रियाओं को प्रतीकों के द्वारा निरूपित किया गया है। गंगा रूपी प्राण वायु ऊर्ध्वमुखी होकर या कुंडलिनी ऊर्ध्व मुख होकर संसार रूपी संताप को सोख लेती है। इड़ा नाड़ी ने पिंगला को ग्रस लिया अर्थात् द्वैत मिट गया। (इड़ा और पिंगला दोनों एक होकर सुषुम्ना के मार्ग में कार्यरत हो गयीं) रोगी अर्थात् साधक ने अपने नवों द्वारों को अवरुद्ध कर दिया। बाहरी विषय वासनाओं का आगमन किसी भी रूप में नहीं होता। जल रूपी ब्रह्माण्ड में बिंब अर्थात् ब्रह्मज्योति प्रकाशित हो गयी। बाँबी सहस्त्रार चक्र ने सर्प रूपी कुंडलिनी को समाविष्ट कर लिया, घरणी रूपी कुंडलिनी महारस अमृत रस का शोषण करने लगी। जिस गुफा में (सहस्त्रार चक्र में) मन के स्थित होने पर सारे जगत का मर्म सूझने लगता है किन्तु बहिर्वृत्तियों के प्रति उन्मुखता नहीं रहती। धनुष रूपी जीव पारधी रूपी शरीर को बेध देता है अर्थात् उसकी निरर्थकता समझ लेता है। औंधा घड़ा अर्थात् मन की अधोमुखी वृत्ति होने पर उसमें अमृत रस नहीं भरता किन्तु ऊर्ध्वमुखी या अन्तरंग वृत्ति होने पर उसमें अमृत रस भर जाता है। जिस औघट पथ से संसारी जन घृणा करता है वही निस्तारक है। औघट पथ सुषुम्ना का मार्ग है।

रस तो मूलतः सहस्त्रार से ही झरता है किन्तु मूलाधार से उठने वाली कुंडलिनी के सहस्त्रार में पहुँचने के बाद ही यह क्रिया घटित होती है। इसलिए (धरित्री) कुंडलिनी से जल वर्षण कहा गया है। जीवात्मा से ही गाने की क्षमता आती है किन्तु आत्मा मूक रहती है। शरीर धर्म के कारण ही बकवास अधिक किया जाता है। शरीर मूलतः अनबोला है। जीव प्रेक्षक

नट रूपी ब्रह्म को देखता है जो अनाहत नाद बजाता है। कुंडलिनी आकाश सहस्त्रार में शिव से मिल जाती है। अशरीरी पियाला जीव ने अमृत सोख लिया। आत्माकार वृत्ति रूपी नदी राग से भर गयी है। कुंडलिनी ने महारस (अमृत) या राम रस चख लिया है।

इसका तीसरा अर्थ है–हे अवधू जागृत बोध को बनाए रखो। इसी से काल व्याप्त नहीं होता, शरीर को जरा क्षीण नहीं करती। राग रूपी गंगा ब्रह्मोन्मुखी होकर विषय संसार को सुखा दे। जीव चैतन्य की भावना अनेक जीवों को अपने में समाहित समझे। नवग्रहों के प्रभाव से ग्रस्त साधक रोगी ऊपर उठे, राग तत्त्व में चैतन्य का बिम्ब देखे सांसारिक फैलाव में रहने से मूल तत्त्व (परमात्मा) नहीं सूझता, ईश्वर को जानने से संसार का रहस्य स्वयं सूझ जाता है। सुरति रूपी बाँबी ने विषयासक्त रूप सर्प को व्याप्त कर रखा है। महारस ने धरणी अर्थात् जड़माया को खा लिया। आत्मस्वरूप में स्थित होने से सब कुछ दिखाई देता है। बहिर्मुख होने पर कुछ नहीं दिखाई देता। अन्तर्मुखी चित्तवृत्ति साधक भाव को भी नष्ट कर देती है। परम तत्त्व से विपरीत घड़ा अर्थात् अहंकारी जीव अमृत रस के आनन्द में कभी नहीं डूबता। भगवान् के प्रति अभिमुख वह महारस से पूर्ण हो जाता है। परमार्थ जो लोगों के लिए घृणास्पद है, उसी से संसार से मुक्ति मिलती है। साधना की अंतिम अवस्था में जड़माया भी सहायक होकर आनन्द की वर्षा करती है। अन्तः हृदयाकाश उससे भीग जाता है। चैतन्य तो स्वरूप में स्थित होकर चुप हो जाता है। जिसे आनंद नहीं मिलता वही बड़बड़ाता है। शेष पंक्तियों का अर्थ दूसरे के समान है।

रॉम गुन बेलड़ी रे, अवधू गोरष नाथि जॉंणीं।
नाति सरूप न छाया जाके, बिरध करैं बिन पॉंणी।।टेक।।
बेलड़िया द्वे अणीं पहूँती, गगन पहूँती सैंली।
सहज बेलि जल फूलण लागी, डाली कूपल मेल्ही।।
मन कुंजर जाइ बाड़ी विलंब्या सतगुर बाही बेली।
पंच सखी मिसि पवन पयंप्या, बाड़ी पाणीं मेल्ही।।
काटत बेली कूपले मेल्हीं, सींचताड़ी कुभिलॉंणीं।
कहै कबीर ते बिरला जोगी, सहज निरंतर जॉंणीं।।१६३।।

शब्दार्थ–बेलड़ी = लता, विरध = वृद्धि, सैली = स्वच्छन्दतापूर्वक, कूपल = पल्लव, मेल्ही = निकली, छोड़ी।

व्याख्या–राम के गुणों की लता का ज्ञान अवधूत गोरखनाथ को हुआ था। जिसका न रूप है, न छाया, वह बिना पानी के ही वृद्धि करती है। इस बेल से दो अनियाँ (नोकें) निकली हैं जो स्वच्छन्दतापूर्वक आकाश तक पहुँचती हैं। यह सहज की बेलि जब फूलने लगी तब इसने डालें और कोपलें छोड़ीं (निकाला)। मन रूपी हाथी इस वाटिका में विलंबित हो गया, सत्गुरु ने बेल को हटा दिया। पाँच सखियों ने पवनों से कहा तो वाटिका ने पानी छोड़ा, काटते समय इस बेल ने कोपलें निकालीं, जब सींची गयी तो मुरझा गयी, कबीर कहते हैं कि कोई विरला योगी होगा जो सहज बेलि को निरंतर जानता है।

बेलड़ी भक्ति तथा त्रिगुणात्मिका प्रवृत्ति तथा सहज तत्त्व तीनों के प्रतीक रूप में ग्रहण की गयी है। भक्ति रूपी लता निराकार है, सांसारिक वासना रूपी जल के सींचे बिना ही इसका विकास होता है। द्वैत से यह अद्वैत की ओर गमन करती है। सहज भक्ति की बेल से आनंद एवं सिद्धि की कोपलें फूटती हैं। मन इसमें विश्राम करता है, गुरु इसे विकसित करता

है। पाँच इन्द्रियाँ इसे प्राण वायु से उल्लसित करती हैं, और अपना भाव रस समर्पित करके सींचती हैं। जगत् से कटने पर यह पल्लवित होती है, सांसारिक वासनाओं से यह कुम्हलाती है।

इसे माया बेलि भी माना जा सकता है। माया बेलि द्वैत भाव से विकसित होकर शून्य में फैलती है। यह आकारहीन है, इसलिए इसका विस्तार शून्य में होता है। इससे विषय वासना तथा भोग विलास की डालें तथा कोपलें निकलती हैं। मन रूपी हाथी इसमें उलझ जाता है। गुरु बेलि को हटाकर उसे मुक्त करता है। पाँचों इन्द्रियाँ अपने प्राण से इसे जीवन्त करती हैं। विषय रस से सींचकर जिलाती हैं। कर्म तथा साधना से काटने पर यह बढ़ती है। भक्ति रस के सिंचन से कुम्हलाती है। माया के सहज स्वरूप को कोई विरला योगी ही जानता है।

तीसरा अर्थ सहज तत्त्व की बेल की इड़ा और पिंगला दो नाड़ियाँ ही दो अनी हैं जो स्वच्छन्दतापूर्वक ब्रह्म रंध्र तक जाती हैं। सहज तत्त्व की बेल से डालें एवं पल्लव फूटते हैं (जब उसका विकास होता है) तब मन रूपी हाथी उसमें स्थित होता है तो सद्गुरु बेल को उल्लसित कर देता है। पंच प्राण जन एक होकर समर्पित होते हैं तो सहज तत्त्व से अमृत बरसता है। देह धर्म से अलग होने पर वह कोपलें देती हैं, तथा विषय वासना रस से सींचने पर कुम्हला जाती है। कोई विरला योगी ही इस सहज तत्त्व को निरंतर समझ पाता है।

टिप्पणी–कबीर ने उपनिषद्, योग, भक्ति आदि अनेक परंपराओं से गृहीत विचारों को प्रतीकों में व्यक्त करने का प्रयास किया है। प्रतीकों में अर्थ का पारंपरिक सन्निवेश नहीं है इसलिए ज्यादातर अर्थ अनुमान पर आश्रित हैं। रूपक, रूपकातिशयोक्ति, व्यतिरेक, विरोधाभास, आदि अलंकारों का प्रयोग किया गया है।

राँम राइ अबिगत बिगति न जानै,
कहि किम तोहिं रूप बषानै।।टेक।।
प्रथमे गगन कि पुहमि प्रथमे प्रभू प्रथमे पवन कि पाँणीं।
प्रथमे चंद कि सूर प्रथमे प्रभू, प्रथमे कौन बिनाँणीं।।
प्रथमे प्राँण कि प्यंड प्रथमे प्रभू, प्रथमे रकत कि रेत।
प्रथमे पुरिष की नारि प्रथमे प्रभू, प्रथमे बीज की खेत।।
प्रथमे दिवस कि रैणि प्रथमे प्रभु, प्रथमे पाप कि पुन्य।
कहै कबीर जहाँ बसहु निरंजन, तहाँ कुछ आहि कि सुन्य।।१६४।।

व्याख्या–कबीरदास कहते हैं हे राम राय तुम्हारे अव्यक्त स्वरूप (अभिव्यक्त माया) के विषय में नहीं जानता हूँ, तो तुम्हारे रूप को कहकर व्याख्यान कैसे कर सकता हूँ। हे प्रभु पहले आकाश हुआ कि पृथ्वी हुई, पहले पवन हुआ कि पानी। पहले चन्द्रमा हुआ या सूर्य, प्रथम विज्ञानी कौन हुआ? हे प्रभु पहले प्राण की उत्पत्ति हुई कि शरीर की। पहले रक्त था कि वीर्य। हे प्रभु पहले पुरुष पैदा हुआ या नारी। पहले दिवस हुआ या रात। पहले पुण्य है कि पाप। हे निरंजन जहाँ तुम निवास करते हो वहाँ कुछ है कि शून्य ही है।

शून्य का सर्वसत्ता, परा शक्ति, आदि अनेक अर्थों में ग्रहण हुआ है।

अवधू सो जोगी गुर मेरा।
जो या पद का करै निबेरा।।टेक।।

तरवर एक पेड़ बिन ठाढ़ा, बिन फूलाँ फल लागा।
साखा पत्र कछू नहिं वाकै, अष्ट गगन मुख बागा।।
पैर बिन निरति कराँ बिन बाजै, जिभ्या हीणाँ गावै।
गायणहारे के रूप ने रेषा, सतगुर होई लखावै।।
पंषी का षोज मीन का मारग, कहै कबीर बिचारी।
अपरंपार पार परसोतम, वा मूरति बलिहारी।।१६५।।

शब्दार्थ–बागा = फैला, गमन करना।

व्याख्या–कबीर कहते हैं कि हे अवधूत वही योगी मेरा गुरु हो सकता है जो इस पद की समस्याओं का निवारण कर सके। एक वृक्ष बिना तने का खड़ा है। बिन फूल के फल लगा हुआ है। उसकी डालियाँ और पत्ते कुछ भी नहीं हैं। यह आठों दिशाओं की ओर गमन करता है। वह पैर के बिना नृत्य करता है, हाथों के बिना बाजा बजाता है। जिह्वा के बिना गीत गाता है। उस गाने वाले की रूप रेखा नहीं है, सतगुरु ही उसे लक्षित करता है। वह पक्षी द्वारा छोड़े पद चिह्न तथा मछली द्वारा चले गए जल मार्ग की तरह अलक्ष्य है। अपार के भी परे जो पुरुषोत्तम है, उस मूर्ति के प्रति बलिहारी जाता हूँ।

वृक्ष निर्गुण तत्त्व का प्रतीक है। प्रस्तुत पद में विभावना, उपमा आदि अलंकारों का विधान किया गया है।

अब मैं जाँणिबौ रे केवल राइ कौ कहाँणी।
मझा जोति राँम प्रकासै, गुर गमि बाँणी।।टेक।।
तरवर एक अनंत मूरति, सुरताँ लेहु पिछाँणीं।
साखा पेड़ फूल फल नाँहीं, ताको अंमृत बाँणीं।।
पुहुप बास भवरा एक राता, बरा ले उरधरिया।
सोलह मंझै पवन झकोरै, आकासे फल फलिया।।
सहज समाधि बिरष यह सींच्या, धरती जलहर सोष्या।
कहै कबीर तास मैं चेला, जिनि यहु तरुवर पेष्या।।१६६।।

शब्दार्थ–मंझा = मध्य, राता = अनुरक्त, पेष्या = देखा।

व्याख्या–अब मैं उस परमात्मा (राम) की कहानी को ही जानूँगा। गुरु की वाणी से मैंने यह समझा कि शरीर के मध्य में राम ज्योति प्रकाशित है, शरीर रूपी वृक्ष (सहस्त्रार चक्र के ऊपर) के ऊपर अनन्तमयी मूर्ति सुशोभित है जिसे सुरति (सहज समाधि) से पहचाना जा सकता है। उसमें शाखा, पेड़, फूल, फल कुछ नहीं है फिर भी अमृत वाणी (अनाहत नाद) निसृत होता रहता है। उसके पुष्प की सुगंध से मस्त भँवर (आत्मा या मन) उस पर अनुरक्त है, उसने उस द्वादश कमल को उर में धारण कर लिया है। सोलह दल कमल वाले चक्र में पवन झकझोरा देता है, उसका फल आकाश (शून्य) में लगता है। सहज समाधि से यह सींचा जाता है तो धरती का जलाशय मूलाधार चक्र इसे सोख लेता है। कबीर कहते हैं कि मैं उसी का शिष्य हूँ जिसने इस वृक्ष को देखा है।

विभावना अलंकार के द्वारा शरीर रूपी वृक्ष का वर्णन प्रस्तुत किया गया है। तरुवर मेरुदंड का प्रतीक है। द्वादश दल कमल अनाहत चक्र और सोलह दल आज्ञा चक्र के प्रतीक हैं। रूपकातिशयोक्ति तथा विभावना अलंकारों की योजना की गयी है।

राजा राँम कवन रंगैं,
जैसैं परिमल पुहुप संगैं।।टेक।।
पंचतत ले कीन्ह बँधान, चौरासी लष जीव समाँन।
बेगर बेगर राखि ले भाव, तामैं कीन्ह आपको ठाँव।।
जैसै पावक भाजन का बिसेष, घट उनमाँन कीया प्रवेस।
कह्यो चाहूँ कछु कह्या न जाइ, जल जीव ह्वै जल नहीं बिगराइ।।
सकल आतमाँ बरतै जे, छल बल कौं सब चीन्हि बसे।
चीनियत चीनियत ता चीन्हिलै से, तिहि चीन्हिअत धूँ का करके।
आपा पर सब एक समाँन, तब हम पावा पद निरबांण।।
कहै कबीर मन भया संतोष मिले भगवंत गया दुख दोष।।१६७।।

शब्दार्थ–रंगै = रंजित, व्याप्त बेगर = भिन्न, बसेख = विशिष्टता, परवेस = प्रवेश, चीन्हियत = पहचानते।

व्याख्या–राजाराम किस रंग से (किस प्रकार) रंजित या व्याप्त है जैसे मकरंद पुष्प के साथ व्याप्त होता है उसी तरह संसार में ईश्वर की व्याप्ति है। पंच तत्त्वों को लेकर उसने देह का संघटन किया। फिर चौरासी लाख जीवों को उनमें प्रविष्ट किया। उनमें उसने भिन्न-भिन्न भाव रखे, उनमें अपना स्थान भी बनाया। जैसे आग पात्र के अनुसार विशिष्टता प्राप्त करती है उसी प्रकार उसने उनमें घटों के अनुसार प्रवेश किया। मैं कहना चाहता हूँ किन्तु कह नहीं पाता हूँ जैसे जल जीव होते हैं और उनसे जल अलग नहीं होता। वे सभी आत्माएँ जो वर्तमान हैं वे देह के छल बल को जानकर ही उसमें निवास करती हैं। पहचानते-पहचानते उस ब्रह्म की पहचान करो जिससे वे शोभायमान हो सकती हैं किन्तु वे तो देह को ही पहचानने में मस्त हैं। क्यों कर ब्रह्म को पहचानेंगी। जब आत्मा और परमात्मा को एक समान समझ लिया जाता है तब हमें निर्वाण पद मिलता है। कबीर कहते हैं कि मन में जब संतोष हुआ तब भगवान् मिले और मेरे दुख-दोष दूर हो गए।

प्रथम पंक्ति में गूढ़ोत्तर दूसरी एवं पाँचवीं पंक्ति में दृष्टांत, छठीं में सम्बन्धातिशयोक्ति, आठवीं पंक्ति में पुनरुक्ति प्रकाश तथा वक्रोक्ति अलंकारों की योजना की गयी है।

निर्वाण शब्द बौद्ध दर्शन से लिया गया है जिसका अर्थ है बुझ जाना।

अंतर गतिअनि अनि बाँणी।
गगन गुपूत मधुकर मधु पीवत, सुगति सेस सिव जाँणी।।टेक।।
त्रिगुण त्रिबिध तलपत तिमरातन, तंती तंत मिलानीं।
भागे भरम भोइन भए भारी, बिधि बिरंचि सुषि जाँणीं।।
बरन पवन अबरन विधि पावक, अनल अमर मरै पाँणीं।
रबि ससि सुभग रहे भरि सब घटि, सबद सुंनि तिथि माँही।।
संकट सकति सकल सुख खोये, उदित मथित सब हारे।
कहैं कबीर अगम पुर पाटण, प्रगटि पुरातन जारे।।१६८।।

शब्दार्थ–बाँणी = वर्णिका, स्वभाव, ध्वनि, मधुकर = भ्रमर चैतन्य, भोइन = भौहें,

तिमरातन = अज्ञानी का शरीर, उदधि = समुद्र, पाट्ण = सुख जगत् (नगर), पांणी = पानी, प्राणी।

व्याख्या–अंतर (भीतर) का स्वभाव बाह्य वृत्ति की तुलना में भिन्न है। शून्य (ब्रह्म रंध्र) में निहित मधुर रस का पान चैतन्य जीव करता है और सुन्दर दशा को प्राप्त करता है, इस दशा का ज्ञान शेष और शिव को ही है। जब तंत्री (शरीर) तंत्र (परम तत्त्व) से मिल जाती है तब सत्, रज, तम तीनों गुण तथा अंधकार से आच्छादित तीनों ताप (दैहिक, दैविक, भौतिक) तड़पने लगते हैं। जब तक जीव अज्ञान में रहता है तब तक तीन गुणों तथा तीन तापों में व्यथित रहता है। बाह्य वृत्ति को अन्तर वृत्ति से मिला देने पर भ्रम भाग जाते हैं। भौहें ईश्वरीय ज्योति के अवतरण से भारी हो जाती हैं या जो भोगी (ग्राम शासक) बने थे और उसे ही ब्रह्मा, विष्णु का सुख जान रहे थे। वर्ण अर्थात् पृथ्वी तत्त्व वायु के साथ अवर्ण विधि (प्रकार) का हो गया, पावक तथा वायु आकाश जैसा हो गया और पानी तत्त्व मर गया। (यही स्थूल तत्त्वों की सूक्ष्म से सूक्ष्मतम होने तथा आकार से निराकार में लीन होने की प्रक्रिया है।) इसका सीधा अर्थ इस प्रकार भी किया गया है–पृथ्वी, हवा, जल, आकाश, विधि, चैतन्य आदि अमर हैं किन्तु प्राणी मरणशील है। सूर्य, चन्द्र (इड़ा, पिंगला) सभी घटों में प्रकाशित हो रहे हैं। शब्द शून्य में स्थित हो गया। देवों ने संकट में सम्पूर्ण शक्ति तथा सुखों को नष्ट कर दिया। समुद्र का मंथन करके वे हार गए पर सही अमृत न मिला। कबीर कहते हैं कि अगम पुर अर्थात् आनन्द धाम के प्रकट होने से पुरातन पाप जल गए।

योग साधना द्वारा सूक्ष्म से सूक्ष्मतम की पहचान का वर्णन किया गया है। पद मैत्री से पद का सौन्दर्य बढ़ गया है। काया साधना की सिद्धि होने पर ही दुखों से छुटकारा मिलता है। काया योग की प्रक्रिया मात्र से आनन्द नहीं मिलता। अन्तर के वास्तविक स्वभाव (प्रकृति) को समझना आवश्यक है।

लाधा है कुछ. लाधा है, ताकी पारिष को न लहै।
अबरन एक अकल अबिनासी, घटि-घटि आप रहै।।टेक।।
तोल न मोल माप कछु नाहीं, गिणँती ग्यांन न होई।
नाँ सो भारी नाँ सो हलका, ताकी पारिष लषै न कोई।।
जामैं हम सोई हम ही मैं, नीर मिले जल एक हूवा।
यौं जाँणैं तो कोई न मरिहैं, बिन जाँणै थैं बहुत मूवा।।
दास कबीर प्रेम रस पाया, पीवणहार न पाऊँ।
बिधनाँ बचन पिछाँड़त नाहीं, कहु क्या काढ़ि दिखाऊँ।।१६६।।

शब्दार्थ–लाधा = प्राप्त, पारिष = पारखी।

व्याख्या–मैंने कोई (अमूल्य वस्तु) प्राप्त किया है किन्तु कोई पारखी नहीं मिल रहा है। जो अवर्ण है, अखंडित है, अविनाशी है वह स्वयं प्रत्येक शरीर में व्याप्त हो रहा है। उसकी न तो तौल है, न कोई मूल्य है, न कोई मापन है, और न गणना है। न तो वह भारी है, न हल्का है, उसकी ओर कोई पारखी देख नहीं पाता। जिसमें हम हैं, वही हममें है। जैसे पानी से पानी मिलकर एक हो जाता है। इस मर्म को कोई जान लेगा तो वह नहीं मरेगा, बिना जाने ही बहुत से मृत हुए हैं। क़बीरदास ने प्रेम रस पा लिया है किन्तु इसे पीने वाला (कोई सद्पात्र) नहीं मिल रहा है। यदि विधि (ब्रह्मा) का वाक्य नहीं पहचानते हो तो कौन सा प्रमाण निकालकर दिखाऊँ।

अनेक पंक्तियों में अनुप्रास की योजना की गयी है। भक्ति-रस की उपलब्धि तथा उसके वास्तविक ग्राहकों की अनुपलब्धता की व्यंजना की गयी है।

हरि हिरदे रे अनत कत चाहौ,
भूलै भरम दुनी कत बाहौ ।। टेक ।।
जग परबोधि होत नर खाली, करते उदर उपाया।
आत्म रॉंम न चीन्हैं संतो, क्यू रमि लैं रॉंम राया।।
लागै प्यास नीर सो पीवै, बिन लागै नहीं पीवै।
खोजै तत मिलै अबिनासी, बिन खोजैं नहीं जीवै।।
कहै कबीर कठिन यह करणीं, जैसे षंडे धारा।
उलटो चाल मिलै पर ब्रह्म कौं, सो सतगुरु हमारा।।१७०।।

शब्दार्थ – कत = क्यों, दुनी = द्वैत भाव, उदर उपाया = जीविका का साधन।

व्याख्या – हे जीव ! भगवान तुम्हारे हृदय में विराजित है उसे अन्यत्र कहाँ पाना चाहते हो। भ्रम में भूलकर तुम संसार में क्यों बह रहे हो। बहुत से लोग सांसारिक जीवों को उपदेश देते हुए स्वयं रिक्त हो जाते हैं और धर्मोपदेश के माध्यम से जीविका का साधन जुटाते हैं। ऐसे लोग आत्माराम को पहचानते ही नहीं इसलिए वे भगवान् राम में कैसे रम सकते हैं। जिसको प्यास लगती है वहीं जल पीता है जिसको प्यास नहीं लगती वह जल कैसे पी सकता है। तत्व की जिज्ञासा तथा उपाय करने से ही अविनाशी ईश्वर प्राप्त हो सकता है। बिना खोज किये वह नहीं मिलता। कबीरदास कहते हैं कि साधना का कार्य तलवार की धार पर चलने के समान है। मन को उलट लेने अर्थात् सांसारिकता से विमुख हो जाने पर ही परमब्रह्म का साक्षात्कार होता है जो ऐसा करने में समर्थ है वही मेरा सतगुरु है।

प्रस्तुत पद में राम की वास्तविक अनुभूति न करने वाले धर्मोपदेश के माध्यम से जीविका चलाने वालों पर व्यंग्य किया गया है। बिना जिज्ञासा तथा आकांक्षा के ईश्वर के प्रति उन्मुखता नहीं होती। छेकानुप्रास, वक्रोक्ति तथा उदाहरण अलंकारों की सुंदर योजना की गयी है।

रे मन बैठि कितै जिनि जासी;
हिरदै सरोवर है अविनासी ।।टेक।।
काया मधे कोटि तीरथ, काया मधे कासी,
काया मधे कवँलापति, काया मधे बैकुंठबासी।
उलटि पवन घटचक्र निवासी, तीरथराज गंगतट बासी।
गगन मंडल रबि ससि दोइ तारा, उलती कूची लागि किंवारा।
कहै कबीर भइ उजियारा, पंच मारि एक रह्यौ निनारा।।१७१।।

शब्दार्थ – कितै = किधर, जासी = जाता है, मधे = मध्य, उलटि पवन = प्राणायाम द्वारा कुण्डलिनी को ऊर्ध्वगामी करना।

व्याख्या – कबीर कहते हैं कि हे मन, शरीर में ही स्थित रहो, किसी अन्य स्थान पर मत जाओ क्योंकि हृदय सरोवर में ही अबिनासी भगवान् का निवास है। शरीर के मध्य में ही करोड़ों तीर्थ हैं, शरीर में ही काशी है, शरीर में ही कमलापति और बैकुंठवासी भगवान् का

स्थान है। प्राणवायु को उलटकर साधक जीव षट-चक्रों में निवास करता है और इड़ा, पिंगला और सुषुम्ना के त्रिवेणी वाले तीर्थराज प्रयाग के गंगा तट पर निवास करता है अर्थात् उसका मन त्रिकुटी में स्थित रहता है। शून्य ब्रह्मरन्ध्र में रवि तथा शशि (इड़ा पिंगला) दो तारे (दो नाड़ियाँ) हैं। इनके कपाटों की कुंजी उलटकर कपाटों में ही लगी है। कबीर कहते हैं कि यदि ज्ञान का प्रकाश हो गया तो उनकी सहायता से पंच विकारों को नष्ट करके निर्लिप्त भाव से आत्मा निवास करती है अर्थात् शुद्ध चैतन्य रूप में वह सबसे अलग स्थित हो जाती है।

प्रस्तुत पद में बाह्य तीर्थों का खण्डन करके शरीरस्थ चक्रों को ही तीर्थ रूप में प्रतिपादित किया गया है। चूँकि चक्रों की परिकल्पना कमल दलों के रूप में है, इसलिए काया में ही कमलापति की स्थिति मानी गयी है। उसमें योग साधना के द्वारा मन को सहस्त्रार चक्र में स्थित शिव की ज्योति से मिला देने का भी वर्णन किया गया है। इस पद में रूपक, अनुप्रास अलंकारों की योजना की गयी है। रवि, ससि, इड़ा, पिंगला के प्रतीक रूप में हैं।

राँम बिन जन्म मरन भयौ भारी।
साधिक सिध सूर अरु सुरपति, भ्रमत भ्रमत गये हारी ।।टेक।।
व्यंद भाव म्रिग तत जंत्रक, सकल सुख सुखकारी।
श्रवन सुनि रवि ससि सिव सिव, पलक पुरिष पलनारी।।
अंतर गगन होत अंतर धुँनि, बिन सासनि है सोई।
घोरत सबद सुमंगल सब घटि, व्यंदत ब्यंदै कोई।।
पाणीं पवनै अवनि नभ पावक, तिहि संग सदा बसेरा।
कहै कबीर मन मन करि बेध्या, बहुरि न काया फेरा।।१७२।।

शब्दार्थ – सुरपति = इन्द्र, ब्यंद = जानो, भाव = मन, म्रिग = आत्म तत्त्व, सासनि = आघात ।

व्याख्या – राम की भक्ति के बिना यह जन्म मरण अत्यन्त भारी हो गया है (जन्म-मरण की शृंखला बड़ी हो गई है) साधक, सिद्ध, सूर्य और इन्द्र सभी भटकते फिरते हार गये। शुक्र और रज से निर्मित यह शरीर तथा जीवन ही सब सुखों का साधन प्रतीत होता है (इसका दूसरा अर्थ है बिन्दुभाव अर्थात् शरीर भाव को समझो, उसके पश्चात्, उस भाव के नियन्त्रक आत्मतत्त्व को समझो, उसके बाद समस्त सुख सुखमय प्रतीत होता है)। शून्य में रवि (सूर्य नाड़ी), ससि (चन्द्रनाड़ी) तथा शिव (सुषुम्ना) प्रवाहित होती रहती है जिससे एक पल में पुरुष (पुरुषत्व) और दूसरे पल में नारी (नारीत्व) की अनुभूति होती रहती है। सहस्त्रार चक्र में अन्तर्ध्वनि होती रहती है जो साँसों के आघात से उत्पन्न नहीं होती। समस्त घट में अखण्ड शब्द घुमड़ता रहता है जिसे कोई जानते-जानते जान पाता है। वहाँ पर पंचतत्व पानी, पवन, पृथ्वी, आकाश, आग का इनके साथ सदैव बसेरा रहता है (पंचतत्व परमतत्व में सूक्ष्म रूप से विलीन रहता है)। कबीरदास कहते हैं मैंने अपने मन को उस परम मन से विद्ध किया, अब मेरा मन संसार की ओर उन्मुख नहीं होता। (जो मन परममन से मिल जाता है वह शरीर धारण कर इस संसार में फिर नहीं आता)।

इस पद में अनुप्रास अलंकार की योजना है। कायायोग और भक्ति का सुन्दर समन्वय किया गया है।

नर देही बहुरि न पाईये,
ताथैं हरषि हरषि गुंण गाईये।।टेक।।
जब मन नहीं तजै बिकारा, तौ क्यूँ तरिये भौपारा।।
जे मन छाड़ै, कुटिलाई, तब आइ मिलै राँम राई।।
ज्यूँ जीमण त्यूँ मरणाँ, पछितावा कछू न करणाँ।।
जाँणि मरै जे कोई, तो बहुरि न मरणाँ होई।।
गुरु बचनाँ मंझि समावै, तब राँम नाँम ल्यौ लावै।।
जब राँम नाँम ल्यौ लागा, तब भ्रम गया भौ भागा।।
ससि हर सूर मिलावा, तब अनहद बेन बजावा।।
जब अनहद बाजा बाजै, तब साँई संगि बिराजै।।
होत संत जनन के संगी, मन राचि रह्यो हरि रंगी।।
धरो चरन कवल बिसवासा, ज्यूँ होइ निरभे पदबासा।।
यहु काचा खेल न होई, जन षरतर खेलै कोई।।
जब षरतर खेल मचावा, तव गगन मंडल मठछावा।।
चित चंचल निहचल कीजै, तब राँम रसाइन पीजै।।
जब राँम रसाँइन पीया, तब काल मिट्या जन जीया।।
यूँ दास कबीरा गावै, ताथैं मन को मन समझावै।।
मन ही मन समझाया, तब सतगुर मिलि सचुपाया।।१७३।।

व्याख्या – मानव देह पुनः नहीं प्राप्त होती इसलिए हर्षित होकर राम का गुणगान कीजिए। यदि मन पाँच विकारों (काम, क्रोध, मद, लोभ, मात्सर्य) को नहीं छोड़ता तो भवसागर को कैसे तिरा जा सकता है अर्थात् भवसागर को पार करने के लिए पंच विकारों का त्याग आवश्यक है। जब मन कुटिलता छोड़ देता है तब राम राय आकर स्वयं मिल जाते हैं। जैसे जन्म होता है वैसे मृत्यु भी होती है। इसके लिए पाश्चाताप करने की जरूरत नहीं है। यदि कोई ज्ञान पूर्वक मरता है तो उसे फिर नहीं मरना होता है। (जीवन्मृत व्यक्ति, जन्म, मरण के बंधन से मुक्त हो जाता है) यदि गुरु के वचनों में मन लीन हो जाता है, तब भगवान् में भी तल्लीनता होती है। जब राम के नाम में लय लग जाती है तो सारे सांसारिक भ्रम भाग जाते हैं। चन्द्र नाड़ी और सूर्य नाड़ी को एकमेक कर देने से अनाहत वेणु बज उठता है। जब अनाहत वाद्य बजने लगता है तब साधक स्वामी के साथ सुशोभित होता है। संत जनों के साथी बनो और मन को भगवान् में रंजित करो, हरि के चरण कमलों में विश्वास रखो, जिस प्रकार से निर्भय पद में निवास हो। यह कोई कच्चा खेल नहीं है। कोई विरला भक्त ही इस प्रखरतर खेल को खेल सकता है। जब वह इस प्रखर खेल को शुरू करता है तो ब्रह्म रंध्र में मठ बना लेता है। चंचल चित्त को जब निश्चल करोगे तभी राम रस का पान कर सकोगे। जब राम रसायन पी लोगे तो काल का भय मिट जायेगा और जन अमर हो जाएगा। दास कबीर गाकर मन द्वारा मन को समझाता है (प्रबुद्ध मन ही संसारोन्मुख मन को समझाता है) मन के द्वारा मन को समझा देने पर सत्गुरु के उपदेशों में तन्मय होकर परम सत्य को प्राप्त कर लिया।

'हरषि हरषि' में पुनरुक्ति प्रकाश, राम रसायन में रूपक, मन के दो अर्थ के कारण

यमक अलंकार की योजना है।

कबीर ने बहुत ही सरल तरीके से अपनी साधना प्रणाली को प्रस्तुत किया है। नाम साधना तथा योग साधना का समन्वय दर्शाया गया है।

अवधू अगनि जरै के काठ।
पूछौ पंडित जोग संन्यासी, सतगुर चीन्है बाट।।टेक।।
अगनि पवन मैं पवन कवन मैं, सबद गगन के पवनाँ।
निराकार प्रभु आदि निरंजन, कत रवंते भवनाँ।।
उतपति जोति कवन अँधियारा, घन बादल का बरिषा।
प्रगट्यो बीज धरनि अति अधिकै, पारब्रह्म नहीं देखा।।
मरनाँ मरै न मरि सकै, मरनाँ दूरि न नेरा।
द्वादस द्वादस सनमुख देखैं, आपैं आप अकेला।।
जे बांध्या ते छुछंद मुकुता बाँधनहारा बाँध्या।
बाँध्या मुकुता मुकता बाँध्या, तिहि पारब्रह्म हरि लाँघा।।
जै जाता ते कौंण पठाता, रहता ते किनि राख्या।
अँमृत समाँनाँ विष मैं जानाँ, विष मैं अमृत चाख्या।।
कहै कबीर बिचार बिचारी, तिल मैं मेर समाँनाँ।
अनेक जनम का गुर गुर करता, सतगुर तब भेटाँनाँ।।१७४।।

शब्दार्थ – रवंते = रमण करते, छुछंद = स्वच्छन्द, छछुन्दर।

व्याख्या – हे योगी (अवधूत) अग्नि जलती है कि काठ जलता है? पंडित, योगी, संन्यासी से यही प्रश्न पूछता हूँ और इसका उत्तर पाने के लिए सत्गुरु का मार्ग निहारता रहता हूँ। अग्नि पवन में समाहित होता है तो पवन किसमें समाता है और शब्द गगन या पवन में कहाँ समाता है? (कबीर प्रकारान्तर से कहना चाहते हैं कि अग्नि पवन में, पवन शून्य मंडल में व्याप्त अनहद नाद में समा जाता है) निराकार प्रभु जो आदि निरंजन है वह किस मन्दिर (घर) में रमण करता है, जब ज्योति की उत्पत्ति हो गयी तो अँधेरा कहाँ है (या अँधेरा कहाँ से आ गया।) आकाश में बादल हैं तो वर्षा में सन्देह कहाँ है। धरणी में अत्यधिक बीज उत्पन्न हो गए हैं इसे तुमने देखा है तब भी तुम्हें परमब्रह्म दृष्टिगत नहीं हुआ। जो वास्तविक मरण (जीवन्मृत) मरता है वह मरता नहीं (अमर हो जाता है) उसके लिए मरण न दूर होता है न समीप। वह बारह दल कमल वाले अनाहत चक्र मात्र को देखता है और वह आत्मन् मात्र का अनुभव करता है। जो आत्मा बँधा था वह स्वच्छन्द और मुक्त हो गया और शरीर जो बाँधनेवाला था वह बँध गया है। (आत्मा मूलतः स्वच्छन्द और मुक्त है किन्तु माया ने उसे देह धर्म में बाँध रखा है) जो शरीर जाने वाला है उसे कौन भेजता है (उसे तो स्वयं जाना होता है) जो आत्मा स्थिर रहने वाला है उसे रखता कौन है वह तो स्वयं रहता है। जिसने अमृत आत्मा को विष अर्थात् वासना इन्द्रिय धर्म से मुक्त देह में समाहित समझ लिया उसने देह के द्वारा ही अमृत का रसास्वादन कर लिया। कबीर इस विचार को विचार कर कहते हैं कि तिल समान सूक्ष्म आत्मा में मेरु के समान परमात्मा समाया हुआ है। अनेक जन्मों से गुरु-गुरु की रट लगाए था परिणामस्वरूप सद्गुरु से मुलाकात हुई।

संदेह, रूपक, प्रतीक, वक्रोक्ति, रूपकातिशयोक्ति आदि अलंकारों की योजना की

गयी है। शुद्ध चैतन्य वासना से नहीं जलता, वासना तो जड़ है। चेतना रूपी आग स्वयं को जला ही नहीं सकती। निरंजन तत्त्व वारणं रहित है इसलिए वह किस तल (या भवन) में रहेगा। परम ज्योति के उदित होने पर अज्ञान रह ही नहीं सकता। बीज रूप कर्म जाल के फैलाव में ब्रह्म ओझल हो जाता है। जीवन्मृत को बारह आदित्य (सूर्य) के प्रकाश का साक्षात्कार होता है। माया आत्मा को बाँधती है। ज्ञान दशा में माया ही शुद्ध चैतन्य के वश में हो जाती है। माया का ही आभास और लोप होता है। शुद्ध चैतन्य सदैव स्थिर रहता है।

अवधू ऐसा ग्यान बिचार,
भेरैं चढ़े सु अधधर डूबे, निराधार भये पार।।टेक।।
ऊघट चले सुनगरि पहूँचे,बाट चले ते लूटे।
एक जेवड़ी सब लपटाँने, के बाँधे के छूटे।।
मंदिर पैसि चहूँ दिसि भीगे, बाहरि रहे ते सूका।
सरि मारे ते सदा सुखारे, अनमारे ते दूषा।।
बिन नैननि के सब जग देखै, लोचन अछते अंधा।
कहैं कबीर कछु समझि परी है, यहु जग देख्या धंधा।।१७५।।

शब्दार्थ – भेरैं = बेड़े, अधधर = आधी मध्य धारा।

व्याख्या – हे अवधूत, इस प्रकार के ज्ञान का विचार करो। जिन्होंने प्रवृत्ति मार्ग रूपी बेड़े के सहारे भवसागर को पार करना चाहा वे बीच में ही डूब गए, जो अनासक्त भाव से पार जाने की इच्छा वाले थे वे पार चले गए। जो अटपटे (शास्त्र निरपेक्ष मार्ग से चले वे अच्छे नगर में पहुँच गए जो शास्त्र द्वारा निर्दिष्ट सीधे रास्ते पर चले वे लूट लिए गए (उन्हें माया मोह ने ग्रस लिया)) माया की रस्सी में सभी बँधे हुए हैं, किसे बन्धन युक्त माना जाय किसे बन्धन मुक्त। जो आसक्ति के मन्दिर में है वह सर्वांग उससे भीगा हुआ है, जो आसक्ति मन्दिर से बाहर हैं वे उससे अनासक्त है उन पर वासना जल का प्रभाव नहीं है। जिन्हें गुरु का शब्द बाण लग गया वे सुखी हैं, जिन्हें बाण से नहीं मारा गया वे दुखी हैं। बिना नेत्रों के (अन्तर्दृष्टि से) सारे जग को देखते हैं किन्तु आँख रहते हुए भी अंधे रहते हैं अर्थात् कुछ दिखाई नहीं देता। शास्त्रीय दृष्टि से कुछ भी दिखाई नहीं देता। कबीर कहते हैं कि अब बात कुछ-कुछ समझ में आ गयी, यह संसार धंधा ही है।

विरोधाभास – मेरे ....लूटै, बाहरि ... सूका मन्दिर में रूपकातिशयोक्ति लोचन अंधा में विशेषोक्ति अलंकारों की योजना है। उलटबाँसी शैली।

जग धंधा रे जग धंधा, सब लोगनि जाँणौ अंधा।
लोभ मोह जेवड़ी लपटानी, बिनहीं गाँठि गह्यो फंदा।।टेक।।
ऊंचे टीबे मंछ बसत है, ससा बसे जल माँही।
परबत ऊपरि डूबि मूवा नीर, मूवा धूँ काँही।।
जलै नीर तिण षड़ उबरै, बैसंदर ले सींचै।
ऊपरि मूल फूल बिन भीतरि, जिनि जान्यौ तिनि नीकै।।
कहै कबीर जाँनही जाँनै, अनजानत दुख भारी।
हारी बाट बटाऊ जीत्या, जानत की बलिहारी।।१७६।।

व्याख्या – यह संसार प्रपंच मात्र है, यहाँ द्वन्द्व की ही प्रधानता है। सांसारिक इसे सामने घटित होते नहीं देख पाते इसलिए वे अंधे हैं। लोभ तथा मोह की रस्सी लिपटी हुई है, बिना बंधन के ही लोग स्वतः उसमें बँधे हैं। अहंकार के ऊँचे टीले पर मन रूपी मच्छ बसता है और संसार रूपी वासनाओं में संसारी जीव रहता है। यदि पर्वत पर ही डूब मरने का साधन है अर्थात् अहंकार ही मन को डुबा देने के लिए काफी है तो फिर कोई यदि पानी में (वासनाओं के जल में) डूबता है तो क्या आश्चर्य है। वासनाओं के जल में जब आग लगती है तो सूक्ष्म तत्त्व (चेतना) बच जाता है। उस पर चाहे जितनी आग डालो वह अछूता रहता है।

वासना का फूल कर्म फल के मूल के भीतर रहता है। इस रहस्य को जानने वाला (सुखी होता है) ही जानता है। न जानने वाला दुख को ही भोगता है। जन्म-मरण का रास्ता जिस साधक पथिक से हार जाता है उस ज्ञानी के प्रति बलिहारी है।

यह पद उलटवाँसी का है। इसका योग परक अर्थ भी हो सकता है। शशक मन (प्राण वायु) है जो जल अर्थात् मूलाधार चक्र में रहता है। सहस्त्रार शिखर है जहाँ मत्स्य महा चैतन्य शिव का निवास है। कुंडलिनी शक्ति का जागरण चंडाग्नि के प्रज्वलन की तरह है जो मूलाधार रूपी जल में आग लगने की तरह है। शिखर (पर्वत) पर पहुँचकर मन मर जाता है, वह जल (मूलाधार) में कैसे मृत (जीवन्मृत) हो सकता है। जब मन मूलाधार में रहता है तो वह वासना जल में डूबा रहता है, जब वासना में आग लगती है, वासना जलने लगती है तो वह ऊर्ध्वगामी होकर उससे अछूता हो जाता है। सहस्त्रार चक्र में जो मेरुदंड के ऊपर है उसके भीतर सहस्त्रदल कमल पुष्प हैं। जन्म-मरण की बाट को साधक जीव (बटाऊ) जीत लेता है। इड़ा और पिंगला सामान्य मार्ग है उन्हें जीतकर सुषुम्ना का कठिन मार्ग खुलता है।

विरोधाभास, विभावना, विशेषोक्ति, रूपकातिशयोक्ति आदि अनेक अलंकारों की योजना है। उलटवाँसी शैली का प्रयोग है।

अवधू ब्रह्म मतै घरि जाइ ।
काल्हि जू तेरी बंसरिया छीनी कहा चरावै गाइ।।टेक।।
तालि चुगें बन तीतर लउवा, पवति चरै सौरा मछा।
बन की हिरनी कूवै बियानी, ससा फिरे अकासा।।
ऊँट मारि मैं चारै लावा, हस्ती तरंडबा देई।
बबूर की डरियाँ बनसी लैहूँ सीयरा भूँकि भूँकि षाई।।
आँब क बौरे चरहल करहल, निबिया छोलि छोलि खाई।
मोरै आग निदाष दरी बल, कहै कबीर समझाई।।१७७।।

व्याख्या – हे अवधूत योगी! तुम घर जाकर ब्रह्म का चिन्तन करो, इधर-उधर भ्रमण करते हुए ब्रह्म चिन्तन नहीं होता। तुम्हें अपने घर (देह के अन्दर) प्रविष्ट होकर ब्रह्म चिन्तन करना चाहिए। कल यदि तुम्हारी प्राण-रूपी वंशी छिन जायेगी तो तुम अपनी इन्द्री रूपी गायों को कैसे चराओगे। मेरी साधना के प्रभाव से तीतर, लवा आदि साधारण पक्षी रूपी जीवात्माएँ आनन्द सागर में मोती चुगती हैं।

कुंडली रूपी मछली ब्रह्म रंध्र रूपी पर्वत पर चढ़ गयी है। वन की चंचल हिरणी रूपी अन्तःकरण की वृत्ति गगन कूप में प्रवेश कर गयी है और वहाँ आत्म बोध रूपी बच्चे को जन्म दिया है। कर्मभार के संवाहक बहिर्मुखी मन को मारकर जीव के लिए मुक्ति का साधन बना

दिया है। अहंकार रूपी हाथी ने साधक को बेड़ा दे दिया है ताकि वह भवसागर पार कर जाए। बबूल की डाल अर्थात् सुषुम्ना के ऊपरी शिखर से वंशी की ध्वनि (अनाहत नाद) का ध्यान कर रहा हूँ। जीव रूपी शृंगाल अज्ञान को नष्ट कर रहा है। साधना रूपी आम्र की डाल में सिद्धि के अनेक फल लगे हैं। नीम रूपी साधना की कड़ुवाहट को हम आनन्द से खा रहे हैं। मेरे आँगन में साधना के रस का आनन्द देने वाली द्राक्षा की बेल फलवती हो गयी है।

प्रस्तुत पद में ऊलटवाँसी का प्रयोग है। इस पद के अन्य अर्थ की भी संभावना की गयी है। वंशी अवधूत का गीतादि द्वारा दिया जाने वाला उपदेश है, गायें चराना अन्य लोगों को उपदेश देना है। मूलाधार चक्र रूपी ताल में तीतर लावा आदि मनोविकार रमते हैं (सामान्य जीव यहीं विहार करते हैं) मंछा रूपी मन सहस्त्रार चक्र में रमण करता है। हिरनी रूपी मनोविकार अधोतल में ही अपना संवर्धन करता है। ससा रूपी चित्र शून्य (ब्रह्मरंध्र में) में घूमता है। ऊँट रूपी लोभ दूसरों की वस्तुओं पर मुँह मारता है। साधना में उसे भी वशीभूत करना होता है। संतोष रूपी हाथी तरने का साधन है। बबूल की डाल दुख का प्रतीक है, जिसे स्वीकार करने पर लोक समाज रूपी शृंगाल काट-काट कर खाता है। आम्र रूपी सांसारिक वृक्ष में व्यर्थ के फल फलते हैं, नींव साधना की कठिनाई है। द्राक्षा दाड़िम साधना के मधुर फल हैं।

विरोधाभास, रूपकातिशयोक्ति अलंकारों की योजना की गयी है। प्रतीकात्मकता के कारण अर्थ जटिल हैं।

कहा करौं कैसै तिरौं, भौ जल अति भारी ।
तुम्ह सरणागति केसवा राखि राखि मुरारी।।टेक।।
घर तजि बन षंडि जाइए, खनि खनि खइए कंदा।
विषै बिकार न छूटइ, ऐसा मन गंदा।।
विष विषिया कौ बाँसनाँ, तजौं तजी नहीं जाई।
अनेक जतन करि सुरझिहौं, फुनि-फुनि उरझाई।।
जीव अछित जोबन गया, कछु कीया न नीका।
यहु हीरा निरमोलिका, कौड़ी पर बीका।।
कहै कबीर सुनि केसवा, तूँ सकल बियापी।
तुम्ह समाँनि दाता नहीं, हँम से नहीं पापी।।१७८।।

हे केशव! क्या करूँ, कैसे तरूँ, संसार सागर की जलराशि बिपुल है। मैं तुम्हारी शरण में आया हूँ, हे मुरारी! मेरी रक्षा करो। घर छोड़कर यदि वन खंड में जाएँ और वहाँ कंद मूल खोदकर खाएं तो भी मन से विकार दूर नहीं होते, मन इतना गंदा है कि सर्वत्र उसकी वृत्ति यथावत् रहती है। विषयों की वासना के विष को मैं त्यागने का यत्न तो करता हूँ किन्तु वह त्यागा नहीं जाता है। अनेक प्रयत्नों से (सांसारिकता के जाल को) सुलझाता हूँ किन्तु वह फिर फिर उलझ जाता है। जीव रहते हुए यौवन चला गया किन्तु कुछ भी अच्छा कार्य नहीं कर सका। मानव जीवन निर्मूल्य हीरे की तरह था जो सतकर्म के अभाव में कौडियों के भाव बिक गया। कबीर कहते हैं कि हे केशव तुम सर्वव्यापी हो। तुम्हारे समान कोई दाता नहीं है मेरे समान कोई पापी नहीं है।

प्रस्तुत पद में शरणागति भक्ति तथा दैन्य भाव की व्यंजना की गयी है। विष-विषिया

में रूपक, राखि राखि में पुनरुक्ति प्रकाश, हीरा में रूपकातिशयोक्ति अलंकारों की योजना की गई है।

बाबा करहु कृपा जन मारगि, लावो ज्यूँ भव बंधन षूटै।
जरा मरन दुख फेरि करँन सुख, जीव जनम थैं छूटै ।।टेक।।
सतगुरु चरन लागि यों बिनऊँ, जीवनि कहाँ थैं पाई।
जा कारनि हम उपजैं बिनसै, क्यूँ न कहौ समझाई।।
आसा पास षंड नहीं पाँडे, यौ मन सुंनि न लूटै।
आपा पर आनंद न बूझै, बिन अनभै क्यूँ छूटै।।
कह्याँ न उपजै उपज्याँ नहीं जाणैं, भाव अभाव बिहूनाँ।
उदै अस्त जहाँ मति बुधि नाहीं, सहजि राँम ल्यौ लीनाँ।।
ज्यूँ बिंबहि प्रतिबिंब समाँना, उदिक कुंभ बिगराँनाँ।
कहै कबीर जाँनि भ्रम भागा, जीवहिं जीव समाँनाँ।।१७९।।

व्याख्या – हे बाबा परम पिता परमात्मा! कृपा करो, इस सेवक को मार्ग पर लाओ, जिससे उसका भव बंधन छूट जाए। जरा-मरण के दुख का निवारण कर दो, सुख प्राप्ति हेतु जीव को जन्म-मरण के बंधन से मुक्त कर दो। सद्गुरु के चरणों में लगकर मैं यह निवेदन करता हूँ कि जीवन कहाँ से पाया जाता है। जिस कारण हम उत्पन्न होते और विनष्ट होते हैं, उसे क्यों नहीं समझाकर कहते हो। हमारा मन आशा के पाश को खंडित करके फाड़ता नहीं इसीलिए शून्य शिखर के आनन्द को नहीं लूट पाता। आत्मा और परमात्मा के अद्वैत सम्बन्ध जनित आनन्द को वह नहीं जान पाता है, बिना अनुभव या भयहीनता के वह संसार के बंधन से कैसे छूट सकता है। निर्गुण ईश्वर के ज्ञान की मनःस्थिति कथन से उत्पन्न नहीं होती। यह स्थिति शब्दातीत है, भाव-अभाव से परे है। उसके उत्पन्न और अस्त को बुद्धि तथा ज्ञान के परे ही समझना चाहिए। यह मन और बुद्धि से परे है। ऐसे सहज राम तत्त्व में ध्यान मगन हो जाओ। जैसे बिम्ब प्रतिबिम्ब में समा गया, और कुंभ जल में विगलित हो गया अर्थात् माया की उपाधि समाप्त होने पर जीव परम तत्त्व में विलीन हो गया, अंश अंशी में समाहित हो गया। कबीर कहते हैं कि ज्ञान से भ्रम भाग गया और शिव (आत्माराम) में जीव समा गया।

भव-बन्धन, आसा-पास में रूपक, अनभै क्यूँ छूटै में गूढ़ोक्ति, मति बुधि नाही में सम्बन्धातिशयोक्ति अलंकारों का विधान है। अद्वैत दर्शन का प्रभाव है। कबीर का ईश्वर भावाभाव विनिर्मुक्त है।

संतौ धोखा कासूँ कहिए।
गुँण मैं निरगुँण निरगुँण मैं गुँण है, बाट छाँड़ि क्यूँ बहिए ।।टेक।।
अजर अमर कथैं सब कोई, अलख न कथणाँ जाई।
नाति सरूप बरण नहीं जाकै, घटि घटि रह्यौ समाई।।
प्यंड ब्रह्मंड कथै सब कोई, वाकै आदि अरु अंत न होई।।
प्यंड ब्रह्मंड छाड़ि जे कथिए, कहैं कबीर हरि सोई।।१८०।।

व्याख्या – हे संतो ! ज्ञान के विषय में जो भ्रान्ति व्याप्त है उस धोखे (मिथ्या प्रचार) की बात किससे कहूँ। गुण में निर्गुण है और निर्गुण में गुण है। सत्त्व, रज, तम आदि में गुणातीत

ब्रह्म की सत्ता व्याप्त है। निर्गुण ब्रह्म में भी कर्त्तृत्व, कृपा, सौन्दर्य, आदि अनेक गुण विद्यमान हैं, त्रिगुणातीत ब्रह्म भाव रूप ही है शून्य नहीं है। सीधे मार्ग को छोड़कर साधक सगुण निर्गुण के स्वरूप को समझने में ही भटक जाते हैं। परम तत्त्व को अजर-अमर सभी कहते हैं किन्तु वह अकथनीय है। अलक्ष रूप को किसी ने नहीं जाना है। जो रूप और वर्ण से परे है वही घट-घट (प्रत्येक शरीर) में व्याप्त है। पिण्ड (शरीर) और ब्रह्माण्ड के रूप में उसका वर्णन सभी करते हैं। उसका कोई आदि अंत नहीं है (वह अनादि, अनंत है) जो उसको पिंड और ब्रह्मांड से परे बताता है वही उसका दर्शन करता है। ईश्वर वही है जो इन दोनों से विशिष्ट है।

इस पद में निर्गुण सगुण का समन्वय दिखाया गया है किन्तु निर्गुण को विशेष महत्त्व प्रदान किया गया है। दूसरी पंक्ति में सभंग पद श्लेष, अलख .... जाई में सम्बन्धातिशयोक्ति, घटि घटि में पुनरुक्ति प्रकाश अलंकारों का विधान है।

पषा पषी कै पेषणै, सब जगत भुलानाँ।
निरपष होइ हरि भजै, सो साध सयाँना।।टेक।।
ज्यूं षर सूँ षर बंधिया, यूँ बँधे सब लोई।
जाकै आत्मद्रिष्टि है, साचा जन सोई।।
एक एक जिनि जाँणियाँ, तिनहीं सच पाया।
प्रेम प्रीति ल्यौ लीन मन, ते बहुरि न आया।।
पूरे की पूरी द्रिष्टि, पूरा करि देखै।
कहै कबीर कछू समुझि न परई, या कछू बात अलेखै।।१८१।।

व्याख्या – ईश्वर के सम्बन्ध में पक्ष-विपक्ष के प्रेक्षण में ही सारा संसार विस्मृत है। निष्पक्ष होकर जो हरि का भजन करता है वही ज्ञानी एवं साधु है। जैसे गधा से गधा बँधा रहता है उसी तरह मूर्खतापूर्ण तर्कों का आश्रय लेकर लोग गतानुगतिक बने हुए हैं। जिसके पास आत्मदृष्टि है वही सच्चा भक्त है। उस एक परमतत्त्व को जो अद्वैत रूप में जान लेता है उसे ही परमतत्त्व का साक्षात्कार होता है। जिसका मन भगवान् के प्रेम में लीन रहता है उसे इस संसार में फिर नहीं आना पड़ता (पूर्ण ब्रह्म को सम्पूर्ण दृष्टि से सम्पूर्णता में देखा जा सकता है) कबीरदास कहते हैं विचार विनिमय मात्र से कुछ भी उसके विषय में समझ नहीं पड़ता। कुछ ही बातें उस अलक्ष्य के बारे में लक्षित की जा सकती हैं।

प्रस्तुत पद की तीसरी पंक्ति में दृष्टांत अलंकार, प्रथम तथा द्वितीय पंक्ति वृत्यानुप्रास की योजना की गयी है। वाद-विवाद से परे हटकर भक्ति, भजन की महत्ता एवं प्रेमानुभूति को निरूपित किया गया है।

अजहूँ न संक्या गई तुम्हारी,
नाँहि निसंक मिले बनवारी।।टेक।।
बहुत गरब गरबे संन्यासी, ब्रह्मचरित छूटी नहीं पासी।।
सुद्र मलेछ बसै मन माँही, आतमराम सुचीन्ह्या नाहीं।।
संक्या डाँइणि बसै सरीरा, ता कारणि राँम रमै कबीरा।।१८२।।

व्याख्या – हे साधक तुम्हारे मन से शंका दूर नहीं हुई। शंका रहित हुए बिना बनवारी

(निर्गुण कृष्ण) का दर्शन नहीं होता। संन्यासी अपने ज्ञान के गर्व में गौरवान्वित रहते हैं। ब्रह्मचर्य व्रत पालन करते हुए भी उनका मोह-पाश नहीं छूटता है। उनके मन में शूद्र और म्लेच्छ समझने की भावना बनी रहती है अर्थात् उन्हें मानवीय समता का बोध नहीं होता इसीलिए आरम्भिक भेद-भाव के कारण उस आत्मा रूप को पहचान नहीं पाता। इस शरीर में शंका रूपी डाइन निवास करती है। उसी से मुक्ति के लिए कबीर राम में ही रमण करता है।

कबीर की दृष्टि में समता-बोध के बिना आत्मसाक्षात्कार की स्थिति सम्भव नहीं है। 'ब्रह्मचरित-पासी' में विशेषोक्ति और 'संक्या डाँइणि' में रूपक अलंकार की योजना है।

सब भूले हौ पाषंडि रहे,
तेरा बिरला जन कोई राम कहै।।टेक।।
होइ आरोगि बूँटी घसि लावै, गुर बिना जैसे भ्रमत फिरै।
है हाजिर परतीति न आवै, सो कैसैं परताप धरैं।।
ज्यूँ सुख त्यूँ दुख द्रिढ़ मन राखै, एकादसी एकतार करै।
द्वादसी भ्रमैं लख चौरासी, गर्भ बास आवै सदा मरै।।
सैं तैं तजै तजैं अपमारग, चारि बरन उपराति चढै।
ते नहीं डूबै पार तिरि लंघै, निरगुण अगुण संग करै।।
होई मगन रॉम रँगि राचै, आवागमन मिटै धापै।
तिनह उछाह सोक नहीं ब्यापै, कहै कबीर करता आपै।।१८३।।

शब्दार्थ – राचै = रंजित होना।

व्याख्या – सब लोग बाह्याडम्बरों में फँसकर ही जीवन व्यतीत कर रहे हो। कोई भक्त ही राम का नाम लेने में तन्मय है। यदि कोई व्यक्ति बूटी को घिसकर लगाता है तो वह निरोग हो जाता है, यदि वह ऐसा नहीं करता तो वह रोगी ही बना रहता है, लोक गुरु के पास जाते ही नहीं व्यर्थ ही भ्रमण करते रहते हैं। भगवान् सर्वत्र मौजूद है, लोग इस बात पर विश्वास ही नहीं करते इसीलिए भगवान् के ऐश्वर्य और सामर्थ्य को नहीं समझते। जिस प्रकार सुख है उसी प्रकार दुःख भी है। इस विचारधारा को दृढ़ता से अपने मन में धारण करना चाहिए। दसों इन्द्रियों और ग्यारहवें मन को ईश्वर में तल्लीन करना चाहिए लेकिन लोग अपने बारहों अंगों के पोषण में लगे रहते हैं इसीलिए चौरासी लाख योनियों में भ्रमण करते रहते हैं। इसीलिए गर्भ में वास करते और मरण प्राप्त करते रहते हैं। जो कोई मैं, तैं अर्थात् यह मेरा है यह तुम्हारा है इस भेद को छोड़ दे, बुरे मार्ग को छोड़ दे चारों वर्ण की उपेक्षा कर दे वही इस संसार-सागर में नहीं डूबता। वह तैरकर उस सागर को पार कर लेता है। जो निर्गुण तथा सगुण ब्रह्म को एकाकार करता है वह भगवान् में तन्मय होकर राम के प्रेम में रँग जाता है और उसके आवागमन का क्लेश मिट जाता है। उसे उत्साह और शोक नहीं व्याप्त होते। कबीर कहते हैं कि वह स्वतः कर्त्ता ईश्वर है।

इस पद की तीसरी पंक्ति में दृष्टान्त अलंकार की योजना है। एकादशी एकतार का अर्थ लगातार एकादशी व्रत करना भी हो सकता है। एकादशी अद्वैत का और द्वादशी द्वैत के भी प्रतीक हैं।

तेरा जन एक आध है कोई।
काम क्रोध अरु लोभ बिबर्जित, हरिपद चीन्हैं सोई।।टेक।।
राजस ताँमस सातिग तीन्यूँ, ये सब तेरी माया।
चौथें पद कौं जे जन चीन्हैं, तिनहिं परम पद पाया।।
असतुति निंद्या आसा छाँड़ै, तजै मान अभिमानाँ।
लोहा कंचन समि करि देखै, ते मूरति भगवानाँ।।
च्यंतै तौ माधौ च्यंतामणि, हरिपद रमैं उदासा।
त्रिस्ना अरु अभिमाँन रहित है, कहै कबीर सो दासा।।१८४।।

व्याख्या – हे राम, कोई बिरला ही तेरा वास्तविक भक्त है। काम, क्रोध और लोभ से रहित भक्त ही हरि पद को पहचानता है। रजोगुण, तमोगुण और सतोगुण तीनों ही तेरी माया के स्वरूप हैं। जो व्यक्ति तुरीयावस्था को पहचानता है वही परमपद को प्राप्त करता है। स्तुति निंदा, आशा को जो छोड़ देता है, मान-अभिमान को छोड़ देता है, लोहा तथा कंचन को समान दृष्टि से देखता है वही भगवान् की प्रतिमा है। यदि वह कोई चिंता करता है तो चिंतामणि तुल्य भगवान् की चिन्ता करता है, और संसार से उदासीन होकर हरि के चरणों में रमण करता है। कबीरदास कहते हैं कि जो तृष्णा और अभिमान से रहित है वही तुम्हारा दास (भक्त) है।

प्रस्तुत पद में असत् वृत्तियों से रहित निरभिमान, समदर्शी व्यक्ति को ही सच्चा भक्त प्रतिपादित किया गया है। माधौ च्यंता मणि में रूपक अलंकार की योजना है।

हरि नांमैं दिन जाइ रे जाकौ
सोइ दिन लेखै, लाइ राँम ताकौ।।टेक।।
हरि नाँम मैं जन जागै, ताकै गोब्यंद साथी आगै।।
दीपक एक अभंगा, तामै सुर नर पड़ै पतंगा।।
ऊँच नींच सम सरिया, ताथैं जन कबीर निसतरिया।।१८५।।

शब्दार्थ – सरिया = समझा।

व्याख्या – जिसका जो दिन हरि के नाम स्मरण में व्यतीत होता है उसका वही दिन गणना के योग्य होता है। जो भक्त हरि का नाम लेते हुए जागृत रहता है, गोविन्द उसके साथी के रूप में उसके समक्ष रहते हैं। एक कभी न नष्ट होने वाला दीपक है (मायादीप) जिसमें मनुष्य और देवता रूपी पतंगे टूट पड़ते हैं। कबीर ने ऊँच-नीच को समान समझा इसीलिए वह भव सागर से निस्तार पा गया अर्थात् मुक्त हो गया।

'दीपक' में रूपकातिशयोक्ति, 'सुर नर पतिंगा' में 'रूपक' अलंकार का विधान है।

जब थैं आतम तत्त बिचारा।
तब निरबैर भया सबहिन थैं, काम क्रोध गहि डारा ।।टेक।।
व्यापक ब्रह्म सबनि मैं एकै, को पंडित को जोगी।।
राँणाँ राव कवन सूँ कहिये, कवन बैद को रोगी।।
इनमैं आप आप सबहिन मैं, आप-आप सूँ खेलै।
नाँनाँ भाँति घड़े सब भाँड़े, रूप धरे धरि मेलै।।

सोचि बिचारि सबै जग देख्या, निरगुण कोई न बतावै।
कहै कबीर गुंणी अरु पंडित, मिलि लीला जस गावै।।१८६।।

व्याख्या – जब मैंने आत्म तत्त्व का विचार किया तब सभी के प्रति निर्वैर हो गया, मैंने काम, क्रोध को पकड़कर निकाल डाला। सभी में एक ही ब्रह्म व्याप्त है इसलिए कौन पंडित है और कौन योगी। किसे राजा तथा किसे रंक (गरीब) कहा जाय। कौन बैद है और कौन रोगी है। ये अन्तर ऊपरी तथा बनावटी हैं। इन सबमें वही ब्रह्म तत्व है और अन्य में भी वही आत्मा रूप में उपस्थित है। वह आत्मा आत्मा से खेलता है अर्थात् वह स्वयं खेलने वाला है और सहयोगी भी स्वयं है। अनेक प्रकार के घटों का निर्माण करके वह नाना रूपों में उसी में समाविष्ट हो गया या विविध घड़ों को विविध आकारों में निर्मित किया है। मैंने बहुत सोच विचारकर सारा जगत देखा किन्तु निर्गुण के विषय में कोई नहीं बताता है। कबीर कहते हैं कि गुणी और पंडित मिलकर उसी (सगुण) का लीला गान करते हैं।

तीसरी पंक्ति में वक्रोक्ति, अलंकार की योजना है। कबीर पारमार्थिक रूप से निर्गुण को स्वीकार करते हैं किन्तु व्यावहारिक रूप से सगुण के गुणगान को भी स्वीकार करते हैं।

तू माया रघुनाथ की, खेलड़ चढ़ी अहेड़े।
चतुर चिकारे चुणि चुणि मारे, कोई न छोड़्या नेड़ैं।।टेक।।
मुनियर पीर डिगंबर मारे, जतन करतां जोगी।
जंगल महि के जंगम मारे, तूँ रे फिरे बलिवंती।।
वेद पढ़ंता बाँम्हण मारा, सेवा करता स्वामी।
अरथ करताँ मिसर पछाडया, तूँ रे फिरै मैमंती।।
साषित कैं तू हरता करता, हरि भगतन कै चेरी।
दास कबीर राम कै सरनै, ज्यूँ लागी त्यूँ तोरी।।१८७।।

व्याख्या–तू रघुनाथ की माया है, तू आखेट (शिकार) खेलने चढ़ी है। तूने चतुर चिकारे (मृगों) को चुन चुनकर मारा। आड़ में छिपे हुए को भी नहीं छोड़ा। तात्पर्य है कि जो ज्ञानी तथा चतुर हैं एवं माया से बचने के लिए यत्नशील हैं उन्हें भी माया छोड़ती नहीं है। तूने मुनियों पीरों और दिगंबरों को मारा, यत्न करते हुए योगियों को भी मारा है। तू जंगल में निवास करने वाले (वटुक, बैखानस आदि) को भी मार दिया। तू बलवती होकर घूमती रहती है। तूने वेद पढ़ते हुए पंडित को मारा और सेवा कराते हुए स्वामी को मारा। शास्त्रों का अर्थ करते हुए मिश्र को पछाड़ दिया। तू मतवाली होकर घूमती हो। शाक्तों के यहाँ तू हर्त्ता कर्त्ता (मनमानी आचरण करती हो) किन्तु भक्तों के यहाँ चेरी (दासी) हो। मैं भक्त कबीर राम की शरण में हूँ। यदि मुझसे भिड़ोगी तो तुम्हें तोड़ दूँगा।

माया का मानवीकरण किया गया है। शिकारी के बिम्ब के द्वारा माया के प्रभावों की व्यंजना है। चुणि चुणि में पुनरुक्ति प्रकाश, चिकारे में रूपकातिशयोक्ति अलंकारों की योजना है। भक्ति साधना अन्य साधनाओं की तुलना में श्रेष्ठ है।

जग सूँ प्रीति न कीजिए, सँमझि मन मेरा।
स्वाद हेत लपटाइए, को निकसै सूरा।।टेक।।
एक कनक अरु कामनी, जग में दोइ फंदा।
इनपै जौ न बँधावई, ताका मैं बंदा।।

देह धरे इन माँहि बास, कहु कैसे छूटै।
सीव भये ते ऊबरे, जीवन ते लूटै।।
एक एक सूँ मिलि रह्या, तिनहीं सचु पाया।
प्रेम मगन लैलीन मन, सो बहुरि न आया।।
कहै कबीर निहचल भया, निरभै पद पाया।
संसा ता दिन का गया, सतगुर समझाया।।१८८।।

शब्दार्थ–बंदा = दास, सेवक, सीव = शिव, आनन्द रूप।

व्याख्या–हे मेरे मन! तू समझकर जग से प्रीति न कर। यदि स्वाद के लिए कोई उससे लिपट जाता है तो कोई शूरवीर भी उससे निकल नहीं पाता। तात्पर्य यह है कि सांसारिक आसक्ति से मुक्त होना बहुत कठिन है। एक स्वर्ण और दूसरी कामिनी (स्त्री) जग के दो ही मुख्य पाश (फन्दे) हैं। जो इनसे नहीं बँधता है उसका मैं दास हूँ। देह धारण करते ही मन का वास इनमें हो जाता है। कोई व्यक्ति उनसे कैसे छूट सकता है। जो शुद्ध चैतन्य स्वरूप आत्मा में प्रतिष्ठित होकर शिव रूप हो जाते हैं वहीं जीव जीवन का सच्चा आनंद प्राप्त करते हैं। दूसरा अर्थ है कि जो आनन्द स्वरूप हो जाते हैं वे इससे बच जाते हैं जो जीव की कोटि में रहते हैं उन्हें कामिनी और कंचन लूट लेते हैं। जिनकी आत्मा परमात्मा से मिल जाती है वही एक सच (परमसत्य) को प्राप्त करते हैं। जिसने प्रेम में मग्न होकर अपने को ईश्वर में लीन कर दिया वह इस संसार में लौटकर नहीं आता। कबीर कहते हैं कि वह स्थिर हो जाता है और अभय पद को प्राप्त करता है। उसका संशय उसी दिन दूर हो जाता है जिस दिन वह गुरु के द्वारा प्रबोधित होता है।

प्रस्तुत पद में आसक्ति के मुख्य उपादान कामिनी कंचन का प्रयोग मध्यकालीन सामन्ती परिवेश के प्रभाव से किया गया है। को निकसा सूरा में वक्रोक्ति, को कैसे छूटा में गूढ़ोक्ति है।

राँम मोहिं सतगुर मिलै अनेक, कलानिधि परम तत्त सुखदाई।
काँम अगनि तन जरत रही है, हरि रसि छिरकि बुझाई।।टेक।।
दरस परस तैं दुरमति नासी, दीन रटनि ल्यौ आई।
पाषंड भरँम कपाट खोलिकै, अनभै कथा सुनाई।।
यहु संसार गँभीर अधिक जल, को गहि लावै तीरा।
नाव जिहाज खेवइया साधू, उतरे दास कबीरा।।१८९।।

शब्दार्थ – अनभै = अनुभव।

व्याख्या – हे राम! मुझको सतगुरु मिल गये जिनकी कृपा से मुझे विविध कलाओं के निधान सुखदाता परम तत्त्व की उपलब्धि हुई। मेरा शरीर काम की अग्नि में जल रहा था, सतगुरु ने राम रस छिड़ककर उसे बुझा दिया। उनके दर्शन और स्पर्श से मेरी दुर्बुद्धि नष्ट हो गयी और मैं दीनता के साथ भगवान् के नाम की रट लगाने लगा। सतगुरु ने पाखंड और भ्रम के किवाड़ खोलकर अनुभव की कथा सुनायी। यह संसार रूपी सागर गहरा और विपुल जल से आपूरित है। हाथ पकड़कर कौन पार लगाये। राम-नाम रूपी जहाज एवं साधु रूपी खेने वाले के सहारे ही भक्त कबीर भव-सागर के पार उतर सका है।

प्रस्तुत पद में काम-अग्नि, हरि-रस, पाखंड भ्रम कपाट, संसार-जल आदि में रूपक

अलंकार है। सतगुरु की महिमा को व्यंजित किया गया है।

दिन दहुँ चहुँ के कारणैं, जैसे सैंबल फूले।
झूठी सूँ प्रीति लगाइ करि, साँचे कूँ भूले।।टेक।।
जो रस गा सो परहर्या, बिड़राता प्यारे।
आसति कहूँ न देखिहूँ, बिन नाँव तुम्हारे।।
साँची सगाई राँम की, सुनि आतम रे।
नरकि पड़े नर बापुड़े, गाहक जस तेरे।।
हंस उड़्या चित चालिया, सगपन कछू नाहीं।
माटी सूँ माटी मेलि करि, पीछैं अनखाँहीं।।
कहै कबीर जग अंधला, कोई जन सारा।
जिनि हरि मरम न जाँणिया, तिनि किया पसारा।।१६०।।

व्याख्या – दस-पाँच दिनों के लिए जैसे सेमल फूलता है उसी तरह हम सांसारिक वैभव को पाकर प्रफुल्लित हो जाते हैं और माया से मिथ्या प्रेम करके परमसत्य परमात्मा को भूल जाते हैं। जो जगत सम्बन्धी रस था, जो नश्वर था उसको मैंने फैलता हुआ छोड़ दिया।' तुम्हारे नाम के सिवा मैं किसी भी वस्तु को आसक्त होकर नहीं देखूँगा। हे मेरी आत्मा! सुन, सच्ची सगाई राम की है जिनसे तू अपना सम्बन्ध मानती है वे विचारे यम के ग्राहक हैं और उन्हें अन्ततः नरक में पड़ना है। जैसे हंस उड़ा अर्थात् जैसे देह से जीव बाहर हुआ वैसे ही स्वकीयता कुछ भी नहीं रही अर्थात् अपनापन समाप्त हो गया। मिट्टी से मिट्टी को मिलाकर पीछे वे तुम्हारे प्रति अवज्ञा या रोष प्रकट करते हैं। कबीर कहते हैं कि सारा संसार अंधा है। कोई हरि (जन) ही दृष्टिदोष से मुक्त है जिन्होंने हरि का मर्म नहीं जाना है उन्होंने सांसारिक वैभव का प्रसार किया है।

इस पद की प्रथम पंक्ति में उपमा अलंकार की योजना की गयी है। सांसारिक सम्बन्धों की निरर्थकता और ईश्वरीय सम्बन्धों की वास्तविकता की व्यंजना है।

माधौ मैं ऐसा अपराधी,
तेरी भगति हेत नहीं साधी ।।टेक।।
कारनि कवन जाइ जग जनम्यां, जनमि कवन सचु पाया।
भौ जल तिरण च्यंतामणि, ता चित घड़ी न लाया।।
पर निंद्या पर धन पर दारा, पर अपवादैं सूरा।
ताथैं आवागवन होइ फुनि फुनि, ता पर संग न चूरा।।
काम क्रोध माया मद मंछर, ए संतति हम माँही।
दया धरम ग्याँन गुर सेवा, ए प्रभु सूपिनै नाँही।।
तुम्ह कृपाल दयाल दमोदर, भगत बछल भौ हारी।
कहै कबीर धीर मति राखहु, सासति करौ हमारी।।१६१।।

शब्दार्थ – दारा = स्त्री, मंछर = दाह, जलन, संतति = निरंतर।

व्याख्या – हे माधव! मैं ऐसा अपराधी हूँ कि तुम्हारी प्रेमाभक्ति मैंने सिद्ध नहीं की। पता नहीं किन कारणों से मैंने संसार में जन्म लिया और जन्म लेकर भी कौन सा सुख प्राप्त

किया या कौन सी सच्चाई प्राप्त की। तात्पर्य यह है कि मानव जीवन के लक्ष्य को भूलकर मैं निरर्थक जीवन व्यतीत करता रहा। भव सागर को तारने वाले चिंतामणि रूप चरणों में एक घड़ी भी ध्यान नहीं लगाया। दूसरों की निन्दा पर धन और पर स्त्री की इच्छा, पराये पर दोषारोपण में ही शूरवीर रहा हूँ, अर्थात् इन कर्मों के प्रति मेरी अधिक आसक्ति रही है। इसलिए बार-बार आवागमन होता है, फिर भी मैंने इनके साथ को नहीं छोड़ा। काम, क्रोध, माया, मोह, मद एवं मात्सर्य ये निरन्तर मेरे अंदर निवास करते हैं। इसके विपरीत दया, धर्म, ज्ञान, गुरु सेवा हे प्रभु मेरे ध्यान में स्वप्न में भी नहीं आते अर्थात् इनके प्रति मेरी उन्मुखता बिल्कुल नहीं है। हे दामोदर! तुम दयालु, कृपाल और भक्त वत्सल और संसार के दुःखों को हरने वाले हो। कबीर कहते हैं मेरी बुद्धि को अपनी भक्ति में स्थित कर दो और मुझे अनुशासित करके सुधारो।

इस पद की तृतीय, चतुर्थ पंक्ति में अनुप्रास अलंकार है। भौ जल, चरण च्यंतामणि में रूपक तथा फुनि-फुनि में पुनरुक्ति प्रकाश की योजना है। इसमें प्रपत्ति भाव के अन्तर्गत दैन्य की व्यंजना की गयी है।

रॉंमराइ कासनि करौं पुकारा,
ऐसे तुम्ह साहिब जाननिहारा ।।टेक।।
इन्द्री सबल निबल मैं माधौ, बहुत करै बरियाई।
लै धरि जाँहि तहाँ दुख पइये, बुधि बल कछू न बसाई।।
मै बपुरौ का अलप मूढ मति, कहा भयो जे लूटे।
मुनि जन सती सिध अरु साधिक, तेऊ न आयैं छूटे।।
जोगी जती तपी संन्यासी, अह निसि खोजै काया।
मैं मेरी करि बहुत बिगूते, विषै बाघ जग खाया।।
ऐकत छाँड़ि जाहि घर घरनी, तिन सी बहुत उपाया।
कहै कबीर कछु समझि न पाई, विषम तुम्हारी माया।।१६२।।

शब्दार्थ – बरियाई = हठधर्मिता, बपुरौ = बेचारा, बिगूते = नष्ट हो गये।

व्याख्या – हे राजाराम! मैं किससे दुःख के विषय में निवेदन करूँ जब तुम जैसा स्वामी मेरे सम्बन्ध में पूर्ण परिचित हो। जिससे जान पहचान होती है व्यक्ति उसी से अपना दुःख प्रकट करता है। हे माधव! मेरी इन्द्रियाँ बलवान हैं मैं बहुत निर्बल हूँ। इन्द्रियाँ मेरे साथ बर जोरी करती हैं। ये मुझे खींचकर जहाँ भी ले जाती हैं वहीं दुःख मिलता है। इनके आगे मेरी बुद्धि, बल कुछ भी नहीं चलता। मैं बेचारा अल्प और मूढ़ मति वाला हूँ। इन्द्रियों ने यदि मुझे लूटा है तो इसमें कोई आश्चर्य नहीं है। जो मुनि, यती, तपी और साधक हैं वे भी इनसे छूट नहीं सके हैं। योगी, यती, तपी, संन्यासी सभी दिन-रात अपने देह के चक्कर में ही पड़े रहते हैं। यह मेरा है, कहते हुए मैंने बहुत कुछ नष्ट किया है। विषय रूपी सिंह ने सभी संसार को खा लिया है। जो घर और घरवाली को छोड़कर एकान्त में चले जाते हैं उन्हें भी इन्द्रियों की माया नहीं छोड़ती। कबीरदास कहते हैं कि हे प्रभु तुम्हारी माया बड़ी विषम है। उसके विषय में कुछ भी समझना कठिन है।

प्रस्तुत पद में इन्द्रियों की सबलता, माया की शक्ति एवं भक्त की दीनता को व्यंजित किया गया है। विषै बाघ में रूपक अलंकार की योजना है। कछू न बसाई, तेऊ न आये छूटे

में सम्बन्धातिशयोक्ति अलंकार है।

माधौ चले बुनांवन माहा,
जग जीतै जाइ जुलाहा
नव गज दस गज गज उगनीसा, पुरिया एक तनाई।
सान सूत दे गंड बहुतरि, पाट लगी अधिकाई।।
तुलह न तोली गजह न मापी, पहज न सेर अढ़ाई।
अढ़ाई में जौ पाव घटै तो करकस करै बजहाई।।
दिन की बैठि खसम सूँ कीजै अरज लगी तहाँ ही।
भागी पुरिया घर ही छाड़ी चले जुलाह रिसाई।।
छोछी नली कांमि नहीं आवै, लहटि रही उरझाई।
छाँड़ि पसारा रॉम कहि बौरै, कहै कबीर समझाई।।१६३।।

शब्दार्थ – पुरिया = पुरी, साड़ी, गंड = गाँठ, पाट = ताने की मँजाई, बजहाई = वज्राघात, बैठि = विष्टि, जीविका, अरज = उच्चाट।

व्याख्या – हे माधव! माया मुझसे, कपड़ा बुनाने चली है। उसने मुझे जुलाहे के धंधे में लगा दिया। उसने नव द्वार रूपी नौ गज, दस इन्द्रियाँ रूपी दस गज अर्थात कुल उन्नीस गज सूत निकाल कर शरीर रूपी साड़ी तैयार कराया। इस शरीर के निर्माण में ३६० नाड़ियाँ रूपी गाँठें दीं। इसके ऊपर वासना की गहरी चमकवाली कलफ लगायी। इसे न कोई तौलने वाला है और न गज से नापने वाला है परन्तु यह है पक्की ढाई सेर की। ढाई सेरों में यदि तनिक भी कमी आती है तो वह दुष्टा आघात करने लगती है। जागृतावस्था दिन में यह शरीर अपने स्वामी के साथ बैठकी करता है और मुक्ति के लिए निवेदन करता है। या माया ने दिन की विष्टि (जीविका) स्वामी जीव के साथ की किन्तु वहाँ भी वह उच्चाटयुक्त ही थी। फिर वह उसी पुरी (साड़ी) को घर पर ही छोड़ कर चली गयी। जुलाहा रूपी साधक (कबीर) भी उसे खोजने के लिए चल देता है। अब उसकी नली छूछी थी, काम नहीं कर रही थी। वह लिपटकर उलझ रही थी। कबीर समझाकर कहता है कि हे बावले तू राम का स्मरण कर।

प्रस्तुत पद में कबीर ने जुलाहा कर्म तथा माया की प्रेरणा से देह धर्म के पोषण तथा विकास एवं भगवत् भक्ति के प्रति अपनी उन्मुखता के द्वन्द्व को अंकित किया है। माया देह की साड़ी बुनवाती है किन्तु अन्ततः जीव को पुरस्कृत न करके साथ छोड़ देती है। राम का ध्यान करने से ही जीव आनन्द की उपलब्धि करता है। सम्पूर्ण पद में रूपकातिशयोक्ति अलंकार की योजना है।

नौ = नवद्वार, दस गज = पाँच ज्ञानेन्द्रियाँ, श्रवण, त्वचा, नेत्र, नासिका और रसना, पाँच कर्मेन्द्रियाँ, हाथ, पैर, मुख, गुदा , उपस्थ, सात धातु – रस, रक्त, मांस, वसा, मज्जा, अस्थि, शुक्र। विचार दास ने – गज का प्रतीकार्थ वाणी, नौ गज का नौ व्याकरण, उन्नीस गज का अट्ठारह पुराण एक महाभारत किया है। सात सूत – जाग्रत, महाजाग्रत, बीज जाग्रत, सुप्त जाग्रत, स्वप्न जाग्रत तथा सुषुप्ति या पृथ्वी, जल, तेज, वायु, आकाश, अहंकार तथा महत्व।

बाजै जंत्र बजावै गुंनी,
राम नाँम बिन भूलीं दुनी।।
रजगुन सतगुन तमगुन तीन, पंच तत से साज्या बींन।।
तीनि लोक पूरा पेखना, नाँच नचावै एकै जनाँ।
कहै कबीर संसा करि दूरि, त्रिभुवननाथ रह्या भरपूरि।।१६४।।

व्याख्या – शरीर रूपी वाद्य यंत्र बज रहा है। एक गुणी राम उसे बजा रहा है। सारी दुनियाँ उसी में मस्त है, उसे राम नाम का बिल्कुल ध्यान ही नहीं है। रज़ोगुण, सत्वगुण तथा तमोगुण को लेकर पंच तत्वों (छिति, जल, पावक, गगन, समीर) के द्वारा यह वीणा सजी हुई है। तीनों लोक प्रेक्षण है (देखने के लिए बना है जैसे कठ पुतली) एक ही सूत्रधार नाच नचा रहा है। कबीर कहते हैं कि संशय दूर करो तीन लोक का स्वामी सर्वत्र भरा पूरा है।

रूपकातिशयोक्ति अलंकार के द्वारा सांसारिक राग रंग में जीवों की आसक्ति और ईश्वर की महत्ता एवं व्यापकता की व्यंजना की गयी है।

जंत्री जंत्र अनूपम बाजै,
ताकौ सबद गगन मैं गाजै।।
सुर की नालि सुरति का तूँबा, सतगुर साज बनाया।
सुर नर गण गँध्रप ब्रह्मादिक गुरु बिन तिनहुँ न पाया।
जिभ्या ताँति नासिका करहीं, माया का मैण लगाया।
गमाँ बतीस मोरणाँ पाँचौ, नीका साज बनाया।
जंत्री जंत्र तजै नहीं बाजै, तब बाजै जब जंत्री बावै।
कहै कबीर सोइ जन साँचा, जंत्री सूँ प्रीति लगावै।।१६५।।

शब्दार्थ – जंत्री = वादक (यंत्री) आत्मा, जंत्र = यंत्र, शरीर।

व्याख्या – आत्मा रूपी वादक इस शरीर रूपी वाद्य को अनोखे ढंग से बजाता है। उसका शब्द सहस्त्रार चक्र (शून्य) में सुनाई देता है। इस वाद्य में स्वर (श्वास) की नली है और सुरति (ईश्वर स्मृति) का तुम्बा लगा है। इसका साज गुरु ही तैयार करता है। देवता, मनुष्य, गंधर्व, ब्रह्मा आदि गुरु के बिना इसक साज तैयार नहीं कर सके। इस यंत्र में जिह्वा तंत्री है और नासिका करही (एक प्रकार की खूंटी) है, इसमें माया रूपी मोम लगी हुई है। बत्तीस दाँत (या बत्तीस गुण) गमक पैदा करने वाले गामा हैं। पाँचों ज्ञानेन्द्रियाँ तारों को कसने वाली खूँटियाँ हैं (या पाँचों मोरणाँ-पाँच मूर्छनाएँ हैं) इस प्रकार यह एक अच्छा साज बना हुआ है। यंत्री जब इसे बजाता है तभी बजता है। जब आत्मा (चैतन्य) इसे छोड़ देता है तो यह नहीं बजता है। कबीर कहते हैं कि वही सच्चा भक्त है जो बजाने वाले (आत्मा राम) से प्रीति लगाता है।

भक्ति तथा योग का सुन्दर समन्वय किया गया है। रूपकातिशयोक्ति अलंकार का विधान किया गया है।

अवधू नादैं व्यंद गगन गाज सबद अनाहद बोलै।
अंतरि गति नहीं देखै नेड़ा, दूढ़त बन बन डालै।।टेक।।

सालिगराँम तजौं सिव पूजौं, सिर ब्रह्मा का काटौं।
सायर फोडि नीर मुकलाऊँ, कुँवाँ सिला दे पाटौं।।
चंद सूर दोइ तूँबा करिहूँ, चित चेतिनि की डाँड़ी।।
सुषमन तंती बाजड़ लागी, इहि विधि त्रिष्णां षाँड़ी।।
परम तत अधारी मेरे, सिव नगरी घर मेरा।
कालहि षंडूँ नीच बिहंडूँ, बहुरि न करिहूँ फेरा।
जपों न जाप हतौं नहीं गूगल, पुस्तक लेन पढ़ाऊँ।
कहै कबीर परम पद पाया, नहीं आऊँ नहीं जाऊँ।।१६६।।

शब्दार्थ – व्यंद = जानना।

व्याख्या – हे नाद (शब्द) को जानो। वह ब्रह्म रन्ध्र में गर्जन कर रहा है और अनाहत शब्द बोल रहा है अर्थात् शब्द ब्रह्म को समझो! उस शब्द की ध्वनि ब्रह्म रन्ध्र में होती रहती है वहीं ध्यान लगाने से अनाहत नाद सुनाई देता है। तू अत्यन्त निकटस्थ अन्दर की गति को नहीं देखता और वन-वन तत्व की खोज में फिरता रहता है। मैं बाह्याचार का प्रतीक सालिग्राम को त्याग रहा हूँ और परमतत्व के प्रतीक कल्याण स्वरूप शिव की पूजा करता हूँ। मेरी दृष्टि में ब्रह्मा का सिर भी कटा हुआ है अर्थात् वह भी अस्तित्वहीन है। ब्रह्मा पुस्तकीय ज्ञान का प्रतीक है इसीलिए कबीर उसे अस्वीकार करते हैं। मूलाधार चक्र की सीमाओं को तोड़कर उस के आनंद रूप जल को मुक्त कर दूँगा और खेचरी मुद्रा रूपी शिला से ब्रह्मरन्ध्र रूपी कुएँ को ढँक दूँगा। अनाहत नाद को सुनने के लिए चन्द्र-सूर्य (इड़ा, पिंगला) नाड़ियों के दो तुम्बे तथा चेतन चित्त की दण्डी बनाऊँगा, जिससे सुषुम्ना की तन्त्री बजने लगेगी और तृष्णा इस तरह खंडित हो जायेगी। परम तत्त्व की मेरे पास अधारी है। शिव की नगरी में मेरा घर है। मैं काल को टुकड़े-टुकड़े कर रहा हूँ और मृत्यु को भी विघटित कर रहा हूँ। (मुझे पूर्ण विश्वास है कि मैं पुनः इस संसार का फेरा नहीं करूँगा) मैं किसी मन्त्र का जाप नहीं करता और न गूगल आदि के द्वारा हवन ही करता हूँ और पुस्तक लेकर पढ़ाता भी नहीं अर्थात् वेदशास्त्रों का अध्ययन और उपदेश नहीं करता। कबीर कहते हैं कि मैंने परम पद को प्राप्त कर लिया है। अब मैं न कहीं जाता हूँ और न आता हूँ अर्थात् मेरा आवागमन मिट चुका है।

इस पद में रूपकातिशयोक्ति, रूपक आदि अलंकारों की योजना है। प्रतीकों के माध्यम से आध्यात्मिक साधना का वर्णन किया गया है।

बाबा पेड़ छाँड़ि सब डाली लागे मूढ़े मंत्र अभागे।
सोइ सोइ सब रैणि बिहाँणी, भोर भयो तब जागे।।टेक।।
देवलि जाँऊँ तौं देवी देखौं, तीरथ जाँऊँ त पाणीं।
ओछी बुधि अगोचर बाँणीं, नहीं परम गति जाँणीं।।
साध पुकारैं समझत नाँहीं, आन जन्म के सूते।
बाँधै ज्यूँ अरहट की टीडरि, आवत जात बिगूते।।
गुर बिन इहि जग कौन भरोसा, काके संग ह्वै रहिए।
गनिका के घरि बेटा जाया, पिता नाँव किस कहिए।।
कहै कबीर यहु चित्र बिरोध्या, बूझी अंमृत बाँणी।
खोजत खोजत सतगुर पाया, रहि गई आँवण जाँणी।।१६७।।

व्याख्या – हे बाबा (हे परमपिता परमात्मा) संसार के सभी लोग पेड़ को छोड़कर उसकी डाल से लगे हैं और दुर्भाग्यशाली ये देहरूपी यन्त्र पर ही मुग्ध हैं। ये लोग सो-सोकर जीवनरूपी रात्रि को बिता दिये और जब जीवन रूपी रात का प्रातःकाल हुआ अर्थात् समय बीत गया तब इन्हें होश आया। कबीरदास बाह्याडम्बरों की ओर ध्यान आकर्षित करते हुए कहते हैं कि देवालय में जाने से देवी की मूर्ति दिखाई देती है और तीर्थों में केवल पानी दृष्टिगत होता है। (वहाँ ब्रह्म का साक्षात्कार नहीं होता)। जीव केवल अपनी छोटी बुद्धि एवं असमर्थ वाणी के द्वारा न परमगति को जान सकता है न वर्णन कर सकता है। साधुजन पुकार-पुकार कर भगवत चर्चा करते हैं किन्तु उसे ये लोग समझना ही नहीं चाहते। ये पूर्वजन्म से ही सुप्तावस्था में हैं। ये रहट के पात्र की तरह अज्ञान से बँधे हैं इसीलिए इन्हें बार-बार जन्म-मृत्यु के चक्र से गुजरना पड़ता है और इसी तरह इनका जीवन नष्ट हो जाता है। गुरु के अलावा कौन इस संसार में भरोसा योग्य है जिसके साथ जुड़कर रहा जाय। गणिका (वेश्या) के यहाँ जन्म लेने वाले पुत्र का पिता किसे कहा जाय। कबीरदास कहते हैं कि मैंने इस जगत का विरोध किया और सद्गुरु की अमृतवाणी को समझने का प्रयत्न किया। खोजते-खोजते मैंने सद्गुरु को प्राप्त कर लिया जिसकी कृपा से मेरा आवागमन मिट गया।

प्रस्तुत पद में पेड़ छाँड़ि डाली लागै में लोकोक्ति, खोजत-खोजत में पुनरुक्ति प्रकाश, गुरु बिन ....रहिए में वक्रोक्ति अलंकारों की योजना की गयी है। बाह्याडम्बरों का विरोध करके गुरु महिमा को प्रतिपादित किया गया है। बाबा सम्बोधन वरिष्ठजनों के लिए है कहीं कहीं बच्चों को भी बाबा कहते हैं।

भूली मालिनी, हे गोब्यंद जागतौ जगदेव,
तू करै किसकी सेव। टेक।।

भूली मालिन पाती तोड़ै, पाती पाती जीव।
जा मूरति कौ पाती तोड़ै, सो मूरति निरजीव।।
टाँचणहारै टाँचिया, दै छाती ऊपरि पाव।
जे तू मूरति सकल है, तौ घड़णहारे कौ खाव।।
लाडू लावण लापसी, पूजा चढ़ै अपार।
पूजि पुजारी ले गया, दे मूरति कै मुंहि छार।।
पाती ब्रह्मा पुहुपे विष्णु, फूल फल महादेव।
तीनि देवौ एक मूरति, करै किसकी सेव।।
एक न भूला दोइ न भूला, भूला सब संसारा।
एक न भूला दास कबीरा, जाकै राम अधारा।।१६८।।

शब्दार्थ – जागतौ = चेतन, टाँचण हारै = गढ़ने वाला, सकल = सच्ची एवं शक्ति युक्त, घड़ण हारा = गढ़ने वाला, लाडू = लड्डू, लावण = लावन, घी, छार = धूल ।

व्याख्या – हे मालिनी! तू भूली हुई है गोबिंद ही जगत का स्वामी है। तू किसकी सेवा करती है। तू अज्ञान के वशीभूत होकर ही पत्तियाँ तोड़ती हो। तुझे यह ज्ञान नहीं है कि पत्ती-पत्ती में जीव निवास करता है। जिस पत्थर की मूर्ति के लिए तू पुष्प पत्र तोड़ती है वह मूर्ति निर्जीव है। मूर्ति के निर्माता ने मूर्ति बनाते समय उसकी छाती पर पाँव रखकर ही मूर्ति गढ़ा है। यदि यह मूर्ति सच्ची और शक्ति सम्पन्न होती तो पहले बनाने वाले को ही खाती। इस मूर्ति

के ऊपर लड्डू, लावन (घृत) लपसी आदि अपार पूजा चढ़ती है, पुजारी सब कुछ लेकर चला जाता है मूर्ति के मुख पर राख लगी रह जाती है। पत्ती ब्रह्मा है, पुष्प विष्णु है, तथा फल फूल शिव है। इन तीनों में एक ही देव विराजमान है। फिर तुम विचार करो कि किसकी सेवा की जाय। एक नहीं, दो नहीं तथा सारा संसार ही भ्रमित है केवल एक कबीरदास भ्रमित नहीं है जिसके आधार राम हैं।

पाती-पाती में पुनरुक्ति प्रकाश अलंकार है। मालिनी से समस्त मूर्ति पूजकों की व्यंजना की गयी है। इस पद में पत्तियों में जीवन की परिकल्पना करके कबीर ने वैज्ञानिक दृष्टि का परिचय दिया है।

सेइ मन समझि संमर्थ सरणागत, जाकी आदि अंति मधि कोइ न पावै ।
कोटि कारिज सरैं देह गुँण सब जरै, नेक जो नाँव पनिब्रत आवै ।।टेक।।
आकार की ओट आकार नहीं ऊबरै, सिव विरंचि अरु विष्णु ताँई ।
जास का सेवक तास कौ पइहैं, इष्ट कौ छाड़ि आगे न जाहीं ।।
गुँण भइ मूरति सेइ सब भेष मिलि, निरगुण निज रूप विश्राम नाहीं।
अनेक जुग बंदिगी विविध प्रकार की, अंति गुँण का गुँणही समाहीं ।।
पाँच तत तीनि गुण जुगति करि साँनिया, अष्ट बिन होत नहीं क्रम काया।
पाप पुन बीज अंकूर जाँमै मरै, उपजि बिनसैं जेती सर्व माया।
क्रितम करता कहै परम पद क्यूँ लहैं, भूलि मैं पड्या लोक सारा ।
कहै कबीर राँम रमिता भजै, कोई एक जन गए उतरि पारा।।१९६।।

शब्दार्थ – पनिब्रत = एकनिष्ठता, गुण मई मूरति = प्रतिमा, साँनिया = मिश्रित, क्रितम = बनावटी, रमिता = रमण कर।

व्याख्या – हे मन, तू भगवान् को सक्षम समझकर उनकी शरण में जाकर सेवा कर, जिस भगवान् का आदि, अंत और मध्य कोई नहीं पा सकता। यदि तुझमें तनिक भी उसका नाम और पनिब्रत (एकनिष्ठता) आ जाय तो करोड़ों कार्य पूरे हो जांय और देह के समस्त गुण सत, रज, तम जल जायें। आकार (प्रतिमा) की ओट में आकर देह का आकार भव सागर से बच नहीं सकता है। भले ही वह आकार शिव, ब्रह्मा तथा विष्णु का ही हो। जो जिसका सेवक होता है वह उसी स्वामी को प्राप्त करता है। सच्चे इष्ट को छोड़कर वह आगे नहीं जा सकता। त्रिगुणमयी मूर्ति की सेवा करके यह वेष तुम्हें मिला है। सगुण की सेवा करने से सारूप मुक्ति की ही प्राप्ति हो सकती है तथा निर्गुण आत्मस्वरूप में प्रतिष्ठा नहीं हो सकती।

अनेक युगों तक अनेक प्रकार की प्रतिमाओं की पूजा करने पर अन्ततः भक्त त्रिगुण में ही समाहित होता है। पाँच तत्त्व और तीन गुणों को युक्ति पूर्वक मिलाकर ही शरीर बना है। इन आठों के बिना शरीर की उत्पत्ति का क्रम ही नहीं बनता। पाप और पुण्य के बीजों के अंकुर शरीर में ही उत्पन्न होते हैं और इसमें ही मरते हैं। इस शरीर में जो कुछ उत्पन्न होता है वह नष्ट होता है। सब माया का ही प्रसार है जो इन कृत्रिम प्रतिमाओं को कर्त्ता मानते हैं वे परमपद क्यों प्राप्त करेंगे। सारा संसार भ्रम में ही भूला हुआ है। कबीर कहते हैं कि कोई बिरला ही सबमें रमने वाले राम को भजता है और इस भवसागर से पार होता है।

इस पद की प्रथम पंक्ति में अनुप्रास अलंकार, 'कोइ न पावै' में सम्बन्धातिशयोक्ति, पाप अंकुर में रूपक अलंकार की योजना है। मूर्ति पूजा की तुलना में निर्गुण ब्रह्म की उपासना

की श्रेष्ठता सिद्ध की गयी है।

राम राइ तेरी गति जाँणी न जाई।
जो जस करिहै सो तस पइहै, राजा राँम नियाई।।टेक।।
जैसी कहै करै जो तैसी, तो तिरत न लागै बारा।
कहता कहि गया सुनता सुणि गया, करणीं कठिन अपारा।।
सुरही तिण चरि अमृत सरबै, लेर भवंगहि पाई।
अनेक जतन करि निग्रह कीजे, विषै विकार न जाई।।
संत करै असंत की संगति, तासूँ कहा बसाई।
कहै कबीर ताके भ्रम छूटे, जे रहे राँम ल्यौ लाई।।२००।।

शब्दार्थ – सुरही = गाय, लेर = ढेला, भवंगहि = सर्प।

व्याख्या – हे राम राजा तेरी गति जानी नहीं जा सकती है। जो जैसा करेगा, वह वैसा फल पाएगा। राजा राम बहुत बड़े न्यायकर्त्ता हैं। व्यक्ति जैसा कहता है यदि वैसा आचरण भी करे तो पार लगते देर नहीं। कथनी करनी का अन्तर मिट जाने पर भवसागर के पार जाने में देर नहीं लगती।

परन्तु कहने वाले कहकर चले जाते हैं, सुनने वाला सुनकर रह जाता है। वक्ता श्रोता दोनों ही कथन के अनुसार कर्मरत नहीं होते क्योंकि कहना आसान है, करना कठिन है। गाय तृण चरकर अमृतवत दूध देती है (इसलिए पूज्य होती है) सर्प को ढेला ही मिलता है (लोग उसे मारने दौड़ते हैं)। अनेक यत्नों से भी विषय विकार दूर नहीं होते। संत वेश में यदि कोई असंत की संगति करता है तो उससे क्या वश है। कबीर कहते हैं कि उसी का भ्रम छूटता है जो राम में लीन हो जाता है।

राम की न्यायशीलता, कथनी करनी के भेद और सत्संगति के महत्त्व को निरूपित किया गया है। कहा .... न जाई में दृष्टांत, अनेक .... जाई में विशेषोक्ति, अलंकारों की योजना है।

कथणीं बदणी सब जंजाल,
भाव भगति अरु राँम निराल।।टेक।।
कथै बदै सुणै सब कोई, कथें न होई कीयें होई।।
कूड़ी करणीं राँम न पावै, साँच टिकै निज रूप दिखावै।।
घट में अग्नि घर जल अवास, चेति बुझाइ कबीरादास ।।२०१।।

शब्दार्थ – बदणी = वाहचार, अवास = निवास स्थान।

व्याख्या – उपदेश कथन तथा विवाद दोनों झमेले हैं। भाव-भक्ति तथा राम-नाम निराले हैं। कथन, विवाद, श्रवण सब कोई करते हैं, किन्तु कहने से कुछ नहीं होता, करने से ही लाभ होता है। व्यर्थ के कामों से राम नहीं मिलते। सच्चाई स्थायी होती है, राम उससे ही द्रवित होकर अपना रूप प्रदर्शित करते हैं। कबीर कहते हैं कि शरीर में जलती वासना की आग को घर जल (आत्मानन्द के जल) से प्रबुद्ध होकर बुझा दो।

अंतिम पंक्ति में रूपकातिशयोक्ति अलंकार का विधान है।

(राग आसावरी)

ऐसी रे अवधू की वाणी,
ऊपरि कूवटा तलि भरि पाँणी ।।टेक।।
जब लग गगन जोति नहीं पलटै, अविनासी सूँ चित्त नहीं चिहुटै।
जब लग भँवर गुफा नहीं जानै, तौ मेरा मन कैसे मानैं।।
जब लग त्रिकुटी संधि न जानैं, ससिहर कै घरि सूर न आनैं।।
जब लग नाभि कवँल नहि सोधै, तौ हीरै हीरा कैसे बेधै।।
सोलह कला संपूरण छाजा, अनहद कै घरि बाजै बाजा।
सुषमन कै घरि भया अनंदा, उलटि कवँल भेटे गोब्यंदा।।
मन पवन जब परचा भया, क्यूँ नाले राँसी रस मइया।
कहै कबीर घटि लेहु बिचारी, औघट घाट सींचि ले क्यारी।।२०२।।

शब्दार्थ – अवधू = सिद्ध योगी, अवधूत, कूवटा = कुवां, सहस्त्रार चक्र, तल-निचला तल अर्थात् कुंडलिनी, ससिहर = चन्द्रमा, इड़ा नाड़ी, सूर्य = पिंगला नाड़ी।

व्याख्या – अवधूत की अटपटी वाणी ऐसी है (जिसे कम ही लोग समझ पाते हैं) ऊपर गगन मंडल अर्थात् ब्रह्म रंध्र में अमृत का कूप है, नीचे कुण्डलिनी है, या खेचरी मुद्रा रूप पनिहारिन है (मूलाधार भी जल का प्रतीक हो सकता है) जब तक शून्य चक्र की परम ज्योति जीव की ओर उन्मुख नहीं होती (या सांसारिकता से पलट कर जब तक जीव गगन ज्योति की ओर नहीं जाता है, अविनाशी से चित्त नहीं चिपटता। जब तक भंवर गुहा (ब्रह्म रंध्र) का ज्ञान नहीं होता, तब तक मेरा अर्थात् योगी का मन कैसे संतुष्ट हो सकता है। जब तक त्रिकुटी की संधि (इड़ा, पिंगला और सुषुम्ना) के मिलन स्थल को न जान लिया जाय, जब तक पिंगला और इड़ा को सन्नद्ध न कर दिया जाय (शशधर अर्थात् चन्द्रमा इड़ा के घर सूर = पिंगला नाड़ी को लाना) जब तक नाभि कमल में स्थित चैतन्य का शोध न कर लिया जाय तब तक हीरे (परमात्मा) से हीरा (आत्मा) कैसे बिंध सकता है (दोनों एकमेक कैसे हो सकते हैं)। जो चन्द्रमा की सोलह कलाओं से पूर्ण होकर सुशोभित है ऐसे अनाहत के घर में बाजा बजता है। सुषुम्ना में जाग्रत प्रकाश आनंद में परिणत हो जाता है। अधोमुख सहस्त्रार चक्र उलटकर प्रकाश से मिला यही गोविन्द का साक्षात्कार है। साधना द्वारा जब मन और प्राण मिल जाते हैं तो ऐसा लगता है कि जैसे साथ में कोई रसबनी रखी हुई है। कबीर कहते हैं कि शरीर के अन्दर ही विचार करो, योग के इस औघट (अटपटे) घाट (जलाशय) से क्यारी (जीवन) को सिंचित करो।

भंवर गुफा, नाभि कमल में प्रतीकात्मकता है। हीरा का प्रयोग आत्मा, परमात्मा के लिए हुआ है। यहाँ रूपकातिशयोक्ति का विधान है। साधनात्मक रहस्यवाद का वर्णन है।

मन का भ्रम मन ही थैं भागा,
सहज रूप हरि खेलण लागा।।टेक।।
मै तैं तै मैं ए द्वै नाहीं, आपै अकल सकल घट माँही।
जब थैं इनमन उनमन जाँनाँ, तब रूप न रेष तहाँ ले बाँनाँ।।
तन मन मन तन एक समाँनाँ, इन अनभै माहैं मनमाँनाँ।।
आतमलीन अषंडित रांमाँ, कहै कबीर हरिक माँहि समाँनाँ।।२०३।।

व्याख्या – जब मन का भ्रम मन ही से भाग गया तो सहज रूप हरि (आत्मा राम) क्रीड़ा विलास करने लगा। तब मैं, तुम, तुम-मैं का द्वैत नहीं रहा, अखंड आत्मा ही संपूर्ण शरीर में व्याप्त हो गयी। जब से मन उन्मन को जान लिया है तबसे रूप, रेखा, वर्ण कुछ भी नहीं रहे। तन-मन, एवं मन-तन दोनों एक समान हो गए। इस अनुभव से मन सन्तुष्ट हो गया। आत्मलीन अखंडित आत्माराम ईश्वर में समाहित हो गया।

अद्वैत अवस्था का वर्णन है। उन्मनी अवस्था तुरीयावस्था है।

आत्माँ अनंदी जोगी,
पीवै महारस अँमृत भोगी।।टेक।।
ब्रह्म अगनि काया परजारी, अजपा जाप उनमनी तारी।।
त्रिकुट कोट मैं आसण माँडै, सहज समाधि विषैं सब छाड़ै।।
त्रिवेणी बिभूति करै मन मंजन, जन कबीर प्रभु अलख निरंजन।।२०४।।

व्याख्या – आत्मा में आनंद से रमण करने वाला योगी महारस का पान और अमृत का भोग करता है। वह ब्रह्माग्नि को काया में प्रज्वलित कर अजपा जाप के द्वारा उन्मनी मुद्रा तथा त्राटिका (त्रिकुटी में ध्यान लगाए हुए) में स्थित रहता है।

वह त्रिकुटी के दुर्ग में आसन मंडित करता है, सहज समाधि में लीन रहकर विषय वासनाओं को छोड़ देता है। वह इड़ा, पिंगला और सुषुम्ना के मिलन स्थान त्रिवेणी में विभूति (ऐश्वर्य की राख लपेटता है) और मन में अवगाहन करता है (या त्रिवेणी में अवगाहन करके मन को शुद्ध करता है) कबीर का प्रभु अलख निरंजन है।

ब्रह्म-अगिन में रूपक अलंकार का विधान है। इसमें भक्ति तथा योग का समन्वय किया गया है।

या जोगिया की जुगति जु बूझै,
राम रमै ताकौ त्रिभुवन सूझै।।टेक।।
प्रकट कथा गुपत अधारी, तामैं मूरति जीवनि प्यारी।।
है प्रभू नेरै खोजैं दूरि, ग्याँन गुफा में सींगी पूरि।।
अमर बेलि जो छिन छिन पीवै, कहै कबीर सो जुगि जुगि जीवै।।२०५।।

व्याख्या – इस योगी की युक्ति जो समझ ले और उसके अनुसार राम (आत्मा) में रमण करे तो उसे त्रिभुवन का रहस्य सूझने लगे (उसे ज्ञात हो जाता है कि तीनों लोक में ईश्वर की ही सत्ता व्याप्त है)। ज्ञान-योगी प्रकट में शरीर रूप होता है वही उसकी कंथा (कथरी) है और उसकी अधारी (जिस लकड़ी का सहारा लेकर साधना की जाती है) सूक्ष्म तथा गुप्त है। उसी आधार में ही उसकी प्राण प्यारी मूर्ति निहित है। ईश्वर अत्यन्त समीप है (आत्मस्थ ही है) उसे अज्ञान के कारण लोग बाहर ढूँढते हैं। ज्ञान गुफा में ही शृंगी निनादित करो अर्थात् अनाहत नाद स्वर को जागृत करो (साधना से वह स्वर स्वतः सुनाई देने लगता है) जो अमर बेलि के रस (शाश्वत तत्त्व-रस) को क्षण-क्षण पीता रहता है वह युगों-युगों तक जीवित रहता है।

कंथा, अधारी में रूपकातिशयोक्ति, अमर बेलि में रूपक अलंकार, छिन-छिन में पुनरुक्ति प्रकाश का विधान है। साधना की सूक्ष्मता को महत्व दिया गया है।

सो जोगी जाकै मन मैं मुद्रा,
रात दिवस न करई निद्रा।।टेक।।

मन में आँसण मन में रहणाँ, मन का जप तप मन सूँ कहणाँ।।
मन मैं षपरा मन मैं सींगी, अनहद बेन बजावै रंगी।।
पंच परजारि भसम करि भूका, कहै कबीर सो लहसै लंका।।२०६।।

व्याख्या – योगी वही है जिसके मन में खेचरी मुद्रा रहती है (वह कुंडल और मुद्रा के बाह्य रूप को छोड़ देता है)। वह रात-दिन कभी नहीं सोता है अर्थात् वह सदैव ज्ञान में जाग्रत रहता है। वह मन को आसन बनाता है और मन में निवास करता है। वह परमात्मा की प्राप्ति के लिए मन में ही जप करता है, और उसका उच्चारण भी मन में ही करता है। उसके मन में ही खपरा (भिक्षा पात्र) है और मन में ही श्रृंगी है। ज्ञान भक्ति रूपी आनंद रस का प्रेमी वह योगी अनहद नाद की वीणा अपने मन में ही बजाता है। कबीरदास कहते हैं कि जो साधक पंच विकारों (काम, क्रोध, मोह आदि) को नष्ट कर देता है वही लंका रूपी भौतिक संसार पर विजय प्राप्त करता है।

इस पद में स्थूल साधना की अपेक्षा सूक्ष्म साधना पर बल दिया गया है। मुद्रा से तात्पर्य साधक की उस स्थिति से है जिसमें जिह्वा को उलटकर तालू से लगाया जाता है। तीसरी पंक्ति में मन की आवृत्ति होने से अनुप्रास, अनहद बेन में रूपक, पंच, और लंका में रूपकातिशयोक्ति, अलंकारों की योजना की गयी है।

बाबा जोगी एक अकेला,
जाके तीर्थ ब्रत न मेला।।टेक।।
झोलीपत्र बिभूति न बटवा, अनहद बेन बजावै।।
माँगि न खाई न भूखा सोवै, घर अँगनाँ फिरि आवै।।
पाँच जना की जमाति चलावै, तास गुरू मैं चेला।।
कहै कबीर उनि देसि सिधाय, बहुरि न इहि जगि मेला।।२०७।।

शब्दार्थ – पाँच जना = पंच ज्ञानेन्द्रियाँ, जमाति = समूह, चलावै = नियंत्रित करता है।

व्याख्या – हे बाबा, योगी तो इस भौतिक जगत में अकेला ही निवास करता है। उसके लिए तीर्थ, व्रत और मेले से कोई प्रयोजन नहीं होता। उसे झोली, पत्र, विभूति (राख) और बटुआ आदि बाह्याडम्बरों की आवश्यकता नहीं पड़ती। वह तो स्वयं ही अनाहद नाद रूपी वीणा को बजाता रहता है। वह भिक्षा वृत्ति द्वारा भोजन नहीं करता, परन्तु भूखा भी नहीं सोता, अर्थात् अपने संचित कर्मों से कर्ज लेकर एवं नवीन क्रियमाण कर्मों में फँसकर नये प्रारब्ध कर्मों का निर्माण नहीं करता। वह अपने घट रूपी घर के हृदयरूपी आँगन में ही विचरण करता रहता है अर्थात् वह भौतिक जगत् से अपने ध्यान को हटाकर आत्मस्वरूप में ही स्थित हो जाता है। वह अपनी पाँचों ज्ञानेन्द्रियों के समूह को अपने वश में रखता है। कबीर इसी प्रकार के गुरु का चेला बनने को तैयार हैं। कबीरदास कहते हैं कि जो अपनी सूक्ष्म साधना के द्वारा इस संसार को त्यागकर उस देश को चले गये अर्थात् जिन्होंने परमात्मा का साक्षात्कार कर लिया वे इस संसार में लौट कर पुनः नहीं आयेंगे अर्थात् जन्म-मृत्यु के चक्र में नहीं पड़ेंगे।

इस पद में बाह्य साधना की अपेक्षा अन्तःसाधना को महत्त्व दिया गया है। पाँच जना से तात्पर्य पंच ज्ञानेन्द्रियों (आँख, कान, नाक, जिह्वा तथा त्वचा) से है। अनहद बने में रूपक 'पाँच जना' में रूपकातिशयोक्ति, माँगिन खाइ भूखा में विरोधाभास अलंकारों की योजना की गयी है।

जोगिया तन कौ जन्त्र बजाइ।
ज्यूँ तेरा आवागमन मिटाइ।।टेक।।
तत करि ताँति धर्म करि डाँड़ी, सत कौ सारि लगाइ।
मन करि निहचल आसँण निहचल, रसनाँ रस उपजाइ।।
चित करि बटवा तुचा मेषली, भसमैं भसम चढ़ाइ।
तजि पाषंड पाँच करि निग्रह, खोजि परम पद राइ।।
हिरदै सींगी ग्यान गुणि बाँधौ, खोजि निरंजन साँचा।
कहै कबीर निरंजन की गति, जुगति बिनाँ प्यंड काँचा।।२०८।।

शब्दार्थ – जन्त्र = वाद्ययन्त्र, बाजा, आवागमन = जन्म-मृत्यु का चक्र, तत = परम तत्त्व, सारि = लोहा, प्यंड = शरीर, बटवा = बटने वाला, मेषली = करधनी, पाँच= पंच ज्ञानेन्द्रियाँ, गुणि = रस्सी ।

व्याख्या – हे योगी! तुम अपने शरीर रूपी वाद्य यन्त्र को ही बजाओ अर्थात् अपने शरीर की साधना करो, जिससे तुम्हारे जन्म-मरण का चक्र समाप्त हो जाय। तत्त्व का साक्षात्कार करने वाली आन्तरिक वृत्ति को ताँत बना लो और धर्म की डंडी बना लो और उस पर सत्य रूपी लोहे का आवरण लगा दो। अपने मन को निश्चल कर तथा स्थिर आसन लगाकर अपनी जिह्वा से भक्ति रूपी रस को उत्पन्न करो। अपने चित्त (मन) को बटुआ बना लो तथा त्वचा की मेखला बना लो। भस्मीभूत पंच विकारों की भस्म अपने शरीर में लगा लो। सभी प्रकार के बाह्याडम्बरों और पाखण्डों का त्यागकर अपनी पाँचों इन्द्रियों को वश में करके उस परमपद परमात्मा की खोज करो। हृदय रूपी श्रृंगी को ज्ञान की रस्सी में बाँधकर उस सत्य स्वरूप, निष्कलुष निराकार ब्रह्म की खोज करो। कबीरदास कहते हैं कि उस अविकारी ब्रह्म की दशा का ज्ञान प्राप्त किये बिना, तथा मुक्ति के अभाव में यह शरीर कच्चे घड़े के समान है, अर्थात् यह जीवन व्यर्थ ही सिद्ध होता है।

इस पद में कबीर ने बाह्य आडम्बरों का विरोध करते हुए मन की साधना पर बल दिया है। सम्पूर्ण पद में सांगरूपक तथा रस रसनाँ, गति जुगति में सभंगपद यमक की योजना की गयी है।

अवधू ऐसा ज्ञान बिचारी,
ज्यूँ बहुरि न ह्वै संसारी।।टेक।।
च्यंत न सोच चित बिन चितवैं, बिन मनसा मन होई ।
अजपा जपत सुंनि अभिअतंरि, यहू तत जानैं सोई ।।
कहै कबीर स्वाद जब पाया, बंक नालि रस खाया।
अमृत झरै ब्रह्म परकासैं, तब ही मिलै राम राया।।२०९।।

शब्दार्थ – बहुरि = लोटकर, च्यंत = चिन्ता, अजपा = अनाहतनाद।

व्याख्या – हे अवधूत ! तुम ऐसी ज्ञान धारणा पर विचार करो जिससे तुम्हें पुनः इस संसार में लौटकर आना न पड़े। उस परमात्म का चिंतन करो जो बिना चित्त (मन) के सम्पूर्ण जगत की चिंता करता है। जिसका मन तृष्णा आदि विकारों से रहित है। जो योगी अपने अन्तःमनस एवं शून्य मंडल में माया के आवरण से रहित होकर आत्म स्थिति को पहचानता हुआ अजपा जाप करता है, वही उस परमतत्त्व को जान पाता है। कबीरदास कहते हैं कि जब

साधक इस परमतत्त्व का स्वाद चख लेता है तो वह ब्रह्मनाल का रसपान करने के लिए निरंतर व्याकुल रहता है। जब ज्ञान का अमृत सतत् झरता रहे और ब्रह्म ज्योति का प्रकाश होता रहे तभी परमात्मा राम को मिला हुआ समझना चाहिए।

इस पद में आध्यात्मिक ज्ञान की महत्ता का प्रतिपादन किया गया है। 'च्यंत .... मन होई' में विभावना अलंकार, तथा 'अजपा जाप' में विरोधाभास अलंकार की योजना की गयी है।

गोब्यंदे तुम्हारैं बन कंदलि, मेरो मन अहेरा खेलै।
बपु बाड़ी अनगु मृग, रचिहिं रचि मेलैं।।टेक।।
चित तरउवा पवन षेदा, सहज मूल बाँधा।
ध्याँन धनक जोग करम, ग्याँन बाँन साँधा।।
षट चक्र कँवल बेधा, जारि उजारा कीन्हाँ।
काम, क्रोध, लोभ, मोह, हाकि स्यावज दीन्हाँ।।
गगन मंडल रोकि बारा, तहाँ दिवस न राती।
कहै कबीर छाँड़ि चले, बिछुरे सब साथी।।२१०।।

शब्दार्थ – कंदलि = कदली, केला, अहेरा = शिकार, बाड़ी = वाटिका, तरउवा = साथ लगे रहने वाला, षेदा = भगाकर ले जाने वाला, मूल = मूलाधार चक्र, धनक = धनुष, स्यावज = सौंज, शिकार ।

व्याख्या – हे ईश्वर, तुम्हारे इस कदली वन रूपी संसार में मेरा साधक मन शिकार खेल रहा है। इस शिकार में मेरा शरीर ही वाड़ी है और काम (इच्छायें) ही इसमें विचरण करने वाले मृग हैं। यह मेरा मन अत्यधिक रुचि के साथ इस काम रूपी मृग पर बाण चला रहा है। चित्त की चेतना ही वह पदाति (साथ-साथ रहने वाला) है, जो इस सम्पूर्ण वन को जानता है। प्राणायामरूपी वायु ने सारे विकाररूपी जानवरों को खदेड़ कर एवं एक स्थान पर इकट्ठा करके उन्हें सहजरूपी जड़ से बाँध दिया है। इस शिकार के लिए साधक ने ध्यानरूपी धनुष लेकर योग के कर्म से उसे सिद्ध कर लिया है। उसने ज्ञानरूपी बाण से अपने लक्ष्य की ओर निशाना लगाया है। साधक ने अपनी कुण्डलिनी जागरण के द्वारा षट् कमल चक्रों को भेदकर तथा ज्ञानरूपी अग्नि को जलाकर उसे प्रकाशित कर दिया है। हाँक द्वारा काम, क्रोध, मोह तथा लोभ आदि जन्तुओं को हाँक दिया गया है। गगन मंडल को रोककर ही शिकार के लिए यह बाड़ा बनाया गया है। वहाँ न दिन रहता है न रात। अर्थात् इसमें रात-दिन का ज्ञान नहीं रहता है। कबीरदास कहते हैं कि इस शिकार में अर्थात् परमात्मावस्था की प्राप्ति में अन्य साधनाओं तथा कर्मों में रत साथी विलग हो गये हैं, अर्थात् उस अवस्था तक सब साधक नहीं पहुँच पाते केवल ज्ञानी साधक ही वहाँ पहुँच पाते हैं।

इस पद में कबीर ने शिकार के रूपक के द्वारा मन के विकारों को नष्ट करने की बात कही है। इन विकारों को नष्ट करके ही उस परमपद को प्राप्त किया जा सकता है। सम्पूर्ण पद में 'सांग रूपक' अलंकार की योजना है। 'षटचक्रों' से तात्पर्य योग साधना के द्वारा छः चक्रों (मूलाधार, स्वाधिष्ठान, मणिपूरक, अनाहत, विशुद्धि, आज्ञा) को पार करने से है।

साधन कंचू हरि न उतारै,
अनभै ह्वै तौ अर्थ बिचारै ।।टेक।।
बाँणी सुरँग सोधि करि आणै, आणौं नौं रंग धागा।
चंद सूर एकंतरि कीया, सीवत बहु दिन लागा।।
पंच पदार्थ छोड़ि समाँनाँ, हीरै मोती जड़िया।
कोटि बरष लूँ कंचूँ सीयाँ, सुर नर धंधैं पड़िया।।
निस बासुर जे सोवैं नाहीं, ता नरि काल न खाई।
कहै कबीर गुर परसादैं, सहजै रह्या समाई।।२११।।

शब्दार्थ – कंचू = कंचुकी, अनभै = भयरहित, एकतरि = एक स्थान पर, पंच पदार्थ = पाँचों इन्द्रियाँ, निस बासुर = रात-दिन ।

व्याख्या – ईश्वर से यही प्रार्थना है कि वह साधन शरीर रूप कंचुक को आत्मा से विलग न करे। जो व्यक्ति अनुभवी होगा वही इसका अर्थ समझ सकता है। (भगवान् की साधना में शरीर का आद्यन्त सहयोग रहता है) शरीर रूपी कंचुकी के निर्माण के लिए वह सुन्दर करघा खोजकर लाता है, और नौ रंगों का सूत्र लाता है। (गुरु नव द्वारों को शब्द रूपी धागे से आपूरित कर देता है)। चन्द्र और सूर्य (इड़ा-पिंगला, नाड़ियों को एक स्थान पर अर्थात् सुषुम्ना से सम्बद्ध किया गया। इस साधना रूपी वस्त्र को सिलने में बहुत समय लग गया है। पंच इन्द्रियों के विषय को साधना रस में समाहित कर दिया गया, फिर उसमें ज्ञान और भक्ति के हीरे मोती जड़े गये। कोटि वर्षों में साधना के साधन के रूप में यह कंचुकी तैयार हो पाती है, साधना के वर्षों में देव और मनुष्य सांसारिक धन्धों में ही लिप्त रहते हैं। जो व्यक्ति साधना रत रहते हुए रात दिन नहीं सोता उस व्यक्ति को काल ग्रसित नहीं करता। कबीर कहते हैं कि गुरु की कृपा से वही सहज स्वरूप में समा जाता है।

साँग रूपक, रूपकातिशयोक्ति, अलंकारों का विधान है। 'शरीरमाद्यैव खलु धर्म साधनम्' की स्वीकृत है। साधना योग्य शरीर को तैयार करना गुरु कृपा से ही संभव है।

जीवत जिनि मारै मूवा मति ल्यावैं,
मास बिहूँणाँ घरि मत आवै हो कंता।।टेक।।
उर बिन षुर बिन चंच बिन, बपु बिहूँना सोई।
सो स्यावज जिनि मारै कंता, जाकै रगत मांस न होई।।
पैली पार के पारधी, ताकी धनुही पिनच नहीं रे।
ता बेली को ढूँक्यों मृग लौ, ता मृग कैसीं सनही रे।।
मार्‌या मृग जीवता राख्या, यहु गुरु ग्याँन मही रे।
कहै कबीर स्वाँमी तुम्हारे मिलन कौ, बेली है पर पात नहीं रे।।२१२।।

व्याख्या – जीवात्मा अपने साधक रूप को पति मानकर कह रही है। हे प्रियतम! विषय वासनाओं में लिप्त जीवित मन को मत मारना और नितान्त निर्जीव भावावेग रहित मन रूपी शिकार को मत ले आना क्योंकि वह भी किसी काम का नहीं होता है। किन्तु इस शिकार की प्रक्रिया में भक्ति और ज्ञान रूपी मांस के बिना भी मत लौटना। मन जिसका शिकार कृच्छ साधक करता है उसके न तो हृदय है न खुर है न चोंच है, शरीर भी नहीं है। ऐसे शिकार को मत मारना जिसके खून और मांस नहीं है। ऐसा मन जो सबल नहीं है, मुरझाया हुआ, आवेग

एवं स्फूर्ति रहित है उसे बलात् कुचलने से कोई लाभ नहीं है। साधना की ऐसी उपलब्धि व्यर्थ है जिसमें ज्ञान एवं भक्ति रस की प्राप्ति न हो, मात्र शुष्क परिणति हो। तुम तो प्रथम श्रेणी के शिकारी हो, तुम्हारे पास तो धनुष की प्रत्यंचा भी नहीं है अर्थात् आडम्बरपूर्ण साधन या कृच्छ साधनाओं के बिना ही तुम मन रूपी मृग को वशीभूत कर सकते हो। यह मृग स्वानुभूति रूपी बेल के पास पहुँच गया है। इस मन रूपी मृग के सिर नहीं है अर्थात् यह अहंकार हीन हो गया है। गुरु के ज्ञान से मन रूपी मृग जीवन्मृत कर दो। कबीर कहते हैं कि हे स्वामी तुम्हारे मिलन हेतु मेरी स्वानुभूति रूपी बेल पत्र विहीन अर्थात् निर्विकल्प है।

पैली पार के पारधी का दूसरा अर्थ उस पार का शिकारी भी है। इस पार का शिकारी सांसारिक है। उस पार का शिकारी पारमार्थिक है। कुछ टीकाओं में बेलि का अर्थ माया किया गया है जो यहाँ उचित नहीं है।

प्रस्तुत पद में सांग रूपक, विरोधाभास, विभावना आदि की योजना की गयी है। उलटवाँसी शैली का प्रयोग है।

धीरौ मेरे मनवाँ तोहि धरि टाँगौ,
तैं तौ कीयौ मेरे खसम सूँ षाँगौ ।।टेक।।
प्रेम की जेवरिया तेरे गलि बाँधू, तहाँ लै जाऊँ जहाँ मेरौ माधौ।
काया नगरी पैंसि किया मैं बासा, हरि रस छांड़ि बिषै रसि माता।।
कहै कबीर तन मन का ओरा, भाव भगति हरिसूँ गठ जोरा।।२१३।।

व्याख्या – हे मेरे विषयी मन! तुम्हें पकड़कर ऊपर टांग दूंगा अर्थात् तुम्हें ऊर्ध्वमुखी करूँगा। तुमने मेरे स्वामी से बुरा आचरण किया है। मैं तुम्हारे गले में प्रेम की रस्सी बाँधूंगा और लेकर वहाँ जाऊँगा जहाँ मेरे माधव हैं। मन का उत्तर है कि मैंने काया रूपी नगर में प्रविष्ट होकर निवास किया, भक्तिरस छोड़कर विषय वासना के रस में ही मस्त रहा। कबीर कहते हैं कि जो तन और मन का अन्तिम परिणाम है उसे समझने के बाद मेरी भाव भगति का गठबंधन उस भगवान् से हो गया है।

प्रेम की जेवरिया, काया नगरी में रूपक अलंकार है। मन का मानवीकरण किया गया है।

परब्रह्म देख्या हो तत बाड़ी फूली, फल लागा बडहूली।
सदा सदाफल दाख बिजौरा, कौतिकहारी भूली।।टेक।।
द्वादस कूँवा एक बनमाली, उलटा नीर चलावै।
सहजि सुषमनाँ कूल भरावै, दह दिसि बाड़ी पावै।।
ल्यौ की लेज पवन का ढींकू, मन मटका ज बनाया।
सत की पाटि सुरति का चाठा, सहजि नीर मुलकाया।।
त्रिकुटी चढ्यौ पाव ढौ ढारे, अरध, उरध की क्यारी।
चंद सूर दोऊ पांणति करिहै, गुर मुषि बीज बिचारी।।
भरी छावड़ी मन बैकुंठा, साँई सूर हिया रंगा।
कहै कबीर सुनहु रे संतो, हरि हम एकै संगा।।२१४।।

शब्दार्थ–लेज=रस्सी, पांणति=जल प्रसार की युक्ति।

व्याख्या – परम ब्रह्म के दर्शन से अन्तःकरण की वाटिका अनेक सिद्धियों के फल फूल

से भर गयी। उसमें मोक्ष रूपी बड़हल का फल लग गया। उसमें सदाफल, द्राक्षा (अंगूर) तथा विजोड़ी आदि पुरुषार्थ चतुष्टय लग गए जिन्हें देखकर जीवात्मा विभ्रमित (विभोर) हो गयी। अनाहत चक्र के द्वादश कमल दल ही बारह कुएँ हैं, मन रूपी साधक एक मात्र माली है। मन या चित्त इस कूप से उलटा जल बहाता है अर्थात् इसमें ऊपर से जल खींचा जाता है और नीचे की ओर प्रवाहित किया जाता है। इस साधना में चेतना का प्रवाह बहिर्मुख न रहकर अन्तर्मुख होता है। साधक चित्त सहज सुषुम्ना से उस वाटिका के कूलों (क्यारियों) को भरता है तथा दसों दिशाओं (दसों रन्ध्र जो सांसारिक वासनाओं के आवागमन के स्त्रोत हैं) को इस अमृत जल से भर देता है। उनमें बाह्य आसक्तियों की अभिवृत्ति नहीं रह जाती है। ध्यान की रस्सी, पवन की ढेंकुली तथा मन का घड़ा, सतोगुण की पाटी, तथा सुरति रूपी कूप के किनारे का उपयोग करते हुए साधक रूपी बनमाली ने सहज आनन्द रस-जल को प्रभूत मात्रा में ढरका दिया। त्रिकुटी पर स्थित साधक मन नीचे ऊपर की क्यारियों में पावटा ढालने लगा (पानी से क्यारियों को भलीभाँति भर दिया) चन्द्र और सूर्य (इड़ा, पिंगला) नाड़ियाँ इसके प्रसार की युक्ति करेंगी। गुरु के मुख से निकला हुआ बीज मंत्र का विकीर्णन होगा। उसके पुष्पित पल्लवित तथा फलित होने पर छाबड़ी के भरा होने पर मन बैकुंठी हो गया। मन शूर परमात्मा के रंग में रंग गया। कबीर कहते हैं कि हे संतो, सुनो हरि और हम एक संग हो गए।

परमात्मानुभूति को यौगिक प्रतीकों द्वारा व्यंजित किया गया है। हृदय में प्रेम के जागृत होने पर हठयोग की समस्त सिद्धियां स्वतः उपलब्ध हो जाती हैं।

सांगरूपक, रूपकातिशयोक्ति, अन्योक्ति आदि अलंकारों की योजना है।

रांम नाँम रंग लागौ, कुरंग न होई।
हरि रंग सौ रंग और न कोई।।
और सबै रंग इहि रंग थै छूटै, हरि रंग लागा कदे न खूटै।
कहै कबीर मेरे रंग रॉंम रॉंई, और पतंग रंग उड़ि जाई।।२१५।।

शब्दार्थ – कदे = कभी, पतंग =पतले, हल्के।

व्याख्या – राम नाम का ऐसा रंग लग गया है जो कुरंग नहीं होता है, हरि रंग के समान कोई दूसरा रंग नहीं है। अन्य सभी रंग इस रंग के लगने पर छूट जाते हैं किन्तु जिसे हरि का रंग लग जाता है वह कभी नहीं छूटता। कबीर कहते हैं कि मेरे रंग राम राय हैं और अन्य रंग कच्चे हैं जो उड़ जाते हैं।

इस पद में रंग का अर्थ वर्ण तथा रंजित होना दोनों है। इसलिए इसमें यमक विधान है। हरि रंग में रूपक अलंकार है।

कबीरा प्रेम कूल ढरै, हँमारे राम बिना न सरै।
बाँधि ले धीरा सींचि लै क्यारी ज्यूँ तूँ पेड़ भरै।।
काया बाड़ी माँहै माली टहल करै दिन राती।।
कबहूँ न सोवै काज सँवारै, पाँण तिहारी माती।।
सेझै कूवा स्वाति अति सीतल, कबहूँ कुवा बनही रे।।
भाग हँमारे हरि रखवाले कोई उजाड़ नहीं रे।।
गुर बीज जनाया कि राखि न पाया, मंन की आपदा खोई।।
औरैं स्यावढ़ करै षारिषा, सिला करै सब कोई।।

जौ घरि आया तौ सब ल्याया, सबही काज सँवार्‌या।।
कहै कबीर सुनहु रे संतौ, थकित भया मैं हार्‌या।।२१६।।

शब्दार्थ – कूल= किनारे, टहल = सेवा, कार्य, पाँण = प्रणति, उपाय, युक्ति, सेझ = शैत्य, शीतलता, स्यावढ़ = सर्वाढ्य, स्वत्वाधिकारी, षारिसा = खालिस, एकाधिकार।

व्याख्या – कबीर राम के प्रेम के किनारे ढल रहा है, मेरा जीवन राम के बिना नहीं चलता है। धौरा बाँधकर (बड़ी नाली बाँधकर) अपनी क्यारी को सींच लो जिससे मन रूपी पेड़ पूरी तरह सिंचित हो जाय। शरीर रूपी क्यारी को सींचने के लिए मन की वृत्तियों को बंधन मुक्त करना पड़ता है नहीं तो प्रेम रस बाह्य जगत की ओर प्रकटित होकर वासनामय हो जाता है। शरीर वाटिका है, साधक जीव या आत्माराम माली है जो दिन रात इसकी (सेवा) रखवाली करता रहता है। यह रखवाला कभी नहीं सोता, हरदम अपना काम ठीक से करता है जबकि जल को इधर-उधर वितरित करने वाली नाड़ियाँ मस्त रहती हैं। सुषुम्ना या ब्रह्मरंध्र का जल स्वाती जल की तरह अत्यन्त शीतल है, कुवायु (दूषित वातावरण) इसे प्रभावित नहीं कर पाता। हमारे भाग्य से हरि इसके रखवाले हैं, इसलिए इसे कोई उजाड़ नहीं सकता। गुरु ने उसमें बीज डालकर खेती उपजाया। इससे मन की विपदाएँ खो जाती हैं (सम्पूर्ण चिन्ता दूर हो जाती है)। जो इस खेती का पूर्ण अधिकारी या स्वामी है वही समग्रता को प्राप्त करता है, जो पूर्ण समर्पित साधक है, वह इसके अनाज पर पूरा अधिकार पा लेता है, जो अधूरा साधक है वह गिरे पड़े अन्न को ही प्राप्त करता है। पूर्ण साधक का ही घर लौटना सार्थक होता है। कबीर कहते हैं कि मैं प्रेम साधना का उपदेश देते-देते थक गया हूँ, पर संसार के लोग समझ नहीं सके।

सांगरूपक अलंकार है। रूपकातिशयोक्ति तथा प्रतीकों का प्रयोग किया गया है। कृषि प्रधान समाज में कबीर के इस तरह के बिम्ब साधना प्रणाली को सहजता से सम्प्रेषित करते हैं।

राजा राम बिना तकती धो धो।
राम बिना नर क्यूँ छूटौगे, जम करै नग धो धो धो।।
मुद्रा पहर्‌या जोग न होई, घूँघट काढ्या सती न कोई।।
माया कै संग हिलि मिलि आया, फोकट सारै जनम गँवाया।।
कहै कबीर जिनि हरि पद चीन्हाँ, मलिन प्यंड थैं निरमल कीन्हा।।२१७।।

व्याख्या – राजा राम के बिना कदाचित् तुम्हें अपना अस्तित्व छिन्न-भिन्न करना है। राम के बिना यमराज के पाश से कैसे छूटोगे। वह अनन्तः तुम्हें नंगा करके धू धू जलायेगा। मुद्रा के धारण करने से कोई योगी नहीं हो जाता और घूँघट निकाल लेने से कोई स्त्री सती नहीं हो जाती है। पति के प्रति आन्तरिक निष्ठा ही उसे सती बनाती है। तू माया के साथ हिल मिलकर आया है और व्यर्थ के व्यापार में अपना जन्म गँवा रहा है। कबीर कहते हैं कि जिसने हरि पद को पहचान लिया उसने अपने मलिन पिंड को निर्मल बना लिया (ईश्वर की कृपा से मलिन पिंड निर्मल हो जाता है)।

तकती का दूसरा अर्थ देखना है। संसार अन्तिम समय में शव को जलते देखता है किन्तु उससे मुक्त नहीं करा पाता। बाह्याचार का विरोध करते हुए राम भक्ति की महत्ता को प्रतिपादित किया गया है।

है कोई राँम नाँम बतावै,

बस्तु अगोचर मोहिं लखावै।।

राँम नाँम सब कोई बखाँनै, राँम नाँम का मरम न जाँनै।।

ऊपर की मोहि बात न भावै, देखै गावै तौ सुख पावै।।

कहै कबीर कछू कहत न आवै, परचै बिना मरम को पावै।।२१८।।

व्याख्या – क्या कोई व्यक्ति ऐसा है जो राम नाम के विषय में मुझे बताए और अगोचर वस्तु को मुझे दिखा दे। राम नाम का वर्णन सब कोई करते हैं किन्तु राम नाम का मर्म नहीं जानते। ऊपरी बात (मर्म से रहित) मुझे अच्छी नहीं लगती, यदि अनुभव सिद्ध (जिसने ईश्वर का साक्षात्कार किया है वही अनुभव सिद्ध होता है) कोई गुणगान करता है तो उसे सुख मिलता है (जो उसका श्रवण करता है उसे भी सुख मिलता है। कबीरदास कहते हैं कि कुछ कहते नहीं बनता है, परिचय के बिना उसका मर्म कोई नहीं जान सकता है।

अलख ब्रह्म की अनुभूतिपरक मार्मिकता की व्यंजना है। सामान्य कथन में ईश्वर का मर्म उद्घाटित नहीं होता, उसका परिचय पाने वाला ही मर्म समझा सकता है।

गोव्यंदे तूँ निरंजन तूँ निरंजन राया।

तेरे रूप नहीं रेख नाहीं मुद्रा नहीं माया।।

समद नाँहीं सिषर नाहीं धरती नाँही गगनाँ।।

रबि ससि दोउ एकै नाँही, बहत नाँही पवनाँ।।

नाद नाँही व्यंद नाँही, काल नहीं काया।

जब तै जल व्यंब न होते, तब तूँ ही राम राया।।

जप नाँही, तप नाँही, जोग ध्याँन नहीं पूजा।।

सिव नाँही सकती नाँही, देव नहीं दूजा।।

रुग न जुग न स्याँम अथरबन, बेद नहीं व्याकरनाँ।

तेरी गति तूँहि जाँनै, कबीरा तो सरनाँ।।२१६।।

व्याख्या – हें गोविन्द तू निरंजन (निर्लिप्त) है, न तुम्हारा कोई रूप है और न रेखा। तुम्हारी कोई मुद्रा (मन की मुद्रा, वृत्ति या लक्षण) नहीं है। तुम्हें माया भी नहीं व्यापती है। तुम्हारे शुद्ध रूप में न समुद्र है, न शिखर है, पृथ्वी और आकाश भी नहीं है। वहाँ सूर्य, चन्द्रमा एक भी नहीं है और हवा भी नहीं है। पंचतत्त्व से निर्मित भौतिक जगत के आधार के बिना भी तुम अस्तित्ववान हो। उस परमपद की स्थिति में नाद, बिन्दु, काल, शरीर, कुछ भी नहीं रहते। जब जल में बिम्ब नहीं होते थे, तब से तू ही राम राजा है (जल तत्त्व सृष्टि में सबसे पहले हुआ माना जाता है, राम उससे भी पहले है। तुम जप नहीं, तप नहीं, योग, ध्यान, पूजा भी नहीं, शिव शक्ति, तथा अन्य देव भी नहीं हो, न तुम ऋक् हो, न यजुः हो, न साम, न अथर्वण, वेद तथा व्याकरण भी नहीं हो। तेरी गति तू ही जानता है, कबीर तुम्हारी शरण में आ गया है।

ईश्वर भौतिक जगत्, वेद, शास्त्र, जप, तप, ध्यान, योग सभी से परे है। वह अप्रमेय

और अज्ञात है। कबीर ने अद्वैत ब्रह्म के परिप्रेक्ष्य में ही गोविन्द के स्वरूप के विषय में विचार किया है। वह अपने स्वरूप का वास्तविक ज्ञाता स्वयं है। अद्वैत अनुभूति में ज्ञाता, ज्ञेय एवं ज्ञान का भेद मिट जाता है।

राम कै नाँइ नीसाँन बागा, ताका मरम न जाँनै कोई।
भूख तृषा गुण वाकै नाँहीं घट घट अंतरि लोई।।
बेद बिबर्जित भेद बिबर्जित, बिबर्जित पाप रु पुन्यं।
ग्यान बिबर्जित ध्यान बिबर्जित, बिबर्जित अस्थूल सुन्यं।।
भेष बिबर्जित, भीख बिबर्जित बिबर्जित ड्यमंक रूपं।।
कहै कबीर तीहूँ लोक बिबर्जित, ऐसा तत्त अनूपं।।२२०।।

व्याख्या – राम नाम का नगाडा बजता है (चारों ओर राम नाम की धुन होती है) किन्तु उसका मर्म कोई नहीं जानता है। भूख प्यास उसके गुण नहीं हैं। प्रत्येक शरीर में वही व्याप्त है। वेद के ज्ञान से वह परे है, वह समस्त भेदों से परे है। पाप और पुण्य से भी परे है। ज्ञान तथा ध्यान से परे है, स्थूल और शून्य से भी परे है। उसका कोई वेश नहीं, भिक्षा से परे है और दंभ से परे है। तात्पर्य यह है कि किसी भी आडम्बर से वह प्राप्य नहीं है। कबीर कहते हैं कि वह अनुपम तत्व तीन लोक से परे है।

ईश्वर के स्वरूप का कथन उपनिषदों की नेति, नेति शैली में किया गया है।

राँम राँम राँम रमि रहिए
साषित सेती भूलि न कहिये।।
का सुनहाँ कौ सुमृत सुनायें, का साषित पै हरि गुन गाँये।।
का कउवा कौं कपूर खवायें का बिसहर कौ दूध पिलाँये।
साषित सुनहाँ दोऊ भाई, वो नीदै, वो भौंकत जाई।।
अंमृत ले ले नींव स्यंचाई, कहै कबीर बाकी बाँनि न जाई।।२२१।।

शब्दार्थ – साषित = शाक्त, शक्ति का पुजारी, सुनहाँ = कुत्ता।

व्याख्या – कबीर कहते हैं कि राम में निरन्तर रमे रहो किन्तु शाक्तों के सामने भूलकर भी राम चर्चा मत करो। कुत्ते को स्मृति सुनाने से क्या लाभ है? वैसे ही शाक्तों के आगे हरि गुणगान का क्या लाभ है? अर्थात् जैसे कुत्ते को स्मृति सुनाना व्यर्थ है, उसी तरह शाक्त के आगे हरि का गुणगान व्यर्थ है। कौआ को कपूर खिलाने से क्या फल निकलेगा। वह दूषित खाद्य पदार्थों के साथ ही उसका भी संयोग कर देगा, विषधर (सर्प) को दूध पिलाने से उसका विष क्षीण नहीं होता है, दूध भी विष में मिल जाता है। शाक्त और कुत्ते दोनों भाई-भाई हैं। शाक्त हरि निन्दा करता है और कुत्ता भूँकता जाता है। अमृत द्वारा भले ही नीम के पेड़ को सींचा जाय किन्तु कबीर का कथन है कि वह अपनी प्रकृति कड़ुवाहट को छोड़ता नहीं है।

उदाहरण तथा उपमा अलंकारों का प्रयोग करते हुए हरि विमुखों की निन्दा की गयी है।

अब न बसूँ इहि गाँइ गुसाँई,
तेरे नेवगी खरे सयाँने हो राँम
नगर एक तहाँ जीव धरम हता बसै जु पंच किसाँनाँ।
नैनूँ नकटू श्रवनूँ, रसनूँ, यन्द्री कहा न मानै, हो राँम।।

गाँइ कुठाकुर खेत कुनेपै, काइथ खरच न पारै।।
जोरि जेवरी खेति पसारै, सब मिलि मोको मारै, हो राँम।।
खोटौ यह तो बिकट बलाही, सिरकस दम का पारै।
बुरौ दिवाँन दादि नहि लागै, इक बाँधै, इक मारै हो राँम।।
ध्रमराइ जब लेखा माँग्या, बाकी निकसी भारी।
पाँच किसाँनाँ भाजि गये हैं, जीवधर बांध्यौ पारी हो राँम।
कहै कबीर सुनहु रे संतौ, हरि भजि बाँधौ भेरा।
अबकी बेर बकसि बंदे कूँ, सब खत करौं निबेरा।।२२२।।

शब्दार्थ – नेगी = हिसाब लेने वाला कर्मचारी, श्रवनूं = श्रवणेन्द्रिय, कान, नेपै = नाप रहा है, काइथ = कायस्थ, पटवारी, वलाही = बलाधिकृत, जेवरी = रस्सी, खत = हिसाब, बकाया।

व्याख्या – हे गोस्वामी (इन्द्रियों के मालिक) राम अब मैं इस शरीर रूपी गाँव में नहीं बसूँगा। तुम्हारे द्वारा नियुक्त वसूली वाले कर्मचारी बड़े चालाक हैं। इस नगर में अपने सही धर्म से च्युत एक जमींदार रहता है। यही जीवधर नाम का महतो भी रहता है। पाँच इन्द्रियाँ ही इसके किसान हैं। नेत्र, नाक, श्रवण, रसना आदि इन्द्रिय रूपी किसान महतो (चौधरी) का कहना नहीं मानते हैं। इस गाँव का कुठाकुर मन इस शरीर के कार्यक्षेत्र की गलत पैमाइश करता है, वह ऐसे कर्मों में प्रवृत्त रहता है कि इन्द्रिय रूपी किसान उचित ढंग से अपना काम नहीं कर पाते। कर्म भोग का लेखा-जोखा रखने वाला कायस्थ (शरीर में स्थित चेतना) को वह सही हिसाब नहीं दे पाता। क्रियमाण कर्म अच्छे नहीं होते इसलिए संचित कर्म के पुण्य फल का ही जीव भोग करता रहता है। मन आशा तृष्णा आदि की रसरी सही जोड़कर शरीर के कार्य क्षेत्र को अपने अधीन कर लेता है। सभी लोग मिलकर जीवात्मा को ही मारते हैं अर्थात् उसे ही दुख बद्ध करते हैं। इस गाँव का महतो बुरा है, बलाधिकृत भी बिकट है। उनसे विद्रोह करने का दम किसका है। यहाँ का बुद्धि रूपी दीवान भी बुरा है, उसके पास भी कोई सुनवाई नहीं होती उसके नौकर तर्क-वितर्क कर्म से बाँधते तथा फिर दंडित करते हैं, धर्मराज (यमराज) जब जीव से लेखा माँगता है तो देनदारी बहुत शेष रहती है अर्थात् पुण्य की अपेक्षा पाप ही अधिक निकलता है। अन्ततः पाँचों किसान तो भाग जाते हैं जीव ही यमराज द्वारा बाँधा जाता है। कबीर कहते हैं कि हे संतो! भगवान् का भजन करके इस भवसागर से पार उतरने के लिए बेड़ा बाँधो। हे भगवान् मुझे इस बार अपने कर्मों के लिए क्षमा करें। अब मैं अपने सम्पूर्ण खाते का निपटारा कर दूँगा। मेरे खाते में लेन-देन का कुछ भी नहीं रहेगा।

प्रस्तुत पद में जिस रूपक का विधान किया गया है, वह गाँव की कृषि व्यवस्था पर तो पूरी तरह लागू होता है किन्तु शरीर की व्यवस्था पर लागू होने में अनेक कठिनाइयाँ पैदा होती हैं। पहली पंक्ति में गाँव कहा गया तीसरी पंक्ति में नगर का वर्णन असंगत है। इसके स्थान पर डॉ० पारसनाथ तिवारी ने निम्नलिखित पद स्वीकार किया है।

बाबा अब न बसउँ यहि गाउं।
घरी घरी का लेखा मांगै काइथ चेतू नांउं।।
देही गाँवा जिवधर महतो बसहि पंच किरसाना।।
नैनूं, नकटू स्त्रवनूं, रसनूं इन्द्री कहा न मांनां।।

धरम राइ जब लेखा मांगै, बाकी निकसी भारी।
पंच क्रिसनवाँ भागि गए लै बांध्यौ जिउ दरबारी।
कहै कबीर सुनहु रे संतहु खेतहिं करहु निबेरा।।
अब की बेर बखसि बंदे कौं बहुरि न भौजलि फेरा।।

व्याख्या–हे बाबा (भगवान्) इस शरीर रूपी गाँव में अब बसेरा नहीं करूँगा। चेतना नामक कायस्थ घड़ी, घड़ी का लेखा-जोखा माँगता रहता है। शरीर गाँव है, जीवधारी इसका महतो (चौधरी) है इसमें नैनूं, नकटू, स्रवनू, रसनूं नाम के पाँच इन्द्रिय रूपी किसान निवास करते हैं किन्तु वे जीवात्मा के कथनानुसार आचरण नहीं करते। धर्मराज (यमराज) जब महतो से लेखा माँगते हैं तो उसके पास सत्कर्म से प्राप्त पुण्य रूपी धनराशि कम पड़ जाती है। पाँचों किसान जीवात्मा का साथ छोड़कर भाग जाते हैं, यमराज के दरबारी जीवात्मा को ही पकड़कर ले जाते हैं। कबीर कहते हैं कि हे संतो! क्षेत्र का निपटारा कर दो। ईश्वर से कहो कि भक्त को वह एक बार क्षमा कर दे फिर तो इस संसार सागर में आना ही नहीं है। जब देह ही नहीं धारण करेंगे तो कर्म तथा कर्म संचय की समस्या से ही मुक्ति मिल जायेगी।

रूपक अलंकार का विधान किया गया है। तत्कालीन कर व्यवस्था तथा किसानों की आर्थिक दशा पर भी प्रकाश डाला गया है। इन्द्रियों के आधार पर किसानों का नामकरण कबीर की सूक्ष्म निरीक्षण क्षमता तथा शब्द निर्माण क्षमता को द्योतित करता है।

ता भै थै मन लागौ राँय तो ही, करौ कृपा जिनि बिसरौ मोंही।।
जननी जठर सह्या दुख भारी, सो संक्या नहीं गई हमारी।।
दिन दिन तन छीजै जरा जनावै, केस गहे काल बिरदंग बजावै।।
कहै कबीर करुणाँमय आगै, तुम्हारी क्रिपा बिना यहु विपति न भागै।।२२३।।

व्याख्या–जन्म के उसी भय से मेरा मन तुझमें लगा हुआ है, मुझ पर कृपा करके मुझे विस्मृत न करो। माँ के गर्भ में मैंने भारी दुख का सहन किया, मुझे शंका है कि फिर इसी तरह का कष्ट सहना पड़ सकता है। दिन-दिन तन क्षीण हो रहा है, वृद्धावस्था का प्रभाव प्रतीत होने लगा है और काल (मृत्यु) बालों को पकड़कर मृदंग बजा रहा है। यह कबीर करुणा मय के आगे कह रहा है, तुम्हारी कृपा के बिना यह विपत्ति दूर नहीं हो सकती है।

जन्म-मृत्यु के भय से ग्रसित कबीर ने ईश्वर से आत्म निवेदन किया है।

कब देखूँ मेरे राँम सनेही, जा बिन दुख पावै मेरी देही।।
हूँ तेरा पंथ निहारूँ स्वाँमी, कब रमि लहुगे अंतरजाँमी।
जैसें जल बिन मीन तलपै, ऐसे हरि बिन मेरा जियरा कलपै।
निस दिन हरि बिन नींद न आवै, दरस पियासी राँम क्यूँ सचु पावै।
कहै कबीर अब बिलंब न कीजै, अपनौ जाँनि मोहि दरसन दीजै।।२२४।।

व्याख्या– आत्मा रूपी विरहिणी कहती है कि हे मेरे स्नेही राम! तुझे मैं कब देखूँगी, जिसके बिना मेरा यह शरीर दुख पा रहा है। हे स्वामी! मैं तुम्हारा रास्ता देख रही हूँ, हे अन्तर्यामी तुम कब मिलोगे। जिस तरह जल के बिना मछली तड़पती है, उसी प्रकार भगवान् के बिना मेरा प्राण तड़पता है। रात दिन भगवान् के बिना नींद नहीं आती। तुम्हारे दर्शन की प्यासी मैं कैसे सच (सुख) पा सकती हूँ। कबीर कहते हैं कि अब विलंब न कीजिए। मुझे अपना समझकर दर्शन दीजिए।

दृष्टांत अलंकार का प्रयोग करके कबीर ने विरह श्रृंगार की मार्मिक व्यंजना की है।

सो मेरा राँम कबै धरि आवै, ता देखे मेरा जिय सुख पावै।।
बिरह अगिनि तन दिया जराई, बिन दरसन क्यूं होइ सराई।।
निस बासुरि मन रहै उदासा, जैसे चातिग नीर पिआसा।।
कहै कबीर अति आतुरताई, हमकौ वेगि मिलौ राँम राई।।२२५।।

व्याख्या–मेरा राम कब घर आएगा, उसे देखकर ही मेरा जीव सुख पाएगा। बिरह की आग से देह जला दी है, बिना दर्शन के शीतलता कैसे हो, रात-दिन मन उदास रहता है जैसे चातक स्वाति जल के बिना उदास रहता है। कबीर कहते हैं कि मैं आतुर हूँ हे राम! शीघ्र आकर मिलो।

तीसरी पंक्ति में उपमा अलंकार है।

मैं सासने पीव गौंहनि आई।
साँई संगि साध नही पूगी, गयौ जोवन सुपिनाँ की नाईं।।
पंच जना मिलि मंडप छायौ, तीनि जना मिलि लगन लिखाई।
सखी सहेली मंगल गावैं, सुख दुख माथै हलद चढ़ाई।।
नाँनाँ रंगै भाँवरि फेरी, गाँठि जोरि बाबै पति ताई।
पूरि सुहाग भयो बिन दूलह, चौक कै रंगि धर्‍यौ सगौ भाई।।
अपनैं पुरिष मुख कबहूँ न देख्यौ, सती होत समझी समझाई।
कहै कबीर हूँ सर रचि मरिहूँ, तिरौं कंत लै तूर बजाई।।२२६।।

व्याख्या–आत्मा रूपी स्त्री कहती है कि मैं दाम्पत्य सुख के भोग के लिए ससुराल में प्रियतम के पास आई थी। किन्तु स्वामी के साथ मेरी इच्छा पूरी नहीं हुई, मेरा यौवन स्वप्न की तरह बीत गया। पाँच लोगों ने मंडप बनाया था तथा तीन लोगों ने लग्न निर्धारित की थी। पाँच सहेलियों ने मंगल गीत गाया, तथा सुख-दुख की प्रतीक हल्दी मस्तक पर लगायी। अनेक प्रकार की भाँवरें हुईं, बाबा ने गाँठ जोड़कर पति को समर्पित कर दिया। मेरा सुहाग बिना दूल्हे के ही पूर्ण हुआ, चौक में मैंने उत्सव मग्नता के कारण सगे भाई का ही हाथ पकड़ लिया। अपने पुरुष का मुँह मैंने कभी देखा ही नहीं। जब मेरा सती होने का समय आया तो वास्तविकता समझ में आयी। कबीर की आत्मा कहती है कि मैं चिता रचकर मरूँगी और तूर्य बजाकर अपने कांत को लेकर तिरूँगी।

विवाह के इस रूपक में कबीर ने आत्मा के भावों की व्यंजना की है। आत्मा अपने पति परमात्मा के साथ आनन्द भोग के लिए देह धारण करती है। पंचतत्त्वों से देह का निर्माण होता है तथा तीन गुणों (सत्, रज्, और तम) इसकी लग्न (भावात्मक स्थिति) को निर्धारित करते हैं। ससुराल में आते ही (जन्म ग्रहण करते ही) अन्य आत्मा रूपी सखियाँ मंगल गीत गाती हैं। आत्मा और परमात्मा के मिलन के अवसर पर भी इन्द्रियाँ उल्लसित होकर मंगलगान करती हैं। देह की शक्ति बड़ी जल्दी क्षीण हो जाती है और दाम्पत्य सुख से तृप्ति नहीं होती है। यौवन स्वप्न की तरह बीत जाता है। इसमें सांसारिकता का संकेत प्रधान है। सांसारिक सुख से कभी तृप्ति नहीं होती। जीव इस संसार में अनेक भाँवरें लेता है, बाबा (वरिष्ठ तथा समझदार लोग) आत्मा रूपी कन्या को उसके वास्तविक पति (ईश्वर) से ही जोड़ना चाहते हैं किन्तु सांसारिक मंडप में मस्ती के कारण जीवात्मा मन रूपी भाई का ही हाथ

पकड़ लेती है। जब उसका सतीत्व जागृत होता है तभी उसे वास्तविकता का ज्ञान होता है। फिर वह फैसला करती है कि विषय वासनाओं को जलाकर अनाहत का तूर्य बजाते हुए वह प्रियतम की एकता की अनुभूति के साथ इस संसार से संतरण करेगी।

लौकिक तथा अलौकिक भावों की संश्लिष्टता के कारण प्रस्तुत पद का अर्थ जटिल हो गया है। सीधे-सीधे दोहरा अर्थ लगाने से पद का मर्म क्षत हो जाता है।

रूपकातिशयोक्ति अलंकार का प्रभावशाली विधान किया गया है।

धीरैं धीरैं खाइबौ अनत न जाइबौ
राँम राँम राँम रमि रहिबौ।।
पहली खाई आई माई पीछै खैहूँ सगौ जवाई।
खाया देवर खाया जेठ, सब खाया ससुर पेट।।
खाया सब पटण का लोग, कहै कबीर तब पाया जोग।।२२७।।

व्याख्या– कबीर कहते हैं कि धीरे-धीरे माया को खाना है अर्थात् नष्ट करना है, अन्यत्र किसी साधना पद्धति का सहारा नहीं लेना है। भक्ति साधना द्वारा राम के नाम में ही रमण करना है। पहले मैंने मूल अविद्या रूप मातामही तथा माता को खाया फिर विषय वासना रूपी कन्या का उपभोक्ता जीव रूपी जमाई को खाऊँगा अर्थात् जीव के कर्तृत्व एवं भोक्तृत्व के अध्यास को समाप्त कर दूँगा। अहंकार रूप जेठ तथा चंचल मन रूपी देवर को भी खा लिया। मूल अज्ञान रूपी ससुर के समस्त परिवार मोह, लोभ या कर्म को खा लिया। फिर शरीर रूपी नगर में रहने वाले सभी विकारों को खा लिया। तभी इस जीवात्मा को ईश्वर का योग प्राप्त हुआ।

रूपकातिशयोक्ति अलंकार की योजना की गयी है।

पद में प्रयुक्त प्रतीकों का सरल अर्थ यह भी है कि सांसारिक सम्बन्धों को जीवात्मा रूपी डाकिनी खा जाती है, उसी समय आत्मा और परमात्मा का मिलन हो पाता है।

मन मेरौ रहटा रसनाँ पुरइया,
हरि कौ नाउँ लैं लैं काति बहुरिया।
चारि खूँटी दोइ चमरख लाई सहज रहटवा दियौ चलाई।।
सासू कहै काति बहू ऐसै, बिन कातै निसतरिबौ कैसै।।
कहै कबीर सूत भल काता, रहटाँ नही परम पद दाता।।२२८।।

शब्दार्थ–रहटाँ = चरखा, रसनाँ = वाणी, पुरइया = तकुली, चमरख = चर्म के टुकड़े।

व्याख्या– कबीर कहते हैं कि मेरा मन चरखा है, वाणी तकुली है, आत्मा रूपी वधू हरि का नाम ले लेकर ध्यान का सूत कात रही है। मन, बुद्धि, चित्त तथा अहंकार अन्तःकरण चतुष्टय ही उसकी चार खूंटियाँ हैं, प्रवृत्ति और निवृत्ति के दो चमरख हैं (चर्म के टुकड़े) जिनमें से होकर तकुआ घूमता है। इस सहज के चरखे को उसने चला दिया। गुरु रूपी सास ने समझाया कि हे आत्मा रूपी साधिका चरखे को इस तह कातो, बिना, विशेष प्रकार से काते संसार से निस्तारण नहीं होगा। कबीर कहते हैं कि मैंने ध्यान सूत्र को अच्छी तरह काता जिससे मन रूपी चरखा परम पद का दाता सिद्ध हो गया।

तिवारी ने चौथी पंक्ति के स्थान पर निम्नलिखित पंक्ति स्वीकार किया है–

'छौ मास तागा वरिस दिन कुकुरी, लोग बोलै भल कातल वपुरी।'

इसका अर्थ है छै महीने में तागा तैयार हुआ और एक वर्ष में सूत की गुण्डी, लोग कहते हैं कि कातने वाली बेचारी अद्‌भुत ढंग से सूत कात रही है।

सम्पूर्ण पद में सांगरूपक रहटा परमपद दाता में अपन्हुति। कबीर वयन कर्म करते थे। इसलिए उन्होंने वयन कर्म से सम्बन्धित रूपकों का प्रभावशाली प्रयोग करके अपनी साधना के मर्म को उजागर किया है।

अबकी घरी मेरी घर करसी,
साध संगति ले मोकौं तिरसी।।
पहली को घाल्यौ भरमत, डोल्यौ, सच कबहूँ नहीं पायौ।
अब की धरनि धरी जा दिन थैं सगलौ भरम गमायौ।।
पहली नारि सदा कुलवंती सासू ससुरा मानैं।।
देवर जेठ सबनि की प्यारी, पिव कौ मरम न जाँनै।।
अब की धरनि धरी जा दिन थैं, पीय सूँ बाँन बन्यूँ रे।
कहै कबीर भाग बपुरी कौ, आइरु राँम सुन्यूँ रे।।२२६।।

शब्दार्थ– धरी = धारण किया, करसी = करेगी, घाल्यौ = छोड़ दिया, सच = सुख, सच्चाई, बपुरी = बेचारी।

व्याख्या– साधक जीव का कथन है कि मैंने अब जिस निवृत्ति रूपी स्त्री को धारण किया है वह मेरा घर बसायेगी। साधुओं की संगति से वह मुझे तार देगी। पहली प्रवृत्ति रूपी स्त्री के संसर्ग में रहते हुए भी परित्यक्त की तरह मैं भ्रमण करता हूँ, मुझे कभी भी सुख नहीं मिला। अब नयी घरणी (स्त्री) अर्थात् निवृत्ति के ग्रहण से मेरा सारा भ्रम दूर हो गया। प्रवृत्ति रूपी नारी कुल के प्रति निष्ठावान थी सास, ससुर, देवर, जेठ, सभी उसको प्रिय थे अर्थात् संसार के सभी सम्बन्ध उसे अच्छे लगते थे केवल पति परमेश्वर की ही उपेक्षा होती थी क्योंकि प्रिय का मर्म वह समझती ही नहीं थी। अबकी बार जब से नयी पत्नी (निवृत्ति) को धारण किया तब से ही प्रिय का वर्ण (आदत, प्रकृति) उससे मेल खा गया है। कबीर कहते हैं कि बेचारी का भाग्य ही है कि राम ने आकर सुन ली।

पहली स्त्री अविद्या भी हो सकती है और दूसरी स्त्री बोध वृत्ति। पारिवारिक सम्बन्धों के आधार पर आध्यात्मिक प्रबोध का सुन्दर वर्णन किया गया है। रूपकातिशयोक्ति अलंकार का सार्थक विधान है।

मेरी मति बौरी राम बिसार्‌यौ, किहि बिधि रहनि रहूँ हो दयाल।
सेजैं रहूँ नैन नहीं देखौं, यह दुख कासौं कहूँ हो दयाल।।
सासु की दुखी ससुर की प्यारी जेठ के तरसि डरौ रे।।
नणद सुहेली गरब गहेली, देवर कैं बिरह जरौं हो दयाल।।
बाप सावको करैं लराई माया सद मतिवाली।
सगौ भइया लै सलि चढ़हूँ, तब ह्वै हूँ पीयहि पियारी।।
सोचि बिचारि देखौं मन माँही, औसर आइ वन्यूँ रे।
कहै कबीर सुनहुँ मति सुंदरि, राजाराम रमूँ रे।।२३०।।

शब्दार्थ– गहेली = ग्रस्त, सलि = चिता।

व्याख्या– विषयासक्ति के कारण मेरी बुद्धि उन्मत्त हो गयी है, इसलिए राम ने मुझको भुला दिया है, अब किस तरीके से जीवन व्यतीत करूँ। ईश्वर रूपी पति की शय्या पर मैं रहती हूँ किन्तु पति को देख नहीं पाती, इस दुख का कथन किसके समक्ष करूँ। मैं माया रूपी सास से दुखी हूँ, अज्ञान रूप ससुर मुझे प्रिय है, मोह रूपी जेठ के भय से भयभीत रहती हूँ। बुद्धि रूपी ननद मेरी सहेली है किन्तु वह भी गर्व से ग्रस्त है। वासनाग्रस्त मन रूपी देवर का वियोग एक क्षण भी नहीं सह पाती हूँ। अहंकार रूपी पिता से मेरी निरन्तर लड़ाई होती रहती है, माया रूपी माँ सदैव नशे में चूर रहती है। अब मैं सहज बोध रूपी सगे भाई के साथ चिता पर चढ़ूँगी, तब मैं अपने प्रियतम की प्यारी हो जाऊँगी। मैंने मन में सोच विचार कर देख लिया कि अब मुक्त होने का अवसर आ गया है। कबीर कहते हैं कि हे बुद्धि रूपी सुंदरी! राजा राम में रमण करो।

माता प्रसाद गुप्त ने प्रस्तुत पद में प्रयुक्त प्रतीकों के किंचित भिन्न अर्थ का संकेत किया है। सास भक्ति है, ससुर ईश्वर है। जेठ ज्ञान है ननदें और सहेलियाँ साधक की विविध भावनाएँ, देवर योगी है, बाप-श्रावक-माया लिप्त जीव है, माता माया है, सगा भाई मन है, राम आत्मा राम है। मतवाली बुद्धि भक्ति से डरती है, ईश्वर से प्रेम तो है किन्तु ज्ञान के आडम्बर से वह डरती भी है। बुद्धि ज्ञान के माध्यम को ईश्वर प्राप्ति का साधन मानती है किन्तु ज्ञान के ऊहापोह से विषयवासनाग्ररत बुद्धि डरती भी है। जिन भावनाओं का वह सहयोग लेती है वे अहंकार ग्रस्त हैं। माया लिप्त जीव से उसका संघर्ष होता है। योगी रूपी देवर के विरह (अनुपस्थिति) के कारण भी वह दुखी है। माया रूपी उसकी माँ सदैव मतवाली रहती है। मन रूपी सगे भाई के साथ चिता पर चढ़ने से प्रिय का प्रेम मिलता है। साधना मन के साथ एवं मन को मारने (जीवन्मृत होने) से ही संभव है। कबीर कहते हैं कि हे बुद्धि सुन्दरी! तू आत्माराम में रमण करो।

पारिवारिक सम्बन्धों के आधार पर साधनात्मक अनुभव की अभिव्यक्ति की गयी है। रूपकातिशयोक्ति अलंकार तथा प्रतीकात्मक शैली का व्यवहार किया गया है। दूसरी पंक्ति में विरोधाभास अलंकार है। परमात्मा यद्यपि आत्मा रूप में शरीरस्थ ही है किन्तु उसका अनुभव नहीं होता है। इसी को उलटबाँसी के ढंग पर व्यक्त किया गया है। दाम्पत्य सम्बन्धों का बिम्ब निर्मित किया गया है।

अवधू ऐसा ग्याँन विचारी,
ताथैं[1] भई पुरिष थैं[2] नारी।।
नाँ हूँ परगी नाँ हूँ क्वारी, पूत जनूँ द्यौ हारी[3]।
काली मूँड कौ एक न छोड्यो, अजहूँ अकन कुवारी।।
बाम्हन कै बम्हनेटी कहियौं[4] जोगी के घरि चेली।
कलमाँ पढ़ि पढ़ि भई तुरकनी अजहूँ[5] फिरौं अकेली।।
पीहरि जाँऊँ न सासुरे, पुरुषहिं अंगि[6] न लाँऊँ।।
कहै कबीर सुनहु रे संतौ[7], अंगहि अंग न छुवाऊँ।।२३१।।

व्याख्या– हे अवधूत इस ज्ञान का विचार करो। चैतन्य पुरुष से माया रूपी नारी का जन्म कैसे हुआ। माया स्वयं कहती है कि मैं पुरुष (चैतन्य पुरुष) से नारी रूप में पैदा हुई हूँ। न तो मैं परिणीता हूँ और न क्वाँरी हूँ। चैतन्य ब्रह्म से मेरा पूर्ण तादात्म्य भी नहीं है, उससे

पूर्णतया अलग भी नहीं हूँ, उसी पर अधिष्ठित हूँ, चैतन्य की सत्ता से ही मेरी सत्ता है। मैंने अनेक जीव रूपी पुत्रों को पैदा किया है। ईश्वर मेरे ही सहयोग से सृष्टि करता है। जीव के अन्दर अनेक विकार भी मेरे द्वारा ही पैदा किए जाते हैं। मैं काले सिर वाले अर्थात् युवक युवतियों को बिलकुल नहीं छोड़ती फिर भी मैं अखंड कुमारी हूँ। मेरा भोग कोई नहीं कर पाता, सिर्फ लोगों को भोग का मिथ्या अहसास होता है। ब्राह्मण के घर ब्राह्मणी रूप में, योगी के घर शिष्या रूप में मैं विद्यमान हूँ। कलमाँ पढ़कर मैं तुर्किनी हो जाती हूँ। मैं अकेली घूमती हूँ। मेरा जीवात्मा से वास्तविक सम्बन्ध होता ही नहीं इसलिए अकेली हूँ। मेरा न तो पीहर में जाना होता है न ससुराल में अर्थात् इहलोक तथा परलोक में आवागमन नहीं है। ईश्वर की तरह मैं भी सर्वत्र व्याप्त हूँ।

चैतन्य पुरुष के अंगों का मैं संस्पर्श नहीं करती हूँ। कबीरदास कहते हैं कि हे संतो! मैं भी माया से अपना अंग नहीं स्पर्श कराऊँगा।

प्रस्तुत पद में उलटवाँसी शैली में माया की व्याप्ति, उसकी क्रियाशीलता तथा नारी रूप में उसकी स्थिति को अंकित किया गया है। माया का मानवीकरण किया गया है। विरोधाभास, उल्लेख, रूपकातिशयोक्ति आदि अलंकारों का विधान किया गया है।

तिवारी ने निम्नलिखित पाठ भेद को स्वीकार किया है–१. तातैं २. तै, ३. पूत जन्मावनहारी, ४. बाह्मनि होती,५. कलि मैं, ६. संगि, ७. जुग जुग जीऊँ

इस दृष्टि से अंतिम पंक्ति का अर्थ होगा - मैं युग युग तक जीवित रहती हूँ किन्तु अपने अंगों को पुरुष चैतन्य से स्पर्श नहीं कराती हूँ।

मींठी मींठी माया तजी न जाई।
अग्यानी पुरुष कौं भोलि भोलि खाई।।
निरगुँण सगुँण नारी, संसारि पियारी, लषमणि त्यागी गोरख निवारी।
कीड़ी कुंजर मैं रही समाई, तीनि लोक जीत्या माया कितहूँ न खाई।।
कहै कबीर पद लेहु विचारी, संसारि आइ माया कित हूँ एक कही खारी।।२३२।।

शब्दार्थ– भोलि = भुलावा, निवारी = निवारण किया।

व्याख्या– मीठी-मीठी माया त्यागी नहीं जाती। इसका आकर्षण इतना मधुर है कि कोई जीव इसे त्याग नहीं पाता है। अज्ञानी पुरुषों को यह भुलावे में डालकर खाती रहती है। यह असत् होने के कारण निर्गुण है, विश्व के सम्पूर्ण रूपों में प्रकट होने के कारण सगुण है। यह नारी गुणहीन गुणवती दोनों है। इसलिए यह सारे संसार को प्रिय है। इस माया का लक्ष्मण ने परित्याग किया और गोरखनाथ ने निवारण किया। सामान्यतः इसकी व्याप्ति चींटी से लेकर हाथी तक है। इसने तीनों लोकों पर विजय प्राप्त की है किन्तु इसे खाने वाला कोई नहीं है। कबीरदास कहते हैं कि इस पद पर विचार करो। संसार में आने वाला विरला प्राणी ही इसे खारी (कड़वी) कहता है। ज्यादातर लोग इसे मधुर ही मानते हैं।

निरगुण-सगुण में विरोधाभास, भोलि भोलि में पुनरुक्ति प्रकाश अलंकारों का विधान है। माया की व्याप्ति, उसकी प्रकृति तथा गहन आकर्षण की व्यंजना है।

मन कै मैलौ बाहरि ऊजलौ किसौ रे।
खाँडै की धार जन कौ धरम इसौ रे।।
हिरदा कौ बिलाव नैन बगध्यानी,

ऐसी भगति न होइ रे प्रानी।।
कपट की भगति करै जिन कोई।।
छाँड़ि कपट भजौ राम राई,
कहै कबीर तिहँ लोक बड़ाई।।२३३।।

व्याख्या– कबीर कहते हैं कि मन को दूषित करके बाहर (तन से) उज्ज्वल (शुद्ध) कैसे रह सकता है। भक्त का धर्म तलवार की धार की तरह है। कबीर ढोंगी भक्त की ओर संकेत करते हुए कहते हैं कि तेरा हृदय तो विडाल (बिल्ली) की तरह है और नेत्र बगुले की तरह है, सदैव तुम अपने शिकार की ही तलाश में रहते हो। हे प्राणी इस तरह भक्ति नहीं होती है। कपटपूर्ण भक्ति किसी को नहीं करना चाहिए, ऐसे ढोंगी भक्तों की अन्ततः बड़ी दुर्गति होती है, उन्हें अतिशय पीड़ा सहनी पड़ती है। कपट को छोड़कर राम राय का भजन करो, कबीर कहता है कि इससे तीनों लोक में तेरी बड़ाई होगी।

दूसरी पंक्ति में उपमा अलंकार का विधान है। कपटपूर्ण भक्ति का निषेध किया गया है।

चोखौ बनज व्यौपार करीजै।
आइ नैं दिसावरि रे राँम जपि लाही लीजै रे।।
जब लग देखौ हाट पसारा।
उठि उठि बाणिया रे करि लै, वणिज सवारा रे।।
बेगे हो तुम्ह लाइ लदांना।
औघट घाट रे चलनाँ दूरि पयाँना रे।।
खरा न खोटा नाँ परिखाँनाँ।
लाहे कारनि रे सब मूल हिरांनां रे।।
सकल दुनी मैं लोभ पियारा।
भूल ज राखै रे सोई वणिजारा रे।।
देश भला परिलोक बिराँना।
जन द्वै चारि न रे पूछौ साध सयांनाँ रे।।
सायर तीर न वार न पारा।
कहि समझावै रे कबीर वणिजारा रे।।२३४।।

शब्दार्थ– वनज = वाणिज्य, दिसावरि = परदेश, लाही = लाभ, परिखाँनाँ = परखने।

व्याख्या– हे जीव! तू इस संसार में धर्म-भक्ति पूर्ण चोखा (उत्तम) व्यापार कर लो। इस परदेश में आकर राम का नाम जपकर लाभ प्राप्त कर ले। जब तक इस संसार रूपी बाजार का प्रसार देखने में लगे हो तब तक उठकर वाणिज्य कर ले (राम-भक्ति का व्यापार कर ले, संसार में ही यदि भूले रहोगे तो समय बीत जाएगा।) शीघ्र ही तुम्हें लाद कर चलना होगा। जीवन सीमित है। इस संसार से जब जीव चला जायेगा तो उसका सारा कार्य व्यापार स्थगित हो जायेगा। अपने कर्म फल को लेकर उसे शीघ्र प्रस्थान करना होगा। मार्ग अत्यन्त ऊँचा नीचा है। परलोक का मार्ग भी बहुत लम्बा है। चौरासी लाख योनियों में भटकने के बाद एक बार मानव जीवन मिलता है। यहाँ से ईश्वर तक पहुँचना सुगम नहीं है तो फिर वही लम्बा रास्ता तय करना होगा। तुम्हें खरे-खोटे की परख भी नहीं है। तुमने लाभ के लिए मूल को ही

गँवा दिया। शुद्ध चैतन्य आत्मा के साथ तुम्हें देह धारण का अवसर मिला। भक्ति और मुक्ति ही इसके लाभ थे किन्तु तूने सांसारिकता को ही लाभ समझा और मूल चैतन्य को ही हाथ से गँवा दिया। सारे संसार को लोभ ही प्रिय है, वास्तविक व्यापारी वही होता है जो मूल की रक्षा करता है। अपना देश अच्छा होता है विदेश तो विदेश है। परम पद रूपी लोक ही आत्मा का वास्तविक देश है। संसार तो परदेश है। दो चार लोग ही इस संसार में वास्तविक भक्त हैं। श्रेष्ठ एवं सुजान साधुओं से पूछकर देखो उनका भी यही मत है। इस भव सागर के किनारे का कोई वार-पार नहीं है। वास्तविक बनजारा कबीर जीवों को समझा कर कह रहा है।

साँगरूपक अलंकार का प्रयोग है। बाजार के बिम्ब द्वारा जीवों के क्रियाकलाप तथा भक्ति साधना की आवश्यकता को अंकित किया गया है।

जौ मैं ग्यॉंन विचार न पाया, तो मैं यों ही जन्म गँवाया।।
यह संसार हाट करि जाँनूँ, सबको बणिजण आया।
चेति सकै सो चेतौ रे भाई, मूरिख मूल गँवाया।।
थाके नैंन बैंन भी थाकै, थाकी सुंदर काया।
जाँमण मरण ए द्वै थाकै, एक न थाकी माया।
चेति चेति मेरे मन चंचल, जब लग घट मैं सासा।।
भगति जाव परभाव न जइयौ, हरि के चरन निवासा।
जे जन जाँनि जपैं जग जीवन, तिनका ग्यॉंन न नासा।
कहै कबीर वै कबहूँ न हारैं, जाँनि जो ढारैं पासा।।२३५।।

शब्दार्थ– पासा = चौसर।

व्याख्या– कबीर कहते हैं कि यदि मैंने ज्ञान का रहस्य नहीं समझा तो मुझे जन्म व्यर्थ ही गँवा देना पड़ेगा। यह संसार कर्म का बाजार है। सभी जीव वनजारे (व्यापारी) हैं। हे भाई! यदि समझ सको तो चेत जाओ (सजग हो जाओ) यहाँ आकर मूर्ख लोग अपना मूल ही गँवा देते हैं, वे अपने शुद्ध चैतन्य स्वरूप रूपी पूँजी को सांसारिकता में समाविष्ट कर देते हैं। इस कर्म-बाजार में देखने की लालसा से आँखें थक जाती हैं, बकवाद से वाणी थक जाती है, और सांसारिक क्रिया-कलापों में लिप्त रहने से सुन्दर शरीर थक जाता है। जन्म-मरण से गुजरते हुए जीव भी थक जाता है किन्तु माया नहीं थकती है। जब तक शरीर में श्वास प्रश्वास चल रहा है तब तक हे मेरे चंचल मन चेत जाओ। भक्ति का स्थूल रूप जाए तो जाए किन्तु शुद्ध भाव नहीं जाना चाहिए। सदैव शुद्ध भाव से हरि के चरणों में निवास करो। जो लोग संसार के जीवन रहस्य को समझकर जप करते हैं, उनका ज्ञान नष्ट नहीं होता। कबीर कहते हैं कि वे कभी नहीं हारते जो समझ बूझ कर पासा डालते हैं (चाल चलते हैं।)

संसार हाट में रूपक, बणिजण में रूपकातिशयोक्ति का विधान किया गया है। ज्ञान पूर्वक कर्म तथा भोग, जीवन को सार्थक करते हैं। भक्ति के आडम्बर भले ही छूट जाँय परन्तु भाव नहीं छूटना चाहिए।

लावौ बाबा आगि जलावौ घरा रे,
ता कारनि मन धंधे परा रे।।
इक डाइनि मेरे मन मैं बसै रे, नित उठि मेरे जिय को डसै रे,
या डाइन के लरिका पाँच रे निस दिन मोहिं नचावै नाच रे।।
कहै कबीर हूँ ताकौ दास, डाइँनि कै संगि रहै उदास।।२३६।।

व्याख्या– हे बाबा (वरिष्ठ व्यक्ति को सम्बोधित) इस विषय वासनाओं के घर अर्थात् दूषित शरीर को ज्ञानाग्नि से जला दो, उसी कारण मन सांसारिक धंधे में पड़ा है। एक डायन (माया) मेरे मन में बसती है, नित्य उठकर वह मेरे जीव को डस लेती है। इस माया रूपी डायन के पंच विकार रूपी पाँच लड़के हैं, ये रात दिन मुझे नाच नचाते रहते हैं। कबीर कहते हैं कि मैं उस ईश्वर का दास हूँ जो इस माया रूपी डाइन से अप्रभावित रहता है।

घर का प्रतीकार्थ दूषित मन भी हो सकता है। शरीर की तुलना में यह अभिप्राय अधिक सटीक है। डाइन का प्रतीकार्थ आसक्ति भी हो सकता है। कबीर उसका शिष्य (दास, गुलाम) बनने को तैयार हैं जो आसक्ति या माया से अप्रभावित रहता है। रूपकातिशयोक्ति तथा साँग रूपक अलंकारों का विधान किया गया है।

बंदे तोहि बंदिगी सौ काँम, हरि बिन जाँनि और हराँम,
दूरी चलणाँ कूँच वेगा, इहाँ नहीं मुकाँम।।
इहाँ नहीं कोई यार दोस्त, गाँठि गरथ न दाम।
एक एकै संगि चलणाँ बीचि नहीं विश्राम।।
संसार सागर विषय तिरणाँ, सुमिरि ले हरि नाम।
कहै कबीर तहाँ जाइ रहणाँ,नगर बसत निधाँन।।२३७।।

व्याख्या– हे मानव! तुम्हें केवल भक्ति से काम है, भगवान् के बिना अन्य चीजों को हराम ही समझो। तुम्हें दूर जाना है, शीघ्र प्रस्थान करो, यहाँ तुम्हारा स्थान नहीं है। यहाँ (इस संसार में) कोई दोस्त मित्र नहीं है। यहाँ खर्च करने के लिए जो दाम (पुण्यादि) चाहिए वह भी तुम्हारे पास नहीं है। इस यात्रा में अकेले ही जाना है। एक एक के साथ नहीं। बीच में विश्राम भी नहीं करना है। (आवागमन निरन्तर चलता है, एक जन्म के बाद दूसरा, दूसरे के बाद तीसरा) संसार सागर को पार करना अत्यधिक कठिन है, इसलिए हरि नाम का स्मरण कर लो। कबीर कहते हैं कि तुम्हें उस नगर में रहना है जो सर्व सम्पन्न है, जहाँ कृपा निधान बसता है।

हराम शब्द इस्लाम धर्म से गृहीत है, जिसका अर्थ है निषिद्ध। संसार माया का स्थान है। इसलिए भक्त को इससे विमुख रहना चाहिए। संसार सागर में रूपक अलंकार, नगर में रूपकातिशयोक्ति का विधान है।

झूठा लोग कहैं घर मेरा।
जा घर माँहै बोलै डोलै, सोई नहीं तन तेरा।।
बहुत बंध्या परिवार कुटुम्ब मैं, कोई नहीं किस केरा।
जीवत आँषि मूँदि किन देखौ, संसार अंध अँधेरा।।
बस्ती मैं थैं मारि चलाया, जंगलि किया बसेरा।।
घर कौं खरच खबरि नहीं भेजी, आप न कीया फेरा।।
हस्ती घोड़ा बैल बाँहणी, संग्रह किया घणेरा।
भीतरि बीबी हरम महल मैं, साल मिया का डेरा।।
बाजी की बाजीगर जांनै कै बाजीगर का चेरा।
चेरा कबहूँ उझकि न देखै चेरा अधिक चितेरा।।
नौ मन सूत उरझि नहीं मुरझै, जनमि जनमि उरझेरा।।
कह कबीर एक राम भजहु रे, बहुरि न ह्वैगा फेरा।।२३८।।

व्याख्या– हे जीव! लोग झूठ ही कहते हैं कि यह घर मेरा है। जिस शरीर रूपी घर में जीव बोलता, डोलता है, वह भी तेरा नहीं है। परिवार तथा कुटुम्ब से बहुत अधिक बँधे हो किन्तु यहाँ कोई किसी का नहीं है। जीवित रहते हुए ही एक बार आँख मूँदकर देखो संसार में सब जगह घना अँधेरा ही दिखाई देता है। मृत्यु के समय जब आँख बन्द होगी तो यही स्थिति रहेगी। मृतक व्यक्ति को बस्ती में से हटाकर जंगल में कर दिया जाता है। जो जंगल में रहता है वह न खर्च भेजता है न खबर ही भेजता है। स्वयं भी लौटकर नहीं आता है। हाथी, घोड़ा, बैल, तथा अन्य वाहक आदि का चाहे जितना संग्रह किया जाय, सब व्यर्थ है। भीतर बीवी तथा सुन्दर स्त्री रहती है किन्तु मिया का डेरा बाहर शाला में रहता है। मृत्यु के समय उसे बाहर कर दिया जाता है। यह संसार केवल एक खेल है। इसे या तो बाजीगर (ईश्वर) जानता है या उसका चेला तत्त्वज्ञ गुरु। चेला इस खेल को कभी आश्चर्य से नहीं देखता। वह चेला भी बड़ा चित्रकार है (चित्त में लीन है)। अन्य सभी व्यक्तियों के लिए यह संसार रहस्य है। नौ मन सूत उलझा हुआ है, यह जन्म-जन्म की उलझन है (इसे कई जन्मों में भी नहीं सुलझाया जा सकता है)। पाँच इन्द्रियों, चार अन्तःकरण इन नवों का उलझा सूत है। कबीर कहते हैं कि राम का भजन करो जिससे इस संसार में फिर से न आना पड़े और इस उलझन से मुक्त हो जाओ।

बस्ती मैं .... फेरा की टीका मृत व्यक्ति के संदर्भ में भी की गयी है। मरने के बाद बस्ती से हटाकर जंगल में कर दिया जाता है। जंगल में कब्र बनाकर गाड़ दिया जाता है या जला दिया जाता है जहाँ आत्मा का भ्रमपूर्ण निवास लोकदृष्टि में माना जाता है। वहाँ से मृतक व्यक्ति कोई खर्च तथा खबर नहीं भेजता है। न वह लौटकर आता है। अगली पंक्तियों में भी मृत अवस्था का ही वर्णन है इसलिए इन पंक्तियों की अर्थ की संगति हो सकती है। डॉ० पारसनाथ तिवारी ने इसका पाठ इस प्रकार स्वीकार किया है–

झूठा लोग कहैं घर मेरा।
जा घर माँही भूला डोलै सो घर नांही तेरा।।
हाथी घोड़ा बैल वाहनो संग्रह किया घनेरा।
बस्ती माँहि तैं दियो खदेरा, जंगल किएहु बसेरा।।
घर कौ खरच खबर नहिं पठयौ, बहुरि न कीन्हो फेरा।
बीवी बाहर हरम महल मैं बीच मियाँ का डेरा।।
नौ मन सूत उरझि न सुरझै जनमि जनमि उर झेरा।
कहै कबीर एक राम भजहु ज्यौं सहज होइ सुरझेरा।।

हावड़ि धावड़ि जनम गबावै,
कबहूँ न राँम चरन चित लावै।।टेक।।
जहाँ जहाँ दाँम तहाँ मन धावै, अँगुरी गिनताँ रैनि बिहावै।
तृया का बदन देखि सुख पावै, साध की संगति कबहूँ न आवै।।
सरग के पंथ जात सब लोई, सिर धरि पोट न पहुँच्या कोई।।
कहै कबीर हरि कहा उबारै, अपणैं पाव आप जौ मारै।।२३९।।

व्याख्या– संसारी जीव दौड़-धूप में ही जन्म व्यतीत कर देता है। वह कभी भी राम के चरणों में चित्त नहीं लगाता। जहाँ-जहाँ धन उपलब्ध होता है, मन वहीं-वहीं जाता है। लोभ

में ही वह अँगुलियों पर काल की गणना करता हुआ रात व्यतीत करता है। साधुओं की संगति में नहीं आता। सभी लोग स्वर्ग के मार्ग पर जाना चाहते हैं किन्तु कोई भी सिर पर पाप की पोटली रखकर स्वर्ग नहीं पहुँचा है। अपने पाँव में जो स्वयं (कुल्हाड़ी) मार रहा है, उसका भगवान् भी कैसे उद्धार कर सकते हैं।

पुनरुक्ति प्रकाश, हावड़ि, धावड़ि में ध्वनि बिम्ब का विधान है। अपने .... जो मारै मुहावरा का काव्यात्मक प्रयोग किया गया है। भगवान् उन्हीं जीवों का उद्धार करता है जो उसके लिए स्वयं प्रयत्नशील होता है।

प्राँणी काहे कै लोभ लागि, रतन जनम खोयौ।
बहुरि हीरा हाथि न आवै, राँम बिनाँ रोयौ।।टेक।।
जल बूँद थै ज्यानि प्यँड बाँध्या, अगिन कुंड रहाया।
दस मास माता उदरि राख्या, बहुरि लागी माया।।
अस पल जीवन की आसा नाहीं, जम निहारे सासा।
बाजीगर संसार कबीरा, जाँनि ढारौ पासा।।२४०।।

शब्दार्थ– प्यंड = शरीर, बाँध्या = बाँधा।

व्याख्या– हे प्राणी! लोभ के वशीभूत होकर तूने रत्न की तरह मूल्यवान जन्म को खो दिया (दुष्कर्मों में नष्ट कर दिया)। राम रूपी हीरा फिर से हाथ में नहीं आएगा, राम के बिना जीवन पर्यन्त रोना ही पड़ेगा। भगवान् ने वीर्य और रज की बूँद से तुम्हारा शरीर निर्मित किया और उसे गर्भ की अग्नि में सुरक्षित रखा, दस महीने तक माता के पेट में रखा और तुम (जन्म लेने के बाद) माया में लिप्त हो गए। तुमने कभी सोचा नहीं कि जीवन का पल भर भरोसा नहीं है, यमराज श्वासों पर निगाह लगाए है, (कब समय व्यतीत हो जाय और कब साँस बन्द हो जाय कुछ पता नहीं)। कबीर कहते हैं कि यह संसार बाजीगर की तरह धोखा देने वाला है। इसमें समझ बूझकर पासा डालना चाहिए। बाजीगर द्वारा फैलाए शतरंज के खेल में पासा समझ बूझकर डालना चाहिए नहीं तो जीवन के खेल में पराजित हो जाएँगे।

रूपक, रूपकातिशयोक्ति, उपमा आदि अलंकारों का प्रयोग है। वैराग्य और निर्वेद भाव की व्यंजना की गयी है।

फिरत कत फूल्यौ फूल्यौ।
जब दस मास उरध मुखि होते, सो दिन काहे भूल्यौ।।टेक।।
जौ जारै तौ होई भसम तन, रहत कृम ह्वै जाई।
काँचै कुंभ उद्यक भरि राख्यौ, तिनकी कौंन बड़ाई।।
ज्यूँ माषी मधु संचि करि, जोरि जोरि धन कीनो।
मूये पीछैं लेहु लेहु करि, प्रेत रहन क्यूँ दीनो।।
ज्यूँ घर नारी संग देखि करि, तब लग संग सुहेलौ।
मरघट घाट खैंचि करि राखे, वह देखिहु हंस अकेलौ।।
राँम न रमहु मदन कहा भूले, परत अँधेरै कूवा।
कहै कबीर सोई आप बँधायौ, ज्यूँ नलनी का सूवा।।२४१।।

शब्दार्थ– उरध = ऊर्ध्व, कूवा = अज्ञान का कुआँ, नलनी = बाँस की लग्गी जिससे तोता पकड़ा जाता था।

व्याख्या– हे प्राणी! तुम उत्फुल्लित (प्रसन्न चित्त, गौरवान्वित होकर) क्यों घूमता है। जब माँ के गर्भ में ऊर्ध्वमुख (असहाय) पड़े थे। उस समय को क्यों भूल गए। मृत्यु के बाद जब शरीर को जला दिया जाएगा तो वह भस्म हो जाएगा। यदि उसे जलाया न जाय तो उसमें कीड़े पैदा हो जाते हैं। कच्चे घड़े में जैसे पानी भरकर रखा गया हो उसी तरह मानव शरीर है, उसके लिए बड़ाई कौन-सी है। जिस प्रकार मधुमक्खी धीरे-धीरे मधु इकट्ठा करती है, उसी तरह मनुष्य धन इकट्ठा करता है किन्तु मरते ही लोग उसे बाँटने के लिए आतुर हो जाते हैं और शरीर को प्रेत बनने के भय से शीघ्र बाहर कर देना चाहते हैं। जब तक नारी साथ जाती है तब तक उसकी सहेलियाँ भी आगे बढ़ती हैं, फिर साथी लोग खींचकर (येन केन प्रकारेण ले जाकर) श्मसान तक पहुँचाते हैं, उसके बाद जीवात्मा को अकेले ही जाना पड़ता है। काम में कहाँ भूल पड़े हो, राम क्यों नहीं भजते? अज्ञान के अँधेरे कुएँ में क्यों गिरते हो? नलनी के तोते की तरह तुम स्वयं संसार से बँधे हो कोई तुम्हें बाँधे नहीं है।

पुनरुक्ति प्रकाश, उपमा, रूपक आदि अलंकारों का प्रयोग करते हुए सांसारिक असारता की व्यंजना की गयी है। लग्गी में लगी डंडी के उलट जाने पर तोता स्वयं अपने चंगुल से उसे पकड़ लेता है और शिकारी के चंगुल में फँस जाता है।

जाइ रे दिन ही दिन देहा।
करि लै बौरी राँम सनेहा।।टेक।।
बालापन गयौ जोबन जासी, जरा मरण भौ संकट आसी।
पलटै केस नैन जल छाया, मूरिख चेत बुढ़ापा आया।।
राँम कहत लज्या क्यूँ कीजै, पल पल आउ घटै तन छीजे।
लज्या कहै हूँ जम की दासी, एकैं हाथि मुदिगर दूजै हाथि पासी।
कहै कबीर तिनहूँ सब हार्‍या, राँम नाँम जिनि मनहु बिसार्‍या।।२४२।।

शब्दार्थ– पलटै = बाल पकना।

व्याख्या– हे बावली जीवात्मा! देह का धीरे-धीरे क्षरण हो रहा है। तुम राम से स्नेह कर लो। बचपन बीत गया, यौवन भी चला जाएगा, वृद्धावस्था और मरण का संकट आयेगा। बाल सफेद हो जाएगा, नेत्रों में पानी आने लगेगा, हे मूर्ख! क्यों नहीं समझता कि वृद्धावस्था आ गयी। राम कहते हुए लज्जा क्यों करते हो, प्रत्येक क्षण जीवन घट रहा है और तन (शरीर) क्षीण हो रहा है। लज्जा कहती है कि मैं यमराज की दासी हूँ। मेरे एक हाथ में मुगदर तथा दूसरे में पाश (जाल) है। कबीर कहते हैं कि जिसने राम-नाम को मन से बिसार दिया समझो वह जीवन का सब कुछ हार गया।

लज्जा का मानवीकरण, जीवन की नश्वरता तथा भक्ति की महत्ता की व्यंजना की गयी है।

मेरी मेरी करताँ जनम गयौ,
जनम गयौ पर हरि न कह्यौ।।टेक।।
बारह बरस बालापन खोयौ, बीस बरस कछु तप न कियौ।
तीस बरस लै राँम न सुमिर्‍यौ फिरि पछितानौं बिरध भयौ।।
सूकैं सरवर पालि बँधावै, लुणैं खेत हठि बाड़ि करै।
आयौ चोर तुरंग मुसि ले गयौ, मोरी राखत मुगध फिरै।।

सीस चरन कर कंपन लागे, नैन नीर असराल बहै।
जिभ्या बचन सूध नहीं निकसै, तब सुकरित की बात कहै।।
कहै कबीर सुनहु रे संतौ, धन संच्यो कछु संगि न गयौ।
आइ तलब गोपाल राइ की, मैंडी मंदिर छाँड़ि चल्यौ।।२४३।।

शब्दार्थ– मेरी मेरी = तेरे मेरे का भाव, सरवर = तालाब, पालि = बाँध, लुणैं = कटे हुए, तुरंग = घोड़ा, मुसि = छीनकर ले जाना, मुगध = मूर्ख, असराल = निरंतर बहने वाली आँसुओं की धारा, सुकरित = पुण्यकर्म।

व्याख्या– हे जीव! अपने तेरे भ्रम अर्थात् (यह मेरा है, यह तेरा है) में तुमने अपना सारा जीवन बिता दिया। तुम्हारा जीवन इसी प्रकार व्यर्थ गया परन्तु ईश्वर का स्मरण नहीं किया। जीवन के प्रारम्भिक समय को तूने खेल-खेल में नष्ट कर दिया। इसके बाद किशोरावस्था के भ्रम में पड़कर साधना नहीं की। तीस वर्ष (युवावस्था) तक राम-नाम का स्मरण नहीं किया। इसके पश्चात् वृद्धावस्था आ गई फिर पश्चाताप करने से क्या लाभ? वृद्धावस्था में पश्चाताप करना उसी प्रकार से है जैसे जल हीन सरोवर में बाँध बाँधना, और कटे हुए खेत में बाड़ लगाकर उसकी रक्षा करना है। जैसे चोर आकर घोड़े को छीन कर ले जाये और उसका मूर्ख मालिक मैड़ी (जिसमें घोड़ा बँधा था) को लेकर इस आशा में घूमता फिरे कि घोड़ा उसके पास है। वृद्धावस्था में तो सिर, पैर हाथ सब काँपने लगते हैं और नैनों से निरंतर आँसू की धारा बहती रहती है। जिह्वा से सीधे वचन नहीं निकलते तब तू पुण्य कर्मों की बात करता है। कबीर कहते हैं कि हे संतो! सुनो, किसी का संचय किया गया धन उसके साथ नहीं गया। जब ईश्वर का बुलावा आया तो उसे घर, द्वार, भवन आदि को छोड़कर जाना पड़ा।

कबीर ने व्यक्ति के वास्तविक स्वरूप का वर्णन किया है। यह संसार नश्वर है। इसमें तेरे-मेरे का भाव रखना अज्ञानता है। मेरी-मेरी-में पुनरुक्ति प्रकाश, सूकै .... बाड़ि, करै में दृष्टान्त अलंकार की योजना की गयी है। मानव जीवन की चारों अवस्थाओं का वर्णन किया गया है।

जाहि जांती नाँव न लीया,
फिरि पछितावैगे रे जीया।।टेक।।
धंधा करत चरन कर घाटे, आउ घटी तन खीना।
बिषै बिकार बहुत रुचि माँनी, माया मोह चित दीन्हाँ।।
जागि जागि नर काहें सोवै, सोइ-सोइ कब जागैगा।
जब घर भीतरि चोर पड़ैगे, तब अंचलि किसकैं लागैगा।।
कहै कबीर सुनहु रे संतौ, करि त्यौ जे कछु करनाँ।
लख चौरासी जोनि फिरौगे, बिनाँ राँम की सरनाँ।।२४४।।

शब्दार्थ– जांती = छोटा जाँत (चकरी जिसमें दाल दली जाती है), घाटे = गिट्ठी।

व्याख्या– कबीर कहते हैं कि तूने काल की जांती (चक्की) में पड़कर भी राम का नाम नहीं लिया। हे जीव तू बाद में पछताएगा। काम करते-करते पाँव और हाथ में घिट्टा (गाँठ) पड़ गयी, आयु कम हो गयी, तथा तन (शरीर) भी क्षीण हो गया। विषय विकारों के प्रति अधिक रुचि दिखायी तथा माया मोह के प्रति ही चित लगाया। हे मनुष्य! तू जाग जाग तू क्यों सोता है। तू सो सोकर कब जागेगा। जब शरीर रूपी घर में मृत्यु रूपी चोर प्रवेश कर जाएगा

तब किसकी सहायता माँगेगा (किसके अंचल का सहारा प्राप्त करेगा)। कबीर कहते हैं कि जो कुछ करना है कर लो। राम की शरण के बिना चौरासी लाख योनियों में भटकना पड़ेगा।

जाग, जागि में पुनरुक्ति प्रकाश, घर चोर में रूपकातिशयोक्ति आदि अलंकारों का प्रयोग करते हुए निर्वेद भाव की व्यंजना की गयी है। जागने का तात्पर्य ज्ञान से प्रबुद्ध होना है। सोना का लक्ष्यार्थ अज्ञान में डूबा रहना है।

माया मोहि मोहि हित कीन्हाँ,
ताथै मेरो ग्याँन ध्याँन हरि लीन्हाँ।।टेक।।
संसार ऐसा सुपिन जैसा, जीवन सुपिन समाँन।
साँच करि नरि गाँठि बाँध्यौ, छाड़ि परम निधाँन।।
नैन नेह पतंग हुलसै, पसू न पेखै आगि।
काल पासि जु मुगध बाँध्या, कनक काँमिनी लागि।।
करि बिचार बिकार परहरि, तिरण तारण सोइ।
कहै कबीर रघुनाथ भजि नर, दूजा नाँही कोइ।।२४५।।

व्याख्या– माया से मोहित होकर मैंने उससे प्रेम किया जिससे उसने मेरे ज्ञान को हर लिया। संसार स्वप्नवत नश्वर है जो सच प्रतीत होता किन्तु जाग्रतावस्था में असत्य हो जाता है। जीवन स्वप्न के समान है। किन्तु हे मनुष्य! तूने संसार को सच्चा समझकर परम निधान ईश्वर को छोड़कर उसे ही गाँठ से बाँध लिया अर्थात् उसी से गहरा रिश्ता स्थापित कर लिया। नेत्रों के आकर्षण से पतिंगा उल्लसित (खुश) होता है, वह पशु आग को नहीं देखता है। हे मुग्ध (मूढ़) जो तुम काल पाश (मृत्यु की रस्सी) में बाँधा गया है वह कनक (सोना) और कामिनी के मोह के कारण। विचार करके तू विकारों को त्याग दे, उसी से तुम्हारा तरना और तारना होगा (विषय वासनाओं के त्याग से ही भवसागर से तरा जा सकता है।) कबीर कहते हैं कि रघुनाथ को भजो, दूसरा कोई आराध्य नहीं है।

माया के प्रभाव, सांसारिक नश्वरता तथा विषय वासनाओं की आसक्ति के त्याग का वर्णन किया गया है। संसार ..... समान में उपमा, मोहि ..... में पुनरुक्ति प्रकाश, बाल-पाशि में रूपक, नैन ...... आगि में दृष्टांत अलंकार की योजना है।

ऐसा तेरा झूठा, मीठा लागा,
ताथैं साचे सूँ मन भागा।।टेक।।
झूठे के घरि झूठा आया, झूठा खान पकाया।
झूठी सहन का झूठा बाह्या, झूठै झूठा खाया।।
झूठा ऊष्ण झूठा बैठण, झूठी सबै सगाई।
झूठे के घरि झूठा राता, साचे को न पत्याई।।
कहै कबीर अलह का पुंगरा, साचे सूँ मन लावौ।
झूठे केरी संगति त्यागौ, मन बंछित फल पावौ।।२४६।।

व्याख्या– कबीर कहते हैं कि हे जीव! तुझे मिथ्या आनन्द ही मधुर लगता है, इसलिए सत्यता से तुम्हारा मन भाग जाता है अर्थात् विरत रहता है। इस झूठे संसार में झूठा जीव आया है (जीव की बद्धता अन्ततः मिथ्या है)। विषय वासना रूपी खान-पान भी झूठे हैं। मिथ्या की थाली में मिथ्या ही परोसा गया है और मिथ्या ही खाने की क्रिया भी हुई। उठना,

बैठना, सांसारिक सम्बन्ध सभी मिथ्या हैं। मिथ्या के घर में मिथ्या अनुरक्त होना है, सत्य तत्त्व पर कौन विश्वास कर रहा है। कबीर कहते हैं कि हे अल्लाह के बच्चे सत्य पर मन लगाओ। झूठ (मिथ्या) की संगति छोड़ दो जिससे मनोवांछित फल प्राप्त हो जाय।

रूपकातिशयोक्ति अलंकार का विधान है। ब्रह्म के अलावा सब कुछ मिथ्या है।

कौंण कौंण गया राम कौंण कौंण न जासी,
पड़सी काया गढ़ माटी थासी।।टेक।।
इंद्र सरीखे गये नर कोडी, पाँचौं पाँडौं सरिषी जोड़ी।।
धू अबिचल नहीं रहसी तारा, चंद सूर की आइसी बारा।।
कहै कबीर जग देखि संसारा, पड़सी घट रहसी निरकारा।।२४७।।

व्याख्या– हे राम! इस संसार में कौन-कौन चला गया, कौन-कौन नहीं जाएगा। इस संसार में आए हुए जीवों का जाना निश्चित है। शरीर रूपी यह किला गिरकर मिट्टी हो जाएगा। इन्द्र के समान बीसों व्यक्ति चले गए, पाँचों पांडवों जैसी जोड़ियाँ चली गयीं। ध्रुव तारा भी अविचल नहीं रहेगा, चन्द्र, सूर्य के भी नश्वरता का समय आयेगा। कबीर कहते हैं कि तुम जागकर इस संसार को देखो। यह घट शरीर गिरेगा, निराकार परमतत्त्व ही रहेगा।

सब कुछ नश्वर है केवल परमतत्त्व ही शाश्वत है।

इन्द्र तथा पांडव शक्तिशाली लोगों के प्रतीक रूप में ग्रहण किए गए हैं।

ताथैं सेविये नाराँइणाँ,
प्रभू मेरौ दीन दयाल दया करणाँ।।टेक।।
जौ तुम्ह पंडित आगम जाँणौं, बिद्या ब्याकरणाँ।
तंत मंत सब ओषदि जाणौं, अंति तऊ मरणाँ।।
राज पाट स्यंघासण आसण, बहु सुंदरि रमणाँ।
चंदर चीर कपूर बिराजत, अंति तऊ मरणाँ।।
जोगी जती तपी संन्यासी, बहु तीरथ भ्रमणाँ।
लुंचित मुंडित मोनि जटाधर, अंति तऊ मरणाँ।।
सोचि बिचारि सबै जग देख्या, काहूँ न ऊबरणाँ।
कहै कबीर सरणाई आयौ, मेटि जनम मरणाँ।।२४८।।

व्याख्या– संसार नश्वर है, ऐसा सोचकर नारायण की सेवा करना चाहिए। मेरे प्रभु दीनदयाल हैं और दया करने वाले हैं। यदि तुम पंडित हो, शास्त्र के जानकार हो, विद्या, व्याकरण जानते तो, तंत्र, मंत्र तथा सभी औषधियों को जानते हो तब भी तुम्हें मरना है। (यदि तुम राजा हो) तुम्हारे राजपाट है, सिंहासन पर विराजित होते हो, बहुत सी सुन्दरियों के साथ रमण करते हो, चन्दन चीर (वस्त्र) और कपूर सुशोभित होते हैं, अंततः तुम्हें भी मरना है। यदि तुम योगी, यती, तपस्वी और संन्यासी हो, और अनेक तीर्थों में भ्रमण करते हो यदि लुंचित (जैन सम्प्रदाय से सम्बद्ध), मुंडित, मौनी (न बोलने वाले), जटाधारी हो तो भी तुम सबको मरना है। सोच विचारकर सभी साधनों तथा पदों को देख लिया, कहीं भी उद्धार नहीं

है। हे भगवान् तुम्हारी शरण में आया हूँ। तुम मेरे जन्म-मरण को समाप्त कर दो।

भगवान् की शरणागति के बिना कोई भी मार्ग जीव को संसार से मुक्त नहीं कर सकते हैं। विभिन्न धार्मिक सम्प्रदायों के लोग भी मृत्यु के ग्रास बनते हैं और उन्हें पुनर्जन्म से गुजरना पड़ता है। ईश्वर के अनुग्रह से ही मुक्ति मिलती है।

पांडे न करसि बाद बिषाद,
या देही बिना सबद न स्वाद।।टेक।।
अंड ब्रह्मंड खंड भी माटी, माटी नवनिधि काया।
माटी खोजत सतगुर भेट्या, तिन कछू अलख लखाया।।
जीवत भी माटी मूवा भी माटी, देखौ ग्यान बिचारी।
अंति कालि माटी मैं बासा, लेटै पाँव पसारी।।
माटी का चित्र पवन का थंभा, ब्यंद संजोगि उपाया।
भाँनै घड़ै सँवारै सोई, यहु गोब्यंद की माया।।
माटी का मंदिर ग्यान का दीपक, पवन बाति उजियारा।
तिहि उजियारै सब जग सूझै, कबीर ग्याँन बिचारा।।२४९।।

व्याख्या– हे पंडित! वाद-विवाद क्यों करते हो? इस देह के बिना न शब्द है और न स्वाद। व्यष्टि, समष्टि तथा ब्रह्माण्ड सभी मिट्टी है और नवनिधि वाली शरीर भी मिट्टी है। मैं भी मिट्टी की ही खोज कर रहा था। संयोग से गुरु मिल गया, उसके प्रभाव से अलख को लक्षित करने की कुछ क्षमता मेरे अन्दर आ गयी। ज्ञानपूर्वक विचार करके देखो तो तुम्हें ज्ञात होगा कि यह शरीर जीवित अवस्था में मिट्टी है, मरने पर भी मिट्टी है। अंत समय में पाँव पसारकर मिट्टी में ही (कब्र में) निवास करना है। यह शरीर मिट्टी का पुतला (चित्र) है जिसमें पंच प्राणों का स्तंभ है। विन्दु (शुक्र) के संयोग से यह उत्पन्न किया गया है। वह गोविन्द इसे तोड़ता है, निर्मित करता है और सँवारता है। यह सब गोविन्द की माया है। मिट्टी के इस भवन में ज्ञान का दीपक जल रहा है, पंच प्राणों (पवन) की वर्तिका का इसमें प्रकाश है। कबीर ने ज्ञानपूर्वक विचार किया कि उसी के प्रकाश में संसार का ज्ञान होता है।

रूपक तथा रूपकातिशयोक्ति अलंकारों का प्रयोग है। शरीर यद्यपि जड़ है किन्तु परम चैतन्य के प्रकाश को धारण करने तथा उसके साक्षात्कार का साधन होने के कारण इसका महत्त्व भी है। संसार की नश्वरता की भी व्यंजना है।

मेरी जिभ्या बिस्न नैन नाराँइन, हिरदै जपौं गोबिंदा।
जम दुवार जब लेख माँग्या, तब का कहिसि मुकंदा।।टेक।।
तू ब्राह्मण मैं कासी का जुलाहा, चीन्हि न मोर गियाना।
तैं सब माँगे भूपति राजा, मोरे रॉम धियाना।।
पूरब जनम हम ब्राँह्मन हते[1], ओछैं करम तप हीनाँ।
राँमदेव की सेवा चूका, पकरि जुलाहा कीन्हाँ।।
नौंमी नेम दसमी करि संजय, एकादसी जागरणाँ।
द्वादसीं दाँन पुन्नि की बेंलाँ, सर्व पाप छ्यौ करणाँ।।
भौ बूड़त कछू उपाय करीजै, ज्यूँ तिरि लंघै तीरा।
राँम नाँम लिखि भेरा बाँधौ, कहै उपदेस कबीरा।।२५०।।

पाठान्तर– दास – १. होते।

शब्दार्थ– मुकंदा = ईश्वर।

व्याख्या– कबीर कहते हैं कि मै जीभ से विष्णु, नेत्र से नारायण और हृदय से गोविन्द का जप करता हूँ। हे जीव! जब यमराज लेखा माँगेगा अर्थात् मृत्यु का समय आ जायेगा तब क्या मुकुन्द (ईश्वर) का नाम लोगे। तुम ब्राह्मण हो, मैं काशी का जुलाहा हूँ, जाति, भेद, स्तर भेद के कारण तुम मेरा ज्ञान नहीं समझ पाओगे (समझने की चेष्टा भी नहीं करोगे) तुम अपनी धर्म साधना से पृथ्वीपति राजा होने की माँग करते हो, मैं तो सिर्फ राम का ध्यान करता हूँ (ईश्वर से ध्यान की याचना भी करता हूँ)। पूर्व जन्म में मैं ब्राह्मण था किन्तु मेरे कर्म तुच्छ थे। मैं तपस्या हीन था, रामदेव की सेवा में चूक हो गयी; इसलिए उसने पकड़कर मुझे जुलाहा बना दिया। नवमी को नियम तथा दशमी को संयम करो, एकादशी को जागरण करो, द्वादशी पुन्य की बेला है, जो समस्त पापों का नाश करने वाली होती है। तुम्हारे उपर्युक्त विधान वास्तव में पाप विनाशक नहीं हैं। भवसागर में डूबते हुए कुछ उपाय करना चाहिए जिससे तैरकर उस पार पहुँचा जा सकें। राम-नाम लिखकर बेड़ा बनाओ। कबीर का यही उपदेश है। राम-नाम का बेड़ा ही भवसागर पार करा सकता है।

राम-नाम का भेरा में रूपक अलंकार, तब का मुकंदा में गूढ़ोक्ति का विधान है। प्रस्तुत पद में कर्म फल के सिद्धान्त को मान्यता दी गयी है। कबीर के मन में ब्राह्मणत्व की श्रेष्ठता की भावना है। भक्ति साधना की श्रेष्ठता का प्रतिपादन है।

कहु पाँडे सुचि कवन ठाँव,

जिहि घरि भोजन बैठि खाऊँ।।टेक।।

माता जूठी पिता पुनि जूठा, जूठे फल चित लागे।
जूठा आँवन जूठा जाँनाँ, चेतहु क्यूँ न अभागे।।
अन्न जूठा पाँनी पुनि जूठा, जूठे बैठि पकाया।
जूठी कड़छी अन्न परोस्या, जूठे जूठा खाया।।
चौका जूठा गोबर जूठा, जूठी का ढीकारा।
कहै कबीर तेइ जन सूचे, जे हरि भजि तजहिं बिकारा।।२५१।।

शब्दार्थ– सुचि = शुद्ध, पवित्र।

व्याख्या– हे पंडित! कहो कौन स्थान शुद्ध है जिस स्थान (घर) में बैठकर मैं भोजन करूँ। सभी कुछ माया से युक्त एवं उच्छिष्ट हैं। माता, पिता दोनों ही जूठे हैं क्योंकि वे माया से लिप्त हैं। मानव का मन भी विषय रूपी जूठे फलों में लगा है। आना-जाना भी कई बार हो गया इसलिए वह भी जूठा है। हे अभागे जीव! अब भी नहीं चेत जाते हो। अन्न, पानी, पकाने वाले सभी जूठे हैं (क्योंकि उसी पदार्थ से उसी पात्र! वही व्यक्ति न जाने कितनी बार भोज्य पदार्थ बना चुका है)। जूठी कड़छी से जूठे पात्र में परोसा गया है, जूठा आदमी (जीव) जूठा ही खा रहा है। विषय वासनाओं का भोग जीव बार-बार जन्म लेकर युगों से करता आ रहा है। चौका जूठा है, गोबर जूठा है, चौके की कारा (रेखा) भी जूठी है। सम्पूर्ण संसार में अशुद्धता का ही प्रसार है क्योंकि सभी विकार ग्रस्त हैं। कबीर कहते हैं कि वही भक्त शुद्ध

है जिसने हरिभजन करके विकारों का त्याग कर दिया है।

कवन ठाँव में गूढ़ोक्ति अलंकार है। बाह्याचार की निरर्थकता तथा ईश्वर-भक्ति की महत्ता को प्रतिपादित किया गया है।

हरि बिन झूठे सब व्यवहार।
केते कोऊ करौ गँवार।।
झूठा जप, तप, झूठा ग्याँन, राम बिन झूठा ध्यांन।
विधि न खेद पूजा आचार, सब दरिया मैं वार न पार।।
इंद्री स्वारथ मन के स्वाद, जहाँ साँच तहाँ माँडै नाद।।
दास कबीर रह्या ल्यौ लाइ, भर्म कर्म सब दिये बहाइ।।२५२।।

व्याख्या– बाह्याचार का विरोध करते हुए कबीर कहते हैं कि भगवान् के बिना जगत् के सारे व्यवहार झूठे हैं। मूर्ख लोग चाहे जितनी तरह की साधनाएँ या क्रियाएँ करें किन्तु सभी अर्थहीन हैं। राम के बिना जप, तप, ध्यान सब झूठे हैं। विधि निषेध, पूजा, अर्चना का कोई आर पार नहीं है। इनसे भवसागर पार नहीं किया जा सकता है। इन्द्रियों के स्वार्थ और मन के स्वाद के लिए ही जागतिक जाल फैलाया गया है। जो परमतत्त्व सत्य है उसके विषय में अनेक तरह के वाद-विवाद चल पड़े हैं। कबीरदास ने तो भगवान् में ही ध्यान लगाया है और भ्रम पूर्ण कर्मों को फेंक दिया है अर्थात् उनसे छुटकारा ले लिया है।

बाह्याडम्बरों का विरोध करके सच्ची भक्ति की स्थापना की गयी है।

चेतनि (चेतन) देखै रे जग-धंधा।
राँम नाँम का मरम न जाँनै, माया कै रसि अंधा।।टेक।।
जनमत हीं रू कहा ले आयो, मरत कहा ले जासी।
जैसे तरिवर बस्त (बसत) पँखेरू, दिवस चारि के बासी।।
आपा थापि अवर कूँ निंदैं, जनमत हीं जड़ काटी।
हरि की भगति बिनाँ यहु देही, धवलोटै हीं फाटी।।
काम, क्रोध, मोह, मद मछर, पर अपवाद न सुणिए।
कहै कबीर साध की संगति, राँम नाँम गुण भणिए।।२५३।।

शब्दार्थ– चेतनि = जीव, धलोटै = दौड़धूप।

व्याख्या– हे जीव! तू सांसारिक धंधों को ही देखता है। तू राम-नाम का मर्म नहीं जानता तथा मायाजन्य सुखों में ही अंधा हो गया है। जन्म के समय तू क्या लेकर आया था, और मरते समय क्या लेकर जाएगा। जैसे वृक्ष पर पक्षी निवास करते हैं वैसे ही तू इस संसार में चार दिनों (कुछ समय) के निवासी हो। तू अपनी बात को स्थापित करता है और दूसरों की बुराई करता है। द्वैतभाव के द्वारा तूने अपनी मूल (एकता की वास्तविक अनुभूति) ही काट दी, आत्मा परमात्मा के भेद द्वारा तू अपने मूल अंशी ब्रह्म से विच्छिन्न हो गया। हरि की भक्ति के बिना यह शरीर दौड़धूप में ही विदीर्ण हो गया है। काम, क्रोध, मोह, मद, मात्सर्य से दूर रहते हुए दूसरों की निन्दा नहीं सुननी चाहिए। कबीर कहते हैं कि साधु की संगति कीजिए और राम के नाम का गुणगान कीजिए।

जैसे .... बासी, में उदाहरण अलंकार का विधान है। जड़काटी मुहावरा है। सांसारिक नश्वरता तथा नैतिक मूल्यों का प्रतिपादन करते हुए राम भक्ति का उपदेश दिया गया है।

रे जम नाँहिन वै व्यौपारी।
जे भरैं जगाति तुम्हारी।।
बसुधा छाँड़ि बनिज निज कीन्हौं, लाद्यौं हरि को नाँऊँ।
राँम नाँम की गूँनि भराउँ, हरि कै टाँडै जाँऊँ।।
जिनके तुम्ह अगिवांनी कहियत, सो पूँजी हंम पासा।।
अबै तुम्हारा कछु बस नाँहीं कहै कबीरा दासा।।२५४।।

व्याख्या– हे यम! मैं वह व्यापारी नहीं हूँ जो तुम्हारी चुंगी (माल का आयात शुल्क) दे। मैंने पृथ्वी के सामान्य व्यवहार से अलग हरि के नाम का खेप (माल) ढोया है अर्थात् हरिनाम को धारण किया है। मैंने राम-नाम रूपी सामग्री से अपने जीवन की गोनी (बोरी) भर ली है, और हरि भक्तों के साथ मोक्ष व्यापार के लिए प्रस्थान करूँगा। जिसे तुम अगवानी (अग्रिम जमा राशि) मानते हो वह हरि रूपी पूँजी मेरे पास है। भगवान् जो तुमसे श्रेष्ठ अग्रगण्य है वह मेरे साथ हैं। कबीरदास कहते हैं कि मेरे सामने तुम्हारा कोई बल नहीं चलेगा।

प्रबुद्ध भक्त कर्म से निर्लिप्त रहकर कर्म करता है इसलिए उस पर यम का प्रभाव नहीं पड़ता। वह हरि की कृपा से जीवन्मुक्त हो जाता है।

मीयां तुम्ह सौं बोल्या बणि नहीं आवै।
हम मसकीन खुदाई बंदे, तुम्हारा जस मनि भावै।।
अलह अवलि दीन का साहिब जोर नहीं फुरमाया।
मुरिसद पीर तुम्हारै है को, कहो कहाँ थै आया।।
रोजा करैं निवाज गुजारै कलमैं भिसत न होई।।
सतरि काबे इक दिला भीतरि जे करि जानैं कोई।।
खसम पिछाँनि तरस करि जिय मैं, माल मनीं करि फीकी।।
आपा जाँनि साँई कूँ जाँनै, तब ह्वै भिस्त सरीकी।।
माँटी एक भेष करि नाँनाँ सब मैं ब्रह्म समाना।
कहै कबीर भिस्त छिटकाई, दोजग ही मन माना।।२५५।।

शब्दार्थ– मसकीन = दीन, अवलि = सर्वप्रथम, कलमा = धर्म का मूल मंत्र, मुरिसद = सीधा मार्ग दिखाने वाला, भिस्त = स्वर्ग, दोजग = नर्क।

व्याख्या– हे मित्रा, तुमसे कुछ कहते नहीं बनता है (तुमसे कौन वाद-विवाद करे)। हम अकिंचन दीन तो भगवान् के सेवक हैं। भगवान् सर्वप्रथम दीन व्यक्तियों का स्वामी है किन्तु उसने किसी पर जोर अजमाने की आज्ञा नहीं दी। जोर अजमायश का रास्ता दिखाने वाले तुम्हारे गुरु कहाँ से आए हैं। रोजा रखने तथा कलमा पढ़ने से स्वर्ग की प्राप्ति नहीं होती है। सत्तर काबे एक ही दिल के भीतर होते हैं यदि इसे कोई समझ सके। अपने हृदय में अपने स्वामी का निवास समझकर जीवों पर सहानुभूति रखने का प्रयत्न करो। सांसारिक वैभव के प्रति मन को आसक्त मत करो। आत्मा को समझकर स्वामी को जानने से स्वर्ग में सम्मिलित

होने का अधिकार मिलता है। मिट्टी (एक ही उपादान कारण) से अनेक रूपों में जीवों का निर्माण हुआ है। सर्वत्र एक ही ब्रह्म व्याप्त है। कबीर कहते हैं कि स्वर्ग की कामना छोड़कर मैंने नरक में ही मन को लगा दिया है। मेरी दृष्टि में स्वर्ग-नर्क का भेद कल्पित है। ईश्वर की सत्ता सर्वत्र समान रूप से है। किसी तरह का द्वैत समदृष्टि का विरोधी है।

कबीर ने मिजा को सम्बोधित करते हुए फारसी निष्ठ शब्दावली का प्रयोग किया है। इससे कबीर के भाषा अधिकार का परिचय मिलता है। इस्लाम धर्म के आडम्बरों तथा जोर जबर्दस्ती धर्म प्रचार के प्रयत्नों का विरोध किया गया है। एकेश्वरवाद तथा अद्वैतवाद के समन्वय का प्रयास है।

अलह ल्यौ लाँयें काहे न रहिये।
अह निसि केवल राँम नाँम कहिये।।
गुरमुखि कलमाँ ग्यॉन मुखि छुरी। हुई हलाल पंचू पुरी।।
मन मसीति मैं किनहूँ न जानाँ। पंच पीर मालिम भगवाँनाँ।।
कहै कबीर मैं हरि गुण गाऊँ। हिन्दू तुरक दोऊ समझाऊँ।।२५६।।

व्याख्या– अल्लाह से मन को क्यों नहीं लगाए रखते। रात-दिन केवल राम-नाम ही कहिए। गुरु मुख से निकली वाणी ही तुम्हारा कलमा हो और ज्ञान द्वारा प्राप्त बोध ही छूरी हो। उसी से पाँच पुरियों अर्थात् पाँच इन्द्रियाँ या उनके पाँच विषय तुम्हारे द्वारा हलाल कर दिए जाँय अर्थात् उनके कार्य व्यापार से खुद को अप्रभावित कर लिया जाय। इस मन रूपी मस्जिद में प्रवेश करके उसे कोई नहीं जानना चाहता। वहाँ पंच पीरों के स्वामी स्वयं भगवान् का निवास है (पंचपीर भी भगवान् के विषय में ही ज्ञान रखते हैं)। कबीर कहते हैं कि मैं भगवान् का गुणगान करता हूँ। हिन्दू मुसलमान दोनों को यही उपदेश देता हूँ कि वे भी आडम्बरों को छोड़कर भगवान् का गुणगान करें।

रूपक अलंकार का सार्थक विधान किया गया है।

रे दिल खोजि दिलहर खोजि, नाँ परि परेसाँनी माँहि
महल माल अजीज औरति, कोई दस्तगीरी क्यूँ नाँहिं।।
पीराँ मुरीदाँ काजियाँ, मुलाँ अरु दरबेस।
कहाँ थें तुम्ह किनि कीये, अकलि है सब नेस।।
कुराना कतेबाँ अस पढ़ि पढ़ि फिकरि या नहीं जाइ।।
टुक दम करारी जे करै, हाजिराँ सूर खुदाइ।।
दरोगाँ बकि बकि हूँहिं खुसियाँ, बे अकलि बकहिं प्रमाँहि।
इक साच खालिक म्यानैं सो कछू सच सूरति माँहि।
अलह पाक तूँ नापाक क्यूँ, अब दूसर नाँही कोइ।
कबीर करम करीम का, करनीं करै जाँनै सोइ।।२५७।।

शब्दार्थ–दिलहर=दिल में रहने वाले, अजीज=मित्र, दस्तगीरी=सहायक, हाथ पकड़कर सहारा देने वाला, अकलि=बुद्धि, नेस=नष्ट हुई हैं, मारी गई, फिकरि=चिन्ता, दरोगाँ=झूठ, पाक=पवित्र, करम=दया, करीम=दयालु।

व्याख्या– हे जीव! तू अपने दिल को खोजो और दिल में रहने वाले प्रियतम को खोजो, परेशानी में मत पड़ो, महल, धन-सम्पत्ति, मित्र तथा औरत कोई तुम्हारा सहायक (हाथ

पकड़ने वाला (दस्तगीर) नहीं है। हे गुरु, चेला, काजी, फकीर तथा दरवेश तुम्हें कौन बनाया है। तुम्हारी सब अक्ल मारी गयी है। कुरान तथा अन्य धर्म ग्रन्थ पढ़-पढ़कर तुम्हारी चिन्ताएँ दूर नहीं हो सकती हैं। जो थोड़ा आत्म संयम कर लो। (दम का करार (स्थिरता) कर लो, तो वह खुदा सूर (आनन्द) में उपस्थित हो जाता है अर्थात् ईश्वरीय आह्लाद का साक्षात्कार हो जाता है। दरोंगा अर्थात् झूठ बककर तुम्हें खुशी होती है, बेअक्ल के लोग इसी तरह बककर प्रमत्त होते हैं। जिस प्रकार सत्य में सत्यता होती है उसी तरह सृष्टि में सृष्टिकर्त्ता है, वह सृष्टि के समस्त दृश्यरूपों में समाहित है। यदि अल्लाह पाक (पवित्र) है तो तुम अपवित्र कैसे हो सकते हो। अल्लाह के अतिरिक्त दूसरा कोई नहीं है। कबीर कहता है कि दयालु की दया है, जो करनी वह करता है, उसको वही जानता है।

कुरानां नहीं जाई में विशेषोक्ति, शत्रु मांहि में दृष्टान्त, खोजि ... खोजि में पुनरुक्ति प्रकाश अलंकारों की योजना है।

डॉ० पारसनाथ तिवारी ने इसका पाठ इस प्रकार स्वीकार किया है—

बंदे खोजु दिल हर रोज नां फिरु परेसानी मांहि।
यहु जु दुनिया सिहरु मेला कोई दस्तगीरी नांहि।।
बेद कतेब इफतरा भाई दिल का फिकरु न जाइ।
टुक दम करारी जउ करहु हाजिर हजूर खुदाइ।।
दरोगु पढ़ि पढ़ि खुसी होइ बेखबरु बादु बकाहि।
हक सांच खालिक खलक म्यांनैं स्याम मूरति नांहि।।
असमांन म्यानैं लहंग दरिया गुसल करदन बूंद।
करि फिकिर दाइम लाइ चसमै मै जहां तहां मौजूद।
अल्लाह पाकपाक है सक करउ जे इसर होइ।
कबीर करम करीम का यहु करै जांनै सोइ।।

हे बंदे! दिल का घर खोजो, परेशानी में मत पड़ो। यह संसार प्रभात कालीन चहल पहल की तरह क्षणिक है, यहाँ कोई सहारा देने वाला नहीं है। वेद तथा कुरान लिखित पुस्तकें मात्र हैं या झूठे कलंक हैं, इनसे दिल की चिन्ता नहीं जाती। एक क्षण के लिए यदि संयम धारण कर लो तो स्वामी खुदा खुद हाजिर हो सकता है। झूठे तथ्यों को पढ़पढ़कर लोग खुश होते हैं और अज्ञानवश वाद-विवाद करते हैं। सत्य सत्य ही है, परमात्मा सृष्टि में व्याप्त है या सृष्टि कर्त्ता सृष्टि में व्याप्त है। यह श्याम की मूर्ति नहीं है (यह कलुषित प्रतिमा नहीं है) आसमान अर्थात् ब्रह्म रंध्र में चर्बी की दरिया बह रही है, उसी में आत्म अस्तित्व स्नान करता है। उस नित्य स्त्रोत की चिन्ता करो। वह जहाँ चाहोगे वहीं मिलेगा। ईश्वर परम शुद्ध है जो शक सन्देह करता है वह दूसरा हो जाता है अर्थात् वह कलुषित हो जाता है। ईश्वर का बन्दा भी मूलतः शुद्ध ही है सन्देह के कारण वह अशुद्ध हो जाता है। कबीर कहते हैं कि यह कृपालु ईश्वर की ही दया है। वह जो कुछ करता है उसके विषय में वही सही-सही जानता भी है।

फारसी-अरबी निष्ठ भाषा का प्रयोग किया गया है। पुस्तकीय ज्ञान का विरोध और योगसाधना का महत्व संकेतित है।

खालिक हरि कहीं दर हाल।
पंजर जसि करद दुसमन, मुरद करि पैमाल।।

भिस्त हुसकाँ दोजगाँ दुंदर दराज दिवाल।
पहनाँम परदा ईत आतस, जहर जंगम जाल।।
हम रफत रहबरहु समाँ, मैं खुर्दा सुमाँ बिसियार।
हम जिमीं असमाँन खालिक, गुंद मुँसिकल कार।।
असमाँन ग्यांनै लहंग दरिया, तहाँ गुसल करदा बूँद।
करि फिकर रह सालक जसम, जहाँ स तहाँ मौजूद।।
हँम चु बूँदनि बूँद खालिक, गरक हम तुम पेस।
कबीर पहन खुदाइ की, रह दिगर दावानेस।।२५८।।

शब्दार्थ– खालिक = सृष्टिकर्त्ता, दर = स्थान, हाल = इस समय, पंजरि = पाँच, मुरद = मुर्दा, पैमाल = असहाय, भिस्त = स्वर्ग, दुंद = द्वन्द्व, ईति = दुख, दुरापद, आतश = अग्नि, रफ्त = चलने वाले, खुर्दा = अत्यल्प, विसिमार = महान, असमांन = ब्रह्म रंध्र, दरिया = नदी, गुसल = स्नान, बूंद = जानो, पनह = शरण, दिगर = दूसरा, दावानेस = दावेदार, रहबर = मार्गदर्शक, लहंग = चर्बी, पनह = शरण।

व्याख्या– सृष्टिकर्त्ता हर जगह मौजूद है, वह इस समय भी है। शरीरस्थ इन्द्रियों ने मेरे साथ दुश्मन जैसा व्यवहार किया, उन्होंने मुझे मुर्दा कर असहाय बना दिया है। स्वर्ग और नर्क, उसके द्वन्द्व, संसार रूपी लम्बी दीवाल, सभी भेदभाव, दुःख, दुरापद, अग्नि, ज़हर जंगम (जन्तुओं) का जाल सभी इसी जगत् में है। (जगत् में द्वन्द्वों की ही स्थिति है) हम जाने वाले हैं, तू हमारा रहनुमा है। हम अत्यन्त छोटे हैं तू महान है। हम जमीन पर नीचे हैं वह आसमान की तरह ऊँचा है। दोनों को एक करना मुश्किल है। आसमान अर्थात् ब्रह्म रंध्र में जो चर्बी की नदी बह रही है, उसमें स्नान करना जानो। चिन्तन करके सालिक (धर्म और नीति का आचरण) होकर देखो, तुम्हें वह हर जगह मौजूद मिलेगा। अपने को जानना ही सृष्टिकर्त्ता को जानना है। हम तुम्हारे आगे गर्क (ध्यान मग्न) हैं। कबीर खुदा की शरण में रहता है। यहाँ कोई दूसरा दावेदार नहीं है।

अरबी-फारसी निष्ठ शब्दावली में इन्द्रियों के प्रभाव, ईश्वर के स्वरूप और शरणागति भक्ति का महत्व प्रतिपादित किया गया है। इस पद से ज्ञात होता है कि कबीर को अपने युग की भाषा का बहुत गहरा ज्ञान था।

अलह राँम जीउँ तेरे नाँईं
बंदे परि मिहर करौ मेरे साँईं।।
क्या ले माटी भुँइ सूँ मारैं, क्या जल देह न्हवायें।
जोर करै मसकीन सतावै, गुँन हीं रहै छिपायें।।
'क्या उजू जप मंजन कीयें'[1] क्या मसीत सिर नाँयें।
रोजा करैं निमाज गुजारें, क्या हज काबै जायें।।
ब्राह्मण ग्यारसि करै चौबींसौं, काजी माह रमजाँन।
ग्यारह मास जुदे क्यूँ कीये, एकहि माँहि समाँन।।
जौ र खुदाई मसीति बस्त (बसत) है, और मुलिक किस केरा।
तीरथ मूरति राँम निवासा, दुहु मैं किनहूँ न हेरा।।
पूरिब दिसा हरी का बासा, पछिम अलह मुकाँमाँ।

दिल ही खोजि दिलैं दिल भीतरि 'इहाँ राँम रहिमाँनाँ'[२]।।
जेती औरत मरदाँ कहिये, सब मैं रूप तुम्हारा।
कबीर पंगुड़ा अलह राँम का, 'हरि गुर पीर हमारा'[३]।।२५९।।

व्याख्या– हे अल्लह राम! तुम्हारे नाम के आधार पर जी रहा हूँ। हे मेरे स्वामी! दास पर कृपा करो। किस लाभ के लिए मिट्टी शरीर को भूमि में पटकता है (संकेत सिजदा करने की ओर है। नमाज के समय मुसलमान सिर जमीन से छुआते हैं। हिन्दू मन्दिरों में सिर जमीन से छुआते हैं)। तीर्थ के जल में स्नान करने से क्या लाभ है। जो जोर जुल्म करता है, अधीनस्थ दुर्बल व्यक्तियों को सताता है, तथा अपने अवगुणों को पाखंडों में छिपाता है। ऐसे लोगों को वजू, जप तथा स्नान से क्या लाभ होगा, मस्जिद में सिर झुकाने से भी कुछ नहीं होगा। रोजा रखने, नमाज पढ़ने तथा हज काबे जाने से भी कुछ उपलब्ध नहीं होता है। ब्राह्मण चौबीसों एकादशी को व्रत रखता है, काजी रमजान में व्रत रखता है। शेष ग्यारह महीने को उसने अलग क्यों कर दिया। सभी महीने एक ही समान होते हैं। यदि खुदा मस्जिद में ही बसता है तो शेष सारा संसार किसका है? तीर्थ और मूर्ति में राम निवास है, किन्तु दोनों में राम को किसी ने नहीं देखा। पूर्व दिशा में भगवान् का निवास है (हिन्दू मान्यता के अनुसार) पश्चिम दिशा में खुदा का निवास है (मुस्लिम के अनुसार)। कबीर के विचार से राम, रहीम दोनों ही दिल में ही निवास करते हैं। जितने औरत मर्द हैं, सब में तेरा ही रूप है। कबीर अल्लाह और राम दोनों का बालक है और हरि मेरा गुरु और पीर है।

हिन्दू तथा मुसलमान दोनों ही हिंसारत तथा आडम्बर को ही धर्म मानते हैं। ईश्वर की सर्वव्याप्ति का अनुभव दोनों को नहीं है। कबीर दोनों मान्यताओं की तात्त्विक एकता का निरूपण करते हुए सभी स्त्री पुरुष को उसी परमात्मा का स्वरूप सिद्ध करते हैं।

मैं बड़ मैं बड़ मैं बड़ माटी।
मण दस नाज टका दस गाँठी।।टेक।।
मैं बाबा का जध कहाँऊँ, अपणी मारी गींद चलाँऊँ।।
इनि अहंकार घणें घर घाले, नाचत कूदत जमपुरि चाले।।
कहै कबीर करता ही बाजी, एक पलक मैं राज बिराजी।।२६०।।

शब्दार्थ– जध = योद्धा, घणें = बहुत से, घाले = नष्ट किये, बाजी = जीवन की बाजी, खेल, बिराजी = राज्य विहीन।

व्याख्या– व्यक्ति अपने अहंकार के कारण यह समझता है कि मैं बड़ा हूँ, मैं बड़ा हूँ, परन्तु यह बड़प्पन का भाव मिट्टी है अर्थात् अत्यन्त तुच्छ है। दस मन अनाज और गाँठ में दस रुपये हो जाने से अपने को बड़ा समझने का विचार अत्यन्त तुच्छ है। मैं बाबा का योद्धा हूँ अर्थात् गाँव के मुखिया का कृपा पात्र हूँ और इसीलिए अपनी इच्छानुसार गेंद चलाता हूँ अर्थात् जो चाहता हूँ वही करता हूँ। इस प्रकार के अहंकार के परिणामस्वरूप ही बहुत से घर (परिवार) नष्ट हो गये। ऐसे सभी अहंकारी नाचते-कूदते यमलोक को सिधार गये। कबीरदास कहते हैं कि यह सब उस परमात्मा की लीला है। वह क्षण भर में स्वामी को राज्यविहीन कर देता है अर्थात् सब उलट-पुलट कर देता है।

प्रस्तुत पद में कबीर ने अहंकार युक्त प्राणियों की दशा का वर्णन किया है और अहंकार से मुक्त होने की बात कही है। प्रथम पंक्ति में 'अनुप्रास' की योजना है। बड़माटी, बाबा का जध, घर घाले आदि मुहावरों का प्रयोग दर्शनीय है।

काहे बीहो मेरे साथी, हूँ साथी हरि केश।
चौरासी लख जाके मुख मैं, सोच्यंत करेगा मेरा।।टेक।।
कहौ कौन षिबै कहौ कौन गाजे, कहा थै पांणी निसरै।
ऐसी कला अनंत है जाकै, सो हँम कौं क्यूँ बिसरै।।
जिनि ब्रह्मांड रच्यै बहुरचना, बाब बरन ससि सूरा।
पाइक पंच पुहमि जाके प्रकटै, सो क्यूँ कहिये दूरा।।
नैन नासिका जिनि हरि सिरजे, दसन बसन बिधि काया।
साधू जन कौं सो क्यूँ बिसरै, ऐसा है राँम राया।।
को काहू का मरम न जानैं, मैं सरनागति तेरी।
कहै कबीर बाप राँम रामा, हुरमति राखहु मेरी।।२६१।।

शब्दार्थ– बीहो = नष्ट कर देना, च्यंत = चिंता, पाइक = पावक, आग, बरन = वरुण, पुहमि = पृथ्वी, हुरमति = इज्जत।

व्याख्या– कबीर माया-मोह को सम्बोधित करते हुए कहते हैं कि हे मेरे साथी मुझे नष्ट करने पर क्यों तुले हो ? मैं तो उस ईश्वर का साथी हूँ जिसके भीतर चौरासी लाख योनियाँ समाहित हैं अर्थात् सम्पूर्ण जीवन-मरण का चक्र जिसके द्वारा संचालित होता है वही मेरी चिंता करेगा। तुम्हीं कहो कौन इस बिजली में चमकता है, कौन गर्जना करता है, कहो कहाँ से यह जल की बरसा होती है। इस तरह की अनन्त शक्ति से जो युक्त है वह भला अपने साथी को क्यों भुलायेगा। जिसने इस ब्रह्माण्ड की अनेक प्रकार से रचना की है, जिसने वायु, वरुण, चन्द्रमा और सूर्य को भी बनाया है। जिससे पाँचों अग्नि एवं यह पृथ्वी उत्पन्न हुई है, उसे अपने से दूर कैसे कहा जा सकता है ? जिस ईश्वर ने नेत्र, नासिका, दाँत, वस्त्र, शरीर आदि का निर्माण किया है, वह अपने साधु भक्तों को कैसे भूल सकता है। जो राजाराम इतना उदार है, कोई किसी के मर्म को नहीं जानता, मैं तो उस परमात्मा की शरण में हूँ। कबीर कहते हैं कि हे परमपिता राजाराम! इस मायामोह के जाल में मेरी इज्जत की रक्षा करो।

कबीर ने इस पद में ईश्वर की शरणागति एवं उनके प्रति पूर्ण समर्पण के भाव का वर्णन किया है। पंच अग्नि का तात्पर्य मंदाग्नि, जठराग्नि, दावाग्नि, वड़वाग्नि, कामाग्नि से है। दसन बसन में पद-मैत्री, साधूजन-बिसरै में वक्रोक्ति है।

हरि को नाँम न लेइ गवाँरा,
क्या सोचै बारंबारा।।टेक।।
पंच चोर गढ़ मंझा, गढ़ लूटै दिवस रे संझा।।
जौ गढ़पति मुहकम होई, तौ लूटि न सकै कोई।।
अँधियारै दीपक चहिए, तब बस्त अगोचर लहिये।।
जब बस्त अगोचर पाइ, तब दीपक रह्या समाइ।।
जौ दरसन देख्या चहिये, तौ दरपन मंजत रहिये।।
जब दरपन लागै काई, तब दरसन किया न जाई।।
का पढ़िये का गुनिये, का बेद पुराना सुनिये।।
पढ़े गुने मति होई, मैं सहजैं पाया सोई।।

कहैं कबीर मैं जाँनाँ, मैं जाँनाँ मन पतियानाँ।।
पतियानाँ जौ न पतीजै, तौ अंधै कूँ का कीजे।।२६२।।

शब्दार्थ– गँवारा = अज्ञानी, पंच चोर = पाँच विकार (काम, क्रोध, मद, लोभ, मोह), गढ़ = शरीर रूपी दुर्ग, मुहकम = दृढ़ता।

व्याख्या– हे अज्ञानी! तू भगवान् का स्मरण क्यों नहीं करता ? बार-बार इस सांसारिक चिंताओं में क्यों पड़ता है। इस शरीर रूपी दुर्ग में काम क्रोधादिक पाँच चोर हैं, वे रात-दिन इस शरीर को लूट रहे हैं। यदि शरीर रूपी दुर्ग का स्वामी दृढ़ है तो उसे कोई लूट नहीं सकता। अज्ञान रूपी अंधकार को दूर करने के लिए आत्मस्वरूप बोधक ज्ञान का दीपक चाहिए। इस ज्ञान दीप से उस अगोचर परमतत्त्व की उपलब्धि होती है। इस परमतत्त्व के साक्षात्कार में यह ज्ञानरूपी दीपक भी उसी तत्त्व में समाहित हो जाता है। यदि कोई उस परमतत्त्व का साक्षात्कार करना चाहता है तो उसे अपने अन्तःकरण रूपी दर्पण को स्वच्छ करना होगा। जब तक इस दर्पण पर विषय-वासना रूपी काई लगी रहती है तब तक उस परमतत्त्व का साक्षात्कार नहीं हो सकता। पढ़ने और मनन करने तथा वेद-पुराण पढ़ने से क्या होता है ? क्या पढ़ने-पढ़ाने और मनन से वह ब्रह्मकार वृत्ति जागती है ? पढ़ने और मनन से तो अहंकार की सृष्टि होती है और तब उस परमतत्त्व का साक्षात्कार सम्भव नहीं हो पाता। कबीर कहते हैं कि वह तत्व मुझे सहज ही प्राप्त हो गया है। मैंने उस तत्व को जान लिया है और उस तत्व के प्रति मेरा विश्वास जम गया है। उस तत्व का ज्ञान होने तथा उसके प्रति श्रद्धा जागने पर भी जिसका विश्वास उस तत्व पर नहीं होता उस अज्ञानी को क्या कहा जाय?

प्रस्तुत पद में वेदशास्त्रों के प्रति विरोध प्रकट किया गया है। काई–का तात्पर्य विषय वासनाओं से है। रूपक विरोधाभास, वक्रोक्ति तथा गूढ़ोक्ति अलंकारों की योजना की गयी है।

अंधै हरि बिन को तेरा,
कवन सूँ कहत मेरी मेरा।।टेक।।
तजि कुलाक्रम अभिमाँनाँ, झूठे भरम कहा भुलानाँ।।
झूठे तन की कहा बड़ाई, जे निमष माँहि जरिजाई।।
जब लग मनहिं बिकारा, तब लग नहीं छूटै संसारा।।
जब मन निरमल करि जाँनाँ, तब निरमल माँहि समानाँ।।
ब्रह्म अगनि ब्रह्म सोई, अब हरि बिन और न कोई।।
जब पाप पुंनि भ्रम जारी, तब भयौ प्रकास मुरारी।।
कहै कबीर हरि ऐसा, जहाँ जैसा तहाँ तैसा।।
भूलै भरमि परै जिनि कोई, राजा राँम करै सो होई।।२६३।।

शब्दार्थ– निमष = क्षण भर, जारी = जलना, नष्ट हो जाना।

व्याख्या– हे अज्ञानी जीव! भगवान् के अलावा तेरा कौन है ? इस संसार में तुम किसे अपना कह रहे हो ? अपने ऊँचे कुल में उत्पन्न होने और कर्म के अभिमान का त्याग कर दो। तुम व्यर्थ ही इस झूठे भ्रम में भूले हुए हो। इस नश्वर शरीर की क्या प्रशंसा करनी, यह तो क्षण भर में नष्ट हो जाता है। जब तक मानव मन विकारों से युक्त है तब तक इस संसार से मुक्ति नहीं मिल सकती। जब व्यक्ति अपने अन्तःकरण को विषय-वासनाओं से मुक्त कर

निर्मल कर लेता है तब वह शुद्ध एवं निर्मल परमतत्त्व में समा जाता है। ज्ञानरूपी अग्नि ही वास्तव में ब्रह्म है। ईश्वर के अतिरिक्त और किसी की सत्ता नहीं है। जब पाप-पुण्य का भ्रम मिट जाता है तब भगवान् का प्रकाश मात्र शेष रह जाता है। उस ईश्वर का स्वरूप ही ऐसा है कि जीव के मन में जैसा उसके लिए भाव है वह उसी रूप में मिलता है अर्थात् दास्यभाव, दाम्पत्यभाव, वात्सल्यादि जैसा भाव होगा वह उसी रूप में प्राप्त होगा। कोई भी प्राणी किसी भ्रम में भूल कर भी न पड़े क्योंकि परमात्मा राम जैसा करते हैं, वैसा ही होता है। प्राणी के मन में यही दृढ़ विश्वास रहना चाहिए।

इस पद में ब्रह्म की अनिर्वचनीयता का प्रतिपादन किया गया है। वह अद्वैत स्वरूप है। मन की शुद्धता पर बल दिया गया है। कबीर ने ज्ञान और भक्ति की महत्ता का प्रतिपादन किया है। 'ब्रह्म अग्नि' में रूपक अलंकार की योजना की गयी है। शरीर की नश्वरता का ज्ञान कराया गया है।

मन रे सर्‌यौ न एकौ काजा,
ताथैं भज्यौ न जगपति राजा।।टेक।।
बेद पुराँना सुमृत गुन पढ़ि पढ़ि गुनि भरम न पावा।
संध्या गायत्री अरु षट करमाँ, तिन थैं दूरि बतावा।।
बनखंडि जाइ बहुत तप कीन्हाँ, कंद मूल खनि खावा।
ब्रह्म गियाँनी अधिक धियाँनी, जँम कै पटै लिखावा।।
रोजा किया निवाज गुजारी, बंग दे लोग सुनावा।
हिरदै कपट मिलै क्यूँ साँई, क्या हल काबै जावा।।
पहर्‌यौ काल सकल जग ऊपरि, माँहिं लिखे सब ग्याँनी।
कहै कबीर ते भये षालसे, राम भगति जिनि जाँनी।।२६४।।

शब्दार्थ– सर्‌यौ = सिद्ध करना, षट करमाँ = ब्राह्मणों के छः कर्म (अध्ययन, अध्यापन, यजन, याजन, दान और प्रतिग्रह) षालसे = षालसा, ऐसी भूमि जो किसी जागीर या जमींदारी में न हो।

व्याख्या– हे अज्ञानी मन! तूने संसार के स्वामी राजा राम का भजन (स्मरण) नहीं किया जिससे तुम्हारा कोई भी काम सिद्ध नहीं हुआ। तू वेद, पुराण, स्मृतियों को ही पढ़कर उसका मनन करते रहे, किन्तु उस परमतत्व के मर्म को नहीं जान सके। क्योंकि वह संध्यावंदन, गायत्री जाप तथा ब्राह्मणोचित षट कर्मों से परे बताया गया है। तूने वन में जाकर अत्यधिक तप किया तथा कंदमूल फल का आहार किया। ब्रह्म ज्ञानी और अधिक बड़ा ध्यानी बनकर तूने यमराज की पट्टिका पर अपना नाम ही लिखाया अर्थात् यमराज का ध्यान तुम्हारे ऊपर विशेष रूप से हो गया। तूने रोजा किया, नमाज पढ़ा, तथा बाँग देकर लोगों को अपनी प्रार्थना सुनाते रहे परन्तु इसका कोई प्रभाव नहीं पड़ा। जब तक हृदय में कपट है तब तक ईश्वर की प्राप्ति सम्भव नहीं है, तथा हज और काबे जाने से भी कोई लाभ नहीं होता। सारे संसार के ऊपर काल का प्रभाव छाया हुआ है। उसमें ज्ञान का अहंकार रखने वाले व्यक्ति भी सम्मिलित हैं। कबीर कहते हैं कि राम के भक्तों की जमीन यमराज के प्रभाव से बची हुई है अर्थात् रामभक्त ही काल के प्रभाव से बचे रहते हैं।

कबीर ने इस पद के द्वारा हिन्दुओं और मुसलमानों दोनों के बाह्याडम्बरों का खण्डन किया है। पूजा-पाठ, जप, तप तथा तीर्थ भ्रमण आदि का विरोध किया गया है। रूपक

मानवीकरण, वक्रोक्ति, विशेषोक्ति आदि अलंकारों की योजना है।

मन रे जब तैं राम कह्यौ,
पीछे कहिबे कौ कछू न रह्यौ।।टेक।।
का जोग जगि तप दाँनाँ, जौ तै राम नाँम नहीं जाँना।।
काँम क्रोध दोऊ भारे, ताथैं गुरु प्रसादि सब जारे।।
कहै कबीर भ्रम नासी, राजा राँम मिले अबिनासी।।२६५।।

व्याख्या– ऐ मन! जब से तूने राम का नाम लेना शुरू किया है तब से कुछ भी कहने को शेष नहीं रह गया है। राम-नाम के द्वारा ही सब कुछ व्यक्त कर दिया गया है। जब तक राम का नाम नहीं जाना जाता तब तक योग, यज्ञ, तप तथा दान आदि सब व्यर्थ है। शरीर में काम और क्रोध अत्यन्त प्रबल होते हैं उन्हें मैंने गुरु की कृपा से जला दिया है। कबीर कहते हैं कि मैंने माया द्वारा उत्पन्न भ्रम का नाश कर दिया है और अब मुझे अविनाशी परमात्मा की प्राप्ति हो गयी है।

कबीर ने राम-नाम स्मरण की महिमा का बखान किया है। राम-नाम स्मरण से ही उस अविनाशी परमतत्व की प्राप्ति संभव है। जब तक इच्छाओं का दमन नहीं होगा तब तक माया से मुक्ति संभव नहीं है। चौथी पंक्ति में अनुप्रास अलंकार की योजना की गयी है।

राँम राइ सो गति भई हमारी,
मो पै छूटत नहीं संसारी।।टेक।।
यूँ पंखी उड़ि जाइ आकासाँ, आस रही मन माँहीं।
छूटी न आस टूट्यौ नहीं फंधा उडिबौ लागौ काँहीं।।
जो सुख करत होत दुख तेही, कहत न कछु बनि आवै।
कुंजर ज्यूँ कस्तूरी का मृग, आपै आप बँधावै।।
कहै कबीर नहीं बस मेरा, सुनिये देव मुरारी।
इन भैभीत डरौं जम दूतनि, आये सरनि तुम्हारी।।२६६।।

शब्दार्थ– गति = दशा, हालत, कुंजर = हाथी, सरनि = शरण।

व्याख्या– हे भगवान्! मुझसे संसार का मोह छोड़ा नहीं जाता। मेरी दशा आकाश में उड़ने वाले उस पक्षी के समान हो गयी है जो आकाश में तो उड़कर चला जाता है पर उसके मन में आशा या तृष्णा बनी रहती है। उसकी वासना छूटती नहीं है जिसके कारण वह बंधन से मुक्त भी नहीं हो पाता। इसी प्रकार सांसारिक वासनाओं से बँधे हुए जीव द्वारा साधना में ऊपर उठने से क्या लाभ? जिस कार्य को सुख प्राप्ति की इच्छा से करता है वही उसके लिए दुःख का कारण बन जाता है। जैसे हाथी हथिनी के मोह में पड़कर स्वयं बँध जाता है तथा मृग कस्तूरी की सुगंध वासना से अपने को बँधा लेता है वैसे ही मनुष्य भी अपने जीवन को विषय-वासनाओं के जाल में फँसा देता है। कबीर कहते हैं कि हे ईश्वर मेरी विनती सुनो! सांसारिक वासनाओं पर मेरा कोई वश नहीं है। मैं इन वासनाओं से भयभीत हूँ तथा यमदूतों से डरा हुआ मैं तुम्हारी शरण में आ गया हूँ।

प्रस्तुत पद में सांसारिक विषय-वासनाओं से मुक्त होने की प्रार्थना की गयी है। सो गति मन माहीं में उदाहरण, कुंजर ज्यूँ कस्तूरी का मृग में - उपमा, जो सुख .... दुख तेही

में विरोधाभास तथा गूढोक्ति अलंकारों की योजना की गयी है।

रॉम राइ तूँ ऐसा अनभूत अनूपम, तेरी अनभै थैं निस्तरिये।।
जे तुम्ह कृपा करौ जग जीवन, तौं कतहूँ न भूलि न परिये।।टेक।।
हरि पद दुरलभ अगम अगोचर, कथिया गुर गमि बिचारा।।
जा कारनि हम दूँढ़त फिरते, आथि भर्‌यो संसारा।।
प्रगटी जोति कपाट खोलि दिये, दगधे जंम दुख द्वारा।।
प्रगटे बिस्वनाथ जगजीवन, मैं पाये करत बिचारा।।
देख्यन एक अनेक भाव है, लेखत जात अजाती।।
बिह को देव तजि दूढ़त फिरते, मंडप पूजा पाती।।
कहै कबीर करुँणामय किया, देरी गलियाँ बहु बिस्तारा।।
रॉम कै नाँव परम पद पावा छूटै बिघन बिकारा।।२६७।।

शब्दार्थ– अनभै = अनुभव, जात्य = जाति।

व्याख्या– हे राम राय तू अनादि तथा अनुपम है, तुम्हारी अनुभूति से भवसागर पार किया जा सकता है। हे जगत् के प्राण यदि तुम कृपा करो तो जीव कहीं भी विस्मृत होकर पड़ा नहीं रह सकता (वह जागृत तथा सचेत होकर भक्ति भाव में लीन रहता है।) हरि पद (हरि का स्थान, आस्पद) दुर्लभ, अगम तथा इन्द्रियातीत है, गुरु ने इस तथ्य को विचारकर कहा है। जिस तत्त्व को खोजने के लिए मैं भटक रहा था वह तो सारे संसार में व्याप्त है। ज्ञान ज्योति प्रकट हुई उसने अन्तःकरण के किवाड़ खोल दिए या प्रज्ञाचक्षु के किवाड़ उद्‌घाटित हो गए। यमराज के दुख द्वार दग्ध हो गए। जग के प्राण विश्वनाथ प्रकट हो गए, मैंने विवेकपूर्ण चिन्तन से उन्हें प्राप्त कर लिया। वही एक अनेक भावों (रूपों) में दृष्टिगत होता है। वह जातिहीन तत्त्व जगत् की अनेक जातियों के रूप में दिखाई देता है। उसी देवता को मैं पहले मंडप में पूजा की पत्ती लेकर ढूँढता फिरता था। कबीर कहता है कि हे करुणामय! तूने मेरे साधना मार्ग को बहुत विस्तृत कर दिया है। मैंने राम के नाम से ही परमपद प्राप्त किया है। मेरे विघ्न रूपी विकार नष्ट हो गए हैं।

कपाट में रूपकातिशयोक्ति, जात अजाती में विरोधाभास अलंकार की योजना है। निर्गुण ब्रह्म के अनुग्रह के प्रभाव की व्यंजना की गयी है।

राम राइ को ऐसा वैरागी,
हरि भजि मगन रहै विष त्यागी।
ब्रह्मा एक जिनि सृष्टि उपाई, नाँव कुलाल धराया।
बहुविधि भाँड़ै उनहीं घडिया, प्रभू का अंत न पाया।।
तरवर एक नाँनाँ विधि फलिया, ताकै मूल न साखा।।
भौजलि भूलि रह्या रे प्राणी सो फल कदे न चाखा।।
कहै कबीर गुर बचन हेत करि और न दुनिया आथी।
माँटी का तन माँटी मिलिहै, सबद गुरु का साथी।।२६८।।

व्याख्या– हे राम राय! ऐसा कौन बिरागी है जो विषयों को त्यागकर भगवान् के भजन में मस्त रहे। एक ब्रह्मा हैं जिन्होंने सृष्टि उत्पन्न की और अपना नाम कुंभकार रखवाया। बहुत प्रकार के भाण्ड (घट रूपी शरीर) उन्होंने ही बनाया किन्तु प्रभु का छोर कोई नहीं जान सका।

माया का एक वृक्ष अनेक प्रकार से फलित है, न तो उसका मूल है न शाखाएँ हैं, वह असत् है, उसका विस्तार केवल प्रतिभासित होता है। संसार के मृग जल (मृग तृष्णा) में भूला हुआ प्राणी उसका फल कभी नहीं चखता है (यद्यपि उसे उसके आस्वादन का आभास होता है)। कबीर कहते हैं कि गुरु के वचनों से प्रेम करो, अन्य सभी अस्तित्वहीन हैं। मिट्टी का शरीर मिट्टी में मिल जाएगा। गुरु का उपदेश ही साथी होगा।

तरुवर मेरुदंड का तथा फल अमृत का प्रतीक भी हो सकता है। कुलाल, भांडै, तरवर में रूपकातिशयोक्ति, भौंजल .... चाखा में निदर्शना, तरवर एक .... साखा में विभावना अंलकारों की योजना है। गुरु के उपदेश का महत्व प्रतिपादित किया गया है।

नैक निहारी हो माया बीनती करै,
दीन बचन बोलै कर जोरै, फुनि फुनि पाइ परै।।
कनक लेहु जेता मनि भावै, कामिन लेहु मन हरनी।।
पुत्र लेहु बिद्या अधिकारी राज लेहु धरनी।
अठि सिधि लेहु तुम्ह हरि के जनाँ नवैं निधि है तुम्ह आगैं।।
सुर नर सकल भुवन के भूपति तेऊ लहै न मागैं।।
तैं पापणी सबै संघारे, काकौ काज सँवार्‌यौ।।
जिनि जिनि संग कियौ है तेरो को बेसासि न मार्‌यौ।।
दास कबीर राँम कै सरनै छाड़ी झूठी माया।
गुर प्रसाद साध की संगति, तहाँ परम पद पाया।।२६६।।

व्याख्या– जरा देखो तो माया हरिभक्तों से विनती करती है। वह दीनवाणी बोलती है, हाथ जोड़ती है, फिर फिर चरणों पर पड़ती है। वह कहती है कि तुम्हें जितना मन भाए सोना ले लो, मनोहर कामिनी ले लो, विद्या का अधिकारी पुत्र ले लो, और सम्पूर्ण पृथ्वी का राज्य ले लो। हे हरिजन! तुम आठों सिद्धियाँ ले लो, नवों निधियाँ तुम्हारे आगे हैं जिन्हें देवता, मनुष्य तथा समस्त भुवनों के भूपति माँगने से नहीं प्राप्त करते हैं। हरिजन माया को उत्तर देते हैं, तुम पापिनी है, तुमने सबका संहार किया है, किसका काम तुमने सिद्ध किया है। जिन्होंने तुम्हारा साथ किया उनमें से कौन तुम्हारे द्वारा विश्वासघात करके नहीं मारा गया। कबीरदास ने राम की शरण में आकर झूठी माया को त्याग दिया। गुरु की कृपा तथा साधुओं की संगति त्याग से उस स्थिति में परम पद को प्राप्त कर लिया।

भक्तों की सहज् वैराग्य वृत्ति का निरूपण किया गया है। माया का मानवीकरण किया गया है।

तुम्ह घरि जाहु हँमारी बहनाँ
बिष लागै तुम्हरे नैना।।टेक।।
अंजन छाड़ि निरंजन राते नाँ कि सही का दैनाँ।
बलि जाऊँ ताकी जिनि तुम्ह पठई एक माइ एक बहनाँ।।
राती खाँड़ी देख कबीरा, देखि हमार सिंगारौ।
सरग लोक थैं हम चलि आई, करन कबीर भरतारौ।।
सर्ग लोक मैं क्या दुख पड़िया, तुम्ह आई कलि माँही।
जाति जुलाहा नाम कबीरा, अजहुँ पतीजौ नाँही।।

तहाँ जाहु जहाँ पाट पटंबर, अगर चंदन घसि लीनाँ।
आइ हमारै कहाँ करौगी, हम तौ जाति कमींनां।।
जिनि हँम साजे साँज्य निवाजे बाँधे काचै धागै।
जे तुम्ह जतन करो बहुतेरा, पाँणी आगि न लागै।।
साहिब मेरा लेखा माँगै, लेखा क्यूँ करि दीजै।
जे तुम्ह जतन करो बहुतेरा, तौ पाँइण नीर न भीजै।।
जाकी मैं मछी मो मेरा मछा, सो मेरा रखवालू।
टुक एक तुम्हारै हाथ लगाऊँ, तो राजाँ राँम रिसालू।।
जाति जुलाहा नाम कबीरा, बनि बनि फिरौं उदासी।
आसि पासि तुम्ह फिरि-फिरि बैसो, एक माउ एक मासी।।२७०।।

शब्दार्थ– विष = काम वासना का जहर, अंजन = विषयों के प्रति आसक्ति, राती = अनुरक्ता, पतीजौ = विश्वास करना, पटंबर = रेशमी वस्त्र, रिसालू = क्रोध करना।

व्याख्या– कबीर ने माया से कहा कि हे बहन ! तुम अपने घर जाओ। तुम्हारे नेत्रों के दर्शन से मुझे विष लगता है अर्थात् मुझे तुम्हारा दर्शन अच्छा नहीं लगता, मैंने तो अंजन अर्थात् त्रिगुण को छोडकर निरंजन से अनुराग कर लिया है, मुझ पर किसी का कुछ देय (बकाया) नहीं है मैं उसी के प्रति न्योछावर जाता हूँ जिसने तुम्हें मेरे पास भेजा है, तुम तो मेरी माँ तथा बहन की तरह हो। माया के कारण देह धारण होता है इसलिए माया माता है, निर्माता ईश्वर से ही तुम्हारा अस्तित्व है इसलिए बहन है। माया ने उत्तर दिया, हे कबीर! मुझ अनुरक्ता खंडिता स्त्री को तो देखो, मैं स्वर्ग लोक से तुझे अपना भर्त्तार (स्वामी) करने के लिए आई हूँ। कबीर कहते हैं कि हे माया! स्वर्ग लोग में तुम्हें क्या दुःख मिला कि कलिकाल में ही तुम्हारा आना हुआ। मैं जाति से जुलाहा हूँ तथा मेरा नाम कबीर है, आज भी मैं तुम्हारे ऊपर विश्वास नहीं करता हूँ। तुम वहाँ जाओ, जहाँ पाट और पटम्बर हो, और अगरु तथा चंदन घिसकर लगाया जाता हो। हमारे पास आकर तुम क्या करोगी? मैं तो जाति से अत्यन्त निम्न हूँ। जिन्होंने मुझे सज्जित (सजाया) किया और मुझ पर कृपा की, उन्होंने मुझे अपने प्रेम के कच्चे धागे से बाँध दिया है, अतः तुम्हारे अत्यधिक प्रयास करने से भी पानी में आग नहीं लग सकती। मेरा मालिक जब मुझसे कर्मों का लेखा मांगेगा तो किस प्रकार से अपने कर्मों का लेखा दूँगा ? हे माया! तुम चाहे जितना प्रयास कर लो फिर भी यह पाषाण जल से नहीं भीग सकता अर्थात् मैं तुम्हारे ऊपर द्रवित नहीं हो सकता। मैं जिसकी मछली हूँ वहीं मेरा मत्स्य भी है, और वही मेरी रक्षा भी करने वाला है। यदि मैं थोड़ा भी तुम्हारे शरीर का स्पर्श करता हूँ तो मेरा स्वामी राजा-राम मुझसे रुष्ट हो जायेगा। मैं जुलाहा जाति का हूँ और मेरा नाम कबीर है, मैं उदास (दुःखी) होकर वन-वन भटकता हूँ। मेरे आस-पास भी तुम मत फटको क्योंकि इस शरीर के कारण तुम मेरी माता हो और दूसरे सगी माता से अलग किन्तु उसके समान होने के कारण मौसी हो।

कबीर ने संवाद शैली के माध्यम से माया के आकर्षण एवं ईश्वर के भक्त का माया से असम्पृक्त रहने का वर्णन किया है। माया को माता, मौसी तथा बहन आदि से संबोधित कर उसके आसक्ति एवं वासनात्मक रूप को हटाकर सात्विकता के भाव को ग्रहण किया

गया है। रूपकातिशयोक्ति, निदर्शना तथा दृष्टान्त अलंकारों की योजना की गयी है।

ताकूँ रे कहा कीजै भाई,
तजि अमृत विषै सूँ ल्यो लाई।।टेक।।
विष संग्रह कहा सुख पाया, रंचक सुख कौं जनम गँवाया।।
मन बरजै चित कह्यो न करई, सकति सनेह दीपक मैं परई।।
कहत कबीर मोहि भगति उमाहा, कृत करणी जाति भया जुलाहा।।२७१।।

शब्दार्थ– करणी = पूर्व जन्म में किया गया कर्म।

व्याख्या– हे भाई। उस व्यक्ति के लिए क्या किया जाय जो अमृत जैसे ज्ञान को छोड़कर विषय रूपी विष से अपना चित्त लगाता है। विष (विषयों) का संग्रह करके तूने क्या सुख प्राप्त किया? क्षणिक सुख के लिए तूने अपना जन्म ही गँवा दिया। मन के रोकने पर भी चित्त उसका कहा नहीं मानता, और पूरी शक्ति के साथ प्रेम के वशीभूत होकर संसाररूपी दीपक पर पतिंगे की भाँति गिरता है। कबीर कहते हैं कि मुझमें भक्ति का उन्मेष जागृत हो गया है, जबकि अपने पूर्व कर्मों के कारण मैं जाति से जुलाहा हो गया।

कबीर ने जाति-पाँति की निरर्थकता तथा कर्म की महत्ता पर बल दिया है। कबीर ने व्यक्ति के अन्तर्मन में होने वाले संघर्ष का भी कुशलता के साथ वर्णन किया है। कबीर के मन में निम्न जाति में जन्म लेने की पीडा अवश्य थी जिसे वे पूर्व जन्म के हीन कर्मों का परिणाम मानते हैं। गूढ़ोक्ति, रूपकातिशयोक्ति तथा रूपक आदि अलंकारों की योजना की गयी है।

रे सुख इब मोंहि विष भरि लगा,
इनि सुख डहके मोटे मोटे छत्रपति राजा।।टेक।।
उपजै बिनसै जाइ बिलाई, संपति काहु के संगि न जाई।।
धन जोबन गरब्यो संसारा, बहु तन जरि बरि ह्वैहै छारा।।
चरन कवँल मन राखि ले धीरा, राम रमत सुख कहै कबीरा।।२७२।।

शब्दार्थ– इब = अब, डहके = ठगे गये, बिनसै = नष्ट होता है, बिलाई = बिलीन होना।

व्याख्या– तपस्वी जीवात्मा अपने आपको सम्बोधित करती हुई कहती है, हे मन! यह सांसारिक सुख मुझे विष से भरा हुआ लगता है क्योंकि इस सुख ने बड़े-बड़े छत्रपति राजाओं को भी ठग लिया है। यह सम्पत्ति उत्पन्न होती है, विनष्ट होती है और अन्ततः विलीन हो जाती है, यह किसी के साथ नहीं जाती। अपने धन और यौवन पर सारा संसार गर्व करता है, लेकिन यह तन जल कर राख हो जाता है। तू धैर्य धारण कर अपने मन को ईश्वर के चरण कमलों में रख ले क्योंकि राम में रम जाने में ही सुख है, ऐसा कबीर कहते हैं।

कबीर सांसारिक सुखों का त्याग करने का संदेश देते हैं। सांसारिक सुख क्षणिक हैं इसलिए ईश्वर के चरण कमलों में एकनिष्ठ होने से ही कल्याण हो सकता है। चरन-कँवल में रूपक, राम-रमत में छेकानुप्रास अलंकार की योजना की गयी है। इस पद में निर्वेद और वैराग्य की भी व्यंजना की गयी है।

इब न रहूँ माटी के घर मैं,
इब मैं जाइ रहूँ मिलि हरि मैं।।टेक।।

छिनहर घर अरु झिरहर टाटी, घन गरजत कंपै मेरी छाती।।
दसवैं द्वारि लागि गई तारी, दूरि गवन आवन भयौ भारी।।
चहुँ दिसि बैठे चारि पहरिया, जागत मुसि गये मोर नगरिया।।
कहै कबीर सुनहु रे लोई, भाँनड़ घड़ण सँवारण सोई।।२७३।।

शब्दार्थ-- माटी के घर = भौतिक संसार या मिट्टी की देह, छिनहर = जीर्ण-शीर्ण, झिरहर = सुराखों वाला, दसवैं द्वारि = ब्रह्म रन्ध्र, तारी = ताली, गवन-आवन = जीवन-मरण, मुसि गये = लूट ले गये, भाँनड़ = भंजन करने वाला।

व्याख्या-- कबीर कहते हैं कि अब इस मिट्टी के घर (नश्वर जगत) में निवास नहीं करूँगा। अब मैं जाकर हरि से मिलकर रहूँगा। यह घर जीर्ण-शीर्ण हो चुका है और इसकी टट्‌टी सुराखों वाली है, परिणामस्वरूप जब बादल (काल) गर्जना करता है, तो मेरा हृदय काँपता है अर्थात् मैं भयभीत होता हूँ। इसके दसवें द्वार अर्थात् ब्रह्म रन्ध्र पर ताली लग गयी जिससे दूर कहीं आना-जाना मेरे लिए दुष्कर हो गया है। चारों ओर चार पहरेदार बैठकर रखवाली कर रहे हैं, उनके जागते हुए भी काल रूपी चोर इस शरीर रूपी नगर को लूट ले जाता है। कबीर कहते हैं कि हे लोगो! सुनो, भंजन करने वाला, निर्माण करने वाला, और सजाने, सँवारने वाला वह परमात्मा ही है।

कबीर के अनुसार यह माटी का घर शरीर ही है जो नश्वर है। इसका दसवाँ द्वार ब्रह्म रन्ध्र है, इस पर लगने वाली ताली त्राटिका है। इसकी रक्षा करने वाले चार प्रहरी अन्तःकरण चतुष्टय– मन, चित्त, बुद्धि और अहंकार हैं। माटी के घर में रूपकातिशयोति, चहुँदिसि --------------- नगरिया में विरोधाभास अलंकार की योजना की गयी है।

कबीर बिगर्‌या राम दुहाई,
तुम्ह जिनि बिगरौ मेरे भाई।।टेक।।
चंदन कै ढिग बिरष जु भैला, बिगरि बिगरि सो चंदन ह्वैला।।
पारस कौं जे लोह छिवैला, बिगरि बिगरि सो कंचन ह्वैला।।
गंगा मैं जे नीर मिलैला, बिगरि बिगरि गंगोदिक ह्वैला।।
कहै कबीर जे राम कहैला, बिगरि बिगरि सो राँमहि ह्वैला।।२७४।।

व्याख्या-- राम की सौगंध लेकर कहता हूँ कि कबीर बिगड़ गया है। हे मेरे भाई! तुम मत बिगड़ो। चंदन के पास जो चंदन होता है, वह बिगड़ते-बिगड़ते चंदन हो जाता है। पारस पत्थर से जो लोहा छुआया जाता है, वह बिगड़ बिगड़कर सोना हो जाता है। गंगा में जो पानी मिलाया जाता है वह अपना अलग रूप छोड़कर गंगाजल में ही परिणत हो जाता है। कबीर कहते हैं कि जो राम कहता है, वह परिवर्तित होकर राम ही हो जाता है।

बिगरि का लक्ष्यार्थ है तुच्छ से उत्तम हो जाना। इसमें सांसारिक जीवों के प्रति व्यंग्य किया गया है। चन्दन ह्वैला, पारस ह्वैला आदि में तद्‌गुण अलंकार है।

राँम राइ भई बिकल मति मोरी,
कै यहु दुनी दिवानी तेरी।।टेक।।
जे पूजा हरि नाहिं भावै सो पूजनहार चढ़ावै।।
जिहि पूजा हरि भल माँनै, सो पूजन हारन जाँनै।।
भाव-प्रेम की पूजा, ताथै भयो देव थैं दूजा।।

का कीजै बहुत पसारा, पूजी जे पूजनहारा।।
कहै कबीर मैं गावा, मैं गावा आप लखावा।।
जो इहि पद माँहि समाना, सो पूजन हार सयाँना।।२७५।।

शब्दार्थ– बिकल = व्याकुल, दुनी = दुनिया, पूजनहारा = पूजने वाला।

व्याख्या– हे राजाराम! मेरी बुद्धि ही व्याकुल (भ्रष्ट) हो गयी है, या फिर यह तेरी दुनिया दिवानी हो गयी है। हे परमात्मा! जो पूजा तुम्हें नहीं अच्छी लगती उसी को पूजने वाला तुम्हें चढ़ाता है। जिस पूजा को ईश्वर भला या अच्छा मानता है उसे पूजने वाला जानता ही नहीं है। भाव प्रेम की पूजा न करने के कारण उस पूज्य देव से तुम भिन्न बन गये हो। पूजा के विभिन्न उपकरणों के प्रसार की क्या आवश्यकता है? जो पूजने योग्य है उसी की पूजा की जानी चाहिए। कबीर कहते हैं कि मैंने पूजा के भाव को गाकर प्रकट कर दिया है, मैंने गाकर अपने स्वरूप को प्रत्यक्ष कर दिया है। जो साधक इस पद के भाव में समा जाता है वही पूजने वाला चतुर एवं बुद्धिमान है।

कबीर ने सच्ची पूजा पद्धति का प्रतिपादन किया है। कबीर के अनुसार ईश्वर की सच्ची पूजा ही जीवन का परमलक्ष्य है। इस पद में संदेह, रूपक तथा गूढ़ोक्ति अलंकारों की योजना की गयी है।

राँम राइ भईं बिगूचन भारी,
भले इन ग्याँनियन थैं संसारी।।टेक।।
इक तप तीरथ औगाहैं, इक माँनि महातम चाँहै।।
इक मैं मेरी मैं बीझै, इक अहंमेव मैं रीझै।।
इक कथि कथि भरम जगाँवै, सँमिता सी बस्तन पावैं।।
कहै कबीर का कीजै, हरि सूझ सो अंजन दीजै।।२७६।।

शब्दार्थ– बिगूचिन = बर्बादी, विकार, औगाहें = स्नान करना, मांनि = सम्मान, अहंमेव = झूठा दंभ, बस्त = वस्तु।

व्याख्या– हे ईश्वर! यह तो बहुत बड़ी बर्बादी है, क्योंकि इन पाषंडी ज्ञानियों से तो अच्छे ये सामान्य सांसारिक (गृहस्थ) लोग ही हैं। इन ज्ञानियों में कोई तपी है, कोई तीर्थों में जाकर स्नान करने वाला है, कोई दूसरा है जो मान-सम्मान की महत्ता की चाह रखने वाला है। एक वह है कि जो मैं और यह मेरा है इसी भाव से बँधा हुआ है, एक वह है जो अपने झूठे दंभ में अपने को ही सर्वस्व मान बैठा है और उसी में प्रसन्नता का अनुभव करता है। एक ऐसा है जो अनेक सिद्धान्तों का व्याख्यान करते हुए अपने आप को भ्रम में फँसा रखा है परन्तु समानता (सुख दुःख में समान रहने का भाव) जैसी वस्तु की प्राप्ति नहीं कर पाता। कबीर कहते हैं कि इन सब के विषय में क्या कहा जाय? जिसके द्वारा हरि का प्रत्यक्ष (दर्शन हो उसी अंजन (काजल) को आँख में लगाया जाय। प्रत्यक्ष दर्शन कराने वाली साधना को ही स्वीकार किया जाय।

कबीर ने बाह्याडम्बर करने वाले ज्ञानी की अपेक्षा एक गृहस्थ को श्रेष्ठ बताया है। सच्चा ज्ञान ही वास्तविक ज्ञान है। कबीर ने अंजन का प्रयोग ज्ञान के अर्थ में किया है। कथि-कथि में पुनरुक्ति प्रकाश, कहे कबीर ------------------ दीजै में अनुप्रास अलंकार की

योजना है।

काया मंजसि कौन गुनाँ,
घट भीतरि है मलनाँ।।टेक।।
जौ तूँ हिरदै सुध मन ग्यानीं, तौ कहा बिरौले पाँनी।।
तूँबी अठसठि तीरथ न्हाई, कड़वापन तऊ न जाई।।
कहै कबीर बिचारी, भवसागर तारि मुरारी।।२७७।।

शब्दार्थ– मंजसि = धोना, माँजना, कौन गुनां = किस उपयोग के लिए, बिरौले = बिलोड़ना, मथना।

व्याख्या– हे विषयासक्त जीव! जब तुम्हारा अन्तर्मन विषय-वासनाओं के मल से भरा हुआ है तो शरीर को मल-मलकर धोने से क्या लाभ ? यदि तुम्हारा हृदय शुद्ध तथा मन ज्ञानी है तो इन तीर्थों के जल को क्यों विलोड़ित करता रहता है। तूंबी (तितलौकी) जल में तैरती हुई विभिन्न तीर्थों में स्नान तो कर लेती है लेकिन उसका तीखापन नहीं जाता। कबीर कहते हैं कि मैं इन सारी बातों पर विचार करके उस भगवान् मुरारी से ही भवसागर पार करने की प्रार्थना करता हूँ।

कबीर ने तीर्थादि भ्रमण तथा बाह्याचारों का खण्डन किया है। जब तक मन की कलुषता नहीं दूर होती तब तक मोक्ष की आशा नहीं की जा सकती। इस पद में दृष्टान्त, विशेषोक्ति, रूपक तथा गूढ़ोक्ति अलंकारों की योजना की गयी है। पा० ना० तिवारी ग्र० में तीसरी पंक्ति का पाठ इस प्रकार है–

हिदै मुख ग्यांनी झूठैं कहा, विलोवसी पाँनी।

कैसे तूँ हरि कौ दास कहायौ,
करि बहु भेषर जनम गँवायौ।।टेक।।
सुध-बुध होइ भज्यौ नहिं साँई, काछ्यो ड्यँभ उदर कै ताँई।।
हिरदै कपट हरि सूँ नहि साँचौ, कहा भयो जे अनहद नाच्यौ।।
झूठे कपट कलू मँझारा, राम कहै ते दास नियारा।।
भगति नारदी मगन सरीरा, इहि बिधि भव तिरि कहै कबीरा।।२७८।।

शब्दार्थ– काछ्यो = वेष धारण करना, डयँभ = दंभ, कलू = कलियुग।

व्याख्या– जब तूने अनेक वेष धारण करके कई जनम गवाँ दिये तो कैसे ईश्वर का भक्त कहलाये। जब तूने शुद्ध चैतन्य होकर स्वामी को नहीं भजा, तथा उदर के लिए पाखंड रूप धारण किया। तुम्हारे हृदय में निरन्तर कपट ही रहा, तूने ईश्वर के प्रकृति सच्ची भक्ति नहीं की, इससे क्या हुआ यदि अनाहत नाद में मस्त हो नृत्य करने लगे। कलियुग में झूठे और कपटी (बिना सच्चाई के) भक्त ही हैं। जो राम का सुमिरन करते हैं वे निराले हैं, उन्हीं भक्तों का इस संसार में निस्तारण होता है। कबीर कहते हैं कि यदि नारदीय भक्ति में शरीर को लिप्त किया जाय तो इसी विधि से भवसागर को तरा जा सकता है।

कबीर ने नारदी भक्ति की महत्ता का प्रतिपादन किया है। बाह्याडम्बरों का विरोध तथा रामनाम का गुणगान किया है। इस पद में गूढ़ोक्ति, वक्रोक्ति, भेदकातिशयोक्ति तथा

रूपकादि अलंकारों की छटा दर्शनीय है।

राँम राइ इहि सेवा भल माँनै,
जै कोइ राँम नाँम तत जाँनै।।टेक।।
रे नर कहा पषालै काया, सो तन चीन्हि जहाँ थैं आया।।
कहा बिभूति अटा पट बाँधें, का जल पैसि हुतासन साधें।।
राँम माँ दोइ आखिर सारा, कहै कबीर तिहुँ लोक पियारा।।२७६।।

शब्दार्थ– तत = तत्त्वरूप, पषालै = प्रक्षालित करना, धोना, हुतासन = हवन करना।

व्याख्या– जो कोई राम-नाम के तत्व (रहस्य) को जानता है तो राजाराम उसकी सेवा को अच्छा मानते हैं। हे मनुष्य! तू अपनी इस शरीर को क्या धोता है ? उस परमतत्त्व को पहचान जिससे तुम्हारी उत्पत्ति हुई है। शरीर में राख लगाने तथा जटा-जूट बाँधने से क्या होना है ? जल में प्रविष्ट होकर अवगाहन करने तथा हवन करने (पंचाग्नि साधना) से क्या लाभ? 'र' और 'म' अर्थात् 'राम' ये दो अक्षर ही सारतत्त्व हैं। कबीर कहते हैं कि यही (राम नाम अक्षर) तीनों लोकों में प्रिय हैं।

इस पद में बाह्याडम्बरों का विरोध किया गया है तथा राम-नाम स्मरण को महत्ता दी गयी है। गूढ़ोक्ति, वक्रोक्ति तथा अनुप्रास अलंकारों की योजना की गयी है।

इहि बिधि राँम सूँ ल्यौ लाइ।
चरन पाषें निरति करि, जिभ्या बिना गुंण गाइ।।टेक।।
जहाँ स्वाँति बूंद न सीप साइर, सहजि मोती होइ।
उन मोतियन में नीर पोयौ, पवन अंबर धोइ।।
जहाँ धरनि बरषै गगन भीजै, चंद सूरज मेल।
दोइ मिलि तहाँ जुड़न लागे, करता हंसा केलि।।
एक बिरष भीतरि नदी चाली, कनक कलस समाइ।
पंच सुवटा आइ बैठे, उदै भई बनराइ।।
जहाँ बिछट्यो तहाँ लाग्यौ, गगन बैठो जाइ।
जन कबीर बटाऊवा, जिनि मारग लियौ चाइ।।२८०।।

शब्दार्थ– ल्यौ लाइ = ध्यान लगाना, साइर = सागर, हंसा = शुद्ध चैतन्य जीवात्मा, नदी = सुषुम्ना, कनक कलश = सहस्त्रार चक्र, पंच सुवटा = पाँच तोते (पंच प्राण) बनराइ = वनराजी, विभिन्न सद्वृत्तियाँ, चाइ = प्रेम पूर्वक।

व्याख्या– हे साधक! बिना चरणों के ही नृत्य करते हुए तथा बिना जिह्वा के गुणगान करते हुए, इस प्रकार राम में अपना ध्यान लगाओ। जहाँ न तो स्वाति की बूँद है, न सीपी है न सागर है, फिर भी बड़ी सरलता से मोती उत्पन्न होता है अर्थात साधक मुक्ति का पद प्राप्त कर लेता है। उन मोतियों में कांति पिरोयी रहती है तथा पवन आकाश को धोकर निर्मल बनाता है। अर्थात् यह अनुभूति प्राण साधना के द्वारा वासना जनित विकारों से शुद्ध की गयी है जहाँ पहुँचकर धरती बरसने लगती है और आकाश भींगने लगता है, चन्द्रमा और सूर्य आपस में मिल जाते हैं। अर्थात् मूलाधार चक्र में स्थित कुंडलिनी जागृत होकर सहस्त्रार चक्र में पहुँचकर अमृत रस की वर्षा से सिंचित करती है। ऐसी स्थिति में चन्द्र तथा सूर्य नाड़ी मिलकर एक हो जाती हैं और शुद्ध चैतन्य जीवात्मा आनन्दमग्न होकर क्रीड़ा करने लगती है।

इस शरीर रूपी वृक्ष के अन्दर बहने वाली नदी सुषुम्णा है और यह बहकर सहस्त्रार चक्र रूपी स्वर्ण कलश में समाहित हो जाती है। पाँचों इन्द्रियाँ तथा पंचप्राण रूपी (प्राण, अपान, उदान, समान तथा व्यान) रूपी तोते आकर बैठ जाते हैं अर्थात् इन्द्रियाँ साधक के वशीभूत हो जाती हैं। सद्वृत्तियों के उत्पन्न होने से अन्तःकरण रूपी वनराजी आनंद से प्रफुल्लित हो जाती है। कबीर कहते हैं कि जिस परमात्मा से मैं बिछड़ गया था उसी से जाकर मिल गया हूँ। अब मैं गगन मंडल (सहस्त्रार चक्र) में जाकर स्थित हो गया हूँ। परमात्मा का भक्त यह कबीर ऐसा पथिक है जिसने इस मार्ग को प्रेम पूर्वक अपनाया है।

कबीर ने रूपकों और प्रतीकों के प्रयोग द्वारा आध्यात्मिक आनन्द को व्यक्त किया है। पंच सुवटा का तात्पर्य पाँच ज्ञानेन्द्रियों से है। गोस्वामी तुलसीदास ने भी इसी तरह का संकेत किया है–

सन्मुख होइ जीव मोहिं जबहीं।
जन्म कोटि अघ नासहिं तबहीं।।

इस पद में विभावना, रूपकातिशयोक्ति, विरोधाभास आदि अलंकारों की योजना की गयी है।

ताथैं[1] मोहि नाचिबौ न आवै,
मेरो मन मंदला[2] न बजावै।।टेक।।
ऊभर था ते[3] सूभर भरिया, त्रिष्णाँ गागरि फूटी।
हरि चिंतत मेरो मंदला भीनौं, भरम भोयन गयौ छूटी।।
ब्रह्म अगनि मैं जरी जु ममिता, पाषंड अरु अभिमानाँ।
काम चोलना भया पुराना, मोपैं होइ न आना।।
जे बहु रूप कीये ते किये, अब बहु रूप न होई।
थाकी सौंज संग के बिछुरे, राम नाँम मसि धोई।।
जे थे सचल अचल ह्वै थाके, करते बाद बिवादा।
कहै कबीर मैं पूरा पाया, भया राम परसादा।।२८१।।

पाठांतर– पा० ना० ति० १. अब, २. मंदरिया, ३. सो चौथी, पाँचवीं पंक्ति का पाठ ति० में नहीं है। मोपै होइ न आना के स्थान पर गया भरम सब छूटी का प्रयोग है।

शब्दार्थ– ऊभर = रिक्तता, सूभर = अच्छी तरह से भर जाना, मंदला = मन रूपी बाजा, भोयन = वह आटा जो ध्वनि में टनक उत्पन्न करने के लिए मृदंग में लगाया जाता है। सौज = साज - सज्जा भोग सामग्री, संग = साथी, विषय, वासनाएँ, मसि = अशुभ कर्म रूपी कालिमा।

व्याख्या– कबीर कहते हैं कि मुझे अब नाचना नहीं आता अर्थात् मेरे मन की चंचलता समाप्त हो गयी है। मेरा मन मार्दल वाद्य अब विषय-वासना रूपी ताल पर नहीं बजता। मेरा जो मन अब तक भक्ति रूपी जल से रिक्त था वह रिक्तता अब समाप्त हो गयी है अर्थात् मेरा मन भक्ति रस (जल) से पूर्ण हो गया है, और तृष्णा रूपी घड़ा फूट गया है अर्थात् मन की तृष्णा मिट गयी। हरि का स्मरण करते-करते मेरा मन रूपी मार्दल भींग गया है अर्थात् विषयों का आकर्षण कम हो गया है। भ्रम रूपी भोयन (वाद्य यन्त्र पर लगाये जाने वाला आटा) छूट गया है। ब्रह्म रूपी अग्नि (ज्ञानाग्नि) में मोह पाषंड तथा अहंकार जलकर नष्ट हो गये। काम-

वासना रूपी वस्त्र पुराना पड़ गया है। अतः अब मुझसे कोई अन्य कार्य नहीं होता अर्थात् मन का विषय-वासनाओं के प्रति जो आकर्षण था वह क्षीण हो गया। अब तक मैंने जो विभिन्न रूप (भिन्न-भिन्न योनियों में जन्म लिया) धारण किये अब वह रूप धारण नहीं किया जाता। कर्म भोग रूपी सामग्री स्थगित हो गयी है तथा इन्द्रिय रूपी साथी बिछड़ गये हैं। राम-नाम के प्रभाव से पाप की कालिमा धुल गयी। जो मन की चंचलता थी और आपस में विवाद था, वह क्षीण हो गया है, मन शान्त हो गया है। कबीर कहते हैं कि मुझ पर राम की कृपा हो गयी है परिणाम स्वरूप मुझे परमतत्व का साक्षात्कार हो गया।

इस पद में भक्त की ज्ञान दशा का मार्मिक वर्णन किया गया है। ज्ञान और भक्ति के समन्वय से ही जीवन को सार्थक किया जा सकता है। ब्रह्म अगिनि, काम चोलना, त्रिष्णां गागरि में रूपक अलंकार, मंदला, सौंज में रूपकातिशयोक्ति, अनुप्रास एवं विरोधाभास अलंकारों की योजना की गयी है।

अब क्या कीजै ग्यान बिचारा,
निज निरखत गत ब्यौहारा।।टेक।।
जाचिग दाता इक पाया, धन दिया जाइ न खाया।।
कोई ले भरि सकै न मूका, औरनि पै जानाँ चूका।।
तिस बाझ न जीब्या जाई, वो मिलै त घालै खाई।।
वो जीवन भला कहाहीं, बिन मूवाँ जीवन नाहीं।।
घसि चंदन वन खंडि बारा, बिन नैननि रूप निहारा।।
तिहि पूत बाप इक जाया, बिन ठाहर नगर बसाया।।
जौ जीवत ही मरि जाँनै तौ पंच सयल सुख मानैं।।
कहै कबीर सो पाया, प्रभु भेटत आप गँवाया।।२९२।।

शब्दार्थ– निज निरखत = आत्म ज्ञान होना, गत = समाप्त, बीता हुआ।

व्याख्या– अब ज्ञान विचार करके क्या किया जाय जब आत्म ज्ञान होने से सारे सांसारिक व्यवहार ही मिट गये हैं। याचक (साधक) ने एक ऐसा दानी प्राप्त कर लिया है जिसके द्वारा दिया गया भक्ति एवं आनंद रूपी धन उससे खाया नहीं जाता। यह भक्ति रूपी धन ऐसा धन है जिसे भरपूर ग्रहण करके कोई इसका त्याग नहीं कर सकता। जिस किसी ने भी इस धन को प्राप्त कर लिया उसे और कहीं भी माँगने के लिए नहीं जाना पड़ता। अर्थात् भक्ति रूपी आनंद (धन) प्राप्त कर लेने के पश्चात् अन्य साधनों को अपनाने की आवश्यकता नहीं रह जाती। इस धन के बिना अब जीना भी दुष्कर हो गया है। वह जब प्राप्त हो जाता है तो हमारा सांसारिक अस्तित्व मिट जाता है अर्थात् जीव का सांसारिक आकर्षण नष्ट हो जाता है। यह भक्ति युक्त जीवन ही भला (अच्छा) कहलाता है। इस आनंदमय जीवन की प्राप्ति बिना सांसारिक विषय वासनाओं को मिटाये नहीं होती। जीवन की सार्थकता भक्ति करने में है। अब साधक ने चन्दन को घिसकर उस वन खंड को जला दिया है (जहाँ से वह हवन के लिए समिधा प्रास करता था)। बिना नेत्रों के ही उसने अपने रूप को देख लिया है। अर्थात् ज्ञान दृष्टि से उस परम तत्त्व का दर्शन कर लिया।

भक्त ऐसे पुत्र की तरह है जो ज्ञान रूपी पिता को जन्म देता है। अथवा भगवान् रूपी पिता ने ऐसे भक्त रूपी पुत्र को वास्तव में जन्म दिया है। इसने बिना स्थान के ही नगर बसा दिया। सांसारिक विषयों में लिप्त हुए बिना ही जगत के व्यवहारों को चलाता है जिससे वह

संसार में अनासक्त होकर जीता है। जो जाग्रतावस्था में ही विषयों का परित्याग कर देता है वही अपनी ज्ञानेन्द्रियों द्वारा आनन्द का अनुभव करता है। कबीर कहते हैं कि मैंने भक्ति भाव से उस परमात्मा को प्राप्त कर लिया है। उस परमात्मा में अपने को मिलाकर स्वअस्तित्व को मैंने नष्ट कर दिया है।

इस पद में बाप और पूत के रूपक द्वारा ईश्वर और जीव के सम्बन्ध तथा ज्ञान और भक्ति भाव के संबंध को दर्शाया गया है। कबीर ने अपनी उलटवाँसी शैली का भी संकेत किया है। विभावना एवं विरोधाभास अलंकार की योजना की गयी है।

अब मैं पायौ राजाराम सनेही
जा बिनु दुख पावै मेरी देही।।टेक।।
बेद पुरान कहत जाकी साखी, तीरथि ब्रति न छूटै जँम की पासी।।
जाथैं जनम लहत नर आगैं, पाप पुनि दोऊ भ्रम लागै।।
कहै कबीर सोई तत जागा, मन भया मगन प्रेम सर लागा।।२८३।।

शब्दार्थ– पासी = पाश, जाल, जनम = दिव्य जनम।

व्याख्या– अब मैंने अपने अत्यन्त प्रिय राजा राम (परमात्मा) को प्राप्त कर लिया है जिनके अभाव में मेरी देह दुःख पाती थी। वेद, पुराणादि इसके साक्षी हैं कि तीर्थ व्रत आदि (बाह्याडम्बरों) से यम का काल रूपी बन्धन (पाश) नहीं छूटता। जिस (परमतत्त्व) को पाने से प्राणी (मनुष्य) दिव्य जीवन प्राप्त करता है तथा पाप और पुण्य दोनों का भ्रम दूर हो जाता है अर्थात् जीव पाप-पुण्य (शुभ अशुभ कर्म) से परे हो जाता है, कबीर कहते हैं कि मेरे अन्दर अब वही परमतत्व जाग गया है। प्रेम रूपी बाण लग गया है, इसलिए मन उससे मिलकर मग्न हो रहा है।

कबीर ने बाह्याडम्बरों की निरर्थकता की ओर संकेत किया है। ईश्वरीय प्रेम की महिमा का वर्णन दर्शनीय है। 'प्रेम-सर' में रूपक अलंकार की योजना है।

बिरहिनी फिरै है नाथ अधीरा,
उपजि बिनाँ कछू समझि न परई, बाँझ न जानै पीरा।।टेक।।
या बड़ बिथा सोई भल जाँनै, राम बिरह सर मारी।
कैसो जाँनै यहु लाई, कै जिनि चोट सहारी।।
सँग की बिछुरी मिलन न पावै, सोच करै अरु काहै।
जतन करै अरु जुगति बिचारै, रहै राँम कूँ चाहै।।
दीन भई बूझै सखियन कौं, कोई मोही राम मिलावै।
दास कबीर मीन ज्यूँ तलपै, मिलै भलैं सचु पावै।।२८४।।

शब्दार्थ– उपजि = विरह की उत्पत्ति, बड़ = बड़ी, सहारी = सहन करना।

व्याख्या– हे स्वामी, यह विरहिणी (जीवात्मा) आपके प्रेम में अत्यन्त अधीर होकर फिर रही है। जिसके मन में यह प्रेम नहीं उत्पन्न होता उसकी समझ में नहीं आता कि विरह क्या है? जिस प्रकार से बाँझ प्रसव की पीड़ा को नहीं समझ सकती। यह बड़ी वेदना जिसे होती है वही इसे अच्छी प्रकार से समझ पाती है, जो राम द्वारा मारे गये विरह बाण से घायल हो चुकी है। इस प्रेम पीड़ा की अनुभूति या तो उसे होती है जिसने लगाया है या जिसने इसे सहा है। हे ईश्वर! यह जीवात्मा आपसे बिछुड़ गयी है तथा आपसे मिल नहीं पा रही है, इसी कारण वह

इस चिन्ता में पड़ी है। यह आपसे मिलने के उपाय और युक्ति की खोज कर रही है। जीवात्मा निरन्तर राम का नाम रटती हुई एकमात्र उसी से प्रेम करती है। परमात्मा रूपी पति को प्राप्त न कर पाने के कारण यह जीवात्मा दीन होकर अन्य जीवात्मा रूपी सखियों से मिलन का उपाय पूछती है और प्रार्थना करती है कि कोई मुझे उस राम से मिला दे। कबीर कहते हैं कि यह जीवात्मा उस परमात्मा से मिलने के लिए उसी तरह तड़प रही है जिस तरह मछली जल के लिए तड़पती है। उस परमात्मा से मिलकर ही मुझे (जीवात्मा) वास्तविक शान्ति प्राप्ति हो सकती है।

कबीर ने प्रेमानुभूति से युक्त भक्ति को प्रमुखता दी है। 'बिरह सर' में रूपक, मीन ज्यूँ तलपै में उपमा तथा 'बाँझ न जानै पीरा' में निदर्शना अलंकार की योजना की गयी है।

जातनि बेदन जानैगा जन सोई, सारा भरम न जाँनै राँम कोई।।टेक।।
चषि बिनु दिवस जिसी है संझा, व्यावन पीर न जानै बंझा।।
सूझै करक न लागै कारी, बैद बिधाता करि मोहि सारी।।
कहै कबीर यहु दुख कासनि कहिये, अपने तन की आप ही सहिये।।२८५।।

शब्दार्थ– चषि = चक्षु, नेत्र, बंझा = बन्ध्या, करक = पीड़ा।

व्याख्या– जिसके (साधक) शरीर में परमात्मा के प्रति पीड़ा होगी वही भक्त उसे जान सकता है। इस वेदना के रहस्य को कोई नहीं जानता है, परमात्मा का ज्ञान तो किसी विरले को ही होता है। नेत्रों के बिना दिन वैसा ही प्रतीत होता है जैसी सन्ध्या। बाँझ स्त्री प्रसव की पीड़ा का बोध नहीं कर सकती अर्थात् जिस जीवात्मा ने ईश्वर से प्रेम नहीं किया वह उसकी वेदना को नहीं जानती। विरहिणी जीवात्मा को ही अपने प्रेम की पीड़ा का साक्षात्कार होता है, यह पीड़ा उसे बुरी नहीं लगती। वह प्रार्थना करती है कि हे परमात्मा रूपी वैद्य! मेरी पीड़ा को दूर करो। कबीर कहते हैं कि यह प्रेम का दुःख किससे कहूँ? अपने शरीर की पीड़ा को अपने आप सहना पड़ता है।

इस पद में जीवात्मा भक्त रूपी विरहिणी की वेदना का चित्रण किया गया है। इसी प्रकार का भाव मीराबाई ने भी व्यक्त किया है– घायल की गति घायल जानै और न जानै कोय। 'चषि–बंझा' में दृष्टान्त अलंकार का प्रयोग द्रष्टव्य है।

जन की पीर हो राजा राँम भल जाँनै,
कहूँ काहि को मानै।।टेक।।
नैन का दुःख बैन जाँनें, बैन को दुख श्रवना।
प्यंड का दुख प्रान जानै, प्रान का दुख मरनाँ।।
आस का दुःख प्यासा जानै, प्यास का दुख नीर।
भगति का दुख राम जानै, कहै दास कबीर।।२८६।।

शब्दार्थ– भल = अच्छी तरह, बैन = वाणी, प्यंड = शरीर।

व्याख्या– इस दास की पीड़ा वह परमात्मा अच्छी तरह से जानता है। इस पीड़ा को भक्त किससे कहे, यदि कहता भी है तो कौन विश्वास करे? नेत्रों का दुख अर्थात् परमात्मा को प्रत्यक्ष न कर पाने का दुःख वाणी के द्वारा व्यक्त होता है और वाणी का दुःख कौन जानता है। शरीर के दुःख को प्राण जानते हैं क्योंकि वे ही शारीरिक पीड़ा का अनुभव करते हैं, और प्राणों का दुःख मरण जानता है। आशा की पीड़ा का अनुभव प्यासा व्यक्ति ही

करता है। प्यासे व्यक्ति की पीड़ा जल ही समझ सकता है, क्योंकि वही उसकी पिपासा को शांत करता है। कबीर कहते हैं कि भक्ति से उत्पन्न पीड़ा का बोध राम को ही होता है क्योंकि वही उसका साक्षात्कार कर पाता है।

कबीर ने भक्त की प्रेम जनित पीड़ा का वर्णन किया है। भक्त की पीड़ा अनुभूति जन्य होती है। निदर्शना तथा वक्रोक्ति अलंकारों की योजना की गयी है।

तुम्ह बिन राँम कवन सौं कहिये,
लागी चोट बहुत दुःख सहिये।।टेक।।
बेध्यौ जीव बिरह कै भाले, राति दिवस मेरे उर सालै।।
को जानैं मेरे तन की पीरा, सतुगुर सबद बहि गयौ सरीरा।।
तुम्ह से बैद न हमसे रोगी, उपजी बिथा कैसे जीवैं बियोगी।
निस बासुरि मोहि चितवत जाई, अजहूँ न आइ मिले राँम राई।।
कहत कबीर हमकौं दुख भारी, बिन दरसन क्यूँ जीवहि मुरारी।।२८७।।

शब्दार्थ– बेध्यौ = बिंध जाना, सालै = चुभना, निस-वासुरि = रात-दिन।

व्याख्या– हे भगवान्! आपके अलावा मैं अपने मन की पीड़ा किससे कहूँ? मन में प्रेम विरह की भयानक चोट लगी है, जिससे अत्यधिक दुःख सहना पड़ रहा है। यह जीवात्मा ईश्वर के विरह रूपी भाले से बिद्ध हो गयी है। यह पीड़ा रात-दिन मेरे हृदय को चोट पहुँचाती रहती है। मेरे अन्तर्मन की पीड़ा को कौन समझे? सत्गुरु के शब्द बाण ने मेरे शरीर को भेद दिया है जिसके परिणामस्वरूप यह पीड़ा जाग उठी है। हे ईश्वर आप जैसा न तो कोई वैद्य है और न मेरे समान कोई रोगी है। भयंकर पीड़ा उत्पन्न हो गयी है, विरही व्यक्ति कैसे जीवित रह सकेगा? हे, स्वामी मैं रात-दिन आपका ही पथ निहारता रहता हूँ फिर भी अभी आप मुझसे आकर नहीं मिले। कबीर कहते हैं कि मेरी पीड़ा बहुत गहरी है। हे मुरारि, आपके दर्शन के बिना मैं कैसे जीवित रह सकता हूँ?

भक्त के विरह दुःख का वर्णन किया गया है। रहस्यात्मक भाव की भी व्यंजना है। 'बिरह कै भाले' में रूपक, वक्रोक्ति, तथा अनन्वय अलंकारों का प्रयोग दर्शनीय है।

तेरा हरि नाँमै जुलाहा,
मेरे राँम रमण को लाहा।।टेक।।
दस सै सूत्र की पुरिया पूरी, चंद सूर दोइ साखी।
अनत नाँव गिनि लई मजूरी, हिरदा कवँल मैं राखी।।
सुरति सुमृति दोइ खूँटी कीन्ही आरँभ कीया बमेकी।
ग्यान तत की नली भराई, बुनित आतमा पेषी।।
अबिनासी धन लई मँजूरी, पूरी थापनि पाई।
रस बन सोधि-सोधि सब आये, निकटै दिया बताई।।
मन सूधा कौ कूच कियौ है, ग्यान बिथरनीं पाई।
जीव की गाँठि गुढी सब भागी, जहाँ की तहाँ ल्यौ लाई।।
बेठि बेगारि बुराई थाकी, अनभै पद पर कासा।
दास कबीर बुनत सच पाया, दुख संसा सब नासा।।२८८।।

शब्दार्थ– रमण = रमना, चंद सूर = इड़ा, पिंगला नाड़ी, कवल = सहस्त्रार चक्र, बमेकी = विवेक, बुद्धि, पेषी = साक्षात्कार करना।

व्याख्या– हे ईश्वर मैं आपके नाम का स्मरण करने वाला जुलाहा हूँ। मुझे तो राम में रमण करने का आनंद या लाभ मिल रहा है। मैंने दस हजार सूत्रों की पुटरी बनाई है अर्थात् हृदय में हजारों शुद्ध भाव सूत्र पिरो गए हैं। इड़ा और पिंगला दोनों नाड़ियों को साक्षी बनाया। अनन्त नामों को गिनकर मैंने मजदूरी के रूप में लिया और उन्हें हृदय रूपी कमल में सुरक्षित रख दिया। सुरति और स्मृति की दो खूँटियाँ बनाईं और विवेक का आरंभ किया, ज्ञान तत्त्व से नली भर ली, इस प्रकार आत्मा को बुनते हुए देखा। (या आत्मा की बुनावट को देखा) अविनाशी राम रूपी धन की मजदूरी लिया, फलतः पूर्ण तत्त्व में स्थिर हो गया या पूर्ण तत्त्व में मेरी स्थापना हो गयी। अन्य सभी साधक अरण्य वन में खोज-खोज कर लौट आए किन्तु मैंने उसे समीप ही बता दिया। मैंने शुद्ध मन की कूची बनाई है, ज्ञान की विथरनी (सूत को विलग करने का यंत्र) प्राप्त किया, इनसे मन की गाँठें और ममता की गुत्थियाँ सब भाग गयीं और जहाँ की तहाँ लय लग गयी। मेरी बैठे ठाले की बुराइयाँ तथा बेगार खत्म हो गयी। आत्मा में अभय पद प्रकाशित हो गया। कबीरदास ने बुनते हुए, परम सत्य को पा लिया। फलस्वरूप दुख और संशय नष्ट हो गए।

सम्पूर्ण पद में रूपकातिशयोक्ति है। वयन कर्म से बिम्ब ग्रहण करके नाम की महिमा प्रतिपादित की गयी है।

भाई रे सकहु त तनि बुनि लेहु रे,
पीछै राँमहि दोस न देहु रे।।टेक।।
करगहि एकै बिनाँनी, ता भीतरि पंच पराँनीं।।
तामैं एक उदासी, तिहि तणि बुणि सबै बिनासी।।
ज तूँ चौसठि बरिया धावा, नहीं होइ पंच सू मिलाँवा।।
जे तैं पाँसै छसै ताँणी, तौ सुख सूँ रह पराँणीं।।
पहली तणियाँ ताणाँ, पीछ बुणियाँ बाँणाँ।।
तणि बुणि मुरतब कीन्हाँ, तब राम राइ पूरा दीन्हाँ।।
राछ भरत भइ संझा, तारुणीं त्रिया मन बंधा।।
कहै कबीर बिचारी, अब छोछी नली हँमारी।।२८६।।

शब्दार्थ– करगहि = शरीर रूपी करघा, बिनाँनी = विवेकी एवं विज्ञानी, मुरतब = तैयार करना, राक्ष = बुनने का यन्त्र, तारुणीं त्रिया = युवती पत्नी, छोछी = रिक्त, खाली।

व्याख्या– हे भाइयो! यदि सम्भव हो तो हरि स्मरण रूपी वस्त्र बुन लो, इस शरीर रूपी करघे पर ताना-बाना तैयार करने वाली वह आत्मा ही है। समय बीत जाने पर ईश्वर को दोष मत देना। यह करघा विवेकी और विज्ञानी है। इस करघे (शरीर) के भीतर प्राण, अपान, उदान, समान, तथा व्यान रूपी पंच प्राणी हैं। किन्तु इस कार्य में बुनने वाला (आत्मा) उदासीन है। जो सांसारिक विषयवासनाओं में लिप्त होकर नष्ट हो गया है। यदि तू चौंसठ बार अर्थात् दिन-रात ध्यान लगाता है तो भी पंचप्राणों का आपस में मिलाप नहीं होगा। यदि तू इन पंचप्राणों तथा षटचक्रों का ताना-बाना तैयार करेगा तभी हे प्राणी, तू सुख से रहेगा। बुनने के लिए पहले ताना तना जायेगा फिर बाना बुना जायेगा। इस प्रकार तन-बुनकर जब

वस्त्र तैयार किया गया तब राजा राम ने उसका क्रय करके पूरा दाम दिया अर्थात् ताने-बाने से हरि स्मरण रूपी वस्त्र बुनने पर स्वयं परमात्मा ही अपने दर्शन के रूप में मजदूरी देंगे। सांसारिक जन तो औजारों (राक्ष) के भरने में ही अर्थात् बाह्याडम्बरों (पूजा-पाठादि) में ही सायंकाल कर देते हैं अर्थात् उनके जीवन की सन्ध्या आ जाती है तत्पश्चात् वे मृत्यु रूपी तरुण स्त्री के मोह-पाश से बँध जाते हैं। कबीर विचार कर कहते हैं कि हमारी तो वस्त्र बुनने की नली के धागे हरि-स्मरण रूपी वस्त्र में लग गये अर्थात् किसी प्रकार की वासना शेष नहीं रह गयी, अब मेरी नली खाली है अर्थात् मुझे जन्म-मरण से मुक्ति मिल गयी।

कबीर ने जुलाहे द्वारा वस्त्र बुनने के रूपक द्वारा साधना भाव को प्रकट किया है। रूपक, व्यतिरेक, विशेषोक्ति आदि अलंकारों की योजना की गयी है। राछ भरत भई संझा' की तुलना तुलसीदास की इन पंक्तियों से की जा सकती है– डासत ही गई बीति निसा सब, कबहुँ न नाथ नींद भरि सोयो।

वै क्यूँ कासी तजैं मुरारी,
तेरी सेवा चोर भये बनवारी।।टेक।।
जोगी, जती, तपी, संन्यासी, मठ देवल बसि परसैं कासी।।
तीन बार जे नित प्रति न्हावै, काया भीतरि खबरि न पावै।।
देवल देवल फेरी देहीं, नाँव निरंजन कबहुँ न लेहीं।।
चरन बिरद कासी कौं न देहूँ, कहै कबीर भल नरकहिं जैहूँ।।२६०।।

शब्दार्थ– देवल = देवालय, परसैं = स्पर्श, बिरद = यश कीर्ति।

व्याख्या– हे मुरारी! वे लोग काशी का त्याग कैसे करें? वे तो हे ईश्वर तेरी सेवा से चोर होकर (विमुख) बैठ गये हैं। अर्थात् सच्ची सेवा के अभाव में ही व्यक्ति बाह्याडम्बरों से जुड़ता है। योगी, जती, तपी और संन्यासी सभी मठों और देवालयों में निवास करते हुए काशी का स्पर्श मात्र करते हैं अर्थात् उनकी आसक्ति तो मात्र मठों, और देवालयों से है, काशी के प्रति सच्चा विश्वास नहीं है बल्कि वह एक दिखावा भर है। ऐसे लोग जो नित्य प्रति तीन बार स्नान करते हैं, परन्तु शरीर के भीतर व्याप्त मलों पर ध्यान नहीं देते। मंदिर-मंदिर घूमते फिरते हैं परन्तु निराकार प्रभु का नाम कभी नहीं लेते कबीर इस प्रकार विचार करते हुए कहते हैं कि भगवान् के चरणों से प्राप्त यश मैं काशी को नहीं दूँगा, भले ही मुझे नरक में क्यों न जाना पड़े।

कबीर मुक्ति का श्रेय ईश्वर को देना चाहते हैं, काशी को नहीं। इस विषय में उन्होंने स्वयं भी कहा हैं 'जो कासी तन तजै कबीरा, रामहिं कौन निहोरा रे।' काशी में मृत्यु होने पर स्वर्ग प्राप्ति की जो सामान्य अवधारणा है कबीर ने उसका खंडन किया है। देवल-देवल में पुनरुक्ति प्रकाश अलंकार की योजना की गई है।

तब काहे भूलौ बनजारे,
अब आयौ चाहै संगि हमारे।।टेक।।
जब हँम बनजी लौंग सुपारी, तब तुम्ह काहे बनजी खारी।।
जब हम बनजी परमल कस्तूरी, तब तू काहे बनजी कूरी।।
अमृत छाड़ि हलाहल खाया, लाभ-लाभ करि मूल गँवाया।।
कहै कबीर हँम बनज्या सोई, जाथैं आवागमन न होई।।२६१।।

शब्दार्थ– बनजारे = व्यापार करने वाला, बनजी = सौदा, व्यापार।

व्याख्या– हे साधक रूपी बनजारे! तू भ्रम में पड़कर क्यों अपने को भूल गये, और अब मेरे साथ आना चाहते हो। जब हम यम-नियम रूपी लौंग और सुपारी का सौदा करते थे, तब तुम विषय-वासना रूपी क्षार के सौदे में उलझे रहे। जब हम ज्ञान और भक्ति स्वरूप परिमल और कस्तूरी (सुगंधित वस्तु) का वाणिज्य करते थे तब तुम व्यर्थ की वस्तुओं के वाणिज्य में लगे रहे। अर्थात् व्यर्थ की साधनाओं में अपने को लगाये रखा। तुमने राम-नाम रूपी अमृत का त्याग कर विषय-वासना रूपी विष का पान किया। सांसारिक लोभ की कामना में पड़कर अपने मूल को ही नष्ट कर दिया। कबीर कहते हैं कि हमने तो उसी का व्यापार किया जिससे संसार के आवागमन से मुक्ति मिल गई।

कबीर ने व्यापारिक रूपक के माध्यम से भक्ति साधना के महत्त्व को प्रतिपादित किया है। लौंग सुपारी खारी, अमल, कस्तूरी, कूरी, आदि में रूपकातिशयोक्ति का विधान किया गया है।

परम गुरु देखौ हिरिदै विचारी,
कछु करौ सहाई हमारी।।
लवानालि तंति एक सँभि करि जंत्र एक भल साजा।
सति असति कछु नाहीं जाँनूँ जैसे बजवा तैसे बाजा।।
चोर तुम्हारा तुम्हारी आग्या, मुसियत नगर तुम्हारा।
इनके गुनह हमह का पकरौ, का अपराध हमारा।।
सेई तुम्ह से हम एकै कहियत, जब आया पर नाँहीं जाँना।
ज्यूँ जल मैं जल पैसि न निकसै, कहै कबीर मन माँना।।२६२।।

शब्दार्थ– हिरिदै = हृदय, लवा = लौकी का तूँबा, नालि = नली, डंडा, ताँत = अनेक तंत्रियाँ।

व्याख्या– हे परम गुरु परमात्मा! हृदय से विचारकर देखो (मेरी कोई गलती नहीं है) इसलिए मेरी कुछ सहायता करो। तुमने अंग रूपी तुम्बा मेरुदंड रूपी नालि तथा अनेक शिराएँ रूपी ताँत को सम्मिलित करके शरीर रूपी वाद्य यंत्र बनाया है। मैं सत्य, असत्य कुछ नहीं जानता, तुमने जैसे उस शरीर रूपी यंत्र को बजाया उसी तरह की उसमें ध्वनि निकलती रही अर्थात् शरीर द्वारा प्रत्येक क्रिया-कलाप ईश्वरीय प्रेरणा से ही सम्पन्न होते हैं। काम क्रोधादि चोर भी ईश्वर के द्वारा बनाए गए हैं, तुम्हारे ही आदेश से तुम्हारे ही शरीर रूपी नगर की सद्वृत्तियों रूपी विभूति को वे लूटते हैं। इनके अपराध के लिए मुझे क्यों पकड़ते हो। इसमें मेरा क्या अपराध है? वही तुम हो, वही मैं हूँ, जब मेरे तुम्हारे बीच अपने पराए का भेद नहीं रह जाता तो दोनों एक ही कहे जाते हैं जैसे जल में प्रविष्ट होकर जल बाहर नहीं निकलता है अर्थात् दोनों मिलकर एक हो जाते हैं उसी तरह कबीर की आत्मा परमात्मा में लीन हो गयी है। मन ने इस तदाकार स्थिति को पूरी तरह समझ लिया है।

आत्मा परमात्मा की अद्वैत अनुभूति का प्रभावशाली चित्रण किया गया है। 'हिरिदै' के स्थान पर रिदै पाठ मिलता है जिसमें 'हि' लुप्त हो गया है। इसे लिपि कर्त्ता का प्रमाद ही माना जा सकता है।

मन रे आइर कहाँ गयौ
ताथैं मोहि बैराग भयौ।।
पंच तत ले काया कीन्हीं, तत कहा ले कीन्हाँ।
करमौं के बसि जीव कहत है जीव करम किनि दीन्हा।
आकास गगन, पाताल गगन, दसौं दिसा गगन रहाई ले।
आनंद मूल सदा परसोतम, घट बिनसै गगन न जाई ले।।
हरि मैं तन है, तन मैं हरि है, है पुनि नाँही सोई।
कहै कबीर हरि नाँम न छाँडू सहजैं होई सो होई।।२६३।।

हे मन! तू आकर कहाँ चला गया। तुम्हारे जाने से मुझे वैराग्य हो गया। पंच तत्त्वों से इस शरीर का निर्माण हुआ है, प्रश्न है कि पंच तत्त्वों को कहाँ से प्राप्त किया गया। जीव को कर्म के वशीभूत कहा गया है, किन्तु जीव को कर्मों के वशीभूत किसने किया। आकाश के मूल में शून्य है, पाताल में शून्य है, दशों दिशाओं में शून्य है। आनन्द के मूल पुरुषोत्तम शाश्वत हैं। शरीर नष्ट हो जाता है किन्तु गगन तत्त्व विनष्ट नहीं होता। भगवान् में शरीर है और शरीर में भगवान् है। वह है भी नहीं भी है। कबीर कहता है कि मैं हरि नाम को नहीं छोड़ सकता। जो कुछ सहज रूप से घटित हो रहा है वह हो। नाम साधना से ईश्वर सहज ही अनुभूति का विषय बन/जायेगा।

पंचतत्त्व दीन्हा में गूढ़ोक्ति अलंकार है। अद्वैत अनुभूति एवं नाम साधना पर प्रकाश डाला गया है।

हंमारैं कौन सहै सिरि भारा।
सिर की सोभा सिरजनहारा।।
टेढ़ी पाग बड़ जूरा। जरि भए भसम का कूरा।।
अनहद कीगरी बाजी। तब काल द्रिष्टि मैं भागी।।
कहै कबीर राँम राया। हरि कै रंग मूंड मुंडाया।।२६४।।

कबीर कहते हैं कि मैं अपने सिर पर भार क्यों ढोऊँ, मेरे सिर की शोभा सृजनहार ईश्वर है। टेढ़ी पगड़ी और बड़ा जूड़ा सभी जलकर भस्म की ढेर हो जाते हैं। जब अनाहत की वीणा बजती है तो काल की दृष्टि डरकर भाग जाती है। हे रामराय मैंने हरि के रंग में मूंड मुड़ा लिया है।

ईश्वर का ध्यान तथा नाम ही भक्त को शोभायमान बनाते हैं। किसी तरह के साज-श्रृंगार की उसे आवश्यकता नहीं होती है।

कारनि कौन सँवारै देहा।
यहु तनि जरि बरि ह्वैहैं खेहा।।
चोवा चंदन चरचत अंगा। सो तन जरत काठ कै संगा।
बहुत जतन करि देह मुटियाई। अगनि दहै कै जंबुक खाई।।
जा सिरि रचि रचि बाँधत पागा। ता सिरि चंच सँवारत कागा।।
कहै कबीर तन झूठा भाई। केवल राँम लह्यौ ल्यौ लाई।।२६५।।

इस शरीर का साज श्रृंगार किसलिए किया जाय क्योंकि मरणोपरान्त यह जल भुनकर,

राख की ढेर हो जाएगा। चोवा चंदन का शरीर में लेप किया जाता है लेकिन यह शरीर लकड़ी के साथ जल जाता है। बहुत यत्न करके देह को मोटा बनाते हैं। यह देह या तो जल जाती है या इसे शृगाल खा लेते हैं। जिस सिर पर सँवारकर पगड़ी बाँधते हैं, उस सिर को कौए चोंच से सँवारते हैं। कबीर कहते हैं कि हे भाई! शरीर मिथ्या है। केवल राम में ही लय (ध्यान) लगाए रहो, वही सच है।

शरीर की नश्वरता तथा नाम की सार्थकता की व्यंजना की गयी है। वीभत्स रस का विधान किया गया है।

धन धंधा व्यवहार सब माया मिथ्यावाद।
पाणी, नीर हलूर ज्यूँ हरि नाँव बिना अपवाद।
इक राँम नाँम निज साँचा, चित चेति चतुर घट काचा।।
इस भरमि न भूलसि भोली, विधना की गति है ओली।।
जीवते कूँ मारन धावै, मरते कौं बेगि जिलावै।।
जाकै हुंहि जंम से बैरी, सो क्यू रोवै नींद घनेरी।।
जिहि जागत नींद उपावै। तिहिं सोवत क्यूँ न जगावै।।
जलजंति न देखसि प्रानी सब दीसै झूठ निदानी।।
तन देवल ज्यूँ धज आछै, पड़ियाँ पछितावै पाछै।।
जीवत ही कछू कीजै, हरि राम रसायन पीजै।।
राँम नाँम निज सार है माया लागि न खोई।।
अंति कालि सिर पोटली ले जात न देख्या कोई।।
कोई ले जात न देख्या, बलि विक्रम भोज ग्रस्या।।
काहू कै संगि न राखी, दीसै बीसल की साखी।।
जब हंस पवन ल्यौ खेलै, पसर्‌यो हाटिक जब मेलै।।
मानिख जनम अवतारा, नाँ ह्वै है बारंबारा।।
कबहूँ ह्वै किसा विहाँणाँ, तर पँखी जेम उड़ानाँ।।
सब आप आप कूँ जाई, को काहू मिलै न भाई।।
मूरिख मनिखा जनम गँवाया, बर कौड़ी ज्यूँ डहकाया।।
जिहि तन धन जगत भुलाया, जग राख्यो परहरि माया।।
जल अंजुरी जीवन जैसा ताका है किसा भरोसा।।
कहै कबीर जग धंधा, काहे न चेतहु अंधा।।२६६।।

शब्दार्थ– औली = गुप्त, विचित्र।

व्याख्या– धन, धंधा, और सांसारिक व्यवहार सब माया तथा मिथ्यावाद हैं। ये सभी पानी में उठने वाली लहर की तरह क्षणिक हैं। हरि के नाम के बिना ये सभी अपवाद (निन्दनीय) हैं। एक मात्र राम नाम ही सच्चा है, चतुर तू चित्त में चेत, तेरा शरीर रूपी घट भी कच्चा है। इस भ्रम में भ्रमित होकर तू मत भूल, भगवान् की गति गोपनीय या आवृत या विचित्र है। यह जीवित को मारने दौड़ता है और मरते हुए को शीघ्र बचा देता है। जिस प्राणी का यम से बैर हो वह घनी नींद क्यों सोता है। जो जागते हुए भी नींद उत्पन्न करता है अर्थात्

ज्ञान स्वरूप होते हुए भी अज्ञान ग्रस्त रहता है, उसको सोते हुए (अर्थात् अज्ञान अवस्था) से क्यों न जागृत किया जाय। जिस प्रकार प्राणी जल में छिपे हुए जंतुओं को नहीं देखता किन्तु जब वह उनका ग्रास बन जाता है तो उसकी समझ में आ जाता है। उसी प्रकार सांसारिक व्यवहार के पीछे निहित नाश के कारणों को जीव नहीं समझ पाता है। तेरा शरीर देवालय की ध्वजा की तरह अस्थिर है। शरीर के पड़ने अर्थात् नष्ट होने पर तू पीछे पछताएगा। जीते जी कुछ कर लो, राम रसायन भर-भर कर पीने का प्रयास करो। राम नाम ही मात्र सार तत्त्व है, माया के वशीभूत होकर उसे मत खोओ। सांसारिक वैभव की पोटली (गठरी) सिर पर रखकर कोई नहीं ले जाता। बलि, विक्रम, भोज जैसे राजा भी काल ग्रस्त हो गए। कोई धन दौलत साथ नहीं रख सका, राजा वीसल भी इसका साक्षी है। जब आत्मा हवा की तरह खेलकर चला जाता है, तब पसरा हुआ हट्टक (बाजार) वह छोड़ जाता है। मनुष्य जन्म में अवतार बार-बार नहीं होगा। ये प्राण शरीर को त्याग एक समय ऐसे उड़ जाएँगे जैसे पक्षी पेड़ को छोड़कर उड़ जाते हैं। सभी स्वयं अंतिम यात्रा करते हैं कोई किसी से मिलता नहीं अर्थात् एक साथ यात्रा नहीं होती। मूर्ख जीव मनुष्य का जन्म व्यर्थ ही गवाँ देता है और कौड़ी के मूल्य में ही उसे खो देता है। जिस शरीर और धन के लिए जगत में भूला हुआ है, सारा संसार जिस माया में लीन है उसका परित्याग करो। जीवन अंजली के जल जैसा है, उसका क्या भरोसा है। कबीर कहते हैं कि संसार प्रपंच मात्र है, हे अंधे! क्यों सजग नहीं होते?

हलूर ज्यों, पंखी जेम, कौड़ी ज्यूं जान, अंजुरी जैसा आदि में उपमा क्यू... घनेरी, तिहि... जगावै में वक्रोक्ति, जागत नींद उपावैं में विरोधाभास, जलजंत-निदानी में दृष्टांत धज, हाटिक में रूपकातिशयोक्ति अलंकारों का विधान किया गया है। जीवन और जगत की निस्सारता तथा राम-नाम की महत्ता की व्यंजना की गयी है।

रे चित चेति च्यंति लै ताही,
जा च्यंतत आपा पर नाँही।।
हरि हिरदै एक ग्यांन उपाया ताथैं छूटि गई सब माया।।
जहाँ नाँद न व्यंद दिवस नहीं राती नहीं नरनारि नहीं कुल जाती।
कहै कबीर सरब सुख दाता अविगत अलख अभेद विधाता।।२६७।।

रे चित्त! सजग होकर उसकी चिन्ता कर ले जिसके चिंतन से अपना पराया नहीं रहता है। हरि ने मेरे हृदय में एक ज्ञान उत्पादित किया है जिसके प्रभाव से सारी माया छूट गयी। वहाँ (उस परमात्मा के यहाँ) न नाद है न बिन्दु है, नर नारी, कुल एवं जाति किसी प्रकार का भी भेद नहीं है, अविगत (इन्द्रियों द्वारा अज्ञेय) अलख (अलक्ष्य) अभेद (भेद रहित) विधाता समस्त सुखों को प्रदान करने वाला है।

परातत्त्व के साक्षात्कार तथा परमतत्त्व के अद्वैत स्वरूप का वर्णन किया गया है।

सरवर तटि हंसणीं तिसाई
जुगति बिनाँ हरि जल पिया न जाई।।
पीया चाहै तौ लै खग सारी, उड़ि न सकै दोऊ पर भारी।।
कुंभ लीयै ठाढ़ी पनिहारी, गुन बिन नीर भरै कैसें नारी।।
कहै कबीर गुर एक बुधि बताई, सहज सुभाइ मिलै राँम राई।।२६८।।

शब्दार्थ– तिसाई = तृषित, हंसणी = आत्मा, जुगति = युक्ति, सारी = गमन करने

वाला।

व्याख्या– आत्मानन्द रूपी सरोवर के तट पर जीवात्मा रूपी हंसिनी प्यासी है। साधना रूपी युक्ति के बिना जल पिया नहीं जाता। हे जीवात्मा रूपी पक्षी यदि तू जल पीना चाहता है तो वहाँ तक गमन कर परन्तु द्वैत भाव के कारण तेरे दोनों पंखे भारी हैं, इसलिए तू उड़ने में अक्षम है। कुण्डलिनी रूपी पनिहारिन घड़ा (देह घट) लिए खड़ी है किन्तु ध्यान की रस्सी के बिना वह उसे कैसे भरे। कबीर कहते हैं कि मेरे गुरु ने एक बुद्धि (ज्ञानात्मक उपाय) बताया। सहज स्वभाव से रामराय से भेंट हो गयी।

सम्पूर्ण पद में रूपकातिशयोक्ति अलंकार है। सरवर तिसाई में विरोधाभास है।

भरथरी भूप भया वैरागी।
विरह वियोग बनि बनि ढूंढै, वाकी सुरति साहिब सौं लागी।।
हसती घोड़ा गाँव गढ़ गूडर, कनडा भा इक आगी।
जोगी हूवा जाँणि जग जाता, सहर उजीणीं त्यागी।।
छत्र सिंघासण चवर ढुलंता राग रंग बहु आगी।।
सेज रमैणी रंभा होती तासौं प्रीत न लागी।
सूर बीर गाढ़ा पग रोप्या, इह बिधि माया त्यागी।।
सब सुखि छाड़ि भज्या इक साहिब, गुरु गोरख ल्यौं लागी।।
मनसा बाचा हरि हरि भाखै, गंध्रप सुत बड़ भागी।
कहै कबीर कुदर भजि करता, अमर भणे अणरागी।।२६६।।

शब्दार्थ– गूडर = गढ़ी, छोटा किला, उजीणीं = उज्जैन, रोप्या = लगाया, कुदर = प्रकृति।

व्याख्या– राजा भरथरी (भर्तृहरि) विरक्त हो गया। विरह वियोग में वह वन-वन ढूँढ़ता है, उसका ध्यान भगवान् के प्रति लग गया है। हाथी, घोड़ा, गाँव, गढ़, गढ़ी एवं सारा ऐश्वर्य उसके लिए आग जैसे हो गए थे। वह योगी हो गया था और उज्जैन शहर त्याग दिया था, इसे सारा संसार जानता है। उसके पास छत्र, सिंहासन, चारों ओर डुलाए जाते हुए चँवर तथा राग रंग की अग्रगण्य वस्तुएँ थीं। सेज पर रमण करने वाली रमा जैसी सुन्दरियाँ थीं फिर भी उनसे उसकी प्रीति नहीं लगी। उन सब के विरोध में उस सूरमा ने अपने पैर जमा दिए और इस प्रकार माया का त्याग कर दिया। सब कुछ छोड़कर एक स्वामी का भजन किया, गुरु गोरख द्वारा निर्दिष्ट ईश्वरीय ध्यान में मग्न रहा, मन और वाणी से भगवान् का नाम लिया। वह गंधर्व सुत बड़ा भाग्यशाली था। कबीर कहते हैं कि ईश्वरीय प्रकृति का भजन करता हुआ वह अमर का अनुरागी हो गया।

अनुप्रास, पुनरुक्ति प्रकाश आदि अलंकारों की सार्थक योजना की गयी है।

सार सुख पाइये रे,
रंगि रमहु आत्माँ राँम।।
बनह बसे का कीजिए, जे मन नहीं तजे विकार,
घर बन तत समि जिनि किया, ते बिरला संसार।।
का जटा भसम लेपन किये, कहा गुफा मैं बास।
मन जीत्याँ जग जीतिए, जौ विषया रहै उदास।।

सहज भाइ जे ऊपजै, ताका किसा माँन अभिमान।।
आपा पर सम चीनिए, तब मिलै आत्माँराम।।
कहै कबीर कृपा भई, गुरु ग्यान कह्या समझाइ।
हिरदै श्री हरि भेटियै, जे मन अनतै नहीं जाइ।।३००।।

व्याख्या– आत्मा राम के रंग में रंग जाओ अर्थात् उसी के प्रेम में रम जाओ, सुख का सार स्वतः मिल जाएगा। यदि मन ने विकार का त्याग नहीं किया तो वन में बसने का क्या लाभ है। घर और वन दोनों को जिसने समान बना दिया है, उस तरह के व्यक्ति संसार में विरले हैं। जटा रखने तथा भस्म का लेप करने से क्या लाभ है? गुफा में निवास करने से भी कोई सिद्धि नहीं होती। यदि विषय से उदासीन रहते हैं तथा मन को जीत लिया है तो निश्चित है कि संसार को भी जीत जाएँगे। जिसमें सहज भाव पैदा हो जाता है उसके लिए मान, अपमान क्या है? स्वयं तथा पराए को जो समान समझने लगता है अर्थात् जिसका अपने पराए का भेद मिट जाता है, उसे आत्माराम का साक्षात्कार हो जाता है। कबीर कहते हैं कि कृपापूर्वक गुरु ने ज्ञान दिया। यदि मन बहिर्मुखी नहीं है तो हृदय में ही श्रीहरि का आलिंगन हो जाता है।

बाह्याडम्बरों का विरोध करते हुए आन्तरिक साधना तथा मन की निष्कलुषता का समर्थन किया गया है।

है हरि भजन कौ प्रवांन।
नीच पाँवै ऊँच पदवी, बाजते नीसान।।
भजन कौ प्रताप ऐसो, तिरे जल पाषान।
अधम भील अजाति गनिका, चढ़े जात बिवाँन।।
नव लख तारा चलै मंडल चलै ससिहर भाँन।
दास धू कौं अटल पदवी, राँम को दीवाँन।।
निगम जाकी साखि बोलैं, कहै संत सुजाँन।
जन कबीर तेरी सरनि आयौ, राखि लेहु भगवाँन।।३०१।।

व्याख्या–हरि के भजन का अद्‌भुत फल है, इसके अनेक प्रमाण हैं, नीच व्यक्ति भी डंके की चोट से ऊँचा फल प्राप्त कर लेता है। भजन के प्रताप से पत्थर भी पानी में तैरने लगता है। अधम भील (शबरी) एवं कुजाति वेश्या भी राम के प्रभाव से विमान पर चढ़कर स्वर्ग चले गये। नौ लाख तारों का समूह, चन्द्रमा और सूर्य निरन्तर गतिशील हैं किन्तु भक्त ध्रुव की पदवी अटल है, उसे अडिग रहने का फल राम की दीवानगी (आसक्ति) से ही मिली है। वेद शास्त्र उसकी साक्षी देते हैं, संत शिरोमणि उसके गुणों का कथन करते हैं। कबीरदास कहते हैं कि भक्त कबीर तुम्हारी शरण में आया है, हे भगवान् मेरी रक्षा करो, अपने चरणों में मुझे भी स्थान दो।

यह पद 'सूरसागर' में भी किंचित् भेद के साथ आया है। संपादकों ने इस पर कोई सन्देह व्यक्त नहीं किया है। प्रस्तुत पद में भक्ति की महिमा का वर्णन पौराणिक संदर्भों के साथ किया गया है। सगुण भावना का इस पर प्रभाव दृष्टिगत होता है।

चलौ सखी जाइये तहाँ
जहाँ गये पाइँयैं परमानन्द।।
यहु मन आमन घूमनां, मेरो तन छीजत नित जाइ।
च्यंतामणि चित चोरियौ, ताथै कछू न सुहाइ।।
सुंनि लखी सुपनै की गति ऐसी, हरि आए हम पास।
सोवत ही जगाइया, जागत भए उदास।।
चलु सखी विलम न कीजिये, जब लग साँस सरीर।
मिलि रहिए जमनाथ सूँ, कहैं दास कबीर।।३०२।।

व्याख्या– हे सखी! चलो वहाँ चला जाय जहाँ जाने से परमानन्द प्राप्त हो। यह मन स्वेच्छा से घूमता है, मेरे कहने पर अभीप्सित दिशा में संचरण नहीं करता। मेरा शरीर धीरे-धीरे क्षीण होता जा रहा है। मेरी चेतना को चिन्तामणि स्वरूप भगवान् चुरा लिया है, इसीलिए कुछ भी सुहावना नहीं लगता है। हे सखी! स्वप्न की दशा सुनो, भगवान् मेरे पास आए, मुझे सोते से जगाया, जागते ही मैं उदास हो गयी अर्थात् संसार से मेरा मन उचट गया। हे सखी! चलो विलम्ब न करो, जब तक शरीर में साँस है, जगन्नाथ से मिल लिया जाए। भक्त कबीर का यही कथन है।

दाम्पत्य प्रतीक के द्वारा प्रियतम भगवान् से स्वप्नावस्था में मिलन, उससे उत्पन्न व्यग्रता तथा शीघ्र उसके वास्तविक मिलन की चेष्टा की व्यंजना की गयी है।

मेरे तन मन लागी चोट सठौरी।
बिसरे ग्याँन बुधि सब नाठी, भई बिकल मति बौरी।।
देह बदेह गलित गुन तीन्यूँ, चलत अचल भए ठौरी।
इत उत जित कित द्वादस चितवत, यहु भई गुपत ठगौरी।।
सोई पै जाँनै पीर हमारी जिहि सरीर यहु ब्यौरी।।
जन कबीर ठग ठग्यौ है बापुरौ, सुंनि समांनी त्यौरी।।३०३।।

शब्दार्थ– सठौरी = ठीक स्थान, नाठी = नष्ट, ठगौरी = ठग विद्या। व्यौरी = व्याप्त।

व्याख्या– गुरु के उपदेश की चोट मेरे शरीर और मन में ठीक स्थान पर लगी है जिसके प्रभाव स्वरूप मेरा ज्ञान विस्मृत हो गया, बुद्धि नष्ट हो गयी, बुद्धि विकल होकर (सोच विचार की क्षमता नहीं रह गयी।) बावली हो गयी है। देह विदेह हो गयी है। तीनों गुण (सत्, रज और तम) विगलित हो गए हैं, जो अवयव चंचल थे वे अचल हो गए हैं। मैं यहाँ, वहाँ, जहाँ कहीं दसों दिशाओं में अपने भीतर तथा अपने को आहत करने वाले की ओर देखता हूँ, यह तो गुप्त ठग विद्या का प्रभाव प्रतीत हो रहा है। वही मेरी पीड़ा को जान सकता है जिसके शरीर में यह व्याप्त हो चुकी है। कबीर बेचारा ठग (प्रेम की जादुई विद्या में पारंगत भगवान् रूपी ठग) से ठगा गया है। उसकी समस्त चित्त वृत्तियाँ (त्रिकुटी) शून्य में समा गयी हैं।

ठग में रूपकातिशयोक्ति, चलत अचल भई में विरोधाभास अलंकारों का विधान है। ईश्वरीय राग की अनुभूति वही समझ सकता है जो उस परिस्थिति से गुजर चुका है। भक्त का दर्द भक्त ही समझता है। विरह की अनुभूति या ईश्वर के साक्षात्कार का अत्यन्त प्रभावशाली एवं मार्मिक चित्रण किया गया है।

मेरी अँखियाँ जान सुजान भईं
देवर भरम सुसर संग तजि करि, हरि पीव तहाँ गईं।।
बालपनै के क्रम हमारे, काटे जाँनि दई।
बाँह पकरि करि कृपा कीन्हीं, आप समीप लई।।
पांनी की बूँद थैं जिनि प्यंड साज्या ता संग अधिक रई।।
दास कबीर पल प्रेम न घटई, दिन दिन प्रीति नई।।३०४।।

व्याख्या–मेरी आँखें ज्ञानी और सुज्ञानी हो गयी हैं। देवर को पति समझने का भ्रम त्याग दिया है, ससुर का भी साथ छोड़ दिया है, हरि प्रिय जहाँ हैं वहाँ चली गई हूँ। मेरे अज्ञान जनित कर्म को भाग्य ने काट दिया है। बाँह पकड़ स्वयं प्रिय ने कृपा पूर्वक अपने पास रख लिया। जिन्होंने पानी (वीर्य) के बूँद से पिंड को सज्जित किया था, उसी हरि के साथ मैं रम गयी। दास कबीर कहता है कि एक पल के लिए भी यह प्रेम क्षीण नहीं होता। मेरी प्रीति दिन प्रतिदिन नूतन होती है।

दाम्पत्य भाव के द्वारा आत्मा-परमात्मा के प्रणय को व्यंजित किया गया है।

हो बलियाँ कब देखौंगी तोहिं।
अह निस आतुर दरसन कारनि, ऐसी व्यापै मोहि।।
नैन हमारे तुम्ह कूँ चाँहैं, रती न माँनै हारि।।
बिरह अगनि तन अधिक जरावै, ऐसी लेहु विचारि।।
सुनहुँ हमारी दादि गुसाँई, अब जिन करहु वधीर।
तुम्ह धीरज मैं आतुर स्वामी, काचै भाँडै नीर।।
बहुत दिनन कै बिछुरे माधौ, मन नहीं बाँधै धीर।
देह छताँ तुम्ह मिलहु कृपा करि, आरतिवंत कबीर।।३०५।।

शब्दार्थ– बलियाँ = बलैया लेती, दादि = निवेदन, दरख्वास्त।

व्याख्या– कबीर की आत्मा रूपी विरहिणी कहती है कि हे भगवान् मैं बलैया (बलि जाती हूँ तुम्हें देखने का अवसर कब मिलेगा। मैं अहर्निश तुम्हारे दर्शन के लिए आतुर हूँ, यह आतुरता पूरी शरीर में व्याप्त हो गयी है। मेरे नेत्र तुम्हारी अभिलाषा करते हैं। वे इधर-उधर निरन्तर तुम्हारी खोज से हार नहीं मानते। विरह की अग्नि देह को बहुत अधिक जला रही है, तुम स्वयं (मेरी दशा पर) विचार कर लो। हे स्वामी मेरा निवेदन सुनो, अब बहरे न बनो अर्थात् अनसुना न करो। तुम धैर्यवान हो, किन्तु मैं आतुर हूँ। मेरे शरीर रूपी कच्चे घड़े में प्राण रूपी नीर भरा है, वह महासमुद्र (अंशी) से मिलने के लिए आतुर है। हे माधव! मेरा वियोग हुए बहुत दिन व्यतीत हो गए। अब मन धैर्य नहीं धारण कर पा रहा है। देह रहते हुए तुम दर्शन देने की कृपा करो, कबीर अत्यन्त आर्त हो गया है।

कबीर ने देह मुक्ति की व्यंजना की है। शरीर कच्चे घड़े की तरह पता नहीं कब टूट जाय इसलिए शीघ्रातिशीघ्र दर्शन की आकांक्षा व्यक्त की गयी है। आँखों का मानवीकरण किया गया है। आध्यात्मिक विरह की सार्थक निष्पत्ति हुई है।

वै दिन कब आवैंगे माइ।
जा कारनि हम देह धरी है, मिलिबौ अंग लगाइ।।

हौं जाँनूँ जे हिल मिलि खेलूँ, तन मन पाँन समाइ।
या काँमनाँ करौ पर पूरन, समरथ हौ राँम राइ।।
माँहि उदासी माधौ चाहै, चितवत रैनि बिहाइ।।
सेज हमारी स्यंध भई है, जब सोऊँ तब खाइ।।
यहु अरदास दास की सुनिये, तन की तपनि बुझाइ।
कहै कबीर मिले जे साँई, मिलि करि मंगल गाइ।।३०६।।

शब्दार्थ– अरदास = प्रार्थना।

व्याख्या– कबीर की आत्मा रूपी विरहिणी कहती है कि हे माँ! वह दिन कब आएगा जब मैं उस प्रियतम के अंग से अंग मिलाकर आलिंगन करूँगी। जिसके हेतु मैंने यह देह धारण किया है। मैं जानती हूँ कि मैं हिल मिलकर तुम्हारे तन-मन और प्राणों में समाहित होकर विलास लीला (आनन्द क्रीड़ा) करूँगी। हे रामराज! तुम समर्थ हो, इसलिए तुम मेरी इस कामना को पूर्ण करो। तुम्हारी ओर से इस बीच उदासी ही दिखाई दे रही है। तुम्हारी प्रतीक्षा करते ही रात व्यतीत हो जाती है। मेरी शय्या सिंह बनी हुई है। जब मैं उस पर सोती हूँ तो वह खाने दौड़ती है। दास की यह विनती सुनिए, मेरे शरीर की तपन अपने दर्शन से शान्त कर दीजिए। कबीर कहते हैं कि यदि साईं मिल जाय तो उससे मिलकर मंगलगान करूँ।

दाम्पत्य प्रतीक द्वारा ईश्वर से मिलन की उत्कट आकांक्षा का चित्रण किया गया है। सेज-स्यंध में रूपक की व्यंजना है। आत्मा परमात्मा का तदाकार हो जाना ही मानव की चरम उपलब्धि है, यही मुक्ति है। अज्ञान निद्रा को व्यतीत करने के लिए जागृतावस्था आवश्यक है। जीव को जब पूर्ण ज्ञान हो जाता है तभी वह ईश्वर के प्रति पूरी निष्ठा के साथ उन्मुख होता है। प्रस्तुत पद में परिचय, समर्पण, प्रिय की सामर्थ्य तथा प्रतीक्षा की मार्मिक अभिव्यक्ति हुई है। लौकिक तथा अलौकिक रस की समान निष्पत्ति प्रस्तुत पद में होती है।

बाल्हा आव हमारे गेह रे।
तुम बिन दुखिया देह रे।।
सब को कहै तुम्हारी नारी, मोकौं कहै अंदेह रे।
एकमेक ह्वै सेज न सोवै, तब लग कैसा नेह रे।।
आन न भावै नींद न आवै, ग्रिह बन धरै न धीर रे।
ज्यूँ कामी कौं काम पियारा, ज्यूँ प्यासे कूँ नीर रे।।
है कोई ऐसा पर उपगारी, हरि सूँ कहै सुनाइ रे।
ऐसे हाल कबीर भए हैं बिन देखे जीव जाइ रे।।३०७।।

व्याख्या– आत्मा रूपी विरहिणी कहती है कि हे बल्लभ (प्रियतम) मेरे घर आओ, तुम्हारे बिना मेरी देह दुखी है। सब कोई कहते हैं कि मैं तुम्हारी पत्नी हूँ किन्तु मुझे तो सन्देह है। जब तक हम दोनों एकमेक होकर एक ही शय्या पर नहीं सोते तब तक कैसा स्नेह। मुझे अन्य किसी वस्तु से लगाव नहीं है, अन्य कुछ भी मुझे अच्छा नहीं लगता, मुझे नींद भी नहीं आती, मेरा मन घर, वन कहीं भी धीरज नहीं धारण करता। जैसे कामी व्यक्ति को काम प्रिय होता है, जैसे प्यासे को पानी की चाह होती है, उसी तरह मुझे प्रियतम की रति की प्रबल कामना है। ऐसा कोई परोपकारी है जो भगवान् से मेरी भावना बता दे। कबीर की ऐसी दशा हो गयी है कि बिना दर्शन के उनके प्राण निकलने वाले हैं।

ज्यूं कामी..... नीर रे में दृष्टान्त अलंकार है। दाम्पत्य प्रतीक द्वारा आत्मा रूपी विरहिणी के एक निष्ठ प्रेम, मिलन की आतुरता, तड़प तथा सांसारिकता से उदासी का चित्रण किया गया है।

माधौ कब करिहौ दाया।
काम क्रोध अहंकार व्यापै, नाँ छूटै आया।
उतपति व्यंद भयौ जा दिन थैं, कबहुँ सच नहीं पायौ।
पंच चोर संग लाइ दिए हैं इन संगि जनम गँवायौ।।
तन मन डस्यौ भुजंग भामिनी, लहरी वार न पारा।।
सो गारडी मिल्यो नहीं कबहूँ, पसर्‌यो विष विकराला।।
कहै कबीर यहु कौंसूँ कहिए यह दुख कोई न जानै।
देहु दीदार बिकार दूरि करि, तब मेरा मन माँनै।।३०८।।

व्याख्या– हे माधव! कब दया करोगे। मुझमें काम, क्रोध, और अहंकार व्याप्त हो रहे हैं, मेरी सांसारिक माया छूट नहीं रही है। जिस दिन से बिन्दु (वीर्य) से मेरी उत्पत्ति हुई है उसी दिन से मुझे सुख नहीं मिला। तूने पाँच चोरों को (काम, क्रोध, लोभ, मोह, मात्सर्य) मेरे साथ लगा दिया है। मैंने इन्हीं के साथ अपना जन्म व्यर्थ में नष्ट कर दिया। स्त्री रूपी भुजंग (साँप) ने मेरे शरीर तथा मन को डस लिया है, उसकी लहरों का कोई ओर-छोर नहीं है। वह गारुडी (विष उतारने वाला व्यक्ति) मुझे मिला नहीं जो विष को उतार देता, स्त्री मोह का विष मेरे शरीर में विकराल होता गया है। कबीर कहते हैं कि मैं इस दुख का बयान किससे करूँ, इस दुख को कोई नहीं जानता। हे माधव! मुझे दर्शन देकर मेरे शारीरिक एवं मानसिक विकारों को दूर कीजिए। ऐसा होने पर ही मेरा मन सन्तुष्ट होगा।

पंच चोर में रूपकातिशयोक्ति अलंकार का विधान है। भुजंग-भामिनी में रूपक की योजना है। जीव की संसार ग्रस्तता एवं विषयासक्ति का वर्णन करते हुए ईश्वर की कृपादृष्टि की याचना की गयी है। गारुड़ी परमात्मा ही है जिसके दर्शन मात्र से विषयासक्ति का विष दूर हो जाता है।

मैं जन भूलौ तूँ समझाइ।
चित चंचल रहै न अटक्यौ, विषै बन कूँ जाइ।।
संसार सागर माँहि भूल्यौ, थक्यौ करत उपाइ।।
मोहनी माया बाघणी थैं, राखि लै राँम राइ।।
गोपाल सुनि एक बीनती सुमति तन ठहराइ।।
कहै कबीर यहु काम रिप है, मारै सबकूँ ढाइ।।३०९।।

व्याख्या– हे राम! मैं तेरा भक्त भ्रमित हो गया हूँ, तुम ही मुझे समझाओ। मेरा चंचल चित्त तुम्हारे ध्यान में अटका नहीं रहता, वह भागकर विषय वासना के वन में चला जाता है। संसार सागर में भूल गया हूँ और पार पाने का उपाय करते थक गया हूँ। हे राम राय मोहनी माया रूपी बाघनी से मेरी रक्षा करो। गोपाल एक विनती सुनो, मेरे शरीर में सद्बुद्धि स्थिर रहे। कबीर कहते हैं कि काम शत्रु है यह सबको मारकर ढहा देता है।

विषै वन, संसार सागर, माया बाघनी, काम रिपु आदि में रूपक अलंकार है। ईश्वर से सांसारिकता से मुक्त होने की विनती की गयी है।

भगति बिन भौजलि डूबत है रे।
बोहित छाँड़ि बैसि कर डूँडै, बहुतक दुख सहै रे।।
बार-बार जम पै डहकावे, हरि कौ ह्वै न रहै रे।।
चेरी के बालक की नाँई, कासूँ बाप कहै रे।।
नलनी के सुवटा की नाँई, जग सूँ राचि रहै रे।
बंसा अगनि बंस कुल निकसै, आपहि आप दहै रे।।
खेवट बिना कवन भौ तारै, कैसे पार गहै रे।।
दास कबीर कहै समझावै हरि की कथा जीवै रे।।
राँम कौ नाँव अधिक रस मीठौ, बारंबार पीवै रे।।३१०।।

व्याख्या– कबीर सांसारिक जीव को सम्बोधित करते हुए कहते हैं कि तू भक्ति के बिना संसार सागर में डूब रहा है। राम नाम का जहाज छोड़कर छोटी-छोटी साधना पद्धतियों की डोंगी (बाँस के डंडे से बनाई गयी छोटी नौका) पर बैठकर भवसागर पार करना चाहता है, इसलिए बहुत दुख सहता है। बार-बार यमराज के द्वारा ठगा जाता है क्योंकि तू हरि का होकर नहीं रहता। दासी के पुत्र की तरह तू किसे अपना बाप कहेगा। जैसे नलिनी (छोटी लग्गी) में तोता स्वयं अपने पैर को बाँधकर लटक जाता है उसी तरह संसारी जीव स्वयं संसार से बँधा है, उसे किसी ने बाँधा नहीं है। जैसे बाँस के अन्दर से फूटने वाली आग अपने वंश का नाश कर देती है उसी तरह कामाग्नि शरीर से उत्पन्न होकर शरीर को ही जला देती है। जीव संसार सागर के बीच में ही थककर धार में ही डूब जाता है। भगवान् रूपी केवट के बिना कौन भवसागर से पार करे और संसार से परे मुक्ति को कैसे प्राप्त किया जाय। भक्त कबीर समझाकर कहते हैं कि हरि की कथा सदैव जीवन्त रहती है या राम कथा का आश्रय लेकर ही तू जीवन धारण कर। राम नाम का रस अत्यधिक मीठा है। उसे बार-बार पीना चाहिए।

भौजलि में रूपक, वोहिथ, डूंडै बहुतक में रूपकातिशयोक्ति, बालक की नाँई उपमा अलंकारों का विधान है। कबीर ने अनन्य भक्ति पर प्रकाश डाला है। नलिनी का सुवटा-तोते को पकड़ने के लिए शिकारी बाँस की छोटी सी डंडी बड़े बाँस के ऊपर बाँधे रहते हैं। जब तोता उस पर बैठता है तो वह डंडी उलट जाती है। तोता अपने पैरों से उस डंडी को पकड़ लेता है। फिर शिकारी उसे अपने कब्जे में कर लेता है। सूरदास ने भी कहा है– सूरदास नलिनी को सुवटा, कहि कौने पकर्‌यो।

चलत कत टेढ़ौ टेढ़ौ रे।
नऊँ दुवार नरक धरि मूँदे, तू दुरगंधि को बैढौ रे।।
जे जारै तौ होई भसमतन, रहित किरम जल खाई।
सूकर स्वाँन काग कौ भखिन, तामैं कहा भलाई।।
फूटै नैन हिरदै नाहीं सूझै, मति एकै नहीं जाँनी।
माया, मोह ममिता सूँ बाँध्यौ, बूडि मूवौ बिन पाँनी।।
बारु के घरवा मैं बैठो, चेतत नहीं अयाँनाँ।
कहै कबीर एक राँम भगति बिन, बूड़े बहुत सयाना।।३११।।

शब्दार्थ– नरक = मल, मूँदे = ढँक जाना, बैढौ = ढेर, किरम = कृमि, कीड़े-मकोड़े, भखिन = भोजन, मुवौ = मर गये।

व्याख्या– हे प्राणी! अपने इस शरीर पर तुम्हें इतना अहंकार क्यों हो गया है। तुम मार्ग से भटक गये हो। तुम्हारी इन्द्रियों के नव द्वार (दो आँख, दो कान, दो नासिका द्वार, मुख तथा मलमूत्र के द्वार) मल से युक्त हैं, तू स्वयं ही नरक के ढेर हो। यह शरीर जल जाने पर भस्म हो जाता है और जो शेष बचता है उसे जल में निवास करने वाले कीड़े खा जाते हैं। यह शरीर तो सुअर, कौआ और कुत्ते का भोजन बन जाता है, इसलिए इसके प्रति इतनी आसक्ति क्यों रखी जाय। हे मनुष्य! शायद तुम्हारी आँखें अंधी हो गयी हैं जो तुम इस संसार की निस्सारता को देख नहीं पा रहे हो। हृदय में भी तुम्हें इसकी अनुभूति नहीं होती तथा ज्ञान की बातों से भी तुम्हारा कोई सम्बन्ध नहीं है। तुम माया, मोह, और ममता के वशीभूत हो, इसलिए तुम इस संसार-सागर में बिना जल के (अकारण ही) डूब गये। वस्तुतः यह संसार असत् है। इस शरीर में विषय जल भी परमार्थतः नहीं है। प्राणी तो मिथ्या विषय-वासनाओं में ही डूबा हुआ है। यही जल के बिना इस संसार में डूबना है। हे प्राणी तुम बालू रूपी महल में बैठे हुए हो। तुम अज्ञानता के कारण यह भी नहीं समझ पाते कि यह शरीर क्षण भंगुर है। कबीर कहते हैं कि राम की भक्ति के अभाव में अनेक चतुर (ज्ञानी) लोग भी इस संसार सागर में डूब रहे हैं।

कबीर ने शरीर की क्षण-भंगुरता की ओर संकेत करते हुए इस पर अहंकार न करने की सलाह दी है। चलत.... रे में गूढ़ोक्ति, नउँ दुवार में रूपकातिशयोक्ति, गई.... पानी में विभावना, बूड़े सयाना में विरोधाभास अलंकारों का विधान है।

अरे परदेसी पीव पिछाँनि।
कहा भयौ तोकौ समझि न परई, लागी कैसी बाँनि।।
भोमि निडाणी मैं कहा रातौ, कहा कियो कहि मोहि।
लाहै कारनि मूल गमावै, समझावत हूँ तोहि।
निस दिन तोहि क्यूँ नींद परत है, चितवत नाँहीं तोहि।।
जम से बैरी सिर पर ठाढ़े पर हाथि कहा बिकाइ।।
झूठे परपंच मैं कहा लागौ, ऊँठै नाँही चालि।
कहै कबीर कछू बिलम न कीजै, कौने देखी काल्हि।।३१२।।

शब्दार्थ– बांनि = आदत, निडाणी = पराई, विलम = विलम्ब, देर।

व्याख्या– कबीर कहते हैं कि हे परदेशी जीव! अपने प्रिय को पहचानो। तुझे क्या हो गया कि तेरे समझ में नहीं आ रहा है। तेरी कैसी आदत बन गयी है। तू परायी भूमि पर अनुरक्त हो गया है, यह तूने क्या कर डाला, मुझसे अपने इस कुकृत्य का कारणं बताओ। तू लाभ के कारण मूल धन को भी गँवा रहा है। ईश्वर ने तुझे मुक्त होने के लिए मानव रूप में संसार में भेजा था। मनुष्य जन्म बड़े पुण्य से मिला था। संसार में आकर तू अपने कर्त्तव्य को भूल गया। आत्मा रूप में ईश्वर का जो अंश तेरे पास था उसे परमात्मा में लीन करके तू महान् बन सकता था किन्तु सांसारिक वासनाओं को लाभ समझकर तू अपनी मूल थाती को ही नष्ट करने में लग गया है। तुझे रात-दिन नींद क्यों आती है अर्थात् तू अज्ञान में क्यों डूबा है, जागृत होकर परमात्मा की ओर क्यों नहीं निहारते। यमराज जैसा वैरी सिर पर खड़ा है इससे रक्षा का उपाय करना चाहिए। तू तो माया के हाथ बिक कर अपने को और भी दुर्बल बना रहा है। झूठे प्रपंचों में तू क्यों आसक्त है उठकर सन्मार्ग पर (भक्ति साधना मार्ग) पर क्यों गतिशील नहीं होता। कबीर कहते हैं कि विलंब नहीं करना चाहिए। कल क्या घटित

होगा उसे कोई नहीं देख पाया है। इसलिए यथाशीघ्र मुक्ति का उपाय करना चाहिए।

सम्पूर्ण पद में गूढ़ोक्ति अलंकार की योजना है। संसार की नश्वरता तथा पराएपन की व्यंजना की गयी है। जीवात्मा का निवास ब्रह्म में है इसलिए इस संसार को पराया कहा गया है।

भयौ रे मन पाहुँनड़ौ दिन चारि।
आजिक काल्हिक माँहि चलैगो, लेकिन हाथ सँवारि।।
सौंज पराई जिनि अपणावै, ऐसी सुणि किन लेह।
यहु संसार इसौ रे प्राँणी, जैसी धूँवरि मेह।।
तन धन जीवन अँजुरी कौ पानी, जात न लागै बार।।
सैंवल के फूलन परि फूल्यौ गरब्यो कहा गँवार।।
खोटी खाटै खरा न लीया, कछू न जाँनी साटि।
कहै कबीर कछू बनिज न कीयौ, आयौ थौ इहि हाटि।।३१३।।

शब्दार्थ– पाहुँनड़ौ = आतिथ्य, साटि = विनिमय।

व्याख्या– कबीर अपने मन को सम्बोधित करते हुए कहते हैं कि चार दिन (थोड़े दिन) की पहुनाई (आतिथ्य) है। इस संसार में जीव थोड़े दिन के लिए मेहमानी आया है। आज कल में चलना होगा फिर हाथों को सँवार क्यों नहीं लेता अर्थात् सत्कर्म के द्वारा अपने हाथों को सुशोभित कर लो। दूसरे की वस्तुओं के प्रति आसक्त क्यों है उसे अपना समझने से वे अपनी नहीं होंगी, मेरी सीख को सुन क्यों नहीं लेता। यह संसार ऐसा है जैसे धुएँ से बना बादल। तन, धन और यौवन अँजुली के पानी की तरह क्षण भंगुर हैं, उन्हें जाते देर नहीं लगती। यह सांसारिक वैभव सेमल के फूल की तरह आकर्षक तो है किन्तु फलवान नहीं है फिर इसके ऊपर हे मूर्ख! गर्व क्यों करता है। तूने खोटी वस्तुओं का ही संग्रह किया लेकिन खरी वस्तुओं का ग्रहण नहीं किया। तूने वस्तुओं का उचित विनिमय नहीं जाना। कबीरदास कहते हैं कि तूने इस संसार रूपी बाजार में आकर ऐसा व्यापार नहीं किया जिससे पुण्य लाभ होता।

ले..... सँवारि में गूढ़ोक्ति जैसी– मेह, तन.... अंजुरी कौ पानी में उपमा, सेंवल के फूलन में रूपकातिशयोक्ति दृष्टि में रूपक अलंकारों की योजना है। संसार की असारता तथा पराएपन की अभिव्यंजना की गयी है।

मन रे राँम नाँमहि जाँनि।
थरहरी धूँनी पर्‌यो मंदर सूतौ खूँटी ताँनि।।
सैंन तेरी कोई न समझै, जीभ पकरी आनि।
पाँच गज दोवटी माँगी, चूँन लीयो साँनि।।
बसदर पाषर हाँडी, चल्यौ लादि पलाँनि।
भाई बंध बोलाई बहु रे काज कीनौं आँनि।।
कहै कबीर यामैं झूठ नाँही, छाड़ि जिय की बाँनि।।
राँम नाँम निसंक भजि रे, न करि कुल की काँनि।।३१४।।

शब्दार्थ– थरहरी = हिलता हुआ, सूतौ = सोओ, खूँटी ताँनि=निश्चित होकर।

व्याख्या– रे मन, तू राम नाम को ही पहचानो। जिस शरीर रूपी मन्दिर में तू निश्चिंत

सो रहा है उसकी आधारभूत थून (टेक) हिल रही है। जब यमराज तेरी जिह्वा पकड़ेगा तो तू हाथों मे या अन्य अंगों से जो इशारा करेगा उसे कोई समझ नहीं पाएगा। तुम्हारी अंतिम यात्रा की तैयारी हो रही है। पाँच गज दुपट्टा आ गया है। आटा सान लिया गया है, खाली हांडी ले ली गयी है, लादकर तुझे शवयात्रा पर ले जाया जा रहा है। भाई बंधु पहुँचाकर आ गए हैं। तू विषय-वासना में लिप्त रहने की अपनी आदत छोड़ दे, कुल मर्यादा का चक्कर न पाल, राम का नाम निशंक होकर भजो।

कबीर ने मरण काल की स्थितियों का चित्र खींचते हुए जीव को राम भजन की प्रेरणा दी है। दूसरी पंक्ति में रूपक अलंकार की योजना है। प्रस्तुत पद में शांत रस की निष्पत्ति हुई है।

प्राणी लाल औसर चल्यौ रे बजाइ।
मुठी एक मठिया मुठि एक कठिया, संग काहू कै न जाइ।।
देहली लग तेरी मिहरी सगी रे, फलसा लग सगी माइ।
मड़हट लूँ सब लोग कुटुंबी, हंस अकेलौ जाइ।।
कहाँ वै लोग कहाँ पुर पाटण, बहुरि न मिलवौ आइ।
कहै कबीर जगनाथ भजहु, जन्म अकारथ जाइ।।३१५।।

तिवारी ने आरंभ में इन पंक्ति को स्वीकार किया है –

चारि दिन अपनी नौवति चले न जाइ।
उतानै खटिया गाड़ि ले मटिया संग न कछु लै जाइ।।

शब्दार्थ– लाल = लल्लक्क, रवपूर्ण, औसर = नृत्य संगीतादि की सभा, इसका प्रयोग मुहावरे की तरह है– सांसारिक क्रिया-कलापों उल्लास पूर्ण उत्सवादि को पूरा करके। फलसा = दरवाजे।

व्याख्या– कबीर कहते हैं कि प्राणी अपने रवपूर्ण संगीत सभा में अपना वाद्य बजाकर चला जाता है अर्थात् अपनी सांसारिक भूमिका का निर्वाह करके विदा हो लेता है। एक मुट्ठी मिट्टी या शरीर का मांस और एक मुट्ठी काठी अर्थात् हड्डी लेकर कोई नहीं जा पाता। (सब कुछ यहीं छूट जाता है) (मृत्यु के बाद शव एक हाथ में एक मुट्ठी पिण्ड और एक पिण्ड उसके जनाजे (काठी) पर रख दिया जाता है। ये उसके पाथेय हैं जबकि वास्तविकता यह है कि ये भी उसके साथ जाते नहीं हैं)। मकान की देहली तक पत्नी रहती है और दरवाजे तक माँ रहती है। श्मशान घाट तक सभी कुटुम्बी लोग जाते हैं। इसके बाद हंस रूपी जीवात्मा अकेले ही जाता है। सगे सम्बन्धी लोग, नगर और बाजार फिर कहाँ मिलते हैं। कबीर कहते हैं कि जगन्नाथ का भजन करो अन्यथा जन्म ही व्यर्थ हो जाएगा।

मठिया कठिया में पद मैत्री है। 'हंस' जीवात्मा का प्रतीक है।

राँम गति पार न पावै कोई।
च्यंतामणि प्रभु निकटि छाड़ि करि भ्रंमि भ्रंमि मति बुधि खोई।
तीरथ बरत जप तप करि करि, बहुत भाँति हरि सोधै।
सकति सुहाग कहौ क्यूँ पावै, अछता कंत विरोधै।।
नारी पुरिष बसै इक संगा, दिन दिन जाइ अबोलै।।
तजि अभिमान मिलै नहीं पीव कूँ, ढूंढत बन बन डोलै।।

कहै कबीर हरि अकथ कथा है, बिरला कोई जाँनै।
प्रेम प्रीति बेधी अंतर गति, कहूँ काहि को माँनै।।३१६।।

व्याख्या–कबीरदास कहते हैं कि राम की गति का अन्दाज कोई नहीं पाता अर्थात् उसके कार्य व्यापार का रहस्य कोई नहीं समझ पाता। लोग अपने निकटतम रहने वाली प्रभु रूपी चिंतामणि (प्रभु आत्मा रूप में शरीर में ही उपस्थित है) को छोड़कर इधर-उधर भटकते हुए अपने बुद्धि, विवेक भी खो देते हैं। वे तीर्थ, व्रत, जप, तप करके अनेक प्रकार से प्रभु की खोज करते हैं। कहो, कोई स्त्री जबर्दस्ती कैसे सुहाग पा सकती है जो अपने कांत के रहते हुए उसका विरोध करती है। जो स्त्री और पुरुष साथ-साथ रहते हैं किन्तु दोनों बिना बोले ही दिन गुजारते हैं उन्हें आनन्द कैसे मिल सकता है? शरीर में शिव और शक्ति दोनों हैं किन्तु दोनों में यदि संवाद कायम नहीं है तो आनन्द नहीं मिल सकता। आत्मा राम जीव के समीप ही है किन्तु जीवात्मा रूपी प्रेयसी उसकी तलाश बाहर करती रहती है। जीवात्मा रूपी नारि अपने अहंकार को छोड़कर परमात्मा रूपी प्रिय से एकमेक नहीं हो पाती, वह जंगल-जंगल पति की तलाश करती है। कबीर कहते हैं कि यह कथा अकथनीय है। इसका ज्ञान बिरले को ही हो पाता है। जो आत्मा प्रेम प्रीति के बाण से बिद्ध है उसे संसार की कौन-सी वस्तु तृप्त कर सकती है। उसे कहीं भी संतोष नहीं मिलता बल्कि निरन्तर परमात्मा से मिलन की तड़प रहती है।

प्रभु च्यंतामणि में रूपक सकति .... विरोधै काहि कौ मांनै में वक्रोक्ति, में दृष्टान्त, नारी, पुरुष में रूपकातिशयोक्ति अलंकारों का विधान है। बाह्याडम्बरों का विरोध तथा प्रेम साधना एवं आन्तरिक साधना का समर्थन किया गया है। आत्मा परमात्मा की एकता की ओर संकेत है।

राँम बिना संसार धंध कुहेरा।
सिरि प्रकट्या जम का फेरा।।
देव पूजि पूजि हिन्दू मूए, तुरक मुए हज जाई।
जटा बाँधि बाँधि योगी मुए, इनमैं किनहूँ न पाई।।
कवि कवीनै कविता मूए कापड़ी केदारौं जाई।
केस लूंचि लूंचि मुए बरतिया, इनमैं किनहूँ न पाई।
धन संचते राजा मूये अरु ले कंचन भारी।
बेद पढ़ि पढ़ि पंडित मूए, रूप भूल मुई नारी।।
जे नर जोग जुगति करि जाँनै खोजै आप सरीरा।।
तिनकू मुकति की संसा नाहीं, कहत जुलाह कबीरा।।३१७।।

व्याख्या–राम के बिना संसार द्वन्द्वों का कुहासा है और सिर पर यम (काल) का चक्रपाश प्रकट है। देवताओं की पूजा करके हिन्दू मर गए, तुर्क हज जाकर मर गए, जटा बाँधकर योगी मर गए किन्तु इनमें से कोई भी भगवान् को नहीं पा सका। कवि लोग कविता रचने के अहंकार में मरते हैं और कार्पटिक साधु केदार की यात्रा करके मरता है, व्रत करने वाले जैन मुनि केश लुंचन (केश नोचकर) मरते हैं किन्तु इनमें से कोई परम तत्त्व को नहीं प्राप्त करता। धन दौलत संचित करते हुए राजा मरते हैं। जिनके पास कंचन है वे भी मरते हैं। वेद पढ़ते हुए पंडित मर जाते हैं और अपने रूप के अहंकार में खोई हुई नारी भी काल कवलित हो जाती है। जो लोग योग की युक्ति का ज्ञान रखते हैं और उसे अपने शरीर में ही तलाशते

हैं, उनको मुक्ति का संशय नहीं है। कबीर जुलाहा इसे अपने अनुभव से कह रहा है।

बाह्याडम्बर, धन, सम्पत्ति, रूप, रचनाशक्ति आदि सभी ईश्वर प्राप्ति में सहायक नहीं हैं। तीर्थ यात्रा, वेदपाठ आदि काल के प्रभाव से बचा नहीं पाते।

पुनरुक्ति प्रकाश अलंकार का प्रयोग करके क्रिया की सत्वरता को निर्दिष्ट किया गया है।

कहूँ रे जे कहिबे की होइ।
नाँ को जाँनै नाँ को मांनै, ताथैं अचिरज मोहिं।।
अपने अपने रंग के राजा, मानत नाहीं कोइ।
अति अभिमान लोभ के घाले, चले अपनपो खोइ।।
मैं मेरी करि यहु तन खोयो, समझत नहीं गँवार।
भौजलि अधफर थाकि रहे हैं, बूड़े बहुत अपार।
मोहि आग्याँ दई दयाल दया करि काहू कूँ समझाइ।
कहै कबीर मैं कहि हार्‌यो, अब मोहिं दोस न लाइ।।३१८।।

व्याख्या–कबीर कहते हैं कि मैं उन्हीं बातों को कहता हूँ जो कहने योग्य हैं। उन बातों का मर्म न कोई समझता है और न विश्वास करता है जब कि वे जानने एवं स्वीकार करने लायक हैं। मुझे लोगों के इस स्वभाव पर आश्चर्य होता है। सभी लोग अपनी-अपनी मान्यता एवं राग में मस्त हैं, कोई किसी की बात मानता ही नहीं, अत्यधिक अहंकार तथा लोभ को समर्पित होकर लोग आत्म स्वरूप को विस्मृत करके गतिशील हैं। मैं और निजत्व में यह शरीर नष्ट हो रहा है। मूर्ख लोग वास्तविकता को समझना ही नहीं चाहते। बहुत से लोग भवसागर के बीच में ही थक गए हैं। उनकी गति अवरुद्ध हो गयी है, बहुत से अपार सागर में डूब चुके हैं। मुझे कृपा पूर्वक दयालु भगवान् ने आज्ञा दी कि भवसागर में डूबते हुए लोगों में से कुछ को तो मैं समझा दूँ लेकिन मैं तो बहुत समझाकर हार गया, यदि कोई समझने एवं मानने वाला नहीं है तो मेरा क्या दोष? इसलिए अब कोई मुझे दोष न दे कि मैंने ईश्वर के आदेश का ठीक-ठीक निर्वाह नहीं किया।

भौजलि में रूपक, रंग के राजा में मुहावरे का प्रयोग है। कबीर ने इस पद में अपने को पैगम्बर माना है।

एक कोस बन मिलांन न मेला।
बहुतक भाँति करै फुरमाइस, है असवार अकेला।।
जोरत कटक जु घेरत सब गढ़, करतब झेली झेला।
जोरि कटक गढ़ तोरि पाति साह, खेलि चल्यो एक खेला।।
कूँच मुकाँम जोग के घर मैं, कछू एक दिवस खटाँनाँ।।
आसन राखि बिभूति साखि दे, पुनि ले मटी उडाँनाँ।
या जोगि की जुगति जू जाँनै, सो सतगुर का चेला।
कहै कबीर उन गुर की कृपा थैं, तिनि सब भरम पछेला।।३१६।।

व्याख्या–माया मोह ग्रस्त यह जीवन एक कोस (करीब तीन किमी०) का बीहड़ जंगल है। इसमें जीवात्मा का किसी अन्य साधक से या परमात्मा से मेल मिलाप कठिन है। जीवात्मा

रूपी घुड़सवार अपनी यात्रा में अकेला है। वह अनेक तरह से अनुनय-विनय करता है लेकिन उसकी ओर कोई ध्यान नहीं देता। कामादिक विकारों ने एक सेना बनाकर जीव को शरीर रूपी गढ़ में ही घेर रखा है। ऐसे जीव की नियति है कि वह यातनाओं को झेले। लेकिन एक दिन इस जीव रूपी बादशाह ने भी कामादि के विरुद्ध अपनी सेनाओं को संगठित कर ली और गढ़ को तोड़कर अद्‌भुत खेल करके दिखा दिया। प्रस्थान का पड़ाव उसने योग के घर में किया अर्थात् योग साधना के रूप में देह का प्रयोग किया। उसके बाद अपने शरीर की राख को आसन पर साक्षी रूप में छोड़कर मठ ही लेकर उड़ गया अर्थात् देह त्याग कर ब्रह्मलीन हो गया। जो इस योग मार्ग की युक्ति को समझता है वही सद्‌गुरु का वास्तविक शिष्य है। कबीर कहते हैं कि उस सद्‌गुरु की कृपा से उसने सभी भ्रमों को पीछे छोड़ दिया।

पूरे पद में रूपकातिशयोक्ति का विधान है। इसमें जीवन संग्राम के रूपक का उचित निर्वाह है। कायायोग तथा गुरु की महिमा का महत्त्व प्रतिपादित किया गया है।

मन रे राँम सुमिरि, राँम सुमिरि, राँम सुमिरि भाई।
राँम नाँम सुमिरन बिनाँ, बूड़त है अधिकाई।।
दारा[1] सुत ग्रेह नेह, संपति अधिकाई[2]।
यामै[3] कछू नाहि तेरौ, काल अवधि आई।।
अजामिल, गज, गनिका, पतित करम कीन्हाँ[4]।
तेऊ उतरि पारि गये राँम नाँम लीन्हाँ[5]।।
स्वान[6] सूकर[7] काग[8] कीन्हौं तऊ लाज न आई।
राँम नाँम अमृत छाँड़ि काहें विष खाई।।
तजि भरम करम विधि नषेद[9] राँम नाँम लेही।
जन कबीर गुरु प्रसादि राँम करि सनेही।।३२०।।

पाठान्तर–कुछ प्रतियों में 'मन रे' नहीं है। पाठान्तर इस प्रकार है १. वनिता, २. सुखदाई, ३. इन्ह मैं, ४. कीन्हें, ५. लीन्हें, ६. रचना, ७. सूकर, ८. जोनि, ९. निखेध।

व्याख्या–हे मन! राम का सुमिरन कर, राम का स्मरण कर हे, भाई राम का स्मरण (सुमिरन) कर क्योंकि राम नाम के स्मरण के बिना तू और अधिक (भवसागर में) डूब रहा है। स्त्री, पुत्र, गृह स्नेह तथा सम्पत्ति की समृद्धि में तेरा कुछ नहीं है क्योंकि तेरे काल की अवधि आ रही है। अजामिल, गज तथा गणिका ने पतित कर्म किया था किन्तु जब उन्होंने राम का नाम लिया तो वे भी तर गए। सांसारिक आसक्ति के परिणाम स्वरूप तुम्हें भगवान् ने कुत्ता, सुअर तथा कौआ बनाया था फिर भी तुझे लाज नहीं आई। राम-नाम के अमृत को छोड़कर विष क्यों खाता है? भ्रमित करने वाले कर्मों तथा विधि निषेध को छोड़कर राम का नाम लो। भक्त कबीर कहता है कि गुरु की कृपा से तू राम से स्नेह कर।

पौराणिक दृष्टांतों द्वारा राम नाम की महिमा पर प्रकाश डाला गया है।

राँम नाँम हिरदै धरि निर्मोलिक हीरा।
सोभा तिहूँ लोक तिमर जाय त्रिवधि पीरा।।

त्रिसनाँ नै लोभ लहरि काँम क्रोध नीरा।
मद मंछर कछ मछ, हरिष सोक तीरा।।
काँमनी अरु कनक भवर बोये बहु बीरा।
जन कबीर नवका हरि खेवट गुर कीरा।।३२१।।

व्याख्या–कबीर सामान्य जन को सलाह देते हैं कि तू हृदय में राम नाम का अमूल्य हीरा धारण कर, तीनों लोक में तेरी शोभा होगी और त्रिविध ताप (दैहिक, दैविक, भौतिक) दूर हो जायेंगे। भव सरिता में तृष्णा और लोभ की लहरें हैं, काम और क्रोध का जल प्रवाहित है। मद और मात्सर्य कच्छप और मगर हैं, हर्ष और शोक उसके दो तट हैं। कामिनी और कनक उसकी भँवरें हैं जिसने बहुत से वीरों को डुबाया है। भक्त कबीर कहते हैं कि इससे पार कराने वाला भगवान् ही नौका है और गुरु ही इसका खेनेवाला है या केवट गुरु कीर (शुकदेव) हैं।

सांग रूपक अलंकार का पूर्ण निर्वाह किया गया है। अनुप्रास अलंकार की भी छटा दर्शनीय है।

चलि मेरी सखी हो वो लगन राँम राया। जब तब काल बिनासै काया।।
जब लोभ मोह की दासी। तीरथ व्रत न छूटै जंम की पासी।।
आवैंगे जम के घालैंगे बाँटी। यहु तन जरि बरि होइगा माटी।।
कहै कबीर जे जन हरि रंगि राता। पायौ राजा रांम परम पद दाता।।३२२।।

व्याख्या–हे जीवात्मा रूपी सखी! रामराज की सेवा में संलग्न होकर जीवन को गतिशील कर जब कभी काल शरीर को विनष्ट कर सकता है। तुम जब तक लोभ, मोह की अनुचरी है, तथा तीर्थ और व्रत के चक्कर में फँसी है, तब तक यम के बन्धन से मुक्ति नहीं मिल सकती। यमराज के दूत आएँगे और टुकड़े-टुकड़े करके नष्ट कर देंगे। मृत्यु के बाद यह शरीर जलकर मिट्टी हो जाएगा। कबीर कहते हैं कि जो लोग राम के प्रेम में अनुरक्त हैं, वे परम पद (निर्वाण) प्रदान करने वाले राजा राम को पा लेते हैं।

सखी में रूपकातिशयोक्ति, तीरथ - - - - - पासी में विशेषोक्ति की योजना है।

बाह्याचार तथा सांसारिक राग का खंडन तथा राम भक्ति की महिमा का प्रतिपादन किया गया है।

तू पाक परमानंदे।
पीर पैकंबर पनह तुम्हारी, मैं गरीब क्या गंदे।
तुम्ह दरिया सबही दिल भीतरि, परमाँनंद पियारे।
नेक नजरि हम ऊपरि नाँहीं, क्या कमिबखत हमारे।।
हिमकति करैं हलाल बिचारै, आप कहावैं मोटे।
चाकरी चोर निवालैं हाजिर, साँई सेती खोटे।।
दाइम दूवा करद बजावैं, मैं क्या करूँ भिखारी।
कहैं कबीर मैं बंदा तेरा, खालिक पनह तुम्हारी।।३२३।।

शब्दार्थ – पाक = पवित्र, पैकंबर = ईश्वर के दूत, गंदे = (गदा) फारसी शब्द-भिखारी=निर्धन, दरिया = नदी, हिमकति = युक्ति, हलाल = पशुबलि, मोटे = बड़े, सेंती =से, प्रति, खोटे = तुच्छ, दाइम = उम्र भर, करद = दूरी, पनह = शरण।

व्याख्या– कबीर कहते हैं कि तू पवित्र परमानन्द स्वरूप है। धर्म गुरु तथा पैगम्बर तुम्हारी शरण में रहते हैं। मेरे जैसे गरीब व्यक्ति की क्या गिनती है? हे प्रिय परमानन्द! तुम सभी के दिल में नदी की तरह प्रवाहित रहते हो अर्थात् आनन्द की नदी रूप में भी तुम आत्म स्थित रहते हो। किन्तु मुझ साधारण व्यक्ति पर आप तनिक कृपा दृष्टि नहीं करते, जो लोग युक्तियाँ (धर्माडम्बर) करते हैं और पशु बलि का संकल्प करते हैं (या हर कर्म में हिंसा भाव रखते हैं) ओछे विचार के बावजूद अपने को श्रेष्ठ मानते हैं। भगवत् सेवा से चोर बनते हैं। अर्थात् पूरी निष्ठा से सेवा नहीं करते लेकिन भोजन के लिए (प्रसाद) तैयार रहते हैं, ऐसे व्यक्ति ईश्वर के प्रति खोटे (दोष युक्त) हैं। ऐसे कुचरित्र व्यक्ति सदैव भगवान् से दुआ माँगते हैं, किन्तु छुरी बजाते हैं। सदाचरण में लीन रहते हुए भी मैं भिखारी हूँ तो इसमें मेरा क्या दोष है। कबीर कहते हैं कि मैं तुम्हारा बंदा (सेवक) हूँ। हे खालिक (सृष्टि कर्त्ता) मैं तुम्हारी शरण में हूँ।

द्वितीय पंक्ति में अनुप्रास, मैं गंदे में वक्रोक्ति, क्या हमारे में गूढ़ोक्ति अलंकारों का विधान किया गया है। अरबी फारसी शब्दों का प्रयोग करते हुए धर्म गुरुओं की निष्ठाहीनता और सम्पन्नता पर व्यंग्य किया गया है। इस पद में सामाजिक व्यवस्था पर भी चोट की गयी है। समाज में दुश्चरित्र व्यक्ति महान् माना जाता है और सदाचारी गरीब तथा दुखी रहता है।

अब हम जगत गौहन तैं भागे।
जग की देखि जु गति राँमहि ढुरि लागे।।
अयाँनपने थैं बहु बौराँने। समुझि परी तब फिरि पछिताँने।
लोग कहौ जाकै जो मनि भावै। लहे भुवंगम कौन डसावै।।
कबीर बिचारि इहै डर डरिये। कहै का हो इहाँ न मरिए।।३२४।।

शब्दार्थ– गौहन = साथ, भुवंगम = सर्प।

व्याख्या– अब मैं जगत के सामीप्य का त्याग कर रहा हूँ। संसार की दुखद परिणति को देखकर मैं राम की ओर द्रवित होकर उन्मुख हो गया हूँ। अज्ञान के कारण मैं पागल बना था। जब बोध हुआ तो मुझे बड़ा पछतावा हुआ। मेरे बारे में लोग जो चाहे कहें किन्तु सर्प को पकड़कर कौन अपने को डसाता है। मैंने सोच विचार कर कहा है कि विषय रूपी सर्प से डरते रहो। किसी के कहने से क्या होता है। विषयासक्त संसार में फँसकर व्यर्थ जीवन का नाश नहीं करना चाहिए।

भुवंगम में रूपकातिशयोक्ति, 'कहै-काहो' मैं गूढ़ोक्ति अलंकार का विधान है। ज्ञान प्राप्ति से संसार के भयावह परिणामों का ज्ञान हो जाता है, फिर ईश्वर भक्ति का संकल्प दृढ़ हो जाता है।

राग भैरूँ

ऐसा ध्यान धरौ नरहरी।
सबद अनाहद च्यंतन करी।
पहली खोजौ पंचेबाइ, बाइ व्यंद ले गगन समाइ।।
गगन जोति तहाँ त्रिकुटी संधि, रवि ससि पवनाँ मेलौ बंधि।।
मन थिर होइ तो कवँल प्रकास। कवँला माँहि निरंजन वास।
सतगुरु संपट खोलि दिखावै, निगुरा होइ तो कहा बतावै।।
सहज लछिन ले तजो उपाधि, आसण दिढ़ निद्रापुनि साधि।।
पुहुप पत्र जहाँ हीरा मणी, कहै कबीर तहाँ त्रिभुवन धणी।।३२५।।

शब्दार्थ– बाइ = प्राण, व्यंद = बिन्दु, शरीर।

व्याख्या– हे जीव! नरहरि का ध्यान धारण करो और अनाहत शब्द (ओऽम अथवा राम) का चिन्तन करो। पहले पंचप्राणों की खोज करो फिर शरीर के प्राण को समझकर शून्य (ब्रह्म रंध्र) में समाहित करो। त्रिकुटी की सन्धि में ही ज्योति के दर्शन होते हैं। इसी दिव्य ज्योति में सूर्य और चन्द्र नाड़ियों को पवन प्राणवायु से निबद्ध कर दो। मन के स्थिर होने पर सहस्त्र दल वाला कमल (सहस्त्रार चक्र) प्रकाशित होता है। उसी कमल में निरंजन का निवास है। सद्गुरु (डिब्बी) संपुट खोलकर दिखा देता है यदि कोई निगुरा (गुरुहीन) है तो उसे कौन उसका रहस्य बताएगा। सहज को लक्षित करके समस्त उपाधियों (जगत् धर्म) को छोड़ दो। दृढ़ आसन पर विराजित होकर निद्रा अर्थात् समाधि की साधना करो। कबीर कहते हैं कि सहस्त्रार कमल के पत्तों के मध्य ही आनन्द रूप हीरा मणि है, वहीं पर त्रिभुवन पति का निवास है।

पंच प्राण हैं– प्राण, अपान, उदान, समान, व्यान। काया योग के प्रतीकों का प्रयोग किया गया है। 'नरहरि' भक्त रक्षा हेतु ग्रहण किया गया ईश्वरीय छवि है इसलिए कबीर ने उसका सप्रयोजन प्रयोग किया है।

इहि बिधि सेविये श्री नरहरी।
मन की दुबिध्या मन परहरी।।
जहाँ नहीं तहाँ कछू जाँणि। जहाँ नहीं तहाँ लेहु पछांणि।
नाँहीं देखि न जइये भागि, जहाँ नहीं तहाँ रहिए लागि।।
मन मंजन करि दसवैं द्वारि, गंगा जमुना संधि बिचारि।।
नादहिं ब्यंद कि ब्यंदहिं नांद। नादहि ब्यंद मिलै गोब्यंद।।
देवी न देवा पूजा नहीं जाप, भाइ न बंध माइ नहीं बाप।।
गुणातीत अस निरगुण आप, भ्रम जेवड़ी जग कीयौ साँप।।
तन नाहीं कब जब मन नाँहि। मन परतीत ब्रह्म मन माँहि।।
परहरि बकुला ग्रहि गुन डार, निरखि देखि निधि वार न पार।।
कहै कबीर गुरु परम गियान, सुनि मंडल मैं धरौ धियाँन।।
प्यंड परैं जीव जैसे जहाँ। जीवत ही ले राखौ तहाँ।।३२६।।

शब्दार्थ– दसवैं द्वार = ब्रह्मरंध्र, जेवड़ी = रस्सी, बकुला = वल्कल (वृक्ष की खाल का

वस्त्र)।

व्याख्या–नरहरि (नृसिंह भगवान्) की सेवा इस प्रकार करनी चाहिए कि मन की दुविधाओं को मन स्वयं त्याग कर दे। जहाँ पर संसार नहीं है, वहाँ भी कुछ समझो, जहाँ पर कुछ नहीं है वहाँ भी किसी की उपस्थिति (तत्त्व की अनुभूति) समझो। उसी तत्त्व में ही जगत् भी है, सहज स्वरूप उसी को पहचानने का प्रयल करना चाहिए। जहाँ शून्य है वहाँ अभाव जानकर भागिए मत, आप वहाँ भी तन्मय रहिए। ब्रह्म रंध्र में मन को स्नान कराते हुए इड़ा और पिंगला की सन्धि पर चित्त को एकाग्र करो। यह विचार करो कि नाद रूप परमतत्त्व ही बिन्दु रूप देह तत्त्व या सृष्टि तत्त्व है। अथवा बिन्दु ही नाद है। यह भी समझने की चेष्टा करो कि नाद और बिन्दु दोनों के मिल जाने पर ही गोविन्द की स्थिति है। न देवी है, न देवता है, पूजा और जप भी महत्त्व हीन हैं। भाई, बन्धु, माता-पिता जैसे सांसारिक सम्बन्धों का अनुभव परमतत्त्व के अनुभव के समय अस्तित्वहीन हो जाते हैं। वह निर्गुण जैसे स्वयं गुणातीत है, भ्रम से रस्सी को जैसे साँप समझा जाता है उसी तरह से उसने मिथ्या जगत की सृष्टि की है। जब संकल्प विकल्पात्मक मन नहीं रहता तब देह धर्म भी नहीं रहता, ऐसे समय में मन की प्रतीति ब्रह्म मानस में ही होती है। यदि तुम वल्कल अर्थात् त्रिगुणात्मक आवरण को छोड़कर तात्विक गुणों की डाल को पकड़ो तो देखोगे कि उस ब्रह्म निधि का ओर छोर नहीं है। कबीरदास कहते हैं कि गुरु का श्रेष्ठ ज्ञानोपदेश यही है कि शून्य मंडल में ध्यान धारण करो। देह के नष्ट होने पर जीव जिस प्रकार जहाँ जाता है, जीवित रहते हुए भी उसे ध्यान योग द्वारा वहीं ले जाकर स्थित किया जा सकता है।

नाद सूक्ष्म जीव तत्त्व और बिन्दु सूक्ष्म शरीर तत्व है। सेव्यभाव की भक्ति, ज्ञान तथा योग का समन्वय किया गया है। जहाँ - - - - - पिछांणि - - - - जहाँ लागि में विभावना की व्यंजना है। भ्रम जेवणी साँप में रूपक तथा दृष्टांत अलंकारों का विधान है। वेदान्त दर्शन का गहरा प्रभाव है। एक मात्र ब्रह्म की सत्ता को सत्य तथा शेष को मिथ्या माना गया है।

अलह अलख निरंजन देव।
किहि विधि करौ तुम्हारी सेव।
विस्न सोई जाको विस्तार सोई कृस्न जिनि कियौ संसार।।
गोव्यंद ते ब्रह्मडहि गहै, सोई राँम जे जुगि जुगि रहै।।
अलह सोई जिनि उमति उपाई, दस दर खोलै सोइ खुदाई।।
लख चौरासी रब परवरै सोई करीम जे एती करै।।
गोरख सोई ग्यान गमि गहै, महादेव सोई मन की लहै।।
सिध सोई जो साधै इती, नाथ सोई जो त्रिभुवन जती।।
सिध साधू पैकंबर हुवा, जपै सु एक भेष है जूवा।।
अपरंपार का नाँउ अनंत, कहै कबीर सोई भगवंत।।३२७।।

व्याख्या– हे अल्लाह! हे अलक्ष्य निरंजन देव, मैं तुम्हारी सेवा किस भाँति करूँ। विष्णु वह है जिसका विस्तार है, कृष्ण वह है जिसने संसार को निर्मित किया है। गोविन्द वही है जिसने ब्रह्मांड को धारण किया है। राम तत्त्व वही है जो युग युगान्तर तक व्याप्त रहता है। अल्लाह वही है जिसने धर्म का निर्माण किया है। खुदा वही है जो शरीर के दसों द्वारों का उद्घाटन करता है। चौरासी लाख योनियों का पालन करने वाला ही रब है। इतनी (चरम) उदारता दिखाने वाला ही करीम है। गोरख वही है जो ज्ञान से परम तत्त्व को प्राप्त करता है।

महादेव मन की भावना को ग्रहण करता है। जो इतनी साधना करता है वही सिद्ध है। नाथ वह है जो तीनों लोक में संयत रहता है सिद्ध, साधक पैगंबर जो भी हुए हैं वे सभी एक तत्त्व का जप करते हैं, केवल उनके भेष ही भिन्न-भिन्न हैं, अपार तत्त्व के अनंत नाम हैं। अनेक नामों वाला एक मात्र परम तत्त्व ही भगवान् है।

कबीर मूलतः शब्द साधक हैं, उन्होंने शब्दों के मूल तात्पर्य के अनुसार परम तत्त्व के अनेक रूपों को निरूपित किया है। अद्वैत की स्थापना का यह मौलिक प्रयत्न है। कई नाम साभिप्राय हैं इसलिए परिकरालंकार है।

तहाँ जौ राँम नाँम ल्यौ लागै।
तौ जुरा मरण छूटै भ्रम भागै।।
अगम निगम गढ़ रचिले अबास, तहुवाँ जोति करै परकास।।
चमकै बिजुरी तार अनंत, तहाँ प्रभू बैठे कवलांकंत।।
अखंड मंडल मंडित मंड, त्रिअस्नान करै त्रीखंड।।
अगम अगोचर अभिअंतरा, ताकौ पार न पावै धरणींधरा।।
अरध उरध विचि लाइले अकास, तहुवाँ जोति करै परकास।।
टार्‌यौ टरै न आवइ जाइ, सहज सुनि मैं रह्यौ समाइ।।
अबरन बरन स्याम नहीं पीत, हउमैं गाइन गावै गीत।।
अनहद सबद उठै झणकार, तहाँ प्रभु बैठे समरथ सार।।
कदली पुहुप दीप परकास रिदा पंकज मैं लिया निवास।।
द्वादस दल अभिअंतरि म्यंत, तहाँ प्रभु पाइसि करिलै च्यंत।।
अमलिन मलिन घाँम नहीं छाँहाँ, दिवस न राति नहीं है ताहाँ।।
तहाँ न ऊगै सूर न चंद, आदि निरंजन करै अनंद।।
ब्रह्मण्डे सो प्यंडे जाँनि, माँनसरोवर करि असनाँन।
सोहं हंसा ताकौ जाप, तहाँ न लिपै पुन्य न पाप।।
काया माँहे जाँनै सोई, जो बोलै सो आपै होई।।
जोति माँहि जे मन थिर करै कहै कबीर सो प्राणी तिरै।।३२८।।

शब्दार्थ– गढ़ = किला, प्रतीकार्थ - ब्रह्म रंध्र, बिजुरी = बिजली, धरणीधरा = पृथ्वी को धारण करने वाले शेषनाग, रिदा = हृदय।

व्याख्या– शून्य शिखर रूपी गढ़ में जहाँ राम रूप परम ज्योति है यदि वहाँ ध्यान लग जाय तो जरा मरण का भ्रम छूट जाय। अगम्य (जहाँ पहुँचा नहीं जा सकता) निगम्य (जहाँ पर विशिष्ट तरह की पहुँच होती है) गढ़ (कपाल) में एक आवास बना हुआ है, वहीं पर ज्योति प्रकाशित है, वहाँ बिजली चमकती है और अनन्त तारे भी खिले हुए हैं, वहीं पर कमलाकान्त (विष्णु) विराजमान हैं। वही प्रकाश के अखंड मंडलों से मंडित अखंड ज्योति है, तीनों गुण (सत्, रज और तम) तीनों कालों में यहीं निमज्जित रहते हैं। यह अगम, अगोचर आभ्यंतर क्षेत्र है, इसका पार, शेषनाग भी नहीं पाते हैं। इसके ऊपरी तथा निचले भाग के मध्य में आकाश समाया है। इसका ऊर्ध्व ब्रह्मांड तथा अधस् पिण्ड है जिसमें आकाश तत्त्व है। वहीं ज्योति का प्रकाश भी है। सहज शून्य में समाहित यह तत्त्व अटल है इसका आवागमन नहीं होता जो साधक सहज शून्य में समाहित हो जाता है वह भी आवागमन से मुक्त हो जाता है।

वह न अवर्ण है न वर्ण है, न काला है, न पीला है, वह स्वयं ही गायन है और स्वयं गीत गाता है। जहाँ अनाहत की झंकार होती रहती है वहीं सर्वशक्तिमान प्रभु विराजित है। जहाँ पर कदली पुष्प है उसमें भी दीपक का प्रकाश है। हृदय पंकज में निवास लो। द्वादस दलों अर्थात् बारह पंखुड़ियों वाले अनाहत चक्र के भीतर तू प्रभु को पाएगा, इसकी तू चिन्ता कर ले। वहाँ न निर्मलता है न मलिनता है, न धूप है न छाया, दिन और रात भी नहीं है वहाँ सूर्य, चन्द्रमा भी उदित नहीं होते, उसी स्थान पर आदि निरंजन आनन्द करता है। जो ब्रह्मांड में है उसे पिंड में जानकर मुक्ति के मानसरोवर में स्नान करो। वह ईश्वर मैं ही हूँ (ईश्वर और आत्मा के अभेद ज्ञान के द्वारा शुद्ध चैतन्य आत्मा स्वरूप का जप करो)। इस ज्ञान भाव से जप करने वाले को पाप-पुण्य स्पर्श नहीं करते। शरीर में उसी परमतत्त्व को विराजित समझो। जो शरीर में बोल रहा है (वाणी की शक्ति है) वह आत्मा ही है। ज्योति के अन्तर्गत जो मन को स्थिर कर लेता है, वह प्राणी संसार से पार चला जाता है।

रूपकातिशयोक्ति, रूपक आदि अलंकारों का प्रयोग है। इस पद में शरीरस्थ आत्म ज्योति की साधना का प्रतिपादन है। आत्मा-परमात्मा के अद्वैत को भी व्यंजित किया गया है। परम स्थान पर विरुद्धों की स्थिति नहीं है। कबीर के दर्शन तथा साधना पद्धति को निर्दिष्ट करने वाला यह पद महत्त्वपूर्ण है।

एक अचंभा ऐसा भया।
करणीं थै कारण मिट गया।।
करणी किया करम का नास, पावक माँहि पुहुप प्रकास।
पुहुप माँहि पावक प्रजरै, पाप पुंनि दोऊ भ्रम टरै।।
प्रगटी बास वासना धोइ, कुल प्रगट्यौ कुल घाल्यौ खोइ।।
उपजी च्यंत मिटि गई, भौ भ्रम भागा ऐसी भई।।
उल्टी गंग मेर कूँ चली, धरती उलटि अकासहि मिली।
दास कबीर तत ऐसा कहै ससिहर उलटि राह कौं गहै।।३२६।।

व्याख्या– एक ऐसा आश्चर्य घटित हुआ कि कार्य ने कारण को नष्ट कर दिया, साधना द्वारा अज्ञान रूपी कारण या जन्म मरण का मूल भूत कारण नष्ट हो गया। मूलाधार चक्र की चण्डाग्नि से सहस्त्रार कमल विकसित हो गया, इसमें परमतत्त्व प्रकाशित हो उठा। इससे पाप और पुण्य का भ्रम नष्ट हो गया। सहस्त्रार चक्र से फूटने वाली ब्रह्म की सुगंध से वासना और कलुष धुल जाते हैं। आत्मा परमात्मा के रिश्तों की सम्पूर्णता प्रकट हुई और सांसारिक कुटुम्ब सम्बन्धों की समाप्ति हो गयी। ब्रह्म ज्ञान की चिन्ता जब उत्पन्न हुई तब संसार की सभी चिन्ता मिट गयी। कुंडलिनी रूपी गंगा मूलाधार से उठकर मेरु पर्वत अर्थात् सहस्त्रार चक्र की ओर (आकाश या शून्य की ओर) चल पड़ी। अमृत तत्त्व पूर्ण आत्मानुभव मोह रूपी राहु को ग्रसित कर रहा है।

रूपकातिशयोक्ति, विरोधाभास, यमक आदि अलंकारों का प्रयोग किया गया है। प्रतीकात्मक शब्दों के माध्यम से उलट वाँसी का विधान है।

है हजूरि क्या दूर बतावै,
दुंदर बाँधै सुंदर पावै।।

सो मुलनां जो मनसूँ लरै, अह निस काल चक्र सूँ भिरै।।
काल चक्र का मरदै माँन, ताँ मुलनो कूँ सदा सलाँम।।
काजी सो जो काया बिचारै अहनिसि ब्रह्म अगनि प्रजारै।।
सुफनै बिंद न देई झरनाँ, ता काजी कूँ जरा न मरणां।।
सो सुलितान जु द्वै सुर ताँनै, बाहरि जाता भीतरि आनैं।।
गगन मंडल मैं लसकर करै, सो सुलिताँन छत्र सिरि धरै।।
जोगी गोरख गोरख करै, हिंदू राँम नाम उच्चरै।।
मुसलमाँन कहै एक खुदाइ, कबीरा कौ स्वामी घटि घटि रह्यौ समाइ।।३३०।।

शब्दार्थ– हुजूर = सम्मुख, दुंदर = द्वन्द्व, मुलनां = मुल्ला, बिन्दु = वीर्य, झरना = स्खलित होना, गिरना।

व्याख्या– वह ईश्वर सम्मुख (पास) ही है, उसे दूर क्यों बताते हो? जो द्वन्द्वों को बाँधता है, वही सुंदर परम तत्त्व का साक्षात्कार करता है। मौलाना वह है जो मन से लड़ता है, दिन रात काल चक्र से मुठभेड़ करता है, जो काल चक्र के मान (अहंकार) को मर्दित करता है, वह मौलाना सदा प्रणाम के योग्य है। काजी वह है जो काया का विचार करे और दिन-रात ब्रह्माग्नि प्रज्वलित करे, जो स्वप्न में भी वीर्य स्खलित न होने दे, ऐसे काजी का जरा मरण नहीं होता है। सुल्तान वह है जो इड़ा पिंगला रूपी दो बाणों को तानता है और बाहर जाती हुई प्राण वायु को भीतर ले आता है। जो सुल्तान गगन मंडल (ब्रह्म रंध्र) में चित्त वृत्ति रूपी सेना को जमाता है, वही सुल्तान सिर पर छत्र धारण करता है। योगी गोरख कहता है, हिन्दू राम नाम का उच्चारण करता है मुसलमान एक खुदा कहता है, कबीर का स्वामी (जिसके अनेक नाम है) घट घट में समाहित है।

दुंदर सुंदर में पद मैत्री दूसरे, लसकर में रूपकातिशयोक्ति का विधान है। मुल्ला और काजी को नयी साधना से जोड़ने का प्रयत्न है।

आऊँगा न जाऊँगा, न मरूँगा न जीऊँगा।
गुरु के सबद मैं रमि रमि रहूँगा।।
आप कटोरा आपै थारी, आपै पुरिखा आपै नारी।।
आपै सदाफल, आपै नीबू, आपै मुसलमान आपै हिन्दू।।
आपै मछ कछ आपै जाल, आपै झींवर आपै काल।
कहै कबीर हम नांही रे नाँहीं, नाँ हम जीवत न मुवले माँही।।३३१।।

व्याख्या– कबीर अपने को शुद्ध चैतन्य रूप में अनुभव करते हुए कहते हैं कि मेरा आवागमन समाप्त हो गया है, अब मैं गुरु के शब्द (शब्द ब्रह्म) में रमण करूँगा। आत्मा ही कटोरा और थाली है, वही पुरुष और नारी है, आत्म तत्व ही सदाफल, नीबू भी है। हिन्दू, मुसलमान, कच्छ, मछली, जाल, मछुवारा सब ईश्वर या आत्मा के ही रूप हैं। कबीर कहते हैं कि हम इन्द्रिय व्यापार से अनासक्त हैं इसलिए जीवित नहीं कहे जा सकते, किन्तु बाह्य रूप से संसार का व्यवहार करते हुए प्रतीत होते हैं इसलिए मृत भी नहीं कहे जा सकते हैं, इसलिए हम न जीवित हैं न मृत (बल्कि जीवन्मृत हैं)।

एक ही तत्त्व का विभिन्न रूपों में वर्णन के कारण उल्लेख अलंकार है। अद्वैतवाद का प्रतिपादन है। परम तत्त्व की ही व्याप्ति सर्वत्र है, नाना रूपात्मक जगत् भी उसी का विवर्त मात्र है।

हम थैं और दूसरा नाँहीं।
तीनि लोक मैं हमारा पसारा। आवागमन सब खेल हमारा।
खट दरसन कहियत हम भेखा, हमहीं अतीत रूप नहीं रेखा।।
हम ही आप कबीर कहावा, हमहीं अपना आप लखावा।।३३२।।

व्याख्या–हम अर्थात् चैतन्य रूप ब्रह्म के अलावा दूसरा कुछ नहीं है, तीनों लोक में ईश्वर का ही प्रसार है। आवागमन सब उसी के खेल हैं। छहों दर्शनों में हमारे (अर्थात् परम चैतन्य का) रूप का ही व्याख्यान है। हम सबसे परे हूँ, हमारा न कोई रूप है न रेखा है। हम स्वयं ही महान् कहलाते हैं। हम ही अपने स्वरूप का साक्षात्कार करते हैं।

'हम' का दूसरा अर्थ है 'अहंभाव' अहं की व्याप्ति सर्वत्र है। सभी वस्तुएँ अपने स्वतंत्र रूप की पहचान इसी के कारण करती हैं। तीनों लोकों में अहं का प्रसार है। आवागमन भी अहं का ही खेल है। छह दर्शनों में अहं का ही विभिन्न रूपों में वर्णन है। सारे रूप माया के हैं अहं से परे किसी रूप रेखा की कल्पना नहीं की जा सकती। अहं से ही 'कबीर' की अलग सत्ता मानी जाती है। अहंभाव को जगत् में अपना ही स्वरूप सर्वत्र दिखाई देता है।

प्रथम अर्थ अधिक समीचीन है।

शुद्ध चैतन्य रूप में कबीर अपने को प्रतिष्ठित करते हुए अद्वैत भाव का वर्णन प्रस्तुत पद में करते हैं। सांख्य, योग, न्याय, वैशेषिक, मीमांसा, वेदांत आदि छह दर्शन हैं।

सो'धन मेरे हरि का नाँउ,
गाँठि न बाँधौं बेचि न खाँऊँ।।
नाँउ मेरे खेती नाँऊ मेरे बारी, भगति करौं मैं सरनि तुम्हारी।।
नाँउ मेरे सेवा, नाँउ मेरे पूजा, तुम्ह बिन और न जाँनौ दूजा।।
नाँउ मेरे बंधव, नाँउ मेरे भाई, अंत की बिरियाँ नाँव सहाई।।
नाँउ मेरे निरधन ज्यूँ निधि पाई, कहै कबीर जैसे रंक मिठाई।।३३३।।

पाठान्तर–तिवारी – १. इहु

व्याख्या–कबीर कहते हैं कि हरि स्मरण ही मेरा वह धन है जिसे मैं न गाँठ में बाँधता हूँ न बेंचकर खाता हूँ। यह स्वयं में साधन और साध्य दोनों है। नाम साधना ही मेरी खेती है, वाटिका है, मैं तुम्हारी शरण में रहकर भक्ति करता हूँ। नाम ही मेरे लिए पूजा है, मेरे लिए सेवा है, तुम्हारे अलावा मैं किसी अन्य को जानता ही नहीं हूँ। नाम ही मेरे लिए बंधु-बांधव है। मैं जानता हूँ कि नाम ही अंत समय सहायक होगा। नाम मेरे लिए वैसा ही है जैसे निर्धन को निधि मिल गयी है या रंक को मिठाई मिल गयी हो।

अब हरि हूँ अपनौ करि लीनौं
प्रेम भगति मेरौं मन भीनौं
जरै सरीर अंग नहीं मोरौं, प्रान जाइ तौ नेह न तोरौं।।
च्यंतामणि क्यूँ पाइए ठोली, मन दे राँम लियौ निरमोली।।
ब्रह्मा खोजत जनम गवायौ, सोई राँम घट भीतरि पायौ।।
कहै कबीर छूटी सब आसा, मिल्यौ राँम उपज्यौ बिसवासा।।३३४।।

व्याख्या–अब भगवान् ने मुझे अपना बना लिया है, मेरा मन प्रेम भक्ति में सराबोर

रहता है (तल्लीन रहता है)। यदि मेरा शरीर जल जाय तो भी मैं अंगों को नहीं मोड़ूँगा, प्राण चला जाय तो भी राम के प्रति स्नेह को नहीं छोड़ूँगा। मन वांछित फल देने वाली चिंतामणि को क्या ठिठोली से (हँसी मजाक से) पाया जा सकता है। अमूल्य तत्त्व राम को मन देकर ही मैंने खरीदा है। जिस भगवान् को बाहर खोजते हुए जन्म गवाँ दिया, उसी राम को देह के भीतर ही प्राप्त कर लिया। कबीर कहते हैं कि मेरी सांसारिक आशाएँ छूट गयीं, राम के मिलने से मेरे मन में (मुक्ति का) विश्वास हो गया।

भक्ति के प्रति पूर्ण निष्ठा तथा विश्वास की अभिव्यंजना की गयी है। च्यंतामणि में रूपकातिशयोक्ति, क्यूं पाइए ठोली में वक्रोक्ति का विधान है।

लोग कहैं गोबरधन धारी
ताकौ मोहि अचंभौ भारी।।
अष्ट कुली परबत जाके पग की रैना, सातों सायर अंजन नैनाँ।।
ए उपमा हरि किती एक ओपै, अनेक मेर नख उपरि रोपै।।
धरनि अकास अधर जिनि राखी, ताकी मुगधा कहै न साखी।।
सिव विरंचि नारद जस गावैं, कहै कबीर वाको पार न पावैं।।३३५।।

व्याख्या–लोग भगवान् को गोवर्धन धारी कहकर उसकी सामर्थ्य की चर्चा करते हैं, इसे सुनकर मुझे (कबीर को) आश्चर्य होता है। सम्पूर्ण आठ कुलों के पर्वत उसकी पैर की धूल हैं। सातों समुद्र उसके नेत्रों के अंजन हैं। यह उपमा भगवान् के लिए कितनी शोभा देने वाली है जिसने अनेक मेरुओं को अपने नख पर आरोपित कर रखा है। जिसने धरती और आकाश को निराधार टिका रखा है, मूढ़ लोग उसे साक्षी रूप में प्रस्तुत करके उसका गुणगान नहीं करते हैं (गुणगान के लिए मात्र एक छोटा सा कार्य ही उनकी दृष्टि में आता है।)। कबीर कहते हैं कि शिव, ब्रह्मा और नारद उसका यश गाते हैं किन्तु वे भी उसकी शक्ति का पार नहीं पाते हैं।

ईश्वर की असीम शक्ति की व्यंजना है। अष्ट कुली - - - - - नैनां में अतिशयोक्ति, किती एक ओपै में वक्रोक्ति का विधान है।

अंजन सकल पसारा रे।
अंजन उतपति वो उंकार, अंजन माँड्या सब बिस्तार।।
अंजन ब्रह्मा शंकर इंद, अंजन गोपी संग गोव्यंद।।
अंजन बाँणी, अंजन बेद, अंजन कीया नाँनाँ भेद।।
अंजन विद्या पाठ पुराँन, अंजन फोकट कथहिं गियांन।।
अंजन पाती अंजन देव, अंजन की करै अंजन सेव।।
अंजन नाचै अंजन गावै, अंजन भेष अनन्त दिखावै।।
अंजन कहौं कहाँ लग केता, दाँन पुंनि तप तीरथ जेता।।
कहै कबीर कोइ बिरला जागै, अंजन छाँड़ि निरंजन लागै।।३३६।।

शब्दार्थ–अंजन=माया लिप्त तत्त्व या माया।

व्याख्या–निरंजन (माया से निर्लिप्त त्रिगुणों से अछूता) राम मायामय जगत् से भिन्न है। सारे संसार में त्रिगुण का ही प्रसार है। ओंकार की उत्पत्ति भी माया से हैं, सारे संसार को भी माया से ही रचा गया है। ब्रह्मा, शंकर, इन्द्र तथा गोपियों के साथ रहने वाले कृष्ण भी माया

से लिप्त हैं। वाणी, वेद, एवं नाना रूपात्मक जगत् भी माया से उत्पन्न है। माया ही विद्या, पाठ और पुराण है। व्यर्थ का वाचिक ज्ञान भी माया लिप्त है। पत्ती (फूल पत्ती) और देवता तथा देव सेवा सबमें माया की ही उपस्थिति है। माया ही नाचती है माया ही गाती है और माया ही अनेक वेष रचती है। दान पुण्य तथा जितने तीर्थ हैं सन जगह माया की व्याप्ति है। कबीर कहते हैं कोई विरला व्यक्ति ही अज्ञान से जागृत होकर (प्रबुद्ध होकर) माया को छोड़कर माया रहित निर्गुण ब्रह्म में लीन होता है।

वे सभी चीजें जिनका आकार है या इन्द्रिय ग्राह्य हैं उन सब में माया की व्याप्ति है। शुद्ध चैतन्य निर्गुण ब्रह्म ही माया से रहित है। शांकर अद्वैत का परोक्ष ढंग से प्रतिपादन किया गया है। माया का विभिन्न रूपों में वर्णन होने के कारण इसमें उल्लेख अलंकार है।

अंजन अलप निरंजन सार।
यहै चीन्हि नर करहु विचार।।
अंजन उतपति वरतनि लोई, बिना निरंजन मुक्ति न होई।।
अंजन आवै अंजनि जाइ, निरंजन सब घट रह्यो समाइ।।
जोग ध्यान तप सबै विकार, कहै कबीर मेरे राँम अधार।।३३७।।

व्याख्या—कबीर कहते हैं कि माया अल्प है और निरंजन (माया रहित निर्गुण ब्रह्म) ही सार तत्त्व है। ऐसा समझकर ही लोगों को आचरण करना चाहिए। माया से ही उत्पत्ति होती है, और उसी में लोग आचरण करते हैं, निरंजन (निर्लिप्त हुए बिना तथा निर्गुण ईश्वर को समझे बिना) मुक्ति नहीं होती। माया से आवागमन होता है किन्तु निरंजन ब्रह्म एक रूप में सब जगत् में व्याप्त रहता है, वह आवागमन से मुक्त है और स्थिर है। योग, ध्यान, तप में भी विकार आ सकते हैं, कबीर कहते हैं कि मैं तो राम (जो निरंजन रूप है) को ही अपना आधार मानता हूँ (उसकी कृपा से ही मुक्ति संभव है)।

एक निरंजन अलह मेरा,
हिन्दू तुरक दहू नहीं नेरा।
राखूँ व्रत न मरहम जाँनाँ, तिसही सुमिरूँ जो रहे निदानाँ।
पूजा करूँ न निमाज गुजारूँ, एक निराकार हिरदै नमसकारूँ।।
नाँ हज जाँउँ न तीरथ पूजा, एक पिछाँण्या तौ का दूजा।
कहै कबीर भरम सब भागा, एक निरंजन सूँ मन लागा।।३३८।।

व्याख्या—मेरी निष्ठा माया रहित अलह (भगवान्) में है। हिन्दू मुसलमान दोनों आचरण की दृष्टि से मेरे समीप नहीं हैं अर्थात् दोनों की मान्यताओं से मेरी मान्यता अलग है। मैं न तो व्रत रखता हूँ न मुहर्रम में विश्वास करता है। मैं उसी का सुमिरन करता हूँ जो माया के लुप्त हो जाने पर शेष रहता है। न हज जाता हूँ, न तीर्थ पूजा करता हूँ। निराकार ईश्वर को हृदय से नमस्कार करता हूँ। न हज जाता हूँ न तीर्थों में जाकर पूजन करता हूँ। एक को पहचान लेने के बाद दूसरे को जानने पहचानने की आवश्यकता ही नहीं रहती। कबीर कहते हैं कि मेरे सारे भ्रम नष्ट हो गए हैं और एक मात्र तत्त्व निरंजन में मेरा हृदय रम गया है।

कबीर ने बाह्य आचरण मूलक धर्म की अपेक्षा समर्पण और निष्ठा को अधिक महत्त्व दिया है। उनका धर्म हिन्दू मुसलमान दोनों से अलग एवं विशिष्ट है, उसमें विरोध भाव नहीं है।

तहाँ मुझ गरीब की को गुदरावै
मजलसि दूरि महल को पावै।।
सतरि सहस सलार हैं जाकै, असी लाख पैकंबर ताकै।
सेख जु कहिय सहस अठ्यासी, छपन कोड़ि खेलिबे खासी।।
कोड़ि तेतीसूँ अरु खिलखनाँ, चौरासी लख फिरैं दिवानाँ।।
बाबा आदम पैं नजरि दिलाई, नबी भिस्त घनेरी पाई।
तुम्ह साहिब हम कहा भिखारी, देत जवाब होत बजगारी।।
जन कबीर तेरी पनह सयाँनाँ, भिस्त नजीक राखि रहिमाँनाँ।।३३६।।

शब्दार्थ–गुदरावै = सेवा में पहुँचना, सलार = सरदार, भिस्त = बिहिश्त, स्वर्ग, खासी = मुसाहिब, नबी = पैगम्बर।

व्याख्या–भगवान तक मुझ गरीब के निवेदन (सेवाभाव) को कौन पहुँचाए। उसकी सभा बहुत दूर है फिर उसके महल तक कौन पहुँच सकता है। उसके यहाँ सत्तर हजार सरदार हैं, अस्सी लाख पैगम्बर हैं, अट्ठासी हजार सेख हैं, छप्पन करोड़ मनोरंजन करने वाले मुसाहिब हैं या खासों (सेवकों की) खैल (गिरोह) है। तैंतीस करोड़ उसके खिलखाना (एकान्त वास) में हैं। चौरासी लाख दीवान (मंत्री) हैं या दीवाने घूमते हैं। बाबा आदम पर तेरी कृपा दृष्टि हुई तो उस नबी ने अनेक बिहिश्तों को प्राप्त कर लिया।

तुम मालिक हो हम भिखारी हैं। अगर तुम मुझे जवाब दे दोगे तो बुराई होगी। दास कबीर तुम्हारी शरण में आ गया है। हे रहमान (कृपालु) मुझे बिहिश्त में अपने समीप रखो।

कबीर ने इस पद में ईश्वर के ऐश्वर्य और शक्ति का चित्रण अपने मध्य कालीन राजसी ठाट-बाट के अनुभव के आधार पर किया है। इसमें भक्त का दैन्य भ.व व्यंजित है।

जौ जाँचौं तो केवल राँम,
आँन देव सूँ नाँही काँम।।
जाकै सूरिज कोटि करै परकास, कोटि महादेव गिरि कविलास।।
ब्रह्मा कोटि बेद ऊचरैं, दुर्गा कोटि जाके मरदन करैं।।
कोटि चन्द्रमा गहै चिराक, सुर तेतीसूँ जी मैं पाक।।
नौ ग्रह कोटि ठाढ़े दरबार, धरमराइ पौली प्रतिहार।।
कोटि कुबेर जाकै भरै भंडार, लछमी कोटि करैं सिंगार।।
कोटि पाप पुनि व्यौहरै, इंद्र कोटि जाकी सेवा करै।।
जगि कोटि जाकै दरबार, गंध्रव कोटि करै जैकार।।
विद्या कोटि सबै गुण कहै, पारब्रह्म कौ पार न लहैं।।
बासिग कोटि सेज बिसतरै, पवन कोटि चौबारै फिरै।।
कोटि समुद्र जाकै पणिहारा, रोमावली अठारह भारा।।
असंखि कोटि जाकै जमावली, राँवण सेन्याँ जाथैं चली।।
सहसबाँह के हरे पराँण, जरजोधन घाल्यौ खै माँन।।
बावन कोटि जाके कुटवाल, नगरी नगरी क्षेत्रपाल।।
लट छूटी खेलैं बिकराल, अनंत कला नटवर गोपाल।।

कंद्रप कोटि जाके लाँवन करैं, घट घट भीतरि मनसा हरै।।
दास कबीर भजि सारंगपान, देहु अभै पद माँगौं दान।।३४०।।

शब्दार्थ– जाँचौं = याचना करता हूँ, चिराक = दीपक, खैमान = क्षयमान, कंद्रप = कंदर्प, कामदेव, सारंगपान = धनुषधारी राम। पाक = रसोई।

व्याख्या–यदि मैं किसी से याचना करता हूँ तो केवल राम से, अन्य देवताओं से मुझे कोई काम नहीं है अर्थात् उनसे किसी तरह का लेन-देन नहीं है। जिस ब्रह्म से मेरा सम्बन्ध है उसके यहाँ करोड़ों सूर्य प्रकाश करते हैं, जिसके कैलाश गिरि पर करोड़ों शिव रहते हैं (वहाँ कोटि शिव कोटि कैलाशों पर निवास करते हैं)। करोड़ों ब्रह्मा जहाँ वेद का उच्चारण करते हैं, करोड़ों दुर्गाएँ जिनकी आज्ञा से दुष्टों का मरदन करती हैं। जिसके सामने करोड़ों चन्द्रमा दीपक लिए खड़े रहते हैं, तैंतीस करोड़ देवता जिसके रसोई में भोजन करते हैं। करोड़ों नवग्रह जिसके दरबार में खड़े रहते हैं, जिसके द्वार पर धर्मराज प्रतिहार (द्वारपाल) बने रहते हैं। करोड़ों कुबेर जिसके भंडार को आपूरित करते हैं, जिसका करोड़ों लक्ष्मी शृंगार करती हैं (सौन्दर्य सम्बर्धन करती हैं) जिसके संकेत से करोड़ों पाप-पुण्य का आचरण होता है। करोड़ों इन्द्र जिसकी सेवा में रहते हैं। जिसके दरबार में करोड़ों यज्ञ होते रहते हैं, करोड़ों गंधर्व जिसका यशगान करते हैं, करोड़ों विद्याएँ जिसके समस्त गुणों का कथन करती हैं। परन्तु किसी ने भी उस परम ब्रह्म का पार नहीं पाया है। करोड़ों वासुकी नागों ने उसके लिए सेज बिछा रखी है, करोड़ों पवन जिसके चौबारे (महल) में भ्रमण करते हैं। करोड़ों समुद्र जिसके यहाँ जलवाहक (पनिहार) हैं, अठारह भार (प्रकार की) वनराजि जिनकी रोमावली है, जिसकी असंख्य कोटि यमों की सेना है, जिनसे रावण की सेना भी पराजित हुई है, जिसने सहस्त्रबाहु के प्राणों का हरण किया, जिसने दुर्योधन का मान क्षीण एवं भग्न कर दिया। बावन करोड़ जिसके कोटपाल हैं, नगरी-नगरी में जिसके क्षेत्रपाल हैं, जिनकी विकराल लटें (मेघों बादलों के रूप में) विकराल खेल करती हैं, वह ब्रह्म अनन्त कलाओं से पूर्ण नटवर गोपाल हैं, करोड़ों कामदेव उसका सौन्दर्य प्रसाधन करते हैं, और प्रत्येक शरीर के अन्दर प्रवेश करके उसके मन को आकर्षित करते हैं। कबीरदास ऐसे ही धनुषधारी राम का भजन करते हैं, उससे ही अभयपद के दान की याचना करते हैं।

कबीर ने यहाँ राम के विराट प्रकृति रूप को प्रस्तुत किया है। मध्यकालीन राज दरबारों के समानान्तर कवि ने असीमित शक्ति सम्पन्न राम दरबार की परिकल्पना की है। इस पद में कबीर सगुण साधकों के अधिक समीप पहुँच गये हैं। कबीर ने एक मात्र 'राम' की चर्चा करके एकेश्वरवाद का समर्थन किया है। अनेक देवी-देवताओं की स्थिति परम ब्रह्म की तुलना में सीमित है। अतिशयोक्ति अलंकार का प्रयोग है।

मन न डिगै ताथैं तन न डराई,
केवल राँम रहे ल्यौ लाई।।
अति अथाह जल गहर गंभीर, बाँधि जंजीर जलि बोरे हैं कबीर।।
जल की तरंग उठि कटिहैं जंजीर, हरि सुमिरन तट बैठे हैं कबीर।।
कहै कबीर मेरे संग न साथ, जल थल मैं राखै जगनाथ।।३४१।।

व्याख्या– मेरा मन अब विषय-वासनाओं के कारण विचलित नहीं होता है इसलिए देह भी निर्भय रहती है, मैंने पूरी तरह से राम में लय (ध्यान) लगा दिया है। भवसागर का जल अत्यन्त गहरा है, कर्मों की शृंखला बाँधकर कबीर को उसमें डाल दिया गया है। ईश्वर की

कृपा से जल की तरंगें उठकर मेरे बंधन को काट देंगी। कबीरदास भगवान् के स्मरण में तल्लीन हैं इसलिए उन्हें किनारा मिल ही जाएगा। कबीरदास कहते हैं कि मेरा कोई संगी साथी नहीं है। केवल राम ही मेरा साथी है। जगन्नाथ ही मेरी जल थल में रक्षा करता है।

हरि सुमिरन तट में रूपक अलंकार है। तट पर बैठने का अर्थ है कि संसार में रहकर भी अनासक्त रहना। ईश्वर पर पूर्ण विश्वास की व्यंजना की गयी है। मन की स्थिरता से निर्भयता आती है।

भलै नीदौ भलै नीदौ भलै नीदौ लोग,
तन मन राँम पियारे जोग।
मैं बौरी, मेरे राँम भरतार, ता कारनि रचि करौं स्यँगार।।
जैसे धुबिया रज मल धोवै, हर तप रत सब निंदक खोवै।।
न्यदंक मेरे माई बाप, जन्म जन्म के काटे पाप।।
न्यंदक मेरे प्राण अधार, बिन बेगारि चलावै भार।।
कहै कबीर न्यंदक बलिहारी, आप रहै जन पार उतारी।।३४२।।

व्याख्या–कबीर कहते हैं कि हे लोगो भले ही तुम मेरी निन्दा करो, भले ही निन्दा करो, भले ही निन्दा करो किन्तु मैं तन मन से प्रिय राम के साथ संयुक्त हूँ। मैं बावली (मुग्धा नायिका की तरह हूँ) मेरा पति राम है, उसी के लिए मैं श्रृंगार करती हूँ। जैसे धोबी वस्त्रों की धूल और गन्दगी धोता है उसी तरह निंदक लोग हरि भजन में रत भक्तों की गन्दगी दूर कर देते हैं। निंदक मेरे माता-पिता हैं, वे मेरे जन्म-जन्म के पापों को काट देते हैं। निंदक मेरे प्राणाधार हैं बिना मजदूरी के वे परनिंदा का भार वहन करते चलते हैं। कबीर कहते हैं कि निंदक को बलिहारी है, वे स्वयं तो भवसागर में रह जाते हैं किन्तु दूसरों को पार उतार देते हैं।

प्रथम पंक्ति में पुनरुक्ति प्रकाश का तीसरी पंक्ति में दृष्टांत, सम्पूर्ण पद में ब्याज-स्तुति अलंकारों का प्रयोग है। दाम्पत्य भाव की भक्ति के साथ ही कबीर संत-स्वभाव की व्यंजना है। निंदक को लोग बुरा व्यक्ति मानते हैं लेकिन कबीरदास उसे हितैषी मानते हैं। वह यत्न पूर्वक जैसे-जैसे बुराइयों एवं त्रुटियों की खोज करता है वैसे-वैसे भले लोग उनका निराकरण करते जाते हैं अन्ततः वे निर्मल होकर मुक्त हो जाते हैं और निंदक अपने दुष्कर्म के कारण भवसागर में डूब जाता है क्योंकि उसे कभी आत्मनिरीक्षण का अवसर ही नहीं मिलता पर छिद्रान्वेषण में ही उसका सारा जीवन बीत जाता है।

जो मै बौरा तौ राँम तोरा,
लोग मरम का जाँनै मोरा।।
माला तिलक पहरि मन मानाँ, लोगनि राँम खिलौना जाँनाँ।।
थोरी भगति बहुत अहंकारा, ऐसे भगता मिलै अपारा।।
लोग कहैं कबीर बौराना, कबीरा कौ मरम राँम भल जाना।।३४३।।

व्याख्या–कबीर कहते हैं कि मैं बावला हूँ तो क्या? हे राम मैं तुम्हारा ही हूँ। मेरा पागलपन भी तुम्हारे प्रेम के कारण ही है। लोग मेरे इस मर्म को क्या जानें। लोगों ने मनचाहे ढंग से माला तिलक आदि धारण करके राम को खिलौना समझ लिया है। उनमें भक्ति थोड़ी होती है किन्तु अहंकार बहुत अधिक होता है। ऐसे अल्पभक्ति एवं प्रभूत अहंकार वाले व्यक्तियों की संख्या अधिक है। लोग कहते हैं कि कबीर बौराया हुआ है लेकिन कबीर के मर्म

को राम भली भाँति जानते हैं।

खिलौना जानना मुहावरा है। बाह्याचार और अहंकार का विरोध किया गया है। ईश्वर भक्त प्रेम में इतना तल्लीन रहता है कि वह सांसारिक क्रिया कलापों का निर्वाह नहीं कर पाता।

हरिजन हंस दसा लिए डोलै,
निर्मल नाँव चवै जस बोलै।।
मानसरोवर तट के वासी। राँम चरन चित आँन उदासी।।
मुकताहल बिन चंच न लाँवै, मौंनि गहै कै हरि गुन गावै।।
कऊवा कुबुधि निकट नहीं आवैं। सो हंसा निज दरसन पावै।।
कहे कबीर सोई जन तेरा, खीर नीर का करै नवेरा।।३४४।।

व्याख्या–राम भक्त हंस के समान नीर क्षीर विवेक बुद्धि को लेकर विचरण करते हैं। वे हरि के निर्मल नाम का उच्चारण करते हैं और उसके यश का कथन करते हैं।

वे सदैव मानसरोवर (ब्रह्म रंध्र के पास) के तट पर निवास करते हैं। उनका मन राम के चरणों में ही लगा रहता है, अन्य चीजों से वे उदासीन रहते हैं। मुक्ताफल (मोक्ष फल) को छोड़कर वे किसी वस्तु पर चोंच नहीं मारते, हंस की तरह भक्त केवल मुक्ति की कामना करता है। या तो वह मौन रहता है या हरि के गुणों का गान करता है। कुबुद्धि रूपी कौआ उसके पास नहीं आता। ऐसा ही हंस आत्मदर्शन प्राप्त करता है। कबीर कहते हैं कि वही तुम्हारा वास्तविक भक्त है जो नीर क्षीर का विवेक करता है।

हंस के प्रतीक द्वारा संत स्वभाव तथा आचरण को अंकित किया गया है। साँग रूपक का प्रयोग है किन्तु उसका पूर्ण निर्वाह नहीं हो पाया है।

सति राँम सतगुर की सेवा,
पूजहु राँम निरंजन देवा।।
जल कै मंजन्य जो गति होई मीनाँ नित ही न्हावै।।
जैसा मीनाँ तैसा नरा, फिरि फिरि जोनीं आवै।।
मन मैं मैला तीर्थ न्हावै, तिनि बैकुंठ न जाँनाँ।।
पाखंड करि करि जगत भुलाँनाँ, नाँहिन राँम अयाँनाँ।।
हिरदै कठोर मरै बनारसि, नरक न बच्या जाई।।
हरि कौ दास मरै जे मगहरि, सेन्याँ सकल तिराई।।
पाठ पुराँन बेद नहीं सुमृत, तहाँ बसै निरंकारा।।
कहै कबीर एक ही ध्यावो बावलिया संसारा।।३४५।।

शब्दार्थ– सति = सत्य, बच्चा = बचाया, बावलिया = पागल।

व्याख्या–राम और सद्गुरु की सेवा ही सत्य है अर्थात् वही धर्म का सार तत्त्व है। माया रहित राम की सेवा करो। यदि जल में स्नान करने से सद्गति होती तो मछली को वह गति अवश्य मिलती जो नित्य जल में स्नान करती है। जैसे मछली को स्नान से मोक्ष नहीं मिलता उसी तरह मनुष्य को भी तीर्थ जल के स्नान से मुक्ति नहीं मिलती। उसे बार-बार योनियों में जन्म ग्रहण करके आना पड़ता है। जिसका मन मैला है वह भले ही तीर्थ में नहाए उसका

बैकुंठ गमन नहीं होता। साधक होने का पाखंड रचने वाले किन्तु सांसारिकता में तल्लीन लोगों को राम अच्छी तरह पहचानते हैं। राम अज्ञानी नहीं हैं कि ऐसे पाखंडियों को सच्चा भक्त समझकर उन्हें मुक्त कर देंगे। जो लोग हृदय से कठोर हैं वे भले ही वाराणसी में मरें लेकिन नरक से बचकर नहीं जा सकते। भगवान् का भक्त यदि मगहर में मरता है तो भी वह अपने साथियों सहित मुक्त हो जाता है। स्तोत्र पाठ, पुराण वाचन, वेद अध्ययन एवं स्मृति परायण से निरंकार का दर्शन नहीं होता। वहाँ निरंकार नहीं बसता है। संसार अनेक देवी-देवताओं की आराधना में तल्लीन होकर पागल बना है। कबीर कहते हैं कि एक ही ईश्वर का ध्यान करना चाहिए।

लोक मान्यता है कि काशी में प्राण त्यागने से स्वर्ग मिलता है और मगहर में मरने से नरक होता है। कबीर ने इस मान्यता का खंडन किया है। गुरु और निरंजन राम की सेवा आराधना और ध्यान से ही मोक्ष मिलता है। शेष आडम्बर मुक्ति दायक नहीं हैं। बहुदेववाद का खंडन किया गया है।

क्या ह्वै तेरे न्हाई धोई,
आतम राँम न चीन्हाँ सोई।।
क्या घट ऊपरि मंजन कीयै, भीतरि मैल अपारा।।
राँम नाँम बिन नरक न छूटै, जौ धोवै सौ बारा।।
का नट भेष भगवाँ बस्तर, भसम लगावै लोई।।
ज्यूँ दादुर सुरसरी जल भीतरि, हरि बिन मुकति न होई।।
परिहरि काँम राँम कहि बौरे सुनि सिख बंधू मोरी।।
हरि कौ नाँव अभय पददाता, कहै कबीरा कोरी।।३४६।।

शब्दार्थ– चीन्हाँ = पहचाना, सुरसरी = गंगा।

व्याख्या– नहाने धोने से क्या लाभ है, यदि आत्मा राम को नहीं पहचानते हो। जब अन्तःकरण में प्रभूत गन्दगी भरी है तो देह के ऊपर स्नान करने से क्या लाभ है? नाटक के पात्र (नट) की तरह भगवा (गेरुआ) वस्त्र धारण करने तथा देह में राख लपेटने से क्या लाभ है? जैसे मेढ़क गंगा में रहता है उसी तरह गंगा में नहाने मात्र से मुक्ति नहीं होती। हरि की भक्ति के बिना मोक्ष संभव नहीं है। हे बावले! काम वासना को त्यागकर राम का नाम स्मरण करो। हे भाई! मेरी सीख मानो। जुलाहा कबीर कहता है कि राम का नाम अभयपद को देने वाला है।

क्या.... बारा में वक्रोक्ति, राँम नाँम .... लोई में निदर्शना तथा ज्यूं दादुर ... होई में उपमा अलंकारों का प्रयोग किया गया है। बाह्याडम्बरों का विरोध है।

पाँणी थै प्रकट भई चतुराई,
गुरु प्रसादि परम निधि पाई।।
इक पाँणी पाँणी कूँ धोवै, एक पाँणी पाँणी कूँ मोहै।।
पाँणी ऊँचा पाँणी नीचा, ता पाँणी का लीजै सींचा।।
इक पाँणी थैं व्यंड उपाया, दास कबीर राँम गुण गाया।।३४७।।

व्याख्या– प्रभु रूप जल से संसार का समस्त ज्ञान उत्पन्न हुआ है। इस ज्ञान रूपी निधि को मैंने गुरु के प्रसाद से प्राप्त किया है। भक्ति रूपी जल वासना रूपी जल की मैल को धो

देता है। माया रूपी जल जीवात्मा रूपी जल को मोहित करता है। ज्ञान रूप जल व्यक्ति को ऊपर करता है और अज्ञान रूप जल उसे नीचे लाता है। सर्वव्यापी परमतत्त्व रूपी जल से अन्तःकरण को अभिसिंचित करना चाहिए। पानी (वीर्य) की एक बूँद से इस शरीर की उत्पत्ति हुई है। इसी प्रकार जल की महिमा समझकर कबीर ने राम का गुणगान किया है।

इस पद का दूसरा अर्थ इस प्रकार हो सकता है– प्राणी से ही चतुरता पैदा हुई है, बुद्धि कौशल तथा चालाकी के कारण सामान्यजन गुरु के प्रसाद का अधिकारी नहीं हो पाते। कबीर को गुरु के प्रसाद से राम रूपी परम निधि की प्राप्ति हुई है। एक पानी (तीर्थ जल) प्राणी को धोता है। एक प्राणी दूसरे प्राणी को मोहित करता है। पानी (इज्जत) से व्यक्ति ऊँचा होता है उसके अभाव में वह नीचा होता है। पानी से हृदय को सींचकर प्यास बुझाई जाती है। एक वीर्य की बूँद से देह का निर्माण हुआ है। इस मर्म को समझते हुए कबीर राम का गुणगान करते हैं।

पाँणी का विभिन्न अर्थ होने के कारण यमक अलंकार है।

भजि गोब्यदं भूलि जिनि जाहु।
मनिषा जनम कौ एही लाहु।।टेक।।
गुर सेवा करि भगति कमाई। जौ तैं मनिषा देही पाई।
या देही कूं 'लौंचैं' देवा। सो देही 'करि' हरि की सेवा।।
जब लग जरा रोग नही आया। तब (जब?) लग काल ग्रसै नहीं काया।
जब लग हींण पड़ै नहीं बाँणी। तब लग भजि मन सारंगपाणी।
अब नहीं भजसि भजसि कब भाई। आवैगा अंत भज्यौ नहीं जाई।
जे कछू करौ सोई तत सार। फिर पछितावोगे वार न पार।।
सेवग सो जो लागै सेवा। तिनहीं पाया निरंजन देवा।
गुर मिलि जिनि के खुले कपाट। बहुरि न आवै जोनीं बाट।।
यहु तेरा औसर यहु तेरी बार। घट ही भींतरि सोचि बिचारि।
कहै कबीर जीति भावै हमरे। बहु विधि कह्यौ पुकारि पुकारि।।३४८।।

व्याख्या– हे मानव! गोविंद का भजन करो, यह मत भूलो कि मनुष्य जन्म का यही लाभ है। यदि तुम्हें मनुष्य जन्म मिला है तो गुरु की सेवा करके भक्ति का लाभ प्राप्त करो। इस शरीर को पाने के लिए देवता भी लालच करते हैं। इसलिए इस शरीर से भगवान् की सेवा करो। जब तक वृद्धावस्था के रोग नहीं पकड़ते, जब तक शरीर को मृत्यु नहीं ग्रसता, जब तक वाणी क्षीण नहीं होती, उससे पूर्व धनुषधारी राम का भजन करो। यदि अभी नहीं भजते तो कब भजोगे। जब अंतिम अवस्था आ जायेगी (देह, इन्द्रियाँ आदि क्षीण हो जायेंगी) तब भजन करना संभव नहीं होगा। इस समय जो कुछ कर लोगे वही सच्चा सार है, फिर तो घोर पश्चाताप ही करोगे जिसका वार-पार नहीं होगा। ईश्वर का सेवक वही है जो सेवा में संलग्न रहता है, वही अपनी सेवा के बल पर निरंजन (माया रहित ब्रह्म) को प्राप्त कर लेता है। सद्गुरु के साक्षात्कार से (उनके उपदेश से) ज्ञान के कपाट खुल जाते हैं, फिर जीव योनि के रास्ते इस संसार में नहीं आना पड़ता। मानव योनि प्राप्त होना मुक्ति का एक सुअवसर है, यह तुम्हारी बारी है। देह के भीतर ही सोच विचार करो। तुम भजन करके चाहो तो दाँव को जीत लो चाहे सांसारिकता में मग्न रहकर दाँव को हार जाओ। मैंने तो अनेक प्रकार से पुकार-

पुकार कर चेतावनी देकर अपना दायित्व पूरा कर दिया।

भजसि कब भाई में गूढ़ोक्ति, कपाट में रूपकातिशयोक्ति, जोनी बाट में रूपक, पुकारि पुकारि में पुनरुक्ति प्रकाश की योजना है।

तुलसी ने भी कहा है– बड़े भाग मानुष तन पावा। सुर नर मुनि सद्ग्रन्थन गावा।।

X X X

सो तनु धरि भजहिं न जे नर। होहिं विषयरत मंद मंद तर।

मध्यकालीन मानवतावादी दृष्टि का वह रूप अंकित है जिसमें मानव की श्रेष्ठता एवं सार्थकता भजन द्वारा मुक्त होने में है।

ऐसा ग्याँन बिचारि रे मनाँ।
हरि किन सुमिरै दुख भंजनाँ।।टेक।।
जब लग मैं मैं मेरी करै। तब लग काज एक नहीं सरै।।
जब यहु मैं मेरी मिटि जाइ। तब हरि काज सँवारै आइ।।
जब लग स्यंघ रहै बन माँहि। तब लग यहु बन फूलै नाँहि।।
उलटि स्याल स्यंघ कूँ खाइ। तब यहु फूलै सब बनराइ।।
जीत्या डूबै हारा तिरै। गुरु प्रसादि जीवत ही मरै।।
दास कबीर कहै समझाइ। केवल राम रहौ ल्यौ लाइ।।३४६।।

व्याख्या– हे मन! ऐसा ज्ञान विचारों जिसके फलस्वरूप दुख को नष्ट करने वाले प्रभु का भजन संपादित हो सके। जब तक अहंकार रहता है तब तक कोई कार्य सिद्ध नहीं होता। जब यह ममत्व तथा अहंकार मिट आता है तब भगवान् स्वयं आकर कार्य सिद्ध कर देता है। जब तक अहंकार रूपी सिंह अन्तःकरण रूपी वन में रहता है तब तक पुण्य के फूल विकसित नहीं होते, (या भक्ति के फूल विकसित नहीं होते) जब शुद्ध चैतन्य श्रृगाल इस अहंकार रूप सिंह को खा जाता है तब अन्तःकरण की वनराजी पुष्पित पल्लवित होती है। जीतने वाला अहंकार डूब जाता है, पहले जो पराजित था वह शुद्ध चैतन्य पार उतर जाता है! गुरु की कृपा से साधक जीवन्मृत हो जाता है। उसकी चेतना संसारोन्मुख न रहकर ईश्वरोन्मुख हो जाती है। कबीरदास समझाकर कहते हैं कि केवल राम में ही अपनी लौ लगाए रहिए (राम का ध्यान करते रहिए)।

अंतिम पंक्तियों में उलटवाँसी शैली का प्रयोग है। नाथ पंथी प्रतीकों का प्रयोग किया गया है।

जागि रे जीव जागि रे।
चोरन कौ डर बहुत कहत है, उठि उठि पहरै लागि रे।।
ररा करि टोप ममां करि बखतर, ग्याँन रतन करि षाग रे।
ऐसै जौ अजराइल मारै, मस्तकि आवै भाग रे।।
ऐसी जागणीं जे को जागै, ता हरि देइ सुहाग रे।
कहै कबीर जाग्या हीं चाहिये, क्या ग्रिह क्या बैराग रे।।३५०।।

शब्दार्थ– अजराइल = मृत्यु का देवदूत, षाग = तलवार।

व्याख्या– हे जीव! तू जाग, यहाँ काम, क्रोध, लोभ, मोह आदि चोरों का बहुत डर

कहा जाता है। जागृत होकर पहरे पर लग जाओ। राम के दो अक्षरों में से रा का टोप और म का बख्तर (कवच) बना लो और ज्ञान रूपी रत्न की तलवार बना लो। इस तरह अज्ञान रूपी मृत्यु के देवदूत पर यदि तुम प्रहार करोगे तो तेरे मस्तक में भाग्योदय हो जाएगा। इस तरह का जागरण जो कर लेता है, उसे भगवान् अपना प्रेम देता है, वह आत्मा सौभाग्यवती हो जाती है। कबीरदास कहते हैं कि जागृति आवश्यक है, चाहे गृहस्थ रहिए चाहे विरक्त रहिए कोई फर्क नहीं पड़ता है।

चोरन में रूपकातिशयोक्ति, ग्यान रतन में रूपक अलंकारों का प्रयोग किया गया है। तुलसीदास ने भी कहा है–

तम मोह लोभ अहंकारा। मद क्रोध बोध-रिपु मारा
कह तुलसी दास सुनु रामा। लूटहिं तसकर सब धामा।। (विनय पत्रिका)

जागहु रे नर सोवहु कहा,
जम बटपारै रूँधे पहा।।टेक।।
जागि चेति कछु करौ उपाई, मोटा बैरी है जमराई।।
सेत काग आये बन माँहि, अजहू रे नर चेते नाँहि।।
कहै कबीर तबै नर जागै, जम का डंड मूँड मै लागै।।३५१।।

शब्दार्थ– बटपारै = ठग, पहा = पथ, रास्ता।

व्याख्या– हे मनुष्य! क्यों अज्ञान की निद्रा में सो रहा है, जागृत क्यों नहीं होते। यम रूपी लुटेरा तुम्हारे पथ को अवरुद्ध कर रखा है। जागो और सोच समझकर कुछ उपाय करो। यमराज बहुत सशक्त शत्रु है। वन के अन्दर सफेद कौए आ गए हैं। अब भी हे नर! चैतन्य नहीं होता (श्वेत कौआ बाल पकने की अवस्था की ओर संकेत है।) कबीर कहते हैं कि नर तभी जागता है जब यमराज का दंड सिर पर लगता है।

'सोवहु कहा' में गूढ़ोक्ति, सेत काग में रूपकातिशयोक्ति अलंकार है। श्वेत कौओं का वन में आगमन विनाश का संकेत है। बाल पकना वृद्धावस्था की सूचना है।

जाग्या रे नर नींद नसाई,
चित चेत्यो च्यंतामणि पाई।।टेक।।
सोवत सोवत बहुत दिन बीते, जब जाग्या तसकर गये रीते।।
जन जागे का ए सहिनांण, बिष से लागै बेद पुराण।।
कहै कबीर अब सोवौं नाहि, राँम रतन पाया घट माँहि।।३५२।।

व्याख्या–ऐ मनुष्य! यदि तू मोह निद्रा को नष्ट करके जागृत हो गया और तू चित्त से चैतन्य हो गया तो समझो मनोवांक्षित फल देने वाली चिंतामणि मिल गयी। सोते-सोते बहुत दिन व्यतीत हो गए। तेरे जागने से काम क्रोधादि चोर अपने उद्देश्य में रीते (खाली, निष्फल) हो गए। हरिजन के जागने का चिन्ह यही है कि उसे वेद पुराण विष की तरह प्रतीत होने लगे। कबीर कहते हैं कि मैं अब सोता नहीं हूँ, अपने शरीर में मैंने राम रत्न प्राप्त कर लिया है।

प्रथम पंक्ति में अनुप्रास, च्यंतामणि में रूपकातिशयोक्ति, बिष से .... पुराण में उपमा, राम-रतन में रूपक अलंकारों का प्रयोग किया गया है।

संतनि एक अहेरा लाधा,
मिर्गनि खेत सवति का खाधा।।
या जंगल मैं पाँचौ मृगा, एई खेत सबनि का चरिगा।
पारधीपनौं जे साधै कोई, अध खाधा सा राखै सोई।।
कहै कबीर जो पंचौ मारे, आप तिरै और कूँ तारै।।३५३।।

शब्दार्थ– लाधा = प्राप्त किया, खाधा = खा लिया।

व्याख्या– संतों ने एक शिकार प्राप्त किया। मृगों ने सभी के जीवन रूपी क्षेत्र को खा लिया है। इस देह रूपी जंगल में काम, क्रोध, लोभ, मोह, मात्सर्य आदि पाँच मृग हैं। इन्होंने सभी प्राणियों के जीवन रूपी खेत (जीवन के संकलित पुण्य) को चर लिया है। यदि कोई पारधीपन (अर्थात् शिकारी के गुण) को विकसित कर लेता है तो आधे खाए हुए खेत की रक्षा कर लेता है। कबीर कहते हैं कि जो पाँचों को मार डालता है अर्थात् जो पंच विकारों को निष्क्रिय कर देता है वह स्वयं भवसागर से पार हो जाता है और दूसरों को भी पार कराने में सक्षम हो जाता है।

रूपकातिशयोक्ति अलंकार का प्रयोग करते हुए लोक जीवन से चयनित बिम्ब विधान से इन्द्रिय व्यापारों तथा विषय-वासनाओं पर विजय की स्थिति को व्यंजित किया गया है।

हरि कौ बिलौवनो बिलोइ मेरी माई
ऐसे बिलोइ जैसे तत न जाई
तन करि मटकी मननि बिलोइ, ता मटकी मैं पवन समोइ।।
इला प्यंगला सुषमन नारी, बेगि बिलोइ ठाढ़ी छछि हारी।।
कहै कबीर गुजरी बौरांनी, मटकी फूटीं जोति समाँनी।।३५४।।

शब्दार्थ– बिलौवनौ = मथने की वस्तु, बिलोइ = मथो।

व्याख्या– हे माँ! भगवान् के लिए ही बिलोना बिलोओ अर्थात् भगवान के हेतु आत्म मंथन करो। इस तरह से मथो कि तत्त्व का नाश न हो। शरीर को मटकी बनाओ मन से (मन को मथानी बनाकर) बिलोओ (मथो)। उस मटकी (मिट्टी का छोटा घड़ा) में प्राण वायु को समाहित करो। इड़ा, पिंगला और सुषुम्ना नाड़ियाँ छाछ लेने के लिए खड़ी होकर प्रतीक्षा कर रही हैं, इसलिए जल्दी से मथो। कबीर कहते हैं कि दही मथने वाली जीवात्मा रूपी गुर्जरी आत्मविस्मृत हो गयी है। मटकी (देह का बंधन) ही छूट गया वह परम ज्योति में विलीन हो गयी।

जीवन से भक्ति रस या परम तत्त्व को पाने के लिए दही मथनें के बिम्ब को प्रस्तुत किया गया है। योग साधना और भक्ति की व्यंजना करते हुए कवि कहता है कि ईश्वरीय तन्मयता के फलस्वरूप बिना योग साधना में प्रवृत्त हुए ही आत्मा रूपी गुर्जरी परम ज्योति में समाहित हो गयी। इसमें ज्ञान और भक्ति की अभिन्नता भी निर्दिष्ट की गयी है।

आसण पवण कियै दिढ रहु रे,
मन का मैल छाड़ि दे बौरे।।
क्या सींगी मुद्रा चमकाये, क्या बिभूति सब अंगि लगाए।
सो हिन्दू सो मुसलमाँन, जिसका दुरस रहै ईमाँन।।

सो ब्रह्मा जो कथै ब्रह्म गियाँन, काजी सो जानै रहिमाँन।
कहै कबीर कछू आँन न कीजै, राँम नाँम जपि लाहा दीजै।।३५५।।

व्याख्या–हे पागल जीव! पवन रूपी आसन पर दृढ़ता से विराजित रहो अर्थात् प्राण साधना में तल्लीन रहो। मन की कलुषता का त्याग करो। शृंगी मुद्रा आदि बाह्य उपकरणों के चमत्कार से कोई लाभ नहीं है। शरीर में विभूति (राख) लगाना भी व्यर्थ है। जिसका ईमान दुरुस्त है वही सच्चा हिन्दू और सच्चा मुसलमान है। ब्राह्मण वही है जो ब्रह्म ज्ञान का कथन करता है। काजी वही है जो रहमान की सच्ची पहचान रखता है।

कबीर कहते हैं कि अन्य कुछ भी मत करो। कबीर ने बाह्याचार की अपेक्षा ध्यान की दृढ़ता तथा ईमान एवं ज्ञान के महत्त्व को प्रतिपादित किया है।

ताथैं कहिए लोकोचार,
वेद कतेब कथैं व्यौहार।।
जारि बारि करि आवै देहा, मूवाँ पीछे प्रीति सनेहा।।
जीवत पित्रहिं मारहि डंडा, मूवाँ पित्र ले घालैं गंगा।।
जीवत पित्र कूँ अन्न न खवावैं, मूँवाँ पाछैं प्यंड भरावैं।।
जीवत पित्र कूँ बोलै अपराध, मूँवाँ पीछे देहि सराध।।
कहि कबीर मोहि अचिरज आवै, कउवा खाइ पित्र क्यूँ पावै।।३५६।।

व्याख्या–वेद और कुरान जगत् व्यवहार का ही वर्णन करते हैं इसलिए उन्हें लोकाचार ही मानना चाहिए, सम्बन्धी लोग मरणोपरान्त देह को जला देते हैं, फिर रो रोकर अपनी प्रीति एवं स्नेह का दिखावा करते हैं। जीते जी पिता को डंडा मारते हैं किन्तु मरने के बाद गंगा में प्रवाहित करने जाते हैं (मरने के बाद उनकी मिथ्या मुक्ति की कामना से ऐसा करते हैं) जीवित पिता को अन्न (भोजन) खिलाते नहीं मरने के बाद पिंडदान करते हैं। जीवित पिता को लोग कटु बात कहते हैं और मरने के बाद श्राद्ध करते हैं। कबीर कहते हैं कि मुझे आश्चर्य होता है कि श्राद्ध पिण्ड का अन्न कौआ खाते हैं, वह मृत आत्मा को कैसे मिल सकता है।

समाज के मिथ्या और कृत्रिम आचरण पर व्यंग्य किया गया है। वेद, कुरान इन लोकाचारों का समर्थन करते हैं इसलिए उन्हें भी लोकाचार माना गया है। यहाँ वेद का तात्पर्य सम्पूर्ण शास्त्र है।

बाप राँम सुनि बीनती मेरी,
तुम्ह सूँ प्रगट लोगनि सूँ चोरी।।
पहलैं काम मुगध मति कीया, ता मै कंपै मेरा जीया।।
राँम राइ मेरा कह्या सुनीजै, पहले बकसि अब लेखा लीजै।।
कहै कबीर बाप राँम राया, अबहूँ सरनि तुम्हारी आया।।३५७।।

शब्दार्थ– मुगध मति = मोहित बुद्धि, बकस = क्षमा, लेखा = व्यौरा, हिसाब।

व्याख्या–हे पिता राम! मेरी प्रार्थना सुनो। तुम्हारे सामने मेरा सब कुछ प्रत्यक्ष है, अन्य लोगों से उसे भले ही छुपा लूँ। पहले काम ने मेरी बुद्धि को मोहित कर रखा था, उसी के भय से तेरे सामने आने में मेरा हृदय काँपता है। राम राजा मेरा कहना सुनो, पहले मुझे क्षमा कर दो तब मुझसे हिसाब माँगो। कबीर कहते हैं कि राम राजा तुम मेरे पिता हो, मैं तुम्हारी शरण में आया हूँ।

दैन्य भाव की व्यंजना की गयी है। प्रपत्ति और शरणागति की अभिव्यक्ति है।

अजहूँ बीच कैसें दरसन तोरा
बिन दरसन मन माँनै क्यूँ मोरा।।
हमहि कुसेबग क्या तुम्हहि अजाँनाँ दुइ मैं दोस कहौ किन राँया।।
तुम्ह कहियत त्रिभवन पति राजा, मन बंछित सब पुरवन काजा।
कहै कबीर हरि दरस दिखावौ, हमहि बुलावौ कै तुम्ह चलि आवौ।।३५८।।

व्याख्या–कबीर कहते हैं कि मेरे और तुम्हारे बीच अभी भी अन्तर है, मैं तुम एकमेक नहीं हुए हैं, इसलिए तुम्हारा दर्शन संभव नहीं हो रहा है लेकिन तुम्हारे दर्शन के बिना मेरा मन किस प्रकार सन्तुष्ट हो सकता है। मैं कुसेवक हूँ या तुम्हीं मेरी भावनाओं के प्रति अनजान हो, दोनों में (सेवक और स्वामी) दोष किसका है। तुम्हें तीनों लोक का राजा और मनोवांक्षित फल दाता कहा जाता है (मेरी तो अत्यन्त सीमित शक्ति है।) कबीर कहते हैं कि हे भगवान्! मुझे दर्शन दो तुम मुझे बुला लो या स्वयं चलकर मेरे पास आ जाओ।

तीसरी पंक्ति में गूढ़ोक्ति अलंकार है। बिना भक्त भगवान् के बीच की दूरी मिटे भगवान् का साक्षात्कार नहीं हो पाता है।

क्यूँ लीजै गढ़ बंका आई,
दोवग कोट अरु तेवड़ खाई।।
काँम किवाड़ दुख सुख दरवानी, पाप पुंनि दरवाजा।
क्रोध प्रधान लोभ बड़ दुंदर मन मैंवासी राजा।।
स्वाद सनाह टोप ममिता का कुबधि कमाँण चड़ाई।
त्रिसना तीर रहे तन भीतरि सुबधि हाँथि नहीं आई।।
प्रेम पलीता सुरति 'नालि करि', गोला ग्याँन चलाया।
ब्रह्म अग्नि 'ले दिया पलीता' एकै चोट ढहाया।।
सत संतोष ले लरने लागे, तोरे 'दस' दरवाजा।
साध संगति अरु गुरु की कृपा थैं, पकर्यो गढ़ का राजा।।३५९।।

शब्दार्थ– गढ़=किला, शरीर, बंका = टेढा, दुर्गम, दोवग=दोहरा अथवा द्वैत भाव, काव-परकोटा दीवाल, दोवगकोट = अन्नमय एवं प्राणमय कोष अथवा तीन गुण, दुंदर = द्वन्द्व, मैंवासी = नायक किलेदार, टोप = शिरस्त्राण।

व्याख्या–कबीरदास कहते हैं इस वक्र शरीर रूपी किले पर कैसे विजय प्राप्त की जाय। इसकी दो दीवारें तीन खाइयों से घिरी हैं, अर्थात् इसमें द्वैत भाव एवं तीन गुण हैं। इसमें काम रूपी किवाड़े लगे हैं। दुख और सुख इसके दो पहरेदार हैं। पाप और पुण्य इसके दरवाजे हैं, क्रोध यहाँ प्रधान है और लोभ हरदम द्वन्द्व करता रहता है। अहंकारी मन इसमें निवास करने वाला राजा है। इन्द्री स्वाद ही इस राजा का कवच है। इसने ममता का टोप पहन रखा है और कुबुद्धि का धनुष चढ़ाए बैठा है। शरीर के अन्दर ही तृष्णा का तीर चला रहा है, इसलिए इस किले में सुबुद्धि हाथ नहीं आती। इस दुर्ग को जीतने के लिए सुरति रूपी तोप की नाल में प्रेम का पलीता लगाकर ज्ञान का गोला चलाया जाय। मैंने ब्रह्माग्नि लेकर पलीता चलाया और एक ही प्रहार में किले को ढहा दिया। सत्य और संतोष को साथ लेकर जब मैं लड़ने लगा मेरे द्वारा दसों द्वार तोड़ दिया गया। साधुओं की संगति और गुरु की कृपा से मैंने किले के राजा

को पकड़ लिया।

भागवत कर्मों की भीड़ तथा नाम स्मरण की शक्ति के द्वारा मैंने काल का बन्धन तोड़ दिया। कबीरदास कहते हैं कि गढ़ के ऊपर अर्थात् सहस्त्रार्थ में पहुँचकर अविनाशी राज्य प्राप्त कर लिया या ईश्वर ने मुझे वह राज्य दे दिया।

साँगरूपक, रूपकातिशयोक्ति अलंकारों का प्रयोग किया गया है। शरीर के शत्रुओं पर विजय पाने के योगिक उपायों का निर्देश किया गया है। कबीर को मध्यकालीन युद्ध प्रक्रिया का भी ज्ञान था, इस पद से उसका संकेत मिलता है।

रैनि गई मति दिन भी जाई,
भँवर उड़े बग बैठे आई।।टेक।।
काँचै क रबै रहैं न पानी, हंस उड़्या काया कुमिलाँनी।
थरहर थरहर कंपै जीव, न जानू का करिहै पीव।।
कऊआ उड़ावत मेरी बहियाँ पिरानी, कहै कबीर मेरी कथा सिरांनी।।३६०।।

शब्दार्थ– रैनि = रात्रि युवावस्था, दिन=वृद्धावस्था, बग = बगुला, रबै = मिट्टी का छोटा बर्तन, हंस = बोध, सिरांनी = समाप्त हुई।

व्याख्या– यौवन रूपी रात्रि पति के वास्तविक स्वरूप को पहचाने बिना व्यतीत हो गई। दिन भी ऐसे ही न बीत जाय, युवावस्था रूपी रात्रि के प्रतीक काले बाल रूपी भौरे दूर हो गये। उनके स्थान पर वृद्धावस्था की सूचना देने वाले बगुले रूपी केश आ गये हैं। यह मानव शरीर कच्ची मिट्टी के बर्तन के समान है। इसमें जीवन रूपी जल ज्यादा समय तक स्थिर नहीं रह पाता। जीवात्मा रूपी हंस के निकल जाने पर यह शरीर कुम्हला जाती है। यह जीवात्मा प्रिय के समागम में उपस्थित होने वाले कष्ट की कल्पना करके भय वश थर-थर काँपती है कि मिलन होने पर वह परमात्मा न जाने मेरी क्या दशा करेगा? परन्तु इसके बावजूद भी मेरा मन प्रियतम के दर्शनों के लिए आतुर है। उनके इन्तजार में कौए उड़ाते-उड़ाते मेरी बाँहों में पीड़ा होने लगी है किन्तु प्रियतम का आगमन अभी तक नहीं हुआ। कबीरदास कहते हैं कि इस प्रकार जीवात्मा की कहानी समाप्त हो जाती है।

इस पद में साधक की विभिन्न स्थितियों का चित्रण किया गया है। रहस्यवाद की मार्मिक व्यंजना की गयी है। रूपकातिशयोक्ति, पुनरुक्ति प्रकाश, श्लेष तथा रूपक आदि अलंकारों की योजना की गयी है। 'कौआ उड़ाना' लोक विश्वास है, लोकगीतों तथा साहित्यिक गीतों में इस रिवाज का वर्णन मिलता है।

कहे कू भीति बनाऊँ टाटी,
का जानूँ कहा परिहै माटी।।
काहें कू मंदिर महल चिणाऊँ, मूंवा पीछैं घड़ी एक रहण न पाऊँ।।
काहे कू छाऊँ ऊँच उँचेरा, साढ़े तीनि हाथ घर मेरा।।
कहै कबीर नर गरब न कीजै, जेता तन तेती भुंई लीजै।।३६१।।

शब्दार्थ– भीति = दीवाल, टाट=परदा, उचेरा = ऊँचाघर।

व्याख्या– मैं दीवार अथवा परदा ओट किसलिए बनाऊँ। पता नहीं इस शरीर की मिट्टी कहाँ गिरेगी। मन्दिर या महल मैं किसलिए बनाऊँ क्योंकि मरने के बाद एक क्षण भी उसमें नहीं रहने पाऊँगा। ऊँची-ऊँची छतों को क्यों बनाऊँ क्योंकि मेरे लिए साढ़े तीन हाथ लम्बा

(जितना शरीर का माप है) घर ही पर्याप्त है। कबीरदास कहते हैं कि मनुष्य को गर्व नहीं करना चाहिए जितना देह का आयाम है उतनी ही जमीन लेना चाहिए।

शरीर की नश्वरता तथा अपरिग्रह पर प्रकाश डाला गया है।

बार-बार हरि का गुण गावै,
गुर गमि भेद सहर का पावै
आदित करै भगति आरंभ, काया मंदिर मनसा थंम।।
अखंड अहनिसि सुरष्या जाइ, अनहद बेन सहज में थाइ।
सोमवार ससि अमृत झरै, चाखत बेगि तप निसतरै।।
बाणी रोक्याँ रहै दुवार, मन मतिवाला पीवनहार।।
मंगलवार ल्यों माँहीत, पंच लोक की छाडौ रीत।
घर छाड़ैं जिनि बाहीरे जाई, नहीं तर खरौ रिसावै राइ।।
बुधवार करै बुधि प्रकास, हिरदा कवँल मैं हरि का बास।
गुर गमि दोऊ एक समि करै, उरध पंकज थैं सूधा धरै।
ब्रिसपति बिषिया देइ बहाइ, तीनि देव एकै संगि लाइ।
तीनि नदी तहाँ त्रिकुटी माँहि, कुसमल धोवै अह निसि न्हांहि।
सुक्र सुधा ले इहि ब्रत चढ, अहनिसि आप आप सूँ लड़ै।
सुरषी पंच राखिए सबै, तौ दूजी द्रिष्टि न पैसे कबै।।
थावर थिरकरि घट मैं सोइ, जीति दीवटी मेल्है जोइ।।
बाहरि भीतरि भया प्रकास, तहाँ भया सकल करम का नास।।
जब लग घट मैं दूजी आँण, तब लग महलि न पावै जाँण।
रमित राँम सूँ लागै रंग, कहै कबीर ते निर्मल अंग।।३६२।।

शब्दार्थ– सहर (सहचर, सहचर) = साथी, आत्माराम, आदित = आदित्यवार, मांहीत = मध्य रहना, पंचलोक = पाँच विकार, पंकज = सहस्त्रार चक्र, कुसमल=कल्मष, सुरषी = नियंत्रित, थावर = स्थावर, थिर = स्थिर, दीवटी = दीपयष्टि।

व्याख्या–प्रत्येक दिन यदि हरि का गुणगान करे तो गुरु के अनुग्रह से आत्माराम को पा ले। रविवार को भक्ति का आरंभ करें, काया (देह) का ही मंदिर हो और मानसिक संकल्प का ही स्तंभ (आधार) हो। वह आरंभ रात दिन अखंडित रहे (या अखंड नाम कीर्तन की सुन्दर रस युक्त स्वर लहर दिन रात हृदय में प्रवेश करे)। अनाहत नाद की वीणा को सहज की वायु से बजाया जाय। सोमवार के दिन सहस्त्रार के चन्द्र से अमृत स्त्रवित होता है। उसके चखने मात्र से तुरन्त ताप से मुक्ति मिल जाती है। जीभ उलटकर अमृत के द्वार पर रोका जाय तब रस मग्न मन इसको पीता रहेगा। मंगलवार के दिन मन को लय (ध्यान) में लीन कर दो। पंच विकारों के तौर-तरीके को छोड़ दो। घर छोड़कर बाहर मत जाओ अन्यथा राजा राम बहुत नाराज होंगे। बुधवार के दिन बुद्धि प्रकाश करती है और हृदय कमल में हरि का निवास (प्रतीत) होता है। गुरु की कृपा से इड़ा और पिंगला को सम करें, सहस्त्रार चक्र को ऊपर की ओर सीधा करें। बृहस्पतिवार को समस्त विषयों को फेंक दें और तीनों देवताओं को (त्रिगुण) एक साथ लगा दें। त्रिकुटी में इड़ा, पिंगला, सुषुम्ना तीन नदियाँ हैं। रात-दिन उसी में नहाकर

गंदगी का प्रक्षालन करें। शुक्र को अमृत लेकर यह व्रत धारण करें कि मैं रात-दिन अपने अन्दर की दुष्प्रवृत्तियों से लड़ता रहूँगा। सभी पाँचों इन्द्रियों को नियंत्रित रखें तब द्वैत भाव कभी प्रविष्ट नहीं होगा। थावर अर्थात् शनिवार को अपना हृदय स्थिर करें, ज्योति की दीप यष्टि को ज्योतित करके छोड़ दें। इससे बाहर भीतर सब जगह प्रकाश हो जाएगा और समस्त कर्म फल का नाश हो जाएगा।

जब तक अन्तःकरण में द्वैत का भाव है तब तक इस शरीर के अन्दर रहने वाले राम का रहस्य नहीं ज्ञात होगा। जब रमण करने वाले राम से प्रेम हो जाता है तब अंग निर्मल हो जाते हैं।

काया थंभ, अनहद वेन, हिरदा कमल में रूपक, ससि, दुवार, महलि में रूपकातिशयोक्ति अलंकारों का विधान है। दैनिक साधना की योगिक विधि तथा उसके क्रमिक प्रतिफल को अंकित किया गया है।

राँम भजै सो जाँनिये, जाके आतुर नाँहीं।
सत संतोष लीयै रहै, धीरज मन माँहीं।।टेक।।
जन कौ काँम क्रोध ब्यापै नहीं, त्रिष्णाँ न जरावै।
प्रफुलित आनंद मैं, गोब्यंद गुण गावै।।
जन कौं पर निंद्या भावै नहीं, अरु असति न भाषै।
काल कलपनाँ मेटि करि, चरनू चित राखै।।
जन सम द्रिष्टी सीतल सदा, दुबिधा नहीं आनै।
कहै कबीर ता दास सूँ, मेरा मन माँनै।।३६३।।

शब्दार्थ– आतुर = व्याकुलता, धीरज = धैर्य, असति = असत्य।

व्याख्या– राम का भजन करने वाला सच्चा भक्त वही माना जाता है जिसमें विषयों के प्रति आकुलता नहीं होती। वह नित्य सत्य और संतोष धारण किये रहता है। इसके साथ ही मन में ईश्वर भक्ति के प्रति दृढ़ता तथा भौतिक जगत में व्याप्त सुख-दुःख में धैर्य रखता है। जो ईश्वर का भक्त होता है उसे काम, क्रोध नहीं सताते तथा तृष्णा उसे नहीं जला सकती। वह भक्ति रूपी महारस में प्रसन्नचित्त रहता है और गोविन्द का गुणगान करता है। भक्त को दूसरे की निंदा अच्छी नहीं लगती। वह कभी असत्य भाषण भी नहीं करता है। वह काल के प्रभाव को मिटाकर परमात्मा के चरणों में अपना चित्त लगाये रखता है। वह सुख-दुःख के द्वन्द्व में नहीं पड़ता उनके प्रति समत्व दृष्टि रखता है। इस प्रकार वह निरंतर शीतलता का अनुभव करता है। उसके हृदय में किसी प्रकार की द्विविधा नहीं रहती। कबीर कहते हैं कि ऐसे ही दास के लिए मेरे मन में श्रद्धा और प्रेम का भाव जागृत होता है।

इस पद में भक्त के लक्षणों का वर्णन किया गया है।

माधौ सो न मिलै जासौं मिलि रहिए,
ता कारनि बरु कछु दुख सहिए।।
छत्रधार देखत ढहि जाइ, अधिक गरब थैं खाक मिलाइ।।
अगम अगोचर लखीं न जाइ, जहाँ का सहज फिर तहाँ समाइ।।
कहै कबीर झूठे अभिमान, सो हम सो तुम्ह एक समान।।३६४।।

व्याख्या–हे माधव! वह परमतत्त्व या आत्मतत्त्व नहीं मिलता जिससे मिलकर रहा जाए,

उसी कारण बहुत दुःख सह रहा हूँ। छत्रधारी (राजा) देखते-देखते ढह जाता है, अधिक गर्व से वह मिट्टी में ही मिलता है। अगम अगोचर परमात्मा दृष्टिगत नहीं होता जहाँ का वह है वहीं सहज में वह समा जाता है। कबीर कहते हैं कि अभिमान मिथ्या है। वही हम हैं, वही तुम हो, सभी एक समान है।

सांसारिक नश्वरता की व्यंजना है। आत्मा, परमात्मा तथा जीवों की एकता की व्यंजना है।

अहो मेरे गोव्यंद तुम्हारा जोर,
काजी वकिबो हस्ती तोर।।
बाँधि भुजा भलै[1] करि डार्‌यौ। हस्ती कोपि मूंड मैं मार्‌यौ।।
भागै हस्ती चीसाँ मारी, वा मूरति की मैं बलिहारी।
महावत तोकूँ मारूँ सांटी, इसहि मराँउँ घालौं काटी।
हस्ती न तोरै धरै धियान, वाकै हिरदै बसै भगवान्।।
कहा अपराध संत हौ कीन्हाँ, बाँधि पोट कुंजर कौ दीन्हा।।
कुंजर पोट बहु बंदन करै, अजहुँ न सूझै काजी अंधरै।।
तीनि बेर पतियारा लीन्हा, मन कठोर अजहूँ न पतीनाँ।
कहै कबीर हमारै गोव्यंद, चौथे पद ले जन का ज्यदं।।३६५।।

पाठान्तर– भेला

शब्दार्थ– जोर = शक्ति।

व्याख्या– हे गोविन्द! तुम्हारी शक्ति सर्वाधिक है। काजी ने कहा इसे (कबीर को) हाथी के आगे डालकर मरवा दो। मेरी भुजाओं को बाँधकर पिंड बनाकर हाथी के सामने डाल दिया, हस्ती क्रुद्ध होकर मेरे सिर में मारा लेकिन मुझे चोट नहीं आयी। बदले में स्वयं हाथी चिग्धाड़ मारकर भागा। तुम्हारी उस मूर्ति को मैं बलिहारी जाता हूँ। काजी ने उस समय कहा था कि हे महावत मैं तुमको साटियाँ लगाता हूँ, और इस हाथी को मरवाता और कटवाता हूँ, फिर भी हस्ती मुझे नहीं तोड़ रहा था या वह तुम्हारे ध्यान में मग्न था और ध्यान नहीं तोड़ रहा था। उसके हृदय में भगवान् बस रहे थे, इस संत ने क्या अपराध किया था कि इसका पोटला बनाकर हाथी को दे दिया। हाथी उस पोटले की बहुत वंदना कर रहा था, फिर भी अंधे काजी को सच्चाई नहीं सूझ रही थी, तीन बार उसने प्रतीति ली (परीक्षा ली) फिर भी कठोर मन होने के कारण अभी भी उसे विश्वास नहीं हुआ। कबीर कहते हैं कि इस जन के जीव को चौथे पद (सायुज्य) पर ले जाँय।

इस पद से यह सिद्ध है कि कबीर को सिकन्दर लोदी के काजी ने हाथी के आगे फेंकवा दिया था। कबीर पर इसका कोई असर नहीं हुआ उल्टे हाथी ने कबीर की बंदना की। कबीर इसे ईश्वर कृपा का ही फल मानते हैं।

कुसल खेम अरु सही सलामति, ए द्वै काकौ दीन्हा रे।
आवत जात दुहूँधा लूटे सर्व तत हरि लीन्हाँ रे।।
माया मोह मद मैं पीया, मुगध कहै यहु मेरी रे।
दिवस चारि भलैं मन रंजै, यहु नाँही किस केरी रे।।

सुर नर मुनि जन पीर अवलिया, मीराँ पैदा कीन्हाँ रे।
कोटिक भए कहाँ लूँ बरनूँ, सबनि पयानाँ दीन्हाँ रे।
धरती पवन अकास जाइगा, चंद जाइगा सूरा रे।।
हम नाँही तुम्ह नाँही रे भाई, रहे रॉम भरपूरा रे।।
कुसलहि कुसल करत जग खीना, पड़े काल भौ पासी रे।
कहै कबीर सबै जग बिनस्या, रहे रॉम अविनासी रे।।३६६।।

शब्दार्थ– खेम = क्षेम, अवलिया = औलिया, मीराँ = श्रेष्ठ जन, खींना = क्षीण।

व्याख्या– कुशल क्षेम तथा सही सलामत रहना दोनों प्रभु ने किसको दिए हैं। आते-जाते अर्थात् जन्म-मरण होते समय हमारा सब कुछ लूटा जाता है अर्थात् हम अपने चैतन्य रूप को विस्मृत कर देते हैं। मैंने अर्थात् जीव ने माया मोह का मद पी लिया है और तत्पश्चात् मूर्ख कहता है कि यह सम्पत्ति (सांसारिक वैभव) मेरी है। चार दिनों तक भले ही कोई इससे मन बहला ले, अन्ततः यह किसी की नहीं है। देवता, मनुष्य, मुनि, भक्त, धर्म गुरु, सिद्ध महात्मा, श्रेष्ठ जन आदि को भगवान् ने पैदा किया है। इस तरह करोड़ों पैदा हुए हैं, उनका वर्णन कहाँ तक करूँ, जो पैदा हुए उन सभी ने प्रस्थान किया। धरती, हवा, आकाश सभी नष्ट हो जाएँगे, चन्द्रमा और सूर्य भी जाएँगे। हम नहीं रहेंगे और तुम भी नहीं रहोगे, केवल राम भरापूरा रहेगा। कुशल-कुशल करते हुए भी जगत् क्षीण हुआ जा रहा है। इसी से काल (मृत्यु) और संसार (सांसारिक आवागमन या मोह माया) का पाश (रस्सी) (गले में) पड़ी है।

कबीर कहते हैं कि समस्त जगत् विनष्ट होता रहता है। एकमात्र राम अविनाशी (शाश्वत) रहता है।

इसमें सांसारिक नश्वरता, संसार में कुशलता के अभाव एवं ब्रह्म की सर्वव्यापकता एवं शाश्वत स्वरूप की व्यंजना की गयी है।

मन बनजारा जागि न सोई।
लाहे कारनि मूल न खोई।।
लाहा देखि कहा गरबाँनाँ गरब न कीजे मूरिख अयाँनाँ।
जिन धन सच्चा सो पछिताँनाँ, साथी चलि गये हम भी जाँनाँ।
निसि अँधियारी जागहु बंदे, छिटकन लागे सब ही संधे।।
किसका बंधू किसकी जोई, चल्या अकेला संग न कोई।।
ढरि गए मंदिर टूटे बंसा, सूके सरवर उड़ि गए हंसा।।
पंच पदारथ भरिहै खेहा, जरि बरि जायंगी कंचन देहा।।
कहत कबीर सुनहु रे लोई, राँम नाँम बिन और न कोई।।३६७।।

व्याख्या– कबीर कहते हैं कि हे बनजारा (घुमक्कड़, गतिशील) मन जागृत रहो (अर्थात् ज्ञान में प्रबुद्ध रहो अज्ञान की निशा में) सोओ मत। सांसारिक सुख वैभव का लाभ कमाने के चक्कर में अपने मूल तत्त्व (मूल स्वरूप) को मत गंवाओ। लाभ देखकर क्यों गर्व करते हो। हे मूर्ख, अज्ञानी गर्व मत करो। जिसने धन संचयन किया वही पछताया। साथी चले गए और हमें भी जाना है (धन लेकर कोई नहीं गया)। हे मनुष्य! घोर अज्ञान की रात है, इसमें तुझे जागृत रहना है। तुम्हारी देह की सन्धियाँ (जोड़) छिटकने लगे हैं या तुम्हारे सम्बन्ध टूटने लगे हैं। इस संसार में कौन भाई है, कौन पत्नी है! कोई किसी का साथी नहीं है, अन्ततः अकेले

ही जाना पड़ता है, संगी कोई नहीं होता। देह रूपी महल ढह जाते हैं, इसमें रहने वाले इन्द्रिय परिवार भी समाप्त हो जाते हैं, संवेदनाओं के सरोवर सूख जाते हैं या स्नेह प्रेम के सरोवर सूख जाते हैं, उनमें रहने वाले हंस उड़ जाते हैं। पंच महाभूत (पृथ्वी, जल, तेज, वायु और प्रकाश) सभी नष्ट हो जाएंगे और मिट्टी में मिल जाएँगे। सोने की देह जलकर राख हो जाएगी। कबीर कहते हैं कि लोगों सुनो, राम नाम के बिना कोई शरण देने वाला नहीं है।

मन बनजारा में रूपक, कहा गरबाना में गूढ़ोक्ति, किसका .... जोई में वक्रोक्ति अलंकारों का प्रयोग है। देह, सम्पत्ति और जगत की नश्वरता की व्यंजना तथा निर्वेद भाव की निष्पत्ति की गयी है।

मन पतंग चेते नहीं जल अँजुरी समान।
विषिया लागि बिगूचिए दाझिए निदाँन।।
काहे नैन अनदियै, सूझत नहीं आगि।।
जनम अमोलिक खोइयै, साँपनि संग लागि।।
कहै कबीर चित चंचला, गुर ग्याँन कह्यौ समझाइ।
भगति हीन न जरई जरै, भावै तहाँ जाइ।।३६८।।

व्याख्या–हे मन पतिंगे! तू नहीं चेतता (सतर्क होता) कि जीवन अंजुली के जल के समान (अल्प तथा धीरे धीरे क्षीण होने वाला) है। विषयों में लगकर तू अपने को दूषित कर रहा है और अन्ततः अपने को दग्ध करेगा। तू नेत्रों से क्यों आनंदित होता है, तुम्हें वासना की आग दिखाई नहीं देती। माया रूपी साँपिनी के साथ लगकर तूने अपने अमूल्य जीवन को गँवा दिया।

कबीर कहते हैं कि यह चित्त विद्युत की तरह चंचल है। गुरु ने समझाकर कहा है कि भक्ति के अभाव में जीव ईर्ष्या, द्वेष तथा वासना की आग में जलता ही जलता है क्योंकि उसमें संयम का अभाव होता है और गम्य, अगम्य स्थान पर स्वेच्छा से विचरण करता है।

मन पतंग, चित चंचला में रूपक, जल अंजुरी समान में उपमा, आगि, साँपनि में रूपकातिशयोक्ति अलंकारों का विधान है। सांसारिक नश्वरता का चित्रण करते हुए 'निर्वेद' भाव की व्यंजना की गयी है।

स्वादि पतंग जरै जर जाइ,
अनहद सौं मेरौ चित न रहाइ।।
माया कै मदि चेति न देख्याँ, दुविध्या माँहि एक नहीं पेख्याँ।।
भेष अनेक किया बहु कीन्हाँ, अकल पुरिष एक नहीं चीन्हाँ।।
केते एक मूये, मरहिंगे केते, केतेक मुगध अजहूँ नहीं चेते।।
तंत मंत सब ओषद माया, केवल राँम कबीर दिढ़ाया।।३६९।।

व्याख्या– अनाहत नाद में मेरा मन लीन नहीं रहता, विषय स्वाद के लोभ से पतंगे की तरह वासना की आग में जलता है। माया के मद से मुक्त होकर– सजग होकर तत्त्व को पहचान नहीं पाया। द्वैत (द्विविध या शंका) के कारण मैंने एक तत्त्व (अद्वैत) को नहीं देखा। मैंने अनेक रूप धारण किए किन्तु अखंड, अविनाशी पुरुष को पहचान नहीं सका। इस संसार में कितने मर गए अभी कितने मरेंगे फिर भी मूर्ख लोगों को चेतना नहीं आती। तंत्र, मंत्र, औषधि सब माया हैं। इसी से मैंने राम की भक्ति में ही अपने मन को दृढ़ कर लिया है।

न वासना में आनंद है, न तंत्र, मंत्र, औषधि से नाश से मुक्ति मिलती है। भक्ति से ही वास्तविक आनन्द मिल सकता है। मुक्ति भी उसी से संभव है।

स्वादि पतंग में रूपक, मरहिगे केते में गूढ़ोक्ति अलंकार की योजना है। विषय से मुक्त होने तथा राम के प्रति दृढ़ विश्वास से ही मंगल संभव है।

एक सुहागनि जगत् पियारी,
सकल जीव जंत कौ नारी।।टेक।।
खसम मरै वा नारि न रोवै, उस रखवाला औरै होवै।
रखवाले का होइ बिनास, उतहि नरक इत भोग बिलास।।
सुहागनि गलि सोहै हार, संतनि बिख बिलसै संसार।।
पीछै लागी फिरै पचि हारी, संत की ठठकी फिरै बिचारी।।
संत भजै बा पाछी पड़ै, गुर के सबदूँ मार्‍यौ डरै।।
साषत कै यहु प्यंड परांइनि, हमारी द्रिष्टि परै जैसे डाँइनि।।
अब हम इसका पाया भेव, होइ कृपाल मिले गुरुदेव।।
कहै कबीर इब बाहरि परी, संसारी के अचलि टरी।।३७०।।

शब्दार्थ– सुहागनि नारी = माया रूपी सुंदरी, खसम = स्वामी, बिलसै = भोग करता है, पचिहारी = हार मान लेना, ठिठकी = डरी हुई, साषत = शाक्त।

व्याख्या– कबीर कहते हैं यह माया रूपी सुंदरी संसार की प्यारी है, वह सभी जीव-जन्तुओं की प्रेमिका है। जब इस माया रूपी सुंदरी का पति मर जाता है तो यह स्वामी के लिए रोती नहीं है। दूसरा कोई जीव उसका रक्षक बन जाता है। जीव उस माया से लिपटा रहता है, पर इसे उस जीव के प्रति कोई आसक्ति नहीं रहती। वह एक के मिट जाने पर अन्य जीव के आधिपत्य में आ जाती है। इसके रखवाले का भी विनाश होता है। उसे परलोक में नरक ही भोगना पड़ता है चाहे इस लोक में वह भोग विलास ही करता हो। अथवा उसके स्वामी के नरक में पड़े रहने पर भी यह माया रूपी सुंदरी विलासिता में ही रमी रहती है। इस सुंदरी के गले में सुंदर एवं मन को हरने वाला वासना रूपी हार पड़ा हुआ है परन्तु संतों के लिए यह आकर्षक नहीं बल्कि विष सदृश है। संसार इस माया को भोगता रहता है। संतों के पीछे-पीछे यह लगी रहती है परन्तु यह उन्हें मोहित नहीं कर पाती और हार जाती है। यह माया बेचारी संतों से भयभीत इधर-उधर भागती फिरती है। संत जन इससे दूर भागते फिरते हैं और माया उनका पीछा नहीं छोड़ती। परन्तु यह गुरु के शब्दों से डरती है। शाक्त या हरि से विमुख हुए व्यक्ति के शरीर को तो यह अत्यन्त प्रिय होती है। यह तो उसके लिए आसक्ति स्वरूप है। अथवा शाक्तों के लिए परायण पिंड के समान है अर्थात् यह वह नारी शरीर है जिसके द्वारा वह वामाचार की साधना करता है लेकिन हम भक्तों की दृष्टि इस पर उसी प्रकार पड़ती है जैसे वह डाइनि हो। जब मेरी भेंट उस कृपालु गुरु से हुई तब मुझे इस माया रूपी सुंदरी का रहस्य भी समझ में आ गया। कबीर कहते हैं कि यह माया तो मुझसे दूर पड़ी हुई है। मुझे स्पर्श तक नहीं कर पाती, परन्तु विषयी व्यक्तियों के लिए तो यह अचल है। यह उन्हें कभी नहीं छोड़ती किन्तु मुझसे तो यह दूर है।

इस पद में कबीर ने शाक्तों के प्रति विरोध प्रकट किया है। सम्पूर्ण पद में सांगरूपक, सुहागनि में रूपकातिशयोक्ति, जैसे डाइनि में उपमा अलंकार की योजना की गयी है। खसम मरै वा नारि न रोवै में विशेषोक्ति की व्यंजना है।

परोसनि माँगै कंत हमारा,
पीव क्यूँ बौरी मिलहि उधारा।।टेक।।
मासा माँगै रती न देऊँ, घटे मेरा प्रेम तो कासनि लेऊँ।।
राखि परोसनि लरिका मोरा, जे कछु पाऊँ सु आधा तोरा।।
बन-बन ढूँढौं नैन भरि जोऊँ, पीव न मिलै तौ बिलखि करि रोऊँ।।
कहे कबीर यहु सहज हमारा, बिरली सुहागनि कंत पियारा।।३७१।।

शब्दार्थ– परोसनि = आत्मा, कंत = परमात्मा रूपी पति, बौरी = पगली, कासनि = किससे।

व्याख्या– कबीर एक भक्त और ज्ञानी के रूप में कहते हैं, हे माया रूपी पड़ोसिन मुझसे तुम मेरा परमात्मा रूपी पति माँगती हो किन्तु हे पगली माया! पति उधार कैसे मिल सकता है वह तो अपने प्रेम से प्राप्त किया जाता है वह निरन्तर अपने पास ही रहता है। तुम माशा भर माँगती हो जबकि मैं तुम्हें उसका रत्ती भर भी नहीं दूँगी। यदि परमात्मा रूपी पति के प्रति मेरा प्रेम घट जायेगा तो मैं उसकी पूर्ति कैसे करूँगी। हे विद्या रूपी पड़ोसिन तुम अपने सात्विक रूप से मेरे विवेक रूपी पुत्र की रक्षा करो, उसको क्षीण मत होने दो अर्थात् मेरे कर्मों तथा उनके बन्धनों को अपने पास रख लो। इसके पश्चात् परमात्मा रूपी पति से जो कुछ मुझे प्राप्त होगा उसमें से तुम्हें आधा सौंप दूँगी। अपने नेत्रों की पूरी शक्ति से मैं उसका दर्शन कर रही हूँ यदि वे फिर भी नहीं मिलते तो मैं विलख-विलख कर रोऊँगी। कबीर कहते हैं कि यह जीवात्मा रूपी पत्नी का स्वभाव है। अपने परमात्मा पति को ही सहज भाव से प्रेम करना चाहिए, परन्तु किसी-किसी सौभाग्यशाली जीवात्मा को ही अपना परमात्मा रूपी पति प्रिय लगता है।

इस पद में आत्मा और परमात्मा के दाम्पत्य प्रेम का वर्णन किया गया है। रूपकों और प्रतीकों के माध्यम से अर्थ को व्यंजित किया गया है। वक्रोक्ति, वन-वन में पुनरुक्ति प्रकाश, विरोधाभास तथा गूढ़ोक्ति अलंकारों की योजना की गयी है।

राँम चरन जाके रिदै बसत है, ता जन कौ मन क्यूँ डोलै।
मानौं आठ सिध्य नव निधि ताके हरषि हरषि जस बोलै।।
जहाँ जहाँ जाई तहाँ सच पावै माया ताहि न झोलै।।
बार बार बरजि विषिया तैं, लै नर जै मन तोलै।।
ऐसी जे उपजै या जीय कै, कुठिल गाँठि सब खोलै।
कहै कबीर जब मन परचौ भयौ, रहै राँम के बोलै।।३७२।।

व्याख्या–जिसका हृदय राम के चरणों में बसता है, उस भक्त का मन क्यों चंचल होगा। उसे आठ सिद्धियाँ और नवों निधियाँ सहज उपलब्ध रहती हैं, वह हर्षित होकर राम का यशगान करता है। वह जहाँ-जहाँ जाता है वहाँ सुख पाता है, उसे माया झुलसाती नहीं है। बार-बार मन को विषय-वासनाओं से हटाकर संयमित करता है। जिसके मन में इस तरह का संकल्प पैदा हो जाता है, वह माया की कुटिल गाँठें अर्थात् रहस्य उद्घाटित कर लेता है। कबीर कहते हैं कि जब हरि से मन का परिचय होता है तब वह राम के कथनानुसार कार्य करता है।

ईश्वर भक्त का मन विषय-वासनाओं की ओर उन्मुख नहीं होता। भक्ति में ही उसे

पूर्ण आनंद मिलता है। 'जहाँ-जहाँ' में पुनरुक्ति प्रकाश, बारंबार बरजि विषया में अनुप्रास अलंकार का प्रयोग है। निर्गुण की मान्यता के बावजूद कबीर राम के चरणों का अनेक स्थल पर वर्णन करते हैं।

जंगल मैं का सोवनाँ, औघट है घाटा।
स्यंघ बाघ गज परलै, अरुलंबी बाटा।।
निस बासुरि पेड़ा पड़ै, जमदानी लूटै।।
सूर धीर साचै मतै, सोई जन छूटै।।
चालि चालि मन माहरा, पुर परण गहिए।।
मिलिए त्रिभुवन नाथ सूँ, निरभै ह्वै रहिए।।
अमर नहीं संसार मैं, बिनसैं नर देही।
कहै कबीर बेसास सूँ, भजि राम सनेही।।३७३।।

शब्दार्थ– औघट = दुर्गम, पेड़ा पड़ै = डकैती, जमदानी = यमराज की सेना, माहरा = कुशल।

व्याख्या–जीवन उतना ही कठिन है जैसे जंगल में सोना और ऊँचे नीचे जोखिम भरे घाट पर स्नान के लिए उतरना। जीवन रूपी जंगल में विषय-वासना रूपी हिंस्र जानवरों का आतंक रहता है। कामादिक डकैत भी डाका डालने को तैयार रहते हैं। यमराज की सेना हमारी आयु पर डाका डालती है अर्थात् उसे छीनकर क्षीण करती है। हे कुशल मन! भक्ति के नगर में प्रवेश करो, वहाँ त्रिभुवननाथ से मिलकर निर्भय निवास करो। संसार में नर देह अमर नहीं है, इसका विनाश होना है। कबीर कहते हैं कि विश्वास पूर्वक स्नेही राम का भजन करो।

रूपकातिशयोक्ति तथा रूपक अलंकारों का प्रयोग किया गया है। विरक्ति की व्यंजना की गयी है।

राँम ऐसो ही जाँनि जपौ नरहरी,
माधव मदसूदन बनवारी।।
अनुदिन ग्यान कथैं घरियार, धूवँ धौलह रहै संसार।
जैसे नदी नाव करि संग, ऐसैं ही मात पित सुत अंग।
सबहि नल दुलमल फलकीर, जल बुदबुदा ऐसो आहि सरीर।।
जिभ्या राँम नाम अभ्यास, कहौ कबीर तजि गरभ बास।।३७४।।

व्याख्या–नरसिंह, माधव, बनवारी आदि राम ही के विकल्प हैं ऐसा समझ कर उनका जप करना चाहिए। प्रतिदिन बजने वाला घंटा यह बताता है कि संसार धुएँ के प्रासाद के समान नश्वर एवं मिथ्या है। जैसे नदी नाव का संयोग होता है वैसे माता-पिता एवं पुत्र का संयोग आकस्मिक होता है। जैसे शुक नल स्वाद हीन फल या अन्ततः बिखर जाने वाले सेमर के फूल के पास बैठा रहता है और उसे कुछ नहीं प्राप्त होता उसी तरह जीव इस संसार की सेवा निष्फल करता है। यह शरीर जल के बुलबुले की तरह क्षणिक (नाशवान) है।

कबीरदास कहते हैं जीभ से राम नाम का अभ्यास करने से गर्भवास अर्थात् पुनर्जन्म नहीं होता।

'धुआ जल बुदबुदा ऐसौं' में उपमा अलंकार है। 'धूवँ धौलह' रूपक अलंकार है। सांसारिक नश्वरता का प्रतिपादन करते हुए निर्वेद की अभिव्यंजना की गयी है। गोस्वामी

तुलसीदास ने भी कहा है।

राम जपु, राम जपु, राम जपु बावरे।
जग नभ वाटिका रही है फल फूलि रे।
धुषा कैसे धौरहर देखि तू न भूले रे।

रसना राँम गुन रसि रस पीजै,
गुन अतीत निरमोलिक लीजै।।
निरगुन ब्रह्म कथौ रे भाई, जा सुमिरन सुधि बुधि मति पाई।
बिष तजि राँम न जपसि अभागे, का बूड़े लालच के लागे।
ते सब तिरे राँम रस स्वादी, कहै कबीर बूड़े बकवादी।।३७५।।

व्याख्या– हे जिह्वा! तू राम के गुणों में रमकर भक्ति के आनन्द रस को प्राप्त करो और गुणातीत अमूल्य पदार्थ को ग्रहण करो। हे भाई! निर्गुण ब्रह्म का गुणगान करो जिसका स्मरण करने से सद्बुद्धि तथा ज्ञान प्राप्त होता है। हे अभागे, विषय को त्याग कर राम नाम का भजन क्यों नहीं करता है? विषय-सुख के लालच में पड़कर तुम इस संसार-सागर में क्यों डूबता है।

कबीरदास जी कहते हैं वे भवसागर में डूब जाते हैं जो व्यर्थ वाद-विवाद करते हैं, वे पार हो जाते हैं जो राम के नाम स्मरण का रसास्वादन करते हैं।

प्रथम पंक्ति में अनुप्रास व जपसि अभागे में गूढ़ोक्ति अलंकारों का विधान है। भक्ति के महत्व का प्रतिपादन किया गया है।

निबरक सुत ल्यौ कोरा,
राँम मोहि मारि, कलि विष बोरा।।
उन देस जाइबा रे बाबू, देखिबो रे लोग किन-किन खैबू लो।।
उड़ि कागा रे उन देस जाइबा, जासूँ मेरा मन चितलाग लो।।
हाट ढूँढ़ि ले, पटनपुर ढूढ़ि ले, नही गाँव कै गोरा लो।।
जल बिन हंस निसह बिन रबू कबीर का स्वामी पाई परिकै मनैबू लो।।३७६।।

व्याख्या–हे राम निर्बल बालक की भाँति या कभी अलग न होने वाले बालक को गोद में ले लो। हे राम! मुझे कलिकाल ने मार-मार कर विषय विष में डुबो दिया है। भद्र जन तुम्हें प्रभु के देश में जाना है, वहाँ जाकर देखना है वहाँ क्या-क्या खाते हैं। हे कौआ तुम्हें उस देश जाना है जहाँ मेरा मन और चित् लगा हुआ है। बाजार ढूँढ़ना और नगर को ढूँढ़ लेना गाँव-गिराँव मत ढूँढ़ना या गाँव के किनारे ढूँढ़कर मत चले आना। प्रियतम के बिना मेरी वही दशा है जो हंस की जल के बिना होती है और सूर्य के बिना रात की होती है।

कबीर कहते हैं कि मेरी जीवात्मा अपने स्वामी का पैर पकड़कर उन्हें मना लेगी।

किन-किन में पुनरुक्ति प्रकाशालंकार है। कौए को संदेशवाहक बनाना लोकगीतों का प्रभाव है। इसमें सभी लोगों को परलोक चिंतन की शिक्षा दी गयी है।

वात्सल्य एवं दाम्पत्य की हल्की व्यंजना है।

सो जोगी जाकै सहज भाइ,
अकल प्रीति की भीख खाइ।।
सबद अनाहद सींगी नाद, काँम क्रोध विषया न बाद।
मन मुद्रा जाकै गुरु को ग्यॉन, त्रिकुट कोट मै धरत ध्याँन।

मनहीं करन को करै सनाँन, गुर कौ सबद ले ले धरत ध्याँन।
काया कासी खोजै बास, तहाँ जाति सरूप भयौ परकास।
ग्याँन मेषली सहज भाइ, बंक नालि कौ रस खाइ।
जोग मूल कौ देइ बंद, कहि कबीर भीर होई कंद।।३७७।।

व्याख्या–योगी वही है जिसके अन्दर सहज भाव है अर्थात् जो सहज तत्त्व (परम तत्त्व) के प्रति अनुराग भाव रखता है। जो अखंड प्रेम की भिक्षा से तृप्त रहता है। जो अनाहत शब्द का शृंगीनाद करता है अर्थात् जो ओ३म शब्द ब्रह्म का सदैव श्रवण करता रहता है। जिसकी आसक्ति काम-क्रोध तथा विषय वासनाओं में नहीं होती और वाद-विवाद में भी जो नहीं पड़ता। गुरु के द्वारा दिया गया ज्ञान ही जिसके मन की मुद्रा है (मुद्ददाति इति मुद्रा जो आनन्द दे वही मुद्रा है), जो इड़ा, पिंगला तथा सुषुम्ना के मिलन बिन्दु अर्थात् त्रिकुटी में ध्यान धारण करता है। जो देह को ही काशी समझकर उसी में अन्तर्लीन होकर निवास करना चाहता है। वहाँ (शरीर में) ज्योति स्वरूप ब्रह्म का प्रकाश रहता है, जो ज्ञान की मेखला को सहज भाव से धारण करता है, जो वक्र नाड़ी (मेरुदंड के ऊपर की एक नाड़ी) से चूने वाले अमृतरस का पान करता है। इसके लिए वह मूलाधार को बाँध देता है (मूलबंध करता है।) जिससे क्षरित होने वाला अमृत सघन होता है। कबीर कहते हैं कि वही कंद (मूल) की तरह स्थिर हो जाता है।

काया-कासी प्रीति भीख में रूपक अलंकार है। त्रिकुटी, सहज, अनहदनाद आदि योग के शब्द हैं।

मेरौ हार हिराँनौं मैं लजाउँ,
सास दुरासनि पीव डराउँ।।
हार गुह्यो मेरौ राँम ताग, बिचि बिचि मान्यक एक लाग।।
रतन प्रवाले परम जोति, ता अंतरि लागे मोति।।
पंच सखी मिलिहैं सुजान, चलहु त जइए त्रिवेणी न्हान।।
न्हाइ धोइ कै तिलक दीन्ह, ना जानूँ हार किनहू लीन्ह।।
हार हिराँनाँ जन बिमल कीन्ह, मेरौ आहि परोसीन हार लीन्ह।।
तीन लोक की जानै पीर, सब देव सिरोमनि कहै कबीर।।३७८।।

व्याख्या–कबीर कहते हैं कि मेरा हार खो गया। इससे मुझे लाज आती है। सास दुराचरण करने वाली है, प्रिय से भी डर लगता है, मेरा हार राम के तागे से गुहा हुआ था, बीच-बीच में एक-एक माणिक्य लगा था। उसमें रत्नों एवं प्रवालों की परम ज्योति थी। उनके बीच-बीच में मुक्ताफल लगे हुए थे। सुजान पाँच सखियाँ मिली हैं, उन्होंने कहा कि त्रिवेणी नहाने के लिए चलो, नहा धोकर जैसे तिलक दिया, न जाने उसी समय हार किसने ले लिया, मेरा हार भले ही गायब हो गया किन्तु ईश्वर ने मुझे निर्मल कर दिया, मेरा हार पड़ोसिन ने ले लिया, कबीर कहते हैं कि राम तीनों लोक की पीड़ा समझते हैं, वे सभी देवताओं के शिरोमणि हैं।

हार साधना पद्धति का प्रतीक है। यह ऐसी साधना पद्धति है जिसमें राम नाम में ही ज्ञान का बहुमूल्य तत्त्व पिरोया है। पाँचों इन्द्रियों की प्रेरणा से कबीर ने त्रिकुटी में जब स्नान किया तो यह साधना खो गयी किन्तु भगवान् ने कृपा करके उन्हें फिर शुद्ध किया। कबीर समझ रहे

हैं कि उनकी शुद्ध साधना का अपहरण कर लिया गया है।

डॉ० माता प्रसाद गुप्त ने हार को साधु वेष का प्रतीक माना है। मणि माणिक्य रत्न प्रवाल मूल्यवान उपकरण हैं। मुक्ता मुक्ति है। पाँच सखियाँ पंच प्राण हैं (प्राण, अपान, समान, उदान, और व्यान, त्रिवेणी इड़ा, पिंगला तथा सुषुम्णा की त्रिकुटी है। पंच प्राणों की प्रेरणा से त्रिकुटी में स्नान करने के बाद साधु वेष की जरूरत ही नहीं रहती, या साधना प्रणाली ईश्वर कृपा से अजपा जाप में बदल जाती है।

नहीं छाड़ौ बाबा राँम नाँम,
मोहिं और पढ़न सूँ कौन काम।।टेक।।
प्रह्लाद पधारे पढ़न साल, संग सखा लीये बहुत बाल।
मोहिं कहा पढ़ाव आल जाल, मेरौ पाटी मैं लिखि दे श्री गोपाल।
तब सेनाँ मुरकाँ कह्यौ जाइ, प्रहिलाद बँधायौ बेगि आइ।।
तूँ राँम कहन की छाड़ि बाँनि, बेगि छुड़ाऊँ मेरौ कह्यौ माँनि।
मोहि कहा डरावै बार-बार, जिनि जलथल गिरि कौ कियौ प्रहार।
बाँधि मारि भावैं देह जारि, जे हूँ राँम छाड़ौं तौ गुरहि गार।।
तब काढ़ि खड़ग कोप्यौ रिसाइ, तोहि राखनहारौ मोहि बताइ।।
खंभा मैं प्रगट्यौ गिलारि, हरनाकस मार्‌यो नख बिदारि।
महापुरुष देवाधिदेव, नरस्यंघ प्रकट कियौ भगति भेव।
कहै कबीर कोई लहै न पार, प्रहिलाद उबार्‌यौ अनेक बार।।३७६।।

शब्दार्थ – साल = पाठशाला, आल-जाल = इधर-उधर की बातें, पाटी = पट्टी, सेनाँ मुरकाँ = सब लड़कों, गिलारि = मुरारि।

व्याख्या – कबीर कहते हैं कि हे बाबा मैं राम नाम नहीं छोड़ सकता, मुझे और कुछ पढ़ने से क्या काम है? प्रह्लाद पाठशाला में पढ़ने गए, उनके साथ अनेक बाल सखा थे, उन्होंने गुरु से कहा कि मुझे व्यर्थ की बातें क्यों पढ़ाते हो, मेरी तख्ती (पट्टी) में श्री गोपाल का नाम लिख दो, तब सभी बच्चों ने इसकी सूचना (उनके पिता को) दे दी फलतः शीघ्र प्रह्लाद को बाँध दिया गया। उनके पिता हिरण्यकशिपु ने कहा कि तू राम नाम का कथन मत कर, तुझे मैं शीघ्र छुड़ा देता हूँ। प्रह्लाद ने कहा कि मुझे क्यों बार-बार डराता है, चाहे जल या थल या पर्वत पर, तुम मेरे ऊपर प्रहार कर सकते हो। चाहे बाँधकर मारो, चाहे देह जला दो, यदि मैं राम को छोड़ता हूँ तो मेरा गुरु (अन्तःकरण की शुद्ध वृत्ति) नाराज होता है। तब पिता ने क्रुद्ध होकर तलवार निकाल ली और कहा कि तुम्हारी रक्षा करने वाला कौन है मुझे बताओ। उसी समय खम्भे में से मुरारि प्रकट हुए और नृसिंह रूप में हिरण्यकशिपु की छाती नाखून से विदीर्ण करके मार दिया। महापुरुष परमात्मा एवं सम्पूर्ण देवताओं के देव भक्तिभाव की रक्षा के लिए नृसिंह रूप में प्रकट हुए। कबीर कहते हैं कि उनकी शक्ति का कोई पार नहीं पा सकता, उन्होंने प्रह्लाद का अनेक बार उद्धार किया।

कबीर लोक भावना की पूरी तरह उपेक्षा नहीं कर सके हैं। इसलिए भक्त वत्सलता तथा भक्त की रक्षा के संदर्भ में भगवान् के अवतार का भी वर्णन किया है।

मोहि-काम में वक्रोक्ति, प्रह्लाद बाल में दृष्टांत अलंकारों की योजना है।

हरि कौ नाऊँ तत त्रिलोक सार, लैलीन भये जे उतरे पार।।
इक जंगम इक जटाधार, इक अंग बिभूति करै अपार।।
इक मुनिवर इक मनहूँ लीन, ऐसे होत होत जगजात खीन।।
इक आराधै सकति, इक पड़दा दै दै बधै जीव।।
इक कुलदेव्याँ कौ जपहि जाप, त्रिभुवनपति भूले त्रिविध ताप।
अंतहि छाँड़ि इक पीवहिं दूध, हरि न मिलै बिन हिरदै सूध।
कहै कबीर ऐसै विचार, राँम बिना को उतरे पार।।३८०।।

व्याख्या – राम का नाम ही तीनों लोक में सार तत्व है। जो इस नाम में ध्यान लगाता है वह (भवसागर) से पार हो जाता है। संसार में साधुओं के अनेक रूप दिखाई देते हैं। एक जंगम है, दूसरा जटाधारी है, एक अंगों में राख लपेटता है, एक श्रेष्ठ मुनि है, दूसरा एक मन में ही लीन रहता है, इस तरह सभी तरह के साधक अपनी साधना में रत रहते हुए क्षीण होते जाते हैं। एक शक्ति या शिव की आराधना करता है। एक पर्दे की आड़ में जीवों का वध करता है। एक कुल देवी का जाप करता है वह त्रिविध ताप से संतप्त होकर त्रिभुवनपति को भूल जाता है। कुछ संत अन्न को छोड़कर केवल दूध पीते हैं बिना हृदय की शुद्धता के भगवान् नहीं मिलते हैं। कबीर कहते हैं कि ऐसा विचार कर लो कि राम के बिना कोई पार नहीं उतर पाता अर्थात् संसार सागर के पार जाने के लिए राम की भक्ति आवश्यक है।

अंतिम पंक्ति में वक्रोक्ति अलंकार है। राम नाम के माहात्म्य तथा विविध साधना पद्धतियों की निरर्थकता की व्यंजना की गयी है।

हरि बोलि सूवा बार बार,
तेरी ढिग मीनाँ कछू करि पुकार।।
अंजन मंजन तजि बिकार, सतगुरु समझायौ तत सार।।
साध संगत मिलि करि बसंत, भौ बंध न छूटैं जुग जुगंत।।
कहै कबीर मन भया अनंद, अनंत कला भेटे गोव्यंद।।३८१।।

व्याख्या–हे (जीव रूपी) शुक! बार बार हरि का नाम बोलो, तेरे ही पास काल रूपी बिल्ली है, बचने का कुछ उपाय करो। अंजन-मंजन तथा विकारों का परित्याग कर सतगुरु द्वारा बताये गये सारतत्त्व पर ही अपना ध्यान लगाओ। सज्जनों की संगति में रहकर आनन्द पूर्वक जीवन व्यतीत करो। ऐसा न करने से तुम्हारे सांसारिक बंधन युगों-युगों तक भी नहीं छूट पायेंगे। कबीर कहते हैं कि इस प्रकार अनन्त कलाओं वाले परमात्मा से मिलने पर मन आनन्दित होगा।

कबीर ने सतगुरु की कृपा और सत्संगति की महिमा का बखान किया है। बाह्याडंबरों का विरोध किया है। रूपकातिशयोक्ति, पुनरुक्ति प्रकाश, रूपकादि अलंकारों की योजना की गयी है।

बनमाली जानैं बन की आदि,
राँम नाँम बिना जनम बादि ।।टेक।।
फूल जु फूले हति-बसंत जामैं मोहि रहै सब जीव जंत।।
फूलनि मैं जैसें रहै बास, यूँ घटि-घटि गोबिंद है निवास।।
कहै कबीर मन भया अनंद, जग जीवन मिलियौ परमानन्द।।३८२।।

शब्दार्थ – आदि = उत्पत्ति, बादि = व्यर्थ, रुति बसंत = आनंद और उल्लास का समय, फूल = भोग-विलास।

व्याख्या – परमात्मा रूपी बनमाली ही इस संसार रूपी वन की उत्पत्ति के विषय में जानते हैं। राम नाम स्मरण के बिना यह मानव जीवन व्यर्थ है। आनंद रूपी इस जगत में भोग विलास रूपी जो पुष्प खिले हुए हैं सभी प्राणी उसी मादकता के मोह से बँधे हैं। परन्तु सामान्य प्राणी को यह ज्ञान होना चाहिए कि जैसे फूल में सुगंध है उसी प्रकार प्रत्येक प्राणी में उस परम पिता परमात्मा का निवास है। वही सच्चिदानन्द स्वरूप है। कबीर कहते हैं कि इस प्रकार जगत के प्राणियों को जीवन देने वाले परमानंद ईश्वर का दर्शन हो गया और मेरा मन आनंद में डूब गया।

कबीर ने जीवन के प्रति वैराग्य तथा परमात्मा ईश्वर की व्यापकता एवं नाम स्मरण की महत्ता को व्यक्त किया है। सम्पूर्ण पद में रूपकातिशयोक्ति, जीवन और वन में साँगरूपक, घटि-घटि में पुनरुक्ति प्रकाश तथा जगजीवन तथा परमानंद में रूपक अलंकार की योजना है।

मोहि ऐसे बनिज सौं कवन काज,
मूल घटैं सिरि बधै ब्याज।।टेक।।
नाइक एक बनिजारे पाँच, बैल पचीस कौ संग साथ।।
नव बहियाँ दस गौनि आहि, कसनि बहत्तरि लागै ताहि।।
सात सूत मिलि बनिज कीन्ह, कर्म पयादौ संग लीन्ह।।
तीन जगाती करत रारि, चल्यौ है बनिज वा बनज झारि।।
बनिज खुटानौ पूँजी टूटि, षाडू दह दिसि गयौ फूटि।
कहै कबीर यहु जन्म बाद, सहजि समाँनूँ रही लादि।।३८३।।

शब्दार्थ – बनिज = व्यापार कार्य, कसनि = कसनियां, गौंनि = बोरियां, सात सूत = सात धातुएं, जगाती = कर वसूलने वाले।

व्याख्या – कबीर कहते हैं कि मुझे ऐसे वाणिज्य से क्या लेना देना है या क्या लाभ है? इसमें तो संचित पुण्य रूपी मूलधन घटता है और पाप रूपी ब्याज बढ़ता है। (इससे सिर पर ऋण का बोझ बढ़ता है) जीव रूपी एक नायक है, पंच ज्ञानेन्द्रियाँ ही पांच बंजारे हैं यही विषय भोग को खरीदती हैं।

प्रत्येक इन्द्रिय के पंचतत्त्व ही पच्चीस बैल हैं जिनमें बोझ लादा जाता है। नवद्वार रूपी नौ बहियां हैं तथा दशम द्वारा रूपी गूनी (बहियां) हैं या दश गूने (बहियाँ) हैं (दश वायु – प्राण, अपान, समान, उदान, व्यान, नाग, कूर्म, कुकर, देवदत्त, धनंजय)। इनको शरीर की बहत्तर नाड़ियों से बाँधा गया है। सप्त धातु (अस्थि, पक्वाशय का रस, रुधिर, मांस, मेद, मज्जा और वीर्य) रूपी सात पुत्रों को लेकर व्यापार किया। कर्म पदाति को (काम में सहयोगी पैदल चलने वाले) को साथ लिया। तीन (त्रिगुण) जगाती (चुंगी वसूलने वाले) झगड़ा कर रहे हैं। व्यापार में घाटा लग गया क्योंकि उसे त्रिगुणों ने ही हड़प लिया, पूंजी ही क्षीण हो गयी या टूट गयी। दश दिशाओं में खाड़ (साथ के व्यापारी) फूट गए (विलय हो गए)। कबीर कहते हैं कि यह जन्म व्यर्थ गया, लदाई (कर्म व्यापार) रह गयी, मैं सहज में समाहित हो गया। तात्पर्य यह है कि कबीर कर्म व्यापार को त्यागकर परम तत्व में समाहित हो गए। जो जीव लदाई करते हैं वे पुनः पुनः जन्म ग्रहण करते हैं और दुःख भोगते हैं।

व्यापार के रूपक का निर्वाह किया गया है। पच्चीस का प्रयोग पच्चीस प्रकृति के लिए भी संभव है– **आकाश** – काम, क्रोध, लोभ, मोह, भय। **वायु** – चलन, बलन, धावन, प्रसारण, संकोचन।

अग्नि – सुधा, तृषा, आलस्य, निद्रा, मैथुन।

जल – लार, पसीना, मूत्र, रक्त, शुक्र (वीर्य)।

पृथ्वी – अस्थि, चर्म, माँस, नाड़ी, रोम।

माधौ दारुन सुख सह्यौ न जाइ,
मेरौ चपल बुधि तातैं कहा बसाइ।।टेक।।
तन मन भीतरि बसैं मदन चोर, जिनि ग्यान रतन हरि लीन्ह मोर।
मैं अनाथ प्रभू कहूँ काहि, अनेक बिगूचैं मैं को आहि।
सनक सनंदन सिव सुकादि, आपण कवँलापति भये ब्रह्मादि।
जोगी जंगम जती जटाधर, अपनैं आँसर सब गये हैं हार।
कहै कबीर रहु संग साथ, अभिअंतरि हरि सूँ कहौ बात।
मन ग्याँन जाँनि कैं करि बिचार, राँम रमत भौ तिरिबौ पार।।३८४।।

शब्दार्थ – दारुन = कठिन, चपल = चंचल, बसाइ = वश न हो, बिगूचा = दबोचा, परेशानी में डालना।

व्याख्या – कबीर परमात्मा को सम्बोधन करते हुए कहते हैं कि हे माधव! विषय वासनाओं द्वारा दी गयी कठिन पीड़ा मुझसे सही नहीं जाती। मेरी चंचल मति मुझे विषयों की ओर निरन्तर खींचती रहती है। उस पर मेरा वश नहीं चल पाता। मेरे तन-मन में काम रूपी चोर प्रवेश कर गया है। उसने मेरे ज्ञान और बुद्धि रूपी रत्न को हर लिया है। हे ईश्वर, मैं अनाथ हूँ। इस पीड़ा को मैं किससे कहूँ। इस काम ने अनेक प्राणियों को नष्ट कर दिया है। मेरी क्या विसात है, इस काम के सामने सनक, सनंद, शिव, शुकदेव, स्वयं लक्ष्मीपति एवं ब्रह्मादि देवता, जोगी, जंगम, जटाधारी आदि सभी अवसर आने पर अपनी हार मान ली। कबीर कहते ऐहं कि मैं नित्य ईश्वर के साथ में रहता हूँ, इसलिए मैं अपने अन्तर्मन की बातें तथा पीड़ा को उस परमात्मा से निवेदित करूँगा। जीवात्मा साधक, अपने मन में ज्ञान धारण कर तथा अच्छी तरह सोच-विचार कर परमात्मा में रमण करता हुआ इस संसार सागर को पार कर सकता है।

कबीर ने इस पद के द्वारा काम की विभिन्न स्थितियों को चित्रित करते हुए उससे बचने के लिए प्रेरित किया है। मदन चोर, ज्ञान रतन में रूपक, सनक, सनंदन, शिव में अनुप्रास तथा वक्रोक्ति आदि अलंकारों की योजना है।

तू करी डर क्यूँ न करे गुहारि,
तूँ बिन पंचाननि श्री मुरारि।।टेक।।
तन भीतरि बसै मदन चोर, तिनि सरबस लीनौं छोर-मोर।
माँगै देइ न बिनै माँन, ताकि मारै हिरिदा में काँम बाँन।
मैं किहि गुहराँऊँ आप लागि, तू करी डर बड़े-बड़े गये हैं भागि।
ब्रह्मा विष्णु अरु सुर मयंक, किहि किहि नहीं लावा कलंक।
जप तप संजम सुंचि ध्यान, बंदि परे सब सहित ग्याँन।।
कहि कबीर उबरे द्वै तीनि, जा परि गोबिंद कृपा कीन्ह।।३८५।।

शब्दार्थ – पंचाननि = सिंह, सरबस = सम्पूर्ण, गुहारि = पुकारना, सुंचि = पवित्रता।

व्याख्या – उस काम के भय से कोई तुम्हारी पुकार क्यों न करे। पंचानन (सिंह) श्री मुरारि! तुम्हारे सिवाय उससे रक्षा करने वाला कौन है? शरीर के भीतर काम रूपी चोर निवास करता है, उसने मेरा सर्वस्व छीन लिया है। वह माँगने से विनय और मान नहीं देता है, वह हृदय में काम का बाण मारता रहता है, मैं उससे रक्षा हेतु किसे पुकारूँ। उसके डर से बड़े-बड़े भाग गए हैं। ब्रह्मा, विष्णु और चन्द्रमा किस-किस को उसने कलंक नहीं लगाया। जप, तप, संयम, पवित्रता और ध्यान करने वालों के साथ ज्ञानी भी उसके द्वारा बंदी बनाए गए हैं अर्थात् कोई भी काम के प्रभाव से बच नहीं पाता है। कबीरदास कहते हैं जिन पर गोविन्द की कृपा होती है कृपा के प्रभाव से भी दो-चार ही इससे उबर पाते हैं।

साँगरूपक के द्वारा काम के व्यापक प्रभाव को व्यंजित किया गया है।

ऐसौ देखि चरित मन मोह्यौ मोर।
ताथै निस बासुरि गुन रमौ तोर।।
इक पढ़हिं पाठ इक भ्रमें उदास, इक नगन निरंतर रहै निवास।।
इक जोग जुगुति तन हूँहिं खीन, ऐसे राँम नाँम संगि रहै न लीन।।
इक हूँहि दीन इक देहि दाँन, इक करै कलापी सुरा पाँन।।
इक तंत मंत ओषध बाँन, इक सकल सिधि राखै अपान।।
इक तीर्थ व्रत करि काया जोति, ऐसै राँम नाँम सूँ करै न प्रीति।।
इक धोम घोटि तन हूँहि स्याम। यूँ मुकति नहीं बिन राँम नाँम।।
सतगुरि तत कह्यौ विचार । मूल गह्यौ अनभै बिस्तार।।
जुरा मरण कै भये धीर, राँम कृपा भई कहि कबीर।।३८६।।

व्याख्या – ऐसा चरित देखकर मेरा मन मोहित हो गया। उसी से मैं रात-दिन तुम्हारे गुणों में ही रमण करता हूँ। अन्य लोग पाखंडों में ही लीन हैं। एक वर्ग वेद पाठ में भूला हुआ है, एक वर्ग उदासी बना है। किसी एक सम्प्रदाय का साधक निरन्तर नंगा रहता है और दूसरे सम्प्रदाय का योग युक्ति में ही क्षीण हो रहा है। ऐसे लोग राम के साथ ध्यान मग्न नहीं रहते। कोई दीन बना है और कोई दान देकर दानी बना है। कोई मयूर पिच्छ धारण करने वाला संन्यासी मदिरापान में मस्त है, कोई अन्य तंत्र मंत्र और औषधियों का बाना (वर्ण) रखता है अर्थात् उसके ज्ञान अनुसंधान में लगा है। कोई सिद्ध होने के अहंकार के साथ अपान वायु पर नियंत्रण रखता है। कोई तीर्थ व्रत करके शरीर को जीत लेना चाहता है, ऐसे लोग राम के नाम से प्रेम नहीं करते हैं। कोई (यज्ञ भजन के) धुएँ में अपनी शरीर को काला कर लेता है किन्तु बिना राम नाम के मुक्ति संभव नहीं है। सतगुरु ने सोच-विचार कर तत्त्व की बात कही है कि अनुभव का विस्तार करके मूल तत्व को ग्रहण करना चाहिए।

प्रथम पंक्ति में गूढ़ोक्ति मदन चोर काम बान में रूपक, किहि कलंक में वक्रोक्ति अलंकारों का प्रयोग है। ईश्वरीय कृपा के महत्त्व को प्रतिपादित किया गया है।

सब मदिमाते कोई न जाग,
ताथे संग ही चोर घर मुसन लाग।।
पंडित माते पढ़ि पुराँन, जोगी माते धरि धियाँन।।
संन्यासी माते अहंमेव, तपा जु माते तप के भेव।।

जागे सुक, ऊधव, अकूर, हणवंत जागे ले लंगूर।।
संकर जागे चरन सेव, कलि जागे नाँमाँ जैदेव।।
ए अभिमाँन सब मन के काँम, ए अभिमाँन नहीं रही ढाय।।
आतमाँ राम कौ मन विश्राम, कहि कबीर भजि राँम नाँम।।३८७।।

व्याख्या–सभी मदमस्त हैं, कोई जागृत नहीं है अर्थात् सभी मोह ग्रस्त हैं, ज्ञान एवं विवेक की स्थिति में कोई नहीं है, इसी से साथ में लगे हुए कामादिक चोर देह रूपी घर को लूट रहे हैं, सत्कर्म रूपी फल उनके द्वारा नष्ट किया जा रहा है। पंडित लोग पुराण पढ़कर ही मस्त हैं योगी लोग ध्यान धारण में ही मस्त हैं, संन्यासी अहंकार में ही मस्त हैं, तपस्वी हनुमान आदि ज्ञान और विवेक में जागृत हुए हैं। इन पर ईश्वर की कृपा रही इसलिए ये साधना में लीन नहीं हुए। शंकर को भी भगवान् के चरणों की सेवा से ही प्रबोध हुआ। कलियुग में नामदेव एवं जयदेव जागृत हुए हैं। पुराणादि के अध्ययन या अन्य साधनाओं का अहंकार मन का विकार मात्र है अहंकार के रहते ईश्वर में स्थान नहीं मिलता (जीव परमपद का अधिकारी नहीं होता)। मन का वास्तविक विश्राम स्थल आत्मा राम है, इसलिए कबीर का कथन है कि राम नाम का भजन करो।

तिवारी ने इस पद को इस प्रकार से ग्रहण किया है –

सभै मदिमाते कोऊ न जाग।
संग ही चोरु घरु मुसन लाग।।
जोगी माते धरि धियान। पंडित माते पढ़ि पुरांन।।
तपा जु माते तप कै भेव। संन्यासी माते अहंमेव।।
जागै सुखदेउ ऊधौ अकूरु । हणवंत जागै तै लंगुरु।।
संकर जागै चरन सेव । कलि जागे नांमाँ जैदेव।।
जागत सोवत बहु प्रकारु । गुरु मुखि जागै सोई सारु।।
चंचल मन के अधम कांम । कहै कबीर भजि रांम नांम।।

व्याख्या–इसमें कुछ चरणों का ही हेर फेर है। सातवीं पंक्ति अतिरिक्त है। जागत .... साह का अर्थ है लोग अनेक प्रकार से जागृत हैं (यद्यपि सभी साधकों को जागृत होने का भ्रम है)। जो गुरु के मुख से उद्‌बोधित होकर जागृत होता है वही वास्तविक तत्त्व (सार तत्त्व) का ज्ञाता होता है, उसी का जागरण सही है।

कबीर भक्तों की महिमा को स्वीकार करते हैं। पुराण के विरोधी होते हुए भी वे लोक आस्था के समर्थक थे। इसीलिए उन्होंने पौराणिक पात्रों का जिक्र किया है।

चलि चलि रे भँवरा कँवल पास।
भँवरी बोलै अति उदास।।
तैं अनेक पुहुप कौ लियौ भोग, सुख न भयौ तब बढ़्यौ है रोग।।
हौं जु कहत तोसूँ बार बार, मैं सब बन सौध्यौ डार डार।।
दिनाँ चारि के सुरंग फूल, तिनहि देखि कहा रह्यौ है भूल।।
या बनासपती मैं लागैगी आगि, अब तू जैहौ कहाँ भागि।।

पुहुप पुराने भये सूक तब भवरहि लागी अधिक भूख।।
उड्यौ न जाइ बल गयौ है छूटि, तब भँवरी रूँना सीस कूटि।।
दह दिसि जोवै मधुप राइ, तब भवरी ले चली सिर चडाइ।।
कहै कबीर मन कौ सुभाव, राँम भगति बिन जय कोडाव।।३८८।।

व्याख्या – विवेक बुद्धि रूपी भ्रमरी वासनाग्रस्त मन भ्रमर से कहती है कि हे भ्रमर! भगवान् के चरण कमलों के पास चलो। भ्रमरी ने यह निवेदन उदास मनःस्थिति में किया तुमने अनेक फूलों का रस भोग किया किन्तु उससे सुख नहीं मिला, उल्टे रोग ही बढ़ता गया। मैं तुमसे बार-बार कहती हूँ कि मैंने सारे वन की डाल-डाल को शोध लिया है, उनमें चार दिन के लिए ही सुन्दर फूल लगे हैं, उन नश्वर फूलों को देखकर तुम क्यों ईश्वर तत्व को भूल बैठे हो। इन वनस्पतियों में जब आग लग जायेगी तो तुम अपनी रक्षा हेतु कहाँ जाओगे। जब फूल पुराने हो गए तथा सूख गए तो भ्रमर को और भूख सताने लगी, अब उससे उड़ा भी नहीं जाता क्योंकि उसका बल क्षीण हो गया है, ऐसी परिस्थिति में भ्रमरी, सिर धुनकर रोने लगती है। मधुपराज दसों दिशाओं में किंकर्त्तव्यविमूढ़ होकर देखने लगा। भ्रमरी उसे सिर पर चढ़ाकर ले उड़ी और राम के चरणारविन्द के पास पहुँच गयी। कबीर कहते हैं मन का यह सहज स्वभाव है कि ईश्वर की भक्ति के बिना यम का भय नहीं छोड़ता है।

भ्रमर वासना ग्रस्त मन का प्रतीक है। भ्रमरी विवेक बुद्धि या भक्ति है। इन संसार का प्रतीक है। पुहुप विषय वासनाओं के प्रतीक हैं। एक समय ऐसा आता है कि विषय वासनाएँ नीरस लगने लगती हैं। मन संसार से अलग ईश्वर की ओर उन्मुख होना चाहता है किन्तु तब शारीरिक एवं मानसिक शक्ति शेष रहती ही नहीं। भक्ति भाव के आने पर ईश्वर की सहज कृपा प्राप्त हो जाती है और उससे मन का भय टूट जाता है। जंगल में आग लगना काल का प्रकोप है।

संवाद शैली मध्यकाल की बहु प्रचलित शैली है। सम्पूर्ण पद में सांगरूपक है। भंवरा, भंवरी, पुहुप, वन में रूपकातिशयोक्ति है। तै .... सुख न भयौ में विशेषोक्ति अलंकार है।

आवध राम सबै करम करिहूँ,
सहज समाधि न जमथै डरिहूँ।।
कुभरा ह्वै करि बासन धरिहूँ, धोबी ह्वै मल धोऊँ।
चमरा ह्वै करि बासन रंगौ, अधौरी जाति पाँति कुल खोऊँ।
तेली ह्वै तन कोल्हू करिहौ, पाप पुंनि दोऊ पेरूँ।
पंच बैल जब सूध चलाऊँ राम जेवरिया जोरूँ।
क्षत्री ह्वै करि खड़ग सँभालू, जोग जुगति दोऊ साधूँ।
नऊवा ह्वै करि मन कूँ मूँडूँ, बाढ़ी ह्वै कर्म बाढूँ।
अवधू ह्वै करि यहु तन धूतौं, बधिक ह्वै मन मारूँ।
बनिजारा ह्वै तन कू बनिसूं, जुवारी ह्वै जम हारूँ।।
तन करि नवका मन करि खेवट, रसना करउँ बड़ारूँ।
कहि कबीर भवसागर तरिहूँ आप तिरू बप तारूँ।।३८९।।

शब्दार्थ – आवध = आयुध, हथियार, जमथै = यम से, बासन = बर्तन, अधौरी = घिनौनी, पेरूँ = पेरना, खड़ग = तलवार।

व्याख्या – हे राम! मैं सभी कर्मों को आयुध (हथियार) बनाऊँगा और सहज समाधि में रहूँगा, मैं यमराज़ से नहीं डरूँगा। कुंभकार होकर देह रूपी घट को सुघटित करूँगा, धोबी होकर देह रूपी वस्त्र की गंदगी साफ करूँगा, चर्मकार बनकर चमड़े पर सुन्दर रंग चढ़ाऊँगा। (चमड़े को ईश्वर के राग से रंजित करूँगा)। अनेक कर्मों की भूमिका में अपने को प्रस्तुत करके, मैं जाति-पाँति के भेदभाव को मिटा दूँगा। तेली बनकर मैं शरीर को कोल्हू बना दूँगा और पाप-पुण्य को (घानी बनाकर) पेरूँगा। पाँचों इन्द्रिय रूपी बैलों को सहजमार्ग पर चलाऊँगा और राम नाम की रस्सी से उन्हें जोड़ दूँगा। क्षत्रिय होकर विवेक की तलवार सम्हालूँगा और योग और ज्ञान (युक्ति) को सज्जित करूँगा। नाई बनकर मन को मुंडित करूँगा अर्थात् विषय वासनाओं को परिष्कृत करूँगा। बढ़ई होकर कर्मों को काटूँगा। अवधूत या धुनिया होकर इस देह को धुनूँगा या शुद्ध करूँगा। बधिक बनकर मन को मारूँगा अर्थात् उसकी बहिर्वृत्तियों को नष्ट कर दूँगा। बनजारा बनकर शरीर का वाणिज्य करूँगा, जुवाड़ी होकर संसार को हारूँगा। देह की नौका बनाकर मन को खेवट (खेने वाला) बनाकर वाणी का पतवार डालूँगा। कबीर कहते हैं कि इस तरह मैं संसार से सागर तर जाऊँगा और अपने पूर्वजों को भी तारूँगा।

कबीर ने सभी कर्मों को आध्यात्मिक दिशा दी है। ईश्वर भाव से कोई भी कर्म किया जाय तो वह छोटा नहीं होता है।

पंडिता मन रंजिता, भगति हेत ल्यौ लाइ रे।
प्रेम प्रीति गोपाल भजि नर और कारण जाइ रे।।
दांम छै पणि कॉंम नाँही, ग्यॉंन छै पणि धंध रे।
श्रवण छै पणि सुरति नाँही, नैन छै पणि अंध रे।।
जाकै नाभि पदम सूँउदित ब्रह्मा, चरन गंग तरंग रे।।
कहै कबीर हरि भगति बाँछू, जगत गुर गोब्यंद रे।।३६०।।

व्याख्या– हे सांसारिकता में अनुरक्त रहने वाले पंडित! भगवान् की भक्ति में लीन हो जाओ। प्रेम और प्रीति से गोपाल का भजन करो तथा अन्य साधनों को व्यर्थ समझकर जाने दो। तुम्हारे पास दाम है पर उसका कोई सही उपयोग नहीं कर रहे हो। तुम्हारे पास ज्ञान है परन्तु तुम सांसारिक धंधा में ही फँसे हो। तुम्हारे पास कान है किन्तु भगवान् के गुण श्रवण की वृत्ति नहीं है, नेत्र हैं पर उनमें ईश्वर के साक्षात्कार की ज्योति नहीं है इसलिए अंधे हो। कबीरदास कहते हैं कि जिनकी नाभि के कमल से ब्रह्म उत्पन्न हैं जिनके चरणों से गंगा की तरंगें उत्पन्न हैं मैं उसी हरि की भक्ति की कामना करता हूँ। गोविन्द ही जगत का गुरु है।

चौथी पंक्ति में विरोधाभास है। इसमें भगवान् के सगुण रूप की परिकल्पना की गयी है।

विष्णु ध्यांन सनान करि रे, बाहरि अंग न धोइ रे।
साच बिन सीझसि नही, कॉंई ग्यान दृष्टै जोइ रे।।
जंजाल माँहै जीव राखै, सुधि नहीं सरीर रे।।
अभिअंतरि भेदै नहीं, कॉंई बाहरि न्हावै नीर रे।।
निहकर्म नदी ग्यॉंन जल, सुनि मंडल माहि रे।।
औधूत जोगी आतमॉं, कॉंई पेणै संजमि न्हाहि रे।।

इला प्यंगुला सुषमनां, पछिम गंगा बालि रे।।
कहै कुसमल झड़ै, काँई माँहि लौ अंग पषालि रे।।३६१।।

व्याख्या – कबीरदास कहते हैं विष्णु के ध्यान में स्नान करो। बाहर अर्थात् तीर्थों के जल में अंग मत धोओ। सत्य के बिना सिद्धि नहीं होती। संसार को ज्ञान दृष्टि से देखने का प्रयत्न करो। तुमने अपने को जगत के जाल में डाल रखा है और तुम्हें अपने ही शरीर का ख्याल नहीं है, साधना देह के अन्दर ही सम्भव है इसलिए क्यों बाहरी जल से स्नान करते हो। शून्य मण्डल में निष्काम की नदी बहती है उसमें ज्ञान का जल है। ए अवधूत, योगी, अथवा आत्मा तू क्यों इस संयम के जल में स्नान नहीं करता। इड़ा, पिंगला और सुषुम्ना के पश्चिम (पश्च भाग में) एक दिव्य गंगा का जल है। कबीरदास कहते हैं कि उसमें स्नान करने से कलमष झड़ जाता है। क्यों नहीं इसमें अपने अंगों को प्रच्छालन करते हो। कबीर ने बाह्य साधना का विरोध करते हुए यौगिक साधना का प्रतिपादन किया।

भजि नारदादि सुकादि बंदित, चरन पंकज भाँमिनीं।।
भजि भजिसि भूषन पिया (पीय) मनोहर, देव देव सिरोवनी।।
बुधि नाभि चंदन चरचिता तनरिदा मंदिर भीतरा।।
राम राजसि नैन बाँनी, सुजान सुंदर सुन्दरा।।
बहु पाप परबत छेदणाँ, भौ ताप दुरिति निवारणाँ।।
कहै कबीर गोब्यंद भजि परमानंद बंदित कारणाँ।।३६२।।

शब्दार्थ – भाँमिनी = जीवात्मा रूपी सुंदरी, दुरिति = पाप, निवारणाँ = निवारण करने वाले, कारणाँ = उत्पत्ति के कारण।

व्याख्या – हे आत्मारूपी सुंदरी! नारद, शुकदेव आदि भक्तों द्वारा वन्दनीय परमात्मा के चरण कमलों का भजन करो। हे जीव, तुम अपने आभूषणप्रिय, मन को हरने वाले, देव-देवताओं के शिरोमणि का स्मरण करो। चंदन से सुगंधित बुद्धि रूपी नाभि तथा शरीर एवं हृदय रूपी मंदिर में जीवात्मा रूप में राम सुशोभित हो रहे हैं। जो अत्यन्त ज्ञानी है, तथा नेत्रों और वाणी से सुंदर है जो सुंदर व्यक्तियों को सुंदरता प्रदान करने वाला है, जो सम्पूर्ण पापों के पहाड़ को भी नष्ट करने वाला है, जो भौतिक तापों तथा पापकर्म को नष्ट करने वाला है, कबीर कहते हैं कि ऐसे गोविन्द का भजन करो जो परम आनन्द देने वाले तथा संसार की उत्पत्ति के कारण हैं।

कबीर ने परमात्मा राम के गुणों की वन्दना की है तथा भक्त को भी उसी का भजन करने के लिए प्रेरित किया है। चरन पंकज में रूपक, चौथी पंक्ति में अनुप्रास अलंकार की योजना दर्शनीय है।

ऐसैं मन लाइ लै राँम रसनाँ,
कपट भगति कीजै कौन गुणाँ।।टेक।।
ज्यूँ मृग नादैं बेध्यौ जाइ, प्यंड परे वाकौ ध्यान न जाइ।
ज्यूँ जलमीन हेत करि जाँनि, प्रान तजै बिसरै नहीं बाँनि।
भ्रिंगी कीट रहै ल्यौ लाइ, ह्वै लौलीन भ्रिंग ह्वै जाइ।
राँम नाँम निज अमृत सार, सुमिरि-सुमिरि जन उतरे पार[1]।
कहैं कबीर दासनि को दास, अब नहीं छाड़ौं हरि के चरन निवास।।३६३।।

पाठभेद – मा०प्र० गुप्त- १. मुहड़ै बांध्या मरै गंवार (मुंह को बांधकर मर रहा है)

शब्दार्थ – कौन गुणां = क्या काम, भ्रिंगी = भ्रमर, लौलीन = ध्यान में लीन हो जाना, सार = सारतत्त्व, परमात्मा।

व्याख्या – हे प्राणी, कपट रूपी भक्ति करने से क्या लाभ? तू भगवान् के भक्ति रस मे इस प्रकार मन लगा ले जैसे मृग ध्वनि के आकर्षण में पड़कर बाणों से विद्ध होता है और शरीर नष्ट हो जाने पर भी उसका ध्यान उससे नहीं हटता। जैसे मछली पानी से प्रेम करती है, वह प्राण त्याग देती है किन्तु जल-प्रेम का अपना स्वभाव नहीं छोड़ती है। भृंगी कीड़े के साथ जैसे अन्य कीड़ा लगा रहता है और धीरे-धीरे वह भृंगी में ही परिणत हो जाता है उसी तरह राम में लीन रहकर राममय हो जाओ। राम का नाम निश्चित ही अमृत तत्त्व है, उसी का समिरन करके लोग भवसागर से पार उतरते हैं। कबीर कहते हैं कि मैं भक्तों का भक्त हूँ, अब मैं किसी भी दशा में राम के चरणों की शरण नहीं छोड़ सकता।

दृष्टांतों के द्वारा अनन्य भक्ति का प्रतिपादन किया गया है। सुमिर सुमिर में पुनरुक्ति प्रकाश, निज अमृत सार में उल्लेख अलंकार है।

यहु ठग ठगत सकल जग डोलै,
गवन करै तब मूषह न बोलै।।
तूँ मेरो पुरिषा हौ तेरी नारी, तुम्ह चलै पाथर पै भारी।
बालपना की मीत हमारे, हमहि लाडि कत चले हो निवारे।
हम सूँ प्रीति न करी री बौरी, तुमसे केते लागे ठौरी।
हम काहू सांगि गए न आये, तुम्ह से गढ़ हम बहुत बसाये।
माटी की देही पवन सरीरा, ता ठग सू जन डरै कबीरा।।३६४।।

व्याख्या – जीव रूपी ठग समस्त जगत को ठगते हुए संसार में गतिशील रहता है किन्तु जब यह संसार से प्रस्थान करने लगता है तो देह से मुख से भी नहीं बोलता अर्थात् निर्दय होकर चुपचाप चला जाता है। देह कहती है कि तू (जीव) मेरा पुरुष (पति) है, मैं तुम्हारी नारी (पत्नी) हूँ। तुम चलते समय पत्थर से भी कठोर हो गए हो, तुम मेरे बचपन के मित्र हो मुझसे लाड़ प्यार करके अब क्यों अलग होकर चले जा रहे हो। जीव कहता है कि हे पगली! तू मुझसे प्रेम मत करो, तुम्हारी जैसी न जाने कितनी नारियों को मैंने अपने साथ लगाया है। मैं किसी के साथ गया आया नहीं अर्थात् मेरी असली संगति किसी से नहीं है। तुम्हारे जैसा मैंने बहुत नसाया है। ठग रूपी जीव की काया मिट्टी की है, शरीर पंच प्राणों (पवन) का है, उस ठग से भक्त कबीर डरता है।

रूपकातिशयोक्ति अलंकार का प्रयोग है। जीव और देह के अस्थायी सम्बन्ध को व्यंजित किया गया है।

धनि सो घरी महूरत्य दिनाँ,
जब ग्रिह आये हरि के जनाँ।।
दरसन देखत यहु फल भया, नैना पलट दूरि ह्वै गया।
शब्द सुनत संसा सब छूटा, श्रवन कपाट बजर था टूटा।
परसत घाट फेरि करि घड़्या, काया कर्म सकल झडि पड़्या।
कहै कबीर संत भल भाया, सकल सिरोमनि घट मैं पाया।।३६५।।

व्याख्या – वह घड़ी, मुहूर्त तथा दिन धन्य हो जाता है जब घर कोई भगवान् का भक्त आता है। उसके दर्शन से यह फल होता है कि नेत्रों के सामने का पर्दा हट जाता है। उसके उपदेश से संशय नष्ट हो जाता है श्रवण के बज्र कपाट टूट जाते हैं अर्थात् कर्णपुट अमृतवाणी के श्रवण हेतु उद्‌घाटित हो जाते हैं। संत के छूते ही शरीर का पुनर्निर्माण हो जाता है (काया कल्प हो जाता है)। देह से कर्मासक्ति (विशेष रूप से वासनाएँ) छूट जाती हैं। कबीर कहते हैं कि मुझे संत बहुत अच्छे लगे हैं क्योंकि उनके प्रभाव से सम्पूर्ण विश्व के शिरोमणि राम को देह में ही प्राप्त कर लिया।

रूपक और रूपकातिशयोक्ति अलंकारों का विधान है। सत्संग की महिमा का प्रतिपादन किया गया है।

जतन बिन मिरगन खेत उजारे।
टारे टरत नहीं निस बासुरि, बिडरत नहीं बिडारे।।
अपने-अपने रस के लोभी, करतब न्यारे न्यारे।।
अति अभिमान बदत नहीं काहू बहुत लोग पचि हारे।।
बुधि मेरी किरषी, गुरु मेरौ विझका अखिर दोइ रखवारे।।
कहै कबीर अब खान न दैहूँ, बरियाँ भली सँभारे।।३६६।।

शब्दार्थ – विझुका = पुतला।

व्याख्या – यत्न के बिना काम क्रोधादि मृगों ने जीवन या देह रूपी खेत के सद्‌विचार रूपी उपज को उजाड़ दिया। ये मृग दिन-रात अपने काम में सक्रिय रहते हैं, ये हटाने से हटते नहीं और छिन्न-भिन्न करने से छिन्न-भिन्न (अलग-अलग) नहीं होते, (मृगों की तरह काम क्रोधादि एक झुंड में रहकर देह पर हमला करते हैं) इनका अपना-अपना अलग-अलग रस है। इनका कर्त्तव्य भी भिन्न-भिन्न है। ये मृग इतने अहंकारी हैं कि अपने सामने किसी को गिनते ही नहीं। बुद्धि मेरी कृषि है गुरु विझुका है, रा और म दो अक्षर रसवाले हैं। कबीर कहते हैं कि अब काम क्रोधादि मृगों को खाने नहीं दूँगा, मैंने उचित समय पर सावधानी बरत ली है या समय से बाड़ लगा दी है।

खेत के रूपक द्वारा सद्‌विचारों के नाश का चित्रण है मृग इन्द्रियों के भी प्रतीक हो सकते हैं। कबीर ने लोक बिम्बों द्वारा अपनी साधना को बड़े सरल ढंग से व्यंजित किया है।

हरि गुन सुमरि रे नर प्राणी
जतन करत पतन है जैहै, भावै जांमण जाँणी।।
छीलर मीर रहै धूं कैसैं, को सुपिनै सच पावै।
सूकित पाँन परत तरवर थैं, उलटि न तरवरि आवै।।
जल थल जीव डहकै इन माया, कोई जन उबर न पावै।
राँम अधार कहत है जुगि-जुगि, दास कबीरा गावै।।३६७।।

व्याख्या –हे नर-प्राणी भगवान् के गुणों का स्मरण करो, यत्न करते-करते ही पतन हो जाएगा, तुम्हें अच्छा लगे तो जानने योग्य बात को जान लो। छिछले पोखर में जल कब तक टिक सकता है, स्वप्न में कोई सुख पा सकता है। सूख कर जो पत्ता गिर पड़ता है वह फिर से पेड़ में नहीं लगता। जल-थल के जीव माया के धोखे में पड़े रहते हैं, कोई भी माया से छुटकारा नहीं पाता। कबीरदास कहते हैं, युग-युग से राम को ही माया से बचने का आधार कहा गया है।

दृष्टांत द्वारा शरीर की नश्वरता का निरूपण किया गया है। राम ही माया से बचने का एकमात्र आधार है।

जपि जपि रे जियरा गोब्यंदो, हित चित परमानंदौ रे।
बिरही जन कौ बाल हौं, सब सुख आनंदकंदौ रे।।
धन धन झीखत धन गयौ, सो धन मिल्यौ न आये रे।
ज्यूँ बन फूली मालती, जन्म अविरथा जाये रे।।
प्रांणी प्रीति न कीजिए, इहि झूठे संसारी रे।
धूवाँ केरा धौलहर, जात न लागै बारी रे।।
माटी केरा पूतला, काहै गरब कराये रे।
दिवस चारि कौ पेखनौं, फिरि माटी मिलि जाये रे।।
काँमी राँम न भावई, भावै विषय बिकारी रे।
लोह नाव पाहन भरी, बूड़त नाहीं बारी।।
नाँ मन मूँवा न मारि सक्या, नाँ हरि उतर्या पारो।
कबीरा कंचन गहि रह्यौ, काँच गहै संसारो रे।।३६८।।

व्याख्या – रे जीव! तू सदैव गोविन्द को जपो, उस परमानन्द में प्रीति और चित्त संलग्न करो, जो विरह विदग्ध जनों का बल्लभ (प्रिय) और सभी सुख और आनन्द का मूल है। धन वैभव के लिए चिन्ता करते हुए जीवन रूपी धन नष्ट हो गया किन्तु वह धन जिसकी चाह थी वह भी नहीं मिला जिस प्रकार वन में फूलने वाली मालती व्यर्थ होती है उसी तरह तुम्हारा जन्म व्यर्थ बीत रहा है। प्राणी से प्रेम मत करिए, यह सांसारिकता मिथ्या है। जैसे धुएँ का महल हो उसी तरह इसके नष्ट होने में समय नहीं लगता। मिट्टी के पुतले पर क्यों गर्व करते हो। शरीर चार दिन देखने के लिए है फिर तो इसे मिट्टी में मिल जाना है। कामी को राम प्रिय नहीं लगता, उसे विषय विकार ही प्रिय लगते हैं। विषयी मानव पत्थर से भरी लोहे की नौका के समान है जिसके डूबने में देरी नहीं लगती। विषयी मन न कभी मरा, न मर सकेगा, न हरि का भजन सुनकर पार ही पाया। कबीर ने राम रूपी सोने को ग्रहण किया है। अन्य जीवों ने सांसारिकता रूपी काँच को ग्रहण कर रखा है।

ज्यूं वन फली मालती में उपमा धुँवा .... वारो रे में दृष्टांत, विषय-विकार में रूपक, कंचन, काँच में रूपकातिशयोक्ति अलंकारों का विधान है। तुलसी ने भी कहा है –

जग नभ वाटिका रही है फल फूलि रे।
धुवां कैसे धौरहर देखि तू न भूलि रे।।

(विनय पत्रिका)

न कछु रे न कछू राँम बिनाँ।
सरीर धरे की रहै परमगति, साध संगति रहनाँ।।टेक।।
मंदिर रचत मास दस लागे, बिनसत एक छिनाँ।
झूठे सुख के कारनि प्राँनी, परपंच करता घना।।
तात मात सुत लोग कुटुंब मैं, फूल्यो फिरत मनाँ।
कहै कबीर राँम भजि बौरे, छाड़ि सकल भ्रमनाँ।।३६९।।

व्याख्या – कबीरदास कहते हैं कि राम के बिना कुछ भी सार्थक नहीं है। शरीर धारण करने की चरमगति साधुओं की संगति में रहना है। शरीर रूपी मंदिर की रचना में दस महीने लगते हैं किन्तु विनष्ट होने में एक क्षण ही लगता है। प्राणी झूठे सुख के लिए सघन प्रपंच करते हैं, पिता, माता, पुत्र और कुट्रम्ब जनों के नीच व्यर्थ प्रफुल्लित मन घूमते हैं। कबीर कहते हैं कि हे प्राणी समस्त भ्रमजाल को छोड़कर राम का भजन करो।

संसार की असारता तथा रामभक्ति की आवश्यकता की व्यंजना की गयी है। प्रथम पंक्ति में पुनरुक्ति प्रकाश, मंदिर में रूपकातिशयोक्ति अलंकार की योजना की गयी है। तुलसीदास ने भी कहा है –

बिनु सत्संग विवेक न होई।
राम कृपा बिनु सुलभ कि सोई।।

कहा नर गरबसि थोरी बात।
मन दस नाज,टका दस गँठिया, टेढ़ौ टेढ़ौ जात।।टेक।।
कहा लै आयौ यहु धन कोऊ कहा कोऊ लै जात।
दिवस चारि की है पतिसाही, ज्यूँ बनि हरियल पात।।
राजा भयौ गाँव सौ पाये, टका लाख दस ब्रात।।
रावन होत लंका को छत्रपति, पल मैं गई बिहात।।
माता पिता लोक सुत बनिता, अंत न चले सँगात।
कहैं कबीर राम भजि बौरे, जनम अकारथ जात।।४००।।

व्याख्या – हे नर! (मनुष्य) थोड़ी सी बात पर क्यों गर्व करते हो? तुम्हारे पास दस मन अनाज है और गाँठ में दस टका (पैसे या रुपये) हैं इतने ही ऐश्वर्य पर तुम अहंकार से इतराने लगते हो? क्या कोई इस धन को भगवान् के यहाँ से लेकर आता है या कोई यहाँ से लेकर जाता है? चार दिनों की ही बादशाही है, जैसे वन के हरे पत्ते चार दिन में ही शुष्क हो जाते हैं। तुम राजा हो गए, तुम्हें सौ गाँव प्राप्त हो गए, दस लाख रूपये मिल गए तथा दस लोगों का समूह मिल गया पर इन सबसे क्या होता है? रावण तो (सोने की) लंका का क्षत्रपति था पलभर में ही उसका सारा वैभव नष्ट हो गया। माता, पिता परिजन (कुटुम्बी) पुत्र, स्त्री अंत समय में कोई भी साथ नहीं जाता है। कबीर कहते हैं कि हे बावले! राम का भजन करो, जन्म व्यर्थ ही व्यतीत होता जा रहा है।

कहा ... बात में गूढ़ोक्ति, ज्यों बन हरियर पात में उपमा, रावन ... बिहात में दृष्टांत अलंकारों की योजना है। जीवन की क्षणभंगुरता का वर्णन करते हुए निर्वेद एवं वैराग्य भाव को व्यंजित किया गया है।

नर पछताहुगे अंधा।
चेति देखि नर जमपुरि जैहैं, क्यूं बिसरौ गोब्यंदा।
गरभ कुंडिनल जब तूँ बसता, उरध ध्यांन लौ लाया।।
उरध ध्यांन मृत मंडलि आया, नरहरि नाँव भुलाया।
बाल बिनोद छहू रस मीनाँ, छिन छिन बिन मोह बियापै।
विष अमृत पहिचाँनन लागौ, पाँच भाँति रस चाखै।।
तरन तेज पर तिय मुख जोवै, सर अपसर नहीं जानैं।

अति उदमादि महामद मातौ, पाप पुंनि न पिछानैं।।
प्यंडर केस कुसुम भये धौला, सेत पलटि गई बाँनी।
गया क्रोध मन भया जु पावस, काँम पियास मँदानीं।
तूटी गाँठि दया धरम उपज्या, काया कंवल कुमिलाँनाँ।
मरती बेर बिसूरन लागौ, फिरि पीछै पछिताँनाँ।
कहै कबीर सुनौ रे संतौ, धन माया कहु संगि न गया।
आई तलब गोपाल राइ की, धरती सैन भया।।४०१।।

व्याख्या– हे अंधे (अज्ञानी) मनुष्य! तुम अन्ततः पछताओगे। सचेत होकर देखो मनुष्य को यमपुर जाना ही है, गोविन्द को क्यों भूलते हो? नर जब तुम गर्भ कुंड में थे तो तुम ऊपर की ओर भगवान् का ध्यान करते थे। ऊर्ध्व ध्यान से ही मृत्यु लोक में आए, (मृत्यु लोक में आते ही) तुम भगवान् का नाम भूल गए। बाल विनोद करते हुए तुम खाद्य पदार्थों के छहों रसों में लीन रहे। तुम्हें क्षण-क्षण मोह ही व्याप्त होता गया। थोड़ा बड़े होने पर तुम्हें विष और अमृत की पहचान हो गयी फिर तुम पाँचों इन्द्रियों के रस का आस्वादन करने लगे। तरुणाई के तेज से तुम परायी स्त्री का मुख देखने लगे, अवसर अनवसर की भी तुम्हें पहचान नहीं रही, अत्यन्त उन्माद से तुम महामतवाले हो गए (आवश्यकता से अधिक मदमस्त हो गए) ऐसी स्थिति में तुम पाप-पुण्य के भेद को ही भूल गए, धीरे-धीरे केश (बाल) भूरे होकर फूल की तरह सफेद हो गए और वाणी भी उलट गई अर्थात् लड़खड़ाने लगी। शक्ति क्षीण होने के कारण क्रोध आना ही समाप्त हो गया, मन पावस की तरह गीला अर्थात् अत्यन्त करुण भाव से द्रवित हो गया। काम की प्यास मंद हो गयी। सांसारिक सम्बन्ध की गाँठें टूटने लगीं (चीजों से नाता छूटने लगा) ऐसी अवस्था में दया धर्म की बात उठने लगी चूँकि देह कुम्हला चुकी है, इसलिए दया धर्म को व्यावहारिक रूप नहीं प्रदान किया जा सकता है। मरते समय मनुष्य अपने पिछले निरर्थक जीवन पर पाश्चाताप करने लगता है। कबीर कहते हैं कि हे संतो! सुनो परलोक गमन के समय धन-दौलत कुछ भी साथ नहीं जाता है। राजा राम की ओर से जैसे ही आज्ञा जारी होती है वैसे ही जीव को पृथ्वी पर सो जाना होता है।

'छिन-छिन' में पुनरुक्ति प्रकाश, तरन तेज, पाप पुंनि पिछानै में अनुप्रास, कुसुम भये धौला में उपमा, काया-कंवल में रूपक अलंकार का प्रयोग है। संसार की असारता की व्यंजना की गयी है।

लोका मति के भोरा रे।
जौ कासी तन तजै कबीरा, तौ राँमहि कहा निहोरा रे।।
तब हम वैसे अब हम ऐसे, इहै जनम का लाहा।।
ज्यूँ जल मैं जल पैसि न निकसै, यूँ ढुरि मिलै जुलाहा।।
राँम भगति परि जाकौ हित चित, ताकौ अचिरज काहा।।
गुर प्रसाद साध की संगति, जग जीते जाइ जुलाहा।
कहै कबीर सुनहु रे संतो भ्रमि परे जिनि कोई।
जस कासी तस मगहर ऊसर, हिरदै रांम सति होई।।४०२।।

व्याख्या – लोगो! तुम मति (बुद्धि) के भोले हो, यदि काशी में प्राण त्यागकर कबीर को मुक्ति मिलती है तो इसमें राम का क्या यश या कृपा है क्योंकि काशी में मरने वाला हर

प्राणी मोक्ष पा लेता है यह तो सर्वसाधारण की आस्था है। पहले मैं भी अंधविश्वास के कारण उसी तरह आचरण करता था अब ईश्वर में आस्था होने के कारण मेरी धारणा बदल गयी है। यही जन्म का लाभ है। जैसे जल में जल ढलककर मिल जाता है और फिर उससे अलग नहीं होता उसी तरह यह जुलाहा भक्ति से द्रवित होकर भगवान् से एकाकार हो गया है। राम की भक्ति में जिसका प्रेम है और राम के चरणों में जिसका चित्त लगा है, उसे इस पर आश्चर्य नहीं होता। गुरु की कृपा और साधुओं की संगति से जुलाहा कबीर जग को जीतकर जा रहा है। कबीरदास कहते हैं, हे संतो! सुनो कोई भी भ्रम में मत पडो, जैसे काशी है वैसे मगहर का ऊसर, दोनों में कोई अंतर नहीं है लेकिन शर्त यह है कि हृदय में राम के प्रति सच्चा भाव हो। इनमें से किसी भी स्थान पर प्राण त्यागा जाय मोक्ष अवश्य मिलेगा।

जौ कासी .... निहोरा में पर्यायोक्ति, ज्यूँ ......जुलाहा में उदाहरण, जग जीते जाइ जुलाहा में अनुप्रास अलंकार का प्रयोग है।

ऐसी आरती त्रिभुवन तारै
तेज पुंज तहाँ प्राँन उतारै।।
पाती पंच पहुप करि पूजा, देव निरंजन और न दूजा।।
तन मन सीस समरपन कीन्हाँ, प्रगट जोति तहाँ आतम लीनाँ।।
दीपक ग्याँन सबद धुनि घंटा, पर पुरिख तहाँ देव अनंता।।
परम प्रकास सकल उजियारा, कहै कबीर मैं दास तुम्हारा।।४०३।।

व्याख्या – कबीर कहते हैं कि मेरे द्वारा निर्दिष्ट ढंग से आरती करनी चाहिए, यह आरती तीनों लोकों का उद्धार करने वाली है। जहाँ तेज पुंज है वहाँ प्राणों को उतारो। पाँचों ज्ञानेन्द्रियों की पांच वर्तिकाएँ लेकर मन रूपी पुष्प से पूजा करनी चाहिए। यह समझना चाहिए कि निरंजन देव के सिवाय कोई दूसरा नहीं है। तन, मन और शरीर को समर्पित कर दें, फिर सहस्रार में उद्‌भासित होने वाली ज्योति में अपनी आत्मा को पूर्णतया लीन कर देना चाहिए, जहाँ ज्ञान का दीपक है, शब्द (ओ३म) की ध्वनि का घंटा बज रहा है, वहीं पर परम पुरुष अनंत देव का स्थान है।

(हे राम) तुम्हारे प्रकाश से ही सारा संसार जगमगा रहा है, कबीर कहते हैं कि मैं तुम्हारा दास (सेवक) हूँ।

पाती पंच, दीपक ज्ञान, सबद धुनि घंटा में रूपक, समस्त पद में साँगरूपक का विधान है।

हमारै गुर दीन्हीं अजब जरी।
कहा कहौं कछु कहत न आवै अंम्रित रसन भरी।
याही तैं मोहि प्यारी लागी, लैके गुपुत धरी।।
पांचो नाग पंचीसौ नागिन, सूंघत तुरत मरी।।
डांइनि एक सकल जग खायौ, सो भी देखि डरी।।
कहै कबीर भया घट निरमल सकल बियाधि टरी।।४०४।।

शब्दार्थ – जरी = जड़ी (भक्ति)।

व्याख्या – कबीर कहते हैं कि मेरे गुरु ने अनोखी जड़ी (राम नाम रूपी जड़ी) प्रदान की है। क्या कहूँ कुछ कहते नहीं बनता, यह अमृत रस से भरी है। इसी से यह मुझे प्रिय लगती है, इसे मैंने गुप्त स्थान पर छिपाकर रखा है। पाँच इन्द्रियाँ और उनके पचीसों कार्य व्यापार इस

राम नाम रूपी जड़ी को सूँघते ही मर जाते हैं। एक डायन (माया) ने सारे संसार को अपना ग्रास बना लिया है। इसे देखकर वह भी डर जाती है। कबीर कहते हैं शरीर निर्मल हो गया और समस्त व्याधियाँ नष्ट हो गयीं।

अजब जरी पाँचों नाग पचीसौ नागिन, डाइनि आदि में रूपकातिशयोक्ति अलंकार है। ये क्रमशः रामनाम इन्द्रिय तथा इन्द्रिय विषय तथा माया के प्रतीक हैं।

पांच ज्ञानेन्द्रियों के पचीस मानसिक और शारीरिक विकार हैं –

१. आकाश से – काम, क्रोध, लोभ, मोह, भय

२. अग्नि से – क्षुधा, तृषा, आलस्य, निद्रा, मैथुन

३. समीर से – चलन, बलन, धावन, प्रसारण, संकोचन

४. जल से – लार, रक्त, पसीना, मूत्र, वीर्य

५. पृथ्वी से – हाड़, मांस, त्वचा, नाड़ी, रोम

गुर बिन दाता कोइ नहीं जग मांगन हारा।
तीनि लोक ब्रह्मंड मैं सबके भरतारा।।
अपराधी तीरथि चले तीरथ कहा तारै।
कांम क्रोध मल भरि रहे कहा देह पखारे।।
कागद की नौका बनी बिचि लोहा भारा।
सबद भेद बूझे बिना बूड़े मंझधारा।।
कहै कबीर भूलौ कहा कहँ ढूंढ़त डोलै।
बिन सतगुरु नहिं पाइए घट में बोलै।।४०५।।

व्याख्या – गुरु को छोड़कर कोई दाता नहीं, सारा संसार याचक ही है, तीनों लोकों तथा ब्रह्मांड में सबका भरण-पोषण वही करता है। अपराधी तीर्थ जाता है लेकिन उसे ज्ञात नहीं कि तीर्थ किसी को तार नहीं सकता। काम क्रोध आदि दूषित भाव शरीर के अन्दर भरे हैं। बाहरी देह के प्रक्षालन से क्या लाभ है? मनुष्य का जीवन ऐसी कागज की नाव की तरह जिस पर लोह का भार लदा है, यदि वह शब्द (गुरु के ज्ञानोपदेश का राम शब्द) का रहस्य नहीं जान पाता तो उसकी जीवन रूपी नौका भवसागर की मध्य धारा में ही डूब जाती है। कबीर कहते हैं कि भ्रमित होकर तुम परम तत्त्व को कहाँ ढूँढ़ते फिरते हो। बिना सत्गुरु के शरीर में ही विराजमान (बोलने वाले) आत्माराम को नहीं प्राप्त किया जा सकता है।

गुरु को ईश्वर के समकक्ष माना गया है। बाह्याडम्बरों का विरोध करते हुए परमात्मा को देह के अन्दर ही खोजने की सलाह दी गयी है। कागद ... मझधारा में दृष्टांत अलंकार है।

सतगुर साह संत सौदागर तहँ मैं चलि कै जाऊँ जी।
मन की मुहर धरौं गुर आगे ग्यॉन न कै घोड़ा लाऊँ जी।।
सहज पलान चित कै चाबुक लौ की लगॉम लगाऊँ जी।
बिवेक बिचार भरौ तन तरगस सुरति कमॉन चढ़ाऊँ जी।।
धीर गंभीर खड़ग लिए मुद्गर, माया कै कोट ढहाऊँ जी।।
मोह मस्त मैं वासी राजा ताकौं पकड़ि मँगाऊँ जी।।
रिपु कै दल मैं सहजहिं रौदौं अनहद तबल घुराऊँ जी।
कहै कबीर मेरै सिर परि साहेब मैं ताकौ सीस नवाऊँ जी।।४०६।।

शब्दार्थ – तबल = डंका, बड़ा ढोल, तबला।

व्याख्या – सदगुरु साहु (बड़ा व्यापारी) संत सौदागर है, मैं चलकर वहीं जाना चाहता हैं। वहाँ पहुँचकर मन रूपी मुहर गुरु के आगे रख दूँ और उनसे ज्ञान का घोड़ा खरीद लूँ। घोड़े पर सहज का पलांन (साज) रखूँ और चित्त को चाबुक बना लूँ तथा उसमें ध्यान की लगाम लगा दूँ। विवेक और विचार से देह रूपी तरकस को भर लूँ और सुरति (ईश्वरीय वृत्ति) का धनुष चढ़ा लूँ। धीरता और गंभीरता को तलवार और मुद्‌गर को लेकर (यथा मोहित करने वाली) माया के किले को ढहा दूँ। मोह में मस्त अहंकारी मन रूपी राजा को पकड़वाकर अपने पास बुला लूँ। शत्रु की सेना (विषय वासनाओं) को मैं सहज ही रौंदकर अनहद का डंका बजा दूँ।

कबीरदास कहते हैं कि जो साहब (मालिक) मेरे सिर पर है (सहस्त्रार चक्र में है) उसी के आगे सिर झुकाऊँ।

घुड़सवार योद्धा के रूपक द्वारा माया के गढ़ के विजय को अंकित किया गया है। सांग रूपक का उचित निर्वाह है। सूक्ष्म के लिए स्थूल बिम्ब की योजना है।

राँम भगति अनियाले तीर।
जेहि लागे सो जानै पीर।।
तन महि खोजौं चोट न पावौं। ओषद मूरि कहाँ घसि लावौं।।
एक भाइ दीसैं सब नारी। नाँ जाँनौ को पियहि पियारी।।
कहै कबीर जाकौ मस्तकि भाग। सम परिहरि ताकौं मिले सुहाग।।४०७।।

शब्दार्थ – अनियाले = नुकीले, ओषद = औषधि।

व्याख्या – राम की भक्ति नुकीले बाण की तरह है जिसको यह बाण लगता है वही पीड़ा को जान पाता है। भक्त रूप में कबीर कहते हैं कि मैं शरीर में खोजता हूँ तो घाव के स्थान का पता नहीं चलता है, इसलिए औषधि की जड़ी कहाँ घिसकर लगाऊँ। समस्त नाड़ियां या नारियाँ समान भाव की दिखाई देती हैं, पता नहीं कि इनमें से कौन प्रियतम को प्रिय है। कबीर कहते हैं कि जिसके मस्तक में सौभाग्य होता है (जो सौभाग्यशालिनी होती है) सबको छोड़कर वही सौभाग्यवती होती है। जिस जीवात्मा का लगाव संसार से होता है उसे प्रियतम का प्रेम नहीं मिलता, उसका प्रेम पाने के लिए सब कुछ त्यागना पड़ता है।

भक्ति की अनुभूति अनुभवकर्त्ता को ही होती है, दूसरे की भक्ति देखकर या सुनकर उसे अनुभव नहीं किया जा सकता। इस अनुभव को गूंगे का गुड़ कहा गया है, यह अनिर्वचनीय है।

नाचु रे मन मेरो नट होइ
ग्यांन कै ढोल बजाइ रैनि दिन सबद सुनैं सब कोइ।
राहु केतु अरु नवग्रह नाचै जमपुर आनंद होइ।।
छापा तिलक लगाइ बाँस चढ़ि होइ रहु जग तें न्यारा।।
प्रेम मगन होइ नाचु सभा मैं रीझै सिरजन हारा।।
जौ तू कूदि जाउ भवसागर कला बदौं मैं तेरा।।
कहै कबीर राजा राँम भजन सौं नवनिधि होइगी चेरी।।४०८।।

व्याख्या –कबीर कहते हैं कि हे मेरे मन नट होकर नाचो। तुम ज्ञान का ढोलक रात दिन

बजाओ जिससे निकलने वाले ओ३म (या राम) के शब्द को सब कोई सुने। शब्द ध्वनि के प्रभाव से राहु केतु और नवग्रह नाचने लगें, यमपुर में भी आनंद छा जाए। छापा, तिलक लगाकर बाँस पर चढ़कर तीनों लोक से न्यारे (अलग) हो जाओ। प्रेम मग्न होकर सभा में नृत्य करो जिससे सृजनहार भगवान् खुश हो जाए। यदि तुम कूदकर भवसागर के पार चले जाते हो तो तुम्हारी कला वंदनीय हो जाएगी। कबीर कहते हैं कि राजा राम के भजन से तुम्हें नवों निधियाँ प्राप्त हो जाएँगी।

नट का बिम्ब ग्रहण करते हुए कबीर ने ऐसे नृत्य का चित्रण किया है जिसमें अनाहत नाद की ध्वनि गूँजती है और मेरुदंड रूपी बाँस पर चढ़कर जीव ऊर्ध्वमुखी होता है इस तरह वह सामान्य संसारी जीवों से विशिष्ट हो जाता है। प्रेम भक्ति में डूबकर यदि भक्त नृत्य करता है तो नवग्रह हिलने लगते हैं, यमपुर में आनंद व्याप्त हो जाता है। साँग रूपक अलंकार का निर्वाह किया गया है।

अविनासी दुलहा कब मिलिहौ सम संतन के प्रतिपाल।।
जल उपजी जल ही सौ नेहा रटत पियास पियास।।
मैं बिरहिनि ठाढ़ी मग जोउँ रॉम तुम्हारी आस।।
छाँड्यो गेह नेह लगि तुमसे भई चरन लौलींन।।
ताला बेलि होत घट भीतर, जैसै जल बिनु मीन।।
दिवस न भूख रैंनि नहिं निद्रा घर अंगना न सुहाइ।।
सेजरिया बैरिनि भई मोकौं जागत रैनि बिहाइ।।
मैं तो तुम्हारी दासी हो सजनाँ तुम हमरै भरतार।।
दीन दयाल दया करि आवौ समरथ सिरजनहार।।
कै हँम प्रांन तजत हैं प्यारे कै अपनो करि लेहु।।
दास कबीर बिरह अति बाढ्यो अब तौ दरसन देहु।।४०६।।

शब्दार्थ – तालाबेलि = व्याकुलता।

व्याख्या – आत्मा रूपी स्त्री कहती है कि हे अविनाशी दूल्हा! कब मिलोगे, तुम संतों के प्रतिपालक हो। मेरी जल में ही उत्पत्ति है और जल से प्रेम करती हूँ, जल में रहकर भी प्यास का अनुभव करती हूँ। (जीव की उत्पत्ति ईश्वर से हुई है, जिस घट में जीव है, वहाँ भी ईश्वर ही व्याप्त है, ईश्वर की सर्वत्र व्याप्ति है, उसी के बीच जीव रहता है फिर भी द्वैत भाव के कारण वह मिलन सुख से वंचित रहता है।) हे राम तुम्हारे मिलन की आशा में मैं विरहिणी तुम्हारा रास्ता देख रही हूँ। तुम्हारे प्रेम के कारण मैंने गृह त्याग कर दिया, अब तो तुम्हारे ही चरणों में लीन हो गयी हूँ। तुम्हारी अनुपस्थिति में देह के अन्दर व्याकुलता (तड़प) हो रही है, जैसे जल के बिना मछली तड़पती है। दिन में भूख नहीं लगती, रात में नींद नहीं आती, घर आँगन कुछ भी सुहावना नहीं लगता। शय्या तो मेरी दुश्मन बन गयी है, जागते ही रात व्यतीत होती है। हे प्रियतम मैं तुम्हारी सेविका हूँ। तुम मेरे भर्तार (पोषणकर्ता पति) हो। हे समर्थ सृजनहार दया करके मेरे पास आ जाओ। या तो मुझे अपना लो नहीं तो मैं अपना प्राण त्याग दूँगी। कबीर कहते हैं कि विरह बहुत बढ़ गया है, इस स्थिति में तो दर्शन दे दो।

दाम्पत्य भाव की ईश्वर भक्ति का चित्रण है। लोक नारी के सहज प्रेम भाव को आत्मा पर आरोपित किया गया है। लौकिक प्रेम द्वारा अलौकिक प्रेम की सशक्त व्यंजना की गयी है।

हरि रंग लागा हरि रंग लागा।
मेरे मन का संसै भागा।।
जब हँम रहलीं हठिल दिवाँनी तब पिय मुखाँ न बोला।
जब दासी भई खाक बराबरि साहिब अंतर खोला।।
साँचे मन तैं साहिब नेरे झूठै मन तैं भागा।।
हरिजन हरि सौं ऐसे मिलिया, जस सोनै संग सुहागा।।
लोक लाज कुल की मरजादा तोरि दियो जस धागा।।
कहे कबीर गुर पूरा पाया भाग हमारा जागा।।४१०।।

शब्दार्थ – नेरे = समीप।

व्याख्या – ईश्वर की प्रीति उपज गयी। मन हरि के रंग में रंग गया। फलस्वरूप मेरे मन की शंका दूर हो गयी। जब तक मैं (आत्मा रूपी स्त्री) हठीली और (सांसारिकता के प्रति) दीवानी रही तब तक प्रियतम ने मुझसे मुँह से बात नहीं की। जब सेविका मिट्टी के बराबर हो गयी अर्थात् अहंकार शून्य होकर अतिशय विनम्र हो गयी तो स्वामी ने अपना हृदय उसके लिए खोल दिया। सच्चा मन होने पर स्वामी अत्यन्त समीप रहता है किन्तु मिथ्या मानसिकता वाले व्यक्ति से वह बहुत दूर भागता है। भगवान् का भक्त भगवान् से इस तरह मिलता है जैसे सोने से सुहागा मिलता है। वह लोक लाज और कुल की मर्यादा को धागे की तरह तोड़ देता है। कबीर कहते हैं कि मैंने ईश्वर रूपी गुरु को सम्पूर्णता में प्राप्त कर लिया जिससे हमारा भाग्य जागृत हो गया।

प्रस्तुत पद में आत्मा परमात्मा के दाम्पत्य भाव के प्रेम को व्यंजित किया गया है। ईश्वर अतिशय विनम्रता तथा अहंकार शून्यता की स्थिति में ही मिलता है। गुरु का प्रयोग ईश्वर के अर्थ में है। कबीर ने कई स्थलों पर गोविन्द को ही गुरु के रूप में स्वीकार किया है। हरिजन ... संग सुहागा में उपमा अलंकार है। खाक होना, सोने में सुहागा आदि मुहावरों का सर्जनात्मक प्रयोग द्रष्टव्य है।

पिया मोरा मिलिया सत्त गियाँनी।
सब मैं व्यापक सब की जाँनै ऐसा अंतरजाँमी।
सहज सिंगार प्रेम का चोला सुरति निरति भरि आँनी।।
सील संतोख पहिरि दोइ कंगन होइ रही मगन दिवाँनी।।
कुमति जराइ करौं मैं काज़र पढ़ी प्रेम रस बाँनी।।
ऐसा पिय हँम कबहुँ न देखा सूरति देखि लुभाँनी।।
कहै कबीर मिला गुरु पूरा तन की तपनि बुझानी।।४११।।

व्याख्या – मुझे मेरा सत्य और ज्ञानी प्रियतम मिल गया। वह सबमें व्याप्त है, और सबके विषय में जानता है वह ऐसा ही अंतर्यामी है। मैं सहज का शृंगार करके प्रेम का वस्त्र पहनकर सुरति (सांसारिक आसक्ति), निरति (ईश्वरोन्मुखी वृत्ति) या प्रेय और श्रेय को (अंजुली में) भरकर लायी। शील और संतोष का दो कंगन पहनकर मैं भाव मग्न होकर उन्मत्त हो गयी। दुर्बुद्धि को जलाकर मैंने काजल बना लिया और प्रेम रस से युक्त वाणी का पाठ किया। ऐसा प्रियतम मैंने कभी नहीं देखा, उसका सुन्दर रूप देखकर मैं लुब्ध हो गयी। कबीर कहते हैं कि वह सम्पूर्ण गुरु ब्रह्म मुझे मिल गया, फलतः तन की ऊष्मा समाप्त हो गयी। प्रेम

की चरम अनुभूति में आत्मा, परमात्मा तथा सृष्टि का मोह मिट जाता है। यहाँ कबीर ने ईश्वर को गुरु के रूप में ही प्रत्यक्ष किया है। लौकिक प्रेम के द्वारा अलौकिक प्रेम की व्यंजना है।

मोहिं तोहिं लागी कैसे छूटे।
जैसे हीरा फोरे न फूटै।।
मोहिं तोहिं आदि अंत बनि आई । अब कैसे दुरत दुराई।।
जैसे कँवल पत्र जल वासा । ऐसै तुम साहेब हँ दासा।।
मोहिं तोहिं कीट भ्रिंग की नाँई । जैसे सलिला सिंधु समाँई।।
कहै कबीर मन लागा । जैसे सोनैं मिला सुहागा।।४१२।।

व्याख्या – हे राम! मेरी तेरे प्रति जो लगन है वह कैसे छूट सकती है। जैसे हीरा फोड़ने से नहीं फूटता उसी तरह मेरी तेरी संलग्नता दुर्भेद्य है। मेरा तुम्हारा सम्बन्ध सृष्टि के आरंभ से अंत तक बना रहेगा (या आरंभ से अंत तक बना रहा है)। अब प्रेम सम्बन्ध को कैसे छिपाया जा सकता है या अब किसी तरह का दुराव (अलगाव या दूरी) कैसे संभव है? जैसे कमल पत्र जल में निवास करता है उसी तरह सेवक स्वामी का सम्बन्ध होता है। दोनों का सम्बन्ध प्राकृतिक है। मेरा तुम्हारा सम्बन्ध कीट और भृंगी की तरह है। जैसे भृंगी के संसर्ग में कीट भृंगी हो जाता है वैसे भक्त भगवान् के संसर्ग में ईश्वरमय हो जाता है। जैसे सरिता (नदी) समुद्र में समाहित हो जाती है उसी तरह भक्त अन्ततः भगवान् में समाहित हो जाता है। कबीर कहते हैं कि मेरा मन ईश्वर में लीन है जैसे सोने में सुहागा मिल जाता है (उसी तरह मैं भी उसमें लीन हो गया हूँ।)।

भक्त और भगवान् का सम्बन्ध अनन्य और अटूट है। भक्त धीरे-धीरे भगवान्मय ही हो जाता है। कमल-जल, कीट-भृंग और सरिता-समुद्र, सोना-सुहागा के दृष्टांत द्वारा भक्त और भगवान् की एकता को प्रदर्शित किया गया है।

हौं बारी मुख फेरि पिचारे।
करवट दै मोहिं काहे कौं मारे।।
करवत भला न करवट तोरी, लागु गलै सुनु बिनती मोरी।।
हंम तुम बीच भयौ नहिं कोई । तुमहिं सो कंत नारि हंम सोई।।
कहत कबीर सुनौ रे लोई । अब तुम्हरी परतीति न होई।।४१३।।

व्याख्या – आत्मा रूपी प्रियतमा ईश्वर रूपी प्रियतम से निवेदन करती है कि मैं तुम्हारे प्रति बलिहारी जाती हूँ। तुम मुझसे मुँह फेरकर (शय्या पर एक साथ लेटे हुए भी दूसरी ओर करवट बदलकर) क्यों दुखी कर रहे हो। काशी में करवट व्रत (सिर पर आरी चलवाना) ठीक है किन्तु प्रिय का करवट (उपेक्षा) ठीक नहीं है। तुम मेरी बिनती सुनो और मुख मोड़कर मेरे गले लग जाओ। मेरे तेरे बीच कोई अन्तराल नहीं है। तुम वही प्रियतम हो, मैं तुम्हारी वही प्रेयसी हूँ। कबीर कहते हैं कि हे लोई (आत्मा रूपी प्रेयसी) सुनो ईश्वर ने तुम्हारे ऊपर विश्वास करना छोड़ दिया है।

एक ही शय्या पर सोए हुए दम्पति के प्रतीक द्वारा आत्मा-परमात्मा के प्रेम सम्बन्ध तथा परमात्मा के रूठने या मान करने का वर्णन किया है।

अजहूँ मिलै कैसे दरसन तोरा।
बिन दरसन मन मॉनै क्यों मोरा।। टेक।।
हमहिं कुसेवग कि तुमहिं अयाँनाँ । दुह मैं दोस काहि भगवाँनाँ।।
तुम्ह कहियतु त्रिभुवन पति राजा । मन वंछित सब पुरवन काजा।।
कहै कबीर हरि दरस दिखावौ । हमहिं बुलावौ कै तुम चलि आवौ।।४१४।।

व्याख्या – कबीरदास कहते हैं कि हे भगवान् आज ही या अभी भी तुम्हारा दर्शन कैसे प्राप्त हो। बिना दर्शन के मेरा मन कैसे सन्तुष्ट हो? मैं ही कुसेवक हूँ या तुम मेरे विषय में जानते नहीं हो। दोनों में किसका दोष है? तुम तीनों लोक के राजा कहलाते हो, और सबका मनोवांछित पूर्ण करते हो। कबीर कहते हैं कि हे हरि! दर्शन दो। मुझे बुला लो या स्वयं चले आओ।

हरि दर्शन की तड़प तथा भक्त की आस्था की व्यंजना की गयी है।

अब कहु राँम कवन गति मोरी ।
तजिले बनारस मति भई थोरी ।।टेक।।
ज्यौं जल छोड़ि बाहरि भयौ मींना । पुरुब जनम हौं तप का हीनाँ।।
सगल जनम सिव पुरी गँवाया । मरती बार मगहर उठि आया।।
बहुत बरिस तपु कीया कासी । मरनु भया मगहर का बासी।।
कासी मगहर सम बीचारी । ओछी भगति कैसे उतरसि पारी।।
कहु (कह ?) गुर गजि सिव (सो?) सभको (इ) जानैं।।
मुआ कबीर रमत स्त्रीरांमैं।।४१५।।

व्याख्या –कबीर कहते हैं कि हे राम! अब मेरी कौन गति होगी? मैंने वाराणसी का त्याग कर दिया, उस समय मेरी बुद्धि क्षीण हो गयी थी (अर्थात् विवेकपूर्ण निर्णय नहीं ले सका)। जैसे जल को छोड़कर मछली अलग हो जाती है, उसी तरह मैं तड़प रहा हूँ। पूर्व जन्म में तप से क्षीण था अर्थात् पूर्व जन्म में मैंने कोई तप नहीं किया था शायद उसी का फल है कि पूरा जीवन शिवपुरी (काशी) में बिताया किन्तु मरते समय मगहर चला आया। बहुत वर्षों तक काशी में तपस्या की किन्तु मरण बेला में मगहर का निवासी बन गया। मैंने काशी और मगहर को समान समझा किन्तु अपनी अल्प भक्ति से भवसागर से कैसे पार उतरूँगा। कबीर गुरु के माध्यम से शिव से कहता है कि इस बात को सब जानते हैं कि कबीर मरकर श्रीराम में रमण करेगा?

कहा जाता है कि कबीर मरते समय काशी छोड़कर मगहर चले गए थे। लगता है कि मृत्यु से कुछ पूर्व कबीर का मन विचलित होने लगा था, उस समय उन्होंने भगवान् से दीनभाव से प्रार्थना की थी। अंतिम पंक्ति संदिग्ध है। यद्यपि इसमें कबीर का आत्म-विश्वास है किन्तु सम्पूर्ण पद के साथ इसकी संगति नहीं है।

अब मन जागत रहुरे भाई।
गाफिल होइ कै जनमु गँवायौ चोर मुसै घरु जाई।।टेक।।
षट चक्र की कीन्ह कोठरी बस्तु अनूपु बिच पाई।।
कुंजी कुलफु प्राँन करि राखे करते बार न लाई।।

पंच पहरुआ दर महिं रहते तिनका नहिं पतिआरा।।
चेत सुचेत चित्त होइ रहु तौ लै परगासु उजारा।।
नउ घर देखि जु काँमिनि भूली वस्तु अनूपु न पाई।।
कहत कबीर नवै घर मूसै दसवैं तत्त समाई।।४१६।।

शब्दार्थ – गाफिल = असावधान, वस्तु = शुद्ध चैतन्य रूपी प्रकाश, कुलफु = ताला, पहरुआ = पहरेदार, चेत = चेतनायुक्त, उजारा = प्रकट होना, काँमिनी = जीवात्मा रूपी सुंदरी।

व्याख्या – कबीरदास मन को सावधान करते हुए कहते हैं कि हे मन! जागृत रहो। असावधान होकर जन्म गँवा रहे हो। घर (देह) को काम क्रोधादि चोर लूट रहे हैं। छह चक्रों की कोठरी में मैंने अनुपम वस्तु परमतत्त्व को प्राप्त किया है। कुंडलिनी रूपी कुंजी की प्राण शक्ति लगाकर रक्षा की। प्राणायाम के द्वारा कुंडलिनी रूपी कुंजी से चक्र रूपी ताले उद्‌घाटित होते हैं। उनमें तनिक भी देर नहीं होती है। पाँच पहरेदार अर्थात् पंच ज्ञानेन्द्रियाँ (घ्राण, दर्शन, स्वाद, श्रव्य तथा स्पर्श) पास ही रहती हैं किन्तु इनका कोई भरोसा नहीं रहता। चित्त पूर्णतया जागरूक रहो,चित्त के प्रकाश के आलोकित होने पर चोरों का भय समाप्त हो जाता है। नए घर को देखकर जो कामिनी विभोर हो जाती है वह अनुपम वस्तु नहीं पाती।

कबीर कहते हैं कि नव घर अर्थात् नव द्वार भले ही लूट लिए जाँय किन्तु मेरी चेतना या परमतत्त्व की उपस्थिति दसवें स्थान अर्थात् ब्रह्मरंध्र में हैं।

प्रस्तुत पद में फारसी निष्ठ भाषा का प्रयोग है। पुस्तकीय ज्ञान का खंडन करते हुए आत्मचिंतन तथा योगसाधना के महत्त्व को प्रतिपादित किया गया है। मन को संयमित करके ही ईश्वर का साक्षात्कार किया जा सकता है।

अवधू जाँनि राखि मन ठाहरि ।
जो कछु खोजौ सो तुमहीं महिं काहे को भरमैं बाहरि ।।टेक।।
घट ही भीतरि बन खंड गिरिवर घटि ही सात समुंदा।।
घट ही भीतरि तारा मंडल घट भीतरि रबि चंदा।।
ममता मेटि साँच करि मुद्रा आसन सील दिढ़ कीजै।।
अनहद सबद कींगरी बाजै ता जोगी चित दीजै।।
सत करि खपर खिमा करि झोरी ग्याँन बिभूति चढ़ाई।।
उलटा पवन जटाधरि जोगी सींगी सुंनि बजाई।।
नाटक चेटक भैरौं कलुवा, इनसे जोग न होई।।
कहै कबीर रमता सौं रमनाँ देही बादि न खोई।।४१७।।

व्याख्या –हे अवधू मन के मर्म के ज्ञान को प्राप्त करके मन को स्थिर रखो। जो कुछ तुम खोज रहे हो वह तुम्हारे अन्दर ही है इसलिए बाहर क्यों घूमते हो? शरीर के ही अन्दर वनखंड हैं, पर्वत हैं, और सातों समुद्र हैं, शरीर के अन्दर ही नक्षत्र मंडल हैं, सूर्य और चन्द्रमा भी शरीर के अन्दर हैं। ममता को मिटाकर सच्चाई की मुद्रा और शील रूपी आसन को दृढ़ करो। अनाहत नाद का वाद्य बज रहा है, हे योगी! उसी में चित्त को तल्लीन करो, सत्य का खप्पर बनाओ, क्षमा की झोली करो और अंग प्रत्यंग में ज्ञान की विभूति लगाओ। प्राणवायु को उलटकर जटा के रूप में धारण करो और शून्य की शृंगी बजाओ। नाटक करने वाले, जादूगर,

शिव की कला का दिखावा करने वाले (कलाबाज) इनसे योग साधना नहीं हो सकती। कबीरदास कहते हैं कि जो परमतत्त्व सब जगह रमण कर रहा है उसी में वास्तविक योगी रमता है। वह जीवात्मा वाद-विवाद में अपनी शक्ति खोती नहीं है।

कबीर ने प्रस्तुत पद में यह सिद्ध किया है कि जो ब्रह्मांड में है वही घट में है इसलिए मन को बाहर दौड़ाने में लाभ नहीं है। सूक्ष्म योग-साधना ही सार्थक है, योग का दिखावा करना व्यर्थ है। सम्पूर्ण पद में रूपक अलंकार की योजना है।

अवधू कुदरति की गति न्यारी।
रंक निवाज करै राजेसुर भूपति करै भिखारी।।टेक।।
यातै लौंगहि फर नहिं लागै बाँवन चंदन फूलै।
मच्छ सिकारी रमैं जंगल मैं सिंघ समुंदर झूलै।।
एरंड रूख करै मलयागिरि चहुँ दिसि फूटै बासा।
तीनि लोक ब्रह्मंड खंड मैं अंधरा देख तमासा।।
पंगुला मेर सुमेर उलंघै त्रिभुवन मुकुता डोलै।
गूंगा ग्याँन बिग्याँन प्रकासै अनहद बाँनी बोलै।।
बाँधि अकास पतालि पठावै सेस सरग पर राजै।
कहै कबीर रॉम है राजा जो कछु करै सो छाजै।।४१८।।

व्याख्या –हे अवधू! प्रकृति (ईश्वर) की गति निराली होती है। वह निर्धन को कृपा करके राजेश्वर बना देती है और राजा को भिखारी बना देती है जिसमें लौंग का फल तक नहीं लगता उसमें बावन चन्दन के फूल लग जाते हैं। मछली का शिकारी जंगल में रमण करता है और सिंह समुद्र में झूलता (हिलोरें) लेता है। एरंड के वृक्ष को प्रकृति मलयागिरि बना देती है और उसमें से चारों दिशाओं में सुगंध फूटने लगती है। तीनों लोक और ब्रह्मांड खंड में अंधा यह तमाशा देखता है। लंगड़ा सुमेरु पर्वत का उल्लंघन कर जाता है और तीनों लोक मुक्ता की तरह आंदोलित होने लगता है। गूँगा व्यक्ति ज्ञान-विज्ञान को प्रकाशित करता है और अनाहत की वाणी बोलता है। आकाश को बाँधकर पाताल भेज देती है और शेषनाग स्वर्ग पर विराजित हो जाते हैं। कबीर कहते हैं राम राजा है वह जो कुछ करते हैं वही अच्छा होता है।

ईश्वर के द्वारा निर्मित प्रकृति में अद्‌भुत क्षमता है, उसके द्वारा अनोखे क्रिया कलाप संपादित हो सकते हैं, इसलिए मनुष्य को किसी प्रकार का आश्चर्य नहीं करना चाहिए। इसमें विपरीत स्वभाव की स्थितियों का वर्णन किया गया है, इसलिए विरोधाभास का संकेत मिलता है।

इह जिउ रॉम नॉम ल्यौं लागै।
तौ जरा मरन छूटै भ्रम भागै।।टेक।।
अगम दुगम गढ़ि रचिऔ बास । जामहिं जोति करै परगास।।
बिजुली चमकै होइ अनंद । तहँ पउढ़े प्रभु बाल गोबिंद।।
अबरन बरन स्याँम नहि पीत । हाहू जाइ न गावै गीत।।
अनहद सबद होत झनकार । तहँ पउढ़े प्रभु स्री गोपाल।।
अखंड मंडल मंडित मंड । त्री असनांन करै त्री खंड।।

अगम अगोचर अभिअंतरा । ताकौ पार न पावै धरनींधरा।।
कदली पुहुप दीप परकास । (ह्रिदा) पंकज महिं लिया निवास।।
द्वादस दल अभिअंतर मंत । जहाँ पउढ़े स्त्री कंवलाकंत।।
अरध उरध बिच लाइलै अकास।सुन्नि मंडल महिं करि परगासु।।
ऊहाँ सूरज नाँहीं चंद । आदि निरंजन करै अनंद।।
जो ब्रह्मंडि पिंडि सो जांनु । मान सरोवरि करि असनाँनु।।
सोहं हंसा ताकौ जाप । ताहि न लिपै पुन्नि अरु पाप।।
अमिलन मिलन घांम नहिं छांहा । दिवस न रात्रि कछूं हैं तहां।।
टार्‌यौ टरै न आवै जाइ । सहज सुन्नि महिं रह्यौ समाइ।।
मन मद्दे जाँनै जे कोइ । जो बोलै सो आपै होइ।।
जोति माँहि मन असथिरु करै । कहै कबीर सो प्राँनी तरै।।४१६।।

व्याख्या – यह जीव यदि राम नाम में लीन हो जाय तो इसका जरामरण का बन्धन छूट जाय और सारे भ्रम भाग जाँय। ईश्वर ने अगम और दुर्गम शरीर रूपी गढ़ की रचना की है जिसमें आत्मा का निवास है, जिसमें परमात्म की ज्योति ही प्रकाशित है। ज्ञान की बिजली चमकने पर आनंद का अनुभव होता है। जहाँ ऐसी स्थिति है वहाँ प्रभु बालगोविन्द लेटे हुए हैं, वहाँ वर्णहीनता या वर्ण काला तथा पीला, कुछ भी नहीं है। वहाँ कोई बन्दीजन गीत गाने भी नहीं पहुँचता है। जहाँ अनाहत शब्द की झंकार होती रहती है वहाँ प्रभु श्री गोपाल शयन करते हैं। जहाँ अखण्ड मंडल की शोभा है वहीं त्रिलोक के स्वामी स्नान करते हैं। अगम-अगोचर परम तत्त्व शरीर के अन्दर ही है किन्तु कोई धरनीधर (राजा) उसका पार नहीं पाता है। केले के पुष्प पर दीपक प्रकाशित है। हृदय कमल में वह निवास करता है। बारह दल कमल वाले चक्र के बीच में ध्यान करना चाहिए। वहीं श्री कमलाकान्त शयन कर रहे हैं। नीचे और ऊपर के बीच में शून्य में ध्यान लगाना चाहिए या अर्ध और ऊर्ध्व के बीच में आकाश को ले आइये और शून्य मंडल में प्रकाश करो। वहाँ सूर्य और चन्द्रमा नहीं हैं, जहाँ आदि निरंजन आनंद की सृष्टि करता है। जो ब्रह्मांड में है वही पिंड (शरीर) में जानो मानसरोवर (ब्रह्मरन्ध्र) या हृदय सरोवर में स्नान करो, वह हंस शुद्ध निर्मल ईश्वर आत्मा स्वरूप ही है उसी का जाप करो। उसे पाप-पुण्य प्रभावित नहीं करता। वहाँ वियोग-मिलन, धूप, छाया, दिन और रात कुछ भी नहीं होते। वह न तो हटाने से हटता है न ही कहीं आता है न कहीं जाता है अर्थात् वह स्थिर अपरिवर्तनशील है। वह परमतत्त्व या सहज सत्त्व शून्य में समाहित रहता है। मन के द्वारा जो उसे जान लेता है, वह जो कुछ भी बोलता है वह स्वतः ही कार्यरूप में परिणत हो जाता है या उसकी वाणी आत्मतत्त्व से ही प्रेरित रहती है। जो ज्योति में मन को स्थिर करता है, कबीरदास कहते हैं कि वह प्राणी भव सागर से तर जाता है।

कबीर ने योग और औपनिषदिक चिन्तन का समन्वय करते हुए निर्गुण ब्रह्म के स्वरूप को समझाया है। कतिपय स्थलों पर विभावना अलंकार की योजना की गयी है।

काया बौरी चलत प्रांन काहे रोई।
कहत हंस सुन काया बौरी मोर तोर संग न होई ।।टेक।।
काया पाइ बहुत सुख कीन्हाँ नित उठि मलि मलि धोई।
सो तन छिया छार होइ जैहै नाँउँ न लेइहै कोई।।

सिव सनकादिक आदि ब्रह्मादिक सेस सहस मुख जोई।
जिन-जिन देह धरी त्रिभुवन मैं थिर न रहा है कोई।।
पाप पुन्नि दोइ जनम संघाती समुझि देखु नर लोई।
कहै कबीर प्रभु पूरन की गति बूझै बिरला कोई।।४२०।।

व्याख्या –हे बावली देह, प्राण के प्रस्थान करते समय तू रोती क्यों है? आत्मा रूपी हंस कहता है कि हे बावली काया तेरा मेरा साथ नहीं हो सकता। मैंने शरीर पाकर बहुत सुख किया और शरीर को ही सब कुछ समझकर उसे मल-मलकर धोया और उसे स्वच्छ बनाया। वह शरीर क्षीण होकर अन्ततः (मरणोपरान्त) राख हो जायेगा फिर उसका कोई नाम तक नहीं लेगा। शिव, सनक आदि ऋषि, ब्रह्मादिक देवता, शेषनाग जिसके सहस्त्र मुख हैं, वे सभी जिन्होंने इस संसार में शरीर धारण किया है, स्थिर नहीं हैं। हे मनुष्य यह विचार कर देख लो कि पाप-पुण्य दो ही जीवन के साथी हैं। कबीरदास कहते हैं कि प्रभु (पूर्ण ब्रह्म) की दशा को कोई विरला ही समझ सकता है।

इस पद में शरीर की नश्वरता की व्यंजना है। हंस आत्मा का प्रतीक है। 'नाम न लेना' मुहावरा है।

कहु रे मुल्ला बाँग निवाजा।
एक मसीति दसौं दरवाजा।।टेक।।
मनु करि मका किबला करि देही । बोलन हारु परम गुरु एही।।
बिसिमिलि, तांमसु भरमु कंदूरी । भखि लै पंचै होइ सबूरी।।
कहै कबीर मैं भया दिवाँनाँ । मुसि मुसि मनवाँ सहजि समाँनाँ।।४२१।।

व्याख्या –हे मुल्ला ! दया और कृपा का बाँग दे। एक ही देह रूपी मस्जिद है उसमें दस इन्द्रियरूपी दरवाजे हैं। मन को ही मक्का बनाओ, जीवात्मा को ही पूज्य समझो और जो शरीर को बोलने की स्थिति देता है वही परम गुरु है। तमस (अज्ञान रूपी अंधकार) को नष्ट करो और भ्रम का नाश करो। पाँच इन्द्रियों को खा लो अर्थात् उन्हें वशीभूत कर लो तभी तुष्टि आती है। कबीरदास कहते हैं कि मैं तो दीवाना हो गया। धीरे-धीरे मेरा मन सहज में ही समाहित हो गया है।

इस पद में फारसी निष्ठ शैली का प्रयोग करते हुए मुल्ला को देह के अन्दर ही इबादत करने का संदेश दिया है। प्रस्तुत पद में रूपक अलंकार और रूपकातिशयोक्ति का संकेत है।

गोबिंद हम ऐसे अपराधी।
जिन प्रभु जीउ पिंडु था दीया तिसकी भाव भगति नहिं साधी।
कवन काज सिरजे जग भीतरि जनमि कवन फल पाया।
भवनिधि तरन तारन चिंतामनि इक निमिख न यहु मनु लाया।
पर निंदा पर धन पर दारा पर अपवादहिं सूरा।
आवागमन होत है फुनि-फुनि यहु परसंग न चूरा।
काम क्रोध माया मद मंछर, ए संतति मों माँहीं।
दाया धरम ग्यान गुरु सेवा ए सुपनंतरि नाहीं।
दीन दयाल क्रिपाल दमोदर भगत बछल भै हारी।
कहत कबीर भीर जन राखहु सेवा करउँ तुम्हारी।।४२२।।

व्याख्या – हे गोविन्द! मैं ऐसा अपराधी हूँ कि जिस प्रभु ने इस शरीर में जीव का अवधान किया था उसकी भाव-भक्ति सिद्ध नहीं किया। ईश्वर ने किस उद्देश्य से जग के अंदर मेरी सृष्टि की थी किन्तु मैं जन्म लेकर किस उद्देश्य को प्राप्त हुआ हूँ अर्थात् मैं अपने जीवन के मूल उद्देश्य से ही भटक गया हूँ। संसार सागर से तारने वाले चिन्तामणि रूपी ईश्वर में एक भी क्षण मन नहीं लगाया। दूसरे की निन्दा, दूसरे के धन और दूसरे की पत्नी पर ही आसक्त रहा और व्यर्थ के बकवास में ही वीरता दिखाता रहा। इसीलिए बार-बार आवागमन होता है और बार-बार यह प्रसंग (आवागमन की प्रक्रिया) कभी नष्ट नहीं होती। काम, क्रोध, माया, मद और मत्सर ये निरन्तर मेरे मन में रहते हैं। दया, धर्म, ज्ञान, गुरु की सेवा ये स्वप्न में भी ध्यान में नहीं आते अर्थात् – इनकी ओर मेरी प्रवृत्ति स्वप्न में भी नहीं होती। हे दीनदयाल कृपाल, दामोदर भक्त वत्सल, भय को दूर करने वाले तुम्हारा भक्त कबीर सांसारिकता से भयभीत है उसकी रक्षा करो जिससे यह कबीर तुम्हारी सेवा में प्रवृत्त हो जाय।

प्रस्तुत पद में मानव-जीवन के उद्देश्य पर प्रकाश डाला गया है। ईश्वर कृपा की याचना की व्यंजना है।

गुणाँ का भेद न्यारौ न्यारौ।
कोई जाँनै जाँनन हारौ।।टेक।।
सोइ गजराज राजकुल मंडन जाके मस्तकि मोती।
और सकल ए भार लदाऊ महिषी सुत कै गोती।।
सोइ भुवंग जाके मस्तकि मनिहै जोति उजालै खेलै।
और सबै सावन के भुनगा जगत पगां तलि पेलै।।
सोई सुमेर उदात उजागर जामैं धातु निवास।
और सकल पाखांन बराबरि टाँकी अगिनि प्रकासा।।
सोइ तिरिया जाकै पातिब्रत आग्याँकार न लोपै।
और सकल ए कूकरि सूकरि सुंदरि नाँउँ न ओपै।
कहै कबीर सोइ जन गरुवा राँम भगति ब्रतधारी।
और सकल ए पेट भरन कौ बहु विधि बाना धारी।।४२३।।

व्याख्या –गुणों के भेद निराले हैं, कोई जानने वाला ही इसे जानता है। वही गजराज राजकुल की शोभा बढ़ाता है जिसके मस्तक पर मोती विराजित होती है और शेष सारे हाथी भार ढोने के काम आते हैं और वे भैंसा के गोत्र में शामिल हो जाते हैं। सर्प वही होता है जिसके मस्तक पर मणि होती है और जो प्रकाश से खेलता है, शेष सर्प सावन के पतिंगे की तरह हैं जो जगत के चरणों तले दबकर मर जाते हैं। वही सुमेरु उदात्त है, विख्यात है जिसमें बहुमूल्य धातुओं का निवास है और सभी पर्वत पाषाण के ही समान होते हैं जिन्हें टकराकर अग्नि प्रकट की जाती है। वही स्त्री महान है जो पतिव्रता है और जिसने उसे अंगीकार किया और जिसका पातिव्रत किसी भी स्थिति में लुप्त नहीं होता और समस्त स्त्रियाँ सूकरी और कुतिया की तरह हैं उन्हें सुंदरी की संज्ञा सुशोभित नहीं होती। कबीर कहते हैं कि वही व्यक्ति श्रेष्ठ है जो राम का व्रतधारी है और अन्य सभी तथाकथित भक्त केवल पेट भरने के लिए अनेक तरह का वेष धारण करते हैं।

इस सृष्टि में अपने गुणों के कारण ही प्राणी को श्रेष्ठता मिलती है।

चतुराई न चतुरभुज पइऐ।
जब लगि मन माधौ न लगइऐ।।टेक।।
क्या जपु क्या तपु क्या ब्रत पूजा । जाकै हृदै भाव है दूजा।।
परिहरु लोभु अरु लोकाचारु । परिहरु कामु क्रोधु हंकारु।।
करम करत बंधे अहंमेउ । मिलि पाथर की करहीं सेउ।।
कहै कबीर जौ रहै सुभाइ । भोरै भाइ मिलै रघुराइ।।४२४।।

व्याख्या –चतुरता से चतुर्भुज धारी (विष्णु) नहीं प्राप्त होते। जब तक मन माधव में आसक्त नहीं होता तब तक वह उपलब्ध नहीं होते। जिसके हृदय में भगवान् के सिवा अन्य का भाव है उसे जप, तप, व्रत एवं पूजा से क्या लाभ होगा। लोभ और लोकाचार का त्याग कर दो तथा काम,क्रोध और अहंकार का भी परित्याग कर दो। कर्म करते हुए अहंकार में ही बँधे हो। जड़ता के संसर्ग में जड़ता की ही सेवा करते हो अर्थात् पत्थर की सेवा करते हो। कबीरदास कहते हैं कि जो स्वभाव में अर्थात् आत्मस्थ रहता है उस भोले भाव वाले व्यक्ति को रघुराई मिल जाते हैं।

सहज-स्वभाव की महत्ता और जपतप की निरर्थकता सिद्ध की गयी है।

जाँनी जाँनी रे राजा राम की कहाँनी।
अंतरि जोति राँम परकासै गुरमुखि बिरलै जांनी।।टेक।।
तरवर एक अनंत डार साखा पुहुप पत्र रस भरिया।
यहु अंम्रित की बाड़ी है रे तिनि हरि पूरी करिया।।
पुहुप बास भँवरा इक राता बारह लै उरधरिया।
सोरह मंझै पवन झकोरै आकासै फरु फरिया।।
सहज समाधि बिरिख यहु सींचा धरती जलहरु सोखा।
कहै कबीर तासु मैं चेला जिनि यहु बिरवा पेखा।।४२५।।

व्याख्या –मैंने राजा-राम की कहानी का मर्म समझ लिया है। राम ने शरीर के अन्दर ही ज्योति को प्रकाशित किया है इसे गुरु के मुख से बिरला ही समझ पाता है। यह विश्व ऐसे वृक्ष की तरह है जिसमें अनंत डालें, शाखाएं, पत्र और पुष्प हैं जो रस से परिपूर्ण हैं। यह देह अमृत की वाटिका है उसे हरि ने पूर्णतया आवृत्त कर रखा है। द्वादश पंखुड़ियों वाले कमलदल पर मनरूपी भौंरा अनुरक्त है अर्थात् अनाहत चक्र जो हृदय स्थल में स्थित है वहीं मनरूपी भ्रमर ध्यान केन्द्रित किये हुए है वहीं से वह उर्ध्वगमन करेगा। षोडश दल कमल वाले चक्र में प्राण वायु आंदोलित हो रही है। कबीर को ज्ञात है कि शून्य चक्र में शिवरूपी फल मौजूद है। मैंने सहज समाधि से मेरुदण्ड रूपी वृक्ष को सींचा फलस्वरूप मूलाधार चक्र ने पृथ्वी के गुण को सोख लिया। कबीरदास कहते हैं कि मैं उसी का शिष्य हूँ जिसने इस मेरुदण्ड रूपी वृक्ष को देखा है।

इस पद में ज्ञान वृक्ष की तरह देह को या मेरुदण्ड को कल्पित किया गया है। ईश्वर की स्थिति के अनुभव के साथ देह के अन्दर आलोकित प्रकाश और उसकी अद्भुत शक्तियों का साक्षात्कार कबीर को हो जाता है।

जहँ सतगुर खेलत रितु बसंत।
परम जोति जहँ साध संत।।टेक।।
तीन लोक तैं भिन्न राज। अनहद धुनि जहँ बजै बाज।।
चहुँ दिसि जोति की बहै धार । बिरला जन कोई उतरै पार।।
कोटि क्रिस्न जहँ जोरे हाथ। कोटि बिस्नु जहँ नावैं माथ।।
कोटिक ब्रह्माँ पढ़ै पुरांन । कोटि महेस जहँ धरैं ध्याँन।।
कोटि सरसती धारैं राग । कोटि इन्द्र जहँ गगन लाग।।
सुर गंध्रब मुनि गनें न जाइ । जहां साहेब प्रगटे आप आइ।।
जब बसंत गहि राग लीन्ह । सतगुर सबद उच्चार कीन्ह।।
कहै कबीर मनु हृदय लाइ । नरक उधारन नाऊँ आहि।।४२६।।

व्याख्या –जहाँ सतगुरु बसंत ऋतु की प्रेम क्रीड़ा करता है। जहाँ परम ज्योति है वहीं साधु-संतों का निवास है वह तीनों लोगों से भिन्न राज है। वहाँ निरन्तर अनाहत नाद बजता रहता है अर्थात् ओऽम की ध्वनि होती रहती है। चारों दिशाओं में ज्योति की धारा बहती रहती है। कोई विरला ही उसके पार जा सकता है। जहाँ करोड़ों विष्णु मत्था झुकाते हैं, करोड़ों ब्रह्मा पुराण का पाठ करते हैं, करोड़ों महेश जहाँ ध्यान लगाते हैं। करोड़ों सरस्वती जहाँ राग-रागिनियाँ धारण करती हैं। करोड़ों इन्द्र जहाँ आकाश में विराजित रहते हैं। सुर, गंधर्व मुनि की तो कोई गणना ही नहीं है उस स्थान पर साहब (ईश्वर) स्वयं प्रकट रहता है। जब बसंत के राग का ग्रहण कर लिया और सद्गुरु ने शब्द का उच्चारण किया तो कबीर ने उसे हृदय से लगा लिया। राम-का-नाम नरक से उद्धार करने वाला है।

प्रस्तुत पद में परम ब्रह्म के स्थान के वैशिष्ट्य और सगुण देवताओं की तुलना में उसकी श्रेष्ठता को प्रतिपादित किया है। संत उस परम ज्योतिर्मय स्थान में अपनी उपस्थिति को अंकित करता है।

जोगिया फिरि गयौ गगन मझारी।
रह्यौ समाइ पंच तजि नारी।।टेक।।
गयौ दिसावरि कौंन बतावै। जोगिया बहुरि गुफा नहिं आवै।।
जरि गौ कंथा धजा गयौ टूटी । भजिगौ डंड खपर गयौ फूटी।।
कहै कबीर जोगी जुगुति कमाई । गगन गया सो आवै न जाई।।४२७।।

व्याख्या – कबीर कहते हैं कि योगी पुनः शून्य चक्र में चला गया है अर्थात् उसकी चेतना शून्य में केन्द्रित हो गयी है, वह पंच विकार रूपी स्त्री को त्यागकर परम तत्त्व में समाहित हो गया। वह दिशावर (देशान्तर) को चला गया, उसके विषय में कौन बता सकता है? वह फिर देह की निचली गुफा में नहीं आता। उसका कंथा जल गया ध्वजा (चिह्न) भी टूट गया। दंड (अधारी) भी खंडित हो गयी, खपर भी फूट गया अर्थात् उसके बाह्य आडम्बर नष्ट हो गए। कबीर कहते हैं कि योगी ने युक्ति प्राप्त की। वह शून्य में स्थित हो गया फलस्वरूप उसका आवागमन मिट गया।

योग साधना की चरम उपलब्धि की व्यंजना की गई है।

जारौं मैं या जग की चतुराई।
राँम भजन नहिं करत बावरे जिनि यहु जुगति बनाई।।
माया जोरि जोरि करै इकठी हम खैहें लरिका व्यौसाई।
सो धन चोर मूसि लै जावै रहा सहा लै जाइ जँवाई।।
यह माया जैसे कलवारिन मद पियाइ राखै बौराई।
एक तौ पड़े धरनि पर लोटैं एकन कौ देखत छलि जाई।।
या माया सुर नर मुनि डँहके पीर पयंबर कौ धरि खाई।
जे जन रहैं राँम कै सरनै हाथ मलै तिनकौं पछिताई।।
कहै कबीर सुनौ भाई साधौ लै फाँसी हमहूँ पै आई।
गुर परताप साध की संगति हरि भजि चल्यौं निसान बजाई।।४२८।।

व्याख्या—मैं इस संसार की चतुराई को जला दूँगा। हे बावले (उन्मत्त) जिस राम ने यह युक्ति (सांसारिक व्यवस्था) बनाई है उस राम का भजन क्यों नहीं करते? माया (धन, सम्पत्ति) जोड़ जोड़कर एकत्रित किया ताकि हम उसका भोग करें और बच्चे व्यवसाय करें। उस धन को चोर चुरा ले जाता है, और रहा-सहा (शेष धन) दामाद ले जाता है। यह माया कलवारिन (मदिरा पिलाने वाली या बेचनेवाली) की तरह है, मद (शराब) पिलाकर वह सबको पागल बनाए रखती है। इसके प्रभाव से एक तो पृथ्वी पर लोटते हैं दूसरे इसके द्वारा छले जाते हैं। इस माया ने देवता, मनुष्य, मुनि सभी को बहका रखा है। महात्मा तथा देवदूतों को भी इसने ग्रसित किया है। कबीर कहते हैं कि फाँसी का फंदा लेकर यह मेरे पास भी आई। गुरु के प्रताप और साधुओं की संगति से भगवान् का भजन करते हुए मैं हर्ष वाद्य (शहनाई) बजाते हुए आगे बढ़ गया।

माया की सर्व व्यापकता और प्रभाव को अंकित करते हुए राम भक्ति के प्रभाव से उससे बचने का उपाय निर्दिष्ट किया गया है। कबीर ने गर्वोक्ति की है कि उन पर माया का कोई असर नहीं हुआ क्योंकि उन्हें गुरु की कृपा मिली और भगवान् की भक्ति में उनकी तन्मयता रही।

तन धरि सुखिया कोइ न देखा जो देखा सो दुखिया हो।
उदै अस्तु की बात कहतु हौ सबका किया बिबेका हो।।टेक।।
घाटै बाटै सब जग दुखिया क्या गिरही बैरागी हो।
सुकदेव अचारज दुःख कै कारनि गरभ सौ माया त्यागी हो।।
जोगी दुखिया जंगम दुखिया तपसी कौ दुख दूँना हो।
आसा त्रिसनाँ सब कौ व्यापै कोई महल न सूनाँ हो।।
साँच कहौ तो कोइ न माँनै झूठ कहा नहिं जाई हो।
ब्रह्माँ बिस्नु महेसुर दुखिया जिन यहु राह चलाइ हो।।
अवधू दुखिया भूपति दुखिया रंकी दुखी बिपरीती हो।
कहै कबीर सकल जग दुखिया संत सुखी मन जीती हो।।४२९।।

व्याख्या— शरीर धारण करने वाले किसी व्यक्ति को सुखी नहीं देखा। जिसको देखा वह दुखी ही मिला। उदित होने तथा अस्त होने की बात कहते हो अर्थात् जीवन में कभी उन्नति

का समय होता है कभी अवनति का। मैंने दोनों पर विचार कर लिया। घाट बाट (अर्थात् सर्वत्र) सभी लोग दुखी हैं, क्या गृहस्थ क्या बैरागी। शुकदेव आचार्य ने दुख के कारण गर्भ से ही माया का त्याग कर दिया। योगी दुखी हैं, इधर-उधर चलने-फिरने वाले दुखी हैं, तपस्वियों को तो दूना दुख है। आशा और लालच सबको व्याप्त है। कोई भी (देहरूपी) महल इन विकारों से खाली नहीं है। सच्चा कहता हूँ तो कोई नहीं मानता और झूठ कहा नहीं जाता। ब्रह्मा, विष्णु और महेश भी दुखी हैं जिन्होंने संसार की परिपाटी चलाई है। अवधूत दुखी हैं, राजा दुखी हैं, गरीब दुखी हैं। वे सभी दुखी हैं जो भक्ति के विपरीत आचरण करने वाले हैं। कबीर कहते हैं कि समस्त संसार दुखी है केवल संत जन सुखी हैं क्योंकि उन्होंने मन को जीत लिया है।

कबीर ने सारे संसार में दुख की व्याप्ति को अंकित किया है। जो भी मन के अधीन रहता है वह दुखी रहता है। जो मन को जीतने वाला है उसे दुख नहीं व्याप्त होता।

दरमांदा ठाढ़ौ दरबारि।
तुम बिनु सुरति करै को मेरी दरसन दीजै खोलि किंवार।।टेक।।
तुम सम धनीं उदार न कोऊ स्रवनन सुनियत सुजस तुम्हार।
माँगौं काहि रंक सभ देखौं तुम ही तैं मेरौ निस्तार।।
जैदेउ नाँमाँ विप्र सुदामाँ तिनकौं क्रिया भई है अपार।
कहै कबीर तुम समरथ दाता चारि पदारथ देत न बार।।४३०।।

व्याख्या – दरिद्र (भिक्षुक) द्वार पर खड़ा है। तुम्हारे बिना मेरा स्मरण कौन करता है, किवाड़ खोलकर मुझे दर्शन दो। तुम्हारे समान कोई सम्पन्न तथा उदार नहीं है। मैंने कानों से तुम्हारा यश सुना है। मैं किससे याचना करूँ। तुम ही मेरा निस्तारण करने वाले हो। जयदेव, नामदेव तथा विप्र सुदामा पर तुम्हारी अपार कृपा हुई है। कबीर कहते हैं कि तुम समर्थ दाता हो तुम्हें चारों पदार्थ (धर्म, अर्थ, काम, मोक्ष) देते देर नहीं लगती।

कबीर ने ईश्वर की कृपा की याचना की है। भक्तों का दृष्टांत देकर प्रकारान्तर से पौराणिक आख्यान का समर्थन करते हैं।

देव करहु दया मोहिं मारगि लावहु जितु भव बंधन टूटै।
जरन मरन दुख फेरि करम सुख जीअ जनम तैं छूटै।।टेक।।
सतगुरु चरन लागि यौं बिनवौं जीवनि कहा तै पाई।
कवन काजि जगु उपजै बिनसै कहहु मोहिं समुझाई।।
आसा पास खंड नहिं पाँड़ै यहु मन सुन्नि न लूटै।
आपा पद निरबानु न चीन्हा बिनु अनभै क्यूँ छूटै।।
कही न उपजै उपजी नहिं जानैं भाव अभाव बिहूँनाँ।
उदै अस्त की मति बुधि नासी तउ सदा सहजि लिव लीनाँ।।
ज्यौं बिंबहिं प्रतिबिंब समाँनाँ उदकि कुंभ बिगराँनाँ।
कहै कबीर जाँनि भ्रम भागा तउ मन सुन्नि समाँनाँ।।४३१।।

व्याख्या– हे देव, मेरे ऊपर दया करो, मुझे उस मार्ग में प्रवृत्त करो जिससे सांसारिक बंधन छूट जायं। वृद्धावस्था तथा मरण के दुख से मुक्त करो, मेरे मन को कर्म के सुख से

विमुख कर दो जिससें जीव जन्म धारण से मुक्त हो जाय। सत्गुरु के चरणों में निवेदन करता हूँ कि वे मुझे बताएँ कि जन्म कहाँ से होता है? किस कारण यह संसार उत्पन्न एवं विनष्ट होता है, मुझे समझाकर बताओ। आशा के बन्धन को मन खंडित नहीं करता, इसलिए यह मन शून्य (सहस्त्रार चक्र) में निहित आनन्द को प्राप्त नहीं करता। आत्मा तथा निर्वाण (आत्म मुक्ति के स्थान) को पहचाना नहीं, फिर निर्भय हुए बिना सांसारिक जाल एवं आवागमन से कैसे छूट सकता है? आत्मा कहीं से उत्पन्न नहीं होता, न उसकी उत्पत्ति ज्ञेय है। (ईश्वर की तरह) वह भी भाव अभाव से रहित है। उदय एवं अस्त (द्वन्द्व) की चिन्ता (बुद्धि विवेक) के नष्ट होने पर सदा सर्वदा के लिए सहज तत्त्व में लीन हुआ जा सकता है। जैसे बिम्ब में प्रतिबिम्ब समाहित हो जाता है और घट का जल घट से अलग हो जाता है इसी तरह कबीर कहते हैं कि ज्ञान होने पर भ्रम भाग जाता और मन शून्य (परम तत्त्व) में विलीन हो जाता है।

ईश्वर अनुग्रह की याचना करते हुए सृष्टि के मर्म को जानने की चेष्टा की गयी है। कबीर निष्कर्ष रूप में आत्मा परमात्मा की एकता को निर्दिष्ट करते हैं। ज्यों-बिम्बहिं ... विगरांना में दृष्टांत अलंकार की योजना है। गीता में भी आत्मा को अजर-अमर माना गया है।

नारद साध सौ अंतर नांहीं।
जो मेरै साध सौ अंतर राखैं सो नर नरकैं जाहीं।टेक।
जागै साध तौ मैं भी जागू सोवै साध तौ सोऊँ।
जो कोई मेरै साध दुखावै जरा मूल सौ खोऊँ।।
जहाँ साध मेरौ जस गावै तहाँ करौ मैं बासा।
साध चलै आगैं उठि धाऊँ मोहिं साध की आसा।।
लक्षिमी मेरी अरध सरीरी सो भगतन की दासी।
अठसठ तीरथि साध कै चरननि कोटि गया अरु कासी।।
निसि बासुर जो राँम ल्यौ लावै सोई परम पद पावै।
कहै कबीर साध की महिमा हरि अपनैं मुखि गावै।।४३२।।

व्याख्या– भगवान् नारद से कहते हैं कि साधु से मैं अपने बीच अंतर नहीं मानता। जो लोग मेरे और साधु के बीच अंतर मानते हैं वे मनुष्य नरक जाते हैं। जब साधु (संत) जागता है तो मैं भी जागता हूँ जब साधु सोता है तो मैं भी सोता हूँ। साधु (संत) जहाँ मेरा यशगान करता है, वहीं मैं निवास करता हूँ। यदि साधु चलता है तो मैं उससे आगे दौड़ पड़ता हूँ, मुझे साधु संतों से बड़ी आशा रहती है। लक्ष्मी मेरी अर्धांगिनी हैं किन्तु वह भी भक्तों की दासी हैं। साधु के चरणों में ही अड़सठ तीर्थ हैं और करोड़ों गया और काशी भी उसके चरणों में ही हैं। रात दिन जो राम से लय लगाता है वही परम पद को प्राप्त करता है। कबीरदास कहते हैं कि साधुओं की महिमा का भगवान् अपने श्रीमुख से गान करते हैं।

भगवान् की दृष्टि में संत आदर के पात्र हैं। उनमें और भगवान् में अत्यन्त सामीप्य होता है। भक्त वत्सल भगवान् भक्तों के सुख-दुख, तथा क्रिया-कलापों में विशेष रुचि रखते हैं।

नांम (राम?) सुमिरि न बावरै ।
तोरी सदा न देहिया रे।टेक।
यह माया कहौ कौन की काकै संग लागी रे।
गुदरी सी उठि जाइगी चित चेति अभागी रे।।

सोनैं की लंका बनीं भइ धूर की घानीं रे।
सोइ रावन की साहिबी छिन माँहि बिलानी रे।।
बारह जोजन कै विषै चले छत्र की छहियाँ रे।
सोइ जरिजोधन कहँ गए मिलि माटी महियाँ रे।।
कहै कबीर पुकारि कै इहाँ कोइ न अपनाँ रे।
यहु जियरा चलि जाइगा जस रैंनि का सपनाँ रे।।४३३।।

व्याख्या– कबीर कहते हैं कि हे बावले नर! राम के नाम का सुमिरन करो क्योंकि तुम्हारी देह सदा नहीं रहेगी। यह माया (सांसारिक वैभव) किसकी है और अन्त में किसके साथ जाती है। गुदरी की तरह यह देह एक दिन उठाकर फेंक दी जाएगी इसलिए हे अभागे! अपने चित्त से इसे समझो, नश्वरता के प्रति सजग हो जाओ सोने की लंका जलकर धूल की ढेर हो गयी, उसी रावण की बड़ाई (स्वामित्व) क्षण भर में विलीन हो गया। बारह योजन के क्षेत्र में जो छत्र छाया में चलता था वही दुर्योधन कहाँ गया, अन्ततः मिट्टी में ही मिल गया। कबीरदास पुकार कर कहते हैं कि यहाँ पर कोई अपना नहीं है। यह जीव ऐसे चला जाएगा जैसे रात का स्वप्न।

सांसारिक नश्वरता का वर्णन करते हुए भक्ति-योग में प्रवृत्त होने की सलाह दी गयी है।

दृष्टांत अलंकार का प्रयोग किया गया है।

नाथ जी हम तब के बैरागी।

हमरी सुरति नाँ सौं लागी।टेक।

ब्रह्माँ नहिं जब टोपी दीन्हाँ बिस्नु नहीं जब टीका।
सिव सकती कै जनमहुँ नाँही जबै जोग हंम सीखा।।
सतजुग मैं हम पहिरि पांवरी त्रेता झोरी डंडा।
द्वापर मैं हम अड़बंद पहिरा कलउ फिर्‌यौ नौ खंडा।।
गुर परताप साध की संगति जीति अमरगढ़ आया।
कहै कबीर सुनौं हो अवधू मैं अभै निरंतरि पाया।।४३४।।

शब्दार्थ – अड़बंद = कोपीन, लंगोटी।

व्याख्या– हे नाथ! मैं तब का बैरागी (विरक्त) हूँ, तभी से हमारी चेतना नाम से लगी है, जब ब्रह्मा ने टोपी नहीं धारण की थी, विष्णु ने टीका नहीं लगाई थी। जब शिव और शक्ति का जन्म भी नहीं हुआ था, तभी से मैंने योग सीखा है। सत्य युग में मैं खड़ाऊँ पहनकर और त्रेता युग में झोली और डंडा लेकर द्वापर में कोपीन पहनकर और कलयुग में नौ खंडों (विविध क्षेत्रों) के झूमते हुए मैंने बैरागी होने का प्रमाण दिया, गुरु के प्रताप और संतों की संगति में मन को जीतकर अमरगढ़ (जहाँ व्यक्ति अमर हो जाता है ऐसा स्थान) आया हूँ। कबीर कहते हैं कि हे अवधूत सुनो, मैं निरंतर अभय पद पाता रहा हूँ।

कबीर ने भक्त को भगवान् की तरह चिरंतन सिद्ध किया है। वैराग्य की तुलना में गुरु की कृपा तथा साधु संगति अधिक महत्वपूर्ण होती है।

पूजहु रांँम एक ही देवा।
साँचा नाँवणु गुरु की सेवा।।टेक।।
अंतरि मैल जे तीरथ न्हावै, तिन बैकुंठ न जाँनाँ।
लोक पतीनैं कछू न होवै नाँही राम अयांनां।।
जल कै मज्जनि जे गति होवै नित नित मेंडुक न्हावै।
जैसै मेंडुक तैसै ओइ नर फिरि फिर जोनीं आवै।।
हिरदै कठोर मरै बानारसि नरकु न बाँच्या जाई।
हरि का दास मरै जौ मगहरि तौ सगली सैंन तराई।।
दिवस न रैनि बेदु नहिं सासत तहाँ बसै निरंकारा।
कहै कबीर नर तिसहिं धियावहु बावरिआ संसारा।।४३५।।

शब्दार्थ– पतीनैं = विश्वास, मेंडुक = मेढ़क, बांच्या = बचा, सैन = सेना, साथी।

व्याख्या– राम एक मात्र देव (ईश्वर) है जिसकी पूजा करो। गुरु की सेवा ही सच्चा नमन है। जिनके अन्दर प्रदूषण है और वे तीर्थों में जल स्नान करके यदि मुक्त होना चाहते हैं तो यह उनका भ्रम है ऐसे लोग बैकुंठ नहीं जाते। लोक विश्वास से कुछ नहीं होता, राम अज्ञानी नहीं है कि वह तुम्हारे लोकाचारों पर ही खुश हो जाएगा। यदि जल के स्नान से मुक्ति होती है तो मेढ़क को मुक्ति होनी चाहिए क्योंकि वह नित्य स्नान करता है। तीर्थ में विश्वास करने वाले नर मेढक के समान हैं, वे बार-बार योनि ग्रहण करते हैं। जिसका हृदय कठोर है वह भले की वाराणसी में मरता है फिर भी वह नरक से नहीं बच पाता है। भगवान् का भक्त यदि मरता है तो अपने साथियों सहित मुक्त हो जाता है। जहाँ रात-दिन नहीं है, वेद शास्त्र भी नहीं है वहीं निरंकार का निवास है। कबीर कहते हैं कि हे नर! उसी का ध्यान करो, सारा संसार आडम्बरों के पीछे बावला है। एकेश्वरवाद की मान्यता, आडम्बरों, तीर्थों के महत्व को नकारा गया है।

पवन पति उनमनि रहनु खरा।
तहां जनम न मरन जुरा।।टेक।।
मन बिंदत बिंदहि पावा। गुरमुख तैं आगम बतावा।।
जब नख-शिख यहु मन चीहाँ। तब अंतरि मज्जनु कीन्हाँ।।
उलटीले सकति सहारं। पैसीले गगन मझारं।।
बेधीले चक्र भुअंगा। भेटीले राइ निसंगा।।
चूकीले मोह पियासं। तहाँ ससि हर सूर गरासं।।
जब कुंभक भरिपुरि लीनाँ। तब बाजै अनहद बीनाँ।।
मैं बकतै बकि सुनावा। सुरतैं तहाँ कछू न पावा।।
कहै कबीर विचारं। करता लै उतरसि पारं।।४३६।।

व्याख्या– पवन का पति अर्थात् स्वामी बनकर या प्राण वायु पर अनुशासन करके उन्मनी अवस्था में निष्कलुष रूप में रहना चाहिए। उस स्थिति में जन्म, मरण तथा जीर्णावस्था नहीं होती। मन को समझने से सूक्ष्म शरीर को समझा जा सकता है। गुरु के मुख से आगम का ज्ञान प्राप्त हो जाता है। जब मन ने पूरी तरह समझ लिया तब वह अन्तर में ही स्नान करने लगा। परम तत्त्व की नख-शिख पहचान करने पर मन बाहर नहीं भटकता। शक्ति रूपी

कुंडलिनी जिसकी अधोमुखी दिशा होने के कारण संहार हो रहा है उसी को उलटकर गगन (सहस्त्रार चक्र) में प्रवेश कराइए। चक्र रूपी भुजंगों को बेधते हुए (शरीरस्थ षट् चक्रों का बेधन करते हुए) निःसंग राजा राम को भेंट लो। वहाँ मोह की प्यास खत्म हो जाती है या मोह और अतृप्ति समाप्त हो जाती है। चन्द्र को सूर्य ग्रस्त कर लेता है अर्थात् इड़ा पिंगला नाड़ियाँ एक हो जाती हैं। जब कुंभक में श्वास और प्रश्वास दोनों की गति को पूरी तरह अवरुद्ध कर दिया गया तब अनाहत वाद्य बजने लगा, अर्थात ओऽम की ध्वनि स्वतः मुखरित होने लगी। मैं कह कहकर सब कुछ सुना रहा हूँ किन्तु सांसारिक राग में मस्त होने के कारण तुम्हें उस अवस्था के विषय में कोई अनुभव नहीं हो रहा है। कबीर कहते हैं कि विचार कर लो। कर्त्ता में लीन होकर संसार सागर से पार हो जाओ।

योग साधना की व्यावहारिकता पर प्रकाश डालते हुए उसकी उपलब्धियों का वर्णन किया गया है। उन्मनी, कुंभक आदि योग के पारिभाषिक शब्द हैं।

फल मीठा पै तरवर ऊँचा कौन जतन करि लीजै।
नेक निचोइ सुधारस वाकौ कौन जुगति सौं पीजै।।
पेड़ विकट है महा सिलहला अगह गहा नहीं जावै।
तन मन मेल्हि चढ़ै सरधा सौ तब वा फल कौं खावै।।
बहुतक लोग चढ़े अनभेइ देखा देखी गहि बाँही।
रपटि पाँव गिरि परे अधर तै आइ परे भुइँ मांही।।
सील साँच कै खूंटै है धरि पग ग्याँन गुरू गहि डोरा।
कहै कबीर सुनौ भाई साधौ तब वा फल कौ तोरा।।४३७।।

शब्दार्थ– सिलहला = जिस पेड़ के तने में ऊपर दूर तक डाले न हों, सरधा = श्रद्धा, गहि = पकड़कर।

व्याख्या– फल मधुर है किन्तु साधना रूपी वृक्ष (या मेरुदंड रूपी वृक्ष) बहुत ऊँचा है, किस यत्न से उसे प्राप्त किया जाय। अमृत रस को थोड़ा निचोड़कर किस युक्ति से रसपान किया जाय। पेड़ विकट है, बहुत छरहरा है, उसे ठीक से पकड़ा नहीं जा सकता। तन, मन की चिन्ता छोड़कर उस पर यदि श्रद्धा के साथ चढ़ा जाय तभी उसके फल को खाया जा सकता है। बहुत से लोग जो मर्म के भेदने में सक्षम नहीं थे देखा-देखी तने को हाथ से पकड़कर ऊपर चढ़ने की चेष्टा करने लगे, उनका पाँव फिसला और वे बीच से ही पृथ्वी पर आ गिरे। कबीर कहते हैं कि हे भाई साधु! सुनो शील और सच्चाई के खूंटे पर पैर रखकर गुरु की ज्ञान रूपी डोरी को पकड़कर ही उस फल को तोड़ा जा सकता है।

ब्रह्म रंध्र से गिरने वाले रस का पान मेरुदंड के चक्रों को बेधकर उर्ध्वगमन करने से ही किया जा सकता है। मन का ऊर्ध्वगमन सरल नहीं है। ताड़ के वृक्ष की तरह सिलहले पेड़ और उसके ऊपर लगने वाले फल के बिम्ब के द्वारा योगसाधना की कठिनाई की व्यंजना की गयी है। यह भक्ति साधना का भी बिम्ब माना जा सकता है। त्याग, श्रद्धा, शील, ज्ञान आदि के द्वारा ही ध्यान साधना या भक्ति साधना का मधुर फल प्राप्त किया जा सकता है। रूपकातिशयोक्ति अलंकार की योजना की गयी है।

बावरें तैं ग्यॉन विचारु न पाया।
बिरथा जनमु गँवाया।

थाके नैन, स्त्रवन सुनि थाके थाकी सुंदरि काया।
जाँमन मरनाँ ए दोइ थाके एक न थाकी माया।।
चेति चेति मेरे मन चंचल जब लगि घट महिं सासा।
लै घटि जाउ पर भाव न जइयौ हरि कै चरन निवासा।।
जो जन जाँनि भजहिं अबिगति कौं तिनका कछू न नासा।
कहै कबीर ते कबहुँ न हारहिं जानि जे ढारहिं पासा।।४३८।।

व्याख्या– कबीर कहते हैं कि हे पगले, तूने ज्ञान विवेक का आश्रय नहीं लिया, व्यर्थ में ही जन्म गवाँ दिया। (देखते-देखते) नैन थक गए, सुनते-सुनते कान थक गए, सुंदर शरीर भी (कार्य करते-करते) थक गया, जन्म, मरण से गुजरते हुए जीव थक गया किन्तु माया नहीं थकी (या जन्म, मृत्यु भी थक गये।) हे मेरे चंचल मन! जब तक देह में साँस है तब तक चैतन्य हो जाओ। देह मात्र से यदि ईश्वर की शरण में जाते हो साथ में भाव नहीं होता तो चरणों में निवास कैसे होगा। जो लोग ज्ञान पूर्वक अविगत (अज्ञेय) को भजते हैं उनका कुछ भी नष्ट नहीं होता। कबीर कहते हैं कि जो लोग ज्ञानपूर्वक पासा (जुआ के खेल में) डालते हैं वे कभी नहीं हारते।

ज्ञान विवेक पूर्वक भक्ति भाव में प्रवृत्त होना चाहिए। माया की प्रबलता की व्यंजना करते हुए ज्ञान भक्ति का महत्त्व प्रतिपादित किया गया है।

बिखै बाँच हरि राँचु मन बउरा रे।
निरभै होइ न हरि भजै, मन बउरा रे गह्यो न राँम जहाज।।
तन धन सौं का गर्वसी मन बउरा रे भसम किरिम जाकौ साजु।।
कालबूत की हस्तिनी मन बउरा रे चित्र रच्यो जगदीस।।
काम अंध गज बसि परै मन बउरा रे अंकुस सहियो सीस।।
मरकट मूठी अनाज की मन बउरा रे लीन्हीं हाथ पसारि।।
छूटन की संसै परी मन बउरा रे नाचेउ घर घर वारि।।
ज्यों ललनी सुअटा गह्यौ मन बउरा रे माया यहु ब्यौहार।।
जैसा रंग कुसंभ का मन बउरा रे त्यौं पसर्‌यौ पासारु।।
नावन कौं तीरथ घने मन बउरा रे पूजन कौं बहु देव।।
कहै कबीर छूटन नहीं मन बउरा रे छूटन हरि की सेव।।४३९।।

शब्दार्थ– बिखै = विषय वासना, बाँच = बचो, रांच = रंजित होओ, किरिम = कृमि, कीड़ा, मरकट = बन्दर, वारि = द्वार, ललनी = लगी, नावन = नहाने, कालबूत = कच्चा भराव जिस पर मेहराब बनायी जाती है।

व्याख्या– कबीर कहते हैं कि हे मन बावले! विषय वासनाओं से बचो और भगवान् में रंजित होओ। निर्भीक होकर हरि का भजन क्यों नहीं करते, राम रूपी जहाज का सहारा क्यों नहीं लेते। शरीर और धन पर क्यों गर्व करते हो, जिसकी अन्तिम सज्जा राख और कीड़े से होनी है (अर्थात् अन्ततः उन्हें नष्ट होना है)। हे मन बावले! जगदीश ने कच्चे भराव में हाथी के चित्र की तरह सृष्टि की रचना की। कामान्ध होकर जैसे हाथी आदमी के वशीभूत होकर अंकुश (हाथी को वश में करने वाला भाला जिसे फीलवान अपने पास रखता है।) की मार सिर पर सहता है। इसी तरह मन भी माया के वशीभूत हो गया है। बन्दर ने घड़े में रखे अनाज

को निकालते समय मुट्ठी फैला दी फलस्वरूप मदारी के द्वारा पकड़ा गया। इसके बाद उसका छूटना संभव न हुआ, उसे द्वार-द्वार नाचना पड़ा। जैसे लग्गी पर बैठा हुआ तोता टाँग से उल्टे होकर लग्गी को पकड़ लेता है और शिकारी द्वारा पकड़ लिया जाता है उसी तरह मनुष्य ने माया को स्वयं पकड़ रखा है जबकि उसे लगता है कि माया ने ही उसे जकड़ लिया है। जैसे कुसुंभी रंग फैलता है उसी तरह संसार का फैलाव है। नहाने के लिए अनेक तीर्थ हैं और पूजा के लिए अनेक देवता। कबीर कहते हैं कि हे मन बावले! इनके द्वारा संसार से छूटना संभव नहीं। भगवान् की सेवा से ही मुक्ति हो सकती है।

गज, मरकट सुवटा आदि के दृष्टान्तों से मन की आसक्ति का चित्रण करते हुए सांसारिक व्यर्थता तथा माया मोह से मुक्त होने का वर्णन है। सेवा के महत्त्व को प्रतिपादित किया गया है।

राम जहाज में रूपक तथा ज्यों ललनी --------------- व्यौहार में दृष्टान्त, जैसा रंग ----------------- पासारु में उपमा अलंकार का विधान है।

भाई रे अनीं लड़ै सोई सूरा।
दोइ दल बिचि खेलै पूरा।।
जब बजै जुझाउर बाजा। तब कायर उठि उठि भाजा।।
कोई सुर लड़ै मैदानाँ। जिन मारि किया घमसाँना।।
जहँ बाँधि सकल हथियारा। गुर ग्याँन का खड़ग सम्हारा।।
जब बस कियौ पाँचौ थाँना। तब राँम भया मिहर बांना।।
मन मारि अगमपुर लीया। चित्र गुप्त परे डेरा कीया।।
गढ़ फिरि गई राम दोहाई। कबीरा अविगति की सरनाई।।४४०।।

शब्दार्थ– अनी = अनीक, सेना, समूह, जुझावर = युद्ध का वाद्य।

व्याख्या– कबीर कहते हैं कि जो सेना में लड़ता है वही वीर है। वह दो दलों के बीच पूरी तरह शौर्य क्रीड़ा करता है। जब युद्ध (जूझने का) वाद्य बजता है तो कायर उठ उठकर भागने लगते हैं। कोई विरला वीर ही मैदान में मारकाट करता हुआ घमासान युद्ध करता है। वहाँ वह सभी हथियारों को बाँधकर रख देता है सिर्फ गुरु के ज्ञान रूपी तलवार को सम्हाल लेता है। उसी से वह जब पाँचों थाने (काम, क्रोध, मोह, लोभ, मात्सर्य) पर विजय पा लेता है तो उस पर राम की कृपा हो जाती है। मन को मार कर वह अगमपुर पर अधिकार कर लेता है और चित्रगुप्त के आगे जाकर डेरा डाल देता है। वह राम की शपथ लेकर गढ़ को छोड़ देता है और अविगत राम की शरण में चला जाता है।

कबीर ने युद्ध के बिम्ब द्वारा ज्ञान की तलवार से कामादि विकारों पर विजय करने वाले वीर का वर्णन किया है। कबीर तत्कालीन युद्ध की प्रक्रिया से पूर्णतया परिचित थे। उन्होंने भक्ति मार्ग में सती और सूर को आदर्श माना है। रूपकातिशयोक्ति अलंकार की सुन्दर योजना है।

मानुख तन पायौ बड़े भाग।
अब बिचारि कै खेलौ फाग।।टेक।।
बिनु जिभ्या गावै गुन रसाल। बिनु चरनन चालै अधर चाल।।
बिनु कर बाजा बजै बेन। निरखि देखि जहँ बिनाँ नैंन।।

बिन ही मारें मृतक होइ। बिनु जारें होइ खाक सोइ।।
बिनु दीपक बरै अखंड जोति। तहां पाप पुन्नि नहीं लगै छोति।।
जहं चंद सूर नहिं आदि अंत। तहँ कबीर गावै बसंत।।४४१।।

व्याख्या– मनुष्य शरीर बड़े भाग्य से मिला है, इसलिए सोच विचारकर फाग (होली) खेलो, जो बिना जीभ के रस युक्त गुणों का गान करता है। बिना चरणों के ही ऊर्ध्वगमन करता है। बिना हाथ के सहारे बेणु वाद्य बजाता है। वही उस परम तत्व को इन चर्म चक्षुओं के बिना ही देख लेता है। बिना मारे ही मन मृत हो जाता है, बिना जलाए ही सब कुछ खाक हो जाता है। बिना याचना के ही सब कुछ देता है, वही सम्पूर्ण बाजी जीत लेता है। जहाँ बिना दीपक के ही अखंड ज्योति जलती है, वहाँ पाप पुण्य का स्पर्श नहीं है। जहाँ चाँद सूर्य भी नहीं है, और आदि अंत भी नहीं है, कबीर वहीं पर बसंत राग गाता है।

विभावना अलंकार का आश्रय लेकर अजपाजाप, ऊर्ध्व गमन, जीवन्मृत होने की प्रक्रिया की व्यंजना है। ईश्वर के स्थान पर भी आलोक का प्रसार बिना कारण के ही होता है। कबीरदास उसी परमपद में अवस्थित होकर बसंत गीत गाते हैं। मानव जीवन की सार्थकता इसी में है। मन की गति तथा क्रियाकलाप बिना दैहिक अंगों के ही सम्पन्न होती है। अनाहत नाद रूपी वैन बिना बजाए बजता है। बिना जलाए ही सांसारिकता का भाव भस्म हो जाता है।

माया महा ठगिनि हम जाँनीं।
तिरगुन फांसि लिए कर डोलै बोलै मधुरी बाँनीं।।टेक।।
केसव कै कँवला होइ बैठी सिव कै भवन भवाँनी।
पंडा कै मूरति होइ बैठी तीरथ हू मैं पाँनीं।।
जोगी कै जोगिनि होइ बैठी राजा कै घरि राँनीं।
काहू कै हीरा होइ बैठी काहू कै कौड़ी काँनीं।।
भगताँ कै भगतिनि होइ बैठी तुरकाँ कै तुरकाँनी।
दास कबीर साहेब का बंदा जाकै हाथि बिकाँनीं।।४४२।।

व्याख्या– माया बहुत बड़ी ठगिनी (ठगने वाली) है, मैंने इस तथ्य को समझ लिया। सत, रज, तम त्रिगुणों का जाल लेकर वह घूमती रहती है, केशव के लक्ष्मी होकर बैठी है और शिव के घर भवानी (पार्वती) होकर बैठी है। पंडा के यहाँ मूर्ति होकर बैठी है, तीर्थों में पानी के रूप में स्थित है। योगी के यहाँ योगिनी होकर बैठी है और राजा के यहाँ रानी के रूप में विराजित है, किसी के यहाँ हीरा होकर बैठी है और किसी के यहाँ फूटी कौडी के रूप में उपस्थित है। भक्तों के यहाँ भक्तिन होकर बैठी है और तुर्क के यहाँ तुर्किनी होकर बैठी है। कबीर कहते हैं कि स्वामी भगवान् के दास के हाथ यह माया बिकी हुई है।

माया का मानवीकरण किया गया है। चूँकि स्त्री सांसारिकता में लिप्त करती है इसलिए कबीर माया को स्त्री रूपा मानते हैं।

मुल्ला कहहु निआउ खुदाई।
इहि बिधि जीव का भरम न जाई।।टेक।।
सरजीव आँनै देह विनासै माटी बिसमिल कीआ।
जोति सरूपी हाथि न आया कहौ हलाल क्यूँ कीआ।।

बेद कतेब कहहु मत झूठे झूठा जो न बिचारै।
सम घटि एक एक करि लेखै भै दूजा करि मारै।।
कुकड़ी मारै बकरी मारै हक्क हक्क करि बोलै।
सबै जीव साँई के प्यारे उबरहुगे किस बोलै।।
दिल नापाक पाक नहिं चीन्हाँ तिसकौ मरम न जाँनाँ।
कहे कबीर भिसति छिटकाई दोजग ही मन माँनाँ।।४४३।।

शब्दार्थ– सरजीव = सजीव, बिसमिल = घायल, हलाल = जायज।

व्याख्या– हे मुल्ला! खुदा के न्याय के विषय में बताओ, इस विधि से जीवों का भ्रम नहीं जाएगा। सजीव को लाते हो, देह विनष्ट कर देते हो, मिट्टी स्वरूप जो देह का अंश बचता है उसी को घायल करते हो। देह के अन्दर जो ज्योति है वह तुम्हारे हाथ आयी ही नहीं, फिर तुम्हारा यह कार्य जायज कैसे हुआ। वेद, कुरान को झूठा मत कहो, झूठा वह है जो विचार नहीं करता। सभी देह में एक ही तत्त्व है इसलिए सबको समान समझो लेकिन जिसे मारते हो उसे अपने से पराया ही समझते हो, मुर्गी मारते हो, बकरी मारते हो और सत्य या न्याय की दुहाई देते हो। सभी जीव ईश्वर के प्यारे हैं, किस तरह से तुम्हारा उद्धार होगा। जिसका दिल अशुद्ध है वह शुद्ध ईश्वर को नहीं पहचान पाता है, उसके मर्म को वह नहीं समझता। कबीर कहते हैं स्वर्ग तो छूट ही गया, मन नरक में आश्वस्त हो गया है।

हिंसा का विरोध करते हुए सच्चे ईश्वरीय न्याय तथा प्राणिमात्र की समता की स्थापना की गयी है। मुल्ला को सम्बोधित होने के कारण फारसी शब्दों का उचित विन्यास किया गया है।

मोहिं बैराग भयौ।
यहु जिउ आइ रे कहाँ गयौ।।टेक।।
आकासि गगनु पातालि गगनु है दह दिसि गगनु रहाई लै।
आनंद मूल सदा पुरखोतम घट बिनसै गगनु न जाई लै।।
पंत तत्त मिलि काया कीनीं तत्त कहाँ तै कीनु रे।
करम बद्ध तुम जीउ कहत है करमहिं कीन जिउ दीनु रे।।
हरि महिं तनु है तन महिं हरि है सरब निरंतरि सोइ रे।
कहै कबीर हरि नाँउँ न छाँड़उँ सहजें होइ सु होइ रे।।४४४।।

व्याख्या– कबीर कहते हैं कि मुझे वैराग्य हो गया है, यह जीव कहाँ से आया है और कहाँ चला जाता है। आकाश में शून्य है, पाताल में शून्य है, दशों दिशाओं में शून्य ही रहता है, आनंद का मूल पुरुषोत्तम शाश्वत है, देह के विनाश होने पर भी शून्य नहीं जाता। पाँच तत्त्वों से देह बनी है किन्तु उन तत्त्वों को किसने बनायाया उसमें निहित तत्त्व को किसने बनाया। तुम जीव को कर्मबद्ध कहते हो, किन्तु कर्म ने ही जीव को दीन बनाया है। भगवान् में ही शरीर है और शरीर में ही भगवान् है, सर्वत्र सब कुछ निरंतर वही है। कबीर कहते हैं कि मैं हरि का नाम नहीं छोड़ूँगा, सहज में ही जो कुछ होना हो, हो जाए।

ईश्वर सर्वत्र व्याप्त है। जीव तथा देह उससे भिन्न नहीं है। अद्वैत की व्यंजना की गयी है। नाम के सहारे ही ज्ञान वैराग्य मिलता है।

राँम जपतु तनु जरि किन जाइ।
राँम नाँम चितु रह्यौ समाइ।।टेक।।
आपहिं पावक आपहिं पवनाँ। जारै खसम त राखै कवनाँ।।
काको जरै काहि होइ हाँनि। नटबिधि खेलै सारंगपाँनि।।
कहै कबीर अक्खर दुइ भाखि। होइगा राँम त लेइगा राखि।।४४५।।

व्याख्या– राम का जप करते हुए यदि देह जल भी जाय तो क्या हानि है। राम का नाम मेरे चित्त में समाहित हो गया है। भगवान् स्वयं ही आग हैं, स्वयं ही वायु हैं, यदि स्वामी ही जलाता है तो रक्षा कौन कर सकता है। वह किसको जलाता है और किसकी हानि होती है। सारंगपाणि (हाथ में धनुष धारण किए हुए) नट की तरह क्रीड़ा करता है। कबीर कहते हैं कि दो अक्षर (राम) का भाषण करो, राम (कृपालु) होगा तो अवश्य रक्षा करेगा।

जब द्वैत मिट जाता है तो देह के रहने न रहने की परवाह नहीं होती। परमात्मा जब आत्मा रूप में क्रीड़ा करने लगता है तो मरने मिटने वाले तथा मारने मिटाने वाले में भी भेद नहीं रहता। आत्मा-परमात्मा की अद्वैत अनुभूति रक्षा का विश्वास, विरह में जलते हुए भी उससे बेपरवाह होने की भावना की व्यंजना की गयी है।

राखि लेहु हम तैं बिगरी।
सील धरम जप भगति न कीन्हीं हौं अभिमान टेढ़ पगरी।।टेक।।
अमर जाँनि संची यह काया सो मिथ्या काँची गगरी।।
जिहिं निवाज साज सब कीन्हें तिनहिं बिसारि और लगरी।।
संधिक साध कबहुँ नहिं भेट्यौ सरनि परै जिनकी पगरी।।
कहै कबीर इक बिनती सुनिए मत घालौ जम की खबरी।।४४६।।

शब्दार्थ– निवाज = कृपा।

व्याख्या– हे भगवान्, मेरी रक्षा करो, हमसे काम बिगड़ गया है। शील, धर्म, जप, भक्ति आदि मैंने नहीं किया, अहंकार में ही टेढ़े रास्ते चलता रहा या अहंकार में टेढ़ी पगड़ी धारण किया। इस देह को ही अमर मानकर इसी का सेंवन किया, लेकिन वह तो मिथ्या कच्चे घड़े की तरह है (थोड़ा भी झटका लगने पर टूट सकता है।) जिन्होंने कृपा पूर्वक सब कुछ साज सज्जा दी उन्हीं को भूलकर और से संलग्नता हो गयी। एकदम मिलकर कभी आलिंगन नहीं किया और उनकी शरणागति की ओर गतिशील भी नहीं हुआ। कबीर कहते हैं कि हे भगवान् एक विनती सुनिए मुझे यमराज के हाल पर मत छोड़िए अर्थात् यमराज के आश्रय पर मत छोड़ो।

दैन्य भाव की व्यंजना की गयी है। ईश्वर से यमराज से रक्षा के लिए निवेदन किया गया है।

राम सुमिरि, पछताइगा
पापी जियरा लोभ करत है आजु कालि उठि जाइगा।।
लालच लागै जनम गँवाया माया भरमि भुलाइगा।
धन जोबन का गरब न कीजै कागद ज्यों गरि जाइगा।।
जब जम आइ केस गहि पटकै ता दिन कछु न बसाइगा।।
सुमिरन भजन दया नहिं कीन्हीं तौ मुखि चोटा खाइगा।।

धरमराइ जब लेखा माँगै क्या मुख लै के जाइगा।।
कहत कबीर सुनहु रे संतौ, साध संगति तर जाइगा।।४४७।।

व्याख्या– कबीरदास कहते हैं कि राम का सुमिरन करो नहीं तो पछताना पड़ेगा। पापी जीव लोभ में पड़ा है आजकल में यह संसार छूट जाएगा। लालच में पड़कर जन्म क्यों नष्ट करते हो, माया के भ्रम में क्यों आत्म स्वरूप को भूल गए हो। धन और यौवन का गर्व मत करो। इन्हें कागज की तरह अन्ततः गल जाना है। जिस समय यमराज बाल पकड़कर पटकेगा उस समय कुछ भी वश में नहीं रहेगा। सुमिरन, भजन और दया नहीं करोगे तो अन्ततः मुख पर चोट खानी होगी। धर्मराज जब पाप-पुण्य कर्मों का हिसाब माँगेगा तो उसके सामने कौन सा मुँह लेकर उपस्थित होगा। कबीर कहते हैं कि हे संतो सुनो, साधु की संगति से ही मुक्त हो जाएगा।

सांसारिक नश्वरता, माया मोह की निरर्थकता की व्यंजना के साथ सुमिरन, भजन तथा साधु संगति की महिमा का वर्णन किया गया है। उठ जाना मुहावरा है। मृत्यु का बिम्बात्मक चित्र अंकित किया गया है।

रामुराय चली बिनाँवन माहो।
घर छोड़े जाइ जुलाहो।
गज नव गज दस गज उन इस की पुरिया एक तनाई।।
सात सूत दै गंड बहत्तरि पाट लागु अधिकाई।।
गजै न मिलिऐ तौलि न तुलिऐ पहजन सेर अढ़ाई।।
अढ़ाई मैं जे पाव घटै तौ करकच करै घरहाई।।
दिन की बैठ खसम सौ बरकस तापर लगी तिहाई।।
भींगी पुरिया घर ही छांड़ी चला जुलाह रिसाई।।
छोछी नली कांम नहिं आवै लपटि रही उरझाई।।
छांडि पसार राम भजि बउरे कहै कबीर समझाई।।४४८।।

व्याख्या– हे रमैया राम, शरीर रूपी घर छोड़कर जुलाहा रूपी जीव चला तो कर्मवासना रूपी माया भी उसके साथ अन्य देह रूपी वस्त्र बिनवाने चली। वासना रूपी माया ने नौ गज (शब्द, स्पर्श, रूप, रस, गन्ध, मन, बुद्धि, चित्त, अहंकार आदि का कर्मवासनामय सूक्ष्म शरीर) दस गज (दस इन्द्रियाँ आँख, कान, नाक, जीभ, त्वचा, हाथ, पैर, मुख, शिश्न, गुदा) दोनों मिलकर उन्नीस गज की एक पुरिया (शरीर रूपी थान) बनाया। उसमें सप्त धातु, नौ नाड़ियाँ, बहत्तर कोठे या बहत्तर हजार नाड़ियाँ रूपी सामग्री लगी। वह वस्त्र अन्य पशु आदि शरीर से तुलना योग्य नहीं है। यह मूल्यवान शरीर पैसे का ढाई सेर बिकने लगा (जो मुक्ति का साधन था उसकी इतनी मूल्यहीनता)। वासनाओं में लिप्त होने के कारण इसका मूल्य रत्ती भर नहीं बढ़ता, उल्टे स्त्री, पुत्रादि कलह करते हैं (या इसकी ताड़ना करते हैं) जब यह जीव स्वामी के विषय में बलात् जानने की चेष्टा करता है तब मनोवासना रूपी माया बलात् जीव की बुद्धि को विषयाकार कर देती है। इसी धोखे में बाल्य, युवा अवस्था के बाद तीसरी अवस्था वृद्धावस्था आ जाती है। विषयासक्त शरीर किसी काम का नहीं रहता फलतः जीव रूपी जुलाहा नाराज़ होकर चल देता है और विषयासक्त देह को संसार में ही छोड़ देता है। खाली नली काम नहीं आती, वह लिपटकर उलझती रहती है। कबीर समझाकर कहते हैं कि हे बावले! सांसारिक प्रसार छोड़ो, राम का भजन करो।

इस पद में माया द्वारा सृजित देह तथा सांसारिक जाल की बुनावट की व्यंजना है। मिथ्या संसार में प्रवाहित गुरु लोग सांसारिक वैभव के लिए ही अज्ञान को सस्ते दाम में बेचते हैं। लोभ इतना है कि आसक्ति या तृष्णा रूपी स्त्री सदैव जीव रूपी जुलाहे से लड़ती रहती है। अन्ततः पाप से भीगते हुए देह का बोझ इतना बढ़ जाता है कि जीवात्मा उसका त्याग करके चला जाता है। तत्त्वहीन कर्म की प्रक्रिया व्यर्थ है। सांसारिक प्रसार को त्याग कर राम का भजन करना चाहिए। कबीर ने कतिपय स्थलों पर रूपक विधान का व्यंजनात्मक अर्थ संकेत किया है। पूरे रूपक का ज्यों का त्यों लौकिक अलौकिक अर्थ बैठाना संभव नहीं होता है।

रूपकातिशयोक्ति अलंकार का विधान है।

वा घर की सुधि कोइ न बतावै जा घर तैं जिउ आया हो।
काया छाँड़ि चला जब हंसा कहौ न कहाँ समाया हो।।
धरती अकास पवन नहिं पाँती नहिं तब आदी माया हो।
ब्रह्माँ बिस्नु महेस नहीं तब जीव कहाँ तैं आया हो।।
मैं मेरी ममता कै कारनि बार बार पछिताया हो।
लखि नहिं परै नाँम साहेब का फिर फिर झटका खाया हो।।
मेरी प्रीति पीव सौं लागी उलटि निरंजन ध्याया हो।
कहै कबीर सुनौं भाई साधौ वा घर बिरलै पाया हो।।४४९।।

व्याख्या– उस घर को कोई नहीं बताता जहाँ से यह जीव इस संसार में आया है। शरीर को छोड़कर जब आत्मा चला जाता है तो वह कहाँ समाहित हो जाता है। जब धरती, आकाश, हवा, पानी तथा आदि माया भी नहीं थी, जब ब्रह्मा, विष्णु, महेश नहीं थे, तब जीव कहाँ से आया। अहंकार, ममत्व तथा अपनेपन के कारण जीव को बार-बार पछताना पड़ा है। स्वामी के नाम को लक्षित न कर पाने के कारण बार-बार थपेड़ा लगता है। मेरी प्रीति प्रियतम से लग गयी है, मैंने मन को सांसारिकता से उलटकर निरंजन के ध्यान में लगा दिया है। कबीर कहते हैं कि हे साधुओं (सज्जनों) सुनो, उस घर को (जहाँ से जीव आता है) कोई बिरला ही प्राप्त करता है।

सृष्टि के पूर्व जीव के मूल की जिज्ञासा की गयी है। जीव ब्रह्म सत्ता में लीन रहता है, उसी से निसृत होकर संसार में आता है। उसके मूल स्थान का ज्ञान बहुत कम लोगों को हो पाता है।

संतौ ई मुरदन के गाँउँ।
तन धरि कोई रहन न पावै काकौ लीजै नाँउँ।।टेक।।
पीर मुवा पैगंबर मूवा मूवा जिंदा जोगी।
राजा मूवा परजा मूवा मूवा बैद औ रोगी।।
चंदौ मरिहै सुरजौ मरिहै मरिहै धरनि अकासा।
चौदह भुवन चौधरी मरिहै काकी धरिऐ आसा।।
नौ हू मूवा दसहू मूवा मूवा सहस अठासी।
तैंतीस कोटि देवता मूए परे काल की पासी।।
एकहिं जोति सकल घट व्यापक दूजा तत्त न होई।
कहै कबीर सुनौ रे संतौ भटकि मरै जनि कोई।।४५०।।

व्याख्या– कबीर कहते हैं कि हे संतो! यह मुर्दों का गाँव है (यह संसार ऐसे बहुत बड़े गाँव की तरह है जहाँ जन्म लेने वाला हर जीव मर जाता है)। शरीर धारण करने वाला कोई भी यहाँ रहने नहीं पाता, इसलिए किसका नाम लिया जाय (मरणधर्मिता से अलग कोई है ही नहीं) पीर, पैगंबर मर गये और जीवित योगी भी मर गये। राजा मर गए, प्रजा मर गयी, वैद्य और रोगी भी मर गए। चन्द्र भी मरेंगे, सूर्य मरेंगे, पृथ्वी और आकाश मरेंगे। चौदहों लोक के चौधरी भी मर जाएँगे, अतः किसकी आशा की जाय। नौ व्याकरण तथा दश (चार वेद छः शास्त्र) वेद शास्त्र भी नष्ट हो जाएँगे। अट्ठासी हजार जीव भी मर गये। तैंतीस कोटि देवता मर गए, वे काल के पाश (जाल) में बँध गए। एक ही ज्योति सभी देह में व्याप्त है, दूसरा कोई तत्त्व नहीं है। कबीर कहते हैं कि हे संतो! भटककर कोई मत मरो।

संसार की नश्वरता, ईश्वर की व्याप्ति तथा अमरता की व्यंजना की गयी है।

साधौ करता करम तैं न्यारा।
आवे न जाइ मरै नहिं जनमैं ताका करौ बिचारा।।टेक।।
जाकै धरनि गगन है सहसौं ताकौ सकल पसारा।।
नाद बिंद तै रहित है सोइ खसम हमारा।।
राम को पिता जो जसरथ कहिऐ जसरथ कौनैं जाया।
जसरथ पिता राम कौ दादा कहौ कहां तै आया।।
राधा रुकमिनि क्रिसन की रांनीं, क्रिसन दोऊ का मीरा।
सोरह सहस गोपी उन भोगी वह भयौ काँम कौ कीरा।।
बसुदेव पिता देवकी माता नंदमहर घरि आया।
कहै कबीर करता नहिं होइ जो करमाँ हाथि बिकाया।।४५१।।

व्याख्या– हे साधु! कर्त्ता कर्म से न्यारा है। न उसका आवागमन होता है, न मरण और जन्म होता है उसी तत्त्व का विचार करना चाहिए, जिसके सहस्त्रों धरती और आकाश हैं, उसी का सम्पूर्ण ब्रह्माण्ड में विस्तार है। वह नाद (ध्वनि) विन्दु (शरीर) आदि से रहित है वही मेरा स्वामी है। यदि राम के पिता को दशरथ कहा जाय, तो राम के दादा कहाँ से आए। राधा और रुक्मिणी कृष्ण की रानियाँ हैं, कृष्ण दोनों के मालिक हैं! सोलह सहस्त्र गोपियों का उन्होंने भोग किया, वह तो काम के कीड़े हो गए। वसुदेव उनके पिता, देवकी उनकी माता, नंद महर के घर उन्हें पालन-पोषण के लिए लाया गया। कबीर कहते हैं कि वह कर्त्ता नहीं हो सकता जो कर्मों के हाथ बिका हुआ है।

सगुण ईश्वर के महत्त्व को नकारा गया है। वास्तविक कर्त्ता स्वयं कर्मों में लिप्त नहीं होता। परात्पर ब्रह्म जन्म मृत्यु से परे है।

साधौ बाघिनि खाइ गइ लोई।
खाताँ जाँन न कोई।।टेक।।
काजल टीकि चसम मटकावै कसि कसि बाँधै गाढ़ी।
लुभुकि लुभुकि चरै अभि अंतर खात करेजा काढ़ी।।
काँन गही काजी नाक गही मुल्ला पंडित कै आँखी फोरी।
सींगी सिखि और गुर कनफूँका बाघिनि सबै मरोरी।।
अर इंद्रादिक बर ब्रह्मादिक ते बाघिनि धरि खाया।

गिरि गोबरधन नख पर राख्यौ ते बाघिनि मुख आया।।
उतपति परलै जनीं बघिनियाँ सतगुरु एह बिचारी।
कहै कबीर सुनौं भाई साधौं हमसूं बाघिनि न्यारी।।४५२।।

व्याख्या– बाघिनि रूपी माया (शेरनी) ने सभी लोगों को खा लिया है, उसे खाते हुए कोई जान नहीं पाया। वह काजल (कल्मष) लगाकर आँखें मटकाती है (विषय वासनाओं एवं पाप रूपी काजल से अपनी आँखों में आकर्षण पैदा करती है) फिर चकाचौंध हुए लोगों को कस कसकर बाँध लेती है। लुब्ध होकर वह अन्तःकरण को चरती है और कलेजे को काढ़कर खा लेती है। उसने काजी के कान पकड़े हैं, मुल्ला की नाक पकड़ी है और पंडित की आँखें ही फोड़ दी हैं (सभी को दंडित, अपमानित किया है)। शृंगी, शिखी और कान फूँकने वाले गुरु सभी को बाघिनि रूपी माया तोड़ मरोड़ देती है। इन्द्र, तथा श्रेष्ठ ब्रह्मादि को भी बाघिनि ने पकड़कर खा लिया। जिसने गोबर्धन पर्वत को अपने नख (नाखून) पर धारण कर लिया वह भी बाघिनि के मुख में आ गया। सतगुरु ने यही विचार किया कि उत्पत्ति और प्रलय बाघिनि रूपी माया के ही कारण हैं। कबीर कहते हैं कि कि हे संतो! सुनो-बाघिनि रूपी माया मुझसे अलग है।

माया के प्रभाव से सृष्टि का कोई भी जीव नहीं बचा है। मनुष्य, देवता, अवतारी ईश्वर तक उसका ग्रास बना है। संत कबीर ऐसे हैं जो माया से बिल्कुल अलग हैं। 'बाघिनि' को माया का प्रतीक माना गया है। रूपकातिशयोक्ति अलंकार का प्रयोग है।

साधौ भगति भेख तैं न्यारी।
मन पवनां पांचौं बसि कीया तिन या राह सँवारी।।टेक।।
काया कोट मैं अमर न रहनां कागद का घर कीन्हाँ।
माला तिलक तिरयौ नहिं कोई परम तत्त नहिं चीन्हाँ।।
गोरखनाथ न मुद्रा पहिरी मस्तक नहीं मुड़ाया।
ऐसा भगत भया भू ऊपरि गुरपैं राज छुड़ाया।।
ग्रभबास सुमिरन कीन्हाँ सुखदेव कौंन सुमाला।
कहै कबीर सब भेख भुलाँनाँ मूल छाँड़ि गहि डाला।।४५३।।

व्याख्या– कबीर कहते हैं कि हे सज्जनो (साधु) भक्ति वेश-भूषा से अलग होती है। हर साधु वेशधारी व्यक्ति भक्त नहीं होता। जिसने मन, प्राण एवं पाँचों इन्द्रियों को वश में कर लिया है उसी ने इस मार्ग को सँवारा है। काया (देह) रूपी दुर्ग में कोई अमर नहीं रहता। देह और आत्मा का संसर्ग शाश्वत नहीं है। यह घर कागज निर्मित घर की तरह शीघ्र गलने वाला है। ऐसा कोई भी जिसने परम तत्त्व की पहचान नहीं की केवल माला·(पहनकर) तथा तिलक लगाकर भवसागर से पार नहीं गया। गोरखनाथ ने न तो मुद्रा पहनी और न मस्तक (सिर) मुड़ाया। वह ऐसा भक्त पृथ्वी पर पैदा हुआ कि उसने अपने गुरु को दूसरे की अधीनता से मुक्त कराया। गर्भवास में शुकदेव ने तप किया वहाँ कौन सी माला थी। कबीर कहते हैं कि तुम वेश में ही विस्मृत हो, तुम तो मूल (जड़, असली वस्तु) को छोड़कर शाखा ही पकड़कर सन्तुष्ट हो।

गोरख का सम्बन्ध नाथों से था जो कान में कुंडल पहनते थे। लगता है ऐसी कोई किंवदन्ती है कि गोरख ने कालान्तर में वेश को महत्त्वहीन मानकर कुंडल पहनना छोड़ दिया

हो। उन्होंने अपने गुरु को किसी स्त्री की अधीनता से मुक्त कराया था, उसी का उल्लेख जाग मच्छन्दर गोरख आया वाक्य में किया जाता है।

वेश की निरर्थकता तथा मूल साधना से सम्बद्धता की व्यंजना की गयी है।

साधौ सो जन उतरे पारा।
जिन मन तैं आपा डारा।।टेक।।
कोई कहै मैं ग्यांनीं रे भाई कोई कहै मैं त्यागी।
कोई कहै मैं इंद्री जीती अहं सभनि कौं लागी।।
कोई कहै मैं जोगी रे भाई कोई कहै मैं भोगी।
मैं तैं आया दूरि न डारा कैसै जीवै रोगी।।
कोई कहै मैं दाता रे भाई कोई कहै मैं तपसी।
नित तत नाउ निहचै नहिं जाना सब माया मैं खपसी।।
कोई कहै मैं जुगती जानौं कोई कहै मैं रहनीं।
आतम देव सौं परचा नाहीं यहु सब झूठी कहनी।।
कोई कहै धरम सब साधै और बरत सब कीन्हाँ।
आपा कौ आँटी नहिं निकसी करज बहुत सिरि लीन्हाँ।।
गरब गुमांन सब दूरि निवारै करनीं कौं बल नाँहीं।
कहै कबीर साहेब का बंदा पहुँचा हरि पद माँही।।४५४।।

शब्दार्थ– आंटी = ऐंठन।

व्याख्या– कबीर कहते हैं कि हे साधो! (साधु पुरुषो) वही भक्तजन भवसागर के पार जाते हैं (मुक्त होते हैं) जिन्होंने अपने मन से अहंकार को निकाल फेंका है। कोई कहता है कि मैं ज्ञानी हूँ और हे भाई! कोई कहता है मैं त्यागी हूँ। कोई कहता है कि मैंने इन्द्रियों को जीत लिया है, इस तरह सभी को अहंकार ग्रस्त किए हुए है। कोई कहता है कि मैं योगी हूँ, कोई कहता है मैं भोगी हूँ। मैं से अहंकार (आत्मा से अहंकार) को दूर नहीं फेंका, फिर वे विकारी (अहंकार के रोग से ग्रस्त) कैसे सार्थक जीवन जिएँ। कोई कहता है कि मैं दाता (दानी) हूँ। हे भाई, कोई कहता है मैं तपस्वी हूँ। वे आत्मतत्त्व स्वरूप उस नाम के मर्म को नहीं जानते हैं, इसलिए ये सब माया में ही विलीन (खत्म) हो जाएँगे। कोई कहता है कि मैं युक्ति (तर्क, उपाय) जानता हूँ, कोई कहता है कि मैं रहने का तरीका या रहस्य जानता हूँ। इनका आत्म देव से कोई परिचय नहीं है। ये सब मिथ्या कथन हैं। कोई कहता है कि मैंने सभी धर्मों को साध लिया है (अर्थात् सर्वधर्म के आचरण में सिद्ध हैं) और सभी व्रतों को कर लिया है। अहंकार की ऐंठन निकली नहीं, दुष्कर्मों के दुष्परिणामों (कर्म के ऋण परिणाम अर्थात् पाप) का बोझ सिर पर लदता गया। गर्व, गुमान सब दूर करो, अपने को कर्त्ता समझने का बल कुछ सिद्ध नहीं करता। कबीर कहते हैं कि साहब का वास्तविक बंदा (भक्त हरि कृपा से) हरि के चरणों तक पहुँच जाता है या भगवत् स्थान को प्राप्त कर लेता है।

ज्ञानी, तपस्वी, योगी होने के मिथ्या अहंकार से मुक्ति नहीं होती। ईश्वर भक्ति की श्रेष्ठता की व्यंजना की गयी है।

हमारे गुरु बड़े भ्रिंगी।
आँनि कीटक करत भ्रिंग सो आपतैं रंगी।।टेक।।
पाइँ औरै पंख औरै और रंग रंगी।
जाति पाँति न लखै कोई भगत भौ भंगी।।१।।
नदी नाला मिले गंगा कहावै गंगी।
समाँनी दरियाव दरिया पार न लंघी।।२।।
चलत मनसा अचल कीन्ही माँहिं मन पंगी।
तत्त मैं निहत्तत्त दरसा संग मैं संगी।।३।।
बंध तै निर्बंध कीया तोरि सब तंगी।
कहै कबीर अगम किया गम रांम रंग रंगी।।४।।४५५।।

व्याख्या– कबीर कहते हैं कि मेरे गुरु भ्रिंगी कीड़े के समानधर्मा हैं। वे दूसरे जीवों को अपने रंग मे रूपान्तरित कर लेते हैं। उसके पैर, पंख (देह और रंग) सब कुछ भृंगी कीड़े के समान हो जाते हैं। वे जाति-पाँति के भेद-भाव को नहीं मानते। वे भक्त के सांसारिक बन्धन को भंग कर देते हैं। जिस तरह नदी, नाले सभी गंगा में मिलकर गंगाजल में बदल जाते हैं, जिस तरह नदी सागर में मिलकर अलंघ्य हो जाती है या फिर उसके आगे उसकी गति नहीं होती। उसी तरह जीव गुरु (ईश्वर) के संसर्ग में अपनी मलिनता तथा सीमाएँ त्यागकर निष्कलुष तथा असीम हो जाता है। सतगुरु चंचल मन को स्थिर कर देता है, और वह अन्तर्तम में ही रच-बस जाता है। तत्त्व में नितत्त्व, साथ में परम साथी दृष्टिगोचर होने लगता है। वह जीव के सारे बंधनों को तोड़कर निर्बंध कर देता है। कबीर कहते हैं कि वह अगम्य को गम्य बना देता है, जीव राम के रंग में रंग जाता है।

कहा जाता है कि भृंगी क्रीडा अन्य कीड़े को पकड़कर अपने रूप रंग में बदल लेता है। गुरु की महिमा का प्रतिपादन, रूपक अलंकार।

है साधू संसार मैं कँवला जल माँहीं।
सदा सरबदा संगि रहै जल परसत नाँहीं।।टेक।।
जल केरी ज्यौं कूकुही जल माँहिं रहाई।
पाँनीं पंख लिपै नहीं कुछु असर न जाई।।१।।
मींन तलै जल ऊपरै कछु लगै न भारा।
आड़ अटक माँनैं नहीं पौंड़े, जल धारा।।२।।
जैसै सीप समंद मैं चित देइ अकासा।
कुंभ कला ह्वै खेलही तस साहेब दासा।।३।।
जुगति जंबूरै पाइया बिसहर लपटाई।
वाकौ विख ब्यापै नहीं गुरगंमि सो पाई।।४।।
षड रस भोजन बिंजना बहु पाक मिठाई।
जिभ्या लेस लगै नहीं उनकै चिकनाई।।५।।
बाँबी मैं बिसहर बसै कोई पकरि न पावै।
कहै कबीर कोई गारड़ू तापैं सहजैं आवै।।६।।४५६।

व्याख्या– साधु पुरुष संसार में वैसे ही निवास करता है जैसे जल में कमल रहता है। कमल सदा सर्वदा जल के सम्पर्क में रहता है किन्तु जल उसे स्पर्श नहीं करता। जैसे जल की कूकुही (जल-पक्षी) जल में ही रहती है किन्तु उसके पंख पानी से लिप्त नहीं होते। उसके ऊपर पानी का कोई प्रभाव नहीं होता। मछली पानी के भीतर रहती है किन्तु उसके ऊपर जल का भार नहीं पड़ता। वह बिना किसी रोक-टोक के जल में तैरती है। जैसे समुद्र में रहने वाली सीपी आकाश की ओर ध्यान लगाए रहती है। इसी तरह संसार में रहते हुए भगवान् का दास कुंभक कला (प्राणायाम द्वारा श्वास को अन्दर रोक कर) निर्लिप्त क्रीड़ा करता है। जैसे जंबूरा (गारुड़ी) युक्ति के द्वारा अपनी देह से साँप को लिपटा लेता है किन्तु उसके शरीर में सर्प का विष व्याप्त नहीं होता। गुरु द्वारा बताई हुई युक्ति के द्वारा भक्त भी संसार की विषय वासना रूपी सर्पिणी (या माया सर्पिणी के विष) के विष से अछूता रहता है। छः रसों से युक्त भोजन व्यंजन और अनेक प्रकार के पकवान और मिठाइयों का सेवन करने से जिह्वा पर तनिक भी चिकनाई नहीं लगती अर्थात् सन्त लोग भोगमय संसार में रहकर भी उससे अछूते रहते हैं। बिल में साँप रहता है किन्तु कोई उसे पकड़ नहीं पाता लेकिन गारुड़ी उसे सहज ही अपने मंत्र से बुला लेता है। संत लोग कुंडलिनी शक्ति को अपनी प्राण-साधना द्वारा सहज ही जागृत कर लेते हैं या देहस्थ आत्म देव को प्रत्यक्ष कर लेते हैं।

प्रस्तुत पद में अनेक दृष्टान्तों द्वारा भक्तों की निर्लिप्त जीवन पद्धति को अंकित किया गया है। भोग की वस्तुओं के होते हुए भी संत उनसे तनिक भी लालायित नहीं होता। दृष्टांत अलंकार।

मोकों कहाँ ढूँढ़े बन्दे, मैं तो तेरे पास में।
ना मैं देवल ना मैं मसजिद, न काबे कैलास में।
ना तो कौने क्रियाकर्म में, नहीं योग बैराग में।
खोजी होय तो तुरतै मिलिहौं, पल भर की तलाश में।
कहैं कबीर सुनौ भाई साधो, सब स्वाँसो की स्वाँस में।।४५६।।

व्याख्या– कबीर के आराध्य भगवान् स्वयं कहते हैं कि हे बंदे (मनुष्य) मुझे तुम कहाँ ढूँढ़ते हो, मैं तो तुम्हारे पास ही रहता हूँ। मैं न तो देवालय में हूँ, न मस्जिद में हूँ और न काबा में हूँ और न कैलाश पर्वत पर हूँ। मैं किसी क्रिया, कर्म योग तथा वैराग्य में भी नहीं रहता हूँ (अर्थात् इन साधनों से मेरी उपलब्धि नहीं होती।) यदि सही अन्वेषक हो तो मैं क्षण भर में मिल जाता हूँ। कबीर कहते हैं कि हे साधुओ! सुनो ईश्वर सभी जीवों की साँस में रहता है।

हर देह में प्राण के रूप में ईश्वर विद्यमान है। इसलिए उसकी तलाश देह के भीतर ही करनी चाहिए। तीर्थों तथा क्रिया कर्म की निरर्थकता की व्यंजना की गयी है।

सन्तन जात न पूछो निरगुनियाँ।
साध ब्राहमन साध छत्तरी, साधै जाती बनियाँ।
साधन माँ छत्तीस कौम है, टेढ़ी तोर पुछनियाँ।
साधै नाऊ साधै धोबी, साधै जाति है बरियाँ।
साधन माँ रैदास सन्त हैं, सुपच ऋषि सो भँगियाँ।
हिन्दु-तुर्क दुइ दीन बने हैं, कछू नहीं पहचनियाँ।।४५८।।

व्याख्या– निर्गुनियाँ संतों की जाति मत पूछो। साधु ब्राह्मण हैं, क्षत्रिय हैं, वणिक् हैं।

साधुओं की छत्तीसौ कौम (जाति) है। तेरा प्रश्न ही टेढ़ा है। साधु नाऊ, धोबी, बेड़िया, आदि अनेक जातियों से सम्बद्ध हैं। साधुओं में रैदास (हरिजन) सन्त हैं, चांडाल सुदर्शन ऋषि जैसे भंगी भी हैं। हिन्दू और तुर्क दोनों धर्मों के लोग साधु बने हैं। इसलिए उनकी जाति पाँति सम्बन्धी कोई पहचान संभव नहीं है।

साधो भाई, जीवत ही करौ आसा।
जीवत समझे जीवत बूझे, जीवत मुक्ति निवासा।
जीवन करम की फाँस न काटी, मुये मुक्ति की आसा।
तन छूटे जिव मिलन कहत है, सो सब झूठी आसा।
अबहुँ मिला तो तबहुँ मिलेगा, नहिं तो जमपुरबासा।
सत्त गहे सतगुरु को चीन्हें, सत्तनाम विस्वासा।
कहैं कबीर साधन हितकारी, हम साधन के दासा।।४५९।।

व्याख्या– हे भाई साधु! जीवित रहते ही ईश्वर मिलन की आशा करो। जीवित रहते ही आत्मा परमात्मा के वास्तविक सम्बन्ध को समझो और बूझो। जीवित रहते ही मोक्ष (सांसारिक बंधनों से मुक्त) को प्राप्त करो। जीवन से जुड़े हुए कर्म-जाल को काटने का प्रयास करते नहीं, मरने के बाद मुक्ति की आशा करते हो। जो लोग यह कहते हैं कि शरीर के छूटने के बाद जीव का ईश्वर से मिलन होगा, यह एक मिथ्या आशा है, जो कुछ इस समय मिलता है वही मरणोपरान्त भी मिलता है! यदि ईश्वर से मिलन (आत्मा राम का साक्षात्कार) जीवित रहते होता है तो वही मिलन मरणोपरान्त भी होता है। दोनों स्थितियों में कोई भेद नहीं रहता। यदि ऐसा नहीं है तो यमपुर में ही निवास करना पड़ेगा। सत्य का ग्रहण करें, सतुगुरु को पहचानें, सत्यनाम में विश्वास करें। कबीर कहते हैं कि यही साधन हितकारी हैं मैं इन्हीं साधनों का दास हूँ।

कबीर ने इस पद में जीवन्मुक्ति का प्रतिपादन किया है। बौद्ध दर्शन में भी निर्वाण जीते जी संभव माना गया है।

चंदा झलकै यदि घट माहीं। अंधी आँखन सूझै नाहीं।।
यहि घट चंदा यदि घट सूर। यहि घट गाजे अनहद तूर।।
यहि घट बाजै तबल निसान। बहिरा शब्द सुने नहि कान।।
जब लग मेरी मेरी करै। तब लग काज एकौ नहि सरै।।
जब मेरी ममता मर जाय। तब लग प्रभु काज सँवारै आय।।
ग्याँन के कारन करम कमाय। होय ग्याँन तब करम नसाय।।
फल कारन फूलै बनराय। फल लागे पर फूल सुखाय।।
मृगा पास कस्तूरी बास। आपन खोजै खोजै घास।।४६०।।

व्याख्या– चन्द्रमा इस शरीर के अन्दर ही प्रकाशित है किन्तु जिनके पास अन्तर्दृष्टि नहीं है उन्हें सूझता नहीं है। इसी घट (शरीर) में चन्द्रमा, सूर्य सभी प्रकाश के स्त्रोत हैं। इसी शरीर में अनाहत का घंटा बजता रहता है। इसी देह में तबला और नगाड़ा बजते हैं लेकिन ये कान उस ध्वनि को सुन नहीं पाते। जब तक ममत्व (अपना समझने का अहंकार) रहता है तब तक एक भी कार्य सिद्ध नहीं होता। जब सांसारिक ममता मर जाती है तब ईश्वर आकर सभी कार्य सिद्ध कर देता है। ज्ञान के लिए कर्म संचित होते हैं किन्तु जब ज्ञान हो जाता है तो कर्म

बन्धन नष्ट हो जाते हैं। फल के लिए बनराजि फूलती है किन्तु जब फल आ जाता है तो फूल सूख जाते हैं। मृग के पास ही कस्तूरी की सुगंध रहती है उसे वह अपने अन्दर नहीं ढूँढ़ता बल्कि वह घांस के बीच उस सुगंध को खोजता है।

ज्योति के स्रोत, ओऽम (शब्द ब्रह्म) उसकी सुगन्ध देह के अन्दर ही व्याप्त है। उसे अन्तर्ज्ञान से समझा जा सकता है। कर्म से ज्ञान, ज्ञान से ईश्वर का साक्षात्कार होता है।

इस घट अन्तर बाग बगीचे, इसी में सिरजन हारा।
इस घट अन्तर सात समुन्दर, इसी में नौ लख तारा।
इस घट अन्तर पारस मोती, इसी में परखन हारा।
इस घट अन्तर अनहद गरजै, इसी में उठत फुहारा।
कहत कबीर सुनो भाई साधो, इसी में साईं हमारा।।४६१।।

व्याख्या– इसी देह के अन्दर बाग बगीचे हैं, इसी में सृजनहार (कर्त्ता) भी है। इसी के अन्दर सातों समुद्र तथा नव लाख तारे हैं। इसी घट में पारस पत्थर एवं मोती हैं, इसी में परखने वाला (पारखी) भी है। इसी घट में अनाहत की गर्जना होती है, इसी में फौवारे उठते हैं। कबीर कहते हैं कि हे साधो भाई सुनो, इसी में मेरा स्वामी रहता है।

घट में ही ब्रह्माण्ड के सभी तत्त्वों की व्याप्ति की व्यंजना की गयी है।

अवधू माया तजी न जाई।
गिरह तज के बस्तर बाँधा, बस्तर तज के फेरी।
लड़िका तजि के चेला कीन्हा, तहुँ मति माया घेरी।।
जैसे बेल बाग में अरुझी माँहि रही अरुझाई।
छोरे से वह छूटे नाही कोटिन करे उपाई।।
काम तजे ते क्रोध न जाई, क्रोध तजे तें लोभा।
लोभ तजे अहंकार न जाई, मान बड़ाई-सोभा।।
मन बैरागी माया त्यागी, शब्द में सुरत समाई।
कहै कबीर सुनो भाई साधो, यह गम बिरले पाई।।४६२।।

व्याख्या– हे अवधूत! माया छोडना कठिन है वह किसी तरह छोड़ी नहीं जा सकती। लोग गृहस्थी (गृह) छोड़कर वेश धारण कर लेते हैं, वस्त्र (वेश) त्याग कर भिक्षा हेतु भ्रमण करने लगते हैं। लड़के-(लडकियाँ), छोडकर चेला बना लेते हैं, वहाँ भी बुद्धि माया से ग्रस्त रहती है। जैसे बेल बगीचे के वृक्षों से उलझी रहती है उसी तरह जीव माया में उलझा रहता है। वह कोटि उपाय करने पर भी छुड़ाने से छूटती नहीं है। काम के त्यागने से क्रोध नहीं जाता, क्रोध त्यागने से लोभ नहीं जाता, लोभ के त्याग से अहंकार नहीं जाता और उससे मान, बड़ाई की ललक नहीं जाती। यदि मन विरक्त होकर माया का त्याग करता है तो अनाहत में स्मृति-शक्ति (ईश्वरोन्मुखी चेतना) समाहित हो जाती है। कबीर कहते हैं कि हे साधो भाई! सुनो, यह रहस्य कोई विरला ही जानता है।

माया के प्रति सहज विरक्ति से ही ईश्वरोन्मुखी चेतना जागृत होती है।

हंसो करो पुरातन बात।
कौन देस से आया हंसा, उतरना कौन घाट।
कहाँ हंसा बिसराम किया है, कहाँ लगाये आस।।

अब ही हंसा चेत सबेरा, चलो हमारे साथ।
संसय सोक वहाँ नहिं व्यापै, नहीं काल के त्रास।
हिआँ मदन बन फूल रहे हैं, आवे सोहं बास।
मन भौंरा जिहँ अरुझ रहे हैं, सुख कीना अभिलास।।४६३।।

व्याख्या– हे विशुद्ध चैतन्य जीव पुरानी बातें करो (अपने चिरन्तन सम्बन्धों पर विचार करो) हे हंस! तुम्हारा किस देश से आगमन हुआ है और तुम्हें किस घाट से भवसागर के पार जाना है। हंस कहाँ विश्राम करता है और किसकी आशा लगाए रखता है। हे हंस सबेरे (जल्दी) चेत जाओ, तुम मेरे साथ (भक्ति भाव के साथ) उस स्थान पर चलो जहाँ संशय और शोक व्याप्त नहीं होता, वहाँ काल (मृत्यु) का भय भी नहीं रहता। यहाँ (इस लोक में) काम का बन फूला हुआ है, उसमें जीव के साथ ब्रह्म की अभिन्नता की गन्ध आ रही है। मन रूपी भ्रमर उसी में उलझा हुआ है उसे वास्तविक सुख की अभिलाषा नहीं है (क्योंकि वह मिथ्या सुख में डूबा है।)

आचार्य हजारीप्रसाद द्विवेदी ने हंस देह के विषय में लिखा है कि इसमें कोई तत्त्व नहीं है जिस प्रकाश में यह जीव समष्टि रूप था उसी प्रकाश को उसने अपना स्वरूप माना सो ऐसा मानना उसका भ्रम मात्र है। हंस को जिस स्थान पर ले जाने की बात कही गयी है वह सत्य लोक है।

अनगढ़िया देवा, कौन करै तेरी सेवा।
गढ़े देव को सब कोई पूजै, नित ही लावै सेवा।
पूरन ब्रह्म अखंडित स्वामी, ताको न जानै भेवा।
दस औतार निरंजन कहिए, सो अपना ना होई।
यह तो अपनी करनी भोगैं, कर्त्ता औरहि कोई।
जोगी जती तपी संन्यासी, आप-आप में लड़ियाँ।
कहै कबीर सुनो भाई साधो, राम लखै सो तरियाँ।।४६४।।

व्याख्या– जिस देव की मूर्ति नहीं गढ़ी जा सकती, उसकी सेवा कौन कर सकता है। मूर्त देव की पूजा सभी करते हैं, और नित्य सेवा करते हैं। पूर्ण ब्रह्म जो अखंडित है और जगत् का स्वामी है, लोग उसका भेद नहीं जानते हैं। निरंजन के दस औतार कहे गए हैं किन्तु कोई भी भक्त का आत्मीय नहीं है। तथाकथित अवतारी भी अपनी करनी का भोग करते हैं, वास्तविक कर्त्ता तो कोई और है। योगी, यती, तपस्वी, संन्यासी, अपने आप से लड़ रहे हैं (परस्पर वैचारिक संघर्ष में लीन हैं) कबीर कहते हैं कि कि हे साधु भाई! सुनो, जो राम की ओर देखता वह तर जाता है।

कुछ प्रतियों में राग पाठ मिलता है। अवतारों का विरोध करके निर्गुण राम की स्थापना की गयी है इसलिए 'राग' की अपेक्षा 'राम' पाठ ज्यादा उचित है।

कहें कबीर तहँ रैन-दिन आरती, जगत के तख्त पर जगत साँईं।।
कर्म औ भर्म संसार सब करत है, पीव की परख को प्रेमी जानै।।
सुरत औ' निरत धार मन में पकड़ कर, गंग और जमन के घाट आनै।।
नीर निर्मल तहाँ रैन दिन झरत है, जनम औ मरन तब अन्त पाई।।४६५।।

व्याख्या– कबीर कहते हैं कि वहाँ जहाँ जगत के तख्त पर जगत का स्वामी विराजित है,

दिन रात आरती होती रहती है। कर्म और भ्रम से संसार की रचना हुई है, प्रियतम भगवान्, की परख प्रेमी ही जान सकता है। अन्तर्मुखी वृत्ति तथा बहिर्मुखी वृत्ति (राग, विराग) को मन में धारण करके उन्हें इड़ा पिंगला के घाट पर ले आएँ (त्रिकुटी पर ले आएँ) वहाँ ज्ञान की धारा निरन्तर झरती है, जन्म और मृत्यु का अन्त तभी पाया जा सकता है।

अधर आसन किया अगम प्याला पिया, जोग की मूल जग जुगुति पाई।
पंथ बिन जाय चल सहर बेगमपुरे, दया जगदेव की सहज आई।
ध्यान घर देखिया नैन-बिन पेखिया, अगम अगाध सब कहत गाई।
सहर बेगमपुरा गम्म को ना लहै, होय बेगम्म जो गम्म पावै।
गुना की गम्म का ना अजब बिसराम है, सैन जो लखै सोइ सैन गावै।।४६६।।

शब्दार्थ– बेगम = अगम्य।

व्याख्या– कबीर कहते हैं कि शून्य को आसन बनाकर (प्राण को वहाँ स्थिर करके अगम (रहस्यातीत) रस का प्याला पिया। मैंने योग की मूल (असली) युक्ति को पा ली। इस तरह बिना किसी पंथ (सम्प्रदाय या मार्ग) का अनुसरण किए अगम्य पुर नामक शहर में पहुँच गया, मुझे जग के स्वामी भगवान् की दया सहज ही मिल गयी। ध्यान धारणा से नेत्रों का सहारा लिए बिना उस तत्त्व को देख लिया जिसे सभी अगम और अगाध कहते हैं। उस अगम्यपुर तक किसी की पहुँच नहीं है, जो बेगम्य अर्थात् निर्द्वन्द्व हो जाता है वही वहाँ पहुँच पाता है। निर्गुण गुणों की गम्यता का अनोखा विश्राम है, जो संकेत को समझता है वही संकेत में उस निर्गुण का गान कर सकता है। जिन शब्दों में अर्थ का सुनिश्चित विधान होता है उनसे निर्गुण का गुणगान नहीं किया जा सकता।

योग और कृपा द्वारा अगम्य की गम्यता का कथन किया गया है।

मन तू पार उतर कहँ जैहौ।
आगे पंथी पंथ न कोई, कूच-मुकाम न पैहौ।
नहिं तहँ नीर, नाव नहिं खेवट, ना गुन खैंचन हारा।
धरनी-गगन-कल्प कछु नाहीं, ना कछु वार न पारा।
नहिं तन, नहिं मन, नहीं अपन पौ सुन्न में सुद्ध न पैहौ।
बलीवान होय पैठो घट में, वाहीं ठौरें होइहौ।
बारहि बार बिचार देख मन, अंत कहूँ मत जैहौ।
कहैं कबीर सब छाड़ि कलपना, ज्यों के त्यों ठहरै हौ।।४६७।।

व्याख्या– हे मन तू पार (भवसागर से आगे) उतर कर कहाँ जाएगा, आगे न कोई यात्री है, न पथ है, तुम्हें प्रस्थान-स्थान (लक्ष्य) भी नहीं प्राप्त होगा। वहाँ पानी नहीं है, नाव नहीं है, न खेनेवाला है, और न नाव खींचने की रस्सी है। पृथ्वी, आकाश एवं विधान या संकल्प भी नहीं है। कुछ और पार नहीं दिखता उस अवस्था में तन, मन तथा अपनापन भी नहीं रहते। यदि जीवात्मा अपने को ही ब्रह्म मान लेता है तो वह अभेद जन्य भ्रान्ति का शिकार हो जाता है। वह कल्पना से अपने को शून्य रूप समझने लगता है और उसमें अपने रूप को ही नहीं खोज पाता है। बलिष्ठ होकर देह के अन्दर प्रविष्ट रहो वहीं पर तुम्हारा स्थान है। बार-बार मन में विचार कर देखो, अंततः तुम्हें (ईश्वर की खोज में) कहीं नहीं जाना है। कबीर कहते हैं कि सभी कल्पनाओं को छोड़ देने के बाद ही तुम अपने वास्तविक स्वरूप में स्थिर रहोगे।

बाह्य प्रयत्न तथा काल्पनिक अद्वैत अनुभूति से ईश्वर का साक्षात्कार संभव नहीं है।

घर-घर दीपक बरै, लखै नहिं अन्ध है।
लखत-लखत लख परै, कटै जम फन्द है।।
कहन-सुनन कछु नाहिं, नहीं कछु करन है।
जीते जी मरि रहै, बहुरि नहिं मरन है।।
जोगी पड़े बियोग, कहैं घर दूर है।
पासहि बसत हजूर, तू चढ़त खजर है।।
बाह्मन छिच्छा देता घरघर घालिहै।
मूर सजीवन पास, तू पाहन पालिहै।।
ऐसन साहब कबीर सलोना आप है।
नहीं जोग नहीं जाप पुन्न नहीं पाप है।।४६८।।

व्याख्या– प्रत्येक घर (शरीर) में आत्म ज्योति रूपी दीपक जल रहा है लेकिन ज्ञान दृष्टि के अभाव में अन्धा जीव उसे देख नहीं पाता है। देखते-देखते अर्थात् देखने का निरन्तर प्रयास करने से वह ज्योति लक्षित होती है, तत्पश्चात् यम का पाश कट जाता है। कहने सुनने की कोई जरूरत नहीं है और कुछ करना भी नहीं है। यदि कोई जीवन्मृत होना जानता है तो फिर मरण नहीं होता। योगी लोग वियोगी बने हैं कहते हैं कि परमात्मा का घर दूर है जबकि ईश्वर पास में ही निवास करता है (वह देह में ही आत्मा रूप में उपस्थित है)। ऐसी स्थिति में खजूर पर क्यों चढ़ते हैं (मन को ऊर्ध्वमुखी करके समाधि लगाने की क्या आवश्यकता है)। ब्राह्मण लोग घर-घर दीक्षा देकर सब को चौपट करते हैं। संजीवनी बूटी तुम्हारे पास है और तुम पत्थर की मूर्ति की सेवा करते हो। कबीर का स्वामी ऐसा सलोना (सुन्दर) है, वह सहज ही उपलभ्य है। योग, जप, पुण्य, पाप आदि किसी से भी वह प्राप्त नहीं होता है।

ईश्वर की देह के अन्दर व्याप्ति तथा उसकी सहज उपलब्धता की व्यंजना की गयी है। मंत्र, तंत्र तथा अन्य साधना पद्धतियों से उसे नहीं पाया जा सकता है। प्रथम पंक्ति में रूपकातिशयोक्ति अलंकार है।

साधो, सो सतगुरु मोंहि भावै।
सत्त प्रेम का भर भर प्याला, आप पिवै मोंहि प्यावै।
परदा दूर करै आँखिन का, ब्रह्म दरस दिखलावै।
जिस दरसन में सब लोक दरसै, अनहद सब्द सुनावै।
एकहि सब सुख दुःख्र दिखलावै, सब्द में सुरत समावै।
कहैं कबीर ताको भय नाहीं, निर्भय पद परसावै।।४६९।।

व्याख्या– हे साधु, मुझे वही सत्गुरु अच्छा लगता है जो सत्य प्रेम का प्याला भर-भर कर स्वयं पीता है और मुझे भी पिलाता है। जो सत्गुरु आँखों का अज्ञान आवरण हटाकर ब्रह्म का दर्शन करवाता है जिसके दर्शन से सम्पूर्ण विश्व दृष्टिगत होने लगता है और अनाहत नाद की गूँज सुनाई देने लगती है। वह सुख-दुख को एक साथ (अद्वैत रूप) दिखाता है। सुरत (अन्तर्मुखी वृत्ति) को शब्द (ओऽम् अनाहत नाद) से जोड़ देता है। कबीर कहते हैं कि उस गुरु को कोई भय नहीं रहता, वह शिष्य को भी निर्भय पद का स्पर्श करा देता है।

निरति जब सुरति से मिलती है और सुरति जब शब्द से मिलती है तो हंस देह की प्राप्ति होती है। जब निरति अभेद प्रतीति रूपी अहंभाव से मुक्त होकर शब्द में लीन होती है तभी जीव अपने सच्चे रूप में स्थित होता है।

जिससे रहनि अपार जगत में, सो प्रीतम मुझे पियारा हो।
जैसे पुरइनि रहि जल-भीतर, जलहि में करत पसारा हो।
वाके पानी पत्र न लागै, ढलकि चलै जस पारा हो।
जैसे सती चढ़े अगिन पर, प्रेम वचन ना टारा हो।
आप जरै औरनि कौ जारै, राखै प्रेम-मरजादा हो।
कहे कबीर सुनो भाई साधो, बिरले उतरे पारा हो।।४७०।।

व्याख्या– जिसके संसर्ग से संसार में चिरन्तन वास होता है वही प्रियतम मुझे प्रिय है, जैसे कमल का पत्ता जल में रहकर जल में ही प्रसार करता है। पानी उसके पत्ते में नहीं लगता, वह पारे की तरह ढुलक कर नीचे गिर जाता है। जैसे सती नारी चिता पर चढ़ जाती है किन्तु प्रेम-वचन को टालती नहीं है। वह स्वयं जलती है और अन्य लोगों के भी दूषित विचारों को जलने की प्रेरणा देती है। इस तरह वह अपने त्याग से प्रेम की मर्यादा की रक्षा करती है। कबीर कहते हैं कि संसार के प्रति इस तरह निर्लिप्त भाव रखकर तथा दिव्य प्रेम की रक्षा करके विरले लोग ही संसार-सागर के पार जाते हैं।

शाश्वत ब्रह्म के सामीप्य लाभ की भावना तथा निर्लिप्त एवं समर्पित जीवन यापन करते हुए मुक्त होने की स्थिति की व्यंजना की गयी है। दूसरी और चौथी पंक्ति में दृष्टांत अलंकार है।

या तरिवर में एक पखेरू, भोग सरस वह डोलै रे।
वाकी संघ लखैं नहिं कोई, कौन भाव सों बोलै रे।
दुर्म्म-डार तहँ अति घन छाया, पंछी बसेरा लेई रे।
आवै-साँझ उड़ि जाय सबेरा, मरम न काहू देई रे।
सो पंछी मोंहि कोइ न बतावै, जो बोलै घटमाँही रे।
अबरन-बरन रूप नहिं रेखा, बैठा प्रेम के छाँही रे।
अगम अपार निरन्तर बासा, आवत जात न दीसा रे।
कहैं कबीर सुनो भाइ साधो, यह कछु अगम कहानी रे।
या पंक्षी के कौन ठौर है, बूझो पंडित ज्ञानी रे।।४७१।।

शब्दार्थ– संघ = रहस्य, खोज।

व्याख्या– इस देह रूपी वृक्ष में एक जीवात्मा रूपी पक्षी रहता है जो सरस भोग वस्तुओं से झूमता है। उसका संधान कोई नहीं कर पाता कि वह किस भाव से बोलता है। वृक्ष की डाल में सघन छाया है, पक्षी वहीं बसेरा लेता है। वह सायंकाल आता है, प्रातःकाल उड़ जाता है, वह अपना रहस्य किसी को भी जानने नहीं देता। उस पक्षी के विषय में मुझे कोई नहीं बताता है। जो देह के अन्दर रहकर भाषण करता है। इस पक्षी का कोई वर्ण, अवर्ण नहीं है, वह प्रेम की छाया में बैठता है, वह अगम्य, अपार और शाश्वत चैतन्य है (निरन्तर निवास करने वाला है)। आते-जाते वह दिखाई नहीं देता। कबीर कहते हैं कि हे सन्तो! यह अगम कथा है। इस जीवात्मा रूपी पक्षी का कौन सा स्थान है, हे ज्ञानी पंडितो, इसे समझने की चेष्टा

करो।

रूपकातिशयोक्ति के माध्यम से जीवात्मा के स्वरूप को समझाया गया है। देह ही वृक्ष है, अंग प्रत्यंग तथा इन्द्रियाँ ही देह वृक्ष की डालें हैं, शाम को आना सुबह जाना जिन्दगी की अल्पकालिकता के व्यंजक हैं। विशुद्ध आत्मा का स्वरूप परमात्मा की तरह ही वर्ण-अवर्ण तथा आकार से परे एवं सूक्ष्म है। आत्मा की वास्तविक स्थिति की पहचान अत्यन्त कठिन होती है। रूपकातिशयोक्ति अलंकार का विधान है।

ज़ाग पियारी अब का सोवै। रैन गई दिन काहे को खोवै।।
जिन जागा तिन मानिक पाया। तैं बौरी सब सोय गँवाया।।
पिय तेरे चतुर तू मूरख नारी। कबहुँ न पिय की सेज सँवारी।।
तैं बौरी बौरापन कीन्ही। भर जोबन पिय अपन न चीन्हीं।।
जाग देख पिय सेज न तेरे। ताहि छाँड़ि उठि गये सबेरे।।
कहै कबीर सोई धन जागै। शब्द-बान उर अन्तर लागै।।४७२।।

व्याख्या– कबीर जीवात्मा रूपी नारी को सम्बोधित करते हुए कहते हैं कि हे प्यारी! अब क्यों सोती है, (मोह की), रात्रि व्यतीत हो गयी है, दिन (ज्ञान के प्रकाश होने पर भी) को क्यों नष्ट कर रही है। जो भी जागृत हुआ उसने माणिक्य (ईश्वर रूपी माणिक्य) प्राप्त किया। तू तो बावली है, तूने सब कुछ सो कर भी खो दिया। तेरा प्रिय चतुर है, तू मूर्ख नारी है, तूने कभी भी प्रिय की शय्या को सजाया नहीं। बावली (पगली) तूने पागलपन किया, भरे-पूरे यौवन में अपने प्रियतम को नहीं पहचाना। जागकर देखो प्रियतम तुम्हारी शय्या पर मौजूद नहीं है, वह तुम्हें प्रातःकाल ही छोड़कर चला गया है। कबीर कहते हैं कि वही धन्या (स्त्री) जागृत होती है जिसके हृदय में (गुरु के) शब्द बाण बेध जाते हैं।

दाम्पत्य प्रतीक के द्वारा कबीर ने आत्मा-परमात्मा के प्रणय सम्बन्धों को अंकित किया है। जिस तरह मुग्धा नायिका अपने यौवन की मस्ती में विवेकहीन होकर अपने पति को नाराज कर लेती है उसी तरह अज्ञान में सुप्त जीवात्मा परमात्मा के स्वरूप को पहचान नहीं पाती और उसे अपने से अलग कर देती है। गुरु के शब्द बाण से जागृत आत्मा ही अद्वैत की परख कर पाती है। धन की जगह कबीर वाणी में 'धुन' पाठ है जो सम्पूर्ण रूपक विधान की दृष्टि से उचित नहीं प्रतीत होता है।

अवधू, भूले को घर लावै।
सो जन हमको भावै।।
घर में जोग भोग घर ही में, घर तज बन नहिं जावै।
घर में जुक्त मुक्त घर ही में, जो गुरु अलख लखावै।
सहज सुन्न में रहै समाना, सहज समाधि लगावै।
उन्मुनि रहै ब्रह्म को चीन्है, परम तत्व को ध्यावै।
सुरत-निरत सों मेला करके, अनहद नाद बजावै।
घर में बसत वस्तु भी घर है, घर ही वस्तु मिलावै।
कहैं कबीरा सुनो हो साधू, ज्यों का त्यों ठहरावै।।४७३।।

व्याख्या– हे अवधूत, भूले हुए व्यक्ति को जो घर लाता है वही मुझे प्रिय लगता है। घर में ही योग और भोग दोनों है, घर को त्यागकर वन मत जाओ। घर (गृहस्थी में) युक्ति और

मुक्ति दोनों है, यदि गुरु अलग (अलक्ष्य) ब्रह्म की पहचान करा देता है तो साधक जीव सहज ही शून्य में (सहस्त्रार चक्र में) समाहित हो जाता है, उसकी सहज समाधि लग जाती है। वह उन्मनी अवस्था में ब्रह्म को पहचानता है और परम तत्त्व का ध्यान करता है, सुरति (सांसारिक राग) निरति (ईश्वरीय राग) अर्थात प्रेय और श्रेय को मिलाकर अनाहत नाद को ध्वनित करता है। घर में बसो, घर में सभी वस्तु है, घर ही वस्तु को प्राप्त करवा देता है। कबीर कहते हैं कि हे साधु सुनो, घर में रहकर ही अपने मूल स्वरूप में स्थिर हुआ जा सकता है।

गृहस्थी को त्यागकर वनवास करने से मुक्ति नहीं मिलती। गुरु के उद्‌बोधन से गृहस्थी में रहकर भी परम तत्त्व का ध्यान किया जा सकता है और स्थितप्रज्ञ हुआ जा सकता है। घर तथा वस्तु गृहस्थ जीवन और अमूल्य वस्तु (परमतत्त्व) के प्रतीक हैं।

सन्तो, सहज समाधि भली।
साँई ते मिलन भयो जा दिन तें सुरत न अन्त चली।।
आँख न मूँदूँ कान न रूँधूँ, काया कष्ट न धारूँ।
खुले नैन मैं हँस हँस देखूँ, सुंदर रूप निहारूँ।।
कहूँ सो नाम सुनूँ सो सुमिरन, जो कुछ करूँ सो पूजा।
गिरह उद्यान एक सम देखूँ, भाव मिटाऊँ दूजा।।
जहँ जहँ जाऊँ सोई परिकरमा, जो कुछ करूँ सो सेवा।
जब सोऊँ तब करूँ दण्डवत, पूजूँ और न देवा।।
शब्द निरन्तर मनुआ राता, मलिन बचन का त्यागी।
ऊठत बैठत कबहुँ न बिसरै, ऐसी तारी लागी।।
कहैं कबीर यह उनमुनि रहनी, सो परगट कर गाई।
सुख-दुख के इक परे परम सुख, तेहि में रहा समाई।।४७४।।

व्याख्या– कबीर कहते हैं कि हे साधु-सहज समाधि ही उत्तम है। जब से स्वामी से मिलन हुआ तब से सुरत (प्रेय) का ही अन्त नहीं हो रहा है, (सीमित राग असीमित राग में परिणत हो गया है)। अब मुझे आँख बन्द नही करना पड़ता और कर्ण का अवरोध भी नहीं करना पड़ता, देह में कष्ट भी धारण नहीं करना होता अर्थात् दैहिक कष्ट नहीं सहन करना पड़ता। उद्‌घाटित नेत्रों से मैं हँस-हँस कर सुन्दर स्वरूप का दर्शन करता हूँ। मेरे मुख से जो कुछ निकलता है वही ईश्वर का स्मरण होता है, जो कुछ भी करता हूँ वही पूजा बन जाती है, गृह और उद्यान को समभाव से देखता हूँ मैंने द्वैत भाव मिटा दिया है। मैं जहाँ-जहाँ जाता हूँ वही परिक्रमा होती है, जो कुछ भी करता हूँ वही ईश्वर की सेवा होती है, जब शयन करता हूँ तो भगवान् का दण्डवत् प्रणाम हो जाता है, अब मुझे किसी अन्य देवता की पूजा नहीं करनी पड़ती है। अनाहत नाद (शब्द ब्रह्म) में मेरा मन अनुरक्त है, मैंने दूषित वाणी का त्याग कर दिया है। मेरा ईश्वर में ऐसा ध्यान लग गया है कि उठते-बैठते वह परमतत्त्व विस्मृत नहीं होता। उन्मनी अवस्था में निवास की इस स्थिति को मैंने कहकर प्रकट किया है। सामान्य सुख-दुख से परे एक परमसुख है, मैं उसी में समाहित हो गया हूँ।

प्रस्तुत पद में सहज समाधि तथा अजपाजाप का वर्णन किया गया है। यह सिद्धि की अवस्था है। यह ईश्वर के दर्शन के बाद घटित होती है। बौद्ध दर्शन में यह निर्वाण की अवस्था

है, औपनिषदिक दृष्टि से अद्वैत अनुभूति की अवस्था है, यौगिक दृष्टि से उन्मनी अवस्था है।

साधो, सहजै काया सोधो।
जैसे बट का बीज ताहि में, पत्र फूल फल छाया।
काया मद्धे बीज बिराजे, बीजा मद्धे काया।
अग्नि-पवन-पानी-पिरथी-नभ, ता बिन मिलै नाहीं।
काजी पंडित करो निरनय, को न आपा माहीं।
जल-भर कुंभ जलै बिच धरिया, बाहर भीतर सोई।
उनको नाम कहन को नाहीं, दूजा धोखा होई।
कहै कबीर सुनो भाई साधो, सत्य शब्द निज सारा।
आपा मद्धे आपा बोलै, आपै सिरजन हारा।।४७५।।

व्याख्या– कबीर कहते हैं कि काया (शरीर) का शोधन सहज ही होता है (इसके लिए कृच्छ साधना अपेक्षित नहीं है) जैसे वटवृक्ष अपने बीज में ही स्थित है, बीज में ही पत्र, फूल, फल तथा तज्जनित छाया निहित है, उसी तरह देह के मध्य में बीज रूप परम तत्त्व (उसका अंश आत्मा) विराजित है, उसी बीज में काया का अस्तित्व है। अग्नि, पवन, जल, पृथ्वी, आकाश उस बीज के बिना प्राप्त नहीं होते। हे काजी और पंडित निर्णय करो, आत्मा कौन चीज नहीं है अर्थात् सब कुछ है। जीवात्मा मूलतः परमात्मा से भिन्न नहीं है। जैसे जल से भरा हुआ घट जल के बीच रखा हुआ है, उसके बाहर और भीतर समान तत्त्व है। उसी तरह से ईश्वर से व्याप्त ब्रह्माण्ड के बीच ईश्वर अंश आत्मा से पूरित देह विद्यमान है। उस परमात्मा को किसी नाम से पुकारने से द्वैत का धोखा हो सकता है। कबीर कहते हैं कि सन्तो सुनो, निजत्व (आत्मतत्त्व) का सार सत्य शब्द है। आत्मा के मध्य में आत्मा (जो परमात्मा का ही अंश है) ही बोलता है, वह स्वयं ही सृजनहार भी है। आत्मा परमात्मा को यदि दो नाम न दिया जाय तो यही कहना पड़ेगा कि आत्मा का निर्माता आत्मा ही है।

आत्मा, परमात्मा एवं प्रकृति सत्ता की अद्वैत की व्यंजना की गयी है। प्रथम पंक्ति में दृष्टांत की योजना की गयी है।

भक्ति का मारग झीना रे।
नहिं अचाह नहिं चाहना, चरनन लौ लीना रे।
साधन के रस धार में, रहे निस दिन भीना रे।
राग में स्त्रुत ऐसे बसे, जैसे जल मीना रे।
साँई सेवन में देत सिर, कुछ बिलम न कीना रे।
कहै कबीर मत भक्ति का, परगट कर दीना रे।।४७६।।

व्याख्या– भक्ति का मार्ग अत्यन्त सूक्ष्म है। भगवान् के चरणों में ध्यान लगाने वाले भक्त में इच्छा, अनिच्छा कुछ भी नहीं रहतीं। वह साधन(भक्ति भाव) के रस में रात-दिन सिक्त (सराबोर) रहता है। ईश्वरीय राग में उसका कान इस तरह रहता है (राग के श्रवण में पूरी तरह लीन रहता है) जैसे जल में मछली रहती है। स्वामी की सेवा में सिर कटाने की आवश्यकता पड़ने पर भक्त विलम्ब नहीं करता है। कबीर कहते हैं कि मैंने भक्तिमत को प्रकट कर दिया (अर्थात् भक्ति के रहस्य को समझा दिया)।

सिर कटाना सूफी काव्य के प्रभाव का परिणाम है। भक्ति रस मय है। यह साधन और साध्य दोनों है।

साधो, शब्द-साधना कीजै।
जे ही शब्द ते प्रगट भये सब, सोई शब्द गहि लीजै।।
शब्द गुरु शब्द सुन सिख भये, शब्द सो बिरला बूझै।
सोइ शिष्य सोइ गुरु महातम, जेहिं अन्तर गति सूझै।।
शब्दै वेद पुरान कहत हैं, शब्दै सठ ठहरावै।
शब्दै सुर-मुनि सन्त कहत हैं, शब्द भेद नहिं पावैं।।
शब्दै सुन सुन भेष धरत हैं, शब्दै कहै अनुरागी।
षट दर्शन सब शब्द कहत हैं, शब्द कहै बैरागी।।
शब्दै काया जग उतपानी, शब्दै केरि पसारा।
कहैं कबीर जहँ शब्द होत है, भवन भेद है न्यारा।।४७७।।

व्याख्या– हे साधु, शब्द (ब्रह्म या अनाहत नाद) की साधना करो। जिस शब्द से सब कुछ प्रकट हुआ है, उसी का ग्रहण करो। अनाहत नाद के श्रवण के पश्चात् गुरु की उपाधि मिलती है। शब्द श्रवण से ही वास्तविक शिष्यता मिलती है। इस शब्द का मर्म कोई-कोई ही जानता है। वही गुरु तथा वही शिष्य महान् होता है जिसे अन्तर्मन ओऽम या राम का शब्द सूझ जाता है। वेद-पुराण शब्द की चर्चा करते हैं शब्द से ही दुष्ट की दुष्टता ठहरती है। देवता, मुनि और सन्त शब्द का ही व्याख्यान करते हैं फिर भी वे शब्द का भेद नहीं जान पाते हैं। शब्द को ही सुन-सुनकर लोग (संन्यास) वेष धारण करते हैं। आसक्त लोग भी शब्द का ही कथन करते हैं। छहों दर्शन शब्द की ही चर्चा करते हैं, वैरागी भी शब्द का ही कथन करता है। शब्द से ही देह और संसार का जन्म हुआ है। शब्द का ही प्रसार है। कबीर कहते हैं कि जहाँ शब्द ध्वनित हो रहा है वहाँ भवन का भेद विचित्र है। वह लोक विचित्र है।

शब्द ब्रह्म की व्याप्ति तथा उसके महत्त्व की व्यंजना की गयी है।

साँई से लगन कठिन है भाई।
जैसे पपीहा प्यासा बूँद का, पिया पिया रट लाई।
प्यासे प्राण तड़फै दिन-राती, और नीर ना भाई।
जैसे मिरगा शब्द सनेही, शब्द सुनन को जाई।
शब्द सुनै और प्रान-दान दे, तनिको नाँहि डराई।
जैसे सती चढ़ी सत-ऊपर, पिया की राह मन भाई।
पावक देख डरे वह नाँहीं, हँसत बैठे सदा माई।
छोड़ो तन अपने की आसा, निर्भय ह्वै गुन गाई।
कहत कबीर सुनो भाई साधो, नाहिं तो जनम नसाई।।४७८।।

व्याख्या– कबीर कहते हैं कि स्वामी के साथ लगन एक कठिन साधना है। जैसे पपीहा बूँद के लिए प्यासा रहता है, वह प्रियतम की रट लगाए रहता है, वह प्यास से दिन-रात तड़पता है किन्तु (स्वाति की बूँदों को छोड़कर) अन्य प्रकार के जल के पास नहीं जाता है। जैसे मृग (हिरन) शब्द का प्रेमी होता है, वह शब्द सुनने के लिए जाता है। वह प्राणों का न्योछावर करके भी शब्द सुनता है, उसे तनिक भी डर नहीं लगता। जैसे सती सत्यनिष्ठा से प्रियतम का

अनुसरण करना चाहती है, वह आग से भयभीत हुए बिना हँसते हुए चिता पर बैठ जाती है। इसी तरह से अपने शरीर की आशा छोड़कर, निर्भीक होकर राम का गुणगान करो। कबीर कहते हैं कि यदि ऐसा नहीं करोगे तो तुम्हारा जन्म नष्ट हो जाएगा।

अनेक दृष्टान्तों द्वारा ईश्वरीय निष्ठा तथा दैहिक त्याग का महत्त्व प्रतिपादित किया गया है। जिन दृष्टान्तों को यहाँ प्रस्तुत किया गया है वे सभी काव्य रूढ़ियों पर आधारित हैं।

गगन घटा घहरानी साधो, गगन घटा घहरानी।
पूरब दिसि से उठी है बदरिया, रिमझिम बरसत पानी।
आपन आपन मेंड़ सम्हारो, बह्यौ जात यह पानी।
सुरत-निरत का बेल नहायन, करै खेत निर्वानी।
धान काट मार घर आवै, सोई कुसल किसानी।
दोनों थार बराबर परसै, जेवै मुनि और ज्ञानी।।४७९।।

व्याख्या– शून्य शिखर पर (सहस्रार चक्र में) अनाहत नाद रूपी घटा घहरा रही है। पूर्व दिशा में बादल उठे हैं, उनसे रिमझिम पानी बरसता है। अपनी-अपनी मेड़ (बन्ध) सम्हालो नहीं तो यह पानी बह जाएगा। सुरत और निरति की बेल भीग गयी है, अब निर्वाण की खेती करो। विषय-वासना रूपी या मन रूपी धान को काटकर (मन की कुप्रवृत्तियों से मुक्त होकर) जो ईश्वरीय गृह में पहुँचता है, वही कुशल किसानी करने वाला है। सुरति और निरति की थालियों में बराबर (समदृष्टि) भाव समर्पित करो जिसका आस्वादन मुनि (मनन करने वाला) तथा ज्ञानी दोनों ही करें।

गगन घटा अनाहत नाद की गर्जना है। पानी बरसना ब्रह्मरंध्र से अमृत का स्रवित होना है। मेड़ आसन बन्ध तथा संयम का प्रतीक है। दोनों थार बराबर परसना सुख-दुख की समानुभूति है।

आसन-पवन कियै दृढ़ रहु रे, मन का मैल छाँड़ि दे बौरे।
क्या सींगी मुद्रा चमकायें, क्या विभूति सब अंग लगायें।
सो हिंदू सो मुसलमान, जिसका दुरस रहै ईमान।
सो ब्राह्मन जो कथै ब्रह्मगियान, काजी सो जानै रहमान।
कहै कबीर कछु आन न कीजै, राम-नाम जपि लाहा लीजै।।४८०।।

व्याख्या– आसन बन्ध तथा प्राण-वायु को दृढ़ रखो, मन की कल्मषता छोड़ दो। शृंगी वाद्य तथा मुद्रा पहनने से कुछ नहीं होता, सारी देह में राख लगाने से कोई लाभ नहीं। वही असली हिन्दू तथा असली मुसलमान है जिसका ईमान दुरुस्त रहता है। वही वास्तविक ब्राह्मण है जो ब्रह्मज्ञान का कथन करता है, काजी वही है जो रहमान को पहचानता है। कबीर कहते हैं कि कुछ दूसरा मत करो, राम नाम का जप करके (मुक्ति) लाभ लीजिए।

आसन तथा प्राणायाम की दृढ़ता रखने वाला असली योगी होता है। कबीर ने हिन्दू, मुसलमान, ब्राह्मण और काजी की श्रेष्ठता तथा असलियत की पहचान बताई है।

सावज न होय भाई सावज न होइ,
वाकौ मांसु भखैं सब कोइ।
सावज एक सकल संसारा अविगत वाकी बाता।
पेट फारि जो देखिय रे भाई, आहि करेज न आँता।

ऐसी वाकौ मांसु रे भाई, पल पल मांसु बिकाई।
हाड़-गोड़ ले घूर पँवारै, आगि-धूआँ नहिं खाई।
सीर सींग किछु वो नहिं वाके, पूँछ कहाँतैं पावै।
सभ पंडित मिलि धंधे परिया, कबीर बनौरी गावै।।४९१।।

शब्दार्थ– सावज = शिकार।

व्याख्या– हे भाई यह जगत् कोई शिकार नहीं है फिर भी इसका मांस सभी खाते हैं (इसका भोग सभी करते हैं)। यह संसार शिकार ही है, इसकी बात समझ में नहीं आती है (इस संसार के विषय में जो कुछ कहा जाता है वह समझ में नहीं आता)। इस संसार रूपी शिकार का पेट फाड़कर देखो तो ज्ञात होगा कि इसके न तो कलेजा है न आँतें हैं अर्थात् यह पूरी तरह मिथ्या है। इसका मांस इस तरह है कि हर क्षण बिकता रहता है। (संसार को जितना भोगते जाइए उतना ही वह और भोग्य सामग्री प्रस्तुत करता जाता है।) पंडित लोग उसकी हड्डी लेकर घूरे (कूड़ादान) में डाल देते हैं। जैसे - आग धुआँ को नहीं खाती (उसे उगल देती हैं) उसी तरह विवेकी पुरुष सांसारिकता में आसक्त नहीं होते। उस शिकार के सिर, सींग, कुछ भी नहीं है फिर पूँछ कहाँ से आएगी। सभी पंडित लोग मनगढ़न्त बातों का प्रचार करते हैं, वे भी सांसारिक धंधे में आसक्त हैं।

कबीर ने इस जगत को एक आकारहीन शिकार के रूप में प्रस्तुत किया है। दृश्य एवं भोग्य होने के कारण यह शिकार है किन्तु इसका स्वरूप अन्ततः मिथ्या होने के कारण शिकार नहीं भी है। विवेकी ज्ञानी इसका मूल नष्ट कर देते हैं और इससे निर्लिप्त रहते हैं। उलटवाँसी शैली का प्रयोग है।

संतों यह अजरज भो भाई, कहौं तो को पतिआई।।

एकै पुरुष एक है नारी, ताकर करहु बिचारा।

एकै अंड सकल चौरासी, मार्ग भूल संसारा।।

एकै नारी जाल पसारा, जग में भया अँदेसा।

खोजत काहू अंत न पाया, ब्रह्मा-बिस्नु महेसा।।

नाग-फाँस लीन्हें घट भीतर, मूसि सकल जग खाई।

ज्ञान खड्ग बिन सब जग सूझै, पकरि काह नहिं पाई।।

आपहि मूल फूल-फुलवारी, आपहि चुनि चुनि खाई।

कह कबीर तेई जन उबरे, जेहिं गुरु लिये जगाई।।४९२।।

व्याख्या– हे संतो! यह आश्चर्य हो गया। यदि मैं कहता हूँ तो कोई विश्वास नहीं करता। एक ही पुरुष (ब्रह्म) है और माया भी (नारी) एक है, उन्हीं का विचार करो। एक ही अंड मूल तत्त्व से चौरासी लाख योनियाँ बनी हैं, संसार विविधता बोध के कारण मार्ग से विस्मृत हो गया है। एक ही माया रूपी नारी ने सारे संसार में अपने जाल का प्रसार कर रखा है। सम्पूर्ण संसार में उसी द्वारा संशय फैलाया गया है। उस माया को कोई खोज नहीं पाता, ब्रह्मा, विष्णु तथा महेश भी माया को समझने में असमर्थ हैं। शरीर के अन्दर भी उसी द्वारा नाग-पाश डाल दिया गया है, वह संसार को ठगकर खा रही है। ज्ञान की तलवार लिए बिना

संसार उससे लड़ रहा है लेकिन कोई भी उसे पकड़ने में सक्षम नहीं है। माया स्वयं ही मूल (सृष्टि का कारण है), स्वयं फूल और फुलवारी है और स्वयं उन्हें चुनकर खाती है (संसार उसी के सहारे बना है। वही उसके भोग की भी प्रेरणा देती है।) कबीर कहते हैं कि वही लोग माया से उबर जाते हैं, जिन्होंने गुरु को जागृत कर लिया है। या जो गुरु द्वारा जगा दिए गए हैं। माया के प्रभाव को व्यंजित किया गया है।

राम तेरी माया दुंदु मचावै।
गति मति वाकी समझि परै नहीं, सुर-नर मुनिहिं नचावै।।
का सेमर के साखा बढ़ये, फूल अनूपम बानी।
केतिक चातक लागि रहे हैं, चाखत सुवा उड़ानी।।
कहा खजूर बड़ाई तरी, कल कोई नहीं पावै।
ग्रीखम रित अब आई तुलानी, छाया काम न आवै।।
अपना चतुर और को सिखवै, कामिनि कनक सयानी।
कहैं कबीर सुनो हो सन्तो, राम-चरण रति मानी।।४८३।।

शब्दार्थ– दुंद=द्वन्द्व, बखेड़ा, बानी=वर्ण, ढंग।

व्याख्या– हे राम, तुम्हारी माया द्वन्द्व मचाए है। उसकी गति और संचालक बुद्धि का कार्यव्यापार समझ में नहीं आता, वह देवता, नर और मुनि को नचाती रहती है। सेमर की शाखा बढ़ाने से क्या लाभ और उसमें अनुपम वर्ण के फूल खिलाने से क्या लाभ, उससे न जाने कितने पक्षी फल की अभिलाषा से सम्बद्ध हैं, किन्तु उसका फल चखते ही तोता उड़ने को बाध्य हो जाता है, खजूर की बड़ाई से क्या लाभ, किसी को भी उसके तले विश्राम नहीं मिलता। ग्रीष्म ऋतु जब व्यथित करती है तो उसकी छाया काम नहीं आती। माया अपने चातुर्य को दूसरों को सिखा देती है। जिन्हें वह सीख देती है वे भी निष्फल सौन्दर्य से दूसरों को धोखा देते हैं। कामिनी (स्त्री), तथा स्वर्ण का सौन्दर्य इसी प्रकार धोखा के लिए है। कबीर कहते हैं कि हे सन्तो! सुनो हमने राम के चरणों में ही प्रीति मानी है।

सेमर का फूल संसार के आकर्षण तथा निरर्थकता का प्रतीक है। पक्षी जीवों के प्रतीक हैं। माया के प्रभाव का चित्रण किया गया है।

साईं मोर बसत अगम पुरवा जहँ गमन हमार।
आठ कुँआ नव बावड़ी सोरह है पनिहार।
महल घइलवा थरकि गयल रे धन ठाढ़ी मन मार।
छोट मोट डँड़िया चंदन के हो, छोट चार कहार।
जाय उतरिहैं वाही देसवाँ हो, जहाँ कोइ ना हमार।
ऊँची महलिया साहेब कै हो, लगी बिखमी बजार।
पाप पुन्न दोऊ बनिया हो, हीरा लाल अपार।
कह कबीर सुन साइयाँ मोर याँहिय देस।
जो गये सो बहुरे ना को कहत संदेस।।४८४।।

व्याख्या– मेरा स्वामी अगमपुर (जहाँ पहुँचना कठिन है) बसता है। आठ दिशाएँ ही आठ कुएँ हैं और नव खंड ही नव बावड़ी हैं। पाँच ज्ञानेन्द्रियाँ, पाँच कर्मेन्द्रियाँ, पाँच प्राण और एक मन कुल सोलह पानी भरने वाले अर्थात् जीवन रस का भोग करने वाले हैं। शरीर रूपी घट संसार रूपी महल में धक्का खाकर टूट गया या दरक गया। आत्मा रूपी धन्या मन मारे खड़ी है। वह सोचती है कि क्या किया जाय।

अन्त समय में छोटी-मोटी चार चंदन की लकड़ियों पर देह को रखकर चार कहार (शव ढोने वाले आदमी) श्मशान की ओर ले जाते हैं। जीवात्मा उस देश में जाकर उतरती है जहाँ सांसारिक कोई भी सम्बन्धी नहीं रहता है। साहब (स्वामी) का महल बहुत ऊँचा है। वहाँ विस्मयकारी बाजार लगा है। वहाँ पाप-पुण्य का बनिज है तथा हीरे और लाल प्रभूत मात्रा में हैं। कबीर कहते हैं कि हे स्वामी सुनो, यही हमारा देश है। जो वहाँ जाते हैं, वे लौटकर नहीं आते इसलिए संदेश कौन कहे।

अपनपौ आप ही बिसरो।
जैसे सोनहा काँच मंदिर मैं भरमत भूँकि मरो।
जो केहरि बपु निरखि कूप-जल प्रतिमा देखि परो।
ऐसेहिं मदगज फटिक सिला पर दसननि आनि अरो।
मरकट मुठी स्वाद ना बिसरै घर घर नटत फिरो।
कह कबीर ललनी कै सुवना तोहि कौने पकरो।।४९५।।

व्याख्या– हमने स्वयं ही आत्म तत्त्व को विस्मृत कर दिया है। जैसे कुत्ता काँच के मन्दिर में अपना ही प्रतिबिम्ब देखकर, भूँक भूँककर मर जाता है। जैसे सिंह ने कुएँ के जल में अपनी ही प्रतिमा देखकर उससे लड़ने के लिए कुएँ में कूद पड़ा। इसी तरह मतवाला हाथी स्फटिक शिला में अपना ही प्रतिबिम्ब देखकर उससे अपने दाँतों को भिड़ाकर लड़ पड़ा। बंदर स्वाद के लिए मुट्ठी भर अनाज निकालते समय मुट्ठी नहीं छोड़ पाया इसलिए वह पकड़ा गया और द्वार-द्वार नचाया जाता है। कबीर कहते हैं कि लग्गी पर बैठा हुआ तोता स्वयं अपनी टाँग से लग्गी को पकड़ लेता है (और बहेलिये के द्वारा पकड़ा जाता है) जबकि उसे कोई पकड़े नहीं रहता, भ्रमवश वह लग्गी से लटका रहता है।

जीव स्वयं ही संसार के माया-मोह में फँसा हुआ है। यह पद सूरसागर में भी मिलता है।

नैहर मैं दाग लगाय आय चुनरी।
ऊ रँगरेजवा कै मरम न जानै, नहिं मिलै धोबिया कौन करै उजरी।
तन कै कूँडी ज्ञान कै सौंदन, साबुन महँग बिचाय या नगरी।
पहिरि-ओढ़ि के चली ससुररिया, गौवाँ के लोग कहैं बड़ी फुहरी।
कहैं कबीर सुनो भाई साधो, बिन सतगुरु कबहूँ नहिं सुधरी।।४९६।।

व्याख्या– नैहर रूपी संसार में देह रूपी चुन्दरी (ओढ़नी) में दाग लगा लिया। वह रंगरेज

जो चुनरी को रंग देता है उसके मर्म का पता नहीं चलता। ईश्वर ही वह रंगरेज है जो देहरूपी चुनरी को विविध रंग रूपों में सजाता है। कोई गुरु रूपी धोबी नहीं मिलता जो इसके कल्मष को धोकर उसे उज्ज्वल बना दे। देह की कुड़िया तथा ज्ञान का पदार्थ जिसमें कपड़ा सौंदा जाता है, इस नगर (संसार) साबुन महँगा मिलता है। मैं इस चुनरी को ओढ़कर जब ससुराल जाने लगी तो गाँव के लोग हँसी उड़ाने लगे कि यह बहुत फूहड़ है। जब जीवात्मा कल्मष युक्त सूक्ष्म देह लेकर प्रियतम (परमात्मा) के पास जाती है तो उसकी हँसी होती है। कबीर कहते हैं कि सत्‌गुरु के बिना इसका सुधार नहीं होगा।

मुग्धा नायिका की मैली चुनरी के रूपक द्वारा जीवात्मा द्वारा देह की कलुषता या जीवात्मा की कलुषता एवं सत्‌गुरु की महत्ता को व्यंजित किया गया है। अन्योक्ति अलंकार की योजना है।

झीनी झीनी बीनी चदरिया।
काहे कै ताना काहे कै भरनी, कौन तार से बीनी चदरिया।
इंगला-पिंगला ताना भरनी, सुसमन तार से बीनी चदरिया।।
आठ कँवल दल चरखा डोलै, पाँच तत्व गुन तीनी चदरिया।
साईं को सियत मास दस लागै, ठोक ठोक के बीनी चदरिया।
सो चादर सुर-नर-मुनि ओढ़िन, ओढ़ि के मैली कीनी चदरिया।
दास कबीर जतन से ओढ़िन, ज्यों के त्यों धर दीनी चदरिया।।४८७।।

व्याख्या– देह रूपी चादर बहुत महीन सूत्रों से बिनी हुई है। किसका ताना है– किसकी भरनी है, और किस तार से इसकी बुनावट हुई है। इंगला और पिंगला दोनों नाड़ियाँ क्रमशः ताना भरनी हैं और सुषुम्ना के तार से इसकी बुनावट हुई है। आठ कमल दलों (पंखुड़ियों वाला) चरखा चलता है (इसमें देह के चक्र का संकेत है) पाँच तत्त्वों (पृथ्वी, जल, आग, आकाश, हवा) से इसका निर्माण हुआ। ईश्वर को सिलते दस महीने लगे, उन्होंने पीट-पाटकर देह रूपी चादर बिन दी। इस देह रूपी चाहर को देवता, अन्य मनुष्य तथा मुनि लोग ओढ़ चुके हैं। सबने उसे मैली (गंदी) कर दिया। अर्थात् वे सांसारिक वासनाओं से देह को बचा नहीं सके। कबीरदास ने इस चादर को यत्नपूर्वक ओढ़ा। बिना किसी दाग के उन्होंने इसे ज्यों की त्यों रख दी।

चादर की बुनावट के बिम्ब द्वारा देह की बनावट तथा उसके उपयोग के अलग-अलग परिणामों को व्यंजित किया गया है। इस पद में कबीर की गर्वोक्ति दृष्टिगत होती है।

रमैनी

[राग सूहौ]

तू सकल गहगरा, सफ सफा दिलदार दीदार,
तेरी कुदरति किनहूँ न जानी, पीर मुरीद काजी मुसलमानी।।
देवी देव सुर नर गण गंध्रप, ब्रह्मा देव महेसुर।
तेरी कुदरति तिनहूँ न जाँनी।।१।।

शब्दार्थ – गहगरा = सर्वव्यापी, सफ सफा = स्वच्छ, दीदार = दर्शन, कुदरति = प्रकृति शक्ति, गंध्रप = गन्धर्व।

हे ईश्वर, तुम सर्व व्यापक हो। तुम्हारा रूप परम स्वच्छ, प्रेमास्पद तथा सबका दर्शन करने वाला है। तुम्हारी प्रकृति (शक्ति) को कोई जान न सका। यहाँ तक कि अपने को ज्ञानी समझने वाले, पीर, मुरीद, काजी, मुसलमान, देव, देवी, सुर, नर, गण, गंधर्व ब्रह्मा, महेश्वर आदि भी तेरी अपरम्पार शक्ति को नहीं जान पायें।

एकपदी रमैंनी

काजी सो जो काया बिचारै, तेल दीप में बाती जारै।।
तेल दीप मैं बाती रहै । जोति चीन्हि जे काजी कहै।।
मुलनां बंग देइ सुर जाँनी । आप मुसला बैठा ताँनी।।
आपुन मैं जे करै निवाजा, सो मुलनाँ सरबत्तरि गाजा।।
सेष सहज मैं महल उठावा, चंद सूर बिचि तारी लावा।।
अर्ध उर्ध बिचि आनि उतारा, सोइ सेष तिहूँ लोक पियारा।।
जंगम जोग बिचारै जहूँवाँ, जीव सीव करि एकै ठऊवाँ।।
चित चेतनि करि पूजा लावा, तेतौ जंगम नाँउँ कहावा।।
जोगी भसम करै भौ मारी, सहज गहै बिचार-बिचारी।।
अनभै घट परचा सू बोलै, सो जोगी निहचल कदे न डोलै।।
जैंन जीव का करहु उबारा, कौंण जीव का करहुं उधारा।।
कहाँ बसै चौरासी का देव, लही मुकति जे जाँनौ भेव।।
भगता तिरण मतै संसारी, तिरण तत ते लेहु बिचारी।।
प्रीति जाँनि राँम जे कहै, दास नाँउँ सो भगता लहै।।
पंडित चारि वेद गुँण गावा, आदि अंत करि पूत कहावा।।
उतपति परलै कहौ बिचारी, संसा घालौ सबै निवारी।।
अरधक उरधक ये संन्यासी, ते सब लागि रहैं अबिनासी।।

अजरावर कौं डिढ़ करि गहै, सो सन्यासी उन्मन रहै।।
जिहि धर चाल रची ब्रह्मंडा, पृथमीं मारि करी नव खंडा।।
अविगत पुरिस की गति लखी न जाई, दास कबीर अगह रहे ल्यौं लाई ।।२।।

व्याख्या– जो काया में स्थित आत्मतत्व का चिंतन करता है वही काजी हो सकता है। वह परमात्मा काया रूपी दीपक में प्रेम रूपी तेल से ज्ञान की बत्ती जलाता है। इस शरीर रूपी दीपक में प्राण रूपी बत्ती के रहते जो उस परमतत्व की ज्योति को पहचान लेता है सच्चे अर्थों में वही काजी कहलाता है।

मौलवी कुरान की सुरा को जानकर बांग देने लगता है तथा स्वयं मुसल्ला (चादर) तानकर (फैलाकर) बैठ जाता है। किन्तु जो अपनी काया के भीतर ही परमतत्व को नवाजता (ध्यान) है वह मौलवी सर्वत्र गर्जना करता रहता है। शेख वह है जो सहजावस्था को प्राप्त कर लेता है तथा सूर्य और चन्द्र नाड़ी के मध्य अपना ध्यान केन्द्रित कर देता है वह अधोवर्ती तथा ऊर्ध्ववर्ती सहस्त्र दल वाले कमल के मध्य वाले अनाहत चक्र में परमात्मा के निकट अपने को स्थित कर देता है, ऐसा शेख ही तीनों लोकों में सबसे प्रिय है। जंगम साधु वही कहलाता है जो योग का विचार करे तथा जहाँ जीव और शिव का एकात्म होता है उस स्थान पर अपना ध्यान लगाये। जो अपने चित्त को परम चैतन्य में अवस्थित करके उसकी आराधना करता है वही जंगम नाम की उपाधि को धारण करता है। योगी वह है जो सांसारिकता के प्रति अपनी आसक्ति को जलाकर राख कर देता है तथा विचार करके सहज तत्व को ग्रहण करता है। वह अभय तत्व से अपने शरीर के अंदर ही परिचय कर लेता है तथा उससे मुखर होकर बातें करता है। योगी वही है जो स्वामी के प्रति निश्चल भाव रखता है तथा अपने लक्ष्य से कभी डिगता नहीं। हे जैनो! तुम अहिंसा द्वारा जीव की रक्षा करने का भाव रखते हो किन्तु यह तो विचार करो कि वह जीव कौन है जिसकी तुम मुक्ति चाहते हो। चौरासी लाख योनियों का वह स्वामी कहाँ निवास करता है? जो इस भेद को जान लेता है उसे ही मुक्ति मिल पाती है। भक्त तो इस संसार से मुक्त होने का संकल्प करता है वह मुक्ति जो परमतत्व देती है उसके विषय में पहले विचार कर लेना चाहिए। प्रेम का महत्व जानकर जो राम नाम का स्मरण करता है वही भक्त भगवान् का दास कहलाने का अधिकारी होता है। पंडित चारों वेदों का गुणगान करता है वह आदि और अंत रूप ब्रह्मा का पुत्र कहलाता है। आदि और अंत के मध्य जो भी है वह माया कहलाती है। पहले अपनी उत्पत्ति पर विचार कर लो तत्पश्चात् ही अपने सम्पूर्ण संशय का नाश करके अपने भ्रम का निवारण कर लो। जो सभी ऊँची-नीची स्थितियों में पहुँचे हुए हैं वे इस अविनाशी तत्त्व में ही अनुरक्त रहते हैं। जिसने दृढ़तापूर्वक उस अजर-अमर तत्व को निष्ठापूर्वक ग्रहण किया है वही संन्यासी उन्मनी अवस्था को प्राप्त कर लेता है। जिस परमात्मा ने इस पृथ्वी को गति प्रदान की इस सम्पूर्ण सृष्टि को नवखंडों में विभाजित कर दिया उस अविनाशी पुरुष की दशा नहीं जानी जा सकती। यह दास कबीर उसी परमतत्व में अपना ध्यान लगाये बैठा है।

काजी, योगी, सन्यासी, पंडित आदि को नए सिरे से परिभाषित किया गया है।

।। सतपदी रमैनी ।।

कहन सुनन को जिहिं जग कीन्हाँ, जग भुलाँन सो किनहुँ न चीन्हाँ।।
सत, रज, तम थैं किन्हीं माया, आपण माँझै आप छिपाया।।

ते तौ आहि अनंद सरूपा, गुन पल्लव विस्तार अनूपा।।
साखा तन थैं कुसुम गियाँनाँ, फल सो आछा राम का नामाँ।।
सदा अचेत चेत जिव पंखी, हरि तरवर कर बास।
झूठ जगि जिनि भूलसी जियरे, कहन सुवन की आस।।३।।

व्याख्या – जिस परमात्मा ने इस सृष्टि की रचना मात्र कहने सुनने भर के लिए ही की है उसके यथार्थ स्वरूप को किसी ने नहीं जाना, सारा संसार उसी में भ्रमित है। प्रकृति में व्याप्त सतोगुण, रजोगुण और तमोगुण से ही इस माया मोह की सृष्टि हुई है। वह परमात्म तत्व स्वयं अपने (जीव) में छिपा है लेकिन उसके वास्तविक रूप को माया के द्वारा ढँक लिया गया है। वह परमात्मा तो स्वयं आनन्द स्वरूप है। भक्ति का वृक्ष इसी परम तत्व का विस्तार है। प्रकृति में व्याप्त त्रिगुण ही इस वृक्ष के पत्ते हैं। उसकी शाखा रूपी शरीर में ज्ञान रूपी पुष्प खिले हैं और राम का नाम ही उससे उत्पन्न होने वाला फल है। निरन्तर अचेतन अवस्था में रहने वाले जीवात्मा रूपी पक्षी सचेष्ट हो जाओ और परमात्मा रूपी वृक्ष पर निवास करो। माया-मोह के इस झूठे संसार में पड़कर अपने को मत भुला दे। इस संसार की आशा मात्र कहने-सुनने के लिए हैं इसमें वास्तविकता नहीं है।

(१) साँगरूपक अलंकार।

(२) संसार की निःसारता की ओर संकेत है तथा ज्ञान के द्वारा भक्ति प्राप्त करने का संदेश है।

सूक बिरख यहु जगत उपाया, समझि न परे बिषय तेरी माया।।
साखा तीन पत्र जुग चारी, फल दोइ पाप पुंनि अधिकारी।।
स्वाद अनेक कथ्या नहीं जाँही, किया चरित्र सो इनमैं नाँही।।
तेतो आहि निनार निरंजना, आदि अनादि न आँन।।
कहन सुनन कौ कीन्ह जग, आपै आप भुलाँन।।४।।

पाठान्तर – तिवारी ने सूक की जगह सुख पाठ माना है।

व्याख्या – हे प्रभु ! आपके द्वारा उत्पन्न किया यह जगत रूपी वृक्ष अस्तित्वहीन और नीरस है। तेरे द्वारा उत्पन्न की गयी माया और विषय समझ में ही नहीं आते। सत् रज् और तम (त्रिगुण) ही इसकी शाखाएँ हैं, चारों युग (सतयुग, त्रेता, द्वापर, कलयुग) इसके पत्ते हैं और पाप तथा पुण्य इसमें लगे दो फल हैं। पाप-पुण्य रूपी फलों से उत्पन्न विषय भोग ही इसके स्वाद हैं जिसके विषय में कुछ कहा नहीं जा सकता। जिस परमात्मा ने माया के इस रूप का निर्माण किया है वह इसमें लिप्त नहीं है वह इससे परे तत्व है। वह परमात्मा इससे अलग निराकार स्वरूप है। वह आदि-अनादि स्वरूप है। यह नाम-रूप तो सिर्फ संकेत मात्र है वह अव्यक्त रूप है। उसने तो केवल दिखाने मात्र के लिए ही इस संसार की सृष्टि की है। सारा संसार उसका ही निवर्त-मात्र है। वह इस मायात्मक जगत का निर्माण कर स्वयं इसी माया में भूला है अर्थात् लीला कर रहा है।

(१) रमैनी में साँगरूपक अलंकार का प्रयोग है।

(२) इस रमैनी के माध्यम से अद्वैतवाद की स्थापना की गयी है। माया उस ईश्वर की ही शक्ति है जिससे यह संसार निर्मित है।

सुख पाठ लें तो अर्थ होगा इस जगत रूपी सुख वृथा को भगवान् ने उत्पन्न किया है।

जिनि नटवै नटसरी साजी, जो खेलै सो दीसै बाजी।।
मो बपरा थैं जोगती ढीठी, सिव बिरंचि नारद नहीं दीठी।।
आदि अंति जे लीन भये हैं सहजैं जांनि संतोखि रहे हैं।।
सहजैं राँम नांम ल्यौ लाई, राँम नाँम कहि भगति दिढ़ाई।।
राँम नाँम जाका मन माँना, तिन तौ निज सरूप पहिचाँनाँ।।
निज सरूप निरंजना निराकार अपरंपार अपार।।
राँम नाँम ल्यौ लाइसि जियरे, जिनि भूलै बिस्तार।।५।।

व्याख्या– जिस नटरूपी परमात्मा ने इस संसार रूपी रंगमंच का निर्माण किया है वही ईश्वर इसे खेल की बाजी के रूप में देखता है। संसार के अज्ञानी जीवों पर उसने युक्तिरूपी पट्टी बाँध दी है। मैं कैसे उसका साक्षात्कार कर सकता हूँ या मैंने उसकी जो गति देखी है शिव, ब्रह्मा और नारद जैसे ज्ञान दृष्टि वाले भी उसे नहीं देख सके। जो ब्रह्म इस सृष्टि का आदि और अंत दोनों है उसमें जो भक्त निरन्तर लीन रहते हैं वे परमात्मा के सहज रूप को जानकर उसमें सन्तोष का अनुभव करते हैं। ऐसे भक्त बड़े सहज ढंग से राम नाम में अपना ध्यान लगा लेते हैं और राम नाम के माध्यम से भक्ति के प्रति अपनी दृढ़ता प्रकट करते हैं। जिस मन ने राम-नाम को स्वीकार कर लिया है ऐसे भक्त अपने वास्तविक स्वरूप को पहचान लेते हैं। परमात्मा का स्वरूप तो कालिमारहित (माया रहित) है वह तो आकार हीन, अज्ञेय और असीम है, इसलिए हे जीव! राम नाम के स्मरण में ही अपना ध्यान लगाओ। इस संसार के प्रसार में (मायामोह) स्वयं को मत भुला दो।

(१) सांसारिक विषयों से बचने का एकमात्र सहारा राम का नाम है। उसके माध्यम से ब्रह्म को पहचाना जा सकता है।

(२) ईश्वर सर्वव्यापी है। वह सृष्टि का आदि और अंत दोनों है।

करि बिसतार जग धंधै लाया, अंध काया थैं पुरिष उपाया।।
जिहि जैसी मनसा तिहि तैसा भावा, ताकूँ तैसा कीन्ह उपावा।।
ते तौ माया मोह भुलाँनाँ, खसम राँम सो किनहूं न जाँनाँ।।
जिनि जाँण्याँ ते निरमल अंगा, नहीं जाँण्याँ ते भये भुअंगा।।
ता मुखि विष आवै विष जाइ, ते विष ही विष में रहा समाइ।।
माता जगत भूत सुधि नाँही, भ्रंमि भूले नर आवैं जाहीं।।
जानि बूझि चेते नहीं अन्धा, करम जठर करम के फंधा।।
करम का बाध्या जीयरा, अहनिसि लागै जाइ।।
मनसा देही पाइ करि, हरि बिसरै तौ फिर पीछे पछिताइ।।६।।

व्याख्या –परमात्मा ने इस संसार में माया को उत्पन्न कर प्राणियों को कर्मजाल से बाँध दिया है। इस ज्ञानहीन काया से चेतन स्वरूप पुरुष (जीव) की उत्पत्ति हुई। विभिन्न जीवों की जैसी मानसिकता होती है उसे वैसा ही विषय अच्छा लगता है। विषयासक्त इन जीवों के लिए ब्रह्म ने इसी प्रकार के साधन भी उत्पन्न कर दिये हैं। सारे प्राणी इस जगत के माया-मोह में भूले हुए हैं। अपने परमात्मा रूपी मालिक को कोई पहचान नहीं पाता। जिसने उसे जान लिया उनका अन्तर्मन पूर्णतः विकार रहित (स्वच्छ) हो गया। जिसने उस परमात्मा रूपी प्रियतम को नहीं जाना वे भुजंग स्वरूप हो गए अर्थात् विषय-वासनाओं का विष उनमें

निरन्तर व्याप्त रहता है। उनके मुख से राम की जगह विषय-वासनाओं का विष ही निकलता रहता है। जो कुछ भी मुख में जाता है वह विष ही बन जाता है। यह सम्पूर्ण जगत विषय-वासनाओं रूपी विष में ही समाया हुआ है। उनका हर कार्य व्यापार विषयोन्मत्त है। सभी प्राणी अज्ञानता में डूबे हुए हैं। भ्रम के मोह में पड़ा हुआ मनुष्य इस संसार में आवागमन करता रहता है। ऐसे ही अंधकार में पड़े प्राणी जानबूझकर ज्ञान दशा को नहीं प्राप्त कर पाते। इसी कारण जीव अपने कर्म की जठराग्नि में जलता रहता है तथा कर्म के बंधन में फँसा रहता है। कर्म के बंधनों में बँधा जीव का आवागमन निरन्तर (रात-दिन) होता रहता है। इच्छानुसार मानव शरीर पाकर भी जो प्राणी उस परमात्मा को भूल जाता है वह जीवन बीत जाने पर पश्चाताप करता है।

(१) विषय-वासनाओं में लिप्त जीव की दशा का वर्णन किया गया है।

(२) 'भुजंग' शब्द का प्रयोग प्रतीकात्मक है जो वासनाओं को व्यंजित करता है। रूपकातिशयोक्ति अलंकार की भी योजना है।

तौ करि त्राहि चेति जा अंधा, तजि परकीरति भज चरन गोब्यंदा।।
उदर कूप तजौ ग्रभ बासा, रे जीव राँम नाँम अभ्यासा।।
जगि जीवन जैसे लहरि तरंगा, खिन सुख कूँ भूलसि बहु संगा।।
भगति कौ हीन जीवन कछू नाँहीं, उत्पति परलै बहुरि समाँही।।

भगति हीन अस जीवनाँ, जन्म मरन बहु काल।।
आश्रय अनेक करसि रे जियरा, राँम बिना कोई न करै प्रति पाल।।७।।

व्याख्या– हे जीव! जो तू कर्म के बंधनों में पड़ गया है उससे बचने के लिए 'त्राहि-त्राहि' शब्द उच्चरित करो दूसरे की यशगाथा कहना छोड़कर परमात्मा के चरणों का भजन कर। उदर रूपी कुएँ में जो तुम्हें रहना पड़ता है उससे मुक्त होने के लिए राम-नाम का अभ्यास करो। इस संसार में प्राणी का जीवन जल में उठने वाली लहर के समान है जो एक छोर से उठकर दूसरे छोर पर पहुँच जाती है। तुम क्षणिक सुख के लिए साधु-सज्जनों की संगति करना भूल जाते हो। भक्तिहीन व्यक्ति का जीवन कुछ भी नहीं है वह तो जन्म लेता है मरता है। यह जीवन-मरण का क्रम निरन्तर चलता रहता है। परमात्मा की भक्ति न करने वाले का जीवन तो ऐसा होता है कि विभिन्न योनियों में जन्म लेता और मरता हुआ भटकता रहता है। हे जीव, तुमने अभी तक अनेक आश्रयों में निवास किया किंतु कहीं भी तुम्हारी रक्षा नहीं हो सकी। उस परमात्मा के अलावा भला कौन तुम्हारी रक्षा कर सकता है?

(१) 'अंधा' शब्द का प्रयोग अज्ञानता के वशीभूत जीव के लिए आया है। अज्ञानता में पड़ा जीव ज्ञान और भक्ति के प्रकाश को नहीं देख सकता है।

(२) उदर-कूप – रूपक अलंकार। जैसे लहरि तरङ्ग में उपमा अलंकार की योजना की गयी है।

सोई उपाव करि यहु दुःख जाई, ए सब परहरि बिसैं सगाई।।
माया मोह जरैं जग आगी, ता संगि जरसि कवन रस लागी।।
त्राहि-त्राहि करि हरी पुकारा, साधु संगति मिलिब करहुं बिचारा।।
रे रे जीवन नहीं विश्राँमाँ, सब दुःख खंडन राँम को नाँमाँ।।
राँम नाँम संसार मैं सारा, राँम नाँम भौ तारन हारा।।

सुम्रित बेद सबै सुनै, नहीं आवै कृत काज।।
नहीं जैसे कुंडिल बनित मुख, मुख सोभित बिन राज।।८।।

व्याख्या– हे जीव! इन सांसारिक विषय-वासनाओं का परित्याग कर कुछ ऐसा उपाय करो जिससे इस भवसागर के दुःख से मुक्त हो जाओ। यह सारा जगत तो माया-मोह की आग में जला जा रहा है किस रस की लिप्सा से तुम इसके साथ जल जाना चाहते हो। अपनी रक्षा के भाव से उस परमात्मा की पुकार करो तथा सज्जनों की संगति में बैठकर उस परमात्म रूपी तत्व का चिंतन करो। हे जीव! इस भौतिक जगत में तुम्हें कहीं भी सुख-शान्ति नहीं मिलेगी। केवल राम का नाम ही तुम्हारे दुःखों को नष्ट कर सकता है। इस संसार में राम-नाम ही सार वस्तु हैं और राम-नाम शब्द के स्मरण से इस भवसागर को पार किया जा सकता है। प्राणी वेद स्मृति शास्त्र सब सुनता है परन्तु इससे कोई पुण्यार्जन नहीं होता। जिस प्रकार कुंडल (आभूषण) धारण की हुई नारी का मुख बिना सौभाग्य सूचक के शोभा को नहीं प्राप्त होता वैसे ही परमात्मा के नाम स्मरण के बिना प्राणी शोभा नहीं पाता।

इस रमैनी में वासनाओं के त्याग राम-नाम स्मरण की महत्ता पर बल दिया गया है।

अब गहि राँम-नाँम अबिनासी, हरि तजि जिनि कतहूँ कैं जासी।।
जहाँ जाइ तहाँ तहाँ पतंगा, अब जिनि जरसि समझि बिष संगा।।
चोखा रांम नाँम मनि लीन्हा, भिंग्री कीट भ्यंग्य नही कीन्हाँ।।
भौसागर अति वार न पारा, ता तिरबे का करहु बिचारा।।
मनि भावै अति लहरि बिकारा, नहीं गमि सूझैं वार न पारा।।
भौंसागर अथाह जल, तामैं बोहिथ राँम अधार।।
कहैं कबीर हम हरि सरन, तब गोपद खुर बिस्तार।।९।।

शब्दार्थ – चोखा = सुन्दर।

व्याख्या– हे जीव! तू उस अविनाशी परमात्मा के राम-नाम का आश्रय ग्रहण करो, उस परमात्मा को छोड़कर कहीं भी मत जा। उस परमात्मा का आश्रय छोड़कर तुम जहाँ-जहाँ जाओगे वहीं विषय-वासनाओं रूपी पतंगा बनकर नष्ट होना पड़ेगा। विषयों की आसक्ति को विष मानकर अब उसमें जलना छोड़ दे। जो प्राणी उस सुन्दर राम-नाम रूपी मणि को ग्रहण कर लेता है उसे वह परमात्मा भृंग कीट के समान अपने आप से अलग नहीं करता। यह भव सागर असीम है, जिसका कोई ओर-छोर नहीं है, ऐसे भवसागर को कैसे पार किया जाय इसका विचार करना चाहिए। मन को विषय-विकार रूपी लहरें अत्यन्त रुचिकर लगती है अतः इस भवसागर को पार करने का उसे कोई उपाय नहीं सूझता। इस संसार-सागर में विषय-वासनाओं का अथाह जल है। उसे पार करने का एकमात्र आधार राम-नाम ही है। कबीर कहते हैं कि मैं तो ईश्वर की शरण में हूँ अतः मेरे लिए यह भवसागर तो गोपद के खुर के समान प्रतीत होता है।

भौसागर ... विस्तार – साँग रूपक अलंकार

राम-नाम मनि – रूपक अलंकार है।

बड़ी अष्टपदी रमैंनी

एक बिनाँनी रच्या बिनाँन, सब अयाँन जो आपैं जाँन।।
सत रज तम थैं कीन्हीं माया, चारि खानि बिस्तार उपाया।।
पंच तत ले कीन्ह बंधानं, पाप पुंनि माँन अभिमानं।।
अहंकार कीन्हें माया मोहू, संपति बिपति दीन्हीं सब काहू।।
भले रे पोच अकुल कुलवंता, गुणी निरगुणीं धनं नीधनवंता।।
भूख पियास अनहित हित कीन्हाँ, हेत मोर तोर करि लीन्हाँ।।
पंच स्वाद ले कीन्हाँ बंधू, बंधे करम जा आहि अबंधू।।
अचर जीव जंत जे आहीं, संकट सोच बियापैं ताहीं।।
निंधा अस्तुति माँन अभिमांना, इनि झूठै जीव हत्या गियाँना।।
बहु बिधि करि संसार भुलावा, झूठैं दो जगि साच लुकावा।।
माया मोह धन जोबनाँ, इन बँधे सब लोइ।।
झूठै झूठ बियापिया कबीर, अलख न लखई कोई।।१०।।

व्याख्या– एक मात्र विज्ञानी उस परमात्मा ने विज्ञानमय उस जगत की रचना की। जो प्राणी केवल स्वयं को जानता है, अन्य वस्तुओं का ज्ञान नहीं रखता वह अज्ञानी है। उस परमात्मा ने सतोगुण तमोगुण, तथा रजोगुण से युक्त इस मायात्मक जगत की रचना की है और चार रूपों में (दिशाओं), इसका विस्तार कर दिया। पंचतत्वों से इस जगत को बाँध दिया जिसके परिणामस्वरूप पाप, पुण्य और मान, अभिमान की सृष्टि हुई है। उसके अहंकार, माया, मोह आदि का भी निर्माण किया। उस ईश्वर ने प्राणियों को उनके कर्मानुसार सम्पत्तियाँ और विपत्तियाँ भी दीं। भला-बुरा, कुलीन-अकुलीन, गुणवान तथा निर्गुणी, धनवान-निर्धन, भूख-प्यास, हित-अनहित का निर्माण किया। प्रेम के आधार पर यह मेरा है यह तेरा है इस भाव से ईश्वर ने इस जगत की रचना की। इन्द्रिय जनित विषयों के स्वाद को बंधन का कारण बनाया गया। इस प्रकार बंधनहीन जीव अपने कर्मों के बंधन में फँस गया।

इस सृष्टि में जितने भी निम्न-कोटि के जीव-जंतु हैं वे सभी संकट और चिन्ता से युक्त हो जाते हैं। किसी की निन्दा, स्तुति, सम्मान, अहंकार ये सभी झूठे हैं फिर भी इनके द्वारा जीव अपने ज्ञान को नष्ट कर लेता है। विभिन्न प्रकार के माया-मोह से युक्त इस जगत में प्राणी अपने अस्तित्व को भूल गया है। यह संसार तो झूठा है इसने परमात्मा के सच्चे स्वरूप को छिपा लिया हैं। सांसारिक लोग माया, मोह, धन तथा यौवन के बंधन में बँध गये हैं हर जगह झूठ की ही व्यापकता है अर्थात् सारा संसार झूठा है। उस अलक्ष्य, परमात्मा का साक्षात्कार कोई नहीं कर पाता।

(१) पंच तत्व से तात्पर्य, पृथ्वी, जल, अग्नि आकाश और वायु से है।

(२) इस संसार को झूठा तथा माया-मोह आदि से व्याप्त बताया गया है

(३) माया-मोह – रूपक अलंकार

(४) चारि खानि विस्तार से तात्पर्य-अण्डज, स्वदेज, उदभिज, तथा जरायुज नामक चार प्रकार की सृष्टियों से है।

झूठनि झूठ साँच करि जानाँ, झूठनि मैं सब साँच लुकानाँ।।
धंध बंध कीन्ह बहुतेरा, क्रम बिबर्जित रहै न नेरा।।
षट दरसन आश्रम षट कीन्हाँ, षट रस खाटि काम रस लीन्हाँ।।
चारि बेद छह सास्त्र बखानैं, विद्या अनंत कथैं को जाँनैं।।
तप तीरथ कीन्हें ब्रत पूजा, धरम नेम दान पुन्य दूजा।।
और अगम कीन्हैं ब्यौहारा, नहीं गमि सूझैं वार न पारा।।
लीला करि करि भेख फिरावा, ओट बहुत कछु कहत न आवा।।
गहन ब्यंद कछू नहीं सूझै, आपन गोप भयौ आगम बूझै।।
भूलि पर्‌यौ जीव अधिक डराई, रजनी अंध कूप ह्वै आई।।
माया मोह उनवैं भरपूरी, दादुर दाँमिनि पवनाँ पूरी।।
तरिपै बरिषै अखंड धारा, रैनि भाँमिनी भया अँधियारा।।
तिहि बिवोग तजि भए अनाथा, परे निकुंज न पावै पंथा।।
बेद न आहि कहूँ को मानै, जानि बूझि मैं भया अयानै।।
नट बहुरूप खेलै सब जाँनै, कला केर गुन ठाकुर माँनै।।
ओ खेले सब ही घट माँही, दूसर कै लेखै कछु नाही।।
जाके गुन सोई पै जाँनै, और को जानै, पार अयानैं।।
भले रे पोच औसर जब आवा, करि सनमाँन पूरिजम पावा।।
दान पुन्य हम दिहूँ निरासा, कब लग रहूँ नटारंभ काछा।।
फिरत-फिरत सब चरन तुराँनै, हरि चरित अगम कथै की जानै।।
गण गंध्रप मुनि अंत न पावा, रह्यौ अलख जग धंधै लावा।।
इहि बाजी सिव बिरंचि भुलाँनाँ और बपुरा को क्यंचित जानां।।
त्राहि-त्राहि हम कीन्ह पुकारा, राखि-राखि साईं इहि बारा।।
कोटि ब्रह्मंड गहि दीन्ह फिराई, फल कर कीट जनम बहुताई।।
ईश्वर जोग खरा जब लीन्हाँ, टर्‌यौ ध्यान तब खंडन कीन्हाँ।।
सिध साधिका उनथै कहु कोई, मन चित अस्थिर कहुँ कैसे होई।।
लीला अगम कथै को पारा, बसहु समीप कि रहौ निनारा।।
खग खोज पीछैं नहीं, तू तत अपरंपार।।
बिन परचै का जानियै, सब झूठे अहंकार।।११।।

व्याख्या – प्राणी ने इस झूठे, असत्य जगत को सत्य मान लिया है। माया-मोह से युक्त इस झूठ में सारी सच्चाई छिप गयी है। प्राणी ने स्वयं को अनेक प्रकार में के कर्म-बंधनों में फँसा लिया है परन्तु वह परमात्मा तो सारे कर्मों से परे है इसलिए जीव उसकी निकटता को प्राप्त नहीं कर पाता। शास्त्रों में छः दर्शनों तथा छः आश्रमों की कल्पना की गयी है किन्तु जीव तो छः रसों में केवल काम रस में ही संलग्न रहता है। चारों वेदों तथा छहों शास्त्रों ने उस परमात्मा का बखान किया है अनंत विद्याओं ने भी उस परमतत्व के विषय में कहा है किन्तु किसी किसी ने भी उस परमतत्व को नहीं जाना। जीव न जाने कितने जप, तप, तीर्थ, व्रत, पूजा, धर्म, नियम, दान-पुण्य आदि साधनाएँ करता रहता है, शास्त्रों को भी वह अपने

व्यवहार में लाता है किन्तु उसे जान नहीं पाता जिसका कोई आदि-अंत नहीं है, वह तो सबसे परे है। वह परमात्मा अपनी माया शक्ति से जीव को अनेक योनियों में भटकाता रहता है। वह माया बहुत रहस्यात्मक है, इसके विषय में कुछ कहा नहीं जा सकता। वह परमतत्त्व ऐसा बिन्दु है जो गहन है जिसका ज्ञान प्राप्त करना अत्यन्त कठिन है। वह जीव अज्ञानता के कारण अपने ही स्वरूप को नहीं पहचान पाता, तथा उसे शास्त्रों के द्वारा जानने का प्रयास करता है। माया-मोह के भ्रम में पड़ा जीव अत्यधिक भयभीत रहता है और अज्ञानता रूपी रात अंधे कूप के समान क्षण-प्रतिक्षण बढ़ती जा रही है। माया-मोह रूपी घटाएँ चारों तरफ से घिर आयी हैं। संशय रूपी मेढकों की टर्र-टर्र, विषयासक्ति रूपी बिजली की चमक, और वासना रूपी आंधी की आवाज से प्राणी का जीवन आप्लावित है जिसके परिणामस्वरूप भय की गर्जना तथा संकटों की अखंड वर्षा हो रही है। मोह रूपी रात्रि ने भयानक रूप धारण कर लिया है जिसके कारण जीवन में अज्ञानेता रूपी अंधकार छा गया है। जीव उस परमात्मा से बिछुड़कर अनाथ (आश्रयहीन) हो गया है। वह संसार रूपी निकुंज में भटक गया है इसलिए वह सही मार्ग नहीं खोज पाता। वह स्वयं ज्ञान-विहीन है तथा किसी का कहना भी नहीं मानता। इस प्रकार जान-बूझ कर वह अज्ञानी बन गया है। जैसे नट विविध प्रकार का अभिनय करता है पर उसके विषय में सब जानता है। लेकिन उस नट रूपी कलाकार के गुणों का सम्मान उसका स्वामी ही करता है। इसी प्रकार (नट की भाँति) ईश्वर भी सभी प्राणियों में बसकर क्रीड़ा करता रहता है किन्तु अज्ञानी लोगों की दृष्टि में वह कुछ भी नहीं है। जिसके अन्दर ज्ञान रूपी गुण होता है वही उसे जान पाता है और दूसरा जो अज्ञानी है वह कैसे जान पाता है और दूसरा जो अज्ञानी है वह कैसे जान सकता है। भले और बुरे दोनों तरह के प्राणी अवसर आने पर कालरूपी यमराज के द्वारा सभी सम्मान पाते हैं। दान-पुण्य भी हमें निराशा ही प्रदान करते हैं। न जाने कब तक नट की भाँति इस जीवन रूपी खेल को खेलना पड़ेगा। इस जीवन रूपी वन में विचरण करते हुए मैं असमर्थ हो गया हूँ। उस परमात्मा के चरित्र का वर्णन कौन कर सकता है जो अगम है। सारे गण, गन्धर्व, तथा मुनि भी जिसका अंत न पा सके ऐसा वह परमात्मा अलक्ष्य (निराकार) रहकर भी सभी प्राणियों को अपने-अपने कार्य में लगा दिया है।

परमात्मा के इस माया-मोह की बाजी में शिव और ब्रह्मा भी भूले हुए हैं तो बेचारे सांसारिक प्राणियों को इसका ज्ञान कहाँ से हो सकता है। हम सारे प्राणी त्राहि-त्राहि (रक्षा हेतु) कर पुकार रहे हैं कि हे स्वामी, इस जन्म में तो मेरी रक्षा कीजिए। हे स्वामी! आपने मुझे करोड़ों ब्रह्मांडों में भ्रमण कराया है तथा अनेक जन्मों तक फल (गूलर) के कीड़े की तरह माया के वशीभूत रखा। अब मैंने ईश्वर की योगरूपी उपासना का व्रत धारण कर लिया है, इस उपासना में न तो मेरा ध्यान टूटा है और न तप ही टूट पाया है। सिद्धों और साधकों ने जो मार्ग बताया है उसमें मन और चित्त अस्थिर ही रहा वह स्थिर नहीं किया जा सका। उस ईश्वर की लीला तो अगम्य है उसका कोई पार-नहीं पा सकता है। आप तो समीप रहकर भी प्राणी से दूर रहते हैं। हे जीवात्मा पक्षी! तू उस अपरम्पार तत्व की खोज करने में पीछे न रह। बिना उस परमात्मा का साक्षात्कार किये कुछ जाना नहीं जा सकता है। सारे सांसारिक प्राणी अपने झूठे अहंकार में ही खोये हैं।

ईश्वर के अगम और अलक्ष्य रूप अर्थात् निर्गुण ब्रह्म का वर्णन है।

उपमा, विशेषोक्ति, रूपक, वक्रोक्ति, विरोधाभास आदि अलंकारों का भी प्रयोग किया गया है।

वर्षा के बिम्ब का विधान किया है।

अलख निरंजन लखै न कोई, निरभै निराकार है सोई।।
सुनि असथूल रूप नहिं रेखा, दृष्टि अद्रिष्टि छिप्यौ नहीं पेखा।।
बरन-अबरन कथ्यौ नहीं जाई, सकल अतीत घट रह्यौ समाई।।
आदि अंत ताहि नहिं मधे, कथ्यौ न जाई आहि अकथे।।
अपरंपार उपजै नहिं बिनसै, जुगति न जाँनियै कथिये कैसे।।
जस कथिये तत होत नहीं, जस है तैसा सोइ।।
कहत सुनत सुख उपजै, अरु परमारथ होइ।।१२।।

व्याख्या– वह परमात्मा अलक्ष्य और माया रहित है उसे कोई जान नहीं सकता, वह भय रहित और निराकार है। वह न शून्य है, न स्थूल है, उसका कोई आकार-प्रकार भी नहीं है, वह न दृष्ट है और अदृष्ट है, वह न छिपा है और न प्रकट रूप में ही है। वह किस वर्ण का है या वर्णरहित है इसके विषय में कथन नहीं किया जा सकता। सारे संसार से परे रहता हुआ भी वह परमतत्त्व सृष्टि के कण-कण में समाया हुआ है। वह आदि, अंत और मध्य इन तीनों कोटियों से परे है। यह परमतत्त्व अकथनीय है उसके स्वरूप के विषय में कुछ नहीं कहा जा सकता। वह अपरम्पार परमात्मा न जम्न लेता है न विनष्ट होता है। वह किसी भी युक्ति या प्रमाण के द्वारा भी नहीं जाना जा सकता है। अतः उसके बारे में कुछ भी कथन नहीं किया जा सकता। उस परमात्मा के विषय में जैसा कहा जाता है वैसा वह है नहीं, वह जैसा है वह वैसा ही है फिर भी उसके विषय में कथन करने और श्रवण से प्राणी को आनंद मिलता है तथा परमार्थ की भी सिद्धि होती है।

(१) निर्गुण ब्रह्म के स्वरूप का वर्णन किया गया है। इस रमैनी में, 'नेति-नेति' शैली का प्रयोग है।

(२) इस सृष्टि से परे होते हुए भी परमतत्त्व की व्याप्ति कण-कण में है। (३) दूसरी तथा तीसरी पंक्ति में विरोधाभास अलंकार है।

जाँनसि नहीं कस कथसि अयाँनाँ, हम निरगुन तुम्ह सरगुन जाँनाँ।।
मति करि हींन कवन गुन आँहीं, लालचि लागि आसिरै रहाई।।
गुँन अरु ग्याँन दोऊ हम हीनाँ, जैंसी कुछ बुधि बिचार तस कीन्हाँ।।
हम मसकीन कछु जुगति न आवै, ते तुम्ह दखौ तौ पूरि जन पावै।।
तुम्हरे चरन कँवल मन राता, गुन निरगुन के तुम्ह निज दाता।।
जहुवाँ प्रगटि बजावहु जैसा, जस अनभै कथिया तिनि तैसा।।
बाजै जंत्र नाद धुनि होई, जे बजावै सो औरै कोई।।
बाजी नाचै कौतिग देखा, जो नचावै सो किनहूँ न पेखा।।
आप-आप थै जानियैं, है पर नाहीं सोइ।।
कबीर सुपिनै केर धन ज्यूँ, जागत हाथिन होइ।।१३।।

व्याख्या– कबीर अज्ञानी जीवों को सम्बोधित करते हुए कहते हैं कि उस ब्रह्म के विषय में तो कुछ जानते नहीं तो कैसे उसका वर्णन करते हो? मैंने जिस ब्रह्म को, निराकार (निर्गुण) के रूप में देखा उसी को तुम साकार रूप में देखते हो! इन दोनों रूपों में सत्य कौन है इसका

विचार तुम ही करो। तुम सब बुद्धिहीन हो, तुम्हारे अन्दर कौन सा ऐसा गुण है जिसके परिणामस्वरूप तुम उसके स्वरूप को जान सकते हो। तुम तो इस संसार के लोभ, और लालच में ही बँध कर रह गये हो इसके अलावा कुछ देख ही नहीं सकते। हम तो गुरु और उसके द्वारा दिये जाने वाले ज्ञान दोनों से हीन हैं, जो बुद्धि (ज्ञान), मुझे प्राप्त हुई है उसी के अनुरूप मैंने उस पर विचार किया। हम सभी जीव तो अज्ञानी हैं हमें आपके रूप को जानने की कोई युक्ति नहीं आती यदि आप मुझ पर दया करें तभी हम अज्ञानीजीव पूर्णरूप से आपके स्वरूप को जान सकते हैं। मेरा यह मन आपके ही चरणकमलों में रमा रहता है, चाहे कोई निर्गुण हो अथवा सगुण रूप को मानने वाला हो। यह ज्ञान तो आप ही देते हैं अथवा आपके सगुण और निर्गुण रूप का ज्ञान तो प्राणी को आपकी इच्छा से ही होता है।

हे परमात्मा आप जहाँ जिस रूप में प्रकट होकर अपनी अभिव्यक्ति करते हैं, तथा प्राणी स्वयं जैसा अनुभव करता है वह आपको उसी रूप में जानता है। इस शरीर की तंत्रियाँ बजती हैं और उनसे नाद उत्पन्न होता है किन्तु उस तंत्री को बजाने वाला कोई अदृश्य शक्ति है। जैसे बाजीगर (नट) नृत्य करता है और उसके उस क्रियाकलाप को सारा जगत देखता है किन्तु जो उसको नचाने वाला है उसे कोई भी नहीं देख पाता। उस परमतत्त्व के स्वरूप को तो सारे प्राणी अपने-अपने ज्ञान और अनुभव के अनुसार ही जानते हैं किन्तु वह उनमें से किसी प्रकार का नहीं है। उसका स्वरूप तो ठीक वैसा ही है जैसे कोई स्वप्न में तो बहुत धन प्राप्त कर लेता है परन्तु जब जागता (ज्ञान) है तो उसके हाथ में कुछ भी नहीं रहता।

(१) ब्रह्म के विभिन्न रूपों का वर्णन किया गया है। इस रमैनी की धुनि तुलसीदास की इन पंक्तियों से मेल खाती है–

जाकी रही भावना जैसी । प्रभु मूरत देखी तिन तैसी ।।

(२) प्राणी उस परमात्मा को जिस किसी रूप में भी देखता है वह उसे उसी रूप में मिलता है। इस भाव की व्यंजना है।

(३) चरन कवँल – रूपक अलंकार तथा सुपिनै केर धन ज्यूँ में – उपमा अलंकार के प्रयोग द्रष्टव्य हैं।

(४) कबीर ने परमात्मा के सगुण और निर्गुण दोनों रूपों को स्वीकार किया है किन्तु निर्गुण रूप को वास्तविक माना है।

जिनि यहु सुपिनाँ फुर करि जाँनाँ, और सब दुख याद न आँनाँ।।
ग्याँन हीन चेत नहीं सूता, मैं जाया बिष हर भै भूता।।
पारधी बान रहै सर साँधै, विषम बाँन मारै बिष बाँधै।।
काल अहेड़ी संझ सकारा, सावज ससा सकल संसारा।।
दावानल अति जरै बिकारा, माया मोह रोकिले जारा।।
पवन सहाइ लोभ अति भइया, जम चरचा चहुँ दिसि फिर गइया।।
जम के चर चहुँ दिसि फिर लागे, हंस पंखेरुवा अब कहाँ जाइबे।।
केस गहै कर निस दिन रहई, जब धरि ऐंचे तब धरि चहई।।
कठिन पासि कछू चलै न उपाई, जम दुवारि सीझे सब जाई।।
सोई त्रास सुनि राँम न गावै, मृगत्रिष्णा झूठी दिन धावै।।
मृत काल किनहूँ नहीं देखा, दुःख कौ सुख करि सबही लेखा।।

सुख करि मूल न चीन्हसि अभागी, चीन्है बिना रहै दुःख लागी।।
नीब कीट रस नीब पियारा, यूँ विष कूँ अमृत कहै संसारा।।
बिष अंमृत एकै करि साँनाँ, जिनि चीन्ह्याँ तिनहीं सुख माँनाँ।।
अछित राज दिन दिनहि सिराई, अंमृत परिहरि करि बिष खाई।।
जाँनि अजाँनि जिन्है बिष खावा, परे लहरि पुकारै धावा।।
बिष के खाँये का गुन होई, जा बेदन जानैं परि सोई।।
मुरछि-मुरछि जीव जरिहै आसा, काँजी अलप बहुखीर बिनासा।।
तिन सुख कारनि दुख अस मेरू, चौरासी लख लीया फेरू।।
अलप सुख दुख आहि अनंता, मन मैंगल भूल्यौ मैमंता।।
दीपक जोति रहै इक संगा, नैन नेह माँनूं परै पतंगा।।
सुख विश्राँम किनहूँ नहीं पावा, परहरि साच झूठ दिन धावा।।
लालच लागे जनम सिरावा, अंति काल दिन आइ तुरावा।।
जब लग है यहु निज तन सोई, तब लग चेति न देखै कोई।।
जब निज चलि करि किया पयाँनाँ, भयौ अकाज तब फिर पछिताँनाँ।।
मृग त्रिष्णाँ दिन-दिन ऐसी, अब मोहि कछू न सोहाइ।।
अनेक जतन करि टारिये, करम पासि नहीं जाइ।।१४।।

व्याख्या– जो प्राणी स्वप्न के समान इस संसार को सत्य मानते हैं तथा इस संसार के दुःखों पर ध्यान नहीं देते, ऐसे ज्ञानहीन प्राणी सजग क्यों नहीं होते? तू अब भी अज्ञान की निद्रा में क्यों सोया है? मैं तो सांसारिक विषय-वासना रूपी विषधर के भय से जाग्रत हो गया हूँ। इस माया-मोह से युक्त संसार में लोभ-मोह रूपी शिकारी विषय-वासना रूपी बाण से भयंकर मार कर रहा है। सुबह और शाम अर्थात् प्रत्येक क्षण काल रूपी शिकारी खरगोश रूपी इस सम्पूर्ण संसार को अपना शिकार बना रहा है। विकार युक्त यह संसार विषय-वासना रूपी दावाग्नि में निरन्तर जल रहा है। माया और मोह ने मिलकर इस अग्नि को प्रज्वलित किया है। लोभ रूपी पवन उस अग्नि को जलाने में और सहायता कर रहा है। इस सम्पूर्ण संसार में उस यम रूपी काल की ही चर्चा व्याप्त है। यम के सेवक (दूत) चारों ओर दुःख, संताप, लोभ, मोह के रूप में सांसारिक जीवों को कष्ट देने के लिए फिर रहे हैं। यह हंस रूपी पक्षी अब इन दूतों के हाथ से नहीं बच सकता। काल रूपी यमराज ने रात-दिन प्राणियों के बालों को अपने हाथ में पकड़ रख। है अर्थात् प्रत्येक प्राणी इस काल के अधीन है उसके परे कोई भी नहीं है। जब प्राणी इससे अपने को छुड़ाने की कोशिश करता है तभी वह काल उसे और भी जकड़ लेता है। उस काल का जाल अत्यन्त दृढ़ है, उससे बच निकलने का कोई भी उपाय नहीं है। प्रत्येक प्राणी को उस यमराज के दरवाजे पर पहुँचकर कष्ट भोगने ही पड़ते हैं। इस तरह का भय और कष्ट समझकर भी जीव राम का गुणगान नहीं करता बल्कि झूठी मृगतृष्णा (विषय वासनाओं) की ओर दौड़ता रहता है। प्राणी का ध्यान मृत्यु की ओर नहीं जाता। यह संसार जो दुःखमय है उसे सुख के रूप में देखता है। हे अभागे जीव! तुमने सुख के मूल रूप उस राम को नहीं पहचाना इसी कारण तुम इस दुखमय संसार से इतना प्रेम करता है, यह प्रेम ही तुम्हारे दुःख का कारण है। जिस प्रकार नीम के कीड़े को कड़ुवा होने के बाद भी नीम का रस ही अत्यन्त प्रिय लगता है ऐसे ही यह सारा संसार (प्राणी) विष रूपी

जगत को अमृत मय मानता है। माया मोह में लिप्त प्राणी ने विष और अमृत दोनों एक साथ मिला लिया है किन्तु जो प्राणी इससे विष का परित्याग कर अमृत रूपी परमात्मा की पहचान कर लेता है उसी को सुख (आनंद) की प्राप्ति होती है। यह संसार रूपी अक्षुण्ण राज दिन-प्रतिदिन नष्ट ही होता जा रहा है फिर भी अज्ञानता वश जीव अमृत स्वरूप ईश्वरीय प्रेम को छोड़कर विषय-वासना रूपी विष का ही पान करता है। जानबूझकर या अनजाने में जिस किसी ने भी वासनाओं के विष का पान किया है ऐसे लोग इस संसार रूपी सागर की लहरों में पड़े चीत्कार करते रहते हैं। विषयरूपी विष को खाने में क्या गुणशीलता है? जो ज्ञान शून्य है वही इस विष में पड़ता है। अज्ञानीजीव विषयों की अग्नि में पड़कर कुम्हला सा गया है फिर भी जीव विषयों की आशा में जलता रहता है। परमात्मा के आनंद रूपी क्षीर को नष्ट करने के लिए काँजी रूपी विषय-वासनाओं की अल्प बूंदें ही पर्याप्त हैं। प्राणी तिलमात्र सुख के हेतु सुमेरु पर्वत जैसे भारी दुःख को अपना लेता है जिसके परिणामस्वरूप उसे चौरासी लाख योनियों में भटकना पड़ता है।

संसार में सुख तो क्षणिक है किन्तु दुःख की कोई सीमा नहीं है फिर भी यह मन मदमस्त हाथी के समान अपने अहंकार में सब कुछ भूल गया है।

वासना रूपी दीपक की ज्योति निरंतर साथ लगी रहती है। यह नेत्र उसके प्रति आकृष्ट होकर जीव को पतिंगे की तरह भस्म करवाता है। जीव परमात्मा रूपी सत्य को छोड़कर प्रत्येक क्षण असत्य के पीछे दौड़ रहा है किन्तु वह सुख और शान्ति का अनुभव नहीं कर पा रहा है। लोभ में पड़कर अपना सम्पूर्ण जीवन नष्ट कर दिया है और अंत काल आते ही उसे यह संसार छोड़कर भागना पड़ता है। जब तक जीव की इस शरीर के प्रति आसक्ति रहती है और वह अज्ञानता की नींद में सोया रहता है तब तक वह सजग नहीं हो पाता। इस दुःखमय जगत को नहीं देख पाता। जब जीवात्मा इस नश्वर शरीर का परित्याग कर प्रस्थान कर जाती है तब उसे ईश्वरीय प्रेम से विलग होने का आभास होता है और इस प्रकार उसका जीवन अकारथ (व्यर्थ) ही होता है और वह पश्चाताप ही करता है। कबीर कहते हैं कि विषय-वासनाओं की मृगतृष्णा दिन-प्रतिदिन बढती ही जाती है। अब इस संसार में मुझे कुछ अच्छा नहीं लगता। मैंने अपने प्रारब्ध कर्मों के पाश को काटने के अनेक प्रयत्न किये किन्तु जीवन के कर्मों का यह जाल किसी प्रकार छिन्न-भिन्न नहीं होता।

(१) प्राणी के जीवन का महत्त्व ईश्वरीय प्रेम की साधना में है, अन्य किसी भी साधना में नहीं, इसी भाव की व्यंजना की गयी है।

अलंकार – विष वान, मन मैंगल, नैन पतंगा – रूपक।

नीब-संसारा — उदाहरण।

विषहर, पारधी, लहरि ——— रूपकातिशयोक्ति।

रे रे मन बुधिवंत भंडारा, आप आप ही करहु बिचारा।।
कवन सयाँनाँ कौन बौराई, किहि दुःख पइये किहि दुःख जाई।।
कवन सार को आहि असारा, को अनहित को आहि पियारा।।
कवन साँच कवन है झूठा, कवन करु को लागै मीठा।।
किहि जरिये किहि करिये अनंदा, कवन मुकति को गल के फंदा।।
रे रे मन मोंहि, ब्यौरि कहि, हौं तत पूछौं तोहि।।
संसै सूल सबै भई, समझाई कहि मोहि।।१५।।

व्याख्या– मन को सम्बोधित करते हुए कबीर कहते हैं कि हे मन! तुम बुद्धिमान और ज्ञान के भंडार हो इस बात का विचार तुम स्वयं करो। इस संसार में कौन चतुर (ज्ञानी) है और कौन पागल है अर्थात् जो ईश्वर से प्रेम करता है वह अथवा जो विषय-वासनाओं से प्रेम करने वाला है। प्राणी के दुःखों का कारण क्या है और सांसारिक दुःखों से निवृत्ति का क्या उपाय है ? कौन सी वस्तु तत्त्व स्वरूप है और कौन निस्सार रूप है? कौन अनहित करने वाला है और कौन अपना प्रिय है? क्या सच्चा है और क्या झूठा है? इस संसार की कौन-सी वस्तु कड़ुवी है और कौन सी मधुर है? कौन वासनाओं की ताप में जल रहा है और कौन आनंद का भोग कर रहा है। मुक्ति क्या है और प्राणियों के गले में पड़ने वाला फंदा क्या है? हे मन! तुम सोच-विचार कर बताओ मैं जीवन के मूल तत्त्वों के विषय में पूछ रहा हूँ। मन का संशय ही मेरे लिए शूल हो गया है। समझाकर तुम मुझे यह बात बताओ।

कबीर ने सांसारिक प्राणियों को स्वयं अपने अच्छे और बुरे, हित और अनहित के निराकरण करने का संदेश दिया है।

सुनि हंसा मैं कहूँ बिचारी, त्रिजुग जोनि सबै अँधियारी।।
मनिषा जन्म उत्तिम जौ पावा, जाँनूँ राँम तौ सयाँन कहावा।।
नहीं चेतै, तौ जनम गँमावा, पर्‌यौ बिहान तब फिरि पछितावा।।
सुख करि मूल भगति जौ जाँनै, और सबै दुख या दिन आँनै।।
अमृत केवल राँम पियारा, और सबै बिष के भंडारा।।
हरि आहि जौ रमियै राँमाँ, और सबै बिसमा के काँमाँ।।
सार आहि संगति निरवाँनाँ, और सबै असार करि जाँनाँ।।
अनहित आहि सकल संसारा, हित करि जाँनियै राँम पियारा।।
साच सोइ जे थिरह रहाई, उपजे बिनसे झूठ ह्वै जाई।।
मींठा सो जो सहजैं पावा, अति कलेस थैं करू कहावा।।
नाँ जरियै ना कीजै मैं मेरा, तहाँ अनंद जहाँ राम निहोरा।।
मुकति सोज आपा पर जाँनै, सो पद कहाँ जुभरभि भुलानै।।
प्राँननाथ जग जीवनाँ, दुरलभ रांम पियार।।
सुत सरीर धन प्रग्रह कबीर, जायै रे तर्वर पंख बसियार।।१६।।

व्याख्या– पारख गुरु कहता है – हे शुद्ध चैतन्य स्वरूप जीवात्मा, सुनो मैं विचार पूर्वक कहता हूँ। इस त्रैलोक्य में सम्पूर्ण योनियाँ अंधकार से युक्त हैं। यदि इन योनियों में मानव की योनि प्राप्त हो जाय तो वही सर्वश्रेष्ठ है। यदि राम को जान लें तभी हम बुद्धिमान कहलाने के अधिकारी हैं। यदि जीव इस संसार के माया-मोह से अपने को अलग कर सजग नहीं होता तो अपना जीवन व्यर्थ में खो देता है।

जीवन रूपी अंधकार में जब प्राणी को ज्ञान का पूर्वाभास हुआ तो वह उसके जीवन का प्रातःकाल हुआ क्योंकि वह जीवन का अंतकाल होता है अंततः उसे इस संसार से व्यर्थ ही जाने का पश्चाताप होता है। जो प्राणी सुख के मूल को भक्ति को मानता है वह दुःखों के मूल वासनाओं को भी चित्त में नहीं लाता। जो प्राणी एकमात्र राम से ही प्रेम करता है वही अमरता का अधिकारी होता है और सभी चीजें वासनारूपी विष के भंडार हैं। राम में रमना ही वास्तविक आनंद है और शेष कार्य विषयात्मक हैं, विषयों में फँसाने वाला है। निवृत्ति परायण की संगति ही सार वस्तु है और सारी वस्तुएँ सारहीन है। यह सारा संसार प्राणी का

अहित ही करने वाला है। केवल राम को जो प्रिय है उसी का कल्याण होता है, उसी का जीवन मंगलकारी है। एकमात्र सत्य तो वही है जो स्थिर रहता है। वही परमतत्त्व है। जो उत्पन्न होता है और विनष्ट होता है वह तो झूठा है। मधुरता या आनंद देने वाला वही है जो सहज भाव से प्राप्त हो जाता है। इस आनंद को प्राप्त करने में ही क्लेश भोगने पड़ते हैं यही जीवन का कड़ुवापन है। सांसारिक विषयों का भोग ही कष्टकारी होता है। जिस प्राणी के अन्दर 'मैं' (अहंकार) और अपनेपन की भावना नहीं है उन्हें सांसारिक विषय-वासनाओं में जलना नहीं पड़ता। जहाँ राम की कृपा है, वहाँ आनंद ही आनंद है। जो वास्तव में अपने स्वरूप की पहचान कर लेता है वही मुक्ति अर्थात् जीवन-मरण से छुटकारा पा लेता है। जो इस संसार के भ्रम (द्वैत) में अपने को भुला दिया है उसे परम पद की प्राप्ति नहीं हो पाती। एकमात्र प्राननाथ ही सांसारिक प्राणियों के जीवन का आधार है। राम की भक्ति (प्रेम) प्राप्त करना अत्यन्त दुर्लभ है। पुत्र, शरीर, धन, परिग्रह अर्थात् अपने भाई-बंधुओं के लिए जीना वैसे ही जैसे किसी पक्षी का वृक्ष पर कुछ समय का बसेरा मात्र होता है। मानव जीवन क्षणिक है यह संसार नश्वर है।

(१) कबीर ने सामान्य प्राणियों को ज्ञान और अज्ञान की वास्तविक स्थिति का परिचय कराया है। प्राणी के जीवन का एकमात्र आधार उस परमात्मा को ही माना है।

(२) माया-मोह, अहंकार, और राग-द्वैष ही प्राणिमात्र के दुःख के कारण है।

रे रे जीय अपनां दुःख न सँभारा, जिहिं दुःख व्याप्या सब संसारा।।
माया मोह भूले सब लोई, कयंचित लोभ माँनिक दीयौ खोई।।
मैं मेरी करि बहुत बिगूता, जननीं उदर जनम का सूता।।
बहुतैं रूप भेष बहु कीन्हाँ, जुरा मरन क्रोध तन खींनाँ।।
उपजै बिनसै जोनि फिराई, सुख कर मूल न पावै चाही।।
दुःख संताप कलेस बहु पावै, जो न मिलै सो जरत बुझावैं।।
जिहि हित जीव राखि है भाई, सो अनहित ह्वै जाइ बिलाई।।
मोर तोर करि जरे अपारा, मृग तृष्णाँ झूठी संसारा।।
माया मोह झूठ रह्यौ लागी, का भयौ इहाँ का ह्वै है आगी।।
कछु कछु चेति देखि जीव अबही, मनिषा जनम न पावै कबही।।
सार आहि जे संग पियारा, जब चेतै तब ही उजियारा।।
त्रिजुग जोनि जे आहि अचेता, मनिषा जनम भयौ चित चेता।।
आतमां मुरछि मुरछि जरि जाइ, पिछले दुःख कहता न सिराई।।
सोई त्रास जे जाँनैं हंसा, तौ अजहूँ न जीव करै संतोसा।।
भौसागर अति वार न पारा, ता तिरिबे को कहु बिचारा।।
जा जल की आदि अंति नहीं जानियै, ताको डर काहे न मानियै।।
को बोहिथ को खेवट आही, जिहि तरिये सो लीजै चाही।।
समझि बिचारि जीव जब देख्या, यहु संसार सुपन करि लेख्या।।
भई बुधि कछू ग्याँन निहारा, आप-आप ही किया बिचारा।।
आपण मैं जे रह्यौ समाई, नेडै दूरी कथ्यौं नहिं जाई।।
ताके चीन्हें परचौ पावा, भई समझि तासूँ मन लावा।।

भान भगति हित बोहिया, सतगुर खेवणहार।।
अलप उदिक तब जाँणिये, जब गोपद खुर बिस्तार।।१७।।

व्याख्या– हे जीव, जो माया-मोह रूपी दुःख सारे संसार में व्याप्त है, तुमने उस दुःख की ओर तनिक भी ध्यान नहीं दिया। सारे प्राणी इसी माया-मोह जनित क्षणिक आनंद में भूले हुए हैं। थोड़े से लोभ के कारण जीव ने परमात्मा रूपी मणि को खो दिया है। जीव 'मैं' और मेरेपन की भावना में उलझकर रह गया है। यह अपनी माँ के गर्भ में आने के समय से ही सो रहा है। इसने अब तक विभिन्न रूप, आकार और वेश धारण किये हैं। जरावस्था मृत्यु और क्रोध के परिणामस्वरूप जीव का शरीर नष्ट होता रहा है। वह बार-बार जनम लेता है, नष्ट होता है तथा अनेक योनियों में भटकता फिरता है किन्तु सुख के मूल स्वरूप उस परमात्म रूप को नहीं पाना चाहता। वह तरह-तरह के दुःखों और क्लेशों को सहता है किन्तु अभी तक उसे ऐसे गुरु या ज्ञान की प्राप्ति नहीं हुई जो जलती हुई दुःखों की अग्नि को बुझाकर शीतलता प्रदान कर दे। अपने जिस हित या कल्याण के लिए जिससे इस जीव ने प्रेम किया है वही इसके लिए अहितकारी सिद्ध हो रहे हैं। यह अपना है, यह पराया है इस भ्रम में पड़ा हुआ वह अपार सांसारिक तापों में जलता रहता है। मृगतृष्णा रूपी यह संसार झूठा है। वह संसार के माया-मोह में झूठा ही लगा रहता है। इस लोक में क्या हुआ और आगे परलोक में क्या होगा इसकी तनिक भी चिंता उसे नहीं है। हे जीव, तू अब भी अज्ञानता के अंधकार से निकलकर सजग हो जा क्योंकि अब यह मानव जनम तुम्हें कभी नहीं प्राप्त होगा। इस जीवन का सार तत्त्व यही है कि वह प्रियतम तुम्हारे साथ ही है जब ही यह सजगता (ज्ञान) को प्राप्त हो जायेगा तब ही ज्ञान का प्रकाश हो जायेगा। तीनों लोकों की योनियों में जीव अचेत ही बना रहता है वह अज्ञानता रूपी अंधकार से निकल नहीं पाता। मनुष्य योनि में ही उसके चित्त में चेतना आती है। आत्मा मूर्छित होकर सांसारिक तापों से जल जाती है। वह अपने पूर्वजन्म के दुःख को भी शान्त नहीं कर पाता। यदि सांसारिक त्रासों को जीव जान लेता है तो भी जीव को मानव जीवन प्राप्त कर उसी में संतोष नहीं करना चाहिए बल्कि स्वानुभूति के लिए विकल रहना चाहिए। यह भवसागर असीम है जिसका कोई ओर-अंत नहीं है, यह बेचारा जीव उसे कैसे पार कर सकता है। जिस जल का आदि-अंत कुछ नहीं है उसका भय तू क्यों नहीं मानता? इस संसार सागर को पार करने के लिए कौन सा पोत है कौन खेने वाला है? जो इसके पार ले जा सकता है उसी का आश्रय ग्रहण करो, जब जीव ने सोच-विचार कर देखा तो यही पाया कि यह संसार स्वप्न के समान झूठा है। जब जीव को इसका ज्ञान हुआ अपने-आप ही उसने विचार किया तो पाया कि स्वयं में जो तत्व समाया है वही परमतत्त्व है। वह अत्यन्त निकट है या दूर है यह नहीं कहा जा सकता। उसकी पहचान करने से ही स्वानुभूति जगी, मेरे अन्दर ज्ञान ज्योति फूटी और उस परमात्मा से मन लग गया। तत्पश्चात् जीव को यह ज्ञान हो गया कि इस संसार सागर को पार करने के लिए भाव-भगति एवं प्रेम ही नौका है, सतगुरु ही उसे खेने वाला है। इस संसार सागर का जब विस्तार ईश्वर की कृपा से गाय के पैर के बराबर हो जाय तभी इसके जल को अल्प समझना चाहिए कि इसे आसानी से पार किया जा सकता है।

(१) कबीर ने जीव के अज्ञान और ज्ञान दोनों दशाओं का वर्णन किया है तथा ज्ञान की दशा को उसकी वास्तविक स्थिति माना है।

(२) ब्रह्म ही एकमात्र सत्य है, संसार मिथ्या है

(३) मृगत्रिष्णा ...... संसारा, भौसागर – रूपक अलंकार।

संताप सुपन करि —— उपमा अलंकार
भाव भगति विस्तार —— सांगरूपक

दुपदी रमैंनी

भया दयाल विषहर जरि जागा, गहगहान प्रेम बहु लागा।।
भया अनंद जीव भये उल्हासा, मिले राँम माँनि पूगी आसा।।
मास असाढ़ रवि धरनि जरावै, जरत-जरत जल आइ बुझावै।।
रुति सुभाइ जिमीं सब जागी, अंमृत धार होइ झर लागी।।
जिमीं माँहि उठी हरियाई, बिरहिन पीव मिले जन जाई।।
मन कांमनि कै भयै उछाहा, कारनि कवन बिसारी नाहा।।
खेल तुम्हारा मरन भया मोरा, चौरासी लख कीन्हाँ फेरा।।
सेवग सुत जे होइ अनिआई, गुन औगुन सब तुम्हि समाई।।
अपने औगुन कहुँ न पारा, इहै अभाग जे तुम्हन संभारा।।
दरबो नहीं काँइ तुम्ह नाहा, तुम्ह बिछुरे मैं बहु दुःख चाहा।।
मेघ नहि बरिखै जाहिं उदासा, तऊँ न सारंग सागर आसा।।
जलहर भर्‌यौ ताहि नहीं भावै, कै मरि जाइ कै उहै पियावै।।
मिलहु राँम मनि पुरवहु आसा, तुम्ह बिछुर्‌याँ मैं सकल निरासा।।
मैं रंक निराँसो जब निध्य पाई, राँम नाँम जीव जाग्या जाई।।
नलिनी कै ज्यूं नीर अधारा, खिन बिछुर्‌याँ थैं रवि प्रचारा।।
राँम बिनाँ जीव बहुत दुख पावै, मन पतंग जगि अधिक जरावै।।
माघ मास रुति कवलि तुसारा, भयौ बसंत तब बाग सँभारा।।
अपने रंगि सब कोइ राता, मधुकर बास लेहि मैमंता।।
बन कोकिला नाद गहगहांना, रुति बसंत सबकै मनिमानाँ।।
बिरहन्य रजनी जुग प्रति भइया, बिन पिव मिलें कलपटलि गइया।।
आतमाँ चेति समझि जीव जाई, ताजी झूठ राँम निधि पाई।।
भया दयाल निति बाजहिं बाजा, सहजै राँम नाँम मन राजा।।
जरत जरत जल पाइया, सुख सागर कर मूल।।
गुर प्रसादि कबीर कहि, भागी संसे सूल।।१८।।

व्याख्या– ईश्वर दयालु हो गया फलस्वरूप विषय रूपी विष से युक्त सर्प जल गया और जीव जागृत हो गया। वह ईश्वर के अगाध प्रेम का अवगाहन करने लगा। जीव आनन्दित तथा उल्लसित हो गया। राम के मिलन से उसकी आशा पूर्ण हो गयी। आषाढ़ महीने में जब सूर्य धरती को जलाता है तब आकाश के बादल आकर उस जलती धरती को बचा लेते हैं। वर्षा ऋत्तु में धरती जाग उठती है, चारों और अमृत की झड़ी लग जाती है। वह इतनी हरी-भरी (उल्लसित) हो जाती है मानो उसका मिलन प्रिय से हो गया है। विरहिणी का हर्षित होना प्रिय मिलन का ही सूचक होता है। धरती और बादल के इस मिलन को देखकर जीवात्मा रूपी कामिनी के मिलन की उत्कंठा बढ़ जाती है, वह अपने नाथ से पूछती है कि

किस कारण से तुम मुझे भूल गए हो। तुम्हारे लिए तो खेल है किन्तु मेरे लिए तो मरण है, मैंने चौरासी लाख योनियों में भ्रमण किया। सेवक और पुत्र से यदि कोई अन्याय हो जाता है (तो वह क्षम्य है) क्योंकि गुण और अवगुण तुममें ही समाहित हैं (सब कुछ तुम्हारी ही प्रेरणा से घटित होता है। जीव तो निरीह एवं पराधीन है) मैं अपने अवगुणों का वर्णन नहीं कर पा रहा हूँ क्योंकि उनका कोई ओर छोर नहीं है, यही मेरा सबसे बड़ा दुर्भाग्य है कि आपका सहारा मुझे नहीं मिला। हे नाथ! तुम क्यों द्रवित नहीं होते, तुमसे बिछुड़ कर, मैंने बहुत दुख भोगा है। तुम्हारे प्रेम के बादल की वर्षा नहीं हो रही है, इसलिए मेरा मन रूपी चातक उदास है, वह संसार सागर के जल के प्रति चाह नहीं रखता। जलाशय भरा है किन्तु उसे रुचिकर नहीं लगता। वह चातक या तो प्यास से मर जाता है या उसे वही ईश्वर अमृत रस पिलाता है। हे राम तुम मिल जाओ जिससे मेरी आशा पूरी हो जाय। तुमसे बिछुड़कर मैं बहुत निराश हूँ। मैं निराश रंक (गरीब, जब राम निधि पा गया तो मेरे प्राण जागृत हो उठे) कमलिनी के लिए जैसे पानी जीवन आधार होता है, यदि क्षण भर भी वह पानी से अलग हो जाय तो सूर्य उसे जला देता है (जीवात्मा राम से बिछुड़कर संसार ताप से जल जाती है) राम के बिना जीव, बहुत दुख पाता है, संसार में मन पतंग और भी जलने लगता है। माघ के महीने में तुषार से कमलिनी आहत होती है किन्तु बसंत आने पर वह पुनः पूर्ववत हरी भरी हो जाती है। सभी अपने रंग में मस्त हैं, भ्रमर मस्त होकर फूलों की गन्ध लेता है, वन में कोयल की वाणी गूँजती है, बसंत ऋतु में सभी का मन हर्षित हो जाता है किन्तु इस मादक ऋतु में विरहिणी के लिए एक रात एक युग के समान हो जाती है, उसे प्रियतम का वियोग कल्प के बराबर लगने लगता है। आत्म चेतना आने पर जीव को रहस्य समझ में आया। फलस्वरूप उसने झूठ छोड़ दिया और राम निधि को प्राप्त कर लिया। वह राम दयालु हुआ तभी अनाहत का वाद्य बजने लगा, मन सहज तत्त्व में विराजने लगा। वह जलते जलते जल पा गया, वह ईश्वर सुख के सागर का मूल (स्त्रोत) है। गुरु की कृपा से कबीर का संशय एवं पीड़ा दूर हो गयी।

साँगरूपक तथा रूपकातिशयोक्ति अलंकार उद्दीपक ऋतुओं में विरहिणी की उत्कंठा तथा व्यथा की गहन व्यंजना। कबीर की काव्य प्रतिभा को प्रमाणित करने वाला पद। शब्द योजना में माधुर्य तथा आनुप्रासिकता द्रष्टव्य है।

राँम नाँम जिन पाया सारा, अबिरथा झूठ सकल संसारा।।
हरि उतंग मैं जानि पतंगा, जंबुक के हरि कै ज्यूँ संगा।।
क्यंचिति ह्वै सुपनै निधि पाई, नहीं सोभा कौं धरी लुकाई।।
हिरदैं न समाइ जाँनियै नहीं पारा, लागै लोभ न और हँकारा।।
सुमिरत हूँ अपने उनमानाँ, क्यंचित जोग राँम मैं जाँना।।
मुखाँ साध का जानियै असाधा, क्यंचित जोग राँम मैं लाधा।।
कुबिज होइ अमृत फल बंछ्या, पहुँचा तन मन पूगी इंछ्या।।
नियर थैं दूरि दूरि थैं नियरा, राम चरित न जानियै जियरा।।
सीत थैं अगिनी फुनि होई, रवि थैं ससि ससि कै रवि सोई।।
सीत थैं अगिनि परजई, थल थैं निधि निधि कै थल करई।।
बज्र थैं तिण खिण भीतरि होई, तिण कै कुलिस करै फुनि सोई।।
गिरबर छार छार गिरि होई अविगति गति जानैं नहिं कोई।।१९।।

व्याख्या– कबीर कहते हैं कि मुझे राम नाम की सम्पूर्णता का बोध अपने अन्दर ही हो गया फलस्वरूप सारा संसार झूठा प्रतीत होने लगा। भगवान उदात्त है मैं अधोगामी पतिंगा हूँ, मेरा और उनका साथ श्रृगाल और सिंह की तरह है, मैं आम शक्तिवाला हूँ वह जब चाहे मुझे अपने अन्दर समाहित कर लें। अकिंचन को जैसे स्वप्न में खजाना मिल जाता है, इसे मैं छुपाकर नहीं रखूँगा। यह मेरे हृदय में समाहित नहीं हो पा रहा है। इस राम निधि के प्रति मेरे मन में इतना लोभ हो गया है कि मैं किसी दूसरे को पुकार कर बताना भी नहीं चाहता (कहीं वे भी इसमें हिस्सा न बाँटने लगें) मैं अपने अनुमान से राम का सुमिरन करता हूँ, मैंने राम योग को कुछ मात्रा में जान लिया है। मेरी दशा वैसी है जैसे कोई कुबड़ा उच्च अमृत फल को चखना चाहता है, जब वह उस फल तक पहुँच जाता है तो उसकी इच्छा पूरी हो जाती है। वह अत्यन्त समीप है पर अज्ञान के कारण दूर प्रतीत होता है। राम के चरित के विषय में जीव को ज्ञान नहीं है। ईश्वर में अद्‌भुत शक्ति है। वह शीत से आग पैदा कर देता है, सूर्य को चाँद फिर चाँद को सूर्य कर सकता है। शीत से आग प्रज्ज्वलित हो जाती है। जल की बूँद सागर में बदल जाती है तथा सागर पृथ्वी में परिणत हो जाता है। वज्र क्षण में तृण हो जाता है फिर वह तृण से वज्र बना देता है। पर्वत से धूल, धूल से पर्वत बन जाता है। उस अविगत की गति कोई नहीं जान पाता।

राम की उपलब्धि तथा उसके सामर्थ्य की व्यंजना की गयी है। द्वितीय पंक्ति में उपमा अलंकार है।

जिहि दुरमति डोल्यौ संसारा, परे असूझि वार नहिं पारा।।
बिख अंमृत एक करि लीन्हाँ, जिनि चीन्हा सुख तिहकूँ हरि दीन्हा।।
सुख दुख जिनि चीन्हा नही जाँनाँ, ग्रासे काल सोग रुति माँनाँ।।
होइ पतंग दीपक मैं परई, झूठै स्वादि लागि जीव जरई।।
कर गहि दीपक परहि जु कूपा, बहु अचिरज हम देखि अनूपा।।
ग्यानहीन ओछी मति बाधा, मुखाँ साध करतूति असाधा।।
दरसन समि कछू साध न होई, गुरु समाँन पूजिये सिध सोई।।
भेष कहा जे बुधि बिंमूढ़ा, बिन परचे जग बूड़नि बूड़ा।।
जदपि रबि कहिये सुर आही, झूठे रबि लीन्हाँ सुख चाही।।
कबहुँ हुतासन होइ जरावै, कबहुँ अखंड धार बरिषावै।।
कबहुँ सीत काल करि राखा, तिहूँ प्रकार बहुत दुःख देखा।।
ताकूँ सेवि मूढ़ सुख पावैं, दौरे लाभ कूँ मूल गवावैं।।
अछित राज दिने दिन होई, दिवस सिराइ जनम गये खोई।।
मृत काल किनहूँ नहीं देखा, माया मोह धन अगम अलेखा।।
झूठैं झूठ रह्यौ उरझाई, साचा अलख जग लख्या न जाई।।
साचै नियरै झूठै दूरी, विष कूँ कहै सजीवन मूरी।।२०।।

शब्दार्थ – दुरमति = दुर्बुद्धि, कूपा = कुवाँ, हुतासन=आग, सिराइ = व्यतीत होना, मूरी = मूल, बूटी, रूति= रोग।

व्याख्या– जिसे दुर्बुद्धि उपज जाती है, वह संसार में इधर-उधर भटकता रहता है, उसे संसार के आर-पार कुछ सूझता नहीं। वह विष और अमृत का भेद समझ नहीं पाता, जिन्हें

दोनों की अलग-अलग पहचान है, भगवान् उन्हीं को सुख देता है। जो ईश्वर भक्ति से जनित सुख तथा सांसारिकता के दुख के अन्तर को नहीं समझते वे काल ग्रसित होकर शोक और रोग का वरण करते हैं। वे पतिंगे की तरह (विष वासना के) दीपक पर टूट पड़ते हैं, मिथ्या स्वाद के वशीभूत होकर जलते रहते हैं। ज्ञान स्वरूप आत्मा रूपी दीपक के रहते हुए भी यदि कोई (विषय वासना के) कुएँ में गिरता है, यह मुझे अनुपम आश्चर्य के रूप में दिखाई देता है। ऐसे ज्ञान हीन व्यक्ति तुच्छ बुद्धि से प्रेरित होते हैं, ये चेहरे से साधु किन्तु कर्म से असाधु होते हैं। दर्शन (परमतत्व का साक्षात्कार) के समान कुछ भी प्राप्तव्य नहीं है, जो तत्त्वज्ञ है उसकी गुरु के समान पूजा करनी चाहिए। उस भेष का क्या अर्थ है जिससे मनुष्य की बुद्धि विकृत हो जाए। बिना परमतत्व के परिचय के संसार मोह में डूबता ही है। यद्यपि कहा जाता है कि सूर्य देवता है, वह झूठे सूर्य-देवता से सुख की चाह करता है। वह सूर्य कभी आग बरसाता है और कभी) समुद्र के जल को बादल बनाकर (तेज पानी बरसाता है। कभी शीत) ऋतु लाता है, तीनों रूपों में बहुत दुख दिखाई देता है। उसी की सेवा करके मूर्ख सुख पाता है लाभ के लिए वह दौड़ता अवश्य है परन्तु मूल भी खो देता है। विषयों का राज्य दिन प्रतिदिन क्षीण होता है। दिन व्यर्थ में बीतते जाते हैं और जीवन निरर्थक हो जाता है। मृत्यु के समय का ध्यान किसी को नहीं है। माया, मोह, धन की इच्छा का कोई ओर-छोर नहीं है। वह अगम्य एवं अनिर्वचनीय है। लोग झूठ में ही उलझे हैं, जो अलक्ष्य तत्त्व है वह जगत् के जीवों द्वारा अनदेखा रह जाता है। सच्चे व्यक्ति के लिए ईश्वर समीप है (आत्मस्थ है) किन्तु झूठे लोगों के लिए दूर है। यहाँ तो लोग विष को ही संजीवनी बूटी समझ बैठे हैं।

रूपकातिशयोक्ति अलंकार का प्रयोग है। मिथ्या बुद्धि के कारण मिथ्या आचरण तथा ईश्वरीय बोध से दूरी की व्यंजना है।

कथ्यौ न जाइ नियरै अरु दूरी, सकल अतीत रह्या घट पूरी।।
जहाँ देखौं तहाँ राम समाँनाँ, तुम्ह बिन ठौर और नहि आँनाँ।।
जदपि रह्या सकल घट पूरी, भाव बिनाँ अभिअंतरि दूरी।।
लोभ पाप दोऊ जरै निरासा, झूठै झूठि लागि रही आसा।।
जहुँवाँ ह्वै निज प्रकट बजावा, सुख संतोष तहाँ हम पावा।।
नित उठि जस कीन्ह परकासा, पावक रहै जैसे काष्ठ निवासा।।
बिना जुगति कैसे मथिया जाई, काष्ठै पावक रह्या समाई।।
कष्टै कष्ट अग्नि परजरई, जारै दार अग्नि समि करई।।
ज्यूँ राँश्म कहै ते राँम होई, दुख कलेस घालै सब खोई।।
जन्म के कलि बिष जाँहि बिलाई, भरम करम का कछू न बसाई।।
भरम-करम दोऊ बरतै लोई, इनका चरित न जाँनै कोई।।२१।।

शब्दार्थ – काष्ठै = लकड़ी।

व्याख्या– ईश्वर को न तो निकट कहा जा सकता है और न दूर। वह सबसे अतीत एवं असम्पृक्त रहते हुए भी घट घट में व्याप्त (भरा-पूरा है) मैं जहाँ भी देखता हूँ वहाँ राम समाहित दिखाई देते हैं। तुमसे (राम) विरहित कोई स्थान नहीं है। यद्यपि ईश्वर सब घटों (शरीरों) में मौजूद है किन्तु भाव-भक्ति के बिना वह दूर प्रतीत होता है। लोभ और पाप के कारण लोग नैराश्य (की आग) में जलते हैं। मिथ्या आचरण वाले व्यक्ति मिथ्या ही आशान्वित बने रहते

हैं। जिस अवस्था में भी हम अपने को प्रकट करते हैं (निजत्व बोध या अन्तर्निहित अनाहत नाद को प्रकट करते हैं) वहीं सुख और संतोष पा लेते हैं। परमात्मा नित्य उसी तरह अपने को प्रकाशित करता है जैसे काष्ठ (लकड़ी) में आग रहती है। बिना युक्ति के काष्ठ को मथकर आग कैसे प्रकट की जा सकती है। यद्यपि यह सर्वज्ञात तथ्य है कि काष्ठ में आग समाहित है। युक्ति और साधना के बिना देह में व्याप्त ईश्वर को भी प्रकट नहीं किया जा सकता है। काठ को काठ में रगड़ने से आग प्रज्वलित हो जाती है, फिर वह लकड़ी को जलाकर अग्नि के समान कर देती है। इसी तरह राम कहने से जीव राम के समान हो जाता है। उसके सम्पूर्ण दुख क्लेश नष्ट हो जाते हैं। जन्म के कल्मष विलीन हो जाते हैं। राम मय हो जाने पर भ्रम पूर्ण कर्मों का वश नहीं चलता अर्थात् वे राममय व्यक्ति को प्रभावित नहीं कर पाते। ज्यादातर लोग भ्रमपूर्ण कर्मों में ही लीन रहते हैं, ईश्वर के स्वरूप को कोई नहीं जान पाता।

ईश्वर के स्वरूप पर प्रकाश डाला गया है। काष्ठ तथा अग्नि का दृष्टान्त प्रस्तुत किया गया है। उपमा अलंकार का प्रयोग है। जायसी ने भी कहा है – परगट गुपुत सो सरब बियापी। धर्मी चीन्ह चीन्ह नहिं पापी ।।

इन दोऊ संसार भुलावा, इनकै लागैं ग्यांन गँवावा।।
इनकौ मरम पै सोई बिचारी, सदा अनंद लै लीन मुरारी।।
ग्यांन दिष्टि निज पेखे जोई, इनका चरित जाँनै पै सोई।।
ज्यूँ रजनी रज देखत अँधियारी, डसे भुवंगम बिन उजियारी।।
तारे अगिनत गुनहि अपारा, तउ कछू नहीं होत अधारा।।
झूठ देखि जीव अधिक डराई, बिना भुवंगम डसी दुनियाँई।।
झूठै झूठ लागि रही आसा, जेठ मास जैसे कुरंग पियासा।।
इक त्रिषावंत दह दिसि फिरि आवै, झूठै लागा नीर न पावै।।
इक त्रिषावंत अरु जाइ जराई, झूठी आस लागि मरि जाई।।
नींझर नीर जाँनि परहरिया, करम के बाँधे लालच करिया।।
कहै मोर कछू आहि न वाही, धरम करम दोऊ मति गवाई।।
धरम करम दोऊ मति परहरिया, झूठे नाँऊ, साच ले धरिया।।
रजनी गत भई रबि परकासा, धरम करम धूँ केर बिनासा।।
रबि प्रकास तारे गुन खीनाँ, आचार ब्यौंहार सब भये मलीनाँ।।
विष के दाधे विष नहीं भावै, जरत जरत सुख सागर पावै।।२२।।

व्याख्या– भ्रम तथा भ्रम जनित कर्मों में ही सारा संसार भूला है। इन्हीं के कारण जीव आत्मज्ञान को खो बैठा है। इनके मर्म का जो विचार करता है, वह आनंद की अनुभूति करता हुआ मुरारी ईश्वर में लीन हो जाता है। जो ज्ञान दृष्टि से अपने स्वरूप को देखता है वही भ्रम और कर्म के रहस्य को जान पाता है। जैसे रात्रि में अंधकार रूपी रजोगुण या अंधकार कण दिखाइं देते हैं शेष कुछ भी दृष्टिगत नहीं होता। बिना प्रकाश के सर्पदंश का भय रहता है (कभी कभी सर्प डस भी लेता है) मोह की रात्रि में जीव को वासना का सर्प डसता है। यद्यपि असंख्य तारे हैं, उनके अपार गुण भी हैं, फिर भी वे प्रकाश के आधार नहीं बन पाते हैं। झूठ (मिथ्या) को देखकर संसारी जीव अधिक भयभीत होता है। यद्यपि साँप नहीं है फिर भी साँप का भ्रम संसार को डस रहा है। मिथ्या आचरण करने वाला मनुष्य मिथ्या आशा लगाए है

जैसे जेठ (जून) के महीने में प्यासा मृग चमकती बालू को पानी समझकर दौड़ता है। मृग की तरह प्यासा मनुष्य दशों दिशाओं में भ्रमण करके लौट आता है किन्तु मिथ्या जल उसे प्यास बुझाने के लिए नहीं मिलता है। जिसे जल समझा गया यदि वह वास्तव में जल हो, तभी तो उसकी प्राप्ति होगी। त्रिताप से जलता हुआ तृषित जीव झूठी आशा में मरा जा रहा है। जो आनन्द निर्झर का स्त्रोत ईश्वर है उसे उसने छोड़ दिया है। कर्म बन्धन के कारण वह लालच में पड़ गया है। जिसे वह अपना समझता है वह कुछ भी नहीं है, असत् है, जो है ही नहीं वह उसका कैसे हो सकता है। ईश्वर के अलावा जगत् की स्वतंत्र सत्ता ही नहीं है, वह क्षणिक और नश्वर है इसलिए जीव का उससे वास्तविक नाता कैसे हो सकता है। भ्रम और कर्म दोनों ने उसकी बुद्धि को नष्ट कर दिया है। भ्रम और कर्म दोनों ने उसके बुद्धि विवेक अपहरण कर लिया (बुद्धि उससे छिन गयी)। उसने इसलिए मिथ्या जगत् को सच्चा मानकर स्वीकार कर लिया। अन्त में अज्ञान की रात बीत गयी, ज्ञान का सूर्य प्रकाशित हुआ फलस्वरूप भ्रम और भ्रमपूर्ण कर्म का विनाश हो गया। सूर्य के प्रकाश में तारों का गुण क्षीण हो गया। आचार व्यवहार सभी मलिन हो गए। विषयों से दग्ध जीव को सांसारिक वासना रूपी विष रुचिकर नहीं लगता। जलते-जलते उसने सुख सागर राम को पा लिया।

रूपकातिशयोक्ति तथा साँगरूपक अलंकारों का प्रयोग करके भ्रमपूर्ण कर्म की निष्फलता परमतत्व की प्राप्ति के पश्चात् आनन्द प्राप्ति की अभिव्यंजना की गयी है।

अनिल झूठ दिन धावै आसा, अंध दुरगंध सहै दुख त्रासा।।
इक त्रिषावंत दूसरे रबि तपई, दह दिसि ज्वाला चहुँ दिसि जरई।।
करि सनमुख जब ज्ञान बिचारी, सनमुखि परिया अगनि मझारी।।
गछत गछत तब आगै आवा, बित उनमाँन ढिबुआ इक पावा।।
सीतल सरीर तन रह्या समाई, तहाँ छाड़ि कत दाझै जाई।।
यूँ मन बारुनि भया हमारा, दाधा दुख कलेस संसारा।।
जरत फिरै चौरासी लेखा, सुख कर मूल कितहूँ नहीं देखा।।
जाके छाड़े भये अनाथा, भूलि परे नहिं पावै पाथा।।
अछै अभि अंतरि नियरै दूरी, बिन चीन्ह्या क्यूँ पाइये मूरी।।२३।।

व्याख्या– पवन दिन भर झूठी आशाओं में दौड़ता है, दृष्टिहीन वह दुर्गंध, भय तथा दुख सहता है, एक तो वह तृषित (प्यासा) रहता है दूसरे सूर्य के द्वारा तपाया जाता है, वह दशों दिशाओं में उसे ज्वाला ही मिलती है, चारों दिशाओं में वह जलता ही रहता है। जब उसने सम्मुख होकर विचार किया तो आगे बढ़ने पर उसे अग्नि के मध्य गिरना पड़ा। चलते-चलते जब आगे बढ़ा तो उसे अपने देह के अनुरूप एक छोटा सा गर्त मिला जिसमें उसकी देह समाहित होकर शीतल हो गयी। वह अब उस स्थान को छोड़कर अन्यत्र जलने क्यों जाये। पवन की तरह हमारा मन भी सांसारिक सुख की मदिरा बन गया है और वह हमें मदहोश करके सांसारिक दुखों एवं क्लेशों में जलाता है। सभी जीव चौरासी लाख योनियों में दुख से जलते हुए भ्रमित होते हैं, कोई भी सुख के मूल को नहीं समझ पाता। जिसं भगवान् को छोड़कर जीव अनाथ हो गया है वह उसे पुनः खोजने के लिए सही साधना मार्ग नहीं पा रहा है। वह देह के अन्दर है किन्तु अज्ञान के कारण निकट होते हुए भी वह दूर प्रतीत होता है। उसे पहचाने बिना आनन्द के मूल तत्व को कैसे प्राप्त किया जा सकता है?

पवन का मानवीकरण किया गया है। उपमा और दृष्टान्त अलंकारों की योजना है।

पवन प्राण वायु युक्त सूक्ष्म शरीर का प्रतीक माना जाता है।

जा दिन हंस बहुत दुख पावा, जरत जरत गुरि राँम मिलावा।।
मिल्या राँम रहना सहजि समाई, खिन बिछुर्‌या जीव उरझै जाई।।
जा मिलियाँ तैं कीजै बधाई, परमाँनंद रैनि दिन गाई।।
सखी सहेली लीन्ह बुलाई, रुति परमानंद भेटिये जाई।।
चली सखी जहुँवा निज राँमाँ, भये उछाह छाड़े सब काँमाँ।।
जानूँ कि मोरै सरस बसंता, मै बलि जाऊँ तोरि भगवंता।।
भगति हेत गावै लैलीनाँ, ज्यूँ बन नाद कोकिला कीन्हाँ।।
बाजै संख सबदु धुनि बेनाँ, तन मन चित हरि गोविंद लीनाँ।।
चल अचल पाँइन पंगुरनी, मधुकरि ज्यूँ लेहि अधरनी।।
सावज सींह रहे सब माँची, चंद अरु सूर रहै रथ खाँची।।
गण गंध्रप सुनि जीवै देवा, आरति करि करि बिनवै सेवा।।
बासि यंद्र ब्रह्मा करैं आसा, हँम क्यूँ चित दुर्लभ रामदासा।।२४।।

व्याख्या– सांसारिक व्यथाओं में जलते हुए जीव को सद्‌गुरु ने राम से मिला दिया। राम से मिलकर वह सहज स्वरूप में लीन हो गया, यदि जीव एक क्षण के लिए भी राम से बिछुड़ जाता है तो वह माया जाल में फँस जाता है जिससे मिलने पर आनन्द बधाई की जाती है और परमानन्द में रहकर रात दिन उसी का गीत गाया जाता है। मैंने सखी सहेलियों को बुला लिया और उन्हें प्रेरित किया कि वे भी प्रेम से परमानन्द का आलिंगन करें, सखियाँ उसी ओर चल पड़ी जहाँ उनके राम थे। उनके मन में अत्यधिक उत्साह था इसलिए उन्होंने सांसारिक कर्मों को छोड़कर राम से मिलने के लिए अग्रसर हो गयीं। जीवात्मा कह रही है कि मुझे ऐसा प्रतीत हो रहा है कि मेरे मन में सरस बसन्त विकसित हो गया है। हे, भगवान् मैं तुम्हारे प्रति बलिहारी जाती हूँ मेरा मन भक्ति में लीन होकर गीत गा रहा है जैसे वन में कोयल ने मधुर स्वर किया है अन्तःकरण में शंख की ध्वनि और वीणा का स्वर बज रहा है मेरा शरीर मन और चित्त भगवान् में लीन हो गया है। जो चंचल थे वे अचल हो गये और जो पैर वाले थे वे पंगु हो गये। भक्ति रूपी मधुकर भगवान् के ओष्ठ रस का पान कर रहे हैं। शिकार और सिंह दोनों ही बैर भाव छोड़कर एक जगह खड़े हो गये, चन्द्रमा और सूर्य भी अपना रथ खींचकर स्थिर हो गये। गण गन्धर्व मुनि और जितने भी देवता हैं वे सभी आरती करके सेवा में विनीत हो गये हैं, बासुकि, इन्द्र, ब्रह्मा आदि सभी यही इच्छा करते हैं कि हमें भी दुर्लभ राम की किंचित सेवा प्राप्त हो।

इस पद में आत्मा परमात्मा के मिलन, सिद्ध आत्मा द्वारा अन्य आत्माओं को दी जाने वाली भक्ति सम्बन्धी प्रेरणा, मिलन का उल्लास तथा अन्य देवी-देवताओं द्वारा भक्ति भाव की आकांक्षा की अभिव्यक्ति की गयी है।

उपमा, उत्प्रेक्षा आदि अलंकारों का स्वाभाविक प्रयोग किया गया है। भक्ति की अनुभूति का काव्यात्मक चित्र कबीर की काव्य प्रतिभा का द्योतक है।

भगति हेतु राँम गुन गावैं, सुर नर मुनि दुर्लभ पद पावैं।।
पूनिम बिमल ससि मास बसंता, दरसन जोति मिले भगवंता।।
चंदन बिलनी बिरहिनि धारा, यूं पूजिये प्राँनपति राँम पियारा।।

भाव भगति पूजा अरु पाती, आतमराँम मिले बहु भाँती।।
राँम राँम राँम रुचि माँनै, सदा अनंद राँम ल्यो जाँने।।
पाया सुख सागर कर मूला, जो सुख नहीं कहूँ समतूला।।
सुख समाधि सुख भया हमारा, मिल्या न बेगर होइ।।
जिहि लाधा सो जानिहै, राम कबीर और न जाने कोइ।।२५।।

व्याख्या– भक्त जन भक्ति भाव हेतु राम के गुण गाते हैं और देवता, मनुष्य एवं मुनि लोगों के लिए दुर्लभ परमपद की उन्हें प्राप्ति होती है। बसन्त मास की पूर्णिमा के समय चन्द्रमा के शीतल प्रकाश में भगवान् की ज्योति का दर्शन मिलता है। विरहणी जीवात्मा चंदन एवं बेल पत्र धारण करके प्राणपति राम प्यारे की पूजा करती है। भाव, भक्ति भी पूजा है और वही पत्र पुष्प भी है। इस प्रकार विरहणी आत्मा को आत्मा राम अनेक प्रकार से अर्थात् विविध भावनाओं से मिलता है, उसे राम के नाम में ही रुचि हो गयी है और राम में लीन रहते हुए सदैव आनन्द का अनुभव करती है। उसे सुख रूपी सागर का मूल प्राप्त हो गया है जिस सुख की तुलना कोई नहीं कर सकता है। समाधि सुख ही हमारा सुख हो गया है।

मैं परमात्मा में तन्मय हो गयी हूँ उससे पृथक् नहीं। जिसे यह सुख मिलता है वही उसके विषय में जानता है। उसे या तो राम जानते हैं या कबीर जैसे भक्त को ही इसका ज्ञान रहता है अन्य कोई इसे नहीं जानता।

इस पद में भक्ति-साधना के परिणामों को व्यंजित किया गया है। आत्मा परमात्मा के मिलन सुख की अनुभूति वही करता है जो साधक है। किसी अन्य को इसका अनुभव नहीं होता।

केऊ केऊ तीरथ ब्रत लपटानाँ, केऊ केऊ केवल राँम निज जानाँ।।
अजरा अमर एक अस्थाँनाँ, ताका मरम काह बिरलै जानाँ।।
अबरन जोति सकल उजियारा, द्रिष्टि समाँन दास निस्तारा।।
जो नहीं उपज्या धरनि सरीरा, ताकै पथि न सीच्या नीरा।।
जा नहीं लागे सूरजि के बाँनाँ, सो मोहि आनि देहु की दानाँ।।
जब नहीं होते पवन नहीं पानी, तब नहीं होती सिष्टि उँपानी।।
जब नहीं होते प्यंड न बासा, तब नहीं होते धरनी अकासा।।
जब नहीं होते गरभन मूला, तब नहीं होते कली न फूला।।
जब नहीं होते सबद न स्वाद, तब नहीं होते विद्या न वाद।।
जब नहीं होते गुरु न चेला, तब गम अगमै पंथ अकेला।।
अवगति की गति क्या कहूँ, जिसकर गाँव न गाँव।।
गुन विहूँन का पेखिये, काकर धरिये नाँव।।२६।।

व्याख्या– कोई-कोई तीर्थ व्रत में ही लिपटा है और कोई राम को ही अपना समझता है। अजर अमर केवल एक ही स्थान है उसका मर्म कोई विरला ही जानता है। वह वर्णरहित ज्योति समस्त विश्व में व्याप्त है। यदि वह ज्योति दृष्टि में समाहित हो जाये तो भक्त का उद्धार हो जाता है जो शरीर रूप में पृथ्वी पर उत्पन्न नहीं हुआ उसका मार्ग जल से सिंचित नहीं है, वहाँ तक सूर्य की ज्योति नहीं पहुँचती। उस परमपद को लाकर मुझे दान में कौन देगा उस

अवस्था में न हवा है और न पानी है, उस अवस्था में सृष्टि भी उत्पन्न नहीं थी। न पिण्ड था न उसका निवास पृथ्वी और आकाश नहीं थे। न गर्भ था न उसका मूल कारण कली और फल भी नहीं थे। उस अवस्था में न शब्द होता है न स्वाद, न विद्याएँ न वाद-विवाद, उस समय गुरु और शिष्य का भेद भी नहीं रहता, उस समय उस अगम्य मार्ग पर अकेले ही गमन होता है। उस अविगत अवस्था का वर्णन कैसे करूँ उसका न गाँव है न कोई स्थान है। गुण विहीन उसको कैसे देखा जाय।

प्रस्तुत पद में परमपद की स्थिति का वर्णन किया गया है। वह स्थिति आदिम है एवं अजर अमर है। पंचतत्त्वों की पहुँच से परे नामरूप से परे और समस्त द्वैत से विवर्जित है। कबीर की परमपद की परिकल्पना सिद्धों के विचार से प्रभावित है। सरह ने कहा है –

जहिं मण पवण का संचई, रवि ससि णांहि पवेस।।
तहिं बढ़ चित्त विसाम करु सरहें करिअ उएस।।

आदम आदि सुधि नहीं पाई, माँ माँ हौवा कहाँ थैं आई।।
जब नहीं होते राँम खुदाई, साखा मूल आदि नहीं भाई।।
जब नहीं होते तुरक न हिन्दू, मा का उदर पिता का व्यंदू।।
जब नहीं होते गाइ कसाई, तब बिसमला किनि फुरमाई।।
भूले फिरैं दीन ह्वै धावै, ता साहिब का पंथ न पावै।।
संजोगै करि गुँण धरणा, बिजोगै गुँण जाइ।।
जिभ्या स्वारथि आपणै कीजै बहुत उपाइ।।२७।।

व्याख्या– जब आदमी को मूल तत्व का ज्ञान नहीं था तो वह कैसे जान सकता था कि मानव की आदिम माता कहाँ से आई। जब राम तथा खुदा (काल्पनिक नाम भेद) नहीं थे। परमपद अपने मूल स्वरूप में नाम रूप से परे था। उस समय शाखा मूल कुछ भी नहीं था। जहाँ न मुसलमान है न हिन्दू और न ही कुक्षि (पेट) एवं पिता का वीर्य। जब न गाय थी न कसाई तो विसमिल्ला (हलाल करने) का आदेश किसने दिया। जीव अनेक पंथों तथा कथाओं को गढ़कर दीन होकर इधर-उधर भटक रहा है। वह ईश्वर तक पहुँचने का मार्ग नहीं पा रहा है। ईश्वर से जुड़ने पर गुण आते हैं, विलग होने से गुण जाते हैं। मनुष्य जीभ के स्वाद के लिए बहुत उपाय करता है। जीभ का स्वाद बोलने, खाने सभी में है।

काया कंचन जतन कराया, बहुत भाँति कै मन पलटाया।।
जौ सौ बार कहौ समझाई, तैयो धरा छोड़ि नहिं जाई।।
जन के कहे जनै रहि जाई, नवौं निधि सिधि तिन पाई।।
सदा धर्म जाके हिय बसई, राम कसौटी कसतइ रहई।।
जौ रे कसावे अनतै जाई, सो बाउर अपनै बौराई।।
तातैं फाँसी काल कौ, करहु आपनो सोच।।
संत सिधाए संत जहँ, मिलि रहा पोचहिं पोच।।२८।।

व्याख्या– गुरुओं ने देह और सोना के लिए बहुत यत्न कराया और अनेक प्रकार से मन को उलटी दिशा में परिवर्तित किया मैं भले ही सैकड़ों बार समझाकर कह चुका हूँ फिर भी लोग पूर्वाग्रह को छोड़ने के लिए तैयार नहीं हैं। आदमी के सुझाव से ही यदि आदमी कार्य

करेगा तो अधिक से अधिक उसे नवनिधि और आठ सिद्धियाँ ही प्राप्त होंगी। परम तत्व उसे नहीं मिल पाया जिसके हृदय में सदैव धर्म निवास करता है वह सदैव अपने कर्म एवं विचारों को राम की कसौटी पर कसता रहता है। जो अन्य कसौटी खोजने के लिए जाता है वह स्वयं पागल हो जाता है। काल की फाँसी पड़ी है हे जीव उससे बचने की चिन्ता करो। सन्त लोग सन्त के पास जाते हैं (वहाँ उन्हें उत्कृष्ट ज्ञान मिलता है) और नीच लोग नीच के पास जाते हैं (अन्ततः उन्हें निकृष्ट गति ही मिलती है)।

अपने गुन को औगन कहहू, यहि अभाग जे तुम न बिचारहू।।
तुम जियरा बहुतै दुख पावा, जल बिनु मीन कौन सचु पावा।।
चातक जलहल भरे जो पासा, स्वाँग धरे भौसागर आसा।।
चाँतिक जलहल आसहि पासा, मेघ न बरसै चलै उदासा।।
राँम नाँम इहै निज सारु, औरुअ झूँठ सकल संसारु।।
हरि उतंग तुम जाति पतंगा, जमघर कियहुँ जीव को संगा।।
किंचित है सपने निधि पाई, हिय न समाय कहँ धरौ छुपाई।।
हिय न समाय छोड़ि नहीं पारा, झूँठ-लोभ जे कछु न बिचारा।।
सुम्रिति कहा आपु नहिं माना, तरुवर तर छागर होय जाना।।
जिव दुर्मति डोलै संसारा, ते नहिं सूझै वार न पारा।।
अंध भया सभ डोलै, कोई न करै बिचार।।
कहा हमार मानै नहीं, किमि छूटै भर्म जाल।।२६।।

सचु = आनन्द, जलहल = जलाशय, छागर = बकरा।

व्याख्या– हे जीव तुम अपने अवगुण को गुण समझते हो यही दुर्भाग्य है कि तुम विचार नहीं करते हो (विचारवान होना मनुष्य का श्रेष्ठ गुण है)। तुम अपने वास्तविक स्वरूप को भूल कर या उससे अलग होकर बहुत दुख पाते हो जैसे जल के बिना मछली को कौन सुख मिल सकता है उसी तरह ईश्वर से अलग रहकर जीव सुखी नहीं रह सकता है। जीव रूपी चातक के पास परमतत्व रूपी जलाशय लहरा रहा है लेकिन वह भवसागर के विस्तार को देखकर आशान्वित होता है कि उससे उसकी प्यास बुझेगी। उसके लिए वह अनेक स्वांग करता है (जीव तिलक माला आदि आडम्बर रचता है), चातक के आस-पास ही जलाशय होता है लेकिन वह बादल की वर्षा की आशा में रहता है अर्थात् वह आनन्द की अनुभूति के बाह्य स्रोत की अपेक्षा करता है और जब बादल नहीं बरसता तब वह उदास हो जाता है।

राम नाम ही एक मात्र सार तत्त्व है शेष संसार मिथ्या है। भगवान् श्रेष्ठ है जीव पतिंगा है (वह विषय वासना रूपी आग की ओर ही दौड़ता है)। पतिंगा की तरह का आचरण जीव को यम के घर का साथी बनाता है। यदि कोई स्वप्न में धन-सम्पत्ति पा जाता है तो उसके हृदय में खुशी नहीं समाती, वह सोचने लगता है कि इसे कहाँ छिपाकर रख दूँ। वैसे उसका वश चले तो उसे हृदय में ही छिपा ले किन्तु ऐसा करना संभव नहीं, उसे बाहर छोड़ नहीं सकता। स्मृति ग्रंथों के कथन को भी लोग न तो समझ पाते और न उसका आचरण करते हैं अन्ततः उसकी स्थिति वृक्ष के नीचे बँधे हुए बलि के बकरे की होती है। दुर्बुद्धि वाला जीव संसार का भ्रमण करता है किन्तु उसका आर-पार उसके समझ में नहीं आता (दिशाहीन होकर वह संसार में भटकता रहता है)।

अंधा होकर (अज्ञानी बनकर) सभी घूमते हैं। कोई विचार नहीं करता। वे मेरा कहना मानते नहीं, फिर उनका भ्रम जाल किस तरह छूट सकता है।

दृष्टांत रूपकातिशयोक्ति, रूपक अलंकारों का प्रयोग है।।

सोग बधावा सम कै माना, ताकि बाति इन्द्रहु नहिं जाना।।
जटा तोरि पहिरावै सैली, जोग जुक्ति की गर्व दुहेली।।
आसन उड़े कौन बड़ाई, जैसे काग चील्ह मँडराई।।
जैसी भित्ति तैसि है नारी, राजपाट सब गनै उजारी।।
जस नरक तस चंदन जाना, जस बाउर तस रहै सयाना।।
लपसी लौंग गनै एक सारा, परिहरि खाँड मुख फाँकै छारा।।
इहे विचार विचारते, गए बुद्धि बल चेत।
दुइ मिलि एकै होय रहा, काहि लगावौं हेत।।३०।।

व्याख्या– इस पद में संतों तथा योगियों के आडम्बर तथा चमत्कारपूर्ण करतूतों पर प्रकाश डाला गया है।

बहुत से ऐसे साधक हैं जो शोक और वृद्धि (बधावा) या हर्ष को समान मानने का दावा करते हैं किन्तु उनके कपटपूर्ण व्यवहार को इन्द्र भी नहीं जान सकता। जटा तोड़कर (मरोड़कर) बालों की रस्सी बना लेते हैं, और योग भक्ति की अहंकार पूर्ण कठिन साधना का प्रदर्शन करते हैं। अपने आसन से थोड़ा ऊपर उठकर उड़ते दिखाई देते हैं, इस करामात से क्या होता है। कौआ और चील भी तो आकाश में उड़ते हैं तो क्या उस आधार पर उन्हें महान माना जा सकता है। वे नारी को भित्ति चित्र की तरह मानते हैं (नारी उन्हें प्रभावित नहीं करती)। राजपाट तथा उजड़े स्थान दोनों को बराबर समझते हैं, नरक और चंदन, मूर्ख और ज्ञानी में भेद नहीं मानते। लपसी (आटे का हलुवा) तथा लौंग को एक समान समझते हैं। शकर को छोड़कर राख को मुँह में डालकर अपने समान बोध को प्रमाणित करना चाहते हैं।

साधारण लोगों की बुद्धि एवं बल इसी बात की खोज में ही खत्म हो जाते हैं कि अच्छे-बुरे संत (योगी), समान हैं। दोनों मिलकर एक ही गोल में इकट्ठे हैं किसके प्रति लगाव रखा जाय।

चली जात देखी एक नारी, तर गागरि ऊपर पनिहारी।।
चली जात वह बाटहि बाटा, सोवनहार के ऊपर खाटा।।
जाड़न मरै सफेदी सौरी, खसम न चीन्है घरनि भौ बौरी।।
साँझ सकार दिया लै बारै, खसम छोड़ि सुमिरै लगवारे।।
वाही के संग निस दिन राँची, पिय से बात कहै न साँची।।
सोवत छाड़ि चली पिय अपना, ई दुख अब दहुँ कहब कैसना।।
अपनी जाँघ उघारि कै, अपनी कही न जाय।।
की चित जानै आपना, की मेरो जन गाय।।३१।।

व्याख्या– सदगुरु कहते हैं कि मैंने सुरति रूपी नारी को जाते देखा जिसकी गगरी नीचे और स्वयं पनिहारी ऊपर थी अर्थात् देह रूपी गगरी नीचे थी और चित्त प्रवाह ब्रह्मरंध्र या सहस्त्रार चक्र में स्थित था जिसकी स्थिति ऊपर है। वह सुरति रूपी नारी सुषुम्ना मार्ग से ऊपर जा रही थी। सुषुप्त लोगों की कुंडलिनी शक्ति नीचे रहती है और षट्चक्र रूपी खाट ऊपर होती

है। जीव जड़ता के जाड़े से मरता है जबकि उसके पास शुद्ध सफेद चादर है (जीव विशुद्ध विवेक तथा चैतन्य के रहते हुए भी जड़ता से आहत रहता है) घरनी (जीवात्मा रूपी स्त्री) अपने वास्तविक पति को नहीं पहचानती, लगता है वह पगली हो गयी है। सन्ध्या, सबेरे पूजा, अर्चना हेतु दीपदान करती है या दीपक जलाती है, वास्तविक प्रिय को छोड़कर सांसारिक जीवों (प्रेमी) से प्रेम करती है। सांसारिक प्रियतम से वह रात-दिन अनुरक्त रहती है वास्तविक प्रियतम (परमात्मा) से सच्ची बात नहीं कहती (झूठ बोलती है)। सुप्तावस्था में (अज्ञान की दशा में) उसने प्रिय को छोड़ दिया, इस पीड़ा को किस तरह कहा जाए (जीवात्मा द्वारा आत्मा रूप में उपस्थित परमात्मा का साथ छोड़ना वास्तव में बड़ा दुखद प्रसंग है जिसके विषय में कथन करना भी संभव नहीं है।)।

अपनी जाँघ खोलकर निर्लज्ज होकर अपना बखान नहीं किया जा सकता है। अर्थात् कोई अपनी गुप्त बात को उजागर नहीं करता है। उसे या चित्त (अपना दिल) जानता है या कोई नितान्त आत्मीय व्यक्ति जान सकता है।

स्त्री-पुरुष के प्रतीक द्वारा आत्मा-परमात्मा के सम्बन्धों की सांसारिक परिणति को व्यक्त किया गया है। जीवात्मा को ऐसी स्त्री माना गया है जो पति के प्रति उतनी निष्ठावान नहीं है जितनी जार (प्रेमी) के प्रति। रात में सोते हुए वह पति का साथ छोड़ देती है। इस अपमान जनक बात का बयान करना भी लज्जास्पद लगता है। इस पद में लोक भाव का चित्रण प्रधान है, आध्यात्मिकता की मात्र व्यंजना है। आद्यन्त रूपक का निर्वाह नहीं है।

तहिया गुप्त थूल नहिं काया, ताके न सोक ताकि पै माया।।
कँवल पत्र तरंग एक माहीं, संगै रहै लिप्त पै नाहीं।।
आस ओस अंड मँह रहई, अगनित अंड न कोई कहई।।
निराधार अधार लै जानी, रॉम नॉम लै उचरी बानी।।
धरम कहै सब पानी अहई, जाती के मन बानी अहई।।
ढोर पतंग सरे घरिआरा, तेहि पानी सब करैं अचारा।।
फंद छोड़ि जे बाहर होई, बहुरि पंथ नहिं जोहै सोई।।
भरम क बाँधल ई जगत, कोई न करै बिचार।।
हरि की भगति जाने बिना, भव बूड़ि मुवा संसार।।३२।।

व्याख्या– जब आत्मा अपने शुद्ध स्वरूप में रहती है तब उसका न कोई गुप्त रहस्य होता है और न वह स्थूल रहती है उसे शोक और माया भी नहीं प्रभावित करती। जैसे कमल पत्र जल के तरंग के बीच रहता है किन्तु उससे अप्रभावित रहता है उसी तरह विशुद्ध आत्मा माया आदि से लिप्त नहीं होती। देह में पड़ते ही आशा रूपी ओस पैदा होने लगती है। तृष्णा के कारण ही अनेक देह धारण करना पड़ता है जिसे कोई कह नहीं सकता है सारी सृष्टि का कारण एवं आधार वही परमतत्व है जो निराधार है। राम का नाम उच्चारण ही उस आधार को समझने का प्रयत्न है। धर्म कहता है कि ईश्वर पानी की तरह निर्मल है। माया और जीव ईश्वर के समीप पहुँचकर शुद्ध हो जाते हैं। मन और वाणी की शुद्धता ईश्वर के संसर्ग से प्राप्त होती है। वह जातिगत भेदभाव को नहीं मानता है जैसे पानी में जो चीज मिलती है वह शुद्ध हो जाती है जानवर, पतिंगे, घड़ियाल सभी जल में सड़ते हैं लेकिन सभी लोग पानी के प्रति समान भाव से आचरण करते हैं अर्थात् पानी की शुद्धता पर सभी को विश्वास है। जो माया

रूपी बन्धन को छोड़कर अलग हो जाते हैं वे किसी पंथ (धार्मिक मार्ग) की अपेक्षा नहीं करते हैं यह सारा संसार भ्रम से बँधा हुआ है इस पर कोई भी विचार नहीं करता है। भगवान् की भक्ति को जाने बिना सारा संसार भवसागर में डूब कर मर रहा है।

आस ओस में रूपक अलंकार है। आत्मा के विशुद्ध स्वरूप के विषय में पानी के दृष्टान्त को लेकर कवि ने अपना विचार प्रस्तुत किया है।

जिनि कलमाँ कलि माँहि पठावा, कुदरत खोजि तिनहँ नहीं पावा।।
कर्म करींम भये कर्तूता, बेद कुरान भये दोऊ रीता।।
कृतम सो जु गरभ अवतरिया, कृतम सो जु नाव जस धरिया।।
कृतम सुनित्य और जनेऊ, हिंदू तुरक न जाँनैं भेऊ।।
मन मुसले की जुगति न जाँनै, मति भूलै द्वै दीन बखानै।।
पाणी पवन संयोग करि, कीया है उतपाति।।
सुंनि मै सबद समाइगा, तब कासनि कहिये जाति।।३३।।

व्याख्या– जिसने कलमा (कुरान शरीफ की आयतों) का कलियुग में उपदेश दिया, वह भी ईश्वर की प्रकृति को नहीं समझ पाया। दयापूर्वक किए गए कर्म भी करतूत (बुरे कार्य) में परिणत हो सकते हैं। वेद और कुरान दोनों रीतियाँ ईश्वर प्राप्ति के लिए हैं। दोनों की मूल भावना सुन्दर थी किन्तु साम्प्रदायिक करतूतों में ही उनकी परिणति विशेष रूप से हो गयी। जो गर्भ में अवतरित होता है वह कृत्रिम है, जो नाम यश धारण करता है वह भी कृत्रिम है, सुन्नत और यज्ञोपवीत भी कृत्रिम हैं। हिन्दू और मुसलमान के भेद के कृत्रिम आधार हैं, इसलिए वे तात्विक नहीं हैं। व्यक्ति अपने मन का सुधार करना तो जानता नहीं, विभ्रमित बुद्धि से वह दो मजहबों (धर्मों) की बात करता है। पानी और हवा के संयोग से (विदु और प्राण के संयोग से) ईश्वर ने सृष्टि की है, जब शून्य में शब्द समा जाएगा (परम चेतन में व्यक्ति भाव निहित हो जाएगा) तब किसे जाति कहा जाएगा।

कबीर ने मुहम्मद साहब को भी ईश्वर के मर्म या माया को न जानने वाला कहा है। हिन्दू-मुसलमान का भेद उन्हें अमान्य है।

तुरकी धरम बहुत हम खोजा, बहु बाजगार करैं ए बोधा।।
गाफिल गरब करे अधिकाई, स्वारथ अरथि बधैं ए गाई।।
जाकौ दूध धाइ करि पीजै, ता माता कौ बध क्यूँ कीजै।।
लहुरै थकै दुहि पीया खीरो, ताका अहमक भकै सरीरो।।
बेअकली अकलि न जाँही, भूले फिरैं ए लोइ।।
दिल दरिया दीदार बिन, भिस्त कहाँ थैं होइ।।३४।।

व्याख्या– हमने इस्लाम धर्म के विषय में बहुत खोज बीन की, इसके मानने वाले जान बूझ कर अनुचित कार्य करते हैं (जबकि धर्म में अनुचित कार्य करने की इजाजत नहीं है) इसके अनुयायी अहंकार में मदहोश होकर अत्यधिक गर्व करते हैं। अपने स्वार्थ की सिद्धि के लिए गाय का बध करते हैं। पोषण करने वाली धाय के समान जिसका दूध पिया जाता है उस माँ का बध क्यों किया जाय। छोटे बच्चे एवं थके हुए जिसका दूध पीकर पोषित होते हैं, उसी गाय का मांस मूर्ख लोग खाते हैं। बुद्धिहीन लोग ज्ञानहीन है, मिथ्या अहंकार में भ्रमित ये लोग भटकते हैं। विशाल हृदय होकर (जो समस्त जीव जन्तुओं के प्रति अपने हृदय में करुणा

धारण कर सके वही विशाल हृदय होता है) बिना ईश्वर दर्शन के स्वर्ग की प्राप्ति कैसे संभव है।

इसमें इस्लाम धर्म के अनुगामियों के हिंसा का विरोध किया गया है। कबीरदास गो-बध के विरोधी थे।

पंडित भूले पढ़ि गुन्य बेदा, आप न पाँवै नाँनाँ भेदा।।
संध्या तरपन अरु षट करमाँ, लागि रहे इनकैं आसरमाँ।।
गायत्री जुग चारि पढ़ाई, पूछौ जाइ मुकति किनि पाई।।
सब में रॉम रहै ल्यौ सींचा, इन थैं और कहौ को नीचा।।
अति गुन गरब करै अधिकाई, अधिकै गरबि न होइ भलाई।।
जाकौ ठाकुर गरब प्रहारी, सो क्यूँ सकई गरब सँहारी।।
कुल अभिमाँन बिचार तजि, खोजौ, पद निरबाँन।।
अंकुर बीज नसाइगा, तब मिलै बिदेही थान।।३५।।

व्याख्या– पंडित लोग वेदों को पढ़कर और उन पर विचार करके भ्रमित हो गये हैं। विविध भेद भाव के चक्कर में वे आत्मस्वरूप को प्राप्त नहीं कर पाते हैं। ये लोग संध्या, तर्पण और षटकर्मों में ही लीन रहते हैं और इन्हीं के आश्रय में जीते हैं या आश्रम व्यवस्था में लगे रहते हैं ये चार युगों से गायत्री मंत्र पढ़ा रहे हैं। इनसे पूछो की इससे किसे मुक्ति मिली। सम्पूर्ण प्राणियों में राम बसा हुआ है ऐसी अवस्था में किसे नीच कहा जाय, पंडित लोग अपने गुण पर अत्यधिक गर्व करते हैं। अत्यधिक गर्व करने वाले का कभी कल्याण नहीं होता। जिसका स्वामी अहंकार का होता है वह भला स्वयं गर्व का सहारा कैसे ले सकता है, इसलिए हे पंडित! कुल का अहंकार त्याग कर निर्वाण को प्राप्त करने का मार्ग खोजो, जब अहंकार का बीज और अंकुर नष्ट हो जाएँगे तभी विदेह की स्थिति मिलेगी।

षटकर्म है स्नान, संध्या, पूजा, तर्पण, जप और होम। ऊँच-नीच और अहंकार भावना का विरोध प्रकट किया गया है। पुस्तकीय ज्ञान से आत्म ज्ञान नहीं होता। वेद अध्ययन को कबीर पुस्तकीय ज्ञान से अधिक नहीं मानते। विदेह का तात्पर्य है अपने को देह न समझकर आत्मा समझना।

खत्री करै खत्रिया धरमो तिनकूँ होय सवाया करमो।।
जीवहि मारिं जीव प्रतिपारैं, देखत जनम आपनौं हारैं।।
पंच सुभाव जु मेटै काया, सब तजि करम भजैं रॉम राया।।
खत्री सो जुं कुटुंब सूँ सूझै, पंचू मेटि एक कूँ बूझै।।
जो आवध गुर ग्याँन लखावा, गहि करवाल धूप धरि खावा।।
हेला करैं निसाँने घाऊ, जूझ परै तहाँ मनमथ राऊ।।
मनमथ मरे न जीवई, जीवण, मरण न होइ।।
सुंनि सनेही रॉम बिन, गये अपनपौ खोइ।।३६।।

व्याख्या– क्षत्रिय क्षत्रिय धर्म का पालन करता है जिसमें हिंसा कर्म भी सम्मिलित है, इसलिए उसके कर्म बंधन सवाये हो जाते हैं। वह जीवों को मारकर जीवों की रक्षा करता है। (एक जीव की रक्षा के लिए दूसरे जीव की हत्या करता है) इसलिए वह देखते-देखते जीवन की बाजी हार जाता है। काम क्रोधादि पाँच स्वभावों को देह से मिटाकर और सभी कर्मों को

छोड़कर राम का भजन करें। वही वास्तविक क्षत्रिय है जो सबको कुटुम्बी समझकर व्यवहार करता है, पंच विकारों को मिटाकर केवल एक तत्व को समझने की चेष्टा करे। जो जीवन पर्यन्त गुरु के ज्ञान को लक्षित करे और जो ज्ञान की तलवार लेकर जोश के साथ आक्रमण करने के लिए दौड़ता है और कामदेव रूपी शत्रु पर चोट करता है और उसी से युद्ध करता है, उसके इस आचरण से कामदेव जीवित नहीं रहता, बल्कि मर जाता है। ऐसे क्षत्रिय का जीवन मरण नहीं होता अर्थात वह मुक्त हो जाता है। जो राम के स्नेह से रहित होकर उपासना करता है वह निज स्वरूप ज्ञान को खो देता है।

प्रस्तुत पद में हिंसा धर्म का विरोध करते हुए क्षत्रिय के वास्तविक धर्म का निर्देश किया गया है। क्षत्रिय की वास्तविक लड़ाई काम क्रोध आदि विकारों के विरुद्ध होनी चाहिए। गहि करवार में रूपकातिशयोक्ति तथा जीवन मरण न होई में विरोधाभाष अलंकार की योजना है।

अरु भूले षट दरसन भाई, पाखंड भेष रहे लपटाई।।
जैन बौध अरु साकत सैंना, चारवाक चतुरंग विहूना[1]।।
जैन जीव की सुधि न जांनै, पाती तोरि देहुरे आनै।।
दौना मरुआ चंदा कै फूला, मानहुँ जीव कोटि सय मूला।।
अरु पिथमी का रोम उपारैं, देखत जीव कोटि संहारै।।
मनमथ करम करै असरारा, कलपत विंद धसै तिहि द्वारा।।
ताकी हत्या होइ अद्भूता, षट दरसन मैं जैन बिगूता।।
ग्यान अमर पद बाहिरा, नेड़ा ही तैं दूरि।।
जिनि जान्या तिनि निकट है, रॉम रह्या सकल भरपूरि।।३७।।

व्याख्या– सभी लोग छह दर्शनों में ही भूले हुए हैं, तथा पाखंडों एवं वेश में ही लिपटे हुए हैं। जैन, बौद्ध, शाक्तों की सेना एवं चार्वाक वास्तविक चतुराई से विहीन हैं। जैन जीव के विषय में ठीक ज्ञान नहीं रखते, वे पत्ती (जो सजीव है) को तोड़कर मन्दिर लाते हैं। दौना, बन तुलसी, चम्पा आदि कोटि जीवों के समतुल्य हैं। घास, फूस आदि पृथ्वी के रोम हैं, उन्हें उखाड़ने से पृथ्वी को पीड़ा होती है। इस तरह देखते हुए वे करोड़ों जीवों की हत्या करते हैं। हठयोगी वज्रौली क्रिया द्वारा वीर्य को हठपूर्वक उठाता है, वह अल्प विन्दु को भी स्खलित होने से रोकता है। (जैन के संदर्भ में इसका अर्थ होगा– जैन काम प्रेरित अनेक इच्छाओं को मन में उठाते हैं और अनेक कष्ट सहते हुए विन्दुपात (वीर्य-बिन्दु का स्खलन) करते हुए नरक के द्वार में प्रवेश करते हैं। उनकी हत्या का तरीका अद्भुत है। जैन षट दर्शनों में उलझकर दूषित हुए हैं)।

जो ज्ञान के अमर पद से बाहर है वह ईश्वर के नैकट्य से दूर हो जाता है। जो उस रहस्य को जानता है उसे ईश्वर (परमपद) अत्यन्त समीप प्रतीत होता है।

पाठ भेद– तिवारी–जीव सीव का आहि नसौंना। चारिउ[3] बद्ध चतुरगुन मौना इसका अर्थ है - यह जीव के कल्याण (शिववत्व) को नष्ट करने वाला है। आचार से सम्बद्ध रहकर चौगुना मौन (चुप रहने से) रहने से ज्ञानी होना प्रमाणित नहीं होता।

जैन को छह दर्शनों से सम्बद्ध माना गया है जो असत्य है। इस पद में अनेक विसंगतियां हैं। वृक्षों और पौधों में जीव की उपस्थिति विज्ञान द्वारा प्रमाणित हो चुकी है।

आपुहिं[1] करता भए कुलाला। बहुविधि स्त्रिष्टि रची दरहाला।।
विधिनाँ सभै कीन्ह एक ठाऊँ। अनेक जतन के बने बनांऊँ।।[2]
जठर अगिनि दीन्हीं परजाली। तामैं आप करै प्रतिपाली।।
भीतर तै जब बाहरि आवा। सिव सकती दुइ नाऊँ धरावा।।
भूलै भरमि परै मति कोई। हिन्दू तुरुक झूठ कुल दोई।।
घर का सुत जब होइ अयाँनाँ। ताकै संगि न जाइँ सयाँनाँ।
साँची बात कहै जे वासौं। सो फिरि कहै दिवाँनाँ तासौं।।
गोय[3] भिन्न है एकै दूधा। काकौ कहिए बाह्मन सूदा।।
जिनि यहु चित्र बनाइया, साँचा सो सुतधार।।
कहै कबीर ते जन भले, जे चित्रवंतहिं लेहिं विचार।।३८।।

व्याख्या– ईश्वर ने स्वयं कुंभकार बनकर शीघ्र ही अनेक प्रकार की सृष्टि कर डाली। सृष्टिकर्ता ने सभी तत्त्वों को एक ही स्थान पर एकत्र किया और अनेक प्रयत्नों से जीवों को निर्मित किया है। कर्त्ता ने जठराग्नि प्रज्वलित की और जीव को उसी में डाल दिया पकने और विकसित होने के लिए। उसी ने बुद्धि के अन्दर जीवों का प्रतिपालन भी किया। माँ के पेट से जब जीव बाहर आया तब उसके शिव (पुरुष) और शक्ति (स्त्री) दो नाम रखे गए। कोई भ्रम बुद्धि में न पड़े। हिन्दू और तुर्क दो कुल नहीं हैं (दो कुल मात्र पुरुष और स्त्री हैं)। घर का बेटा (अपने परिवार का पुत्र) यदि अज्ञानी हो जाता है तो सज्ञानी लोक उसका साथ नहीं देते अर्थात् उसके विचारों का समर्थन नहीं करते। जो उस अज्ञानी को सच्ची बात बताता है, उल्टे वह उसे ही दीवाना (उन्मत्त) कहता है। हिन्दू-मुसलमान का भेद बताने वाले अपने ही हैं किन्तु अज्ञान में भटके हैं इसलिए उनके मत को स्वीकार नहीं करना चाहिए। कबीर जैसे संत जब सच्ची बात बताते हैं तो लोग उल्टे उन्हें ही दीवाना कहते हैं। गोय (गोत्र या जोड़े) भिन्न हैं किन्तु दूध में भेद नहीं है, (एक ही तरह का दूध पीकर सभी बढ़ते हैं) किसे ब्राह्मण कहा जाय किसे शूद्र कहा जाय।

जिसने यह चित्र बनाया है वही सच्चा सूत्रधार है, वही आदमी श्रेष्ठ है जो चित्रकार को विचार कर समझता है। यदि चित्रकार एक है तो उसके चित्रों में भेद कैसा।

पाठान्तर– दास– १. आपुहिं = आपन, २. दास– विधनाँ कुंभ कीये द्वै थाँना, प्रतिबिंबता माहिं समाना। इसके बाद तीसरी पंक्ति है– बहुत जतन करि बाँनक बाना, सौं मिलाय जीव तहाँ ठाँना। ३. गोप।

२. का अर्थ है कर्त्ता ने घड़ों का विधान दो स्थानों द्वैत भाव से किया है, और स्वयं उनमें प्रतिबिंब भाव से समा गया। ३. बहुत यत्न करके अनेक साधनों को जुटाकर पंच तत्वों आदि को मिलाकर जीव बनाया।

घर का सुत ...... में दृष्टांत अलंकार है। सृष्टि की रचना की दृष्टि से सम्प्रदाय भेद निराधार है।

पहली मन में सुमिरौ सोई, ता समतुलि अवर नहीं कोई।।
कोई न पूजै वाँसूँ प्राँना, आदि अंति वो किनहूँ न जाँनाँ।।
रूप सरूप न आवै बोला, हरु गरु कछू जाइ न तोला।।
भूख न त्रिषा धूप नही छाँही, सुख दुख रहित रहै सब माँही।।

अविगत अपरंपार ब्रह्म ग्यॉंन रूप सब ठॉंम।।
बहु बिचार करि देखिया, कोई न सारिख रॉंम।।३६।।

व्याख्या– सबसे पहले इस परमतत्व का स्मरण करो जिसके समान कोई दूसरा नहीं है। उसकी क्षमता की समता कोई अन्य वस्तु नहीं प्राप्त कर सकती। उसके आदि और अन्त को कोई नहीं जान सकता। उसे न तो सुन्दर कहा जा सकता न कुरूप। हल्का और भारी रूप में उसे तौला भी नहीं जा सकता। वह भूख-प्यास, धूप-छाया, सुख-दुख आदि द्वैत से परे है। वह आनन्द रूप में ही सबमें समाया हुआ है। वह अविगत अपार ब्रह्म ज्ञानस्वरूप है और सर्वत्र व्याप्त है। मैंने बहुत विचार कर देखा है कि उस राम की बराबरी करने वाले कोई नहीं है।

समस्त द्वैत से परे परमतत्व की अनिर्वचनीयता को व्यंजित किया गया है।

जो त्रिभुवन पति ओहै ऐसा, ताका रूप कहौं धौं कैसा।।
सेवग जन सेवा कै ताँई, बहुत भाँति करि सेवि गुसाँई।।
तैसी सेवा चाहौ लाई, जा सेवा बिन रह्या न जाई।।
सेव करताँ जो दुख भाई, सो दुख सुखबरि गिनहु सवाई।।
सेव करंताँ सो सुख पावा, तिन्य सुख दुख दोऊ बिसरावा।।
सेवग सेव भुलानियाँ, पंथ कुपंथ न जान।।
सेवक सो सेवा करै, जिहि सेवा भल मॉंन।।४०।।

व्याख्या– जो तीनों लोक का स्वामी है वह इतना महान है कि उसक वर्णन कैसे किया जा सकता है। भक्त लोग उसकी सेवा सेवा के लिए ही करते हैं। बहुत प्रकार से भक्त स्वामी की सेवा करता है। इस प्रकार की सेवा करनी चाहिए कि सेवा में ही उत्कट आकांक्षा हो। उस सेवा के बिना रहना कठिन प्रतीत हो। सेवा धर्म में जिस कष्ट का अनुभव होता है उस दुख को सामान्य सुख से सवाया समझो। सेवा करने से जो सुख मिलता है उससे सांसारिक सुख-दुख दोनों भूल जाते हैं। सेवक सेवा में ही सब कुछ भूला रहता है उसे पंथ-कुपंथ (सेवा के प्रकार की अच्छाई-बुराई) का ज्ञान नहीं रहता है। वास्तविक सेवक वही है जो सेवा करता है और सेवा में ही अपना कल्याण समझता है।

भक्ति में ईश्वर की सेवा को साधन एवं साध्य दोनों माना जाता है। इस पद में सेवा-धर्म पर प्रकाश डाला गया है।

जिहि जग की तस की तस केही, आपै आप आथि है एही।।
कोई न लखई वाका भेऊ, भेऊ होइ तौ पावै भेऊ।।
बावैं न दाँहिनैं आगैं न पीछू, अरध उरध रूप नहीं कीछू।।
माय न बाप आव नहीं जावा, नाँ बहु जण्याँ न को वहि जावा।।
वो है तैसा वोही जानैं, ओही आहि आहि नहीं आँनैं।।
नैनाँ बैंन अगोचरीं श्रवनाँ करनी सार।।
बोलन कै सुख कारनैं, कहिये सिरजनहार।।४१।।

शब्दार्थ– तसकी = तसल्ली।

व्याख्या– जैसी जग की तसल्ली है, वह अपने आप ही खत्म हो जाने वाली है। जैसा

जग है अर्थात् असत् स्वरूप जग की परिणति एवं उससे प्राप्त सान्त्वना असत् ही है। उसके निर्माता का भेद कोई नहीं लक्षित करता, यदि उसका कोई असली भेद हो तो उसे जाना जाय। बाएँ न दाएँ, आगे न पीछे, ऊपर न नीचे उसका कुछ भी रूप नहीं है। न उसकी माँ है, न पिता, न उसका आवागमन है, न वह किसी का जनक है, न उसको किसी ने उत्पन्न किया है, वह परमतत्त्व जिस तरह है उसके विषय में वही जानता है। वही है उसके अतिरिक्त अन्य कुछ नहीं है। वह नेत्र और वाणी से अगोचर है। श्रवणों की कार्य सीमा से परे है। बोलने के सुख के लिए उसे सृजनहार कहा जाता है।

इस पद में संसार की नश्वरता तथा असत् रूप तथा ईश्वर के निर्विकार, अवर्णनीय रूप की व्यंजना है।

सिरजनहार नाँउ धूँ तेरा, भौसागर तिरिबे कूँ भेरा।।
जे यहु भेरा राँम न करता, तौ आपैं आप आवटि जग मरता।।
राँम गुसाँई मिहर जु कीन्हाँ, मेरा साजि संत कौं दीन्हाँ।।
दुख खंडणाँ मही मंडणा, भगति मुकुति बिश्राम।।
बिधि करि भेरा साजिया, धर्या राँम का नाम।।४२।।

व्याख्या– हे सृजनहार तुम्हारा नाम ही भवसागर को पार करने वाला बेड़ा है। यदि इस बेड़े का निर्माण राम के द्वारा न किया गया होता तो सारा संसार वासनाओं की आग में जलकर मर जाता। उससे मुक्त होने के लिए स्वामी राम ने बड़ी कृपा की जो उन्होंने नाम के बेड़े को सजाकर सन्तों को दे दिया। नाम दुखों को दूर करने वाला और पृथ्वी की शोभा है। भक्ति और मुक्ति तथा आनन्द का हेतु स्वयं विधाता ने इस बेड़े को सजाकर इसका नाम 'राम-नाम' दिया है।

रूपकातिशयोक्ति अलंकार की योजना है। राम नाम की महिमा का प्रतिपादन किया गया है।

जिनि यह भेरा दिढ़ करि गहिया, गये पार तिन्हौं सुख लहिया।।
दुमनाँ ह्वै जिनि चित्त डुलावा, करि छिटके थैं थाह न पावा।।
इक डूबे अरु रहे उबारा, ते जगि जरे न राखणहारा।।
राखन की कछु जुगति न कीन्हीं, राखणहार न पाया चीन्हीं।।
जिनि चीन्हा ते निरमल अंगा, जे अचीन्ह ते भये पतंगा।।
राँम नाँम ल्यौ लाइ करि, चित चेतन ह्वै जागि।।
कहै कबीर ते उबरे, जे रहे राम ल्यौ लागि।।४३।।

व्याख्या– जिन लोगों ने राम नाम के बेड़े को दृढ़ता से पकड़ा वे भवसागर के पार चले गये, उन्हें सुख शान्ति की प्राप्ति हुई है। दुविधा में जिन्होंने नाम से अपना चित्त हटा लिया, जो डाँवा-डोल हो गये उनका हाथ बेड़े से छूट गया और वे भवसागर में डूबते हुए उसकी थाह नहीं पा सके, एक तो वे हैं जो भवसागर में डूब जाते हैं, दूसरे वे जो संसार की ज्वाला में जलते हैं उनकी रक्षा करने वाला कोई नहीं रहता। उन्होंने अपनी रक्षा की कोई युक्ति नहीं की। वे अपने को बचाने वाले प्रभु को पहचान नहीं पाए जिन्होंने प्रभु को पहचाना उनका अंग निर्मल हो गया। जो नहीं पहचान पाए वे वासना के पतिंगे बन गये। हे जीव! राम के नाम में अपना ध्यान लगाकर चित्त को सजग करके जागृत हो जाओ। कबीरदास कहते हैं कि जो राम

में लीन होते हैं वे भवसागर में डूबने से बच जाते हैं।

साँगरूपक अलंकार के द्वारा राम के नाम के महत्त्व को उजागर किया गया है।

अरचित अविगत है निरधारा, जाँब्याँ जाइ न वार न पारा।।
लोक बेद थैं अछे नियारा, छाड़ि रह्यौ सबही संसारा।।
जसकर गाँउ न ठाँउ न खेरा, कैसे गुन बरनूँ मैं तेरा।।
नहीं तहाँ रूप रेख गुन बाँनाँ, ऐसा साहिब है अकुलाँनाँ।।
नहीं सो ज्वाँन न बिरध नहीं बारा, आपैं आप आपनपौ तारा।।
कहे कबीर बिचारि करि, जिनको लावै भंग।।
सेवौ तन मन लाइ करि, राम रह्या सरबंग।।४४।।

व्याख्या– परमतत्व किसी के द्वारा रचा नहीं गया है। वह अविगत एवं आधारहीन है उसका आदि और अन्त अज्ञेय है। वह लोक और वेद की पहुँच से परे है। वह सम्पूर्ण संसार को छोड़कर उससे ऊपर है। जिसका न गाँव है और न स्थान है न निवास की जगह है। हे ईश्वर तुम्हारे गुणों का वर्णन किस प्रकार करूँ। उस तत्व का न कोई रूप है न रेखा है और न कोई गुण है न कोई वेश है। वह साहब कुलों से ऊपर है, न वह जवान है, न वृद्ध है, न बालक है। वह अपने आप में ही समाहित है। कबीरदास विचार कर कहते हैं कि उसे खंडित मत समझो। उसकी तन मन लगाकर सेवा करो। राम सर्वांग सम्पूर्ण है, उसी रूप में उसका ध्यान करना चाहिए।

निर्गुण ब्रह्म के स्वरूप का वर्णन किया गया है।

नहीं सो दूरि नहीं सो नियरा, नहीं सो तात नहीं सो सियरा।।
पुरिष न नारि करै नही क्रीरा, घाँम न छाँम न व्यापै पीरा।।
नदी न नाव धरनि नाहीं धीरा, नहीं सो कांच नहीं सो हीरा।।
कहे कबीर बिचारि करि, तासूँ लावो हेत।।
बरन विवरजत ह्वै रह्या, ना सो स्यांम न सेत।।४५।।

व्याख्या– वह ईश्वर जीव से दूर नहीं है क्योंकि वह देह में ही अंश रूप में उपस्थित है। वह उसके पास नहीं है क्योंकि अज्ञान के कारण वह दूर प्रतीत होता है। न ही वह गरम है न ठंडा है, न वह पुरुष रूप में, न नारी रूप में क्रीड़ा करता है न उसे धूप लगती है न छाया। उसे किसी तरह की पीड़ा नहीं सताती है। न वह नदी है, न नाव और न वह पृथ्वी पर स्थित है। न वह काँच है और न हीरा। कबीरदास विचार करके कहते हैं कि उस ईश्वर से प्रेम करो जो वर्ण से विवर्जित है वह न तो श्याम है न श्वेत।

इस पद में ईश्वर को द्वैतों से परे बताया गया है। भाव-अभाव, विधि-निषेध कुछ भी उसके लिए लागू नहीं होता। उपनिषदों की नेति-नेति शैली का प्रयोग किया गया है।

नाँ वो बारा व्याह बराता। पीत पितंबर स्याँम न राता।।
तीरथ ब्रत न आवै जाता, मन नहीं योनि बचन नहीं बाता।।
नाद न बिन्दु गरँथ नहीं गाथा, पवन न पाँणी संग न साथा।।

कहै कबीर बिचार करि, ताकै हाथि न पाँव।।
सो साहिब किनि सेविए, जाके धूप न छाँव।।४६।।

व्याख्या– वह परम तत्त्व न बालक और न उसने विवाह, बारात ही किया है। न उसने कभी पीताम्बर धारण किया और न वह श्याम है न लाल है। वह न तीर्थ में है और न आवागमन करता है। वह मन से मौन नहीं है और न वचनों का वाचाल है। न नाद (शब्द) रूप है न विन्दु रूप, किसी ग्रंथ और गाथा का विषय भी नहीं है। वह न जल रूप है और न वायु रूप (पंच तत्त्वों से परे है)। उसका कोई संगी-साथी भी नहीं है। कबीर विचारकर कहते हैं कि उसके हाथ पाँव भी नहीं है। ऐसे स्वामी की सेवा क्यों नहीं करते जिसके लिए धूप-छाया कुछ नहीं है।

अवतार तथा रूप का खंडन किया गया है। निर्गुण के स्वरूप को कुछ निषेधों द्वारा निरूपित किया गया है।

ता साहिब कै लागौ साथा, सुख दुख मेटि रहौ सनाथा।।
ना दसरथि घरि औतरि आवा, नाँ लंका का राव सतावा।।
देवै कूखि न औतरि आवा, ना जसवै लै गोद खिलावा।।
ना वो ग्वालिनि कै संग फिरिया, गोबरधन ले न कर धरिया।।
बावन होइ न बलि छलिया, धरती बेद लेन उधरिया।।
गंडक सालिकराम न कोला, मछ कछ ह्वै जलहि न डोला।।
बद्री वैस्य ध्याँन नहिं लावा, परसरांम ह्वै खत्री न सतावा।।
द्वारामती सरीर न छाड़ा, जगन्नाथ ले प्यंड न गाड़ा।।
कहै कबीर बिचार करि, ये ऊले ब्योहार।।
याही थै जे अगम है, सो बरति रह्या संसारि।।४७।।

व्याख्या– कबीर कहते हैं कि उस स्वामी की शरण में जाओ और दुख-सुख को मिटाकर सनाथ हो जाओ अर्थात् सांसारिक स्वामियों को छोड़कर एकाकी भाव से ईश्वर से जुड़ जाओ। वह परमतत्व न दशरथ के घर अवतरित हुआ न लंका के राजा को पीड़ित किया। वह देवकी के कुक्षि में भी अवतरित नहीं हुआ और न यशोदा ने उसे गोद में खिलाया। वह ग्वालों के साथ घूमा भी नहीं न उसने गोवर्धन धारण किया। वामन रूप धारण करके उसने बलि को भी नहीं छला और वाराह रूप में उसने पृथ्वी और वेद का उद्धार भी नहीं किया। वह गंडक नदी में शालग्राम की पिण्डी भी नहीं बनाया। मत्स्य और कच्छप रूप में समुद्र के जल में नहीं डोलता रहा। उसने बद्रिकाश्रम में बैठकर ध्यान भी नहीं लगाया। उसने परशुराम बनकर क्षत्रियों को पीड़ित भी नहीं किया, न द्वारिका में देह त्याग किया और न पुरी में जगन्नाथ की मूर्ति स्थापित की। कबीरदास विचारकर कहते हैं कि अवतारवाद के ये व्यवहार व्यर्थ हैं। वह तत्त्व अगम्य है वह सारे संसार का संचालन कर रहा है।

प्रस्तुत रमैनी में कबीर ने अवतारवाद का विरोध किया है।

नाँ तिस सबद न स्वाद न सोहा, नाँ तिहि मात पिता नहीं मोहा।।
नाँ तिहि सास ससुर नहीं सारा, नाँ तिहि रोज न रोवनहारा।।
नाँ तिहि सूतिग पातिग जातिग, नाँ तिहि माइ न देव कथा पिठ।।
नाँ तिहि व्रिध बधावा बाजै, नाँ तिहि गीत नाद नहीं साजै।।
नाँ तिहि जाति पाँत्य कुल लीका, नाँ तिहि छोति पवित्र नहीं सींचा।।

कहै कबीर बिचारि करि, ओ है पद निरबाँन।।
सति ले मन मैं राखिये, जहाँ न दूसी आँन।।४८।।

व्याख्या– उस निर्गुण ब्रह्म का न कोई शब्द है और न कोई स्वाद है एवं न कोई शोभा। उसके कोई माता-पिता नहीं हैं और न किसी से उसका मोह है। उसके सास, ससुर और साले भी नहीं हैं। न उसमें रुदन है और न उसके लिए कोई रोने वाला है। उसके लिए जन्म और मृत्यु की अशुचिता भी नहीं है। न उसकी कोई आराध्या माँ है और न कोई देव-कथा पीठ। उसके यहाँ न कोई वृद्धि का अवसर होता है न कभी बधावा बजता है। उसके यहाँ कोई गीत एवं वाद्य का आयोजन भी नहीं होता। न उसकी जाति पाँति है और न कुल की परम्परा, उसके लिए छुआ-छूत और पवित्रता का कोई भेद नहीं है। पवित्र होने के लिए उसे जल के छींटे नहीं लेने पड़ते। कबीरदास विचार कर कहते हैं कि वह पद निर्वाण का पद है। उसे सत्य समझकर मन में धारण कर लीजिए। वहाँ उसके अलावा किसी प्रकार का द्वैत नहीं है।

कबीर ने परम तत्त्व के जिस स्वरूप की परिकल्पना की है वह सांसारिक सम्बन्धों से रहित है। वह द्वैत से परे अद्वैत है।

नाँ सो आवै नाँ सो जाई, ताके बंधु पिता नहीं माई।।
चार बिचार कछु नहीं वाके, उनमनि लागि रहौ जें ताकै।।
को है आदि कवन का कहिए, कवन रहनि वाका है रहिए।।
कहै कबीर बिचारि करि, जिनि को खोजै दूरि।।
ध्यान धरौं मन सुधि करि, राम रह्या भरपूरि।।४६।।

व्याख्या– वह परमात्मा न आता है और न जाता है, उसके न तो भाई है और न पिता और माँ। उसके पास किसी तरह का आचार-विचार भी नहीं है। वह उन्मनी अवस्था में ही विश्व को देखता रहता है (या उन्मनी अवस्था में लगकर उसे देखा जा सकता है)। कौन आदि है, उसके सम्बन्ध में कौन क्या कह सकता है। किस विधि या आचरण से जीव उसका हो जाता है। इन सब पर विचार करके कबीर कहते हैं, कोई उसे दूर मत खोजो, मन में स्मृति करके उसका ध्यान धारण करो। राम समस्त संसार में व्याप्त है (भरा-पूरा है)।

निर्गुण ब्रह्म के स्वरूप पर प्रकाश डाला गया है।

नाद बिन्दु रंक इक खेला, आपै गुरू आपै ही चेला।।
आपै मंत्र आपै मंत्रेला, आपै पूजे आप पूजेला।।
आपै गावै आप बजावै, अपनाँ कीया आप ही पावै।।
आपै धूप दीप आरती, अपनी आप लगावै जोती।।
कहै कबीर बिचारि करि, झूठा लोही चाँम।।
जो या देही रहित है, सो है रमिता राँम।।५०।।

व्याख्या– नाद (शब्द) और बिन्दु तो एक तुच्छ खेल है (सृजन के उपादान एवं प्रक्रिया उसकी एक छोटी सी लीला है)। वह परमतत्त्व ही सब कुछ है। वह स्वयं ही गुरु है स्वयं ही शिष्य है। स्वयं ही मंत्र है और मांत्रिक भी। स्वयं ही पूजा है और स्वयं ही पुजारी है। स्वयं गाता है और स्वयं ही बजाता है, वह अपने कर्मों का फल स्वयं भोग करता है। वह स्वयं धूप, दीप, आरती है, स्वयं को वह ज्योतित करता है। कबीरदास विचार कर कहते हैं कि रक्त और चर्म झूठ है। जो देह रहित राम है वही सब जगह रमण कर रहा है।

परमतत्त्व की ही एक मात्र सत्ता है। सभी में वही उपस्थित है। उसके अभाव में कुछ भी नहीं है। सारे द्वैत व्यर्थ हैं। देह नश्वर है, परमतत्त्व अनश्वर है।

ऊँकार आदि है मूला, राजा परजा एकहि सूला।।
हम तुम्ह मांहै एकै लोहू, एकै प्रांन जीवन है मोहू।।
एक ही बास रहै दस मासा, सूतम पातग एकै आसा।।
एक ही जननी जन्मां संसारा, कौन ग्यान थैं भयो निनारा।।
ग्याँन न पायो बावरे, धरी अविद्या मैंड़।।
सतगुरु मिल्या न मुक्ति फल ताथैं खाई बेड़।।
बालक ह्वै भग द्वारे आया, भग भुगतान कूँ पुरिष कहावा।।
ग्याँन न सुमिर्‌यो निरगुण सारा, विष थै विरचि न किया बिचारा।।
साध न मिटी जनम की, मरन तुराँनाँ आइ।।
मन क्रम वचन न हरि भज्या, अंकुर बीज नसाइ।।५१।।

व्याख्या– ऊँकार आदि है (सृष्टि से पहले है) और वही सृष्टि का मूल कारण है। राजा और प्रजा की एक ही व्यथा है। हममें तुममें एक ही खून है, एक ही प्राण है और एक ही मोह सबको ग्रस्त किए है। एक समान माँ के उदर में दस महीने रहना पड़ता है। उत्पत्ति और अन्त दोनों समान तृष्णा के कारण होता है। एक ही माँ (स्त्री रूपी माँ) सबको जन्म देती है। फिर किस ज्ञान से भेद की परिकल्पना की गयी। हे बावले जीव! तुझे ज्ञान नहीं मिला, इसलिए तूने अपने चारों ओर अविद्या की मेड़ बना ली। सतुगुरु से भेंट नहीं हुई इसलिए मुक्तिफल की प्राप्ति नहीं हुई। मुक्तिफल के अभाव में तुमने बैर खाकर (तुच्छ फल) ही संतोष किया। बालक होकर योनि से बाहर निकला, और योनि भोग के लिए पुरुष कहलाया। जीव ने सार तत्त्व निर्गुण ब्रह्म का स्मरण नहीं किया। विषय से विरक्त होकर तुमने कभी तत्त्व पर विचार नहीं किया। भावभक्ति से ईश्वर की आराधना नहीं की, इसलिए जन्म-मरण की इच्छा मिटी नहीं। जन्म की इच्छा मिटी नहीं क्योंकि जीवन की अवधि अल्प होती है, उतने समय में जीव तृप्त नहीं होता। शीघ्र ही मृत्यु आ जाती है। जीव ने मन, कर्म और वाणी से भगवान् का भजन नहीं किया, इसलिए उसके वासनाओं के अंकुर नष्ट नहीं हुए, जन्म मृत्यु का बीज भाव बना रहा।

बैंड शब्द का अर्थ विचारणीय है। कुछ टीकाकारों ने इसका अर्थ लकड़ी का बेंडा किया है। संदर्भ फल का है इसलिए बैंड कोई फल होगा। राजस्थानी पाठ में बैर का बैंड हो सकता है। सृष्टि के नियम का निर्देश करते हुए मानवीय एकता की स्थापना की गयी है।

तिण चरि सुरही उदिक जु पीया, द्वार दूध बछ कूँ दीया।।
बछा चूखत उपजी न दया, बछा बाँधि बिछोही मया।।
ताका दूध आप दुहि पीया, ग्यान बिचार कछू नहीं कीया।।
जे कुछ लोगनि सोई किया, माला मंत्र बादि ही लीया।।
पीया दूध रुध्र है आया, मुई गाइ तब दोष लगाया।।
बाकस ले चमराँ कूँ दीन्हीं, तुचा रँगाइ करौती कीन्हीं।।
ले रुकरौती बैठे संगा, ये देखौ पीछे के रंगा।।
तिहि रुकरौती पाँणी पीया, बहु कुछ पाँड़े अचिरज कीया।।

अचिरज कीया लोक मैं, पीया सुहागल नीर।।
इंद्री स्वारथि सब कीया, बंध्या भरम सरीर।।५२।।

शब्दार्थ– बछ= बछड़ा, बाकस= बक्सीस, करौती= मसक।

व्याख्या– गाय घास फूस चर कर और पानी पीकर द्वार पर अपने बछड़े को दूध देती है। बछड़ा जब गाय का स्तन पान करता रहता है तो मालिक उसे गाय से अलग करके खूँटे में बाँध देता है। यह कार्य करते हुए उसके मन में दया उत्पन्न नहीं होती है। बछड़े के लिए जो दूध है उसे दुह कर उसने स्वयं पी लिया। इस तरह उसने कोई ज्ञान पूर्वक विचार नहीं किया। जैसा आचरण सामान्य लोग करते हैं वैसा ही पंडित लोग भी करते हैं, भले ही उन्होंने माला मन्त्र तथा वाद-विवाद को स्वीकार कर रखा है। वे रुधिर से निर्मित दूध का पान करते हैं, किन्तु जब गाय मर जाती है तब उसे दोषयुक्त मानते हैं। मरी हुई गाय को कुछ बकसीस देकर चमार को दे देते हैं। उसकी चमड़ी को रँगाकर मसक बना देते हैं। इस मसक को लेकर बजाने वाला पंडितों के साथ बैठ जाता है। यह पंडितों का रंग (चाल-ढाल) देखने योग्य है। उसी मसक से पंडित लोग भी पानी पी लेते हैं। यह पवित्रता का ढोंग करने वाले पंडित लोगों का आश्चर्यचकित कर देने वाला कार्य है। चमड़े के पुर से निकलने वाले पानी को पंडित लोग पीते हैं। ऐसा कार्य वह इन्द्रियों के स्वार्थवश करते हैं। इस तरह उनका शरीर भ्रम से ही बँधा हुआ है।

पंडितों के पाखंड की सतर्क विवेचना की गयी है।

एकै पवन एक ही पाँणी, करी रसोई न्यारी जाँनी।।
माटी सूँ माटी ले पोती, लागी कहाँ कहाँ धूँ छोंती।।
धरती लीपि पवित्र कीन्हीं, छोति उपाय लोक बिच दीन्हीं।।
याका हम सूँ कहौ बिचारा, क्यूँ भव तिरिहौ इहि आचारा।।
ए पाँखंड जीव के भरमाँ, माँनि अमाँनि जीव के करमाँ।।
करि आचार जु ब्रह्म सतावा, नाव बिनाँ संतोष न पावा।।
सालिगराँम सिला करि पूजा, तुलसी तोड़ि भया नर दूजा।।
ठाकुर ले पाटै पौढ़ावा, भोग लगाइ अरु आपै खावा।।
साँच सील का चौका दीजै, भाव भगति की सेवा कीजै।।
भाव भगति की सेवा माँवै, सतगुरु प्रकट कहै नहीं छाँनै।।
अनभै उपजि न मन ठहराई, परकीरति मिलि मन न समाई।।
जब लग भाव भगति नहीं करिहौ, तब लग भवसागर क्यूँ तिरिहौ।।
भाव भगति बिसवास बिनु, कटै न संसै सूल।।
कहै कबीर हरि भगति बिन, मुकति नहीं रे मूल।।५३।।

व्याख्या– एक ही हवा, एक ही पानी से रसोई बनायी गयी फिर उसमें भेद कैसे हो सकता है। मिट्टी से ही मिट्टी को पवित्र करने के लिए लीपा गया। बताओ उसमें छूत कहाँ लगी है। धरती को लीप कर पवित्र कर लिया और छूत से बचने के उपाय के रूप में बीच में एक लकीर खींच दी। हमें इस पाखंड के मर्म को विचारकर समझाओ। इस भेद बुद्धि के आचरण से क्या भव-सागर पार कर सकोगे। ये सारे पाखंड जीव के भ्रम से उत्पन्न हैं। किसी को पवित्र मानना या न मानना जीव का ही कर्म है। इस तरह के आचार-विचार ईश्वर को

पीड़ित करते हैं। नाम स्मरण के बिना जीवों को सन्तोष नहीं मिलता। लोग पत्थर को शालग्राम मानकर पूजते हैं। कुछ अन्य लोग तुलसी को तोड़कर मूर्ति पर चढ़ाते हैं (उन्हें तुलसी की पीड़ा समझ में नहीं आती)। वे देव प्रतिमा को पाट पर लेटाते हैं, भोग लगाकर स्वयं खाते हैं। कबीर का कहना है कि सच्चाई और शील का चौका दो अर्थात् अन्तःकरण को सत् और सुन्दर चरित्र से पवित्र करो और भाव-भक्ति से ईश्वर की सेवा करो। भगवान् केवल भाव-भक्ति की सेवा को स्वीकार करते हैं। सत्गुरु इस तथ्य को छिपाता नहीं बल्कि प्रकट रूप में स्पष्ट करता है। निर्भयता के उत्पन्न हुए बिना मन स्थिर नहीं होता। परम तत्त्व की गुण-कीर्ति के मिले बिना मन उसमें समाहित नहीं होता। जब तक भाव-भक्ति नहीं करोगे तब तक भव सागर को कैसे तरोगे।

भाव-भक्ति में विश्वास के बिना संशय एवं सांसारिक पीड़ा नष्ट नहीं होती। कबीरदास कहते हैं कि भगवान् की भक्ति के बिना मुक्ति नहीं मिलती।

बाह्य आडम्बरों का निषेध करते हुए कबीर ने भाव-भक्ति के महत्व को प्रतिपादित किया है।

जीव रूप एक अन्तरवासा, अन्तर जोति कीन्ह परकासा।।
इच्छा रूप नारि अवतरी, तासु नाम गायत्री धरी।।
तेहि नारि के पुत्र तिन भयऊ, ब्रह्मा विष्णु महेस नाम धरेऊ।।
तब ब्रह्मा पूछल महतारी, को तोर पुरुष करि तू नारी।।
तुम हम हम तुम और न कोई, तुम मोर पुरुष हमहीं तोरि जोई।।
बाप पूत की एकै नारी, अउ एकै माय बिआय।।
ऐसा पूत सपूत न देख्यो, जो बापै चीन्है धाय।।५४।।

व्याख्या– आदिम एक अखंड ज्योति है जो जीव रूप मे (देह) के अन्दर वास करती है। परम ज्योति की सिसृक्षा नारी रूप में अवतरित हुई (यही माया है जो सृष्टि का सहयोगी कारण है) इसी नारी को गायत्री कहते हैं (शब्द रूप में यह उपासकों की रक्षा करती है) ईश्वर की इच्छा से उत्पन्न यह गायत्री वेद की प्रथम कला मानी गयी है। इच्छा रूप नारी के तीन पुत्र हुए जिनका नाम ब्रह्मा, विष्णु, महेश रखा गया है। ब्रह्मा ने माँ से पूछा कि तेरा पुरुष (पति) कौन है और तू किसकी पत्नी है। नारी ने जवाब दिया कि तुम और हम दोनों एक ही हैं। हम दोनों के अलावा कोई दूसरा नहीं है। तुम मेरे पुरुष (पति) हो और मैं तुम्हारी पत्नी हूँ। ईश्वर और माया या शिव और शक्ति अभिन्न हैं। इनके अलावा कोई दूसरा नहीं है। ब्रह्मा जब सृष्टि करता है तो माया का ही सहारा लेता है इसलिए वही ब्रह्मा की पत्नी है। माया या गायत्री रूप नारी जो आदि ब्रह्म की इच्छा है वही ब्रह्मा की माँ भी है क्योंकि ब्रह्मा, विष्णु, महेश तीनों इच्छा रूप नारी से पैदा हुए हैं।

पिता और बेटे की एक ही पत्नी है, एक ही माँ के सभी पुत्र हैं। (सभी पुरुष शिव रूप या ब्रह्म रूप हैं तथा सभी स्त्रियाँ शक्ति रूपा हैं।) आत्यन्तिक रूप से एक मात्र परम चेतना या आत्मा है जो स्त्री-पुरुष के भेद रूप में प्रकट है। ईश्वर माया में कर्म बीज बोता है और जीव उसी का भोग करता है। इसलिए माया दोनों की नारी है।

अन्तर जोति सबद एक नारी, हरि ब्रह्मा ताके त्रिपुरारी।
तो तिरिए भग लिंग अनन्ता, कोई न जानै आदि न अंता।

बाखरि एक विधातै कीन्हा, चौदह टहर पाट सो लीन्हा।
हरिहर ब्रह्म महतो नाँऊँ, तिन्ह पुनि तीनि बसावल गाँऊँ।
तिन्ह पुनि रचल पिंड ब्रह्मंडा, छव दरसन छानबे पाखंडा।
पेटे न काहू बेद पढ़ाया, सुनति कराय तुरुक नहिं आया।
नारी मोचित गर्भ प्रसूती, स्वाँग धरै बहुतै करतूती।
तहिया हम तुम एकै लोहू, एकै प्राण बियापै मोहू।
एकै जनी जना संसारा, कौन ग्यांन ते भयो निवारा।
अविगति की गति काहु न जानी, एक जीभि कत कहुँ बखानी।
जौ मुख होइ जीभि दस लाखा, तौ कोइ आय महंतो भाखा।
कहहि कबीर पुकारि के, ई (ऊ) लयउं ब्यौहार।
रांम नाम जाने बिना, भव बूड़ि मुवा संसार।।५५।।

व्याख्या—अन्तः ज्योति (परम चैतन्य) में जो शब्द का स्पन्दन है वही उसकी नारी (माया) है। उससे विष्णु, ब्रह्मा और शिव हुए। उन तीनों से अनन्त भग (योनि) एवं लिंग पैदा हुए उनका आदि अंत कोई नहीं जानता। विधाता (ब्रह्मा) ने एक बखरी (ब्रह्मांड रूप मकान) बनाया। फिर उसके चौदह पाट बनाए (चौदह भुवन बनाए।) विष्णु, शिव, ब्रह्मा आदि तीन महान लोगों के लिए तीन गाँव (लोक) बसाए गए। उन लोगों ने फिर देह और ब्रह्मांडों की रचना की। इनमें छः दर्शन तथा छानबे पाखंड उत्पन्न हुए। माँ के गर्भ में किसी को वेद नहीं पढ़ाया जाता है। पेट से कोई सुन्नत कराकर नहीं आता। नारी से पैदा होकर मनुष्य स्वाँग करके अनेक कर्त्तव्य दिखाता है। वास्तव में (आरंभ में तो) हमारा तुम्हारा एक ही खून रहता है, एक ही प्राण और एक ही मोह (आसक्ति) देह में व्याप्त रहती है। एक ही योनि से सभी संसार पैदा है फिर किस तर्क (ज्ञान) से अलगाव पैदा हुआ (भिन्नता कैसे आ गयी)। अविगत की गति कोई नहीं जानता। एक जिह्वा से उसका बखान नहीं किया जा सकता है। यदि मुँह में दस लाख जीभ हो जाय तो कोई उसका महत्त्व बखान सकता है।

कबीर पुकार कर कहते हैं, यह झूठा व्यवहार है। राम नाम के ज्ञान बिना जीव संसार में डूबकर मर जाता है।

इस पद की कुछ पंक्तियाँ दूसरे पदों में भी आई हैं। इसमें साधना भाव की संगति नहीं है। इसलिए कई विद्वानों ने इसे प्राणाणिक नहीं माना है। अंतिम पंक्तियों में सृष्टि रचना से भिन्न बातों का उल्लेख है।

प्रथम चरन गुरु कीन्ह बिचारा, करता गावै सिरजनहारा।
करमै कै कै जग बौराया, सक्ति भुक्ति लै बाँधिनि माया।
अद्बुद रूप जाति की बानी, उपजी प्रीति रमैनी ठानी।
गुनीं अनगुनी अर्थ नहिं आया, बहुतक जने चीन्हि नहिं पाया।
जो चीन्हे तेहि निर्मल अंगा, अनचीन्हे नर भए पतंगा।
चीन्ह चीन्ह का गावहु बौरे, बानी परी न चीन्ह।
आदि अंत उतपति प्रलै, आपुहि कै कै लीन्ह।।५६।।

व्याख्या— सत्गुरु ने आरंभ में विचार किया कि सभी लोग सृजनहार कर्त्ता के गुणों का

ज्ञान करें किन्तु लोग कर्ममार्ग में लगकर बौरा गए (उन्मत्त हो गए।) वे आसक्ति एवं भोग में पड़कर माया के बंधन में पड़ गए। माया का रूप अद्भुत है। वह जन्म से वाणी रूप है (शब्द ही माया है शब्द से तात्पर्य है परावाक्)। उस माया में जीव की प्रीति उपजी वह उसमें रमण करने लगा। (इस पंक्ति का दूसरा अर्थ भी संभव है - ज्योति का स्वरूप अद्भुत है उसका वर्ण भी अद्भुत है, उसमें प्रेम उत्पन्न हुआ फलस्वरूप मैंने रमैनी रच डाली।) गुणवान और निर्गुणी (सगुण तथा निर्गुण को मानने वाले) सभी ने उसका अर्थ समझा ही नहीं। जो उसका अर्थ पहचान सका वह निर्मल अंग वाला हो गया (निष्कलुष वासना से युक्त हो गया)। जो उसे नहीं पहचान सका वह पतिंगा हो गया (वासनाओं की आग में जलने लगा)।

हे बावले उसे पहचानो, बिना पहचान के क्या गाते हो। वाणी की आत्मा (कथन का मूल भाव या माया की पहचान) जल्दी पहचान में नहीं आती। उत्पत्ति तथा प्रलय का आदिम तथा अंतिम दोनों कारण माया है या जीव वाणी शब्द ब्रह्म की अनुभूति की पहचान के लिए या माया की पहचान के लिए कितनी बार उत्पत्ति और प्रलय से गुजरता है अथवा जीव ने उसका आदि अंत स्वयं कल्पित कर लिया है वस्तुतः ऐसा है नहीं।

अभिलाष दास ने इस पद का अर्थ इस प्रकार स्वीकार किया है– प्रथम चरण अर्थात् वेद निर्माण के पूर्व गुरु ब्रह्मा ने विचार किया कि सृजनहार का गुणगान वेदों को गाकर किया जाय। फिर कर्म के बंधन से जग को पागल बना दिया। लोग स्वर्ग की कामना से यज्ञादि कर्मों में लिप्त हुए फिर शक्तिवान आत्मा को विविध देवी। देवताओं की भक्ति में बाँध दिया। अद्भुत वेद की वाणी को सुनकर जीवों के मन में प्रेम उत्पन्न हुआ, वे नाना जड़ देवी देवताओं की पूजा में लग गए। निर्गुण-निराकार से जीवों का कोई सम्बन्ध नहीं है। ज्यादातर लोग इस भ्रांति को समझते ही नहीं। जो इसे समझ सके वे निर्मल हो गए। अज्ञ लोग पतिंगे की तरह लौकिक अलौकिक सुख के लिए दौड़ पड़े।

हे पगले टटोल टटोलकर क्या गाता है कल्पित वाणी (वेद) किसी के परखने में नहीं आती। जगत के आदि, अंत एवं प्रलय की बातें कल्पनाश्रित हैं, सत्य नहीं है।

कहाँ लै कहों जुगन की बाता। भूला ब्रह्म न चीन्है बाटा।
हरिहर ब्रह्म के मन भाई, बिबि अच्छर ले जुक्ति बनाई।
बिबि अक्षर का कीन्ह बंधाना, अनहद सब्द जोति परमाना।
अच्छर पढ़ि गुनि राह चलाई, सक सनंदन के मन भाई।
बेद कितेब कीन्ह बिस्तारा, फैलि गेल मन अगम अपारा।
चहुँ जुग भक्तन बाँधल बाटी, समुझि न परी मोटरी फाटी।
मैं भै प्रिथिमी दहुँ दिसि धावै, अस्थिर होय न औषध पावै।
होय भिस्त जौ चित न डोलावै, खसमहि छोड़ि दोजख को धावै।
पूरब दिसा हंस गति होई, है समीप सँधि बूझै कोई।
भगता भगतनि कीन्ह सिंगारा, बूड़ि गैल सब माँझहि धारा।
बिनु गुरु ज्ञान दुंदि भई, खसम कही मिलि बात।
जुग जुग सो कहवैया, काहु न मानी बात।।५७।।

व्याख्या–अनेक युगों की बात कहाँ तक कही जाये। ब्रह्म जब जीव रूप में परिणत होता है तो वह स्वयं अपना रूप भूल जाता है। विष्णु, शिव और ब्रह्मा के मन में यह विचार

आया। उन्होंने राम नाम के दो अक्षरों को सत्य स्वरूप को पहचानने का साधन बनाया। दो अक्षरों का जो बन्धन उन्होंने तैयार किया उसके अनाहत शब्द और ज्योति दो प्रमाण हुए। वे दोनों अक्षर शब्द और प्रकाश के रूप में दृष्टिगत होते हैं। अक्षर को पढ़ने और गुनने का मार्ग उन्होंने ही चलाया। ब्रह्मा के मानस पुत्र सनक और सनन्दन को यह मार्ग मन से रुचिकर लगा। इसके बाद वेद और पुराण का विस्तार हुआ। तत्पश्चात् विभिन्न आगमों का निर्माण हुआ और मनु उसी में फँस गया। चारों युगों के भक्तों ने नये-नये साधना मार्ग बनाये लेकिन उनके समझ में नहीं आया, जो पुस्तकों की गट्ठर अपने सिर पर रखी है वह फट चुकी सभी लोग व्याकुल होकर दौड़ रहे हैं। अस्थिर होकर लोग परेशान है लेकिन उन्हें अवरोध से छुटकारा पाने के लिए उपचार नहीं मिलता है। यदि चित्त चंचल न हो तो स्वर्ग मिलता है लेकिन लोग स्वामी का साथ छोड़कर नरक की ओर दौड़ते हैं। पूर्व दिशा जहाँ से जीव आया है उसी ओर उन्मुख होना विवेक सम्पन्न गति है। मुक्ति का मार्ग समीप ही है (आत्मा की पहचान से ही भ्रम मिटता है) भक्त और भक्तिनों ने अनेक शृंगार किये हैं इसलिए सभी मद में ही डूबते जा रहे हैं।

गुरु के द्वारा बताये गये ज्ञान के बिना जीव द्वन्द्व में फँसा रहता है। स्वामी (सद्गुरु) सब मिलाकर एक ही बात कहता है। हर युग में वह वही कहता है कि (आत्मा परमात्मा दोनों एक है) शब्द और ज्योति रूप में उस अनादि तत्व का स्मरण करना चाहिए लेकिन उसकी इस बात को लोग नहीं मानते हैं।

बाँधे अष्ट कष्ट नौ सूता, जम बाँधे अजनी के पूता।
जम के बाहन बाँधे जनी, बाँधे स्त्रिष्टि कहाँ लौ गनी।
बाँधे देव तेंतीस करोरी, सुमिरत बंदि लोह गै तोरी।
राजा सँवरै तुरिया चढ़ी, पंथी सँवरै नाम लै बढ़ी।
अर्थ बिहूना सँवरै नारी, परजा सँवरै पुहुमी झारी।
बंदि मनावै फल मिलै, बंदि देय सो देय।
कहैं कबीर ते ऊबरे, निसिदिन नामहि लेय।।५८।।

व्याख्या– मनुष्य आठ सिद्धियों और नौ निधियों या अष्टांग योग एवं नवधा भक्ति के सूत्र में बँधा है। यमराज ने माया के पुत्रों को अपने बन्धन में बाँध रखा है। यम के वाहन काम, क्रोध, लोभ आदि से लोग बँधे हैं सारी सृष्टि बँधी हुई है उसकी कहाँ तक गणना की जाय। यहाँ तक कि तैंतीस करोड़ देवता भी यम के फंदे में बंधे हैं। लोग समझते हैं कि उनका सुमिरन करने से माया की लौह शृंखला टूट जायेगी। राजा जो घुड़सवारी करता है वह उन्हीं का सुमिरन करता है। अन्य पंथ के लोग भी उन्हीं का नाम लेते हैं। अर्थहीन लोग नारी अर्थात माया के लिए उपासना करते हैं। साधारण जन पृथ्वी से अन्न आदि प्राप्त करने के लिए पृथ्वी की पूजा करते हैं।

जो स्वयं बंदी है उसकी प्रार्थना करने से क्या फल मिलेगा। बन्दी जो दे सकता है वही देवता लोग देंगे। कबीरदास कहते हैं कि उन्हीं लोगों का उद्धार होता है जो प्रतिदिन नाम की साधना करते हैं।

राही लै पिपराही बही, करगी आवत काहु न कही।
आई करगी भौ अजगूता, जन्म-जन्म जम पहिरै बूता।
बूता पहिरि जम करै सुमाना, तीन लोक मँह करै पयाना।
बाँधे ब्रह्मा बिस्नु महेसू, सुर नर मुनि औ बाँधु गनेसू।
बाँधे पौन, पावक, नभ, नीरू, चाँद सुरुज बाँधे दोउ बीरू।
साँच मंत्र बाँधिनि सब झारी, अमृत वस्तु न जानै नारी।
अमृत वस्तु जानै नहीं, गमन भये सब लोय।
कहहिं कबीर कामो नहीं, जीवहिं मरन न होय।।५९।।

शब्दार्थ– राही = कर्ममार्गी, पिपराही = पीपल पात की तरह चंचल गुरु या मन, करगी = बंधन, फाँसी, अजगूता = आश्चर्य, बूता = साहस, देह (बूत)।

व्याख्या– कर्ममार्गियों को लेकर चंचल चित्त लोभी गुरु संसार सागर में बह गए। जीव के गले में माया की फाँसी लगने वाली है इसके प्रति किसी ने आगाह नहीं किया। माया के जाल में फँसकर जीव अचरज भरे संसार में आ गया। यमराज ने जन्म-जन्म के देह बन्धन में उसे बाँध दिया। देह शक्ति धारण करके जीव तीनों लोकों में बार-बार प्रस्थान करता रहता है। यमराज ने स्वाँग के लिए देह रूपी सामान से उसे सुसज्जित कर दिया है। यम ने ब्रह्मा, विष्णु, महेश को भी अपने बंधन में बाँध लिया है, देवता, मनुष्य और मुनि तथा गणेश (या अन्य गणों) को बाँध रखा है। पवन, अग्नि, गगन, पानी, चाँद, सूर्य दो वीर या भाई भी उसके बंधन में हैं। सच्चे मंत्र या विचार से सभी को यम ने बाँध रखा है। माया रूपी नारी अमरता को नहीं जानती है।

लोग अमृत तत्व (परम तत्त्व) को नहीं जानते, माया में ही वे मग्न हैं। जीव के शुद्ध स्वरूप में कामना-मल नहीं है, विषय विरक्त जीव का जीवन मरण नहीं होता है।

माटिक कोट पषानक ताला, सोई बन सोई रखवाला।
सो बन देखत जीव डेराना, ब्राह्मन वैष्णव एकै जाना।
जौ रे किसान किसानी करई, उपजे खेत बीज नहिं परई।
छाँड़ि देहु नर झेलिक झेला, बूडे दोऊ गुरु औ चेला।
तीसर बूड़े पारधि भाई, जिन बन डाहो दावा लाई।
भूँकि-भूँकि कूकुर मरि गयऊ, काज न एक सियार से भयऊ।
मूस बिलाई एक संग, कहु कैसे रहि जाय।
अचरज एक देखहु हो संतो, हस्ती सिंघहि खाय।।६०।।

व्याख्या– यह देह मिट्टी के किले की तरह है। इसमें पाषाण (पत्थर) अर्थात जड़ता का ताला लगा है। देह रूपी वन का स्वामी मन है वही इसका रक्षक भी है। उस वन को देखते ही जीव डर गया। वह ब्राह्मण, वैष्णव आदि के पास इससे भयमुक्त होने की कामना से गया (या ब्रह्मा वैष्णव सभी इस देह वन से समान ढंग से भयभीत हैं)। जैसे किसान किसानी करता है यदि उसे सही किसानी नहीं मालूम तो उसके खेत में डंठल तो बहुत उगते हैं किन्तु उनमें बीज नहीं पड़ता है, इसी तरह अनेक साधना पद्धतियाँ हैं जो अन्ततः फलहीन हैं। हे जीव! व्यर्थ के झमेले छोड़ दो। इस तरह की व्यर्थ साधनाओं से गुरु और शिष्य दोनों भवसागर में डूब जाएँगे। मन रूपी पारधी (शिकारी) भी डूब गया, इसी ने वन में दावाग्नि लगाई थी (देह

को वासना की आग में जलाया था)। कुत्ते की तरह अज्ञानी जीव बकवास करके मर गए, शृगाल की तरह भटकने वाले गुरु (जो शिष्यों का माल हजम करने या इन्द्रियों की तृप्ति के लिए शिष्य की खोज करते हैं) भी कोई कार्य नहीं कर सके।

जीव रूपी चूहा तथा माया रूपी बिल्ली एक साथ कैसे रह सकते हैं। लेकिन आश्चर्य है कि सिंह की तरह बलवान जीव हाथी रूपी माया द्वारा खाया जा रहा है।

रूपकातिशयोक्ति अलंकार, उलटवाँसी शैली।

नहिं परतीत जो यहि संसारा, दरब की चोट कठिन कै मारा।
तासे सेषहु जाइ लुकाई, काहू कैं परतीति न आई।
चले लोग सब मूल गँवाई, जम की बाढ़ि काटि नहिं जाई।
आजु काज है काल्हि अकाजा, चलेउ लादि दिगन्तर राजा।
सहज बिचारत मूल गँवाई, लाभ ते हानि होय रे भाई।
वोछी मति चंदा गो अथई, त्रिकुटी संगम स्वामी बसई।
तबही बिस्नु कहा समुझाई, मिथुन आठ तुम जीतहु जाई।
तब सनकादिक तत्तु बिचारा, ज्यों धन पावहिं रंक अपारा।
भौ मरजाद बहुत सुख लागा, यहि लेखे सब संसय भागा।
देखिनि उतपति लागु न वारा, एक मरै एक करै बिचारा।
मुए गए की कोइ न कहई, झूठी आस लागि जग रहई।
जरत जरत से बाँचिहो, काहे न करहु गोहारि।
विष विषया कै खायहु, राति दिवस मिलि झारि।।६१।।

व्याख्या– यह संसार जिस रूप में दिखाई दे रहा है वह पारमार्थिक रूप से वही नहीं है। सामान्य व्यक्ति इसे सुख का हेतु मानता है लेकिन सुख के लिए जो द्रव्यादि संचित करता है वह माया के वशीभूत होकर करता है। माया की चोट बहुत कठिन है उससे शेषनाग भी डर कर छुप जाता है (या उसके प्रभाव से अविनाशी सत्य भी छिप जाता है) किसी को यह विश्वास नहीं होता कि संसार असत्य है, ईश्वर सत्य है। जिस पूर्ण फल के कारण मनुष्य रूप मिलता है उसको भी लोग गंवाकर चले जाते हैं। यमराज की बाड़ (घेरा या बन्धन) कोई काट नहीं पाता है। शक्ति रहते ही यदि यह समझ लिया जाय कि आज ही कार्य सिद्ध हो सकता है आगे दैहिक अक्षमता के कारण अकाज ही होगा। शरीर का राजा जीव पाप की गठरी लेकर अनेक दिशाओं में चला जाता है अर्थात विभिन्न योनियों में जन्म लेता है। वह स्वभावतः संसार के विषय में सोचता हुआ मूल को ही नष्ट कर देता है। हे भाई! इसमें लाभ के बदले हानि ही होती है। तुच्छ बुद्धि वाला चन्द्रमा अपने गुरु बृहस्पति की पत्नी में आसक्त होने के कारण नष्ट हो गया। मन विषय वासनाओं की ओर उन्मुख होता है किन्तु त्रिकुटी में बसने वाले स्वामी के विषय में विचार नहीं करता। जीव की इस दुर्दशा पर कृपा करके विष्णु ने समझा कर कहा कि आठों प्रकार के भोगों पर विजय प्राप्त करो। तब सनक-सनंदन आदि ने तत्त्व विचार किया, उन्हें उससे ऐसा सुख मिला जैसे किसी निर्धन को अपार धन मिल गया हो। संसार में मर्यादा एवं संयम से बहुत सुख मिलता है किन्तु यह समझना कि उसी से सारे संशय भाग जायेंगे यह भ्रम है। सनकादिक ऋषि उसी भ्रम के शिकार हुए। ऐसे मर्यादावादियों के देखते-देखते उत्पत्ति (पुनर्जन्म) हो जाता है उसमें देर नहीं लगती। संसार में

एक मरता है दूसरा जीने के विषय में सोचता है जो मृत है और गत है उसकी क्या दशा होती है उसके विषय में कोई नहीं कहता सभी लोग झूठी आशा में ही जगत से बँधे रहते हैं।

तृष्णा और वासना की आग जल रही है उससे बचने के लिए राम की पुकार क्यों नहीं करते। दिन-रात पूर्ण रूप से विषय रूपी विष को ही खा रहे हो।

रूपक एवं रूपकातिशयोक्ति अलंकार की योजना है।

बड़ सो पापी आहिं गुमानी, पाषंड रूप छलो नर जानी।
बामन रूप छलो बलि राजा, ब्राह्मन कीन कौन को काजा।
ब्राह्मन ही सब कीन्हो चोरी, ब्राह्मन ही को लागल खोरी।
ब्राह्मन कीन्हों ग्रन्थ पुराना, कैसहु कै मोहि मानुष जाना।
एक सै ब्रह्मै पंथ चलाया, एक से हंस गोपालहिं गाया।
एक से सिंभू पंथ चलाया, एक से भूत प्रेत मन लाया।
एक से पूजा जैनि बिचारा, एक से निहुरि निमाज गुजारा।
कोउ काहु को हटा न माना, झूठा खसम कबीर न जाना।
तन मन भजि रहु मोरे भक्ता, सत्त कबीर सत्त है वक्ता।
आपुहि देवा आपुहि पाती, आपुहि कुल आपुहि है जाती।
सर्वभूत संसार निवासी, आपुहि खसम आपु सुख रासी।
कहते मोहि भये जुग चारी, काके आगे कहीं पुकारी।
साँचहि कोइ न मानई, झूठहि के संग जाय।
झूठहि झूठा मिलि रहा, अहमक खेहा खाय।।६२।।

व्याख्या– संसार में अपने ज्ञान का अहंकार करने वाले लोग बहुत बड़े पापी हैं, वे अपने ज्ञान के आडम्बर से मनुष्यों को ठगते रहे हैं। ब्राह्मण ऐसे ही मिथ्याभिमानी हैं राजा बलि को ठगने वाला वामन ब्राह्मण ही था (जिसे ब्राह्मणों के द्वारा ईश्वर का अवतार बताया गया)। ब्राह्मणों के द्वारा किसका कार्य सिद्ध हुआ। ब्राह्मणों ने बहुत से ज्ञान को गोपनीय रखा, चुराकर रखा, समाज के सभी वर्गों को ज्ञानार्जन का अधिकार नहीं दिया। इसलिए समाज की दीनता-हीनता का दोष उन्हीं को दिया जाता है। ब्राह्मणों ने ही ग्रन्थों और पुराणों की रचना की। वे किसी भी तरह से अपनी माननीय श्रेष्ठता की पहचान बनाना चाहते थे। उन्होंने एक मार्ग ऐसा बताया जिसमें ब्रह्मा की श्रेष्ठता को प्रतिपादित किया। दूसरे मार्ग में गोपाल कृष्ण की गाथा को सिद्ध किया (कृष्ण के ब्रह्मत्व को प्रमाणित किया।) एक (पुराण रचकर) शिव पंथ का प्रवर्त्तन किया, एक अन्य मार्ग (जादू, टोने) भूत, प्रेत का रचा। पंडितों तथा ज्ञानियों ने ही जैन पद्धति से पूजा (धर्म साधना) का प्रचार किया। इस्लाम के प्रचारकों ने झुककर नमाज पढ़ने की व्यवस्था की। अनेक मतमतान्तरों के प्रचार के कारण कोई किसी की नसीहत मानने को तैयार नहीं (अपने पंथ से बाहर की बातों तथा वर्जनाओं को लोग स्वीकार नहीं करते) कबीर (भिन्न-भिन्न सम्प्रदायों द्वारा प्रतिपादित) झूठे स्वामी को मान्यता नहीं देता। हे भक्तो! तुम तन मन से सत्य की उपासना करो। सत्य के पारखी कबीर सत्य के ही वक्ता हैं। परमतत्त्व स्वयं ही सब कुछ है वही देव है, वही पत्ती (फूलपत्ती) है, वही कुल और जाति भी है। वही सभी सांसारिक प्राणियों में निवास करता है। वह वास्तविक स्वामी है, वही आनन्द की राशि है। मैं यह उपदेश चार युगों से दे रहा हूँ किन्तु कोई मानता नहीं।

कोई सत्य नहीं मानता, झूठ के पीछे ही दौड़ता है। मिथ्यावादी गुरु को मिथ्या आचरण वाले शिष्य मिलते हैं। अविवेकी शिष्य ऐसा गुरु करके धूल ही फाँकता है (ज्ञान तथा उद्‌बोधन नहीं प्राप्त करता)।

खेहा खाय मुहावरा है। सभी सम्प्रदाय पंडितों, ज्ञानियों के दिमाग की उपज हैं। उनके द्वारा आडम्बरों में सत्य छिपा दिया गया। कबीर जैसे सद्‌गुरु की वाणी हर युग में गूँजती है परन्तु मूर्ख लोग अज्ञान-पथ का ही सहारा लेते हैं।

बहुत दुख है दुख की खानी, तब बचिहहु जब राँमहिं जानी।
राँमहिं जानिं जुक्ति जो चलई, जुक्तिहिं ते फंदा नहिं परई।
जुक्तिहिं जुक्ति चला संसारा, निश्चय कहा न मानु हमारा।
कनक कामिनी घोर पटोरा, संपति बहुत रहै दिन थोरा।
थोरहि संपति गौ बौराई धर्मराज की खबरि न पाई।
दोखि तरास मुख गा कुम्हिलाई, अमृत धोखे गा विष खाई।
मैं सिरजौं मैं मारौं, मैं मारौं मैं खाऊँ।
जल थल नभ मँह रमि रहौं, मोर निरंजन नाउँ।।६३।।

व्याख्या– संसार में बहुत दुख है, यहाँ तो दुख की खान है। इस दुख से तभी बचा जा सकता है जब राम को पहचान लिया जाय। राम को समझकर जो विवेक साधन से चलता है उसे माया का फंदा फँसा नहीं पाता। मनुष्य अन्य युक्ति के सहारे चल पड़ा है, किसी ने मेरा कहना नहीं माना। सभी सोने (धन सम्पत्ति) और स्त्री (भोग) में फँसे हैं जबकि संपत्ति बहुत दिनों तक नहीं रहती। आदमी थोड़ी सम्पत्ति पाकर ही पागल हो जाता है, उसे धर्मराज (यमराज) का संदेश ही भूल जाता है (उसकी उपस्थिति तथा मृत्यु से वह बेखबर हो जाता है)। यमराज के भय से अन्ततः मुँह कुम्हला जाता है। जीव अमृत के धोखे से विष खा लेता है।

निरंजन कहता है कि मैं सबकी सृष्टि करता हूँ। मैं ही सबको मारता हूँ। मैं ही तीनों ताप में जीव को जलाता हूँ। अन्ततः मैं ही खा जाता हूँ। मैं जल, पृथ्वी और आकाश में रमण कर रहा हूँ। मेरा नाम निरंजन है।

निरंजन का अर्थ है, कल्मष रहित। कबीर साहित्य में निरंजन सृष्टि कर्त्ता, संहारक रूप में वर्णित है। इसे ब्रह्म का पर्याय नहीं माना जा सकता है। यहाँ इसे काल या यम का वाचक मान सकते हैं।

सुम्रिति आहि गुननि को चीन्हा, पाप पुन्न को मारग कीन्हा।
सुम्रिति वेद पढै असरारा, पाषंड रूप करै हंकारा।
पढ़ै बेद और करै बड़ाई, संसै गाँठि अजहुँ नहि जाई।
पढ़िकै सास्त्र जीव बध करई, मूड़ काटि अगुवन के धरई।
कहहिं कबीर ई पाषंड, बहुतक जीव सताय।
अनभौ भाव नं दरसै, जियत न आप लखाय।।६४।।

शब्दार्थ– सुम्रिति = स्मृति, असरारा = निरन्तर।

व्याख्या– स्मृतियों ने गुणों (अवगुणों) की पहचान करके पाप और पुण्य का निर्धारण

किया है। स्मृति और वेदों को निरन्तर पढ़ने वाले पाखंडी अहंकार ग्रस्त हो जाते हैं। वेद पढ़ते हुए सिर्फ वेदों की प्रशंसा करते हैं किन्तु उनकी संशय (संदेह) की गाँठ नहीं जाती अर्थात् आत्मा-परमात्मा एवं जगत के रहस्य को वे नहीं समझते। शास्त्र पढ़कर वे जीव वध करते हैं, वे पशुओं का सिर काटकर देवों के आगे रखते हैं।

कबीर कहते हैं कि यह पाखंड है। बहुत से जीवों को सताकर आत्मानुभव का वास्तविक भाव नहीं दिखाई देता। हिंसक धर्म मानने वाले जीवन पर्यन्त आत्म स्वरूप को लक्षित नहीं कर पाते हैं।

बेद की पुत्री सुम्रिति भाई, सो जेंवरि कर लेतहि आई।
आपुहि वरी आपु गर बंधा, झूठा मोह काल को फंदा।
बाँधत बंधन छोरि न जाई, बिषै रूप भूली दुनियाई।
हमरे लखत सकल जग लूटा, दास कबीर राम कहि छूटा।
रामहि राम पुकारते, जिभ्या परिगौ रौस।
सुधा जल पीवै नहीं, खोदि पियन की हौंस।।६५।।

व्याख्या– स्मृति वेद की पुत्री है। वह अपने हाथ में कर्म की रस्सी लेकर आई है। उस स्मृति का अनुसरण किया नहीं कि रस्सी गले में पड़ी नहीं, वह स्वतः गले को बाँध देती है। स्मृतियों द्वारा बताई गयी युक्तियों के प्रति मोह मिथ्या है और वे काल (यम) के बन्धन हैं। कर्म बंधन को अपने गले में डालना उसी प्रकार है जैसे कोई अपने हाथ से रस्सी बनाकर अपने गले को बाँध ले। बँधते हुए कर्म के बंधन को छोड़ना संभव नहीं होता। इस तरह जीव विषय रूप संसार में भटकता रहता है। देखते-देखते सारा संसार लुटा जा रहा है। केवल कबीरदास राम का नाम लेकर उससे छूट गए हैं।

राम की पुकार करते करते जीभ में छाला पड़ गया। लोग सीधा जल नहीं पीते जो सुलभ है बल्कि स्वयं कुवाँ खोदकर जल पीना चाहते हैं। तात्पर्य है कि बिना निष्ठा के राम का नाम पुकारना व्यर्थ है। नित्य नयी साधना की खोज करने से तृप्ति नहीं होती है। राम नाम सहज सुलभ है। आवश्यकता है सत्य भाव की और पूर्ण समर्पण की।

पढ़ि-पढ़ि पंडित करु चतुराई, निज मुक्ती मोहिं कहु समुझाई,
कहँ बस पुरुष कहाँ सो गाऊँ, पंडित मोहि सुनावहु नाऊँ।
चारि बेद ब्रह्मे निज ठाना, मुक्ति मर्म उनहुँ नहि जाना।
दान-पुन्य उन बहुत बखाना, अपने मरन की खबरि न जाना।
एक नाम है अगम गँभीरा, तहवाँ स्थिर दास कबीरा।
चिउँटी जहाँ न चढ़ि सकै, राई ना ठहराय।
आवागमन की गम नहीं, तहँ सकलो जग जाय।।६६।।

व्याख्या– हे पंडित! तुम शास्त्र पढ़कर चतुराई की बातें करते हो। तुम्हारी मुक्ति कैसे होगी पहले यही समझाकर बताओ। वह पुरुष (परमात्मा) कहाँ रहता है वह गाँव कौन सा है, उसका नाम क्या है (जहाँ पहुँचकर मुक्त होने की बात तुम करते हो।) चारों वेद ब्रह्मा ने खुद बनाया किन्तु मुक्ति का रहस्य वे भी नहीं जानते। उन्होंने दान-पुण्य का बहुत बखान किया किन्तु उन्हें अपनी ही मृत्यु की खबर नहीं रही। (दान पुण्य से मुक्ति की बात तो बता दी किन्तु अपनी मृत्यु के बाद क्या होगा इसकी चिन्ता उन्हें क्यों नहीं हुई।) एक राम का नाम है जो

अगम और गंभीर है, दास कबीर वहीं पर स्थिर है।

जहाँ चींटी भी नहीं चढ़ सकती, सरसों भी स्थिर नहीं रह सकती। जो आवागमन से अछूता है, वही सारा संसार जाता है। पंडितों द्वारा निर्दिष्ट मोक्ष कहीं अन्यत्र है सभी लोग वहीं जाने की कोशिश करते हैं जब वह आत्मा रूप में देह में है, कण-कण में व्याप्त है। अद्वैत की अनुभूति या सहस्त्रार चक्र में विराजमान शिव से शक्ति का मिलन करा देने पर मोक्ष हो जाता है। जीव बन्धन मुक्त हो जाता है।

यहि बिधि कहौं कहा नहिं माना, मारग माँहि पसारिन ताना।
राति दिवस मिलि जोरिन तागा, ओटत कातत भरम न भागा।
भरमै सभ जग रहा समाई, भरम छोड़ि कतहूँ नहि जाई।
परै न पूरि दिनहु दिन छीना, तँहई जाय जहाँ अंग बिहीना।
जो मत आदि अंत चलि आवा, सो मत सभ उन प्रगट सुनावा।
यह संदेस फुर मानिकै, लीन्हेउ सीस चढ़ाय।
संतो है संतोष सुख, रहहु तो हिरदय जुड़ाय।।६७।।

व्याख्या– मैं इस विधि से कह रहा हूँ किन्तु कोई मानता नहीं, सब ने मार्ग में ही ताना-बाना पसार दिया है। जुलाहा रूपी जीव रात दिन तागा जोड़ता है। कपास ओटते तथा कातते समय बीत जाता है किन्तु भ्रम नहीं भागता। (संसारी जीव साधना के वस्त्र को बुनने के लिए अनेक विधि-विधानों का प्रयोग करते हैं किन्तु उनका भ्रम दूर नहीं होता) सारा संसार भ्रम में समाया है, भ्रम को छोड़कर कहीं नहीं जाता है। वे दिन-दिन क्षीण होते हैं किन्तु 'पूरी' (सूत की पूरी) या पूर्णता नहीं मिलती। वे वहीं जाते हैं जहाँ ज्ञान दृष्टि रूपी अंग से रहित लोग रहते हैं (सद् गुरु को छोड़कर असद् गुरु की तरफ जाते हैं।) ऐसे गुरु उन्हें वही मत समझाते हैं जो आरंभ से (रूढ़ रूप में) अंत तक चलता आ रहा है।

लोग ऐसे संदेश को ही सही मानते हैं और उसे शिरोधार्य कर लेते हैं। संतोष सुख बड़ा सुख है, इसी से हृदय शीतल हो जाता है।

अंबु कि रासि समुद्र की खाईं, रवि ससि कोटि तैतिसो भाई।
भौर जाल मँह आसन माँड़ा, चहत सुख दुख संग न छाँड़ा।
दुख कै मर्म न काहू पाया, बहुत भाँति के जग भरमाया।
आपुहि बाउर आपु समाना, हिरदम बसे सो राँम न जाँना।
तेई हरि तेई ठाकुर, तेई हरि के दास।
न जम भया न जामनी, भामिनि चली निरास।।६८।।

व्याख्या–समुद्र की खाईं (खाली स्थान में) जल की बूँदें भरकर बड़ी जलराशि बन जाती हैं अर्थात् महोदधि बन जाता है। इसी तरह परमाणु आदि से भवसागर बना है। सूर्य, चन्द्रमा आदि तैंतीस करोड़ देवता भी बने। उन्होंने भी भवसागर के भँवर जाल में आसन मंडित कर रखा है। वे सुख चाहते हैं पर दुख साथ नहीं छोड़ता। दुख का मर्म कोई नहीं जानता। बहुत प्रकार से जग भ्रमित है। लोग वास्तव में पागल हैं किन्तु सयाने (संज्ञानी) बने रहते हैं। वे हृदय में बसने वाले राम को नहीं जानते हैं। वही भगवान् हैं, वही स्वामी हैं, वही देह में आकर जीवात्मा रूप में भक्त बन जाते हैं अर्थात् भगवान् भक्त भी वही हैं। इस तरह का अद्वैत अनुभव होने पर न यम रहता है न मोह निशा। माया रूपी स्त्री भी निराश होकर

साधक के पास से चली जाती है।

जब हम रहल, रहल नहिं कोई, हमरे माँह रहल सब कोई।
कहहु राँम कौन तोर सेवा, सो समुझाय कहौ मोहि देवा।
फुर-फुर कहत मार सब कोई, झूठहिं झूठा संगति होई।
आँधर कहै सबै हम देखा, तहँ दिठियार बैठि मुख पेखा।
यहि बिधि कहौं मानु जौ कोई, जस मुख तस जौ हृदया होई।
कहहिं कबीर हंस मुसुकाई, हमरहिं कहै छूटिहौ भाई।।६९।।

व्याख्या– जब हम आत्मस्वरूप हो जाते हैं तो हममें ही सारी सृष्टि ईश्वर आदि समाहित हो जाते हैं (पूर्ण अद्वैत की अनुभूति होती है)। ऐसी स्थिति में हे राम! तुम्हारी सेवा कौन करता है। हे देव! इस स्थिति के विषय में मुझे समझाकर बताओ। सत्य सत्य कहने पर लोग मारने दौड़ते हैं। झूठ कहने पर झूठे लोग (जिनकी संख्या ज्यादा है) साथी बन जाते हैं। अंधा (ज्ञान हीन) व्यक्ति कहता है हमने सब कुछ देखा है, उसी स्थान पर आँख वाले उसका मुँह निहारने लगते हैं। इस तरह से कहो कि बड़ाई हो, मुँह से जैसा कहो वही भाव हृदय में भी हो। कबीर जीव से मुस्कराकर कहते हैं कि हे भाई! मेरे ही उपदेश से मुक्ति मिलेगी।

मानिकपुरहि कबीर बसेरी, मद्दति सुनी सेख तकी केरी।
ऊ जे सुनी जौनपुर धामा, झूँसी सुनि पीरन को नामा।
इकइस पीर लिखे तेहि ठामा, खतमा पढ़ै पैगम्बर नामा।
सुनत बोल मोहि रहा न जाई, देखि मुकरबा रहा भुलाई।
नबी हबीबी के जो कामा, जहँ लै अमल सो सबै हरामा।
सेख अकरदी सेख सकरदी, मानहु वचन हमार।
आदि अंत उतपति प्रलय, देखहु दिष्टि पसार।।७०।।

शब्दार्थ– मद्दति = प्रशंसा, खतमा = प्रार्थना विशेष, मुकरबा = कब्र या समाधि, हबीबी = हजरत मुहम्मद।

व्याख्या–कबीरदास कहते हैं कि मानिकपुर में निवास करते हुए मैंने शेख तकी की प्रशंसा सुनी, मैंने वहाँ जौनपुर नामक स्थान के विषय में सुना और यह भी सुना कि झूंसी पीरों का स्थान है उस स्थान पर इक्कीस पीरों का नाम लिखा हुआ है जिनके सामने पैगम्बर के नाम खुतवा पढ़ा जाता है इस बात को सुनकर मुझसे रहा नहीं गया मैंने कहा कि तुम लोग कब्र देखकर भूल गये हो, हबीब पैगम्बर के नाम को लोकाचार में बदलना निषेध है।

हे सेख अकरदी और सकरदी मेरी बात मानो सृष्टि का आदि और अन्त, उत्पत्ति और प्रलय दृष्टि को प्रसरित करके देखो अर्थात उसके रहस्य को समझो।

दर की बात कहौ दरबेसा, पातसाह है कौने भेसा।
कहाँ कूच कहँ करै मुकामा, कवन सुरति के करहु सलामा।
मै तोहिं पूछौं मुसलमाना, लाल जरद की नाना बाना।
काजी काज करहु तुम कैसा, घर घर जबह करावहु भैंसा।
बकरी मुरगा किन फरमाया, किसके हुकुम तु छुरी चलाया।
दरद न जानहु पीर कहावहु, बैता पढ़ि पढ़ि जग भरमावहु।
कहहिं कबीर एक सैयद कहावै, आपु सरीखै जग कबुलावै।

दिन को रोजा रहतु हौ, राति हनत हो गाय।
यह तो खून वह बंदगी, क्यों कर खुसी खोदाय।।७१।।

शब्दार्थ–दर = स्थान, दरबेस = फकीर, पातसाह = बादशाह, खुदा। कूच = यात्रा, प्रस्थान, खानगी। मुकामा = पड़ाव, स्थान। जरद = पीला। की= अथवा। सुरति = स्वरूप। जबह = काटना, हत्या करना। फरमाया = आदेश किया। सैयद = प्रतिष्ठित मुसलमान। कबुलावै = स्वीकार करवाना।

व्याख्या– कबीरदास कहते हैं कि हे दरबेस (फकीर) तुम पते की बात कहो या ईश्वर के स्थान के विषय में बताओ, तुम्हारा बादशाह किस वेश में रहता है? कहाँ की यात्रा करता है और कहाँ पर पड़ाव डालता है तुम किस रूप को नमस्कार करते हो? हे मुसलमान मैं तुमसे पूछता हूँ कि खुदा लाल है या पीला या अनेक वर्णों का है। हे काजी! तुम कैसा कार्य करते हो घर-घर भैंसों की हत्या करवाते हो। बकरी, मुर्गा कटवाने का आदेश किसने दिया किसके आदेश से तुम छूरी चलवाते हो। जीव जन्तुओं की पीड़ा नहीं समझते हो व्यर्थ में धर्म गुरु कहलाते हो। शायरी पढ़-पढ़ कर संसार को भ्रमित करते हो। कबीर कहते हैं जो अपने को सैयद कहलाता है वह भी सारे संसार को अपने समान बनाने की उचित अनुचित कार्य करता है।

मुसलमान लोग दिन में रोजा रखते हैं रात को गाय मारते हैं। एक ओर खून और दूसरी ओर प्रार्थना ऐसी करतूत पर खुदा क्यों खुश हो।

महादेव मुनि अंत न पाया, उमा सहित उन्ह जन्म गँवाया।
उनते सिध साधक नहिं कोई, मन निश्चय कहु कैसे होई।
जौ लगि तन मैं आहे सोई, तब लगि चेति न देखै कोई।
तब चेतिहौ जब तजिहहु प्राना भया अंत तब मन पछिताना।
इतना सुनत निकट चलि आई, मन विकार नहिं छूटी भाई।
तीनि लोक यो आय के, छूटि न काहु कि आस।
इक अँधरे जग खाइया, सबका भया बिनास।।७२।।

व्याख्या– महादेव जैसे तपस्वी भी उस ब्रह्म का अन्त नहीं पाते। उन्होंने उमा के साथ अपना सारा जन्म गँवा दिया। उनके समान सिद्ध साधक कोई नहीं है। जब उन्हें उसके विषय में पूर्ण ज्ञान नहीं हो सका तो साधारण मनुष्य के मन में कहो निश्चय कैसे हुआ। जब तक शरीर में प्राण है तब तक सचेत होकर कोई उसे देखने की चेष्टा नहीं करता है। जब प्राण छोड़ दोगे तब चेत कर क्या करोगे। अर्थात् प्राण छोड़ने के समय चेतना संभव नहीं होगा अन्त के समय मन में पश्चाताप ही रह जाता है। उपदेश सुनते सुनते मृत्यु निकट चली आती है लेकिन मन का विकार नहीं छूटता है।

जीव तीनों लोकों में हो आता है परन्तु उसकी तृष्णा नहीं छूटती। एक अन्धे मन ने या अज्ञान ने जग को ग्रसित कर रखा है उसी के कारण सबका विनाश हो रहा है।

●●●

अनुक्रमणिका

साखी

ख

ग

झ

ध

न

फ

ब

भ

ह

पद

आ

झ

त

प

फ

ब

भ

म

य

र

रमैनी

ज

झ

त

द

न

प

ब

भ

म

य

र

स